China

Educational Finance Statistical Yearbook

# 中国教育经费统计年鉴

教 育 部 财 务 司
国家统计局社会与科技统计司 编

2001

中国统计出版社
China Statistics Press

（京）新登字 041 号

图书在版编目（CIP）数据

中国教育经费统计年鉴．2001/教育部财务司、国家统计局社会与科技统计司编．
—北京：中国统计出版社，2001．10
ISBN 7-5037-3644-5

Ⅰ．中…
Ⅱ．①教… ②国…
Ⅲ．教育经费－统计资料－中国－2001－年鉴
Ⅳ．G526．72－66

中国版本图书馆 CIP 数据核字（2001）第 063239 号

中国教育经费统计年鉴—2001

---

责任编辑/徐　颖
装帧设计/刘国宁
出版发行/中国统计出版社
通信地址/北京市西城区月坛南街 75 号　邮政编码/100826
办公地址/北京市丰台区西三环南路甲 6 号
电　　话/（010）63459084、63266600－22500（发行部）
印　　刷/中国科学院印刷厂
经　　销/新华书店
开　　本/787×1092mm　1/16
字　　数/1070 千字
印　　张/37．625
印　　数/1－1900 册
版　　别/2002 年 4 月第 1 版
版　　次/2002 年 4 月北京第 1 次印刷
书　　号/ISBN 7－5037-3644-5/G·108
定　　价/140．00 元

---

主　编：杨周复
副主编：陈伟光　马京奎　陈国良
编　审：杨念鲁　刘　巍　林志华
胡延品　华成刚　宋家乐
王　红

# 目　　录

## 第一部分　全国教育经费收入

## 第二部分　省、自治区、直辖市按来源分类教育经费收入



## 第三部分　省、自治区、直辖市各级各类教育机构教育经费收入情况

## 第四部分　省、自治区、直辖市各级各类教育机构教育经费支出明细

# 第五部分　省、自治区、直辖市各级各类教育机构预算内教育事业费支出、基建支出明细

## 第六部分　省、自治区、直辖市各级各类办学效益



## 第七部分　省、自治区、直辖市各级学校生均教育经费支出

## 附表(仅供参阅)

# 第一部分

## 全国教育经费收入

# 1－1 全国教育经费总收入

单位:千元

| | 小 计 | 中 央 | 地 方 |
|---|---|---|---|
| **总 计** | **384908058** | **45799836** | **339108222** |
| 一、国家财政性教育经费 | 256260557 | 27950050 | 228310507 |
| 1. 预算内教育经费 | 208567920 | 21854192 | 186713728 |
| (1)教育事业费拨款 | 177137815 | 14138068 | 162999747 |
| (2)基建拨款 | 11447197 | 3879018 | 7568179 |
| (3)科研经费拨款 | 4016919 | 2453912 | 1563007 |
| (4)其他经费拨款 | 15965989 | 1383194 | 14582795 |
| 2. 各级政府征收用于教育的税费 | 28399644 | 22886 | 28376758 |
| (1)城市教育费附加 | 10608601 | 13176 | 10595425 |
| (2)农村教育事业费附加 | 15197376 | | 15197376 |
| (3)地方教育费附加 | 2593667 | 9710 | 2583957 |
| 3. 企业办学校教育经费 | 13581523 | 5029502 | 8552021 |
| 4. 校办产业、勤工俭学和社会服务收入用于教育的经费 | 5711470 | 1043470 | 4668000 |
| 二、社会团体和公民个人办学经费 | 8585372 | | 8585372 |
| 三、社会捐、集资办学经费 | 11395569 | 1128420 | 10267149 |
| 其中:农村 | 2641681 | | 2641681 |
| 四、事业收入 | 93827167 | 13627361 | 80199806 |
| 其中:学费、杂费 | 59483043 | 5486479 | 53996564 |
| 五、其他收入 | 14839393 | 3094005 | 11745388 |

补充资料:1. 社会捐、集资办学经费中港、澳、台及海外捐集资收入 508955 千元。

2. 本年实际收取学(杂)费 62100065 千元,其中:中央 5722693 千元,地方 56377372 千元。

# 前　言

《中国教育经费统计年鉴——2001》比较全面、系统地反映了2000年全国教育经费来源和使用的情况，为国家和地方编制教育发展规划、制定教育财政政策提供了重要的参考依据，对于研究教育经费结构、使用效益有一定价值，对于各地之间的情况交流，提高教育财务管理水平，也将会起到促进作用。

全国教育经费统计的范围包括中央和地方的教育部门及其他部门所属的各级各类学校和其他教育事业单位，也包括中央和地方厂矿、企业单位所属的各级各类学校，还包括社会团体和公民个人兴办的学校；有国家财政预算内教育经费，也有非国家财政性资金用于教育的经费，为统计目的，全国教育经费数据未包括中国香港、中国澳门和台湾省。

统计资料的各项数据是从最基层单位开始填报，经过乡（镇）、县（市、区）、地（市）、省（自治区、直辖市）等教育主管部门层层汇总的。各级教育和统计部门对教育经费统计工作十分重视，从人员、时间、设备等方面给予了保证，并认真组织，按照准确、及时、完整的要求编制报表，保证了全国教育经费统计资料汇总工作的顺利完成。

教育部财务司组织了全国教育经费统计资料的审核、整理工作，以及全国教育经费统计分析的计算机程序编制工作。国家统计局社会与科技统计司对全国教育经费统计工作给予了很大的支持,并与教育部财务司联衔编印出版此年鉴。参加这项工作的除教育部财务司的同志外,还有上海智力开发研究所和部分省(自治区、直辖市)教育部门的同志。

由于全国性教育经费统计涉及范围广,工作量大,因此在资料的收集、编排、整理等环节上难免有不足之处,尤其是附录中的县级和普通高校的统计是另外单独进行的一项工作,其数据尚不完全,使用这部分资料时,请予注意。目前,中国教育经费统计工作还处于充实、完善阶段,诚望同志们提出批评和建议,以便今后加以改进,把教育经费统计工作做得更好。

编　者

2002年3月

# 1－2　全国教育经费总收入构成

单位:百分比

| | 小 计 | 中 央 | 地 方 |
|---|---|---|---|
| 总 计 | **100.00** | **100.00** | **100.00** |
| 一、国家财政性教育经费 | 66.58 | 61.03 | 67.33 |
| 1. 预算内教育经费 | 54.19 | 47.72 | 55.06 |
| (1)教育事业费拨款 | 46.02 | 30.87 | 48.07 |
| (2)基建拨款 | 2.97 | 8.47 | 2.23 |
| (3)科研经费拨款 | 1.04 | 5.36 | 0.46 |
| (4)其他经费拨款 | 4.15 | 3.02 | 4.30 |
| 2. 各级政府征收用于教育的税费 | 7.38 | 0.05 | 8.37 |
| (1)城市教育费附加 | 2.76 | 0.03 | 3.12 |
| (2)农村教育事业费附加 | 3.95 | | 4.48 |
| (3)地方教育费附加 | 0.67 | 0.02 | 0.76 |
| 3. 企业办学校教育经费 | 3.53 | 10.98 | 2.52 |
| 4. 校办产业、勤工俭学和社会服务收入用于教育的经费 | 1.48 | 2.28 | 1.38 |
| 二、社会团体和公民个人办学经费 | 2.23 | | 2.53 |
| 三、社会捐、集资办学经费 | 2.96 | 2.46 | 3.03 |
| 其中:农村 | 0.69 | | 0.78 |
| 四、事业收入 | 24.38 | 29.75 | 23.65 |
| 其中:学费、杂费 | 15.45 | 11.98 | 15.92 |
| 五、其他收入 | 3.86 | 6.76 | 3.46 |

# 1-3 全国教育经费

| 学校类别 | 总计 | 事业性经费 | | | | | | | |
|---|---|---|---|---|---|---|---|---|---|
| | | 合计 | 个人 | | | | | | |
| | | | 小计 | 基本工资 | 补助工资 | | 其他工资 | 职工福利费 | 社会保障费 |
| | | | | | 计 | 民师补助 | | | |
| **总计** | **352419568** | **315355349** | **190218748** | **78676338** | **40053101** | **1198605** | **20600832** | **8728609** | **36691855** |
| 一、高等学校 | 92531706 | 74908592 | 36095570 | 7879046 | 6847352 | | 7492154 | 1741731 | 7981478 |
| 1. 普通高等学校 | 86675975 | 69535047 | 33704520 | 7169954 | 6319457 | | 7065420 | 1575456 | 7470188 |
| 2. 成人高等学校 | 5855731 | 5373545 | 2391050 | 709092 | 527895 | | 426734 | 166275 | 511290 |
| 二、中等专业学校 | 23641936 | 21421325 | 11387170 | 3878349 | 2331095 | | 1357285 | 787314 | 2212512 |
| 1. 中等技术学校 | 15972468 | 14414118 | 7527703 | 2432697 | 1565704 | | 980038 | 554797 | 1426685 |
| 2. 中等师范学校 | 4257042 | 3763325 | 2059774 | 697337 | 404800 | | 218198 | 129705 | 365625 |
| 3. 成人中专学校 | 3412426 | 3243882 | 1799693 | 748315 | 360591 | | 159049 | 102812 | 420202 |
| 三、技工学校 | 1996921 | 1785785 | 978023 | 404023 | 206938 | | 108801 | 69037 | 146680 |
| 四、中学 | 100802053 | 91104612 | 56926557 | 26900111 | 12429886 | 140987 | 5220104 | 2603269 | 9485027 |
| 1. 普通中学 | 100642654 | 90951245 | 56836702 | 26870297 | 12409551 | 140974 | 5201280 | 2596176 | 9471437 |
| 高级中学 | 18749938 | 15881219 | 8002085 | 3218219 | 1782809 | 2472 | 939210 | 419067 | 1581990 |
| 完全中学 | 25736877 | 22815096 | 13463791 | 5342621 | 2898683 | 8081 | 1631100 | 782829 | 2705576 |
| 初级中学 | 56155839 | 52254930 | 35370826 | 18309457 | 7728059 | 130421 | 2630970 | 1394280 | 5183871 |
| 其中:农村 | 30255089 | 28628188 | 19968300 | 11288392 | 4349534 | 109918 | 1192864 | 660611 | 2406652 |
| 2. 成人中学 | 159399 | 153367 | 89855 | 29814 | 20335 | 13 | 18824 | 7093 | 13590 |
| 五、职业中学 | 10862584 | 9859146 | 5770336 | 2400564 | 1291261 | 5577 | 701043 | 283327 | 1056303 |
| 六、小学 | 100231719 | 95496056 | 70554027 | 33798947 | 15245542 | 1040912 | 4806228 | 2700816 | 13883159 |
| 1. 普通小学 | 100169237 | 95434052 | 70512154 | 33771595 | 15237377 | 1040820 | 4803845 | 2699713 | 13880355 |
| 其中:农村 | 60464709 | 58040027 | 44181502 | 22794974 | 9701623 | 929877 | 2394427 | 1478364 | 7715589 |
| 2. 成人小学 | 62482 | 62004 | 41873 | 27352 | 8165 | 92 | 2383 | 1103 | 2804 |
| 七、特殊教育学校 | 1068976 | 995693 | 664199 | 259797 | 161818 | 204 | 71147 | 28674 | 137051 |
| 八、幼儿园 | 5082705 | 4891930 | 3210234 | 1323241 | 703331 | 10925 | 412491 | 180928 | 590243 |
| 九、其他 | 16200968 | 14892210 | 4632632 | 1832260 | 835878 | | 431579 | 333513 | 1199402 |

补充资料:本年度世界银行用于教育的贷款,还本付息、承诺费、手续费支出 517137 千元。

## 支出明细

单位:千元

| 支出 | | | | | | | | 基建支出 | |
|---|---|---|---|---|---|---|---|---|---|
| 部分 | 公用部分 | | | | | | | | |
| 奖贷助学金 | 小计 | 公务费 | 业务费 | 设备构置费 | 修缮费 | 业务招待费 | 其他费用 | 合计 | 其中:自筹基建支出 |
| **5468013** | **125136601** | **28524624** | **23351244** | **25589462** | **31937156** | **1453759** | **14280356** | **37064219** | **25617022** |
| 4153809 | 38813022 | 7016974 | 10580720 | 9587961 | 6150145 | 308831 | 5168391 | 17623114 | 10355773 |
| 4104045 | 35830527 | 6374983 | 9695816 | 8923983 | 5687667 | 271809 | 4876269 | 17140928 | 9999969 |
| 49764 | 2982495 | 641991 | 884904 | 663978 | 462478 | 37022 | 292122 | 482186 | 355804 |
| 820615 | 10034155 | 2786023 | 1794494 | 2169782 | 2067536 | 152032 | 1064288 | 2220611 | 1709133 |
| 567782 | 6886415 | 1904000 | 1287149 | 1542879 | 1346537 | 100546 | 705304 | 1558350 | 1133566 |
| 244109 | 1703551 | 478342 | 189337 | 363823 | 487947 | 22079 | 162023 | 493717 | 434885 |
| 8724 | 1444189 | 403681 | 318008 | 263080 | 233052 | 29407 | 196961 | 168544 | 140682 |
| 42544 | 807762 | 234976 | 167203 | 171937 | 126586 | 15059 | 92001 | 211136 | 161093 |
| 288160 | 34178055 | 8233986 | 3665293 | 6861579 | 11722776 | 408274 | 3286147 | 9697441 | 7683470 |
| 287961 | 34114543 | 8218334 | 3649048 | 6851068 | 11711588 | 406488 | 3278017 | 9691409 | 7677438 |
| 60790 | 7879134 | 1908984 | 817142 | 1695052 | 2648802 | 76805 | 732349 | 2868719 | 2308433 |
| 102982 | 9351305 | 2002205 | 956498 | 2052621 | 3178227 | 105604 | 1056150 | 2921781 | 2178577 |
| 124189 | 16884104 | 4307145 | 1875408 | 3103395 | 5884559 | 224079 | 1489518 | 3900909 | 3190428 |
| 70247 | 8659888 | 2350293 | 1090921 | 1381532 | 3006830 | 131056 | 699256 | 1626901 | 1410490 |
| 199 | 63512 | 15652 | 16245 | 10511 | 11188 | 1786 | 8130 | 6032 | 6032 |
| 37838 | 4088810 | 1022204 | 491648 | 953830 | 1149454 | 56289 | 415385 | 1003438 | 803605 |
| 119335 | 24942029 | 6724669 | 2966651 | 4048913 | 8277106 | 351835 | 2572855 | 4735663 | 3699363 |
| 119269 | 24921898 | 6720006 | 2959322 | 4047242 | 8272614 | 351565 | 2571149 | 4735185 | 3698885 |
| 96525 | 13858525 | 3844191 | 1815247 | 1846993 | 4892165 | 226962 | 1232967 | 2424682 | 2007061 |
| 66 | 20131 | 4663 | 7329 | 1671 | 4492 | 270 | 1706 | 478 | 478 |
| 5712 | 331494 | 90390 | 26483 | 57198 | 124744 | 3379 | 29300 | 73283 | 49518 |
| | 1681696 | 441970 | 201343 | 344648 | 496106 | 15862 | 181767 | 190775 | 152446 |
| | 10259578 | 1973432 | 3457409 | 1393614 | 1822703 | 142198 | 1470222 | 1308758 | 1002621 |

## 1－4 中央教育经费

| 学校类别 | 总 计 | 事业性经费 | | | | | | | |
|---|---|---|---|---|---|---|---|---|---|
| | | 合 计 | 个人 | | | | | | |
| | | | 小 计 | 基本工资 | 补助工资 | | 其他工资 | 职工福利费 | 社会保障费 |
| | | | | | 计 | 民师补助 | | | |
| **总计** | **40603975** | **32213515** | **14923971** | **2587988** | **2733039** | | **3941563** | **562447** | **3476860** |
| 一、高等学校 | 38572787 | 30322524 | 14202327 | 2365815 | 2574382 | | 3845434 | 507407 | 3316771 |
| 1. 普通高等学校 | 38299125 | 30061073 | 14103767 | 2345179 | 2562761 | | 3797913 | 503900 | 3302064 |
| 2. 成人高等学校 | 273662 | 261451 | 98560 | 20636 | 11621 | | 47521 | 3507 | 14707 |
| 二、中等专业学校 | 1019113 | 934368 | 503305 | 162694 | 89456 | | 72190 | 44046 | 108060 |
| 1. 中等技术学校 | 984863 | 900526 | 488785 | 157203 | 86432 | | 70517 | 42360 | 105471 |
| 2. 中等师范学校 | | | | | | | | | |
| 3. 成人中专学校 | 34250 | 33842 | 14520 | 5491 | 3024 | | 1673 | 1686 | 2589 |
| 三、技工学校 | 86868 | 74899 | 33617 | 22258 | 2304 | | 989 | 3351 | 2363 |
| 四、中 学 | 218138 | 196805 | 98906 | 17233 | 42170 | | 11132 | 3106 | 24920 |
| 1. 普通中学 | 218138 | 196805 | 98906 | 17233 | 42170 | | 11132 | 3106 | 24920 |
| 高级中学 | 87664 | 75331 | 41656 | 7859 | 18134 | | 2400 | 1156 | 12048 |
| 完全中学 | 117325 | 108325 | 48717 | 7484 | 21146 | | 8336 | 1726 | 9749 |
| 初级中学 | 13149 | 13149 | 8533 | 1890 | 2890 | | 396 | 224 | 3123 |
| 其中:农村 | | | | | | | | | |
| 2. 成人中学 | | | | | | | | | |
| 五、职业中学 | | | | | | | | | |
| 六、小 学 | 45023 | 42333 | 27679 | 4756 | 12250 | | 3420 | 1240 | 6013 |
| 1. 普通小学 | 45023 | 42333 | 27679 | 4756 | 12250 | | 3420 | 1240 | 6013 |
| 其中:农村 | | | | | | | | | |
| 2. 成人小学 | | | | | | | | | |
| 七、特殊教育学校 | | | | | | | | | |
| 八、幼儿园 | 364 | 364 | 245 | 183 | 14 | | 9 | 39 | |
| 九、其他 | 661682 | 642222 | 57892 | 15049 | 12463 | | 8389 | 3258 | 18733 |

补充资料:本年度世界银行用于教育的贷款,还本付息、承诺费、手续费支出 71376 千元。

## 支出明细

单位:千元

| 支出部分 | 公用部分 | | | | | | | 基建支出 | |
|---|---|---|---|---|---|---|---|---|---|
| 奖贷助学金 | 小计 | 公务费 | 业务费 | 设备构置费 | 修缮费 | 业务招待费 | 其他费用 | 合计 | 其中:自筹基建支出 |
| **1622074** | **17289544** | **2730322** | **6034880** | **3508398** | **1934889** | **81938** | **2999117** | **8390460** | **4478301** |
| 1592518 | 16120197 | 2509091 | 5500835 | 3371880 | 1794408 | 76329 | 2867654 | 8250263 | 4397070 |
| 1591950 | 15957306 | 2491223 | 5384792 | 3362704 | 1788182 | 75469 | 2854936 | 8238052 | 4396770 |
| 568 | 162891 | 17868 | 116043 | 9176 | 6226 | 860 | 12718 | 12211 | 300 |
| 26859 | 431063 | 150219 | 83044 | 87279 | 64267 | 4603 | 41651 | 84745 | 52739 |
| 26802 | 411741 | 147622 | 80071 | 80199 | 62786 | 3987 | 37076 | 84337 | 52439 |
| | | | | | | | | | |
| 57 | 19322 | 2597 | 2973 | 7080 | 1481 | 616 | 4575 | 408 | 300 |
| 2352 | 41282 | 17744 | 5355 | 4281 | 9388 | 362 | 4152 | 11969 | 4469 |
| 345 | 97899 | 14841 | 9352 | 23496 | 39072 | 395 | 10743 | 21333 | 21333 |
| 345 | 97899 | 14841 | 9352 | 23496 | 39072 | 395 | 10743 | 21333 | 21333 |
| 59 | 33675 | 7689 | 3782 | 8259 | 11008 | 57 | 2880 | 12333 | 12333 |
| 276 | 59608 | 6162 | 4857 | 14485 | 26277 | 154 | 7673 | 9000 | 9000 |
| 10 | 4616 | 990 | 713 | 752 | 1787 | 184 | 190 | | |
| | | | | | | | | | |
| | | | | | | | | | |
| | | | | | | | | | |
| | 14654 | 2516 | 1608 | 4894 | 3735 | 86 | 1815 | 2690 | 2690 |
| | 14654 | 2516 | 1608 | 4894 | 3735 | 86 | 1815 | 2690 | 2690 |
| | | | | | | | | | |
| | | | | | | | | | |
| | | | | | | | | | |
| | 119 | 9 | 31 | 43 | 6 | | 30 | | |
| | 584330 | 35902 | 434655 | 16525 | 24013 | 163 | 73072 | 19460 | |

# 1-5 地方教育经费

| 学校类别 | 总 计 | 事业性经费 | | | | | | | |
|---|---|---|---|---|---|---|---|---|---|
| | | 合 计 | 个人 | | | | | | |
| | | | 小 计 | 基本工资 | 补助工资 | | 其 他 工 资 | 职 工 福利费 | 社 会 保障费 |
| | | | | | 计 | 民师补助 | | | |
| **总计** | **311815593** | **283141834** | **175294777** | **76088350** | **37320062** | **1198605** | **16659269** | **8166162** | **33214995** |
| 一、高等学校 | 53958919 | 44586068 | 21893243 | 5513231 | 4272970 | | 3646720 | 1234324 | 4664707 |
| 1. 普通高等学校 | 48376850 | 39473974 | 19600753 | 4824775 | 3756696 | | 3267507 | 1071556 | 4168124 |
| 2. 成人高等学校 | 5582069 | 5112094 | 2292490 | 688456 | 516274 | | 379213 | 162768 | 496583 |
| 二、中等专业学校 | 22622823 | 20486957 | 10883865 | 3715655 | 2241639 | | 1285095 | 743268 | 2104452 |
| 1. 中等技术学校 | 14987605 | 13513592 | 7038918 | 2275494 | 1479272 | | 909521 | 512437 | 1321214 |
| 2. 中等师范学校 | 4257042 | 3763325 | 2059774 | 697337 | 404800 | | 218198 | 129705 | 365625 |
| 3. 成人中专学校 | 3378176 | 3210040 | 1785173 | 742824 | 357567 | | 157376 | 101126 | 417613 |
| 三、技工学校 | 1910053 | 1710886 | 944406 | 381765 | 204634 | | 107812 | 65686 | 144317 |
| 四、中 学 | 100583915 | 90907807 | 56827651 | 26882878 | 12387716 | 140987 | 5208972 | 2600163 | 9460107 |
| 1. 普通中学 | 100424516 | 90754440 | 56737796 | 26853064 | 12367381 | 140974 | 5190148 | 2593070 | 9446517 |
| 高级中学 | 18662274 | 15805888 | 7960429 | 3210360 | 1764675 | 2472 | 936810 | 417911 | 1569942 |
| 完全中学 | 25619552 | 22706771 | 13415074 | 5335137 | 2877537 | 8081 | 1622764 | 781103 | 2695827 |
| 初级中学 | 56142690 | 52241781 | 35362293 | 18307567 | 7725169 | 130421 | 2630574 | 1394056 | 5180748 |
| 其中:农村 | 30255089 | 28628188 | 19968300 | 11288392 | 4349534 | 109918 | 1192864 | 660611 | 2406652 |
| 2. 成人中学 | 159399 | 153367 | 89855 | 29814 | 20335 | 13 | 18824 | 7093 | 13590 |
| 五、职业中学 | 10862584 | 9859146 | 5770336 | 2400564 | 1291261 | 5577 | 701043 | 283327 | 1056303 |
| 六、小 学 | 100186696 | 95453723 | 70526348 | 33794191 | 15233292 | 1040912 | 4802808 | 2699576 | 13877146 |
| 1. 普通小学 | 100124214 | 95391719 | 70484475 | 33766839 | 15225127 | 1040820 | 4800425 | 2698473 | 13874342 |
| 其中:农村 | 60464709 | 58040027 | 44181502 | 22794974 | 9701623 | 929877 | 2394427 | 1478364 | 7715589 |
| 2. 成人小学 | 62482 | 62004 | 41873 | 27352 | 8165 | 92 | 2383 | 1103 | 2804 |
| 七、特殊教育学校 | 1068976 | 995693 | 664199 | 259797 | 161818 | 204 | 71147 | 28674 | 137051 |
| 八、幼儿园 | 5082341 | 4891566 | 3209989 | 1323058 | 703317 | 10925 | 412482 | 180889 | 590243 |
| 九、其 他 | 15539286 | 14249988 | 4574740 | 1817211 | 823415 | | 423190 | 330255 | 1180669 |

补充资料:本年度世界银行用于教育的贷款,还本付息、承诺费、手续费支出 445761 千元。

## 支出明细

单位:千元

| 支出 | | | | | | | | 基建支出 | |
|---|---|---|---|---|---|---|---|---|---|
| 部分 | 公用部分 | | | | | | | 合计 | 其中:自筹基建支出 |
| 奖贷助学金 | 小计 | 公务费 | 业务费 | 设备构置费 | 修缮费 | 业务招待费 | 其他费用 | | |
| **3845939** | **107847057** | **25794302** | **17316364** | **22081064** | **30002267** | **1371821** | **11281239** | **28673759** | **21138721** |
| 2561291 | 22692825 | 4507883 | 5079885 | 6216081 | 4355737 | 232502 | 2300737 | 9372851 | 5958703 |
| 2512095 | 19873221 | 3883760 | 4311024 | 5561279 | 3899485 | 196340 | 2021333 | 8902876 | 5603199 |
| 49196 | 2819604 | 624123 | 768861 | 654802 | 456252 | 36162 | 279404 | 469975 | 355504 |
| 793756 | 9603092 | 2635804 | 1711450 | 2082503 | 2003269 | 147429 | 1022637 | 2135866 | 1656394 |
| 540980 | 6474674 | 1756378 | 1207078 | 1462680 | 1283751 | 96559 | 668228 | 1474013 | 1081127 |
| 244109 | 1703551 | 478342 | 189337 | 363823 | 487947 | 22079 | 162023 | 493717 | 434885 |
| 8667 | 1424867 | 401084 | 315035 | 256000 | 231571 | 28791 | 192386 | 168136 | 140382 |
| 40192 | 766480 | 217232 | 161848 | 167656 | 117198 | 14697 | 87849 | 199167 | 156624 |
| 287815 | 34080156 | 8219145 | 3655941 | 6838083 | 11683704 | 407879 | 3275404 | 9676108 | 7662137 |
| 287616 | 34016644 | 8203493 | 3639696 | 6827572 | 11672516 | 406093 | 3267274 | 9670076 | 7656105 |
| 60731 | 7845459 | 1901295 | 813360 | 1686793 | 2637794 | 76748 | 729469 | 2856386 | 2296100 |
| 102706 | 9291697 | 1996043 | 951641 | 2038136 | 3151950 | 105450 | 1048477 | 2912781 | 2169577 |
| 124179 | 16879488 | 4306155 | 1874695 | 3102643 | 5882772 | 223895 | 1489328 | 3900909 | 3190428 |
| 70247 | 8659888 | 2350293 | 1090921 | 1381532 | 3006830 | 131056 | 699256 | 1626901 | 1410490 |
| 199 | 63512 | 15652 | 16245 | 10511 | 11188 | 1786 | 8130 | 6032 | 6032 |
| 37838 | 4088810 | 1022204 | 491648 | 953830 | 1149454 | 56289 | 415385 | 1003438 | 803605 |
| 119335 | 24927375 | 6722153 | 2965043 | 4044019 | 8273371 | 351749 | 2571040 | 4732973 | 3696673 |
| 119269 | 24907244 | 6717490 | 2957714 | 4042348 | 8268879 | 351479 | 2569334 | 4732495 | 3696195 |
| 96525 | 13858525 | 3844191 | 1815247 | 1846993 | 4892165 | 226962 | 1232967 | 2424682 | 2007061 |
| 66 | 20131 | 4663 | 7329 | 1671 | 4492 | 270 | 1706 | 478 | 478 |
| 5712 | 331494 | 90390 | 26483 | 57198 | 124744 | 3379 | 29300 | 73283 | 49518 |
| | 1681577 | 441961 | 201312 | 344605 | 496100 | 15862 | 181737 | 190775 | 152446 |
| | 9675248 | 1937530 | 3022754 | 1377089 | 1798690 | 142035 | 1397150 | 1289298 | 1002621 |

# 1－6　全国教育经费

| 学校类别 | 总　计 | 事　业　性　经　费 | | | | | | | |
|---|---|---|---|---|---|---|---|---|---|
| | | 合　计 | 个　人 | | | | | | |
| | | | 小　计 | 基本工资 | 补助工资 | | 其　他<br>工　资 | 职　工<br>福利费 | 社　会<br>保障费 |
| | | | | | 计 | 民师补助 | | | |
| **总计** | **100.00** | **100.00** | **100.00** | **100.00** | **100.00** | **100.00** | **100.00** | **100.00** | **100.00** |
| 一、高等学校 | 26.26 | 23.75 | 18.98 | 10.01 | 17.10 | | 36.37 | 19.95 | 21.75 |
| 1. 普通高等学校 | 24.59 | 22.05 | 17.72 | 9.11 | 15.78 | | 34.30 | 18.05 | 20.36 |
| 2. 成人高等学校 | 1.66 | 1.70 | 1.26 | 0.90 | 1.32 | | 2.07 | 1.90 | 1.39 |
| 二、中等专业学校 | 6.71 | 6.79 | 5.99 | 4.93 | 5.82 | | 6.59 | 9.02 | 6.03 |
| 1. 中等技术学校 | 4.53 | 4.57 | 3.96 | 3.09 | 3.91 | | 4.76 | 6.36 | 3.89 |
| 2. 中等师范学校 | 1.21 | 1.19 | 1.08 | 0.89 | 1.01 | | 1.06 | 1.49 | 1.00 |
| 3. 成人中专学校 | 0.97 | 1.03 | 0.95 | 0.95 | 0.90 | | 0.77 | 1.18 | 1.15 |
| 三、技工学校 | 0.57 | 0.57 | 0.51 | 0.51 | 0.52 | | 0.53 | 0.79 | 0.40 |
| 四、中　学 | 28.60 | 28.89 | 29.93 | 34.19 | 31.03 | 11.76 | 25.34 | 29.82 | 25.85 |
| 1. 普通中学 | 28.56 | 28.84 | 29.88 | 34.15 | 30.98 | 11.76 | 25.25 | 29.74 | 25.81 |
| 高级中学 | 5.32 | 5.04 | 4.21 | 4.09 | 4.45 | 0.21 | 4.56 | 4.80 | 4.31 |
| 完全中学 | 7.30 | 7.23 | 7.08 | 6.79 | 7.24 | 0.67 | 7.92 | 8.97 | 7.37 |
| 初级中学 | 15.93 | 16.57 | 18.59 | 23.27 | 19.29 | 10.88 | 12.77 | 15.97 | 14.13 |
| 其中:农村 | 8.58 | 9.08 | 10.50 | 14.35 | 10.86 | 9.17 | 5.79 | 7.57 | 6.56 |
| 2. 成人中学 | 0.05 | 0.05 | 0.05 | 0.04 | 0.05 | | 0.09 | 0.08 | 0.04 |
| 五、职业中学 | 3.08 | 3.13 | 3.03 | 3.05 | 3.22 | 0.47 | 3.40 | 3.25 | 2.88 |
| 六、小　学 | 28.44 | 30.28 | 37.09 | 42.96 | 38.06 | 86.84 | 23.33 | 30.94 | 37.84 |
| 1. 普通小学 | 28.42 | 30.26 | 37.07 | 42.92 | 38.04 | 86.84 | 23.32 | 30.93 | 37.83 |
| 其中:农村 | 17.16 | 18.40 | 23.23 | 28.97 | 24.22 | 77.58 | 11.62 | 16.94 | 21.03 |
| 2. 成人小学 | 0.02 | 0.02 | 0.02 | 0.03 | 0.02 | 0.01 | 0.01 | 0.01 | 0.01 |
| 七、特殊教育学校 | 0.30 | 0.32 | 0.35 | 0.33 | 0.40 | 0.02 | 0.35 | 0.33 | 0.37 |
| 八、幼儿园 | 1.44 | 1.55 | 1.69 | 1.68 | 1.76 | 0.91 | 2.00 | 2.07 | 1.61 |
| 九、其 他 | 4.60 | 4.72 | 2.44 | 2.33 | 2.09 | | 2.09 | 3.82 | 3.27 |

## 支出明细构成(一)

单位:百分比

| 支出部分 | 公用部分 | | | | | | | 基建支出 | |
|---|---|---|---|---|---|---|---|---|---|
| 奖贷助学金 | 小计 | 公务费 | 业务费 | 设备构置费 | 修缮费 | 业务招待费 | 其他费用 | 合计 | 其中:自筹基建支出 |
| 100.00 | 100.00 | 100.00 | 100.00 | 100.00 | 100.00 | 100.00 | 100.00 | 100.00 | 100 |
| 75.97 | 31.02 | 24.60 | 45.31 | 37.47 | 19.26 | 21.24 | 36.19 | 47.55 | 40 |
| 75.06 | 28.63 | 22.35 | 41.52 | 34.87 | 17.81 | 18.70 | 34.15 | 46.25 | 39 |
| 0.91 | 2.38 | 2.25 | 3.79 | 2.59 | 1.45 | 2.55 | 2.05 | 1.30 | 1 |
| 15.01 | 8.02 | 9.77 | 7.68 | 8.48 | 6.47 | 10.46 | 7.45 | 5.99 | 7 |
| 10.38 | 5.50 | 6.67 | 5.51 | 6.03 | 4.22 | 6.92 | 4.94 | 4.20 | 4 |
| 4.46 | 1.36 | 1.68 | 0.81 | 1.42 | 1.53 | 1.52 | 1.13 | 1.33 | 2 |
| 0.16 | 1.15 | 1.42 | 1.36 | 1.03 | 0.73 | 2.02 | 1.38 | 0.45 | 1 |
| 0.78 | 0.65 | 0.82 | 0.72 | 0.67 | 0.40 | 1.04 | 0.64 | 0.57 | 1 |
| 5.27 | 27.31 | 28.87 | 15.70 | 26.81 | 36.71 | 28.08 | 23.01 | 26.16 | 30 |
| 5.27 | 27.26 | 28.81 | 15.63 | 26.77 | 36.67 | 27.96 | 22.95 | 26.15 | 30 |
| 1.11 | 6.30 | 6.69 | 3.50 | 6.62 | 8.29 | 5.28 | 5.13 | 7.74 | 9 |
| 1.88 | 7.47 | 7.02 | 4.10 | 8.02 | 9.95 | 7.26 | 7.40 | 7.88 | 9 |
| 2.27 | 13.49 | 15.10 | 8.03 | 12.13 | 18.43 | 15.41 | 10.43 | 10.52 | 12 |
| 1.28 | 6.92 | 8.24 | 4.67 | 5.40 | 9.41 | 9.01 | 4.90 | 4.39 | 6 |
|  | 0.05 | 0.05 | 0.07 | 0.04 | 0.04 | 0.12 | 0.06 | 0.02 | 0 |
| 0.69 | 3.27 | 3.58 | 2.11 | 3.73 | 3.60 | 3.87 | 2.91 | 2.71 | 3 |
| 2.18 | 19.93 | 23.57 | 12.70 | 15.82 | 25.92 | 24.20 | 18.02 | 12.78 | 14 |
| 2.18 | 19.92 | 23.56 | 12.67 | 15.82 | 25.90 | 24.18 | 18.00 | 12.78 | 14 |
| 1.77 | 11.07 | 13.48 | 7.77 | 7.22 | 15.32 | 15.61 | 8.63 | 6.54 | 8 |
|  | 0.02 | 0.02 | 0.03 | 0.01 | 0.01 | 0.02 | 0.01 |  |  |
| 0.10 | 0.26 | 0.32 | 0.11 | 0.22 | 0.39 | 0.23 | 0.21 | 0.20 | 0 |
|  | 1.34 | 1.55 | 0.86 | 1.35 | 1.55 | 1.09 | 1.27 | 0.51 | 1 |
|  | 8.20 | 6.92 | 14.81 | 5.45 | 5.71 | 9.78 | 10.30 | 3.53 | 4 |

# 1－7 全国教育经费

| 学校类别 | 总 计 | 事业性经费 | | | | | | | |
|---|---|---|---|---|---|---|---|---|---|
| | | 合 计 | 个人 | | | | | | |
| | | | 小 计 | 基本工资 | 补助工资 | | 其他工资 | 职工福利费 | 社会保障费 |
| | | | | | 计 | 民师补助 | | | |
| **总计** | **100.00** | **89.48** | **53.98** | **22.32** | **11.37** | **0.34** | **5.85** | **2.48** | **10.41** |
| 一、高等学校 | 100.00 | 80.95 | 39.01 | 8.51 | 7.40 | | 8.10 | 1.88 | 8.63 |
| 1. 普通高等学校 | 100.00 | 80.22 | 38.89 | 8.27 | 7.29 | | 8.15 | 1.82 | 8.62 |
| 2. 成人高等学校 | 100.00 | 91.77 | 40.83 | 12.11 | 9.02 | | 7.29 | 2.84 | 8.73 |
| 二、中等专业学校 | 100.00 | 90.61 | 48.17 | 16.40 | 9.86 | | 5.74 | 3.33 | 9.36 |
| 1. 中等技术学校 | 100.00 | 90.24 | 47.13 | 15.23 | 9.80 | | 6.14 | 3.47 | 8.93 |
| 2. 中等师范学校 | 100.00 | 88.40 | 48.39 | 16.38 | 9.51 | | 5.13 | 3.05 | 8.59 |
| 3. 成人中专学校 | 100.00 | 95.06 | 52.74 | 21.93 | 10.57 | | 4.66 | 3.01 | 12.31 |
| 三、技工学校 | 100.00 | 89.43 | 48.98 | 20.23 | 10.36 | | 5.45 | 3.46 | 7.35 |
| 四、中 学 | 100.00 | 90.38 | 56.47 | 26.69 | 12.33 | 0.14 | 5.18 | 2.58 | 9.41 |
| 1. 普通中学 | 100.00 | 90.37 | 56.47 | 26.70 | 12.33 | 0.14 | 5.17 | 2.58 | 9.41 |
| 高级中学 | 100.00 | 84.70 | 42.68 | 17.16 | 9.51 | 0.01 | 5.01 | 2.24 | 8.44 |
| 完全中学 | 100.00 | 88.65 | 52.31 | 20.76 | 11.26 | 0.03 | 6.34 | 3.04 | 10.51 |
| 初级中学 | 100.00 | 93.05 | 62.99 | 32.60 | 13.76 | 0.23 | 4.69 | 2.48 | 9.23 |
| 其中:农村 | 100.00 | 94.62 | 66.00 | 37.31 | 14.38 | 0.36 | 3.94 | 2.18 | 7.95 |
| 2. 成人中学 | 100.00 | 96.22 | 56.37 | 18.70 | 12.76 | 0.01 | 11.81 | 4.45 | 8.53 |
| 五、职业中学 | 100.00 | 90.76 | 53.12 | 22.10 | 11.89 | 0.05 | 6.45 | 2.61 | 9.72 |
| 六、小 学 | 100.00 | 95.28 | 70.39 | 33.72 | 15.21 | 1.04 | 4.80 | 2.69 | 13.85 |
| 1. 普通小学 | 100.00 | 95.27 | 70.39 | 33.71 | 15.21 | 1.04 | 4.80 | 2.70 | 13.86 |
| 其中:农村 | 100.00 | 95.99 | 73.07 | 37.70 | 16.05 | 1.54 | 3.96 | 2.45 | 12.76 |
| 2. 成人小学 | 100.00 | 99.23 | 67.02 | 43.78 | 13.07 | 0.15 | 3.81 | 1.77 | 4.49 |
| 七、特殊教育学校 | 100.00 | 93.14 | 62.13 | 24.30 | 15.14 | 0.02 | 6.66 | 2.68 | 12.82 |
| 八、幼儿园 | 100.00 | 96.25 | 63.16 | 26.03 | 13.84 | 0.21 | 8.12 | 3.56 | 11.61 |
| 九、其 他 | 100.00 | 91.92 | 28.59 | 11.31 | 5.16 | | 2.66 | 2.06 | 7.40 |

## 支出明细构成(二)

单位:百分比

| 支出部分 | | | | | | | | 基建支出 | |
|---|---|---|---|---|---|---|---|---|---|
| | 公用部分 | | | | | | | | |
| 奖贷助学金 | 小计 | 公务费 | 业务费 | 设备构置费 | 修缮费 | 业务招待费 | 其他费用 | 合计 | 其中：自筹基建支出 |
| 1.55 | 35.51 | 8.09 | 6.63 | 7.26 | 9.06 | 0.41 | 4.05 | 10.52 | 7 |
| 4.49 | 41.95 | 7.58 | 11.43 | 10.36 | 6.65 | 0.33 | 5.59 | 19.05 | 11 |
| 4.73 | 41.34 | 7.35 | 11.19 | 10.30 | 6.56 | 0.31 | 5.63 | 19.78 | 12 |
| 0.85 | 50.93 | 10.96 | 15.11 | 11.34 | 7.90 | 0.63 | 4.99 | 8.23 | 6 |
| 3.47 | 42.44 | 11.78 | 7.59 | 9.18 | 8.75 | 0.64 | 4.50 | 9.39 | 7 |
| 3.55 | 43.11 | 11.92 | 8.06 | 9.66 | 8.43 | 0.63 | 4.42 | 9.76 | 7 |
| 5.73 | 40.02 | 11.24 | 4.45 | 8.55 | 11.46 | 0.52 | 3.81 | 11.60 | 10 |
| 0.26 | 42.32 | 11.83 | 9.32 | 7.71 | 6.83 | 0.86 | 5.77 | 4.94 | 4 |
| 2.13 | 40.45 | 11.77 | 8.37 | 8.61 | 6.34 | 0.75 | 4.61 | 10.57 | 8 |
| 0.29 | 33.91 | 8.17 | 3.64 | 6.81 | 11.63 | 0.41 | 3.26 | 9.62 | 8 |
| 0.29 | 33.90 | 8.17 | 3.63 | 6.81 | 11.64 | 0.40 | 3.26 | 9.63 | 8 |
| 0.32 | 42.02 | 10.18 | 4.36 | 9.04 | 14.13 | 0.41 | 3.91 | 15.30 | 12 |
| 0.40 | 36.33 | 7.78 | 3.72 | 7.98 | 12.35 | 0.41 | 4.10 | 11.35 | 8 |
| 0.22 | 30.07 | 7.67 | 3.34 | 5.53 | 10.48 | 0.40 | 2.65 | 6.95 | 6 |
| 0.23 | 28.62 | 7.77 | 3.61 | 4.57 | 9.94 | 0.43 | 2.31 | 5.38 | 5 |
| 0.12 | 39.84 | 9.82 | 10.19 | 6.59 | 7.02 | 1.12 | 5.10 | 3.78 | 4 |
| 0.35 | 37.64 | 9.41 | 4.53 | 8.78 | 10.58 | 0.52 | 3.82 | 9.24 | 7 |
| 0.12 | 24.88 | 6.71 | 2.96 | 4.04 | 8.26 | 0.35 | 2.57 | 4.72 | 4 |
| 0.12 | 24.88 | 6.71 | 2.95 | 4.04 | 8.26 | 0.35 | 2.57 | 4.73 | 4 |
| 0.16 | 22.92 | 6.36 | 3.00 | 3.05 | 8.09 | 0.38 | 2.04 | 4.01 | 3 |
| 0.11 | 32.22 | 7.46 | 11.73 | 2.67 | 7.19 | 0.43 | 2.73 | 0.77 | 1 |
| 0.53 | 31.01 | 8.46 | 2.48 | 5.35 | 11.67 | 0.32 | 2.74 | 6.86 | 5 |
| | 33.09 | 8.70 | 3.96 | 6.78 | 9.76 | 0.31 | 3.58 | 3.75 | 3 |
| | 63.33 | 12.18 | 21.34 | 8.60 | 11.25 | 0.88 | 9.07 | 8.08 | 6 |

## 1－8 全国财政预算内教育事业费支出、

| 学校类别 | 总 计 | 事业性经费 | | | | | | | |
|---|---|---|---|---|---|---|---|---|---|
| | | 合 计 | 个人 | | | | | | |
| | | | 小 计 | 基本工资 | 补助工资 | | 其 他 工 资 | 职 工 福利费 | 社 会 保障费 |
| | | | | | 计 | 民师补助 | | | |
| **总计** | **195138668** | **183691471** | **147932882** | **74612470** | **30211931** | **490497** | **11278752** | **4923342** | **23280297** |
| 一、高等学校 | 49122873 | 41855532 | 25321512 | 7042030 | 5071561 | | 4344751 | 1083438 | 5059137 |
| 1. 普通高等学校 | 46802421 | 39661462 | 23811000 | 6406797 | 4723893 | | 4191495 | 1008748 | 4786303 |
| 2. 成人高等学校 | 2320452 | 2194070 | 1510512 | 635233 | 347668 | | 153256 | 74690 | 272834 |
| 二、中等专业学校 | 11453561 | 10942083 | 8196607 | 3542165 | 1711762 | | 685541 | 394972 | 1273973 |
| 1. 中等技术学校 | 7845457 | 7420673 | 5337400 | 2199768 | 1160869 | | 506039 | 288745 | 799634 |
| 2. 中等师范学校 | 1972002 | 1913170 | 1568254 | 677559 | 301606 | | 103873 | 59350 | 224784 |
| 3. 成人中专学校 | 1636102 | 1608240 | 1290953 | 664838 | 249287 | | 75629 | 46877 | 249555 |
| 三、技工学校 | 1018288 | 968245 | 703581 | 349621 | 156180 | | 61056 | 37611 | 67499 |
| 四、中 学 | 53441739 | 51427768 | 45095230 | 25799154 | 9312991 | 61312 | 2572846 | 1312367 | 5912732 |
| 1. 普通中学 | 53375044 | 51361073 | 45039443 | 25771834 | 9300533 | 61305 | 2567843 | 1310300 | 5903851 |
| 高级中学 | 7468887 | 6908601 | 5770370 | 3066840 | 1157637 | 1826 | 348744 | 170511 | 996032 |
| 完全中学 | 12611116 | 11867912 | 9994859 | 5189525 | 2089445 | 3915 | 701797 | 334229 | 1615522 |
| 初级中学 | 33295041 | 32584560 | 29274214 | 17515469 | 6053451 | 55564 | 1517302 | 805560 | 3292297 |
| 其中:农村 | 18468509 | 18252098 | 16929094 | 10703403 | 3428924 | 45853 | 769918 | 404761 | 1569956 |
| 2. 成人中学 | 66695 | 66695 | 55787 | 27320 | 12458 | 7 | 5003 | 2067 | 8881 |
| 五、职业中学 | 5524820 | 5324987 | 4476981 | 2339199 | 977898 | 3757 | 351238 | 138306 | 646524 |
| 六、小 学 | 63207125 | 62170825 | 57464427 | 32263019 | 11677397 | 422246 | 2796571 | 1623837 | 9031808 |
| 1. 普通小学 | 63160324 | 62124024 | 57425537 | 32236004 | 11670226 | 422219 | 2794719 | 1623062 | 9029797 |
| 其中:农村 | 39010642 | 38593021 | 36340059 | 21607574 | 7271315 | 372714 | 1460084 | 943080 | 4998907 |
| 2. 成人小学 | 46801 | 46801 | 38890 | 27015 | 7171 | 27 | 1852 | 775 | 2011 |
| 七、特殊教育学校 | 769843 | 746078 | 573439 | 257204 | 149112 | 167 | 51458 | 20978 | 89751 |
| 八、幼儿园 | 2732613 | 2694284 | 2371924 | 1251777 | 481603 | 3015 | 167066 | 95156 | 376322 |
| 九、其 他 | 7867806 | 7561669 | 3729181 | 1768301 | 673427 | | 248225 | 216677 | 822551 |

## 基建支出明细

单位:千元

| 支出部分 | 公用部分 | | | | | | | 基建支出 |
|---|---|---|---|---|---|---|---|---|
| 奖贷助学金 | 小计 | 公务费 | 业务费 | 设备构置费 | 修缮费 | 业务招待费 | 其他费用 | |
| **3626090** | **35758589** | **8696057** | **7152159** | **7865607** | **8585317** | **174297** | **3285152** | **11447197** |
| 2720595 | 16534020 | 3386978 | 4622590 | 4209369 | 2501154 | 79857 | 1734072 | 7267341 |
| 2693764 | 15850462 | 3184486 | 4472547 | 4036335 | 2387131 | 76219 | 1693744 | 7140959 |
| 26831 | 683558 | 202492 | 150043 | 173034 | 114023 | 3638 | 40328 | 126382 |
| 588194 | 2745476 | 979880 | 487533 | 623368 | 485698 | 17799 | 151198 | 511478 |
| 382345 | 2083273 | 737757 | 373967 | 489786 | 351601 | 13938 | 116224 | 424784 |
| 201082 | 344916 | 138824 | 38544 | 63951 | 85344 | 2225 | 16028 | 58832 |
| 4767 | 317287 | 103299 | 75022 | 69631 | 48753 | 1636 | 18946 | 27862 |
| 31614 | 264664 | 104684 | 46245 | 56003 | 38524 | 1652 | 17556 | 50043 |
| 185140 | 6332538 | 1587738 | 494044 | 1282624 | 2546750 | 18529 | 402853 | 2013971 |
| 185082 | 6321630 | 1585370 | 489672 | 1281450 | 2544755 | 18460 | 401923 | 2013971 |
| 30606 | 1138231 | 243978 | 66472 | 289386 | 476302 | 2138 | 59955 | 560286 |
| 64341 | 1873053 | 465090 | 157752 | 399190 | 732807 | 6067 | 112147 | 743204 |
| 90135 | 3310346 | 876302 | 265448 | 592874 | 1335646 | 10255 | 229821 | 710481 |
| 52132 | 1323004 | 352447 | 119758 | 180008 | 581497 | 5203 | 84091 | 216411 |
| 58 | 10908 | 2368 | 4372 | 1174 | 1995 | 69 | 930 | |
| 23816 | 848006 | 220486 | 68785 | 224556 | 282277 | 3205 | 48697 | 199833 |
| 71795 | 4706398 | 1309956 | 402527 | 736904 | 1817942 | 21432 | 417637 | 1036300 |
| 71729 | 4698487 | 1308220 | 399235 | 736328 | 1816439 | 21412 | 416853 | 1036300 |
| 59099 | 2252962 | 583295 | 194951 | 265940 | 1026601 | 13099 | 169076 | 417621 |
| 66 | 7911 | 1736 | 3292 | 576 | 1503 | 20 | 784 | |
| 4936 | 172639 | 56365 | 12509 | 29445 | 60208 | 560 | 13552 | 23765 |
| | 322360 | 82286 | 25332 | 70532 | 119205 | 738 | 24267 | 38329 |
| | 3832488 | 967684 | 992594 | 632806 | 733559 | 30525 | 475320 | 306137 |

# 1－9 中央财政预算内教育事业费支出、

| 学校类别 | 总 计 | 事 业 性 经 费 | | | | | | | |
|---|---|---|---|---|---|---|---|---|---|
| | | 合 计 | 个 人 | | | | | | |
| | | | 小 计 | 基本工资 | 补助工资 | | 其 他 工 资 | 职 工 福利费 | 社 会 保障费 |
| | | | | | 计 | 民师补助 | | | |
| **总计** | **23059370** | **19147211** | **10369387** | **2110605** | **1947022** | | **2565560** | **383586** | **2375034** |
| 一、高等学校 | 22188024 | 18334831 | 9884402 | 1922960 | 1847534 | | 2511836 | 352001 | 2279674 |
| 1. 普通高等学校 | 22133049 | 18291767 | 9860371 | 1912662 | 1841957 | | 2508093 | 350419 | 2276843 |
| 2. 成人高等学校 | 54975 | 43064 | 24031 | 10298 | 5577 | | 3743 | 1582 | 2831 |
| 二、中等专业学校 | 486466 | 454460 | 339494 | 137923 | 59797 | | 39213 | 23640 | 63642 |
| 1. 中等技术学校 | 473653 | 441755 | 330560 | 133049 | 58176 | | 38903 | 23298 | 61870 |
| 2. 中等师范学校 | | | | | | | | | |
| 3. 成人中专学校 | 12813 | 12705 | 8934 | 4874 | 1621 | | 310 | 342 | 1772 |
| 三、技工学校 | 64924 | 57424 | 29043 | 21370 | 1258 | | 853 | 3071 | 718 |
| 四、中 学 | 74227 | 74227 | 43094 | 9978 | 19250 | | 4520 | 893 | 8322 |
| 1. 普通中学 | 74227 | 74227 | 43094 | 9978 | 19250 | | 4520 | 893 | 8322 |
| 高级中学 | 32523 | 32523 | 21317 | 5744 | 9853 | | 1029 | 338 | 4348 |
| 完全中学 | 37176 | 37176 | 18212 | 3131 | 7618 | | 3431 | 390 | 3517 |
| 初级中学 | 4528 | 4528 | 3565 | 1103 | 1779 | | 60 | 165 | 457 |
| 其中:农村 | | | | | | | | | |
| 2. 成人中学 | | | | | | | | | |
| 五、职业中学 | | | | | | | | | |
| 六、小 学 | 19266 | 19266 | 15462 | 3325 | 6720 | | 749 | 723 | 3945 |
| 1. 普通小学 | 19266 | 19266 | 15462 | 3325 | 6720 | | 749 | 723 | 3945 |
| 其中:农村 | | | | | | | | | |
| 2. 成人小学 | | | | | | | | | |
| 七、特殊教育学校 | | | | | | | | | |
| 八、幼儿园 | | | | | | | | | |
| 九、其 他 | 226463 | 207003 | 57892 | 15049 | 12463 | | 8389 | 3258 | 18733 |

## 基建支出明细

单位:千元

| 支出部分: 奖贷助学金 | 公用部分: 小计 | 公务费 | 业务费 | 设备构置费 | 修缮费 | 业务招待费 | 其他费用 | 基建支出 |
|---|---|---|---|---|---|---|---|---|
| **987580** | **8777824** | **1557919** | **2825808** | **2040852** | **1142953** | **39877** | **1170415** | **3912159** |
| 970397 | 8450429 | 1452177 | 2774261 | 1993318 | 1082009 | 39131 | 1109533 | 3853193 |
| 970397 | 8431396 | 1447675 | 2769633 | 1990032 | 1079531 | 38608 | 1105917 | 3841282 |
|  | 19033 | 4502 | 4628 | 3286 | 2478 | 523 | 3616 | 11911 |
| 15279 | 114966 | 50083 | 21009 | 18149 | 18167 | 490 | 7068 | 32006 |
| 15264 | 111195 | 49118 | 20827 | 17268 | 17513 | 490 | 5979 | 31898 |
|  |  |  |  |  |  |  |  |  |
| 15 | 3771 | 965 | 182 | 881 | 654 |  | 1089 | 108 |
| 1773 | 28381 | 13784 | 2727 | 3399 | 5313 | 160 | 2998 | 7500 |
| 131 | 31133 | 4687 | 3185 | 8434 | 12792 | 90 | 1945 |  |
| 131 | 31133 | 4687 | 3185 | 8434 | 12792 | 90 | 1945 |  |
| 5 | 11206 | 2350 | 1317 | 2651 | 4272 | 23 | 593 |  |
| 125 | 18964 | 2203 | 1726 | 5678 | 7972 | 66 | 1319 |  |
| 1 | 963 | 134 | 142 | 105 | 548 | 1 | 33 |  |
|  |  |  |  |  |  |  |  |  |
|  |  |  |  |  |  |  |  |  |
|  |  |  |  |  |  |  |  |  |
|  | 3804 | 1286 | 402 | 1027 | 659 | 6 | 424 |  |
|  | 3804 | 1286 | 402 | 1027 | 659 | 6 | 424 |  |
|  |  |  |  |  |  |  |  |  |
|  |  |  |  |  |  |  |  |  |
|  |  |  |  |  |  |  |  |  |
|  |  |  |  |  |  |  |  |  |
|  | 149111 | 35902 | 24224 | 16525 | 24013 |  | 48447 | 19460 |

## 1－10　地方财政预算内教育事业费支出、

| 学校类别 | 总计 | 事业性经费 | | | | | | | | |
|---|---|---|---|---|---|---|---|---|---|---|
| | | 合计 | 个人 | | | | | | | |
| | | | 小计 | 基本工资 | 补助工资 | | 其他工资 | 职工福利费 | 社会保障费 |
| | | | | | 计 | 民师补助 | | | |
| **总计** | **172079298** | **164544260** | **137563495** | **72501865** | **28264909** | **490497** | **8713192** | **4539756** | **20905263** |
| 一、高等学校 | 26934849 | 23520701 | 15437110 | 5119070 | 3224027 | | 1832915 | 731437 | 2779463 |
| 1. 普通高等学校 | 24669372 | 21369695 | 13950629 | 4494135 | 2881936 | | 1683402 | 658329 | 2509460 |
| 2. 成人高等学校 | 2265477 | 2151006 | 1486481 | 624935 | 342091 | | 149513 | 73108 | 270003 |
| 二、中等专业学校 | 10967095 | 10487623 | 7857113 | 3404242 | 1651965 | | 646328 | 371332 | 1210331 |
| 1. 中等技术学校 | 7371804 | 6978918 | 5006840 | 2066719 | 1102693 | | 467136 | 265447 | 737764 |
| 2. 中等师范学校 | 1972002 | 1913170 | 1568254 | 677559 | 301606 | | 103873 | 59350 | 224784 |
| 3. 成人中专学校 | 1623289 | 1595535 | 1282019 | 659964 | 247666 | | 75319 | 46535 | 247783 |
| 三、技工学校 | 953364 | 910821 | 674538 | 328251 | 154922 | | 60203 | 34540 | 66781 |
| 四、中学 | 53367512 | 51353541 | 45052136 | 25789176 | 9293741 | 61312 | 2568326 | 1311474 | 5904410 |
| 1. 普通中学 | 53300817 | 51286846 | 44996349 | 25761856 | 9281283 | 61305 | 2563323 | 1309407 | 5895529 |
| 高级中学 | 7436364 | 6876078 | 5749053 | 3061096 | 1147784 | 1826 | 347715 | 170173 | 991684 |
| 完全中学 | 12573940 | 11830736 | 9976647 | 5186394 | 2081827 | 3915 | 698366 | 333839 | 1612005 |
| 初级中学 | 33290513 | 32580032 | 29270649 | 17514366 | 6051672 | 55564 | 1517242 | 805395 | 3291840 |
| 其中:农村 | 18468509 | 18252098 | 16929094 | 10703403 | 3428924 | 45853 | 769918 | 404761 | 1569956 |
| 2. 成人中学 | 66695 | 66695 | 55787 | 27320 | 12458 | 7 | 5003 | 2067 | 8881 |
| 五、职业中学 | 5524820 | 5324987 | 4476981 | 2339199 | 977898 | 3757 | 351238 | 138306 | 646524 |
| 六、小学 | 63187859 | 62151559 | 57448965 | 32259694 | 11670677 | 422246 | 2795822 | 1623114 | 9027863 |
| 1. 普通小学 | 63141058 | 62104758 | 57410075 | 32232679 | 11663506 | 422219 | 2793970 | 1622339 | 9025852 |
| 其中:农村 | 39010642 | 38593021 | 36340059 | 21607574 | 7271315 | 372714 | 1460084 | 943080 | 4998907 |
| 2. 成人小学 | 46801 | 46801 | 38890 | 27015 | 7171 | 27 | 1852 | 775 | 2011 |
| 七、特殊教育学校 | 769843 | 746078 | 573439 | 257204 | 149112 | 167 | 51458 | 20978 | 89751 |
| 八、幼儿园 | 2732613 | 2694284 | 2371924 | 1251777 | 481603 | 3015 | 167066 | 95156 | 376322 |
| 九、其他 | 7641343 | 7354666 | 3671289 | 1753252 | 660964 | | 239836 | 213419 | 803818 |

## 基建支出明细

单位:千元

| 支出部分 | 公用部分 | | | | | | | 基建支出 |
|---|---|---|---|---|---|---|---|---|
| 奖贷助学金 | 小计 | 公务费 | 业务费 | 设备构置费 | 修缮费 | 业务招待费 | 其他费用 | |
| **2638510** | **26980765** | **7138138** | **4326351** | **5824755** | **7442364** | **134420** | **2114737** | **7535038** |
| 1750198 | 8083591 | 1934801 | 1848329 | 2216051 | 1419145 | 40726 | 624539 | 3414148 |
| 1723367 | 7419066 | 1736811 | 1702914 | 2046303 | 1307600 | 37611 | 587827 | 3299677 |
| 26831 | 664525 | 197990 | 145415 | 169748 | 111545 | 3115 | 36712 | 114471 |
| 572915 | 2630510 | 929797 | 466524 | 605219 | 467531 | 17309 | 144130 | 479472 |
| 367081 | 1972078 | 688639 | 353140 | 472518 | 334088 | 13448 | 110245 | 392886 |
| 201082 | 344916 | 138824 | 38544 | 63951 | 85344 | 2225 | 16028 | 58832 |
| 4752 | 313516 | 102334 | 74840 | 68750 | 48099 | 1636 | 17857 | 27754 |
| 29841 | 236283 | 90900 | 43518 | 52604 | 33211 | 1492 | 14558 | 42543 |
| 185009 | 6301405 | 1583051 | 490859 | 1274190 | 2533958 | 18439 | 400908 | 2013971 |
| 184951 | 6290497 | 1580683 | 486487 | 1273016 | 2531963 | 18370 | 399978 | 2013971 |
| 30601 | 1127025 | 241628 | 65155 | 286735 | 472030 | 2115 | 59362 | 560286 |
| 64216 | 1854089 | 462887 | 156026 | 393512 | 724835 | 6001 | 110828 | 743204 |
| 90134 | 3309383 | 876168 | 265306 | 592769 | 1335098 | 10254 | 229788 | 710481 |
| 52132 | 1323004 | 352447 | 119758 | 180008 | 581497 | 5203 | 84091 | 216411 |
| 58 | 10908 | 2368 | 4372 | 1174 | 1995 | 69 | 930 | |
| 23816 | 848006 | 220486 | 68785 | 224556 | 282277 | 3205 | 48697 | 199833 |
| 71795 | 4702594 | 1308670 | 402125 | 735877 | 1817283 | 21426 | 417213 | 1036300 |
| 71729 | 4694683 | 1306934 | 398833 | 735301 | 1815780 | 21406 | 416429 | 1036300 |
| 59099 | 2252962 | 583295 | 194951 | 265940 | 1026601 | 13099 | 169076 | 417621 |
| 66 | 7911 | 1736 | 3292 | 576 | 1503 | 20 | 784 | |
| 4936 | 172639 | 56365 | 12509 | 29445 | 60208 | 560 | 13552 | 23765 |
| | 322360 | 82286 | 25332 | 70532 | 119205 | 738 | 24267 | 38329 |
| | 3683377 | 931782 | 968370 | 616281 | 709546 | 30525 | 426873 | 286677 |

# 1－11 财政预算内教育事业费支出、

| 学校类别 | 总 计 | 事业性经费 | | | | | | | |
|---|---|---|---|---|---|---|---|---|---|
| | | 合 计 | 个人 | | | | | | |
| | | | 小 计 | 基本工资 | 补助工资 | | 其 他 工 资 | 职 工 福利费 | 社 会 保障费 |
| | | | | | 计 | 民师补助 | | | |
| **总计** | **100.00** | **100.00** | **100.00** | **100.00** | **100.00** | **100.00** | **100.00** | **100.00** | **100.00** |
| 一、高等学校 | 25.17 | 22.79 | 17.12 | 9.44 | 16.79 | | 38.52 | 22.01 | 21.73 |
| 1. 普通高等学校 | 23.98 | 21.59 | 16.10 | 8.59 | 15.64 | | 37.16 | 20.49 | 20.56 |
| 2. 成人高等学校 | 1.19 | 1.19 | 1.02 | 0.85 | 1.15 | | 1.36 | 1.52 | 1.17 |
| 二、中等专业学校 | 5.87 | 5.96 | 5.54 | 4.75 | 5.67 | | 6.08 | 8.02 | 5.47 |
| 1. 中等技术学校 | 4.02 | 4.04 | 3.61 | 2.95 | 3.84 | | 4.49 | 5.86 | 3.43 |
| 2. 中等师范学校 | 1.01 | 1.04 | 1.06 | 0.91 | 1.00 | | 0.92 | 1.21 | 0.97 |
| 3. 成人中专学校 | 0.84 | 0.88 | 0.87 | 0.89 | 0.83 | | 0.67 | 0.95 | 1.07 |
| 三、技工学校 | 0.52 | 0.53 | 0.48 | 0.47 | 0.52 | | 0.54 | 0.76 | 0.29 |
| 四、中 学 | 27.39 | 28.00 | 30.48 | 34.58 | 30.83 | 12.50 | 22.81 | 26.66 | 25.40 |
| 1. 普通中学 | 27.35 | 27.96 | 30.45 | 34.54 | 30.78 | 12.50 | 22.77 | 26.61 | 25.36 |
| 高级中学 | 3.83 | 3.76 | 3.90 | 4.11 | 3.83 | 0.37 | 3.09 | 3.46 | 4.28 |
| 完全中学 | 6.46 | 6.46 | 6.76 | 6.96 | 6.92 | 0.80 | 6.22 | 6.79 | 6.94 |
| 初级中学 | 17.06 | 17.74 | 19.79 | 23.48 | 20.04 | 11.33 | 13.45 | 16.36 | 14.14 |
| 其中:农村 | 9.46 | 9.94 | 11.44 | 14.35 | 11.35 | 9.35 | 6.83 | 8.22 | 6.74 |
| 2. 成人中学 | 0.03 | 0.04 | 0.04 | 0.04 | 0.04 | | 0.04 | 0.04 | 0.04 |
| 五、职业中学 | 2.83 | 2.90 | 3.03 | 3.14 | 3.24 | 0.77 | 3.11 | 2.81 | 2.78 |
| 六、小 学 | 32.39 | 33.85 | 38.84 | 43.24 | 38.65 | 86.09 | 24.80 | 32.98 | 38.80 |
| 1. 普通小学 | 32.37 | 33.82 | 38.82 | 43.20 | 38.63 | 86.08 | 24.78 | 32.97 | 38.79 |
| 其中:农村 | 19.99 | 21.01 | 24.57 | 28.96 | 24.07 | 75.99 | 12.95 | 19.16 | 21.47 |
| 2. 成人小学 | 0.02 | 0.03 | 0.03 | 0.04 | 0.02 | 0.01 | 0.02 | 0.02 | 0.01 |
| 七、特殊教育学校 | 0.39 | 0.41 | 0.39 | 0.34 | 0.49 | 0.03 | 0.46 | 0.43 | 0.39 |
| 八、幼儿园 | 1.40 | 1.47 | 1.60 | 1.68 | 1.59 | 0.61 | 1.48 | 1.93 | 1.62 |
| 九、其 他 | 4.03 | 4.12 | 2.52 | 2.37 | 2.23 | | 2.20 | 4.40 | 3.53 |

## 基建支出明细构成(一)

单位:百分比

| 支出部分 | 公用部分 | | | | | | | 基建支出 |
|---|---|---|---|---|---|---|---|---|
| 奖贷助学金 | 小计 | 公务费 | 业务费 | 设备构置费 | 修缮费 | 业务招待费 | 其他费用 | |
| **100.00** | **100.00** | **100.00** | **100.00** | **100.00** | **100.00** | **100.00** | **100.00** | **100.00** |
| 75.03 | 46.24 | 38.95 | 64.63 | 53.52 | 29.13 | 45.82 | 52.79 | 63.49 |
| 74.29 | 44.33 | 36.62 | 62.53 | 51.32 | 27.80 | 43.73 | 51.56 | 62.38 |
| 0.74 | 1.91 | 2.33 | 2.10 | 2.20 | 1.33 | 2.09 | 1.23 | 1.10 |
| 16.22 | 7.68 | 11.27 | 6.82 | 7.93 | 5.66 | 10.21 | 4.60 | 4.47 |
| 10.54 | 5.83 | 8.48 | 5.23 | 6.23 | 4.10 | 8.00 | 3.54 | 3.71 |
| 5.55 | 0.96 | 1.60 | 0.54 | 0.81 | 0.99 | 1.28 | 0.49 | 0.51 |
| 0.13 | 0.89 | 1.19 | 1.05 | 0.89 | 0.57 | 0.94 | 0.58 | 0.24 |
| 0.87 | 0.74 | 1.20 | 0.65 | 0.71 | 0.45 | 0.95 | 0.53 | 0.44 |
| 5.11 | 17.71 | 18.26 | 6.91 | 16.31 | 29.66 | 10.63 | 12.26 | 17.59 |
| 5.10 | 17.68 | 18.23 | 6.85 | 16.29 | 29.64 | 10.59 | 12.23 | 17.59 |
| 0.84 | 3.18 | 2.81 | 0.93 | 3.68 | 5.55 | 1.23 | 1.83 | 4.89 |
| 1.77 | 5.24 | 5.35 | 2.21 | 5.08 | 8.54 | 3.48 | 3.41 | 6.49 |
| 2.49 | 9.26 | 10.08 | 3.71 | 7.54 | 15.56 | 5.88 | 7.00 | 6.21 |
| 1.44 | 3.70 | 4.05 | 1.67 | 2.29 | 6.77 | 2.99 | 2.56 | 1.89 |
| | 0.03 | 0.03 | 0.06 | 0.01 | 0.02 | 0.04 | 0.03 | |
| 0.66 | 2.37 | 2.54 | 0.96 | 2.85 | 3.29 | 1.84 | 1.48 | 1.75 |
| 1.98 | 13.16 | 15.06 | 5.63 | 9.37 | 21.18 | 12.30 | 12.71 | 9.05 |
| 1.98 | 13.14 | 15.04 | 5.58 | 9.36 | 21.16 | 12.28 | 12.69 | 9.05 |
| 1.63 | 6.30 | 6.71 | 2.73 | 3.38 | 11.96 | 7.52 | 5.15 | 3.65 |
| | 0.02 | 0.02 | 0.05 | 0.01 | 0.02 | 0.01 | 0.02 | |
| 0.14 | 0.48 | 0.65 | 0.17 | 0.37 | 0.70 | 0.32 | 0.41 | 0.21 |
| | 0.90 | 0.95 | 0.35 | 0.90 | 1.39 | 0.42 | 0.74 | 0.33 |
| | 10.72 | 11.13 | 13.88 | 8.05 | 8.54 | 17.51 | 14.47 | 2.67 |

## 1－12 财政预算内教育事业费支出、

| 学校类别 | 总计 | 事业性经费 | | | | | | | | |
|---|---|---|---|---|---|---|---|---|---|---|
| | | 合计 | 个人 | | | | | | | |
| | | | 小计 | 基本工资 | 补助工资 | | 其他工资 | 职工福利费 | 社会保障费 | |
| | | | | | 计 | 民师补助 | | | | |
| **总计** | **100.00** | **94.13** | **75.81** | **38.24** | **15.48** | **0.25** | **5.78** | **2.52** | **11.93** | |
| 一、高等学校 | 100.00 | 85.21 | 51.55 | 14.34 | 10.32 | | 8.84 | 2.21 | 10.30 | |
| 1.普通高等学校 | 100.00 | 84.74 | 50.88 | 13.69 | 10.09 | | 8.96 | 2.16 | 10.23 | |
| 2.成人高等学校 | 100.00 | 94.55 | 65.10 | 27.38 | 14.98 | | 6.60 | 3.22 | 11.76 | |
| 二、中等专业学校 | 100.00 | 95.53 | 71.56 | 30.93 | 14.95 | | 5.99 | 3.45 | 11.12 | |
| 1.中等技术学校 | 100.00 | 94.59 | 68.03 | 28.04 | 14.80 | | 6.45 | 3.68 | 10.19 | |
| 2.中等师范学校 | 100.00 | 97.02 | 79.53 | 34.36 | 15.29 | | 5.27 | 3.01 | 11.40 | |
| 3.成人中专学校 | 100.00 | 98.30 | 78.90 | 40.64 | 15.24 | | 4.62 | 2.87 | 15.25 | |
| 三、技工学校 | 100.00 | 95.09 | 69.09 | 34.33 | 15.34 | | 6.00 | 3.69 | 6.63 | |
| 四、中学 | 100.00 | 96.23 | 84.38 | 48.28 | 17.43 | 0.11 | 4.81 | 2.46 | 11.06 | |
| 1.普通中学 | 100.00 | 96.23 | 84.38 | 48.28 | 17.42 | 0.11 | 4.81 | 2.45 | 11.06 | |
| 高级中学 | 100.00 | 92.50 | 77.26 | 41.06 | 15.50 | 0.02 | 4.67 | 2.28 | 13.34 | |
| 完全中学 | 100.00 | 94.11 | 79.25 | 41.15 | 16.57 | 0.03 | 5.56 | 2.65 | 12.81 | |
| 初级中学 | 100.00 | 97.87 | 87.92 | 52.61 | 18.18 | 0.17 | 4.56 | 2.42 | 9.89 | |
| 其中:农村 | 100.00 | 98.83 | 91.66 | 57.95 | 18.57 | 0.25 | 4.17 | 2.19 | 8.50 | |
| 2.成人中学 | 100.00 | 100.00 | 83.64 | 40.96 | 18.68 | 0.01 | 7.50 | 3.10 | 13.32 | |
| 五、职业中学 | 100.00 | 96.38 | 81.03 | 42.34 | 17.70 | 0.07 | 6.36 | 2.50 | 11.70 | |
| 六、小学 | 100.00 | 98.36 | 90.91 | 51.04 | 18.47 | 0.67 | 4.42 | 2.57 | 14.29 | |
| 1.普通小学 | 100.00 | 98.36 | 90.92 | 51.04 | 18.48 | 0.67 | 4.42 | 2.57 | 14.30 | |
| 其中:农村 | 100.00 | 98.93 | 93.15 | 55.39 | 18.64 | 0.96 | 3.74 | 2.42 | 12.81 | |
| 2.成人小学 | 100.00 | 100.00 | 83.10 | 57.72 | 15.32 | 0.06 | 3.96 | 1.66 | 4.30 | |
| 七、特殊教育学校 | 100.00 | 96.91 | 74.49 | 33.41 | 19.37 | 0.02 | 6.68 | 2.72 | 11.66 | |
| 八、幼儿园 | 100.00 | 98.60 | 86.80 | 45.81 | 17.62 | 0.11 | 6.11 | 3.48 | 13.77 | |
| 九、其他 | 100.00 | 96.11 | 47.40 | 22.48 | 8.56 | | 3.15 | 2.75 | 10.45 | |

# 基建支出明细构成(二)

单位:百分比

| 支出部分 | 公用部分 | | | | | | | 基建支出 |
|---|---|---|---|---|---|---|---|---|
| 奖贷助学金 | 小计 | 公务费 | 业务费 | 设备构置费 | 修缮费 | 业务招待费 | 其他费用 | |
| **1.86** | **18.32** | **4.46** | **3.67** | **4.03** | **4.40** | **0.09** | **1.68** | **5.87** |
| 5.54 | 33.66 | 6.89 | 9.41 | 8.57 | 5.09 | 0.16 | 3.53 | 14.79 |
| 5.76 | 33.87 | 6.80 | 9.56 | 8.62 | 5.10 | 0.16 | 3.62 | 15.26 |
| 1.16 | 29.46 | 8.73 | 6.47 | 7.46 | 4.91 | 0.16 | 1.74 | 5.45 |
| 5.14 | 23.97 | 8.56 | 4.26 | 5.44 | 4.24 | 0.16 | 1.32 | 4.47 |
| 4.87 | 26.55 | 9.40 | 4.77 | 6.24 | 4.48 | 0.18 | 1.48 | 5.41 |
| 10.20 | 17.49 | 7.04 | 1.95 | 3.24 | 4.33 | 0.11 | 0.81 | 2.98 |
| 0.29 | 19.39 | 6.31 | 4.59 | 4.26 | 2.98 | 0.10 | 1.16 | 1.70 |
| 3.10 | 25.99 | 10.28 | 4.54 | 5.50 | 3.78 | 0.16 | 1.72 | 4.91 |
| 0.35 | 11.85 | 2.97 | 0.92 | 2.40 | 4.77 | 0.03 | 0.75 | 3.77 |
| 0.35 | 11.84 | 2.97 | 0.92 | 2.40 | 4.77 | 0.03 | 0.75 | 3.77 |
| 0.41 | 15.24 | 3.27 | 0.89 | 3.87 | 6.38 | 0.03 | 0.80 | 7.50 |
| 0.51 | 14.85 | 3.69 | 1.25 | 3.17 | 5.81 | 0.05 | 0.89 | 5.89 |
| 0.27 | 9.94 | 2.63 | 0.80 | 1.78 | 4.01 | 0.03 | 0.69 | 2.13 |
| 0.28 | 7.16 | 1.91 | 0.65 | 0.97 | 3.15 | 0.03 | 0.46 | 1.17 |
| 0.09 | 16.36 | 3.55 | 6.56 | 1.76 | 2.99 | 0.10 | 1.39 | |
| 0.43 | 15.35 | 3.99 | 1.25 | 4.06 | 5.11 | 0.06 | 0.88 | 3.62 |
| 0.11 | 7.45 | 2.07 | 0.64 | 1.17 | 2.88 | 0.03 | 0.66 | 1.64 |
| 0.11 | 7.44 | 2.07 | 0.63 | 1.17 | 2.88 | 0.03 | 0.66 | 1.64 |
| 0.15 | 5.78 | 1.50 | 0.50 | 0.68 | 2.63 | 0.03 | 0.43 | 1.07 |
| 0.14 | 16.90 | 3.71 | 7.03 | 1.23 | 3.21 | 0.04 | 1.68 | |
| 0.64 | 22.43 | 7.32 | 1.62 | 3.82 | 7.82 | 0.07 | 1.76 | 3.09 |
| | 11.80 | 3.01 | 0.93 | 2.58 | 4.36 | 0.03 | 0.89 | 1.40 |
| | 48.71 | 12.30 | 12.62 | 8.04 | 9.32 | 0.39 | 6.04 | 3.89 |

# 1－13 企业办学校

| 学校类别 | 学校基本情况（人） | | | | | 本年 | |
|---|---|---|---|---|---|---|---|
| | 机构数（个） | 年末教职工数 | 年平均教职工数 | 年末在校学生数 | 年平均学生数 | 计 | 企业拨款 |
| **总计** | **15057** | **715883** | **694842** | **7557054** | **7447919** | **13581523** | **9384276** |
| 一、高等学校 | 152 | 21761 | 21788 | 109201 | 107073 | 742398 | 427264 |
| 1. 普通高等学校 | 7 | 3650 | 3616 | 11746 | 11353 | 232912 | 135387 |
| 2. 成人高等学校 | 145 | 18111 | 18172 | 97455 | 95720 | 509486 | 291877 |
| 二、中等专业学校 | 341 | 27029 | 27325 | 190270 | 197530 | 992483 | 533413 |
| 1. 中等技术学校 | 90 | 14667 | 15028 | 98379 | 94237 | 708610 | 416593 |
| 2. 中等师范学校 | | | | | | | |
| 3. 成人中专学校 | 251 | 12362 | 12297 | 91891 | 103293 | 283873 | 116820 |
| 三、技工学校 | 868 | 53151 | 54111 | 341985 | 335441 | 1594679 | 979914 |
| 四、中 学 | 4897 | 295943 | 287945 | 2776056 | 2708397 | 5547335 | 3965292 |
| 1. 普通中学 | 4795 | 295002 | 287009 | 2765876 | 2698197 | 5532001 | 3959206 |
| 高级中学 | 372 | 30135 | 29968 | 258492 | 251152 | 845501 | 597024 |
| 完全中学 | 1014 | 87133 | 83101 | 874481 | 858385 | 2062597 | 1340458 |
| 初级中学 | 3409 | 177734 | 173940 | 1632903 | 1588660 | 2623903 | 2021724 |
| 其中：农村 | | | | | | | |
| 2. 成人中学 | 102 | 941 | 936 | 10180 | 10200 | 15334 | 6086 |
| 五、职业中学 | 385 | 16310 | 16588 | 123623 | 116298 | 399093 | 221183 |
| 六、小 学 | 8414 | 301689 | 287085 | 4015919 | 3983180 | 4305535 | 3257210 |
| 1. 普通小学 | 8413 | 301658 | 287054 | 4015564 | 3982822 | 4304285 | 3256100 |
| 其中：农村 | | | | | | | |
| 2. 成人小学 | 1 | 31 | 31 | 355 | 358 | 1250 | 1110 |
| 七、特殊教育学校 | | | | | | | |
| 八、幼儿园 | | | | | | | |
| 九、其 他 | | | | | | | |

补充资料：完全中学中的高中年平均学生数 47874 人。

## 教育经费收支及基本情况

单位:千元

| 收入 | | | 本年支出 | | | | |
|---|---|---|---|---|---|---|---|
| | | | | 事业性经费支出 | | | |
| 校办产业、勤工俭学和社会服务收入用于教育 | 学杂费 | 其他 | 合计 | 小计 | 个人部分 | 公用部分 | 基建支出 |
| **417443** | **2546601** | **1233203** | **13519168** | **12424553** | **7668108** | **4756445** | **1094615** |
| 81608 | 191393 | 42133 | 730123 | 674094 | 327594 | 346500 | 56029 |
| 62276 | 34897 | 352 | 232091 | 218351 | 89243 | 129108 | 13740 |
| 19332 | 156496 | 41781 | 498032 | 455743 | 238351 | 217392 | 42289 |
| 15972 | 384802 | 58296 | 1002523 | 934628 | 470972 | 463656 | 67895 |
| 12317 | 243181 | 36519 | 727986 | 673300 | 328768 | 344532 | 54686 |
| 3655 | 141621 | 21777 | 274537 | 261328 | 142204 | 119124 | 13209 |
| 37761 | 404904 | 172100 | 1582521 | 1406632 | 778422 | 628210 | 175889 |
| 151733 | 893208 | 537102 | 5505059 | 4972016 | 3133415 | 1838601 | 533043 |
| 151681 | 885270 | 535844 | 5490410 | 4957505 | 3123745 | 1833760 | 532905 |
| 12314 | 147836 | 88327 | 802770 | 762370 | 439810 | 322560 | 40400 |
| 72035 | 415711 | 234393 | 2038154 | 1741975 | 1049513 | 692462 | 296179 |
| 67332 | 321723 | 213124 | 2649486 | 2453160 | 1634422 | 818738 | 196326 |
| 52 | 7938 | 1258 | 14649 | 14511 | 9670 | 4841 | 138 |
| 13068 | 132154 | 32688 | 397628 | 361672 | 193149 | 168523 | 35956 |
| 117301 | 540140 | 390884 | 4301314 | 4075511 | 2764556 | 1310955 | 225803 |
| 117301 | 540090 | 390794 | 4300064 | 4074261 | 2763906 | 1310355 | 225803 |
| | 50 | 90 | 1250 | 1250 | 650 | 600 | |

# 1－14　中央属企业办学校

| 学校类别 | 学校基本情况（人） | | | | | 本　年 | |
|---|---|---|---|---|---|---|---|
| | 机构数（个） | 年末教职工数 | 年平均教职工数 | 年末在校学生数 | 年平均学生数 | 计 | 企业拨款 |
| **总计** | **3166** | **190467** | **184596** | **2036294** | **2000253** | **5029502** | **3727103** |
| 一、高等学校 | 47 | 9482 | 9645 | 35394 | 36807 | 303002 | 227842 |
| 1. 普通高等学校 | 2 | 1203 | 1169 | 4012 | 3936 | 55929 | 40502 |
| 2. 成人高等学校 | 45 | 8279 | 8476 | 31382 | 32871 | 247073 | 187340 |
| 二、中等专业学校 | 80 | 9710 | 9979 | 55958 | 53643 | 499404 | 310834 |
| 1. 中等技术学校 | 37 | 7650 | 7905 | 42940 | 41524 | 442725 | 275258 |
| 2. 中等师范学校 | | | | | | | |
| 3. 成人中专学校 | 43 | 2060 | 2074 | 13018 | 12119 | 56679 | 35576 |
| 三、技工学校 | 111 | 8139 | 9314 | 37534 | 38267 | 353704 | 255676 |
| 四、中学 | 1197 | 87230 | 80004 | 788229 | 761909 | 2111232 | 1580354 |
| 1. 普通中学 | 1196 | 87207 | 79981 | 788229 | 761909 | 2110794 | 1579916 |
| 高级中学 | 99 | 8962 | 8901 | 72129 | 71397 | 364131 | 275165 |
| 完全中学 | 388 | 37679 | 34028 | 366163 | 356079 | 934987 | 655829 |
| 初级中学 | 709 | 40566 | 37052 | 349937 | 334433 | 811676 | 648922 |
| 其中：农村 | | | | | | | |
| 2. 成人中学 | 1 | 23 | 23 | | | 438 | 438 |
| 五、职业中学 | 76 | 3757 | 4048 | 21549 | 23021 | 132379 | 94906 |
| 六、小学 | 1655 | 72149 | 71606 | 1097630 | 1086606 | 1629781 | 1257491 |
| 1. 普通小学 | 1655 | 72149 | 71606 | 1097630 | 1086606 | 1629781 | 1257491 |
| 其中：农村 | | | | | | | |
| 2. 成人小学 | | | | | | | |
| 七、特殊教育学校 | | | | | | | |
| 八、幼儿园 | | | | | | | |
| 九、其他 | | | | | | | |

补充资料：完全中学中的高中年平均学生数 47874 人。

## 教育经费收支及基本情况

单位:千元

| 收　　入 | | | 本　年　支　出 | | | | |
|---|---|---|---|---|---|---|---|
| 校办产业、勤工俭学和社会服务收入用于教育 | 学杂费 | 其　他 | 合　计 | 事业性经费支出 | | | 基建支出 |
| | | | | 小　计 | 个人部分 | 公用部分 | |
| **153268** | **633172** | **515959** | **4989801** | **4639616** | **2810042** | **1829574** | **350185** |
| 5459 | 63545 | 6156 | 297518 | 287373 | 139584 | 147789 | 10145 |
| | 15427 | | 55929 | 55929 | 24085 | 31844 | |
| 5459 | 48118 | 6156 | 241589 | 231444 | 115499 | 115945 | 10145 |
| 8630 | 154996 | 24944 | 515582 | 489892 | 240757 | 249135 | 25690 |
| 7994 | 138394 | 21079 | 458385 | 434256 | 210958 | 223298 | 24129 |
| | | | | | | | |
| 636 | 16602 | 3865 | 57197 | 55636 | 29799 | 25837 | 1561 |
| 4053 | 38943 | 55032 | 309977 | 304462 | 173635 | 130827 | 5515 |
| 75043 | 225362 | 230473 | 2103417 | 1922831 | 1208389 | 714442 | 180586 |
| 75043 | 225362 | 230473 | 2102979 | 1922393 | 1208069 | 714324 | 180586 |
| 4741 | 44784 | 39441 | 354863 | 333670 | 183822 | 149848 | 21193 |
| 42934 | 115032 | 121192 | 931342 | 844525 | 510920 | 333605 | 86817 |
| 27368 | 65546 | 69840 | 816774 | 744198 | 513327 | 230871 | 72576 |
| | | | | | | | |
| | | | 438 | 438 | 320 | 118 | |
| 3754 | 27736 | 5983 | 130478 | 124212 | 62739 | 61473 | 6266 |
| 56329 | 122590 | 193371 | 1632829 | 1510846 | 984938 | 525908 | 121983 |
| 56329 | 122590 | 193371 | 1632829 | 1510846 | 984938 | 525908 | 121983 |

# 1－15 地方属企业办学校

| 学校类别 | 学校基本情况(人) | | | | | 本 年 | |
|---|---|---|---|---|---|---|---|
| | 机构数(个) | 年末教职工数 | 年平均教职工数 | 年末在校学生数 | 年平均学生数 | 计 | 企业拨款 |
| **总计** | **11891** | **525416** | **510246** | **5520760** | **5447666** | **8552021** | **5657173** |
| 一、高等学校 | 105 | 12279 | 12143 | 73807 | 70266 | 439396 | 199422 |
| 1. 普通高等学校 | 5 | 2447 | 2447 | 7734 | 7417 | 176983 | 94885 |
| 2. 成人高等学校 | 100 | 9832 | 9696 | 66073 | 62849 | 262413 | 104537 |
| 二、中等专业学校 | 261 | 17319 | 17346 | 134312 | 143887 | 493079 | 222579 |
| 1. 中等技术学校 | 53 | 7017 | 7123 | 55439 | 52713 | 265885 | 141335 |
| 2. 中等师范学校 | | | | | | | |
| 3. 成人中专学校 | 208 | 10302 | 10223 | 78873 | 91174 | 227194 | 81244 |
| 三、技工学校 | 757 | 45012 | 44797 | 304451 | 297174 | 1240975 | 724238 |
| 四、中学 | 3700 | 208713 | 207941 | 1987827 | 1946488 | 3436103 | 2384938 |
| 1. 普通中学 | 3599 | 207795 | 207028 | 1977647 | 1936288 | 3421207 | 2379290 |
| 高级中学 | 273 | 21173 | 21067 | 186363 | 179755 | 481370 | 321859 |
| 完全中学 | 626 | 49454 | 49073 | 508318 | 502306 | 1127610 | 684629 |
| 初级中学 | 2700 | 137168 | 136888 | 1282966 | 1254227 | 1812227 | 1372802 |
| 其中:农村 | | | | | | | |
| 2. 成人中学 | 101 | 918 | 913 | 10180 | 10200 | 14896 | 5648 |
| 五、职业中学 | 309 | 12553 | 12540 | 102074 | 93277 | 266714 | 126277 |
| 六、小学 | 6759 | 229540 | 215479 | 2918289 | 2896574 | 2675754 | 1999719 |
| 1. 普通小学 | 6758 | 229509 | 215448 | 2917934 | 2896216 | 2674504 | 1998609 |
| 其中:农村 | | | | | | | |
| 2. 成人小学 | 1 | 31 | 31 | 355 | 358 | 1250 | 1110 |
| 七、特殊教育学校 | | | | | | | |
| 八、幼儿园 | | | | | | | |
| 九、其他 | | | | | | | |

补充资料:完全中学中的高中年平均学生数 0 人。

## 教育经费收支及基本情况

单位:千元

| 收入 | | | 本年支出 | | | | |
|---|---|---|---|---|---|---|---|
| 校办产业、勤工俭学和社会服务收入用于教育 | 学杂费 | 其他 | 合计 | 事业性经费支出 | | | 基建支出 |
| | | | | 小计 | 个人部分 | 公用部分 | |
| **264175** | **1913429** | **717244** | **8529367** | **7784937** | **4858066** | **2926871** | **744430** |
| 76149 | 127848 | 35977 | 432605 | 386721 | 188010 | 198711 | 45884 |
| 62276 | 19470 | 352 | 176162 | 162422 | 65158 | 97264 | 13740 |
| 13873 | 108378 | 35625 | 256443 | 224299 | 122852 | 101447 | 32144 |
| 7342 | 229806 | 33352 | 486941 | 444736 | 230215 | 214521 | 42205 |
| 4323 | 104787 | 15440 | 269601 | 239044 | 117810 | 121234 | 30557 |
| | | | | | | | |
| 3019 | 125019 | 17912 | 217340 | 205692 | 112405 | 93287 | 11648 |
| 33708 | 365961 | 117068 | 1272544 | 1102170 | 604787 | 497383 | 170374 |
| 76690 | 667846 | 306629 | 3401642 | 3049185 | 1925026 | 1124159 | 352457 |
| 76638 | 659908 | 305371 | 3387431 | 3035112 | 1915676 | 1119436 | 352319 |
| 7573 | 103052 | 48886 | 447907 | 428700 | 255988 | 172712 | 19207 |
| 29101 | 300679 | 113201 | 1106812 | 897450 | 538593 | 358857 | 209362 |
| 39964 | 256177 | 143284 | 1832712 | 1708962 | 1121095 | 587867 | 123750 |
| | | | | | | | |
| 52 | 7938 | 1258 | 14211 | 14073 | 9350 | 4723 | 138 |
| 9314 | 104418 | 26705 | 267150 | 237460 | 130410 | 107050 | 29690 |
| 60972 | 417550 | 197513 | 2668485 | 2564665 | 1779618 | 785047 | 103820 |
| 60972 | 417500 | 197423 | 2667235 | 2563415 | 1778968 | 784447 | 103820 |
| | | | | | | | |
| | 50 | 90 | 1250 | 1250 | 650 | 600 | |

## 1－16　社会团体、公民个人办学

| 学校类别 | 学校基本情况(人) | | | | | 本　年 | |
|---|---|---|---|---|---|---|---|
| | 机构数(个) | 年末教职工数 | 年平均教职工数 | 年末在校学生数 | 年平均学生数 | 计 | 企业拨款 |
| **总计** | **6731** | **227200** | **202622** | **2649573** | **2466083** | **8585372** | **1599633** |
| 一、高等学校 | 89 | 10886 | 9690 | 146757 | 120036 | 909036 | 42008 |
| 1. 普通高等学校 | 25 | 5922 | 5316 | 74559 | 61751 | 659409 | 9942 |
| 2. 成人高等学校 | 64 | 4964 | 4374 | 72198 | 58285 | 249627 | 32066 |
| 二、中等专业学校 | 170 | 7353 | 7245 | 79853 | 108002 | 191856 | 11088 |
| 1. 中等技术学校 | 57 | 2556 | 2503 | 28178 | 41138 | 73679 | 4109 |
| 2. 中等师范学校 | | | | | | | |
| 3. 成人中专学校 | 113 | 4797 | 4742 | 51675 | 66864 | 118177 | 6979 |
| 三、技工学校 | | | | | | | |
| 四、中学 | 2406 | 119944 | 109124 | 1256104 | 1165093 | 4920208 | 1098388 |
| 1. 普通中学 | 2369 | 118367 | 107768 | 1214662 | 1112815 | 4885891 | 1091667 |
| 高级中学 | 507 | 27532 | 22116 | 227165 | 206738 | 1067168 | 319176 |
| 完全中学 | 528 | 43547 | 41471 | 382923 | 347617 | 2081222 | 408287 |
| 初级中学 | 1334 | 47288 | 44181 | 604574 | 558460 | 1737501 | 364204 |
| 其中:农村 | | | | | | | |
| 2. 成人中学 | 37 | 1577 | 1356 | 41442 | 52278 | 34317 | 6721 |
| 五、职业中学 | 608 | 26426 | 17324 | 202680 | 195968 | 484624 | 72182 |
| 六、小学 | 3458 | 62591 | 59239 | 964179 | 876984 | 2079648 | 375967 |
| 1. 普通小学 | 3451 | 62348 | 59010 | 958614 | 871705 | 2075886 | 375546 |
| 其中:农村 | | | | | | | |
| 2. 成人小学 | 7 | 243 | 229 | 5565 | 5279 | 3762 | 421 |
| 七、特殊教育学校 | | | | | | | |
| 八、幼儿园 | | | | | | | |
| 九、其他 | | | | | | | |

补充资料:完全中学中的高中年平均学生数 63149 人。

## 教育经费收支及基本情况

单位:千元

| 收　入 | | | 本　年　支　出 | | | | |
|---|---|---|---|---|---|---|---|
| | | | | 事业性经费支出 | | | |
| 校办产业、勤工俭学和社会服务收入用于教育 | 学杂费 | 其　他 | 合　计 | 小　计 | 个人部分 | 公用部分 | 基建支出 |
| 117695 | 5347978 | 1520066 | 8666804 | 6049920 | 2632157 | 3417763 | 2616884 |
| 9243 | 771499 | 86286 | 874810 | 587293 | 203423 | 383870 | 287517 |
| 8086 | 573571 | 67810 | 627162 | 432275 | 158448 | 273827 | 194887 |
| 1157 | 197928 | 18476 | 247648 | 155018 | 44975 | 110043 | 92630 |
| 9557 | 138018 | 33193 | 173827 | 147235 | 69117 | 78118 | 26592 |
| 7533 | 55591 | 6446 | 67574 | 51660 | 23419 | 28241 | 15914 |
| 2024 | 82427 | 26747 | 106253 | 95575 | 45698 | 49877 | 10678 |
| 81728 | 2831498 | 908594 | 5067866 | 3396768 | 1489038 | 1907730 | 1671098 |
| 81266 | 2807211 | 905747 | 5016418 | 3348679 | 1468925 | 1879754 | 1667739 |
| 21059 | 585955 | 140978 | 1041721 | 668019 | 307141 | 360878 | 373702 |
| 45986 | 1137449 | 489500 | 2299259 | 1486423 | 634987 | 851436 | 812836 |
| 14221 | 1083807 | 275269 | 1675438 | 1194237 | 526797 | 667440 | 481201 |
| 462 | 24287 | 2847 | 51448 | 48089 | 20113 | 27976 | 3359 |
| 5157 | 349800 | 57485 | 491155 | 401152 | 167914 | 233238 | 90003 |
| 12010 | 1257163 | 434508 | 2059146 | 1517472 | 702665 | 814807 | 541674 |
| 12010 | 1254322 | 434008 | 2053794 | 1515240 | 701717 | 813523 | 538554 |
| | 2841 | 500 | 5352 | 2232 | 948 | 1284 | 3120 |

## 1－17　全国各级各类学校

| 学校类别 | 总计 | 预算内教育经费拨款 | | | | 教育附加拨款 | | | |
|---|---|---|---|---|---|---|---|---|---|
| | | 小计 | 教育事业费拨款 | 科研经费拨款 | 其他经费拨款 | 小计 | 城市附加 | 农村附加 | 地方附加 |
| **总计** | **362741163** | **197120723** | **177137815** | **4016919** | **15965989** | **28399644** | **10608601** | **15197376** | **2593667** |
| 一、高等学校 | 96662212 | 45706690 | 38320692 | 4016919 | 3369079 | 917160 | | | 917160 |
| 1. 普通高等学校 | 90442715 | 43300774 | 36288121 | 3940557 | 3072096 | 829218 | | | 829218 |
| 2. 成人高等学校 | 6219497 | 2405916 | 2032571 | 76362 | 296983 | 87942 | | | 87942 |
| 二、中等专业学校 | 24182645 | 11846609 | 10428664 | | 1417945 | 473922 | 389579 | 38342 | 46001 |
| 1. 中等技术学校 | 16491439 | 8016937 | 7099037 | | 917900 | 190137 | 182563 | 2594 | 4980 |
| 2. 中等师范学校 | 4244013 | 2031212 | 1879947 | | 151265 | 170164 | 136611 | 3682 | 29871 |
| 3. 成人中专学校 | 3447193 | 1798460 | 1449680 | | 348780 | 113621 | 70405 | 32066 | 11150 |
| 三、技工学校 | 2004083 | 1084766 | 897129 | | 187637 | 13611 | 8073 | 69 | 5469 |
| 四、中 学 | 102769522 | 54414834 | 50466303 | | 3948531 | 11361758 | 5067693 | 5535738 | 758327 |
| 1. 普通中学 | 102602328 | 54344448 | 50400059 | | 3944389 | 11337744 | 5067593 | 5512277 | 757874 |
| 高级中学 | 19103193 | 7392256 | 6758345 | | 633911 | 1650786 | 1417015 | 80622 | 153149 |
| 完全中学 | 26503316 | 12801917 | 11588451 | | 1213466 | 2258974 | 1621926 | 397971 | 239077 |
| 初级中学 | 56995819 | 34150275 | 32053263 | | 2097012 | 7427984 | 2028652 | 5033684 | 365648 |
| 其中:农村 | 30603282 | 18960980 | 17970920 | | 990060 | 3939485 | 293559 | 3542085 | 103841 |
| 2. 成人中学 | 167194 | 70386 | 66244 | | 4142 | 24014 | 100 | 23461 | 453 |
| 五、职业中学 | 10913914 | 5711489 | 5191907 | | 519582 | 811702 | 589976 | 127101 | 94625 |
| 六、小 学 | 101827143 | 66170948 | 60615423 | | 5555525 | 11859059 | 2322854 | 9107814 | 428391 |
| 1. 普通小学 | 101764254 | 66123252 | 60569168 | | 5554084 | 11849133 | 2322364 | 9098507 | 428262 |
| 其中:农村 | 61394497 | 40805064 | 37630670 | | 3174394 | 7590294 | 387053 | 7065383 | 137858 |
| 2. 成人小学 | 62889 | 47696 | 46255 | | 1441 | 9926 | 490 | 9307 | 129 |
| 七、特殊教育学校 | 1097709 | 794335 | 736314 | | 58021 | 122610 | 106893 | 7176 | 8541 |
| 八、幼儿园 | 5163034 | 2847709 | 2656926 | | 190783 | 191029 | 108979 | 64639 | 17411 |
| 九、其 他 | 18120901 | 8543343 | 7824457 | | 718886 | 2648793 | 2014554 | 316497 | 317742 |

## 教育经费收入情况

单位：千元

| 事业收入 |  | 校办产业、勤工俭学、社会服务收入用于教育 | 捐集资收入 |  | 其他收入 | 基建拨款 | 附1：本年实际收取学杂费 | 附2：上级补助收入 |
|---|---|---|---|---|---|---|---|---|
| 计 | 其中：学杂费 |  | 计 | 其中：港澳台 |  |  |  |  |
| **93827167** | **59483043** | **5711470** | **11395569** | **508955** | **14839393** | **11447197** | **62100065** | **972363** |
| 34504489 | 21669368 | 1736965 | 1534443 | 123281 | 4995124 | 7267341 | 22478802 | 972363 |
| 31398773 | 19261089 | 1614675 | 1518284 | 122220 | 4640032 | 7140959 | 19974873 | 912248 |
| 3105716 | 2408279 | 122290 | 16159 | 1061 | 355092 | 126382 | 2503929 | 60115 |
| 10236308 | 8500898 | 145416 | 136890 | 4853 | 832022 | 511478 | 9065663 |  |
| 7193154 | 6226678 | 87440 | 49115 | 335 | 529872 | 424784 | 6731860 |  |
| 1774050 | 1375675 | 21514 | 58032 | 3282 | 130209 | 58832 | 1417607 |  |
| 1269104 | 898545 | 36462 | 29743 | 1236 | 171941 | 27862 | 916196 |  |
| 740408 | 597183 | 23022 | 14802 |  | 77431 | 50043 | 602215 |  |
| 24036303 | 15240350 | 1664149 | 5368573 | 142778 | 3909934 | 2013971 | 15819581 |  |
| 23977848 | 15200970 | 1663362 | 5367899 | 142778 | 3897056 | 2013971 | 15779794 |  |
| 6920179 | 4438278 | 230118 | 1526797 | 20240 | 822771 | 560286 | 4566684 |  |
| 7406121 | 4448683 | 423950 | 1609046 | 59513 | 1260104 | 743204 | 4609354 |  |
| 9651548 | 6314009 | 1009294 | 2232056 | 63025 | 1814181 | 710481 | 6603756 |  |
| 5025982 | 3616677 | 556508 | 1205932 | 37381 | 697984 | 216411 | 3739558 |  |
| 58455 | 39380 | 787 | 674 |  | 12878 |  | 39787 |  |
| 3345388 | 2604917 | 191514 | 219122 | 6425 | 434866 | 199833 | 2687241 |  |
| 14703623 | 9940342 | 1562887 | 3706264 | 221940 | 2788062 | 1036300 | 10512164 |  |
| 14700308 | 9938976 | 1562467 | 3705926 | 221940 | 2786868 | 1036300 | 10510778 |  |
| 8352695 | 6408513 | 857630 | 2154257 | 158813 | 1216936 | 417621 | 6893447 |  |
| 3315 | 1366 | 420 | 338 |  | 1194 |  | 1386 |  |
| 60851 | 28329 | 16455 | 29292 | 1168 | 50401 | 23765 | 25844 |  |
| 1721057 | 901656 | 22681 | 155334 | 4934 | 186895 | 38329 | 908555 |  |
| 4478740 |  | 348381 | 230849 | 3576 | 1564658 | 306137 |  |  |

## 1－18　中央属各级各类学校

| 学校类别 | 总计 | 预算内教育经费拨款 | | | | 教育附加拨款 | | | |
|---|---|---|---|---|---|---|---|---|---|
| | | 小计 | 教育事业费拨款 | 科研经费拨款 | 其他经费拨款 | 小计 | 城市附加 | 农村附加 | 地方附加 |
| **总计** | **44598074** | **21671049** | **16426482** | **3442744** | **1801823** | **121610** | **13176** | | **108434** |
| 一、高等学校 | 42095686 | 20323966 | 15363709 | 3442744 | 1517513 | 105704 | | | 105704 |
| 1. 普通高等学校 | 41778738 | 20197649 | 15336744 | 3372999 | 1487906 | 105704 | | | 105704 |
| 2. 成人高等学校 | 316948 | 126317 | 26965 | 69745 | 29607 | | | | |
| 二、中等专业学校 | 1069398 | 517325 | 403079 | | 114246 | 3880 | 1840 | | 2040 |
| 1. 中等技术学校 | 1033774 | 504042 | 401769 | | 102273 | 3880 | 1840 | | 2040 |
| 2. 中等师范学校 | | | | | | | | | |
| 3. 成人中专学校 | 35624 | 13283 | 1310 | | 11973 | | | | |
| 三、技工学校 | 95970 | 75556 | 10331 | | 65225 | | | | |
| 四、中 学 | 210688 | 101788 | 71238 | | 30550 | 9606 | 8976 | | 630 |
| 1. 普通中学 | 210688 | 101788 | 71238 | | 30550 | 9606 | 8976 | | 630 |
| 高级中学 | 78729 | 32126 | 25757 | | 6369 | 6250 | 5620 | | 630 |
| 完全中学 | 117653 | 62390 | 41639 | | 20751 | 2260 | 2260 | | |
| 初级中学 | 14306 | 7272 | 3842 | | 3430 | 1096 | 1096 | | |
| 其中:农村 | | | | | | | | | |
| 2. 成人中学 | | | | | | | | | |
| 五、职业中学 | | | | | | | | | |
| 六、小 学 | 53021 | 22230 | 19715 | | 2515 | 1800 | 1740 | | 60 |
| 1. 普通小学 | 53021 | 22230 | 19715 | | 2515 | 1800 | 1740 | | 60 |
| 其中:农村 | | | | | | | | | |
| 2. 成人小学 | | | | | | | | | |
| 七、特殊教育学校 | | | | | | | | | |
| 八、幼儿园 | 333 | | | | | | | | |
| 九、其 他 | 1072978 | 630184 | 558410 | | 71774 | 620 | 620 | | |

补充资料:高等学校共建经费(其中:地方投入) 4276173 千元,其中:教育事业费 2452413 千元,科研经费拨款 1075316 千元,其他经费拨款 475972 千元,教育附加费 98724 千元,基建: 173748 千元

## 教育经费收入情况

单位:千元

| 事业收入 | | 校办产业、勤工俭学、社会服务收入用于教育 | 捐集资收入 | | 其他收入 | 基建拨款 | 附1:本年实际收取学杂费 | 附2:上级补助收入 |
|---|---|---|---|---|---|---|---|---|
| 计 | 其中:学杂费 | | 计 | 其中:港澳台 | | | | |
| **13627361** | **5486479** | **1043470** | **1128420** | **65231** | **3094005** | **3912159** | **5722693** | **400828** |
| 12885313 | 5079616 | 1029182 | 1069141 | 65231 | 2829187 | 3853193 | 5315142 | 400828 |
| 12790560 | 5020251 | 1028885 | 1068967 | 65231 | 2745691 | 3841282 | 5255647 | 383328 |
| 94753 | 59365 | 297 | 174 | | 83496 | 11911 | 59495 | 17500 |
| 439348 | 376731 | 10502 | 4553 | | 61784 | 32006 | 377844 | |
| 425677 | 365104 | 9756 | 4043 | | 54478 | 31898 | 366068 | |
| | | | | | | | | |
| 13671 | 11627 | 746 | 510 | | 7306 | 108 | 11776 | |
| 11469 | 8289 | | 1040 | | 405 | 7500 | 7864 | |
| 26912 | 19885 | 3103 | 35837 | | 33442 | | 19885 | |
| 26912 | 19885 | 3103 | 35837 | | 33442 | | 19885 | |
| 9476 | 8941 | 2303 | 9284 | | 19290 | | 8941 | |
| 13570 | 7558 | 800 | 25532 | | 13101 | | 7558 | |
| 3866 | 3386 | | 1021 | | 1051 | | 3386 | |
| | | | | | | | | |
| | | | | | | | | |
| | | | | | | | | |
| 3455 | 1758 | 683 | 17799 | | 7054 | | 1758 | |
| 3455 | 1758 | 683 | 17799 | | 7054 | | 1758 | |
| | | | | | | | | |
| | | | | | | | | |
| | | | | | | | | |
| 265 | 200 | | 50 | | 18 | | 200 | |
| 260599 | | | | | 162115 | 19460 | | |

## 1－19　地方属各级各类学校

| 学校类别 | 总计 | 预算内教育经费拨款 | | | | 教育附加拨款 | | | |
|---|---|---|---|---|---|---|---|---|---|
| | | 小计 | 教育事业费拨款 | 科研经费拨款 | 其他经费拨款 | 小计 | 城市附加 | 农村附加 | 地方附加 |
| **总计** | **318143089** | **175449674** | **160711333** | **574175** | **14164166** | **28278034** | **10595425** | **15197376** | **2485233** |
| 一、高等学校 | 54566526 | 25382724 | 22956983 | 574175 | 1851566 | 811456 | | | 811456 |
| 1. 普通高等学校 | 48663977 | 23103125 | 20951377 | 567558 | 1584190 | 723514 | | | 723514 |
| 2. 成人高等学校 | 5902549 | 2279599 | 2005606 | 6617 | 267376 | 87942 | | | 87942 |
| 二、中等专业学校 | 23113247 | 11329284 | 10025585 | | 1303699 | 470042 | 387739 | 38342 | 43961 |
| 1. 中等技术学校 | 15457665 | 7512895 | 6697268 | | 815627 | 186257 | 180723 | 2594 | 2940 |
| 2. 中等师范学校 | 4244013 | 2031212 | 1879947 | | 151265 | 170164 | 136611 | 3682 | 29871 |
| 3. 成人中专学校 | 3411569 | 1785177 | 1448370 | | 336807 | 113621 | 70405 | 32066 | 11150 |
| 三、技工学校 | 1908113 | 1009210 | 886798 | | 122412 | 13611 | 8073 | 69 | 5469 |
| 四、中学 | 102558834 | 54313046 | 50395065 | | 3917981 | 11352152 | 5058717 | 5535738 | 757697 |
| 1. 普通中学 | 102391640 | 54242660 | 50328821 | | 3913839 | 11328138 | 5058617 | 5512277 | 757244 |
| 高级中学 | 19024464 | 7360130 | 6732588 | | 627542 | 1644536 | 1411395 | 80622 | 152519 |
| 完全中学 | 26385663 | 12739527 | 11546812 | | 1192715 | 2256714 | 1619666 | 397971 | 239077 |
| 初级中学 | 56981513 | 34143003 | 32049421 | | 2093582 | 7426888 | 2027556 | 5033684 | 365648 |
| 其中：农村 | 30603282 | 18960980 | 17970920 | | 990060 | 3939485 | 293559 | 3542085 | 103841 |
| 2. 成人中学 | 167194 | 70386 | 66244 | | 4142 | 24014 | 100 | 23461 | 453 |
| 五、职业中学 | 10913914 | 5711489 | 5191907 | | 519582 | 811702 | 589976 | 127101 | 94625 |
| 六、小学 | 101774122 | 66148718 | 60595708 | | 5553010 | 11857259 | 2321114 | 9107814 | 428331 |
| 1. 普通小学 | 101711233 | 66101022 | 60549453 | | 5551569 | 11847333 | 2320624 | 9098507 | 428202 |
| 其中：农村 | 61394497 | 40805064 | 37630670 | | 3174394 | 7590294 | 387053 | 7065383 | 137858 |
| 2. 成人小学 | 62889 | 47696 | 46255 | | 1441 | 9926 | 490 | 9307 | 129 |
| 七、特殊教育学校 | 1097709 | 794335 | 736314 | | 58021 | 122610 | 106893 | 7176 | 8541 |
| 八、幼儿园 | 5162701 | 2847709 | 2656926 | | 190783 | 191029 | 108979 | 64639 | 17411 |
| 九、其他 | 17047923 | 7913159 | 7266047 | | 647112 | 2648173 | 2013934 | 316497 | 317742 |

补充资料：高等学校共建经费（其中：中央投入）448433 千元，其中：教育事业费 163999 千元，科研经费拨款 86484 千元，其他经费

## 教育经费收入情况

单位：千元

| 事业收入 | | 校办产业、勤工俭学、社会服务收入用于教育 | 捐集资收入 | | 其他收入 | 基建拨款 | 附1：本年实际收取学杂费 | 附2：上级补助收入 |
|---|---|---|---|---|---|---|---|---|
| 计 | 其中：学杂费 | | 计 | 其中：港澳台 | | | | |
| **80199806** | **53996564** | **4668000** | **10267149** | **443724** | **11745388** | **7535038** | **56377372** | **571535** |
| 21619176 | 16589752 | 707783 | 465302 | 58050 | 2165937 | 3414148 | 17163660 | 571535 |
| 18608213 | 14240838 | 585790 | 449317 | 56989 | 1894341 | 3299677 | 14719226 | 528920 |
| 3010963 | 2348914 | 121993 | 15985 | 1061 | 271596 | 114471 | 2444434 | 42615 |
| 9796960 | 8124167 | 134914 | 132337 | 4853 | 770238 | 479472 | 8687819 | |
| 6767477 | 5861574 | 77684 | 45072 | 335 | 475394 | 392886 | 6365792 | |
| 1774050 | 1375675 | 21514 | 58032 | 3282 | 130209 | 58832 | 1417607 | |
| 1255433 | 886918 | 35716 | 29233 | 1236 | 164635 | 27754 | 904420 | |
| 728939 | 588894 | 23022 | 13762 | | 77026 | 42543 | 594351 | |
| 24009391 | 15220465 | 1661046 | 5332736 | 142778 | 3876492 | 2013971 | 15799696 | |
| 23950936 | 15181085 | 1660259 | 5332062 | 142778 | 3863614 | 2013971 | 15759909 | |
| 6910703 | 4429337 | 227815 | 1517513 | 20240 | 803481 | 560286 | 4557743 | |
| 7392551 | 4441125 | 423150 | 1583514 | 59513 | 1247003 | 743204 | 4601796 | |
| 9647682 | 6310623 | 1009294 | 2231035 | 63025 | 1813130 | 710481 | 6600370 | |
| 5025982 | 3616677 | 556508 | 1205932 | 37381 | 697984 | 216411 | 3739558 | |
| 58455 | 39380 | 787 | 674 | | 12878 | | 39787 | |
| 3345388 | 2604917 | 191514 | 219122 | 6425 | 434866 | 199833 | 2687241 | |
| 14700168 | 9938584 | 1562204 | 3688465 | 221940 | 2781008 | 1036300 | 10510406 | |
| 14696853 | 9937218 | 1561784 | 3688127 | 221940 | 2779814 | 1036300 | 10509020 | |
| 8352695 | 6408513 | 857630 | 2154257 | 158813 | 1216936 | 417621 | 6893447 | |
| 3315 | 1366 | 420 | 338 | | 1194 | | 1386 | |
| 60851 | 28329 | 16455 | 29292 | 1168 | 50401 | 23765 | 25844 | |
| 1720792 | 901456 | 22681 | 155284 | 4934 | 186877 | 38329 | 908355 | |
| 4218141 | | 348381 | 230849 | 3576 | 1402543 | 286677 | | |

拨款 57343 千元，教育附加费 0 千元，基建：140607 千元

# 1－20 全国各级各类

| 学校类别 | 机构数（个） | 年初教职工数 | | |
|---|---|---|---|---|
| | | 合 计 | 公 办 | 民 办 |
| **总计** | **657556** | **13639187** | **13184494** | **454693** |
| 一、高等学校 | 1995 | 1149050 | 1149050 | |
| 1. 普通高等学校 | 1072 | 1051172 | 1051172 | |
| 2. 成人高等学校 | 923 | 97878 | 97878 | |
| 二、中等专业学校 | 6046 | 552496 | 552496 | |
| 1. 中等技术学校 | 2550 | 338299 | 338299 | |
| 2. 中等师范学校 | 786 | 102016 | 102016 | |
| 3. 成人中专学校 | 2710 | 112181 | 112181 | |
| 三、技工学校 | 744 | 59732 | 59732 | |
| 四、中 学 | 69124 | 4585260 | 4538066 | 47194 |
| 1. 普通中学 | 68522 | 4581274 | 4534082 | 47192 |
| 高级中学 | 4455 | 506587 | 505835 | 752 |
| 完全中学 | 6480 | 805270 | 803168 | 2102 |
| 初级中学 | 57587 | 3269417 | 3225079 | 44338 |
| 其中：农村 | 42251 | 2132518 | 2093251 | 39267 |
| 2. 成人中学 | 602 | 3986 | 3984 | 2 |
| 五、职业中学 | 5768 | 385992 | 384535 | 1457 |
| 六、小 学 | 546048 | 6383249 | 5982645 | 400604 |
| 1. 普通小学 | 543274 | 6378373 | 5977892 | 400481 |
| 其中：农村 | 470840 | 4555863 | 4191887 | 363976 |
| 2. 成人小学 | 2774 | 4876 | 4753 | 123 |
| 七、特殊教育学校 | 1399 | 40109 | 40041 | 68 |
| 八、幼儿园 | 12500 | 213242 | 207872 | 5370 |
| 九、其 他 | 13932 | 270057 | 270057 | |

补充资料：完全中学中的高中年平均学生数 4872347 人。

## 学校基本数字

单位:人

| 年末教职工数 | | | 年末离退休人员 | 学生数 | |
|---|---|---|---|---|---|
| 合　计 | 公　办 | 民　办 | | 年末数 | 年平均数 |
| **13496278** | **13010254** | **486024** | **3175736** | **215566855** | **213135442** |
| 1145321 | 1145321 | | 446184 | 7612196 | 6944409 |
| 1048898 | 1048898 | | 411451 | 5972416 | 5425956 |
| 96423 | 96423 | | 34733 | 1639780 | 1518453 |
| 549756 | 549756 | | 162532 | 5160149 | 5002793 |
| 335520 | 335520 | | 97219 | 3472216 | 3324095 |
| 102772 | 102772 | | 26542 | 800059 | 805827 |
| 111464 | 111464 | | 38771 | 887874 | 872871 |
| 59643 | 59643 | | 12175 | 468786 | 485706 |
| 4507002 | 4458273 | 48729 | 801455 | 68388394 | 65775410 |
| 4502908 | 4454181 | 48727 | 800353 | 68326381 | 65709432 |
| 497518 | 496726 | 792 | 120341 | 5928835 | 5661568 |
| 789419 | 787225 | 2194 | 209268 | 10495340 | 10055898 |
| 3215971 | 3170230 | 45741 | 470744 | 51902206 | 49991966 |
| 2096518 | 2056944 | 39574 | 241157 | 35491150 | 34209431 |
| 4094 | 4092 | 2 | 1102 | 62013 | 65978 |
| 384853 | 383252 | 1601 | 80150 | 4009934 | 3946048 |
| 6328899 | 5898565 | 430334 | 1516513 | 125580284 | 126652468 |
| 6324418 | 5894220 | 430198 | 1516118 | 125303840 | 126375817 |
| 4520898 | 4130597 | 390301 | 920350 | 92308503 | 93452227 |
| 4481 | 4345 | 136 | 395 | 276444 | 276651 |
| 40073 | 40006 | 67 | 10462 | 141760 | 137570 |
| 211102 | 205809 | 5293 | 48097 | 4205352 | 4191038 |
| 269629 | 269629 | | 98168 | | |

## 1－21　中央属各级各类

| 学校类别 | 机构数（个） | 年初教职工数 | | |
|---|---|---|---|---|
| | | 合　计 | 公　办 | 民　办 |
| **总计** | **427** | **387463** | **387463** | |
| 一、高等学校 | 208 | 357630 | 357630 | |
| 1. 普通高等学校 | 192 | 355082 | 355082 | |
| 2. 成人高等学校 | 16 | 2548 | 2548 | |
| 二、中等专业学校 | 123 | 21876 | 21876 | |
| 1. 中等技术学校 | 113 | 21103 | 21103 | |
| 2. 中等师范学校 | | | | |
| 3. 成人中专学校 | 10 | 773 | 773 | |
| 三、技工学校 | 38 | 3345 | 3345 | |
| 四、中 学 | 16 | 2377 | 2377 | |
| 1. 普通中学 | 16 | 2377 | 2377 | |
| 高级中学 | 6 | 1003 | 1003 | |
| 完全中学 | 6 | 1129 | 1129 | |
| 初级中学 | 4 | 245 | 245 | |
| 其中:农村 | | | | |
| 2. 成人中学 | | | | |
| 五、职业中学 | | | | |
| 六、小 学 | 10 | 748 | 748 | |
| 1. 普通小学 | 10 | 748 | 748 | |
| 其中:农村 | | | | |
| 2. 成人小学 | | | | |
| 七、特殊教育学校 | | | | |
| 八、幼儿园 | 1 | 30 | 30 | |
| 九、其 他 | 31 | 1457 | 1457 | |

补充资料:完全中学中的高中年平均学生数 7164 人。

## 学校基本数字

单位:人

| 年末教职工数 | | | 年末离退休人员 | 学生数 | |
|---|---|---|---|---|---|
| 合　计 | 公　办 | 民　办 | | 年末数 | 年平均数 |
| **393216** | **393216** | | **182724** | **2030995** | **1932068** |
| 363358 | 363358 | | 171198 | 1803475 | 1705449 |
| 360795 | 360795 | | 169997 | 1727329 | 1629734 |
| 2563 | 2563 | | 1201 | 76146 | 75715 |
| 22008 | 22008 | | 7954 | 173063 | 171054 |
| 21233 | 21233 | | 7768 | 167491 | 165432 |
| | | | | | |
| 775 | 775 | | 186 | 5572 | 5622 |
| 3321 | 3321 | | 706 | 17172 | 18537 |
| 2371 | 2371 | | 1291 | 22694 | 22542 |
| 2371 | 2371 | | 1291 | 22694 | 22542 |
| 1003 | 1003 | | 529 | 7755 | 7782 |
| 1121 | 1121 | | 625 | 12472 | 12489 |
| 247 | 247 | | 137 | 2467 | 2271 |
| | | | | | |
| | | | | | |
| | | | | | |
| 749 | 749 | | 472 | 14381 | 14286 |
| 749 | 749 | | 472 | 14381 | 14286 |
| | | | | | |
| | | | | | |
| | | | | | |
| 30 | 30 | | 23 | 210 | 200 |
| 1379 | 1379 | | 1080 | | |

## 1－22　地方属各级各类

| 学校类别 | 机构数（个） | 年初教职工数 | | |
|---|---|---|---|---|
| | | 合　计 | 公　办 | 民　办 |
| **总计** | **657129** | **13251724** | **12797031** | **454693** |
| 一、高等学校 | 1787 | 791420 | 791420 | |
| 1. 普通高等学校 | 880 | 696090 | 696090 | |
| 2. 成人高等学校 | 907 | 95330 | 95330 | |
| 二、中等专业学校 | 5923 | 530620 | 530620 | |
| 1. 中等技术学校 | 2437 | 317196 | 317196 | |
| 2. 中等师范学校 | 786 | 102016 | 102016 | |
| 3. 成人中专学校 | 2700 | 111408 | 111408 | |
| 三、技工学校 | 706 | 56387 | 56387 | |
| 四、中 学 | 69108 | 4582883 | 4535689 | 47194 |
| 1. 普通中学 | 68506 | 4578897 | 4531705 | 47192 |
| 高级中学 | 4449 | 505584 | 504832 | 752 |
| 完全中学 | 6474 | 804141 | 802039 | 2102 |
| 初级中学 | 57583 | 3269172 | 3224834 | 44338 |
| 其中:农村 | 42251 | 2132518 | 2093251 | 39267 |
| 2. 成人中学 | 602 | 3986 | 3984 | 2 |
| 五、职业中学 | 5768 | 385992 | 384535 | 1457 |
| 六、小 学 | 546038 | 6382501 | 5981897 | 400604 |
| 1. 普通小学 | 543264 | 6377625 | 5977144 | 400481 |
| 其中:农村 | 470840 | 4555863 | 4191887 | 363976 |
| 2. 成人小学 | 2774 | 4876 | 4753 | 123 |
| 七、特殊教育学校 | 1399 | 40109 | 40041 | 68 |
| 八、幼儿园 | 12499 | 213212 | 207842 | 5370 |
| 九、其 他 | 13901 | 268600 | 268600 | |

补充资料:完全中学中的高中年平均学生数 4865183 人。

## 学校基本数字

单位:人

| 年末教职工数 | | | 年末离退休人员 | 学生数 | |
|---|---|---|---|---|---|
| 合　计 | 公　办 | 民　办 | | 年末数 | 年平均数 |
| **13103062** | **12617038** | **486024** | **2993012** | **213535860** | **211203374** |
| 781963 | 781963 | | 274986 | 5808721 | 5238960 |
| 688103 | 688103 | | 241454 | 4245087 | 3796222 |
| 93860 | 93860 | | 33532 | 1563634 | 1442738 |
| 527748 | 527748 | | 154578 | 4987086 | 4831739 |
| 314287 | 314287 | | 89451 | 3304725 | 3158663 |
| 102772 | 102772 | | 26542 | 800059 | 805827 |
| 110689 | 110689 | | 38585 | 882302 | 867249 |
| 56322 | 56322 | | 11469 | 451614 | 467169 |
| 4504631 | 4455902 | 48729 | 800164 | 68365700 | 65752868 |
| 4500537 | 4451810 | 48727 | 799062 | 68303687 | 65686890 |
| 496515 | 495723 | 792 | 119812 | 5921080 | 5653786 |
| 788298 | 786104 | 2194 | 208643 | 10482868 | 10043409 |
| 3215724 | 3169983 | 45741 | 470607 | 51899739 | 49989695 |
| 2096518 | 2056944 | 39574 | 241157 | 35491150 | 34209431 |
| 4094 | 4092 | 2 | 1102 | 62013 | 65978 |
| 384853 | 383252 | 1601 | 80150 | 4009934 | 3946048 |
| 6328150 | 5897816 | 430334 | 1516041 | 125565903 | 126638182 |
| 6323669 | 5893471 | 430198 | 1515646 | 125289459 | 126361531 |
| 4520898 | 4130597 | 390301 | 920350 | 92308503 | 93452227 |
| 4481 | 4345 | 136 | 395 | 276444 | 276651 |
| 40073 | 40006 | 67 | 10462 | 141760 | 137570 |
| 211072 | 205779 | 5293 | 48074 | 4205142 | 4190838 |
| 268250 | 268250 | | 97088 | | |

## 1－23 全国各级各类学校

| | 年末校舍面积(千平方米) | | 年末固定资产总值(千元) | | | 年末图书册数(千册) |
|---|---|---|---|---|---|---|
| | 合计 | 其中:危房 | 合计 | 其中:房屋和建筑物 | 其中:专用设备 | |
| **总计** | **1407071** | **29100** | **670484732** | **460156636** | **93296838** | **3286697** |
| 一、高等学校 | 173768 | 3899 | 150906066 | 82718834 | 39063063 | 621240 |
| 1. 普通高等学校 | 160329 | 3786 | 137161713 | 76013778 | 36733458 | 575037 |
| 2. 成人高等学校 | 13439 | 113 | 13744353 | 6705056 | 2329605 | 46203 |
| 二、中等专业学校 | 88408 | 1132 | 58449644 | 35588578 | 9017045 | 195029 |
| 1. 中等技术学校 | 56535 | 827 | 40139552 | 23171031 | 6254739 | 129931 |
| 2. 中等师范学校 | 18352 | 150 | 11074198 | 7701467 | 1585479 | 40601 |
| 3. 成人中专学校 | 13521 | 155 | 7235894 | 4716080 | 1176827 | 24497 |
| 三、技工学校 | 7226 | 71 | 5023628 | 3329020 | 957372 | 9647 |
| 四、中 学 | 461570 | 8317 | 198587814 | 148716439 | 20791986 | 1005676 |
| 1. 普通中学 | 461054 | 8313 | 198261423 | 148491084 | 20740784 | 1005211 |
| 高级中学 | 65308 | 597 | 35316320 | 25751666 | 3906755 | 107179 |
| 完全中学 | 91977 | 1445 | 46340023 | 32462171 | 5467689 | 195559 |
| 初级中学 | 303769 | 6271 | 116605080 | 90277247 | 11366340 | 702473 |
| 其中:农村 | 199077 | 4726 | 69572011 | 54978259 | 6290322 | 456656 |
| 2. 成人中学 | 516 | 4 | 326391 | 225355 | 51202 | 465 |
| 五、职业中学 | 45928 | 739 | 28631585 | 17130911 | 3870734 | 76301 |
| 六、小 学 | 595059 | 14661 | 200160292 | 155496976 | 16168111 | 1346384 |
| 1. 普通小学 | 594807 | 14660 | 200084649 | 155435009 | 16161546 | 1345852 |
| 其中:农村 | 432588 | 12012 | 128730156 | 101880824 | 8978309 | 904354 |
| 2. 成人小学 | 252 | 1 | 75643 | 61967 | 6565 | 532 |
| 七、特殊教育学校 | 3438 | 37 | 3163109 | 1775178 | 183568 | 2689 |
| 八、幼儿园 | 16965 | 173 | 9900800 | 6083064 | 855755 | 19786 |
| 九、其 他 | 14709 | 71 | 15661794 | 9317636 | 2389204 | 9945 |

# 办学条件及效益表

| 本年改造危房 | | 本年购置课桌凳(单人套) | | 本年购置图书 | | 本年购置专用设备金额（千元） |
|---|---|---|---|---|---|---|
| 面积（千平方米） | 金额（千元） | 数量（千套） | 金额（千元） | 数量（千册） | 金额（千元） | |
| **13002** | **4692193** | **15160** | **1258815** | **187754** | **2116182** | **15762762** |
| 600 | 1423176 | | | 27247 | 840706 | 6785900 |
| 591 | 916531 | | | 26190 | 814367 | 6387880 |
| 9 | 506645 | | | 1057 | 26339 | 398020 |
| 167 | 43450 | 562 | 68472 | 7613 | 158324 | 1387627 |
| 106 | 26605 | 374 | 49295 | 5277 | 109092 | 899925 |
| 37 | 9995 | 120 | 11834 | 1430 | 38553 | 176369 |
| 24 | 6850 | 68 | 7343 | 906 | 10679 | 311333 |
| 27 | 3227 | 37 | 4537 | 407 | 6533 | 100985 |
| 4055 | 1084183 | 7509 | 631889 | 68417 | 546457 | 4059575 |
| 4054 | 1084158 | 7503 | 631425 | 68384 | 546156 | 4054407 |
| 351 | 122598 | 895 | 103943 | 8100 | 90337 | 1142512 |
| 570 | 193885 | 1403 | 129450 | 12887 | 125077 | 1155506 |
| 3133 | 767675 | 5205 | 398032 | 47397 | 330742 | 1756389 |
| 2447 | 569478 | 3218 | 226810 | 31175 | 204540 | 785037 |
| 1 | 25 | 6 | 464 | 33 | 301 | 5168 |
| 244 | 56279 | 394 | 35037 | 4067 | 43973 | 565284 |
| 7757 | 2036980 | 6463 | 500093 | 78146 | 486812 | 2406492 |
| 7756 | 2036633 | 6462 | 499986 | 78122 | 486678 | 2406085 |
| 6397 | 1601191 | 4275 | 303884 | 53834 | 313747 | 906999 |
| 1 | 347 | 1 | 107 | 24 | 134 | 407 |
| 8 | 2041 | 13 | 1398 | 185 | 1855 | 25054 |
| 68 | 16693 | 115 | 9631 | 1103 | 20993 | 129431 |
| 76 | 26164 | 67 | 7758 | 569 | 10529 | 302414 |

## 1－24　中央属各级各类学校

| | 年末校舍面积(千平方米) | | 年末固定资产总值(千元) | | | 年末图书册数(千册) |
|---|---|---|---|---|---|---|
| | 合计 | 其中:危房 | 合计 | 其中:房屋和建筑物 | 其中:专用设备 | |
| **总计** | **62803** | **1696** | **60681910** | **32902546** | **18963575** | **192129** |
| 一、高等学校 | 58153 | 1641 | 56803419 | 30655656 | 18298467 | 182889 |
| 1. 普通高等学校 | 57853 | 1641 | 56198002 | 30271488 | 18192430 | 181120 |
| 2. 成人高等学校 | 300 | | 605417 | 384168 | 106037 | 1769 |
| 二、中等专业学校 | 3383 | 54 | 2441028 | 1309024 | 470996 | 7798 |
| 1. 中等技术学校 | 3283 | 54 | 2393991 | 1280781 | 462505 | 7713 |
| 2. 中等师范学校 | | | | | | |
| 3. 成人中专学校 | 100 | | 47037 | 28243 | 8491 | 85 |
| 三、技工学校 | 325 | | 287423 | 185891 | 91943 | 282 |
| 四、中学 | 292 | | 271655 | 137198 | 37631 | 925 |
| 1. 普通中学 | 292 | | 271655 | 137198 | 37631 | 925 |
| 高级中学 | 131 | | 102671 | 71461 | 14049 | 428 |
| 完全中学 | 128 | | 97870 | 51481 | 21377 | 396 |
| 初级中学 | 33 | | 71114 | 14256 | 2205 | 101 |
| 其中:农村 | | | | | | |
| 2. 成人中学 | | | | | | |
| 五、职业中学 | | | | | | |
| 六、小学 | 83 | 1 | 36829 | 18389 | 8450 | 235 |
| 1. 普通小学 | 83 | 1 | 36829 | 18389 | 8450 | 235 |
| 其中:农村 | | | | | | |
| 2. 成人小学 | | | | | | |
| 七、特殊教育学校 | | | | | | |
| 八、幼儿园 | 3 | | 212 | 65 | 147 | |
| 九、其他 | 564 | | 841344 | 596323 | 55941 | |

# 办学条件及效益表

| 本年改造危房 | | 本年购置课桌凳（单人套） | | 本年购置图书 | | 本年购置专用设备金额（千元） |
|---|---|---|---|---|---|---|
| 面积（千平方米） | 金额（千元） | 数量（千套） | 金额（千元） | 数量（千册） | 金额（千元） | |
| **215** | **59811** | **32** | **23947** | **9559** | **274242** | **2961101** |
| 208 | 57959 | | | 9225 | 262815 | 2889750 |
| 208 | 57959 | | | 9199 | 261096 | 2875803 |
| | | | | 26 | 1719 | 13947 |
| 7 | 1852 | 25 | 3284 | 289 | 10770 | 61446 |
| 7 | 1852 | 25 | 3248 | 285 | 10719 | 61137 |
| | | | | | | |
| | | | 36 | 4 | 51 | 309 |
| | | 2 | 245 | 4 | 89 | 752 |
| | | 3 | 20231 | 33 | 474 | 8271 |
| | | 3 | 20231 | 33 | 474 | 8271 |
| | | 1 | 20049 | 17 | 209 | 4428 |
| | | 1 | 117 | 15 | 257 | 3325 |
| | | 1 | 65 | 1 | 8 | 518 |
| | | | | | | |
| | | | | | | |
| | | | | | | |
| | | 2 | 187 | 8 | 93 | 800 |
| | | 2 | 187 | 8 | 93 | 800 |
| | | | | | | |
| | | | | | | |
| | | | | | | |
| | | | | | 1 | 82 |
| | | | | | | |

## 1-25 地方属各级各类学校

| | 年末校舍面积(千平方米) | | 年末固定资产总值(千元) | | | 年末图书册数(千册) |
|---|---|---|---|---|---|---|
| | 合计 | 其中:危房 | 合计 | 其中 | | |
| | | | | 房屋和建筑物 | 专用设备 | |
| **总计** | **1344268** | **27404** | **609802822** | **427254090** | **74333263** | **3094568** |
| 一、高等学校 | 115615 | 2258 | 94102647 | 52063178 | 20764596 | 438351 |
| 1.普通高等学校 | 102476 | 2145 | 80963711 | 45742290 | 18541028 | 393917 |
| 2.成人高等学校 | 13139 | 113 | 13138936 | 6320888 | 2223568 | 44434 |
| 二、中等专业学校 | 85025 | 1078 | 56008616 | 34279554 | 8546049 | 187231 |
| 1.中等技术学校 | 53252 | 773 | 37745561 | 21890250 | 5792234 | 122218 |
| 2.中等师范学校 | 18352 | 150 | 11074198 | 7701467 | 1585479 | 40601 |
| 3.成人中专学校 | 13421 | 155 | 7188857 | 4687837 | 1168336 | 24412 |
| 三、技工学校 | 6901 | 71 | 4736205 | 3143129 | 865429 | 9365 |
| 四、中学 | 461278 | 8317 | 198316159 | 148579241 | 20754355 | 1004751 |
| 1.普通中学 | 460762 | 8313 | 197989768 | 148353886 | 20703153 | 1004286 |
| 高级中学 | 65177 | 597 | 35213649 | 25680205 | 3892706 | 106751 |
| 完全中学 | 91849 | 1445 | 46242153 | 32410690 | 5446312 | 195163 |
| 初级中学 | 303736 | 6271 | 116533966 | 90262991 | 11364135 | 702372 |
| 其中:农村 | 199077 | 4726 | 69572011 | 54978259 | 6290322 | 456656 |
| 2.成人中学 | 516 | 4 | 326391 | 225355 | 51202 | 465 |
| 五、职业中学 | 45928 | 739 | 28631585 | 17130911 | 3870734 | 76301 |
| 六、小学 | 594976 | 14660 | 200123463 | 155478587 | 16159661 | 1346149 |
| 1.普通小学 | 594724 | 14659 | 200047820 | 155416620 | 16153096 | 1345617 |
| 其中:农村 | 432588 | 12012 | 128730156 | 101880824 | 8978309 | 904354 |
| 2.成人小学 | 252 | 1 | 75643 | 61967 | 6565 | 532 |
| 七、特殊教育学校 | 3438 | 37 | 3163109 | 1775178 | 183568 | 2689 |
| 八、幼儿园 | 16962 | 173 | 9900588 | 6082999 | 855608 | 19786 |
| 九、其他 | 14145 | 71 | 14820450 | 8721313 | 2333263 | 9945 |

# 办学条件及效益表

| 本年改造危房 | | 本年购置课桌凳(单人套) | | 本年购置图书 | | 本年购置专用设备金额（千元） |
|---|---|---|---|---|---|---|
| 面积（千平方米） | 金额（千元） | 数量（千套） | 金额（千元） | 数量（千册） | 金额（千元） | |
| **12787** | **4632382** | **15128** | **1234868** | **178195** | **1841940** | **12801661** |
| 392 | 1365217 | | | 18022 | 577891 | 3896150 |
| 383 | 858572 | | | 16991 | 553271 | 3512077 |
| 9 | 506645 | | | 1031 | 24620 | 384073 |
| 160 | 41598 | 537 | 65188 | 7324 | 147554 | 1326181 |
| 99 | 24753 | 349 | 46047 | 4992 | 98373 | 838788 |
| 37 | 9995 | 120 | 11834 | 1430 | 38553 | 176369 |
| 24 | 6850 | 68 | 7307 | 902 | 10628 | 311024 |
| 27 | 3227 | 35 | 4292 | 403 | 6444 | 100233 |
| 4055 | 1084183 | 7506 | 611658 | 68384 | 545983 | 4051304 |
| 4054 | 1084158 | 7500 | 611194 | 68351 | 545682 | 4046136 |
| 351 | 122598 | 894 | 83894 | 8083 | 90128 | 1138084 |
| 570 | 193885 | 1402 | 129333 | 12872 | 124820 | 1152181 |
| 3133 | 767675 | 5204 | 397967 | 47396 | 330734 | 1755871 |
| 2447 | 569478 | 3218 | 226810 | 31175 | 204540 | 785037 |
| 1 | 25 | 6 | 464 | 33 | 301 | 5168 |
| 244 | 56279 | 394 | 35037 | 4067 | 43973 | 565284 |
| 7757 | 2036980 | 6461 | 499906 | 78138 | 486719 | 2405692 |
| 7756 | 2036633 | 6460 | 499799 | 78114 | 486585 | 2405285 |
| 6397 | 1601191 | 4275 | 303884 | 53834 | 313747 | 906999 |
| 1 | 347 | 1 | 107 | 24 | 134 | 407 |
| 8 | 2041 | 13 | 1398 | 185 | 1855 | 25054 |
| 68 | 16693 | 115 | 9631 | 1103 | 20992 | 129349 |
| 76 | 26164 | 67 | 7758 | 569 | 10529 | 302414 |

# 1－26 省、自治区、直辖市

| | 本级拨款总计 | 占本级财政支出百分比（%） | 预算内教育 | | |
|---|---|---|---|---|---|
| | | | 计 | 占本级财政支出百分比（%） | 教育事业费拨款 |
| **合 计** | **35326569** | **11.97** | **34610009** | **11.73** | **27274921** |
| 北 京 | 3242296 | 13.13 | 3052205 | 12.36 | 2027299 |
| 天 津 | 1135801 | 9.79 | 1112751 | 9.59 | 900197 |
| 河 北 | 981970 | 12.94 | 981970 | 12.94 | 882310 |
| 山 西 | 703675 | 7.96 | 703675 | 7.96 | 608892 |
| 内蒙古 | 455662 | 6.23 | 455662 | 6.23 | 302517 |
| 辽 宁 | 1743040 | | 1743040 | | 1490014 |
| 吉 林 | 1048732 | 9.71 | 1048732 | 9.71 | 810964 |
| 黑龙江 | 989311 | 7.84 | 985915 | 7.81 | 812909 |
| 上 海 | 4499486 | 15.43 | 4011946 | 13.75 | 3089427 |
| 江 苏 | 2845588 | 24.25 | 2845588 | 24.25 | 2446426 |
| 浙 江 | 1130137 | 17.07 | 1130137 | 17.07 | 958799 |
| 安 徽 | 696049 | 6.33 | 696049 | 6.33 | 545680 |
| 福 建 | 881450 | 11.20 | 878767 | 11.16 | 634364 |
| 江 西 | 694310 | 19.39 | 694310 | 19.39 | 545535 |
| 山 东 | 1979272 | 17.63 | 1979272 | 17.63 | 1629943 |
| 河 南 | 1589697 | 13.36 | 1589697 | 13.36 | 1208742 |
| 湖 北 | 1163008 | 22.78 | 1163008 | 22.78 | 791814 |
| 湖 南 | 873729 | 7.66 | 873729 | 7.66 | 730960 |
| 广 东 | 1989221 | 11.48 | 1989221 | 11.48 | 1514743 |
| 广 西 | 711047 | 10.06 | 711047 | 10.06 | 642354 |
| 海 南 | 281759 | 10.61 | 281759 | 10.61 | 246759 |
| 重 庆 | 740594 | 8.35 | 740594 | 8.35 | 567847 |
| 四 川 | 846960 | 7.89 | 846960 | 7.89 | 634883 |
| 贵 州 | 482199 | 7.42 | 482199 | 7.42 | 415143 |
| 云 南 | 1103340 | 8.65 | 1103190 | 8.65 | 825440 |
| 西 藏 | 161630 | 4.87 | 152730 | 4.61 | 128820 |
| 陕 西 | 951557 | 8.27 | 951557 | 8.27 | 827657 |
| 甘 肃 | 453737 | 6.00 | 453437 | 6.00 | 381966 |
| 青 海 | 240127 | 7.18 | 240127 | 7.18 | 177326 |
| 宁 夏 | 231166 | 8.68 | 230716 | 8.66 | 172736 |
| 新 疆 | 480019 | 6.20 | 480019 | 6.20 | 322455 |

## 本级教育经费基本情况

单位:千元

| 经费拨款 | | | 城市教育费附加 | 中央补助地方的教育专款 | 省本级补助地方的教育专款 |
|---|---|---|---|---|---|
| 教育基建拨款 | 科研经费拨款 | 其他经费拨款 | | | |
| **3419684** | **1517709** | **2397695** | **716560** | **1345154** | **2851381** |
| 247670 | 523393 | 253843 | 190091 | 6300 | 161309 |
| 47300 | 73111 | 92143 | 23050 | 48000 | 225850 |
| 99660 | | | | 19300 | 40400 |
| 60440 | 31048 | 3295 | | 5400 | 14050 |
| 98685 | 8744 | 45716 | | 120600 | 23000 |
| 90370 | 21219 | 141437 | | 155200 | 50000 |
| 50950 | 66219 | 120599 | | 85400 | 14150 |
| 93575 | 37279 | 42152 | 3396 | 87750 | 37306 |
| 447671 | 296399 | 178449 | 487540 | 2850 | 309000 |
| 229127 | 41124 | 128911 | | 3450 | 86750 |
| 85200 | 18542 | 67596 | | 7130 | 65200 |
| 64544 | 7805 | 78020 | | 15100 | 35000 |
| 70506 | 38534 | 135363 | 2683 | 31350 | 41240 |
| 122676 | 2291 | 23808 | | 28560 | 80610 |
| 131790 | 36596 | 180943 | | 26450 | 38110 |
| 171761 | 7100 | 202094 | | 14300 | 69850 |
| 235643 | 35954 | 99597 | | 14800 | 45720 |
| 124542 | 2533 | 15694 | | 16400 | 69792 |
| 209285 | 100959 | 164234 | | 2050 | 219220 |
| 37311 | 3809 | 27573 | | 179600 | 145830 |
| 27471 | 160 | 7369 | | 34050 | 21130 |
| 70618 | 15481 | 86648 | | 13700 | 97461 |
| 111622 | 67800 | 32655 | | 36200 | 78000 |
| 53833 | | 13223 | | 11740 | 7900 |
| 159001 | 20369 | 98380 | 150 | 135164 | 599258 |
| 23200 | 710 | | 8900 | 60800 | |
| 66887 | 43991 | 13022 | | 10950 | 40050 |
| 51906 | 9478 | 10087 | 300 | 12360 | 65300 |
| 30840 | | 31961 | | 58060 | 26094 |
| 42701 | 5506 | 9773 | 450 | 85910 | 44480 |
| 62899 | 1555 | 93110 | | 16230 | 99321 |

# 1－27　各级学校生均教育经费支出

单位:元

| | 教育经费支出 | | | | |
|---|---|---|---|---|---|
| | 合　计 | 事业性经费支出 | | | 基　建支　出 |
| | | 小　计 | 个人部分 | 公用部分 | |
| **总计** | **1653.50** | **1479.60** | **892.48** | **587.12** | **173.90** |
| 一、高等学校 | 13324.63 | 10786.89 | 5197.79 | 5589.10 | 2537.74 |
| 1.普通高等学校 | 15974.32 | 12815.26 | 6211.72 | 6603.54 | 3159.06 |
| 2.成人高等学校 | 3856.38 | 3538.83 | 1574.66 | 1964.17 | 317.55 |
| 二、中等专业学校 | 4725.75 | 4281.87 | 2276.16 | 2005.71 | 443.87 |
| 1.中等技术学校 | 4805.06 | 4336.25 | 2264.59 | 2071.67 | 468.80 |
| 2.中等师范学校 | 5282.82 | 4670.14 | 2556.10 | 2114.04 | 612.68 |
| 3.成人中专学校 | 3909.43 | 3716.34 | 2061.81 | 1654.53 | 193.09 |
| 三、技工学校 | 4111.38 | 3676.68 | 2013.61 | 1663.07 | 434.70 |
| 四、中 学 | 1532.52 | 1385.09 | 865.47 | 519.62 | 147.43 |
| 1.普通中学 | 1531.63 | 1384.14 | 864.97 | 519.17 | 147.49 |
| 高级中学 | 3209.38 | 2774.78 | 1507.43 | 1267.35 | 434.61 |
| 初级中学 | 1211.32 | 1118.65 | 742.31 | 376.33 | 92.67 |
| 其中:农村 | 884.41 | 836.85 | 583.71 | 253.14 | 47.56 |
| 2.成人中学 | 2415.94 | 2324.52 | 1361.89 | 962.62 | 91.42 |
| 五、职业中学 | 2752.78 | 2498.49 | 1462.31 | 1036.18 | 254.29 |
| 六、小 学 | 791.39 | 754.00 | 557.07 | 196.93 | 37.39 |
| 1.普通小学 | 792.63 | 755.16 | 557.96 | 197.20 | 37.47 |
| 其中:农村 | 647.01 | 621.07 | 472.77 | 148.30 | 25.95 |
| 2.成人小学 | 225.85 | 224.12 | 151.36 | 72.77 | 1.73 |
| 七、特殊教育学校 | 7770.42 | 7237.72 | 4828.08 | 2409.64 | 532.70 |
| 八、幼儿园 | 1212.76 | 1167.24 | 765.98 | 401.26 | 45.52 |
| 九、其 他 | | | | | |

## 1-28　各级学校生均预算内教育经费支出

单位:元

| | 预算内教育经费支出 | | | | |
|---|---|---|---|---|---|
| | 合　计 | 事业性经费支出 | | | 基　建<br>支　出 |
| | | 小　计 | 个人部分 | 公用部分 | |
| **总计** | **915.56** | **861.85** | **694.08** | **167.77** | **53.71** |
| 一、高等学校 | 7073.73 | 6027.23 | 3646.32 | 2380.91 | 1046.50 |
| 1. 普通高等学校 | 8625.65 | 7309.58 | 4388.35 | 2921.23 | 1316.07 |
| 2. 成人高等学校 | 1528.17 | 1444.94 | 994.77 | 450.17 | 83.23 |
| 二、中等专业学校 | 2289.43 | 2187.19 | 1638.41 | 548.79 | 102.24 |
| 1. 中等技术学校 | 2360.18 | 2232.39 | 1605.67 | 626.72 | 127.79 |
| 2. 中等师范学校 | 2447.18 | 2374.17 | 1946.14 | 428.03 | 73.01 |
| 3. 成人中专学校 | 1874.39 | 1842.47 | 1478.97 | 363.50 | 31.92 |
| 三、技工学校 | 2096.51 | 1993.48 | 1448.57 | 544.91 | 103.03 |
| 四、中 学 | 812.49 | 781.87 | 685.59 | 96.28 | 30.62 |
| 1. 普通中学 | 812.29 | 781.64 | 685.43 | 96.21 | 30.65 |
| 高级中学 | 1409.45 | 1314.99 | 1102.90 | 212.08 | 94.47 |
| 初级中学 | 698.28 | 679.81 | 605.73 | 74.08 | 18.47 |
| 其中:农村 | 539.87 | 533.54 | 494.87 | 38.67 | 6.33 |
| 2. 成人中学 | 1010.87 | 1010.87 | 845.54 | 165.33 | |
| 五、职业中学 | 1400.09 | 1349.45 | 1134.55 | 214.90 | 50.64 |
| 六、小 学 | 499.06 | 490.88 | 453.72 | 37.16 | 8.18 |
| 1. 普通小学 | 499.78 | 491.58 | 454.40 | 37.18 | 8.20 |
| 其中:农村 | 417.44 | 412.97 | 388.86 | 24.11 | 4.47 |
| 2. 成人小学 | 169.17 | 169.17 | 140.57 | 28.60 | |
| 七、特殊教育学校 | 5596.01 | 5423.26 | 4168.34 | 1254.92 | 172.75 |
| 八、幼儿园 | 652.01 | 642.87 | 565.95 | 76.92 | 9.15 |
| 九、其 他 | | | | | |

# 1－29　中央属各级学校生均教育经费支出

单位:元

| | 教育经费支出 | | | | |
|---|---|---|---|---|---|
| | 合　计 | 事业性经费支出 | | | 基　建<br>支　出 |
| | | 小　计 | 个人部分 | 公用部分 | |
| **总计** | **21015.81** | **16673.08** | **7724.35** | **8948.72** | **4342.74** |
| 一、高等学校 | 22617.38 | 17779.79 | 8327.62 | 9452.17 | 4837.59 |
| 1.普通高等学校 | 23500.23 | 18445.39 | 8654.03 | 9791.36 | 5054.84 |
| 2.成人高等学校 | 3614.37 | 3453.09 | 1301.72 | 2151.37 | 161.28 |
| 二、中等专业学校 | 5957.84 | 5462.42 | 2942.37 | 2520.04 | 495.43 |
| 1.中等技术学校 | 5953.28 | 5443.48 | 2954.60 | 2488.88 | 509.80 |
| 2.中等师范学校 | | | | | |
| 3.成人中专学校 | 6092.14 | 6019.57 | 2582.71 | 3436.86 | 72.57 |
| 三、技工学校 | 4686.20 | 4040.51 | 1813.51 | 2227.01 | 645.68 |
| 四、中 学 | 9676.96 | 8730.59 | 4387.63 | 4342.96 | 946.37 |
| 1.普通中学 | 9676.96 | 8730.59 | 4387.63 | 4342.96 | 946.37 |
| 高级中学 | 11114.30 | 9886.48 | 4966.61 | 4919.87 | 1227.81 |
| 初级中学 | 6848.83 | 6456.25 | 3248.42 | 3207.83 | 392.59 |
| 其中:农村 | | | | | |
| 2.成人中学 | | | | | |
| 五、职业中学 | | | | | |
| 六、小 学 | 3151.55 | 2963.25 | 1937.49 | 1025.76 | 188.30 |
| 1.普通小学 | 3151.55 | 2963.25 | 1937.49 | 1025.76 | 188.30 |
| 其中:农村 | | | | | |
| 2.成人小学 | | | | | |
| 七、特殊教育学校 | | | | | |
| 八、幼儿园 | 1820.00 | 1820.00 | 1225.00 | 595.00 | |
| 九、其 他 | | | | | |

# 1-30 中央属各级学校生均预算内教育经费支出

单位:元

| | 预算内教育经费支出 | | | | |
|---|---|---|---|---|---|
| | 合计 | 事业性经费支出 | | | 基建支出 |
| | | 小计 | 个人部分 | 公用部分 | |
| **总计** | **11935.07** | **9910.22** | **5366.99** | **4543.23** | **2024.86** |
| 一、高等学校 | 13010.08 | 10750.74 | 5795.78 | 4954.96 | 2259.34 |
| 1. 普通高等学校 | 13580.77 | 11223.77 | 6050.29 | 5173.48 | 2357.00 |
| 2. 成人高等学校 | 726.08 | 568.76 | 317.39 | 251.38 | 157.31 |
| 二、中等专业学校 | 2843.93 | 2656.82 | 1984.72 | 672.10 | 187.11 |
| 1. 中等技术学校 | 2863.13 | 2670.31 | 1998.16 | 672.15 | 192.82 |
| 2. 中等师范学校 | | | | | |
| 3. 成人中专学校 | 2279.08 | 2259.87 | 1589.11 | 670.76 | 19.21 |
| 三、技工学校 | 3502.40 | 3097.80 | 1566.76 | 1531.05 | 404.60 |
| 四、中学 | 3292.83 | 3292.83 | 1911.72 | 1381.11 | |
| 1. 普通中学 | 3292.83 | 3292.83 | 1911.72 | 1381.11 | |
| 高级中学 | 3839.22 | 3839.22 | 2241.04 | 1598.18 | |
| 初级中学 | 2217.74 | 2217.74 | 1263.74 | 954.00 | |
| 其中:农村 | | | | | |
| 2. 成人中学 | | | | | |
| 五、职业中学 | | | | | |
| 六、小学 | 1348.59 | 1348.59 | 1082.32 | 266.27 | |
| 1. 普通小学 | 1348.59 | 1348.59 | 1082.32 | 266.27 | |
| 其中:农村 | | | | | |
| 2. 成人小学 | | | | | |
| 七、特殊教育学校 | | | | | |
| 八、幼儿园 | | | | | |
| 九、其他 | | | | | |

# 1－31　地方属各级学校生均教育经费支出

单位:元

| | 教育经费支出 | | | | |
|---|---|---|---|---|---|
| | 合　计 | 事业性经费支出 | | | 基　建<br>支　出 |
| | | 小　计 | 个人部分 | 公用部分 | |
| **总计** | **1476.38** | **1340.61** | **829.98** | **510.63** | **135.76** |
| 一、高等学校 | 10299.55 | 8510.48 | 4178.93 | 4331.55 | 1789.07 |
| 1.普通高等学校 | 12743.42 | 10398.23 | 5163.23 | 5235.00 | 2345.19 |
| 2.成人高等学校 | 3869.08 | 3543.33 | 1588.99 | 1954.34 | 325.75 |
| 二、中等专业学校 | 4682.13 | 4240.08 | 2252.58 | 1987.50 | 442.05 |
| 1.中等技术学校 | 4744.92 | 4278.26 | 2228.45 | 2049.81 | 466.66 |
| 2.中等师范学校 | 5282.82 | 4670.14 | 2556.10 | 2114.04 | 612.68 |
| 3.成人中专学校 | 3895.28 | 3701.41 | 2058.43 | 1642.97 | 193.87 |
| 三、技工学校 | 4088.57 | 3662.24 | 2021.55 | 1640.69 | 426.33 |
| 四、中 学 | 1529.73 | 1382.57 | 864.26 | 518.31 | 147.16 |
| 1.普通中学 | 1528.84 | 1381.62 | 863.76 | 517.86 | 147.21 |
| 高级中学 | 3198.82 | 2765.30 | 1502.76 | 1262.54 | 433.52 |
| 初级中学 | 1210.42 | 1117.79 | 741.92 | 375.87 | 92.62 |
| 其中:农村 | 884.41 | 836.85 | 583.71 | 253.14 | 47.56 |
| 2.成人中学 | 2415.94 | 2324.52 | 1361.89 | 962.62 | 91.42 |
| 五、职业中学 | 2752.78 | 2498.49 | 1462.31 | 1036.18 | 254.29 |
| 六、小 学 | 791.13 | 753.75 | 556.91 | 196.84 | 37.37 |
| 1.普通小学 | 792.36 | 754.91 | 557.80 | 197.11 | 37.45 |
| 其中:农村 | 647.01 | 621.07 | 472.77 | 148.30 | 25.95 |
| 2.成人小学 | 225.85 | 224.12 | 151.36 | 72.77 | 1.73 |
| 七、特殊教育学校 | 7770.42 | 7237.72 | 4828.08 | 2409.64 | 532.70 |
| 八、幼儿园 | 1212.73 | 1167.20 | 765.95 | 401.25 | 45.52 |
| 九、其 他 | | | | | |

# 1－32　地方属各级学校生均预算内教育经费支出

单位:元

| | 预算内教育经费支出 | | | | |
|---|---|---|---|---|---|
| | 合　计 | 事业性经费支出 | | | 基　建支　出 |
| | | 小　计 | 个人部分 | 公用部分 | |
| **总计** | **814.76** | **779.08** | **651.33** | **127.75** | **35.68** |
| 一、高等学校 | 5141.26 | 4489.57 | 2946.60 | 1542.98 | 651.68 |
| 1. 普通高等学校 | 6498.40 | 5629.20 | 3674.87 | 1954.33 | 869.20 |
| 2. 成人高等学校 | 1570.26 | 1490.92 | 1030.32 | 460.60 | 79.34 |
| 二、中等专业学校 | 2269.80 | 2170.57 | 1626.15 | 544.42 | 99.23 |
| 1. 中等技术学校 | 2333.84 | 2209.45 | 1585.11 | 624.34 | 124.38 |
| 2. 中等师范学校 | 2447.18 | 2374.17 | 1946.14 | 428.03 | 73.01 |
| 3. 成人中专学校 | 1871.77 | 1839.77 | 1478.26 | 361.51 | 32.00 |
| 三、技工学校 | 2040.73 | 1949.66 | 1443.88 | 505.78 | 91.07 |
| 四、中 学 | 811.64 | 781.01 | 685.17 | 95.83 | 30.63 |
| 1. 普通中学 | 811.44 | 780.78 | 685.01 | 95.76 | 30.66 |
| 高级中学 | 1406.17 | 1311.57 | 1101.33 | 210.25 | 94.59 |
| 初级中学 | 698.04 | 679.57 | 605.63 | 73.94 | 18.47 |
| 其中:农村 | 539.87 | 533.54 | 494.87 | 38.67 | 6.33 |
| 2. 成人中学 | 1010.87 | 1010.87 | 845.54 | 165.33 | |
| 五、职业中学 | 1400.09 | 1349.45 | 1134.55 | 214.90 | 50.64 |
| 六、小 学 | 498.96 | 490.78 | 453.65 | 37.13 | 8.18 |
| 1. 普通小学 | 499.69 | 491.48 | 454.33 | 37.15 | 8.20 |
| 其中:农村 | 417.44 | 412.97 | 388.86 | 24.11 | 4.47 |
| 2. 成人小学 | 169.17 | 169.17 | 140.57 | 28.60 | |
| 七、特殊教育学校 | 5596.01 | 5423.26 | 4168.34 | 1254.92 | 172.75 |
| 八、幼儿园 | 652.04 | 642.90 | 565.98 | 76.92 | 9.15 |
| 九、其 他 | | | | | |

# 第二部分

中国教育经费统计年鉴

2001

## 省、自治区、直辖市按来源分类教育经费收入

# 2-1 分地区教育经费总收入

单位:千元

| | 合 计 | 中 央 | 地 方 |
|---|---|---|---|
| **合 计** | **384908058** | **45799836** | **339108222** |
| 北 京 | 25030680 | 12548756 | 12481924 |
| 天 津 | 6854998 | 1201253 | 5653745 |
| 河 北 | 15590841 | 593692 | 14997149 |
| 山 西 | 7946241 | 343913 | 7602328 |
| 内蒙古 | 5808616 | 127773 | 5680843 |
| 辽 宁 | 14633147 | 1191897 | 13441250 |
| 吉 林 | 9029416 | 1156697 | 7872719 |
| 黑龙江 | 11751330 | 2291213 | 9460117 |
| 上 海 | 20088646 | 3924368 | 16164278 |
| 江 苏 | 29056772 | 3099779 | 25956993 |
| 浙 江 | 22004499 | 1098955 | 20905544 |
| 安 徽 | 11299540 | 919207 | 10380333 |
| 福 建 | 12257539 | 558872 | 11698667 |
| 江 西 | 7527766 | 57548 | 7470218 |
| 山 东 | 24627755 | 1465416 | 23162339 |
| 河 南 | 17091814 | 222479 | 16869335 |
| 湖 北 | 17064164 | 3780502 | 13283662 |
| 湖 南 | 15230368 | 1473372 | 13756996 |
| 广 东 | 36097205 | 1673093 | 34424112 |
| 广 西 | 9347179 | 125063 | 9222116 |
| 海 南 | 2230933 | 12843 | 2218090 |
| 重 庆 | 6987206 | 881659 | 6105547 |
| 四 川 | 16199875 | 2221041 | 13978834 |
| 贵 州 | 5284866 | 28342 | 5256524 |
| 云 南 | 9761745 | 55887 | 9705858 |
| 西 藏 | 815498 | 11890 | 803608 |
| 陕 西 | 10145844 | 2588738 | 7557106 |
| 甘 肃 | 5352872 | 762413 | 4590459 |
| 青 海 | 1281775 | | 1281775 |
| 宁 夏 | 1486494 | 52897 | 1433597 |
| 新 疆 | 7022434 | 1330278 | 5692156 |

# 2－2　分地区国家财政性教育经费

单位:千元

| | 合　计 | 中　央 | 地　方 |
|---|---|---|---|
| **合　计** | **256260557** | **27950050** | **228310507** |
| 北　京 | 16982753 | 7956548 | 9026205 |
| 天　津 | 4309821 | 715957 | 3593864 |
| 河　北 | 10694176 | 457058 | 10237118 |
| 山　西 | 5477180 | 291941 | 5185239 |
| 内蒙古 | 4460338 | 116031 | 4344307 |
| 辽　宁 | 10266560 | 741278 | 9525282 |
| 吉　林 | 6475200 | 682962 | 5792238 |
| 黑龙江 | 8359472 | 1518337 | 6841135 |
| 上　海 | 14367303 | 2184315 | 12182988 |
| 江　苏 | 18214567 | 1764102 | 16450465 |
| 浙　江 | 12797411 | 348028 | 12449383 |
| 安　徽 | 7227751 | 711490 | 6516261 |
| 福　建 | 8421250 | 288660 | 8132590 |
| 江　西 | 4866983 | 30522 | 4836461 |
| 山　东 | 16916654 | 1021404 | 15895250 |
| 河　南 | 11506171 | 162579 | 11343592 |
| 湖　北 | 9689639 | 1963908 | 7725731 |
| 湖　南 | 8577287 | 674315 | 7902972 |
| 广　东 | 21578148 | 784370 | 20793778 |
| 广　西 | 6300729 | 125063 | 6175666 |
| 海　南 | 1462948 | 12843 | 1450105 |
| 重　庆 | 4404701 | 434411 | 3970290 |
| 四　川 | 10834055 | 1303036 | 9531019 |
| 贵　州 | 4113363 | 24368 | 4088995 |
| 云　南 | 8276181 | 54861 | 8221320 |
| 西　藏 | 771279 | 11890 | 759389 |
| 陕　西 | 6682261 | 1669147 | 5013114 |
| 甘　肃 | 4250208 | 615364 | 3634844 |
| 青　海 | 1102335 | | 1102335 |
| 宁　夏 | 1156705 | 30059 | 1126646 |
| 新　疆 | 5717128 | 1255203 | 4461925 |

# 2－3　分地区财政预算内教育经费

单位:千元

| | 合　计 | 中　央 | 地　方 |
|---|---|---|---|
| **合　计** | **208567920** | **21854192** | **186713728** |
| 北　京 | 15347337 | 7581465 | 7765872 |
| 天　津 | 3671883 | 565017 | 3106866 |
| 河　北 | 8426725 | 112678 | 8314047 |
| 山　西 | 4353720 | 89070 | 4264650 |
| 内蒙古 | 3579535 | 24969 | 3554566 |
| 辽　宁 | 8589729 | 630932 | 7958797 |
| 吉　林 | 5234820 | 572807 | 4662013 |
| 黑龙江 | 5830293 | 630598 | 5199695 |
| 上　海 | 12232998 | 1881198 | 10351800 |
| 江　苏 | 14586635 | 1622541 | 12964094 |
| 浙　江 | 8765389 | 292803 | 8472586 |
| 安　徽 | 6472077 | 628136 | 5843941 |
| 福　建 | 7444659 | 265366 | 7179293 |
| 江　西 | 4094138 | 21280 | 4072858 |
| 山　东 | 13109997 | 439748 | 12670249 |
| 河　南 | 9193667 | 77459 | 9116208 |
| 湖　北 | 7606150 | 1645629 | 5960521 |
| 湖　南 | 6517821 | 571658 | 5946163 |
| 广　东 | 18215977 | 592557 | 17623420 |
| 广　西 | 5019992 | 8000 | 5011992 |
| 海　南 | 1073467 | 9064 | 1064403 |
| 重　庆 | 3718440 | 392635 | 3325805 |
| 四　川 | 8715069 | 1024125 | 7690944 |
| 贵　州 | 3463721 | 2201 | 3461520 |
| 云　南 | 7339959 | 14265 | 7325694 |
| 西　藏 | 761340 | 11890 | 749450 |
| 陕　西 | 5576761 | 1484203 | 4092558 |
| 甘　肃 | 3529522 | 425724 | 3103798 |
| 青　海 | 989738 | | 989738 |
| 宁　夏 | 995612 | 30059 | 965553 |
| 新　疆 | 4110749 | 206115 | 3904634 |

# 2-4 分地区财政预算内教育事业费拨款

单位:千元

| | 合计 | 中央 | 地方 |
|---|---|---|---|
| **合计** | **177137815** | **14138068** | **162999747** |
| 北京 | 10477221 | 4346770 | 6130451 |
| 天津 | 3309712 | 479562 | 2830150 |
| 河北 | 7828181 | 83792 | 7744389 |
| 山西 | 3958470 | 72406 | 3886064 |
| 内蒙古 | 2877349 | 23891 | 2853458 |
| 辽宁 | 7050001 | 429513 | 6620488 |
| 吉林 | 3841828 | 263895 | 3577933 |
| 黑龙江 | 5436999 | 502260 | 4934739 |
| 上海 | 10676900 | 1463292 | 9213608 |
| 江苏 | 12763626 | 1046174 | 11717452 |
| 浙江 | 7884704 | 253257 | 7631447 |
| 安徽 | 5495811 | 298003 | 5197808 |
| 福建 | 6471892 | 195025 | 6276867 |
| 江西 | 3827812 | 12940 | 3814872 |
| 山东 | 11942045 | 275003 | 11667042 |
| 河南 | 7772802 | 47364 | 7725438 |
| 湖北 | 6648884 | 1191623 | 5457261 |
| 湖南 | 6083920 | 414375 | 5669545 |
| 广东 | 14446298 | 415774 | 14030524 |
| 广西 | 4493401 | 8000 | 4485401 |
| 海南 | 988466 | 9064 | 979402 |
| 重庆 | 2834355 | 265752 | 2568603 |
| 四川 | 7152381 | 646965 | 6505416 |
| 贵州 | 3157104 | 2025 | 3155079 |
| 云南 | 6240343 | 3500 | 6236843 |
| 西藏 | 597860 | | 597860 |
| 陕西 | 4921564 | 1006569 | 3914995 |
| 甘肃 | 3023786 | 224276 | 2799510 |
| 青海 | 832936 | | 832936 |
| 宁夏 | 850653 | 22850 | 827803 |
| 新疆 | 3250511 | 134148 | 3116363 |

# 2-5　分地区财政预算内基建拨款

单位:千元

| | 合　计 | 中　央 | 地　方 |
|---|---|---|---|
| **合　计** | **11447197** | **3879018** | **7568179** |
| 北　京 | 2120166 | 1755141 | 365025 |
| 天　津 | 64850 | | 64850 |
| 河　北 | 178616 | 20660 | 157956 |
| 山　西 | 107711 | 3750 | 103961 |
| 内蒙古 | 166374 | | 166374 |
| 辽　宁 | 296592 | 88751 | 207841 |
| 吉　林 | 175465 | 118720 | 56745 |
| 黑龙江 | 247094 | 102178 | 144916 |
| 上　海 | 812761 | 156740 | 656021 |
| 江　苏 | 641165 | 289669 | 351496 |
| 浙　江 | 391729 | 21684 | 370045 |
| 安　徽 | 218384 | 45880 | 172504 |
| 福　建 | 200457 | 42710 | 157747 |
| 江　西 | 171386 | 7500 | 163886 |
| 山　东 | 350430 | 108530 | 241900 |
| 河　南 | 294620 | 19344 | 275276 |
| 湖　北 | 506424 | 235424 | 271000 |
| 湖　南 | 234729 | 68503 | 166226 |
| 广　东 | 1865943 | 64510 | 1801433 |
| 广　西 | 162347 | | 162347 |
| 海　南 | 58556 | | 58556 |
| 重　庆 | 183878 | 79800 | 104078 |
| 四　川 | 438264 | 242375 | 195889 |
| 贵　州 | 220948 | | 220948 |
| 云　南 | 320269 | 10700 | 309569 |
| 西　藏 | 125761 | 11890 | 113871 |
| 陕　西 | 363928 | 262864 | 101064 |
| 甘　肃 | 226789 | 78545 | 148244 |
| 青　海 | 60354 | | 60354 |
| 宁　夏 | 74714 | 5900 | 68814 |
| 新　疆 | 166493 | 37250 | 129243 |

# 2-6 分地区财政预算内科研经费拨款

单位:千元

| | 合 计 | 中 央 | 地 方 |
|---|---|---|---|
| **合 计** | **4016919** | **2453912** | **1563007** |
| 北 京 | 1408600 | 885207 | 523393 |
| 天 津 | 147444 | 74333 | 73111 |
| 河 北 | 221 | 56 | 165 |
| 山 西 | 37174 | 6126 | 31048 |
| 内蒙古 | 8744 | | 8744 |
| 辽 宁 | 98571 | 77352 | 21219 |
| 吉 林 | 126283 | 60064 | 66219 |
| 黑龙江 | 55726 | 18447 | 37279 |
| 上 海 | 474928 | 178529 | 296399 |
| 江 苏 | 276184 | 235060 | 41124 |
| 浙 江 | 36746 | 15112 | 21634 |
| 安 徽 | 207518 | 199713 | 7805 |
| 福 建 | 57955 | 19391 | 38564 |
| 江 西 | 2333 | 20 | 2313 |
| 山 东 | 74229 | 37533 | 36696 |
| 河 南 | 7212 | 95 | 7117 |
| 湖 北 | 197746 | 161674 | 36072 |
| 湖 南 | 92540 | 74853 | 17687 |
| 广 东 | 222950 | 95721 | 127229 |
| 广 西 | 3819 | | 3819 |
| 海 南 | 160 | | 160 |
| 重 庆 | 31082 | 15601 | 15481 |
| 四 川 | 173769 | 105919 | 67850 |
| 贵 州 | 250 | | 250 |
| 云 南 | 20454 | 65 | 20389 |
| 西 藏 | 710 | | 710 |
| 陕 西 | 218069 | 174078 | 43991 |
| 甘 肃 | 23455 | 13977 | 9478 |
| 青 海 | | | |
| 宁 夏 | 5886 | 380 | 5506 |
| 新 疆 | 6161 | 4606 | 1555 |

# 2-7 分地区财政预算内其他经费拨款

单位:千元

| | 合 计 | 中 央 | 地 方 |
|---|---|---|---|
| **合 计** | **15965989** | **1383194** | **14582795** |
| 北 京 | 1341350 | 594347 | 747003 |
| 天 津 | 149877 | 11122 | 138755 |
| 河 北 | 419707 | 8170 | 411537 |
| 山 西 | 250365 | 6788 | 243577 |
| 内蒙古 | 527068 | 1078 | 525990 |
| 辽 宁 | 1144565 | 35316 | 1109249 |
| 吉 林 | 1091244 | 130128 | 961116 |
| 黑龙江 | 90474 | 7713 | 82761 |
| 上 海 | 268409 | 82637 | 185772 |
| 江 苏 | 905660 | 51638 | 854022 |
| 浙 江 | 452210 | 2750 | 449460 |
| 安 徽 | 550364 | 84540 | 465824 |
| 福 建 | 714355 | 8240 | 706115 |
| 江 西 | 92607 | 820 | 91787 |
| 山 东 | 743293 | 18682 | 724611 |
| 河 南 | 1119033 | 10656 | 1108377 |
| 湖 北 | 253096 | 56908 | 196188 |
| 湖 南 | 106632 | 13927 | 92705 |
| 广 东 | 1680786 | 16552 | 1664234 |
| 广 西 | 360425 | | 360425 |
| 海 南 | 26285 | | 26285 |
| 重 庆 | 669125 | 31482 | 637643 |
| 四 川 | 950655 | 28866 | 921789 |
| 贵 州 | 85419 | 176 | 85243 |
| 云 南 | 758893 | | 758893 |
| 西 藏 | 37009 | | 37009 |
| 陕 西 | 73200 | 40692 | 32508 |
| 甘 肃 | 255492 | 108926 | 146566 |
| 青 海 | 96448 | | 96448 |
| 宁 夏 | 64359 | 929 | 63430 |
| 新 疆 | 687584 | 30111 | 657473 |

## 2-8 分地区各级政府征收用于教育税费

单位:千元

| | 合计 | 中央 | 地方 |
|---|---|---|---|
| **合计** | **28399644** | **22886** | **28376758** |
| 北京 | 687531 | 11520 | 676011 |
| 天津 | 345960 | 2070 | 343890 |
| 河北 | 1436262 | | 1436262 |
| 山西 | 551915 | | 551915 |
| 内蒙古 | 333075 | | 333075 |
| 辽宁 | 979303 | | 979303 |
| 吉林 | 468052 | 820 | 467232 |
| 黑龙江 | 677444 | | 677444 |
| 上海 | 1166867 | 2780 | 1164087 |
| 江苏 | 2848655 | | 2848655 |
| 浙江 | 3306883 | | 3306883 |
| 安徽 | 394706 | | 394706 |
| 福建 | 849646 | | 849646 |
| 江西 | 554778 | | 554778 |
| 山东 | 2592655 | | 2592655 |
| 河南 | 1618524 | | 1618524 |
| 湖北 | 1079311 | 4126 | 1075185 |
| 湖南 | 1287013 | | 1287013 |
| 广东 | 2361117 | | 2361117 |
| 广西 | 891028 | | 891028 |
| 海南 | 111940 | | 111940 |
| 重庆 | 394849 | 770 | 394079 |
| 四川 | 1285659 | | 1285659 |
| 贵州 | 398661 | | 398661 |
| 云南 | 567797 | | 567797 |
| 西藏 | 9799 | | 9799 |
| 陕西 | 479651 | 800 | 478851 |
| 甘肃 | 305759 | | 305759 |
| 青海 | 40644 | | 40644 |
| 宁夏 | 71587 | | 71587 |
| 新疆 | 302573 | | 302573 |

# 2-9　分地区城市教育费附加

单位：千元

| | 合计 | 中央 | 地方 |
|---|---|---|---|
| **合计** | **10608601** | **13176** | **10595425** |
| 北京 | 533226 | 8720 | 524506 |
| 天津 | 277310 | 1110 | 276200 |
| 河北 | 326767 | | 326767 |
| 山西 | 203916 | | 203916 |
| 内蒙古 | 152794 | | 152794 |
| 辽宁 | 611856 | | 611856 |
| 吉林 | 213682 | | 213682 |
| 黑龙江 | 422876 | | 422876 |
| 上海 | 951539 | 1840 | 949699 |
| 江苏 | 692382 | | 692382 |
| 浙江 | 652227 | | 652227 |
| 安徽 | 280961 | | 280961 |
| 福建 | 298664 | | 298664 |
| 江西 | 147792 | | 147792 |
| 山东 | 880329 | | 880329 |
| 河南 | 515102 | | 515102 |
| 湖北 | 312421 | 736 | 311685 |
| 湖南 | 309470 | | 309470 |
| 广东 | 1025687 | | 1025687 |
| 广西 | 218662 | | 218662 |
| 海南 | 58709 | | 58709 |
| 重庆 | 140263 | 770 | 139493 |
| 四川 | 369141 | | 369141 |
| 贵州 | 147378 | | 147378 |
| 云南 | 324114 | | 324114 |
| 西藏 | 9799 | | 9799 |
| 陕西 | 197833 | | 197833 |
| 甘肃 | 128929 | | 128929 |
| 青海 | 13419 | | 13419 |
| 宁夏 | 39852 | | 39852 |
| 新疆 | 151501 | | 151501 |

# 2-10 分地区农村教育费附加

单位:千元

| | 合 计 | 中 央 | 地 方 |
|---|---|---|---|
| **合 计** | **15197376** | | **15197376** |
| 北 京 | 13586 | | 13586 |
| 天 津 | 15290 | | 15290 |
| 河 北 | 993708 | | 993708 |
| 山 西 | 345996 | | 345996 |
| 内蒙古 | 161160 | | 161160 |
| 辽 宁 | 258081 | | 258081 |
| 吉 林 | 253200 | | 253200 |
| 黑龙江 | 238937 | | 238937 |
| 上 海 | 120328 | | 120328 |
| 江 苏 | 1629228 | | 1629228 |
| 浙 江 | 2310271 | | 2310271 |
| 安 徽 | 65306 | | 65306 |
| 福 建 | 509250 | | 509250 |
| 江 西 | 332537 | | 332537 |
| 山 东 | 1508287 | | 1508287 |
| 河 南 | 1097565 | | 1097565 |
| 湖 北 | 692716 | | 692716 |
| 湖 南 | 907569 | | 907569 |
| 广 东 | 1295247 | | 1295247 |
| 广 西 | 526415 | | 526415 |
| 海 南 | 53068 | | 53068 |
| 重 庆 | 220054 | | 220054 |
| 四 川 | 663556 | | 663556 |
| 贵 州 | 202344 | | 202344 |
| 云 南 | 221116 | | 221116 |
| 西 藏 | | | |
| 陕 西 | 270390 | | 270390 |
| 甘 肃 | 157520 | | 157520 |
| 青 海 | 26769 | | 26769 |
| 宁 夏 | 31035 | | 31035 |
| 新 疆 | 76847 | | 76847 |

# 2－11 分地区地方教育费附加

单位:千元

| | 合 计 | 中 央 | 地 方 |
|---|---|---|---|
| **合 计** | **2593667** | **9710** | **2583957** |
| 北 京 | 140719 | 2800 | 137919 |
| 天 津 | 53360 | 960 | 52400 |
| 河 北 | 115787 | | 115787 |
| 山 西 | 2003 | | 2003 |
| 内蒙古 | 19121 | | 19121 |
| 辽 宁 | 109366 | | 109366 |
| 吉 林 | 1170 | 820 | 350 |
| 黑龙江 | 15631 | | 15631 |
| 上 海 | 95000 | 940 | 94060 |
| 江 苏 | 527045 | | 527045 |
| 浙 江 | 344385 | | 344385 |
| 安 徽 | 48439 | | 48439 |
| 福 建 | 41732 | | 41732 |
| 江 西 | 74449 | | 74449 |
| 山 东 | 204039 | | 204039 |
| 河 南 | 5857 | | 5857 |
| 湖 北 | 74174 | 3390 | 70784 |
| 湖 南 | 69974 | | 69974 |
| 广 东 | 40183 | | 40183 |
| 广 西 | 145951 | | 145951 |
| 海 南 | 163 | | 163 |
| 重 庆 | 34532 | | 34532 |
| 四 川 | 252962 | | 252962 |
| 贵 州 | 48939 | | 48939 |
| 云 南 | 22567 | | 22567 |
| 西 藏 | | | |
| 陕 西 | 11428 | 800 | 10628 |
| 甘 肃 | 19310 | | 19310 |
| 青 海 | 456 | | 456 |
| 宁 夏 | 700 | | 700 |
| 新 疆 | 74225 | | 74225 |

# 2－12 分地区企业办学经费

单位:千元

| | 合计 | 中央 | 地方 |
|---|---|---|---|
| **合计** | **13581523** | **5029502** | **8552021** |
| 北京 | 396958 | 22737 | 374221 |
| 天津 | 214377 | 128526 | 85851 |
| 河北 | 631722 | 341950 | 289772 |
| 山西 | 467612 | 202871 | 264741 |
| 内蒙古 | 432754 | 91062 | 341692 |
| 辽宁 | 525476 | 93117 | 432359 |
| 吉林 | 610990 | 94687 | 516303 |
| 黑龙江 | 1725641 | 872961 | 852680 |
| 上海 | 343606 | 12727 | 330879 |
| 江苏 | 426558 | 85787 | 340771 |
| 浙江 | 539483 | 34480 | 505003 |
| 安徽 | 276399 | 79687 | 196712 |
| 福建 | 48731 | 15645 | 33086 |
| 江西 | 106507 | 9242 | 97265 |
| 山东 | 998089 | 564105 | 433984 |
| 河南 | 445334 | 84720 | 360614 |
| 湖北 | 550883 | 295564 | 255319 |
| 湖南 | 495987 | 52546 | 443441 |
| 广东 | 599171 | 89355 | 509816 |
| 广西 | 252347 | 117063 | 135284 |
| 海南 | 211107 | 3779 | 207328 |
| 重庆 | 174721 | 36623 | 138098 |
| 四川 | 498246 | 255514 | 242732 |
| 贵州 | 230472 | 21943 | 208529 |
| 云南 | 237469 | 40596 | 196873 |
| 西藏 | | | |
| 陕西 | 486821 | 153410 | 333411 |
| 甘肃 | 337478 | 181904 | 155574 |
| 青海 | 57878 | | 57878 |
| 宁夏 | 80761 | | 80761 |
| 新疆 | 1177945 | 1046901 | 131044 |

## 2－13 分地区校办产业、勤工俭学和社会服务收入用于教育的经费

单位:千元

| | 合计 | 中央 | 地方 |
|---|---|---|---|
| **合计** | **5711470** | **1043470** | **4668000** |
| 北京 | 550927 | 340826 | 210101 |
| 天津 | 77601 | 20344 | 57257 |
| 河北 | 199467 | 2430 | 197037 |
| 山西 | 103933 | | 103933 |
| 内蒙古 | 114974 | | 114974 |
| 辽宁 | 172052 | 17229 | 154823 |
| 吉林 | 161338 | 14648 | 146690 |
| 黑龙江 | 126094 | 14778 | 111316 |
| 上海 | 623832 | 287610 | 336222 |
| 江苏 | 352719 | 55774 | 296945 |
| 浙江 | 185656 | 20745 | 164911 |
| 安徽 | 84569 | 3667 | 80902 |
| 福建 | 78214 | 7649 | 70565 |
| 江西 | 111560 | | 111560 |
| 山东 | 215913 | 17551 | 198362 |
| 河南 | 248646 | 400 | 248246 |
| 湖北 | 453295 | 18589 | 434706 |
| 湖南 | 276466 | 50111 | 226355 |
| 广东 | 401883 | 102458 | 299425 |
| 广西 | 137362 | | 137362 |
| 海南 | 66434 | | 66434 |
| 重庆 | 116691 | 4383 | 112308 |
| 四川 | 335081 | 23397 | 311684 |
| 贵州 | 20509 | 224 | 20285 |
| 云南 | 130956 | | 130956 |
| 西藏 | 140 | | 140 |
| 陕西 | 139028 | 30734 | 108294 |
| 甘肃 | 77449 | 7736 | 69713 |
| 青海 | 14075 | | 14075 |
| 宁夏 | 8745 | | 8745 |
| 新疆 | 125861 | 2187 | 123674 |

# 2－14 分地区社会团体和公民个人办学经费

单位:千元

| | 合 计 | 中 央 | 地 方 |
|---|---|---|---|
| **合 计** | **8585372** | | **8585372** |
| 北 京 | 289300 | | 289300 |
| 天 津 | 380342 | | 380342 |
| 河 北 | 507161 | | 507161 |
| 山 西 | 199759 | | 199759 |
| 内蒙古 | 60486 | | 60486 |
| 辽 宁 | 200912 | | 200912 |
| 吉 林 | 49511 | | 49511 |
| 黑龙江 | 213376 | | 213376 |
| 上 海 | 534652 | | 534652 |
| 江 苏 | 515126 | | 515126 |
| 浙 江 | 1467654 | | 1467654 |
| 安 徽 | 131920 | | 131920 |
| 福 建 | 354124 | | 354124 |
| 江 西 | 80407 | | 80407 |
| 山 东 | 509089 | | 509089 |
| 河 南 | 309514 | | 309514 |
| 湖 北 | 75832 | | 75832 |
| 湖 南 | 284171 | | 284171 |
| 广 东 | 1464244 | | 1464244 |
| 广 西 | 136849 | | 136849 |
| 海 南 | 71153 | | 71153 |
| 重 庆 | 71926 | | 71926 |
| 四 川 | 167537 | | 167537 |
| 贵 州 | 42592 | | 42592 |
| 云 南 | 74772 | | 74772 |
| 西 藏 | | | |
| 陕 西 | 257637 | | 257637 |
| 甘 肃 | 18311 | | 18311 |
| 青 海 | 3712 | | 3712 |
| 宁 夏 | 5129 | | 5129 |
| 新 疆 | 108174 | | 108174 |

# 2－15　分地区社会捐、集资办学经费

单位：千元

| | 合　计 | 中　央 | 地　方 |
|---|---|---|---|
| **合　计** | **11395569** | **1128420** | **10267149** |
| 北　京 | 883870 | 404231 | 479639 |
| 天　津 | 48497 | 10155 | 38342 |
| 河　北 | 441147 | 338 | 440809 |
| 山　西 | 317381 | | 317381 |
| 内蒙古 | 47709 | | 47709 |
| 辽　宁 | 64987 | 7982 | 57005 |
| 吉　林 | 256291 | 4127 | 252164 |
| 黑龙江 | 42809 | 7952 | 34857 |
| 上　海 | 312799 | 171054 | 141745 |
| 江　苏 | 1611129 | 118533 | 1492596 |
| 浙　江 | 1194913 | 17935 | 1176978 |
| 安　徽 | 193947 | 4986 | 188961 |
| 福　建 | 442616 | 48297 | 394319 |
| 江　西 | 85244 | | 85244 |
| 山　东 | 662037 | 4332 | 657705 |
| 河　南 | 600621 | 174 | 600447 |
| 湖　北 | 645486 | 92933 | 552553 |
| 湖　南 | 408395 | 32128 | 376267 |
| 广　东 | 1602693 | 91416 | 1511277 |
| 广　西 | 134548 | | 134548 |
| 海　南 | 74197 | | 74197 |
| 重　庆 | 267987 | 31913 | 236074 |
| 四　川 | 389300 | 28063 | 361237 |
| 贵　州 | 95926 | | 95926 |
| 云　南 | 233321 | | 233321 |
| 西　藏 | 3610 | | 3610 |
| 陕　西 | 163576 | 20397 | 143179 |
| 甘　肃 | 112070 | 18204 | 93866 |
| 青　海 | 12215 | | 12215 |
| 宁　夏 | 18416 | 13270 | 5146 |
| 新　疆 | 27832 | | 27832 |

# 2－16 分地区农村捐、集资办学经费

单位:千元

| | 合 计 | 中 央 | 地 方 |
|---|---|---|---|
| **合 计** | **2641681** | | **2641681** |
| 北 京 | 6644 | | 6644 |
| 天 津 | 1000 | | 1000 |
| 河 北 | 238095 | | 238095 |
| 山 西 | 170495 | | 170495 |
| 内蒙古 | 28006 | | 28006 |
| 辽 宁 | 825 | | 825 |
| 吉 林 | 12552 | | 12552 |
| 黑龙江 | 4038 | | 4038 |
| 上 海 | 2235 | | 2235 |
| 江 苏 | 230293 | | 230293 |
| 浙 江 | 68688 | | 68688 |
| 安 徽 | 21513 | | 21513 |
| 福 建 | 128127 | | 128127 |
| 江 西 | 11762 | | 11762 |
| 山 东 | 227387 | | 227387 |
| 河 南 | 354991 | | 354991 |
| 湖 北 | 145986 | | 145986 |
| 湖 南 | 107412 | | 107412 |
| 广 东 | 502599 | | 502599 |
| 广 西 | 15993 | | 15993 |
| 海 南 | 11853 | | 11853 |
| 重 庆 | 47913 | | 47913 |
| 四 川 | 131441 | | 131441 |
| 贵 州 | 12243 | | 12243 |
| 云 南 | 84484 | | 84484 |
| 西 藏 | 4 | | 4 |
| 陕 西 | 38699 | | 38699 |
| 甘 肃 | 32302 | | 32302 |
| 青 海 | 862 | | 862 |
| 宁 夏 | 219 | | 219 |
| 新 疆 | 3020 | | 3020 |

## 2－17　分地区事业收入

单位：千元

| | 合　计 | 中　央 | 地　方 |
|---|---|---|---|
| **合　计** | **93827167** | **13627361** | **80199806** |
| 北　京 | 5395066 | 3230719 | 2164347 |
| 天　津 | 1740374 | 367249 | 1373125 |
| 河　北 | 3662731 | 93511 | 3569220 |
| 山　西 | 1868947 | 49540 | 1819407 |
| 内蒙古 | 1127510 | 11584 | 1115926 |
| 辽　宁 | 3775033 | 374567 | 3400466 |
| 吉　林 | 1989778 | 328288 | 1661490 |
| 黑龙江 | 2833317 | 661353 | 2171964 |
| 上　海 | 3755570 | 1347924 | 2407646 |
| 江　苏 | 7451539 | 1075044 | 6376495 |
| 浙　江 | 5393626 | 683145 | 4710481 |
| 安　徽 | 3437455 | 186967 | 3250488 |
| 福　建 | 2545397 | 169910 | 2375487 |
| 江　西 | 2309116 | 22944 | 2286172 |
| 山　东 | 5781842 | 328269 | 5453573 |
| 河　南 | 4266941 | 55456 | 4211485 |
| 湖　北 | 5636551 | 1395592 | 4240959 |
| 湖　南 | 5271517 | 638683 | 4632834 |
| 广　东 | 9843542 | 585297 | 9258245 |
| 广　西 | 2555164 | | 2555164 |
| 海　南 | 529042 | | 529042 |
| 重　庆 | 1769503 | 345125 | 1424378 |
| 四　川 | 3854244 | 759866 | 3094378 |
| 贵　州 | 956122 | 2601 | 953521 |
| 云　南 | 989646 | 466 | 989180 |
| 西　藏 | 28521 | | 28521 |
| 陕　西 | 2694443 | 723094 | 1971349 |
| 甘　肃 | 888869 | 112483 | 776386 |
| 青　海 | 151360 | | 151360 |
| 宁　夏 | 261569 | 9001 | 252568 |
| 新　疆 | 1062832 | 68683 | 994149 |

# 2－18　分地区学、杂费

单位:千元

| | 合　计 | 中　央 | 地　方 |
|---|---|---|---|
| **合　计** | **59483043** | **5486479** | **53996564** |
| 北　京 | 2305799 | 906740 | 1399059 |
| 天　津 | 787788 | 96755 | 691033 |
| 河　北 | 2759102 | 67783 | 2691319 |
| 山　西 | 1306323 | 46136 | 1260187 |
| 内蒙古 | 806273 | 11584 | 794689 |
| 辽　宁 | 2300706 | 235436 | 2065270 |
| 吉　林 | 1404356 | 257527 | 1146829 |
| 黑龙江 | 1778887 | 109930 | 1668957 |
| 上　海 | 2531015 | 510386 | 2020629 |
| 江　苏 | 4079011 | 380086 | 3698925 |
| 浙　江 | 2661237 | 80316 | 2580921 |
| 安　徽 | 2448018 | 83164 | 2364854 |
| 福　建 | 1612358 | 64428 | 1547930 |
| 江　西 | 1458518 | 22944 | 1435574 |
| 山　东 | 4078640 | 104305 | 3974335 |
| 河　南 | 3074896 | 38751 | 3036145 |
| 湖　北 | 3432520 | 635121 | 2797399 |
| 湖　南 | 3868194 | 456877 | 3411317 |
| 广　东 | 7246987 | 363247 | 6883740 |
| 广　西 | 1478443 | | 1478443 |
| 海　南 | 368030 | | 368030 |
| 重　庆 | 910318 | 166098 | 744220 |
| 四　川 | 1885332 | 307650 | 1577682 |
| 贵　州 | 702350 | 2601 | 699749 |
| 云　南 | 630251 | 466 | 629785 |
| 西　藏 | 20621 | | 20621 |
| 陕　西 | 1888829 | 377920 | 1510909 |
| 甘　肃 | 638645 | 93158 | 545487 |
| 青　海 | 100249 | | 100249 |
| 宁　夏 | 186748 | 9001 | 177747 |
| 新　疆 | 732599 | 58069 | 674530 |

# 2－19　分地区其他收入

单位：千元

| | 合　计 | 中　央 | 地　方 |
|---|---|---|---|
| **合　计** | **14839393** | **3094005** | **11745388** |
| 北　京 | 1479691 | 957258 | 522433 |
| 天　津 | 375964 | 107892 | 268072 |
| 河　北 | 285626 | 42785 | 242841 |
| 山　西 | 82974 | 2432 | 80542 |
| 内蒙古 | 112573 | 158 | 112415 |
| 辽　宁 | 325655 | 68070 | 257585 |
| 吉　林 | 258636 | 141320 | 117316 |
| 黑龙江 | 302356 | 103571 | 198785 |
| 上　海 | 1118322 | 221075 | 897247 |
| 江　苏 | 1264411 | 142100 | 1122311 |
| 浙　江 | 1150895 | 49847 | 1101048 |
| 安　徽 | 308467 | 15764 | 292703 |
| 福　建 | 494152 | 52005 | 442147 |
| 江　西 | 186016 | 4082 | 181934 |
| 山　东 | 758133 | 111411 | 646722 |
| 河　南 | 408567 | 4270 | 404297 |
| 湖　北 | 1016656 | 328069 | 688587 |
| 湖　南 | 688998 | 128246 | 560752 |
| 广　东 | 1608578 | 212010 | 1396568 |
| 广　西 | 219889 | | 219889 |
| 海　南 | 93593 | | 93593 |
| 重　庆 | 473089 | 70210 | 402879 |
| 四　川 | 954739 | 130076 | 824663 |
| 贵　州 | 76863 | 1373 | 75490 |
| 云　南 | 187825 | 560 | 187265 |
| 西　藏 | 12088 | | 12088 |
| 陕　西 | 347927 | 176100 | 171827 |
| 甘　肃 | 83414 | 16362 | 67052 |
| 青　海 | 12153 | | 12153 |
| 宁　夏 | 44675 | 567 | 44108 |
| 新　疆 | 106468 | 6392 | 100076 |

# 第三部分

中国教育经费统计年鉴
2001

# 省、自治区、直辖市各级各类教育机构教育经费收入情况

# 3－1 分地区中央部门

| | 总计 | 预算内教育经费拨款 | | | | 教育附加拨款 | | | |
|---|---|---|---|---|---|---|---|---|---|
| | | 小计 | 教育事业费拨款 | 科研经费拨款 | 其他经费拨款 | 小计 | 城市附加 | 农村附加 | 地方附加 |
| **合计** | **44598074** | **21671049** | **16426482** | **3442744** | **1801823** | **121610** | **13176** | | **108434** |
| 北京 | 13157015 | 6453270 | 4353463 | 1379019 | 720788 | 11520 | 8720 | | 2800 |
| 天津 | 1201335 | 693625 | 508015 | 143445 | 42165 | 2070 | 1110 | | 960 |
| 河北 | 251542 | 91818 | 83592 | 56 | 8170 | | | | |
| 山西 | 120746 | 68774 | 62206 | | 6568 | | | | |
| 内蒙古 | 36711 | 24969 | 23891 | | 1078 | | | | |
| 辽宁 | 1086358 | 529759 | 429099 | 56746 | 43914 | | | | |
| 吉林 | 1169979 | 562056 | 314045 | 114500 | 133511 | 820 | | | 820 |
| 黑龙江 | 1431148 | 541816 | 502260 | 21597 | 17959 | | | | |
| 上海 | 5358019 | 3149066 | 2604738 | 342256 | 202072 | 2780 | 1840 | | 940 |
| 江苏 | 3347428 | 1607834 | 1260894 | 263594 | 83346 | 3374 | | | 3374 |
| 浙江 | 1429223 | 551197 | 521906 | 16883 | 12408 | 85350 | | | 85350 |
| 安徽 | 854459 | 597195 | 300603 | 204416 | 92176 | | | | |
| 福建 | 647909 | 343538 | 314025 | 20291 | 9222 | | | | |
| 江西 | 35686 | 8660 | 7840 | | 820 | | | | |
| 山东 | 938996 | 375033 | 307521 | 41608 | 25904 | | | | |
| 河南 | 129682 | 50038 | 43482 | 5 | 6551 | | | | |
| 湖北 | 3630165 | 1505678 | 1229067 | 183619 | 92992 | 14126 | 736 | | 13390 |
| 湖南 | 1575343 | 639698 | 524352 | 87864 | 27482 | | | | |
| 广东 | 1979800 | 924109 | 705897 | 178447 | 39765 | | | | |
| 广西 | | | | | | | | | |
| 海南 | | | | | | | | | |
| 重庆 | 830684 | 317733 | 260332 | 15562 | 41839 | 770 | 770 | | |
| 四川 | 2047970 | 866693 | 684665 | 139077 | 42951 | | | | |
| 贵州 | 6399 | 2201 | 2025 | | 176 | | | | |
| 云南 | 1026 | | | | | | | | |
| 西藏 | | | | | | | | | |
| 陕西 | 2469490 | 1259501 | 1001790 | 213108 | 44603 | 800 | | | 800 |
| 甘肃 | 532823 | 321900 | 224276 | 20301 | 77323 | | | | |
| 青海 | | | | | | | | | |
| 宁夏 | 52517 | 23779 | 22850 | | 929 | | | | |
| 新疆 | 275621 | 161109 | 133648 | 350 | 27111 | | | | |

## 教育经费收入情况

单位:千元

| 事业收入 | | 校办产业、勤工俭学、社会服务收入用于教育 | 捐集资收入 | | 其他收入 | 基建拨款 | 附1:本年实际收取学杂费 | 附2:上级补助收入 |
|---|---|---|---|---|---|---|---|---|
| 计 | 其中:学杂费 | | 计 | 其中:港澳台 | | | | |
| **13627361** | **5486479** | **1043470** | **1128420** | **65231** | **3094005** | **3912159** | **5722693** | **400828** |
| 3230719 | 906740 | 340826 | 404231 | 16211 | 957258 | 1759191 | 983641 | 90821 |
| 367249 | 96755 | 20344 | 10155 | 1021 | 107892 | | 109625 | 5000 |
| 93511 | 67783 | 2430 | 338 | | 42785 | 20660 | 73252 | 24165 |
| 49540 | 46136 | | | | 2432 | | 46641 | |
| 11584 | 11584 | | | | 158 | | 11584 | |
| 374567 | 235436 | 17229 | 7982 | 2810 | 68070 | 88751 | 240479 | 7718 |
| 328288 | 257527 | 14648 | 4127 | | 141320 | 118720 | 257657 | 1140 |
| 661353 | 109930 | 14778 | 7952 | | 103571 | 101678 | 170017 | 20500 |
| 1347924 | 510386 | 287610 | 171054 | 7641 | 221075 | 178510 | 514950 | 39940 |
| 1075044 | 380086 | 55774 | 118533 | 20424 | 142100 | 344769 | 394806 | |
| 683145 | 80316 | 20745 | 17935 | | 49847 | 21004 | 80316 | 9727 |
| 186967 | 83164 | 3667 | 4986 | | 15764 | 45880 | 97474 | 333 |
| 169910 | 64428 | 7649 | 48297 | 5827 | 52005 | 26510 | 64551 | 900 |
| 22944 | 22944 | | | | 4082 | | 23503 | |
| 328269 | 104305 | 17551 | 4332 | 10 | 111411 | 102400 | 114485 | 36300 |
| 55456 | 38751 | 400 | 174 | | 4270 | 19344 | 40476 | |
| 1395592 | 635121 | 18589 | 92933 | | 328069 | 275178 | 656130 | 53168 |
| 638683 | 456877 | 50111 | 32128 | 200 | 128246 | 86477 | 456822 | 1750 |
| 585297 | 363247 | 102458 | 91416 | 11057 | 212010 | 64510 | 363251 | 3080 |
| 345125 | 166098 | 4383 | 31913 | | 70210 | 60550 | 163728 | 16160 |
| 759866 | 307650 | 23397 | 28063 | | 130076 | 239875 | 315891 | 69806 |
| 2601 | 2601 | 224 | | | 1373 | | 2601 | |
| 466 | 466 | | | | 560 | | 466 | |
| 723094 | 377920 | 30734 | 20397 | 30 | 176100 | 258864 | 373745 | 3000 |
| 112483 | 93158 | 7736 | 18204 | | 16362 | 56138 | 100869 | |
| 9001 | 9001 | | 13270 | | 567 | 5900 | 9001 | |
| 68683 | 58069 | 2187 | | | 6392 | 37250 | 56732 | 17320 |

## 3－2 分地区地方

| | 总计 | 预算内教育经费拨款 | | | | 教育附加拨款 | | | |
|---|---|---|---|---|---|---|---|---|---|
| | | 小计 | 教育事业费拨款 | 科研经费拨款 | 其他经费拨款 | 小计 | 城市附加 | 农村附加 | 地方附加 |
| **合计** | **318143089** | **175449674** | **160711333** | **574175** | **14164166** | **28278034** | **10595425** | **15197376** | **2485233** |
| 北京 | 11187407 | 6773901 | 6123758 | 29581 | 620562 | 676011 | 524506 | 13586 | 137919 |
| 天津 | 5058944 | 2913408 | 2801697 | 3999 | 107712 | 343890 | 276200 | 15290 | 52400 |
| 河北 | 14200416 | 8156291 | 7744589 | 165 | 411537 | 1436262 | 326767 | 993708 | 115787 |
| 山西 | 7158124 | 4177235 | 3896264 | 37174 | 243797 | 551915 | 203916 | 345996 | 2003 |
| 内蒙古 | 5278665 | 3388192 | 2853458 | 8744 | 525990 | 333075 | 152794 | 161160 | 19121 |
| 辽宁 | 12820401 | 7763378 | 6620902 | 41825 | 1100651 | 979303 | 611856 | 258081 | 109366 |
| 吉林 | 7198936 | 4497299 | 3527783 | 11783 | 957733 | 467232 | 213682 | 253200 | 350 |
| 黑龙江 | 8381165 | 5041383 | 4934739 | 34129 | 72515 | 677444 | 422876 | 238937 | 15631 |
| 上海 | 13852369 | 8271171 | 8072162 | 132672 | 66337 | 1164087 | 949699 | 120328 | 94060 |
| 江苏 | 24767660 | 12337636 | 11502732 | 12590 | 822314 | 2845281 | 692382 | 1629228 | 523671 |
| 浙江 | 18568139 | 7822463 | 7362798 | 19863 | 439802 | 3221533 | 652227 | 2310271 | 259035 |
| 安徽 | 10036762 | 5656498 | 5195208 | 3102 | 458188 | 394706 | 280961 | 65306 | 48439 |
| 福建 | 11206775 | 6900664 | 6157867 | 37664 | 705133 | 849646 | 298664 | 509250 | 41732 |
| 江西 | 7305166 | 3914092 | 3819972 | 2333 | 91787 | 554778 | 147792 | 332537 | 74449 |
| 山东 | 22181581 | 12384534 | 11634524 | 32621 | 717389 | 2592655 | 880329 | 1508287 | 204039 |
| 河南 | 16207284 | 8849009 | 7729320 | 7207 | 1112482 | 1618524 | 515102 | 1097565 | 5857 |
| 湖北 | 12807284 | 5594048 | 5419817 | 14127 | 160104 | 1065185 | 311685 | 692716 | 60784 |
| 湖南 | 12874867 | 5643394 | 5559568 | 4676 | 79150 | 1287013 | 309470 | 907569 | 69974 |
| 广东 | 32053990 | 15425925 | 13740401 | 44503 | 1641021 | 2361117 | 1025687 | 1295247 | 40183 |
| 广西 | 8957983 | 4857645 | 4493401 | 3819 | 360425 | 891028 | 218662 | 526415 | 145951 |
| 海南 | 1948673 | 1014911 | 988466 | 160 | 26285 | 111940 | 58709 | 53068 | 163 |
| 重庆 | 5909875 | 3216829 | 2574023 | 15520 | 627286 | 394079 | 139493 | 220054 | 34532 |
| 四川 | 13486122 | 7410112 | 6467716 | 34692 | 907704 | 1285659 | 369141 | 663556 | 252962 |
| 贵州 | 5005403 | 3240572 | 3155079 | 250 | 85243 | 398661 | 147378 | 202344 | 48939 |
| 云南 | 9448478 | 7019690 | 6240343 | 20454 | 758893 | 567797 | 324114 | 221116 | 22567 |
| 西藏 | 815498 | 635579 | 597860 | 710 | 37009 | 9799 | 9799 | | |
| 陕西 | 6931896 | 3953332 | 3919774 | 4961 | 28597 | 478851 | 197833 | 270390 | 10628 |
| 甘肃 | 4464260 | 2980833 | 2799510 | 3154 | 178169 | 305759 | 128929 | 157520 | 19310 |
| 青海 | 1220185 | 929384 | 832936 | | 96448 | 40644 | 13419 | 26769 | 456 |
| 宁夏 | 1348087 | 897119 | 827803 | 5886 | 63430 | 71587 | 39852 | 31035 | 700 |
| 新疆 | 5460694 | 3783147 | 3116863 | 5811 | 660473 | 302573 | 151501 | 76847 | 74225 |

# 教育经费收入情况

单位:千元

| 事业收入 | | 校办产业、勤工俭学、社会服务收入用于教育 | 捐集资收入 | | 其他收入 | 基建拨款 | 附1:本年实际收取学杂费 | 附2:上级补助收入 |
|---|---|---|---|---|---|---|---|---|
| 计 | 其中:学杂费 | | 计 | 其中:港澳台 | | | | |
| **80199806** | **53996564** | **4668000** | **10267149** | **443724** | **11745388** | **7535038** | **56377372** | **571535** |
| 2164347 | 1399059 | 210101 | 479639 | 5000 | 522433 | 360975 | 1407062 | 33689 |
| 1373125 | 691033 | 57257 | 38342 | 4400 | 268072 | 64850 | 694124 | 3306 |
| 3569220 | 2691319 | 197037 | 440809 | 4554 | 242841 | 157956 | 2807263 | 17530 |
| 1819407 | 1260187 | 103933 | 317381 | 2820 | 80542 | 107711 | 1291272 | 3168 |
| 1115926 | 794689 | 114974 | 47709 | 8321 | 112415 | 166374 | 845098 | 4053 |
| 3400466 | 2065270 | 154823 | 57005 | 320 | 257585 | 207841 | 2286906 | 12886 |
| 1661490 | 1146829 | 146690 | 252164 | 2404 | 117316 | 56745 | 1166113 | 39033 |
| 2171964 | 1668957 | 111316 | 34857 | 2695 | 198785 | 145416 | 1733771 | 30585 |
| 2407646 | 2020629 | 336222 | 141745 | | 897247 | 634251 | 2006143 | 19704 |
| 6376495 | 3698925 | 296945 | 1492596 | 19721 | 1122311 | 296396 | 3995736 | 2436 |
| 4710481 | 2580921 | 164911 | 1176978 | 26485 | 1101048 | 370725 | 2628462 | 43032 |
| 3250488 | 2364854 | 80902 | 188961 | 8751 | 292703 | 172504 | 2405036 | 10806 |
| 2375487 | 1547930 | 70565 | 394319 | 59697 | 442147 | 173947 | 1799959 | 25545 |
| 2286172 | 1435574 | 111560 | 85244 | 7325 | 181934 | 171386 | 1573647 | 12043 |
| 5453573 | 3974335 | 198362 | 657705 | 4912 | 646722 | 248030 | 4080122 | 5640 |
| 4211485 | 3036145 | 248246 | 600447 | 2555 | 404297 | 275276 | 3040778 | 723 |
| 4240959 | 2797399 | 434706 | 552553 | 5002 | 688587 | 231246 | 2816263 | 33274 |
| 4632834 | 3411317 | 226355 | 376267 | 12392 | 560752 | 148252 | 3462124 | 11907 |
| 9258245 | 6883740 | 299425 | 1511277 | 196284 | 1396568 | 1801433 | 6960649 | 150512 |
| 2555164 | 1478443 | 137362 | 134548 | 3726 | 219889 | 162347 | 1579565 | 18458 |
| 529042 | 368030 | 66434 | 74197 | 5738 | 93593 | 58556 | 360065 | 17926 |
| 1424378 | 744220 | 112308 | 236074 | 715 | 402879 | 123328 | 758510 | 15995 |
| 3094378 | 1577682 | 311684 | 361237 | 13349 | 824663 | 198389 | 1742634 | 2724 |
| 953521 | 699749 | 20285 | 95926 | 4477 | 75490 | 220948 | 713552 | 2705 |
| 989180 | 629785 | 130956 | 233321 | 11620 | 187265 | 320269 | 750535 | 1561 |
| 28521 | 20621 | 140 | 3610 | 332 | 12088 | 125761 | 21731 | |
| 1971349 | 1510909 | 108294 | 143179 | 4872 | 171827 | 105064 | 1841765 | 46348 |
| 776386 | 545487 | 69713 | 93866 | 17487 | 67052 | 170651 | 600892 | 3579 |
| 151360 | 100249 | 14075 | 12215 | 5926 | 12153 | 60354 | 110706 | 472 |
| 252568 | 177747 | 8745 | 5146 | 750 | 44108 | 68814 | 185450 | 300 |
| 994149 | 674530 | 123674 | 27832 | 1094 | 100076 | 129243 | 711439 | 1595 |

## 3－3 分地区中央部门高等学校

| | 总计 | 预算内教育经费拨款 | | | | 教育附加拨款 | | | |
|---|---|---|---|---|---|---|---|---|---|
| | | 小计 | 教育事业费拨款 | 科研经费拨款 | 其他经费拨款 | 小计 | 城市附加 | 农村附加 | 地方附加 |
| **合计** | **42095686** | **20323966** | **15363709** | **3442744** | **1517513** | **105704** | | | **105704** |
| 北京 | 11846891 | 5703600 | 3703861 | 1379019 | 620720 | 2800 | | | 2800 |
| 天津 | 1185807 | 685497 | 502624 | 143445 | 39428 | 800 | | | 800 |
| 河北 | 192547 | 61422 | 58136 | 56 | 3230 | | | | |
| 山西 | 9339 | 3380 | 3200 | | 180 | | | | |
| 内蒙古 | | | | | | | | | |
| 辽宁 | 1055671 | 511899 | 412519 | 56746 | 42634 | | | | |
| 吉林 | 1135426 | 535466 | 314045 | 114500 | 106921 | 820 | | | 820 |
| 黑龙江 | 1410423 | 530904 | 492331 | 21597 | 16976 | | | | |
| 上海 | 5300888 | 3129388 | 2585260 | 342256 | 201872 | 940 | | | 940 |
| 江苏 | 3322417 | 1600463 | 1260894 | 263594 | 75975 | 3374 | | | 3374 |
| 浙江 | 1413473 | 545934 | 516643 | 16883 | 12408 | 85350 | | | 85350 |
| 安徽 | 854459 | 597195 | 300603 | 204416 | 92176 | | | | |
| 福建 | 626208 | 335661 | 307565 | 20291 | 7805 | | | | |
| 江西 | 30245 | 5200 | 5200 | | | | | | |
| 山东 | 923638 | 360951 | 293509 | 41608 | 25834 | | | | |
| 河南 | 32752 | 13039 | 13000 | 5 | 34 | | | | |
| 湖北 | 3549368 | 1468864 | 1205923 | 183619 | 79322 | 10820 | | | 10820 |
| 湖南 | 1520624 | 622940 | 509572 | 87864 | 25504 | | | | |
| 广东 | 1959124 | 916829 | 698617 | 178447 | 39765 | | | | |
| 广西 | | | | | | | | | |
| 海南 | | | | | | | | | |
| 重庆 | 775446 | 292450 | 245827 | 15562 | 31061 | | | | |
| 四川 | 1980691 | 837590 | 658344 | 139077 | 40169 | | | | |
| 贵州 | | | | | | | | | |
| 云南 | | | | | | | | | |
| 西藏 | | | | | | | | | |
| 陕西 | 2310910 | 1193266 | 954741 | 213108 | 25417 | 800 | | | 800 |
| 甘肃 | 387166 | 214759 | 184145 | 20301 | 10313 | | | | |
| 青海 | | | | | | | | | |
| 宁夏 | 52517 | 23779 | 22850 | | 929 | | | | |
| 新疆 | 219656 | 133490 | 114300 | 350 | 18840 | | | | |

## 教育经费收入情况

单位：千元

| 事业收入 | | 校办产业、勤工俭学、社会服务收入用于教育 | 捐集资收入 | | 其他收入 | 基建拨款 | 附1：本年实际收取学杂费 | 附2：上级补助收入 |
|---|---|---|---|---|---|---|---|---|
| 计 | 其中：学杂费 | | 计 | 其中：港澳台 | | | | |
| **12885313** | **5079616** | **1029182** | **1069141** | **65231** | **2829187** | **3853193** | **5315142** | **400828** |
| 2939107 | 878111 | 336970 | 366754 | 16211 | 760419 | 1737241 | 954974 | 90821 |
| 365497 | 96018 | 19247 | 9345 | 1021 | 105421 | | 108888 | 5000 |
| 72742 | 51364 | 2430 | 50 | | 35243 | 20660 | 56360 | 24165 |
| 5820 | 5820 | | | | 139 | | 5820 | |
| 362493 | 224361 | 17229 | 7982 | 2810 | 67317 | 88751 | 229404 | 7718 |
| 320465 | 250577 | 14508 | 4127 | | 141320 | 118720 | 250707 | 1140 |
| 651706 | 100283 | 14778 | 7952 | | 103405 | 101678 | 162115 | 20500 |
| 1324074 | 490259 | 287245 | 171054 | 7641 | 212797 | 175390 | 494823 | 39940 |
| 1064793 | 370526 | 55253 | 118023 | 20424 | 135742 | 344769 | 385246 | |
| 674472 | 72729 | 20745 | 17935 | | 48133 | 20904 | 72729 | 9727 |
| 186967 | 83164 | 3667 | 4986 | | 15764 | 45880 | 97474 | 333 |
| 167430 | 61948 | 7649 | 48297 | 5827 | 40661 | 26510 | 62212 | 900 |
| 21663 | 21663 | | | | 3382 | | 21663 | |
| 327593 | 103629 | 17551 | 4332 | 10 | 111311 | 101900 | 113809 | 36300 |
| 9022 | 6010 | | 174 | | 117 | 10400 | 6010 | |
| 1363062 | 606517 | 18255 | 89015 | | 324174 | 275178 | 627526 | 53168 |
| 607877 | 426409 | 44611 | 32128 | 200 | 126591 | 86477 | 426202 | 1750 |
| 575435 | 354938 | 101583 | 91416 | 11057 | 209351 | 64510 | 354938 | 3080 |
| 330123 | 153522 | 4350 | 22032 | | 65941 | 60550 | 151152 | 16160 |
| 730385 | 288353 | 23072 | 28063 | | 128406 | 233175 | 296850 | 69806 |
| 641202 | 312716 | 30296 | 18797 | 30 | 171749 | 254800 | 308517 | 3000 |
| 88273 | 74835 | 7556 | 13409 | | 15689 | 47480 | 83443 | |
| 9001 | 9001 | | 13270 | | 567 | 5900 | 9001 | |
| 46111 | 36863 | 2187 | | | 5548 | 32320 | 35279 | 17320 |

# 3-4 分地区地方高等学校

| | 总计 | 预算内教育经费拨款 | | | | 教育附加拨款 | | | |
|---|---|---|---|---|---|---|---|---|---|
| | | 小计 | 教育事业费拨款 | 科研经费拨款 | 其他经费拨款 | 小计 | 城市附加 | 农村附加 | 地方附加 |
| **合计** | **54566526** | **25382724** | **22956983** | **574175** | **1851566** | **811456** | | | **811456** |
| 北京 | 2918783 | 1637498 | 1509306 | 29581 | 98611 | 21981 | | | 21981 |
| 天津 | 1360381 | 662079 | 617611 | 3999 | 40469 | | | | |
| 河北 | 2424576 | 979338 | 969658 | 165 | 9515 | 93120 | | | 93120 |
| 山西 | 1251986 | 640863 | 595081 | 37174 | 8608 | 575 | | | 575 |
| 内蒙古 | 786070 | 387741 | 328073 | 8744 | 50924 | 3840 | | | 3840 |
| 辽宁 | 3124142 | 1556699 | 1371621 | 41825 | 143253 | 5149 | | | 5149 |
| 吉林 | 1482863 | 835606 | 682232 | 11783 | 141591 | 150 | | | 150 |
| 黑龙江 | 2006212 | 785663 | 725970 | 34129 | 25564 | 200 | | | 200 |
| 上海 | 3242973 | 1804807 | 1641953 | 132672 | 30182 | 94060 | | | 94060 |
| 江苏 | 4726997 | 2140692 | 2082635 | 12590 | 45467 | 277074 | | | 277074 |
| 浙江 | 2425203 | 925065 | 856166 | 19863 | 49036 | 204199 | | | 204199 |
| 安徽 | 1574877 | 674825 | 590945 | 3102 | 80778 | 8510 | | | 8510 |
| 福建 | 1346823 | 727622 | 564004 | 37664 | 125954 | 16741 | | | 16741 |
| 江西 | 1438891 | 577678 | 553222 | 2333 | 22123 | 1549 | | | 1549 |
| 山东 | 3156066 | 1663120 | 1469883 | 32621 | 160616 | 11644 | | | 11644 |
| 河南 | 2602090 | 1180598 | 1002376 | 7207 | 171015 | 2000 | | | 2000 |
| 湖北 | 2326269 | 893474 | 817234 | 14127 | 62113 | 22415 | | | 22415 |
| 湖南 | 1946981 | 675264 | 655390 | 4676 | 15198 | 16640 | | | 16640 |
| 广东 | 4166141 | 1914632 | 1636858 | 44503 | 233271 | 6294 | | | 6294 |
| 广西 | 1254623 | 527644 | 504222 | 3819 | 19603 | 2095 | | | 2095 |
| 海南 | 338560 | 169793 | 163575 | 160 | 6058 | | | | |
| 重庆 | 1208468 | 499651 | 431404 | 15520 | 52727 | 380 | | | 380 |
| 四川 | 1900177 | 665572 | 604673 | 34692 | 26207 | 7872 | | | 7872 |
| 贵州 | 688561 | 357851 | 342452 | 250 | 15149 | 5757 | | | 5757 |
| 云南 | 1190488 | 757677 | 659853 | 20454 | 77370 | 669 | | | 669 |
| 西藏 | 106803 | 68303 | 67593 | 710 | | | | | |
| 陕西 | 1688031 | 785259 | 774993 | 4961 | 5305 | | | | |
| 甘肃 | 778496 | 415062 | 370528 | 3154 | 41380 | 472 | | | 472 |
| 青海 | 139123 | 81930 | 71741 | | 10189 | | | | |
| 宁夏 | 193741 | 94449 | 87546 | 5886 | 1017 | | | | |
| 新疆 | 771131 | 296269 | 208185 | 5811 | 82273 | 8070 | | | 8070 |

## 教育经费收入情况

单位:千元

| 事业收入 | | 校办产业、勤工俭学、社会服务收入用于教育 | 捐集资收入 | | 其他收入 | 基建拨款 | 附1:本年实际收取学杂费 | 附2:上级补助收入 |
|---|---|---|---|---|---|---|---|---|
| 计 | 其中:学杂费 | | 计 | 其中:港澳台 | | | | |
| **21619176** | **16589752** | **707783** | **465302** | **58050** | **2165937** | **3414148** | **17163660** | **571535** |
| 801745 | 626353 | 41516 | 51124 | 5000 | 126549 | 238370 | 637240 | 33689 |
| 557032 | 350040 | 20671 | 10645 | 4400 | 63254 | 46700 | 347687 | 3306 |
| 1135339 | 932696 | 37796 | 445 | | 70578 | 107960 | 929369 | 17530 |
| 520365 | 396147 | 7009 | 9803 | | 8631 | 64740 | 393653 | 3168 |
| 244600 | 199111 | 3952 | 2549 | 530 | 35063 | 108325 | 221299 | 4053 |
| 1325110 | 987646 | 49336 | 20307 | | 70941 | 96600 | 1011892 | 12886 |
| 531221 | 461944 | 13517 | 10441 | | 40978 | 50950 | 436615 | 39033 |
| 1058221 | 962924 | 9847 | 400 | 400 | 65421 | 86460 | 1006448 | 30585 |
| 702224 | 572159 | 73180 | 6357 | | 164855 | 397490 | 557644 | 19704 |
| 1740081 | 1254055 | 65210 | 99263 | 14655 | 225692 | 178985 | 1258252 | 2436 |
| 937864 | 639340 | 39165 | 20395 | 4474 | 211735 | 86780 | 651371 | 43032 |
| 757702 | 590679 | 11394 | 3566 | 1016 | 42863 | 76017 | 580715 | 10806 |
| 452769 | 375984 | 13191 | 7684 | 189 | 29757 | 99059 | 535335 | 25545 |
| 646232 | 478753 | 36539 | 5626 | 2690 | 59008 | 112259 | 470628 | 12043 |
| 1227095 | 979329 | 30223 | 13696 | 240 | 85368 | 124920 | 1013071 | 5640 |
| 1124040 | 915909 | 19726 | 7869 | | 108546 | 159311 | 892983 | 723 |
| 1111352 | 889354 | 18037 | 2334 | | 88368 | 190289 | 914933 | 33274 |
| 975170 | 774292 | 10656 | 67235 | 1000 | 85894 | 116122 | 785718 | 11907 |
| 1638134 | 1178588 | 64693 | 38514 | 17376 | 145241 | 358633 | 1184438 | 150512 |
| 631869 | 455603 | 7832 | 14033 | | 33179 | 37971 | 478325 | 18458 |
| 94356 | 73313 | 43192 | 1245 | | 4503 | 25471 | 73313 | 17926 |
| 554891 | 382557 | 12946 | 7540 | | 53952 | 79108 | 382557 | 15995 |
| 908412 | 596387 | 21379 | 6381 | | 176139 | 114422 | 715715 | 2724 |
| 225906 | 192395 | 6917 | 28596 | | 6836 | 56698 | 195417 | 2705 |
| 213771 | 171510 | 23227 | 9229 | 1227 | 39272 | 146643 | 208892 | 1561 |
| 12491 | 7329 | | 126 | 126 | 793 | 25090 | 7329 | |
| 733001 | 531467 | 11724 | 11520 | 39 | 76882 | 69645 | 567146 | 46348 |
| 273201 | 209914 | 5750 | 496 | | 12702 | 70813 | 264994 | 3579 |
| 42575 | 34205 | | 6600 | 4300 | 2878 | 5140 | 35967 | 472 |
| 61742 | 54559 | 1230 | 588 | | 4371 | 31361 | 56822 | 300 |
| 380665 | 315210 | 7928 | 695 | 388 | 25688 | 51816 | 347892 | 1595 |

## 3－5　分地区中央部门普通高等学校

| | 总计 | 预算内教育经费拨款 | | | | 教育附加拨款 | | | |
|---|---|---|---|---|---|---|---|---|---|
| | | 小计 | 教育事业费拨款 | 科研经费拨款 | 其他经费拨款 | 小计 | 城市附加 | 农村附加 | 地方附加 |
| **合计** | **41778738** | **20197649** | **15336744** | **3372999** | **1487906** | **105704** | | | **105704** |
| 北京 | 11640176 | 5619107 | 3698631 | 1309279 | 611197 | 2800 | | | 2800 |
| 天津 | 1180778 | 685497 | 502624 | 143445 | 39428 | 800 | | | 800 |
| 河北 | 192547 | 61422 | 58136 | 56 | 3230 | | | | |
| 山西 | | | | | | | | | |
| 内蒙古 | | | | | | | | | |
| 辽宁 | 1046854 | 504029 | 412519 | 56746 | 34764 | | | | |
| 吉林 | 1119566 | 523466 | 314045 | 114500 | 94921 | 820 | | | 820 |
| 黑龙江 | 1391061 | 530904 | 492331 | 21597 | 16976 | | | | |
| 上海 | 5300888 | 3129388 | 2585260 | 342256 | 201872 | 940 | | | 940 |
| 江苏 | 3315525 | 1596368 | 1256799 | 263594 | 75975 | 3374 | | | 3374 |
| 浙江 | 1413473 | 545934 | 516643 | 16883 | 12408 | 85350 | | | 85350 |
| 安徽 | 854459 | 597195 | 300603 | 204416 | 92176 | | | | |
| 福建 | 626208 | 335661 | 307565 | 20291 | 7805 | | | | |
| 江西 | 30245 | 5200 | 5200 | | | | | | |
| 山东 | 923638 | 360951 | 293509 | 41608 | 25834 | | | | |
| 河南 | | | | | | | | | |
| 湖北 | 3549368 | 1468864 | 1205923 | 183619 | 79322 | 10820 | | | 10820 |
| 湖南 | 1520624 | 622940 | 509572 | 87864 | 25504 | | | | |
| 广东 | 1955239 | 916349 | 698137 | 178447 | 39765 | | | | |
| 广西 | | | | | | | | | |
| 海南 | | | | | | | | | |
| 重庆 | 775446 | 292450 | 245827 | 15562 | 31061 | | | | |
| 四川 | 1980691 | 837590 | 658344 | 139077 | 40169 | | | | |
| 贵州 | | | | | | | | | |
| 云南 | | | | | | | | | |
| 西藏 | | | | | | | | | |
| 陕西 | 2310910 | 1193266 | 954741 | 213108 | 25417 | 800 | | | 800 |
| 甘肃 | 387166 | 214759 | 184145 | 20301 | 10313 | | | | |
| 青海 | | | | | | | | | |
| 宁夏 | 52517 | 23779 | 22850 | | 929 | | | | |
| 新疆 | 211359 | 132530 | 113340 | 350 | 18840 | | | | |

# 教育经费收入情况

单位:千元

| 事业收入 | | 校办产业、勤工俭学、社会服务收入用于教育 | 捐集资收入 | | 其他收入 | 基建拨款 | 附1:本年实际收取学杂费 | 附2:上级补助收入 |
|---|---|---|---|---|---|---|---|---|
| 计 | 其中:学杂费 | | 计 | 其中:港澳台 | | | | |
| **12790560** | **5020251** | **1028885** | **1068967** | **65231** | **2745691** | **3841282** | **5255647** | **383328** |
| 2880539 | 847505 | 336970 | 366754 | 16211 | 696765 | 1737241 | 924368 | 90821 |
| 361468 | 92918 | 19247 | 9345 | 1021 | 104421 | | 105788 | 5000 |
| 72742 | 51364 | 2430 | 50 | | 35243 | 20660 | 56360 | 24165 |
| 362040 | 223908 | 16936 | 7982 | 2810 | 67317 | 88550 | 228951 | 7718 |
| 316605 | 246927 | 14508 | 4127 | | 141320 | 118720 | 246927 | 1140 |
| 649844 | 98421 | 14778 | 7952 | | 85905 | 101678 | 160253 | 3000 |
| 1324074 | 490259 | 287245 | 171054 | 7641 | 212797 | 175390 | 494823 | 39940 |
| 1062878 | 368755 | 55253 | 118023 | 20424 | 134860 | 344769 | 383475 | |
| 674472 | 72729 | 20745 | 17935 | | 48133 | 20904 | 72729 | 9727 |
| 186967 | 83164 | 3667 | 4986 | | 15764 | 45880 | 97474 | 333 |
| 167430 | 61948 | 7649 | 48297 | 5827 | 40661 | 26510 | 62212 | 900 |
| 21663 | 21663 | | | | 3382 | | 21663 | |
| 327593 | 103629 | 17551 | 4332 | 10 | 111311 | 101900 | 113809 | 36300 |
| 1363062 | 606517 | 18255 | 89015 | | 324174 | 275178 | 627526 | 53168 |
| 607877 | 426409 | 44611 | 32128 | 200 | 126591 | 86477 | 426202 | 1750 |
| 572030 | 351533 | 101583 | 91416 | 11057 | 209351 | 64510 | 351533 | 3080 |
| 330123 | 153522 | 4350 | 22032 | | 65941 | 60550 | 151152 | 16160 |
| 730385 | 288353 | 23072 | 28063 | | 128406 | 233175 | 296850 | 69806 |
| 641202 | 312716 | 30296 | 18797 | 30 | 171749 | 254800 | 308517 | 3000 |
| 88273 | 74835 | 7556 | 13409 | | 15689 | 47480 | 83443 | |
| 9001 | 9001 | | 13270 | | 567 | 5900 | 9001 | |
| 40292 | 34175 | 2183 | | | 5344 | 31010 | 32591 | 17320 |

## 3－6 分地区地方普通高等学校

| | 总计 | 预算内教育经费拨款 | | | | 教育附加拨款 | | | |
|---|---|---|---|---|---|---|---|---|---|
| | | 小计 | 教育事业费拨款 | 科研经费拨款 | 其他经费拨款 | 小计 | 城市附加 | 农村附加 | 地方附加 |
| **合计** | **48663977** | **23103125** | **20951377** | **567558** | **1584190** | **723514** | | | **723514** |
| 北京 | 2719306 | 1540444 | 1415934 | 29581 | 94929 | 20500 | | | 20500 |
| 天津 | 1169200 | 600721 | 573314 | 3999 | 23408 | | | | |
| 河北 | 2256902 | 918345 | 911256 | 165 | 6924 | 93110 | | | 93110 |
| 山西 | 1138421 | 587807 | 544980 | 37174 | 5653 | | | | |
| 内蒙古 | 693089 | 345984 | 294027 | 8744 | 43213 | 3240 | | | 3240 |
| 辽宁 | 2883581 | 1444298 | 1275053 | 41737 | 127508 | 4109 | | | 4109 |
| 吉林 | 1314846 | 743911 | 627974 | 11783 | 104154 | | | | |
| 黑龙江 | 1788645 | 686197 | 629372 | 33899 | 22926 | | | | |
| 上海 | 2799347 | 1545234 | 1384079 | 132653 | 28502 | 94060 | | | 94060 |
| 江苏 | 4133547 | 1927733 | 1876460 | 12590 | 38683 | 256102 | | | 256102 |
| 浙江 | 2116685 | 841213 | 777907 | 19863 | 43443 | 183057 | | | 183057 |
| 安徽 | 1458895 | 639592 | 563367 | 842 | 75383 | 6745 | | | 6745 |
| 福建 | 1215188 | 676032 | 521965 | 37664 | 116403 | 2221 | | | 2221 |
| 江西 | 1341168 | 540557 | 520516 | 2233 | 17808 | 319 | | | 319 |
| 山东 | 2868668 | 1552061 | 1366195 | 32621 | 153245 | 1350 | | | 1350 |
| 河南 | 2389726 | 1091420 | 928461 | 5132 | 157827 | 2000 | | | 2000 |
| 湖北 | 2098478 | 824136 | 750418 | 14127 | 59591 | 22165 | | | 22165 |
| 湖南 | 1816221 | 649046 | 629350 | 4676 | 15020 | 16390 | | | 16390 |
| 广东 | 3233544 | 1601225 | 1405283 | 44013 | 151929 | | | | |
| 广西 | 1052746 | 460973 | 438382 | 3816 | 18775 | 1605 | | | 1605 |
| 海南 | 280585 | 165261 | 159043 | 160 | 6058 | | | | |
| 重庆 | 1090031 | 461719 | 406758 | 15520 | 39441 | | | | |
| 四川 | 1687814 | 603291 | 546136 | 34692 | 22463 | 2400 | | | 2400 |
| 贵州 | 638201 | 333155 | 319004 | 250 | 13901 | 5472 | | | 5472 |
| 云南 | 1132585 | 728319 | 635918 | 19107 | 73294 | 669 | | | 669 |
| 西藏 | 106803 | 68303 | 67593 | 710 | | | | | |
| 陕西 | 1603726 | 737669 | 727403 | 4961 | 5305 | | | | |
| 甘肃 | 719322 | 388323 | 344340 | 3149 | 40834 | | | | |
| 青海 | 133269 | 79369 | 69739 | | 9630 | | | | |
| 宁夏 | 175665 | 87386 | 81077 | 5886 | 423 | | | | |
| 新疆 | 607773 | 233401 | 160073 | 5811 | 67517 | 8000 | | | 8000 |

## 教育经费收入情况

单位:千元

| 事业收入 | | 校办产业、勤工俭学、社会服务收入用于教育 | 捐集资收入 | | 其他收入 | 基建拨款 | 附1:本年实际收取学杂费 | 附2:上级补助收入 |
|---|---|---|---|---|---|---|---|---|
| 计 | 其中:学杂费 | | 计 | 其中:港澳台 | | | | |
| **18608213** | **14240838** | **585790** | **449317** | **56989** | **1894341** | **3299677** | **14719226** | **528920** |
| 709022 | 567652 | 37491 | 51124 | 5000 | 122655 | 238070 | 574104 | 33417 |
| 449515 | 269164 | 18719 | 9586 | 4400 | 45059 | 45600 | 269941 | 100 |
| 1034510 | 840672 | 37740 | 441 | | 67096 | 105660 | 831708 | 16030 |
| 463009 | 351760 | 6952 | 9803 | | 7960 | 62890 | 347845 | 305 |
| 203419 | 164583 | 3688 | 1958 | | 31256 | 103544 | 185087 | 3458 |
| 1205378 | 897334 | 47760 | 20262 | | 65474 | 96300 | 919672 | 12338 |
| 476330 | 413947 | 1831 | 10005 | | 32419 | 50350 | 387412 | 38468 |
| 958966 | 877336 | 6799 | 400 | 400 | 62383 | 73900 | 930910 | 27384 |
| 596629 | 473273 | 54109 | 5340 | | 108485 | 395490 | 458758 | 15316 |
| 1445566 | 1052857 | 58144 | 91021 | 14124 | 185031 | 169950 | 1050060 | 2150 |
| 761205 | 511638 | 33570 | 20031 | 4474 | 194829 | 82780 | 520395 | 41570 |
| 683494 | 521571 | 11168 | 3566 | 1016 | 38877 | 75453 | 512178 | 10778 |
| 399286 | 333198 | 10595 | 7634 | 189 | 23061 | 96359 | 485171 | 24348 |
| 592853 | 432724 | 36193 | 5626 | 2690 | 54336 | 111284 | 421208 | 11943 |
| 1081541 | 855719 | 26889 | 13214 | 240 | 78493 | 115120 | 879938 | 4780 |
| 1012960 | 816453 | 17768 | 7869 | | 103848 | 153861 | 780610 | 41 |
| 970869 | 778417 | 17554 | 2334 | | 74861 | 186559 | 798380 | 27239 |
| 890993 | 716745 | 9681 | 67032 | 1000 | 66957 | 116122 | 725050 | 11830 |
| 1092426 | 750773 | 60709 | 35830 | 17376 | 116866 | 326488 | 747652 | 142302 |
| 507898 | 372242 | 6573 | 13887 | | 29419 | 32391 | 393223 | 16941 |
| 83147 | 62124 | 1192 | 1035 | | 4479 | 25471 | 62124 | 17926 |
| 483294 | 324228 | 12646 | 7540 | | 48724 | 76108 | 324228 | 14690 |
| 779261 | 516950 | 14701 | 6381 | | 168358 | 113422 | 617891 | 1948 |
| 202700 | 170519 | 6917 | 28147 | | 6512 | 55298 | 173990 | 2705 |
| 193482 | 154082 | 21602 | 9227 | 1227 | 38643 | 140643 | 189614 | 1527 |
| 12491 | 7329 | | 126 | 126 | 793 | 25090 | 7329 | |
| 698253 | 503252 | 11724 | 11520 | 39 | 75005 | 69555 | 537844 | 46348 |
| 242959 | 189339 | 5750 | 496 | | 11581 | 70213 | 243617 | 1716 |
| 39325 | 32990 | | 6600 | 4300 | 2835 | 5140 | 34752 | 472 |
| 52304 | 46265 | 161 | 588 | | 4176 | 31050 | 46345 | |
| 285128 | 235702 | 7164 | 694 | 388 | 23870 | 49516 | 262190 | 850 |

## 3-7 分地区中央部门成人高等学校

| | 总计 | 预算内教育经费拨款 | | | | 教育附加拨款 | | | |
|---|---|---|---|---|---|---|---|---|---|
| | | 小计 | 教育事业费拨款 | 科研经费拨款 | 其他经费拨款 | 小计 | 城市附加 | 农村附加 | 地方附加 |
| **合计** | **316948** | **126317** | **26965** | **69745** | **29607** | | | | |
| 北京 | 206715 | 84493 | 5230 | 69740 | 9523 | | | | |
| 天津 | 5029 | | | | | | | | |
| 河北 | | | | | | | | | |
| 山西 | 9339 | 3380 | 3200 | | 180 | | | | |
| 内蒙古 | | | | | | | | | |
| 辽宁 | 8817 | 7870 | | | 7870 | | | | |
| 吉林 | 15860 | 12000 | | | 12000 | | | | |
| 黑龙江 | 19362 | | | | | | | | |
| 上海 | | | | | | | | | |
| 江苏 | 6892 | 4095 | 4095 | | | | | | |
| 浙江 | | | | | | | | | |
| 安徽 | | | | | | | | | |
| 福建 | | | | | | | | | |
| 江西 | | | | | | | | | |
| 山东 | | | | | | | | | |
| 河南 | 32752 | 13039 | 13000 | 5 | 34 | | | | |
| 湖北 | | | | | | | | | |
| 湖南 | | | | | | | | | |
| 广东 | 3885 | 480 | 480 | | | | | | |
| 广西 | | | | | | | | | |
| 海南 | | | | | | | | | |
| 重庆 | | | | | | | | | |
| 四川 | | | | | | | | | |
| 贵州 | | | | | | | | | |
| 云南 | | | | | | | | | |
| 西藏 | | | | | | | | | |
| 陕西 | | | | | | | | | |
| 甘肃 | | | | | | | | | |
| 青海 | | | | | | | | | |
| 宁夏 | | | | | | | | | |
| 新疆 | 8297 | 960 | 960 | | | | | | |

## 教育经费收入情况

单位：千元

| 事业收入 | | 校办产业、勤工俭学、社会服务收入用于教育 | 捐集资收入 | | 其他收入 | 基建拨款 | 附1：本年实际收取学杂费 | 附2：上级补助收入 |
|---|---|---|---|---|---|---|---|---|
| 计 | 其中：学杂费 | | 计 | 其中：港澳台 | | | | |
| **94753** | **59365** | **297** | **174** | | **83496** | **11911** | **59495** | **17500** |
| | | | | | | | | |
| 58568 | 30606 | | | | 63654 | | 30606 | |
| 4029 | 3100 | | | | 1000 | | 3100 | |
| | | | | | | | | |
| 5820 | 5820 | | | | 139 | | 5820 | |
| | | | | | | | | |
| | | | | | | | | |
| 453 | 453 | 293 | | | | 201 | 453 | |
| 3860 | 3650 | | | | | | 3780 | |
| 1862 | 1862 | | | | 17500 | | 1862 | 17500 |
| | | | | | | | | |
| | | | | | | | | |
| 1915 | 1771 | | | | 882 | | 1771 | |
| | | | | | | | | |
| | | | | | | | | |
| | | | | | | | | |
| | | | | | | | | |
| | | | | | | | | |
| | | | | | | | | |
| 9022 | 6010 | | 174 | | 117 | 10400 | 6010 | |
| | | | | | | | | |
| | | | | | | | | |
| 3405 | 3405 | | | | | | 3405 | |
| | | | | | | | | |
| | | | | | | | | |
| | | | | | | | | |
| | | | | | | | | |
| | | | | | | | | |
| | | | | | | | | |
| | | | | | | | | |
| | | | | | | | | |
| | | | | | | | | |
| | | | | | | | | |
| | | | | | | | | |
| | | | | | | | | |
| | | | | | | | | |
| 5819 | 2688 | 4 | | | 204 | 1310 | 2688 | |

## 3－8　分地区地方成人高等学校

| | 总计 | 预算内教育经费拨款 | | | | 教育附加拨款 | | | |
|---|---|---|---|---|---|---|---|---|---|
| | | 小计 | 教育事业费拨款 | 科研经费拨款 | 其他经费拨款 | 小计 | 城市附加 | 农村附加 | 地方附加 |
| 合计 | **5902549** | **2279599** | **2005606** | **6617** | **267376** | **87942** | | | **87942** |
| 北京 | 199477 | 97054 | 93372 | | 3682 | 1481 | | | 1481 |
| 天津 | 191181 | 61358 | 44297 | | 17061 | | | | |
| 河北 | 167674 | 60993 | 58402 | | 2591 | 10 | | | 10 |
| 山西 | 113565 | 53056 | 50101 | | 2955 | 575 | | | 575 |
| 内蒙古 | 92981 | 41757 | 34046 | | 7711 | 600 | | | 600 |
| 辽宁 | 240561 | 112401 | 96568 | 88 | 15745 | 1040 | | | 1040 |
| 吉林 | 168017 | 91695 | 54258 | | 37437 | 150 | | | 150 |
| 黑龙江 | 217567 | 99466 | 96598 | 230 | 2638 | 200 | | | 200 |
| 上海 | 443626 | 259573 | 257874 | 19 | 1680 | | | | |
| 江苏 | 593450 | 212959 | 206175 | | 6784 | 20972 | | | 20972 |
| 浙江 | 308518 | 83852 | 78259 | | 5593 | 21142 | | | 21142 |
| 安徽 | 115982 | 35233 | 27578 | 2260 | 5395 | 1765 | | | 1765 |
| 福建 | 131635 | 51590 | 42039 | | 9551 | 14520 | | | 14520 |
| 江西 | 97723 | 37121 | 32706 | 100 | 4315 | 1230 | | | 1230 |
| 山东 | 287398 | 111059 | 103688 | | 7371 | 10294 | | | 10294 |
| 河南 | 212364 | 89178 | 73915 | 2075 | 13188 | | | | |
| 湖北 | 227791 | 69338 | 66816 | | 2522 | 250 | | | 250 |
| 湖南 | 130760 | 26218 | 26040 | | 178 | 250 | | | 250 |
| 广东 | 932597 | 313407 | 231575 | 490 | 81342 | 6294 | | | 6294 |
| 广西 | 201877 | 66671 | 65840 | 3 | 828 | 490 | | | 490 |
| 海南 | 57975 | 4532 | 4532 | | | | | | |
| 重庆 | 118437 | 37932 | 24646 | | 13286 | 380 | | | 380 |
| 四川 | 212363 | 62281 | 58537 | | 3744 | 5472 | | | 5472 |
| 贵州 | 50360 | 24696 | 23448 | | 1248 | 285 | | | 285 |
| 云南 | 57903 | 29358 | 23935 | 1347 | 4076 | | | | |
| 西藏 | | | | | | | | | |
| 陕西 | 84305 | 47590 | 47590 | | | | | | |
| 甘肃 | 59174 | 26739 | 26188 | 5 | 546 | 472 | | | 472 |
| 青海 | 5854 | 2561 | 2002 | | 559 | | | | |
| 宁夏 | 18076 | 7063 | 6469 | | 594 | | | | |
| 新疆 | 163358 | 62868 | 48112 | | 14756 | 70 | | | 70 |

## 教育经费收入情况

单位:千元

| 事业收入 | | 校办产业、勤工俭学、社会服务收入用于教育 | 捐集资收入 | | 其他收入 | 基建拨款 | 附1:本年实际收取学杂费 | 附2:上级补助收入 |
|---|---|---|---|---|---|---|---|---|
| 计 | 其中:学杂费 | | 计 | 其中:港澳台 | | | | |
| **3010963** | **2348914** | **121993** | **15985** | **1061** | **271596** | **114471** | **2444434** | **42615** |
| 92723 | 58701 | 4025 | | | 3894 | 300 | 63136 | 272 |
| 107517 | 80876 | 1952 | 1059 | | 18195 | 1100 | 77746 | 3206 |
| 100829 | 92024 | 56 | 4 | | 3482 | 2300 | 97661 | 1500 |
| 57356 | 44387 | 57 | | | 671 | 1850 | 45808 | 2863 |
| 41181 | 34528 | 264 | 591 | 530 | 3807 | 4781 | 36212 | 595 |
| 119732 | 90312 | 1576 | 45 | | 5467 | 300 | 92220 | 548 |
| 54891 | 47997 | 11686 | 436 | | 8559 | 600 | 49203 | 565 |
| 99255 | 85588 | 3048 | | | 3038 | 12560 | 75538 | 3201 |
| 105595 | 98886 | 19071 | 1017 | | 56370 | 2000 | 98886 | 4388 |
| 294515 | 201198 | 7066 | 8242 | 531 | 40661 | 9035 | 208192 | 286 |
| 176659 | 127702 | 5595 | 364 | | 16906 | 4000 | 130976 | 1462 |
| 74208 | 69108 | 226 | | | 3986 | 564 | 68537 | 28 |
| 53483 | 42786 | 2596 | 50 | | 6696 | 2700 | 50164 | 1197 |
| 53379 | 46029 | 346 | | | 4672 | 975 | 49420 | 100 |
| 145554 | 123610 | 3334 | 482 | | 6875 | 9800 | 133133 | 860 |
| 111080 | 99456 | 1958 | | | 4698 | 5450 | 112373 | 682 |
| 140483 | 110937 | 483 | | | 13507 | 3730 | 116553 | 6035 |
| 84177 | 57547 | 975 | 203 | | 18937 | | 60668 | 77 |
| 545708 | 427815 | 3984 | 2684 | | 28375 | 32145 | 436786 | 8210 |
| 123971 | 83361 | 1259 | 146 | | 3760 | 5580 | 85102 | 1517 |
| 11209 | 11189 | 42000 | 210 | | 24 | | 11189 | |
| 71597 | 58329 | 300 | | | 5228 | 3000 | 58329 | 1305 |
| 129151 | 79437 | 6678 | | | 7781 | 1000 | 97824 | 776 |
| 23206 | 21876 | | 449 | | 324 | 1400 | 21427 | |
| 20289 | 17428 | 1625 | 2 | | 629 | 6000 | 19278 | 34 |
| | | | | | | | | |
| 34748 | 28215 | | | | 1877 | 90 | 29302 | |
| 30242 | 20575 | | | | 1121 | 600 | 21377 | 1863 |
| 3250 | 1215 | | | | 43 | | 1215 | |
| 9438 | 8294 | 1069 | | | 195 | 311 | 10477 | 300 |
| 95537 | 79508 | 764 | 1 | | 1818 | 2300 | 85702 | 745 |

# 3－9　分地区中央部门中等专业学校

| | 总计 | 预算内教育经费拨款 | | | | 教育附加拨款 | | | |
|---|---|---|---|---|---|---|---|---|---|
| | | 小计 | 教育事业费拨款 | 科研经费拨款 | 其他经费拨款 | 小计 | 城市附加 | 农村附加 | 地方附加 |
| 合计 | **1069398** | **517325** | **403079** | | **114246** | **3880** | **1840** | | **2040** |
| 北京 | 45053 | 20511 | 17465 | | 3046 | | | | |
| 天津 | | | | | | | | | |
| 河北 | 52459 | 27870 | 22930 | | 4940 | | | | |
| 山西 | 111407 | 65394 | 59006 | | 6388 | | | | |
| 内蒙古 | 33846 | 22297 | 21517 | | 780 | | | | |
| 辽宁 | 30687 | 17860 | 16580 | | 1280 | | | | |
| 吉林 | 34553 | 26590 | | | 26590 | | | | |
| 黑龙江 | 20725 | 10912 | 9929 | | 983 | | | | |
| 上海 | 57131 | 19678 | 19478 | | 200 | 1840 | 1840 | | |
| 江苏 | 25011 | 7371 | | | 7371 | | | | |
| 浙江 | 15750 | 5263 | 5263 | | | | | | |
| 安徽 | | | | | | | | | |
| 福建 | 21701 | 7877 | 6460 | | 1417 | | | | |
| 江西 | 5441 | 3460 | 2640 | | 820 | | | | |
| 山东 | 15358 | 14082 | 14012 | | 70 | | | | |
| 河南 | 94295 | 34665 | 30482 | | 4183 | | | | |
| 湖北 | 55178 | 27296 | 15486 | | 11810 | 2040 | | | 2040 |
| 湖南 | 54719 | 16758 | 14780 | | 1978 | | | | |
| 广东 | 20676 | 7280 | 7280 | | | | | | |
| 广西 | | | | | | | | | |
| 海南 | | | | | | | | | |
| 重庆 | 20032 | 7980 | 7780 | | 200 | | | | |
| 四川 | 67279 | 29103 | 26321 | | 2782 | | | | |
| 贵州 | 6399 | 2201 | 2025 | | 176 | | | | |
| 云南 | 1026 | | | | | | | | |
| 西藏 | | | | | | | | | |
| 陕西 | 151658 | 65835 | 46649 | | 19186 | | | | |
| 甘肃 | 81177 | 52341 | 40131 | | 12210 | | | | |
| 青海 | | | | | | | | | |
| 宁夏 | | | | | | | | | |
| 新疆 | 47837 | 24701 | 16865 | | 7836 | | | | |

## 教育经费收入情况

单位:千元

| 事业收入 | | 校办产业、勤工俭学、社会服务收入用于教育 | 捐集资收入 | | 其他收入 | 基建拨款 | 附1:本年实际收取学杂费 | 附2:上级补助收入 |
|---|---|---|---|---|---|---|---|---|
| 计 | 其中:学杂费 | | 计 | 其中:港澳台 | | | | |
| **439348** | **376731** | **10502** | **4553** | | **61784** | **32006** | **377844** | |
| 18033 | 16856 | 1200 | | | 2819 | 2490 | 16894 | |
| | | | | | | | | |
| 17164 | 15994 | | 288 | | 7137 | | 16892 | |
| 43720 | 40316 | | | | 2293 | | 40821 | |
| 11391 | 11391 | | | | 158 | | 11391 | |
| 12074 | 11075 | | | | 753 | | 11075 | |
| 7823 | 6950 | 140 | | | | | 6950 | |
| 9647 | 9647 | | | | 166 | | 7902 | |
| 23850 | 20127 | 365 | | | 8278 | 3120 | 20127 | |
| 10251 | 9560 | 521 | 510 | | 6358 | | 9560 | |
| 8673 | 7587 | | | | 1714 | 100 | 7587 | |
| | | | | | | | | |
| 2480 | 2480 | | | | 11344 | | 2339 | |
| 1281 | 1281 | | | | 700 | | 1840 | |
| 676 | 676 | | | | 100 | 500 | 676 | |
| 46295 | 32602 | 400 | | | 3991 | 8944 | 34327 | |
| 23894 | 21605 | 334 | | | 1614 | | 21605 | |
| 30806 | 30468 | 5500 | | | 1655 | | 30620 | |
| 9862 | 8309 | 875 | | | 2659 | | 8313 | |
| | | | | | | | | |
| | | | | | | | | |
| 11378 | 9815 | | | | 674 | | 9815 | |
| 29481 | 19297 | 325 | | | 1670 | 6700 | 19041 | |
| 2601 | 2601 | 224 | | | 1373 | | 2601 | |
| 466 | 466 | | | | 560 | | 466 | |
| | | | | | | | | |
| 77070 | 64449 | 438 | | | 4251 | 4064 | 64473 | |
| 21570 | 15683 | 180 | 3755 | | 673 | 2658 | 14786 | |
| | | | | | | | | |
| | | | | | | | | |
| 18862 | 17496 | | | | 844 | 3430 | 17743 | |

## 3-10　分地区地方中等专业学校

| | 总计 | 预算内教育经费拨款 | | | | 教育附加拨款 | | | |
|---|---|---|---|---|---|---|---|---|---|
| | | 小　计 | 教育事业费拨款 | 科研经费拨款 | 其他经费拨款 | 小　计 | 城市附加 | 农村附加 | 地方附加 |
| **合　计** | **23113247** | **11329284** | **10025585** | | **1303699** | **470042** | **387739** | **38342** | **43961** |
| 北　京 | 745214 | 498084 | 459578 | | 38506 | 1094 | 1034 | | 60 |
| 天　津 | 433766 | 222728 | 202189 | | 20539 | 2804 | 2430 | | 374 |
| 河　北 | 967358 | 474335 | 447266 | | 27069 | 12133 | 11683 | | 450 |
| 山　西 | 734704 | 336346 | 312676 | | 23670 | 11128 | 11076 | 2 | 50 |
| 内蒙古 | 482083 | 308901 | 268918 | | 39983 | 2094 | 2004 | | 90 |
| 辽　宁 | 1115670 | 794615 | 719411 | | 75204 | 11731 | 5107 | 4291 | 2333 |
| 吉　林 | 635554 | 395199 | 241397 | | 153802 | 5181 | 5181 | | |
| 黑龙江 | 492227 | 267541 | 259043 | | 8498 | 3706 | 3706 | | |
| 上　海 | 992872 | 483751 | 456683 | | 27068 | 126897 | 107777 | 19120 | |
| 江　苏 | 1463124 | 699143 | 508149 | | 190994 | 44523 | 30332 | 852 | 13339 |
| 浙　江 | 1034931 | 417547 | 383085 | | 34462 | 34295 | 24227 | 4368 | 5700 |
| 安　徽 | 593166 | 231689 | 209413 | | 22276 | 25778 | 21462 | 400 | 3916 |
| 福　建 | 846566 | 440924 | 386767 | | 54157 | 4631 | 3630 | 1001 | |
| 江　西 | 559567 | 214778 | 204415 | | 10363 | 5225 | 2783 | | 2442 |
| 山　东 | 1656247 | 774450 | 712737 | | 61713 | 49173 | 44797 | 1563 | 2813 |
| 河　南 | 1365253 | 661103 | 560915 | | 100188 | 17079 | 15069 | 2010 | |
| 湖　北 | 699345 | 225769 | 210317 | | 15452 | 7185 | 6224 | 1 | 960 |
| 湖　南 | 708588 | 240288 | 237005 | | 3283 | 9131 | 9106 | | 25 |
| 广　东 | 2409222 | 989033 | 865976 | | 123057 | 44291 | 40098 | 3497 | 696 |
| 广　西 | 786909 | 309372 | 292165 | | 17207 | 3024 | 1580 | 854 | 590 |
| 海　南 | 192694 | 92502 | 83795 | | 8707 | 230 | 210 | 20 | |
| 重　庆 | 466189 | 198167 | 165865 | | 32302 | 3301 | 2991 | | 310 |
| 四　川 | 938610 | 425145 | 365754 | | 59391 | 20059 | 11464 | 358 | 8237 |
| 贵　州 | 395086 | 221109 | 215172 | | 5937 | 3692 | 3032 | | 660 |
| 云　南 | 812970 | 563434 | 489937 | | 73497 | 12598 | 12247 | | 351 |
| 西　藏 | 39600 | 24931 | 22869 | | 2062 | | | | |
| 陕　西 | 521232 | 238746 | 234676 | | 4070 | 7205 | 7200 | 5 | |
| 甘　肃 | 353802 | 213130 | 203091 | | 10039 | 892 | 787 | | 105 |
| 青　海 | 107401 | 73737 | 60820 | | 12917 | | | | |
| 宁　夏 | 142521 | 78178 | 72753 | | 5425 | 342 | 342 | | |
| 新　疆 | 420776 | 214609 | 172748 | | 41861 | 620 | 160 | | 460 |

# 教育经费收入情况

单位：千元

| 事业收入 | | 校办产业、勤工俭学、社会服务收入用于教育 | 捐集资收入 | | 其他收入 | 基建拨款 | 附1：本年实际收取学杂费 | 附2：上级补助收入 |
|---|---|---|---|---|---|---|---|---|
| 计 | 其中：学杂费 | | 计 | 其中：港澳台 | | | | |
| **9796960** | **8124167** | **134914** | **132337** | **4853** | **770238** | **479472** | **8687819** | |
| 206654 | 165530 | 3859 | 2656 | | 27317 | 5550 | 168262 | |
| 186073 | 155062 | 1947 | 210 | | 19404 | 600 | 159065 | |
| 457333 | 401843 | 4932 | 979 | | 15196 | 2450 | 437253 | |
| 359719 | 288121 | 180 | 293 | | 14578 | 12460 | 296776 | |
| 159344 | 145090 | 904 | 126 | | 6944 | 3770 | 151654 | |
| 288678 | 246844 | 726 | | | 7853 | 12067 | 249397 | |
| 229286 | 175935 | 1262 | 1018 | | 3508 | 100 | 212467 | |
| 207943 | 199033 | 9 | 225 | | 6028 | 6775 | 196668 | |
| 295157 | 241484 | 11572 | 710 | | 56164 | 18621 | 241388 | |
| 593910 | 427057 | 20601 | 28338 | | 65159 | 11450 | 626370 | |
| 447370 | 332175 | 12417 | 9673 | | 67988 | 45641 | 354742 | |
| 302231 | 256927 | 1881 | 5679 | 2270 | 18161 | 7747 | 254397 | |
| 337826 | 272469 | 5465 | 13212 | 822 | 29013 | 15495 | 294704 | |
| 307290 | 257520 | 860 | 788 | 150 | 7722 | 22904 | 340364 | |
| 718034 | 637473 | 17696 | 7873 | | 61781 | 27240 | 646782 | |
| 584830 | 519196 | 4646 | 2170 | | 50672 | 44753 | 526734 | |
| 411106 | 354902 | 4299 | 5928 | | 35853 | 9205 | 358173 | |
| 419351 | 373808 | 4580 | 4013 | | 26545 | 4680 | 381774 | |
| 1182702 | 936246 | 8128 | 22757 | 1531 | 79244 | 83067 | 960954 | |
| 423403 | 364050 | 4428 | 5068 | 80 | 25269 | 16345 | 383660 | |
| 84702 | 69661 | 736 | 410 | | 13844 | 270 | 64966 | |
| 216056 | 132959 | 5321 | 4136 | | 25598 | 13610 | 137465 | |
| 430262 | 352596 | 6725 | 684 | | 40867 | 14868 | 356438 | |
| 143181 | 115084 | 796 | 9215 | | 9693 | 7400 | 121419 | |
| 159100 | 126115 | 5271 | 1342 | | 22055 | 49170 | 162325 | |
| 3046 | 2389 | | | | 209 | 11414 | 3114 | |
| 254350 | 240555 | 319 | 320 | | 17732 | 2560 | 251177 | |
| 125049 | 110348 | 1452 | 3623 | | 5466 | 4190 | 110569 | |
| 29862 | 22489 | 1725 | | | 1002 | 1075 | 30094 | |
| 49877 | 43575 | | 115 | | 3619 | 10390 | 45875 | |
| 183235 | 157631 | 2177 | 776 | | 5754 | 13605 | 162793 | |

## 3－11 分地区中央部门中等技术学校

| | 总计 | 预算内教育经费拨款 | | | | 教育附加拨款 | | | |
|---|---|---|---|---|---|---|---|---|---|
| | | 小计 | 教育事业费拨款 | 科研经费拨款 | 其他经费拨款 | 小计 | 城市附加 | 农村附加 | 地方附加 |
| **合计** | **1033774** | **504042** | **401769** | | **102273** | **3880** | **1840** | | **2040** |
| 北京 | 45053 | 20511 | 17465 | | 3046 | | | | |
| 天津 | | | | | | | | | |
| 河北 | 52459 | 27870 | 22930 | | 4940 | | | | |
| 山西 | 111407 | 65394 | 59006 | | 6388 | | | | |
| 内蒙古 | 33846 | 22297 | 21517 | | 780 | | | | |
| 辽宁 | 30687 | 17860 | 16580 | | 1280 | | | | |
| 吉林 | 34553 | 26590 | | | 26590 | | | | |
| 黑龙江 | 20725 | 10912 | 9929 | | 983 | | | | |
| 上海 | 57131 | 19678 | 19478 | | 200 | 1840 | 1840 | | |
| 江苏 | | | | | | | | | |
| 浙江 | 15750 | 5263 | 5263 | | | | | | |
| 安徽 | | | | | | | | | |
| 福建 | 21701 | 7877 | 6460 | | 1417 | | | | |
| 江西 | 5441 | 3460 | 2640 | | 820 | | | | |
| 山东 | 15358 | 14082 | 14012 | | 70 | | | | |
| 河南 | 94295 | 34665 | 30482 | | 4183 | | | | |
| 湖北 | 55178 | 27296 | 15486 | | 11810 | 2040 | | | 2040 |
| 湖南 | 54719 | 16758 | 14780 | | 1978 | | | | |
| 广东 | 20676 | 7280 | 7280 | | | | | | |
| 广西 | | | | | | | | | |
| 海南 | | | | | | | | | |
| 重庆 | 18462 | 7780 | 7780 | | | | | | |
| 四川 | 63818 | 27415 | 25011 | | 2404 | | | | |
| 贵州 | 6399 | 2201 | 2025 | | 176 | | | | |
| 云南 | | | | | | | | | |
| 西藏 | | | | | | | | | |
| 陕西 | 151658 | 65835 | 46649 | | 19186 | | | | |
| 甘肃 | 77389 | 48661 | 40131 | | 8530 | | | | |
| 青海 | | | | | | | | | |
| 宁夏 | | | | | | | | | |
| 新疆 | 47069 | 24357 | 16865 | | 7492 | | | | |

# 教育经费收入情况

单位:千元

| 事业收入 |  | 校办产业、勤工俭学、社会服务收入用于教育 | 捐集资收入 |  | 其他收入 | 基建拨款 | 附1:本年实际收取学杂费 | 附2:上级补助收入 |
|---|---|---|---|---|---|---|---|---|
| 计 | 其中:学杂费 |  | 计 | 其中:港澳台 |  |  |  |  |
| **425677** | **365104** | **9756** | **4043** |  | **54478** | **31898** | **366068** |  |
| 18033 | 16856 | 1200 |  |  | 2819 | 2490 | 16894 |  |
|  |  |  |  |  |  |  |  |  |
| 17164 | 15994 |  | 288 |  | 7137 |  | 16892 |  |
| 43720 | 40316 |  |  |  | 2293 |  | 40821 |  |
| 11391 | 11391 |  |  |  | 158 |  | 11391 |  |
| 12074 | 11075 |  |  |  | 753 |  | 11075 |  |
| 7823 | 6950 | 140 |  |  |  |  | 6950 |  |
| 9647 | 9647 |  |  |  | 166 |  | 7902 |  |
| 23850 | 20127 | 365 |  |  | 8278 | 3120 | 20127 |  |
|  |  |  |  |  |  |  |  |  |
| 8673 | 7587 |  |  |  | 1714 | 100 | 7587 |  |
|  |  |  |  |  |  |  |  |  |
| 2480 | 2480 |  |  |  | 11344 |  | 2339 |  |
| 1281 | 1281 |  |  |  | 700 |  | 1840 |  |
| 676 | 676 |  |  |  | 100 | 500 | 676 |  |
| 46295 | 32602 | 400 |  |  | 3991 | 8944 | 34327 |  |
| 23894 | 21605 | 334 |  |  | 1614 |  | 21605 |  |
| 30806 | 30468 | 5500 |  |  | 1655 |  | 30620 |  |
| 9862 | 8309 | 875 |  |  | 2659 |  | 8313 |  |
|  |  |  |  |  |  |  |  |  |
|  |  |  |  |  |  |  |  |  |
| 10268 | 8705 |  |  |  | 414 |  | 8705 |  |
| 27933 | 19102 | 100 |  |  | 1670 | 6700 | 18846 |  |
| 2601 | 2601 | 224 |  |  | 1373 |  | 2601 |  |
|  |  |  |  |  |  |  |  |  |
|  |  |  |  |  |  |  |  |  |
| 77070 | 64449 | 438 |  |  | 4251 | 4064 | 64473 |  |
| 21570 | 15683 | 180 | 3755 |  | 673 | 2550 | 14786 |  |
|  |  |  |  |  |  |  |  |  |
|  |  |  |  |  |  |  |  |  |
| 18566 | 17200 |  |  |  | 716 | 3430 | 17298 |  |

# 3－12　分地区地方中等技术学校

| | 总计 | 预算内教育经费拨款 | | | | 教育附加拨款 | | | |
|---|---|---|---|---|---|---|---|---|---|
| | | 小计 | 教育事业费拨款 | 科研经费拨款 | 其他经费拨款 | 小计 | 城市附加 | 农村附加 | 地方附加 |
| 合计 | **15457665** | **7512895** | **6697268** | | **815627** | **186257** | **180723** | **2594** | **2940** |
| 北京 | 602133 | 413079 | 380944 | | 32135 | | | | |
| 天津 | 281270 | 138776 | 120866 | | 17910 | 300 | 300 | | |
| 河北 | 566444 | 276574 | 262670 | | 13904 | 1091 | 1091 | | |
| 山西 | 494245 | 223611 | 206774 | | 16837 | 2400 | 2400 | | |
| 内蒙古 | 331260 | 205764 | 185652 | | 20112 | | | | |
| 辽宁 | 813032 | 577323 | 535876 | | 41447 | 1413 | 1413 | | |
| 吉林 | 401829 | 249079 | 151146 | | 97933 | 306 | 306 | | |
| 黑龙江 | 351817 | 182654 | 176282 | | 6372 | 3396 | 3396 | | |
| 上海 | 810496 | 394691 | 367994 | | 26697 | 98853 | 98853 | | |
| 江苏 | 832686 | 411326 | 324964 | | 86362 | 14695 | 14242 | | 453 |
| 浙江 | 701409 | 256965 | 231060 | | 25905 | 9478 | 7175 | 1903 | 400 |
| 安徽 | 385964 | 148370 | 134535 | | 13835 | 7247 | 6560 | 280 | 407 |
| 福建 | 575470 | 273861 | 241105 | | 32756 | 491 | 350 | 141 | |
| 江西 | 368700 | 127885 | 121240 | | 6645 | | | | |
| 山东 | 1129731 | 495950 | 448063 | | 47887 | 21434 | 21053 | 250 | 131 |
| 河南 | 862297 | 422804 | 366614 | | 56190 | 171 | 171 | | |
| 湖北 | 451477 | 136683 | 122845 | | 13838 | 138 | | | 138 |
| 湖南 | 381337 | 112322 | 110544 | | 1778 | 4200 | 4200 | | |
| 广东 | 1571995 | 667171 | 581530 | | 85641 | 13961 | 13961 | | |
| 广西 | 551530 | 206244 | 198673 | | 7571 | 364 | 174 | | 190 |
| 海南 | 106801 | 55133 | 46509 | | 8624 | 70 | 50 | 20 | |
| 重庆 | 309279 | 125386 | 112750 | | 12636 | 150 | 150 | | |
| 四川 | 597361 | 253813 | 221739 | | 32074 | 1531 | 880 | | 651 |
| 贵州 | 282152 | 166045 | 160934 | | 5111 | 1648 | 1248 | | 400 |
| 云南 | 601405 | 412358 | 355424 | | 56934 | 1820 | 1750 | | 70 |
| 西藏 | 29082 | 18282 | 17010 | | 1272 | | | | |
| 陕西 | 362522 | 163776 | 159706 | | 4070 | 800 | 800 | | |
| 甘肃 | 235870 | 140477 | 137111 | | 3366 | 200 | 200 | | |
| 青海 | 81848 | 53305 | 44148 | | 9157 | | | | |
| 宁夏 | 99114 | 53281 | 51464 | | 1817 | | | | |
| 新疆 | 287109 | 149907 | 121096 | | 28811 | 100 | | | 100 |

## 教育经费收入情况

单位：千元

| 事业收入 | | 校办产业、勤工俭学、社会服务收入用于教育 | 捐集资收入 | | 其他收入 | 基建拨款 | 附1：本年实际收取学杂费 | 附2：上级补助收入 |
|---|---|---|---|---|---|---|---|---|
| 计 | 其中：学杂费 | | 计 | 其中：港澳台 | | | | |
| **6767477** | **5861574** | **77684** | **45072** | **335** | **475394** | **392886** | **6365792** | |
| 159572 | 136875 | 3002 | 1846 | | 19084 | 5550 | 137529 | |
| 128551 | 108952 | 554 | | | 12489 | 600 | 112565 | |
| 272443 | 244125 | 4098 | | | 10738 | 1500 | 270145 | |
| 245458 | 206434 | 35 | | | 12571 | 10170 | 217140 | |
| 118697 | 108430 | 337 | | | 3852 | 2610 | 113745 | |
| 219680 | 211166 | 188 | | | 3428 | 11000 | 212931 | |
| 148847 | 108445 | 303 | 400 | | 2794 | 100 | 140224 | |
| 155949 | 152929 | | 200 | | 3003 | 6615 | 148512 | |
| 245726 | 207080 | 10583 | 593 | | 41429 | 18621 | 206984 | |
| 344205 | 275388 | 8645 | 3183 | | 39782 | 10850 | 480783 | |
| 332762 | 268073 | 10020 | 3535 | | 45049 | 43600 | 287985 | |
| 209613 | 186206 | 95 | 131 | | 12761 | 7747 | 183859 | |
| 263020 | 225096 | 2654 | 8190 | 17 | 16229 | 11025 | 246067 | |
| 215070 | 180557 | 520 | 6 | | 4737 | 20482 | 264292 | |
| 532350 | 487869 | 15127 | 4017 | | 36453 | 24400 | 493239 | |
| 356754 | 336100 | 1880 | 255 | | 40533 | 39900 | 342103 | |
| 278755 | 249584 | 1403 | 2240 | | 23333 | 8925 | 249854 | |
| 246077 | 229293 | 1197 | 953 | | 12008 | 4580 | 232056 | |
| 780678 | 629717 | 2417 | 9849 | 318 | 41713 | 56206 | 649493 | |
| 311379 | 279212 | 3439 | 2855 | | 18741 | 8508 | 289935 | |
| 46664 | 35423 | 687 | 265 | | 3742 | 240 | 31024 | |
| 158514 | 116034 | 2091 | 2063 | | 9365 | 11710 | 120357 | |
| 310095 | 268563 | 2070 | 110 | | 16584 | 13158 | 269569 | |
| 100684 | 86000 | 668 | 160 | | 6747 | 6200 | 90899 | |
| 119107 | 100420 | 2947 | 273 | | 17180 | 47720 | 131738 | |
| 2389 | 2389 | | | | 197 | 8214 | 2457 | |
| 182954 | 177168 | | | | 13082 | 1910 | 185314 | |
| 86424 | 76725 | 1014 | 3318 | | 3237 | 1200 | 76146 | |
| 26427 | 19541 | 1395 | | | 721 | | 27146 | |
| 41930 | 37352 | | | | 1553 | 2350 | 36840 | |
| 126703 | 110428 | 315 | 630 | | 2259 | 7195 | 114861 | |

# 3－13　分地区地方中等师范学校

| | 总计 | 预算内教育经费拨款 | | | | 教育附加拨款 | | | |
|---|---|---|---|---|---|---|---|---|---|
| | | 小计 | 教育事业费拨款 | 科研经费拨款 | 其他经费拨款 | 小计 | 城市附加 | 农村附加 | 地方附加 |
| **合计** | **4244013** | **2031212** | **1879947** | | **151265** | **170164** | **136611** | **3682** | **29871** |
| 北京 | 61981 | 45858 | 44230 | | 1628 | 410 | 350 | | 60 |
| 天津 | 48959 | 32266 | 32259 | | 7 | 470 | 370 | | 100 |
| 河北 | 263616 | 115794 | 109770 | | 6024 | 10055 | 9605 | | 450 |
| 山西 | 183565 | 69099 | 65927 | | 3172 | 7130 | 7130 | | |
| 内蒙古 | 65392 | 38954 | 33547 | | 5407 | 153 | 123 | | 30 |
| 辽宁 | 99453 | 71562 | 64565 | | 6997 | 776 | 776 | | |
| 吉林 | 131187 | 80655 | 70572 | | 10083 | 4390 | 4390 | | |
| 黑龙江 | 100210 | 50923 | 49997 | | 926 | 252 | 252 | | |
| 上海 | 15559 | 6993 | 6993 | | | 4664 | 4664 | | |
| 江苏 | 292723 | 115125 | 109926 | | 5199 | 24587 | 12707 | 500 | 11380 |
| 浙江 | 186506 | 92326 | 89229 | | 3097 | 18805 | 13425 | 80 | 5300 |
| 安徽 | 162420 | 63832 | 57961 | | 5871 | 17221 | 13737 | | 3484 |
| 福建 | 119444 | 77984 | 67891 | | 10093 | 1855 | 1037 | 818 | |
| 江西 | 121136 | 51385 | 48463 | | 2922 | 2000 | 1540 | | 460 |
| 山东 | 324555 | 160601 | 151840 | | 8761 | 19005 | 18385 | 300 | 320 |
| 河南 | 298845 | 129589 | 113778 | | 15811 | 9958 | 9958 | | |
| 湖北 | 154217 | 56764 | 55306 | | 1458 | 5810 | 5003 | | 807 |
| 湖南 | 163387 | 61361 | 61257 | | 104 | 3330 | 3330 | | |
| 广东 | 322903 | 145481 | 136124 | | 9357 | 6613 | 5329 | 1274 | 10 |
| 广西 | 169340 | 71821 | 65854 | | 5967 | 2089 | 1295 | 571 | 223 |
| 海南 | 63906 | 28259 | 28259 | | | | | | |
| 重庆 | 81672 | 35369 | 26106 | | 9263 | 1590 | 1380 | | 210 |
| 四川 | 205508 | 87071 | 74704 | | 12367 | 15173 | 8577 | 139 | 6457 |
| 贵州 | 108020 | 51076 | 50295 | | 781 | 2037 | 1777 | | 260 |
| 云南 | 132104 | 96246 | 86896 | | 9350 | 4640 | 4520 | | 120 |
| 西藏 | 10518 | 6649 | 5859 | | 790 | | | | |
| 陕西 | 133130 | 59180 | 59180 | | | 6311 | 6311 | | |
| 甘肃 | 83126 | 50829 | 47587 | | 3242 | 400 | 300 | | 100 |
| 青海 | 25362 | 20241 | 16496 | | 3745 | | | | |
| 宁夏 | 15508 | 12481 | 11031 | | 1450 | 340 | 340 | | |
| 新疆 | 99761 | 45438 | 38045 | | 7393 | 100 | | | 100 |

# 教育经费收入情况

单位:千元

| 事业收入 | | 校办产业、勤工俭学、社会服务收入用于教育 | 捐集资收入 | | 其他收入 | 基建拨款 | 附1:本年实际收取学杂费 | 附2:上级补助收入 |
|---|---|---|---|---|---|---|---|---|
| 计 | 其中:学杂费 | | 计 | 其中:港澳台 | | | | |
| **1774050** | **1375675** | **21514** | **58032** | **3282** | **130209** | **58832** | **1417607** | |
| 8005 | 1555 | 422 | 810 | | 6476 | | 1555 | |
| 12722 | 8940 | 23 | | | 3478 | | 8959 | |
| 134523 | 120633 | 142 | 308 | | 2794 | | 127420 | |
| 103734 | 76476 | | | | 1412 | 2190 | 74089 | |
| 24693 | 23745 | | 100 | | 632 | 860 | 24392 | |
| 25354 | 22890 | 90 | | | 1071 | 600 | 23118 | |
| 44664 | 36008 | 909 | 414 | | 155 | | 40710 | |
| 45967 | 41144 | | 25 | | 2943 | 100 | 43178 | |
| 1367 | 963 | 281 | | | 2254 | | 963 | |
| 126327 | 65727 | 2226 | 16349 | | 7609 | 500 | 59085 | |
| 57551 | 34408 | 2118 | 4019 | | 9946 | 1741 | 36683 | |
| 71384 | 54805 | 1511 | 5189 | 2270 | 3283 | | 53304 | |
| 28904 | 21643 | 987 | 2332 | 800 | 3232 | 4150 | 22893 | |
| 64518 | 58675 | 338 | 203 | 150 | 1092 | 1600 | 57866 | |
| 124487 | 107541 | 945 | 1954 | | 15263 | 2300 | 109843 | |
| 149512 | 124282 | 502 | | | 4884 | 4400 | 124928 | |
| 80044 | 61643 | 1763 | 3182 | | 6554 | 100 | 64164 | |
| 90102 | 85874 | 831 | 2287 | | 5376 | 100 | 89554 | |
| 138992 | 88587 | 1171 | 6809 | 62 | 11388 | 12449 | 92740 | |
| 80889 | 60697 | 564 | 1481 | | 4739 | 7757 | 68294 | |
| 29182 | 26059 | | 100 | | 6365 | | 26059 | |
| 34285 | 8343 | 1224 | 2057 | | 5347 | 1800 | 8467 | |
| 86626 | 70996 | 2247 | 418 | | 12503 | 1470 | 74106 | |
| 41626 | 28855 | 128 | 9055 | | 2898 | 1200 | 30291 | |
| 25721 | 20097 | 1014 | 717 | | 2466 | 1300 | 22525 | |
| 657 | | | | | 12 | 3200 | 657 | |
| 64025 | 58575 | | | | 3074 | 540 | 60876 | |
| 27562 | 24283 | 202 | 2 | | 1141 | 2990 | 25336 | |
| 3435 | 2948 | 330 | | | 281 | 1075 | 2948 | |
| 2201 | 1995 | | 85 | | 401 | | 4794 | |
| 44991 | 37288 | 1546 | 136 | | 1140 | 6410 | 37810 | |

# 3－14　分地区中央部门成人中专学校

| | 总计 | 预算内教育经费拨款 | | | | 教育附加拨款 | | | |
|---|---|---|---|---|---|---|---|---|---|
| | | 小　计 | 教育事业费拨款 | 科研经费拨款 | 其他经费拨款 | 小　计 | 城市附加 | 农村附加 | 地方附加 |
| 合　计 | **35624** | **13283** | **1310** | | **11973** | | | | |
| 北　京 | | | | | | | | | |
| 天　津 | | | | | | | | | |
| 河　北 | | | | | | | | | |
| 山　西 | | | | | | | | | |
| 内蒙古 | | | | | | | | | |
| 辽　宁 | | | | | | | | | |
| 吉　林 | | | | | | | | | |
| 黑龙江 | | | | | | | | | |
| 上　海 | | | | | | | | | |
| 江　苏 | 25011 | 7371 | | | 7371 | | | | |
| 浙　江 | | | | | | | | | |
| 安　徽 | | | | | | | | | |
| 福　建 | | | | | | | | | |
| 江　西 | | | | | | | | | |
| 山　东 | | | | | | | | | |
| 河　南 | | | | | | | | | |
| 湖　北 | | | | | | | | | |
| 湖　南 | | | | | | | | | |
| 广　东 | | | | | | | | | |
| 广　西 | | | | | | | | | |
| 海　南 | | | | | | | | | |
| 重　庆 | 1570 | 200 | | | 200 | | | | |
| 四　川 | 3461 | 1688 | 1310 | | 378 | | | | |
| 贵　州 | | | | | | | | | |
| 云　南 | 1026 | | | | | | | | |
| 西　藏 | | | | | | | | | |
| 陕　西 | | | | | | | | | |
| 甘　肃 | 3788 | 3680 | | | 3680 | | | | |
| 青　海 | | | | | | | | | |
| 宁　夏 | | | | | | | | | |
| 新　疆 | 768 | 344 | | | 344 | | | | |

## 教育经费收入情况

单位:千元

| 事业收入 | | 校办产业、勤工俭学、社会服务收入用于教育 | 捐集资收入 | | 其他收入 | 基建拨款 | 附1:本年实际收取学杂费 | 附2:上级补助收入 |
|---|---|---|---|---|---|---|---|---|
| 计 | 其中:学杂费 | | 计 | 其中:港澳台 | | | | |
| **13671** | **11627** | **746** | **510** | | **7306** | **108** | **11776** | |
| 10251 | 9560 | 521 | 510 | | 6358 | | 9560 | |
| 1110 | 1110 | | | | 260 | | 1110 | |
| 1548 | 195 | 225 | | | | | 195 | |
| 466 | 466 | | | | 560 | | 466 | |
| | | | | | | 108 | | |
| 296 | 296 | | | | 128 | | 445 | |

## 3－15 分地区地方成人中专学校

| | 总计 | 预算内教育经费拨款 | | | | 教育附加拨款 | | | |
|---|---|---|---|---|---|---|---|---|---|
| | | 小计 | 教育事业费拨款 | 科研经费拨款 | 其他经费拨款 | 小计 | 城市附加 | 农村附加 | 地方附加 |
| **合 计** | **3411569** | **1785177** | **1448370** | | **336807** | **113621** | **70405** | **32066** | **11150** |
| 北 京 | 81100 | 39147 | 34404 | | 4743 | 684 | 684 | | |
| 天 津 | 103537 | 51686 | 49064 | | 2622 | 2034 | 1760 | | 274 |
| 河 北 | 137298 | 81967 | 74826 | | 7141 | 987 | 987 | | |
| 山 西 | 56894 | 43636 | 39975 | | 3661 | 1598 | 1546 | 2 | 50 |
| 内蒙古 | 85431 | 64183 | 49719 | | 14464 | 1941 | 1881 | | 60 |
| 辽 宁 | 203185 | 145730 | 118970 | | 26760 | 9542 | 2918 | 4291 | 2333 |
| 吉 林 | 102538 | 65465 | 19679 | | 45786 | 485 | 485 | | |
| 黑龙江 | 40200 | 33964 | 32764 | | 1200 | 58 | 58 | | |
| 上 海 | 166817 | 82067 | 81696 | | 371 | 23380 | 4260 | 19120 | |
| 江 苏 | 337715 | 172692 | 73259 | | 99433 | 5241 | 3383 | 352 | 1506 |
| 浙 江 | 147016 | 68256 | 62796 | | 5460 | 6012 | 3627 | 2385 | |
| 安 徽 | 44782 | 19487 | 16917 | | 2570 | 1310 | 1165 | 120 | 25 |
| 福 建 | 151652 | 89079 | 77771 | | 11308 | 2285 | 2243 | 42 | |
| 江 西 | 69731 | 35508 | 34712 | | 796 | 3225 | 1243 | | 1982 |
| 山 东 | 201961 | 117899 | 112834 | | 5065 | 8734 | 5359 | 1013 | 2362 |
| 河 南 | 204111 | 108710 | 80523 | | 28187 | 6950 | 4940 | 2010 | |
| 湖 北 | 93651 | 32322 | 32166 | | 156 | 1237 | 1221 | 1 | 15 |
| 湖 南 | 163864 | 66605 | 65204 | | 1401 | 1601 | 1576 | | 25 |
| 广 东 | 514324 | 176381 | 148322 | | 28059 | 23717 | 20808 | 2223 | 686 |
| 广 西 | 66039 | 31307 | 27638 | | 3669 | 571 | 111 | 283 | 177 |
| 海 南 | 21987 | 9110 | 9027 | | 83 | 160 | 160 | | |
| 重 庆 | 75238 | 37412 | 27009 | | 10403 | 1561 | 1461 | | 100 |
| 四 川 | 135741 | 84261 | 69311 | | 14950 | 3355 | 2007 | 219 | 1129 |
| 贵 州 | 4914 | 3988 | 3943 | | 45 | 7 | 7 | | |
| 云 南 | 79461 | 54830 | 47617 | | 7213 | 6138 | 5977 | | 161 |
| 西 藏 | | | | | | | | | |
| 陕 西 | 25580 | 15790 | 15790 | | | 94 | 89 | 5 | |
| 甘 肃 | 34806 | 21824 | 18393 | | 3431 | 292 | 287 | | 5 |
| 青 海 | 191 | 191 | 176 | | 15 | | | | |
| 宁 夏 | 27899 | 12416 | 10258 | | 2158 | 2 | 2 | | |
| 新 疆 | 33906 | 19264 | 13607 | | 5657 | 420 | 160 | | 260 |

## 教育经费收入情况

单位：千元

| 事业收入 | | 校办产业、勤工俭学、社会服务收入用于教育 | 捐集资收入 | | 其他收入 | 基建拨款 | 附1：本年实际收取学杂费 | 附2：上级补助收入 |
|---|---|---|---|---|---|---|---|---|
| 计 | 其中：学杂费 | | 计 | 其中：港澳台 | | | | |
| **1255433** | **886918** | **35716** | **29233** | **1236** | **164635** | **27754** | **904420** | |
| | | | | | | | | |
| 39077 | 27100 | 435 | | | 1757 | | 29178 | |
| 44800 | 37170 | 1370 | 210 | | 3437 | | 37541 | |
| 50367 | 37085 | 692 | 671 | | 1664 | 950 | 39688 | |
| 10527 | 5211 | 145 | 293 | | 595 | 100 | 5547 | |
| 15954 | 12915 | 567 | 26 | | 2460 | 300 | 13517 | |
| | | | | | | | | |
| 43644 | 12788 | 448 | | | 3354 | 467 | 13348 | |
| 35775 | 31482 | 50 | 204 | | 559 | | 31533 | |
| 6027 | 4960 | 9 | | | 82 | 60 | 4978 | |
| | | | | | | | | |
| 48064 | 33441 | 708 | 117 | | 12481 | | 33441 | |
| 123378 | 85942 | 9730 | 8806 | | 17768 | 100 | 86502 | |
| 57057 | 29694 | 279 | 2119 | | 12993 | 300 | 30074 | |
| 21234 | 15916 | 275 | 359 | | 2117 | | 17234 | |
| 45902 | 25730 | 1824 | 2690 | 5 | 9552 | 320 | 25744 | |
| 27702 | 18288 | 2 | 579 | | 1893 | 822 | 18206 | |
| 61197 | 42063 | 1624 | 1902 | | 10065 | 540 | 43700 | |
| | | | | | | | | |
| 78564 | 58814 | 2264 | 1915 | | 5255 | 453 | 59703 | |
| 52307 | 43675 | 1133 | 506 | | 5966 | 180 | 44155 | |
| 83172 | 58641 | 2552 | 773 | | 9161 | | 60164 | |
| 263032 | 217942 | 4540 | 6099 | 1151 | 26143 | 14412 | 218721 | |
| 31135 | 24141 | 425 | 732 | 80 | 1789 | 80 | 25431 | |
| 8856 | 8179 | 49 | 45 | | 3737 | 30 | 7883 | |
| | | | | | | | | |
| 23257 | 8582 | 2006 | 16 | | 10886 | 100 | 8641 | |
| 33541 | 13037 | 2408 | 156 | | 11780 | 240 | 12763 | |
| 871 | 229 | | | | 48 | | 229 | |
| 14272 | 5598 | 1310 | 352 | | 2409 | 150 | 8062 | |
| | | | | | | | | |
| 7371 | 4812 | 319 | 320 | | 1576 | 110 | 4987 | |
| 11063 | 9340 | 236 | 303 | | 1088 | | 9087 | |
| | | | | | | | | |
| 5746 | 4228 | | 30 | | 1665 | 8040 | 4241 | |
| 11541 | 9915 | 316 | 10 | | 2355 | | 10122 | |

## 3－16　分地区中央部门技工学校

| | 总计 | 预算内教育经费拨款 | | | | 教育附加拨款 | | | |
|---|---|---|---|---|---|---|---|---|---|
| | | 小计 | 教育事业费拨款 | 科研经费拨款 | 其他经费拨款 | 小计 | 城市附加 | 农村附加 | 地方附加 |
| **合计** | **95970** | **75556** | **10331** | | **65225** | | | | |
| 北京 | | | | | | | | | |
| 天津 | | | | | | | | | |
| 河北 | 6536 | 2526 | 2526 | | | | | | |
| 山西 | | | | | | | | | |
| 内蒙古 | 2865 | 2672 | 2374 | | 298 | | | | |
| 辽宁 | | | | | | | | | |
| 吉林 | | | | | | | | | |
| 黑龙江 | | | | | | | | | |
| 上海 | | | | | | | | | |
| 江苏 | | | | | | | | | |
| 浙江 | | | | | | | | | |
| 安徽 | | | | | | | | | |
| 福建 | | | | | | | | | |
| 江西 | | | | | | | | | |
| 山东 | | | | | | | | | |
| 河南 | | | | | | | | | |
| 湖北 | | | | | | | | | |
| 湖南 | | | | | | | | | |
| 广东 | | | | | | | | | |
| 广西 | | | | | | | | | |
| 海南 | | | | | | | | | |
| 重庆 | 13961 | 12640 | 2948 | | 9692 | | | | |
| 四川 | | | | | | | | | |
| 贵州 | | | | | | | | | |
| 云南 | | | | | | | | | |
| 西藏 | | | | | | | | | |
| 陕西 | | | | | | | | | |
| 甘肃 | 64480 | 54800 | | | 54800 | | | | |
| 青海 | | | | | | | | | |
| 宁夏 | | | | | | | | | |
| 新疆 | 8128 | 2918 | 2483 | | 435 | | | | |

## 教育经费收入情况

单位：千元

| 事业收入 | | 校办产业、勤工俭学、社会服务收入用于教育 | 捐集资收入 | | 其他收入 | 基建拨款 | 附1：本年实际收取学杂费 | 附2：上级补助收入 |
|---|---|---|---|---|---|---|---|---|
| 计 | 其中：学杂费 | | 计 | 其中：港澳台 | | | | |
| **11469** | **8289** | | **1040** | | **405** | **7500** | **7864** | |
| 3605 | 425 | | | | 405 | | | |
| 193 | 193 | | | | | | 193 | |
| 1321 | 1321 | | | | | | 1321 | |
| 2640 | 2640 | | 1040 | | | 6000 | 2640 | |
| 3710 | 3710 | | | | | 1500 | 3710 | |

## 3－17　分地区地方技工学校

| | 总计 | 预算内教育经费拨款 | | | | 教育附加拨款 | | | |
|---|---|---|---|---|---|---|---|---|---|
| | | 小　计 | 教育事业费拨款 | 科研经费拨　款 | 其他经费拨　款 | 小　计 | 城市附加 | 农村附加 | 地方附加 |
| **合　计** | **1908113** | **1009210** | **886798** | | **122412** | **13611** | **8073** | **69** | **5469** |
| 北　京 | | | | | | | | | |
| 天　津 | | | | | | | | | |
| 河　北 | 60400 | 36233 | 34567 | | 1666 | 10 | 10 | | |
| 山　西 | 44539 | 33221 | 32587 | | 634 | | | | |
| 内蒙古 | 43965 | 34473 | 29333 | | 5140 | | | | |
| 辽　宁 | 77769 | 55998 | 52481 | | 3517 | | | | |
| 吉　林 | 46740 | 30663 | 16898 | | 13765 | | | | |
| 黑龙江 | 23156 | 17696 | 17514 | | 182 | 210 | 210 | | |
| 上　海 | 6867 | 1961 | 1961 | | | 350 | 350 | | |
| 江　苏 | 100159 | 41106 | 33570 | | 7536 | 305 | 155 | | 150 |
| 浙　江 | 137678 | 35056 | 26019 | | 9037 | | | | |
| 安　徽 | 2929 | 1598 | 1504 | | 94 | | | | |
| 福　建 | 107573 | 60323 | 55112 | | 5211 | | | | |
| 江　西 | | | | | | | | | |
| 山　东 | 308406 | 151250 | 139094 | | 12156 | 7650 | 4050 | | 3600 |
| 河　南 | 141697 | 94948 | 76133 | | 18815 | | | | |
| 湖　北 | 60998 | 17550 | 17238 | | 312 | 84 | | | 84 |
| 湖　南 | 46652 | 22487 | 22487 | | | | | | |
| 广　东 | 332599 | 143808 | 127011 | | 16797 | 4906 | 3298 | | 1608 |
| 广　西 | 85845 | 44180 | 37663 | | 6517 | 69 | | 69 | |
| 海　南 | 19724 | 13061 | 12301 | | 760 | | | | |
| 重　庆 | 15196 | 8002 | 7252 | | 750 | | | | |
| 四　川 | 23961 | 15247 | 12698 | | 2549 | | | | |
| 贵　州 | | | | | | | | | |
| 云　南 | 110219 | 79697 | 74346 | | 5351 | 27 | | | 27 |
| 西　藏 | | | | | | | | | |
| 陕　西 | 7992 | 3532 | 3532 | | | | | | |
| 甘　肃 | 1897 | | | | | | | | |
| 青　海 | 228 | 140 | 110 | | 30 | | | | |
| 宁　夏 | 28317 | 17872 | 17067 | | 805 | | | | |
| 新　疆 | 72607 | 49108 | 38320 | | 10788 | | | | |

## 教育经费收入情况

单位:千元

| 事业收入 | | 校办产业、勤工俭学、社会服务收入用于教育 | 捐集资收入 | | 其他收入 | 基建拨款 | 附1:本年实际收取学杂费 | 附2:上级补助收入 |
|---|---|---|---|---|---|---|---|---|
| 计 | 其中:学杂费 | | 计 | 其中:港澳台 | | | | |
| **728939** | **588894** | **23022** | **13762** | | **77026** | **42543** | **594351** | |
| 23824 | 23523 | 58 | | | 275 | | 23724 | |
| 10679 | 5886 | | | | 639 | | 5700 | |
| 8315 | 7539 | 54 | | | 1123 | | 7727 | |
| 20639 | 16606 | 187 | | | 945 | | 16457 | |
| 15789 | 15501 | 253 | | | 35 | | 15501 | |
| 5046 | 5046 | 136 | | | 68 | | 5024 | |
| 2879 | 2785 | | | | 477 | 1200 | 2785 | |
| 43448 | 20107 | | 1270 | | 14030 | | 21091 | |
| 79837 | 62203 | 2043 | 3856 | | 11906 | 4980 | 61508 | |
| 1237 | 888 | | | | 94 | | 888 | |
| 40786 | 32920 | | 180 | | 4744 | 1540 | 35950 | |
| 129763 | 97958 | 3220 | 785 | | 11228 | 4510 | 101842 | |
| 39770 | 36501 | | | | 6429 | 550 | 30316 | |
| 30010 | 27380 | 10315 | | | 2959 | 80 | 27380 | |
| 20706 | 17588 | | | | 3459 | | 17640 | |
| 146800 | 130338 | 2242 | 1353 | | 11867 | 21623 | 128229 | |
| 33989 | 25904 | 335 | 6185 | | 1087 | | 30689 | |
| 6088 | 5776 | | 111 | | 464 | | 5776 | |
| 6991 | 6259 | | | | 203 | | 6284 | |
| 7221 | 4084 | 36 | 2 | | 1245 | 210 | 4051 | |
| 17773 | 13635 | 4024 | 20 | | 978 | 7700 | 15140 | |
| 4427 | 4427 | | | | 33 | | 4427 | |
| 1817 | 198 | | | | 80 | | 198 | |
| 88 | 88 | | | | | | 88 | |
| 9933 | 8760 | | | | 362 | 150 | 8760 | |
| 21084 | 16994 | 119 | | | 2296 | | 17176 | |

# 3－18 分地区中央部门中学

| | 总计 | 预算内教育经费拨款 | | | | 教育附加拨款 | | | |
|---|---|---|---|---|---|---|---|---|---|
| | | 小计 | 教育事业费拨款 | 科研经费拨款 | 其他经费拨款 | 小计 | 城市附加 | 农村附加 | 地方附加 |
| **合计** | **210688** | **101788** | **71238** | | **30550** | **9606** | **8976** | | **630** |
| 北京 | 152628 | 81996 | 58454 | | 23542 | 6800 | 6800 | | |
| 天津 | 9677 | 4872 | 2922 | | 1950 | 970 | 870 | | 100 |
| 河北 | | | | | | | | | |
| 山西 | | | | | | | | | |
| 内蒙古 | | | | | | | | | |
| 辽宁 | | | | | | | | | |
| 吉林 | | | | | | | | | |
| 黑龙江 | | | | | | | | | |
| 上海 | | | | | | | | | |
| 江苏 | | | | | | | | | |
| 浙江 | | | | | | | | | |
| 安徽 | | | | | | | | | |
| 福建 | | | | | | | | | |
| 江西 | | | | | | | | | |
| 山东 | | | | | | | | | |
| 河南 | 2635 | 2334 | | | 2334 | | | | |
| 湖北 | 23579 | 8716 | 6856 | | 1860 | 1266 | 736 | | 530 |
| 湖南 | | | | | | | | | |
| 广东 | | | | | | | | | |
| 广西 | | | | | | | | | |
| 海南 | | | | | | | | | |
| 重庆 | 15247 | 3470 | 2606 | | 864 | 570 | 570 | | |
| 四川 | | | | | | | | | |
| 贵州 | | | | | | | | | |
| 云南 | | | | | | | | | |
| 西藏 | | | | | | | | | |
| 陕西 | 6922 | 400 | 400 | | | | | | |
| 甘肃 | | | | | | | | | |
| 青海 | | | | | | | | | |
| 宁夏 | | | | | | | | | |
| 新疆 | | | | | | | | | |

## 教育经费收入情况

单位:千元

| 事业收入 | | 校办产业、勤工俭学、社会服务收入用于教育 | 捐集资收入 | | 其他收入 | 基建拨款 | 附1:本年实际收取学杂费 | 附2:上级补助收入 |
|---|---|---|---|---|---|---|---|---|
| 计 | 其中:学杂费 | | 计 | 其中:港澳台 | | | | |
| **26912** | **19885** | **3103** | **35837** | | **33442** | | **19885** | |
| 11592 | 10694 | 2006 | 21352 | | 28882 | | 10694 | |
| 504 | 495 | 1097 | | | 2234 | | 495 | |
| 139 | 139 | | | | 162 | | 139 | |
| 8136 | 6854 | | 3886 | | 1575 | | 6854 | |
| 1719 | 948 | | 8999 | | 489 | | 948 | |
| 4822 | 755 | | 1600 | | 100 | | 755 | |

# 3－19　分地区地方中学

| | 总计 | 预算内教育经费拨款 | | | | 教育附加拨款 | | | |
|---|---|---|---|---|---|---|---|---|---|
| | | 小　计 | 教育事业费拨款 | 科研经费拨款 | 其他经费拨款 | 小　计 | 城市附加 | 农村附加 | 地方附加 |
| 合　计 | **102558834** | **54313046** | **50395065** | | **3917981** | **11352152** | **5058717** | **5535738** | **757697** |
| 北　京 | 3252593 | 1916207 | 1695292 | | 220915 | 338870 | 271458 | 4003 | 63409 |
| 天　津 | 1547472 | 831492 | 822082 | | 9410 | 251855 | 219989 | 3710 | 28156 |
| 河　北 | 4827182 | 2804970 | 2659803 | | 145167 | 556492 | 206566 | 339707 | 10219 |
| 山　西 | 2192895 | 1230635 | 1164114 | | 66521 | 229482 | 105177 | 123675 | 630 |
| 内蒙古 | 1576031 | 938349 | 811938 | | 126411 | 131139 | 77435 | 47979 | 5725 |
| 辽　宁 | 3696487 | 2196795 | 1878730 | | 318065 | 385896 | 255127 | 75865 | 54904 |
| 吉　林 | 2116582 | 1195489 | 965505 | | 229984 | 221595 | 126960 | 94605 | 30 |
| 黑龙江 | 2353690 | 1535238 | 1517241 | | 17997 | 204276 | 111407 | 85825 | 7044 |
| 上　海 | 4623543 | 2720008 | 2715441 | | 4567 | 498848 | 452742 | 46106 | |
| 江　苏 | 8242156 | 3800340 | 3610989 | | 189351 | 1072043 | 346058 | 615090 | 110895 |
| 浙　江 | 6964812 | 2721589 | 2578486 | | 143103 | 1348123 | 322263 | 1016533 | 9327 |
| 安　徽 | 3352707 | 1779113 | 1649134 | | 129979 | 172914 | 129047 | 21362 | 22505 |
| 福　建 | 3705715 | 2139001 | 1948659 | | 190342 | 307080 | 123954 | 173961 | 9165 |
| 江　西 | 2335151 | 1223140 | 1200950 | | 22190 | 235908 | 77548 | 122446 | 35914 |
| 山　东 | 8596799 | 4600073 | 4358853 | | 241220 | 1164637 | 481132 | 579803 | 103702 |
| 河　南 | 5532499 | 2949674 | 2605829 | | 343845 | 784271 | 277539 | 504894 | 1838 |
| 湖　北 | 4464127 | 1915732 | 1878384 | | 37348 | 326582 | 119984 | 200303 | 6295 |
| 湖　南 | 4490417 | 1843961 | 1814777 | | 29184 | 495904 | 166187 | 315845 | 13872 |
| 广　东 | 10457817 | 4916842 | 4443573 | | 473269 | 859323 | 406059 | 442375 | 10889 |
| 广　西 | 2607930 | 1343773 | 1254141 | | 89632 | 290394 | 61649 | 167314 | 61431 |
| 海　南 | 554055 | 256299 | 251871 | | 4428 | 31415 | 17595 | 13708 | 112 |
| 重　庆 | 1725282 | 930728 | 754060 | | 176668 | 171719 | 70076 | 78138 | 23505 |
| 四　川 | 4199833 | 2281439 | 2024565 | | 256874 | 529684 | 201585 | 219056 | 109043 |
| 贵　州 | 1154103 | 736055 | 716904 | | 19151 | 94266 | 47971 | 26258 | 20037 |
| 云　南 | 2524432 | 1798694 | 1627034 | | 171660 | 232080 | 152235 | 74544 | 5301 |
| 西　藏 | 182274 | 138278 | 125171 | | 13107 | 10 | 10 | | |
| 陕　西 | 1919496 | 1144381 | 1135575 | | 8806 | 161202 | 89362 | 66691 | 5149 |
| 甘　肃 | 1171443 | 817807 | 780726 | | 37081 | 92671 | 36515 | 44854 | 11302 |
| 青　海 | 308783 | 252482 | 234951 | | 17531 | 6745 | 3252 | 3047 | 446 |
| 宁　夏 | 348025 | 241143 | 220327 | | 20816 | 22653 | 15506 | 6867 | 280 |
| 新　疆 | 1534503 | 1113319 | 949960 | | 163359 | 134075 | 86329 | 21174 | 26572 |

# 教育经费收入情况

单位:千元

| 事业收入 | | 校办产业、勤工俭学、社会服务收入用于教育 | 捐集资收入 | | 其他收入 | 基建拨款 | 附1:本年实际收取学杂费 | 附2:上级补助收入 |
|---|---|---|---|---|---|---|---|---|
| 计 | 其中:学杂费 | | 计 | 其中:港澳台 | | | | |
| **24009391** | **15220465** | **1661046** | **5332736** | **142778** | **3876492** | **2013971** | **15799696** | |
| 468840 | 326856 | 70983 | 251267 | | 146786 | 59640 | 318292 | |
| 297259 | 62323 | 19555 | 18351 | | 114730 | 14230 | 63413 | |
| 1044072 | 762183 | 71639 | 228136 | 870 | 90766 | 31107 | 812554 | |
| 534817 | 348003 | 35813 | 122629 | 283 | 25244 | 14275 | 369435 | |
| 381068 | 289943 | 47410 | 16835 | 4452 | 35114 | 26116 | 303839 | |
| 893482 | 474925 | 38843 | 18350 | 200 | 77632 | 85489 | 624892 | |
| 467632 | 262811 | 47881 | 150528 | 1370 | 30427 | 3030 | 269028 | |
| 461859 | 308557 | 51181 | 23436 | 450 | 60844 | 16856 | 323767 | |
| 734200 | 664762 | 128834 | 97740 | | 333293 | 110620 | 664886 | |
| 2001137 | 1053992 | 107117 | 872703 | 3541 | 331989 | 56827 | 1097125 | |
| 1590131 | 863492 | 48069 | 738234 | 10033 | 350601 | 168065 | 867136 | |
| 1105600 | 751567 | 31233 | 109079 | 500 | 104824 | 49944 | 783473 | |
| 815082 | 483517 | 31434 | 180765 | 23968 | 206036 | 26317 | 517452 | |
| 728342 | 394342 | 34440 | 45125 | 1219 | 51084 | 17112 | 392209 | |
| 1958528 | 1440340 | 75281 | 451267 | 3205 | 266042 | 80971 | 1482731 | |
| 1269012 | 794287 | 85391 | 264538 | 250 | 129108 | 50505 | 806453 | |
| 1493596 | 925386 | 153829 | 315767 | 2715 | 237699 | 20922 | 919098 | |
| 1676535 | 1239771 | 98209 | 171854 | 6682 | 192228 | 11726 | 1263164 | |
| 2694288 | 1999054 | 98873 | 631213 | 60454 | 382864 | 874414 | 2025861 | |
| 740973 | 303961 | 59883 | 52226 | 237 | 73802 | 46879 | 332309 | |
| 162041 | 99494 | 9895 | 40134 | 2266 | 45826 | 8445 | 98264 | |
| 263182 | 107420 | 46917 | 144786 | 500 | 153530 | 14420 | 111802 | |
| 827878 | 275376 | 97195 | 178104 | 7558 | 237682 | 47851 | 298620 | |
| 260319 | 191821 | 4181 | 18319 | 708 | 26513 | 14450 | 195220 | |
| 258943 | 161736 | 38564 | 96687 | 433 | 51683 | 47781 | 184832 | |
| 6089 | 5585 | 14 | 51 | | 2265 | 35567 | 5606 | |
| 466253 | 372313 | 41530 | 47267 | 2188 | 42650 | 16213 | 410963 | |
| 144147 | 99454 | 24223 | 34292 | 7221 | 26720 | 31583 | 98901 | |
| 31702 | 20846 | 2845 | 2135 | 400 | 1902 | 10972 | 21156 | |
| 56883 | 32350 | 3433 | 1804 | 650 | 19393 | 2716 | 34733 | |
| 175501 | 103998 | 56351 | 9114 | 425 | 27215 | 18928 | 102482 | |

## 3－20 分地区中央部门普通中学

| | 总计 | 预算内教育经费拨款 | | | | 教育附加拨款 | | | |
|---|---|---|---|---|---|---|---|---|---|
| | | 小计 | 教育事业费拨款 | 科研经费拨款 | 其他经费拨款 | 小计 | 城市附加 | 农村附加 | 地方附加 |
| 合计 | **210688** | **101788** | **71238** | | **30550** | **9606** | **8976** | | **630** |
| 北京 | 152628 | 81996 | 58454 | | 23542 | 6800 | 6800 | | |
| 天津 | 9677 | 4872 | 2922 | | 1950 | 970 | 870 | | 100 |
| 河北 | | | | | | | | | |
| 山西 | | | | | | | | | |
| 内蒙古 | | | | | | | | | |
| 辽宁 | | | | | | | | | |
| 吉林 | | | | | | | | | |
| 黑龙江 | | | | | | | | | |
| 上海 | | | | | | | | | |
| 江苏 | | | | | | | | | |
| 浙江 | | | | | | | | | |
| 安徽 | | | | | | | | | |
| 福建 | | | | | | | | | |
| 江西 | | | | | | | | | |
| 山东 | | | | | | | | | |
| 河南 | 2635 | 2334 | | | 2334 | | | | |
| 湖北 | 23579 | 8716 | 6856 | | 1860 | 1266 | 736 | | 530 |
| 湖南 | | | | | | | | | |
| 广东 | | | | | | | | | |
| 广西 | | | | | | | | | |
| 海南 | | | | | | | | | |
| 重庆 | 15247 | 3470 | 2606 | | 864 | 570 | 570 | | |
| 四川 | | | | | | | | | |
| 贵州 | | | | | | | | | |
| 云南 | | | | | | | | | |
| 西藏 | | | | | | | | | |
| 陕西 | 6922 | 400 | 400 | | | | | | |
| 甘肃 | | | | | | | | | |
| 青海 | | | | | | | | | |
| 宁夏 | | | | | | | | | |
| 新疆 | | | | | | | | | |

## 教育经费收入情况

单位:千元

| 事业收入 | | 校办产业、勤工俭学、社会服务收入用于教育 | 捐集资收入 | | 其他收入 | 基建拨款 | 附1:本年实际收取学杂费 | 附2:上级补助收入 |
|---|---|---|---|---|---|---|---|---|
| 计 | 其中:学杂费 | | 计 | 其中:港澳台 | | | | |
| **26912** | **19885** | **3103** | **35837** | | **33442** | | **19885** | |
| 11592 | 10694 | 2006 | 21352 | | 28882 | | 10694 | |
| 504 | 495 | 1097 | | | 2234 | | 495 | |
| | | | | | | | | |
| | | | | | | | | |
| | | | | | | | | |
| | | | | | | | | |
| | | | | | | | | |
| | | | | | | | | |
| | | | | | | | | |
| | | | | | | | | |
| | | | | | | | | |
| | | | | | | | | |
| | | | | | | | | |
| | | | | | | | | |
| | | | | | | | | |
| 139 | 139 | | | | 162 | | 139 | |
| 8136 | 6854 | | 3886 | | 1575 | | 6854 | |
| | | | | | | | | |
| | | | | | | | | |
| | | | | | | | | |
| | | | | | | | | |
| 1719 | 948 | | 8999 | | 489 | | 948 | |
| | | | | | | | | |
| | | | | | | | | |
| | | | | | | | | |
| | | | | | | | | |
| 4822 | 755 | | 1600 | | 100 | | 755 | |
| | | | | | | | | |
| | | | | | | | | |
| | | | | | | | | |
| | | | | | | | | |

# 3－21 分地区地方普通中学

| | 总计 | 预算内教育经费拨款 | | | | 教育附加拨款 | | | |
|---|---|---|---|---|---|---|---|---|---|
| | | 小 计 | 教育事业费拨款 | 科研经费拨款 | 其他经费拨款 | 小 计 | 城市附加 | 农村附加 | 地方附加 |
| 合 计 | **102391640** | **54242660** | **50328821** | | **3913839** | **11328138** | **5058617** | **5512277** | **757244** |
| 北 京 | 3246059 | 1913892 | 1693248 | | 220644 | 338870 | 271458 | 4003 | 63409 |
| 天 津 | 1547472 | 831492 | 822082 | | 9410 | 251855 | 219989 | 3710 | 28156 |
| 河 北 | 4825107 | 2803718 | 2658551 | | 145167 | 556492 | 206566 | 339707 | 10219 |
| 山 西 | 2192885 | 1230625 | 1164104 | | 66521 | 229482 | 105177 | 123675 | 630 |
| 内蒙古 | 1576031 | 938349 | 811938 | | 126411 | 131139 | 77435 | 47979 | 5725 |
| 辽 宁 | 3696487 | 2196795 | 1878730 | | 318065 | 385896 | 255127 | 75865 | 54904 |
| 吉 林 | 2115702 | 1194719 | 965095 | | 229624 | 221595 | 126960 | 94605 | 30 |
| 黑龙江 | 2353690 | 1535238 | 1517241 | | 17997 | 204276 | 111407 | 85825 | 7044 |
| 上 海 | 4580040 | 2701314 | 2696747 | | 4567 | 492541 | 452742 | 39799 | |
| 江 苏 | 8210558 | 3788133 | 3599151 | | 188982 | 1066880 | 346058 | 609927 | 110895 |
| 浙 江 | 6915133 | 2705781 | 2563729 | | 142052 | 1338375 | 322263 | 1006785 | 9327 |
| 安 徽 | 3348402 | 1776318 | 1646827 | | 129491 | 172911 | 129047 | 21359 | 22505 |
| 福 建 | 3699125 | 2134316 | 1944163 | | 190153 | 307080 | 123954 | 173961 | 9165 |
| 江 西 | 2334806 | 1222922 | 1200732 | | 22190 | 235908 | 77548 | 122446 | 35914 |
| 山 东 | 8596799 | 4600073 | 4358853 | | 241220 | 1164637 | 481132 | 579803 | 103702 |
| 河 南 | 5528295 | 2946393 | 2603195 | | 343198 | 783717 | 277519 | 504390 | 1808 |
| 湖 北 | 4463655 | 1915509 | 1878161 | | 37348 | 326582 | 119984 | 200303 | 6295 |
| 湖 南 | 4489430 | 1843894 | 1814710 | | 29184 | 495904 | 166187 | 315845 | 13872 |
| 广 东 | 10450552 | 4914327 | 4441131 | | 473196 | 859131 | 405979 | 442363 | 10789 |
| 广 西 | 2607696 | 1343539 | 1253943 | | 89596 | 290394 | 61649 | 167314 | 61431 |
| 海 南 | 554055 | 256299 | 251871 | | 4428 | 31415 | 17595 | 13708 | 112 |
| 重 庆 | 1723026 | 929488 | 753059 | | 176429 | 170847 | 70076 | 77319 | 23452 |
| 四 川 | 4195121 | 2278750 | 2022204 | | 256546 | 528509 | 201585 | 218151 | 108773 |
| 贵 州 | 1154103 | 736055 | 716904 | | 19151 | 94266 | 47971 | 26258 | 20037 |
| 云 南 | 2524286 | 1798554 | 1626894 | | 171660 | 232080 | 152235 | 74544 | 5301 |
| 西 藏 | 182274 | 138278 | 125171 | | 13107 | 10 | 10 | | |
| 陕 西 | 1919130 | 1144044 | 1135238 | | 8806 | 161202 | 89362 | 66691 | 5149 |
| 甘 肃 | 1171443 | 817807 | 780726 | | 37081 | 92671 | 36515 | 44854 | 11302 |
| 青 海 | 308783 | 252482 | 234951 | | 17531 | 6745 | 3252 | 3047 | 446 |
| 宁 夏 | 348025 | 241143 | 220327 | | 20816 | 22653 | 15506 | 6867 | 280 |
| 新 疆 | 1533470 | 1112413 | 949145 | | 163268 | 134075 | 86329 | 21174 | 26572 |

## 教育经费收入情况

单位:千元

| 事业收入 计 | 事业收入 其中:学杂费 | 校办产业、勤工俭学、社会服务收入用于教育 | 捐集资收入 计 | 捐集资收入 其中:港澳台 | 其他收入 | 基建拨款 | 附1:本年实际收取学杂费 | 附2:上级补助收入 |
|---|---|---|---|---|---|---|---|---|
| **23950936** | **15181085** | **1660259** | **5332062** | **142778** | **3863614** | **2013971** | **15759909** | |
| 464691 | 322707 | 70983 | 251258 | | 146725 | 59640 | 314109 | |
| 297259 | 62323 | 19555 | 18351 | | 114730 | 14230 | 63413 | |
| 1043250 | 761401 | 71639 | 228136 | 870 | 90765 | 31107 | 811760 | |
| 534817 | 348003 | 35813 | 122629 | 283 | 25244 | 14275 | 369435 | |
| 381068 | 289943 | 47410 | 16835 | 4452 | 35114 | 26116 | 303839 | |
| 893482 | 474925 | 38843 | 18350 | 200 | 77632 | 85489 | 624892 | |
| 467522 | 262811 | 47881 | 150528 | 1370 | 30427 | 3030 | 269028 | |
| 461859 | 308557 | 51181 | 23436 | 450 | 60844 | 16856 | 323767 | |
| 721848 | 653917 | 128603 | 97740 | | 327374 | 110620 | 654041 | |
| 1989769 | 1049437 | 107025 | 872558 | 3541 | 329366 | 56827 | 1092550 | |
| 1569805 | 851197 | 47921 | 737807 | 10033 | 347379 | 168065 | 854791 | |
| 1104214 | 750497 | 31228 | 108998 | 500 | 104789 | 49944 | 782401 | |
| 813266 | 481947 | 31434 | 180765 | 23968 | 205947 | 26317 | 515664 | |
| 728215 | 394292 | 34440 | 45125 | 1219 | 51084 | 17112 | 392159 | |
| 1958528 | 1440340 | 75281 | 451267 | 3205 | 266042 | 80971 | 1482731 | |
| 1268689 | 794118 | 85349 | 264538 | 250 | 129104 | 50505 | 806284 | |
| 1493397 | 925212 | 153779 | 315767 | 2715 | 237699 | 20922 | 918924 | |
| 1675915 | 1239761 | 98209 | 171854 | 6682 | 191928 | 11726 | 1263154 | |
| 2690091 | 1995665 | 98857 | 631213 | 60454 | 382519 | 874414 | 2022442 | |
| 740973 | 303961 | 59883 | 52226 | 237 | 73802 | 46879 | 332309 | |
| 162041 | 99494 | 9895 | 40134 | 2266 | 45826 | 8445 | 98264 | |
| 263107 | 107390 | 46892 | 144786 | 500 | 153486 | 14420 | 111772 | |
| 827373 | 275092 | 97077 | 178092 | 7558 | 237469 | 47851 | 298322 | |
| 260319 | 191821 | 4181 | 18319 | 708 | 26513 | 14450 | 195220 | |
| 258937 | 161730 | 38564 | 96687 | 433 | 51683 | 47781 | 184826 | |
| 6089 | 5585 | 14 | 51 | | 2265 | 35567 | 5606 | |
| 466234 | 372313 | 41530 | 47267 | 2188 | 42640 | 16213 | 410936 | |
| 144147 | 99454 | 24223 | 34292 | 7221 | 26720 | 31583 | 98901 | |
| 31702 | 20846 | 2845 | 2135 | 400 | 1902 | 10972 | 21156 | |
| 56883 | 32350 | 3433 | 1804 | 650 | 19393 | 2716 | 34733 | |
| 175446 | 103996 | 56291 | 9114 | 425 | 27203 | 18928 | 102480 | |

## 3－22 分地区中央部门高级中学

| | 总计 | 预算内教育经费拨款 | | | | 教育附加拨款 | | | |
|---|---|---|---|---|---|---|---|---|---|
| | | 小计 | 教育事业费拨款 | 科研经费拨款 | 其他经费拨款 | 小计 | 城市附加 | 农村附加 | 地方附加 |
| **合计** | **157399** | **73844** | **53599** | | **20244** | **7761** | **7131** | | **630** |
| 北京 | 121042 | 64173 | 46623 | | 17550 | 5675 | 5675 | | |
| 天津 | 9677 | 4872 | 2922 | | 1950 | 970 | 870 | | 100 |
| 河北 | | | | | | | | | |
| 山西 | | | | | | | | | |
| 内蒙古 | | | | | | | | | |
| 辽宁 | | | | | | | | | |
| 吉林 | | | | | | | | | |
| 黑龙江 | | | | | | | | | |
| 上海 | | | | | | | | | |
| 江苏 | | | | | | | | | |
| 浙江 | | | | | | | | | |
| 安徽 | | | | | | | | | |
| 福建 | | | | | | | | | |
| 江西 | | | | | | | | | |
| 山东 | | | | | | | | | |
| 河南 | | | | | | | | | |
| 湖北 | 15876 | 4357 | 3448 | | 908 | 758 | 228 | | 530 |
| 湖南 | | | | | | | | | |
| 广东 | | | | | | | | | |
| 广西 | | | | | | | | | |
| 海南 | | | | | | | | | |
| 重庆 | 9744 | 2360 | 1773 | | 588 | 388 | 388 | | |
| 四川 | | | | | | | | | |
| 贵州 | | | | | | | | | |
| 云南 | | | | | | | | | |
| 西藏 | | | | | | | | | |
| 陕西 | 4099 | 237 | 237 | | | | | | |
| 甘肃 | | | | | | | | | |
| 青海 | | | | | | | | | |
| 宁夏 | | | | | | | | | |
| 新疆 | | | | | | | | | |

## 教育经费收入情况

单位:千元

| 事业收入 | | 校办产业、勤工俭学、社会服务收入用于教育 | 捐集资收入 | | 其他收入 | 基建拨款 | 附1:本年实际收取学杂费 | 附2:上级补助收入 |
|---|---|---|---|---|---|---|---|---|
| 计 | 其中:学杂费 | | 计 | 其中:港澳台 | | | | |
| **18550** | **13995** | **2838** | **26356** | | **28050** | | **13995** | |
| 7486 | 6784 | 1775 | 16643 | | 25289 | | 6784 | |
| 504 | 495 | 1097 | | | 2234 | | 495 | |
| | | | | | | | | |
| | | | | | | | | |
| | | | | | | | | |
| | | | | | | | | |
| | | | | | | | | |
| | | | | | | | | |
| | | | | | | | | |
| | | | | | | | | |
| | | | | | | | | |
| | | | | | | | | |
| | | | | | | | | |
| | | | | | | | | |
| | | | | | | | | |
| | | | | | | | | |
| 6485 | 5761 | | 3550 | | 727 | | 5761 | |
| | | | | | | | | |
| | | | | | | | | |
| | | | | | | | | |
| | | | | | | | | |
| 963 | 587 | | 5768 | | 265 | | 587 | |
| | | | | | | | | |
| | | | | | | | | |
| | | | | | | | | |
| | | | | | | | | |
| 2856 | 447 | | 947 | | 59 | | 447 | |
| | | | | | | | | |
| | | | | | | | | |
| | | | | | | | | |
| | | | | | | | | |

# 3－23　分地区地方高级中学

| | 总计 | 预算内教育经费拨款 | | | | 教育附加拨款 | | | |
|---|---|---|---|---|---|---|---|---|---|
| | | 小　计 | 教育事业费拨款 | 科研经费拨款 | 其他经费拨款 | 小　计 | 城市附加 | 农村附加 | 地方附加 |
| **合　计** | **34458626** | **14812053** | **13486838** | | **1325215** | **2964590** | **2358811** | **313413** | **292366** |
| 北　京 | 1339147 | 705726 | 600469 | | 105257 | 194931 | 179324 | 673 | 14934 |
| 天　津 | 682274 | 294032 | 286553 | | 7479 | 145228 | 138022 | | 7206 |
| 河　北 | 1598747 | 740202 | 694205 | | 45996 | 132145 | 124258 | 1833 | 6054 |
| 山　西 | 672396 | 301838 | 278527 | | 23311 | 38917 | 37607 | 1219 | 91 |
| 内蒙古 | 521993 | 243747 | 208555 | | 35192 | 24140 | 23246 | 335 | 559 |
| 辽　宁 | 1267797 | 555409 | 473337 | | 82072 | 114284 | 94012 | 2440 | 17832 |
| 吉　林 | 697866 | 291569 | 225759 | | 65810 | 57032 | 56965 | 57 | 10 |
| 黑龙江 | 674107 | 317651 | 314772 | | 2879 | 70701 | 70185 | 413 | 103 |
| 上　海 | 1707460 | 856095 | 853557 | | 2538 | 210612 | 204316 | 6296 | |
| 江　苏 | 3372123 | 1302743 | 1229005 | | 73739 | 330344 | 158593 | 111834 | 59918 |
| 浙　江 | 2530551 | 849705 | 789314 | | 60391 | 215131 | 161943 | 49054 | 4134 |
| 安　徽 | 1184879 | 498366 | 446381 | | 51985 | 52910 | 40444 | 1532 | 10934 |
| 福　建 | 1115351 | 569857 | 491554 | | 78303 | 60239 | 46851 | 12388 | 1000 |
| 江　西 | 707929 | 301212 | 292449 | | 8763 | 60504 | 37191 | 6493 | 16820 |
| 山　东 | 3065254 | 1156604 | 1090360 | | 66244 | 401512 | 335976 | 17193 | 48344 |
| 河　南 | 1543374 | 648589 | 547132 | | 101457 | 105206 | 102678 | 1546 | 982 |
| 湖　北 | 1595400 | 488319 | 480143 | | 8175 | 53392 | 47537 | 3210 | 2645 |
| 湖　南 | 1541800 | 480280 | 465989 | | 14291 | 61031 | 56034 | 3748 | 1249 |
| 广　东 | 3464164 | 1491425 | 1319330 | | 172096 | 220575 | 152767 | 64997 | 2811 |
| 广　西 | 729536 | 286305 | 262478 | | 23827 | 62374 | 22424 | 13329 | 26621 |
| 海　南 | 142395 | 55890 | 55062 | | 827 | 5712 | 4334 | 1376 | 2 |
| 重　庆 | 513784 | 225359 | 171222 | | 54137 | 34931 | 26829 | 2249 | 5854 |
| 四　川 | 1285257 | 559932 | 480034 | | 79898 | 162256 | 106398 | 4953 | 50905 |
| 贵　州 | 293670 | 152565 | 147867 | | 4698 | 20227 | 12947 | 2806 | 4475 |
| 云　南 | 573649 | 372336 | 314670 | | 57666 | 40257 | 39381 | 662 | 213 |
| 西　藏 | 66125 | 43516 | 32039 | | 11477 | | | | |
| 陕　西 | 633944 | 301189 | 298342 | | 2847 | 53962 | 51644 | 989 | 1328 |
| 甘　肃 | 337230 | 226932 | 219380 | | 7553 | 17413 | 11918 | 1224 | 4270 |
| 青　海 | 101357 | 80663 | 73401 | | 7262 | 840 | 840 | | |
| 宁　夏 | 97490 | 61756 | 55161 | | 6595 | 3767 | 3170 | 536 | 61 |
| 新　疆 | 419715 | 288840 | 236435 | | 52405 | 22190 | 13233 | 1034 | 7923 |

## 教育经费收入情况

单位：千元

| 事业收入 | | 校办产业、勤工俭学、社会服务收入用于教育 | 捐集资收入 | | 其他收入 | 基建拨款 | 附1：本年实际收取学杂费 | 附2：上级补助收入 |
|---|---|---|---|---|---|---|---|---|
| 计 | 其中：学杂费 | | 计 | 其中：港澳台 | | | | |
| **11234939** | **7027151** | **475334** | **2443782** | **55052** | **1532909** | **995019** | **7249541** | |
| 187798 | 145648 | 32051 | 111857 | | 70577 | 36207 | 144757 | |
| 142399 | 26646 | 6031 | 12137 | | 69606 | 12840 | 27421 | |
| 585453 | 404450 | 21304 | 58683 | | 49731 | 11230 | 440904 | |
| 292633 | 192507 | 6412 | 14673 | | 8795 | 9128 | 205932 | |
| 205742 | 164169 | 16332 | 3132 | 2277 | 16826 | 12075 | 171653 | |
| 500589 | 251746 | 10829 | 12241 | | 27834 | 46611 | 279654 | |
| 257823 | 145289 | 6952 | 73116 | 664 | 10974 | 400 | 147662 | |
| 228664 | 154884 | 12149 | 16717 | 193 | 16465 | 11761 | 157123 | |
| 419886 | 380255 | 35531 | 42422 | | 80456 | 62459 | 380331 | |
| 1034077 | 520967 | 39406 | 487108 | 2501 | 155379 | 23065 | 533895 | |
| 762993 | 516196 | 11153 | 445310 | 2787 | 139126 | 107133 | 516946 | |
| 499278 | 310880 | 11022 | 59611 | 311 | 40985 | 22707 | 327933 | |
| 326480 | 197932 | 11097 | 77645 | 10609 | 63009 | 7025 | 213010 | |
| 291778 | 156807 | 9570 | 19440 | 630 | 19158 | 6267 | 158090 | |
| 1023825 | 748888 | 22854 | 275272 | 1848 | 126363 | 58823 | 780210 | |
| 628924 | 323692 | 18613 | 62127 | | 60541 | 19374 | 328499 | |
| 753732 | 447027 | 34686 | 144059 | 2633 | 109422 | 11789 | 443058 | |
| 808978 | 600216 | 29939 | 76612 | 2053 | 78641 | 6320 | 614753 | |
| 941795 | 650423 | 32546 | 238299 | 19121 | 137709 | 401814 | 660842 | |
| 295034 | 111984 | 13322 | 27802 | 110 | 26061 | 18638 | 121740 | |
| 45842 | 27228 | 2921 | 13812 | 654 | 16916 | 1302 | 26690 | |
| 92316 | 40311 | 19134 | 68659 | 321 | 67502 | 5883 | 41272 | |
| 365912 | 113560 | 24590 | 65122 | 4538 | 77548 | 29897 | 121771 | |
| 101376 | 71605 | 1053 | 6584 | 312 | 9466 | 2399 | 73194 | |
| 93636 | 51850 | 11550 | 27008 | 221 | 14407 | 14455 | 59767 | |
| 4072 | 3773 | | | | 293 | 18244 | 3915 | |
| 223621 | 178411 | 12586 | 18089 | 986 | 18186 | 6312 | 179262 | |
| 58740 | 41645 | 6744 | 5331 | 898 | 10199 | 11871 | 41177 | |
| 15089 | 9693 | 629 | 681 | 177 | 758 | 2697 | 9800 | |
| 22518 | 12304 | 639 | 198 | | 7883 | 730 | 13837 | |
| 75070 | 44856 | 14233 | 3307 | 195 | 8851 | 7223 | 43968 | |

# 3－24　分地区中央部门初级中学

| | 总计 | 预算内教育经费拨款 | | | | 教育附加拨款 | | | |
|---|---|---|---|---|---|---|---|---|---|
| | | 小　计 | 教育事业费拨款 | 科研经费拨　款 | 其他经费拨　款 | 小　计 | 城市附加 | 农村附加 | 地方附加 |
| 合　计 | **53289** | **27944** | **17639** | | **10306** | **1845** | **1845** | | |
| 北　京 | 31586 | 17823 | 11831 | | 5992 | 1125 | 1125 | | |
| 天　津 | | | | | | | | | |
| 河　北 | | | | | | | | | |
| 山　西 | | | | | | | | | |
| 内蒙古 | | | | | | | | | |
| 辽　宁 | | | | | | | | | |
| 吉　林 | | | | | | | | | |
| 黑龙江 | | | | | | | | | |
| 上　海 | | | | | | | | | |
| 江　苏 | | | | | | | | | |
| 浙　江 | | | | | | | | | |
| 安　徽 | | | | | | | | | |
| 福　建 | | | | | | | | | |
| 江　西 | | | | | | | | | |
| 山　东 | | | | | | | | | |
| 河　南 | 2635 | 2334 | | | 2334 | | | | |
| 湖　北 | 7703 | 4359 | 3408 | | 952 | 508 | 508 | | |
| 湖　南 | | | | | | | | | |
| 广　东 | | | | | | | | | |
| 广　西 | | | | | | | | | |
| 海　南 | | | | | | | | | |
| 重　庆 | 5503 | 1110 | 833 | | 276 | 182 | 182 | | |
| 四　川 | | | | | | | | | |
| 贵　州 | | | | | | | | | |
| 云　南 | | | | | | | | | |
| 西　藏 | | | | | | | | | |
| 陕　西 | 2823 | 163 | 163 | | | | | | |
| 甘　肃 | | | | | | | | | |
| 青　海 | | | | | | | | | |
| 宁　夏 | | | | | | | | | |
| 新　疆 | | | | | | | | | |

## 教育经费收入情况

单位:千元

| 事业收入 | | 校办产业、勤工俭学、社会服务收入用于教育 | 捐集资收入 | | 其他收入 | 基建拨款 | 附1:本年实际收取学杂费 | 附2:上级补助收入 |
|---|---|---|---|---|---|---|---|---|
| 计 | 其中:学杂费 | | 计 | 其中:港澳台 | | | | |
| **8362** | **5890** | **265** | **9481** | | **5392** | | **5890** | |
| 4106 | 3910 | 231 | 4709 | | 3593 | | 3910 | |
| 139 | 139 | | | | 162 | | 139 | |
| 1651 | 1093 | | 336 | | 848 | | 1093 | |
| 756 | 361 | | 3231 | | 224 | | 361 | |
| 1966 | 308 | | 653 | | 41 | | 308 | |

## 3-25 分地区地方初级中学

| | 总计 | 预算内教育经费拨款 | | | | 教育附加拨款 | | | |
|---|---|---|---|---|---|---|---|---|---|
| | | 小计 | 教育事业费拨款 | 科研经费拨款 | 其他经费拨款 | 小计 | 城市附加 | 农村附加 | 地方附加 |
| **合计** | **67933014** | **39430607** | **36841983** | | **2588624** | **8363548** | **2699806** | **5198864** | **464878** |
| 北京 | 1906912 | 1208166 | 1092779 | | 115387 | 143939 | 92134 | 3330 | 48475 |
| 天津 | 865198 | 537460 | 535529 | | 1931 | 106627 | 81967 | 3710 | 20950 |
| 河北 | 3226360 | 2063516 | 1964346 | | 99171 | 424347 | 82308 | 337874 | 4165 |
| 山西 | 1520489 | 928787 | 885577 | | 43210 | 190565 | 67570 | 122456 | 539 |
| 内蒙古 | 1054038 | 694602 | 603383 | | 91219 | 106999 | 54189 | 47644 | 5166 |
| 辽宁 | 2428690 | 1641386 | 1405393 | | 235993 | 271612 | 161115 | 73425 | 37072 |
| 吉林 | 1417836 | 903150 | 739336 | | 163814 | 164563 | 69995 | 94548 | 20 |
| 黑龙江 | 1679583 | 1217587 | 1202469 | | 15118 | 133575 | 41222 | 85412 | 6941 |
| 上海 | 2872580 | 1845219 | 1843190 | | 2029 | 281929 | 248426 | 33503 | |
| 江苏 | 4838435 | 2485390 | 2370146 | | 115243 | 736536 | 187465 | 498093 | 50977 |
| 浙江 | 4384582 | 1856076 | 1774415 | | 81661 | 1123244 | 160320 | 957731 | 5193 |
| 安徽 | 2163523 | 1277952 | 1200446 | | 77506 | 120001 | 88603 | 19827 | 11571 |
| 福建 | 2583774 | 1564459 | 1452609 | | 111850 | 246841 | 77103 | 161573 | 8165 |
| 江西 | 1626877 | 921710 | 908283 | | 13427 | 175404 | 40357 | 115953 | 19094 |
| 山东 | 5531545 | 3443469 | 3268493 | | 174976 | 763125 | 145156 | 562610 | 55358 |
| 河南 | 3984921 | 2297804 | 2056063 | | 241741 | 678511 | 174841 | 502844 | 826 |
| 湖北 | 2868255 | 1427190 | 1398018 | | 29173 | 273190 | 72447 | 197093 | 3650 |
| 湖南 | 2947630 | 1363614 | 1348721 | | 14893 | 434873 | 110153 | 312097 | 12623 |
| 广东 | 6986388 | 3422902 | 3121801 | | 301100 | 638556 | 253212 | 377366 | 7978 |
| 广西 | 1878160 | 1057234 | 991465 | | 65769 | 228020 | 39225 | 153985 | 34810 |
| 海南 | 411660 | 200409 | 196809 | | 3601 | 25703 | 13261 | 12332 | 110 |
| 重庆 | 1209242 | 704129 | 581837 | | 122292 | 135916 | 43247 | 75070 | 17598 |
| 四川 | 2909864 | 1718818 | 1542170 | | 176648 | 366253 | 95187 | 213198 | 57868 |
| 贵州 | 860433 | 583490 | 569037 | | 14453 | 74039 | 35024 | 23452 | 15562 |
| 云南 | 1950637 | 1426218 | 1312224 | | 113994 | 191823 | 112854 | 73882 | 5088 |
| 西藏 | 116149 | 94762 | 93132 | | 1630 | 10 | 10 | | |
| 陕西 | 1285186 | 842855 | 836896 | | 5959 | 107240 | 37718 | 65702 | 3821 |
| 甘肃 | 834213 | 590875 | 561346 | | 29528 | 75258 | 24597 | 43630 | 7032 |
| 青海 | 207426 | 171819 | 161550 | | 10269 | 5905 | 2412 | 3047 | 446 |
| 宁夏 | 250535 | 179387 | 165166 | | 14221 | 18886 | 12336 | 6331 | 219 |
| 新疆 | 1113755 | 823573 | 712710 | | 110863 | 111885 | 73096 | 20140 | 18649 |

## 教育经费收入情况

单位：千元

| 事业收入 |  | 校办产业、勤工俭学、社会服务收入用于教育 | 捐集资收入 |  | 其他收入 | 基建拨款 | 附1：本年实际收取学杂费 | 附2：上级补助收入 |
|---|---|---|---|---|---|---|---|---|
| 计 | 其中：学杂费 |  | 计 | 其中：港澳台 |  |  |  |  |
| **12715997** | **8153934** | **1184925** | **2888280** | **87726** | **2330705** | **1018952** | **8510368** |  |
| 276893 | 177059 | 38932 | 139401 |  | 76148 | 23433 | 169352 |  |
| 154860 | 35677 | 13524 | 6214 |  | 45124 | 1390 | 35992 |  |
| 457797 | 356951 | 50335 | 169453 | 870 | 41034 | 19877 | 370856 |  |
| 242184 | 155496 | 29401 | 107956 | 283 | 16449 | 5147 | 163503 |  |
| 175326 | 125774 | 31078 | 13703 | 2175 | 18288 | 14041 | 132186 |  |
| 392893 | 223179 | 28014 | 6109 | 200 | 49798 | 38878 | 345238 |  |
| 209699 | 117522 | 40929 | 77412 | 706 | 19453 | 2630 | 121366 |  |
| 233195 | 153673 | 39032 | 6719 | 257 | 44379 | 5095 | 166644 |  |
| 301962 | 273662 | 93072 | 55318 |  | 246918 | 48161 | 273710 |  |
| 955692 | 528470 | 67619 | 385450 | 1040 | 173987 | 33762 | 558655 |  |
| 806812 | 335001 | 36768 | 292497 | 7246 | 208253 | 60932 | 337845 |  |
| 604936 | 439617 | 20206 | 49387 | 189 | 63804 | 27237 | 454468 |  |
| 486786 | 284015 | 20337 | 103120 | 13359 | 142938 | 19292 | 302654 |  |
| 436437 | 237485 | 24870 | 25685 | 589 | 31926 | 10845 | 234069 |  |
| 934703 | 691452 | 52427 | 175995 | 1357 | 139679 | 22148 | 702521 |  |
| 639765 | 470426 | 66736 | 202411 | 250 | 68563 | 31131 | 477785 |  |
| 739665 | 478185 | 119093 | 171708 | 82 | 128277 | 9133 | 475866 |  |
| 866937 | 639545 | 68270 | 95242 | 4629 | 113287 | 5406 | 648401 |  |
| 1748296 | 1345242 | 66311 | 392914 | 41333 | 244810 | 472600 | 1361600 |  |
| 445939 | 191977 | 46561 | 24424 | 127 | 47741 | 28241 | 210569 |  |
| 116199 | 72266 | 6974 | 26322 | 1612 | 28910 | 7143 | 71574 |  |
| 170791 | 67079 | 27758 | 76127 | 179 | 85984 | 8537 | 70500 |  |
| 461461 | 161532 | 72487 | 112970 | 3020 | 159921 | 17954 | 176551 |  |
| 158943 | 120216 | 3128 | 11735 | 396 | 17047 | 12051 | 122026 |  |
| 165301 | 109880 | 27014 | 69679 | 212 | 37276 | 33326 | 125059 |  |
| 2017 | 1812 | 14 | 51 |  | 1972 | 17323 | 1691 |  |
| 242613 | 193902 | 28944 | 29178 | 1202 | 24454 | 9901 | 231674 |  |
| 85407 | 57809 | 17479 | 28961 | 6323 | 16521 | 19712 | 57724 |  |
| 16613 | 11153 | 2216 | 1454 | 223 | 1144 | 8275 | 11356 |  |
| 34365 | 20046 | 2794 | 1606 | 650 | 11510 | 1986 | 20896 |  |
| 100376 | 59140 | 42058 | 5807 | 230 | 18352 | 11705 | 58512 |  |

## 3-26 分地区地方农村初级中学

| | 总计 | 预算内教育经费拨款 | | | | 教育附加拨款 | | | |
|---|---|---|---|---|---|---|---|---|---|
| | | 小计 | 教育事业费拨款 | 科研经费拨款 | 其他经费拨款 | 小计 | 城市附加 | 农村附加 | 地方附加 |
| **合计** | **30603282** | **18960980** | **17970920** | | **990060** | **3939485** | **293559** | **3542085** | **103841** |
| 北京 | 473823 | 363143 | 346389 | | 16754 | 26028 | 11845 | 1543 | 12640 |
| 天津 | 199073 | 157237 | 157138 | | 99 | 14933 | 6103 | 3610 | 5220 |
| 河北 | 1888832 | 1211583 | 1151655 | | 59928 | 306822 | 14671 | 291234 | 917 |
| 山西 | 898833 | 575347 | 557152 | | 18195 | 123138 | 9238 | 113680 | 220 |
| 内蒙古 | 396423 | 273411 | 239685 | | 33726 | 47464 | 3782 | 42076 | 1606 |
| 辽宁 | 883919 | 655434 | 567133 | | 88301 | 76861 | 8008 | 64919 | 3934 |
| 吉林 | 583073 | 367776 | 313945 | | 53831 | 92546 | 1559 | 90987 | |
| 黑龙江 | 708221 | 505338 | 499271 | | 6067 | 94811 | 6130 | 82522 | 6159 |
| 上海 | 448214 | 358168 | 356285 | | 1883 | 26944 | 4278 | 22666 | |
| 江苏 | 1590703 | 915416 | 870637 | | 44779 | 254619 | 7857 | 238608 | 8154 |
| 浙江 | 919207 | 416700 | 401822 | | 14878 | 261148 | 4168 | 254251 | 2729 |
| 安徽 | 1238569 | 812200 | 779927 | | 32273 | 29933 | 11094 | 18034 | 805 |
| 福建 | 852096 | 584269 | 566544 | | 17725 | 68868 | 8859 | 59831 | 178 |
| 江西 | 826182 | 495682 | 492145 | | 3537 | 94341 | 7502 | 82220 | 4619 |
| 山东 | 3980489 | 2563261 | 2453386 | | 109875 | 577169 | 21328 | 546059 | 9782 |
| 河南 | 2484651 | 1454861 | 1323002 | | 131859 | 455527 | 16730 | 438362 | 435 |
| 湖北 | 1540558 | 765955 | 751235 | | 14720 | 166366 | 5877 | 160033 | 456 |
| 湖南 | 1774690 | 855372 | 851433 | | 3939 | 283515 | 13960 | 265123 | 4432 |
| 广东 | 2426404 | 1138510 | 1061893 | | 76617 | 254007 | 25584 | 227157 | 1266 |
| 广西 | 1130639 | 673975 | 638366 | | 35609 | 149637 | 11749 | 129798 | 8090 |
| 海南 | 191876 | 102057 | 100248 | | 1809 | 14941 | 4834 | 10105 | 2 |
| 重庆 | 313828 | 199942 | 177174 | | 22768 | 46571 | 3866 | 37345 | 5360 |
| 四川 | 1379619 | 902020 | 826131 | | 75889 | 191703 | 11889 | 168144 | 11670 |
| 贵州 | 433803 | 319384 | 315791 | | 3593 | 31154 | 7970 | 20800 | 2384 |
| 云南 | 1134887 | 879972 | 832551 | | 47421 | 108799 | 44418 | 60438 | 3943 |
| 西藏 | 72294 | 58586 | 57330 | | 1256 | 10 | 10 | | |
| 陕西 | 629426 | 424479 | 422399 | | 2080 | 55426 | 9158 | 43009 | 3259 |
| 甘肃 | 503115 | 357920 | 337835 | | 20085 | 51680 | 6794 | 42132 | 2754 |
| 青海 | 73468 | 59755 | 56791 | | 2964 | 3995 | 975 | 2704 | 316 |
| 宁夏 | 129467 | 98638 | 92282 | | 6356 | 8375 | 2360 | 5835 | 180 |
| 新疆 | 496900 | 414589 | 373345 | | 41244 | 22154 | 963 | 18860 | 2331 |

## 教育经费收入情况

单位:千元

| 事业收入 | | 校办产业、勤工俭学、社会服务收入用于教育 | 捐集资收入 | | 其他收入 | 基建拨款 | 附1:本年实际收取学杂费 | 附2:上级补助收入 |
|---|---|---|---|---|---|---|---|---|
| 计 | 其中:学杂费 | | 计 | 其中:港澳台 | | | | |
| **5025982** | **3616677** | **556508** | **1205932** | **37381** | **697984** | **216411** | **3739558** | |
| 48127 | 28235 | 4135 | 17757 | | 14633 | | 27948 | |
| 21534 | 10706 | 100 | 2648 | | 2021 | 600 | 10960 | |
| 203508 | 182049 | 26928 | 119929 | 870 | 14996 | 5066 | 185465 | |
| 87405 | 70064 | 20981 | 85653 | 283 | 5651 | 658 | 70714 | |
| 45597 | 35181 | 13896 | 6433 | | 6285 | 3337 | 35956 | |
| 117890 | 73040 | 15940 | 2889 | | 14482 | 423 | 79612 | |
| 75986 | 53055 | 23645 | 18663 | | 4127 | 330 | 53760 | |
| 78051 | 70553 | 22291 | 3063 | | 3877 | 790 | 82376 | |
| 32037 | 22642 | 5344 | 4246 | | 21475 | | 22642 | |
| 256047 | 164969 | 20749 | 95003 | 650 | 46906 | 1963 | 182845 | |
| 166514 | 73198 | 6357 | 23817 | 420 | 35285 | 9386 | 73166 | |
| 325670 | 260069 | 10357 | 13789 | | 25922 | 20698 | 267413 | |
| 124702 | 66559 | 6972 | 21831 | 1542 | 42995 | 2459 | 71292 | |
| 191777 | 106795 | 15679 | 8849 | 320 | 15321 | 4533 | 103377 | |
| 643227 | 504140 | 34219 | 88280 | 650 | 67506 | 6827 | 509441 | |
| 349029 | 302749 | 46132 | 156854 | 100 | 18978 | 3270 | 304767 | |
| 371069 | 260593 | 70139 | 107070 | | 54658 | 5301 | 259418 | |
| 468448 | 352082 | 42180 | 53496 | 3693 | 70253 | 1426 | 353893 | |
| 645574 | 519644 | 20254 | 214625 | 20333 | 78714 | 74720 | 523141 | |
| 234423 | 106374 | 29934 | 8359 | 47 | 21491 | 12820 | 116915 | |
| 51924 | 33133 | 3180 | 9127 | 874 | 7216 | 3431 | 33261 | |
| 30481 | 14942 | 6100 | 15547 | | 12757 | 2430 | 16339 | |
| 144715 | 69181 | 38852 | 40754 | 330 | 58240 | 3335 | 76488 | |
| 60597 | 48406 | 1728 | 7389 | 129 | 5406 | 8145 | 49028 | |
| 64554 | 49661 | 15383 | 36620 | 29 | 20565 | 8994 | 55578 | |
| 163 | 150 | 14 | 21 | | 1864 | 11636 | 150 | |
| 100117 | 80117 | 13742 | 18474 | 840 | 11443 | 5745 | 115096 | |
| 44221 | 30732 | 12905 | 21509 | 5621 | 5357 | 9523 | 30440 | |
| 3224 | 2665 | 643 | 530 | | 169 | 5152 | 2665 | |
| 15657 | 9606 | 1753 | 926 | 650 | 3701 | 417 | 9517 | |
| 23714 | 15387 | 25976 | 1781 | | 5690 | 2996 | 15895 | |

# 3－27 分地区地方成人中学

| | 总计 | 预算内教育经费拨款 | | | | 教育附加拨款 | | | |
|---|---|---|---|---|---|---|---|---|---|
| | | 小计 | 教育事业费拨款 | 科研经费拨款 | 其他经费拨款 | 小计 | 城市附加 | 农村附加 | 地方附加 |
| **合计** | **167194** | **70386** | **66244** | | **4142** | **24014** | **100** | **23461** | **453** |
| 北京 | 6534 | 2315 | 2044 | | 271 | | | | |
| 天津 | | | | | | | | | |
| 河北 | 2075 | 1252 | 1252 | | | | | | |
| 山西 | 10 | 10 | 10 | | | | | | |
| 内蒙古 | | | | | | | | | |
| 辽宁 | | | | | | | | | |
| 吉林 | 880 | 770 | 410 | | 360 | | | | |
| 黑龙江 | | | | | | | | | |
| 上海 | 43503 | 18694 | 18694 | | | 6307 | | 6307 | |
| 江苏 | 31598 | 12207 | 11838 | | 369 | 5163 | | 5163 | |
| 浙江 | 49679 | 15808 | 14757 | | 1051 | 9748 | | 9748 | |
| 安徽 | 4305 | 2795 | 2307 | | 488 | 3 | | 3 | |
| 福建 | 6590 | 4685 | 4496 | | 189 | | | | |
| 江西 | 345 | 218 | 218 | | | | | | |
| 山东 | | | | | | | | | |
| 河南 | 4204 | 3281 | 2634 | | 647 | 554 | 20 | 504 | 30 |
| 湖北 | 472 | 223 | 223 | | | | | | |
| 湖南 | 987 | 67 | 67 | | | | | | |
| 广东 | 7265 | 2515 | 2442 | | 73 | 192 | 80 | 12 | 100 |
| 广西 | 234 | 234 | 198 | | 36 | | | | |
| 海南 | | | | | | | | | |
| 重庆 | 2256 | 1240 | 1001 | | 239 | 872 | | 819 | 53 |
| 四川 | 4712 | 2689 | 2361 | | 328 | 1175 | | 905 | 270 |
| 贵州 | | | | | | | | | |
| 云南 | 146 | 140 | 140 | | | | | | |
| 西藏 | | | | | | | | | |
| 陕西 | 366 | 337 | 337 | | | | | | |
| 甘肃 | | | | | | | | | |
| 青海 | | | | | | | | | |
| 宁夏 | | | | | | | | | |
| 新疆 | 1033 | 906 | 815 | | 91 | | | | |

## 教育经费收入情况

单位:千元

| 事业收入 | | 校办产业、勤工俭学、社会服务收入用于教育 | 捐集资收入 | | 其他收入 | 基建拨款 | 附1:本年实际收取学杂费 | 附2:上级补助收入 |
|---|---|---|---|---|---|---|---|---|
| 计 | 其中:学杂费 | | 计 | 其中:港澳台 | | | | |
| **58455** | **39380** | **787** | **674** | | **12878** | | **39787** | |
| 4149 | 4149 | | 9 | | 61 | | 4183 | |
| 822 | 782 | | | | 1 | | 794 | |
| 110 | | | | | | | | |
| 12352 | 10845 | 231 | | | 5919 | | 10845 | |
| 11368 | 4555 | 92 | 145 | | 2623 | | 4575 | |
| 20326 | 12295 | 148 | 427 | | 3222 | | 12345 | |
| 1386 | 1070 | 5 | 81 | | 35 | | 1072 | |
| 1816 | 1570 | | | | 89 | | 1788 | |
| 127 | 50 | | | | | | 50 | |
| 323 | 169 | 42 | | | 4 | | 169 | |
| 199 | 174 | 50 | | | | | 174 | |
| 620 | 10 | | | | 300 | | 10 | |
| 4197 | 3389 | 16 | | | 345 | | 3419 | |
| 75 | 30 | 25 | | | 44 | | 30 | |
| 505 | 284 | 118 | 12 | | 213 | | 298 | |
| 6 | 6 | | | | | | 6 | |
| 19 | | | | | 10 | | 27 | |
| 55 | 2 | 60 | | | 12 | | 2 | |

## 3－28　分地区地方职业中学

| | 总计 | 预算内教育经费拨款 | | | | 教育附加拨款 | | | |
|---|---|---|---|---|---|---|---|---|---|
| | | 小　计 | 教育事业费拨款 | 科研经费拨款 | 其他经费拨款 | 小　计 | 城市附加 | 农村附加 | 地方附加 |
| **合　计** | **10913914** | **5711489** | **5191907** | | **519582** | **811702** | **589976** | **127101** | **94625** |
| 北　京 | 542213 | 326764 | 287413 | | 39351 | 9278 | 7568 | | 1710 |
| 天　津 | 214195 | 96415 | 68350 | | 28065 | 6991 | 5241 | | 1750 |
| 河　北 | 562672 | 323399 | 310008 | | 13391 | 25222 | 19473 | 3399 | 2350 |
| 山　西 | 195449 | 111086 | 102827 | | 8259 | 17672 | 17088 | 554 | 30 |
| 内蒙古 | 266321 | 173702 | 149952 | | 23750 | 24825 | 12231 | 11463 | 1131 |
| 辽　宁 | 412796 | 240058 | 210552 | | 29506 | 15549 | 14929 | 35 | 585 |
| 吉　林 | 219610 | 151917 | 120928 | | 30989 | 12902 | 9476 | 3426 | |
| 黑龙江 | 182865 | 135215 | 133631 | | 1584 | 1773 | 1653 | | 120 |
| 上　海 | 669856 | 278936 | 278866 | | 70 | 140110 | 140100 | 10 | |
| 江　苏 | 825287 | 375786 | 361190 | | 14596 | 46687 | 22530 | 7001 | 17156 |
| 浙　江 | 958762 | 359128 | 327440 | | 31688 | 91357 | 49049 | 40742 | 1566 |
| 安　徽 | 369876 | 208170 | 189341 | | 18829 | 16000 | 12523 | 955 | 2522 |
| 福　建 | 468170 | 258244 | 226131 | | 32113 | 34201 | 19667 | 11634 | 2900 |
| 江　西 | 166541 | 87589 | 82811 | | 4778 | 20989 | 10110 | 945 | 9934 |
| 山　东 | 984830 | 564853 | 519225 | | 45628 | 88314 | 51672 | 14711 | 21931 |
| 河　南 | 488194 | 284684 | 246561 | | 38123 | 33776 | 31765 | 508 | 1503 |
| 湖　北 | 274876 | 126441 | 124520 | | 1921 | 9762 | 5956 | 1758 | 2048 |
| 湖　南 | 345252 | 149588 | 145013 | | 4575 | 13944 | 12112 | 1598 | 234 |
| 广　东 | 1079760 | 543571 | 487617 | | 55954 | 72912 | 53013 | 17867 | 2032 |
| 广　西 | 202235 | 94733 | 87593 | | 7140 | 12286 | 6141 | 1882 | 4263 |
| 海　南 | 31663 | 15807 | 15772 | | 35 | 2220 | 2065 | 105 | 50 |
| 重　庆 | 252961 | 122562 | 93150 | | 29412 | 18190 | 16994 | 427 | 769 |
| 四　川 | 417109 | 209649 | 184581 | | 25068 | 46337 | 26534 | 3884 | 15919 |
| 贵　州 | 98924 | 64046 | 61751 | | 2295 | 6258 | 4749 | 475 | 1034 |
| 云　南 | 226316 | 150640 | 133791 | | 16849 | 14784 | 13529 | 792 | 463 |
| 西　藏 | 1642 | 1099 | 1099 | | | | | | |
| 陕　西 | 204107 | 95918 | 94025 | | 1893 | 14789 | 12176 | 1258 | 1355 |
| 甘　肃 | 141839 | 88969 | 85973 | | 2996 | 9901 | 8548 | 558 | 795 |
| 青　海 | 36865 | 23516 | 21272 | | 2244 | 1114 | 20 | 1094 | |
| 宁　夏 | 25758 | 14731 | 13273 | | 1458 | 2554 | 2514 | | 40 |
| 新　疆 | 46970 | 34273 | 27251 | | 7022 | 1005 | 550 | 20 | 435 |

## 教育经费收入情况

单位：千元

| 事业收入 | | 校办产业、勤工俭学、社会服务收入用于教育 | 捐集资收入 | | 其他收入 | 基建拨款 | 附1：本年实际收取学杂费 | 附2：上级补助收入 |
|---|---|---|---|---|---|---|---|---|
| 计 | 其中：学杂费 | | 计 | 其中：港澳台 | | | | |
| **3345388** | **2604917** | **191514** | **219122** | **6425** | **434866** | **199833** | **2687241** | |
| 138175 | 115501 | 15990 | 22062 | | 28563 | 1381 | 118646 | |
| 100086 | 77786 | 2644 | 4 | | 6805 | 1250 | 77951 | |
| 187102 | 156464 | 14812 | 2763 | | 9374 | | 168710 | |
| 43220 | 38232 | 10054 | 4680 | | 2517 | 6220 | 39024 | |
| 44664 | 33141 | 9758 | 4615 | | 5821 | 2936 | 35059 | |
| 130799 | 102340 | 12438 | 2212 | | 9707 | 2033 | 110203 | |
| 44921 | 35243 | 5642 | 2127 | 600 | 2001 | 100 | 37422 | |
| 37821 | 26649 | 2474 | 43 | | 5339 | 200 | 35359 | |
| 171750 | 165745 | 5917 | 1655 | | 47188 | 24300 | 165745 | |
| 332445 | 217296 | 7031 | 20048 | | 42890 | 400 | 212491 | |
| 363687 | 280832 | 6903 | 61182 | 395 | 43193 | 33312 | 288205 | |
| 122871 | 103089 | 3473 | 6356 | 600 | 9534 | 3472 | 108490 | |
| 137704 | 107793 | 3253 | 14392 | 1167 | 16881 | 3495 | 115533 | |
| 42174 | 34484 | 5937 | 1302 | 118 | 4339 | 4211 | 33741 | |
| 268965 | 215635 | 15055 | 5723 | | 40561 | 1359 | 224282 | |
| 144666 | 124463 | 6293 | 3170 | | 11082 | 4523 | 128073 | |
| 109823 | 85331 | 9243 | 4869 | | 14403 | 335 | 83956 | |
| 159504 | 132190 | 5783 | 4470 | 400 | 11393 | 570 | 132964 | |
| 315851 | 238934 | 10635 | 29641 | 3140 | 35161 | 71989 | 243457 | |
| 66434 | 45692 | 3122 | 1043 | | 6964 | 17653 | 48500 | |
| 8060 | 6197 | 710 | 1277 | | 1059 | 2530 | 6197 | |
| 64440 | 29360 | 5847 | 6061 | | 34321 | 1540 | 30301 | |
| 116162 | 76695 | 13401 | 3283 | | 26439 | 1838 | 80499 | |
| 23773 | 18616 | 678 | 751 | | 1992 | 1426 | 18769 | |
| 41958 | 31565 | 6072 | 606 | 5 | 5836 | 6420 | 35819 | |
| 503 | 503 | | | | 40 | | 746 | |
| 65618 | 55811 | 3646 | 14674 | | 7752 | 1710 | 57437 | |
| 37144 | 30804 | 2219 | 20 | | 2459 | 1127 | 31000 | |
| 8625 | 5554 | 962 | | | 108 | 2540 | 5556 | |
| 6915 | 5911 | 218 | 70 | | 445 | 825 | 5948 | |
| 9528 | 7061 | 1304 | 23 | | 699 | 138 | 7158 | |

## 3－29　分地区中央部门小学

| | 总计 | 预算内教育经费拨款 | | | | 教育附加拨款 | | | |
|---|---|---|---|---|---|---|---|---|---|
| | | 小计 | 教育事业费拨款 | 科研经费拨款 | 其他经费拨款 | 小计 | 城市附加 | 农村附加 | 地方附加 |
| **合计** | **53021** | **22230** | **19715** | | **2515** | **1800** | **1740** | | **60** |
| 北京 | 39465 | 16979 | 15273 | | 1706 | 1300 | 1300 | | |
| 天津 | 5851 | 3256 | 2469 | | 787 | 300 | 240 | | 60 |
| 河北 | | | | | | | | | |
| 山西 | | | | | | | | | |
| 内蒙古 | | | | | | | | | |
| 辽宁 | | | | | | | | | |
| 吉林 | | | | | | | | | |
| 黑龙江 | | | | | | | | | |
| 上海 | | | | | | | | | |
| 江苏 | | | | | | | | | |
| 浙江 | | | | | | | | | |
| 安徽 | | | | | | | | | |
| 福建 | | | | | | | | | |
| 江西 | | | | | | | | | |
| 山东 | | | | | | | | | |
| 河南 | | | | | | | | | |
| 湖北 | 2040 | 802 | 802 | | | | | | |
| 湖南 | | | | | | | | | |
| 广东 | | | | | | | | | |
| 广西 | | | | | | | | | |
| 海南 | | | | | | | | | |
| 重庆 | 5665 | 1193 | 1171 | | 22 | 200 | 200 | | |
| 四川 | | | | | | | | | |
| 贵州 | | | | | | | | | |
| 云南 | | | | | | | | | |
| 西藏 | | | | | | | | | |
| 陕西 | | | | | | | | | |
| 甘肃 | | | | | | | | | |
| 青海 | | | | | | | | | |
| 宁夏 | | | | | | | | | |
| 新疆 | | | | | | | | | |

## 教育经费收入情况

单位：千元

| 事业收入 | | 校办产业、勤工俭学、社会服务收入用于教育 | 捐集资收入 | | 其他收入 | 基建拨款 | 附1：本年实际收取学杂费 | 附2：上级补助收入 |
|---|---|---|---|---|---|---|---|---|
| 计 | 其中：学杂费 | | 计 | 其中：港澳台 | | | | |
| **3455** | **1758** | **683** | **17799** | | **7054** | | **1758** | |
| 1388 | 1079 | 650 | 16125 | | 3023 | | 1079 | |
| 1248 | 242 | | 810 | | 237 | | 242 | |
| 500 | 145 | | 32 | | 706 | | 145 | |
| 319 | 292 | 33 | 832 | | 3088 | | 292 | |

# 3－30 分地区地方小学

| | 总计 | 预算内教育经费拨款 | | | | 教育附加拨款 | | | |
|---|---|---|---|---|---|---|---|---|---|
| | | 小计 | 教育事业费拨款 | 科研经费拨款 | 其他经费拨款 | 小计 | 城市附加 | 农村附加 | 地方附加 |
| **合计** | **101774122** | **66148718** | **60595708** | | **5553010** | **11857259** | **2321114** | **9107814** | **428331** |
| 北京 | 2404109 | 1742083 | 1559436 | | 182647 | 188144 | 136182 | 9493 | 42469 |
| 天津 | 1136136 | 885346 | 879480 | | 5866 | 58459 | 31176 | 11580 | 15703 |
| 河北 | 4619290 | 3098811 | 2905572 | | 193239 | 707168 | 52881 | 645032 | 9255 |
| 山西 | 2238230 | 1513496 | 1389166 | | 124330 | 259221 | 40580 | 218371 | 270 |
| 内蒙古 | 1755950 | 1327402 | 1082960 | | 244442 | 139836 | 35080 | 99169 | 5587 |
| 辽宁 | 3306068 | 2436335 | 1957115 | | 479220 | 282703 | 85199 | 157743 | 39761 |
| 吉林 | 2245583 | 1591043 | 1258686 | | 332357 | 223521 | 68182 | 155169 | 170 |
| 黑龙江 | 2476337 | 1933134 | 1917236 | | 15898 | 216745 | 56429 | 152868 | 7448 |
| 上海 | 2572123 | 1917615 | 1915192 | | 2423 | 268583 | 227235 | 41348 | |
| 江苏 | 7563424 | 4499241 | 4207569 | | 291672 | 1192758 | 177546 | 964411 | 50801 |
| 浙江 | 5702970 | 2841829 | 2746238 | | 95591 | 1304020 | 97798 | 1187544 | 18678 |
| 安徽 | 3480188 | 2435278 | 2258245 | | 177033 | 89083 | 47589 | 39872 | 1622 |
| 福建 | 3902401 | 2840980 | 2577683 | | 263297 | 379889 | 91712 | 286861 | 1316 |
| 江西 | 2460989 | 1661584 | 1636838 | | 24746 | 263817 | 37934 | 208170 | 17713 |
| 山东 | 6249484 | 4058575 | 3885441 | | 173134 | 1053327 | 131123 | 887798 | 34406 |
| 河南 | 5098720 | 3180990 | 2798316 | | 382674 | 681629 | 95101 | 586222 | 306 |
| 湖北 | 3700272 | 1903683 | 1872273 | | 31410 | 526886 | 68629 | 452857 | 5400 |
| 湖南 | 4442232 | 2299881 | 2279905 | | 19976 | 672254 | 72081 | 563269 | 36904 |
| 广东 | 11946785 | 6070464 | 5405772 | | 664692 | 1170474 | 345513 | 813007 | 11954 |
| 广西 | 3347451 | 2258433 | 2061974 | | 196459 | 389849 | 32845 | 328316 | 28688 |
| 海南 | 674741 | 415163 | 410701 | | 4462 | 53306 | 14583 | 38722 | 1 |
| 重庆 | 1891160 | 1299697 | 993194 | | 306503 | 184276 | 37116 | 139040 | 8120 |
| 四川 | 5063714 | 3378697 | 2896026 | | 482671 | 559065 | 78658 | 432353 | 48054 |
| 贵州 | 2186116 | 1599830 | 1576169 | | 23661 | 191758 | 32567 | 146785 | 12406 |
| 云南 | 3929078 | 3270053 | 2901225 | | 368828 | 237194 | 89027 | 137328 | 10839 |
| 西藏 | 372771 | 331494 | 310269 | | 21225 | 329 | 329 | | |
| 陕西 | 2178486 | 1482859 | 1477755 | | 5104 | 231726 | 33653 | 195928 | 2145 |
| 甘肃 | 1740081 | 1296463 | 1220244 | | 76219 | 170822 | 55779 | 111050 | 3993 |
| 青海 | 447555 | 375860 | 344294 | | 31566 | 24526 | 2378 | 22148 | |
| 宁夏 | 485101 | 373209 | 349008 | | 24201 | 37489 | 12981 | 24128 | 380 |
| 新疆 | 2156577 | 1829190 | 1521726 | | 307464 | 98402 | 33228 | 51232 | 13942 |

## 教育经费收入情况

单位：千元

| 事业收入 | | 校办产业、勤工俭学、社会服务收入用于教育 | 捐集资收入 | | 其他收入 | 基建拨款 | 附1：本年实际收取学杂费 | 附2：上级补助收入 |
|---|---|---|---|---|---|---|---|---|
| 计 | 其中：学杂费 | | 计 | 其中：港澳台 | | | | |
| **14700168** | **9938584** | **1562204** | **3688465** | **221940** | **2781008** | **1036300** | **10510406** | |
| 221642 | 105731 | 32960 | 98748 | | 87823 | 32709 | 105542 | |
| 141407 | 42366 | 9951 | 3163 | | 35740 | 2070 | 42545 | |
| 497246 | 413810 | 62172 | 204333 | 2734 | 35948 | 13612 | 434954 | |
| 224925 | 156565 | 37091 | 176408 | 2537 | 19985 | 7104 | 159628 | |
| 174483 | 119746 | 49550 | 23102 | 3339 | 18995 | 22582 | 125387 | |
| 460364 | 220240 | 51436 | 10892 | 112 | 59655 | 4683 | 256938 | |
| 267121 | 181312 | 67091 | 72982 | 410 | 21275 | 2550 | 183475 | |
| 232165 | 153169 | 45712 | 10154 | 1770 | 24302 | 14125 | 153165 | |
| 140865 | 93493 | 66849 | 19094 | | 134217 | 24900 | 93493 | |
| 1110667 | 669522 | 86074 | 422269 | 1459 | 216134 | 36281 | 724026 | |
| 911868 | 357194 | 44968 | 311681 | 11583 | 264080 | 24524 | 358828 | |
| 782288 | 606250 | 23415 | 58692 | 4365 | 61478 | 29954 | 620398 | |
| 395095 | 224624 | 16197 | 137007 | 29651 | 111863 | 21370 | 248015 | |
| 419957 | 253408 | 31296 | 30263 | 2616 | 40545 | 13527 | 319303 | |
| 807319 | 601852 | 48806 | 158819 | 1467 | 115559 | 7079 | 609579 | |
| 771869 | 608571 | 88674 | 313574 | 2285 | 55109 | 6875 | 618881 | |
| 734583 | 466934 | 177401 | 167379 | 2287 | 182505 | 7835 | 464770 | |
| 1090481 | 857671 | 93987 | 124876 | 4310 | 150568 | 10185 | 864807 | |
| 2872695 | 2309612 | 103503 | 763202 | 111163 | 603609 | 362838 | 2326492 | |
| 519618 | 265219 | 52912 | 48280 | 3409 | 44481 | 33878 | 287788 | |
| 133696 | 104300 | 10825 | 30768 | 3472 | 15744 | 15239 | 102260 | |
| 201517 | 82283 | 30349 | 66032 | 215 | 95559 | 13730 | 86780 | |
| 560768 | 254157 | 137050 | 160301 | 5391 | 250553 | 17280 | 267835 | |
| 218042 | 181522 | 5786 | 35824 | 3494 | 18434 | 116442 | 182414 | |
| 178738 | 125087 | 41273 | 107757 | 9947 | 41343 | 52720 | 143367 | |
| 4872 | 4379 | 126 | 3433 | 206 | 6587 | 25930 | 4466 | |
| 321375 | 286749 | 49494 | 61380 | 2645 | 19382 | 12270 | 530396 | |
| 112076 | 78706 | 35713 | 52210 | 9466 | 15845 | 56952 | 79551 | |
| 25145 | 14919 | 8426 | 2434 | 1226 | 1173 | 9991 | 15687 | |
| 39297 | 25888 | 3724 | 2375 | 100 | 9610 | 19397 | 26029 | |
| 127984 | 73305 | 49393 | 11033 | 281 | 22907 | 17668 | 73607 | |

# 3－31　分地区中央部门普通小学

| | 总计 | 预算内教育经费拨款 | | | | 教育附加拨款 | | | |
|---|---|---|---|---|---|---|---|---|---|
| | | 小计 | 教育事业费拨款 | 科研经费拨款 | 其他经费拨款 | 小计 | 城市附加 | 农村附加 | 地方附加 |
| **合计** | **53021** | **22230** | **19715** | | **2515** | **1800** | **1740** | | **60** |
| 北京 | 39465 | 16979 | 15273 | | 1706 | 1300 | 1300 | | |
| 天津 | 5851 | 3256 | 2469 | | 787 | 300 | 240 | | 60 |
| 河北 | | | | | | | | | |
| 山西 | | | | | | | | | |
| 内蒙古 | | | | | | | | | |
| 辽宁 | | | | | | | | | |
| 吉林 | | | | | | | | | |
| 黑龙江 | | | | | | | | | |
| 上海 | | | | | | | | | |
| 江苏 | | | | | | | | | |
| 浙江 | | | | | | | | | |
| 安徽 | | | | | | | | | |
| 福建 | | | | | | | | | |
| 江西 | | | | | | | | | |
| 山东 | | | | | | | | | |
| 河南 | | | | | | | | | |
| 湖北 | 2040 | 802 | 802 | | | | | | |
| 湖南 | | | | | | | | | |
| 广东 | | | | | | | | | |
| 广西 | | | | | | | | | |
| 海南 | | | | | | | | | |
| 重庆 | 5665 | 1193 | 1171 | | 22 | 200 | 200 | | |
| 四川 | | | | | | | | | |
| 贵州 | | | | | | | | | |
| 云南 | | | | | | | | | |
| 西藏 | | | | | | | | | |
| 陕西 | | | | | | | | | |
| 甘肃 | | | | | | | | | |
| 青海 | | | | | | | | | |
| 宁夏 | | | | | | | | | |
| 新疆 | | | | | | | | | |

# 教育经费收入情况

单位:千元

| 事业收入 | | 校办产业、勤工俭学、社会服务收入用于教育 | 捐集资收入 | | 其他收入 | 基建拨款 | 附1:本年实际收取学杂费 | 附2:上级补助收入 |
|---|---|---|---|---|---|---|---|---|
| 计 | 其中:学杂费 | | 计 | 其中:港澳台 | | | | |
| **3455** | **1758** | **683** | **17799** | | **7054** | | **1758** | |
| 1388 | 1079 | 650 | 16125 | | 3023 | | 1079 | |
| 1248 | 242 | | 810 | | 237 | | 242 | |
| 500 | 145 | | 32 | | 706 | | 145 | |
| 319 | 292 | 33 | 832 | | 3088 | | 292 | |

## 3－32 分地区地方普通小学

| | 总计 | 预算内教育经费拨款 | | | | 教育附加拨款 | | | |
|---|---|---|---|---|---|---|---|---|---|
| | | 小计 | 教育事业费拨款 | 科研经费拨款 | 其他经费拨款 | 小计 | 城市附加 | 农村附加 | 地方附加 |
| **合计** | **101711233** | **66101022** | **60549453** | | **5551569** | **11847333** | **2320624** | **9098507** | **428202** |
| 北京 | 2404109 | 1742083 | 1559436 | | 182647 | 188144 | 136182 | 9493 | 42469 |
| 天津 | 1136136 | 885346 | 879480 | | 5866 | 58459 | 31176 | 11580 | 15703 |
| 河北 | 4617940 | 3097800 | 2904563 | | 193237 | 706880 | 52881 | 644744 | 9255 |
| 山西 | 2238051 | 1513354 | 1389024 | | 124330 | 259184 | 40580 | 218334 | 270 |
| 内蒙古 | 1755505 | 1326977 | 1082658 | | 244319 | 139836 | 35080 | 99169 | 5587 |
| 辽宁 | 3306068 | 2436335 | 1957115 | | 479220 | 282703 | 85199 | 157743 | 39761 |
| 吉林 | 2245583 | 1591043 | 1258686 | | 332357 | 223521 | 68182 | 155169 | 170 |
| 黑龙江 | 2476337 | 1933134 | 1917236 | | 15898 | 216745 | 56429 | 152868 | 7448 |
| 上海 | 2572123 | 1917615 | 1915192 | | 2423 | 268583 | 227235 | 41348 | |
| 江苏 | 7559559 | 4496282 | 4204615 | | 291667 | 1192474 | 177546 | 964127 | 50801 |
| 浙江 | 5701105 | 2840571 | 2744980 | | 95591 | 1303911 | 97798 | 1187435 | 18678 |
| 安徽 | 3479573 | 2434869 | 2257836 | | 177033 | 89083 | 47589 | 39872 | 1622 |
| 福建 | 3887480 | 2828746 | 2565769 | | 262977 | 378280 | 91535 | 285435 | 1310 |
| 江西 | 2460989 | 1661584 | 1636838 | | 24746 | 263817 | 37934 | 208170 | 17713 |
| 山东 | 6249484 | 4058575 | 3885441 | | 173134 | 1053327 | 131123 | 887798 | 34406 |
| 河南 | 5093803 | 3177529 | 2795030 | | 382499 | 680489 | 95101 | 585092 | 296 |
| 湖北 | 3698601 | 1903084 | 1871674 | | 31410 | 526447 | 68629 | 452418 | 5400 |
| 湖南 | 4442232 | 2299881 | 2279905 | | 19976 | 672254 | 72081 | 563269 | 36904 |
| 广东 | 11946785 | 6070464 | 5405772 | | 664692 | 1170474 | 345513 | 813007 | 11954 |
| 广西 | 3346127 | 2257227 | 2060795 | | 196432 | 389782 | 32845 | 328249 | 28688 |
| 海南 | 674741 | 415163 | 410701 | | 4462 | 53306 | 14583 | 38722 | 1 |
| 重庆 | 1880525 | 1292204 | 985797 | | 306407 | 182283 | 37116 | 137047 | 8120 |
| 四川 | 5049240 | 3367849 | 2885426 | | 482423 | 555910 | 78537 | 429432 | 47941 |
| 贵州 | 2185886 | 1599600 | 1575939 | | 23661 | 191758 | 32567 | 146785 | 12406 |
| 云南 | 3922680 | 3264632 | 2896249 | | 368383 | 236389 | 88835 | 136715 | 10839 |
| 西藏 | 372771 | 331494 | 310269 | | 21225 | 329 | 329 | | |
| 陕西 | 2178486 | 1482859 | 1477755 | | 5104 | 231726 | 33653 | 195928 | 2145 |
| 甘肃 | 1740081 | 1296463 | 1220244 | | 76219 | 170822 | 55779 | 111050 | 3993 |
| 青海 | 447555 | 375860 | 344294 | | 31566 | 24526 | 2378 | 22148 | |
| 宁夏 | 485101 | 373209 | 349008 | | 24201 | 37489 | 12981 | 24128 | 380 |
| 新疆 | 2156577 | 1829190 | 1521726 | | 307464 | 98402 | 33228 | 51232 | 13942 |

## 教育经费收入情况

单位：千元

| 事业收入 | | 校办产业、勤工俭学、社会服务收入用于教育 | 捐集资收入 | | 其他收入 | 基建拨款 | 附1：本年实际收取学杂费 | 附2：上级补助收入 |
|---|---|---|---|---|---|---|---|---|
| 计 | 其中：学杂费 | | 计 | 其中：港澳台 | | | | |
| **14696853** | **9937218** | **1561784** | **3688127** | **221940** | **2779814** | **1036300** | **10509020** | |
| 221642 | 105731 | 32960 | 98748 | | 87823 | 32709 | 105542 | |
| 141407 | 42366 | 9951 | 3163 | | 35740 | 2070 | 42545 | |
| 497195 | 413810 | 62172 | 204333 | 2734 | 35948 | 13612 | 434954 | |
| 224925 | 156565 | 37091 | 176408 | 2537 | 19985 | 7104 | 159628 | |
| 174463 | 119736 | 49550 | 23102 | 3339 | 18995 | 22582 | 125377 | |
| 460364 | 220240 | 51436 | 10892 | 112 | 59655 | 4683 | 256938 | |
| 267121 | 181312 | 67091 | 72982 | 410 | 21275 | 2550 | 183475 | |
| 232165 | 153169 | 45712 | 10154 | 1770 | 24302 | 14125 | 153165 | |
| 140865 | 93493 | 66849 | 19094 | | 134217 | 24900 | 93493 | |
| 1110088 | 669450 | 86041 | 422269 | 1459 | 216124 | 36281 | 723954 | |
| 911519 | 356965 | 44965 | 311676 | 11583 | 263939 | 24524 | 358599 | |
| 782211 | 606181 | 23415 | 58569 | 4365 | 61472 | 29954 | 620329 | |
| 394362 | 224107 | 16191 | 136964 | 29651 | 111567 | 21370 | 247498 | |
| 419957 | 253408 | 31296 | 30263 | 2616 | 40545 | 13527 | 319303 | |
| 807319 | 601852 | 48806 | 158819 | 1467 | 115559 | 7079 | 609579 | |
| 771808 | 608566 | 88637 | 313516 | 2285 | 54949 | 6875 | 618865 | |
| 734257 | 466757 | 177243 | 167379 | 2287 | 182356 | 7835 | 464598 | |
| 1090481 | 857671 | 93987 | 124876 | 4310 | 150568 | 10185 | 864807 | |
| 2872695 | 2309612 | 103503 | 763202 | 111163 | 603609 | 362838 | 2326492 | |
| 519591 | 265203 | 52888 | 48280 | 3409 | 44481 | 33878 | 287772 | |
| 133696 | 104300 | 10825 | 30768 | 3472 | 15744 | 15239 | 102260 | |
| 200689 | 82124 | 30332 | 66028 | 215 | 95259 | 13730 | 86609 | |
| 560624 | 254124 | 136945 | 160205 | 5391 | 250427 | 17280 | 267802 | |
| 218042 | 181522 | 5786 | 35824 | 3494 | 18434 | 116442 | 182414 | |
| 178618 | 125008 | 41236 | 107748 | 9947 | 41337 | 52720 | 143286 | |
| 4872 | 4379 | 126 | 3433 | 206 | 6587 | 25930 | 4466 | |
| 321375 | 286749 | 49494 | 61380 | 2645 | 19382 | 12270 | 530396 | |
| 112076 | 78706 | 35713 | 52210 | 9466 | 15845 | 56952 | 79551 | |
| 25145 | 14919 | 8426 | 2434 | 1226 | 1173 | 9991 | 15687 | |
| 39297 | 25888 | 3724 | 2375 | 100 | 9610 | 19397 | 26029 | |
| 127984 | 73305 | 49393 | 11033 | 281 | 22907 | 17668 | 73607 | |

## 3－33 分地区地方农村普通小学

| 地区 | 总计 | 预算内教育经费拨款 | | | | 教育附加拨款 | | | |
|---|---|---|---|---|---|---|---|---|---|
| | | 小计 | 教育事业费拨款 | 科研经费拨款 | 其他经费拨款 | 小计 | 城市附加 | 农村附加 | 地方附加 |
| **合计** | **61394497** | **40805064** | **37630670** | | **3174394** | **7590294** | **387053** | **7065383** | **137858** |
| 北京 | 753622 | 644099 | 618041 | | 26058 | 26626 | 7655 | 8683 | 10288 |
| 天津 | 322957 | 271705 | 268533 | | 3172 | 16346 | 3239 | 11170 | 1937 |
| 河北 | 3358397 | 2195768 | 2052878 | | 142890 | 588432 | 9351 | 574871 | 4210 |
| 山西 | 1657512 | 1138106 | 1049656 | | 88450 | 210934 | 8071 | 202738 | 125 |
| 内蒙古 | 1061009 | 818304 | 666568 | | 151736 | 100046 | 5667 | 92430 | 1949 |
| 辽宁 | 1715779 | 1303624 | 1052076 | | 251548 | 162538 | 9476 | 148771 | 4291 |
| 吉林 | 1260113 | 879272 | 732006 | | 147266 | 147694 | 5428 | 142266 | |
| 黑龙江 | 1450287 | 1135054 | 1125866 | | 9188 | 162897 | 6632 | 151325 | 4940 |
| 上海 | 915476 | 780976 | 779081 | | 1895 | 44686 | 7529 | 37157 | |
| 江苏 | 3685918 | 2221920 | 2078689 | | 143231 | 662547 | 20642 | 625208 | 16697 |
| 浙江 | 1589882 | 807664 | 789759 | | 17905 | 414961 | 11812 | 401375 | 1774 |
| 安徽 | 2585685 | 1864069 | 1754799 | | 109270 | 42494 | 5680 | 36248 | 566 |
| 福建 | 2063968 | 1579339 | 1455628 | | 123711 | 182182 | 12676 | 169496 | 10 |
| 江西 | 1521720 | 1026910 | 1017129 | | 9781 | 180758 | 13373 | 159497 | 7888 |
| 山东 | 4764176 | 3087547 | 2969880 | | 117667 | 878318 | 14740 | 858080 | 5498 |
| 河南 | 3697477 | 2287939 | 2021053 | | 266886 | 560226 | 16593 | 543550 | 83 |
| 湖北 | 2230540 | 1096931 | 1078234 | | 18697 | 398611 | 4652 | 393306 | 653 |
| 湖南 | 3032959 | 1549848 | 1541346 | | 8502 | 501306 | 15520 | 478619 | 7167 |
| 广东 | 6543863 | 3236865 | 2917303 | | 319562 | 739879 | 65509 | 669958 | 4412 |
| 广西 | 2601580 | 1772136 | 1606890 | | 165246 | 321869 | 12510 | 295014 | 14345 |
| 海南 | 440041 | 284809 | 281912 | | 2897 | 36886 | 4410 | 32475 | 1 |
| 重庆 | 740064 | 524774 | 413642 | | 111132 | 79868 | 3651 | 74031 | 2186 |
| 四川 | 3553563 | 2426041 | 2087940 | | 338101 | 421761 | 24418 | 376043 | 21300 |
| 贵州 | 1697014 | 1240429 | 1227097 | | 13332 | 153230 | 12027 | 134420 | 6783 |
| 云南 | 3131337 | 2658497 | 2386216 | | 272281 | 182633 | 46490 | 127409 | 8734 |
| 西藏 | 289704 | 260146 | 249717 | | 10429 | 9 | 9 | | |
| 陕西 | 1285770 | 889598 | 886133 | | 3465 | 131965 | 9324 | 121438 | 1203 |
| 甘肃 | 1368937 | 1031983 | 963735 | | 68248 | 124061 | 13734 | 107625 | 2702 |
| 青海 | 277467 | 239415 | 222398 | | 17017 | 20325 | 1503 | 18822 | |
| 宁夏 | 362637 | 286870 | 273886 | | 12984 | 27880 | 4430 | 23150 | 300 |
| 新疆 | 1435043 | 1264426 | 1062579 | | 201847 | 68326 | 10302 | 50208 | 7816 |

## 教育经费收入情况

单位：千元

| 事业收入 计 | 事业收入 其中：学杂费 | 校办产业、勤工俭学、社会服务收入用于教育 | 捐集资收入 计 | 捐集资收入 其中：港澳台 | 其他收入 | 基建拨款 | 附1：本年实际收取学杂费 | 附2：上级补助收入 |
|---|---|---|---|---|---|---|---|---|
| **8352695** | **6408513** | **857630** | **2154257** | **158813** | **1216936** | **417621** | **6893447** | |
| 59277 | 27361 | 2678 | 7075 | | 13367 | 500 | 27172 | |
| 31513 | 15801 | | 1054 | | 2339 | | 15816 | |
| 334714 | 296879 | 40836 | 175142 | 2634 | 17623 | 5882 | 301321 | |
| 117645 | 100382 | 29916 | 152399 | 2537 | 7002 | 1510 | 102008 | |
| 73219 | 58931 | 28001 | 16931 | 2279 | 10855 | 13653 | 62317 | |
| 192409 | 120422 | 33641 | 6151 | 110 | 15217 | 2199 | 148580 | |
| 142627 | 111810 | 43248 | 34983 | | 11589 | 700 | 113765 | |
| 104206 | 81193 | 29765 | 5759 | 570 | 7771 | 4835 | 80418 | |
| 47073 | 30314 | 8308 | 4016 | | 30417 | | 30314 | |
| 493132 | 346474 | 29228 | 199757 | 50 | 77013 | 2321 | 381433 | |
| 261616 | 111495 | 8933 | 42658 | 2920 | 52699 | 1351 | 112586 | |
| 574725 | 471390 | 12254 | 34928 | 4131 | 33779 | 23436 | 484260 | |
| 175391 | 117681 | 6705 | 62368 | 14075 | 53789 | 4194 | 131790 | |
| 246568 | 160510 | 17807 | 18015 | 1878 | 23106 | 8556 | 226114 | |
| 613505 | 495926 | 20818 | 100744 | 1439 | 57475 | 5769 | 500965 | |
| 498356 | 452078 | 65259 | 265784 | 2285 | 18645 | 1268 | 460746 | |
| 427556 | 307452 | 102270 | 109430 | 1962 | 90565 | 5177 | 305312 | |
| 756150 | 609038 | 49294 | 73428 | 3357 | 95402 | 7531 | 612667 | |
| 1747914 | 1510488 | 43720 | 431047 | 83352 | 310875 | 33563 | 1522530 | |
| 384932 | 202930 | 37931 | 38571 | 3296 | 26908 | 19233 | 222648 | |
| 78621 | 66697 | 7254 | 16288 | 3472 | 5599 | 10584 | 66096 | |
| 62911 | 31695 | 14346 | 22533 | 75 | 28982 | 6650 | 34371 | |
| 350843 | 189447 | 82967 | 106487 | 3121 | 154529 | 10935 | 200909 | |
| 152075 | 136111 | 3083 | 30275 | 3192 | 11479 | 106443 | 136627 | |
| 109765 | 88326 | 30449 | 93490 | 9870 | 19194 | 37309 | 101472 | |
| 781 | 728 | 123 | 2629 | 206 | 5576 | 20440 | 751 | |
| 166283 | 154157 | 32487 | 46521 | 2285 | 8776 | 10140 | 396872 | |
| 81241 | 60687 | 30475 | 44258 | 8316 | 10789 | 46130 | 60970 | |
| 6134 | 4846 | 4009 | 2132 | 1226 | 301 | 5151 | 5068 | |
| 20550 | 16469 | 2691 | 1584 | 100 | 5349 | 17713 | 16456 | |
| 40963 | 30795 | 39134 | 7820 | 75 | 9926 | 4448 | 31093 | |

# 3－34　分地区地方成人小学

| | 总计 | 预算内教育经费拨款 | | | | 教育附加拨款 | | | |
|---|---|---|---|---|---|---|---|---|---|
| | | 小计 | 教育事业费拨款 | 科研经费拨款 | 其他经费拨款 | 小计 | 城市附加 | 农村附加 | 地方附加 |
| 合计 | **62889** | **47696** | **46255** | | **1441** | **9926** | **490** | **9307** | **129** |
| 北京 | | | | | | | | | |
| 天津 | | | | | | | | | |
| 河北 | 1350 | 1011 | 1009 | | 2 | 288 | | 288 | |
| 山西 | 179 | 142 | 142 | | | 37 | | 37 | |
| 内蒙古 | 445 | 425 | 302 | | 123 | | | | |
| 辽宁 | | | | | | | | | |
| 吉林 | | | | | | | | | |
| 黑龙江 | | | | | | | | | |
| 上海 | | | | | | | | | |
| 江苏 | 3865 | 2959 | 2954 | | 5 | 284 | | 284 | |
| 浙江 | 1865 | 1258 | 1258 | | | 109 | | 109 | |
| 安徽 | 615 | 409 | 409 | | | | | | |
| 福建 | 14921 | 12234 | 11914 | | 320 | 1609 | 177 | 1426 | 6 |
| 江西 | | | | | | | | | |
| 山东 | | | | | | | | | |
| 河南 | 4917 | 3461 | 3286 | | 175 | 1140 | | 1130 | 10 |
| 湖北 | 1671 | 599 | 599 | | | 439 | | 439 | |
| 湖南 | | | | | | | | | |
| 广东 | | | | | | | | | |
| 广西 | 1324 | 1206 | 1179 | | 27 | 67 | | 67 | |
| 海南 | | | | | | | | | |
| 重庆 | 10635 | 7493 | 7397 | | 96 | 1993 | | 1993 | |
| 四川 | 14474 | 10848 | 10600 | | 248 | 3155 | 121 | 2921 | 113 |
| 贵州 | 230 | 230 | 230 | | | | | | |
| 云南 | 6398 | 5421 | 4976 | | 445 | 805 | 192 | 613 | |
| 西藏 | | | | | | | | | |
| 陕西 | | | | | | | | | |
| 甘肃 | | | | | | | | | |
| 青海 | | | | | | | | | |
| 宁夏 | | | | | | | | | |
| 新疆 | | | | | | | | | |

## 教育经费收入情况

单位:千元

| 事业收入 | | 校办产业、勤工俭学、社会服务收入用于教育 | 捐集资收入 | | 其他收入 | 基建拨款 | 附1:本年实际收取学杂费 | 附2:上级补助收入 |
|---|---|---|---|---|---|---|---|---|
| 计 | 其中:学杂费 | | 计 | 其中:港澳台 | | | | |
| **3315** | **1366** | **420** | **338** | | **1194** | | **1386** | |
| 51 | | | | | | | | |
| 20 | 10 | | | | | | 10 | |
| 579 | 72 | 33 | | | 10 | | 72 | |
| 349 | 229 | 3 | 5 | | 141 | | 229 | |
| 77 | 69 | | 123 | | 6 | | 69 | |
| 733 | 517 | 6 | 43 | | 296 | | 517 | |
| 61 | 5 | 37 | 58 | | 160 | | 16 | |
| 326 | 177 | 158 | | | 149 | | 172 | |
| 27 | 16 | 24 | | | | | 16 | |
| 828 | 159 | 17 | 4 | | 300 | | 171 | |
| 144 | 33 | 105 | 96 | | 126 | | 33 | |
| 120 | 79 | 37 | 9 | | 6 | | 81 | |

## 3－35 分地区地方特殊教育学校

| | 总计 | 预算内教育经费拨款 | | | | 教育附加拨款 | | | |
|---|---|---|---|---|---|---|---|---|---|
| | | 小计 | 教育事业费拨款 | 科研经费拨款 | 其他经费拨款 | 小计 | 城市附加 | 农村附加 | 地方附加 |
| **合计** | **1097709** | **794335** | **736314** | | **58021** | **122610** | **106893** | **7176** | **8541** |
| 北京 | 58373 | 37444 | 32162 | | 5282 | 4296 | 3711 | | 585 |
| 天津 | 36550 | 31040 | 30870 | | 170 | 1138 | 1056 | | 82 |
| 河北 | 29262 | 25226 | 24432 | | 794 | 1193 | 1184 | | 9 |
| 山西 | 23551 | 17092 | 15980 | | 1112 | 5340 | 5279 | 35 | 26 |
| 内蒙古 | 11902 | 8527 | 7613 | | 914 | 1167 | 1109 | | 58 |
| 辽宁 | 64165 | 57448 | 48854 | | 8594 | 1999 | 1999 | | |
| 吉林 | 37316 | 33031 | 25050 | | 7981 | 144 | 144 | | |
| 黑龙江 | 48795 | 43220 | 42575 | | 645 | 539 | 539 | | |
| 上海 | 123515 | 86955 | 86895 | | 60 | 12615 | 12615 | | |
| 江苏 | 95377 | 60720 | 57228 | | 3492 | 11808 | 6982 | 3876 | 950 |
| 浙江 | 59435 | 37300 | 34403 | | 2897 | 9581 | 8203 | 1369 | 9 |
| 安徽 | 28260 | 17955 | 16353 | | 1602 | 5454 | 4510 | | 944 |
| 福建 | 41962 | 32094 | 29853 | | 2241 | 3511 | 3474 | 37 | |
| 江西 | 7575 | 5552 | 5008 | | 544 | 245 | 200 | 10 | 35 |
| 山东 | 122172 | 84914 | 80540 | | 4374 | 20743 | 17376 | 480 | 2887 |
| 河南 | 46383 | 35139 | 31109 | | 4030 | 4133 | 4113 | | 20 |
| 湖北 | 37918 | 22015 | 21217 | | 798 | 6741 | 6638 | 53 | 50 |
| 湖南 | 26779 | 14228 | 14059 | | 169 | 6297 | 6128 | 131 | 38 |
| 广东 | 85683 | 61361 | 56486 | | 4875 | 11077 | 10179 | 898 | |
| 广西 | 8509 | 6344 | 5883 | | 461 | 1060 | 344 | 3 | 713 |
| 海南 | 2907 | 2609 | 2609 | | | 100 | 100 | | |
| 重庆 | 12618 | 9148 | 7489 | | 1659 | 1361 | 1196 | 22 | 143 |
| 四川 | 25462 | 15423 | 14134 | | 1289 | 4855 | 2941 | 262 | 1652 |
| 贵州 | 10611 | 7757 | 7062 | | 695 | 2144 | 2124 | | 20 |
| 云南 | 18451 | 15545 | 13519 | | 2026 | 1674 | 1474 | | 200 |
| 西藏 | | | | | | | | | |
| 陕西 | 11832 | 8330 | 8258 | | 72 | 2535 | 2535 | | |
| 甘肃 | 7567 | 6158 | 5986 | | 172 | 740 | 740 | | |
| 青海 | 2758 | 2527 | 2251 | | 276 | | | | |
| 宁夏 | 3036 | 2203 | 2203 | | | | | | |
| 新疆 | 8985 | 7030 | 6233 | | 797 | 120 | | | 120 |

## 教育经费收入情况

单位:千元

| 事业收入 | | 校办产业、勤工俭学、社会服务收入用于教育 | 捐集资收入 | | 其他收入 | 基建拨款 | 附1:本年实际收取学杂费 | 附2:上级补助收入 |
|---|---|---|---|---|---|---|---|---|
| 计 | 其中:学杂费 | | 计 | 其中:港澳台 | | | | |
| **60851** | **28329** | **16455** | **29292** | **1168** | **50401** | **23765** | **25844** | |
| 5067 | 1192 | 3213 | 5964 | | 2339 | 50 | 1192 | |
| 2955 | 1478 | 100 | 53 | | 1264 | | 1480 | |
| 1537 | 800 | 149 | 385 | | 772 | | 699 | |
| 611 | 320 | 219 | 90 | | 167 | 32 | 323 | |
| 495 | 119 | 150 | 50 | | 213 | 1300 | 133 | |
| 2322 | 805 | 882 | 308 | | 1106 | 100 | 812 | |
| 2388 | 4809 | 694 | 170 | | 889 | | 1892 | |
| 3547 | 1108 | 581 | 172 | | 736 | | 1113 | |
| 4898 | 2461 | 1958 | 1143 | | 5946 | 10000 | 2462 | |
| 7143 | 2531 | 3385 | 5131 | 66 | 6831 | 359 | 2570 | |
| 2463 | 814 | 504 | 2285 | | 7222 | 80 | 882 | |
| 1969 | 1337 | 493 | 298 | | 1182 | 909 | 1374 | |
| 1290 | 796 | 23 | 2381 | 583 | 1507 | 1156 | 817 | |
| 567 | 230 | 113 | 705 | 499 | 183 | 210 | 231 | |
| 5186 | 1748 | 1348 | 3324 | | 6152 | 505 | 1835 | |
| 2056 | 1171 | 459 | 582 | 20 | 3509 | 505 | 1197 | |
| 2184 | 995 | 993 | 2848 | | 2663 | 474 | 1006 | |
| 2012 | 644 | 168 | 774 | | 2900 | 400 | 664 | |
| 5359 | 2939 | 113 | 918 | | 1555 | 5300 | 3087 | |
| 574 | 219 | 39 | 88 | | 315 | 89 | 236 | |
| 97 | 97 | | | | 1 | 100 | 97 | |
| 720 | 187 | 100 | 408 | | 631 | 250 | 191 | |
| 2209 | 199 | 465 | 518 | | 1302 | 690 | 212 | |
| 522 | 311 | 78 | 43 | | 67 | | 313 | |
| 536 | 137 | 102 | 65 | | 329 | 200 | 160 | |
| 762 | 255 | 6 | | | 99 | 100 | 255 | |
| 208 | 177 | 10 | 3 | | 192 | 256 | 176 | |
| 56 | 55 | | 114 | | 61 | | 55 | |
| 70 | 64 | | 40 | | 123 | 600 | 49 | |
| 1048 | 331 | 110 | 432 | | 145 | 100 | 331 | |

## 3-36 分地区地方幼儿园

| | 总计 | 预算内教育经费拨款 | | | | 教育附加拨款 | | | |
|---|---|---|---|---|---|---|---|---|---|
| | | 小计 | 教育事业费拨款 | 科研经费拨款 | 其他经费拨款 | 小计 | 城市附加 | 农村附加 | 地方附加 |
| **合计** | **5162701** | **2847709** | **2656926** | | **190783** | **191029** | **108979** | **64639** | **17411** |
| 北京 | 229680 | 115809 | 107381 | | 8428 | 5323 | 4440 | | 883 |
| 天津 | 174818 | 98015 | 97730 | | 285 | 7280 | 4981 | | 2299 |
| 河北 | 172118 | 116572 | 110525 | | 6047 | 10872 | 8764 | 1940 | 168 |
| 山西 | 117674 | 63088 | 60837 | | 2251 | 7752 | 5972 | 1770 | 10 |
| 内蒙古 | 105539 | 77534 | 63740 | | 13794 | 2788 | 2121 | 23 | 644 |
| 辽宁 | 115816 | 66966 | 57753 | | 9213 | 1202 | 578 | 624 | |
| 吉林 | 66869 | 48272 | 37130 | | 11142 | 1884 | 1884 | | |
| 黑龙江 | 72301 | 49757 | 49259 | | 498 | 1204 | 385 | | 819 |
| 上海 | 959606 | 572632 | 572145 | | 487 | 13744 | | 13744 | |
| 江苏 | 376428 | 148123 | 140245 | | 7878 | 19249 | 4968 | 14061 | 220 |
| 浙江 | 291670 | 104359 | 97549 | | 6810 | 16537 | 4390 | 12122 | 25 |
| 安徽 | 172173 | 92910 | 86726 | | 6184 | 3473 | 2709 | 514 | 250 |
| 福建 | 262199 | 156308 | 146912 | | 9396 | 4516 | 2353 | 2163 | |
| 江西 | 75808 | 39463 | 38158 | | 1305 | 6309 | 5254 | 253 | 802 |
| 山东 | 135835 | 45693 | 43715 | | 1978 | 20560 | 9837 | 7935 | 2788 |
| 河南 | 165367 | 92522 | 81038 | | 11484 | 10363 | 9539 | 634 | 190 |
| 湖北 | 147544 | 67072 | 66667 | | 405 | 3232 | 561 | 2059 | 612 |
| 湖南 | 44772 | 20643 | 19608 | | 1035 | 1524 | 1141 | 379 | 4 |
| 广东 | 427840 | 218300 | 194839 | | 23461 | 12544 | 8914 | 1330 | 2300 |
| 广西 | 96611 | 52683 | 49709 | | 2974 | 3064 | 991 | 810 | 1263 |
| 海南 | 22548 | 10890 | 10890 | | | | | | |
| 重庆 | 66811 | 37727 | 29151 | | 8576 | 2761 | 1831 | 630 | 300 |
| 四川 | 206622 | 119304 | 100769 | | 18535 | 8976 | 3624 | 2479 | 2873 |
| 贵州 | 60067 | 37259 | 36831 | | 428 | 1850 | 1347 | 299 | 204 |
| 云南 | 210407 | 141755 | 125820 | | 15935 | 8409 | 7965 | 395 | 49 |
| 西藏 | 6578 | 5384 | 5119 | | 265 | | | | |
| 陕西 | 77816 | 41975 | 41445 | | 530 | 5529 | 5425 | 4 | 100 |
| 甘肃 | 88433 | 59711 | 58902 | | 809 | 3801 | 2899 | 464 | 438 |
| 青海 | 22272 | 18056 | 16611 | | 1445 | | | | |
| 宁夏 | 35580 | 21745 | 19239 | | 2506 | 1741 | 1741 | | |
| 新疆 | 154899 | 107182 | 90483 | | 16699 | 4542 | 4365 | 7 | 170 |

## 教育经费收入情况

单位：千元

| 事业收入 | | 校办产业、勤工俭学、社会服务收入用于教育 | 捐集资收入 | | 其他收入 | 基建拨款 | 附1：本年实际收取学杂费 | 附2：上级补助收入 |
|---|---|---|---|---|---|---|---|---|
| 计 | 其中：学杂费 | | 计 | 其中：港澳台 | | | | |
| **1720792** | **901456** | **22681** | **155284** | **4934** | **186877** | **38329** | **908355** | |
| 76213 | 57896 | 1516 | 23555 | | 6464 | 800 | 57888 | |
| 58784 | 1978 | 40 | 3414 | | 7285 | | 1983 | |
| 41534 | | 671 | 638 | 320 | 1581 | 250 | | |
| 41544 | 26913 | 54 | 3477 | | 1729 | 30 | 26733 | |
| 22013 | | 1042 | 288 | | 1714 | 160 | | |
| 41574 | 15864 | 97 | 107 | 8 | 5861 | 9 | 16315 | |
| 15380 | 9274 | 629 | 227 | 24 | 477 | | 9713 | |
| 20477 | 12471 | 137 | 9 | | 717 | | 12227 | |
| 311360 | 277740 | 6450 | 13080 | | 41220 | 1120 | 277740 | |
| 160560 | 54365 | 604 | 22623 | | 18485 | 6784 | 53811 | |
| 136438 | 44871 | 570 | 14786 | | 17980 | 1000 | 45790 | |
| 65112 | 54117 | 996 | 4801 | | 3633 | 1248 | 55301 | |
| 80228 | 49827 | 426 | 14164 | 1562 | 5802 | 755 | 52153 | |
| 26897 | 16837 | 152 | 1194 | | 1058 | 735 | 17171 | |
| 62300 | | 118 | 4117 | | 2997 | 50 | | |
| 52264 | 36047 | 432 | 2113 | | 5853 | 1820 | 36141 | |
| 65813 | 47117 | 2008 | 3577 | | 5842 | | 46947 | |
| 18922 | 15353 | 355 | 865 | | 2443 | 20 | 15393 | |
| 159743 | 88029 | 1158 | 19177 | 2620 | 8257 | 8661 | 88131 | |
| 32780 | 17795 | 703 | 2162 | | 4569 | 650 | 18058 | |
| 9706 | 9192 | 53 | 166 | | 1703 | 30 | 9192 | |
| 17900 | 3195 | 593 | 3368 | | 3792 | 670 | 3130 | |
| 52451 | 18188 | 2165 | 4743 | 400 | 18983 | | 19264 | |
| 19426 | | 39 | 74 | | 955 | 464 | | |
| 43382 | | 809 | 6110 | | 7177 | 2765 | | |
| 1188 | 436 | | | | 6 | | 470 | |
| 23072 | 19332 | 202 | 5433 | | 740 | 865 | 19964 | |
| 21509 | 15886 | 255 | 406 | | 518 | 2233 | 15503 | |
| 3105 | 2093 | 17 | | | 134 | 960 | 2103 | |
| 9636 | 6640 | 40 | 1 | | 1417 | 1000 | 7234 | |
| 29481 | | 350 | 609 | | 7485 | 5250 | | |

# 3－37　分地区中央部门其他教育机构

| | 总计 | 预算内教育经费拨款 | | | | 教育附加拨款 | | | |
|---|---|---|---|---|---|---|---|---|---|
| | | 小计 | 教育事业费拨款 | 科研经费拨款 | 其他经费拨款 | 小计 | 城市附加 | 农村附加 | 地方附加 |
| **合计** | **1072978** | **630184** | **558410** | | **71774** | **620** | **620** | | |
| 北京 | 1072978 | 630184 | 558410 | | 71774 | 620 | 620 | | |
| 天津 | | | | | | | | | |
| 河北 | | | | | | | | | |
| 山西 | | | | | | | | | |
| 内蒙古 | | | | | | | | | |
| 辽宁 | | | | | | | | | |
| 吉林 | | | | | | | | | |
| 黑龙江 | | | | | | | | | |
| 上海 | | | | | | | | | |
| 江苏 | | | | | | | | | |
| 浙江 | | | | | | | | | |
| 安徽 | | | | | | | | | |
| 福建 | | | | | | | | | |
| 江西 | | | | | | | | | |
| 山东 | | | | | | | | | |
| 河南 | | | | | | | | | |
| 湖北 | | | | | | | | | |
| 湖南 | | | | | | | | | |
| 广东 | | | | | | | | | |
| 广西 | | | | | | | | | |
| 海南 | | | | | | | | | |
| 重庆 | | | | | | | | | |
| 四川 | | | | | | | | | |
| 贵州 | | | | | | | | | |
| 云南 | | | | | | | | | |
| 西藏 | | | | | | | | | |
| 陕西 | | | | | | | | | |
| 甘肃 | | | | | | | | | |
| 青海 | | | | | | | | | |
| 宁夏 | | | | | | | | | |
| 新疆 | | | | | | | | | |

## 教育经费收入情况

单位：千元

| 事业收入 | | 校办产业、勤工俭学、社会服务收入用于教育 | 捐集资收入 | | 其他收入 | 基建拨款 | 附1：本年实际收取学杂费 | 附2：上级补助收入 |
|---|---|---|---|---|---|---|---|---|
| 计 | 其中：学杂费 | | 计 | 其中：港澳台 | | | | |
| **260599** | | | | | **162115** | **19460** | | |
| 260599 | | | | | 162115 | 19460 | | |

# 3－38　分地区地方其他教育机构

| | 总计 | 预算内教育经费拨款 | | | | 教育附加拨款 | | | |
|---|---|---|---|---|---|---|---|---|---|
| | | 小　计 | 教育事业费拨款 | 科研经费拨款 | 其他经费拨款 | 小　计 | 城市附加 | 农村附加 | 地方附加 |
| **合　计** | **17047923** | **7913159** | **7266047** | | **647112** | **2648173** | **2013934** | **316497** | **317742** |
| 北　京 | 1036442 | 500012 | 473190 | | 26822 | 107025 | 100113 | 90 | 6822 |
| 天　津 | 155626 | 86293 | 83385 | | 2908 | 15363 | 11327 | | 4036 |
| 河　北 | 537558 | 297407 | 282758 | | 14649 | 30052 | 26206 | 3630 | 216 |
| 山　西 | 359096 | 231408 | 222996 | | 8412 | 20745 | 18744 | 1589 | 412 |
| 内蒙古 | 250804 | 131563 | 110931 | | 20632 | 27386 | 22814 | 2526 | 2046 |
| 辽　宁 | 907488 | 358464 | 324385 | | 34079 | 275074 | 248917 | 19523 | 6634 |
| 吉　林 | 347819 | 216079 | 179957 | | 36122 | 1855 | 1855 | | |
| 黑龙江 | 725582 | 273919 | 272270 | | 1649 | 248791 | 248547 | 244 | |
| 上　海 | 661014 | 404506 | 403026 | | 1480 | 8880 | 8880 | | |
| 江　苏 | 1374708 | 572485 | 501157 | | 71328 | 180834 | 103811 | 23937 | 53086 |
| 浙　江 | 992678 | 380590 | 313412 | | 67178 | 213421 | 146297 | 47593 | 19531 |
| 安　徽 | 462586 | 214960 | 193547 | | 21413 | 73494 | 63121 | 2203 | 8170 |
| 福　建 | 525366 | 245168 | 222746 | | 22422 | 99077 | 53874 | 33593 | 11610 |
| 江　西 | 260644 | 104308 | 98570 | | 5738 | 20736 | 13963 | 713 | 6060 |
| 山　东 | 971742 | 441606 | 425036 | | 16570 | 176607 | 140342 | 15997 | 20268 |
| 河　南 | 767081 | 369351 | 327043 | | 42308 | 85273 | 81976 | 3297 | |
| 湖　北 | 1095935 | 422312 | 411967 | | 10345 | 162298 | 103693 | 35685 | 22920 |
| 湖　南 | 823194 | 377054 | 371324 | | 5730 | 71319 | 42715 | 26347 | 2257 |
| 广　东 | 1148143 | 567914 | 522269 | | 45645 | 179296 | 158613 | 16273 | 4410 |
| 广　西 | 567870 | 220483 | 200051 | | 20432 | 189187 | 115112 | 27167 | 46908 |
| 海　南 | 111781 | 38787 | 36952 | | 1835 | 24669 | 24156 | 513 | |
| 重　庆 | 271190 | 111147 | 92458 | | 18689 | 12091 | 9289 | 1797 | 1005 |
| 四　川 | 710634 | 299636 | 264516 | | 35120 | 108811 | 44335 | 5164 | 59312 |
| 贵　州 | 411935 | 216665 | 198738 | | 17927 | 92936 | 55588 | 28527 | 8821 |
| 云　南 | 426117 | 242195 | 214818 | | 27377 | 60362 | 47637 | 8057 | 4668 |
| 西　藏 | 105830 | 66090 | 65740 | | 350 | 9460 | 9460 | | |
| 陕　西 | 322904 | 152332 | 149515 | | 2817 | 55865 | 47482 | 6504 | 1879 |
| 甘　肃 | 180702 | 83533 | 74060 | | 9473 | 26460 | 23661 | 594 | 2205 |
| 青　海 | 155200 | 101136 | 80886 | | 20250 | 8259 | 7769 | 480 | 10 |
| 宁　夏 | 86008 | 53589 | 46387 | | 7202 | 6808 | 6768 | 40 | |
| 新　疆 | 294246 | 132167 | 101957 | | 30210 | 55739 | 26869 | 4414 | 24456 |

# 教育经费收入情况

单位：千元

| 事业收入 | | 校办产业、勤工俭学、社会服务收入用于教育 | 捐集资收入 | | 其他收入 | 基建拨款 | 附1：本年实际收取学杂费 | 附2：上级补助收入 |
|---|---|---|---|---|---|---|---|---|
| 计 | 其中：学杂费 | | 计 | 其中：港澳台 | | | | |
| **4218141** | | **348381** | **230849** | **3576** | **1402543** | **286677** | | |
| 246011 | | 40064 | 24263 | | 96592 | 22475 | | |
| 29529 | | 2349 | 2502 | | 19590 | | | |
| 181233 | | 4808 | 3130 | 630 | 18351 | 2577 | | |
| 83527 | | 13513 | 1 | | 7052 | 2850 | | |
| 80944 | | 2154 | 144 | | 7428 | 1185 | | |
| 237498 | | 878 | 4829 | | 23885 | 6860 | | |
| 87752 | | 9721 | 14671 | | 17726 | 15 | | |
| 144885 | | 1239 | 418 | 75 | 35330 | 21000 | | |
| 44313 | | 41462 | 1966 | | 113887 | 46000 | | |
| 387104 | | 6923 | 20951 | | 201101 | 5310 | | |
| 240823 | | 10272 | 14886 | | 126343 | 6343 | | |
| 111478 | | 8017 | 490 | | 50934 | 3213 | | |
| 114707 | | 576 | 24534 | 1755 | 36544 | 4760 | | |
| 114713 | | 2223 | 241 | 33 | 17995 | 428 | | |
| 276383 | | 6615 | 12101 | | 57034 | 1396 | | |
| 222978 | | 42625 | 6431 | | 33989 | 6434 | | |
| 282492 | | 58581 | 49851 | | 118295 | 2106 | | |
| 270153 | | 12617 | 2180 | | 85322 | 4549 | | |
| 242673 | | 10080 | 4502 | | 128770 | 14908 | | |
| 105524 | | 8108 | 5463 | | 30223 | 8882 | | |
| 30296 | | 1023 | 86 | | 10449 | 6471 | | |
| 98681 | | 10235 | 3743 | | 35293 | | | |
| 189015 | | 33268 | 7221 | | 71453 | 1230 | | |
| 62352 | | 1810 | 3104 | 275 | 11000 | 24068 | | |
| 74979 | | 11614 | 11505 | 8 | 18592 | 6870 | | |
| 332 | | | | | 2188 | 27760 | | |
| 102491 | | 1373 | 2585 | | 6557 | 1701 | | |
| 61235 | | 91 | 2816 | 800 | 3070 | 3497 | | |
| 10202 | | 100 | 932 | | 4895 | 29676 | | |
| 18215 | | 100 | 153 | | 4768 | 2375 | | |
| 65623 | | 5942 | 5150 | | 7887 | 21738 | | |

# 第四部分



# 省、自治区、直辖市各级各类教育机构教育经费支出明细

# 4－1 分地区中央部门

| 地区 | 总计 | 事业性经费 | | | | | | |
|---|---|---|---|---|---|---|---|---|
| | | 合计 | 个人 | | | | | |
| | | | 小计 | 基本工资 | 补助工资 计 | 补助工资 其中:民师补助 | 其他工资 | 职工福利费 |
| 合计 | **40603975** | **32213515** | **14923971** | **2587988** | **2733039** | | **3941563** | **562447** |
| 北京 | 11099301 | 8519582 | 3398933 | 478146 | 736440 | | 918576 | 100354 |
| 天津 | 1023909 | 890649 | 423411 | 74414 | 60258 | | 141769 | 9174 |
| 河北 | 228570 | 193245 | 88319 | 26137 | 21037 | | 11571 | 3130 |
| 山西 | 118143 | 118143 | 61563 | 19810 | 14051 | | 5559 | 5663 |
| 内蒙古 | 36181 | 36181 | 17970 | 9008 | 4098 | | 1774 | 948 |
| 辽宁 | 1152978 | 919695 | 384459 | 85878 | 57643 | | 103265 | 13431 |
| 吉林 | 1833478 | 1202497 | 460930 | 101213 | 81974 | | 98387 | 12619 |
| 黑龙江 | 981159 | 802448 | 396258 | 89498 | 68549 | | 74688 | 15052 |
| 上海 | 4439328 | 3989058 | 2086773 | 232887 | 417917 | | 646635 | 76721 |
| 江苏 | 2814343 | 2171387 | 1120498 | 215267 | 225490 | | 230045 | 46372 |
| 浙江 | 1084866 | 1010414 | 469758 | 67742 | 27732 | | 191133 | 4875 |
| 安徽 | 610586 | 512245 | 236196 | 46189 | 29951 | | 59317 | 20290 |
| 福建 | 612765 | 501734 | 222579 | 33140 | 54417 | | 47364 | 7079 |
| 江西 | 35610 | 31645 | 11108 | 5131 | 1809 | | 1574 | |
| 山东 | 1196551 | 902757 | 361897 | 76956 | 57577 | | 76208 | 16152 |
| 河南 | 115867 | 90438 | 52913 | 11529 | 8557 | | 12134 | 4354 |
| 湖北 | 3885094 | 3179852 | 1605637 | 265223 | 243847 | | 560104 | 43615 |
| 湖南 | 1720828 | 1271897 | 622528 | 111843 | 110761 | | 165923 | 33468 |
| 广东 | 2034410 | 1543446 | 760592 | 114142 | 165203 | | 166669 | 29995 |
| 广西 | | | | | | | | |
| 海南 | | | | | | | | |
| 重庆 | 908895 | 740265 | 294873 | 69000 | 67890 | | 52414 | 6654 |
| 四川 | 1923289 | 1420366 | 671337 | 159120 | 101277 | | 125145 | 67465 |
| 贵州 | 6228 | 5376 | 3458 | 1434 | 690 | | 107 | 137 |
| 云南 | 1026 | 1026 | 824 | 251 | 222 | | | 231 |
| 西藏 | | | | | | | | |
| 陕西 | 1882920 | 1485674 | 850169 | 183924 | 136646 | | 202452 | 29300 |
| 甘肃 | 447159 | 368119 | 183806 | 53897 | 21115 | | 40075 | 8208 |
| 青海 | | | | | | | | |
| 宁夏 | 57155 | 29915 | 10149 | 2962 | 2073 | | 1827 | 141 |
| 新疆 | 353336 | 275461 | 127033 | 53247 | 15815 | | 6848 | 7019 |

## 教育经费支出明细

单位:千元

| 支出 | | | | | | | | | 基建支出 | |
|---|---|---|---|---|---|---|---|---|---|---|
| 部分 | | 公用部分 | | | | | | | | |
| 社会保障费 | 奖贷助学金 | 小计 | 公务费 | 业务费 | 设备购置费 | 修缮费 | 业务招待费 | 其他费用 | 计 | 其中:自筹基建 |
| **3476860** | **1622074** | **17289544** | **2730322** | **6034880** | **3508398** | **1934889** | **81938** | **2999117** | **8390460** | **4478301** |
| 811600 | 353817 | 5120649 | 723381 | 2023170 | 956173 | 671490 | 9232 | 737203 | 2579719 | 820528 |
| 97387 | 40409 | 467238 | 89588 | 205508 | 60354 | 79788 | 955 | 31045 | 133260 | 133260 |
| 18742 | 7702 | 104926 | 32362 | 18992 | 25567 | 10998 | 1142 | 15865 | 35325 | 14665 |
| 11511 | 4969 | 56580 | 22386 | 7141 | 11435 | 13360 | 163 | 2095 | | |
| 1606 | 536 | 18211 | 8503 | 4959 | 3062 | 971 | 20 | 696 | | |
| 76078 | 48164 | 535236 | 121296 | 179727 | 91339 | 53608 | 2264 | 87002 | 233283 | 144532 |
| 113207 | 53530 | 741567 | 163907 | 156905 | 101342 | 82943 | 1586 | 234884 | 630981 | 512261 |
| 101949 | 46522 | 406190 | 127091 | 69645 | 78612 | 50063 | 5876 | 74903 | 178711 | 77033 |
| 354896 | 357717 | 1902285 | 208894 | 676537 | 396345 | 198598 | 6242 | 415669 | 450270 | 271760 |
| 286844 | 116480 | 1050889 | 158407 | 374994 | 260825 | 81931 | 5014 | 169718 | 642956 | 298187 |
| 121557 | 56719 | 540656 | 38128 | 246744 | 143180 | 33449 | 499 | 78656 | 74452 | 53448 |
| 48717 | 31732 | 276049 | 46543 | 117094 | 71594 | 21144 | 1091 | 18583 | 98341 | 52461 |
| 61419 | 19160 | 279155 | 36273 | 64791 | 56069 | 28267 | 846 | 92909 | 111031 | 84521 |
| 2540 | 54 | 20537 | 1339 | 3484 | 7846 | 1142 | 171 | 6555 | 3965 | 3965 |
| 95908 | 39096 | 540860 | 83633 | 159251 | 83420 | 27440 | 1493 | 185623 | 293794 | 191394 |
| 13417 | 2922 | 37525 | 13781 | 9501 | 5722 | 5136 | 649 | 2736 | 25429 | 6085 |
| 375013 | 117835 | 1574215 | 241244 | 534936 | 355229 | 178149 | 3437 | 261220 | 705242 | 430064 |
| 145623 | 54910 | 649369 | 91535 | 194891 | 156166 | 63467 | 7982 | 135328 | 448931 | 362454 |
| 219589 | 64994 | 782854 | 108807 | 252445 | 198762 | 79700 | 5134 | 138006 | 490964 | 426454 |
| 73352 | 25563 | 445392 | 55306 | 120445 | 91344 | 56336 | 762 | 121199 | 168630 | 108080 |
| 156804 | 61526 | 749029 | 96156 | 345469 | 116196 | 80545 | 15962 | 94701 | 502923 | 263048 |
| 1041 | 49 | 1918 | 581 | 372 | 518 | 301 | 22 | 124 | 852 | 852 |
| 120 | | 202 | 50 | 50 | | 47 | | 55 | | |
| 208344 | 89503 | 635505 | 134230 | 211506 | 165270 | 69041 | 9231 | 46227 | 397246 | 138382 |
| 40352 | 20159 | 184313 | 48553 | 36214 | 33962 | 24420 | 897 | 40267 | 79040 | 22902 |
| 1856 | 1290 | 19766 | 3942 | 1822 | 11039 | 1561 | 75 | 1327 | 27240 | 21340 |
| 37388 | 6716 | 148428 | 74406 | 18287 | 27027 | 20994 | 1193 | 6521 | 77875 | 40625 |

# 4－2 分地区地方

| | 总计 | 事业性经费 | | | | | | |
|---|---|---|---|---|---|---|---|---|
| | | 合　计 | 个　人 | | | | | |
| | | | 小　计 | 基本工资 | 补助工资 | | 其他工资 | 职工福利费 |
| | | | | | 计 | 其中:民师补助 | | |
| **合　计** | **311815593** | **283141834** | **175294777** | **76088350** | **37320062** | **1198605** | **16659269** | **8166162** |
| 北　京 | 10401492 | 9766958 | 5575294 | 1332874 | 587399 | | 1922321 | 311332 |
| 天　津 | 5022565 | 4693982 | 2845472 | 962869 | 700347 | | 225575 | 108282 |
| 河　北 | 13909457 | 12959617 | 8185493 | 4243440 | 1412840 | 67311 | 578361 | 237034 |
| 山　西 | 7023737 | 6550063 | 4071732 | 2097023 | 888161 | 113115 | 159880 | 139147 |
| 内蒙古 | 5136199 | 4875653 | 3010982 | 1623466 | 559010 | 24900 | 115699 | 93607 |
| 辽　宁 | 12568131 | 12048202 | 7219923 | 2948048 | 1501227 | 20619 | 363240 | 394154 |
| 吉　林 | 7035944 | 6721793 | 4083071 | 1823541 | 1134794 | 12212 | 79434 | 82915 |
| 黑龙江 | 8174125 | 7490926 | 4718076 | 2362992 | 881019 | 22960 | 173473 | 168510 |
| 上　海 | 13225628 | 11929612 | 7332593 | 2865698 | 979738 | | 1293562 | 562704 |
| 江　苏 | 24973515 | 21722656 | 13677535 | 4284739 | 3264596 | 79259 | 2027149 | 776101 |
| 浙　江 | 18070377 | 15421388 | 8998283 | 2561819 | 2244011 | | 1607868 | 718546 |
| 安　徽 | 9836517 | 8984036 | 5962750 | 2769921 | 1326933 | 44400 | 323076 | 238556 |
| 福　建 | 10826211 | 10248742 | 6494058 | 2325205 | 1596788 | | 876114 | 307840 |
| 江　西 | 7197102 | 6374747 | 4181445 | 2232305 | 719229 | 71164 | 270456 | 175298 |
| 山　东 | 22044879 | 20160849 | 12572375 | 5282873 | 3073265 | 176402 | 1398496 | 478444 |
| 河　南 | 16221546 | 14449305 | 8631444 | 4376612 | 1837593 | 126659 | 340549 | 272923 |
| 湖　北 | 12708181 | 11261921 | 7038969 | 3308934 | 1784711 | 135416 | 392954 | 288709 |
| 湖　南 | 12826998 | 12077431 | 7277496 | 3663245 | 1094437 | 7735 | 710016 | 353078 |
| 广　东 | 31594587 | 27725784 | 15567635 | 5643026 | 4627758 | 55717 | 1561808 | 901503 |
| 广　西 | 8493610 | 7808703 | 4951559 | 2499500 | 723415 | 36061 | 469425 | 164376 |
| 海　南 | 1883027 | 1688862 | 996061 | 547923 | 173240 | 11965 | 83182 | 65076 |
| 重　庆 | 5670307 | 5054278 | 3350460 | 1674574 | 400038 | 14822 | 321311 | 173365 |
| 四　川 | 13240543 | 12194136 | 8029982 | 4351228 | 1128019 | 40521 | 464044 | 366618 |
| 贵　州 | 4720099 | 4282799 | 2905218 | 1706799 | 366707 | 34646 | 121802 | 134013 |
| 云　南 | 9262281 | 8572621 | 5617928 | 2348372 | 1833445 | 1627 | 188084 | 287647 |
| 西　藏 | 809041 | 681780 | 439735 | 184581 | 156940 | 14107 | 17609 | 13139 |
| 陕　西 | 6672872 | 6176826 | 3840550 | 2124697 | 647085 | 57872 | 227501 | 131737 |
| 甘　肃 | 4411056 | 3951751 | 2672984 | 1311376 | 614332 | 23880 | 238628 | 58764 |
| 青　海 | 1197589 | 1118917 | 722872 | 347603 | 191832 | 3601 | 15490 | 14572 |
| 宁　夏 | 1317163 | 1200134 | 743778 | 492722 | 107632 | 142 | 5600 | 23687 |
| 新　疆 | 5340814 | 4947362 | 3579024 | 1790345 | 763521 | 1492 | 86562 | 124485 |

## 教育经费支出明细

单位：千元

| 支出 | | | | | | | | | 基建支出 | |
|---|---|---|---|---|---|---|---|---|---|---|
| 部分 | | 公用部分 | | | | | | | | |
| 社会保障费 | 奖贷助学金 | 小计 | 公务费 | 业务费 | 设备购置费 | 修缮费 | 业务招待费 | 其他费用 | 计 | 其中：自筹基建 |
| **33214995** | **3845939** | **107847057** | **25794302** | **17316364** | **22081064** | **30002267** | **1371821** | **11281239** | **28673759** | **21138721** |
| 1255858 | 165510 | 4191664 | 1105710 | 507305 | 859299 | 1324256 | 18189 | 376905 | 634534 | 273559 |
| 777042 | 71357 | 1848510 | 432982 | 233853 | 386515 | 460520 | 6388 | 328252 | 328583 | 263733 |
| 1504009 | 209809 | 4774124 | 1337301 | 691589 | 956195 | 1339317 | 31249 | 418473 | 949840 | 791884 |
| 634209 | 153312 | 2478331 | 732693 | 399500 | 519561 | 636398 | 25286 | 164893 | 473674 | 365963 |
| 549859 | 69341 | 1864671 | 616602 | 200643 | 320828 | 595716 | 12710 | 118172 | 260546 | 94172 |
| 1844276 | 168978 | 4828279 | 1444281 | 733533 | 861004 | 1321152 | 25284 | 443025 | 519929 | 312088 |
| 869226 | 93161 | 2638722 | 921296 | 357606 | 430778 | 679262 | 10520 | 239260 | 314151 | 257406 |
| 1023455 | 108627 | 2772850 | 830941 | 471164 | 504676 | 751135 | 18939 | 195995 | 683199 | 537783 |
| 1488859 | 142032 | 4597019 | 742956 | 673107 | 1387363 | 1436168 | 39185 | 318240 | 1296016 | 661765 |
| 3074359 | 250591 | 8045121 | 1602731 | 1072260 | 1978143 | 2223055 | 129280 | 1039652 | 3250859 | 2954463 |
| 1694462 | 171577 | 6423105 | 1275564 | 932860 | 1462788 | 1769619 | 121963 | 860311 | 2648989 | 2278264 |
| 1164910 | 139354 | 3021286 | 732193 | 536505 | 591396 | 691949 | 59828 | 409415 | 852481 | 679977 |
| 1231643 | 156468 | 3754684 | 599080 | 615899 | 743458 | 1217261 | 66380 | 512606 | 577469 | 403522 |
| 673790 | 110367 | 2193302 | 554529 | 388791 | 388163 | 576019 | 63089 | 222711 | 822355 | 650969 |
| 2073253 | 266044 | 7588474 | 2288795 | 1210135 | 1590924 | 1791008 | 90248 | 617364 | 1884030 | 1636000 |
| 1539396 | 264371 | 5817861 | 1636559 | 1068535 | 1220828 | 1415950 | 64489 | 411500 | 1772241 | 1496965 |
| 1183609 | 80052 | 4222952 | 1003372 | 852651 | 741967 | 987374 | 122974 | 514614 | 1446260 | 1215014 |
| 1351747 | 104973 | 4799935 | 1103252 | 987127 | 803139 | 1299835 | 97120 | 509462 | 749567 | 601315 |
| 2586017 | 247523 | 12158149 | 2526592 | 1921960 | 2579977 | 3450505 | 127967 | 1551148 | 3868803 | 2067370 |
| 1006509 | 88334 | 2857144 | 562403 | 467144 | 502738 | 891870 | 46383 | 386606 | 684907 | 522560 |
| 98007 | 28633 | 692801 | 140833 | 121904 | 131706 | 197807 | 13857 | 86694 | 194165 | 135609 |
| 718190 | 62982 | 1703818 | 355551 | 291652 | 371499 | 480849 | 17412 | 186855 | 616029 | 492701 |
| 1580337 | 139736 | 4164154 | 746334 | 724580 | 850625 | 1361515 | 59369 | 421731 | 1046407 | 848018 |
| 499573 | 76324 | 1377581 | 309911 | 289364 | 284424 | 340450 | 22297 | 131135 | 437300 | 216352 |
| 786823 | 173557 | 2954693 | 542186 | 458513 | 488099 | 1135230 | 37435 | 293230 | 689660 | 369391 |
| 39096 | 28370 | 242045 | 45176 | 44878 | 24864 | 57725 | 4350 | 65052 | 127261 | 1500 |
| 604193 | 105337 | 2336276 | 658651 | 526028 | 428504 | 537551 | 16626 | 168916 | 496046 | 390982 |
| 372554 | 77330 | 1278767 | 335146 | 198199 | 237752 | 414922 | 6952 | 85796 | 459305 | 288654 |
| 131214 | 22161 | 396045 | 122021 | 44409 | 64340 | 140294 | 2252 | 22729 | 78672 | 18318 |
| 99286 | 14851 | 456356 | 114036 | 73900 | 83932 | 119468 | 4577 | 60443 | 117029 | 48215 |
| 759234 | 54877 | 1368338 | 374625 | 220770 | 285579 | 358087 | 9223 | 120054 | 393452 | 264209 |

# 4－3 分地区中央部门高等学校

| | 总计 | 事业性经费 | | | | | | | |
|---|---|---|---|---|---|---|---|---|---|
| | | 合 计 | 个人 | | | | | | |
| | | | 小 计 | 基本工资 | 补助工资 | | 其他工资 | 职工福利费 | |
| | | | | | 计 | 其中:民师补助 | | | |
| 合 计 | **38572787** | **30322524** | **14202327** | **2365815** | **2574382** | | **3845434** | **507407** | |
| 北 京 | 10201440 | 7666894 | 3228698 | 446606 | 675916 | | 894858 | 92227 | |
| 天 津 | 1008443 | 875183 | 413061 | 71546 | 56981 | | 141079 | 8735 | |
| 河 北 | 171514 | 137854 | 61474 | 16912 | 15993 | | 7933 | 1271 | |
| 山 西 | 8502 | 8502 | 2819 | 1002 | 1011 | | 314 | 134 | |
| 内蒙古 | | | | | | | | | |
| 辽 宁 | 1121305 | 888022 | 365656 | 78803 | 56734 | | 100338 | 11662 | |
| 吉 林 | 1800165 | 1169184 | 451465 | 96516 | 79561 | | 98387 | 12491 | |
| 黑龙江 | 960249 | 785129 | 386994 | 87079 | 67291 | | 73188 | 14153 | |
| 上 海 | 4381870 | 3936833 | 2057780 | 222249 | 413500 | | 642814 | 74171 | |
| 江 苏 | 2790306 | 2147350 | 1112605 | 213323 | 223994 | | 228485 | 45292 | |
| 浙 江 | 1072679 | 998927 | 463594 | 67090 | 26779 | | 189166 | 4354 | |
| 安 徽 | 610586 | 512245 | 236196 | 46189 | 29951 | | 59317 | 20290 | |
| 福 建 | 592413 | 481382 | 209368 | 30043 | 51267 | | 45805 | 5828 | |
| 江 西 | 30223 | 26258 | 7597 | 3539 | 1057 | | 1178 | | |
| 山 东 | 1180544 | 887250 | 352176 | 72757 | 55758 | | 75489 | 15547 | |
| 河 南 | 30322 | 19622 | 10069 | 1804 | 2283 | | 2829 | 990 | |
| 湖 北 | 3807046 | 3105584 | 1561777 | 253875 | 229685 | | 556441 | 41691 | |
| 湖 南 | 1666557 | 1221026 | 596960 | 104910 | 106525 | | 162807 | 29787 | |
| 广 东 | 2016943 | 1526649 | 754075 | 113135 | 162696 | | 165040 | 29482 | |
| 广 西 | | | | | | | | | |
| 海 南 | | | | | | | | | |
| 重 庆 | 857317 | 697871 | 274042 | 60818 | 65217 | | 47039 | 6031 | |
| 四 川 | 1860183 | 1366300 | 635709 | 146781 | 95530 | | 119645 | 64938 | |
| 贵 州 | | | | | | | | | |
| 云 南 | | | | | | | | | |
| 西 藏 | | | | | | | | | |
| 陕 西 | 1733391 | 1356700 | 785192 | 161952 | 125330 | | 193359 | 22087 | |
| 甘 肃 | 318776 | 251796 | 124496 | 23727 | 17405 | | 33779 | 1836 | |
| 青 海 | | | | | | | | | |
| 宁 夏 | 57155 | 29915 | 10149 | 2962 | 2073 | | 1827 | 141 | |
| 新 疆 | 294858 | 226048 | 100375 | 42197 | 11845 | | 4317 | 4269 | |

# 教育经费支出明细

单位：千元

| 支出 | | | | | | | | | 基建支出 | |
|---|---|---|---|---|---|---|---|---|---|---|
| 部分 | | 公用部分 | | | | | | | | |
| 社会保障费 | 奖贷助学金 | 小计 | 公务费 | 业务费 | 设备购置费 | 修缮费 | 业务招待费 | 其他费用 | 计 | 其中：自筹基建 |
| **3316771** | **1592518** | **16120197** | **2509091** | **5500835** | **3371880** | **1794408** | **76329** | **2867654** | **8250263** | **4397070** |
| 767581 | 351510 | 4438196 | 668962 | 1577317 | 915014 | 610797 | 8729 | 657377 | 2534546 | 797305 |
| 94315 | 40405 | 462122 | 88494 | 204988 | 59280 | 78826 | 947 | 29587 | 133260 | 133260 |
| 12645 | 6720 | 76380 | 21267 | 12719 | 20416 | 6630 | 843 | 14505 | 33660 | 13000 |
| 169 | 189 | 5683 | 1643 | 1513 | 817 | 1431 | 12 | 267 | | |
| 71017 | 47102 | 522366 | 115624 | 177492 | 89241 | 51147 | 2174 | 86688 | 233283 | 144532 |
| 110980 | 53530 | 717719 | 151765 | 155080 | 100199 | 79898 | 1586 | 229191 | 630981 | 512261 |
| 99441 | 45842 | 398135 | 124090 | 68074 | 76810 | 48962 | 5793 | 74406 | 175120 | 73442 |
| 348702 | 356344 | 1879053 | 200931 | 670548 | 392864 | 194645 | 5299 | 414766 | 445037 | 269647 |
| 285087 | 116424 | 1034745 | 156545 | 372538 | 254027 | 80725 | 4443 | 166467 | 642956 | 298187 |
| 120169 | 56036 | 535333 | 36668 | 244779 | 142385 | 33060 | 408 | 78033 | 73752 | 52848 |
| 48717 | 31732 | 276049 | 46543 | 117094 | 71594 | 21144 | 1091 | 18583 | 98341 | 52461 |
| 58530 | 17895 | 272014 | 34206 | 63854 | 54860 | 26181 | 830 | 92083 | 111031 | 84521 |
| 1769 | 54 | 18661 | 1191 | 3484 | 7846 | 1047 | 171 | 4922 | 3965 | 3965 |
| 93964 | 38661 | 535074 | 80959 | 158939 | 82329 | 26522 | 1438 | 184887 | 293294 | 191394 |
| 2163 | | 9553 | 3321 | 1655 | 2160 | 1772 | 523 | 122 | 10700 | 300 |
| 364055 | 116030 | 1543807 | 230827 | 527277 | 350808 | 173080 | 3098 | 258717 | 701462 | 426284 |
| 139860 | 53071 | 624066 | 83535 | 189204 | 151539 | 60293 | 7515 | 131980 | 445531 | 359054 |
| 218854 | 64868 | 772574 | 106011 | 250501 | 196974 | 77611 | 5085 | 136392 | 490294 | 425784 |
| 70088 | 24849 | 423829 | 50887 | 117168 | 85883 | 52392 | 698 | 116801 | 159446 | 98896 |
| 148781 | 60034 | 730591 | 90167 | 341941 | 110446 | 79079 | 15583 | 93375 | 493883 | 260708 |
| 195973 | 86491 | 571508 | 117241 | 198400 | 150116 | 59146 | 8636 | 37969 | 376691 | 121891 |
| 30564 | 17185 | 127300 | 26375 | 29684 | 23625 | 12225 | 433 | 34958 | 66980 | 19500 |
| 1856 | 1290 | 19766 | 3942 | 1822 | 11039 | 1561 | 75 | 1327 | 27240 | 21340 |
| 31491 | 6256 | 125673 | 67897 | 14764 | 21608 | 16234 | 919 | 4251 | 68810 | 36490 |

# 4－4　分地区地方高等学校

| | 总计 | 事业性经费 | | | | | | |
|---|---|---|---|---|---|---|---|---|
| | | 合计 | 个人 | | | | | |
| | | | 小计 | 基本工资 | 补助工资 | | 其他工资 | 职工福利费 |
| | | | | | 计 | 其中:民师补助 | | |
| **合　计** | **53958919** | **44586068** | **21893243** | **5513231** | **4272970** | | **3646720** | **1234324** |
| 北　京 | 2455170 | 2103661 | 978345 | 180498 | 140472 | | 281241 | 55844 |
| 天　津 | 1370154 | 1164796 | 596038 | 124955 | 133525 | | 92949 | 19653 |
| 河　北 | 2350655 | 2174020 | 1002240 | 285082 | 129715 | | 174097 | 42409 |
| 山　西 | 1252403 | 1079438 | 578304 | 169358 | 122441 | | 61605 | 30868 |
| 内蒙古 | 747028 | 628014 | 334087 | 128414 | 62805 | | 20627 | 14330 |
| 辽　宁 | 3073132 | 2811143 | 1317140 | 335460 | 262752 | | 148155 | 104212 |
| 吉　林 | 1426673 | 1274866 | 680709 | 211126 | 174906 | | 52326 | 23539 |
| 黑龙江 | 1866484 | 1578667 | 758788 | 225530 | 133212 | | 82201 | 42006 |
| 上　海 | 2961128 | 2491800 | 1224462 | 390347 | 156121 | | 232473 | 104010 |
| 江　苏 | 5036683 | 3906699 | 1906530 | 395195 | 331786 | | 435559 | 116147 |
| 浙　江 | 2440390 | 1924469 | 862900 | 171081 | 145258 | | 236948 | 42427 |
| 安　徽 | 1511469 | 1235506 | 644914 | 167757 | 110789 | | 56992 | 36513 |
| 福　建 | 1305608 | 1125069 | 626130 | 125851 | 143290 | | 103422 | 42692 |
| 江　西 | 1395206 | 1055166 | 585615 | 148638 | 98799 | | 110635 | 23198 |
| 山　东 | 3243444 | 2840363 | 1309732 | 305803 | 213114 | | 272846 | 89552 |
| 河　南 | 3022450 | 2310670 | 1087713 | 281906 | 274197 | | 62875 | 35421 |
| 湖　北 | 2378158 | 1811929 | 888168 | 228446 | 269160 | | 90779 | 42589 |
| 湖　南 | 1961506 | 1656160 | 761171 | 179162 | 130986 | | 164519 | 47728 |
| 广　东 | 4357748 | 3362773 | 1706192 | 287710 | 568378 | | 301409 | 106436 |
| 广　西 | 1172671 | 1033558 | 503927 | 136990 | 47159 | | 134730 | 17470 |
| 海　南 | 341510 | 269528 | 144256 | 45111 | 21273 | | 23210 | 14521 |
| 重　庆 | 1060753 | 865623 | 416895 | 100876 | 42964 | | 125069 | 20006 |
| 四　川 | 1764830 | 1356988 | 652580 | 172212 | 75848 | | 152602 | 28903 |
| 贵　州 | 647995 | 561820 | 309164 | 96352 | 42041 | | 34821 | 16987 |
| 云　南 | 1222748 | 991953 | 491159 | 125997 | 136906 | | 40336 | 54525 |
| 西　藏 | 107186 | 82096 | 51136 | 21749 | 4066 | | 9655 | 2168 |
| 陕　西 | 1569984 | 1369188 | 658096 | 193365 | 122083 | | 80129 | 29542 |
| 甘　肃 | 842889 | 610375 | 320254 | 87171 | 74936 | | 50680 | 8131 |
| 青　海 | 142904 | 130540 | 66385 | 27788 | 13642 | | 244 | 1172 |
| 宁　夏 | 199818 | 154703 | 71652 | 31182 | 14035 | | 146 | 2506 |
| 新　疆 | 730142 | 624487 | 358561 | 132119 | 76311 | | 13440 | 18819 |

## 教育经费支出明细

单位:千元

| 支出部分 | | 公用部分 | | | | | | | 基建支出 | |
|---|---|---|---|---|---|---|---|---|---|---|
| 社会保障费 | 奖贷助学金 | 小计 | 公务费 | 业务费 | 设备购置费 | 修缮费 | 业务招待费 | 其他费用 | 计 | 其中:自筹基建 |
| **4664707** | **2561291** | **22692825** | **4507883** | **5079885** | **6216081** | **4355737** | **232502** | **2300737** | **9372851** | **5958703** |
| 223241 | 97049 | 1125316 | 250247 | 219494 | 250051 | 241656 | 4448 | 159420 | 351509 | 113139 |
| 164067 | 60889 | 568758 | 110010 | 134367 | 148456 | 105277 | 2125 | 68523 | 205358 | 158658 |
| 226926 | 144011 | 1171780 | 240522 | 234427 | 267881 | 230476 | 5579 | 192895 | 176635 | 68675 |
| 86255 | 107777 | 501134 | 137858 | 113136 | 141196 | 70806 | 6632 | 31506 | 172965 | 108225 |
| 66995 | 40916 | 293927 | 93159 | 50773 | 62126 | 55270 | 2812 | 29787 | 119014 | 10689 |
| 331173 | 135388 | 1494003 | 398381 | 346812 | 304626 | 326131 | 8861 | 109192 | 261989 | 165389 |
| 143871 | 74941 | 594157 | 208493 | 103649 | 128446 | 100671 | 3745 | 49153 | 151807 | 100857 |
| 187169 | 88670 | 819879 | 205095 | 156438 | 211458 | 171071 | 8449 | 67368 | 287817 | 201357 |
| 247996 | 93515 | 1267338 | 189279 | 353013 | 350686 | 221870 | 7948 | 144542 | 469328 | 71838 |
| 439934 | 187909 | 2000169 | 305828 | 396417 | 603983 | 426150 | 28466 | 239325 | 1129984 | 950999 |
| 155781 | 111405 | 1061569 | 131008 | 220472 | 313122 | 281674 | 18811 | 96482 | 515921 | 429141 |
| 158514 | 114349 | 590592 | 89478 | 121943 | 207480 | 90225 | 9591 | 71875 | 275963 | 199946 |
| 121886 | 88989 | 498939 | 76565 | 115677 | 140155 | 119899 | 5520 | 41123 | 180539 | 81480 |
| 124858 | 79487 | 469551 | 108535 | 104729 | 126884 | 87806 | 4689 | 36908 | 340040 | 227781 |
| 235711 | 192706 | 1530631 | 317840 | 294057 | 406961 | 390422 | 10930 | 110421 | 403081 | 278161 |
| 243197 | 190117 | 1222957 | 242944 | 253753 | 412904 | 196117 | 11702 | 105537 | 711780 | 552469 |
| 200264 | 56930 | 923761 | 141947 | 226234 | 231976 | 165670 | 18194 | 139740 | 566229 | 375940 |
| 159918 | 78858 | 894989 | 139568 | 206984 | 269211 | 182226 | 17336 | 79664 | 305346 | 189224 |
| 285604 | 156655 | 1656581 | 334562 | 412646 | 486030 | 236573 | 15064 | 171706 | 994975 | 636342 |
| 120412 | 47166 | 529631 | 79718 | 124001 | 158558 | 100143 | 5953 | 61258 | 139113 | 101142 |
| 21221 | 18920 | 125272 | 19133 | 31795 | 43527 | 16534 | 1729 | 12554 | 71982 | 46511 |
| 88654 | 39326 | 448728 | 91396 | 104673 | 113382 | 98090 | 2757 | 38430 | 195130 | 116022 |
| 144107 | 78908 | 704408 | 105101 | 194429 | 231128 | 107750 | 11088 | 54912 | 407842 | 293420 |
| 71272 | 47691 | 252656 | 51413 | 59001 | 75903 | 37325 | 3525 | 25489 | 86175 | 29477 |
| 73898 | 59497 | 500794 | 88339 | 122491 | 136799 | 103827 | 5867 | 43471 | 230795 | 84152 |
| 10174 | 3324 | 30960 | 9964 | 3290 | 10696 | 1946 | 417 | 4647 | 25090 | |
| 154977 | 78000 | 711092 | 162567 | 195369 | 182457 | 111741 | 3911 | 55047 | 200796 | 131151 |
| 53980 | 45356 | 290121 | 67659 | 79687 | 96398 | 29126 | 2357 | 14894 | 232514 | 161701 |
| 16899 | 6640 | 64155 | 21436 | 12176 | 13391 | 12139 | 655 | 4358 | 12364 | 7224 |
| 14821 | 8962 | 83051 | 16635 | 19198 | 23789 | 10916 | 988 | 11525 | 45115 | 13754 |
| 90932 | 26940 | 265926 | 73203 | 68754 | 66421 | 26210 | 2353 | 28985 | 105655 | 53839 |

# 4-5　分地区中央部门普通高等学校

| | 总计 | 事业性经费 | | | | | | |
|---|---|---|---|---|---|---|---|---|
| | | 合　计 | 个人 | | | | | |
| | | | 小　计 | 基本工资 | 补助工资 计 | 补助工资 其中:民师补助 | 其他工资 | 职工福利费 |
| 合　计 | **38299125** | **30061073** | **14103767** | **2345179** | **2562761** | | **3797913** | **503900** |
| 北　京 | 10034407 | 7499861 | 3180517 | 443047 | 674506 | | 856610 | 91382 |
| 天　津 | 1003152 | 869892 | 411008 | 71210 | 56306 | | 140550 | 8698 |
| 河　北 | 171514 | 137854 | 61474 | 16912 | 15993 | | 7933 | 1271 |
| 山　西 | | | | | | | | |
| 内蒙古 | | | | | | | | |
| 辽　宁 | 1112488 | 879406 | 362464 | 76773 | 55983 | | 100338 | 11273 |
| 吉　林 | 1784305 | 1153324 | 438555 | 91036 | 76521 | | 98387 | 12491 |
| 黑龙江 | 942341 | 767221 | 376664 | 82874 | 66500 | | 69793 | 14023 |
| 上　海 | 4381870 | 3936833 | 2057780 | 222249 | 413500 | | 642814 | 74171 |
| 江　苏 | 2781726 | 2138770 | 1106484 | 212321 | 223051 | | 226356 | 44921 |
| 浙　江 | 1072679 | 998927 | 463594 | 67090 | 26779 | | 189166 | 4354 |
| 安　徽 | 610586 | 512245 | 236196 | 46189 | 29951 | | 59317 | 20290 |
| 福　建 | 592413 | 481382 | 209368 | 30043 | 51267 | | 45805 | 5828 |
| 江　西 | 30223 | 26258 | 7597 | 3539 | 1057 | | 1178 | |
| 山　东 | 1180544 | 887250 | 352176 | 72757 | 55758 | | 75489 | 15547 |
| 河　南 | | | | | | | | |
| 湖　北 | 3807046 | 3105584 | 1561777 | 253875 | 229685 | | 556441 | 41691 |
| 湖　南 | 1666557 | 1221026 | 596960 | 104910 | 106525 | | 162807 | 29787 |
| 广　东 | 2013179 | 1522885 | 753351 | 112804 | 162463 | | 164963 | 29399 |
| 广　西 | | | | | | | | |
| 海　南 | | | | | | | | |
| 重　庆 | 857317 | 697871 | 274042 | 60818 | 65217 | | 47039 | 6031 |
| 四　川 | 1860183 | 1366300 | 635709 | 146781 | 95530 | | 119645 | 64938 |
| 贵　州 | | | | | | | | |
| 云　南 | | | | | | | | |
| 西　藏 | | | | | | | | |
| 陕　西 | 1733391 | 1356700 | 785192 | 161952 | 125330 | | 193359 | 22087 |
| 甘　肃 | 318776 | 251796 | 124496 | 23727 | 17405 | | 33779 | 1836 |
| 青　海 | | | | | | | | |
| 宁　夏 | 57155 | 29915 | 10149 | 2962 | 2073 | | 1827 | 141 |
| 新　疆 | 287273 | 219773 | 98214 | 41310 | 11361 | | 4317 | 3741 |

# 教育经费支出明细

单位：千元

| 支出部分 | | 公用部分 | | | | | | | 基建支出 | |
|---|---|---|---|---|---|---|---|---|---|---|
| 社会保障费 | 奖贷助学金 | 小计 | 公务费 | 业务费 | 设备购置费 | 修缮费 | 业务招待费 | 其他费用 | 计 | 其中：自筹基建 |
| **3302064** | **1591950** | **15957306** | **2491223** | **5384792** | **3362704** | **1788182** | **75469** | **2854936** | **8238052** | **4396770** |
| 763462 | 351510 | 4319344 | 665757 | 1468022 | 912323 | 609531 | 8697 | 655014 | 2534546 | 797305 |
| 93839 | 40405 | 458884 | 86760 | 204519 | 58702 | 78564 | 850 | 29489 | 133260 | 133260 |
| 12645 | 6720 | 76380 | 21267 | 12719 | 20416 | 6630 | 843 | 14505 | 33660 | 13000 |
| 70995 | 47102 | 516942 | 115414 | 176431 | 89241 | 51071 | 2164 | 82621 | 233082 | 144532 |
| 106590 | 53530 | 714769 | 149265 | 155080 | 100199 | 79898 | 1586 | 228741 | 630981 | 512261 |
| 98011 | 45463 | 390557 | 121422 | 67273 | 76242 | 48593 | 5745 | 71282 | 175120 | 73442 |
| 348702 | 356344 | 1879053 | 200931 | 670548 | 392864 | 194645 | 5299 | 414766 | 445037 | 269647 |
| 283411 | 116424 | 1032286 | 156028 | 372527 | 252650 | 80306 | 4432 | 166343 | 642956 | 298187 |
| 120169 | 56036 | 535333 | 36668 | 244779 | 142385 | 33060 | 408 | 78033 | 73752 | 52848 |
| 48717 | 31732 | 276049 | 46543 | 117094 | 71594 | 21144 | 1091 | 18583 | 98341 | 52461 |
| 58530 | 17895 | 272014 | 34206 | 63854 | 54860 | 26181 | 830 | 92083 | 111031 | 84521 |
| 1769 | 54 | 18661 | 1191 | 3484 | 7846 | 1047 | 171 | 4922 | 3965 | 3965 |
| 93964 | 38661 | 535074 | 80959 | 158939 | 82329 | 26522 | 1438 | 184887 | 293294 | 191394 |
| 364055 | 116030 | 1543807 | 230827 | 527277 | 350808 | 173080 | 3098 | 258717 | 701462 | 426284 |
| 139860 | 53071 | 624066 | 83535 | 189204 | 151539 | 60293 | 7515 | 131980 | 445531 | 359054 |
| 218854 | 64868 | 769534 | 104757 | 249413 | 196526 | 77508 | 5085 | 136245 | 490294 | 425784 |
| 70088 | 24849 | 423829 | 50887 | 117168 | 85883 | 52392 | 698 | 116801 | 159446 | 98896 |
| 148781 | 60034 | 730591 | 90167 | 341941 | 110446 | 79079 | 15583 | 93375 | 493883 | 260708 |
| 195973 | 86491 | 571508 | 117241 | 198400 | 150116 | 59146 | 8636 | 37969 | 376691 | 121891 |
| 30564 | 17185 | 127300 | 26375 | 29684 | 23625 | 12225 | 433 | 34958 | 66980 | 19500 |
| 1856 | 1290 | 19766 | 3942 | 1822 | 11039 | 1561 | 75 | 1327 | 27240 | 21340 |
| 31229 | 6256 | 121559 | 67081 | 14614 | 21071 | 15706 | 792 | 2295 | 67500 | 36490 |

# 4－6　分地区地方普通高等学校

| | 总计 | 合　计 | 事业性经费<br>个人<br>小　计 | 基　本<br>工　资 | 补助工资<br>计 | 补助工资<br>其中:民师补助 | 其　他<br>工　资 | 职　工<br>福利费 |
|---|---|---|---|---|---|---|---|---|
| **合　计** | **48376850** | **39473974** | **19600753** | **4824775** | **3756696** | | **3267507** | **1071556** |
| 北　京 | 2291825 | 1940616 | 896406 | 163942 | 125735 | | 256454 | 49030 |
| 天　津 | 1195766 | 1000278 | 511415 | 99918 | 112191 | | 83487 | 15424 |
| 河　北 | 2173567 | 2021428 | 928555 | 258346 | 115319 | | 164692 | 38412 |
| 山　西 | 1136429 | 971073 | 530778 | 149970 | 108739 | | 58926 | 27385 |
| 内蒙古 | 654000 | 540732 | 289741 | 109117 | 53382 | | 16927 | 11380 |
| 辽　宁 | 2835800 | 2583478 | 1216561 | 303302 | 239216 | | 136369 | 99130 |
| 吉　林 | 1267761 | 1124494 | 602432 | 181692 | 150391 | | 49528 | 21692 |
| 黑龙江 | 1657939 | 1394567 | 664274 | 189681 | 113497 | | 77283 | 35209 |
| 上　海 | 2544104 | 2076776 | 958008 | 301927 | 107266 | | 172349 | 85717 |
| 江　苏 | 4407360 | 3362004 | 1669344 | 338608 | 285616 | | 376531 | 99530 |
| 浙　江 | 2129354 | 1648414 | 761351 | 150748 | 122790 | | 208127 | 35836 |
| 安　徽 | 1401120 | 1126793 | 604411 | 155332 | 102376 | | 53026 | 33166 |
| 福　建 | 1182702 | 1006663 | 578380 | 114867 | 133794 | | 94208 | 37010 |
| 江　西 | 1304218 | 971598 | 549208 | 137001 | 90450 | | 106532 | 19629 |
| 山　东 | 2966778 | 2598302 | 1215486 | 273785 | 192370 | | 258189 | 83786 |
| 河　南 | 2817887 | 2123339 | 1011595 | 258062 | 255912 | | 55575 | 32224 |
| 湖　北 | 2192764 | 1646250 | 809417 | 202963 | 243649 | | 84889 | 37837 |
| 湖　南 | 1843972 | 1545460 | 723154 | 167735 | 123144 | | 158451 | 43828 |
| 广　东 | 3538340 | 2604630 | 1407746 | 229491 | 476583 | | 249036 | 79224 |
| 广　西 | 990170 | 864383 | 438402 | 116404 | 37255 | | 122273 | 11475 |
| 海　南 | 283638 | 251656 | 138964 | 42489 | 20252 | | 22455 | 14162 |
| 重　庆 | 942975 | 766617 | 375643 | 90600 | 39479 | | 112202 | 17395 |
| 四　川 | 1564658 | 1168541 | 581121 | 147848 | 66643 | | 137433 | 20600 |
| 贵　州 | 601111 | 518595 | 290226 | 89302 | 39265 | | 31614 | 15642 |
| 云　南 | 1167678 | 944983 | 468983 | 119262 | 129841 | | 37588 | 52789 |
| 西　藏 | 107186 | 82096 | 51136 | 21749 | 4066 | | 9655 | 2168 |
| 陕　西 | 1489219 | 1288513 | 624099 | 177500 | 117061 | | 77954 | 27286 |
| 甘　肃 | 790731 | 559058 | 294806 | 77584 | 70107 | | 46447 | 7162 |
| 青　海 | 137810 | 125446 | 64779 | 26622 | 13316 | | 244 | 1133 |
| 宁　夏 | 182036 | 137232 | 64988 | 27089 | 13558 | | | 1960 |
| 新　疆 | 577952 | 479959 | 279344 | 101839 | 53433 | | 9063 | 14335 |

## 教育经费支出明细

单位：千元

| 支出 部分 | | | | | | | | | 基建支出 | |
|---|---|---|---|---|---|---|---|---|---|---|
| | | 公用部分 | | | | | | | 计 | 其中：自筹基建 |
| 社会保障费 | 奖贷助学金 | 小计 | 公务费 | 业务费 | 设备购置费 | 修缮费 | 业务招待费 | 其他费用 | | |
| **4168124** | **2512095** | **19873221** | **3883760** | **4311024** | **5561279** | **3899485** | **196340** | **2021333** | **8902876** | **5603199** |
| 204704 | 96541 | 1044210 | 230822 | 192569 | 232916 | 230754 | 4064 | 153085 | 351209 | 113139 |
| 139832 | 60563 | 488863 | 85542 | 118524 | 133196 | 91983 | 1426 | 58192 | 195488 | 149888 |
| 211009 | 140777 | 1092873 | 216810 | 212471 | 254515 | 215779 | 4442 | 188856 | 152139 | 46479 |
| 78831 | 106927 | 440295 | 120749 | 96654 | 129540 | 59673 | 5872 | 27807 | 165356 | 102466 |
| 59645 | 39290 | 250991 | 77601 | 43498 | 54515 | 44710 | 2440 | 28227 | 113268 | 9724 |
| 307256 | 131288 | 1366917 | 360176 | 307989 | 283914 | 313507 | 8265 | 93066 | 252322 | 156022 |
| 124781 | 74348 | 522062 | 184953 | 84197 | 118042 | 93947 | 3321 | 37602 | 143267 | 92917 |
| 161037 | 87567 | 730293 | 176734 | 132056 | 195967 | 161244 | 7185 | 57107 | 263372 | 189472 |
| 197864 | 92885 | 1118768 | 157636 | 308468 | 310989 | 195709 | 6141 | 139825 | 467328 | 71838 |
| 388446 | 180613 | 1692660 | 255831 | 331231 | 508808 | 388052 | 23823 | 184915 | 1045356 | 875406 |
| 139166 | 104684 | 887063 | 106983 | 170519 | 256720 | 255743 | 15719 | 81379 | 480940 | 398160 |
| 148060 | 112451 | 522382 | 75175 | 108756 | 179903 | 83307 | 8455 | 66786 | 274327 | 198874 |
| 110113 | 88388 | 428283 | 67529 | 95538 | 124690 | 102845 | 4869 | 32812 | 176039 | 79680 |
| 117706 | 77890 | 422390 | 98429 | 88971 | 115792 | 81021 | 3867 | 34310 | 332620 | 221336 |
| 216427 | 190929 | 1382816 | 282516 | 258053 | 378697 | 353769 | 9003 | 100778 | 368476 | 253356 |
| 223826 | 185996 | 1111744 | 211291 | 227831 | 387175 | 177508 | 10379 | 97560 | 694548 | 540687 |
| 183312 | 56767 | 836833 | 123850 | 200833 | 215767 | 151362 | 16336 | 128685 | 546514 | 359955 |
| 151716 | 78280 | 822306 | 126104 | 184940 | 256217 | 169327 | 16668 | 69050 | 298512 | 182390 |
| 221783 | 151629 | 1196884 | 243526 | 288479 | 372270 | 152221 | 8960 | 131428 | 933710 | 607222 |
| 105202 | 45793 | 425981 | 62339 | 89236 | 138188 | 84465 | 4544 | 47209 | 125787 | 93396 |
| 20742 | 18864 | 112692 | 17537 | 30976 | 35422 | 15747 | 1564 | 11446 | 31982 | 6511 |
| 78937 | 37030 | 390974 | 80909 | 87573 | 100846 | 83104 | 2277 | 36265 | 176358 | 100250 |
| 130461 | 78136 | 587420 | 83427 | 150157 | 209173 | 90064 | 9266 | 45333 | 396117 | 282695 |
| 66875 | 47528 | 228369 | 46703 | 52300 | 69101 | 34643 | 2828 | 22794 | 82516 | 27218 |
| 70626 | 58877 | 476000 | 82931 | 114868 | 131879 | 101142 | 5155 | 40025 | 222695 | 82052 |
| 10174 | 3324 | 30960 | 9964 | 3290 | 10696 | 1946 | 417 | 4647 | 25090 | |
| 146298 | 78000 | 664414 | 149269 | 179822 | 177467 | 101508 | 3737 | 52611 | 200706 | 131151 |
| 48884 | 44622 | 264252 | 60324 | 70592 | 91652 | 26152 | 2139 | 13393 | 231673 | 161460 |
| 16853 | 6611 | 60667 | 20442 | 11150 | 12961 | 12009 | 624 | 3481 | 12364 | 7224 |
| 13608 | 8773 | 72244 | 13707 | 16062 | 22454 | 9843 | 855 | 9323 | 44804 | 13754 |
| 73950 | 26724 | 200615 | 53951 | 53421 | 51807 | 16401 | 1699 | 23336 | 97993 | 48477 |

# 4－7　分地区中央部门成人高等学校

| | 总计 | 事业性经费 | | | | | | |
|---|---|---|---|---|---|---|---|---|
| | | 合计 | 个人 | | | | | |
| | | | 小计 | 基本工资 | 补助工资 | | 其他工资 | 职工福利费 |
| | | | | | 计 | 其中:民师补助 | | |
| **合　计** | **273662** | **261451** | **98560** | **20636** | **11621** | | **47521** | **3507** |
| 北　京 | 167033 | 167033 | 48181 | 3559 | 1410 | | 38248 | 845 |
| 天　津 | 5291 | 5291 | 2053 | 336 | 675 | | 529 | 37 |
| 河　北 | | | | | | | | |
| 山　西 | 8502 | 8502 | 2819 | 1002 | 1011 | | 314 | 134 |
| 内蒙古 | | | | | | | | |
| 辽　宁 | 8817 | 8616 | 3192 | 2030 | 751 | | | 389 |
| 吉　林 | 15860 | 15860 | 12910 | 5480 | 3040 | | | |
| 黑龙江 | 17908 | 17908 | 10330 | 4205 | 791 | | 3395 | 130 |
| 上　海 | | | | | | | | |
| 江　苏 | 8580 | 8580 | 6121 | 1002 | 943 | | 2129 | 371 |
| 浙　江 | | | | | | | | |
| 安　徽 | | | | | | | | |
| 福　建 | | | | | | | | |
| 江　西 | | | | | | | | |
| 山　东 | | | | | | | | |
| 河　南 | 30322 | 19622 | 10069 | 1804 | 2283 | | 2829 | 990 |
| 湖　北 | | | | | | | | |
| 湖　南 | | | | | | | | |
| 广　东 | 3764 | 3764 | 724 | 331 | 233 | | 77 | 83 |
| 广　西 | | | | | | | | |
| 海　南 | | | | | | | | |
| 重　庆 | | | | | | | | |
| 四　川 | | | | | | | | |
| 贵　州 | | | | | | | | |
| 云　南 | | | | | | | | |
| 西　藏 | | | | | | | | |
| 陕　西 | | | | | | | | |
| 甘　肃 | | | | | | | | |
| 青　海 | | | | | | | | |
| 宁　夏 | | | | | | | | |
| 新　疆 | 7585 | 6275 | 2161 | 887 | 484 | | | 528 |

## 教育经费支出明细

单位:千元

| 支出部分 | | 公用部分 | | | | | | | 基建支出 | |
|---|---|---|---|---|---|---|---|---|---|---|
| 社会保障费 | 奖贷助学金 | 小计 | 公务费 | 业务费 | 设备购置费 | 修缮费 | 业务招待费 | 其他费用 | 计 | 其中:自筹基建 |
| **14707** | **568** | **162891** | **17868** | **116043** | **9176** | **6226** | **860** | **12718** | **12211** | **300** |
| 4119 | | 118852 | 3205 | 109295 | 2691 | 1266 | 32 | 2363 | | |
| 476 | | 3238 | 1734 | 469 | 578 | 262 | 97 | 98 | | |
| 169 | 189 | 5683 | 1643 | 1513 | 817 | 1431 | 12 | 267 | | |
| 22 | | 5424 | 210 | 1061 | | 76 | 10 | 4067 | 201 | |
| 4390 | | 2950 | 2500 | | | | | 450 | | |
| 1430 | 379 | 7578 | 2668 | 801 | 568 | 369 | 48 | 3124 | | |
| 1676 | | 2459 | 517 | 11 | 1377 | 419 | 11 | 124 | | |
| 2163 | | 9553 | 3321 | 1655 | 2160 | 1772 | 523 | 122 | 10700 | 300 |
| | | 3040 | 1254 | 1088 | 448 | 103 | | 147 | | |
| 262 | | 4114 | 816 | 150 | 537 | 528 | 127 | 1956 | 1310 | |

# 4－8　分地区地方成人高等学校

| | 总计 | 事业性经费 | | | | | | | |
|---|---|---|---|---|---|---|---|---|---|
| | | 合　计 | 个　人 | | | | | | |
| | | | 小　计 | 基本工资 | 补助工资 | | 其他工资 | 职工福利费 | |
| | | | | | 计 | 其中:民师补助 | | | |
| **合　计** | **5582069** | **5112094** | **2292490** | **688456** | **516274** | | **379213** | **162768** | |
| 北　京 | 163345 | 163045 | 81939 | 16556 | 14737 | | 24787 | 6814 | |
| 天　津 | 174388 | 164518 | 84623 | 25037 | 21334 | | 9462 | 4229 | |
| 河　北 | 177088 | 152592 | 73685 | 26736 | 14396 | | 9405 | 3997 | |
| 山　西 | 115974 | 108365 | 47526 | 19388 | 13702 | | 2679 | 3483 | |
| 内蒙古 | 93028 | 87282 | 44346 | 19297 | 9423 | | 3700 | 2950 | |
| 辽　宁 | 237332 | 227665 | 100579 | 32158 | 23536 | | 11786 | 5082 | |
| 吉　林 | 158912 | 150372 | 78277 | 29434 | 24515 | | 2798 | 1847 | |
| 黑龙江 | 208545 | 184100 | 94514 | 35849 | 19715 | | 4918 | 6797 | |
| 上　海 | 417024 | 415024 | 266454 | 88420 | 48855 | | 60124 | 18293 | |
| 江　苏 | 629323 | 544695 | 237186 | 56587 | 46170 | | 59028 | 16617 | |
| 浙　江 | 311036 | 276055 | 101549 | 20333 | 22468 | | 28821 | 6591 | |
| 安　徽 | 110349 | 108713 | 40503 | 12425 | 8413 | | 3966 | 3347 | |
| 福　建 | 122906 | 118406 | 47750 | 10984 | 9496 | | 9214 | 5682 | |
| 江　西 | 90988 | 83568 | 36407 | 11637 | 8349 | | 4103 | 3569 | |
| 山　东 | 276666 | 242061 | 94246 | 32018 | 20744 | | 14657 | 5766 | |
| 河　南 | 204563 | 187331 | 76118 | 23844 | 18285 | | 7300 | 3197 | |
| 湖　北 | 185394 | 165679 | 78751 | 25483 | 25511 | | 5890 | 4752 | |
| 湖　南 | 117534 | 110700 | 38017 | 11427 | 7842 | | 6068 | 3900 | |
| 广　东 | 819408 | 758143 | 298446 | 58219 | 91795 | | 52373 | 27212 | |
| 广　西 | 182501 | 169175 | 65525 | 20586 | 9904 | | 12457 | 5995 | |
| 海　南 | 57872 | 17872 | 5292 | 2622 | 1021 | | 755 | 359 | |
| 重　庆 | 117778 | 99006 | 41252 | 10276 | 3485 | | 12867 | 2611 | |
| 四　川 | 200172 | 188447 | 71459 | 24364 | 9205 | | 15169 | 8303 | |
| 贵　州 | 46884 | 43225 | 18938 | 7050 | 2776 | | 3207 | 1345 | |
| 云　南 | 55070 | 46970 | 22176 | 6735 | 7065 | | 2748 | 1736 | |
| 西　藏 | | | | | | | | | |
| 陕　西 | 80765 | 80675 | 33997 | 15865 | 5022 | | 2175 | 2256 | |
| 甘　肃 | 52158 | 51317 | 25448 | 9587 | 4829 | | 4233 | 969 | |
| 青　海 | 5094 | 5094 | 1606 | 1166 | 326 | | | 39 | |
| 宁　夏 | 17782 | 17471 | 6664 | 4093 | 477 | | 146 | 546 | |
| 新　疆 | 152190 | 144528 | 79217 | 30280 | 22878 | | 4377 | 4484 | |

# 教育经费支出明细

单位：千元

| 支　出 | | | | | | | | | 基建支出 | |
|---|---|---|---|---|---|---|---|---|---|---|
| 部　分 | | 公用部分 | | | | | | | | |
| 社　会<br>保障费 | 奖　贷<br>助学金 | 小　计 | 公务费 | 业务费 | 设　备<br>购置费 | 修缮费 | 业　务<br>招待费 | 其　他<br>费　用 | 计 | 其中：<br>自筹<br>基建 |
| **496583** | **49196** | **2819604** | **624123** | **768861** | **654802** | **456252** | **36162** | **279404** | **469975** | **355504** |
| 18537 | 508 | 81106 | 19425 | 26925 | 17135 | 10902 | 384 | 6335 | 300 | |
| 24235 | 326 | 79895 | 24468 | 15843 | 15260 | 13294 | 699 | 10331 | 9870 | 8770 |
| 15917 | 3234 | 78907 | 23712 | 21956 | 13366 | 14697 | 1137 | 4039 | 24496 | 22196 |
| 7424 | 850 | 60839 | 17109 | 16482 | 11656 | 11133 | 760 | 3699 | 7609 | 5759 |
| 7350 | 1626 | 42936 | 15558 | 7275 | 7611 | 10560 | 372 | 1560 | 5746 | 965 |
| 23917 | 4100 | 127086 | 38205 | 38823 | 20712 | 12624 | 596 | 16126 | 9667 | 9367 |
| 19090 | 593 | 72095 | 23540 | 19452 | 10404 | 6724 | 424 | 11551 | 8540 | 7940 |
| 26132 | 1103 | 89586 | 28361 | 24382 | 15491 | 9827 | 1264 | 10261 | 24445 | 11885 |
| 50132 | 630 | 148570 | 31643 | 44545 | 39697 | 26161 | 1807 | 4717 | 2000 | |
| 51488 | 7296 | 307509 | 49997 | 65186 | 95175 | 38098 | 4643 | 54410 | 84628 | 75593 |
| 16615 | 6721 | 174506 | 24025 | 49953 | 56402 | 25931 | 3092 | 15103 | 34981 | 30981 |
| 10454 | 1898 | 68210 | 14303 | 13187 | 27577 | 6918 | 1136 | 5089 | 1636 | 1072 |
| 11773 | 601 | 70656 | 9036 | 20139 | 15465 | 17054 | 651 | 8311 | 4500 | 1800 |
| 7152 | 1597 | 47161 | 10106 | 15758 | 11092 | 6785 | 822 | 2598 | 7420 | 6445 |
| 19284 | 1777 | 147815 | 35324 | 36004 | 28264 | 36653 | 1927 | 9643 | 34605 | 24805 |
| 19371 | 4121 | 111213 | 31653 | 25922 | 25729 | 18609 | 1323 | 7977 | 17232 | 11782 |
| 16952 | 163 | 86928 | 18097 | 25401 | 16209 | 14308 | 1858 | 11055 | 19715 | 15985 |
| 8202 | 578 | 72683 | 13464 | 22044 | 12994 | 12899 | 668 | 10614 | 6834 | 6834 |
| 63821 | 5026 | 459697 | 91036 | 124167 | 113760 | 84352 | 6104 | 40278 | 61265 | 29120 |
| 15210 | 1373 | 103650 | 17379 | 34765 | 20370 | 15678 | 1409 | 14049 | 13326 | 7746 |
| 479 | 56 | 12580 | 1596 | 819 | 8105 | 787 | 165 | 1108 | 40000 | 40000 |
| 9717 | 2296 | 57754 | 10487 | 17100 | 12536 | 14986 | 480 | 2165 | 18772 | 15772 |
| 13646 | 772 | 116988 | 21674 | 44272 | 21955 | 17686 | 1822 | 9579 | 11725 | 10725 |
| 4397 | 163 | 24287 | 4710 | 6701 | 6802 | 2682 | 697 | 2695 | 3659 | 2259 |
| 3272 | 620 | 24794 | 5408 | 7623 | 4920 | 2685 | 712 | 3446 | 8100 | 2100 |
| 8679 | | 46678 | 13298 | 15547 | 4990 | 10233 | 174 | 2436 | 90 | |
| 5096 | 734 | 25869 | 7335 | 9095 | 4746 | 2974 | 218 | 1501 | 841 | 241 |
| 46 | 29 | 3488 | 994 | 1026 | 430 | 130 | 31 | 877 | | |
| 1213 | 189 | 10807 | 2928 | 3136 | 1335 | 1073 | 133 | 2202 | 311 | |
| 16982 | 216 | 65311 | 19252 | 15333 | 14614 | 9809 | 654 | 5649 | 7662 | 5362 |

# 4－9　分地区中央部门中等专业学校

| | 总计 | 事业性经费 | | | | | | |
|---|---|---|---|---|---|---|---|---|
| | | | 个人 | | | | | |
| | | 合计 | 小计 | 基本工资 | 补助工资 | | 其他工资 | 职工福利费 |
| | | | | | 计 | 其中:民师补助 | | |
| **合　计** | **1019113** | **934368** | **503305** | **162694** | **89456** | | **72190** | **44046** |
| 北　京 | 40585 | 38095 | 23426 | 4616 | 2819 | | 7265 | 1954 |
| 天　津 | | | | | | | | |
| 河　北 | 50520 | 48855 | 23585 | 7947 | 4762 | | 2785 | 1756 |
| 山　西 | 109641 | 109641 | 58744 | 18808 | 13040 | | 5245 | 5529 |
| 内蒙古 | 33335 | 33335 | 16487 | 8248 | 3598 | | 1774 | 918 |
| 辽　宁 | 31673 | 31673 | 18803 | 7075 | 909 | | 2927 | 1769 |
| 吉　林 | 33313 | 33313 | 9465 | 4697 | 2413 | | | 128 |
| 黑龙江 | 20910 | 17319 | 9264 | 2419 | 1258 | | 1500 | 899 |
| 上　海 | 57458 | 52225 | 28993 | 10638 | 4417 | | 3821 | 2550 |
| 江　苏 | 24037 | 24037 | 7893 | 1944 | 1496 | | 1560 | 1080 |
| 浙　江 | 12187 | 11487 | 6164 | 652 | 953 | | 1967 | 521 |
| 安　徽 | | | | | | | | |
| 福　建 | 20352 | 20352 | 13211 | 3097 | 3150 | | 1559 | 1251 |
| 江　西 | 5387 | 5387 | 3511 | 1592 | 752 | | 396 | |
| 山　东 | 16007 | 15507 | 9721 | 4199 | 1819 | | 719 | 605 |
| 河　南 | 82910 | 68181 | 40562 | 9287 | 5923 | | 9192 | 3320 |
| 湖　北 | 51134 | 48154 | 28599 | 6606 | 10748 | | 1380 | 1558 |
| 湖　南 | 54271 | 50871 | 25568 | 6933 | 4236 | | 3116 | 3681 |
| 广　东 | 17467 | 16797 | 6517 | 1007 | 2507 | | 1629 | 513 |
| 广　西 | | | | | | | | |
| 海　南 | | | | | | | | |
| 重　庆 | 21371 | 15321 | 7569 | 2678 | 1107 | | 2060 | 403 |
| 四　川 | 63106 | 54066 | 35628 | 12339 | 5747 | | 5500 | 2527 |
| 贵　州 | 6228 | 5376 | 3458 | 1434 | 690 | | 107 | 137 |
| 云　南 | 1026 | 1026 | 824 | 251 | 222 | | | 231 |
| 西　藏 | | | | | | | | |
| 陕　西 | 142859 | 122304 | 62964 | 21722 | 10050 | | 8997 | 6812 |
| 甘　肃 | 75219 | 69159 | 39106 | 14786 | 3710 | | 6296 | 3572 |
| 青　海 | | | | | | | | |
| 宁　夏 | | | | | | | | |
| 新　疆 | 48117 | 41887 | 23243 | 9719 | 3130 | | 2395 | 2332 |

## 教育经费支出明细

单位：千元

| 支出 | | | | | | | | | 基建支出 | |
|---|---|---|---|---|---|---|---|---|---|---|
| 部分 | | 公用部分 | | | | | | | | |
| 社会保障费 | 奖贷助学金 | 小计 | 公务费 | 业务费 | 设备购置费 | 修缮费 | 业务招待费 | 其他费用 | 计 | 其中：自筹基建 |
| **108060** | **26859** | **431063** | **150219** | **83044** | **87279** | **64267** | **4603** | **41651** | **84745** | **52739** |
| 4550 | 2222 | 14669 | 6035 | 2529 | 3180 | 1659 | 63 | 1203 | 2490 | |
| 5549 | 786 | 25270 | 9462 | 5221 | 4993 | 4102 | 213 | 1279 | 1665 | 1665 |
| 11342 | 4780 | 50897 | 20743 | 5628 | 10618 | 11929 | 151 | 1828 | | |
| 1535 | 414 | 16848 | 7854 | 4529 | 2900 | 851 | 18 | 696 | | |
| 5061 | 1062 | 12870 | 5672 | 2235 | 2098 | 2461 | 90 | 314 | | |
| 2227 | | 23848 | 12142 | 1825 | 1143 | 3045 | | 5693 | | |
| 2508 | 680 | 8055 | 3001 | 1571 | 1802 | 1101 | 83 | 497 | 3591 | 3591 |
| 6194 | 1373 | 23232 | 7963 | 5989 | 3481 | 3953 | 943 | 903 | 5233 | 2113 |
| 1757 | 56 | 16144 | 1862 | 2456 | 6798 | 1206 | 571 | 3251 | | |
| 1388 | 683 | 5323 | 1460 | 1965 | 795 | 389 | 91 | 623 | 700 | 600 |
| 2889 | 1265 | 7141 | 2067 | 937 | 1209 | 2086 | 16 | 826 | | |
| 771 | | 1876 | 148 | | | 95 | | 1633 | | |
| 1944 | 435 | 5786 | 2674 | 312 | 1091 | 918 | 55 | 736 | 500 | |
| 9918 | 2922 | 27619 | 10384 | 7795 | 3537 | 3216 | 126 | 2561 | 14729 | 5785 |
| 6655 | 1652 | 19555 | 8035 | 6851 | 1372 | 1843 | 181 | 1273 | 2980 | 2980 |
| 5763 | 1839 | 25303 | 8000 | 5687 | 4627 | 3174 | 467 | 3348 | 3400 | 3400 |
| 735 | 126 | 10280 | 2796 | 1944 | 1788 | 2089 | 49 | 1614 | 670 | 670 |
| 1088 | 233 | 7752 | 2449 | 1685 | 2498 | 966 | 26 | 128 | 6050 | 6050 |
| 8023 | 1492 | 18438 | 5989 | 3528 | 5750 | 1466 | 379 | 1326 | 9040 | 2340 |
| 1041 | 49 | 1918 | 581 | 372 | 518 | 301 | 22 | 124 | 852 | 852 |
| 120 | | 202 | 50 | 50 | | 47 | | 55 | | |
| 12371 | 3012 | 59340 | 16412 | 12737 | 14819 | 7309 | 595 | 7468 | 20555 | 16491 |
| 9368 | 1374 | 30053 | 8938 | 4330 | 7177 | 6915 | 304 | 2389 | 6060 | 3402 |
| 5263 | 404 | 18644 | 5502 | 2868 | 5085 | 3146 | 160 | 1883 | 6230 | 2800 |

# 4－10　分地区地方中等专业学校

| | 总计 | 事业性经费 | | | | | | |
|---|---|---|---|---|---|---|---|---|
| | | 合计 | 个人 | | | | | |
| | | | 小计 | 基本工资 | 补助工资 | | 其他工资 | 职工福利费 |
| | | | | | 计 | 其中:民师补助 | | |
| **合计** | **22622823** | **20486957** | **10883865** | **3715655** | **2241639** | | **1285095** | **743268** |
| 北京 | 696667 | 672455 | 369515 | 85789 | 54307 | | 78300 | 22727 |
| 天津 | 422286 | 416614 | 243179 | 77429 | 59233 | | 21535 | 16423 |
| 河北 | 973740 | 907343 | 508239 | 193713 | 78739 | | 58589 | 21326 |
| 山西 | 713801 | 640673 | 329269 | 126012 | 75472 | | 18674 | 17048 |
| 内蒙古 | 481309 | 456445 | 258761 | 127047 | 55094 | | 11872 | 9413 |
| 辽宁 | 1113162 | 1081834 | 621464 | 251472 | 120300 | | 50107 | 42669 |
| 吉林 | 650137 | 624150 | 335075 | 160568 | 80320 | | 2169 | 10424 |
| 黑龙江 | 499740 | 466894 | 229428 | 84043 | 50568 | | 11142 | 14660 |
| 上海 | 949560 | 841528 | 501896 | 169340 | 79178 | | 102538 | 41913 |
| 江苏 | 1517262 | 1287220 | 682463 | 173547 | 135973 | | 138474 | 61349 |
| 浙江 | 975643 | 874830 | 464668 | 103366 | 99881 | | 87884 | 40646 |
| 安徽 | 577646 | 505059 | 263031 | 89245 | 53859 | | 24342 | 22163 |
| 福建 | 825623 | 745502 | 416946 | 106586 | 102666 | | 56552 | 30783 |
| 江西 | 549041 | 463176 | 253723 | 84821 | 50911 | | 30110 | 16837 |
| 山东 | 1639324 | 1469340 | 754380 | 258068 | 174081 | | 91545 | 41288 |
| 河南 | 1313571 | 1171884 | 590610 | 218969 | 130611 | | 44748 | 32297 |
| 湖北 | 691298 | 618371 | 328375 | 131667 | 85316 | | 22177 | 18910 |
| 湖南 | 694978 | 642743 | 321738 | 114282 | 57503 | | 43077 | 27675 |
| 广东 | 2316784 | 2032120 | 972902 | 261924 | 275572 | | 128662 | 90512 |
| 广西 | 762833 | 696543 | 349687 | 110896 | 47894 | | 62937 | 29556 |
| 海南 | 184183 | 166698 | 82590 | 33348 | 12660 | | 9499 | 9990 |
| 重庆 | 447456 | 409253 | 219165 | 77650 | 29154 | | 36757 | 14466 |
| 四川 | 934381 | 849978 | 466952 | 178889 | 71805 | | 60632 | 25760 |
| 贵州 | 371327 | 347987 | 186469 | 67210 | 24364 | | 17615 | 17209 |
| 云南 | 780461 | 706903 | 359668 | 117675 | 88567 | | 22010 | 27985 |
| 西藏 | 37590 | 26176 | 17621 | 5417 | 6249 | | 325 | 736 |
| 陕西 | 497068 | 454015 | 227299 | 90627 | 42709 | | 19660 | 13533 |
| 甘肃 | 341057 | 317285 | 187407 | 67427 | 31797 | | 22370 | 8761 |
| 青海 | 112355 | 107250 | 59787 | 23012 | 13327 | | 1770 | 2102 |
| 宁夏 | 134418 | 115153 | 54438 | 26185 | 8436 | | 1548 | 3532 |
| 新疆 | 418122 | 371535 | 227120 | 99431 | 45093 | | 7475 | 10575 |

## 教育经费支出明细

单位:千元

| 支出 | | | | | | | | | 基建支出 | |
|---|---|---|---|---|---|---|---|---|---|---|
| 部分 | | 公用部分 | | | | | | | | |
| 社会保障费 | 奖贷助学金 | 小计 | 公务费 | 业务费 | 设备购置费 | 修缮费 | 业务招待费 | 其他费用 | 计 | 其中:自筹基建 |
| **2104452** | **793756** | **9603092** | **2635804** | **1711450** | **2082503** | **2003269** | **147429** | **1022637** | **2135866** | **1656394** |
| 69105 | 59287 | 302940 | 81729 | 66179 | 61498 | 68733 | 1842 | 22959 | 24212 | 18662 |
| 60376 | 8183 | 173435 | 59934 | 26169 | 33038 | 31757 | 1487 | 21050 | 5672 | 5072 |
| 101796 | 54076 | 399104 | 142506 | 53313 | 83118 | 72616 | 5651 | 41900 | 66397 | 63947 |
| 53830 | 38233 | 311404 | 91595 | 44770 | 66585 | 78592 | 4344 | 25518 | 73128 | 60668 |
| 40681 | 14654 | 197684 | 69283 | 34786 | 34150 | 46142 | 1605 | 11718 | 24864 | 21094 |
| 128937 | 27979 | 460370 | 171399 | 62692 | 113661 | 80303 | 3709 | 28606 | 31328 | 19261 |
| 66821 | 14773 | 289075 | 131574 | 48943 | 38282 | 43980 | 1056 | 25240 | 25987 | 25887 |
| 52034 | 16981 | 237466 | 77456 | 36887 | 45439 | 61272 | 2056 | 14356 | 32846 | 26071 |
| 90984 | 17943 | 339632 | 76043 | 52333 | 84230 | 77432 | 5901 | 43693 | 108032 | 89411 |
| 139613 | 33507 | 604757 | 183224 | 111800 | 122281 | 106761 | 11107 | 69584 | 230042 | 218592 |
| 92478 | 40413 | 410162 | 84635 | 85804 | 105638 | 70906 | 7807 | 55372 | 100813 | 55172 |
| 55999 | 17423 | 242028 | 56387 | 38315 | 51782 | 54086 | 4872 | 36586 | 72587 | 64840 |
| 83655 | 36704 | 328556 | 67496 | 56511 | 84314 | 77951 | 5766 | 36518 | 80121 | 64626 |
| 47002 | 24042 | 209453 | 51504 | 37520 | 46304 | 49805 | 5799 | 18521 | 85865 | 62961 |
| 133316 | 56082 | 714960 | 221147 | 114479 | 151177 | 149563 | 10393 | 68201 | 169984 | 142744 |
| 102863 | 61122 | 581274 | 184042 | 82290 | 138305 | 117133 | 9590 | 49914 | 141687 | 96934 |
| 60891 | 9414 | 289996 | 70721 | 70525 | 43884 | 57734 | 8024 | 39108 | 72927 | 63722 |
| 63265 | 15936 | 321005 | 74639 | 77662 | 49089 | 68800 | 8521 | 42294 | 52235 | 47555 |
| 176469 | 39763 | 1059218 | 224269 | 201892 | 241834 | 235229 | 16189 | 139805 | 284664 | 201597 |
| 70434 | 27970 | 346856 | 73425 | 67173 | 71533 | 72579 | 7337 | 54809 | 66290 | 49945 |
| 11781 | 5312 | 84108 | 19803 | 14229 | 21053 | 18117 | 1153 | 9753 | 17485 | 17215 |
| 49808 | 11330 | 190088 | 41411 | 39813 | 49188 | 36974 | 1906 | 20796 | 38203 | 24593 |
| 105248 | 24618 | 383026 | 80049 | 81471 | 85440 | 88408 | 6615 | 41043 | 84403 | 69535 |
| 37925 | 22146 | 161518 | 35889 | 31384 | 39537 | 34255 | 2780 | 17673 | 23340 | 15940 |
| 64212 | 39219 | 347235 | 71342 | 66268 | 85705 | 81173 | 5801 | 36946 | 73558 | 24388 |
| 2127 | 2767 | 8555 | 3428 | 1629 | 755 | 2273 | 53 | 417 | 11414 | |
| 35627 | 25143 | 226716 | 63218 | 46520 | 53401 | 43479 | 2019 | 18079 | 43053 | 40493 |
| 30798 | 26254 | 129878 | 42627 | 21624 | 28038 | 24685 | 1899 | 11005 | 23772 | 19582 |
| 14038 | 5538 | 47463 | 16791 | 5574 | 8190 | 12970 | 343 | 3595 | 5105 | 4030 |
| 10854 | 3883 | 60715 | 19406 | 11755 | 13341 | 10095 | 729 | 5389 | 19265 | 8875 |
| 51485 | 13061 | 144415 | 48832 | 21140 | 31713 | 29466 | 1075 | 12189 | 46587 | 32982 |

# 4-11 分地区中央部门中等技术学校

| | 总计 | 事业性经费 | | | | | | |
|---|---|---|---|---|---|---|---|---|
| | | | 个人 | | | | | |
| | | 合计 | 小计 | 基本工资 | 补助工资 | | 其他工资 | 职工福利费 |
| | | | | | 计 | 其中:民师补助 | | |
| **合计** | **984863** | **900526** | **488785** | **157203** | **86432** | | **70517** | **42360** |
| 北京 | 40585 | 38095 | 23426 | 4616 | 2819 | | 7265 | 1954 |
| 天津 | | | | | | | | |
| 河北 | 50520 | 48855 | 23585 | 7947 | 4762 | | 2785 | 1756 |
| 山西 | 109641 | 109641 | 58744 | 18808 | 13040 | | 5245 | 5529 |
| 内蒙古 | 33335 | 33335 | 16487 | 8248 | 3598 | | 1774 | 918 |
| 辽宁 | 31673 | 31673 | 18803 | 7075 | 909 | | 2927 | 1769 |
| 吉林 | 33313 | 33313 | 9465 | 4697 | 2413 | | | 128 |
| 黑龙江 | 20910 | 17319 | 9264 | 2419 | 1258 | | 1500 | 899 |
| 上海 | 57458 | 52225 | 28993 | 10638 | 4417 | | 3821 | 2550 |
| 江苏 | | | | | | | | |
| 浙江 | 12187 | 11487 | 6164 | 652 | 953 | | 1967 | 521 |
| 安徽 | | | | | | | | |
| 福建 | 20352 | 20352 | 13211 | 3097 | 3150 | | 1559 | 1251 |
| 江西 | 5387 | 5387 | 3511 | 1592 | 752 | | 396 | |
| 山东 | 16007 | 15507 | 9721 | 4199 | 1819 | | 719 | 605 |
| 河南 | 82910 | 68181 | 40562 | 9287 | 5923 | | 9192 | 3320 |
| 湖北 | 51134 | 48154 | 28599 | 6606 | 10748 | | 1380 | 1558 |
| 湖南 | 54271 | 50871 | 25568 | 6933 | 4236 | | 3116 | 3681 |
| 广东 | 17467 | 16797 | 6517 | 1007 | 2507 | | 1629 | 513 |
| 广西 | | | | | | | | |
| 海南 | | | | | | | | |
| 重庆 | 20179 | 14129 | 6854 | 2312 | 997 | | 1947 | 365 |
| 四川 | 59645 | 50905 | 33130 | 11416 | 4551 | | 5500 | 2527 |
| 贵州 | 6228 | 5376 | 3458 | 1434 | 690 | | 107 | 137 |
| 云南 | | | | | | | | |
| 西藏 | | | | | | | | |
| 陕西 | 142859 | 122304 | 62964 | 21722 | 10050 | | 8997 | 6812 |
| 甘肃 | 71431 | 65479 | 36956 | 12958 | 3710 | | 6296 | 3310 |
| 青海 | | | | | | | | |
| 宁夏 | | | | | | | | |
| 新疆 | 47371 | 41141 | 22803 | 9540 | 3130 | | 2395 | 2257 |

## 教育经费支出明细

单位:千元

| 支　出 | | | | | | | | | 基建支出 | |
|---|---|---|---|---|---|---|---|---|---|---|
| 部　分 | | 公用部分 | | | | | | | | |
| 社会保障费 | 奖贷助学金 | 小　计 | 公务费 | 业务费 | 设备购置费 | 修缮费 | 业务招待费 | 其他费用 | 计 | 其中:自筹基建 |
| **105471** | **26802** | **411741** | **147622** | **80071** | **80199** | **62786** | **3987** | **37076** | **84337** | **52439** |
| 4550 | 2222 | 14669 | 6035 | 2529 | 3180 | 1659 | 63 | 1203 | 2490 | |
| 5549 | 786 | 25270 | 9462 | 5221 | 4993 | 4102 | 213 | 1279 | 1665 | 1665 |
| 11342 | 4780 | 50897 | 20743 | 5628 | 10618 | 11929 | 151 | 1828 | | |
| 1535 | 414 | 16848 | 7854 | 4529 | 2900 | 851 | 18 | 696 | | |
| 5061 | 1062 | 12870 | 5672 | 2235 | 2098 | 2461 | 90 | 314 | | |
| 2227 | | 23848 | 12142 | 1825 | 1143 | 3045 | | 5693 | | |
| 2508 | 680 | 8055 | 3001 | 1571 | 1802 | 1101 | 83 | 497 | 3591 | 3591 |
| 6194 | 1373 | 23232 | 7963 | 5989 | 3481 | 3953 | 943 | 903 | 5233 | 2113 |
| 1388 | 683 | 5323 | 1460 | 1965 | 795 | 389 | 91 | 623 | 700 | 600 |
| 2889 | 1265 | 7141 | 2067 | 937 | 1209 | 2086 | 16 | 826 | | |
| 771 | | 1876 | 148 | | | 95 | | 1633 | | |
| 1944 | 435 | 5786 | 2674 | 312 | 1091 | 918 | 55 | 736 | 500 | |
| 9918 | 2922 | 27619 | 10384 | 7795 | 3537 | 3216 | 126 | 2561 | 14729 | 5785 |
| 6655 | 1652 | 19555 | 8035 | 6851 | 1372 | 1843 | 181 | 1273 | 2980 | 2980 |
| 5763 | 1839 | 25303 | 8000 | 5687 | 4627 | 3174 | 467 | 3348 | 3400 | 3400 |
| 735 | 126 | 10280 | 2796 | 1944 | 1788 | 2089 | 49 | 1614 | 670 | 670 |
| 1000 | 233 | 7275 | 2287 | 1515 | 2389 | 943 | 26 | 115 | 6050 | 6050 |
| 7645 | 1491 | 17775 | 5814 | 3351 | 5672 | 1359 | 347 | 1232 | 8740 | 2040 |
| 1041 | 49 | 1918 | 581 | 372 | 518 | 301 | 22 | 124 | 852 | 852 |
| 12371 | 3012 | 59340 | 16412 | 12737 | 14819 | 7309 | 595 | 7468 | 20555 | 16491 |
| 9308 | 1374 | 28523 | 8745 | 4234 | 7122 | 6818 | 304 | 1300 | 5952 | 3402 |
| 5077 | 404 | 18338 | 5347 | 2844 | 5045 | 3145 | 147 | 1810 | 6230 | 2800 |

# 4－12　分地区地方中等技术学校

| | 总计 | 事业性经费 | | | | | | |
|---|---|---|---|---|---|---|---|---|
| | | 合计 | 个人 | | | | | |
| | | | 小计 | 基本工资 | 补助工资 | | 其他工资 | 职工福利费 |
| | | | | | 计 | 其中:民师补助 | | |
| **合计** | **14987605** | **13513592** | **7038918** | **2275494** | **1479272** | | **909521** | **512437** |
| 北京 | 556405 | 532233 | 286104 | 65741 | 42222 | | 52268 | 18115 |
| 天津 | 269486 | 267205 | 152348 | 48527 | 38177 | | 12992 | 11246 |
| 河北 | 576427 | 548058 | 303161 | 105323 | 48054 | | 39455 | 14386 |
| 山西 | 481834 | 442087 | 221902 | 79478 | 54477 | | 14875 | 13024 |
| 内蒙古 | 323384 | 308324 | 172021 | 83846 | 40165 | | 7807 | 5905 |
| 辽宁 | 815968 | 785733 | 438408 | 178557 | 81234 | | 43726 | 32577 |
| 吉林 | 403097 | 391117 | 194272 | 90378 | 45853 | | 1875 | 8710 |
| 黑龙江 | 361694 | 329008 | 150018 | 47846 | 33947 | | 7976 | 10216 |
| 上海 | 775067 | 668190 | 399195 | 131763 | 62004 | | 83408 | 33348 |
| 江苏 | 837950 | 732853 | 387408 | 90206 | 71679 | | 88441 | 33506 |
| 浙江 | 652149 | 575599 | 305563 | 66100 | 62520 | | 61008 | 30757 |
| 安徽 | 358775 | 320361 | 168478 | 57164 | 34982 | | 17562 | 15891 |
| 福建 | 556764 | 483833 | 266091 | 59426 | 68265 | | 37784 | 22521 |
| 江西 | 365133 | 302420 | 158386 | 45843 | 34699 | | 20874 | 11468 |
| 山东 | 1116217 | 998940 | 491948 | 160033 | 117260 | | 66430 | 31295 |
| 河南 | 805146 | 703478 | 348491 | 118589 | 83871 | | 28046 | 20941 |
| 湖北 | 442538 | 398533 | 206314 | 80395 | 54041 | | 17122 | 13040 |
| 湖南 | 372135 | 330666 | 153632 | 51946 | 28999 | | 21519 | 16099 |
| 广东 | 1478991 | 1284999 | 626888 | 149100 | 190395 | | 91176 | 53750 |
| 广西 | 537057 | 490800 | 240652 | 66255 | 35475 | | 47895 | 24116 |
| 海南 | 106192 | 95455 | 47258 | 19320 | 6852 | | 5967 | 6239 |
| 重庆 | 296972 | 262736 | 134635 | 44148 | 18931 | | 27522 | 7828 |
| 四川 | 599852 | 524543 | 274997 | 97419 | 43711 | | 45741 | 14621 |
| 贵州 | 265543 | 248841 | 137143 | 48531 | 19130 | | 12733 | 12854 |
| 云南 | 572816 | 501761 | 243380 | 77130 | 58368 | | 18337 | 21384 |
| 西藏 | 28514 | 20300 | 13025 | 4298 | 4635 | | 101 | 654 |
| 陕西 | 337153 | 322025 | 158685 | 62747 | 31003 | | 15676 | 10701 |
| 甘肃 | 231332 | 215544 | 120228 | 42631 | 21726 | | 13811 | 5696 |
| 青海 | 86946 | 82916 | 43195 | 16887 | 9754 | | 1103 | 1751 |
| 宁夏 | 92195 | 82613 | 36904 | 17199 | 6415 | | 539 | 2371 |
| 新疆 | 283873 | 262421 | 158188 | 68668 | 30428 | | 5752 | 7427 |

## 教育经费支出明细

单位:千元

| 支出 | | | | | | | | | 基建支出 | |
|---|---|---|---|---|---|---|---|---|---|---|
| 部分 | | 公用部分 | | | | | | | | |
| 社会保障费 | 奖贷助学金 | 小计 | 公务费 | 业务费 | 设备购置费 | 修缮费 | 业务招待费 | 其他费用 | 计 | 其中:自筹基建 |
| **1321214** | **540980** | **6474674** | **1756378** | **1207078** | **1462680** | **1283751** | **96559** | **668228** | **1474013** | **1081127** |
| 52128 | 55630 | 246129 | 63845 | 54811 | 52323 | 56620 | 1552 | 16978 | 24172 | 18622 |
| 34965 | 6441 | 114857 | 39313 | 17875 | 21119 | 23829 | 1152 | 11569 | 2281 | 1681 |
| 61268 | 34675 | 244897 | 90809 | 34681 | 50833 | 39108 | 3725 | 25741 | 28369 | 26869 |
| 35053 | 24995 | 220185 | 67099 | 33831 | 45923 | 49396 | 3436 | 20500 | 39747 | 29577 |
| 23537 | 10761 | 136303 | 45821 | 28606 | 24429 | 28150 | 1136 | 8161 | 15060 | 12450 |
| 80550 | 21764 | 347325 | 127641 | 43485 | 93377 | 61706 | 2438 | 18678 | 30235 | 19235 |
| 39198 | 8258 | 196845 | 89481 | 40733 | 25606 | 26363 | 746 | 13916 | 11980 | 11880 |
| 35565 | 14468 | 178990 | 52527 | 31317 | 35345 | 48357 | 1451 | 9993 | 32686 | 26071 |
| 72356 | 16316 | 268995 | 62277 | 37902 | 74480 | 68026 | 4610 | 21700 | 106877 | 88256 |
| 84072 | 19504 | 345445 | 106461 | 56327 | 76902 | 62393 | 6373 | 36989 | 105097 | 94247 |
| 56980 | 28198 | 270036 | 56093 | 61785 | 65980 | 44493 | 4464 | 37221 | 76550 | 32950 |
| 33193 | 9686 | 151883 | 34892 | 27929 | 30744 | 30808 | 3527 | 23983 | 38414 | 30667 |
| 49480 | 28615 | 217742 | 44064 | 32197 | 63806 | 49461 | 3598 | 24616 | 72931 | 61906 |
| 28479 | 17023 | 144034 | 32703 | 27879 | 34963 | 34814 | 3295 | 10380 | 62713 | 42231 |
| 82178 | 34752 | 506992 | 157936 | 92621 | 104395 | 92157 | 7619 | 52264 | 117277 | 92877 |
| 58201 | 38843 | 354987 | 107346 | 57278 | 84234 | 68199 | 6107 | 31823 | 101668 | 61768 |
| 37441 | 4275 | 192219 | 44532 | 50921 | 26939 | 39974 | 5578 | 24275 | 44005 | 35080 |
| 24905 | 10164 | 177034 | 34954 | 48811 | 31628 | 34651 | 4804 | 22186 | 41469 | 36889 |
| 113433 | 29034 | 658111 | 134793 | 120633 | 169048 | 133566 | 9306 | 90765 | 193992 | 137786 |
| 49264 | 17647 | 250148 | 54041 | 53580 | 50492 | 48621 | 5135 | 38279 | 46257 | 37749 |
| 7049 | 1831 | 48197 | 11757 | 10793 | 10761 | 7836 | 617 | 6433 | 10737 | 10497 |
| 27529 | 8677 | 128101 | 27749 | 28323 | 35614 | 22293 | 1212 | 12910 | 34236 | 22526 |
| 58987 | 14518 | 249546 | 54239 | 57284 | 59293 | 46302 | 3880 | 28548 | 75309 | 62151 |
| 30470 | 13425 | 111698 | 26397 | 24870 | 24500 | 21520 | 1946 | 12465 | 16702 | 10502 |
| 44646 | 23515 | 258381 | 51916 | 51330 | 65685 | 57498 | 4057 | 27895 | 71055 | 23335 |
| 1662 | 1675 | 7275 | 2649 | 1511 | 535 | 2254 | 37 | 289 | 8214 | |
| 24635 | 13923 | 163340 | 43544 | 36576 | 38461 | 28935 | 1422 | 14402 | 15128 | 13218 |
| 19743 | 16621 | 95316 | 29569 | 15559 | 22328 | 18142 | 1718 | 8000 | 15788 | 14588 |
| 11450 | 2250 | 39721 | 13275 | 4921 | 7200 | 10908 | 291 | 3126 | 4030 | 4030 |
| 7353 | 3027 | 45709 | 14818 | 7960 | 11035 | 7298 | 635 | 3963 | 9582 | 7232 |
| 35444 | 10469 | 104233 | 33837 | 14749 | 24702 | 20073 | 692 | 10180 | 21452 | 14257 |

## 4－13　分地区地方中等师范学校

| | 总计 | 事业性经费 | | | | | | |
|---|---|---|---|---|---|---|---|---|
| | | 合 计 | 个人 | | | | | |
| | | | 小 计 | 基本工资 | 补助工资 | | 其他工资 | 职工福利费 |
| | | | | | 计 | 其中:民师补助 | | |
| **合 计** | **4257042** | **3763325** | **2059774** | **697337** | **404800** | | **218198** | **129705** |
| 北 京 | 60341 | 60341 | 43239 | 10289 | 4735 | | 14158 | 1721 |
| 天 津 | 48582 | 48582 | 33740 | 10027 | 7579 | | 4350 | 2603 |
| 河 北 | 263123 | 228179 | 127906 | 48065 | 19439 | | 15544 | 4779 |
| 山 西 | 176253 | 143102 | 70265 | 26045 | 15247 | | 3171 | 3027 |
| 内蒙古 | 73511 | 64007 | 35227 | 15739 | 5615 | | 2267 | 1738 |
| 辽 宁 | 94850 | 94224 | 56771 | 21486 | 14165 | | 1912 | 4171 |
| 吉 林 | 144232 | 130405 | 67341 | 30799 | 17806 | | 294 | 979 |
| 黑龙江 | 98154 | 98054 | 49760 | 21379 | 11192 | | 2302 | 3140 |
| 上 海 | 14370 | 14370 | 9764 | 3732 | 1166 | | 1671 | 560 |
| 江 苏 | 354462 | 249332 | 134701 | 30363 | 24860 | | 24911 | 16002 |
| 浙 江 | 174628 | 160250 | 91514 | 18956 | 20490 | | 15735 | 4786 |
| 安 徽 | 169151 | 139024 | 72254 | 23925 | 14366 | | 4752 | 5103 |
| 福 建 | 120563 | 113813 | 68251 | 18158 | 15733 | | 9679 | 3216 |
| 江 西 | 114352 | 97405 | 56105 | 20249 | 10226 | | 6969 | 3275 |
| 山 东 | 322893 | 278248 | 145060 | 49110 | 28967 | | 15072 | 6003 |
| 河 南 | 304994 | 275702 | 142743 | 50071 | 28812 | | 12873 | 7451 |
| 湖 北 | 155440 | 138341 | 72965 | 28199 | 20067 | | 3507 | 3022 |
| 湖 南 | 160866 | 157478 | 87037 | 24766 | 15837 | | 15415 | 7366 |
| 广 东 | 318726 | 287175 | 147846 | 43736 | 37476 | | 13431 | 17785 |
| 广 西 | 160793 | 144646 | 73868 | 27304 | 8413 | | 12114 | 3584 |
| 海 南 | 56415 | 51283 | 24655 | 8162 | 4215 | | 2976 | 2512 |
| 重 庆 | 76392 | 73024 | 44506 | 16508 | 4902 | | 5857 | 3893 |
| 四 川 | 201690 | 193746 | 106235 | 41752 | 17390 | | 10387 | 6091 |
| 贵 州 | 101169 | 94531 | 46922 | 17676 | 4788 | | 4719 | 4143 |
| 云 南 | 128829 | 127279 | 73780 | 22913 | 18492 | | 2245 | 4871 |
| 西 藏 | 9076 | 5876 | 4596 | 1119 | 1614 | | 224 | 82 |
| 陕 西 | 134794 | 108235 | 53196 | 19448 | 10012 | | 3156 | 2370 |
| 甘 肃 | 77138 | 70878 | 47799 | 16141 | 6973 | | 6188 | 2408 |
| 青 海 | 25218 | 24143 | 16461 | 6055 | 3535 | | 667 | 343 |
| 宁 夏 | 14957 | 14587 | 8071 | 3907 | 783 | | 431 | 648 |
| 新 疆 | 101080 | 77065 | 47196 | 21258 | 9905 | | 1221 | 2033 |

## 教育经费支出明细

单位：千元

| 支出部分 | | | | | | | | | 基建支出 | |
|---|---|---|---|---|---|---|---|---|---|---|
| | | 公用部分 | | | | | | | 计 | 其中：自筹基建 |
| 社会保障费 | 奖贷助学金 | 小计 | 公务费 | 业务费 | 设备购置费 | 修缮费 | 业务招待费 | 其他费用 | | |
| **365625** | **244109** | **1703551** | **478342** | **189337** | **363823** | **487947** | **22079** | **162023** | **493717** | **434885** |
| 9386 | 2950 | 17102 | 7014 | 764 | 2073 | 6380 | 47 | 824 | | |
| 7635 | 1546 | 14842 | 6688 | 1157 | 3552 | 2752 | 53 | 640 | | |
| 21067 | 19012 | 100273 | 33974 | 8094 | 22929 | 22303 | 1108 | 11865 | 34944 | 34944 |
| 9760 | 13015 | 72837 | 18929 | 6702 | 17145 | 25178 | 641 | 4242 | 33151 | 30961 |
| 6017 | 3851 | 28780 | 8955 | 1594 | 5332 | 10992 | 215 | 1692 | 9504 | 8644 |
| 9680 | 5357 | 37453 | 19310 | 3823 | 6585 | 5521 | 163 | 2051 | 626 | 26 |
| 10948 | 6515 | 63064 | 28209 | 5446 | 10004 | 13707 | 212 | 5486 | 13827 | 13827 |
| 9252 | 2495 | 48294 | 20580 | 4303 | 8306 | 11478 | 464 | 3163 | 100 | |
| 1754 | 881 | 4606 | 1369 | 183 | 946 | 1911 | 18 | 179 | | |
| 25060 | 13505 | 114631 | 28566 | 19264 | 24334 | 25379 | 1537 | 15551 | 105130 | 104630 |
| 19455 | 12092 | 68736 | 13061 | 8539 | 17165 | 18275 | 1544 | 10152 | 14378 | 12637 |
| 16383 | 7725 | 66770 | 15868 | 7503 | 16530 | 17559 | 655 | 8655 | 30127 | 30127 |
| 14229 | 7236 | 45562 | 9828 | 4198 | 9133 | 18650 | 648 | 3105 | 6750 | 2600 |
| 8791 | 6595 | 41300 | 11207 | 4275 | 8581 | 11274 | 1291 | 4672 | 16947 | 15347 |
| 24683 | 21225 | 133188 | 33755 | 10426 | 32375 | 46094 | 1333 | 9205 | 44645 | 42345 |
| 21824 | 21712 | 132959 | 44619 | 10442 | 33262 | 35371 | 1991 | 7274 | 29292 | 24892 |
| 13076 | 5094 | 65376 | 17489 | 11046 | 12031 | 12401 | 1154 | 11255 | 17099 | 16999 |
| 17910 | 5743 | 70441 | 18612 | 7969 | 9766 | 23404 | 1268 | 9422 | 3388 | 3288 |
| 25533 | 9885 | 139329 | 35795 | 18248 | 23099 | 47123 | 1405 | 13659 | 31551 | 19102 |
| 12365 | 10088 | 70778 | 12781 | 8448 | 17428 | 19448 | 1322 | 11351 | 16147 | 8390 |
| 3388 | 3402 | 26628 | 5992 | 2285 | 8511 | 8907 | 255 | 678 | 5132 | 5132 |
| 10993 | 2353 | 28518 | 6306 | 2401 | 6440 | 9109 | 240 | 4022 | 3368 | 1568 |
| 20660 | 9955 | 87511 | 14434 | 11520 | 18713 | 34412 | 1953 | 6479 | 7944 | 6474 |
| 6887 | 8709 | 47609 | 8246 | 6124 | 14905 | 12633 | 829 | 4872 | 6638 | 5438 |
| 10341 | 14918 | 53499 | 12347 | 8107 | 9130 | 18420 | 856 | 4639 | 1550 | 250 |
| 465 | 1092 | 1280 | 779 | 118 | 220 | 19 | 16 | 128 | 3200 | |
| 7006 | 11204 | 55039 | 16877 | 7601 | 13969 | 13322 | 474 | 2796 | 26559 | 26019 |
| 6547 | 9542 | 23079 | 9215 | 3164 | 3800 | 5426 | 102 | 1372 | 6260 | 3270 |
| 2573 | 3288 | 7682 | 3485 | 635 | 987 | 2058 | 50 | 467 | 1075 | |
| 1753 | 549 | 6516 | 2584 | 601 | 944 | 1742 | | 645 | 370 | 370 |
| 10204 | 2575 | 29869 | 11468 | 4357 | 5628 | 6699 | 235 | 1482 | 24015 | 17605 |

# 4－14　分地区中央部门成人中专学校

| | 总计 | 事业性经费 | | | | | | |
|---|---|---|---|---|---|---|---|---|
| | | 合计 | 个人 | | | | | |
| | | | 小计 | 基本工资 | 补助工资 | | 其他工资 | 职工福利费 |
| | | | | | 计 | 其中:民师补助 | | |
| **合计** | **34250** | **33842** | **14520** | **5491** | **3024** | | **1673** | **1686** |
| 北京 | | | | | | | | |
| 天津 | | | | | | | | |
| 河北 | | | | | | | | |
| 山西 | | | | | | | | |
| 内蒙古 | | | | | | | | |
| 辽宁 | | | | | | | | |
| 吉林 | | | | | | | | |
| 黑龙江 | | | | | | | | |
| 上海 | | | | | | | | |
| 江苏 | 24037 | 24037 | 7893 | 1944 | 1496 | | 1560 | 1080 |
| 浙江 | | | | | | | | |
| 安徽 | | | | | | | | |
| 福建 | | | | | | | | |
| 江西 | | | | | | | | |
| 山东 | | | | | | | | |
| 河南 | | | | | | | | |
| 湖北 | | | | | | | | |
| 湖南 | | | | | | | | |
| 广东 | | | | | | | | |
| 广西 | | | | | | | | |
| 海南 | | | | | | | | |
| 重庆 | 1192 | 1192 | 715 | 366 | 110 | | 113 | 38 |
| 四川 | 3461 | 3161 | 2498 | 923 | 1196 | | | |
| 贵州 | | | | | | | | |
| 云南 | 1026 | 1026 | 824 | 251 | 222 | | | 231 |
| 西藏 | | | | | | | | |
| 陕西 | | | | | | | | |
| 甘肃 | 3788 | 3680 | 2150 | 1828 | | | | 262 |
| 青海 | | | | | | | | |
| 宁夏 | | | | | | | | |
| 新疆 | 746 | 746 | 440 | 179 | | | | 75 |

## 教育经费支出明细

单位:千元

| 支出部分 | | 公用部分 | | | | | | | 基建支出 | |
|---|---|---|---|---|---|---|---|---|---|---|
| 社会保障费 | 奖贷助学金 | 小计 | 公务费 | 业务费 | 设备购置费 | 修缮费 | 业务招待费 | 其他费用 | 计 | 其中:自筹基建 |
| **2589** | **57** | **19322** | **2597** | **2973** | **7080** | **1481** | **616** | **4575** | **408** | **300** |
| | | | | | | | | | | |
| | | | | | | | | | | |
| | | | | | | | | | | |
| | | | | | | | | | | |
| | | | | | | | | | | |
| | | | | | | | | | | |
| | | | | | | | | | | |
| | | | | | | | | | | |
| | | | | | | | | | | |
| 1757 | 56 | 16144 | 1862 | 2456 | 6798 | 1206 | 571 | 3251 | | |
| | | | | | | | | | | |
| | | | | | | | | | | |
| | | | | | | | | | | |
| | | | | | | | | | | |
| | | | | | | | | | | |
| | | | | | | | | | | |
| | | | | | | | | | | |
| | | | | | | | | | | |
| | | | | | | | | | | |
| | | | | | | | | | | |
| | | | | | | | | | | |
| 88 | | 477 | 162 | 170 | 109 | 23 | | 13 | | |
| 378 | 1 | 663 | 175 | 177 | 78 | 107 | 32 | 94 | 300 | 300 |
| | | | | | | | | | | |
| 120 | | 202 | 50 | 50 | | 47 | | 55 | | |
| | | | | | | | | | | |
| 60 | | 1530 | 193 | 96 | 55 | 97 | | 1089 | 108 | |
| | | | | | | | | | | |
| | | | | | | | | | | |
| 186 | | 306 | 155 | 24 | 40 | 1 | 13 | 73 | | |

# 4－15　分地区地方成人中专学校

| 地区 | 总计 | 事业性经费 | | | | | | |
|---|---|---|---|---|---|---|---|---|
| | | 合计 | 个人 | | | | | |
| | | | 小计 | 基本工资 | 补助工资 | | 其他工资 | 职工福利费 |
| | | | | | 计 | 其中:民师补助 | | |
| **合计** | **3378176** | **3210040** | **1785173** | **742824** | **357567** | | **157376** | **101126** |
| 北京 | 79921 | 79881 | 40172 | 9759 | 7350 | | 11874 | 2891 |
| 天津 | 104218 | 100827 | 57091 | 18875 | 13477 | | 4193 | 2574 |
| 河北 | 134190 | 131106 | 77172 | 40325 | 11246 | | 3590 | 2161 |
| 山西 | 55714 | 55484 | 37102 | 20489 | 5748 | | 628 | 997 |
| 内蒙古 | 84414 | 84114 | 51513 | 27462 | 9314 | | 1798 | 1770 |
| 辽宁 | 202344 | 201877 | 126285 | 51429 | 24901 | | 4469 | 5921 |
| 吉林 | 102808 | 102628 | 73462 | 39391 | 16661 | | | 735 |
| 黑龙江 | 39892 | 39832 | 29650 | 14818 | 5429 | | 864 | 1304 |
| 上海 | 160123 | 158968 | 92937 | 33845 | 16008 | | 17459 | 8005 |
| 江苏 | 324850 | 305035 | 160354 | 52978 | 39434 | | 25122 | 11841 |
| 浙江 | 148866 | 138981 | 67591 | 18310 | 16871 | | 11141 | 5103 |
| 安徽 | 49720 | 45674 | 22299 | 8156 | 4511 | | 2028 | 1169 |
| 福建 | 148296 | 147856 | 82604 | 29002 | 18668 | | 9089 | 5046 |
| 江西 | 69556 | 63351 | 39232 | 18729 | 5986 | | 2267 | 2094 |
| 山东 | 200214 | 192152 | 117372 | 48925 | 27854 | | 10043 | 3990 |
| 河南 | 203431 | 192704 | 99376 | 50309 | 17928 | | 3829 | 3905 |
| 湖北 | 93320 | 81497 | 49096 | 23073 | 11208 | | 1548 | 2848 |
| 湖南 | 161977 | 154599 | 81069 | 37570 | 12667 | | 6143 | 4210 |
| 广东 | 519067 | 459946 | 198168 | 69088 | 47701 | | 24055 | 18977 |
| 广西 | 64983 | 61097 | 35167 | 17337 | 4006 | | 2928 | 1856 |
| 海南 | 21576 | 19960 | 10677 | 5866 | 1593 | | 556 | 1239 |
| 重庆 | 74092 | 73493 | 40024 | 16994 | 5321 | | 3378 | 2745 |
| 四川 | 132839 | 131689 | 85720 | 39718 | 10704 | | 4504 | 5048 |
| 贵州 | 4615 | 4615 | 2404 | 1003 | 446 | | 163 | 212 |
| 云南 | 78816 | 77863 | 42508 | 17632 | 11707 | | 1428 | 1730 |
| 西藏 | | | | | | | | |
| 陕西 | 25121 | 23755 | 15418 | 8432 | 1694 | | 828 | 462 |
| 甘肃 | 32587 | 30863 | 19380 | 8655 | 3098 | | 2371 | 657 |
| 青海 | 191 | 191 | 131 | 70 | 38 | | | 8 |
| 宁夏 | 27266 | 17953 | 9463 | 5079 | 1238 | | 578 | 513 |
| 新疆 | 33169 | 32049 | 21736 | 9505 | 4760 | | 502 | 1115 |

## 教育经费支出明细

单位:千元

| 支出部分 | | 公用部分 | | | | | | | 基建支出 | |
|---|---|---|---|---|---|---|---|---|---|---|
| 社会保障费 | 奖贷助学金 | 小计 | 公务费 | 业务费 | 设备购置费 | 修缮费 | 业务招待费 | 其他费用 | 计 | 其中:自筹基建 |
| **417613** | **8667** | **1424867** | **401084** | **315035** | **256000** | **231571** | **28791** | **192386** | **168136** | **140382** |
| 7591 | 707 | 39709 | 10870 | 10604 | 7102 | 5733 | 243 | 5157 | 40 | 40 |
| 17776 | 196 | 43736 | 13933 | 7137 | 8367 | 5176 | 282 | 8841 | 3391 | 3391 |
| 19461 | 389 | 53934 | 17723 | 10538 | 9356 | 11205 | 818 | 4294 | 3084 | 2134 |
| 9017 | 223 | 18382 | 5567 | 4237 | 3517 | 4018 | 267 | 776 | 230 | 130 |
| 11127 | 42 | 32601 | 14507 | 4586 | 4389 | 7000 | 254 | 1865 | 300 | |
| 38707 | 858 | 75592 | 24448 | 15384 | 13699 | 13076 | 1108 | 7877 | 467 | |
| 16675 | | 29166 | 13884 | 2764 | 2672 | 3910 | 98 | 5838 | 180 | 180 |
| 7217 | 18 | 10182 | 4349 | 1267 | 1788 | 1437 | 141 | 1200 | 60 | |
| 16874 | 746 | 66031 | 12397 | 14248 | 8804 | 7495 | 1273 | 21814 | 1155 | 1155 |
| 30481 | 498 | 144681 | 48197 | 36209 | 21045 | 18989 | 3197 | 17044 | 19815 | 19715 |
| 16043 | 123 | 71390 | 15481 | 15480 | 22493 | 8138 | 1799 | 7999 | 9885 | 9585 |
| 6423 | 12 | 23375 | 5627 | 2883 | 4508 | 5719 | 690 | 3948 | 4046 | 4046 |
| 19946 | 853 | 65252 | 13604 | 20116 | 11375 | 9840 | 1520 | 8797 | 440 | 120 |
| 9732 | 424 | 24119 | 7594 | 5366 | 2760 | 3717 | 1213 | 3469 | 6205 | 5383 |
| 26455 | 105 | 74780 | 29456 | 11432 | 14407 | 11312 | 1441 | 6732 | 8062 | 7522 |
| 22838 | 567 | 93328 | 32077 | 14570 | 20809 | 13563 | 1492 | 10817 | 10727 | 10274 |
| 10374 | 45 | 32401 | 8700 | 8558 | 4914 | 5359 | 1292 | 3578 | 11823 | 11643 |
| 20450 | 29 | 73530 | 21073 | 20882 | 7695 | 10745 | 2449 | 10686 | 7378 | 7378 |
| 37503 | 844 | 261778 | 53681 | 63011 | 49687 | 54540 | 5478 | 35381 | 59121 | 44709 |
| 8805 | 235 | 25930 | 6603 | 5145 | 3613 | 4510 | 880 | 5179 | 3886 | 3806 |
| 1344 | 79 | 9283 | 2054 | 1151 | 1781 | 1374 | 281 | 2642 | 1616 | 1586 |
| 11286 | 300 | 33469 | 7356 | 9089 | 7134 | 5572 | 454 | 3864 | 599 | 499 |
| 25601 | 145 | 45969 | 11376 | 12667 | 7434 | 7694 | 782 | 6016 | 1150 | 910 |
| 568 | 12 | 2211 | 1246 | 390 | 132 | 102 | 5 | 336 | | |
| 9225 | 786 | 35355 | 7079 | 6831 | 10890 | 5255 | 888 | 4412 | 953 | 803 |
| 3986 | 16 | 8337 | 2797 | 2343 | 971 | 1222 | 123 | 881 | 1366 | 1256 |
| 4508 | 91 | 11483 | 3843 | 2901 | 1910 | 1117 | 79 | 1633 | 1724 | 1724 |
| 15 | | 60 | 31 | 18 | 3 | 4 | 2 | 2 | | |
| 1748 | 307 | 8490 | 2004 | 3194 | 1362 | 1055 | 94 | 781 | 9313 | 1273 |
| 5837 | 17 | 10313 | 3527 | 2034 | 1383 | 2694 | 148 | 527 | 1120 | 1120 |

## 4-16 分地区中央部门技工学校

| | 总计 | 事业性经费 | | | | | | |
|---|---|---|---|---|---|---|---|---|
| | | 合计 | 个人 | | | | | |
| | | | 小计 | 基本工资 | 补助工资 | | 其他工资 | 职工福利费 |
| | | | | | 计 | 其中:民师补助 | | |
| **合计** | **86868** | **74899** | **33617** | **22258** | **2304** | | **989** | **3351** |
| 北京 | | | | | | | | |
| 天津 | | | | | | | | |
| 河北 | 6536 | 6536 | 3260 | 1278 | 282 | | 853 | 103 |
| 山西 | | | | | | | | |
| 内蒙古 | 2846 | 2846 | 1483 | 760 | 500 | | | 30 |
| 辽宁 | | | | | | | | |
| 吉林 | | | | | | | | |
| 黑龙江 | | | | | | | | |
| 上海 | | | | | | | | |
| 江苏 | | | | | | | | |
| 浙江 | | | | | | | | |
| 安徽 | | | | | | | | |
| 福建 | | | | | | | | |
| 江西 | | | | | | | | |
| 山东 | | | | | | | | |
| 河南 | | | | | | | | |
| 湖北 | | | | | | | | |
| 湖南 | | | | | | | | |
| 广东 | | | | | | | | |
| 广西 | | | | | | | | |
| 海南 | | | | | | | | |
| 重庆 | 13961 | 10827 | 5255 | 3505 | 682 | | | |
| 四川 | | | | | | | | |
| 贵州 | | | | | | | | |
| 云南 | | | | | | | | |
| 西藏 | | | | | | | | |
| 陕西 | | | | | | | | |
| 甘肃 | 53164 | 47164 | 20204 | 15384 | | | | 2800 |
| 青海 | | | | | | | | |
| 宁夏 | | | | | | | | |
| 新疆 | 10361 | 7526 | 3415 | 1331 | 840 | | 136 | 418 |

## 教育经费支出明细

单位:千元

| 支出部分 | | 公用部分 | | | | | | | 基建支出 | |
|---|---|---|---|---|---|---|---|---|---|---|
| 社会保障费 | 奖贷助学金 | 小计 | 公务费 | 业务费 | 设备购置费 | 修缮费 | 业务招待费 | 其他费用 | 计 | 其中:自筹基建 |
| **2363** | **2352** | **41282** | **17744** | **5355** | **4281** | **9388** | **362** | **4152** | **11969** | **4469** |
| 548 | 196 | 3276 | 1633 | 1052 | 158 | 266 | 86 | 81 | | |
| 71 | 122 | 1363 | 649 | 430 | 162 | 120 | 2 | | | |
| 690 | 378 | 5572 | 1215 | 1018 | 467 | 2108 | | 764 | 3134 | 3134 |
| 420 | 1600 | 26960 | 13240 | 2200 | 3160 | 5280 | 160 | 2920 | 6000 | |
| 634 | 56 | 4111 | 1007 | 655 | 334 | 1614 | 114 | 387 | 2835 | 1335 |

## 4－17 分地区地方技工学校

| | 总计 | 事业性经费 | | | | | | |
|---|---|---|---|---|---|---|---|---|
| | | 合计 | 个人 | | | | | |
| | | | 小计 | 基本工资 | 补助工资 | | 其他工资 | 职工福利费 |
| | | | | | 计 | 其中:民师补助 | | |
| **合计** | **1910053** | **1710886** | **944406** | **381765** | **204634** | | **107812** | **65686** |
| 北京 | | | | | | | | |
| 天津 | | | | | | | | |
| 河北 | 50777 | 49541 | 32356 | 19573 | 3472 | | 2327 | 1201 |
| 山西 | 35677 | 35627 | 20282 | 9031 | 4819 | | 1099 | 1676 |
| 内蒙古 | 42543 | 42538 | 25280 | 13276 | 3894 | | 1340 | 1269 |
| 辽宁 | 78550 | 78550 | 51971 | 23775 | 11405 | | 2655 | 2746 |
| 吉林 | 44880 | 43854 | 27058 | 19375 | 4668 | | 3 | 1117 |
| 黑龙江 | 23154 | 22916 | 13225 | 6920 | 2811 | | | 585 |
| 上海 | 9037 | 5277 | 4286 | 1657 | 978 | | 263 | 394 |
| 江苏 | 103907 | 96271 | 56612 | 22041 | 11868 | | 9547 | 3689 |
| 浙江 | 141819 | 109824 | 51124 | 13324 | 11998 | | 8549 | 6998 |
| 安徽 | 3189 | 3189 | 2010 | 847 | 360 | | 385 | 86 |
| 福建 | 101040 | 88546 | 50616 | 15119 | 12919 | | 8514 | 2187 |
| 江西 | | | | | | | | |
| 山东 | 309879 | 282258 | 154945 | 61852 | 33743 | | 20471 | 9188 |
| 河南 | 137647 | 131528 | 76426 | 30405 | 18501 | | 4242 | 3956 |
| 湖北 | 61372 | 61018 | 33018 | 17015 | 5912 | | 2541 | 3833 |
| 湖南 | 44124 | 42754 | 24546 | 10439 | 6471 | | 1888 | 1828 |
| 广东 | 364911 | 284354 | 131404 | 36505 | 34850 | | 28114 | 12647 |
| 广西 | 82922 | 76044 | 39869 | 15926 | 6734 | | 6530 | 3181 |
| 海南 | 19093 | 14228 | 7562 | 2548 | 1230 | | 1014 | 674 |
| 重庆 | 15445 | 15316 | 10324 | 5865 | 505 | | 1317 | 746 |
| 四川 | 24177 | 22525 | 15324 | 6356 | 3356 | | 978 | 852 |
| 贵州 | | | | | | | | |
| 云南 | 103427 | 93695 | 45969 | 15982 | 11974 | | 3052 | 2921 |
| 西藏 | | | | | | | | |
| 陕西 | 7350 | 7350 | 4140 | 1902 | 1047 | | 361 | 253 |
| 甘肃 | 1851 | 1851 | 1228 | 578 | 150 | | 16 | 82 |
| 青海 | 228 | 228 | 100 | 50 | 40 | | | |
| 宁夏 | 27078 | 25628 | 14549 | 8909 | 2649 | | 251 | 1041 |
| 新疆 | 75976 | 75976 | 50182 | 22495 | 8280 | | 2355 | 2536 |

## 教育经费支出明细

单位:千元

| 支出部分 | | | | | | | | | 基建支出 | |
|---|---|---|---|---|---|---|---|---|---|---|
| | | 公用部分 | | | | | | | | |
| 社会保障费 | 奖贷助学金 | 小计 | 公务费 | 业务费 | 设备购置费 | 修缮费 | 业务招待费 | 其他费用 | 计 | 其中:自筹基建 |
| **144317** | **40192** | **766480** | **217232** | **161848** | **167656** | **117198** | **14697** | **87849** | **199167** | **156624** |
| 4014 | 1769 | 17185 | 7518 | 1448 | 6696 | 1002 | 100 | 421 | 1236 | 1236 |
| 2444 | 1213 | 15345 | 4811 | 2801 | 2886 | 3061 | 282 | 1504 | 50 | 50 |
| 3549 | 1952 | 17258 | 6775 | 2426 | 3886 | 2565 | 222 | 1384 | 5 | 5 |
| 10933 | 457 | 26579 | 13519 | 4110 | 3798 | 2807 | 471 | 1874 | | |
| 1895 | | 16796 | 10770 | 2982 | 962 | 14 | | 2068 | 1026 | 1026 |
| 1710 | 1199 | 9691 | 2996 | 2597 | 2570 | 1171 | 95 | 262 | 238 | 238 |
| 984 | 10 | 991 | 460 | 83 | 316 | 83 | 40 | 9 | 3760 | 2560 |
| 8015 | 1452 | 39659 | 8823 | 8180 | 8702 | 7421 | 942 | 5591 | 7636 | 7636 |
| 8266 | 1989 | 58700 | 9877 | 19046 | 15146 | 5290 | 1867 | 7474 | 31995 | 27015 |
| 332 | | 1179 | 191 | 354 | 194 | 110 | 85 | 245 | | |
| 9161 | 2716 | 37930 | 9278 | 8817 | 9276 | 5470 | 754 | 4335 | 12494 | 10954 |
| 24457 | 5234 | 127313 | 40232 | 21089 | 26434 | 25723 | 2292 | 11543 | 27621 | 23111 |
| 15171 | 4151 | 55102 | 17759 | 9454 | 12893 | 12939 | 687 | 1370 | 6119 | 5569 |
| 3470 | 247 | 28000 | 6818 | 11504 | 3586 | 4584 | 363 | 1145 | 354 | 274 |
| 3532 | 388 | 18208 | 4778 | 5285 | 2218 | 3186 | 798 | 1943 | 1370 | 1370 |
| 12506 | 6782 | 152950 | 31265 | 31486 | 38732 | 19511 | 2965 | 28991 | 80557 | 58934 |
| 6679 | 819 | 36175 | 9282 | 9880 | 6348 | 4304 | 1143 | 5218 | 6878 | 6878 |
| 1124 | 972 | 6666 | 1776 | 1267 | 1329 | 892 | 99 | 1303 | 4865 | 4865 |
| 1236 | 655 | 4992 | 1683 | 1214 | 993 | 634 | 34 | 434 | 129 | 129 |
| 2501 | 1281 | 7201 | 2259 | 1809 | 1235 | 978 | 205 | 715 | 1652 | 1442 |
| 6767 | 5273 | 47726 | 12246 | 8565 | 11217 | 9032 | 650 | 6016 | 9732 | 2032 |
| 572 | 5 | 3210 | 832 | 1166 | 407 | 255 | 142 | 408 | | |
| 402 | | 623 | 424 | 44 | 35 | 116 | 2 | 2 | | |
| | 10 | 128 | 118 | | | | | 10 | | |
| 1699 | | 11079 | 3441 | 2288 | 2273 | 1140 | 179 | 1758 | 1450 | 1300 |
| 12898 | 1618 | 25794 | 9301 | 3953 | 5524 | 4910 | 280 | 1826 | | |

# 4－18　分地区中央部门中学

| | 总计 | 事业性经费 | | | | | | |
|---|---|---|---|---|---|---|---|---|
| | | 合计 | 个人 | | | | | |
| | | | 小计 | 基本工资 | 补助工资 | | 其他工资 | 职工福利费 |
| | | | | | 计 | 其中:民师补助 | | |
| **合计** | **218138** | **196805** | **98906** | **17233** | **42170** | | **11132** | **3106** |
| 北京 | 162809 | 142276 | 68334 | 8992 | 35711 | | 5170 | 1848 |
| 天津 | 9771 | 9771 | 6477 | 1978 | 1888 | | 365 | 341 |
| 河北 | | | | | | | | |
| 山西 | | | | | | | | |
| 内蒙古 | | | | | | | | |
| 辽宁 | | | | | | | | |
| 吉林 | | | | | | | | |
| 黑龙江 | | | | | | | | |
| 上海 | | | | | | | | |
| 江苏 | | | | | | | | |
| 浙江 | | | | | | | | |
| 安徽 | | | | | | | | |
| 福建 | | | | | | | | |
| 江西 | | | | | | | | |
| 山东 | | | | | | | | |
| 河南 | 2635 | 2635 | 2282 | 438 | 351 | | 113 | 44 |
| 湖北 | 24250 | 23450 | 13736 | 4285 | 2553 | | 2255 | 358 |
| 湖南 | | | | | | | | |
| 广东 | | | | | | | | |
| 广西 | | | | | | | | |
| 海南 | | | | | | | | |
| 重庆 | 12003 | 12003 | 6064 | 1290 | 401 | | 3133 | 114 |
| 四川 | | | | | | | | |
| 贵州 | | | | | | | | |
| 云南 | | | | | | | | |
| 西藏 | | | | | | | | |
| 陕西 | 6670 | 6670 | 2013 | 250 | 1266 | | 96 | 401 |
| 甘肃 | | | | | | | | |
| 青海 | | | | | | | | |
| 宁夏 | | | | | | | | |
| 新疆 | | | | | | | | |

# 教育经费支出明细

单位：千元

| 支出部分 | | 公用部分 | | | | | | | 基建支出 | |
|---|---|---|---|---|---|---|---|---|---|---|
| 社会保障费 | 奖贷助学金 | 小计 | 公务费 | 业务费 | 设备购置费 | 修缮费 | 业务招待费 | 其他费用 | 计 | 其中：自筹基建 |
| **24920** | **345** | **97899** | **14841** | **9352** | **23496** | **39072** | **395** | **10743** | **21333** | **21333** |
| 16528 | 85 | 73942 | 10551 | 7409 | 18138 | 32671 | 197 | 4976 | 20533 | 20533 |
| 1901 | 4 | 3294 | 783 | 372 | 924 | 288 | 6 | 921 | | |
| | | | | | | | | | | |
| | | | | | | | | | | |
| | | | | | | | | | | |
| | | | | | | | | | | |
| | | | | | | | | | | |
| | | | | | | | | | | |
| | | | | | | | | | | |
| | | | | | | | | | | |
| | | | | | | | | | | |
| | | | | | | | | | | |
| | | | | | | | | | | |
| | | | | | | | | | | |
| 1336 | | 353 | 76 | 51 | 25 | 148 | | 53 | | |
| 4132 | 153 | 9714 | 2327 | 754 | 2694 | 3170 | 158 | 611 | 800 | 800 |
| | | | | | | | | | | |
| | | | | | | | | | | |
| | | | | | | | | | | |
| | | | | | | | | | | |
| 1023 | 103 | 5939 | 527 | 397 | 1380 | 209 | 34 | 3392 | | |
| | | | | | | | | | | |
| | | | | | | | | | | |
| | | | | | | | | | | |
| | | | | | | | | | | |
| | | 4657 | 577 | 369 | 335 | 2586 | | 790 | | |
| | | | | | | | | | | |
| | | | | | | | | | | |
| | | | | | | | | | | |
| | | | | | | | | | | |

# 4－19 分地区地方中学

| | 总计 | 事业性经费 | | | | | | |
|---|---|---|---|---|---|---|---|---|
| | | 合 计 | 个 人 | | | | | |
| | | | 小 计 | 基 本 工 资 | 补助工资 | | 其 他 工 资 | 职 工 福利费 |
| | | | | | 计 | 其中:民师补助 | | |
| **合 计** | **100583915** | **90907807** | **56827651** | **26882878** | **12387716** | **140987** | **5208972** | **2600163** |
| 北 京 | 3218825 | 3038405 | 1839396 | 451049 | 165374 | | 688030 | 98998 |
| 天 津 | 1498780 | 1419761 | 820919 | 316196 | 205362 | | 56755 | 29039 |
| 河 北 | 4807923 | 4301564 | 2722220 | 1580569 | 479785 | 7504 | 158913 | 70534 |
| 山 西 | 2138643 | 2020659 | 1268721 | 748736 | 277921 | 21091 | 37018 | 40355 |
| 内蒙古 | 1535584 | 1470365 | 865471 | 505794 | 165351 | 5061 | 38446 | 28574 |
| 辽 宁 | 3605986 | 3468471 | 2172515 | 995797 | 471688 | 3771 | 76632 | 106995 |
| 吉 林 | 2078742 | 1974943 | 1142770 | 541429 | 334903 | 1179 | 11973 | 18549 |
| 黑龙江 | 2314979 | 2231834 | 1476617 | 832757 | 288630 | 6497 | 37290 | 47524 |
| 上 海 | 4497420 | 4149896 | 2631841 | 1072812 | 348082 | | 478441 | 185495 |
| 江 苏 | 8182323 | 6968076 | 4553527 | 1545879 | 1165209 | 23201 | 669645 | 261910 |
| 浙 江 | 6792510 | 5625054 | 3292748 | 987838 | 920089 | | 593209 | 270190 |
| 安 徽 | 3326227 | 3017054 | 1957957 | 958408 | 485406 | 2268 | 107069 | 78670 |
| 福 建 | 3561602 | 3388929 | 2049248 | 793713 | 533790 | | 288169 | 102394 |
| 江 西 | 2294166 | 2068356 | 1341283 | 817849 | 227132 | 4690 | 60409 | 57237 |
| 山 东 | 8422387 | 7505041 | 4782112 | 2223755 | 1196635 | 18551 | 486443 | 152415 |
| 河 南 | 5383175 | 4834756 | 2917052 | 1672897 | 573235 | 15145 | 108012 | 91276 |
| 湖 北 | 4463807 | 3956802 | 2558792 | 1302656 | 629695 | 6802 | 135274 | 100563 |
| 湖 南 | 4464489 | 4215742 | 2537213 | 1379543 | 395999 | 644 | 239032 | 123690 |
| 广 东 | 10189682 | 8796707 | 4878053 | 1940609 | 1509026 | 5782 | 393560 | 284290 |
| 广 西 | 2517905 | 2303292 | 1422823 | 830602 | 191946 | 4747 | 113811 | 50727 |
| 海 南 | 520505 | 478804 | 277458 | 159355 | 47907 | 1532 | 27081 | 19256 |
| 重 庆 | 1702539 | 1508736 | 1036353 | 564612 | 130503 | 839 | 79696 | 57795 |
| 四 川 | 4161907 | 3848432 | 2553584 | 1513124 | 360370 | 2148 | 106588 | 124958 |
| 贵 州 | 1120565 | 1062660 | 712991 | 458447 | 83481 | 749 | 23994 | 31476 |
| 云 南 | 2452709 | 2276210 | 1525418 | 681936 | 515491 | 36 | 41144 | 69403 |
| 西 藏 | 181655 | 146088 | 105681 | 45847 | 37924 | 59 | 2278 | 2988 |
| 陕 西 | 1869973 | 1759069 | 1158591 | 740344 | 165554 | 4769 | 55028 | 36391 |
| 甘 肃 | 1144905 | 1071134 | 757703 | 407208 | 170089 | 3801 | 63627 | 15443 |
| 青 海 | 302945 | 290525 | 220715 | 113355 | 58219 | 26 | 4752 | 3206 |
| 宁 夏 | 338661 | 326454 | 216936 | 150281 | 31298 | 8 | 1945 | 6670 |
| 新 疆 | 1492396 | 1383988 | 1030943 | 549481 | 221622 | 87 | 24708 | 33152 |

## 教育经费支出明细

单位:千元

| 支出部分 | | | | | | | | | 基建支出 | |
|---|---|---|---|---|---|---|---|---|---|---|
| | | 公用部分 | | | | | | | | |
| 社会保障费 | 奖贷助学金 | 小计 | 公务费 | 业务费 | 设备购置费 | 修缮费 | 业务招待费 | 其他费用 | 计 | 其中:自筹基建 |
| **9460107** | **287815** | **34080156** | **8219145** | **3655941** | **6838083** | **11683704** | **407879** | **3275404** | **9676108** | **7662137** |
| 428855 | 7090 | 1199009 | 323483 | 45301 | 234531 | 513481 | 5725 | 76488 | 180420 | 120780 |
| 211385 | 2182 | 598842 | 109936 | 28896 | 140314 | 190708 | 1122 | 127866 | 79019 | 64789 |
| 424816 | 7603 | 1579344 | 440215 | 150167 | 319646 | 562342 | 8263 | 98711 | 506359 | 475252 |
| 159444 | 5247 | 751938 | 219455 | 85881 | 151480 | 243169 | 6052 | 45901 | 117984 | 103709 |
| 120254 | 7052 | 604894 | 191903 | 31385 | 105686 | 238234 | 4149 | 33537 | 65219 | 39103 |
| 517348 | 4055 | 1295956 | 384744 | 95783 | 242049 | 464210 | 5564 | 103606 | 137515 | 52026 |
| 233235 | 2681 | 832173 | 265210 | 82271 | 141730 | 260939 | 2337 | 79686 | 103799 | 100769 |
| 269057 | 1359 | 755217 | 261773 | 73489 | 106543 | 263080 | 3245 | 47087 | 83145 | 66289 |
| 527026 | 19985 | 1518055 | 226125 | 108808 | 476218 | 644437 | 11199 | 51268 | 347524 | 236904 |
| 888204 | 22680 | 2414549 | 516392 | 184801 | 608466 | 781221 | 42441 | 281228 | 1214247 | 1157420 |
| 508817 | 12605 | 2332306 | 483978 | 226891 | 503811 | 750205 | 42523 | 324898 | 1167456 | 999391 |
| 322409 | 5995 | 1059097 | 260596 | 138463 | 192379 | 301796 | 20550 | 145313 | 309173 | 259229 |
| 310191 | 20991 | 1339681 | 190313 | 160295 | 253477 | 528044 | 27283 | 180269 | 172673 | 146356 |
| 172944 | 5712 | 727073 | 186329 | 103357 | 110052 | 223336 | 22611 | 81388 | 225810 | 208698 |
| 714569 | 8295 | 2722929 | 884507 | 299621 | 604986 | 713956 | 30442 | 189417 | 917346 | 836375 |
| 465436 | 6196 | 1917704 | 551276 | 297999 | 353898 | 574224 | 18575 | 121732 | 548419 | 497914 |
| 379743 | 10861 | 1398010 | 370184 | 188036 | 247801 | 401509 | 34534 | 155946 | 507005 | 486083 |
| 393631 | 5318 | 1678529 | 379222 | 250805 | 258042 | 592602 | 29271 | 168587 | 248747 | 237021 |
| 726655 | 23913 | 3918654 | 779580 | 463999 | 835791 | 1390170 | 32972 | 416142 | 1392975 | 518561 |
| 227798 | 7939 | 880469 | 179721 | 103314 | 122691 | 330881 | 11740 | 132122 | 214613 | 167734 |
| 21852 | 2007 | 201346 | 43040 | 25014 | 34258 | 66892 | 4045 | 28097 | 41701 | 33256 |
| 193461 | 10286 | 472383 | 82131 | 49261 | 105508 | 178417 | 4964 | 52102 | 193803 | 179383 |
| 428086 | 20458 | 1294848 | 213308 | 143396 | 241313 | 555669 | 15262 | 125900 | 313475 | 265624 |
| 110789 | 4804 | 349669 | 80642 | 62139 | 82156 | 85827 | 4867 | 34038 | 57905 | 43455 |
| 183037 | 34407 | 750792 | 144795 | 70962 | 113845 | 350935 | 9369 | 60886 | 176499 | 128718 |
| 8398 | 8246 | 40407 | 9115 | 2643 | 3613 | 12873 | 414 | 11749 | 35567 | |
| 159839 | 1435 | 600478 | 186605 | 109146 | 97208 | 167907 | 4467 | 35145 | 110904 | 94691 |
| 97856 | 3480 | 313431 | 93502 | 19935 | 51494 | 128425 | 683 | 19392 | 73771 | 42188 |
| 36916 | 4267 | 69810 | 31827 | 4883 | 7694 | 20125 | 252 | 5029 | 12420 | 1448 |
| 25640 | 1102 | 109518 | 29467 | 12583 | 20769 | 29037 | 1038 | 16624 | 12207 | 9491 |
| 192416 | 9564 | 353045 | 99771 | 36417 | 70634 | 119053 | 1920 | 25250 | 108408 | 89480 |

## 4－20　分地区中央部门普通中学

| | 总计 | 事业性经费 | | | | | | |
|---|---|---|---|---|---|---|---|---|
| | | 合计 | 个人 | | | | | |
| | | | 小计 | 基本工资 | 补助工资 | | 其他工资 | 职工福利费 |
| | | | | | 计 | 其中:民师补助 | | |
| **合计** | **218138** | **196805** | **98906** | **17233** | **42170** | | **11132** | **3106** |
| 北京 | 162809 | 142276 | 68334 | 8992 | 35711 | | 5170 | 1848 |
| 天津 | 9771 | 9771 | 6477 | 1978 | 1888 | | 365 | 341 |
| 河北 | | | | | | | | |
| 山西 | | | | | | | | |
| 内蒙古 | | | | | | | | |
| 辽宁 | | | | | | | | |
| 吉林 | | | | | | | | |
| 黑龙江 | | | | | | | | |
| 上海 | | | | | | | | |
| 江苏 | | | | | | | | |
| 浙江 | | | | | | | | |
| 安徽 | | | | | | | | |
| 福建 | | | | | | | | |
| 江西 | | | | | | | | |
| 山东 | | | | | | | | |
| 河南 | 2635 | 2635 | 2282 | 438 | 351 | | 113 | 44 |
| 湖北 | 24250 | 23450 | 13736 | 4285 | 2553 | | 2255 | 358 |
| 湖南 | | | | | | | | |
| 广东 | | | | | | | | |
| 广西 | | | | | | | | |
| 海南 | | | | | | | | |
| 重庆 | 12003 | 12003 | 6064 | 1290 | 401 | | 3133 | 114 |
| 四川 | | | | | | | | |
| 贵州 | | | | | | | | |
| 云南 | | | | | | | | |
| 西藏 | | | | | | | | |
| 陕西 | 6670 | 6670 | 2013 | 250 | 1266 | | 96 | 401 |
| 甘肃 | | | | | | | | |
| 青海 | | | | | | | | |
| 宁夏 | | | | | | | | |
| 新疆 | | | | | | | | |

## 教育经费支出明细

单位:千元

| 支出部分 | | 公用部分 | | | | | | | 基建支出 | |
|---|---|---|---|---|---|---|---|---|---|---|
| 社会保障费 | 奖贷助学金 | 小计 | 公务费 | 业务费 | 设备购置费 | 修缮费 | 业务招待费 | 其他费用 | 计 | 其中:自筹基建 |
| **24920** | **345** | **97899** | **14841** | **9352** | **23496** | **39072** | **395** | **10743** | **21333** | **21333** |
| 16528 | 85 | 73942 | 10551 | 7409 | 18138 | 32671 | 197 | 4976 | 20533 | 20533 |
| 1901 | 4 | 3294 | 783 | 372 | 924 | 288 | 6 | 921 | | |
| 1336 | | 353 | 76 | 51 | 25 | 148 | | 53 | | |
| 4132 | 153 | 9714 | 2327 | 754 | 2694 | 3170 | 158 | 611 | 800 | 800 |
| 1023 | 103 | 5939 | 527 | 397 | 1380 | 209 | 34 | 3392 | | |
| | | 4657 | 577 | 369 | 335 | 2586 | | 790 | | |

# 4-21　分地区地方普通中学

| | 总计 | 事业性经费 | | | | | | |
|---|---|---|---|---|---|---|---|---|
| | | 合 计 | 个 人 | | | | | |
| | | | 小 计 | 基 本 工 资 | 补助工资 | | 其 他 工 资 | 职 工 福利费 |
| | | | | | 计 | 其中:民师补助 | | |
| **合　计** | **100424516** | **90754440** | **56737796** | **26853064** | **12367381** | **140974** | **5190148** | **2593070** |
| 北　京 | 3212632 | 3032212 | 1835850 | 450240 | 164828 | | 686883 | 98819 |
| 天　津 | 1498780 | 1419761 | 820919 | 316196 | 205362 | | 56755 | 29039 |
| 河　北 | 4806179 | 4299820 | 2720960 | 1580010 | 479668 | 7504 | 158823 | 70486 |
| 山　西 | 2138633 | 2020649 | 1268721 | 748736 | 277921 | 21091 | 37018 | 40355 |
| 内蒙古 | 1535584 | 1470365 | 865471 | 505794 | 165351 | 5061 | 38446 | 28574 |
| 辽　宁 | 3605986 | 3468471 | 2172515 | 995797 | 471688 | 3771 | 76632 | 106995 |
| 吉　林 | 2077782 | 1973983 | 1141990 | 541209 | 334743 | 1179 | 11973 | 18509 |
| 黑龙江 | 2314979 | 2231834 | 1476617 | 832757 | 288630 | 6497 | 37290 | 47524 |
| 上　海 | 4460242 | 4112730 | 2609242 | 1066117 | 342951 | | 473120 | 183946 |
| 江　苏 | 8150219 | 6939710 | 4533230 | 1539067 | 1160827 | 23193 | 665389 | 260201 |
| 浙　江 | 6744433 | 5578983 | 3271188 | 981563 | 915124 | | 586964 | 267749 |
| 安　徽 | 3321935 | 3012773 | 1954948 | 956846 | 484654 | 2268 | 106902 | 78552 |
| 福　建 | 3554960 | 3382287 | 2046007 | 792997 | 532544 | | 287935 | 102232 |
| 江　西 | 2293821 | 2068011 | 1341068 | 817686 | 227116 | 4690 | 60384 | 57236 |
| 山　东 | 8422387 | 7505041 | 4782112 | 2223755 | 1196635 | 18551 | 486443 | 152415 |
| 河　南 | 5379046 | 4830627 | 2914017 | 1671404 | 572687 | 15145 | 107897 | 91139 |
| 湖　北 | 4463335 | 3956330 | 2558523 | 1302492 | 629661 | 6802 | 135233 | 100558 |
| 湖　南 | 4463502 | 4214755 | 2537106 | 1379496 | 395991 | 644 | 239012 | 123670 |
| 广　东 | 10182400 | 8789532 | 4873848 | 1939657 | 1507482 | 5782 | 392577 | 283921 |
| 广　西 | 2517671 | 2303058 | 1422725 | 830543 | 191944 | 4747 | 113811 | 50726 |
| 海　南 | 520505 | 478804 | 277458 | 159355 | 47907 | 1532 | 27081 | 19256 |
| 重　庆 | 1700256 | 1506582 | 1034943 | 563815 | 130295 | 839 | 79668 | 57685 |
| 四　川 | 4157195 | 3843749 | 2550876 | 1511439 | 359952 | 2143 | 106488 | 124795 |
| 贵　州 | 1120565 | 1062660 | 712991 | 458447 | 83481 | 749 | 23994 | 31476 |
| 云　南 | 2452563 | 2276064 | 1525281 | 681847 | 515449 | 36 | 41144 | 69397 |
| 西　藏 | 181655 | 146088 | 105681 | 45847 | 37924 | 59 | 2278 | 2988 |
| 陕　西 | 1869397 | 1758493 | 1158091 | 740184 | 165520 | 4769 | 54981 | 36385 |
| 甘　肃 | 1144905 | 1071134 | 757703 | 407208 | 170089 | 3801 | 63627 | 15443 |
| 青　海 | 302945 | 290525 | 220715 | 113355 | 58219 | 26 | 4752 | 3206 |
| 宁　夏 | 338661 | 326454 | 216936 | 150281 | 31298 | 8 | 1945 | 6670 |
| 新　疆 | 1491363 | 1382955 | 1030064 | 548924 | 221440 | 87 | 24703 | 33123 |

## 教育经费支出明细

单位：千元

| 支出 | | | | | | | | | 基建支出 | |
|---|---|---|---|---|---|---|---|---|---|---|
| 部分 | | 公用部分 | | | | | | | | |
| 社会保障费 | 奖贷助学金 | 小计 | 公务费 | 业务费 | 设备购置费 | 修缮费 | 业务招待费 | 其他费用 | 计 | 其中：自筹基建 |
| **9446517** | **287616** | **34016644** | **8203493** | **3639696** | **6827572** | **11672516** | **406093** | **3267274** | **9670076** | **7656105** |
| 427991 | 7089 | 1196362 | 322974 | 43409 | 234393 | 513410 | 5724 | 76452 | 180420 | 120780 |
| 211385 | 2182 | 598842 | 109936 | 28896 | 140314 | 190708 | 1122 | 127866 | 79019 | 64789 |
| 424370 | 7603 | 1578860 | 440081 | 149873 | 319641 | 562323 | 8234 | 98708 | 506359 | 475252 |
| 159444 | 5247 | 751928 | 219455 | 85871 | 151480 | 243169 | 6052 | 45901 | 117984 | 103709 |
| 120254 | 7052 | 604894 | 191903 | 31385 | 105686 | 238234 | 4149 | 33537 | 65219 | 39103 |
| 517348 | 4055 | 1295956 | 384744 | 95783 | 242049 | 464210 | 5564 | 103606 | 137515 | 52026 |
| 232875 | 2681 | 831993 | 265180 | 82221 | 141730 | 260919 | 2337 | 79606 | 103799 | 100769 |
| 269057 | 1359 | 755217 | 261773 | 73489 | 106543 | 263080 | 3245 | 47087 | 83145 | 66289 |
| 523259 | 19849 | 1503488 | 223304 | 104649 | 474568 | 641728 | 10671 | 48568 | 347512 | 236892 |
| 885077 | 22669 | 2406480 | 513971 | 183924 | 606278 | 779620 | 42323 | 280364 | 1210509 | 1153682 |
| 507221 | 12567 | 2307795 | 476881 | 223403 | 499013 | 745115 | 41659 | 321724 | 1165450 | 997385 |
| 321999 | 5995 | 1057825 | 260208 | 138031 | 192258 | 301622 | 20529 | 145177 | 309162 | 259218 |
| 309308 | 20991 | 1336280 | 189976 | 158047 | 253026 | 527818 | 27247 | 180166 | 172673 | 146356 |
| 172936 | 5710 | 726943 | 186267 | 103314 | 110052 | 223317 | 22609 | 81384 | 225810 | 208698 |
| 714569 | 8295 | 2722929 | 884507 | 299621 | 604986 | 713956 | 30442 | 189417 | 917346 | 836375 |
| 464694 | 6196 | 1916610 | 551130 | 297582 | 353871 | 573761 | 18534 | 121732 | 548419 | 497914 |
| 379718 | 10861 | 1397807 | 370107 | 187979 | 247801 | 401509 | 34503 | 155908 | 507005 | 486083 |
| 393619 | 5318 | 1677649 | 379142 | 250367 | 257712 | 592592 | 29269 | 168567 | 248747 | 237021 |
| 726305 | 23906 | 3915684 | 778854 | 462951 | 835334 | 1389940 | 32951 | 415654 | 1392868 | 518454 |
| 227762 | 7939 | 880333 | 179721 | 103178 | 122691 | 330881 | 11740 | 132122 | 214613 | 167734 |
| 21852 | 2007 | 201346 | 43040 | 25014 | 34258 | 66892 | 4045 | 28097 | 41701 | 33256 |
| 193197 | 10283 | 471639 | 81934 | 49014 | 105415 | 178338 | 4924 | 52014 | 193674 | 179254 |
| 427745 | 20457 | 1292873 | 212783 | 142994 | 241072 | 555194 | 15212 | 125618 | 313446 | 265595 |
| 110789 | 4804 | 349669 | 80642 | 62139 | 82156 | 85827 | 4867 | 34038 | 57905 | 43455 |
| 183037 | 34407 | 750783 | 144787 | 70962 | 113844 | 350935 | 9369 | 60886 | 176499 | 128718 |
| 8398 | 8246 | 40407 | 9115 | 2643 | 3613 | 12873 | 414 | 11749 | 35567 | |
| 159586 | 1435 | 600402 | 186536 | 109146 | 97208 | 167907 | 4467 | 35138 | 110904 | 94691 |
| 97856 | 3480 | 313431 | 93502 | 19935 | 51494 | 128425 | 683 | 19392 | 73771 | 42188 |
| 36916 | 4267 | 69810 | 31827 | 4883 | 7694 | 20125 | 252 | 5029 | 12420 | 1448 |
| 25640 | 1102 | 109518 | 29467 | 12583 | 20769 | 29037 | 1038 | 16624 | 12207 | 9491 |
| 192310 | 9564 | 352891 | 99746 | 36410 | 70623 | 119051 | 1918 | 25143 | 108408 | 89480 |

## 4－22 分地区中央部门高级中学

| | 总计 | 事业性经费 | | | | | | |
|---|---|---|---|---|---|---|---|---|
| | | 合 计 | 个人 | | | | | |
| | | | 小 计 | 基本工资 | 补助工资 | | 其他工资 | 职工福利费 |
| | | | | | 计 | 其中:民师补助 | | |
| 合 计 | **166114** | **147763** | **74231** | **12863** | **32273** | | **7974** | **2310** |
| 北 京 | 131717 | 113778 | 55555 | 7350 | 28911 | | 4070 | 1495 |
| 天 津 | 9771 | 9771 | 6477 | 1978 | 1888 | | 365 | 341 |
| 河 北 | | | | | | | | |
| 山 西 | | | | | | | | |
| 内蒙古 | | | | | | | | |
| 辽 宁 | | | | | | | | |
| 吉 林 | | | | | | | | |
| 黑龙江 | | | | | | | | |
| 上 海 | | | | | | | | |
| 江 苏 | | | | | | | | |
| 浙 江 | | | | | | | | |
| 安 徽 | | | | | | | | |
| 福 建 | | | | | | | | |
| 江 西 | | | | | | | | |
| 山 东 | | | | | | | | |
| 河 南 | | | | | | | | |
| 湖 北 | 16451 | 15651 | 8383 | 2703 | 1240 | | 1539 | 172 |
| 湖 南 | | | | | | | | |
| 广 东 | | | | | | | | |
| 广 西 | | | | | | | | |
| 海 南 | | | | | | | | |
| 重 庆 | 7361 | 7361 | 3775 | 748 | 192 | | 1992 | 78 |
| 四 川 | | | | | | | | |
| 贵 州 | | | | | | | | |
| 云 南 | | | | | | | | |
| 西 藏 | | | | | | | | |
| 陕 西 | 3950 | 3950 | 1192 | 148 | 750 | | 57 | 237 |
| 甘 肃 | | | | | | | | |
| 青 海 | | | | | | | | |
| 宁 夏 | | | | | | | | |
| 新 疆 | | | | | | | | |

## 教育经费支出明细

单位:千元

| 支出部分 | | 公用部分 | | | | | | | 基建支出 | |
|---|---|---|---|---|---|---|---|---|---|---|
| 社会保障费 | 奖贷助学金 | 小计 | 公务费 | 业务费 | 设备购置费 | 修缮费 | 业务招待费 | 其他费用 | 计 | 其中:自筹基建 |
| **18567** | **244** | **73532** | **11809** | **7030** | **17945** | **28578** | **160** | **8011** | **18351** | **18351** |
| 13667 | 62 | 58223 | 8845 | 5948 | 14516 | 24854 | 154 | 3906 | 17939 | 17939 |
| 1901 | 4 | 3294 | 783 | 372 | 924 | 288 | 6 | 921 | | |
| 2626 | 104 | 7269 | 1671 | 450 | 2020 | 2564 | | 564 | 800 | 800 |
| 696 | 70 | 3585 | 333 | 176 | 668 | 125 | 7 | 2276 | | |
| | | 2758 | 342 | 219 | 198 | 1531 | | 468 | | |

# 4－23 分地区地方高级中学

| | 总计 | 事业性经费 | | | | | | |
|---|---|---|---|---|---|---|---|---|
| | | 合计 | 个人 | | | | | |
| | | | 小计 | 基本工资 | 补助工资 | | 其他工资 | 职工福利费 |
| | | | | | 计 | 其中:民师补助 | | |
| **合计** | **33648304** | **29088101** | **15807510** | **6331122** | **3447876** | **7199** | **1886038** | **874813** |
| 北京 | 1266081 | 1201434 | 696701 | 154036 | 60613 | | 254949 | 38185 |
| 天津 | 667372 | 609891 | 299288 | 104008 | 67461 | | 32181 | 12514 |
| 河北 | 1634552 | 1346660 | 707806 | 352401 | 121691 | 51 | 66784 | 21360 |
| 山西 | 657160 | 611843 | 326104 | 167787 | 76371 | 771 | 15710 | 12097 |
| 内蒙古 | 506993 | 469128 | 235402 | 123457 | 45766 | 236 | 16792 | 9279 |
| 辽宁 | 1246012 | 1180841 | 566511 | 216978 | 136366 | 54 | 30866 | 35530 |
| 吉林 | 682573 | 638140 | 284213 | 119548 | 85235 | | 5245 | 5766 |
| 黑龙江 | 663867 | 609720 | 311093 | 153408 | 61627 | 17 | 12392 | 12748 |
| 上海 | 1581229 | 1398512 | 826331 | 314933 | 114409 | | 171497 | 55615 |
| 江苏 | 3350246 | 2695981 | 1584173 | 477368 | 359560 | 3418 | 284637 | 106117 |
| 浙江 | 2514075 | 2007406 | 1020317 | 261087 | 275574 | | 215327 | 84761 |
| 安徽 | 1184868 | 1036560 | 587715 | 238243 | 151033 | 270 | 39581 | 30019 |
| 福建 | 1055215 | 979974 | 552633 | 188480 | 135785 | | 77754 | 30976 |
| 江西 | 691345 | 606432 | 351375 | 185255 | 63661 | 555 | 21994 | 17558 |
| 山东 | 2977460 | 2378887 | 1177032 | 501482 | 291510 | 4 | 136320 | 48266 |
| 河南 | 1491339 | 1333301 | 663713 | 325284 | 133739 | 114 | 38872 | 29899 |
| 湖北 | 1608715 | 1307895 | 729179 | 304734 | 198738 | 242 | 62604 | 36705 |
| 湖南 | 1525942 | 1381480 | 703680 | 304902 | 119208 | 11 | 89229 | 49758 |
| 广东 | 3355799 | 2746735 | 1415476 | 473124 | 449213 | 432 | 129175 | 99600 |
| 广西 | 688370 | 610812 | 343792 | 158194 | 43838 | 269 | 45877 | 19667 |
| 海南 | 130635 | 120472 | 64576 | 33553 | 9426 | 205 | 10049 | 5633 |
| 重庆 | 498689 | 438685 | 274529 | 122371 | 39248 | 109 | 32826 | 16524 |
| 四川 | 1265108 | 1125605 | 649469 | 319790 | 101504 | 143 | 39040 | 40038 |
| 贵州 | 284212 | 267272 | 151236 | 82222 | 19484 | 8 | 6627 | 8479 |
| 云南 | 550017 | 508271 | 324286 | 130261 | 96298 | | 11357 | 16964 |
| 西藏 | 68139 | 49895 | 28171 | 11955 | 9648 | | 684 | 1245 |
| 陕西 | 602070 | 558188 | 309026 | 177885 | 43057 | 100 | 20805 | 12696 |
| 甘肃 | 325570 | 303275 | 209165 | 105415 | 42604 | 284 | 20486 | 4761 |
| 青海 | 98774 | 95988 | 70102 | 33316 | 17617 | | 1309 | 1151 |
| 宁夏 | 96533 | 92568 | 57604 | 37796 | 8048 | 5 | 744 | 1782 |
| 新疆 | 406633 | 385069 | 276520 | 136142 | 57030 | | 7530 | 11175 |

## 教育经费支出明细

单位:千元

| 支出部分 | | 公用部分 | | | | | | | 基建支出 | |
|---|---|---|---|---|---|---|---|---|---|---|
| 社会保障费 | 奖贷助学金 | 小计 | 公务费 | 业务费 | 设备购置费 | 修缮费 | 业务招待费 | 其他费用 | 计 | 其中:自筹基建 |
| **3146853** | **120808** | **13280591** | **3068870** | **1370018** | **2878991** | **4481511** | **138430** | **1342770** | **4560203** | **3565183** |
| 185874 | 3044 | 504733 | 117628 | 19794 | 97618 | 237394 | 1721 | 30578 | 64647 | 28440 |
| 82119 | 1004 | 310603 | 49886 | 13288 | 86707 | 105030 | 526 | 55167 | 57482 | 44642 |
| 140126 | 5442 | 638855 | 176092 | 59665 | 123574 | 217913 | 3038 | 58572 | 287891 | 276661 |
| 52007 | 2132 | 285738 | 78703 | 33535 | 66717 | 82386 | 2364 | 22033 | 45317 | 36189 |
| 37171 | 2938 | 233726 | 68682 | 13974 | 43569 | 90159 | 1899 | 15444 | 37865 | 25790 |
| 143106 | 3666 | 614330 | 166110 | 47249 | 114228 | 240992 | 2628 | 43123 | 65171 | 18560 |
| 67293 | 1127 | 353928 | 101441 | 42141 | 65545 | 101530 | 1053 | 42217 | 44433 | 44033 |
| 70421 | 497 | 298628 | 95159 | 31837 | 48677 | 106933 | 1375 | 14647 | 54147 | 42386 |
| 158326 | 11551 | 572181 | 92542 | 45885 | 193420 | 215511 | 4989 | 19835 | 182718 | 120259 |
| 344741 | 11750 | 1111808 | 228108 | 86116 | 295202 | 347693 | 18024 | 136664 | 654264 | 631200 |
| 177164 | 6404 | 987088 | 182093 | 91519 | 239143 | 330670 | 13935 | 129729 | 506669 | 399536 |
| 126064 | 2775 | 448846 | 100948 | 49501 | 93621 | 134221 | 7642 | 62912 | 148307 | 125600 |
| 113478 | 6160 | 427341 | 58364 | 48374 | 95384 | 159017 | 7165 | 59037 | 75241 | 68216 |
| 61397 | 1511 | 255056 | 61865 | 37444 | 43147 | 76511 | 5840 | 30249 | 84913 | 78646 |
| 193615 | 5840 | 1201855 | 346594 | 116047 | 281868 | 363241 | 10968 | 83137 | 598573 | 539750 |
| 132164 | 3755 | 669588 | 208049 | 94283 | 132254 | 178450 | 5821 | 50729 | 158038 | 138664 |
| 121134 | 5264 | 578716 | 148587 | 72519 | 106788 | 169020 | 11093 | 70708 | 300820 | 289031 |
| 138050 | 2533 | 677800 | 150623 | 94890 | 102458 | 233066 | 12214 | 84548 | 144463 | 138143 |
| 254710 | 9655 | 1331259 | 245941 | 141441 | 316728 | 485308 | 9935 | 131905 | 609064 | 207250 |
| 73718 | 2498 | 267020 | 48688 | 37622 | 42214 | 83422 | 3658 | 51416 | 77558 | 58920 |
| 5228 | 688 | 55896 | 11964 | 7288 | 10760 | 17740 | 861 | 7282 | 10163 | 8861 |
| 60427 | 3133 | 164156 | 27290 | 16193 | 40494 | 56754 | 1337 | 22088 | 60004 | 54121 |
| 141104 | 7993 | 476137 | 71718 | 53559 | 84820 | 213146 | 4119 | 48774 | 139502 | 109605 |
| 32931 | 1494 | 116036 | 25618 | 20012 | 29503 | 28156 | 1283 | 11463 | 16941 | 14541 |
| 60418 | 8989 | 183985 | 38662 | 25278 | 32316 | 66332 | 2517 | 18880 | 41746 | 27291 |
| 2740 | 1898 | 21724 | 3152 | 836 | 2379 | 8927 | 207 | 6222 | 18244 | |
| 53818 | 765 | 249162 | 74968 | 49318 | 44106 | 63771 | 1656 | 15343 | 43882 | 37571 |
| 34636 | 1262 | 94111 | 34465 | 6951 | 15849 | 29214 | 223 | 7409 | 22295 | 10424 |
| 15458 | 1252 | 25885 | 12048 | 1829 | 3279 | 6384 | 113 | 2232 | 2786 | 88 |
| 8867 | 366 | 34964 | 9801 | 4774 | 7547 | 7459 | 283 | 5100 | 3965 | 3235 |
| 62303 | 2341 | 108549 | 36228 | 9216 | 20718 | 32858 | 559 | 8971 | 21564 | 14341 |

# 4－24 分地区中央部门初级中学

| | 总计 | 事业性经费 | | | | | | |
|---|---|---|---|---|---|---|---|---|
| | | 合 计 | 个 人 | | | | | |
| | | | 小 计 | 基本工资 | 补助工资 | | 其他工资 | 职工福利费 |
| | | | | | 计 | 其中:民师补助 | | |
| **合 计** | **52024** | **49042** | **24675** | **4370** | **9897** | | **3158** | **796** |
| 北 京 | 31092 | 28498 | 12779 | 1642 | 6800 | | 1100 | 353 |
| 天 津 | | | | | | | | |
| 河 北 | | | | | | | | |
| 山 西 | | | | | | | | |
| 内蒙古 | | | | | | | | |
| 辽 宁 | | | | | | | | |
| 吉 林 | | | | | | | | |
| 黑龙江 | | | | | | | | |
| 上 海 | | | | | | | | |
| 江 苏 | | | | | | | | |
| 浙 江 | | | | | | | | |
| 安 徽 | | | | | | | | |
| 福 建 | | | | | | | | |
| 江 西 | | | | | | | | |
| 山 东 | | | | | | | | |
| 河 南 | 2635 | 2635 | 2282 | 438 | 351 | | 113 | 44 |
| 湖 北 | 7799 | 7799 | 5353 | 1582 | 1313 | | 716 | 186 |
| 湖 南 | | | | | | | | |
| 广 东 | | | | | | | | |
| 广 西 | | | | | | | | |
| 海 南 | | | | | | | | |
| 重 庆 | 4642 | 4642 | 2289 | 542 | 209 | | 1141 | 36 |
| 四 川 | | | | | | | | |
| 贵 州 | | | | | | | | |
| 云 南 | | | | | | | | |
| 西 藏 | | | | | | | | |
| 陕 西 | 2720 | 2720 | 821 | 102 | 516 | | 39 | 164 |
| 甘 肃 | | | | | | | | |
| 青 海 | | | | | | | | |
| 宁 夏 | | | | | | | | |
| 新 疆 | | | | | | | | |

# 教育经费支出明细

单位:千元

| 支出 | | | | | | | | | 基建支出 | |
|---|---|---|---|---|---|---|---|---|---|---|
| 部分 | | 公用部分 | | | | | | | 计 | 其中:自筹基建 |
| 社会保障费 | 奖贷助学金 | 小计 | 公务费 | 业务费 | 设备购置费 | 修缮费 | 业务招待费 | 其他费用 | | |
| **6353** | **101** | **24367** | **3032** | **2322** | **5551** | **10494** | **235** | **2732** | **2982** | **2982** |
| 2861 | 23 | 15719 | 1706 | 1461 | 3622 | 7817 | 43 | 1070 | 2594 | 2594 |
| | | | | | | | | | | |
| | | | | | | | | | | |
| | | | | | | | | | | |
| | | | | | | | | | | |
| | | | | | | | | | | |
| | | | | | | | | | | |
| | | | | | | | | | | |
| | | | | | | | | | | |
| | | | | | | | | | | |
| | | | | | | | | | | |
| | | | | | | | | | | |
| | | | | | | | | | | |
| | | | | | | | | | | |
| | | | | | | | | | | |
| 1336 | | 353 | 76 | 51 | 25 | 148 | | 53 | | |
| 1506 | 49 | 2445 | 656 | 304 | 674 | 606 | 158 | 47 | | |
| | | | | | | | | | | |
| | | | | | | | | | | |
| | | | | | | | | | | |
| | | | | | | | | | | |
| 327 | 33 | 2354 | 194 | 221 | 712 | 84 | 27 | 1116 | | |
| | | | | | | | | | | |
| | | | | | | | | | | |
| | | | | | | | | | | |
| | | | | | | | | | | |
| | | 1899 | 235 | 150 | 137 | 1055 | | 322 | | |
| | | | | | | | | | | |
| | | | | | | | | | | |
| | | | | | | | | | | |
| | | | | | | | | | | |

## 4-25 分地区地方初级中学

| | 总计 | 事业性经费 | | | | | | |
|---|---|---|---|---|---|---|---|---|
| | | 合计 | 个人 | | | | | |
| | | | 小计 | 基本工资 | 补助工资 | | 其他工资 | 职工福利费 |
| | | | | | 计 | 其中:民师补助 | | |
| **合计** | **66776212** | **61666339** | **40930286** | **20521942** | **8919505** | **133775** | **3304110** | **1718257** |
| 北京 | 1946551 | 1830778 | 1139149 | 296204 | 104215 | | 431934 | 60634 |
| 天津 | 831408 | 809870 | 521631 | 212188 | 137901 | | 24574 | 16525 |
| 河北 | 3171627 | 2953160 | 2013154 | 1227609 | 357977 | 7453 | 92039 | 49126 |
| 山西 | 1481473 | 1408806 | 942617 | 580949 | 201550 | 20320 | 21308 | 28258 |
| 内蒙古 | 1028591 | 1001237 | 630069 | 382337 | 119585 | 4825 | 21654 | 19295 |
| 辽宁 | 2359974 | 2287630 | 1606004 | 778819 | 335322 | 3717 | 45766 | 71465 |
| 吉林 | 1395209 | 1335843 | 857777 | 421661 | 249508 | 1179 | 6728 | 12743 |
| 黑龙江 | 1651112 | 1622114 | 1165524 | 679349 | 227003 | 6480 | 24898 | 34776 |
| 上海 | 2879013 | 2714218 | 1782911 | 751184 | 228542 | | 301623 | 128331 |
| 江苏 | 4799973 | 4243729 | 2949057 | 1061699 | 801267 | 19775 | 380752 | 154084 |
| 浙江 | 4230358 | 3571577 | 2250871 | 720476 | 639550 | | 371637 | 182988 |
| 安徽 | 2137067 | 1976213 | 1367233 | 718603 | 333621 | 1998 | 67321 | 48533 |
| 福建 | 2499745 | 2402313 | 1493374 | 604517 | 396759 | | 210181 | 71256 |
| 江西 | 1602476 | 1461579 | 989693 | 632431 | 163455 | 4135 | 38390 | 39678 |
| 山东 | 5444927 | 5126154 | 3605080 | 1722273 | 905125 | 18547 | 350123 | 104149 |
| 河南 | 3887707 | 3497326 | 2250304 | 1346120 | 438948 | 15031 | 69025 | 61240 |
| 湖北 | 2854620 | 2648435 | 1829344 | 997758 | 430923 | 6560 | 72629 | 63853 |
| 湖南 | 2937560 | 2833275 | 1833426 | 1074594 | 276783 | 633 | 149783 | 73912 |
| 广东 | 6826601 | 6042797 | 3458372 | 1466533 | 1058269 | 5350 | 263402 | 184321 |
| 广西 | 1829301 | 1692246 | 1078933 | 672349 | 148106 | 4478 | 67934 | 31059 |
| 海南 | 389870 | 358332 | 212882 | 125802 | 38481 | 1327 | 17032 | 13623 |
| 重庆 | 1201567 | 1067897 | 760414 | 441444 | 91047 | 730 | 46842 | 41161 |
| 四川 | 2892087 | 2718144 | 1901407 | 1191649 | 258448 | 2000 | 67448 | 84757 |
| 贵州 | 836353 | 795388 | 561755 | 376225 | 63997 | 741 | 17367 | 22997 |
| 云南 | 1902546 | 1767793 | 1200995 | 551586 | 419151 | 36 | 29787 | 52433 |
| 西藏 | 113516 | 96193 | 77510 | 33892 | 28276 | 59 | 1594 | 1743 |
| 陕西 | 1267327 | 1200305 | 849065 | 562299 | 122463 | 4669 | 34176 | 23689 |
| 甘肃 | 819335 | 767859 | 548538 | 301793 | 127485 | 3517 | 43141 | 10682 |
| 青海 | 204171 | 194537 | 150613 | 80039 | 40602 | 26 | 3443 | 2055 |
| 宁夏 | 242128 | 233886 | 159332 | 112485 | 23250 | 3 | 1201 | 4888 |
| 新疆 | 1084730 | 997886 | 753544 | 412782 | 164410 | 87 | 17173 | 21948 |

## 教育经费支出明细

单位:千元

| 支出部分 | | | | | | | | | 基建支出 | |
|---|---|---|---|---|---|---|---|---|---|---|
| | | 公用部分 | | | | | | | | |
| 社会保障费 | 奖贷助学金 | 小计 | 公务费 | 业务费 | 设备购置费 | 修缮费 | 业务招待费 | 其他费用 | 计 | 其中:自筹基建 |
| **6299664** | **166808** | **20736053** | **5134623** | **2269678** | **3948581** | **7191005** | **267663** | **1924504** | **5109873** | **4090922** |
| 242117 | 4045 | 691629 | 205346 | 23615 | 136775 | 276016 | 4003 | 45874 | 115773 | 92340 |
| 129266 | 1178 | 288239 | 60050 | 15608 | 53607 | 85678 | 596 | 72699 | 21537 | 20147 |
| 284244 | 2161 | 940005 | 263989 | 90208 | 196067 | 344410 | 5196 | 40136 | 218468 | 198591 |
| 107437 | 3115 | 466190 | 140752 | 52336 | 84763 | 160783 | 3688 | 23868 | 72667 | 67520 |
| 83083 | 4114 | 371168 | 123221 | 17411 | 62117 | 148075 | 2250 | 18093 | 27354 | 13313 |
| 374242 | 389 | 681626 | 218634 | 48534 | 127821 | 223218 | 2936 | 60483 | 72344 | 33466 |
| 165582 | 1554 | 478065 | 163739 | 40080 | 76185 | 159389 | 1284 | 37389 | 59366 | 56736 |
| 198636 | 862 | 456589 | 166614 | 41652 | 57866 | 156147 | 1870 | 32440 | 28998 | 23903 |
| 364933 | 8298 | 931307 | 130762 | 58764 | 281148 | 426217 | 5682 | 28733 | 164794 | 116633 |
| 540336 | 10919 | 1294672 | 285863 | 97808 | 311076 | 431927 | 24299 | 143700 | 556245 | 522482 |
| 330057 | 6163 | 1320707 | 294788 | 131884 | 259870 | 414445 | 27724 | 191995 | 658781 | 597849 |
| 195935 | 3220 | 608979 | 159260 | 88530 | 98637 | 167401 | 12887 | 82265 | 160855 | 133618 |
| 195830 | 14831 | 908939 | 131612 | 109673 | 157642 | 368801 | 20082 | 121129 | 97432 | 78140 |
| 111539 | 4199 | 471887 | 124402 | 65870 | 66905 | 146806 | 16769 | 51135 | 140897 | 130052 |
| 520954 | 2455 | 1521074 | 537913 | 183574 | 323118 | 350715 | 19474 | 106280 | 318773 | 296625 |
| 332530 | 2441 | 1247022 | 343081 | 203299 | 221617 | 395311 | 12713 | 71003 | 390381 | 359250 |
| 258584 | 5597 | 819091 | 221520 | 115460 | 141013 | 232489 | 23410 | 85200 | 206185 | 197052 |
| 255569 | 2785 | 999849 | 228519 | 155477 | 155254 | 359526 | 17055 | 84019 | 104284 | 98878 |
| 471595 | 14251 | 2584425 | 532913 | 321510 | 518606 | 904632 | 23016 | 283749 | 783804 | 311204 |
| 154044 | 5441 | 613313 | 131033 | 65556 | 80477 | 247459 | 8082 | 80706 | 137055 | 108814 |
| 16624 | 1319 | 145450 | 31076 | 17726 | 23498 | 49152 | 3184 | 20815 | 31538 | 24395 |
| 132770 | 7150 | 307483 | 54644 | 32821 | 64921 | 121584 | 3587 | 29926 | 133670 | 125133 |
| 286641 | 12464 | 816736 | 141065 | 89435 | 156252 | 342048 | 11093 | 76844 | 173944 | 155990 |
| 77858 | 3310 | 233633 | 55024 | 42127 | 52653 | 57671 | 3584 | 22575 | 40964 | 28914 |
| 122619 | 25418 | 566798 | 106125 | 45684 | 81528 | 284603 | 6852 | 42006 | 134753 | 101427 |
| 5658 | 6348 | 18683 | 5963 | 1807 | 1234 | 3946 | 207 | 5527 | 17323 | |
| 105768 | 670 | 351240 | 111568 | 59828 | 53102 | 104136 | 2811 | 19795 | 67022 | 57120 |
| 63220 | 2218 | 219320 | 59037 | 12984 | 35645 | 99211 | 460 | 11983 | 51476 | 31764 |
| 21458 | 3015 | 43925 | 19779 | 3054 | 4415 | 13741 | 139 | 2797 | 9634 | 1360 |
| 16773 | 736 | 74554 | 19666 | 7809 | 13222 | 21578 | 755 | 11524 | 8242 | 6257 |
| 130007 | 7223 | 244342 | 63518 | 27194 | 49905 | 86193 | 1359 | 16172 | 86844 | 75139 |

# 4－26 分地区地方农村初级中学

| | 总计 | 事业性经费 | | | | | | |
|---|---|---|---|---|---|---|---|---|
| | | 合 计 | 个人 | | | | | |
| | | | 小 计 | 基本工资 | 补助工资 | | 其他工资 | 职工福利费 |
| | | | | | 计 | 其中:民师补助 | | |
| **合 计** | **30255089** | **28628188** | **19968300** | **11288392** | **4349534** | **109918** | **1192864** | **660611** |
| 北 京 | 461534 | 461534 | 308807 | 95567 | 32356 | | 125002 | 16069 |
| 天 津 | 199845 | 195634 | 133699 | 68257 | 42644 | | 4079 | 3595 |
| 河 北 | 1842697 | 1740286 | 1190441 | 763990 | 219019 | 5856 | 36949 | 24975 |
| 山 西 | 878186 | 835318 | 586662 | 387960 | 115764 | 17609 | 12502 | 14107 |
| 内蒙古 | 388537 | 378974 | 251277 | 164555 | 47953 | 4582 | 5851 | 6858 |
| 辽 宁 | 863313 | 862879 | 653521 | 371872 | 122872 | 3684 | 13417 | 25339 |
| 吉 林 | 571144 | 559350 | 359990 | 203225 | 92165 | 1179 | 3598 | 5990 |
| 黑龙江 | 693355 | 685253 | 491483 | 315094 | 97390 | 6457 | 9515 | 11928 |
| 上 海 | 530567 | 518617 | 409145 | 187853 | 55252 | | 48839 | 35943 |
| 江 苏 | 1575848 | 1476163 | 1098011 | 445690 | 328296 | 11309 | 107942 | 44701 |
| 浙 江 | 897358 | 805410 | 532297 | 186671 | 150938 | | 79558 | 43805 |
| 安 徽 | 1230474 | 1158079 | 848723 | 494065 | 202904 | 1322 | 37965 | 23838 |
| 福 建 | 836904 | 821784 | 574198 | 267529 | 147196 | | 89132 | 21958 |
| 江 西 | 818402 | 748440 | 523951 | 358009 | 84129 | 3509 | 14039 | 19388 |
| 山 东 | 3939894 | 3771681 | 2742009 | 1368009 | 694106 | 17432 | 248562 | 74523 |
| 河 南 | 2417683 | 2189760 | 1458649 | 922159 | 282374 | 13954 | 26321 | 36458 |
| 湖 北 | 1528473 | 1432114 | 1001101 | 596636 | 219844 | 6039 | 40083 | 23902 |
| 湖 南 | 1771902 | 1734448 | 1200126 | 749682 | 174188 | 523 | 91880 | 39534 |
| 广 东 | 2414720 | 2236919 | 1278401 | 593640 | 395268 | 3020 | 71760 | 56856 |
| 广 西 | 1104308 | 1035768 | 673977 | 456360 | 97387 | 4037 | 22961 | 13044 |
| 海 南 | 186494 | 169606 | 103440 | 67167 | 19193 | 947 | 4333 | 5304 |
| 重 庆 | 315568 | 271976 | 206890 | 145433 | 19668 | 463 | 6435 | 8703 |
| 四 川 | 1377198 | 1318002 | 983068 | 677772 | 127909 | 1320 | 25373 | 34496 |
| 贵 州 | 422247 | 398984 | 306573 | 223063 | 32682 | 715 | 9575 | 10347 |
| 云 南 | 1110129 | 1058580 | 732719 | 350653 | 271268 | 36 | 15212 | 30123 |
| 西 藏 | 69724 | 58088 | 45520 | 19930 | 15960 | 59 | 1240 | 692 |
| 陕 西 | 626211 | 578402 | 419077 | 289448 | 62678 | 2469 | 10259 | 11463 |
| 甘 肃 | 499683 | 467432 | 335823 | 198212 | 83445 | 3310 | 20440 | 5607 |
| 青 海 | 72830 | 66430 | 52333 | 30996 | 15031 | | 1311 | 548 |
| 宁 夏 | 123978 | 119687 | 88232 | 64264 | 14271 | | 624 | 2702 |
| 新 疆 | 485883 | 472590 | 378157 | 224631 | 85384 | 87 | 8107 | 7815 |

## 教育经费支出明细

单位：千元

| 支出部分 | | 公用部分 | | | | | | | 基建支出 | |
|---|---|---|---|---|---|---|---|---|---|---|
| 社会保障费 | 奖贷助学金 | 小计 | 公务费 | 业务费 | 设备购置费 | 修缮费 | 业务招待费 | 其他费用 | 计 | 其中：自筹基建 |
| **2406652** | **70247** | **8659888** | **2350293** | **1090921** | **1381532** | **3006830** | **131056** | **699256** | **1626901** | **1410490** |
| 39134 | 679 | 152727 | 53002 | 3038 | 26894 | 56307 | 1607 | 11879 | | |
| 15059 | 65 | 61935 | 10202 | 1517 | 8539 | 27039 | 100 | 14538 | 4211 | 3611 |
| 144718 | 790 | 549845 | 140406 | 54127 | 111428 | 223032 | 2670 | 18182 | 102411 | 97345 |
| 54622 | 1707 | 248656 | 76663 | 30306 | 40903 | 88285 | 2029 | 10470 | 42868 | 42210 |
| 25498 | 562 | 127697 | 46846 | 4214 | 19473 | 51457 | 604 | 5103 | 9563 | 6226 |
| 119739 | 282 | 209358 | 74613 | 16568 | 33043 | 62027 | 1333 | 21774 | 434 | 11 |
| 54223 | 789 | 199360 | 70109 | 18440 | 22998 | 80390 | 485 | 6938 | 11794 | 11464 |
| 57144 | 412 | 193770 | 66685 | 19196 | 23000 | 70018 | 723 | 14148 | 8102 | 7312 |
| 80349 | 909 | 109472 | 28372 | 13150 | 21752 | 35142 | 1755 | 9301 | 11950 | 11950 |
| 169235 | 2147 | 378152 | 91872 | 31356 | 77791 | 131165 | 8405 | 37563 | 99685 | 97722 |
| 70316 | 1009 | 273113 | 69457 | 26370 | 50429 | 90311 | 6174 | 30372 | 91948 | 82562 |
| 87920 | 2031 | 309356 | 90372 | 55280 | 37461 | 76801 | 7434 | 42008 | 72395 | 51697 |
| 44231 | 4152 | 247586 | 43395 | 34805 | 29146 | 92537 | 8948 | 38755 | 15120 | 12661 |
| 46068 | 2318 | 224489 | 64537 | 32903 | 29041 | 64840 | 10175 | 22993 | 69962 | 65429 |
| 355283 | 1526 | 1029672 | 395288 | 135049 | 188513 | 222720 | 14546 | 73556 | 168213 | 161386 |
| 190591 | 746 | 731111 | 199056 | 144824 | 111817 | 230258 | 8467 | 36689 | 227923 | 224653 |
| 116799 | 3837 | 431013 | 125331 | 70497 | 68582 | 118093 | 13813 | 34697 | 96359 | 91058 |
| 143273 | 1569 | 534322 | 136968 | 91836 | 81791 | 169539 | 11078 | 43110 | 37454 | 36028 |
| 153733 | 7144 | 958518 | 197850 | 133130 | 155277 | 381038 | 8880 | 82343 | 177801 | 103081 |
| 81295 | 2930 | 361791 | 79688 | 35801 | 41302 | 158542 | 5043 | 41415 | 68540 | 55720 |
| 7026 | 417 | 66166 | 12734 | 7646 | 10184 | 23090 | 1891 | 10621 | 16888 | 13457 |
| 25451 | 1200 | 65086 | 13442 | 6980 | 12828 | 25487 | 886 | 5463 | 43592 | 41162 |
| 113260 | 4258 | 334934 | 61809 | 33287 | 68732 | 139573 | 5803 | 25730 | 59196 | 55861 |
| 28799 | 2107 | 92411 | 22157 | 16125 | 13004 | 28455 | 1604 | 11066 | 23263 | 15118 |
| 51070 | 14393 | 325861 | 57789 | 19102 | 36499 | 188726 | 3597 | 20148 | 51549 | 42555 |
| 2133 | 5565 | 12568 | 2811 | 997 | 725 | 2687 | 144 | 5204 | 11636 | |
| 44901 | 328 | 159325 | 49943 | 28974 | 21300 | 49403 | 1412 | 8293 | 47809 | 42064 |
| 26928 | 1191 | 131609 | 32670 | 7432 | 16577 | 68766 | 283 | 5881 | 32251 | 22728 |
| 4319 | 128 | 14097 | 6332 | 769 | 184 | 6290 | 5 | 517 | 6400 | 1248 |
| 6037 | 334 | 31455 | 8983 | 3043 | 5516 | 8261 | 454 | 5198 | 4291 | 3874 |
| 47498 | 4722 | 94433 | 20911 | 14159 | 16803 | 36551 | 708 | 5301 | 13293 | 10297 |

## 4－27　分地区地方成人中学

| | 总计 | 事业性经费 | | | | | | |
|---|---|---|---|---|---|---|---|---|
| | | | 个人 | | | | | |
| | | 合计 | 小计 | 基本工资 | 补助工资 | | 其他工资 | 职工福利费 |
| | | | | | 计 | 其中:民师补助 | | |
| **合计** | **159399** | **153367** | **89855** | **29814** | **20335** | **13** | **18824** | **7093** |
| 北京 | 6193 | 6193 | 3546 | 809 | 546 | | 1147 | 179 |
| 天津 | | | | | | | | |
| 河北 | 1744 | 1744 | 1260 | 559 | 117 | | 90 | 48 |
| 山西 | 10 | 10 | | | | | | |
| 内蒙古 | | | | | | | | |
| 辽宁 | | | | | | | | |
| 吉林 | 960 | 960 | 780 | 220 | 160 | | | 40 |
| 黑龙江 | | | | | | | | |
| 上海 | 37178 | 37166 | 22599 | 6695 | 5131 | | 5321 | 1549 |
| 江苏 | 32104 | 28366 | 20297 | 6812 | 4382 | 8 | 4256 | 1709 |
| 浙江 | 48077 | 46071 | 21560 | 6275 | 4965 | | 6245 | 2441 |
| 安徽 | 4292 | 4281 | 3009 | 1562 | 752 | | 167 | 118 |
| 福建 | 6642 | 6642 | 3241 | 716 | 1246 | | 234 | 162 |
| 江西 | 345 | 345 | 215 | 163 | 16 | | 25 | 1 |
| 山东 | | | | | | | | |
| 河南 | 4129 | 4129 | 3035 | 1493 | 548 | | 115 | 137 |
| 湖北 | 472 | 472 | 269 | 164 | 34 | | 41 | 5 |
| 湖南 | 987 | 987 | 107 | 47 | 8 | | 20 | 20 |
| 广东 | 7282 | 7175 | 4205 | 952 | 1544 | | 983 | 369 |
| 广西 | 234 | 234 | 98 | 59 | 2 | | | 1 |
| 海南 | | | | | | | | |
| 重庆 | 2283 | 2154 | 1410 | 797 | 208 | | 28 | 110 |
| 四川 | 4712 | 4683 | 2708 | 1685 | 418 | 5 | 100 | 163 |
| 贵州 | | | | | | | | |
| 云南 | 146 | 146 | 137 | 89 | 42 | | | 6 |
| 西藏 | | | | | | | | |
| 陕西 | 576 | 576 | 500 | 160 | 34 | | 47 | 6 |
| 甘肃 | | | | | | | | |
| 青海 | | | | | | | | |
| 宁夏 | | | | | | | | |
| 新疆 | 1033 | 1033 | 879 | 557 | 182 | | 5 | 29 |

## 教育经费支出明细

单位：千元

| 支出 部分 | | 公用部分 | | | | | | | 基建支出 | |
|---|---|---|---|---|---|---|---|---|---|---|
| 社会保障费 | 奖贷助学金 | 小计 | 公务费 | 业务费 | 设备购置费 | 修缮费 | 业务招待费 | 其他费用 | 计 | 其中：自筹基建 |
| **13590** | **199** | **63512** | **15652** | **16245** | **10511** | **11188** | **1786** | **8130** | **6032** | **6032** |
| 864 | 1 | 2647 | 509 | 1892 | 138 | 71 | 1 | 36 | | |
| 446 | | 484 | 134 | 294 | 5 | 19 | 29 | 3 | | |
| | | 10 | | 10 | | | | | | |
| 360 | | 180 | 30 | 50 | | 20 | | 80 | | |
| 3767 | 136 | 14567 | 2821 | 4159 | 1650 | 2709 | 528 | 2700 | 12 | 12 |
| 3127 | 11 | 8069 | 2421 | 877 | 2188 | 1601 | 118 | 864 | 3738 | 3738 |
| 1596 | 38 | 24511 | 7097 | 3488 | 4798 | 5090 | 864 | 3174 | 2006 | 2006 |
| 410 | | 1272 | 388 | 432 | 121 | 174 | 21 | 136 | 11 | 11 |
| 883 | | 3401 | 337 | 2248 | 451 | 226 | 36 | 103 | | |
| 8 | 2 | 130 | 62 | 43 | | 19 | 2 | 4 | | |
| 742 | | 1094 | 146 | 417 | 27 | 463 | 41 | | | |
| 25 | | 203 | 77 | 57 | | | 31 | 38 | | |
| 12 | | 880 | 80 | 438 | 330 | 10 | 2 | 20 | | |
| 350 | 7 | 2970 | 726 | 1048 | 457 | 230 | 21 | 488 | 107 | 107 |
| 36 | | 136 | | 136 | | | | | | |
| 264 | 3 | 744 | 197 | 247 | 93 | 79 | 40 | 88 | 129 | 129 |
| 341 | 1 | 1975 | 525 | 402 | 241 | 475 | 50 | 282 | 29 | 29 |
| | | 9 | 8 | | 1 | | | | | |
| 253 | | 76 | 69 | | | | | 7 | | |
| 106 | | 154 | 25 | 7 | 11 | 2 | 2 | 107 | | |

# 4-28 分地区地方职业中学

| | 总计 | 事业性经费 | | | | | | |
|---|---|---|---|---|---|---|---|---|
| | | 合计 | 个人 | | | | | |
| | | | 小计 | 基本工资 | 补助工资 | | 其他工资 | 职工福利费 |
| | | | | | 计 | 其中:民师补助 | | |
| **合计** | **10862584** | **9859146** | **5770336** | **2400564** | **1291261** | **5577** | **701043** | **283327** |
| 北京 | 543661 | 542280 | 313029 | 76058 | 27764 | | 128644 | 17095 |
| 天津 | 219592 | 214376 | 126140 | 42189 | 32294 | | 9769 | 6131 |
| 河北 | 556471 | 532069 | 311037 | 173210 | 54686 | 45 | 27727 | 8671 |
| 山西 | 193733 | 169937 | 101705 | 56979 | 23554 | 527 | 3068 | 3103 |
| 内蒙古 | 263819 | 256838 | 158781 | 95291 | 26815 | 447 | 6837 | 4498 |
| 辽宁 | 392781 | 387684 | 235627 | 96580 | 58221 | 28 | 8436 | 13251 |
| 吉林 | 218836 | 210736 | 138612 | 62363 | 40325 | | 1229 | 2549 |
| 黑龙江 | 178236 | 176891 | 128917 | 66443 | 23729 | | 2235 | 4744 |
| 上海 | 653866 | 528684 | 275237 | 90544 | 41246 | | 71166 | 14865 |
| 江苏 | 842307 | 765550 | 472029 | 147051 | 112734 | 2239 | 83806 | 32759 |
| 浙江 | 980902 | 788843 | 379851 | 102020 | 112821 | | 75966 | 30907 |
| 安徽 | 371373 | 346250 | 228138 | 109152 | 54494 | 58 | 15365 | 8403 |
| 福建 | 461183 | 428241 | 245512 | 81792 | 65734 | | 35948 | 12791 |
| 江西 | 163135 | 138314 | 91873 | 50892 | 16443 | 222 | 4865 | 4069 |
| 山东 | 1018346 | 908314 | 565777 | 226645 | 142620 | 25 | 63975 | 18675 |
| 河南 | 494619 | 464184 | 279815 | 143026 | 54907 | 130 | 18450 | 10476 |
| 湖北 | 270657 | 258174 | 163989 | 75673 | 42086 | 82 | 7697 | 9518 |
| 湖南 | 342207 | 323339 | 173877 | 84617 | 29148 | 16 | 21724 | 11106 |
| 广东 | 1047243 | 927617 | 486700 | 156679 | 172567 | 922 | 55876 | 30250 |
| 广西 | 192822 | 163520 | 93923 | 48443 | 12034 | 127 | 12158 | 4031 |
| 海南 | 31166 | 28444 | 15939 | 8700 | 2874 | 9 | 2279 | 1297 |
| 重庆 | 254661 | 201910 | 131329 | 60445 | 17959 | 180 | 14670 | 6818 |
| 四川 | 410654 | 393034 | 229760 | 122707 | 32540 | 140 | 9280 | 12263 |
| 贵州 | 96518 | 92292 | 54969 | 34407 | 6822 | 16 | 1616 | 2804 |
| 云南 | 219871 | 202359 | 123565 | 54778 | 40406 | | 2866 | 6056 |
| 西藏 | 1644 | 1644 | 988 | 231 | 536 | | 109 | 31 |
| 陕西 | 198197 | 172566 | 94669 | 56854 | 15102 | 190 | 5497 | 2883 |
| 甘肃 | 137865 | 133750 | 82012 | 40906 | 18352 | 162 | 8209 | 1429 |
| 青海 | 34810 | 32270 | 20441 | 9676 | 4647 | | 301 | 421 |
| 宁夏 | 25217 | 24392 | 12621 | 8787 | 1760 | | 68 | 435 |
| 新疆 | 46192 | 44644 | 33474 | 17426 | 6041 | 12 | 1207 | 998 |

## 教育经费支出明细

单位:千元

| 支出 | | | | | | | | | 基建支出 | |
|---|---|---|---|---|---|---|---|---|---|---|
| 部分 | | 公用部分 | | | | | | | | |
| 社会保障费 | 奖贷助学金 | 小计 | 公务费 | 业务费 | 设备购置费 | 修缮费 | 业务招待费 | 其他费用 | 计 | 其中:自筹基建 |
| **1056303** | **37838** | **4088810** | **1022204** | **491648** | **953830** | **1149454** | **56289** | **415385** | **1003438** | **803605** |
| 62652 | 816 | 229251 | 67074 | 16730 | 47201 | 80963 | 980 | 16303 | 1381 | |
| 35656 | 101 | 88236 | 28252 | 8034 | 16460 | 25815 | 433 | 9242 | 5216 | 3966 |
| 44929 | 1814 | 221032 | 76994 | 25754 | 54471 | 42794 | 1796 | 19223 | 24402 | 24402 |
| 14616 | 385 | 68232 | 19441 | 8283 | 16067 | 20111 | 548 | 3782 | 23796 | 17576 |
| 24061 | 1279 | 98057 | 31391 | 5489 | 17978 | 38013 | 697 | 4489 | 6981 | 4045 |
| 58823 | 316 | 152057 | 61569 | 14933 | 26283 | 40916 | 751 | 7605 | 5097 | 3064 |
| 31836 | 310 | 72124 | 30686 | 7212 | 9765 | 15575 | 495 | 8391 | 8100 | 8000 |
| 31639 | 127 | 47974 | 21493 | 5728 | 7991 | 9061 | 314 | 3387 | 1345 | 1145 |
| 48717 | 8699 | 253447 | 34221 | 16613 | 121336 | 70651 | 2447 | 8179 | 125182 | 100882 |
| 92434 | 3245 | 293521 | 71857 | 33083 | 64619 | 80155 | 6084 | 37723 | 76757 | 76357 |
| 55748 | 2389 | 408992 | 74266 | 48131 | 96025 | 129795 | 8017 | 52758 | 192059 | 158747 |
| 39512 | 1212 | 118112 | 33383 | 17476 | 21034 | 32578 | 2308 | 11333 | 25123 | 21651 |
| 47528 | 1719 | 182729 | 27125 | 26262 | 47218 | 54812 | 3205 | 24107 | 32942 | 29447 |
| 15244 | 360 | 46441 | 12084 | 5314 | 8882 | 13306 | 1484 | 5371 | 24821 | 20610 |
| 111293 | 2569 | 342537 | 105979 | 42850 | 74698 | 83461 | 5389 | 30160 | 110032 | 108673 |
| 51481 | 1475 | 184369 | 54330 | 27225 | 40986 | 44978 | 1908 | 14942 | 30435 | 25912 |
| 28301 | 714 | 94185 | 21816 | 17808 | 20116 | 19434 | 2986 | 12025 | 12483 | 12148 |
| 26706 | 576 | 149462 | 36088 | 25381 | 26067 | 43167 | 2600 | 16159 | 18868 | 18298 |
| 68099 | 3229 | 440917 | 82396 | 51707 | 112792 | 120792 | 4876 | 68354 | 119626 | 47637 |
| 16816 | 441 | 69597 | 13958 | 11045 | 15103 | 17223 | 935 | 11333 | 29302 | 11649 |
| 718 | 71 | 12505 | 2525 | 1255 | 2377 | 5237 | 189 | 922 | 2722 | 192 |
| 30490 | 947 | 70581 | 13160 | 10847 | 15015 | 23830 | 1008 | 6721 | 52751 | 51211 |
| 51747 | 1223 | 163274 | 26199 | 24375 | 34203 | 58857 | 2760 | 16880 | 17620 | 15782 |
| 9025 | 295 | 37323 | 9272 | 6169 | 9106 | 8782 | 643 | 3351 | 4226 | 2800 |
| 16921 | 2538 | 78794 | 16989 | 11565 | 16814 | 22423 | 1881 | 9122 | 17512 | 11092 |
| 80 | 1 | 656 | 230 | 33 | 90 | 110 | 4 | 189 | | |
| 14104 | 229 | 77897 | 23013 | 11923 | 10794 | 24328 | 554 | 7285 | 25631 | 23921 |
| 12844 | 272 | 51738 | 14462 | 5173 | 13391 | 14713 | 796 | 3203 | 4115 | 2988 |
| 5242 | 154 | 11829 | 5794 | 2456 | 1810 | 1078 | 40 | 651 | 2540 | |
| 1542 | 29 | 11771 | 2379 | 1355 | 2934 | 3803 | 22 | 1278 | 825 | |
| 7499 | 303 | 11170 | 3778 | 1439 | 2204 | 2693 | 139 | 917 | 1548 | 1410 |

# 4－29 分地区中央部门小学

| | 总计 | 事业性经费 | | | | | | |
|---|---|---|---|---|---|---|---|---|
| | | 合计 | 个人 | | | | | |
| | | | 小计 | 基本工资 | 补助工资 | | 其他工资 | 职工福利费 |
| | | | | | 计 | 其中:民师补助 | | |
| 合计 | **45023** | **42333** | **27679** | **4756** | **12250** | | **3420** | **1240** |
| 北京 | 32785 | 30095 | 20583 | 2883 | 9531 | | 2894 | 1067 |
| 天津 | 5695 | 5695 | 3873 | 890 | 1389 | | 325 | 98 |
| 河北 | | | | | | | | |
| 山西 | | | | | | | | |
| 内蒙古 | | | | | | | | |
| 辽宁 | | | | | | | | |
| 吉林 | | | | | | | | |
| 黑龙江 | | | | | | | | |
| 上海 | | | | | | | | |
| 江苏 | | | | | | | | |
| 浙江 | | | | | | | | |
| 安徽 | | | | | | | | |
| 福建 | | | | | | | | |
| 江西 | | | | | | | | |
| 山东 | | | | | | | | |
| 河南 | | | | | | | | |
| 湖北 | 2664 | 2664 | 1525 | 457 | 861 | | 28 | 8 |
| 湖南 | | | | | | | | |
| 广东 | | | | | | | | |
| 广西 | | | | | | | | |
| 海南 | | | | | | | | |
| 重庆 | 3879 | 3879 | 1698 | 526 | 469 | | 173 | 67 |
| 四川 | | | | | | | | |
| 贵州 | | | | | | | | |
| 云南 | | | | | | | | |
| 西藏 | | | | | | | | |
| 陕西 | | | | | | | | |
| 甘肃 | | | | | | | | |
| 青海 | | | | | | | | |
| 宁夏 | | | | | | | | |
| 新疆 | | | | | | | | |

## 教育经费支出明细

单位：千元

| 支出部分 | | | | | | | | | 基建支出 | |
|---|---|---|---|---|---|---|---|---|---|---|
| | | 公用部分 | | | | | | | | |
| 社会保障费 | 奖贷助学金 | 小计 | 公务费 | 业务费 | 设备购置费 | 修缮费 | 业务招待费 | 其他费用 | 计 | 其中：自筹基建 |
| **6013** | | **14654** | **2516** | **1608** | **4894** | **3735** | **86** | **1815** | **2690** | **2690** |
| 4208 | | 9512 | 1931 | 1260 | 3316 | 2350 | 80 | 575 | 2690 | 2690 |
| 1171 | | 1822 | 311 | 148 | 150 | 674 | 2 | 537 | | |
| 171 | | 1139 | 55 | 54 | 355 | 56 | | 619 | | |
| 463 | | 2181 | 219 | 146 | 1073 | 655 | 4 | 84 | | |

## 4－30 分地区地方小学

| | 总计 | 事业性经费 | | | | | | |
|---|---|---|---|---|---|---|---|---|
| | | 合 计 | 个人 | | | | | |
| | | | 小 计 | 基本工资 | 补助工资 | | 其他工资 | 职工福利费 |
| | | | | | 计 | 其中:民师补助 | | |
| **合 计** | **100186696** | **95453723** | **70526348** | **33794191** | **15233292** | **1040912** | **4802808** | **2699576** |
| 北 京 | 2360344 | 2317315 | 1625270 | 433210 | 147791 | | 578220 | 82118 |
| 天 津 | 1165911 | 1140873 | 867212 | 340561 | 221811 | | 26797 | 27313 |
| 河 北 | 4470402 | 4320605 | 3269885 | 1828750 | 614007 | 59457 | 136973 | 80580 |
| 山 西 | 2196622 | 2123226 | 1560602 | 874045 | 339659 | 87771 | 33136 | 35163 |
| 内蒙古 | 1721570 | 1682983 | 1210815 | 671019 | 217393 | 19299 | 31277 | 29275 |
| 辽 宁 | 3243713 | 3212507 | 2491561 | 1112187 | 496899 | 16801 | 59640 | 103455 |
| 吉 林 | 2202949 | 2180186 | 1547238 | 738843 | 438555 | 11031 | 10160 | 23156 |
| 黑龙江 | 2446552 | 2386594 | 1862974 | 1031201 | 337128 | 16413 | 34158 | 49340 |
| 上 海 | 2581108 | 2430279 | 1801218 | 796114 | 206110 | | 250398 | 145617 |
| 江 苏 | 7484608 | 7000325 | 5459679 | 1849606 | 1384553 | 53418 | 583226 | 253928 |
| 浙 江 | 5533634 | 5069181 | 3564424 | 1087435 | 863947 | | 536547 | 289372 |
| 安 徽 | 3441011 | 3296688 | 2589706 | 1320393 | 561500 | 41549 | 106099 | 76516 |
| 福 建 | 3815939 | 3740156 | 2828709 | 1113116 | 665955 | | 343685 | 101619 |
| 江 西 | 2442409 | 2313484 | 1780044 | 1065634 | 305899 | 66125 | 55835 | 64976 |
| 山 东 | 6197247 | 6026735 | 4599069 | 2041191 | 1216376 | 157456 | 420372 | 148596 |
| 河 南 | 4974935 | 4687340 | 3334152 | 1859422 | 720327 | 110968 | 88843 | 85516 |
| 湖 北 | 3644991 | 3484833 | 2550599 | 1330416 | 632719 | 127570 | 111854 | 82130 |
| 湖 南 | 4434446 | 4334124 | 3154097 | 1765124 | 435829 | 7071 | 210593 | 115194 |
| 广 东 | 11814344 | 10905156 | 6824903 | 2784364 | 1914057 | 46852 | 585879 | 327842 |
| 广 西 | 3255944 | 3072254 | 2348654 | 1261406 | 393270 | 30827 | 122434 | 49027 |
| 海 南 | 655061 | 606608 | 427389 | 278122 | 80140 | 10400 | 16761 | 15326 |
| 重 庆 | 1879882 | 1758507 | 1399912 | 800150 | 160442 | 13632 | 51454 | 62576 |
| 四 川 | 5055208 | 4907310 | 3744156 | 2180595 | 527155 | 37942 | 113296 | 150525 |
| 贵 州 | 2105900 | 1891817 | 1510163 | 983220 | 195557 | 33311 | 39253 | 55279 |
| 云 南 | 3849760 | 3696445 | 2854620 | 1264183 | 973946 | 1430 | 69207 | 113662 |
| 西 藏 | 369842 | 342412 | 253246 | 105390 | 105133 | 14048 | 5016 | 6719 |
| 陕 西 | 2136237 | 2037876 | 1550066 | 958122 | 278499 | 52837 | 61413 | 40965 |
| 甘 肃 | 1683344 | 1568280 | 1208768 | 653357 | 295006 | 19623 | 81497 | 21291 |
| 青 海 | 413144 | 397537 | 305995 | 154755 | 91310 | 3575 | 6703 | 6000 |
| 宁 夏 | 473666 | 441909 | 331647 | 241016 | 45137 | 123 | 1340 | 8055 |
| 新 疆 | 2135973 | 2080178 | 1669575 | 871244 | 367182 | 1383 | 30742 | 48445 |

## 教育经费支出明细

单位：千元

| 支出 | | | | | | | | | 基建支出 | |
|---|---|---|---|---|---|---|---|---|---|---|
| 部分 | | 公用部分 | | | | | | | 计 | 其中：自筹基建 |
| 社会保障费 | 奖贷助学金 | 小计 | 公务费 | 业务费 | 设备购置费 | 修缮费 | 业务招待费 | 其他费用 | | |
| **13877146** | **119335** | **24927375** | **6722153** | **2965043** | **4044019** | **8273371** | **351749** | **2571040** | **4732973** | **3696673** |
| 382697 | 1234 | 692045 | 245578 | 29296 | 142320 | 219986 | 3671 | 51194 | 43029 | 10320 |
| 250728 | 2 | 273661 | 81267 | 13362 | 30412 | 74803 | 734 | 73083 | 25038 | 22968 |
| 609043 | 532 | 1050720 | 327076 | 113076 | 184869 | 379174 | 6170 | 40355 | 149797 | 136185 |
| 278334 | 265 | 562624 | 179862 | 70427 | 84094 | 190186 | 4269 | 33786 | 73396 | 66292 |
| 258401 | 3450 | 472168 | 168612 | 23352 | 68096 | 185901 | 2218 | 23989 | 38587 | 16005 |
| 718955 | 425 | 720946 | 280090 | 65781 | 104799 | 201036 | 4176 | 65064 | 31206 | 26523 |
| 336203 | 321 | 632948 | 206822 | 64053 | 84803 | 224905 | 1946 | 50419 | 22763 | 20213 |
| 410917 | 230 | 523620 | 180297 | 48345 | 63274 | 190913 | 3406 | 37385 | 59958 | 45833 |
| 401277 | 1702 | 629061 | 110522 | 46349 | 217428 | 221750 | 5956 | 27056 | 150829 | 125929 |
| 1387189 | 1177 | 1540646 | 365771 | 118914 | 323721 | 499725 | 28703 | 203812 | 484283 | 448002 |
| 784641 | 2482 | 1504757 | 380391 | 159355 | 280432 | 423164 | 31441 | 229974 | 464453 | 439929 |
| 525074 | 124 | 706982 | 215561 | 135205 | 83760 | 166281 | 15732 | 90443 | 144323 | 114369 |
| 599226 | 5108 | 911447 | 166207 | 126080 | 146529 | 345793 | 18182 | 108656 | 75783 | 54413 |
| 287089 | 611 | 533440 | 150839 | 72270 | 61556 | 170849 | 22546 | 55380 | 128925 | 115398 |
| 772193 | 341 | 1427666 | 538221 | 200440 | 255011 | 303967 | 23521 | 106506 | 170512 | 163433 |
| 578986 | 1058 | 1353188 | 433558 | 250157 | 193949 | 393714 | 13040 | 68770 | 287595 | 280720 |
| 391716 | 1764 | 934234 | 266729 | 140931 | 145024 | 256247 | 34278 | 91025 | 160158 | 152323 |
| 623553 | 3804 | 1180027 | 332060 | 212169 | 150638 | 347735 | 24571 | 112854 | 100322 | 90137 |
| 1195865 | 16896 | 4080253 | 905401 | 531251 | 717836 | 1291023 | 42559 | 592183 | 909188 | 546350 |
| 518522 | 3995 | 723600 | 154412 | 76391 | 80687 | 313641 | 13538 | 84931 | 183690 | 149812 |
| 35757 | 1283 | 179219 | 40045 | 25026 | 23460 | 61833 | 5338 | 23517 | 48453 | 33214 |
| 324994 | 296 | 358595 | 81685 | 39245 | 63334 | 123848 | 5003 | 45480 | 121375 | 107645 |
| 759752 | 12833 | 1163154 | 222503 | 122811 | 199046 | 473385 | 16076 | 129333 | 147898 | 130618 |
| 235528 | 1326 | 381654 | 96868 | 43494 | 49855 | 153123 | 6835 | 31479 | 214083 | 97641 |
| 401697 | 31925 | 841825 | 150339 | 59244 | 76864 | 459493 | 9316 | 86569 | 153315 | 100595 |
| 16956 | 14032 | 89166 | 16859 | 9993 | 6329 | 35891 | 792 | 19302 | 27430 | 1500 |
| 210551 | 516 | 487810 | 171190 | 92034 | 65724 | 135390 | 4205 | 19267 | 98361 | 86091 |
| 155685 | 1932 | 359512 | 89491 | 22901 | 33268 | 195336 | 452 | 18064 | 115064 | 58112 |
| 41725 | 5502 | 91542 | 35138 | 3878 | 7064 | 38934 | 337 | 6191 | 15607 | 5616 |
| 35224 | 875 | 110262 | 27974 | 9696 | 12136 | 43395 | 798 | 16263 | 31757 | 12360 |
| 348668 | 3294 | 410603 | 100785 | 39517 | 87701 | 151950 | 1940 | 28710 | 55795 | 38127 |

# 4－31　分地区中央部门普通小学

|  | 总计 | 事业性经费 |  |  |  |  |  |  |
|---|---|---|---|---|---|---|---|---|
|  |  | 合计 | 个人 |  |  |  |  |  |
|  |  |  | 小计 | 基本工资 | 补助工资 |  | 其他工资 | 职工福利费 |
|  |  |  |  |  | 计 | 其中:民师补助 |  |  |
| **合计** | **45023** | **42333** | **27679** | **4756** | **12250** |  | **3420** | **1240** |
| 北京 | 32785 | 30095 | 20583 | 2883 | 9531 |  | 2894 | 1067 |
| 天津 | 5695 | 5695 | 3873 | 890 | 1389 |  | 325 | 98 |
| 河北 |  |  |  |  |  |  |  |  |
| 山西 |  |  |  |  |  |  |  |  |
| 内蒙古 |  |  |  |  |  |  |  |  |
| 辽宁 |  |  |  |  |  |  |  |  |
| 吉林 |  |  |  |  |  |  |  |  |
| 黑龙江 |  |  |  |  |  |  |  |  |
| 上海 |  |  |  |  |  |  |  |  |
| 江苏 |  |  |  |  |  |  |  |  |
| 浙江 |  |  |  |  |  |  |  |  |
| 安徽 |  |  |  |  |  |  |  |  |
| 福建 |  |  |  |  |  |  |  |  |
| 江西 |  |  |  |  |  |  |  |  |
| 山东 |  |  |  |  |  |  |  |  |
| 河南 |  |  |  |  |  |  |  |  |
| 湖北 | 2664 | 2664 | 1525 | 457 | 861 |  | 28 | 8 |
| 湖南 |  |  |  |  |  |  |  |  |
| 广东 |  |  |  |  |  |  |  |  |
| 广西 |  |  |  |  |  |  |  |  |
| 海南 |  |  |  |  |  |  |  |  |
| 重庆 | 3879 | 3879 | 1698 | 526 | 469 |  | 173 | 67 |
| 四川 |  |  |  |  |  |  |  |  |
| 贵州 |  |  |  |  |  |  |  |  |
| 云南 |  |  |  |  |  |  |  |  |
| 西藏 |  |  |  |  |  |  |  |  |
| 陕西 |  |  |  |  |  |  |  |  |
| 甘肃 |  |  |  |  |  |  |  |  |
| 青海 |  |  |  |  |  |  |  |  |
| 宁夏 |  |  |  |  |  |  |  |  |
| 新疆 |  |  |  |  |  |  |  |  |

## 教育经费支出明细

单位:千元

| 支出部分 | | 公用部分 | | | | | | | 基建支出 | |
|---|---|---|---|---|---|---|---|---|---|---|
| 社会保障费 | 奖贷助学金 | 小计 | 公务费 | 业务费 | 设备购置费 | 修缮费 | 业务招待费 | 其他费用 | 计 | 其中:自筹基建 |
| **6013** | | **14654** | **2516** | **1608** | **4894** | **3735** | **86** | **1815** | **2690** | **2690** |
| 4208 | | 9512 | 1931 | 1260 | 3316 | 2350 | 80 | 575 | 2690 | 2690 |
| 1171 | | 1822 | 311 | 148 | 150 | 674 | 2 | 537 | | |
| 171 | | 1139 | 55 | 54 | 355 | 56 | | 619 | | |
| 463 | | 2181 | 219 | 146 | 1073 | 655 | 4 | 84 | | |

# 4－32 分地区地方普通小学

| | 总计 | 事业性经费 | | | | | | |
|---|---|---|---|---|---|---|---|---|
| | | 合计 | 个人 | | | | | |
| | | | 小计 | 基本工资 | 补助工资 | | 其他工资 | 职工福利费 |
| | | | | | 计 | 其中:民师补助 | | |
| **合计** | **100124214** | **95391719** | **70484475** | **33766839** | **15225127** | **1040820** | **4800425** | **2698473** |
| 北京 | 2360344 | 2317315 | 1625270 | 433210 | 147791 | | 578220 | 82118 |
| 天津 | 1165911 | 1140873 | 867212 | 340561 | 221811 | | 26797 | 27313 |
| 河北 | 4469052 | 4319255 | 3268931 | 1828036 | 613823 | 59457 | 136956 | 80575 |
| 山西 | 2196443 | 2123047 | 1560460 | 873921 | 339652 | 87771 | 33127 | 35161 |
| 内蒙古 | 1721125 | 1682538 | 1210455 | 670875 | 217340 | 19299 | 31267 | 29245 |
| 辽宁 | 3243713 | 3212507 | 2491561 | 1112187 | 496899 | 16801 | 59640 | 103455 |
| 吉林 | 2202949 | 2180186 | 1547238 | 738843 | 438555 | 11031 | 10160 | 23156 |
| 黑龙江 | 2446552 | 2386594 | 1862974 | 1031201 | 337128 | 16413 | 34158 | 49340 |
| 上海 | 2581108 | 2430279 | 1801218 | 796114 | 206110 | | 250398 | 145617 |
| 江苏 | 7480724 | 6996441 | 5457043 | 1847914 | 1383831 | 53418 | 583053 | 253905 |
| 浙江 | 5531769 | 5067316 | 3563227 | 1086886 | 863453 | | 536485 | 289309 |
| 安徽 | 3440373 | 3296170 | 2589294 | 1320127 | 561385 | 41549 | 106091 | 76513 |
| 福建 | 3801140 | 3725377 | 2818709 | 1108024 | 663473 | | 342286 | 101438 |
| 江西 | 2442409 | 2313484 | 1780044 | 1065634 | 305899 | 66125 | 55835 | 64976 |
| 山东 | 6197247 | 6026735 | 4599069 | 2041191 | 1216376 | 157456 | 420372 | 148596 |
| 河南 | 4970409 | 4682814 | 3330760 | 1857531 | 719884 | 110925 | 88841 | 85427 |
| 湖北 | 3643320 | 3483162 | 2549518 | 1329787 | 632454 | 127557 | 111755 | 82101 |
| 湖南 | 4434446 | 4334124 | 3154097 | 1765124 | 435829 | 7071 | 210593 | 115194 |
| 广东 | 11814344 | 10905156 | 6824903 | 2784364 | 1914057 | 46852 | 585879 | 327842 |
| 广西 | 3254621 | 3070931 | 2347579 | 1260568 | 393095 | 30827 | 122404 | 49012 |
| 海南 | 655061 | 606608 | 427389 | 278122 | 80140 | 10400 | 16761 | 15326 |
| 重庆 | 1869247 | 1748022 | 1392572 | 794133 | 159644 | 13618 | 51371 | 62260 |
| 四川 | 5040734 | 4892836 | 3733643 | 2172576 | 525672 | 37920 | 113002 | 150296 |
| 贵州 | 2105670 | 1891587 | 1509941 | 983005 | 195550 | 33311 | 39253 | 55279 |
| 云南 | 3843297 | 3690170 | 2852071 | 1263021 | 973009 | 1430 | 69010 | 113544 |
| 西藏 | 369842 | 342412 | 253246 | 105390 | 105133 | 14048 | 5016 | 6719 |
| 陕西 | 2136237 | 2037876 | 1550066 | 958122 | 278499 | 52837 | 61413 | 40965 |
| 甘肃 | 1683344 | 1568280 | 1208768 | 653357 | 295006 | 19623 | 81497 | 21291 |
| 青海 | 413144 | 397537 | 305995 | 154755 | 91310 | 3575 | 6703 | 6000 |
| 宁夏 | 473666 | 441909 | 331647 | 241016 | 45137 | 123 | 1340 | 8055 |
| 新疆 | 2135973 | 2080178 | 1669575 | 871244 | 367182 | 1383 | 30742 | 48445 |

## 教育经费支出明细

单位：千元

| 支出 | | | | | | | | | 基建支出 | |
|---|---|---|---|---|---|---|---|---|---|---|
| 部分 | | 公用部分 | | | | | | | 计 | 其中：自筹基建 |
| 社会保障费 | 奖贷助学金 | 小计 | 公务费 | 业务费 | 设备购置费 | 修缮费 | 业务招待费 | 其他费用 | | |
| **13874342** | **119269** | **24907244** | **6717490** | **2957714** | **4042348** | **8268879** | **351479** | **2569334** | **4732495** | **3696195** |
| 382697 | 1234 | 692045 | 245578 | 29296 | 142320 | 219986 | 3671 | 51194 | 43029 | 10320 |
| 250728 | 2 | 273661 | 81267 | 13362 | 30412 | 74803 | 734 | 73083 | 25038 | 22968 |
| 609009 | 532 | 1050324 | 326915 | 112906 | 184842 | 379170 | 6170 | 40321 | 149797 | 136185 |
| 278334 | 265 | 562587 | 179838 | 70417 | 84094 | 190186 | 4268 | 33784 | 73396 | 66292 |
| 258278 | 3450 | 472083 | 168562 | 23317 | 68096 | 185901 | 2218 | 23989 | 38587 | 16005 |
| 718955 | 425 | 720946 | 280090 | 65781 | 104799 | 201036 | 4176 | 65064 | 31206 | 26523 |
| 336203 | 321 | 632948 | 206822 | 64053 | 84803 | 224905 | 1946 | 50419 | 22763 | 20213 |
| 410917 | 230 | 523620 | 180297 | 48345 | 63274 | 190913 | 3406 | 37385 | 59958 | 45833 |
| 401277 | 1702 | 629061 | 110522 | 46349 | 217428 | 221750 | 5956 | 27056 | 150829 | 125929 |
| 1387163 | 1177 | 1539398 | 365318 | 118301 | 323702 | 499688 | 28670 | 203719 | 484283 | 448002 |
| 784615 | 2479 | 1504089 | 380118 | 159257 | 280336 | 423125 | 31386 | 229867 | 464453 | 439929 |
| 525054 | 124 | 706876 | 215530 | 135187 | 83732 | 166264 | 15727 | 90436 | 144203 | 114249 |
| 598382 | 5106 | 906668 | 165214 | 124118 | 146353 | 344448 | 18129 | 108406 | 75763 | 54393 |
| 287089 | 611 | 533440 | 150839 | 72270 | 61556 | 170849 | 22546 | 55380 | 128925 | 115398 |
| 772193 | 341 | 1427666 | 538221 | 200440 | 255011 | 303967 | 23521 | 106506 | 170512 | 163433 |
| 578019 | 1058 | 1352054 | 433413 | 249941 | 193860 | 393087 | 13013 | 68740 | 287595 | 280720 |
| 391657 | 1764 | 933644 | 266521 | 140776 | 145001 | 256198 | 34215 | 90933 | 160158 | 152323 |
| 623553 | 3804 | 1180027 | 332060 | 212169 | 150638 | 347735 | 24571 | 112854 | 100322 | 90137 |
| 1195865 | 16896 | 4080253 | 905401 | 531251 | 717836 | 1291023 | 42559 | 592183 | 909188 | 546350 |
| 518505 | 3995 | 723352 | 154354 | 76253 | 80674 | 313608 | 13536 | 84927 | 183690 | 149812 |
| 35757 | 1283 | 179219 | 40045 | 25026 | 23460 | 61833 | 5338 | 23517 | 48453 | 33214 |
| 324868 | 296 | 355450 | 81009 | 38177 | 62857 | 123020 | 4999 | 45388 | 121225 | 107495 |
| 759275 | 12822 | 1159193 | 221493 | 120921 | 198942 | 472673 | 16059 | 129105 | 147898 | 130618 |
| 235528 | 1326 | 381646 | 96860 | 43494 | 49855 | 153123 | 6835 | 31479 | 214083 | 97641 |
| 401612 | 31875 | 838099 | 149766 | 58288 | 76245 | 458692 | 9306 | 85802 | 153127 | 100407 |
| 16956 | 14032 | 89166 | 16859 | 9993 | 6329 | 35891 | 792 | 19302 | 27430 | 1500 |
| 210551 | 516 | 487810 | 171190 | 92034 | 65724 | 135390 | 4205 | 19267 | 98361 | 86091 |
| 155685 | 1932 | 359512 | 89491 | 22901 | 33268 | 195336 | 452 | 18064 | 115064 | 58112 |
| 41725 | 5502 | 91542 | 35138 | 3878 | 7064 | 38934 | 337 | 6191 | 15607 | 5616 |
| 35224 | 875 | 110262 | 27974 | 9696 | 12136 | 43395 | 798 | 16263 | 31757 | 12360 |
| 348668 | 3294 | 410603 | 100785 | 39517 | 87701 | 151950 | 1940 | 28710 | 55795 | 38127 |

# 4－33　分地区地方农村普通小学

| | 总计 | 事业性经费 | | | | | | |
|---|---|---|---|---|---|---|---|---|
| | | 合计 | 个人 | | | | | |
| | | | 小计 | 基本工资 | 补助工资 | | 其他工资 | 职工福利费 |
| | | | | | 计 | 其中:民师补助 | | |
| **合计** | **60464709** | **58040027** | **44181502** | **22794974** | **9701623** | **929877** | **2394427** | **1478364** |
| 北京 | 751824 | 751324 | 576518 | 188006 | 58244 | | 214382 | 25886 |
| 天津 | 352266 | 349365 | 249088 | 113249 | 71103 | | 9286 | 8530 |
| 河北 | 3239571 | 3126822 | 2376408 | 1362221 | 462325 | 54716 | 80203 | 54247 |
| 山西 | 1632100 | 1576302 | 1192005 | 666236 | 265251 | 83480 | 24831 | 25521 |
| 内蒙古 | 1041459 | 1018634 | 747794 | 422931 | 130721 | 18103 | 16592 | 15820 |
| 辽宁 | 1666912 | 1651837 | 1369912 | 685918 | 249136 | 16526 | 30164 | 52297 |
| 吉林 | 1239211 | 1227925 | 877363 | 456113 | 251995 | 10184 | 5630 | 13724 |
| 黑龙江 | 1430335 | 1408932 | 1111265 | 664306 | 195772 | 16329 | 20533 | 27405 |
| 上海 | 910602 | 902703 | 764308 | 356584 | 95689 | | 80456 | 68076 |
| 江苏 | 3674497 | 3472761 | 2798992 | 994079 | 717627 | 31317 | 281642 | 118824 |
| 浙江 | 1559062 | 1486146 | 1083660 | 367745 | 267459 | | 140739 | 88215 |
| 安徽 | 2564487 | 2466063 | 1959603 | 1053646 | 417487 | 38124 | 77837 | 53257 |
| 福建 | 2035264 | 2008702 | 1596262 | 678189 | 367401 | | 216602 | 50253 |
| 江西 | 1507804 | 1421872 | 1107467 | 689098 | 194195 | 49173 | 28031 | 38511 |
| 山东 | 4716371 | 4615310 | 3623743 | 1670345 | 973448 | 152986 | 300789 | 111856 |
| 河南 | 3601945 | 3367152 | 2424957 | 1391526 | 531378 | 102713 | 54054 | 57275 |
| 湖北 | 2172654 | 2083473 | 1539797 | 839743 | 389158 | 116121 | 66941 | 39416 |
| 湖南 | 3026905 | 2957993 | 2210489 | 1268804 | 308977 | 4986 | 139080 | 71305 |
| 广东 | 6451477 | 6135324 | 3947284 | 1770825 | 1076883 | 42514 | 234999 | 178597 |
| 广西 | 2528708 | 2387218 | 1852223 | 1003077 | 326252 | 26624 | 78055 | 31487 |
| 海南 | 426116 | 391557 | 290517 | 192534 | 58308 | 9202 | 8587 | 8564 |
| 重庆 | 737881 | 688971 | 561084 | 348823 | 58346 | 9229 | 14529 | 23512 |
| 四川 | 3544911 | 3440579 | 2704327 | 1634502 | 387693 | 34302 | 77590 | 97935 |
| 贵州 | 1644264 | 1455157 | 1165043 | 786823 | 154571 | 30520 | 32754 | 40843 |
| 云南 | 3063873 | 2956323 | 2333445 | 1047092 | 817495 | 1019 | 52158 | 90722 |
| 西藏 | 287577 | 265637 | 201269 | 80446 | 86187 | 13128 | 4709 | 5097 |
| 陕西 | 1271351 | 1200540 | 933734 | 589258 | 182496 | 44973 | 24307 | 25235 |
| 甘肃 | 1330291 | 1237369 | 958256 | 540551 | 248043 | 18826 | 53533 | 15735 |
| 青海 | 275621 | 265374 | 204296 | 109054 | 63538 | 3276 | 3942 | 2880 |
| 宁夏 | 354025 | 326123 | 252329 | 189824 | 36092 | 123 | 1114 | 5247 |
| 新疆 | 1425345 | 1396539 | 1168064 | 633426 | 258353 | 1383 | 20358 | 32092 |

## 教育经费支出明细

单位:千元

| 支出 | | | | | | | | | 基建支出 | |
|---|---|---|---|---|---|---|---|---|---|---|
| 部分 | | 公用部分 | | | | | | | | |
| 社会保障费 | 奖贷助学金 | 小计 | 公务费 | 业务费 | 设备购置费 | 修缮费 | 业务招待费 | 其他费用 | 计 | 其中:自筹基建 |
| **7715589** | **96525** | **13858525** | **3844191** | **1815247** | **1846993** | **4892165** | **226962** | **1232967** | **2424682** | **2007061** |
| 89632 | 368 | 174806 | 75284 | 5044 | 30768 | 49209 | 1825 | 12676 | 500 | |
| 46920 | | 100277 | 19760 | 3269 | 8013 | 35813 | 213 | 33209 | 2901 | 2901 |
| 417021 | 391 | 750414 | 221094 | 84680 | 126433 | 286807 | 4158 | 27242 | 112749 | 106867 |
| 210034 | 132 | 384297 | 114418 | 51175 | 58002 | 138147 | 2919 | 19636 | 55798 | 54288 |
| 159491 | 2239 | 270840 | 92961 | 12229 | 36111 | 116149 | 1358 | 12032 | 22825 | 9172 |
| 351982 | 415 | 281925 | 115065 | 29574 | 34346 | 75213 | 2070 | 25657 | 15075 | 12876 |
| 149701 | 200 | 350562 | 118358 | 38723 | 40756 | 131591 | 988 | 20146 | 11286 | 10586 |
| 203060 | 189 | 297667 | 94734 | 29093 | 27411 | 121543 | 1960 | 22926 | 21403 | 16568 |
| 163123 | 380 | 138395 | 37602 | 15987 | 26701 | 44970 | 2804 | 10331 | 7899 | 7899 |
| 685989 | 831 | 673769 | 167255 | 51204 | 114470 | 230247 | 16592 | 94001 | 201736 | 199415 |
| 218809 | 693 | 402486 | 109746 | 44505 | 58640 | 123695 | 8360 | 57540 | 72916 | 71565 |
| 357261 | 115 | 506460 | 157210 | 104941 | 48491 | 116197 | 12927 | 66694 | 98424 | 74988 |
| 281342 | 2475 | 412440 | 78345 | 66356 | 47332 | 156650 | 10907 | 52850 | 26562 | 22368 |
| 157168 | 464 | 314405 | 91427 | 43133 | 32863 | 100377 | 15423 | 31182 | 85932 | 77376 |
| 567062 | 243 | 991567 | 416091 | 152047 | 145407 | 189554 | 17615 | 70853 | 101061 | 95292 |
| 390036 | 688 | 942195 | 290114 | 191834 | 125038 | 279051 | 9696 | 46462 | 234793 | 233525 |
| 203028 | 1511 | 543676 | 164189 | 92980 | 66995 | 143923 | 23512 | 52077 | 89181 | 84004 |
| 419258 | 3065 | 747504 | 228584 | 144140 | 93569 | 192076 | 18304 | 70831 | 68912 | 61381 |
| 673339 | 12641 | 2188040 | 517385 | 313036 | 313755 | 803230 | 28714 | 211920 | 316153 | 282590 |
| 409745 | 3607 | 534995 | 110854 | 56277 | 55743 | 248819 | 10294 | 53008 | 141490 | 122257 |
| 21915 | 609 | 101040 | 22154 | 14687 | 12711 | 33983 | 3845 | 13660 | 34559 | 23975 |
| 115643 | 231 | 127887 | 31665 | 13804 | 21612 | 45074 | 2150 | 13582 | 48910 | 42260 |
| 496473 | 10134 | 736252 | 146749 | 81268 | 111224 | 311652 | 11445 | 73914 | 104332 | 93397 |
| 148873 | 1179 | 290114 | 68368 | 31035 | 33248 | 126787 | 5359 | 25317 | 189107 | 82664 |
| 296588 | 29390 | 622878 | 111013 | 33349 | 47823 | 365730 | 7233 | 57730 | 107550 | 70241 |
| 11669 | 13161 | 64368 | 11555 | 6321 | 4350 | 26796 | 779 | 14567 | 21940 | 1500 |
| 112042 | 396 | 266806 | 84836 | 52264 | 32681 | 82984 | 3028 | 11013 | 70811 | 60671 |
| 98577 | 1817 | 279113 | 64157 | 16502 | 23935 | 162546 | 304 | 11669 | 92922 | 46792 |
| 19704 | 5178 | 61078 | 21387 | 2374 | 2689 | 31120 | 303 | 3205 | 10247 | 5096 |
| 19191 | 861 | 73794 | 18297 | 6718 | 8575 | 31140 | 578 | 8486 | 27902 | 10189 |
| 220913 | 2922 | 228475 | 43534 | 26698 | 57301 | 91092 | 1299 | 8551 | 28806 | 24358 |

## 4－34 分地区地方成人小学

| | 总计 | 事业性经费 | | | | | | |
|---|---|---|---|---|---|---|---|---|
| | | 合 计 | 个人 | | | | | |
| | | | 小 计 | 基本工资 | 补助工资 | | 其他工资 | 职工福利费 |
| | | | | | 计 | 其中:民师补助 | | |
| **合 计** | **62482** | **62004** | **41873** | **27352** | **8165** | **92** | **2383** | **1103** |
| 北 京 | | | | | | | | |
| 天 津 | | | | | | | | |
| 河 北 | 1350 | 1350 | 954 | 714 | 184 | | 17 | 5 |
| 山 西 | 179 | 179 | 142 | 124 | 7 | | 9 | 2 |
| 内蒙古 | 445 | 445 | 360 | 144 | 53 | | 10 | 30 |
| 辽 宁 | | | | | | | | |
| 吉 林 | | | | | | | | |
| 黑龙江 | | | | | | | | |
| 上 海 | | | | | | | | |
| 江 苏 | 3884 | 3884 | 2636 | 1692 | 722 | | 173 | 23 |
| 浙 江 | 1865 | 1865 | 1197 | 549 | 494 | | 62 | 63 |
| 安 徽 | 638 | 518 | 412 | 266 | 115 | | 8 | 3 |
| 福 建 | 14799 | 14779 | 10000 | 5092 | 2482 | | 1399 | 181 |
| 江 西 | | | | | | | | |
| 山 东 | | | | | | | | |
| 河 南 | 4526 | 4526 | 3392 | 1891 | 443 | 43 | 2 | 89 |
| 湖 北 | 1671 | 1671 | 1081 | 629 | 265 | 13 | 99 | 29 |
| 湖 南 | | | | | | | | |
| 广 东 | | | | | | | | |
| 广 西 | 1323 | 1323 | 1075 | 838 | 175 | | 30 | 15 |
| 海 南 | | | | | | | | |
| 重 庆 | 10635 | 10485 | 7340 | 6017 | 798 | 14 | 83 | 316 |
| 四 川 | 14474 | 14474 | 10513 | 8019 | 1483 | 22 | 294 | 229 |
| 贵 州 | 230 | 230 | 222 | 215 | 7 | | | |
| 云 南 | 6463 | 6275 | 2549 | 1162 | 937 | | 197 | 118 |
| 西 藏 | | | | | | | | |
| 陕 西 | | | | | | | | |
| 甘 肃 | | | | | | | | |
| 青 海 | | | | | | | | |
| 宁 夏 | | | | | | | | |
| 新 疆 | | | | | | | | |

# 教育经费支出明细

单位：千元

| 支　出 | | | | | | | | | 基建支出 | |
|---|---|---|---|---|---|---|---|---|---|---|
| 部　分 | | 公用部分 | | | | | | | 计 | 其中：自筹基建 |
| 社会保障费 | 奖贷助学金 | 小计 | 公务费 | 业务费 | 设备购置费 | 修缮费 | 业务招待费 | 其他费用 | | |
| **2804** | **66** | **20131** | **4663** | **7329** | **1671** | **4492** | **270** | **1706** | **478** | **478** |
| 34 | | 396 | 161 | 170 | 27 | 4 | | 34 | | |
| | | 37 | 24 | 10 | | | 1 | 2 | | |
| 123 | | 85 | 50 | 35 | | | | | | |
| 26 | | 1248 | 453 | 613 | 19 | 37 | 33 | 93 | | |
| 26 | 3 | 668 | 273 | 98 | 96 | 39 | 55 | 107 | | |
| 20 | | 106 | 31 | 18 | 28 | 17 | 5 | 7 | 120 | 120 |
| 844 | 2 | 4779 | 993 | 1962 | 176 | 1345 | 53 | 250 | 20 | 20 |
| 967 | | 1134 | 145 | 216 | 89 | 627 | 27 | 30 | | |
| 59 | | 590 | 208 | 155 | 23 | 49 | 63 | 92 | | |
| 17 | | 248 | 58 | 138 | 13 | 33 | 2 | 4 | | |
| 126 | | 3145 | 676 | 1068 | 477 | 828 | 4 | 92 | 150 | 150 |
| 477 | 11 | 3961 | 1010 | 1890 | 104 | 712 | 17 | 228 | | |
| | | 8 | 8 | | | | | | | |
| 85 | 50 | 3726 | 573 | 956 | 619 | 801 | 10 | 767 | 188 | 188 |

# 4－35 分地区地方特殊教育学校

| | 总计 | 事业性经费 | | | | | | |
|---|---|---|---|---|---|---|---|---|
| | | 合计 | 个人 | | | | | |
| | | | 小计 | 基本工资 | 补助工资 | | 其他工资 | 职工福利费 |
| | | | | | 计 | 其中:民师补助 | | |
| **合计** | **1068976** | **995693** | **664199** | **259797** | **161818** | **204** | **71147** | **28674** |
| 北京 | 57436 | 57362 | 36292 | 8166 | 4935 | | 12229 | 1923 |
| 天津 | 35656 | 35472 | 19201 | 5987 | 5214 | | 2007 | 1168 |
| 河北 | 28263 | 28103 | 21226 | 11024 | 4505 | | 1650 | 538 |
| 山西 | 23756 | 20024 | 13469 | 6356 | 3924 | 11 | 115 | 454 |
| 内蒙古 | 11868 | 10568 | 6565 | 3821 | 1587 | | 161 | 221 |
| 辽宁 | 64094 | 63062 | 48485 | 18632 | 11486 | 5 | 1190 | 2396 |
| 吉林 | 37324 | 37324 | 28092 | 10420 | 8829 | | 230 | 294 |
| 黑龙江 | 48616 | 48616 | 37504 | 16993 | 7719 | | 671 | 1171 |
| 上海 | 122391 | 111671 | 72374 | 29276 | 12519 | | 10866 | 4675 |
| 江苏 | 88055 | 82057 | 60441 | 19229 | 17230 | 128 | 7067 | 3136 |
| 浙江 | 57885 | 52197 | 30646 | 8671 | 7772 | | 6016 | 1849 |
| 安徽 | 27924 | 23671 | 16720 | 6947 | 4745 | 3 | 771 | 627 |
| 福建 | 39818 | 35816 | 22535 | 7253 | 6613 | | 3168 | 939 |
| 江西 | 7490 | 7043 | 5130 | 2253 | 920 | 1 | 418 | 198 |
| 山东 | 122030 | 107631 | 75913 | 30018 | 21132 | 29 | 7990 | 2337 |
| 河南 | 44752 | 43827 | 30683 | 16269 | 7064 | 12 | 1514 | 799 |
| 湖北 | 36803 | 32323 | 22028 | 10119 | 6327 | 10 | 887 | 883 |
| 湖南 | 26319 | 25216 | 13314 | 6698 | 2462 | 4 | 1695 | 799 |
| 广东 | 80378 | 74358 | 38357 | 9967 | 12407 | | 8705 | 1473 |
| 广西 | 8149 | 7260 | 5367 | 2687 | 797 | | 726 | 225 |
| 海南 | 2408 | 2308 | 1509 | 720 | 203 | | 136 | 61 |
| 重庆 | 12351 | 11014 | 7945 | 4287 | 1479 | | 353 | 312 |
| 四川 | 24368 | 21825 | 13841 | 7591 | 2481 | | 261 | 819 |
| 贵州 | 9003 | 8929 | 6008 | 3254 | 1206 | | 214 | 262 |
| 云南 | 18110 | 17863 | 10399 | 3529 | 3443 | | 461 | 505 |
| 西藏 | | | | | | | | |
| 陕西 | 11725 | 9425 | 6512 | 3483 | 1317 | 1 | 714 | 167 |
| 甘肃 | 7573 | 7117 | 5049 | 2061 | 1052 | | 784 | 186 |
| 青海 | 2947 | 2947 | 1860 | 733 | 496 | | 67 | 27 |
| 宁夏 | 3513 | 2913 | 1394 | 999 | 145 | | 79 | 49 |
| 新疆 | 7971 | 7751 | 5340 | 2354 | 1809 | | 2 | 181 |

# 教育经费支出明细

单位：千元

| 支出 | | | | | | | | | 基建支出 | |
|---|---|---|---|---|---|---|---|---|---|---|
| 部分 | | 公用部分 | | | | | | | 计 | 其中：自筹基建 |
| 社会保障费 | 奖贷助学金 | 小计 | 公务费 | 业务费 | 设备购置费 | 修缮费 | 业务招待费 | 其他费用 | | |
| **137051** | **5712** | **331494** | **90390** | **26483** | **57198** | **124744** | **3379** | **29300** | **73283** | **49518** |
| 9005 | 34 | 21070 | 7534 | 849 | 4308 | 7172 | 65 | 1142 | 74 | 24 |
| 4825 | | 16271 | 3041 | 693 | 1483 | 4150 | 5 | 6899 | 184 | 184 |
| 3505 | 4 | 6877 | 3011 | 735 | 1161 | 1709 | 38 | 223 | 160 | 160 |
| 2428 | 192 | 6555 | 2296 | 332 | 1360 | 2353 | 44 | 170 | 3732 | 3700 |
| 737 | 38 | 4003 | 1281 | 153 | 290 | 2181 | 5 | 93 | 1300 | |
| 14423 | 358 | 14577 | 7866 | 845 | 2343 | 2686 | 32 | 805 | 1032 | 932 |
| 8184 | 135 | 9232 | 4018 | 534 | 1847 | 1811 | 27 | 995 | | |
| 10889 | 61 | 11112 | 4241 | 768 | 929 | 3352 | 42 | 1780 | | |
| 14860 | 178 | 39297 | 5951 | 1883 | 5313 | 24367 | 380 | 1403 | 10720 | 720 |
| 13158 | 621 | 21616 | 5780 | 2115 | 4173 | 7678 | 554 | 1316 | 5998 | 5639 |
| 6044 | 294 | 21551 | 4154 | 2432 | 4440 | 8127 | 271 | 2127 | 5688 | 5608 |
| 3379 | 251 | 6951 | 1891 | 701 | 1229 | 2199 | 348 | 583 | 4253 | 3344 |
| 4321 | 241 | 13281 | 2809 | 998 | 1735 | 6683 | 182 | 874 | 4002 | 2846 |
| 1186 | 155 | 1913 | 529 | 137 | 452 | 653 | 18 | 124 | 447 | 237 |
| 13619 | 817 | 31718 | 12185 | 2564 | 5214 | 9095 | 357 | 2303 | 14399 | 13894 |
| 4785 | 252 | 13144 | 3740 | 1153 | 1502 | 5967 | 86 | 696 | 925 | 420 |
| 3690 | 122 | 10295 | 2855 | 1321 | 1441 | 3368 | 282 | 1028 | 4480 | 4006 |
| 1567 | 93 | 11902 | 2148 | 884 | 982 | 7230 | 192 | 466 | 1103 | 703 |
| 5520 | 285 | 36001 | 6484 | 3736 | 9357 | 12139 | 220 | 4065 | 6020 | 720 |
| 928 | 4 | 1893 | 501 | 332 | 122 | 710 | 11 | 217 | 889 | 800 |
| 321 | 68 | 799 | 175 | 178 | 123 | 322 | | 1 | 100 | |
| 1372 | 142 | 3069 | 669 | 277 | 588 | 1056 | 20 | 459 | 1337 | 1087 |
| 2274 | 415 | 7984 | 1477 | 1230 | 2482 | 2331 | 39 | 425 | 2543 | 1853 |
| 1010 | 62 | 2921 | 882 | 215 | 331 | 1308 | 48 | 137 | 74 | 74 |
| 1763 | 698 | 7464 | 1511 | 807 | 1764 | 2882 | 66 | 434 | 247 | 47 |
| 822 | 9 | 2913 | 1081 | 295 | 126 | 1344 | 26 | 41 | 2300 | 2200 |
| 930 | 36 | 2068 | 644 | 21 | 555 | 739 | 1 | 108 | 456 | 200 |
| 487 | 50 | 1087 | 423 | 125 | 73 | 359 | 3 | 104 | | |
| 122 | | 1519 | 394 | 71 | 773 | 93 | 6 | 182 | 600 | |
| 897 | 97 | 2411 | 819 | 99 | 702 | 680 | 11 | 100 | 220 | 120 |

## 4-36 分地区地方幼儿园

| | 总计 | 事业性经费 | | | | | | |
|---|---|---|---|---|---|---|---|---|
| | | 合计 | 个人 | | | | | |
| | | | 小计 | 基本工资 | 补助工资 | | 其他工资 | 职工福利费 |
| | | | | | 计 | 其中:民师补助 | | |
| **合计** | **5082341** | **4891566** | **3209989** | **1323058** | **703317** | **10925** | **412482** | **180889** |
| 北京 | 235681 | 234881 | 143262 | 33759 | 14954 | | 62714 | 10076 |
| 天津 | 166426 | 161250 | 113145 | 34906 | 27711 | | 10611 | 3888 |
| 河北 | 169720 | 161170 | 114627 | 59487 | 20658 | 305 | 7928 | 3512 |
| 山西 | 117326 | 113163 | 67296 | 36351 | 19476 | 3715 | 2610 | 2089 |
| 内蒙古 | 106138 | 105708 | 75934 | 40413 | 13518 | 93 | 3217 | 2544 |
| 辽宁 | 111363 | 111256 | 73119 | 32493 | 17919 | 14 | 3686 | 4361 |
| 吉林 | 67030 | 67030 | 46892 | 20629 | 14157 | 2 | 546 | 600 |
| 黑龙江 | 71114 | 71114 | 49323 | 23704 | 10050 | 50 | 1132 | 1414 |
| 上海 | 932804 | 926628 | 631498 | 243302 | 110088 | | 104980 | 53103 |
| 江苏 | 369256 | 335794 | 211267 | 63041 | 49508 | 273 | 50009 | 13611 |
| 浙江 | 290371 | 275577 | 161903 | 40684 | 45267 | | 34775 | 12914 |
| 安徽 | 164252 | 157188 | 105434 | 52970 | 25961 | 522 | 6281 | 4739 |
| 福建 | 258028 | 253228 | 157923 | 58788 | 43973 | | 27335 | 6776 |
| 江西 | 74899 | 66994 | 44116 | 24875 | 7517 | 126 | 2457 | 2179 |
| 山东 | 133678 | 118490 | 66333 | 24724 | 17117 | 341 | 9151 | 2288 |
| 河南 | 163958 | 157457 | 98451 | 50110 | 21646 | 404 | 5735 | 3936 |
| 湖北 | 152428 | 145970 | 96626 | 45700 | 27304 | 952 | 5390 | 4248 |
| 湖南 | 44485 | 43952 | 29870 | 13833 | 4936 | | 4597 | 1864 |
| 广东 | 416797 | 398763 | 244386 | 78530 | 77464 | 2161 | 29666 | 16204 |
| 广西 | 94733 | 88835 | 60784 | 31544 | 8638 | 360 | 6830 | 2480 |
| 海南 | 22232 | 21846 | 14864 | 6972 | 3314 | 24 | 1456 | 978 |
| 重庆 | 68946 | 62432 | 43879 | 23206 | 6133 | 171 | 3427 | 2934 |
| 四川 | 205617 | 199247 | 140245 | 72180 | 22248 | 291 | 6519 | 7716 |
| 贵州 | 57617 | 56659 | 39023 | 23540 | 5514 | 570 | 1460 | 2115 |
| 云南 | 208947 | 199354 | 131358 | 55574 | 44528 | 161 | 5336 | 6746 |
| 西藏 | 6381 | 6381 | 4574 | 2355 | 1471 | | 35 | 215 |
| 陕西 | 75434 | 69269 | 42277 | 24032 | 7020 | 75 | 2207 | 1363 |
| 甘肃 | 87500 | 84382 | 60847 | 30207 | 13745 | 294 | 6915 | 1021 |
| 青海 | 21488 | 20528 | 15433 | 7159 | 3829 | | 867 | 275 |
| 宁夏 | 33993 | 31576 | 19792 | 13450 | 2166 | 11 | 203 | 531 |
| 新疆 | 153699 | 145444 | 105508 | 54540 | 15487 | 10 | 4407 | 4169 |

## 教育经费支出明细

单位:千元

| 支出 | | | | | | | | | 基建支出 | |
|---|---|---|---|---|---|---|---|---|---|---|
| 部分 | | 公用部分 | | | | | | | 计 | 其中:自筹基建 |
| 社会保障费 | 奖贷助学金 | 小计 | 公务费 | 业务费 | 设备购置费 | 修缮费 | 业务招待费 | 其他费用 | | |
| **590243** | | **1681577** | **441961** | **201312** | **344605** | **496100** | **15862** | **181737** | **190775** | **152446** |
| 21759 | | 91619 | 30789 | 4103 | 17751 | 31877 | 290 | 6809 | 800 | |
| 36029 | | 48105 | 16914 | 1851 | 7008 | 12944 | 107 | 9281 | 5176 | 5176 |
| 23042 | | 46543 | 18436 | 6024 | 8374 | 9475 | 495 | 3739 | 8550 | 8300 |
| 6770 | | 45867 | 15783 | 6800 | 8657 | 11718 | 517 | 2392 | 4163 | 4133 |
| 16242 | | 29774 | 13186 | 1953 | 5303 | 7812 | 101 | 1419 | 430 | 270 |
| 14660 | | 38137 | 16001 | 4411 | 7681 | 6780 | 318 | 2946 | 107 | 98 |
| 10960 | | 20138 | 8586 | 1531 | 2698 | 5175 | 60 | 2088 | | |
| 13023 | | 21791 | 10338 | 2406 | 3170 | 3911 | 105 | 1861 | | |
| 120025 | | 295130 | 56816 | 22126 | 82399 | 119303 | 2401 | 12085 | 6176 | 5056 |
| 35098 | | 124527 | 26620 | 15000 | 30841 | 33863 | 1705 | 16498 | 33462 | 26678 |
| 28263 | | 113674 | 26637 | 12664 | 24693 | 33107 | 1483 | 15090 | 14794 | 13794 |
| 15483 | | 51754 | 16568 | 7111 | 8327 | 13815 | 423 | 5510 | 7064 | 5816 |
| 21051 | | 95305 | 18589 | 17130 | 16794 | 28197 | 1363 | 13232 | 4800 | 4045 |
| 7088 | | 22878 | 6681 | 2788 | 3438 | 6506 | 547 | 2918 | 7905 | 7170 |
| 13053 | | 52157 | 15937 | 8956 | 11441 | 10239 | 529 | 5055 | 15188 | 15138 |
| 17024 | | 59006 | 17772 | 10551 | 11127 | 13769 | 655 | 5132 | 6501 | 4681 |
| 13984 | | 49344 | 13784 | 8938 | 8609 | 11928 | 1503 | 4582 | 6458 | 6458 |
| 4640 | | 14082 | 4073 | 2914 | 1526 | 3349 | 150 | 2070 | 533 | 513 |
| 42522 | | 154377 | 30596 | 15161 | 35058 | 46556 | 832 | 26174 | 18034 | 9373 |
| 11292 | | 28051 | 7343 | 4564 | 3049 | 8678 | 175 | 4242 | 5898 | 5248 |
| 2144 | | 6982 | 2819 | 1137 | 993 | 990 | 33 | 1010 | 386 | 356 |
| 8179 | | 18553 | 3934 | 2463 | 4492 | 6161 | 113 | 1390 | 6514 | 5844 |
| 31582 | | 59002 | 13430 | 8004 | 8152 | 21503 | 481 | 7432 | 6370 | 6370 |
| 6394 | | 17636 | 4802 | 3812 | 2906 | 3034 | 225 | 2857 | 958 | 494 |
| 19174 | | 67996 | 13570 | 12038 | 12821 | 16324 | 628 | 12615 | 9593 | 6828 |
| 498 | | 1807 | 412 | 429 | 276 | 383 | | 307 | | |
| 7655 | | 26992 | 7378 | 4584 | 3294 | 10356 | 101 | 1279 | 6165 | 5300 |
| 8959 | | 23535 | 8031 | 3146 | 4421 | 5398 | 66 | 2473 | 3118 | 885 |
| 3303 | | 5095 | 2015 | 836 | 869 | 911 | 8 | 456 | 960 | |
| 3442 | | 11784 | 2813 | 1646 | 2301 | 2519 | 67 | 2438 | 2417 | 1417 |
| 26905 | | 39936 | 11308 | 6235 | 6136 | 9519 | 381 | 6357 | 8255 | 3005 |

# 4－37　分地区中央部门其他教育机构

| | 总计 | 事业性经费 | | | | | | | |
|---|---|---|---|---|---|---|---|---|---|
| | | 合计 | 个人 | | | | | | |
| | | | 小计 | 基本工资 | 补助工资 | | 其他工资 | 职工福利费 | |
| | | | | | 计 | 其中:民师补助 | | | |
| **合　计** | **661682** | **642222** | **57892** | **15049** | **12463** | | **8389** | **3258** | |
| 北　京 | 661682 | 642222 | 57892 | 15049 | 12463 | | 8389 | 3258 | |
| 天　津 | | | | | | | | | |
| 河　北 | | | | | | | | | |
| 山　西 | | | | | | | | | |
| 内蒙古 | | | | | | | | | |
| 辽　宁 | | | | | | | | | |
| 吉　林 | | | | | | | | | |
| 黑龙江 | | | | | | | | | |
| 上　海 | | | | | | | | | |
| 江　苏 | | | | | | | | | |
| 浙　江 | | | | | | | | | |
| 安　徽 | | | | | | | | | |
| 福　建 | | | | | | | | | |
| 江　西 | | | | | | | | | |
| 山　东 | | | | | | | | | |
| 河　南 | | | | | | | | | |
| 湖　北 | | | | | | | | | |
| 湖　南 | | | | | | | | | |
| 广　东 | | | | | | | | | |
| 广　西 | | | | | | | | | |
| 海　南 | | | | | | | | | |
| 重　庆 | | | | | | | | | |
| 四　川 | | | | | | | | | |
| 贵　州 | | | | | | | | | |
| 云　南 | | | | | | | | | |
| 西　藏 | | | | | | | | | |
| 陕　西 | | | | | | | | | |
| 甘　肃 | | | | | | | | | |
| 青　海 | | | | | | | | | |
| 宁　夏 | | | | | | | | | |
| 新　疆 | | | | | | | | | |

## 教育经费支出明细

单位:千元

| 支出 |  |  |  |  |  |  |  |  | 基建支出 |  |
|---|---|---|---|---|---|---|---|---|---|---|
| 部分 |  | 公用部分 |  |  |  |  |  |  |  |  |
| 社会保障费 | 奖贷助学金 | 小计 | 公务费 | 业务费 | 设备购置费 | 修缮费 | 业务招待费 | 其他费用 | 计 | 其中:自筹基建 |
| **18733** |  | **584330** | **35902** | **434655** | **16525** | **24013** | **163** | **73072** | **19460** |  |
| 18733 |  | 584330 | 35902 | 434655 | 16525 | 24013 | 163 | 73072 | 19460 |  |

# 4-38 分地区地方其他教育机构

| | 总计 | 事业性经费 | | | | | | |
|---|---|---|---|---|---|---|---|---|
| | | 合计 | 个人 | | | | | |
| | | | 小计 | 基本工资 | 补助工资 | | 其他工资 | 职工福利费 |
| | | | | | 计 | 其中:民师补助 | | |
| **合计** | **15539286** | **14249988** | **4574740** | **1817211** | **823415** | | **423190** | **330255** |
| 北京 | 833708 | 800599 | 270185 | 64345 | 31802 | | 92943 | 22551 |
| 天津 | 143760 | 140840 | 59638 | 20646 | 15197 | | 5152 | 4667 |
| 河北 | 501506 | 485202 | 203663 | 92032 | 27273 | | 10157 | 8263 |
| 山西 | 351776 | 347316 | 132084 | 70155 | 20895 | | 2555 | 8391 |
| 内蒙古 | 226340 | 222194 | 75288 | 38391 | 12553 | | 1922 | 3483 |
| 辽宁 | 885350 | 833695 | 208041 | 81652 | 50557 | | 12739 | 14069 |
| 吉林 | 309373 | 308704 | 136625 | 58788 | 38131 | | 798 | 2687 |
| 黑龙江 | 725250 | 507400 | 161300 | 75401 | 27172 | | 4644 | 7066 |
| 上海 | 518314 | 443849 | 189781 | 72306 | 25416 | | 42437 | 12632 |
| 江苏 | 1349114 | 1280664 | 274987 | 69150 | 55735 | | 49816 | 29572 |
| 浙江 | 857223 | 701413 | 190019 | 47400 | 36978 | | 27974 | 23243 |
| 安徽 | 413426 | 399431 | 154840 | 64202 | 29819 | | 5772 | 10839 |
| 福建 | 457370 | 443255 | 96439 | 22987 | 21848 | | 9321 | 7659 |
| 江西 | 270756 | 262214 | 79661 | 37343 | 11608 | | 5727 | 6604 |
| 山东 | 958544 | 902677 | 264114 | 110817 | 58447 | | 25703 | 14105 |
| 河南 | 686439 | 647659 | 216542 | 103608 | 37105 | | 6130 | 9246 |
| 湖北 | 1008667 | 892501 | 397374 | 167242 | 86192 | | 16355 | 26035 |
| 湖南 | 814444 | 793401 | 261670 | 109547 | 31103 | | 22891 | 23194 |
| 广东 | 1006700 | 943936 | 284738 | 86738 | 63437 | | 29937 | 31849 |
| 广西 | 405631 | 367397 | 126525 | 61006 | 14943 | | 9269 | 7679 |
| 海南 | 106869 | 100398 | 24494 | 13047 | 3639 | | 1746 | 2973 |
| 重庆 | 228274 | 221487 | 84658 | 37483 | 10899 | | 8568 | 7712 |
| 四川 | 659401 | 594797 | 213540 | 97574 | 32216 | | 13888 | 14822 |
| 贵州 | 311174 | 260635 | 86431 | 40369 | 7722 | | 2829 | 7881 |
| 云南 | 406248 | 387839 | 75772 | 28718 | 18184 | | 3672 | 5844 |
| 西藏 | 104743 | 76983 | 6489 | 3592 | 1561 | | 191 | 282 |
| 陕西 | 306904 | 298068 | 98900 | 55968 | 13754 | | 2492 | 6640 |
| 甘肃 | 164072 | 157577 | 49716 | 22461 | 9205 | | 4530 | 2420 |
| 青海 | 166768 | 137092 | 32156 | 11075 | 6322 | | 786 | 1369 |
| 宁夏 | 80799 | 77406 | 20749 | 11913 | 2006 | | 20 | 868 |
| 新疆 | 280343 | 213359 | 98321 | 41255 | 21696 | | 2226 | 5610 |

## 教育经费支出明细

单位：千元

| 支出部分 | | | | | | | | | 基建支出 | |
|---|---|---|---|---|---|---|---|---|---|---|
| | | 公用部分 | | | | | | | 计 | 其中：自筹基建 |
| 社会保障费 | 奖贷助学金 | 小计 | 公务费 | 业务费 | 设备购置费 | 修缮费 | 业务招待费 | 其他费用 | | |
| **1180669** | | **9675248** | **1937530** | **3022754** | **1377089** | **1798690** | **142035** | **1397150** | **1289298** | **1002621** |
| 58544 | | 530414 | 99276 | 125353 | 101639 | 160388 | 1168 | 42590 | 33109 | 10634 |
| 13976 | | 81202 | 23628 | 20481 | 9344 | 15066 | 375 | 12308 | 2920 | 2920 |
| 65938 | | 281539 | 81023 | 106645 | 29979 | 39729 | 3157 | 21006 | 16304 | 13727 |
| 30088 | | 215232 | 61592 | 67070 | 47236 | 16402 | 2598 | 20334 | 4460 | 1610 |
| 18939 | | 146906 | 41012 | 50326 | 23313 | 19598 | 901 | 11756 | 4146 | 2961 |
| 49024 | | 625654 | 110712 | 138166 | 55764 | 196283 | 1402 | 123327 | 51655 | 44795 |
| 36221 | | 172079 | 55137 | 46431 | 22245 | 26192 | 854 | 21220 | 669 | 654 |
| 47017 | | 346100 | 67252 | 144506 | 63302 | 47304 | 1227 | 22509 | 217850 | 196850 |
| 36990 | | 254068 | 43539 | 71899 | 49437 | 56275 | 2913 | 30005 | 74465 | 28465 |
| 70714 | | 1005677 | 118436 | 201950 | 211357 | 280081 | 9278 | 184575 | 68450 | 63140 |
| 54424 | | 511394 | 80618 | 158065 | 119481 | 67351 | 9743 | 76136 | 155810 | 149467 |
| 44208 | | 244591 | 58138 | 76937 | 25211 | 30859 | 5919 | 47527 | 13995 | 10782 |
| 34624 | | 346816 | 40698 | 104129 | 43960 | 50412 | 4125 | 103492 | 14115 | 9355 |
| 18379 | | 182553 | 38028 | 62676 | 30595 | 23758 | 5395 | 22101 | 8542 | 8114 |
| 55042 | | 638563 | 152747 | 226079 | 55002 | 104582 | 6395 | 93758 | 55867 | 54471 |
| 60453 | | 431117 | 131138 | 135953 | 55264 | 57109 | 8246 | 43407 | 38780 | 32346 |
| 101550 | | 495127 | 108518 | 187354 | 39530 | 66900 | 22810 | 70015 | 116166 | 114060 |
| 74935 | | 531731 | 130676 | 205043 | 45366 | 51540 | 13681 | 85425 | 21043 | 16494 |
| 72777 | | 659198 | 132039 | 210082 | 102547 | 98512 | 12290 | 103728 | 62764 | 47856 |
| 33628 | | 240872 | 44043 | 70444 | 44647 | 43711 | 5551 | 32476 | 38234 | 29352 |
| 3089 | | 75904 | 11517 | 22003 | 4586 | 26990 | 1271 | 9537 | 6471 | |
| 19996 | | 136829 | 39482 | 43859 | 18999 | 11839 | 1607 | 21043 | 6787 | 6787 |
| 55040 | | 381257 | 82008 | 147055 | 47626 | 52634 | 6843 | 45091 | 64604 | 63374 |
| 27630 | | 174204 | 30143 | 83150 | 24630 | 16796 | 3374 | 16111 | 50539 | 26471 |
| 19354 | | 312067 | 43055 | 106573 | 32270 | 89141 | 3857 | 37171 | 18409 | 11539 |
| 863 | | 70494 | 5168 | 26861 | 3105 | 4249 | 2670 | 28441 | 27760 | |
| 20046 | | 199168 | 42767 | 64991 | 15093 | 42751 | 1201 | 32365 | 8836 | 7135 |
| 11100 | | 107861 | 18306 | 45668 | 10152 | 16384 | 696 | 16655 | 6495 | 2998 |
| 12604 | | 104936 | 8479 | 14481 | 25249 | 53778 | 614 | 2335 | 29676 | |
| 5942 | | 56657 | 11527 | 15308 | 5616 | 18470 | 750 | 4986 | 3393 | 1018 |
| 27534 | | 115038 | 26828 | 43216 | 14544 | 13606 | 1124 | 15720 | 66984 | 45246 |

# 第五部分

中国教育经费统计年鉴
2001

# 省、自治区、直辖市各级各类教育机构预算内教育事业费支出、基建支出明细

## 5－1　分地区中央部门预算内

| | 总计 | 事业性经费 | | | | | | |
|---|---|---|---|---|---|---|---|---|
| | | 合　计 | 个　人 | | | | | |
| | | | 小　计 | 基本工资 | 补助工资 | | 其他工资 | 职工福利费 |
| | | | | | 计 | 其中:民师补助 | | |
| **合　计** | **23059370** | **19147211** | **10369387** | **2110605** | **1947022** | | **2565560** | **383586** |
| 北　京 | 7308415 | 5549224 | 2513288 | 395500 | 560195 | | 618963 | 73313 |
| 天　津 | 587704 | 587704 | 307402 | 55766 | 47332 | | 97818 | 6671 |
| 河　北 | 107904 | 87244 | 71870 | 23919 | 21037 | | 8993 | 2970 |
| 山　西 | 63160 | 63160 | 39810 | 17731 | 7154 | | 2811 | 2575 |
| 内蒙古 | 21820 | 21820 | 17119 | 9008 | 4098 | | 1774 | 948 |
| 辽　宁 | 531706 | 442955 | 213747 | 52961 | 32600 | | 54899 | 8415 |
| 吉　林 | 554003 | 435283 | 292546 | 91036 | 76521 | | 98387 | 12491 |
| 黑龙江 | 807900 | 706222 | 365820 | 84444 | 67323 | | 55536 | 12264 |
| 上　海 | 3175192 | 2996682 | 1576061 | 204411 | 289027 | | 561250 | 59839 |
| 江　苏 | 1664636 | 1319867 | 901586 | 213908 | 212024 | | 156404 | 35223 |
| 浙　江 | 542910 | 521906 | 282711 | 67742 | 27732 | | 95893 | 2683 |
| 安　徽 | 364274 | 318394 | 232938 | 46189 | 29304 | | 57141 | 19932 |
| 福　建 | 348664 | 322154 | 141707 | 22583 | 35412 | | 29468 | 3799 |
| 江　西 | 8660 | 8660 | 7347 | 3907 | 1106 | | 396 | |
| 山　东 | 409921 | 307521 | 251421 | 49310 | 41792 | | 55356 | 13170 |
| 河　南 | 80684 | 61340 | 41007 | 11005 | 8106 | | 10516 | 3195 |
| 湖　北 | 1609213 | 1334035 | 694984 | 121655 | 106015 | | 236680 | 20037 |
| 湖　南 | 610829 | 524352 | 320283 | 89984 | 54920 | | 18878 | 19549 |
| 广　东 | 1163723 | 1099213 | 605072 | 101875 | 128395 | | 125890 | 21518 |
| 广　西 | | | | | | | | |
| 海　南 | | | | | | | | |
| 重　庆 | 315638 | 255088 | 148476 | 56552 | 13660 | | 32413 | 4573 |
| 四　川 | 994411 | 754536 | 425744 | 144858 | 64698 | | 48930 | 28955 |
| 贵　州 | 2025 | 2025 | 2025 | 1434 | 591 | | | |
| 云　南 | | | | | | | | |
| 西　藏 | | | | | | | | |
| 陕　西 | 1213932 | 955068 | 644562 | 145735 | 83355 | | 156643 | 19778 |
| 甘　肃 | 362045 | 305907 | 167523 | 50857 | 19076 | | 35715 | 6924 |
| 青　海 | | | | | | | | |
| 宁　夏 | 29679 | 23779 | 10149 | 2962 | 2073 | | 1827 | 141 |
| 新　疆 | 180322 | 143072 | 94189 | 45273 | 13476 | | 2979 | 4623 |

## 教育事业费支出、基建支出明细

单位：千元

| 支出部分 | | 公用部分 | | | | | | | 基建支出 |
|---|---|---|---|---|---|---|---|---|---|
| 社会保障费 | 奖贷助学金 | 小计 | 公务费 | 业务费 | 设备购置费 | 修缮费 | 业务招待费 | 其他费用 | |
| **2375034** | **987580** | **8777824** | **1557919** | **2825808** | **2040852** | **1142953** | **39877** | **1170415** | **3912159** |
| 581972 | 283345 | 3035936 | 472142 | 975296 | 729352 | 489786 | 4966 | 364394 | 1759191 |
| 68564 | 31251 | 280302 | 53627 | 123533 | 34362 | 49424 | 261 | 19095 | |
| 13051 | 1900 | 15374 | 11869 | 849 | 1140 | 1342 | 17 | 157 | 20660 |
| 6253 | 3286 | 23350 | 9208 | 2639 | 3983 | 6149 | 32 | 1339 | |
| 755 | 536 | 4701 | 3759 | 640 | 162 | 20 | | 120 | |
| 39667 | 25205 | 229208 | 52649 | 72906 | 37734 | 25777 | 976 | 39166 | 88751 |
| | 14111 | 142737 | 121443 | 21294 | | | | | 118720 |
| 100133 | 46120 | 340402 | 110002 | 53443 | 71104 | 34286 | 4884 | 66683 | 101678 |
| 317124 | 144410 | 1420621 | 156003 | 533170 | 322943 | 168119 | 3518 | 236868 | 178510 |
| 215019 | 69008 | 418281 | 69125 | 127886 | 121634 | 32521 | 2340 | 64775 | 344769 |
| 60583 | 28078 | 239195 | 16383 | 109367 | 63620 | 14771 | 182 | 34872 | 21004 |
| 48717 | 31655 | 85456 | 25653 | 21257 | 25671 | 9096 | 152 | 3627 | 45880 |
| 38503 | 11942 | 180447 | 22767 | 42508 | 35764 | 17321 | 520 | 61567 | 26510 |
| 1938 | | 1313 | 809 | | | 95 | | 409 | |
| 68086 | 23707 | 56100 | 12717 | 12436 | 15009 | 5187 | | 10751 | 102400 |
| 6338 | 1847 | 20333 | 8231 | 5186 | 2812 | 2306 | 550 | 1248 | 19344 |
| 159929 | 50668 | 639051 | 101100 | 220843 | 149668 | 74707 | 1531 | 91202 | 275178 |
| 111828 | 25124 | 204069 | 21985 | 98503 | 50786 | 26627 | 2516 | 3652 | 86477 |
| 178005 | 49389 | 494141 | 73867 | 155123 | 141743 | 59141 | 2902 | 61365 | 64510 |
| 30344 | 10934 | 106612 | 14284 | 27374 | 25396 | 16412 | 363 | 22783 | 60550 |
| 97205 | 41098 | 328792 | 58531 | 88823 | 64784 | 58745 | 11504 | 46405 | 239875 |
| 170652 | 68399 | 310506 | 71384 | 96753 | 104223 | 27386 | 2039 | 8721 | 258864 |
| 36689 | 18262 | 138384 | 40008 | 28250 | 21694 | 18401 | 504 | 29527 | 56138 |
| 1856 | 1290 | 13630 | 3942 | 1822 | 6539 | | | 1327 | 5900 |
| 21823 | 6015 | 48883 | 26431 | 5907 | 10729 | 5334 | 120 | 362 | 37250 |

# 5－2 分地区地方预算内

| | 总计 | 事业性经费 | | | | | | |
|---|---|---|---|---|---|---|---|---|
| | | 合 计 | 个 人 | | | | | |
| | | | 小 计 | 基 本 工 资 | 补助工资 | | 其 他 工 资 | 职 工 福利费 |
| | | | | | 计 | 其中:民师补助 | | |
| **合　计** | **172079298** | **164544260** | **137563495** | **72501865** | **28264909** | **490497** | **8713192** | **4539756** |
| 北　京 | 6186045 | 5825070 | 3780951 | 1243487 | 385176 | | 1268384 | 170170 |
| 天　津 | 3088714 | 3023864 | 2319375 | 929829 | 535522 | | 97549 | 62740 |
| 河　北 | 8311525 | 8153569 | 7291110 | 4028230 | 1187393 | 22423 | 363279 | 193589 |
| 山　西 | 4044160 | 3936449 | 3419728 | 2053645 | 664430 | 54255 | 109698 | 103221 |
| 内蒙古 | 3035931 | 2869557 | 2372243 | 1588710 | 501741 | 12441 | 76876 | 71638 |
| 辽　宁 | 6905004 | 6697163 | 5301044 | 2782479 | 1163249 | 11343 | 213818 | 256837 |
| 吉　林 | 3553769 | 3497024 | 2949879 | 1709860 | 1039463 | 1690 | 23767 | 50739 |
| 黑龙江 | 5132058 | 4986642 | 4331337 | 2327336 | 762132 | 11788 | 110310 | 127495 |
| 上　海 | 8820307 | 8186056 | 5773608 | 2764023 | 737594 | | 487574 | 454218 |
| 江　苏 | 12656259 | 12359863 | 10446699 | 3988749 | 2699974 | 40763 | 939695 | 316229 |
| 浙　江 | 7790286 | 7419561 | 5982809 | 2479303 | 1359259 | | 606946 | 266747 |
| 安　徽 | 5777445 | 5604941 | 5099450 | 2735882 | 993492 | 35202 | 134070 | 122992 |
| 福　建 | 6403135 | 6229188 | 5260546 | 2295056 | 1368161 | | 666023 | 180447 |
| 江　西 | 3984408 | 3813022 | 3478262 | 2193637 | 469845 | 30663 | 90227 | 96242 |
| 山　东 | 11983898 | 11735868 | 10460606 | 4938844 | 2542499 | 52328 | 1164302 | 315560 |
| 河　南 | 8219316 | 7944040 | 6917467 | 4208020 | 1507382 | 36914 | 197598 | 171883 |
| 湖　北 | 5719102 | 5487856 | 4805881 | 2837367 | 814777 | 25616 | 115613 | 94520 |
| 湖　南 | 5688937 | 5540685 | 4972293 | 3113712 | 521121 | 2830 | 182730 | 98835 |
| 广　东 | 16089882 | 14288449 | 11294223 | 5272226 | 3216330 | 10443 | 795773 | 408585 |
| 广　西 | 4834262 | 4671915 | 4026686 | 2429312 | 509141 | 18166 | 178392 | 74299 |
| 海　南 | 1100613 | 1042057 | 861022 | 532340 | 144000 | 5528 | 41421 | 31406 |
| 重　庆 | 2804136 | 2680808 | 2149888 | 1645992 | 219978 | 8944 | 61967 | 94830 |
| 四　川 | 6661551 | 6463162 | 5734893 | 4200553 | 591352 | 16069 | 85833 | 154114 |
| 贵　州 | 3344066 | 3123118 | 2789702 | 1691332 | 335637 | 29507 | 100976 | 106360 |
| 云　南 | 6904618 | 6584349 | 5088179 | 2333639 | 1767781 | 1456 | 132213 | 235795 |
| 西　藏 | 763037 | 637276 | 437495 | 183412 | 156797 | 14007 | 17499 | 12889 |
| 陕　西 | 4025251 | 3920187 | 3502320 | 2085984 | 527328 | 26407 | 163035 | 105994 |
| 甘　肃 | 3096551 | 2925900 | 2590461 | 1300242 | 585983 | 17457 | 215211 | 52260 |
| 青　海 | 952202 | 891848 | 704016 | 346395 | 186569 | 2637 | 14765 | 13286 |
| 宁　夏 | 940980 | 872166 | 709501 | 488634 | 99292 | 142 | 3258 | 19539 |
| 新　疆 | 3261850 | 3132607 | 2711821 | 1773635 | 671511 | 1478 | 54390 | 76297 |

## 教育事业费支出、基建支出明细

单位:千元

| 支出 部分 | | 公用部分 | | | | | | | 基建支出 |
|---|---|---|---|---|---|---|---|---|---|
| 社会保障费 | 奖贷助学金 | 小计 | 公务费 | 业务费 | 设备购置费 | 修缮费 | 业务招待费 | 其他费用 | |
| **20905263** | **2638510** | **26980765** | **7138138** | **4326351** | **5824755** | **7442364** | **134420** | **2114737** | **7535038** |
| 574666 | 139068 | 2044119 | 656988 | 209135 | 417695 | 611295 | 5207 | 143799 | 360975 |
| 651147 | 42588 | 704489 | 148889 | 89357 | 163353 | 160434 | 1054 | 141402 | 64850 |
| 1393686 | 124933 | 862459 | 308697 | 115219 | 150019 | 201242 | 3736 | 83546 | 157956 |
| 362064 | 126670 | 516721 | 212581 | 90080 | 114724 | 80528 | 2792 | 16016 | 107711 |
| 68493 | 64785 | 497314 | 238571 | 63296 | 57547 | 123191 | 353 | 14356 | 166374 |
| 787850 | 96811 | 1396119 | 560454 | 186014 | 257246 | 265111 | 2811 | 124483 | 207841 |
| 52047 | 74003 | 547145 | 252590 | 70802 | 89398 | 106769 | 579 | 27007 | 56745 |
| 934967 | 69097 | 655305 | 209252 | 136768 | 99509 | 170079 | 2907 | 36790 | 145416 |
| 1233462 | 96737 | 2412448 | 410257 | 371197 | 685024 | 736428 | 12544 | 196998 | 634251 |
| 2337895 | 164157 | 1913164 | 401383 | 318817 | 517570 | 524070 | 5129 | 146195 | 296396 |
| 1186072 | 84482 | 1436752 | 298002 | 175337 | 306768 | 533415 | 10831 | 112399 | 370725 |
| 1015216 | 97798 | 505491 | 126085 | 73806 | 114910 | 149962 | 5991 | 34737 | 172504 |
| 652335 | 98524 | 968642 | 170244 | 144238 | 211368 | 341938 | 5733 | 95121 | 173947 |
| 560978 | 67333 | 334760 | 109635 | 63958 | 71935 | 69309 | 3138 | 16785 | 171386 |
| 1299006 | 200395 | 1275262 | 374768 | 261743 | 250273 | 330870 | | 57608 | 248030 |
| 675265 | 157319 | 1026573 | 425382 | 178613 | 214431 | 170492 | 6238 | 31417 | 275276 |
| 903387 | 40217 | 681975 | 127810 | 167966 | 143935 | 155568 | 7025 | 79671 | 231246 |
| 994202 | 61693 | 568392 | 101831 | 118404 | 122847 | 187166 | 4027 | 34117 | 148252 |
| 1449768 | 151541 | 2994226 | 619295 | 507811 | 789689 | 713853 | 20465 | 343113 | 1801433 |
| 774372 | 61170 | 645229 | 121129 | 100661 | 143448 | 232623 | 3335 | 44033 | 162347 |
| 87777 | 24078 | 181035 | 40227 | 32245 | 26698 | 72540 | 2172 | 7153 | 58556 |
| 78165 | 48956 | 530920 | 147288 | 109441 | 124631 | 118447 | 1649 | 29464 | 123328 |
| 632565 | 70476 | 728269 | 171150 | 151123 | 161808 | 196033 | 3592 | 44563 | 198389 |
| 482876 | 72521 | 333416 | 91878 | 78397 | 57624 | 80804 | 3587 | 21126 | 220948 |
| 474631 | 144120 | 1496170 | 309578 | 235372 | 250572 | 584372 | 10719 | 105557 | 320269 |
| 38538 | 28360 | 199781 | 40646 | 41520 | 21549 | 40397 | 3271 | 52398 | 125761 |
| 526526 | 93453 | 417867 | 119912 | 94902 | 84300 | 108038 | 1864 | 8851 | 105064 |
| 364257 | 72508 | 335439 | 121582 | 41001 | 47719 | 109198 | 1084 | 14855 | 170651 |
| 121794 | 21207 | 187832 | 55633 | 19313 | 40308 | 65022 | 678 | 6878 | 60354 |
| 85154 | 13624 | 162665 | 51124 | 25019 | 14451 | 48509 | 962 | 22600 | 68814 |
| 106102 | 29886 | 420786 | 115277 | 54796 | 73406 | 154661 | 947 | 21699 | 129243 |

# 5-3 分地区中央部门高等学校预算内

| | 总计 | 事业性经费 | | | | | | |
|---|---|---|---|---|---|---|---|---|
| | | 合计 | 个人 | | | | | |
| | | | 小计 | 基本工资 | 补助工资 | | 其他工资 | 职工福利费 |
| | | | | | 计 | 其中:民师补助 | | |
| **合计** | **22188024** | **18334831** | **9884402** | **1922960** | **1847534** | | **2511836** | **352001** |
| 北京 | 6988484 | 5251243 | 2404057 | 371448 | 525138 | | 606086 | 68232 |
| 天津 | 580386 | 580386 | 300422 | 53299 | 44673 | | 97316 | 6536 |
| 河北 | 81410 | 60750 | 53531 | 16912 | 15993 | | 7261 | 1271 |
| 山西 | 3380 | 3380 | 1107 | 1002 | 105 | | | |
| 内蒙古 | | | | | | | | |
| 辽宁 | 515396 | 426645 | 199223 | 46735 | 31908 | | 52815 | 6875 |
| 吉林 | 554003 | 435283 | 292546 | 91036 | 76521 | | 98387 | 12491 |
| 黑龙江 | 800090 | 698412 | 358849 | 82874 | 66500 | | 54333 | 11668 |
| 上海 | 3128526 | 2953136 | 1550321 | 195156 | 284914 | | 557709 | 57426 |
| 江苏 | 1657265 | 1312496 | 896289 | 211964 | 210623 | | 156094 | 35143 |
| 浙江 | 537547 | 516643 | 277448 | 67090 | 26779 | | 93926 | 2162 |
| 安徽 | 364274 | 318394 | 232938 | 46189 | 29304 | | 57141 | 19932 |
| 福建 | 342204 | 315694 | 136157 | 19486 | 33350 | | 29468 | 3799 |
| 江西 | 5200 | 5200 | 4539 | 2315 | 1057 | | | |
| 山东 | 395409 | 293509 | 242248 | 45211 | 40037 | | 54657 | 12598 |
| 河南 | 30022 | 19622 | 10069 | 1804 | 2283 | | 2829 | 990 |
| 湖北 | 1586069 | 1310891 | 672842 | 111637 | 98424 | | 235981 | 19114 |
| 湖南 | 596049 | 509572 | 305503 | 85024 | 52330 | | 18397 | 18567 |
| 广东 | 1156443 | 1091933 | 602624 | 101158 | 127640 | | 125858 | 21357 |
| 广西 | | | | | | | | |
| 海南 | | | | | | | | |
| 重庆 | 301133 | 240583 | 138400 | 50928 | 12406 | | 31050 | 4348 |
| 四川 | 961390 | 728215 | 405874 | 136120 | 62166 | | 46434 | 28043 |
| 贵州 | | | | | | | | |
| 云南 | | | | | | | | |
| 西藏 | | | | | | | | |
| 陕西 | 1162696 | 907896 | 599178 | 125604 | 76920 | | 151471 | 16656 |
| 甘肃 | 262239 | 214759 | 115247 | 22002 | 16183 | | 31090 | 1836 |
| 青海 | | | | | | | | |
| 宁夏 | 29679 | 23779 | 10149 | 2962 | 2073 | | 1827 | 141 |
| 新疆 | 148730 | 116410 | 74841 | 35004 | 10207 | | 1706 | 2816 |

## 教育事业费支出、基建支出明细

单位:千元

| 支出部分 | | | | | | | | | |
|---|---|---|---|---|---|---|---|---|---|
| | | 公用部分 | | | | | | | 基建支出 |
| 社会保障费 | 奖贷助学金 | 小计 | 公务费 | 业务费 | 设备购置费 | 修缮费 | 业务招待费 | 其他费用 | |
| **2279674** | **970397** | **8450429** | **1452177** | **2774261** | **1993318** | **1082009** | **39131** | **1109533** | **3853193** |
| 551131 | 282022 | 2847186 | 427730 | 946387 | 702935 | 452015 | 4845 | 313274 | 1737241 |
| 67347 | 31251 | 279964 | 53554 | 123496 | 34328 | 49412 | 260 | 18914 | |
| 10558 | 1536 | 7219 | 7219 | | | | | | 20660 |
| | | 2273 | 657 | 605 | 327 | 572 | | 112 | |
| 36163 | 24727 | 227422 | 51629 | 72140 | 37734 | 25777 | 976 | 39166 | 88751 |
| | 14111 | 142737 | 121443 | 21294 | | | | | 118720 |
| 98011 | 45463 | 339563 | 109163 | 53443 | 71104 | 34286 | 4884 | 66683 | 101678 |
| 311280 | 143836 | 1402815 | 150563 | 527626 | 319985 | 165429 | 3162 | 236050 | 175390 |
| 213472 | 68993 | 416207 | 68520 | 127800 | 120808 | 31964 | 2340 | 64775 | 344769 |
| 59664 | 27827 | 239195 | 16383 | 109367 | 63620 | 14771 | 182 | 34872 | 20904 |
| 48717 | 31655 | 85456 | 25653 | 21257 | 25671 | 9096 | 152 | 3627 | 45880 |
| 38303 | 11751 | 179537 | 22333 | 42270 | 35597 | 17261 | 520 | 61556 | 26510 |
| 1167 | | 661 | 661 | | | | | | |
| 66448 | 23297 | 51261 | 10307 | 12182 | 14134 | 4549 | | 10089 | 101900 |
| 2163 | | 9553 | 3321 | 1655 | 2160 | 1772 | 523 | 122 | 10400 |
| 157634 | 50052 | 638049 | 101040 | 220771 | 149111 | 74599 | 1531 | 90997 | 275178 |
| 106211 | 24974 | 204069 | 21985 | 98503 | 50786 | 26627 | 2516 | 3652 | 86477 |
| 177280 | 49331 | 489309 | 72549 | 154911 | 140147 | 57442 | 2899 | 61361 | 64510 |
| 28871 | 10797 | 102183 | 12208 | 25825 | 24968 | 16159 | 363 | 22660 | 60550 |
| 92801 | 40310 | 322341 | 55938 | 87069 | 63220 | 58287 | 11496 | 46331 | 233175 |
| 162770 | 65757 | 308718 | 70727 | 96226 | 104178 | 26834 | 2039 | 8714 | 254800 |
| 28463 | 15673 | 99512 | 21732 | 24664 | 17070 | 10629 | 334 | 25083 | 47480 |
| 1856 | 1290 | 13630 | 3942 | 1822 | 6539 | | | 1327 | 5900 |
| 19364 | 5744 | 41569 | 22920 | 4948 | 8896 | 4528 | 109 | 168 | 32320 |

## 5－4 分地区地方高等学校预算内

| | 总计 | 事业性经费 | | | | | | |
|---|---|---|---|---|---|---|---|---|
| | | 合计 | 个人 | | | | | |
| | | | 小计 | 基本工资 | 补助工资 | | 其他工资 | 职工福利费 |
| | | | | | 计 | 其中:民师补助 | | |
| **合计** | **26934849** | **23520701** | **15437110** | **5119070** | **3224027** | | **1832915** | **731437** |
| 北京 | 1557747 | 1319377 | 669363 | 159615 | 76854 | | 140595 | 26616 |
| 天津 | 725947 | 679247 | 427306 | 102428 | 98976 | | 73212 | 13874 |
| 河北 | 1116300 | 1008340 | 756125 | 263107 | 104644 | | 87594 | 31005 |
| 山西 | 697788 | 633048 | 485349 | 163108 | 108525 | | 59394 | 27337 |
| 内蒙古 | 440753 | 332428 | 254484 | 127432 | 58794 | | 16185 | 11936 |
| 辽宁 | 1531227 | 1434627 | 913549 | 299032 | 195313 | | 71189 | 49598 |
| 吉林 | 725068 | 674118 | 472241 | 197553 | 157099 | | 10793 | 6714 |
| 黑龙江 | 833248 | 746788 | 562820 | 222725 | 95743 | | 43868 | 20420 |
| 上海 | 2184149 | 1786659 | 966159 | 365293 | 124188 | | 112163 | 83902 |
| 江苏 | 2277380 | 2098395 | 1532545 | 389219 | 322069 | | 312894 | 79106 |
| 浙江 | 954218 | 867438 | 544308 | 168751 | 117092 | | 109333 | 16804 |
| 安徽 | 748655 | 672638 | 526334 | 157281 | 99444 | | 34813 | 28448 |
| 福建 | 651498 | 552439 | 378151 | 116371 | 113786 | | 47119 | 16839 |
| 江西 | 642272 | 530013 | 365636 | 136120 | 57051 | | 19985 | 12221 |
| 山东 | 1611594 | 1486674 | 973497 | 296401 | 196070 | | 211313 | 61562 |
| 河南 | 1143028 | 983717 | 654269 | 264342 | 196637 | | 27323 | 16321 |
| 湖北 | 999922 | 809633 | 436043 | 132064 | 122671 | | 36464 | 16101 |
| 湖南 | 754565 | 638443 | 449506 | 169669 | 85138 | | 28973 | 18507 |
| 广东 | 2144902 | 1786269 | 1117494 | 264552 | 385661 | | 131415 | 59421 |
| 广西 | 530772 | 492801 | 296588 | 133450 | 24070 | | 27446 | 8868 |
| 海南 | 191179 | 165708 | 124287 | 43045 | 20593 | | 11277 | 12317 |
| 重庆 | 602354 | 523246 | 252301 | 92025 | 32725 | | 37271 | 13741 |
| 四川 | 716179 | 601757 | 363484 | 159381 | 43772 | | 20541 | 13928 |
| 贵州 | 411107 | 354409 | 299347 | 95602 | 41108 | | 31976 | 13141 |
| 云南 | 882302 | 735659 | 400896 | 122196 | 121227 | | 17273 | 35846 |
| 西藏 | 106190 | 81100 | 51136 | 21749 | 4066 | | 9655 | 2168 |
| 陕西 | 841222 | 771577 | 552539 | 187012 | 91824 | | 54837 | 22893 |
| 甘肃 | 468730 | 397917 | 307122 | 86449 | 72098 | | 46964 | 7266 |
| 青海 | 86936 | 81796 | 65207 | 27339 | 13642 | | 244 | 1088 |
| 宁夏 | 125430 | 94069 | 70695 | 30573 | 14035 | | 121 | 2183 |
| 新疆 | 232187 | 180371 | 168329 | 125186 | 29112 | | 685 | 1266 |

# 教育事业费支出、基建支出明细

单位:千元

| 支出部分 | | 公用部分 | | | | | | | 基建支出 |
|---|---|---|---|---|---|---|---|---|---|
| 社会保障费 | 奖贷助学金 | 小计 | 公务费 | 业务费 | 设备购置费 | 修缮费 | 业务招待费 | 其他费用 | |
| **2779463** | **1750198** | **8083591** | **1934801** | **1848329** | **2216051** | **1419145** | **40726** | **624539** | **3414148** |
| 183642 | 82041 | 650014 | 153012 | 97826 | 171783 | 154594 | 2027 | 70772 | 238370 |
| 103458 | 35358 | 251941 | 57613 | 70570 | 63668 | 38425 | 677 | 20988 | 46700 |
| 185460 | 84315 | 252215 | 54320 | 55904 | 62671 | 17326 | 432 | 61562 | 107960 |
| 29384 | 97601 | 147699 | 55171 | 42110 | 34159 | 11599 | 983 | 3677 | 64740 |
| | 40137 | 77944 | 43754 | 22957 | 6696 | 4370 | 53 | 114 | 108325 |
| 226184 | 72233 | 521078 | 190911 | 99845 | 94343 | 98062 | 1487 | 36430 | 96600 |
| 40912 | 59170 | 201877 | 97317 | 36434 | 34967 | 26105 | 182 | 6872 | 50950 |
| 126898 | 53166 | 183968 | 37795 | 38882 | 36563 | 57020 | 1821 | 11887 | 86460 |
| 212670 | 67943 | 820500 | 124269 | 203741 | 244888 | 118579 | 4580 | 124443 | 397490 |
| 297261 | 131996 | 565850 | 152597 | 141591 | 181193 | 71389 | 901 | 18179 | 178985 |
| 78522 | 53806 | 323130 | 41892 | 56095 | 96201 | 104918 | 4571 | 19453 | 86780 |
| 125302 | 81046 | 146304 | 31014 | 27920 | 52412 | 25181 | 3848 | 5929 | 76017 |
| 31315 | 52721 | 174288 | 31030 | 45024 | 50209 | 37841 | 1150 | 9034 | 99059 |
| 89124 | 51135 | 164377 | 45934 | 38741 | 44541 | 25651 | 714 | 8796 | 112259 |
| 62381 | 145770 | 513177 | 103860 | 112898 | 125535 | 154667 | | 16217 | 124920 |
| 46449 | 103197 | 329448 | 120232 | 80380 | 81230 | 36227 | 1294 | 10085 | 159311 |
| 101435 | 27308 | 373590 | 56182 | 91799 | 95213 | 61160 | 5312 | 63924 | 190289 |
| 96525 | 50694 | 188937 | 25324 | 41641 | 70114 | 41880 | 821 | 9157 | 116122 |
| 167616 | 108829 | 668775 | 140988 | 173216 | 226854 | 79061 | 2261 | 46395 | 358633 |
| 69758 | 32996 | 196213 | 32088 | 47196 | 73000 | 31909 | 422 | 11598 | 37971 |
| 20440 | 16615 | 41421 | 9258 | 16749 | 9282 | 4714 | 440 | 978 | 25471 |
| 45754 | 30785 | 270945 | 63847 | 58114 | 80729 | 49570 | 511 | 18174 | 79108 |
| 93933 | 31929 | 238273 | 48070 | 62986 | 77002 | 32051 | 1038 | 17126 | 114422 |
| 70764 | 46756 | 55062 | 20974 | 11489 | 17036 | 3488 | 308 | 1767 | 56698 |
| 53366 | 50988 | 334763 | 58953 | 81752 | 91433 | 79027 | 3669 | 19929 | 146643 |
| 10174 | 3324 | 29964 | 9964 | 3290 | 9700 | 1946 | 417 | 4647 | 25090 |
| 124913 | 71060 | 219038 | 57378 | 55416 | 58704 | 43296 | 605 | 3639 | 69645 |
| 52093 | 42252 | 90795 | 47770 | 19699 | 17816 | 4310 | 199 | 1001 | 70813 |
| 16637 | 6257 | 16589 | 8034 | 1047 | 5312 | 2159 | | 37 | 5140 |
| 14821 | 8962 | 23374 | 11773 | 8385 | 754 | 787 | | 1675 | 31361 |
| 2272 | 9808 | 12042 | 3477 | 4632 | 2043 | 1833 | 3 | 54 | 51816 |

# 5-5 分地区中央部门普通高等学校预算内

| | 总计 | 合计 | 事业性经费 | | | | | |
|---|---|---|---|---|---|---|---|---|
| | | | 个人 | | | | | |
| | | | 小计 | 基本工资 | 补助工资 | | 其他工资 | 职工福利费 |
| | | | | | 计 | 其中:民师补助 | | |
| **合计** | **22133049** | **18291767** | **9860371** | **1912662** | **1841957** | | **2508093** | **350419** |
| 北京 | 6981827 | 5244586 | 2398827 | 367889 | 523843 | | 605710 | 68232 |
| 天津 | 580386 | 580386 | 300422 | 53299 | 44673 | | 97316 | 6536 |
| 河北 | 81410 | 60750 | 53531 | 16912 | 15993 | | 7261 | 1271 |
| 山西 | | | | | | | | |
| 内蒙古 | | | | | | | | |
| 辽宁 | 507325 | 418775 | 196031 | 44705 | 31157 | | 52815 | 6486 |
| 吉林 | 554003 | 435283 | 292546 | 91036 | 76521 | | 98387 | 12491 |
| 黑龙江 | 800090 | 698412 | 358849 | 82874 | 66500 | | 54333 | 11668 |
| 上海 | 3128526 | 2953136 | 1550321 | 195156 | 284914 | | 557709 | 57426 |
| 江苏 | 1653170 | 1308401 | 893007 | 210962 | 209680 | | 155606 | 34940 |
| 浙江 | 537547 | 516643 | 277448 | 67090 | 26779 | | 93926 | 2162 |
| 安徽 | 364274 | 318394 | 232938 | 46189 | 29304 | | 57141 | 19932 |
| 福建 | 342204 | 315694 | 136157 | 19486 | 33350 | | 29468 | 3799 |
| 江西 | 5200 | 5200 | 4539 | 2315 | 1057 | | | |
| 山东 | 395409 | 293509 | 242248 | 45211 | 40037 | | 54657 | 12598 |
| 河南 | | | | | | | | |
| 湖北 | 1586069 | 1310891 | 672842 | 111637 | 98424 | | 235981 | 19114 |
| 湖南 | 596049 | 509572 | 305503 | 85024 | 52330 | | 18397 | 18567 |
| 广东 | 1155963 | 1091453 | 602224 | 101008 | 127440 | | 125808 | 21357 |
| 广西 | | | | | | | | |
| 海南 | | | | | | | | |
| 重庆 | 301133 | 240583 | 138400 | 50928 | 12406 | | 31050 | 4348 |
| 四川 | 961390 | 728215 | 405874 | 136120 | 62166 | | 46434 | 28043 |
| 贵州 | | | | | | | | |
| 云南 | | | | | | | | |
| 西藏 | | | | | | | | |
| 陕西 | 1162696 | 907896 | 599178 | 125604 | 76920 | | 151471 | 16656 |
| 甘肃 | 262239 | 214759 | 115247 | 22002 | 16183 | | 31090 | 1836 |
| 青海 | | | | | | | | |
| 宁夏 | 29679 | 23779 | 10149 | 2962 | 2073 | | 1827 | 141 |
| 新疆 | 146460 | 115450 | 74090 | 34253 | 10207 | | 1706 | 2816 |

## 教育事业费支出、基建支出明细

单位：千元

| 支出部分 | | 公用部分 | | | | | | | | 基建支出 |
|---|---|---|---|---|---|---|---|---|---|---|
| 社会保障费 | 奖贷助学金 | 小计 | 公务费 | 业务费 | 设备购置费 | 修缮费 | 业务招待费 | 其他费用 | |
| **2276843** | **970397** | **8431396** | **1447675** | **2769633** | **1990032** | **1079531** | **38608** | **1105917** | **3841282** |
| | | | | | | | | | | |
| 551131 | 282022 | 2845759 | 427730 | 945160 | 702735 | 452015 | 4845 | 313274 | 1737241 |
| 67347 | 31251 | 279964 | 53554 | 123496 | 34328 | 49412 | 260 | 18914 | |
| 10558 | 1536 | 7219 | 7219 | | | | | | 20660 |
| | | | | | | | | | | |
| 36141 | 24727 | 222744 | 51419 | 71079 | 37734 | 25701 | 976 | 35835 | 88550 |
| | 14111 | 142737 | 121443 | 21294 | | | | | 118720 |
| 98011 | 45463 | 339563 | 109163 | 53443 | 71104 | 34286 | 4884 | 66683 | 101678 |
| | | | | | | | | | | |
| 311280 | 143836 | 1402815 | 150563 | 527626 | 319985 | 165429 | 3162 | 236050 | 175390 |
| 212826 | 68993 | 415394 | 68415 | 127800 | 120209 | 31906 | 2340 | 64724 | 344769 |
| 59664 | 27827 | 239195 | 16383 | 109367 | 63620 | 14771 | 182 | 34872 | 20904 |
| 48717 | 31655 | 85456 | 25653 | 21257 | 25671 | 9096 | 152 | 3627 | 45880 |
| 38303 | 11751 | 179537 | 22333 | 42270 | 35597 | 17261 | 520 | 61556 | 26510 |
| 1167 | | 661 | 661 | | | | | | |
| 66448 | 23297 | 51261 | 10307 | 12182 | 14134 | 4549 | | 10089 | 101900 |
| | | | | | | | | | | |
| 157634 | 50052 | 638049 | 101040 | 220771 | 149111 | 74599 | 1531 | 90997 | 275178 |
| 106211 | 24974 | 204069 | 21985 | 98503 | 50786 | 26627 | 2516 | 3652 | 86477 |
| 177280 | 49331 | 489229 | 72549 | 154831 | 140147 | 57442 | 2899 | 61361 | 64510 |
| | | | | | | | | | | |
| 28871 | 10797 | 102183 | 12208 | 25825 | 24968 | 16159 | 363 | 22660 | 60550 |
| 92801 | 40310 | 322341 | 55938 | 87069 | 63220 | 58287 | 11496 | 46331 | 233175 |
| | | | | | | | | | | |
| 162770 | 65757 | 308718 | 70727 | 96226 | 104178 | 26834 | 2039 | 8714 | 254800 |
| 28463 | 15673 | 99512 | 21732 | 24664 | 17070 | 10629 | 334 | 25083 | 47480 |
| | | | | | | | | | | |
| 1856 | 1290 | 13630 | 3942 | 1822 | 6539 | | | 1327 | 5900 |
| 19364 | 5744 | 41360 | 22711 | 4948 | 8896 | 4528 | 109 | 168 | 31010 |

# 5-6　分地区地方普通高等学校预算内

| | 总计 | 事业性经费 | | | | | | |
|---|---|---|---|---|---|---|---|---|
| | | 合计 | 个人 | | | | | |
| | | | 小计 | 基本工资 | 补助工资 | | 其他工资 | 职工福利费 |
| | | | | | 计 | 其中:民师补助 | | |
| **合计** | **24669372** | **21369695** | **13950629** | **4494135** | **2881936** | | **1683402** | **658329** |
| 北京 | 1478812 | 1240742 | 619815 | 144221 | 73086 | | 124907 | 24472 |
| 天津 | 641687 | 596087 | 363043 | 79397 | 81913 | | 69254 | 11533 |
| 河北 | 1052845 | 947185 | 702658 | 237826 | 94779 | | 81337 | 28361 |
| 山西 | 645560 | 582670 | 450498 | 144641 | 99840 | | 57196 | 25050 |
| 内蒙古 | 397936 | 294392 | 223176 | 109116 | 50753 | | 14417 | 10379 |
| 辽宁 | 1428581 | 1332281 | 851660 | 269756 | 181632 | | 66590 | 47204 |
| 吉林 | 670229 | 619879 | 435106 | 178549 | 141093 | | 10574 | 5687 |
| 黑龙江 | 709207 | 635307 | 488913 | 189673 | 83979 | | 41488 | 16473 |
| 上海 | 1900894 | 1505404 | 777048 | 283203 | 89641 | | 92675 | 71021 |
| 江苏 | 2058547 | 1888597 | 1377440 | 336219 | 280317 | | 293381 | 72549 |
| 浙江 | 869599 | 786819 | 490002 | 148928 | 103397 | | 100310 | 14538 |
| 安徽 | 714025 | 638572 | 497491 | 146002 | 92900 | | 33005 | 27763 |
| 福建 | 606892 | 510533 | 350805 | 106061 | 106184 | | 42857 | 16000 |
| 江西 | 623528 | 512244 | 351134 | 127987 | 52956 | | 19544 | 11658 |
| 山东 | 1498015 | 1382895 | 896913 | 264576 | 177300 | | 199972 | 59293 |
| 河南 | 1062936 | 909075 | 600522 | 240698 | 181087 | | 21934 | 14349 |
| 湖北 | 929035 | 742476 | 390347 | 113531 | 110524 | | 34273 | 13806 |
| 湖南 | 728525 | 612403 | 427573 | 158426 | 80814 | | 27755 | 18141 |
| 广东 | 1814562 | 1488074 | 935652 | 214668 | 331603 | | 108415 | 47077 |
| 广西 | 459130 | 426739 | 256610 | 113459 | 19338 | | 23335 | 6647 |
| 海南 | 186647 | 161176 | 120257 | 41423 | 19710 | | 10630 | 11974 |
| 重庆 | 572787 | 496679 | 239351 | 85207 | 31253 | | 36418 | 12522 |
| 四川 | 656842 | 543420 | 323769 | 135040 | 39179 | | 19496 | 12229 |
| 贵州 | 386320 | 331022 | 284139 | 89302 | 38931 | | 30122 | 12346 |
| 云南 | 849654 | 709011 | 385340 | 115472 | 116895 | | 16340 | 34372 |
| 西藏 | 106190 | 81100 | 51136 | 21749 | 4066 | | 9655 | 2168 |
| 陕西 | 793542 | 723987 | 520967 | 171495 | 86828 | | 53097 | 20836 |
| 甘肃 | 441499 | 371286 | 284465 | 76870 | 67792 | | 43884 | 6564 |
| 青海 | 84376 | 79236 | 64112 | 26622 | 13316 | | 244 | 1049 |
| 宁夏 | 118056 | 87006 | 64988 | 27089 | 13558 | | 1960 | |
| 新疆 | 182914 | 133398 | 125699 | 96929 | 17272 | | 297 | 308 |

## 教育事业费支出、基建支出明细

单位:千元

| 支出部分 | | 公用部分 | | | | | | | 基建支出 |
|---|---|---|---|---|---|---|---|---|---|
| 社会保障费 | 奖贷助学金 | 小计 | 公务费 | 业务费 | 设备购置费 | 修缮费 | 业务招待费 | 其他费用 | |
| **2509460** | **1723367** | **7419066** | **1736811** | **1702914** | **2046303** | **1307600** | **37611** | **587827** | **3299677** |
| 171560 | 81569 | 620927 | 144227 | 92400 | 163801 | 148557 | 1928 | 70014 | 238070 |
| 85875 | 35071 | 233044 | 52000 | 68049 | 61458 | 32582 | 492 | 18463 | 45600 |
| 177251 | 83104 | 244527 | 50073 | 54481 | 61369 | 16898 | 321 | 61385 | 105660 |
| 26708 | 97063 | 132172 | 48333 | 39823 | 31511 | 8761 | 958 | 2786 | 62890 |
| | 38511 | 71216 | 39668 | 21583 | 6347 | 3618 | | | 103544 |
| 215321 | 71157 | 480621 | 175168 | 93538 | 87433 | 92741 | 1417 | 30324 | 96300 |
| 40552 | 58651 | 184773 | 86823 | 32474 | 33012 | 25669 | 180 | 6615 | 50350 |
| 104694 | 52606 | 146394 | 28714 | 29556 | 28452 | 52516 | 1502 | 5654 | 73900 |
| 173025 | 67483 | 728356 | 106330 | 176890 | 219011 | 100851 | 3910 | 121364 | 395490 |
| 267082 | 127892 | 511157 | 140801 | 131580 | 159394 | 62140 | 701 | 16541 | 169950 |
| 70861 | 51968 | 296817 | 37699 | 50964 | 83414 | 101730 | 4525 | 18485 | 82780 |
| 117249 | 80572 | 141081 | 29460 | 26675 | 50485 | 24804 | 3814 | 5843 | 75453 |
| 27070 | 52633 | 159728 | 26228 | 41802 | 44912 | 37258 | 1097 | 8431 | 96359 |
| 87988 | 51001 | 161110 | 43306 | 38362 | 44386 | 25626 | 713 | 8717 | 111284 |
| 51645 | 144127 | 485982 | 96515 | 111709 | 120317 | 141689 | | 15752 | 115120 |
| 41516 | 100938 | 308553 | 104509 | 77599 | 79593 | 35904 | 1294 | 9654 | 153861 |
| 91005 | 27208 | 352129 | 51368 | 85702 | 89843 | 58428 | 5149 | 61639 | 186559 |
| 91818 | 50619 | 184830 | 24708 | 40607 | 69191 | 40348 | 819 | 9157 | 116122 |
| 129586 | 104303 | 552422 | 110194 | 147880 | 193197 | 57068 | 1719 | 42364 | 326488 |
| 61889 | 31942 | 170129 | 28119 | 39858 | 66083 | 27234 | 222 | 8613 | 32391 |
| 19961 | 16559 | 40919 | 9106 | 16611 | 9162 | 4624 | 438 | 978 | 25471 |
| 45448 | 28503 | 257328 | 59257 | 53880 | 77133 | 48519 | 511 | 18028 | 76108 |
| 86024 | 31801 | 219651 | 42682 | 57668 | 72968 | 28776 | 995 | 16562 | 113422 |
| 66698 | 46740 | 46883 | 18535 | 9331 | 14440 | 2996 | 240 | 1341 | 55298 |
| 51754 | 50507 | 323671 | 55863 | 79785 | 88369 | 77847 | 3496 | 18311 | 140643 |
| 10174 | 3324 | 29964 | 9964 | 3290 | 9700 | 1946 | 417 | 4647 | 25090 |
| 117651 | 71060 | 203020 | 51026 | 50202 | 56884 | 40835 | 557 | 3516 | 69555 |
| 47630 | 41725 | 86821 | 46442 | 18121 | 17201 | 3930 | 196 | 931 | 70213 |
| 16637 | 6244 | 15124 | 7041 | 1004 | 4883 | 2159 | | 37 | 5140 |
| 13608 | 8773 | 22018 | 11773 | 7029 | 754 | 787 | | 1675 | 31050 |
| 1180 | 9713 | 7699 | 879 | 4461 | 1600 | 759 | | | 49516 |

# 5-7　分地区中央部门成人高等学校预算内

| | 总计 | 事业性经费 | | | | | | |
|---|---|---|---|---|---|---|---|---|
| | | 合计 | 个人 | | | | | |
| | | | 小计 | 基本工资 | 补助工资 | | 其他工资 | 职工福利费 |
| | | | | | 计 | 其中:民师补助 | | |
| **合计** | **54975** | **43064** | **24031** | **10298** | **5577** | | **3743** | **1582** |
| 北京 | 6657 | 6657 | 5230 | 3559 | 1295 | | 376 | |
| 天津 | | | | | | | | |
| 河北 | | | | | | | | |
| 山西 | 3380 | 3380 | 1107 | 1002 | 105 | | | |
| 内蒙古 | | | | | | | | |
| 辽宁 | 8071 | 7870 | 3192 | 2030 | 751 | | | 389 |
| 吉林 | | | | | | | | |
| 黑龙江 | | | | | | | | |
| 上海 | | | | | | | | |
| 江苏 | 4095 | 4095 | 3282 | 1002 | 943 | | 488 | 203 |
| 浙江 | | | | | | | | |
| 安徽 | | | | | | | | |
| 福建 | | | | | | | | |
| 江西 | | | | | | | | |
| 山东 | | | | | | | | |
| 河南 | 30022 | 19622 | 10069 | 1804 | 2283 | | 2829 | 990 |
| 湖北 | | | | | | | | |
| 湖南 | | | | | | | | |
| 广东 | 480 | 480 | 400 | 150 | 200 | | 50 | |
| 广西 | | | | | | | | |
| 海南 | | | | | | | | |
| 重庆 | | | | | | | | |
| 四川 | | | | | | | | |
| 贵州 | | | | | | | | |
| 云南 | | | | | | | | |
| 西藏 | | | | | | | | |
| 陕西 | | | | | | | | |
| 甘肃 | | | | | | | | |
| 青海 | | | | | | | | |
| 宁夏 | | | | | | | | |
| 新疆 | 2270 | 960 | 751 | 751 | | | | |

## 教育事业费支出、基建支出明细

单位:千元

| 支出部分 | | 公用部分 | | | | | | | 基建支出 |
|---|---|---|---|---|---|---|---|---|---|
| 社会保障费 | 奖贷助学金 | 小计 | 公务费 | 业务费 | 设备购置费 | 修缮费 | 业务招待费 | 其他费用 | |
| **2831** | | **19033** | **4502** | **4628** | **3286** | **2478** | **523** | **3616** | **11911** |
| | | 1427 | | 1227 | 200 | | | | |
| | | 2273 | 657 | 605 | 327 | 572 | | 112 | |
| 22 | | 4678 | 210 | 1061 | | 76 | | 3331 | 201 |
| 646 | | 813 | 105 | | 599 | 58 | | 51 | |
| 2163 | | 9553 | 3321 | 1655 | 2160 | 1772 | 523 | 122 | 10400 |
| | | 80 | | 80 | | | | | |
| | | 209 | 209 | | | | | | 1310 |

# 5-8 分地区地方成人高等学校预算内

| | 总计 | 事业性经费 | | | | | | |
|---|---|---|---|---|---|---|---|---|
| | | 合计 | 个人 | | | | | |
| | | | 小计 | 基本工资 | 补助工资 | | 其他工资 | 职工福利费 |
| | | | | | 计 | 其中:民师补助 | | |
| **合计** | **2265477** | **2151006** | **1486481** | **624935** | **342091** | | **149513** | **73108** |
| 北京 | 78935 | 78635 | 49548 | 15394 | 3768 | | 15688 | 2144 |
| 天津 | 84260 | 83160 | 64263 | 23031 | 17063 | | 3958 | 2341 |
| 河北 | 63455 | 61155 | 53467 | 25281 | 9865 | | 6257 | 2644 |
| 山西 | 52228 | 50378 | 34851 | 18467 | 8685 | | 2198 | 2287 |
| 内蒙古 | 42817 | 38036 | 31308 | 18316 | 8041 | | 1768 | 1557 |
| 辽宁 | 102646 | 102346 | 61889 | 29276 | 13681 | | 4599 | 2394 |
| 吉林 | 54839 | 54239 | 37135 | 19004 | 16006 | | 219 | 1027 |
| 黑龙江 | 124041 | 111481 | 73907 | 33052 | 11764 | | 2380 | 3947 |
| 上海 | 283255 | 281255 | 189111 | 82090 | 34547 | | 19488 | 12881 |
| 江苏 | 218833 | 209798 | 155105 | 53000 | 41752 | | 19513 | 6557 |
| 浙江 | 84619 | 80619 | 54306 | 19823 | 13695 | | 9023 | 2266 |
| 安徽 | 34630 | 34066 | 28843 | 11279 | 6544 | | 1808 | 685 |
| 福建 | 44606 | 41906 | 27346 | 10310 | 7602 | | 4262 | 839 |
| 江西 | 18744 | 17769 | 14502 | 8133 | 4095 | | 441 | 563 |
| 山东 | 113579 | 103779 | 76584 | 31825 | 18770 | | 11341 | 2269 |
| 河南 | 80092 | 74642 | 53747 | 23644 | 15550 | | 5389 | 1972 |
| 湖北 | 70887 | 67157 | 45696 | 18533 | 12147 | | 2191 | 2295 |
| 湖南 | 26040 | 26040 | 21933 | 11243 | 4324 | | 1218 | 366 |
| 广东 | 330340 | 298195 | 181842 | 49884 | 54058 | | 23000 | 12344 |
| 广西 | 71642 | 66062 | 39978 | 19991 | 4732 | | 4111 | 2221 |
| 海南 | 4532 | 4532 | 4030 | 1622 | 883 | | 647 | 343 |
| 重庆 | 29567 | 26567 | 12950 | 6818 | 1472 | | 853 | 1219 |
| 四川 | 59337 | 58337 | 39715 | 24341 | 4593 | | 1045 | 1699 |
| 贵州 | 24787 | 23387 | 15208 | 6300 | 2177 | | 1854 | 795 |
| 云南 | 32648 | 26648 | 15556 | 6724 | 4332 | | 933 | 1474 |
| 西藏 | | | | | | | | |
| 陕西 | 47680 | 47590 | 31572 | 15517 | 4996 | | 1740 | 2057 |
| 甘肃 | 27231 | 26631 | 22657 | 9579 | 4306 | | 3080 | 702 |
| 青海 | 2560 | 2560 | 1095 | 717 | 326 | | | 39 |
| 宁夏 | 7374 | 7063 | 5707 | 3484 | 477 | | 121 | 223 |
| 新疆 | 49273 | 46973 | 42630 | 28257 | 11840 | | 388 | 958 |

## 教育事业费支出、基建支出明细

单位：千元

| 支出部分 | | 公用部分 | | | | | | | 基建支出 |
|---|---|---|---|---|---|---|---|---|---|
| 社会保障费 | 奖贷助学金 | 小计 | 公务费 | 业务费 | 设备购置费 | 修缮费 | 业务招待费 | 其他费用 | |
| **270003** | **26831** | **664525** | **197990** | **145415** | **169748** | **111545** | **3115** | **36712** | **114471** |
| 12082 | 472 | 29087 | 8785 | 5426 | 7982 | 6037 | 99 | 758 | 300 |
| 17583 | 287 | 18897 | 5613 | 2521 | 2210 | 5843 | 185 | 2525 | 1100 |
| 8209 | 1211 | 7688 | 4247 | 1423 | 1302 | 428 | 111 | 177 | 2300 |
| 2676 | 538 | 15527 | 6838 | 2287 | 2648 | 2838 | 25 | 891 | 1850 |
| | 1626 | 6728 | 4086 | 1374 | 349 | 752 | 53 | 114 | 4781 |
| 10863 | 1076 | 40457 | 15743 | 6307 | 6910 | 5321 | 70 | 6106 | 300 |
| 360 | 519 | 17104 | 10494 | 3960 | 1955 | 436 | 2 | 257 | 600 |
| 22204 | 560 | 37574 | 9081 | 9326 | 8111 | 4504 | 319 | 6233 | 12560 |
| 39645 | 460 | 92144 | 17939 | 26851 | 25877 | 17728 | 670 | 3079 | 2000 |
| 30179 | 4104 | 54693 | 11796 | 10011 | 21799 | 9249 | 200 | 1638 | 9035 |
| 7661 | 1838 | 26313 | 4193 | 5131 | 12787 | 3188 | 46 | 968 | 4000 |
| 8053 | 474 | 5223 | 1554 | 1245 | 1927 | 377 | 34 | 86 | 564 |
| 4245 | 88 | 14560 | 4802 | 3222 | 5297 | 583 | 53 | 603 | 2700 |
| 1136 | 134 | 3267 | 2628 | 379 | 155 | 25 | 1 | 79 | 975 |
| 10736 | 1643 | 27195 | 7345 | 1189 | 5218 | 12978 | | 465 | 9800 |
| 4933 | 2259 | 20895 | 15723 | 2781 | 1637 | 323 | | 431 | 5450 |
| 10430 | 100 | 21461 | 4814 | 6097 | 5370 | 2732 | 163 | 2285 | 3730 |
| 4707 | 75 | 4107 | 616 | 1034 | 923 | 1532 | 2 | | |
| 38030 | 4526 | 116353 | 30794 | 25336 | 33657 | 21993 | 542 | 4031 | 32145 |
| 7869 | 1054 | 26084 | 3969 | 7338 | 6917 | 4675 | 200 | 2985 | 5580 |
| 479 | 56 | 502 | 152 | 138 | 120 | 90 | 2 | | |
| 306 | 2282 | 13617 | 4590 | 4234 | 3596 | 1051 | | 146 | 3000 |
| 7909 | 128 | 18622 | 5388 | 5318 | 4034 | 3275 | 43 | 564 | 1000 |
| 4066 | 16 | 8179 | 2439 | 2158 | 2596 | 492 | 68 | 426 | 1400 |
| 1612 | 481 | 11092 | 3090 | 1967 | 3064 | 1180 | 173 | 1618 | 6000 |
| 7262 | | 16018 | 6352 | 5214 | 1820 | 2461 | 48 | 123 | 90 |
| 4463 | 527 | 3974 | 1328 | 1578 | 615 | 380 | 3 | 70 | 600 |
| | 13 | 1465 | 993 | 43 | 429 | | | | |
| 1213 | 189 | 1356 | | 1356 | | | | | 311 |
| 1092 | 95 | 4343 | 2598 | 171 | 443 | 1074 | 3 | 54 | 2300 |

# 5－9　分地区中央部门中等专业学校预算内

| | 总计 | 事业性经费 | | | | | | | |
|---|---|---|---|---|---|---|---|---|---|
| | | 合计 | 个人 | | | | | | |
| | | | 小计 | 基本工资 | 补助工资 | | 其他工资 | 职工福利费 | |
| | | | | | 计 | 其中:民师补助 | | | |
| **合计** | **486466** | **454460** | **339494** | **137923** | **59797** | | **39213** | **23640** | |
| 北京 | 19128 | 16638 | 9899 | 2524 | 1696 | | 1645 | 588 | |
| 天津 | | | | | | | | | |
| 河北 | 23968 | 23968 | 15813 | 5729 | 4762 | | 879 | 1596 | |
| 山西 | 59780 | 59780 | 38703 | 16729 | 7049 | | 2811 | 2575 | |
| 内蒙古 | 19517 | 19517 | 15707 | 8248 | 3598 | | 1774 | 918 | |
| 辽宁 | 16310 | 16310 | 14524 | 6226 | 692 | | 2084 | 1540 | |
| 吉林 | | | | | | | | | |
| 黑龙江 | 7810 | 7810 | 6971 | 1570 | 823 | | 1203 | 596 | |
| 上海 | 46666 | 43546 | 25740 | 9255 | 4113 | | 3541 | 2413 | |
| 江苏 | 7371 | 7371 | 5297 | 1944 | 1401 | | 310 | 80 | |
| 浙江 | 5363 | 5263 | 5263 | 652 | 953 | | 1967 | 521 | |
| 安徽 | | | | | | | | | |
| 福建 | 6460 | 6460 | 5550 | 3097 | 2062 | | | | |
| 江西 | 3460 | 3460 | 2808 | 1592 | 49 | | 396 | | |
| 山东 | 14512 | 14012 | 9173 | 4099 | 1755 | | 699 | 572 | |
| 河南 | 50662 | 41718 | 30938 | 9201 | 5823 | | 7687 | 2205 | |
| 湖北 | 15486 | 15486 | 15486 | 6606 | 5615 | | 108 | 742 | |
| 湖南 | 14780 | 14780 | 14780 | 4960 | 2590 | | 481 | 982 | |
| 广东 | 7280 | 7280 | 2448 | 717 | 755 | | 32 | 161 | |
| 广西 | | | | | | | | | |
| 海南 | | | | | | | | | |
| 重庆 | 7780 | 7780 | 4048 | 2312 | 967 | | 30 | 160 | |
| 四川 | 33021 | 26321 | 19870 | 8738 | 2532 | | 2496 | 912 | |
| 贵州 | 2025 | 2025 | 2025 | 1434 | 591 | | | | |
| 云南 | | | | | | | | | |
| 西藏 | | | | | | | | | |
| 陕西 | 50836 | 46772 | 44984 | 19881 | 6285 | | 5172 | 3122 | |
| 甘肃 | 46642 | 43984 | 32072 | 13471 | 2893 | | 4625 | 2288 | |
| 青海 | | | | | | | | | |
| 宁夏 | | | | | | | | | |
| 新疆 | 27609 | 24179 | 17395 | 8938 | 2793 | | 1273 | 1669 | |

## 教育事业费支出、基建支出明细

单位：千元

| 支出部分 | | 公用部分 | | | | | | | 基建支出 |
|---|---|---|---|---|---|---|---|---|---|
| 社会保障费 | 奖贷助学金 | 小计 | 公务费 | 业务费 | 设备购置费 | 修缮费 | 业务招待费 | 其他费用 | |
| **63642** | **15279** | **114966** | **50083** | **21009** | **18149** | **18167** | **490** | **7068** | **32006** |
| 2157 | 1289 | 6739 | 2729 | 1241 | 1350 | 620 | 26 | 773 | 2490 |
| 2493 | 354 | 8155 | 4650 | 849 | 1140 | 1342 | 17 | 157 | |
| 6253 | 3286 | 21077 | 8551 | 2034 | 3656 | 5577 | 32 | 1227 | |
| 755 | 414 | 3810 | 3480 | 210 | | | | 120 | |
| 3504 | 478 | 1786 | 1020 | 766 | | | | | |
| 2122 | 657 | 839 | 839 | | | | | | |
| 5844 | 574 | 17806 | 5440 | 5544 | 2958 | 2690 | 356 | 818 | 3120 |
| 1547 | 15 | 2074 | 605 | 86 | 826 | 557 | | | |
| 919 | 251 | | | | | | | | 100 |
| 200 | 191 | 910 | 434 | 238 | 167 | 60 | | 11 | |
| 771 | | 652 | 148 | | | 95 | | 409 | |
| 1638 | 410 | 4839 | 2410 | 254 | 875 | 638 | | 662 | 500 |
| 4175 | 1847 | 10780 | 4910 | 3531 | 652 | 534 | 27 | 1126 | 8944 |
| 1832 | 583 | | | | | | | | |
| 5617 | 150 | | | | | | | | |
| 725 | 58 | 4832 | 1318 | 212 | 1596 | 1699 | 3 | 4 | |
| 539 | 40 | 3732 | 2017 | 1515 | 100 | 60 | | 40 | |
| 4404 | 788 | 6451 | 2593 | 1754 | 1564 | 458 | 8 | 74 | 6700 |
| 7882 | 2642 | 1788 | 657 | 527 | 45 | 552 | | 7 | 4064 |
| 7806 | 989 | 11912 | 5036 | 1386 | 1464 | 2492 | 10 | 1524 | 2658 |
| 2459 | 263 | 6784 | 3246 | 862 | 1756 | 793 | 11 | 116 | 3430 |

# 5－10 分地区地方中等专业学校预算内

| | 总计 | 事业性经费 | | | | | | |
|---|---|---|---|---|---|---|---|---|
| | | 合计 | 个人 | | | | | |
| | | | 小计 | 基本工资 | 补助工资 | | 其他工资 | 职工福利费 |
| | | | | | 计 | 其中:民师补助 | | |
| **合计** | **10967095** | **10487623** | **7857113** | **3404242** | **1651965** | | **646328** | **371332** |
| 北京 | 442795 | 437245 | 273522 | 72615 | 37015 | | 49873 | 15122 |
| 天津 | 210300 | 209700 | 175772 | 66916 | 45721 | | 8933 | 9457 |
| 河北 | 476818 | 474368 | 407474 | 185634 | 64709 | | 32477 | 14727 |
| 山西 | 321824 | 309364 | 226877 | 116032 | 41788 | | 9134 | 8487 |
| 内蒙古 | 273534 | 269764 | 199704 | 118076 | 46988 | | 8762 | 7442 |
| 辽宁 | 741687 | 729620 | 497779 | 241467 | 103736 | | 33297 | 27092 |
| 吉林 | 241046 | 240946 | 178007 | 98865 | 56095 | | 619 | 5727 |
| 黑龙江 | 277352 | 270577 | 194981 | 77087 | 39799 | | 8019 | 10245 |
| 上海 | 590526 | 571905 | 383782 | 155018 | 57337 | | 52926 | 31533 |
| 江苏 | 696368 | 684918 | 502502 | 164234 | 122197 | | 68092 | 23352 |
| 浙江 | 444469 | 398828 | 310002 | 94682 | 73038 | | 44240 | 20110 |
| 安徽 | 228935 | 221188 | 184452 | 84246 | 37311 | | 6924 | 5569 |
| 福建 | 408909 | 393414 | 298934 | 103037 | 81722 | | 36772 | 15921 |
| 江西 | 227074 | 204170 | 167088 | 79141 | 31007 | | 10830 | 7415 |
| 山东 | 760170 | 732930 | 616735 | 245876 | 146487 | | 70397 | 24044 |
| 河南 | 629093 | 584340 | 443639 | 207925 | 105194 | | 28231 | 15933 |
| 湖北 | 233883 | 224678 | 189376 | 101757 | 37580 | | 5743 | 4359 |
| 湖南 | 241685 | 237005 | 219133 | 108125 | 36182 | | 14924 | 7152 |
| 广东 | 973163 | 890096 | 611475 | 230352 | 181586 | | 54598 | 31916 |
| 广西 | 313874 | 297529 | 228025 | 105174 | 27593 | | 22297 | 13166 |
| 海南 | 76465 | 76195 | 50032 | 23676 | 9061 | | 3981 | 2128 |
| 重庆 | 185778 | 172168 | 124885 | 73627 | 16076 | | 6557 | 6941 |
| 四川 | 380622 | 365754 | 291314 | 171288 | 34350 | | 10855 | 10517 |
| 贵州 | 220440 | 213040 | 162018 | 66204 | 20809 | | 10895 | 10004 |
| 云南 | 537955 | 488785 | 283883 | 112654 | 77356 | | 10798 | 17923 |
| 西藏 | 35113 | 23699 | 17621 | 5417 | 6249 | | 325 | 736 |
| 陕西 | 236448 | 233888 | 194187 | 86865 | 33674 | | 14674 | 9896 |
| 甘肃 | 216194 | 212004 | 168775 | 65934 | 27909 | | 15710 | 6663 |
| 青海 | 73621 | 72546 | 56388 | 22846 | 11568 | | 1696 | 1949 |
| 宁夏 | 83131 | 72741 | 45466 | 23989 | 6292 | | 1097 | 2663 |
| 新疆 | 187823 | 174218 | 153285 | 95483 | 35536 | | 2652 | 3143 |

## 教育事业费支出、基建支出明细

单位：千元

| 社会保障费 | 奖贷助学金 | 公用部分 小计 | 公务费 | 业务费 | 设备购置费 | 修缮费 | 业务招待费 | 其他费用 | 基建支出 |
|---|---|---|---|---|---|---|---|---|---|
| **1210331** | **572915** | **2630510** | **929797** | **466524** | **605219** | **467531** | **17309** | **144130** | **479472** |
| 48495 | 50402 | 163723 | 51327 | 32924 | 31943 | 39112 | 878 | 7539 | 5550 |
| 39544 | 5201 | 33928 | 13775 | 3763 | 6339 | 7920 | 153 | 1978 | 600 |
| 80085 | 29842 | 66894 | 31907 | 8328 | 12025 | 11042 | 898 | 2694 | 2450 |
| 28174 | 23262 | 82487 | 33353 | 12521 | 16942 | 13741 | 262 | 5668 | 12460 |
| 5330 | 13106 | 70060 | 37715 | 16192 | 9198 | 4796 | 59 | 2100 | 3770 |
| 70502 | 21685 | 231841 | 104014 | 27481 | 66939 | 23844 | 544 | 9019 | 12067 |
| 4490 | 12211 | 62939 | 34416 | 6248 | 8661 | 10243 | 43 | 3328 | 100 |
| 46808 | 13023 | 75596 | 29154 | 10084 | 13882 | 18684 | 365 | 3427 | 6775 |
| 72126 | 14842 | 188123 | 46195 | 33121 | 49518 | 42512 | 2072 | 14705 | 18621 |
| 105258 | 19369 | 182416 | 65381 | 37123 | 42509 | 22919 | 1536 | 12948 | 11450 |
| 54360 | 23572 | 88826 | 27674 | 13415 | 22942 | 19245 | 843 | 4707 | 45641 |
| 38269 | 12133 | 36736 | 11384 | 6520 | 9411 | 7479 | 407 | 1535 | 7747 |
| 37954 | 23528 | 94480 | 26907 | 17073 | 25028 | 20179 | 532 | 4761 | 15495 |
| 26489 | 12206 | 37082 | 14506 | 7100 | 8837 | 4414 | 248 | 1977 | 22904 |
| 87288 | 42643 | 116195 | 51470 | 18087 | 20761 | 21691 |  | 4186 | 27240 |
| 41133 | 45223 | 140701 | 68446 | 23886 | 30030 | 12042 | 1128 | 5169 | 44753 |
| 34279 | 5658 | 35302 | 8464 | 5937 | 9234 | 7893 | 338 | 3436 | 9205 |
| 44518 | 8232 | 17872 | 5257 | 3306 | 2766 | 5717 | 357 | 469 | 4680 |
| 87321 | 25702 | 278621 | 65500 | 56754 | 81098 | 59335 | 2036 | 13898 | 83067 |
| 40356 | 19439 | 69504 | 16641 | 15344 | 15542 | 15297 | 361 | 6319 | 16345 |
| 7442 | 3744 | 26163 | 9723 | 5090 | 7450 | 2286 | 487 | 1127 | 270 |
| 12940 | 8744 | 47283 | 14885 | 12480 | 9789 | 7349 | 360 | 2420 | 13610 |
| 46598 | 17706 | 74440 | 20547 | 15714 | 19313 | 13976 | 246 | 4644 | 14868 |
| 33513 | 20593 | 51022 | 17454 | 9127 | 13305 | 8218 | 592 | 2326 | 7400 |
| 29742 | 35410 | 204902 | 51933 | 40436 | 48928 | 45789 | 1683 | 16133 | 49170 |
| 2127 | 2767 | 6078 | 3124 | 991 | 644 | 849 | 53 | 417 | 11414 |
| 28130 | 20948 | 39701 | 16624 | 11561 | 5525 | 4907 | 283 | 801 | 2560 |
| 27607 | 24952 | 43229 | 21787 | 6381 | 5461 | 7170 | 213 | 2217 | 4190 |
| 12883 | 5446 | 16158 | 8578 | 1731 | 3656 | 1449 | 49 | 695 | 1075 |
| 8432 | 2993 | 27275 | 11847 | 5735 | 3914 | 3496 | 263 | 2020 | 10390 |
| 8138 | 8333 | 20933 | 9809 | 2071 | 3629 | 3937 | 20 | 1467 | 13605 |

# 5－11　分地区中央部门中等技术学校预算内

| | 总计 | 合计 | 小计 | 基本工资 | 补助工资 计 | 补助工资 其中:民师补助 | 其他工资 | 职工福利费 |
|---|---|---|---|---|---|---|---|---|
| | | 事业性经费 | | | | | | |
| | | | 个人 | | | | | |
| **合计** | **473653** | **441755** | **330560** | **133049** | **58176** | | **38903** | **23298** |
| 北京 | 19128 | 16638 | 9899 | 2524 | 1696 | | 1645 | 588 |
| 天津 | | | | | | | | |
| 河北 | 23968 | 23968 | 15813 | 5729 | 4762 | | 879 | 1596 |
| 山西 | 59780 | 59780 | 38703 | 16729 | 7049 | | 2811 | 2575 |
| 内蒙古 | 19517 | 19517 | 15707 | 8248 | 3598 | | 1774 | 918 |
| 辽宁 | 16310 | 16310 | 14524 | 6226 | 692 | | 2084 | 1540 |
| 吉林 | | | | | | | | |
| 黑龙江 | 7810 | 7810 | 6971 | 1570 | 823 | | 1203 | 596 |
| 上海 | 46666 | 43546 | 25740 | 9255 | 4113 | | 3541 | 2413 |
| 江苏 | | | | | | | | |
| 浙江 | 5363 | 5263 | 5263 | 652 | 953 | | 1967 | 521 |
| 安徽 | | | | | | | | |
| 福建 | 6460 | 6460 | 5550 | 3097 | 2062 | | | |
| 江西 | 3460 | 3460 | 2808 | 1592 | 49 | | 396 | |
| 山东 | 14512 | 14012 | 9173 | 4099 | 1755 | | 699 | 572 |
| 河南 | 50662 | 41718 | 30938 | 9201 | 5823 | | 7687 | 2205 |
| 湖北 | 15486 | 15486 | 15486 | 6606 | 5615 | | 108 | 742 |
| 湖南 | 14780 | 14780 | 14780 | 4960 | 2590 | | 481 | 982 |
| 广东 | 7280 | 7280 | 2448 | 717 | 755 | | 32 | 161 |
| 广西 | | | | | | | | |
| 海南 | | | | | | | | |
| 重庆 | 7780 | 7780 | 4048 | 2312 | 967 | | 30 | 160 |
| 四川 | 31711 | 25011 | 18727 | 7815 | 2312 | | 2496 | 912 |
| 贵州 | 2025 | 2025 | 2025 | 1434 | 591 | | | |
| 云南 | | | | | | | | |
| 西藏 | | | | | | | | |
| 陕西 | 50836 | 46772 | 44984 | 19881 | 6285 | | 5172 | 3122 |
| 甘肃 | 42854 | 40304 | 29922 | 11643 | 2893 | | 4625 | 2026 |
| 青海 | | | | | | | | |
| 宁夏 | | | | | | | | |
| 新疆 | 27265 | 23835 | 17051 | 8759 | 2793 | | 1273 | 1669 |

## 教育事业费支出、基建支出明细

单位：千元

| 支出部分 | | 公用部分 | | | | | | | 基建支出 |
|---|---|---|---|---|---|---|---|---|---|
| 社会保障费 | 奖贷助学金 | 小计 | 公务费 | 业务费 | 设备购置费 | 修缮费 | 业务招待费 | 其他费用 | |
| **61870** | **15264** | **111195** | **49118** | **20827** | **17268** | **17513** | **490** | **5979** | **31898** |
| 2157 | 1289 | 6739 | 2729 | 1241 | 1350 | 620 | 26 | 773 | 2490 |
| 2493 | 354 | 8155 | 4650 | 849 | 1140 | 1342 | 17 | 157 | |
| 6253 | 3286 | 21077 | 8551 | 2034 | 3656 | 5577 | 32 | 1227 | |
| 755 | 414 | 3810 | 3480 | 210 | | | | 120 | |
| 3504 | 478 | 1786 | 1020 | 766 | | | | | |
| 2122 | 657 | 839 | 839 | | | | | | |
| 5844 | 574 | 17806 | 5440 | 5544 | 2958 | 2690 | 356 | 818 | 3120 |
| 919 | 251 | | | | | | | | 100 |
| 200 | 191 | 910 | 434 | 238 | 167 | 60 | | 11 | |
| 771 | | 652 | 148 | | | 95 | | 409 | |
| 1638 | 410 | 4839 | 2410 | 254 | 875 | 638 | | 662 | 500 |
| 4175 | 1847 | 10780 | 4910 | 3531 | 652 | 534 | 27 | 1126 | 8944 |
| 1832 | 583 | | | | | | | | |
| 5617 | 150 | | | | | | | | |
| 725 | 58 | 4832 | 1318 | 212 | 1596 | 1699 | 3 | 4 | |
| 539 | 40 | 3732 | 2017 | 1515 | 100 | 60 | | 40 | |
| 4404 | 788 | 6284 | 2426 | 1754 | 1564 | 458 | 8 | 74 | 6700 |
| 7882 | 2642 | 1788 | 657 | 527 | 45 | 552 | | 7 | 4064 |
| 7746 | 989 | 10382 | 4843 | 1290 | 1409 | 2395 | 10 | 435 | 2550 |
| 2294 | 263 | 6784 | 3246 | 862 | 1756 | 793 | 11 | 116 | 3430 |

# 5－12　分地区地方中等技术学校预算内

| | 总计 | 事业性经费 | | | | | | |
|---|---|---|---|---|---|---|---|---|
| | | 合计 | 个人 | | | | | |
| | | | 小计 | 基本工资 | 补助工资 | | 其他工资 | 职工福利费 |
| | | | | | 计 | 其中:民师补助 | | |
| **合 计** | **7371804** | **6978918** | **5006840** | **2066719** | **1102693** | | **467136** | **265447** |
| 北 京 | 366551 | 361001 | 216646 | 53000 | 30801 | | 32879 | 13076 |
| 天 津 | 126465 | 125865 | 103229 | 38796 | 29475 | | 7124 | 5790 |
| 河 北 | 277461 | 275961 | 230655 | 98838 | 38539 | | 22591 | 9554 |
| 山 西 | 212961 | 202791 | 140728 | 70899 | 28585 | | 6362 | 5564 |
| 内蒙古 | 189327 | 186717 | 135019 | 76751 | 34268 | | 6430 | 4663 |
| 辽 宁 | 556301 | 545301 | 357347 | 170937 | 71676 | | 29034 | 19415 |
| 吉 林 | 150684 | 150584 | 107815 | 59120 | 33467 | | 547 | 4578 |
| 黑龙江 | 192960 | 186345 | 124379 | 43060 | 26581 | | 5287 | 7122 |
| 上 海 | 490461 | 471840 | 310019 | 119233 | 47400 | | 47316 | 24713 |
| 江 苏 | 417411 | 406561 | 288432 | 86615 | 66720 | | 44877 | 13269 |
| 浙 江 | 286265 | 242665 | 198185 | 58331 | 48754 | | 30695 | 15884 |
| 安 徽 | 146117 | 138370 | 110340 | 52766 | 24244 | | 5294 | 4065 |
| 福 建 | 256045 | 245020 | 182348 | 57027 | 54310 | | 21843 | 12077 |
| 江 西 | 140701 | 120219 | 93750 | 41674 | 21717 | | 7372 | 4627 |
| 山 东 | 489190 | 464790 | 378952 | 149962 | 95691 | | 48918 | 17275 |
| 河 南 | 419951 | 380051 | 261254 | 112657 | 69154 | | 18468 | 10164 |
| 湖 北 | 144827 | 135902 | 111743 | 58718 | 26331 | | 4975 | 3131 |
| 湖 南 | 115124 | 110544 | 102425 | 50017 | 19468 | | 7748 | 4316 |
| 广 东 | 652859 | 596653 | 396347 | 134009 | 127260 | | 41955 | 22265 |
| 广 西 | 207679 | 199171 | 144479 | 62493 | 18681 | | 17892 | 11364 |
| 海 南 | 39277 | 39037 | 25098 | 12017 | 4176 | | 2499 | 1129 |
| 重 庆 | 128798 | 117088 | 81813 | 41673 | 13258 | | 5549 | 4277 |
| 四 川 | 234897 | 221739 | 169755 | 93690 | 22776 | | 8958 | 7134 |
| 贵 州 | 167435 | 161235 | 119998 | 47820 | 16426 | | 8536 | 8033 |
| 云 南 | 398504 | 350784 | 188183 | 73232 | 50725 | | 8978 | 13787 |
| 西 藏 | 26037 | 17823 | 13025 | 4298 | 4635 | | 101 | 654 |
| 陕 西 | 161863 | 159953 | 131662 | 59887 | 23177 | | 11333 | 7671 |
| 甘 肃 | 140763 | 139563 | 107351 | 41146 | 18768 | | 10032 | 4262 |
| 青 海 | 52356 | 52356 | 39850 | 16721 | 7995 | | 1036 | 1606 |
| 宁 夏 | 52327 | 49977 | 29760 | 15073 | 4507 | | 347 | 1705 |
| 新 疆 | 130207 | 123012 | 106253 | 66259 | 23128 | | 2160 | 2277 |

## 教育事业费支出、基建支出明细

单位：千元

| 支出部分：社会保障费 | 支出部分：奖贷助学金 | 公用部分：小计 | 公用部分：公务费 | 公用部分：业务费 | 公用部分：设备购置费 | 公用部分：修缮费 | 公用部分：业务招待费 | 公用部分：其他费用 | 基建支出 |
|---|---|---|---|---|---|---|---|---|---|
| **737764** | **367081** | **1972078** | **688639** | **353140** | **472518** | **334088** | **13448** | **110245** | **392886** |
| 39671 | 47219 | 144355 | 43459 | 30519 | 28240 | 34158 | 869 | 7110 | 5550 |
| 18324 | 3720 | 22636 | 10125 | 2998 | 2661 | 6079 | 137 | 636 | 600 |
| 42979 | 18154 | 45306 | 23090 | 6478 | 7491 | 5115 | 822 | 2310 | 1500 |
| 16518 | 12800 | 62063 | 24733 | 9298 | 13862 | 8885 | 227 | 5058 | 10170 |
| 3000 | 9907 | 51698 | 27728 | 13252 | 7002 | 2103 | 37 | 1576 | 2610 |
| 50212 | 16073 | 187954 | 80300 | 21913 | 58668 | 18497 | 421 | 8155 | 11000 |
| 3894 | 6209 | 42769 | 24446 | 5545 | 5426 | 5006 | 39 | 2307 | 100 |
| 31607 | 10722 | 61966 | 20829 | 9115 | 11333 | 18035 | 299 | 2355 | 6615 |
| 57935 | 13422 | 161821 | 40698 | 26103 | 44810 | 38562 | 1640 | 10008 | 18621 |
| 65097 | 11854 | 118129 | 41259 | 16435 | 32016 | 16234 | 1457 | 10728 | 10850 |
| 31608 | 12913 | 44480 | 15727 | 7806 | 8861 | 9222 | 412 | 2452 | 43600 |
| 18856 | 5115 | 28030 | 8894 | 5678 | 7629 | 4369 | 374 | 1086 | 7747 |
| 20373 | 16718 | 62672 | 17364 | 10786 | 19081 | 12316 | 296 | 2829 | 11025 |
| 11948 | 6412 | 26469 | 9433 | 4908 | 7777 | 2678 | 85 | 1588 | 20482 |
| 44563 | 22543 | 85838 | 36619 | 15796 | 16423 | 14433 |  | 2567 | 24400 |
| 20637 | 30174 | 118797 | 57281 | 21516 | 25268 | 9161 | 901 | 4670 | 39900 |
| 17096 | 1492 | 24159 | 5313 | 3805 | 7068 | 5216 | 213 | 2544 | 8925 |
| 15614 | 5262 | 8119 | 2326 | 1735 | 1188 | 2284 | 336 | 250 | 4580 |
| 53402 | 17456 | 200306 | 49517 | 39509 | 61145 | 39302 | 1370 | 9463 | 56206 |
| 23915 | 10134 | 54692 | 12972 | 13674 | 11993 | 9883 | 323 | 5847 | 8508 |
| 4279 | 998 | 13939 | 4989 | 3446 | 3717 | 761 | 269 | 757 | 240 |
| 10543 | 6513 | 35275 | 11976 | 9991 | 6276 | 4544 | 341 | 2147 | 11710 |
| 28292 | 8905 | 51984 | 14039 | 11287 | 15268 | 8241 | 170 | 2979 | 13158 |
| 26698 | 12485 | 41237 | 12760 | 7823 | 11132 | 7099 | 424 | 1999 | 6200 |
| 20925 | 20536 | 162601 | 39421 | 31861 | 40756 | 36383 | 1342 | 12838 | 47720 |
| 1662 | 1675 | 4798 | 2345 | 873 | 424 | 830 | 37 | 289 | 8214 |
| 18138 | 11456 | 28291 | 11090 | 9070 | 3796 | 3675 | 147 | 513 | 1910 |
| 17426 | 15717 | 32212 | 16633 | 4979 | 3815 | 4827 | 186 | 1772 | 1200 |
| 10334 | 2158 | 12506 | 6642 | 1471 | 3237 | 596 | 12 | 548 |  |
| 5991 | 2137 | 20217 | 9461 | 3843 | 2863 | 2302 | 242 | 1506 | 2350 |
| 6227 | 6202 | 16759 | 7170 | 1627 | 3292 | 3292 | 20 | 1358 | 7195 |

## 5－13 分地区地方中等师范学校预算内

| | 总计 | 事业性经费 | | | | | | |
|---|---|---|---|---|---|---|---|---|
| | | 合计 | 个人 | | | | | |
| | | | 小计 | 基本工资 | 补助工资 | | 其他工资 | 职工福利费 |
| | | | | | 计 | 其中:民师补助 | | |
| **合计** | **1972002** | **1913170** | **1568254** | **677559** | **301606** | | **103873** | **59350** |
| 北京 | 42959 | 42959 | 32543 | 10071 | 3357 | | 8909 | 1026 |
| 天津 | 32283 | 32283 | 27450 | 10027 | 6496 | | 221 | 2381 |
| 河北 | 116763 | 116763 | 104618 | 47247 | 15959 | | 7739 | 3367 |
| 山西 | 68136 | 65946 | 53326 | 24883 | 8468 | | 2201 | 2059 |
| 内蒙古 | 34074 | 33214 | 27618 | 15649 | 4933 | | 1133 | 1611 |
| 辽宁 | 65895 | 65295 | 48469 | 21359 | 12347 | | 1446 | 3047 |
| 吉林 | 70572 | 70572 | 54525 | 30409 | 16706 | | 72 | 778 |
| 黑龙江 | 50858 | 50758 | 41869 | 19606 | 7874 | | 1931 | 1865 |
| 上海 | 7801 | 7801 | 6899 | 3732 | 795 | | 6 | 434 |
| 江苏 | 114551 | 114051 | 95086 | 30337 | 22830 | | 11567 | 4779 |
| 浙江 | 91671 | 89930 | 67865 | 18814 | 14188 | | 10219 | 2501 |
| 安徽 | 63923 | 63923 | 56372 | 23534 | 9741 | | 1212 | 1184 |
| 福建 | 73030 | 68880 | 52219 | 18091 | 12812 | | 7416 | 1929 |
| 江西 | 50049 | 48449 | 41296 | 19414 | 5928 | | 2424 | 1893 |
| 山东 | 155532 | 153232 | 133836 | 49003 | 26389 | | 13193 | 4183 |
| 河南 | 123662 | 119262 | 106634 | 48635 | 23039 | | 7264 | 3564 |
| 湖北 | 56567 | 56467 | 47285 | 25189 | 7306 | | 618 | 715 |
| 湖南 | 61357 | 61257 | 56446 | 23373 | 9278 | | 5244 | 1648 |
| 广东 | 146217 | 133768 | 99977 | 41421 | 26779 | | 4196 | 4963 |
| 广西 | 76375 | 68618 | 56647 | 27037 | 6374 | | 3494 | 1116 |
| 海南 | 28259 | 28259 | 17407 | 6291 | 3662 | | 1482 | 902 |
| 重庆 | 29766 | 27966 | 22027 | 16492 | 1116 | | 118 | 1949 |
| 四川 | 76174 | 74704 | 65099 | 40707 | 5761 | | 678 | 1566 |
| 贵州 | 49322 | 48122 | 39677 | 17381 | 3956 | | 2196 | 1788 |
| 云南 | 88242 | 86942 | 58531 | 21915 | 15581 | | 846 | 2731 |
| 西藏 | 9076 | 5876 | 4596 | 1119 | 1614 | | 224 | 82 |
| 陕西 | 58720 | 58180 | 48168 | 18634 | 8855 | | 2651 | 1865 |
| 甘肃 | 53710 | 50720 | 43331 | 16134 | 6139 | | 3758 | 1875 |
| 青海 | 21074 | 19999 | 16407 | 6055 | 3535 | | 660 | 335 |
| 宁夏 | 10940 | 10940 | 7402 | 3907 | 783 | | 431 | 648 |
| 新疆 | 44444 | 38034 | 34629 | 21093 | 9005 | | 324 | 566 |

## 教育事业费支出、基建支出明细

单位：千元

| 支出部分 | | 公用部分 | | | | | | | 基建支出 |
|---|---|---|---|---|---|---|---|---|---|
| 社会保障费 | 奖贷助学金 | 小计 | 公务费 | 业务费 | 设备购置费 | 修缮费 | 业务招待费 | 其他费用 | |
| **224784** | **201082** | **344916** | **138824** | **38544** | **63951** | **85344** | **2225** | **16028** | **58832** |
| 6231 | 2949 | 10416 | 4885 | 236 | 997 | 3997 | 7 | 294 | |
| 6892 | 1433 | 4833 | 1953 | 146 | 1289 | 1325 | | 120 | |
| 18774 | 11532 | 12145 | 5880 | 652 | 3456 | 1858 | 41 | 258 | |
| 5476 | 10239 | 12620 | 5395 | 1666 | 2083 | 3065 | 8 | 403 | 2190 |
| 1122 | 3170 | 5596 | 3591 | 458 | 832 | 612 | 22 | 81 | 860 |
| 5476 | 4794 | 16826 | 11489 | 1442 | 2480 | 1084 | 45 | 286 | 600 |
| 558 | 6002 | 16047 | 8171 | 574 | 2982 | 3467 | 4 | 849 | |
| 8292 | 2301 | 8889 | 6065 | 513 | 1407 | 205 | 7 | 692 | 100 |
| 1051 | 881 | 902 | 36 | | 100 | 751 | | 15 | |
| 18162 | 7411 | 18965 | 7287 | 2975 | 3640 | 3554 | | 1509 | 500 |
| 11494 | 10649 | 22065 | 6154 | 2901 | 3627 | 7844 | 381 | 1158 | 1741 |
| 13688 | 7013 | 7551 | 1905 | 631 | 1564 | 2986 | 23 | 442 | |
| 5384 | 6587 | 16661 | 5706 | 2213 | 3243 | 4610 | 65 | 824 | 4150 |
| 5946 | 5691 | 7153 | 3448 | 1593 | 664 | 1005 | 114 | 329 | 1600 |
| 21046 | 20022 | 19396 | 9372 | 1657 | 2839 | 5071 | | 457 | 2300 |
| 9479 | 14653 | 12628 | 7434 | 887 | 2248 | 1727 | 160 | 172 | 4400 |
| 9303 | 4154 | 9182 | 2704 | 1593 | 1598 | 2314 | 123 | 850 | 100 |
| 13943 | 2960 | 4811 | 1600 | 788 | 596 | 1819 | | 8 | 100 |
| 14562 | 8056 | 33791 | 7657 | 3769 | 7216 | 12824 | 351 | 1974 | 12449 |
| 9476 | 9150 | 11971 | 2781 | 1340 | 3206 | 4389 | 19 | 236 | 7757 |
| 2324 | 2746 | 10852 | 4419 | 1201 | 3540 | 1233 | 211 | 248 | |
| 215 | 2137 | 5939 | 1344 | 704 | 1564 | 2194 | 14 | 119 | 1800 |
| 7699 | 8688 | 9605 | 2922 | 1219 | 1743 | 3291 | | 430 | 1470 |
| 6260 | 8096 | 8445 | 3683 | 1007 | 2170 | 1093 | 168 | 324 | 1200 |
| 3370 | 14088 | 28411 | 8479 | 4379 | 5085 | 7465 | 274 | 2729 | 1300 |
| 465 | 1092 | 1280 | 779 | 118 | 220 | 19 | 16 | 128 | 3200 |
| 6687 | 9476 | 10012 | 4853 | 2211 | 1609 | 1058 | 126 | 155 | 540 |
| 6281 | 9144 | 7389 | 3323 | 835 | 671 | 2152 | 11 | 397 | 2990 |
| 2534 | 3288 | 3592 | 1905 | 242 | 416 | 849 | 35 | 145 | 1075 |
| 1084 | 549 | 3538 | 1500 | 210 | 572 | 911 | | 345 | |
| 1510 | 2131 | 3405 | 2104 | 384 | 294 | 572 | | 51 | 6410 |

## 5-14 分地区中央部门成人中专学校预算内

| | 总计 | 事业性经费 | | | | | | |
|---|---|---|---|---|---|---|---|---|
| | | 合 计 | 个人 | | | | | |
| | | | 小 计 | 基 本 工 资 | 补助工资 | | 其 他 工 资 | 职 工 福利费 |
| | | | | | 计 | 其中:民师补助 | | |
| **合 计** | **12813** | **12705** | **8934** | **4874** | **1621** | | **310** | **342** |
| 北 京 | | | | | | | | |
| 天 津 | | | | | | | | |
| 河 北 | | | | | | | | |
| 山 西 | | | | | | | | |
| 内蒙古 | | | | | | | | |
| 辽 宁 | | | | | | | | |
| 吉 林 | | | | | | | | |
| 黑龙江 | | | | | | | | |
| 上 海 | | | | | | | | |
| 江 苏 | 7371 | 7371 | 5297 | 1944 | 1401 | | 310 | 80 |
| 浙 江 | | | | | | | | |
| 安 徽 | | | | | | | | |
| 福 建 | | | | | | | | |
| 江 西 | | | | | | | | |
| 山 东 | | | | | | | | |
| 河 南 | | | | | | | | |
| 湖 北 | | | | | | | | |
| 湖 南 | | | | | | | | |
| 广 东 | | | | | | | | |
| 广 西 | | | | | | | | |
| 海 南 | | | | | | | | |
| 重 庆 | | | | | | | | |
| 四 川 | 1310 | 1310 | 1143 | 923 | 220 | | | |
| 贵 州 | | | | | | | | |
| 云 南 | | | | | | | | |
| 西 藏 | | | | | | | | |
| 陕 西 | | | | | | | | |
| 甘 肃 | 3788 | 3680 | 2150 | 1828 | | | | 262 |
| 青 海 | | | | | | | | |
| 宁 夏 | | | | | | | | |
| 新 疆 | 344 | 344 | 344 | 179 | | | | |

# 教育事业费支出、基建支出明细

单位:千元

| 支出部分 | | 公用部分 | | | | | | | 基建支出 |
|---|---|---|---|---|---|---|---|---|---|
| 社会保障费 | 奖贷助学金 | 小计 | 公务费 | 业务费 | 设备购置费 | 修缮费 | 业务招待费 | 其他费用 | |
| **1772** | **15** | **3771** | **965** | **182** | **881** | **654** | | **1089** | **108** |
| 1547 | 15 | 2074 | 605 | 86 | 826 | 557 | | | |
| | | 167 | 167 | | | | | | |
| 60 | | 1530 | 193 | 96 | 55 | 97 | | 1089 | 108 |
| 165 | | | | | | | | | |

## 5－15　分地区地方成人中专学校预算内

| | 总计 | 事业性经费 | | | | | | |
|---|---|---|---|---|---|---|---|---|
| | | 合 计 | 个人 | | | | | |
| | | | 小 计 | 基本工资 | 补助工资 | | 其他工资 | 职工福利费 |
| | | | | | 计 | 其中:民师补助 | | |
| **合　计** | **1623289** | **1595535** | **1282019** | **659964** | **247666** | | **75319** | **46535** |
| 北　京 | 33285 | 33285 | 24333 | 9544 | 2857 | | 8085 | 1020 |
| 天　津 | 51552 | 51552 | 45093 | 18093 | 9750 | | 1588 | 1286 |
| 河　北 | 82594 | 81644 | 72201 | 39549 | 10211 | | 2147 | 1806 |
| 山　西 | 40727 | 40627 | 32823 | 20250 | 4735 | | 571 | 864 |
| 内蒙古 | 50133 | 49833 | 37067 | 25676 | 7787 | | 1199 | 1168 |
| 辽　宁 | 119491 | 119024 | 91963 | 49171 | 19713 | | 2817 | 4630 |
| 吉　林 | 19790 | 19790 | 15667 | 9336 | 5922 | | | 371 |
| 黑龙江 | 33534 | 33474 | 28733 | 14421 | 5344 | | 801 | 1258 |
| 上　海 | 92264 | 92264 | 66864 | 32053 | 9142 | | 5604 | 6386 |
| 江　苏 | 164406 | 164306 | 118984 | 47282 | 32647 | | 11648 | 5304 |
| 浙　江 | 66533 | 66233 | 43952 | 17537 | 10096 | | 3326 | 1725 |
| 安　徽 | 18895 | 18895 | 17740 | 7946 | 3326 | | 418 | 320 |
| 福　建 | 79834 | 79514 | 64367 | 27919 | 14600 | | 7513 | 1915 |
| 江　西 | 36324 | 35502 | 32042 | 18053 | 3362 | | 1034 | 895 |
| 山　东 | 115448 | 114908 | 103947 | 46911 | 24407 | | 8286 | 2586 |
| 河　南 | 85480 | 85027 | 75751 | 46633 | 13001 | | 2499 | 2205 |
| 湖　北 | 32489 | 32309 | 30348 | 17850 | 3943 | | 150 | 513 |
| 湖　南 | 65204 | 65204 | 60262 | 34735 | 7436 | | 1932 | 1188 |
| 广　东 | 174087 | 159675 | 115151 | 54922 | 27547 | | 8447 | 4688 |
| 广　西 | 29820 | 29740 | 26899 | 15644 | 2538 | | 911 | 686 |
| 海　南 | 8929 | 8899 | 7527 | 5368 | 1223 | | | 97 |
| 重　庆 | 27214 | 27114 | 21045 | 15462 | 1702 | | 890 | 715 |
| 四　川 | 69551 | 69311 | 56460 | 36891 | 5813 | | 1219 | 1817 |
| 贵　州 | 3683 | 3683 | 2343 | 1003 | 427 | | 163 | 183 |
| 云　南 | 51209 | 51059 | 37169 | 17507 | 11050 | | 974 | 1405 |
| 西　藏 | | | | | | | | |
| 陕　西 | 15865 | 15755 | 14357 | 8344 | 1642 | | 690 | 360 |
| 甘　肃 | 21721 | 21721 | 18093 | 8654 | 3002 | | 1920 | 526 |
| 青　海 | 191 | 191 | 131 | 70 | 38 | | | 8 |
| 宁　夏 | 19864 | 11824 | 8304 | 5009 | 1002 | | 319 | 310 |
| 新　疆 | 13172 | 13172 | 12403 | 8131 | 3403 | | 168 | 300 |

## 教育事业费支出、基建支出明细

单位：千元

| 支出部分 | | 公用部分 | | | | | | | 基建支出 |
|---|---|---|---|---|---|---|---|---|---|
| 社会保障费 | 奖贷助学金 | 小计 | 公务费 | 业务费 | 设备购置费 | 修缮费 | 业务招待费 | 其他费用 | |
| **247783** | **4752** | **313516** | **102334** | **74840** | **68750** | **48099** | **1636** | **17857** | **27754** |
| 2593 | 234 | 8952 | 2983 | 2169 | 2706 | 957 | 2 | 135 | |
| 14328 | 48 | 6459 | 1697 | 619 | 2389 | 516 | 16 | 1222 | |
| 18332 | 156 | 9443 | 2937 | 1198 | 1078 | 4069 | 35 | 126 | 950 |
| 6180 | 223 | 7804 | 3225 | 1557 | 997 | 1791 | 27 | 207 | 100 |
| 1208 | 29 | 12766 | 6396 | 2482 | 1364 | 2081 | | 443 | 300 |
| 14814 | 818 | 27061 | 12225 | 4126 | 5791 | 4263 | 78 | 578 | 467 |
| 38 | | 4123 | 1799 | 129 | 253 | 1770 | | 172 | |
| 6909 | | 4741 | 2260 | 456 | 1142 | 444 | 59 | 380 | 60 |
| 13140 | 539 | 25400 | 5461 | 7018 | 4608 | 3199 | 432 | 4682 | |
| 21999 | 104 | 45322 | 16835 | 17713 | 6853 | 3131 | 79 | 711 | 100 |
| 11258 | 10 | 22281 | 5793 | 2708 | 10454 | 2179 | 50 | 1097 | 300 |
| 5725 | 5 | 1155 | 585 | 211 | 218 | 124 | 10 | 7 | |
| 12197 | 223 | 15147 | 3837 | 4074 | 2704 | 3253 | 171 | 1108 | 320 |
| 8595 | 103 | 3460 | 1625 | 599 | 396 | 731 | 49 | 60 | 822 |
| 21679 | 78 | 10961 | 5479 | 634 | 1499 | 2187 | | 1162 | 540 |
| 11017 | 396 | 9276 | 3731 | 1483 | 2514 | 1154 | 67 | 327 | 453 |
| 7880 | 12 | 1961 | 447 | 539 | 568 | 363 | 2 | 42 | 180 |
| 14961 | 10 | 4942 | 1331 | 783 | 982 | 1614 | 21 | 211 | |
| 19357 | 190 | 44524 | 8326 | 13476 | 12737 | 7209 | 315 | 2461 | 14412 |
| 6965 | 155 | 2841 | 888 | 330 | 343 | 1025 | 19 | 236 | 80 |
| 839 | | 1372 | 315 | 443 | 193 | 292 | 7 | 122 | 30 |
| 2182 | 94 | 6069 | 1565 | 1785 | 1949 | 611 | 5 | 154 | 100 |
| 10607 | 113 | 12851 | 3586 | 3208 | 2302 | 2444 | 76 | 1235 | 240 |
| 555 | 12 | 1340 | 1011 | 297 | 3 | 26 | | 3 | |
| 5447 | 786 | 13890 | 4033 | 4196 | 3087 | 1941 | 67 | 566 | 150 |
| 3305 | 16 | 1398 | 681 | 280 | 120 | 174 | 10 | 133 | 110 |
| 3900 | 91 | 3628 | 1831 | 567 | 975 | 191 | 16 | 48 | |
| 15 | | 60 | 31 | 18 | 3 | 4 | 2 | 2 | |
| 1357 | 307 | 3520 | 886 | 1682 | 479 | 283 | 21 | 169 | 8040 |
| 401 | | 769 | 535 | 60 | 43 | 73 | | 58 | |

## 5－16　分地区中央部门技工学校预算内

| | 总计 | 事业性经费 | | | | | | |
|---|---|---|---|---|---|---|---|---|
| | | 合计 | 个人 | | | | | |
| | | | 小计 | 基本工资 | 补助工资 | | 其他工资 | 职工福利费 |
| | | | | | 计 | 其中:民师补助 | | |
| **合计** | **64924** | **57424** | **29043** | **21370** | **1258** | | **853** | **3071** |
| 北京 | | | | | | | | |
| 天津 | | | | | | | | |
| 河北 | 2526 | 2526 | 2526 | 1278 | 282 | | 853 | 103 |
| 山西 | | | | | | | | |
| 内蒙古 | 2303 | 2303 | 1412 | 760 | 500 | | | 30 |
| 辽宁 | | | | | | | | |
| 吉林 | | | | | | | | |
| 黑龙江 | | | | | | | | |
| 上海 | | | | | | | | |
| 江苏 | | | | | | | | |
| 浙江 | | | | | | | | |
| 安徽 | | | | | | | | |
| 福建 | | | | | | | | |
| 江西 | | | | | | | | |
| 山东 | | | | | | | | |
| 河南 | | | | | | | | |
| 湖北 | | | | | | | | |
| 湖南 | | | | | | | | |
| 广东 | | | | | | | | |
| 广西 | | | | | | | | |
| 海南 | | | | | | | | |
| 重庆 | 2948 | 2948 | 2948 | 2617 | | | | |
| 四川 | | | | | | | | |
| 贵州 | | | | | | | | |
| 云南 | | | | | | | | |
| 西藏 | | | | | | | | |
| 陕西 | | | | | | | | |
| 甘肃 | 53164 | 47164 | 20204 | 15384 | | | | 2800 |
| 青海 | | | | | | | | |
| 宁夏 | | | | | | | | |
| 新疆 | 3983 | 2483 | 1953 | 1331 | 476 | | | 138 |

## 教育事业费支出、基建支出明细

单位:千元

| 支出 部分 | | 公用部分 | | | | | | | 基建支出 |
|---|---|---|---|---|---|---|---|---|---|
| 社会保障费 | 奖贷助学金 | 小计 | 公务费 | 业务费 | 设备购置费 | 修缮费 | 业务招待费 | 其他费用 | |
| **718** | **1773** | **28381** | **13784** | **2727** | **3399** | **5313** | **160** | **2998** | **7500** |
| | 10 | | | | | | | | |
| | 122 | 891 | 279 | 430 | 162 | 20 | | | |
| 298 | 33 | | | | | | | | |
| 420 | 1600 | 26960 | 13240 | 2200 | 3160 | 5280 | 160 | 2920 | 6000 |
| | 8 | 530 | 265 | 97 | 77 | 13 | | 78 | 1500 |

# 5－17 分地区地方技工学校预算内

| 地区 | 总计 | 事业性经费 合计 | 个人 小计 | 基本工资 | 补助工资 计 | 其中:民师补助 | 其他工资 | 职工福利费 |
|---|---|---|---|---|---|---|---|---|
| **合计** | **953364** | **910821** | **674538** | **328251** | **154922** | | **60203** | **34540** |
| 北京 | | | | | | | | |
| 天津 | | | | | | | | |
| 河北 | 35853 | 35853 | 29774 | 19047 | 2662 | | 1785 | 763 |
| 山西 | 25660 | 25660 | 18201 | 8481 | 4029 | | 1055 | 1508 |
| 内蒙古 | 31220 | 31220 | 21548 | 12913 | 3750 | | 1119 | 1077 |
| 辽宁 | 52231 | 52231 | 41782 | 21526 | 9844 | | 1209 | 2031 |
| 吉林 | 16898 | 16898 | 11248 | 10730 | 419 | | 3 | 20 |
| 黑龙江 | 17696 | 17696 | 12513 | 6561 | 2576 | | | 563 |
| 上海 | 4372 | 3172 | 2536 | 850 | 729 | | 131 | 213 |
| 江苏 | 40786 | 40786 | 35683 | 19483 | 8655 | | 4452 | 798 |
| 浙江 | 32302 | 27322 | 22718 | 11118 | 5522 | | 2330 | 1186 |
| 安徽 | 1504 | 1504 | 1504 | 724 | 349 | | 296 | 76 |
| 福建 | 52442 | 50902 | 40448 | 14828 | 10345 | | 6301 | 1556 |
| 江西 | | | | | | | | |
| 山东 | 149732 | 145222 | 112510 | 51196 | 24972 | | 15187 | 5411 |
| 河南 | 81444 | 80894 | 58059 | 28045 | 16587 | | 3189 | 2780 |
| 湖北 | 17630 | 17550 | 16670 | 12392 | 2677 | | 187 | 136 |
| 湖南 | 22487 | 22487 | 20141 | 9531 | 4892 | | 1175 | 1347 |
| 广东 | 154287 | 132664 | 83949 | 25050 | 27404 | | 12633 | 7068 |
| 广西 | 40067 | 40067 | 27511 | 13426 | 4157 | | 3366 | 1537 |
| 海南 | 12986 | 12986 | 7562 | 2548 | 1230 | | 1014 | 674 |
| 重庆 | 7252 | 7252 | 6535 | 5863 | 286 | | 72 | 147 |
| 四川 | 12908 | 12698 | 10429 | 5917 | 2229 | | 290 | 337 |
| 贵州 | | | | | | | | |
| 云南 | 83691 | 75991 | 40490 | 15734 | 11583 | | 2320 | 2482 |
| 西藏 | | | | | | | | |
| 陕西 | 3532 | 3532 | 3357 | 1902 | 721 | | 210 | 153 |
| 甘肃 | | | | | | | | |
| 青海 | 140 | 140 | 100 | 50 | 40 | | | |
| 宁夏 | 18022 | 17872 | 13655 | 8909 | 2649 | | 251 | 1041 |
| 新疆 | 38222 | 38222 | 35615 | 21427 | 6615 | | 1628 | 1636 |

# 教育事业费支出、基建支出明细

单位:千元

| 支出部分 | | 公用部分 | | | | | | | 基建支出 |
|---|---|---|---|---|---|---|---|---|---|
| 社会保障费 | 奖贷助学金 | 小计 | 公务费 | 业务费 | 设备购置费 | 修缮费 | 业务招待费 | 其他费用 | |
| **66781** | **29841** | **236283** | **90900** | **43518** | **52604** | **33211** | **1492** | **14558** | **42543** |
| 3748 | 1769 | 6079 | 2850 | 94 | 2960 | 100 | 50 | 25 | |
| 2072 | 1056 | 7459 | 3552 | 1649 | 822 | 714 | 40 | 682 | |
| 859 | 1830 | 9672 | 4801 | 1030 | 1999 | 1288 | | 554 | |
| 6753 | 419 | 10449 | 6923 | 1320 | 1175 | 707 | 48 | 276 | |
| 76 | | 5650 | 5400 | 250 | | | | | |
| 1614 | 1199 | 5183 | 2072 | 1471 | 1259 | 345 | | 36 | |
| 606 | 7 | 636 | 356 | 47 | 119 | 80 | 28 | 6 | 1200 |
| 1736 | 559 | 5103 | 1693 | 948 | 1151 | 1042 | 39 | 230 | |
| 2168 | 394 | 4604 | 861 | 1306 | 2024 | 277 | 29 | 107 | 4980 |
| 59 | | | | | | | | | |
| 5301 | 2117 | 10454 | 2215 | 1610 | 4456 | 1224 | 33 | 916 | 1540 |
| 11560 | 4184 | 32712 | 10729 | 5330 | 6306 | 9056 | | 1291 | 4510 |
| 4977 | 2481 | 22835 | 12367 | 3839 | 3667 | 2618 | 107 | 237 | 550 |
| 1232 | 46 | 880 | 535 | 180 | 45 | 82 | | 38 | 80 |
| 2967 | 229 | 2346 | 1147 | 1188 | 11 | | | | |
| 7482 | 4312 | 48715 | 15854 | 11087 | 13102 | 4333 | 481 | 3858 | 21623 |
| 4413 | 612 | 12556 | 3648 | 2841 | 2995 | 2031 | 231 | 810 | |
| 1124 | 972 | 5424 | 1642 | 736 | 1081 | 717 | 61 | 1187 | |
| 17 | 150 | 717 | 350 | 150 | 86 | 68 | 20 | 43 | |
| 509 | 1147 | 2269 | 1140 | 625 | 161 | 272 | 22 | 49 | 210 |
| 3284 | 5087 | 35501 | 9443 | 6085 | 8981 | 7668 | 284 | 3040 | 7700 |
| 369 | 2 | 175 | 160 | 15 | | | | | |
| | 10 | 40 | 30 | | | | | 10 | |
| 805 | | 4217 | 1705 | 1486 | | | | 1026 | 150 |
| 3050 | 1259 | 2607 | 1427 | 231 | 204 | 589 | 19 | 137 | |

## 5－18 分地区中央部门中学预算内

| | 总计 | 事业性经费 | | | | | | |
|---|---|---|---|---|---|---|---|---|
| | | 合 计 | 个人 | | | | | |
| | | | 小 计 | 基 本 工 资 | 补助工资 | | 其 他 工 资 | 职 工 福利费 |
| | | | | | 计 | 其中:民师补助 | | |
| **合　计** | **74227** | **74227** | **43094** | **9978** | **19250** | | **4520** | **893** |
| 北　京 | 59493 | 59493 | 29110 | 3981 | 15368 | | 2273 | 599 |
| 天　津 | 4872 | 4872 | 4872 | 1978 | 1888 | | 346 | 64 |
| 河　北 | | | | | | | | |
| 山　西 | | | | | | | | |
| 内蒙古 | | | | | | | | |
| 辽　宁 | | | | | | | | |
| 吉　林 | | | | | | | | |
| 黑龙江 | | | | | | | | |
| 上　海 | | | | | | | | |
| 江　苏 | | | | | | | | |
| 浙　江 | | | | | | | | |
| 安　徽 | | | | | | | | |
| 福　建 | | | | | | | | |
| 江　西 | | | | | | | | |
| 山　东 | | | | | | | | |
| 河　南 | | | | | | | | |
| 湖　北 | 6856 | 6856 | 6197 | 3274 | 1717 | | 583 | 179 |
| 湖　南 | | | | | | | | |
| 广　东 | | | | | | | | |
| 广　西 | | | | | | | | |
| 海　南 | | | | | | | | |
| 重　庆 | 2606 | 2606 | 2515 | 495 | 127 | | 1318 | 51 |
| 四　川 | | | | | | | | |
| 贵　州 | | | | | | | | |
| 云　南 | | | | | | | | |
| 西　藏 | | | | | | | | |
| 陕　西 | 400 | 400 | 400 | 250 | 150 | | | |
| 甘　肃 | | | | | | | | |
| 青　海 | | | | | | | | |
| 宁　夏 | | | | | | | | |
| 新　疆 | | | | | | | | |

## 教育事业费支出、基建支出明细

单位:千元

| 支出部分 | | 公用部分 | | | | | | | 基建支出 |
|---|---|---|---|---|---|---|---|---|---|
| 社会保障费 | 奖贷助学金 | 小计 | 公务费 | 业务费 | 设备购置费 | 修缮费 | 业务招待费 | 其他费用 | |
| **8322** | **131** | **31133** | **4687** | **3185** | **8434** | **12792** | **90** | **1945** | |
| 6855 | 34 | 30383 | 4636 | 3125 | 7967 | 12698 | 90 | 1867 | |
| 596 | | | | | | | | | |
| 411 | 33 | 659 | 43 | 56 | 450 | 91 | | 19 | |
| 460 | 64 | 91 | 8 | 4 | 17 | 3 | | 59 | |

## 5－19 分地区地方中学预算内

| | 总计 | 事业性经费 | | | | | | |
|---|---|---|---|---|---|---|---|---|
| | | 合 计 | 个人 | | | | | |
| | | | 小 计 | 基本工资 | 补助工资 | | 其他工资 | 职工福利费 |
| | | | | | 计 | 其中:民师补助 | | |
| **合 计** | **53367512** | **51353541** | **45052136** | **25789176** | **9293741** | **61312** | **2568326** | **1311474** |
| 北 京 | 1762533 | 1702893 | 1167440 | 423683 | 112177 | | 446102 | 51696 |
| 天 津 | 947169 | 932939 | 688091 | 316196 | 153525 | | 7470 | 14980 |
| 河 北 | 2819232 | 2788125 | 2535198 | 1525485 | 427424 | 3105 | 108761 | 60778 |
| 山 西 | 1182383 | 1168108 | 1076895 | 734739 | 201111 | 11898 | 16241 | 27392 |
| 内蒙古 | 845822 | 819706 | 699673 | 492121 | 145976 | 2431 | 19487 | 19561 |
| 辽 宁 | 1965032 | 1879543 | 1631532 | 954008 | 360037 | 2165 | 49088 | 74545 |
| 吉 林 | 971155 | 968125 | 863457 | 524541 | 313569 | 181 | 5434 | 14460 |
| 黑龙江 | 1545643 | 1528787 | 1395455 | 820430 | 252770 | 2791 | 23196 | 39315 |
| 上 海 | 2773297 | 2662677 | 1938867 | 1029333 | 249761 | | 122978 | 145960 |
| 江 苏 | 3807319 | 3750492 | 3412299 | 1429902 | 955610 | 10737 | 237154 | 87838 |
| 浙 江 | 2769135 | 2601070 | 2109676 | 957154 | 507116 | | 194286 | 88525 |
| 安 徽 | 1812590 | 1762646 | 1629532 | 949679 | 336553 | 1360 | 33198 | 30696 |
| 福 建 | 2005361 | 1979044 | 1674701 | 789340 | 445433 | | 220708 | 52566 |
| 江 西 | 1222506 | 1205394 | 1156317 | 810755 | 145737 | 1736 | 22646 | 30039 |
| 山 东 | 4475955 | 4394984 | 4152132 | 2124607 | 1037379 | 7534 | 422068 | 96354 |
| 河 南 | 2743916 | 2693411 | 2470687 | 1619051 | 499415 | 3911 | 64832 | 58979 |
| 湖 北 | 1928679 | 1907757 | 1814439 | 1156775 | 285126 | 1749 | 32971 | 29109 |
| 湖 南 | 1826503 | 1814777 | 1700503 | 1170717 | 159546 | 369 | 55909 | 24498 |
| 广 东 | 5381543 | 4507129 | 3691069 | 1841777 | 1081323 | 1244 | 238568 | 115997 |
| 广 西 | 1356153 | 1309274 | 1204596 | 811690 | 144281 | 2357 | 45340 | 15098 |
| 海 南 | 273656 | 265211 | 236157 | 157927 | 40207 | 878 | 12579 | 5073 |
| 重 庆 | 774430 | 760010 | 669181 | 560582 | 59318 | 682 | 6110 | 26681 |
| 四 川 | 2071275 | 2023424 | 1881055 | 1463752 | 176375 | 1075 | 17159 | 45172 |
| 贵 州 | 730991 | 716541 | 676103 | 452955 | 71889 | 512 | 16567 | 23112 |
| 云 南 | 1745019 | 1697238 | 1389313 | 680140 | 494835 | 36 | 28490 | 58389 |
| 西 藏 | 163486 | 127919 | 105526 | 45847 | 37908 | 59 | 2229 | 2968 |
| 陕 西 | 1154252 | 1138039 | 1082137 | 729427 | 146422 | 1636 | 38550 | 27188 |
| 甘 肃 | 832625 | 801042 | 741574 | 405061 | 165190 | 2745 | 57453 | 13913 |
| 青 海 | 259249 | 248277 | 216169 | 113280 | 57928 | 26 | 4525 | 3205 |
| 宁 夏 | 237465 | 234749 | 205835 | 149623 | 27171 | 8 | 600 | 4840 |
| 新 疆 | 983138 | 964210 | 836527 | 548599 | 202629 | 87 | 17627 | 22547 |

# 教育事业费支出、基建支出明细

单位:千元

| 支出部分 | | 公用部分 | | | | | | | 基建支出 |
|---|---|---|---|---|---|---|---|---|---|
| 社会保障费 | 奖贷助学金 | 小计 | 公务费 | 业务费 | 设备购置费 | 修缮费 | 业务招待费 | 其他费用 | |
| **5904410** | **185009** | **6301405** | **1583051** | **490859** | **1274190** | **2533958** | **18439** | **400908** | **2013971** |
| 128667 | 5115 | 535453 | 184822 | 16411 | 91517 | 216938 | 896 | 24869 | 59640 |
| 193935 | 1985 | 244848 | 31607 | 6530 | 77538 | 70646 | 36 | 58491 | 14230 |
| 405750 | 7000 | 252927 | 91395 | 18896 | 37215 | 96602 | 382 | 8437 | 31107 |
| 93362 | 4050 | 91213 | 41551 | 9445 | 14356 | 23606 | 195 | 2060 | 14275 |
| 15998 | 6530 | 120033 | 55571 | 5355 | 12124 | 43516 | 21 | 3446 | 26116 |
| 192313 | 1541 | 248011 | 106381 | 11852 | 49243 | 66183 | 217 | 14135 | 85489 |
| 3568 | 1885 | 104668 | 42268 | 7580 | 18792 | 30031 | 55 | 5942 | 3030 |
| 258432 | 1312 | 133332 | 54292 | 13942 | 21336 | 35439 | 272 | 8051 | 16856 |
| 383261 | 7574 | 723810 | 103149 | 51258 | 191407 | 352575 | 2568 | 22853 | 110620 |
| 691295 | 10500 | 338193 | 70668 | 20086 | 89037 | 146001 | 270 | 12131 | 56827 |
| 357734 | 4861 | 491394 | 88152 | 32263 | 88086 | 250019 | 961 | 31913 | 168065 |
| 276049 | 3357 | 133114 | 30250 | 11525 | 25995 | 54726 | 616 | 10002 | 49944 |
| 151904 | 14750 | 304343 | 46061 | 30776 | 57400 | 157293 | 975 | 11838 | 26317 |
| 143717 | 3423 | 49077 | 19372 | 5480 | 5830 | 16384 | 371 | 1640 | 17112 |
| 466880 | 4844 | 242852 | 79672 | 23572 | 50870 | 77616 | | 11122 | 80971 |
| 224022 | 4388 | 222724 | 88095 | 18849 | 47268 | 62263 | 1004 | 5245 | 50505 |
| 304641 | 5817 | 93318 | 18935 | 9006 | 16746 | 44759 | 140 | 3732 | 20922 |
| 288638 | 1195 | 114274 | 13969 | 10343 | 15294 | 69994 | 296 | 4378 | 11726 |
| 405032 | 8372 | 816060 | 146127 | 86444 | 216238 | 267284 | 4889 | 95078 | 874414 |
| 182634 | 5553 | 104678 | 23149 | 8497 | 11776 | 52926 | 572 | 7758 | 46879 |
| 18844 | 1527 | 29054 | 5162 | 1497 | 3363 | 17544 | 170 | 1318 | 8445 |
| 8260 | 8230 | 90829 | 28541 | 13836 | 15142 | 29543 | 222 | 3545 | 14420 |
| 167341 | 11256 | 142369 | 31662 | 15531 | 22651 | 64791 | 328 | 7406 | 47851 |
| 107525 | 4055 | 40438 | 13464 | 5365 | 7682 | 8191 | 594 | 5142 | 14450 |
| 96459 | 31000 | 307925 | 68058 | 24851 | 40465 | 157890 | 1413 | 15248 | 47781 |
| 8328 | 8246 | 22393 | 8304 | 1988 | 1621 | 4893 | 354 | 5233 | 35567 |
| 139551 | 999 | 55902 | 11981 | 7022 | 8476 | 27274 | 73 | 1076 | 16213 |
| 96770 | 3187 | 59468 | 17535 | 3533 | 10861 | 23097 | 120 | 4322 | 31583 |
| 33114 | 4117 | 32108 | 14680 | 1941 | 2220 | 11255 | 160 | 1852 | 10972 |
| 22723 | 878 | 28914 | 8947 | 2182 | 3233 | 7484 | 157 | 6911 | 2716 |
| 37663 | 7462 | 127683 | 39231 | 15003 | 20408 | 47195 | 112 | 5734 | 18928 |

## 5－20　分地区中央部门普通中学预算内

| | 总计 | 事业性经费 | | | | | | |
|---|---|---|---|---|---|---|---|---|
| | | 合 计 | 个人 | | | | | |
| | | | 小 计 | 基本工资 | 补助工资 | | 其他工资 | 职工福利费 |
| | | | | | 计 | 其中:民师补助 | | |
| **合　计** | **74227** | **74227** | **43094** | **9978** | **19250** | | **4520** | **893** |
| 北　京 | 59493 | 59493 | 29110 | 3981 | 15368 | | 2273 | 599 |
| 天　津 | 4872 | 4872 | 4872 | 1978 | 1888 | | 346 | 64 |
| 河　北 | | | | | | | | |
| 山　西 | | | | | | | | |
| 内蒙古 | | | | | | | | |
| 辽　宁 | | | | | | | | |
| 吉　林 | | | | | | | | |
| 黑龙江 | | | | | | | | |
| 上　海 | | | | | | | | |
| 江　苏 | | | | | | | | |
| 浙　江 | | | | | | | | |
| 安　徽 | | | | | | | | |
| 福　建 | | | | | | | | |
| 江　西 | | | | | | | | |
| 山　东 | | | | | | | | |
| 河　南 | | | | | | | | |
| 湖　北 | 6856 | 6856 | 6197 | 3274 | 1717 | | 583 | 179 |
| 湖　南 | | | | | | | | |
| 广　东 | | | | | | | | |
| 广　西 | | | | | | | | |
| 海　南 | | | | | | | | |
| 重　庆 | 2606 | 2606 | 2515 | 495 | 127 | | 1318 | 51 |
| 四　川 | | | | | | | | |
| 贵　州 | | | | | | | | |
| 云　南 | | | | | | | | |
| 西　藏 | | | | | | | | |
| 陕　西 | 400 | 400 | 400 | 250 | 150 | | | |
| 甘　肃 | | | | | | | | |
| 青　海 | | | | | | | | |
| 宁　夏 | | | | | | | | |
| 新　疆 | | | | | | | | |

# 教育事业费支出、基建支出明细

单位:千元

| 支出部分 | | 公用部分 | | | | | | | 基建支出 |
|---|---|---|---|---|---|---|---|---|---|
| 社会保障费 | 奖贷助学金 | 小计 | 公务费 | 业务费 | 设备购置费 | 修缮费 | 业务招待费 | 其他费用 | |
| **8322** | **131** | **31133** | **4687** | **3185** | **8434** | **12792** | **90** | **1945** | |
| 6855 | 34 | 30383 | 4636 | 3125 | 7967 | 12698 | 90 | 1867 | |
| 596 | | | | | | | | | |
| 411 | 33 | 659 | 43 | 56 | 450 | 91 | | 19 | |
| 460 | 64 | 91 | 8 | 4 | 17 | 3 | | 59 | |

# 5-21 分地区地方普通中学预算内

| | 总计 | 事业性经费 合计 | 个人 小计 | 基本工资 | 补助工资 计 | 补助工资 其中:民师补助 | 其他工资 | 职工福利费 |
|---|---|---|---|---|---|---|---|---|
| **合 计** | **53300817** | **51286846** | **44996349** | **25761856** | **9281283** | **61305** | **2563323** | **1309407** |
| 北 京 | 1760293 | 1700653 | 1165305 | 422874 | 112077 | | 445462 | 51644 |
| 天 津 | 947169 | 932939 | 688091 | 316196 | 153525 | | 7470 | 14980 |
| 河 北 | 2817988 | 2786881 | 2533957 | 1524926 | 427326 | 3105 | 108671 | 60730 |
| 山 西 | 1182373 | 1168098 | 1076895 | 734739 | 201111 | 11898 | 16241 | 27392 |
| 内蒙古 | 845822 | 819706 | 699673 | 492121 | 145976 | 2431 | 19487 | 19561 |
| 辽 宁 | 1965032 | 1879543 | 1631532 | 954008 | 360037 | 2165 | 49088 | 74545 |
| 吉 林 | 970745 | 967715 | 863047 | 524331 | 313409 | 181 | 5434 | 14420 |
| 黑龙江 | 1545643 | 1528787 | 1395455 | 820430 | 252770 | 2791 | 23196 | 39315 |
| 上 海 | 2755090 | 2644470 | 1925588 | 1022855 | 247944 | | 122077 | 145005 |
| 江 苏 | 3795112 | 3738285 | 3400499 | 1424618 | 952123 | 10735 | 236590 | 87687 |
| 浙 江 | 2754185 | 2586120 | 2096983 | 951428 | 504129 | | 191997 | 88067 |
| 安 徽 | 1810001 | 1760057 | 1626967 | 948117 | 335902 | 1360 | 33086 | 30648 |
| 福 建 | 2000865 | 1974548 | 1672209 | 788624 | 444566 | | 220549 | 52500 |
| 江 西 | 1222288 | 1205176 | 1156102 | 810592 | 145721 | 1736 | 22621 | 30038 |
| 山 东 | 4475955 | 4394984 | 4152132 | 2124607 | 1037379 | 7534 | 422068 | 96354 |
| 河 南 | 2741284 | 2690779 | 2468406 | 1617558 | 498912 | 3911 | 64743 | 58878 |
| 湖 北 | 1928456 | 1907534 | 1814216 | 1156611 | 285092 | 1749 | 32971 | 29109 |
| 湖 南 | 1826436 | 1814710 | 1700438 | 1170672 | 159538 | 369 | 55909 | 24498 |
| 广 东 | 5379193 | 4504779 | 3688920 | 1840982 | 1080252 | 1244 | 238518 | 115958 |
| 广 西 | 1355955 | 1309076 | 1204534 | 811631 | 144279 | 2357 | 45340 | 15097 |
| 海 南 | 273656 | 265211 | 236157 | 157927 | 40207 | 878 | 12579 | 5073 |
| 重 庆 | 773429 | 759009 | 668274 | 559794 | 59240 | 682 | 6097 | 26657 |
| 四 川 | 2068914 | 2021063 | 1878981 | 1462089 | 176044 | 1070 | 17140 | 45116 |
| 贵 州 | 730991 | 716541 | 676103 | 452955 | 71889 | 512 | 16567 | 23112 |
| 云 南 | 1744879 | 1697098 | 1389176 | 680051 | 494793 | 36 | 28490 | 58383 |
| 西 藏 | 163486 | 127919 | 105526 | 45847 | 37908 | 59 | 2229 | 2968 |
| 陕 西 | 1153915 | 1137702 | 1081842 | 729267 | 146388 | 1636 | 38503 | 27182 |
| 甘 肃 | 832625 | 801042 | 741574 | 405061 | 165190 | 2745 | 57453 | 13913 |
| 青 海 | 259249 | 248277 | 216169 | 113280 | 57928 | 26 | 4525 | 3205 |
| 宁 夏 | 237465 | 234749 | 205835 | 149623 | 27171 | 8 | 600 | 4840 |
| 新 疆 | 982323 | 963395 | 835763 | 548042 | 202457 | 87 | 17622 | 22532 |

## 教育事业费支出、基建支出明细

单位:千元

| 支出 | | | | | | | | | | |
|---|---|---|---|---|---|---|---|---|---|---|
| 部分 | | 公用部分 | | | | | | | | 基建支出 |
| 社会保障费 | 奖贷助学金 | 小计 | 公务费 | 业务费 | 设备购置费 | 修缮费 | 业务招待费 | 其他费用 | | |
| **5895529** | **184951** | **6290497** | **1580683** | **486487** | **1273016** | **2531963** | **18370** | **399978** | **2013971** |
| 128133 | 5115 | 535348 | 184717 | 16411 | 91517 | 216938 | 896 | 24869 | 59640 |
| 193935 | 1985 | 244848 | 31607 | 6530 | 77538 | 70646 | 36 | 58491 | 14230 |
| 405304 | 7000 | 252924 | 91392 | 18896 | 37215 | 96602 | 382 | 8437 | 31107 |
| 93362 | 4050 | 91203 | 41551 | 9435 | 14356 | 23606 | 195 | 2060 | 14275 |
| 15998 | 6530 | 120033 | 55571 | 5355 | 12124 | 43516 | 21 | 3446 | 26116 |
| 192313 | 1541 | 248011 | 106381 | 11852 | 49243 | 66183 | 217 | 14135 | 85489 |
| 3568 | 1885 | 104668 | 42268 | 7580 | 18792 | 30031 | 55 | 5942 | 3030 |
| 258432 | 1312 | 133332 | 54292 | 13942 | 21336 | 35439 | 272 | 8051 | 16856 |
| 380183 | 7524 | 718882 | 102265 | 49883 | 190764 | 351104 | 2523 | 22343 | 110620 |
| 688983 | 10498 | 337786 | 70583 | 19852 | 88957 | 145995 | 270 | 12129 | 56827 |
| 356502 | 4860 | 489137 | 87381 | 31850 | 87746 | 249645 | 943 | 31572 | 168065 |
| 275857 | 3357 | 133090 | 30239 | 11513 | 25995 | 54725 | 616 | 10002 | 49944 |
| 151220 | 14750 | 302339 | 45878 | 29008 | 57390 | 157257 | 973 | 11833 | 26317 |
| 143709 | 3421 | 49074 | 19369 | 5480 | 5830 | 16384 | 371 | 1640 | 17112 |
| 466880 | 4844 | 242852 | 79672 | 23572 | 50870 | 77616 | | 11122 | 80971 |
| 223927 | 4388 | 222373 | 88009 | 18638 | 47260 | 62218 | 1003 | 5245 | 50505 |
| 304616 | 5817 | 93318 | 18935 | 9006 | 16746 | 44759 | 140 | 3732 | 20922 |
| 288626 | 1195 | 114272 | 13967 | 10343 | 15294 | 69994 | 296 | 4378 | 11726 |
| 404838 | 8372 | 815859 | 146095 | 86342 | 216207 | 267284 | 4889 | 95042 | 874414 |
| 182634 | 5553 | 104542 | 23149 | 8361 | 11776 | 52926 | 572 | 7758 | 46879 |
| 18844 | 1527 | 29054 | 5162 | 1497 | 3363 | 17544 | 170 | 1318 | 8445 |
| 8258 | 8228 | 90735 | 28484 | 13812 | 15137 | 29539 | 220 | 3543 | 14420 |
| 167337 | 11255 | 142082 | 31573 | 15444 | 22600 | 64733 | 327 | 7405 | 47851 |
| 107525 | 4055 | 40438 | 13464 | 5365 | 7682 | 8191 | 594 | 5142 | 14450 |
| 96459 | 31000 | 307922 | 68055 | 24851 | 40465 | 157890 | 1413 | 15248 | 47781 |
| 8328 | 8246 | 22393 | 8304 | 1988 | 1621 | 4893 | 354 | 5233 | 35567 |
| 139503 | 999 | 55860 | 11946 | 7022 | 8476 | 27274 | 73 | 1069 | 16213 |
| 96770 | 3187 | 59468 | 17535 | 3533 | 10861 | 23097 | 120 | 4322 | 31583 |
| 33114 | 4117 | 32108 | 14680 | 1941 | 2220 | 11255 | 160 | 1852 | 10972 |
| 22723 | 878 | 28914 | 8947 | 2182 | 3233 | 7484 | 157 | 6911 | 2716 |
| 37648 | 7462 | 127632 | 39212 | 15003 | 20402 | 47195 | 112 | 5708 | 18928 |

## 5－22　分地区中央部门高级中学预算内

| | 总计 | 事业性经费 | | | | | | |
|---|---|---|---|---|---|---|---|---|
| | | 合 计 | 个人 | | | | | |
| | | | 小 计 | 基 本 工 资 | 补助工资 | | 其 他 工 资 | 职 工 福利费 |
| | | | | | 计 | 其中:民师补助 | | |
| **合 计** | **57381** | **57381** | **33495** | **7838** | **14947** | | **3323** | **599** |
| 北 京 | 48262 | 48262 | 24091 | 3287 | 12674 | | 1803 | 495 |
| 天 津 | 4872 | 4872 | 4872 | 1978 | 1888 | | 346 | 64 |
| 河 北 | | | | | | | | |
| 山 西 | | | | | | | | |
| 内蒙古 | | | | | | | | |
| 辽 宁 | | | | | | | | |
| 吉 林 | | | | | | | | |
| 黑龙江 | | | | | | | | |
| 上 海 | | | | | | | | |
| 江 苏 | | | | | | | | |
| 浙 江 | | | | | | | | |
| 安 徽 | | | | | | | | |
| 福 建 | | | | | | | | |
| 江 西 | | | | | | | | |
| 山 东 | | | | | | | | |
| 河 南 | | | | | | | | |
| 湖 北 | 3448 | 3448 | 3064 | 2113 | 502 | | 315 | 16 |
| 湖 南 | | | | | | | | |
| 广 东 | | | | | | | | |
| 广 西 | | | | | | | | |
| 海 南 | | | | | | | | |
| 重 庆 | 1773 | 1773 | 1711 | 337 | 86 | | 897 | 35 |
| 四 川 | | | | | | | | |
| 贵 州 | | | | | | | | |
| 云 南 | | | | | | | | |
| 西 藏 | | | | | | | | |
| 陕 西 | 237 | 237 | 237 | 148 | 89 | | | |
| 甘 肃 | | | | | | | | |
| 青 海 | | | | | | | | |
| 宁 夏 | | | | | | | | |
| 新 疆 | | | | | | | | |

## 教育事业费支出、基建支出明细

单位:千元

| 支出 部分 | | 公用部分 | | | | | | | 基建支出 |
|---|---|---|---|---|---|---|---|---|---|
| 社会保障费 | 奖贷助学金 | 小计 | 公务费 | 业务费 | 设备购置费 | 修缮费 | 业务招待费 | 其他费用 | |
| **6700** | **89** | **23886** | **3823** | **2471** | **6448** | **9603** | **67** | **1475** | |
| 5808 | 25 | 24171 | 3882 | 2503 | 6360 | 9880 | 70 | 1476 | |
| 596 | | | | | | | | | |
| 99 | 19 | 384 | 25 | 33 | 263 | 53 | | 11 | |
| 313 | 44 | 62 | 5 | 3 | 12 | 2 | | 40 | |

## 5－23　分地区地方高级中学预算内

| | 总计 | 事业性经费 | | | | | | |
|---|---|---|---|---|---|---|---|---|
| | | 合计 | 个人 | | | | | |
| | | | 小计 | 基本工资 | 补助工资 | | 其他工资 | 职工福利费 |
| | | | | | 计 | 其中:民师补助 | | |
| **合计** | **14791428** | **13796408** | **11584843** | **6094851** | **2365538** | **4116** | **756221** | **365450** |
| 北京 | 645347 | 609140 | 400170 | 142186 | 37177 | | 149746 | 16295 |
| 天津 | 338263 | 325423 | 230567 | 104008 | 45494 | | 3302 | 5908 |
| 河北 | 743334 | 732103 | 634601 | 343151 | 100077 | 47 | 35628 | 17379 |
| 山西 | 288874 | 279745 | 250983 | 166205 | 44223 | 553 | 3494 | 6012 |
| 内蒙古 | 223851 | 211776 | 176224 | 120932 | 36192 | 219 | 6354 | 5353 |
| 辽宁 | 520679 | 474068 | 377811 | 205942 | 83932 | 54 | 12327 | 18656 |
| 吉林 | 225834 | 225434 | 196174 | 114230 | 74478 | | 1240 | 3776 |
| 黑龙江 | 327549 | 315788 | 281204 | 149896 | 48745 | | 5724 | 9103 |
| 上海 | 888222 | 825763 | 598807 | 308521 | 76458 | | 40160 | 44066 |
| 江苏 | 1305111 | 1282046 | 1133680 | 443795 | 304127 | 1741 | 84936 | 31290 |
| 浙江 | 906863 | 799730 | 578072 | 252464 | 128168 | | 53413 | 23529 |
| 安徽 | 515393 | 492686 | 447634 | 234634 | 89571 | 124 | 9107 | 8690 |
| 福建 | 509873 | 502848 | 415465 | 187105 | 110841 | | 53550 | 14152 |
| 江西 | 300704 | 294437 | 280502 | 183260 | 33606 | 210 | 5698 | 8260 |
| 山东 | 1163467 | 1104644 | 998853 | 494811 | 243041 | 4 | 108386 | 21938 |
| 河南 | 601385 | 582012 | 521776 | 314891 | 105708 | 65 | 16073 | 15042 |
| 湖北 | 498248 | 486458 | 452929 | 268051 | 72308 | 189 | 10286 | 8455 |
| 湖南 | 472309 | 465989 | 430736 | 262587 | 42776 | 11 | 17210 | 7170 |
| 广东 | 1722669 | 1320854 | 1011547 | 453521 | 312777 | 133 | 75762 | 34427 |
| 广西 | 296402 | 277764 | 255860 | 154527 | 28288 | 103 | 11322 | 3679 |
| 海南 | 59200 | 57898 | 50018 | 32937 | 7591 | 124 | 4040 | 1032 |
| 重庆 | 180930 | 175046 | 147813 | 121377 | 13416 | 87 | 1033 | 7249 |
| 四川 | 509218 | 479320 | 427467 | 307349 | 42762 | 135 | 4134 | 10665 |
| 贵州 | 150264 | 147865 | 136756 | 80957 | 15087 | 8 | 3192 | 5071 |
| 云南 | 349615 | 335160 | 269554 | 129495 | 86457 | | 5481 | 12702 |
| 西藏 | 53509 | 35265 | 28112 | 11955 | 9637 | | 684 | 1245 |
| 陕西 | 304616 | 298304 | 278322 | 176082 | 35151 | 74 | 12034 | 7517 |
| 甘肃 | 232214 | 220343 | 203602 | 104746 | 41954 | 282 | 17412 | 4242 |
| 青海 | 80749 | 78052 | 67457 | 33292 | 17580 | | 1309 | 1151 |
| 宁夏 | 61082 | 60352 | 53434 | 37627 | 6349 | 5 | 121 | 1269 |
| 新疆 | 252199 | 244976 | 210774 | 136021 | 48136 | | 4684 | 7296 |

## 教育事业费支出、基建支出明细

单位：千元

| 支出部分 | | 公用部分 | | | | | | | 基建支出 |
|---|---|---|---|---|---|---|---|---|---|
| 社会保障费 | 奖贷助学金 | 小计 | 公务费 | 业务费 | 设备购置费 | 修缮费 | 业务招待费 | 其他费用 | |
| **1934618** | **68164** | **2211565** | **512391** | **156422** | **516918** | **896019** | **5625** | **124190** | **995019** |
| 53285 | 1482 | 208969 | 64748 | 7625 | 38317 | 89812 | 347 | 8120 | 36207 |
| 70935 | 920 | 94856 | 6876 | 1781 | 47523 | 28391 | 6 | 10279 | 12840 |
| 133446 | 4921 | 97502 | 33609 | 6201 | 13502 | 40206 | 118 | 3865 | 11230 |
| 29603 | 1446 | 28762 | 13771 | 2967 | 5224 | 5902 | 67 | 832 | 9128 |
| 4695 | 2699 | 35552 | 16791 | 1679 | 3615 | 12333 | | 1135 | 12075 |
| 55588 | 1366 | 96257 | 35960 | 3904 | 22768 | 29008 | 63 | 4554 | 46611 |
| 1935 | 516 | 29260 | 10645 | 3407 | 5389 | 7127 | 5 | 2688 | 400 |
| 67269 | 467 | 34584 | 15982 | 2547 | 8159 | 7470 | 30 | 397 | 11761 |
| 125643 | 3958 | 226956 | 32892 | 17540 | 69401 | 98018 | 873 | 8233 | 62459 |
| 264197 | 5335 | 148366 | 28276 | 8621 | 36203 | 69941 | 112 | 5213 | 23065 |
| 118401 | 2096 | 221658 | 21443 | 9301 | 49710 | 132161 | 241 | 8802 | 107133 |
| 104521 | 1110 | 45052 | 8238 | 2842 | 9430 | 21173 | 371 | 2998 | 22707 |
| 46594 | 3223 | 87383 | 12403 | 8098 | 20749 | 41889 | 200 | 4044 | 7025 |
| 48927 | 751 | 13935 | 5707 | 1896 | 1913 | 3734 | 117 | 567 | 6267 |
| 127422 | 3255 | 105791 | 32995 | 8891 | 21401 | 39085 | | 3419 | 58823 |
| 67636 | 2427 | 60236 | 22258 | 5391 | 13997 | 16660 | 258 | 1670 | 19374 |
| 91423 | 2406 | 33529 | 5905 | 2622 | 6224 | 17200 | 30 | 1548 | 11789 |
| 100620 | 373 | 35253 | 5477 | 3219 | 3294 | 19930 | 172 | 3160 | 6320 |
| 131624 | 3437 | 309307 | 53689 | 26018 | 87678 | 107616 | 1268 | 33037 | 401814 |
| 56436 | 1608 | 21904 | 4969 | 2472 | 3571 | 9039 | 88 | 1765 | 18638 |
| 3871 | 546 | 7880 | 1599 | 533 | 757 | 4685 | 12 | 295 | 1302 |
| 2420 | 2317 | 27233 | 9423 | 3955 | 4970 | 7834 | 66 | 986 | 5883 |
| 58270 | 4287 | 51853 | 10091 | 5956 | 8939 | 23556 | 136 | 3174 | 29897 |
| 31389 | 1061 | 11108 | 3545 | 1351 | 2860 | 2002 | 120 | 1228 | 2399 |
| 27096 | 8322 | 65606 | 15874 | 8350 | 11803 | 25467 | 375 | 3736 | 14455 |
| 2692 | 1898 | 7153 | 2747 | 543 | 686 | 2572 | 207 | 398 | 18244 |
| 46999 | 539 | 19982 | 4558 | 2697 | 4186 | 8164 | 23 | 353 | 6312 |
| 34104 | 1145 | 16740 | 5783 | 1504 | 4355 | 3294 | 63 | 1742 | 11871 |
| 12931 | 1194 | 10595 | 4841 | 884 | 1025 | 3102 | 90 | 652 | 2697 |
| 7801 | 267 | 6918 | 2498 | 460 | 772 | 1541 | 30 | 1617 | 730 |
| 12968 | 1668 | 34202 | 14624 | 1800 | 4291 | 11458 | 37 | 1992 | 7223 |

## 5－24　分地区中央部门初级中学预算内

| | 总计 | 事业性经费 | | | | | | |
|---|---|---|---|---|---|---|---|---|
| | | 合计 | 个人 | | | | | |
| | | | 小计 | 基本工资 | 补助工资 | | 其他工资 | 职工福利费 |
| | | | | | 计 | 其中:民师补助 | | |
| **合计** | **16846** | **16846** | **9599** | **2140** | **4303** | | **1197** | **294** |
| 北京 | 11231 | 11231 | 5019 | 694 | 2694 | | 470 | 104 |
| 天津 | | | | | | | | |
| 河北 | | | | | | | | |
| 山西 | | | | | | | | |
| 内蒙古 | | | | | | | | |
| 辽宁 | | | | | | | | |
| 吉林 | | | | | | | | |
| 黑龙江 | | | | | | | | |
| 上海 | | | | | | | | |
| 江苏 | | | | | | | | |
| 浙江 | | | | | | | | |
| 安徽 | | | | | | | | |
| 福建 | | | | | | | | |
| 江西 | | | | | | | | |
| 山东 | | | | | | | | |
| 河南 | | | | | | | | |
| 湖北 | 3408 | 3408 | 3133 | 1161 | 1215 | | 268 | 163 |
| 湖南 | | | | | | | | |
| 广东 | | | | | | | | |
| 广西 | | | | | | | | |
| 海南 | | | | | | | | |
| 重庆 | 833 | 833 | 804 | 158 | 41 | | 421 | 16 |
| 四川 | | | | | | | | |
| 贵州 | | | | | | | | |
| 云南 | | | | | | | | |
| 西藏 | | | | | | | | |
| 陕西 | 163 | 163 | 163 | 102 | 61 | | | |
| 甘肃 | | | | | | | | |
| 青海 | | | | | | | | |
| 宁夏 | | | | | | | | |
| 新疆 | | | | | | | | |

# 教育事业费支出、基建支出明细

单位：千元

| 支出部分 | | 公用部分 | | | | | | | 基建支出 |
|---|---|---|---|---|---|---|---|---|---|
| 社会保障费 | 奖贷助学金 | 小计 | 公务费 | 业务费 | 设备购置费 | 修缮费 | 业务招待费 | 其他费用 | |
| **1622** | **42** | **7247** | **864** | **714** | **1986** | **3189** | **23** | **470** | |
| 1047 | 9 | 6212 | 754 | 622 | 1607 | 2818 | 20 | 391 | |
| 312 | 14 | 275 | 18 | 23 | 187 | 38 | | 8 | |
| 147 | 20 | 29 | 3 | 1 | 5 | 1 | | 19 | |

# 5-25 分地区地方初级中学预算内

| | 总计 | 事业性经费 | | | | | | |
|---|---|---|---|---|---|---|---|---|
| | | 合计 | 个人 | | | | | |
| | | | 小计 | 基本工资 | 补助工资 | | 其他工资 | 职工福利费 |
| | | | | | 计 | 其中:民师补助 | | |
| **合计** | **38509389** | **37490438** | **33411506** | **19667005** | **6915745** | **57189** | **1807102** | **943957** |
| 北京 | 1114946 | 1091513 | 765135 | 280688 | 74900 | | 295716 | 35349 |
| 天津 | 608906 | 607516 | 457524 | 212188 | 108031 | | 4168 | 9072 |
| 河北 | 2074654 | 2054778 | 1899356 | 1181775 | 327249 | 3058 | 73043 | 43351 |
| 山西 | 893499 | 888353 | 825912 | 568534 | 156888 | 11345 | 12747 | 21380 |
| 内蒙古 | 621971 | 607930 | 523449 | 371189 | 109784 | 2212 | 13133 | 14208 |
| 辽宁 | 1444353 | 1405475 | 1253721 | 748066 | 276105 | 2111 | 36761 | 55889 |
| 吉林 | 744911 | 742281 | 666873 | 410101 | 238931 | 181 | 4194 | 10644 |
| 黑龙江 | 1218094 | 1212999 | 1114251 | 670534 | 204025 | 2791 | 17472 | 30212 |
| 上海 | 1866868 | 1818707 | 1326781 | 714334 | 171486 | | 81917 | 100939 |
| 江苏 | 2490001 | 2456239 | 2266819 | 980823 | 647996 | 8994 | 151654 | 56397 |
| 浙江 | 1847322 | 1786390 | 1518911 | 698964 | 375961 | | 138584 | 64538 |
| 安徽 | 1294608 | 1267371 | 1179333 | 713483 | 246331 | 1236 | 23979 | 21958 |
| 福建 | 1490992 | 1471700 | 1256744 | 601519 | 333725 | | 166999 | 38348 |
| 江西 | 921584 | 910739 | 875600 | 627332 | 112115 | 1526 | 16923 | 21778 |
| 山东 | 3312488 | 3290340 | 3153279 | 1629796 | 794338 | 7530 | 313682 | 74416 |
| 河南 | 2139899 | 2108767 | 1946630 | 1302667 | 393204 | 3846 | 48670 | 43836 |
| 湖北 | 1430208 | 1421076 | 1361287 | 888560 | 212784 | 1560 | 22685 | 20654 |
| 湖南 | 1354127 | 1348721 | 1269702 | 908085 | 116762 | 358 | 38699 | 17328 |
| 广东 | 3656524 | 3183925 | 2677373 | 1387461 | 767475 | 1111 | 162756 | 81531 |
| 广西 | 1059553 | 1031312 | 948674 | 657104 | 115991 | 2254 | 34018 | 11418 |
| 海南 | 214456 | 207313 | 186139 | 124990 | 32616 | 754 | 8539 | 4041 |
| 重庆 | 592499 | 583963 | 520461 | 438417 | 45824 | 595 | 5064 | 19408 |
| 四川 | 1559696 | 1541743 | 1451514 | 1154740 | 133282 | 935 | 13006 | 34451 |
| 贵州 | 580727 | 568676 | 539347 | 371998 | 56802 | 504 | 13375 | 18041 |
| 云南 | 1395264 | 1361938 | 1119622 | 550556 | 408336 | 36 | 23009 | 45681 |
| 西藏 | 109977 | 92654 | 77414 | 33892 | 28271 | 59 | 1545 | 1723 |
| 陕西 | 849299 | 839398 | 803520 | 553185 | 111237 | 1562 | 26469 | 19665 |
| 甘肃 | 600411 | 580699 | 537972 | 300315 | 123236 | 2463 | 40041 | 9671 |
| 青海 | 178500 | 170225 | 148712 | 79988 | 40348 | 26 | 3216 | 2054 |
| 宁夏 | 176383 | 174397 | 152401 | 111996 | 20822 | 3 | 479 | 3571 |
| 新疆 | 730124 | 718419 | 624989 | 412021 | 154321 | 87 | 12938 | 15236 |

# 教育事业费支出、基建支出明细

单位:千元

| 支出部分 | | 公用部分 | | | | | | | | 基建支出 |
|---|---|---|---|---|---|---|---|---|---|---|
| 社会保障费 | 奖贷助学金 | 小计 | 公务费 | 业务费 | 设备购置费 | 修缮费 | 业务招待费 | 其他费用 | | |
| **3960911** | **116787** | **4078932** | **1068292** | **330065** | **756098** | **1635944** | **12745** | **275788** | | **1018952** |
| 74848 | 3633 | 326379 | 119969 | 8786 | 53200 | 127126 | 549 | 16749 | | 23433 |
| 123000 | 1065 | 149992 | 24731 | 4749 | 30015 | 42255 | 30 | 48212 | | 1390 |
| 271858 | 2079 | 155422 | 57783 | 12695 | 23713 | 56396 | 264 | 4572 | | 19877 |
| 63759 | 2604 | 62441 | 27780 | 6468 | 9132 | 17704 | 128 | 1228 | | 5147 |
| 11303 | 3831 | 84481 | 38780 | 3676 | 8509 | 31183 | 21 | 2311 | | 14041 |
| 136725 | 175 | 151754 | 70421 | 7948 | 26475 | 37175 | 154 | 9581 | | 38878 |
| 1633 | 1369 | 75408 | 31623 | 4173 | 13403 | 22904 | 50 | 3254 | | 2630 |
| 191163 | 845 | 98748 | 38310 | 11395 | 13177 | 27969 | 242 | 7654 | | 5095 |
| 254540 | 3566 | 491926 | 69373 | 32343 | 121363 | 253086 | 1650 | 14110 | | 48161 |
| 424786 | 5163 | 189420 | 42307 | 11231 | 52754 | 76054 | 158 | 6916 | | 33762 |
| 238101 | 2764 | 267479 | 65938 | 22549 | 38036 | 117484 | 702 | 22770 | | 60932 |
| 171336 | 2247 | 88038 | 22001 | 8671 | 16565 | 33552 | 245 | 7004 | | 27237 |
| 104626 | 11527 | 214956 | 33475 | 20910 | 36641 | 115368 | 773 | 7789 | | 19292 |
| 94782 | 2670 | 35139 | 13662 | 3584 | 3917 | 12650 | 254 | 1073 | | 10845 |
| 339458 | 1589 | 137061 | 46677 | 14681 | 29469 | 38531 | | 7703 | | 22148 |
| 156291 | 1961 | 162137 | 65751 | 13247 | 33263 | 45558 | 745 | 3575 | | 31131 |
| 213193 | 3411 | 59789 | 13030 | 6384 | 10522 | 27559 | 110 | 2184 | | 9133 |
| 188006 | 822 | 79019 | 8490 | 7124 | 12000 | 50064 | 124 | 1218 | | 5406 |
| 273214 | 4935 | 506552 | 92406 | 60324 | 128529 | 159668 | 3621 | 62005 | | 472600 |
| 126198 | 3945 | 82638 | 18180 | 5889 | 8205 | 43887 | 484 | 5993 | | 28241 |
| 14973 | 981 | 21174 | 3563 | 964 | 2606 | 12859 | 158 | 1023 | | 7143 |
| 5838 | 5911 | 63502 | 19061 | 9857 | 10167 | 21705 | 154 | 2557 | | 8537 |
| 109067 | 6968 | 90229 | 21482 | 9488 | 13661 | 41177 | 191 | 4231 | | 17954 |
| 76136 | 2994 | 29330 | 9919 | 4014 | 4822 | 6189 | 474 | 3914 | | 12051 |
| 69363 | 22678 | 242316 | 52181 | 16501 | 28662 | 132423 | 1038 | 11512 | | 33326 |
| 5636 | 6348 | 15240 | 5557 | 1445 | 935 | 2321 | 147 | 4835 | | 17323 |
| 92504 | 460 | 35878 | 7388 | 4325 | 4290 | 19110 | 50 | 716 | | 9901 |
| 62666 | 2042 | 42728 | 11752 | 2029 | 6506 | 19803 | 57 | 2580 | | 19712 |
| 20183 | 2923 | 21513 | 9839 | 1057 | 1195 | 8153 | 70 | 1200 | | 8275 |
| 14922 | 611 | 21996 | 6449 | 1722 | 2461 | 5943 | 127 | 5294 | | 1986 |
| 24680 | 5794 | 93430 | 24588 | 13203 | 16111 | 35737 | 75 | 3716 | | 11705 |

# 5－26 分地区地方农村初级中学预算内

| | 总计 | 事业性经费 | | | | | | |
|---|---|---|---|---|---|---|---|---|
| | | 合计 | 个人 | | | | | |
| | | | 小计 | 基本工资 | 补助工资 | | 其他工资 | 职工福利费 |
| | | | | | 计 | 其中:民师补助 | | |
| **合计** | **18468509** | **18252098** | **16929094** | **10703403** | **3428924** | **45853** | **769918** | **404761** |
| 北京 | 345820 | 345820 | 255970 | 92549 | 29039 | | 101436 | 12661 |
| 天津 | 165793 | 165193 | 126990 | 68257 | 39080 | | 2817 | 2181 |
| 河北 | 1211094 | 1206028 | 1123446 | 728538 | 201010 | 2838 | 32843 | 22146 |
| 山西 | 558882 | 558224 | 532546 | 377413 | 96646 | 8843 | 7668 | 11433 |
| 内蒙古 | 244174 | 240837 | 211813 | 156021 | 41986 | 1991 | 4797 | 5060 |
| 辽宁 | 567591 | 567168 | 527115 | 359130 | 105311 | 2085 | 10030 | 20528 |
| 吉林 | 314513 | 314183 | 295892 | 197899 | 89893 | 181 | 1953 | 5460 |
| 黑龙江 | 505246 | 504456 | 471665 | 312385 | 86373 | 2791 | 8149 | 9876 |
| 上海 | 355859 | 355859 | 304409 | 159913 | 36088 | | 25162 | 22139 |
| 江苏 | 903484 | 901521 | 856196 | 403356 | 256658 | 5274 | 52931 | 17781 |
| 浙江 | 414556 | 405170 | 359148 | 182484 | 87011 | | 27573 | 14803 |
| 安徽 | 829897 | 809199 | 763095 | 490702 | 156959 | 869 | 16819 | 14131 |
| 福建 | 573234 | 570775 | 523870 | 266075 | 133809 | | 76228 | 12683 |
| 江西 | 497188 | 492655 | 476416 | 354858 | 61174 | 1213 | 7443 | 10666 |
| 山东 | 2478082 | 2471255 | 2406340 | 1280917 | 610577 | 6800 | 221145 | 58550 |
| 河南 | 1341414 | 1338144 | 1274183 | 887561 | 250543 | 3469 | 18751 | 27031 |
| 湖北 | 769797 | 764496 | 735817 | 518072 | 101579 | 1433 | 15942 | 7916 |
| 湖南 | 852859 | 851433 | 814360 | 618682 | 66093 | 295 | 18453 | 9245 |
| 广东 | 1157986 | 1083266 | 945085 | 546580 | 237057 | 395 | 34354 | 27706 |
| 广西 | 675806 | 662986 | 610268 | 444353 | 75743 | 2006 | 13322 | 6471 |
| 海南 | 107999 | 104568 | 95299 | 67059 | 16229 | 466 | 2883 | 1925 |
| 重庆 | 179604 | 177174 | 164296 | 143785 | 10809 | 392 | 2551 | 5089 |
| 四川 | 829363 | 826028 | 788594 | 651696 | 70659 | 531 | 6360 | 17875 |
| 贵州 | 323294 | 315149 | 302082 | 222407 | 31294 | 478 | 8949 | 9171 |
| 云南 | 866882 | 857888 | 707921 | 350377 | 269382 | 36 | 13201 | 27740 |
| 西藏 | 67261 | 55625 | 45504 | 19930 | 15960 | 59 | 1240 | 684 |
| 陕西 | 428945 | 423200 | 406015 | 286213 | 58598 | 1063 | 8456 | 9921 |
| 甘肃 | 364492 | 354969 | 330961 | 197265 | 81143 | 2258 | 19564 | 5087 |
| 青海 | 64846 | 59694 | 52057 | 30975 | 15023 | | 1084 | 548 |
| 宁夏 | 95569 | 95152 | 84998 | 63920 | 12732 | | 386 | 2037 |
| 新疆 | 376979 | 373983 | 336743 | 224031 | 84466 | 87 | 7428 | 6217 |

## 教育事业费支出、基建支出明细

单位：千元

| 支出<br>部分 | | 公用部分 | | | | | | | 基建支出 |
|---|---|---|---|---|---|---|---|---|---|
| 社会保障费 | 奖贷助学金 | 小计 | 公务费 | 业务费 | 设备购置费 | 修缮费 | 业务招待费 | 其他费用 | |
| **1569956** | **52132** | **1323004** | **352447** | **119758** | **180008** | **581497** | **5203** | **84091** | **216411** |
| 19782 | 503 | 89850 | 33991 | 1515 | 12851 | 35403 | 243 | 5847 | |
| 14601 | 54 | 38203 | 4800 | 458 | 4244 | 17716 | 16 | 10969 | 600 |
| 138125 | 784 | 82582 | 27259 | 5882 | 13459 | 34003 | 138 | 1841 | 5066 |
| 37919 | 1467 | 25678 | 10263 | 2331 | 3353 | 9242 | 71 | 418 | 658 |
| 3434 | 515 | 29024 | 12869 | 595 | 2039 | 12995 | | 526 | 3337 |
| 32020 | 96 | 40053 | 14853 | 2363 | 6150 | 13616 | 26 | 3045 | 423 |
| 5 | 682 | 18291 | 7415 | 1164 | 2316 | 7013 | | 383 | 330 |
| 54482 | 400 | 32791 | 10312 | 4125 | 3092 | 10595 | 110 | 4557 | 790 |
| 60748 | 359 | 51450 | 12942 | 5722 | 7035 | 23451 | 433 | 1867 | |
| 124080 | 1390 | 45325 | 11747 | 3645 | 11401 | 16527 | 87 | 1918 | 1963 |
| 46699 | 578 | 46022 | 15178 | 4411 | 5254 | 18036 | 178 | 2965 | 9386 |
| 82831 | 1653 | 46104 | 11348 | 5751 | 5602 | 18111 | 140 | 5152 | 20698 |
| 31334 | 3741 | 46905 | 11074 | 6274 | 4365 | 22604 | 395 | 2193 | 2459 |
| 40805 | 1470 | 16239 | 6153 | 1513 | 1776 | 6255 | 154 | 388 | 4533 |
| 234110 | 1041 | 64915 | 21540 | 6388 | 13389 | 18608 | | 4990 | 6827 |
| 89702 | 595 | 63961 | 23571 | 7740 | 11440 | 18795 | 313 | 2102 | 3270 |
| 89819 | 2489 | 28679 | 4967 | 2969 | 3713 | 16113 | 27 | 890 | 5301 |
| 101548 | 339 | 37073 | 2103 | 940 | 3344 | 30029 | 17 | 640 | 1426 |
| 97477 | 1911 | 138181 | 23273 | 26150 | 28816 | 49709 | 1262 | 8971 | 74720 |
| 68189 | 2190 | 52718 | 11813 | 2746 | 3779 | 30350 | 360 | 3670 | 12820 |
| 6974 | 229 | 9269 | 874 | 175 | 1491 | 6062 | 100 | 567 | 3431 |
| 1144 | 918 | 12878 | 4456 | 1942 | 1073 | 4722 | 26 | 659 | 2430 |
| 39345 | 2659 | 37434 | 9056 | 2969 | 5737 | 18427 | 67 | 1178 | 3335 |
| 28277 | 1984 | 13067 | 4113 | 1516 | 1235 | 3507 | 151 | 2545 | 8145 |
| 34415 | 12806 | 149967 | 31864 | 7472 | 15199 | 87486 | 627 | 7319 | 8994 |
| 2125 | 5565 | 10121 | 2642 | 913 | 556 | 1299 | 107 | 4604 | 11636 |
| 42591 | 236 | 17185 | 2761 | 1581 | 1321 | 11259 | 32 | 231 | 5745 |
| 26816 | 1086 | 24008 | 6380 | 893 | 906 | 15277 | | 552 | 9523 |
| 4319 | 108 | 7637 | 3547 | 133 | 84 | 3539 | 4 | 330 | 5152 |
| 5650 | 273 | 10154 | 3140 | 737 | 646 | 3425 | 98 | 2108 | 417 |
| 10590 | 4011 | 37240 | 6143 | 8745 | 4342 | 17323 | 21 | 666 | 2996 |

# 5－27 分地区地方成人中学预算内

| | 总计 | 事业性经费 | | | | | | |
|---|---|---|---|---|---|---|---|---|
| | | 合计 | 个人 | | | | | |
| | | | 小计 | 基本工资 | 补助工资 | | 其他工资 | 职工福利费 |
| | | | | | 计 | 其中:民师补助 | | |
| **合计** | **66695** | **66695** | **55787** | **27320** | **12458** | **7** | **5003** | **2067** |
| 北京 | 2240 | 2240 | 2135 | 809 | 100 | | 640 | 52 |
| 天津 | | | | | | | | |
| 河北 | 1244 | 1244 | 1241 | 559 | 98 | | 90 | 48 |
| 山西 | 10 | 10 | | | | | | |
| 内蒙古 | | | | | | | | |
| 辽宁 | | | | | | | | |
| 吉林 | 410 | 410 | 410 | 210 | 160 | | | 40 |
| 黑龙江 | | | | | | | | |
| 上海 | 18207 | 18207 | 13279 | 6478 | 1817 | | 901 | 955 |
| 江苏 | 12207 | 12207 | 11800 | 5284 | 3487 | 2 | 564 | 151 |
| 浙江 | 14950 | 14950 | 12693 | 5726 | 2987 | | 2289 | 458 |
| 安徽 | 2589 | 2589 | 2565 | 1562 | 651 | | 112 | 48 |
| 福建 | 4496 | 4496 | 2492 | 716 | 867 | | 159 | 66 |
| 江西 | 218 | 218 | 215 | 163 | 16 | | 25 | 1 |
| 山东 | | | | | | | | |
| 河南 | 2632 | 2632 | 2281 | 1493 | 503 | | 89 | 101 |
| 湖北 | 223 | 223 | 223 | 164 | 34 | | | |
| 湖南 | 67 | 67 | 65 | 45 | 8 | | | |
| 广东 | 2350 | 2350 | 2149 | 795 | 1071 | | 50 | 39 |
| 广西 | 198 | 198 | 62 | 59 | 2 | | | 1 |
| 海南 | | | | | | | | |
| 重庆 | 1001 | 1001 | 907 | 788 | 78 | | 13 | 24 |
| 四川 | 2361 | 2361 | 2074 | 1663 | 331 | 5 | 19 | 56 |
| 贵州 | | | | | | | | |
| 云南 | 140 | 140 | 137 | 89 | 42 | | | 6 |
| 西藏 | | | | | | | | |
| 陕西 | 337 | 337 | 295 | 160 | 34 | | 47 | 6 |
| 甘肃 | | | | | | | | |
| 青海 | | | | | | | | |
| 宁夏 | | | | | | | | |
| 新疆 | 815 | 815 | 764 | 557 | 172 | | 5 | 15 |

## 教育事业费支出、基建支出明细

单位:千元

| 支出部分 | | 公用部分 | | | | | | | 基建支出 |
|---|---|---|---|---|---|---|---|---|---|
| 社会保障费 | 奖贷助学金 | 小计 | 公务费 | 业务费 | 设备购置费 | 修缮费 | 业务招待费 | 其他费用 | |
| **8881** | **58** | **10908** | **2368** | **4372** | **1174** | **1995** | **69** | **930** | |
| 534 | | 105 | 105 | | | | | | |
| | | | | | | | | | |
| 446 | | 3 | 3 | | | | | | |
| | | 10 | | 10 | | | | | |
| | | | | | | | | | |
| | | | | | | | | | |
| | | | | | | | | | |
| | | | | | | | | | |
| 3078 | 50 | 4928 | 884 | 1375 | 643 | 1471 | 45 | 510 | |
| 2312 | 2 | 407 | 85 | 234 | 80 | 6 | | 2 | |
| 1232 | 1 | 2257 | 771 | 413 | 340 | 374 | 18 | 341 | |
| 192 | | 24 | 11 | 12 | | 1 | | | |
| 684 | | 2004 | 183 | 1768 | 10 | 36 | 2 | 5 | |
| 8 | 2 | 3 | 3 | | | | | | |
| | | | | | | | | | |
| 95 | | 351 | 86 | 211 | 8 | 45 | 1 | | |
| 25 | | | | | | | | | |
| 12 | | 2 | 2 | | | | | | |
| 194 | | 201 | 32 | 102 | 31 | | | 36 | |
| | | 136 | | 136 | | | | | |
| | | | | | | | | | |
| 2 | 2 | 94 | 57 | 24 | 5 | 4 | 2 | 2 | |
| 4 | 1 | 287 | 89 | 87 | 51 | 58 | 1 | 1 | |
| | | | | | | | | | |
| | | 3 | 3 | | | | | | |
| | | | | | | | | | |
| 48 | | 42 | 35 | | | | | 7 | |
| | | | | | | | | | |
| | | | | | | | | | |
| | | | | | | | | | |
| 15 | | 51 | 19 | | 6 | | | 26 | |

# 5－28 分地区地方职业中学预算内

| | 总计 | 事业性经费 | | | | | | |
|---|---|---|---|---|---|---|---|---|
| | | 合计 | 个人 | | | | | |
| | | | 小计 | 基本工资 | 补助工资 | | 其他工资 | 职工福利费 |
| | | | | | 计 | 其中:民师补助 | | |
| **合　计** | **5524820** | **5324987** | **4476981** | **2339199** | **977898** | **3757** | **351238** | **138306** |
| 北　京 | 285755 | 284374 | 188686 | 71428 | 17546 | | 72416 | 7843 |
| 天　津 | 106719 | 105469 | 83402 | 42189 | 16094 | | 437 | 1317 |
| 河　北 | 322155 | 322155 | 287134 | 170091 | 47668 | 45 | 17188 | 7472 |
| 山　西 | 109056 | 102836 | 83855 | 56404 | 16889 | 417 | 1700 | 2079 |
| 内蒙古 | 152980 | 150044 | 132085 | 94105 | 24861 | 272 | 4076 | 3253 |
| 辽　宁 | 213125 | 211092 | 178424 | 94568 | 41463 | 28 | 5733 | 8431 |
| 吉　林 | 120237 | 120137 | 103654 | 61527 | 38661 | | 606 | 1731 |
| 黑龙江 | 134639 | 134439 | 121658 | 65794 | 20450 | | 1691 | 3629 |
| 上　海 | 300229 | 275929 | 196849 | 89982 | 28280 | | 17441 | 12711 |
| 江　苏 | 377212 | 376812 | 345432 | 141401 | 101029 | 1446 | 23969 | 7448 |
| 浙　江 | 358406 | 325094 | 237311 | 97380 | 60860 | | 31258 | 9332 |
| 安　徽 | 211975 | 208503 | 192518 | 108219 | 38731 | 41 | 5743 | 3688 |
| 福　建 | 230123 | 226628 | 190414 | 80684 | 56986 | | 25856 | 7195 |
| 江　西 | 87931 | 83720 | 76481 | 50562 | 9214 | 126 | 1734 | 2400 |
| 山　东 | 525901 | 524542 | 484282 | 222120 | 120422 | 23 | 58584 | 11198 |
| 河　南 | 261559 | 257036 | 228639 | 137891 | 45531 | 73 | 12166 | 7483 |
| 湖　北 | 126322 | 125987 | 118517 | 69270 | 20072 | 36 | 2139 | 2634 |
| 湖　南 | 145583 | 145013 | 129434 | 79015 | 16317 | 9 | 9118 | 2370 |
| 广　东 | 580331 | 508342 | 377288 | 147999 | 134325 | 637 | 35650 | 15746 |
| 广　西 | 109466 | 91813 | 78486 | 47355 | 10042 | 56 | 4881 | 1314 |
| 海　南 | 19784 | 17254 | 13552 | 8700 | 2529 | 9 | 1321 | 227 |
| 重　庆 | 95259 | 93719 | 75407 | 60286 | 7960 | 116 | 924 | 3198 |
| 四　川 | 186419 | 184581 | 166091 | 120427 | 15809 | 105 | 1913 | 3679 |
| 贵　州 | 63015 | 61589 | 50843 | 34282 | 5491 | 16 | 1261 | 1728 |
| 云　南 | 144693 | 138273 | 110313 | 54455 | 37878 | | 1840 | 5026 |
| 西　藏 | 1644 | 1644 | 988 | 231 | 536 | | 109 | 31 |
| 陕　西 | 96976 | 95266 | 89076 | 56531 | 12969 | 128 | 3851 | 2430 |
| 甘　肃 | 89414 | 88287 | 78925 | 40509 | 17736 | 162 | 6530 | 1223 |
| 青　海 | 25500 | 22960 | 19787 | 9663 | 4448 | | 274 | 409 |
| 宁　夏 | 15036 | 14211 | 11912 | 8728 | 1356 | | 34 | 364 |
| 新　疆 | 27376 | 27238 | 25538 | 17403 | 5745 | 12 | 795 | 717 |

## 教育事业费支出、基建支出明细

单位:千元

| 支出部分 | | 公用部分 | | | | | | | 基建支出 |
|---|---|---|---|---|---|---|---|---|---|
| 社会保障费 | 奖贷助学金 | 小计 | 公务费 | 业务费 | 设备购置费 | 修缮费 | 业务招待费 | 其他费用 | |
| **646524** | **23816** | **848006** | **220486** | **68785** | **224556** | **282277** | **3205** | **48697** | **199833** |
| 19184 | 269 | 95688 | 30079 | 5822 | 16988 | 39781 | 262 | 2756 | 1381 |
| 23321 | 44 | 22067 | 4229 | 1813 | 5284 | 10632 | | 109 | 1250 |
| 43233 | 1482 | 35021 | 14342 | 2592 | 8842 | 8106 | 140 | 999 | |
| 6403 | 380 | 18981 | 5754 | 1738 | 4721 | 6579 | 41 | 148 | 6220 |
| 4945 | 845 | 17959 | 9087 | 1143 | 1490 | 5669 | 21 | 549 | 2936 |
| 27998 | 231 | 32668 | 18681 | 2494 | 4988 | 5691 | 3 | 811 | 2033 |
| 847 | 282 | 16483 | 9421 | 1923 | 1853 | 2888 | | 398 | 100 |
| 29967 | 127 | 12781 | 6352 | 1172 | 2325 | 2145 | 29 | 758 | 200 |
| 42699 | 5736 | 79080 | 12927 | 4420 | 41501 | 18265 | 605 | 1362 | 24300 |
| 70344 | 1241 | 31380 | 6794 | 2600 | 8834 | 11485 | 59 | 1608 | 400 |
| 37412 | 1069 | 87783 | 12713 | 4840 | 18064 | 47588 | 190 | 4388 | 33312 |
| 35141 | 996 | 15985 | 3410 | 1436 | 3506 | 6985 | | 648 | 3472 |
| 18984 | 709 | 36214 | 6741 | 3137 | 12571 | 11372 | 130 | 2263 | 3495 |
| 12378 | 193 | 7239 | 1998 | 651 | 1520 | 2672 | 56 | 342 | 4211 |
| 69836 | 2122 | 40260 | 17134 | 4576 | 4387 | 11317 | | 2846 | 1359 |
| 24388 | 1180 | 28397 | 7982 | 2110 | 9731 | 7409 | 98 | 1067 | 4523 |
| 24077 | 325 | 7470 | 1494 | 1782 | 2692 | 1292 | 5 | 205 | 335 |
| 22548 | 66 | 15579 | 2440 | 765 | 5127 | 6883 | 65 | 299 | 570 |
| 42339 | 1229 | 131054 | 22916 | 12112 | 41692 | 31643 | 1066 | 21625 | 71989 |
| 14658 | 236 | 13327 | 1720 | 1303 | 4577 | 4967 | 52 | 708 | 17653 |
| 718 | 57 | 3702 | 640 | 270 | 768 | 1935 | | 89 | 2530 |
| 2235 | 804 | 18312 | 3800 | 2461 | 3096 | 8431 | 21 | 503 | 1540 |
| 23615 | 648 | 18490 | 3165 | 1977 | 5831 | 6945 | 31 | 541 | 1838 |
| 7798 | 283 | 10746 | 2632 | 1127 | 4689 | 1660 | 54 | 584 | 1426 |
| 8687 | 2427 | 27960 | 7209 | 2872 | 5442 | 11121 | 173 | 1143 | 6420 |
| 80 | 1 | 656 | 230 | 33 | 90 | 110 | 4 | 189 | |
| 13132 | 163 | 6190 | 1273 | 579 | 1133 | 3101 | 7 | 97 | 1710 |
| 12664 | 263 | 9362 | 1957 | 551 | 1287 | 4889 | 66 | 612 | 1127 |
| 4839 | 154 | 3173 | 1640 | 149 | 1001 | 148 | 2 | 233 | 2540 |
| 1401 | 29 | 2299 | 639 | 178 | 366 | 358 | | 758 | 825 |
| 653 | 225 | 1700 | 1087 | 159 | 160 | 210 | 25 | 59 | 138 |

## 5－29 分地区中央部门小学预算内

| | 总计 | 事业性经费 | | | | | | |
|---|---|---|---|---|---|---|---|---|
| | | 合计 | 个人 | | | | | |
| | | | 小计 | 基本工资 | 补助工资 | | 其他工资 | 职工福利费 |
| | | | | | 计 | 其中:民师补助 | | |
| **合　计** | **19266** | **19266** | **15462** | **3325** | **6720** | | **749** | **723** |
| 北　京 | 14847 | 14847 | 12330 | 2498 | 5530 | | 570 | 636 |
| 天　津 | 2446 | 2446 | 2108 | 489 | 771 | | 156 | 71 |
| 河　北 | | | | | | | | |
| 山　西 | | | | | | | | |
| 内蒙古 | | | | | | | | |
| 辽　宁 | | | | | | | | |
| 吉　林 | | | | | | | | |
| 黑龙江 | | | | | | | | |
| 上　海 | | | | | | | | |
| 江　苏 | | | | | | | | |
| 浙　江 | | | | | | | | |
| 安　徽 | | | | | | | | |
| 福　建 | | | | | | | | |
| 江　西 | | | | | | | | |
| 山　东 | | | | | | | | |
| 河　南 | | | | | | | | |
| 湖　北 | 802 | 802 | 459 | 138 | 259 | | 8 | 2 |
| 湖　南 | | | | | | | | |
| 广　东 | | | | | | | | |
| 广　西 | | | | | | | | |
| 海　南 | | | | | | | | |
| 重　庆 | 1171 | 1171 | 565 | 200 | 160 | | 15 | 14 |
| 四　川 | | | | | | | | |
| 贵　州 | | | | | | | | |
| 云　南 | | | | | | | | |
| 西　藏 | | | | | | | | |
| 陕　西 | | | | | | | | |
| 甘　肃 | | | | | | | | |
| 青　海 | | | | | | | | |
| 宁　夏 | | | | | | | | |
| 新　疆 | | | | | | | | |

# 教育事业费支出、基建支出明细

单位:千元

| 支出部分 | | 公用部分 | | | | | | | 基建支出 |
|---|---|---|---|---|---|---|---|---|---|
| 社会保障费 | 奖贷助学金 | 小计 | 公务费 | 业务费 | 设备购置费 | 修缮费 | 业务招待费 | 其他费用 | |
| **3945** | | **3804** | **1286** | **402** | **1027** | **659** | **6** | **424** | |
| 3096 | | 2517 | 1145 | 319 | 575 | 440 | 5 | 33 | |
| 621 | | 338 | 73 | 37 | 34 | 12 | 1 | 181 | |
| 52 | | 343 | 17 | 16 | 107 | 17 | | 186 | |
| 176 | | 606 | 51 | 30 | 311 | 190 | | 24 | |

# 5－30　分地区地方小学预算内

| | 总计 | 事业性经费 | | | | | | |
|---|---|---|---|---|---|---|---|---|
| | | 合计 | 个人 | | | | | |
| | | | 小计 | 基本工资 | 补助工资 | | 其他工资 | 职工福利费 |
| | | | | | 计 | 其中:民师补助 | | |
| **合计** | **63187859** | **62151559** | **57448965** | **32259694** | **11670677** | **422246** | **2795822** | **1623114** |
| 北京 | 1594412 | 1561703 | 1209052 | 420109 | 112623 | | 462511 | 53842 |
| 天津 | 892622 | 890552 | 790994 | 340561 | 188375 | | 6232 | 16987 |
| 河北 | 3107036 | 3093424 | 2954127 | 1706546 | 494002 | 19161 | 99140 | 68138 |
| 山西 | 1405155 | 1398051 | 1342581 | 863712 | 258810 | 41128 | 18565 | 27316 |
| 内蒙古 | 1104654 | 1082072 | 943322 | 662521 | 195970 | 9678 | 23801 | 23598 |
| 辽宁 | 1962092 | 1957409 | 1801644 | 1048151 | 395456 | 9144 | 41143 | 81479 |
| 吉林 | 1259287 | 1256737 | 1170698 | 728435 | 416137 | 1509 | 5425 | 19000 |
| 黑龙江 | 1945971 | 1931846 | 1810547 | 1020471 | 311227 | 8947 | 28878 | 44857 |
| 上海 | 1939457 | 1914557 | 1603173 | 788438 | 183547 | | 128438 | 127255 |
| 江苏 | 4462106 | 4425825 | 4230394 | 1710217 | 1087030 | 28368 | 250478 | 97870 |
| 浙江 | 2783722 | 2759198 | 2505575 | 1055835 | 539961 | | 197697 | 114565 |
| 安徽 | 2453449 | 2423495 | 2326952 | 1313799 | 435047 | 33469 | 46620 | 45561 |
| 福建 | 2650231 | 2628861 | 2448968 | 1103416 | 595524 | | 297268 | 75873 |
| 江西 | 1654868 | 1641341 | 1602176 | 1054375 | 211997 | 28756 | 30695 | 38860 |
| 山东 | 3903593 | 3896514 | 3776164 | 1842254 | 932726 | 44674 | 351159 | 103907 |
| 河南 | 2909027 | 2902152 | 2774670 | 1784531 | 585215 | 32900 | 52413 | 60114 |
| 湖北 | 1908686 | 1900851 | 1839273 | 1160618 | 282624 | 23644 | 30689 | 27256 |
| 湖南 | 2290090 | 2279905 | 2208038 | 1455265 | 192650 | 2448 | 59665 | 30126 |
| 广东 | 6080984 | 5718146 | 4988937 | 2600588 | 1283739 | 8201 | 285019 | 150770 |
| 广西 | 2222051 | 2188173 | 2031303 | 1227365 | 281669 | 15712 | 66708 | 28809 |
| 海南 | 442170 | 426931 | 395933 | 276610 | 65015 | 4621 | 9828 | 8558 |
| 重庆 | 1007601 | 993871 | 938438 | 789828 | 93487 | 8020 | 8267 | 38943 |
| 四川 | 2913078 | 2895798 | 2760653 | 2106975 | 283524 | 14713 | 29804 | 68988 |
| 贵州 | 1686110 | 1569668 | 1479145 | 976974 | 183590 | 28854 | 37168 | 50043 |
| 云南 | 3123177 | 3070457 | 2679643 | 1262230 | 962994 | 1401 | 65432 | 106764 |
| 西藏 | 353189 | 327259 | 253058 | 105390 | 105133 | 13948 | 5016 | 6603 |
| 陕西 | 1490146 | 1477876 | 1437703 | 941045 | 221164 | 24567 | 46224 | 35687 |
| 甘肃 | 1336593 | 1279641 | 1183813 | 648544 | 280736 | 14270 | 78206 | 19845 |
| 青海 | 355237 | 345246 | 297827 | 154283 | 88358 | 2611 | 6333 | 4972 |
| 宁夏 | 383827 | 364430 | 322378 | 240628 | 43695 | 123 | 944 | 7090 |
| 新疆 | 1567238 | 1549570 | 1341786 | 869980 | 358652 | 1379 | 26056 | 39438 |

## 教育事业费支出、基建支出明细

单位：千元

| 支出 | | | | | | | | | 基建支出 |
|---|---|---|---|---|---|---|---|---|---|
| 部分 | | 公用部分 | | | | | | | |
| 社会保障费 | 奖贷助学金 | 小计 | 公务费 | 业务费 | 设备购置费 | 修缮费 | 业务招待费 | 其他费用 | |
| **9027863** | **71795** | **4702594** | **1308670** | **402125** | **735877** | **1817283** | **21426** | **417213** | **1036300** |
| 158756 | 1211 | 352651 | 157105 | 14165 | 61171 | 103602 | 629 | 15979 | 32709 |
| 238839 | | 99558 | 27682 | 1611 | 3993 | 21850 | 60 | 44362 | 2070 |
| 585777 | 524 | 139297 | 60920 | 10743 | 20010 | 44542 | 560 | 2522 | 13612 |
| 174049 | 129 | 55470 | 24139 | 4856 | 8311 | 16913 | 136 | 1115 | 7104 |
| 35133 | 2299 | 138750 | 60630 | 5296 | 14936 | 54332 | 35 | 3521 | 22582 |
| 235000 | 415 | 155765 | 74930 | 8693 | 21865 | 41016 | 302 | 8959 | 4683 |
| 1381 | 320 | 86039 | 36730 | 5693 | 13451 | 27739 | 200 | 2226 | 2550 |
| 404904 | 210 | 121299 | 48657 | 11200 | 13383 | 37819 | 94 | 10146 | 14125 |
| 374968 | 527 | 311384 | 69554 | 29757 | 94879 | 100541 | 1416 | 15237 | 24900 |
| 1084771 | 28 | 195431 | 43220 | 11981 | 52452 | 76360 | 255 | 11163 | 36281 |
| 596915 | 602 | 253623 | 75617 | 22523 | 37600 | 79925 | 1394 | 36564 | 24524 |
| 485868 | 57 | 96543 | 23123 | 10985 | 14553 | 37525 | 544 | 9813 | 29954 |
| 372417 | 4470 | 179893 | 33631 | 18860 | 33967 | 81702 | 1150 | 10583 | 21370 |
| 266010 | 239 | 39165 | 13321 | 2916 | 2342 | 17865 | 659 | 2062 | 13527 |
| 546038 | 80 | 120350 | 41004 | 13851 | 21848 | 34163 | | 9484 | 7079 |
| 291792 | 605 | 127482 | 54930 | 17833 | 14356 | 35893 | 601 | 3869 | 6875 |
| 337120 | 966 | 61578 | 17516 | 6196 | 11885 | 23767 | 198 | 2016 | 7835 |
| 469138 | 1194 | 71867 | 7419 | 10295 | 7458 | 44487 | 147 | 2061 | 10185 |
| 665987 | 2834 | 729209 | 150089 | 94758 | 132754 | 217711 | 6952 | 126945 | 362838 |
| 424418 | 2334 | 156870 | 22633 | 7169 | 9933 | 106263 | 633 | 10239 | 33878 |
| 34827 | 1095 | 30998 | 6340 | 1086 | 2141 | 19385 | 332 | 1714 | 15239 |
| 7788 | 125 | 55433 | 19708 | 6172 | 7701 | 18871 | 89 | 2892 | 13730 |
| 263949 | 7413 | 135145 | 26661 | 9708 | 26859 | 62171 | 389 | 9357 | 17280 |
| 230579 | 791 | 90523 | 16718 | 6878 | 8346 | 51775 | 917 | 5889 | 116442 |
| 263682 | 18541 | 390814 | 79024 | 30118 | 33453 | 214542 | 1866 | 31811 | 52720 |
| 16894 | 14022 | 74201 | 14050 | 8790 | 6136 | 29382 | 780 | 15063 | 25930 |
| 193311 | 272 | 40173 | 10740 | 4355 | 5387 | 18770 | 234 | 687 | 12270 |
| 154664 | 1818 | 95828 | 23116 | 2506 | 5809 | 61565 | 105 | 2727 | 56952 |
| 38708 | 5173 | 47419 | 16851 | 1455 | 3077 | 22625 | 178 | 3233 | 9991 |
| 29259 | 762 | 42052 | 8286 | 1397 | 3128 | 22846 | 204 | 6191 | 19397 |
| 44921 | 2739 | 207784 | 44326 | 20279 | 42693 | 91336 | 367 | 8783 | 17668 |

## 5-31 分地区中央部门普通小学预算内

| | 总计 | 事业性经费 | | | | | | |
|---|---|---|---|---|---|---|---|---|
| | | 合计 | 个人 | | | | | |
| | | | 小计 | 基本工资 | 补助工资 | | 其他工资 | 职工福利费 |
| | | | | | 计 | 其中:民师补助 | | |
| **合计** | **19266** | **19266** | **15462** | **3325** | **6720** | | **749** | **723** |
| 北京 | 14847 | 14847 | 12330 | 2498 | 5530 | | 570 | 636 |
| 天津 | 2446 | 2446 | 2108 | 489 | 771 | | 156 | 71 |
| 河北 | | | | | | | | |
| 山西 | | | | | | | | |
| 内蒙古 | | | | | | | | |
| 辽宁 | | | | | | | | |
| 吉林 | | | | | | | | |
| 黑龙江 | | | | | | | | |
| 上海 | | | | | | | | |
| 江苏 | | | | | | | | |
| 浙江 | | | | | | | | |
| 安徽 | | | | | | | | |
| 福建 | | | | | | | | |
| 江西 | | | | | | | | |
| 山东 | | | | | | | | |
| 河南 | | | | | | | | |
| 湖北 | 802 | 802 | 459 | 138 | 259 | | 8 | 2 |
| 湖南 | | | | | | | | |
| 广东 | | | | | | | | |
| 广西 | | | | | | | | |
| 海南 | | | | | | | | |
| 重庆 | 1171 | 1171 | 565 | 200 | 160 | | 15 | 14 |
| 四川 | | | | | | | | |
| 贵州 | | | | | | | | |
| 云南 | | | | | | | | |
| 西藏 | | | | | | | | |
| 陕西 | | | | | | | | |
| 甘肃 | | | | | | | | |
| 青海 | | | | | | | | |
| 宁夏 | | | | | | | | |
| 新疆 | | | | | | | | |

# 教育事业费支出、基建支出明细

单位：千元

| 支出部分 | | 公用部分 | | | | | | | 基建支出 |
|---|---|---|---|---|---|---|---|---|---|
| 社会保障费 | 奖贷助学金 | 小计 | 公务费 | 业务费 | 设备购置费 | 修缮费 | 业务招待费 | 其他费用 | |
| **3945** | | **3804** | **1286** | **402** | **1027** | **659** | **6** | **424** | |
| 3096 | | 2517 | 1145 | 319 | 575 | 440 | 5 | 33 | |
| 621 | | 338 | 73 | 37 | 34 | 12 | 1 | 181 | |
| 52 | | 343 | 17 | 16 | 107 | 17 | | 186 | |
| 176 | | 606 | 51 | 30 | 311 | 190 | | 24 | |

# 5－32 分地区地方普通小学预算内

| | 总计 | 事业性经费 | | | | | | |
|---|---|---|---|---|---|---|---|---|
| | | 合计 | 个人 | | | | | |
| | | | 小计 | 基本工资 | 补助工资 | | 其他工资 | 职工福利费 |
| | | | | | 计 | 其中:民师补助 | | |
| **合计** | **63141058** | **62104758** | **57410075** | **32232679** | **11663506** | **422219** | **2793970** | **1622339** |
| 北京 | 1594412 | 1561703 | 1209052 | 420109 | 112623 | | 462511 | 53842 |
| 天津 | 892622 | 890552 | 790994 | 340561 | 188375 | | 6232 | 16987 |
| 河北 | 3106025 | 3092413 | 2953173 | 1705832 | 493818 | 19161 | 99123 | 68133 |
| 山西 | 1405013 | 1397909 | 1342439 | 863588 | 258803 | 41128 | 18556 | 27314 |
| 内蒙古 | 1104352 | 1081770 | 943085 | 662377 | 195917 | 9678 | 23791 | 23568 |
| 辽宁 | 1962092 | 1957409 | 1801644 | 1048151 | 395456 | 9144 | 41143 | 81479 |
| 吉林 | 1259287 | 1256737 | 1170698 | 728435 | 416137 | 1509 | 5425 | 19000 |
| 黑龙江 | 1945971 | 1931846 | 1810547 | 1020471 | 311227 | 8947 | 28878 | 44857 |
| 上海 | 1939457 | 1914557 | 1603173 | 788438 | 183547 | | 128438 | 127255 |
| 江苏 | 4459147 | 4422866 | 4227864 | 1708531 | 1086334 | 28368 | 250369 | 97855 |
| 浙江 | 2782464 | 2757940 | 2504503 | 1055286 | 539574 | | 197638 | 114514 |
| 安徽 | 2453040 | 2423086 | 2326594 | 1313543 | 434967 | 33469 | 46618 | 45558 |
| 福建 | 2638219 | 2616849 | 2439384 | 1098324 | 593079 | | 295986 | 75715 |
| 江西 | 1654868 | 1641341 | 1602176 | 1054375 | 211997 | 28756 | 30695 | 38860 |
| 山东 | 3903593 | 3896514 | 3776164 | 1842254 | 932726 | 44674 | 351159 | 103907 |
| 河南 | 2905566 | 2898691 | 2771438 | 1782695 | 584847 | 32893 | 52413 | 60038 |
| 湖北 | 1908087 | 1900252 | 1838691 | 1160145 | 282557 | 23640 | 30687 | 27256 |
| 湖南 | 2290090 | 2279905 | 2208038 | 1455265 | 192650 | 2448 | 59665 | 30126 |
| 广东 | 6080984 | 5718146 | 4988937 | 2600588 | 1283739 | 8201 | 285019 | 150770 |
| 广西 | 2220852 | 2186974 | 2030269 | 1226532 | 281516 | 15712 | 66692 | 28794 |
| 海南 | 442170 | 426931 | 395933 | 276610 | 65015 | 4621 | 9828 | 8558 |
| 重庆 | 1000204 | 986474 | 931689 | 783878 | 92868 | 8016 | 8252 | 38786 |
| 四川 | 2902478 | 2885198 | 2750978 | 2098988 | 282344 | 14701 | 29661 | 68842 |
| 贵州 | 1685880 | 1569438 | 1478923 | 976759 | 183583 | 28854 | 37168 | 50043 |
| 云南 | 3117955 | 3065235 | 2677124 | 1261074 | 962069 | 1401 | 65244 | 106647 |
| 西藏 | 353189 | 327259 | 253058 | 105390 | 105133 | 13948 | 5016 | 6603 |
| 陕西 | 1490146 | 1477876 | 1437703 | 941045 | 221164 | 24567 | 46224 | 35687 |
| 甘肃 | 1336593 | 1279641 | 1183813 | 648544 | 280736 | 14270 | 78206 | 19845 |
| 青海 | 355237 | 345246 | 297827 | 154283 | 88358 | 2611 | 6333 | 4972 |
| 宁夏 | 383827 | 364430 | 322378 | 240628 | 43695 | 123 | 944 | 7090 |
| 新疆 | 1567238 | 1549570 | 1341786 | 869980 | 358652 | 1379 | 26056 | 39438 |

## 教育事业费支出、基建支出明细

单位：千元

| 支出 | | | | | | | | | |
|---|---|---|---|---|---|---|---|---|---|
| 部分 | | 公用部分 | | | | | | | 基建支出 |
| 社会保障费 | 奖贷助学金 | 小计 | 公务费 | 业务费 | 设备购置费 | 修缮费 | 业务招待费 | 其他费用 | |
| **9025852** | **71729** | **4694683** | **1306934** | **398833** | **735301** | **1815780** | **21406** | **416429** | **1036300** |
| 158756 | 1211 | 352651 | 157105 | 14165 | 61171 | 103602 | 629 | 15979 | 32709 |
| 238839 | | 99558 | 27682 | 1611 | 3993 | 21850 | 60 | 44362 | 2070 |
| 585743 | 524 | 139240 | 60891 | 10715 | 20010 | 44542 | 560 | 2522 | 13612 |
| 174049 | 129 | 55470 | 24139 | 4856 | 8311 | 16913 | 136 | 1115 | 7104 |
| 35133 | 2299 | 138685 | 60580 | 5281 | 14936 | 54332 | 35 | 3521 | 22582 |
| 235000 | 415 | 155765 | 74930 | 8693 | 21865 | 41016 | 302 | 8959 | 4683 |
| 1381 | 320 | 86039 | 36730 | 5693 | 13451 | 27739 | 200 | 2226 | 2550 |
| 404904 | 210 | 121299 | 48657 | 11200 | 13383 | 37819 | 94 | 10146 | 14125 |
| 374968 | 527 | 311384 | 69554 | 29757 | 94879 | 100541 | 1416 | 15237 | 24900 |
| 1084747 | 28 | 195002 | 43190 | 11585 | 52452 | 76360 | 255 | 11160 | 36281 |
| 596892 | 599 | 253437 | 75511 | 22473 | 37600 | 79895 | 1394 | 36564 | 24524 |
| 485851 | 57 | 96492 | 23114 | 10980 | 14526 | 37517 | 544 | 9811 | 29954 |
| 371812 | 4468 | 177465 | 33077 | 17878 | 33911 | 80937 | 1137 | 10525 | 21370 |
| 266010 | 239 | 39165 | 13321 | 2916 | 2342 | 17865 | 659 | 2062 | 13527 |
| 546038 | 80 | 120350 | 41004 | 13851 | 21848 | 34163 | | 9484 | 7079 |
| 290840 | 605 | 127253 | 54870 | 17700 | 14346 | 35871 | 600 | 3866 | 6875 |
| 337080 | 966 | 61561 | 17512 | 6193 | 11875 | 23767 | 198 | 2016 | 7835 |
| 469138 | 1194 | 71867 | 7419 | 10295 | 7458 | 44487 | 147 | 2061 | 10185 |
| 665987 | 2834 | 729209 | 150089 | 94758 | 132754 | 217711 | 6952 | 126945 | 362838 |
| 424401 | 2334 | 156705 | 22592 | 7046 | 9933 | 106263 | 632 | 10239 | 33878 |
| 34827 | 1095 | 30998 | 6340 | 1086 | 2141 | 19385 | 332 | 1714 | 15239 |
| 7780 | 125 | 54785 | 19518 | 5942 | 7537 | 18822 | 89 | 2877 | 13730 |
| 263741 | 7402 | 134220 | 26422 | 9216 | 26839 | 62009 | 388 | 9346 | 17280 |
| 230579 | 791 | 90515 | 16710 | 6878 | 8346 | 51775 | 917 | 5889 | 116442 |
| 263599 | 18491 | 388111 | 78608 | 29283 | 33164 | 214075 | 1862 | 31119 | 52720 |
| 16894 | 14022 | 74201 | 14050 | 8790 | 6136 | 29382 | 780 | 15063 | 25930 |
| 193311 | 272 | 40173 | 10740 | 4355 | 5387 | 18770 | 234 | 687 | 12270 |
| 154664 | 1818 | 95828 | 23116 | 2506 | 5809 | 61565 | 105 | 2727 | 56952 |
| 38708 | 5173 | 47419 | 16851 | 1455 | 3077 | 22625 | 178 | 3233 | 9991 |
| 29259 | 762 | 42052 | 8286 | 1397 | 3128 | 22846 | 204 | 6191 | 19397 |
| 44921 | 2739 | 207784 | 44326 | 20279 | 42693 | 91336 | 367 | 8783 | 17668 |

# 5-33 分地区地方农村普通小学预算内

| | 总计 | 事业性经费 | | | | | | |
|---|---|---|---|---|---|---|---|---|
| | | 合计 | 个人 | | | | | |
| | | | 小计 | 基本工资 | 补助工资 | | 其他工资 | 职工福利费 |
| | | | | | 计 | 其中:民师补助 | | |
| 合计 | **39010642** | **38593021** | **36340059** | **21607574** | **7271315** | **372714** | **1460084** | **943080** |
| 北京 | 619921 | 619421 | 517863 | 185982 | 51697 | | 194897 | 22297 |
| 天津 | 272506 | 272506 | 234847 | 113249 | 67810 | | 5847 | 5359 |
| 河北 | 2199349 | 2193467 | 2112363 | 1253699 | 357577 | 17823 | 54842 | 46769 |
| 山西 | 1058734 | 1057224 | 1027158 | 658556 | 200748 | 38693 | 13391 | 20229 |
| 内蒙古 | 680120 | 666467 | 583028 | 416701 | 117537 | 8509 | 13015 | 13140 |
| 辽宁 | 1054337 | 1052138 | 1001734 | 645101 | 198597 | 8935 | 21279 | 43269 |
| 吉林 | 732490 | 731790 | 700487 | 451241 | 234766 | 1473 | 2332 | 11934 |
| 黑龙江 | 1139239 | 1134404 | 1077680 | 655111 | 180326 | 8863 | 17047 | 24557 |
| 上海 | 778688 | 778688 | 698166 | 350121 | 82852 | | 54288 | 55271 |
| 江苏 | 2191354 | 2189033 | 2121322 | 901433 | 537666 | 18767 | 140133 | 42947 |
| 浙江 | 796687 | 795336 | 728421 | 358759 | 146191 | | 42256 | 29929 |
| 安徽 | 1885077 | 1861641 | 1792219 | 1048121 | 332170 | 30858 | 39683 | 36076 |
| 福建 | 1484048 | 1479854 | 1413865 | 673187 | 336656 | | 188804 | 38341 |
| 江西 | 1030331 | 1021775 | 1001386 | 681583 | 132545 | 19960 | 14744 | 24851 |
| 山东 | 2981964 | 2976195 | 2921153 | 1478795 | 718851 | 43246 | 248345 | 84293 |
| 河南 | 2081465 | 2080197 | 2004393 | 1328357 | 419876 | 30689 | 29234 | 41496 |
| 湖北 | 1101288 | 1096111 | 1071318 | 711922 | 153995 | 21426 | 20677 | 12738 |
| 湖南 | 1548877 | 1541346 | 1512020 | 1029624 | 122853 | 1825 | 30781 | 18277 |
| 广东 | 3066800 | 3033237 | 2762000 | 1625857 | 590849 | 7351 | 81368 | 78495 |
| 广西 | 1738118 | 1718885 | 1593763 | 971014 | 222768 | 13167 | 40030 | 21668 |
| 海南 | 297828 | 287244 | 270751 | 191202 | 45809 | 4360 | 6266 | 5501 |
| 重庆 | 420148 | 413498 | 401869 | 345375 | 35028 | 5944 | 4462 | 14206 |
| 四川 | 2098750 | 2087815 | 2012700 | 1576943 | 209026 | 13084 | 19708 | 49124 |
| 贵州 | 1324640 | 1218197 | 1147783 | 782997 | 146428 | 26091 | 31488 | 38763 |
| 云南 | 2557137 | 2519828 | 2217716 | 1045514 | 813109 | 993 | 50137 | 86681 |
| 西藏 | 277617 | 257177 | 201107 | 80446 | 86187 | 13128 | 4709 | 4981 |
| 陕西 | 897610 | 887470 | 867162 | 579352 | 142038 | 20156 | 15449 | 21831 |
| 甘肃 | 1063048 | 1016918 | 936538 | 536181 | 234524 | 13504 | 51604 | 14717 |
| 青海 | 242455 | 237304 | 202828 | 108753 | 63071 | 2367 | 3572 | 2880 |
| 宁夏 | 298149 | 280436 | 246356 | 189633 | 34733 | 123 | 844 | 4765 |
| 新疆 | 1091867 | 1087419 | 960063 | 632765 | 255032 | 1379 | 18852 | 27695 |

# 教育事业费支出、基建支出明细

单位:千元

| 支出部分 | | 公用部分 | | | | | | | 基建支出 |
|---|---|---|---|---|---|---|---|---|---|
| 社会保障费 | 奖贷助学金 | 小计 | 公务费 | 业务费 | 设备购置费 | 修缮费 | 业务招待费 | 其他费用 | |
| **4998907** | **59099** | **2252962** | **583295** | **194951** | **265940** | **1026601** | **13099** | **169076** | **417621** |
| 62628 | 362 | 101558 | 45713 | 2471 | 15740 | 33315 | 227 | 4092 | 500 |
| 42582 | | 37659 | 12380 | 442 | 609 | 3675 | 18 | 20535 | |
| 399093 | 383 | 81104 | 35942 | 6386 | 11135 | 25994 | 211 | 1436 | 5882 |
| 134138 | 96 | 30066 | 11681 | 3065 | 4697 | 9716 | 85 | 822 | 1510 |
| 21273 | 1362 | 83439 | 35214 | 2711 | 9043 | 33929 | 21 | 2521 | 13653 |
| 93083 | 405 | 50404 | 20070 | 2909 | 4694 | 19510 | 138 | 3083 | 2199 |
| 14 | 200 | 31303 | 12749 | 2950 | 4042 | 11035 | 67 | 460 | 700 |
| 200470 | 169 | 56724 | 18977 | 5003 | 6704 | 19233 | 41 | 6766 | 4835 |
| 155450 | 184 | 80522 | 24280 | 9728 | 13311 | 27836 | 854 | 4513 | |
| 499139 | 4 | 67711 | 18890 | 5204 | 14056 | 25730 | 133 | 3698 | 2321 |
| 151040 | 246 | 66915 | 25475 | 6139 | 7666 | 21778 | 280 | 5577 | 1351 |
| 336117 | 52 | 69422 | 15605 | 8458 | 7889 | 28854 | 393 | 8223 | 23436 |
| 174721 | 2156 | 65989 | 14465 | 6326 | 7683 | 32564 | 560 | 4391 | 4194 |
| 147463 | 200 | 20389 | 7678 | 1662 | 619 | 8666 | 467 | 1297 | 8556 |
| 390869 | | 55042 | 20972 | 5884 | 7864 | 14376 | | 5946 | 5769 |
| 185159 | 271 | 75804 | 34404 | 10148 | 8580 | 19491 | 359 | 2822 | 1268 |
| 171144 | 842 | 24793 | 4251 | 2104 | 4745 | 12997 | 48 | 648 | 5177 |
| 309649 | 836 | 29326 | 3102 | 7064 | 1204 | 17069 | 35 | 852 | 7531 |
| 383171 | 2260 | 271237 | 44606 | 44368 | 42016 | 111181 | 4466 | 24600 | 33563 |
| 336234 | 2049 | 125122 | 16446 | 5343 | 6271 | 90050 | 528 | 6484 | 19233 |
| 21488 | 485 | 16493 | 2886 | 928 | 1081 | 9921 | 173 | 1504 | 10584 |
| 2676 | 122 | 11629 | 5628 | 1672 | 838 | 2815 | 14 | 662 | 6650 |
| 152000 | 5899 | 75115 | 15604 | 5523 | 9815 | 39464 | 263 | 4446 | 10935 |
| 147357 | 750 | 70414 | 11195 | 4030 | 3791 | 45471 | 772 | 5155 | 106443 |
| 205507 | 16768 | 302112 | 61217 | 16905 | 22421 | 174773 | 1499 | 25297 | 37309 |
| 11633 | 13151 | 56070 | 11136 | 6038 | 4278 | 20440 | 767 | 13411 | 20440 |
| 108319 | 173 | 20308 | 4956 | 1636 | 2061 | 11098 | 137 | 420 | 10140 |
| 97803 | 1709 | 80380 | 16223 | 1663 | 3740 | 57084 | 92 | 1578 | 46130 |
| 19703 | 4849 | 34476 | 10193 | 1066 | 1745 | 19241 | 158 | 2073 | 5151 |
| 15633 | 748 | 34080 | 6274 | 980 | 2586 | 19953 | 150 | 4137 | 17713 |
| 23351 | 2368 | 127356 | 15083 | 16145 | 35016 | 59342 | 143 | 1627 | 4448 |

# 5－34 分地区地方成人小学预算内

| | 总计 | 事业性经费 | | | | | | |
|---|---|---|---|---|---|---|---|---|
| | | 合计 | 个人 | | | | | |
| | | | 小计 | 基本工资 | 补助工资 | | 其他工资 | 职工福利费 |
| | | | | | 计 | 其中:民师补助 | | |
| **合计** | **46801** | **46801** | **38890** | **27015** | **7171** | **27** | **1852** | **775** |
| 北京 | | | | | | | | |
| 天津 | | | | | | | | |
| 河北 | 1011 | 1011 | 954 | 714 | 184 | | 17 | 5 |
| 山西 | 142 | 142 | 142 | 124 | 7 | | 9 | 2 |
| 内蒙古 | 302 | 302 | 237 | 144 | 53 | | 10 | 30 |
| 辽宁 | | | | | | | | |
| 吉林 | | | | | | | | |
| 黑龙江 | | | | | | | | |
| 上海 | | | | | | | | |
| 江苏 | 2959 | 2959 | 2530 | 1686 | 696 | | 109 | 15 |
| 浙江 | 1258 | 1258 | 1072 | 549 | 387 | | 59 | 51 |
| 安徽 | 409 | 409 | 358 | 256 | 80 | | 2 | 3 |
| 福建 | 12012 | 12012 | 9584 | 5092 | 2445 | | 1282 | 158 |
| 江西 | | | | | | | | |
| 山东 | | | | | | | | |
| 河南 | 3461 | 3461 | 3232 | 1836 | 368 | 7 | | 76 |
| 湖北 | 599 | 599 | 582 | 473 | 67 | 4 | 2 | |
| 湖南 | | | | | | | | |
| 广东 | | | | | | | | |
| 广西 | 1199 | 1199 | 1034 | 833 | 153 | | 16 | 15 |
| 海南 | | | | | | | | |
| 重庆 | 7397 | 7397 | 6749 | 5950 | 619 | 4 | 15 | 157 |
| 四川 | 10600 | 10600 | 9675 | 7987 | 1180 | 12 | 143 | 146 |
| 贵州 | 230 | 230 | 222 | 215 | 7 | | | |
| 云南 | 5222 | 5222 | 2519 | 1156 | 925 | | 188 | 117 |
| 西藏 | | | | | | | | |
| 陕西 | | | | | | | | |
| 甘肃 | | | | | | | | |
| 青海 | | | | | | | | |
| 宁夏 | | | | | | | | |
| 新疆 | | | | | | | | |

## 教育事业费支出、基建支出明细

单位:千元

| 支出部分 | | 公用部分 | | | | | | | 基建支出 |
|---|---|---|---|---|---|---|---|---|---|
| 社会保障费 | 奖贷助学金 | 小计 | 公务费 | 业务费 | 设备购置费 | 修缮费 | 业务招待费 | 其他费用 | |
| **2011** | **66** | **7911** | **1736** | **3292** | **576** | **1503** | **20** | **784** | |
| 34 | | 57 | 29 | 28 | | | | | |
| | | 65 | 50 | 15 | | | | | |
| 24 | | 429 | 30 | 396 | | | | 3 | |
| 23 | 3 | 186 | 106 | 50 | | 30 | | | |
| 17 | | 51 | 9 | 5 | 27 | 8 | | 2 | |
| 605 | 2 | 2428 | 554 | 982 | 56 | 765 | 13 | 58 | |
| 952 | | 229 | 60 | 133 | 10 | 22 | 1 | 3 | |
| 40 | | 17 | 4 | 3 | 10 | | | | |
| 17 | | 165 | 41 | 123 | | | 1 | | |
| 8 | | 648 | 190 | 230 | 164 | 49 | | 15 | |
| 208 | 11 | 925 | 239 | 492 | 20 | 162 | 1 | 11 | |
| | | 8 | 8 | | | | | | |
| 83 | 50 | 2703 | 416 | 835 | 289 | 467 | 4 | 692 | |

## 5－35　分地区地方特殊教育学校预算内

| | 总计 | 事业性经费 | | | | | | |
|---|---|---|---|---|---|---|---|---|
| | | 合计 | 个人 | | | | | |
| | | | 小计 | 基本工资 | 补助工资 | | 其他工资 | 职工福利费 |
| | | | | | 计 | 其中:民师补助 | | |
| **合计** | **769843** | **746078** | **573439** | **257204** | **149112** | **167** | **51458** | **20978** |
| 北京 | 33525 | 33475 | 22241 | 7422 | 3442 | | 8240 | 1050 |
| 天津 | 31040 | 31040 | 16943 | 5987 | 5020 | | 38 | 1101 |
| 河北 | 24993 | 24993 | 21009 | 11011 | 4456 | | 1528 | 529 |
| 山西 | 15808 | 15776 | 11786 | 6343 | 3480 | 11 | 115 | 418 |
| 内蒙古 | 8989 | 7689 | 5794 | 3798 | 1587 | | 156 | 191 |
| 辽宁 | 48944 | 48844 | 38924 | 18597 | 10803 | 5 | 1133 | 1859 |
| 吉林 | 25050 | 25050 | 19778 | 10283 | 8785 | | 118 | 254 |
| 黑龙江 | 43208 | 43208 | 36809 | 16750 | 7343 | | 667 | 1146 |
| 上海 | 96983 | 86983 | 65922 | 29238 | 11395 | | 6911 | 4281 |
| 江苏 | 60477 | 60118 | 52669 | 18928 | 16617 | 102 | 3757 | 1560 |
| 浙江 | 34765 | 34685 | 24414 | 8656 | 6843 | | 3573 | 1045 |
| 安徽 | 18495 | 17586 | 14406 | 6719 | 3689 | 3 | 428 | 310 |
| 福建 | 31043 | 29887 | 20092 | 7248 | 6293 | | 2891 | 843 |
| 江西 | 5160 | 4950 | 4153 | 2252 | 773 | 1 | 280 | 114 |
| 山东 | 81911 | 81406 | 69044 | 29963 | 19710 | 28 | 7623 | 1687 |
| 河南 | 32709 | 32204 | 27229 | 16170 | 6877 | 2 | 1372 | 723 |
| 湖北 | 22086 | 21612 | 18426 | 9726 | 4568 | 10 | 397 | 353 |
| 湖南 | 14459 | 14059 | 11956 | 6617 | 1989 | 4 | 1265 | 501 |
| 广东 | 62353 | 57053 | 34702 | 9929 | 12248 | | 7999 | 1080 |
| 广西 | 5642 | 5553 | 4826 | 2653 | 787 | | 535 | 101 |
| 海南 | 2408 | 2308 | 1509 | 720 | 203 | | 136 | 61 |
| 重庆 | 7740 | 7490 | 5958 | 4284 | 1180 | | 82 | 198 |
| 四川 | 14574 | 13884 | 11759 | 7506 | 2173 | | 178 | 408 |
| 贵州 | 7047 | 7047 | 5725 | 3253 | 1125 | | 188 | 221 |
| 云南 | 14747 | 14547 | 8582 | 3529 | 3371 | | 275 | 388 |
| 西藏 | | | | | | | | |
| 陕西 | 8408 | 8308 | 6449 | 3476 | 1309 | 1 | 686 | 159 |
| 甘肃 | 6362 | 6106 | 4932 | 2061 | 989 | | 741 | 175 |
| 青海 | 2491 | 2491 | 1824 | 733 | 496 | | 67 | 27 |
| 宁夏 | 2803 | 2203 | 1392 | 998 | 144 | | 79 | 49 |
| 新疆 | 5623 | 5523 | 4186 | 2354 | 1417 | | | 146 |

# 教育事业费支出、基建支出明细

单位：千元

| 支出部分 | | 公用部分 | | | | | | | 基建支出 |
|---|---|---|---|---|---|---|---|---|---|
| 社会保障费 | 奖贷助学金 | 小计 | 公务费 | 业务费 | 设备购置费 | 修缮费 | 业务招待费 | 其他费用 | |
| **89751** | **4936** | **172639** | **56365** | **12509** | **29445** | **60208** | **560** | **13552** | **23765** |
| 2057 | 30 | 11234 | 5284 | 302 | 1718 | 3477 | 27 | 426 | 50 |
| 4797 | | 14097 | 2564 | 605 | 1134 | 3849 | 4 | 5941 | |
| 3484 | 1 | 3984 | 1962 | 374 | 744 | 819 | 12 | 73 | |
| 1238 | 192 | 3990 | 1781 | 262 | 751 | 1078 | 27 | 91 | 32 |
| 24 | 38 | 1895 | 765 | 98 | 238 | 770 | | 24 | 1300 |
| 6245 | 287 | 9920 | 6124 | 511 | 1502 | 1546 | 13 | 224 | 100 |
| 203 | 135 | 5272 | 3220 | 246 | 704 | 969 | 2 | 131 | |
| 10843 | 60 | 6399 | 2854 | 478 | 714 | 1983 | 10 | 360 | |
| 13989 | 108 | 21061 | 3937 | 1153 | 2807 | 12874 | 108 | 182 | 10000 |
| 11343 | 464 | 7449 | 1938 | 899 | 1772 | 2709 | 12 | 119 | 359 |
| 4119 | 178 | 10271 | 2534 | 807 | 2071 | 3800 | 56 | 1003 | 80 |
| 3051 | 209 | 3180 | 930 | 280 | 886 | 846 | 8 | 230 | 909 |
| 2588 | 229 | 9795 | 2041 | 636 | 1248 | 5495 | 93 | 282 | 1156 |
| 597 | 137 | 797 | 300 | 55 | 98 | 331 | 2 | 11 | 210 |
| 9309 | 752 | 12362 | 5984 | 856 | 2185 | 2863 | | 474 | 505 |
| 1842 | 245 | 4975 | 2356 | 457 | 788 | 1178 | 48 | 148 | 505 |
| 3285 | 97 | 3186 | 1054 | 340 | 671 | 1007 | 24 | 90 | 474 |
| 1501 | 83 | 2103 | 595 | 346 | 150 | 985 | | 27 | 400 |
| 3183 | 263 | 22351 | 4962 | 1962 | 5303 | 7272 | 27 | 2825 | 5300 |
| 750 | | 727 | 206 | 97 | 45 | 365 | | 14 | 89 |
| 321 | 68 | 799 | 175 | 178 | 123 | 322 | | 1 | 100 |
| 96 | 118 | 1532 | 496 | 137 | 272 | 508 | 5 | 114 | 250 |
| 1117 | 377 | 2125 | 630 | 284 | 258 | 855 | 4 | 94 | 690 |
| 895 | 43 | 1322 | 532 | 195 | 165 | 318 | 25 | 87 | |
| 352 | 667 | 5965 | 1365 | 599 | 1729 | 1969 | 48 | 255 | 200 |
| 810 | 9 | 1859 | 556 | 238 | 86 | 969 | 4 | 6 | 100 |
| 930 | 36 | 1174 | 248 | 16 | 555 | 258 | 1 | 96 | 256 |
| 451 | 50 | 667 | 203 | | 72 | 359 | | 33 | |
| 122 | | 811 | 331 | 50 | 220 | 28 | | 182 | 600 |
| 209 | 60 | 1337 | 438 | 48 | 436 | 406 | | 9 | 100 |

## 5－36　分地区地方幼儿园预算内

| | 总计 | 事业性经费 | | | | | | |
|---|---|---|---|---|---|---|---|---|
| | | 合计 | 个人 | | | | | |
| | | | 小计 | 基本工资 | 补助工资 | | 其他工资 | 职工福利费 |
| | | | | | 计 | 其中:民师补助 | | |
| **合计** | **2732613** | **2694284** | **2371924** | **1251777** | **481603** | **3015** | **167066** | **95156** |
| 北京 | 111043 | 110243 | 85968 | 31148 | 8032 | | 34189 | 4003 |
| 天津 | 91713 | 91713 | 86324 | 34906 | 15085 | | 464 | 1986 |
| 河北 | 116089 | 115839 | 106756 | 57559 | 17261 | 112 | 6682 | 2939 |
| 山西 | 61663 | 61633 | 54082 | 34999 | 11968 | 801 | 1282 | 1316 |
| 内蒙古 | 65582 | 65422 | 59897 | 39897 | 12591 | 60 | 1883 | 1833 |
| 辽宁 | 57652 | 57643 | 49307 | 29425 | 11298 | 1 | 2513 | 2279 |
| 吉林 | 37380 | 37380 | 33766 | 20041 | 12722 | | 324 | 525 |
| 黑龙江 | 48787 | 48787 | 45054 | 23266 | 8078 | 50 | 585 | 1136 |
| 上海 | 573160 | 572040 | 468296 | 234954 | 63911 | | 31113 | 37575 |
| 江苏 | 153901 | 147117 | 134291 | 51440 | 38372 | 110 | 14130 | 3724 |
| 浙江 | 99894 | 98894 | 88172 | 39231 | 20270 | | 8652 | 3102 |
| 安徽 | 92708 | 91460 | 87695 | 52126 | 18513 | 329 | 2589 | 1578 |
| 福建 | 147008 | 146253 | 130555 | 57170 | 37890 | | 20417 | 3627 |
| 江西 | 39368 | 38633 | 36947 | 23893 | 4951 | 44 | 1023 | 925 |
| 山东 | 44042 | 43992 | 39639 | 19692 | 10162 | 69 | 4195 | 809 |
| 河南 | 86030 | 84210 | 79072 | 48530 | 17833 | 28 | 2764 | 2474 |
| 湖北 | 66052 | 66052 | 64048 | 39909 | 11304 | 177 | 969 | 1042 |
| 湖南 | 19628 | 19608 | 18879 | 11777 | 2297 | | 741 | 441 |
| 广东 | 209546 | 200885 | 158831 | 67030 | 53720 | 361 | 10986 | 6689 |
| 广西 | 52378 | 51728 | 47597 | 29504 | 5670 | 41 | 2690 | 805 |
| 海南 | 11047 | 11017 | 10521 | 6544 | 1620 | 20 | 617 | 263 |
| 重庆 | 29865 | 29195 | 26850 | 22794 | 2326 | 126 | 438 | 969 |
| 四川 | 100696 | 100696 | 96189 | 69966 | 11062 | 176 | 1257 | 2295 |
| 贵州 | 37067 | 36603 | 34584 | 21821 | 4343 | 125 | 683 | 1603 |
| 云南 | 133835 | 131070 | 114029 | 54596 | 41083 | 19 | 3976 | 5086 |
| 西藏 | 5120 | 5120 | 4478 | 2355 | 1445 | | | 210 |
| 陕西 | 42826 | 41961 | 39384 | 23932 | 5990 | 75 | 1787 | 1097 |
| 甘肃 | 61586 | 59353 | 57309 | 29409 | 12766 | 280 | 5430 | 897 |
| 青海 | 18695 | 17735 | 15135 | 7139 | 3785 | | 867 | 273 |
| 宁夏 | 22234 | 21234 | 18837 | 13369 | 1950 | 11 | 112 | 468 |
| 新疆 | 96018 | 90768 | 79432 | 53355 | 13305 | | 3708 | 3187 |

# 教育事业费支出、基建支出明细

单位：千元

| 支出 部分 | | 公用部分 | | | | | | | 基建支出 |
|---|---|---|---|---|---|---|---|---|---|
| 社会保障费 | 奖贷助学金 | 小计 | 公务费 | 业务费 | 设备购置费 | 修缮费 | 业务招待费 | 其他费用 | |
| **376322** | | **322360** | **82286** | **25332** | **70532** | **119205** | **738** | **24267** | **38329** |
| 8596 | | 24275 | 10580 | 586 | 3886 | 8541 | 45 | 637 | 800 |
| 33883 | | 5389 | 1260 | 30 | 170 | 1831 | | 2098 | |
| 22315 | | 9083 | 5086 | 709 | 817 | 1222 | 20 | 1229 | 250 |
| 4517 | | 7551 | 2119 | 995 | 1692 | 2647 | 14 | 84 | 30 |
| 3693 | | 5525 | 3602 | 164 | 343 | 1234 | | 182 | 160 |
| 3792 | | 8336 | 3068 | 850 | 3059 | 1061 | | 298 | 9 |
| 154 | | 3614 | 1607 | 92 | 809 | 967 | | 139 | |
| 11989 | | 3733 | 1673 | 119 | 488 | 903 | 2 | 548 | |
| 100743 | | 103744 | 21242 | 5663 | 26454 | 46004 | 198 | 4183 | 1120 |
| 26625 | | 12826 | 2389 | 1307 | 4925 | 4064 | | 141 | 6784 |
| 16917 | | 10722 | 1482 | 633 | 1899 | 5561 | 9 | 1138 | 1000 |
| 12889 | | 3765 | 1257 | 289 | 386 | 1679 | 2 | 152 | 1248 |
| 11451 | | 15698 | 1653 | 2133 | 2493 | 8412 | 167 | 840 | 755 |
| 6155 | | 1686 | 659 | 197 | 226 | 510 | 10 | 84 | 735 |
| 4781 | | 4353 | 1100 | 1489 | 964 | 609 | | 191 | 50 |
| 7471 | | 5138 | 2346 | 767 | 738 | 1049 | 7 | 231 | 1820 |
| 10824 | | 2004 | 328 | 385 | 263 | 916 | 20 | 92 | |
| 3623 | | 729 | 211 | 117 | 40 | 320 | 6 | 35 | 20 |
| 20406 | | 42054 | 4109 | 1984 | 13974 | 14983 | 53 | 6951 | 8661 |
| 8928 | | 4131 | 740 | 370 | 285 | 2572 | 1 | 163 | 650 |
| 1477 | | 496 | 113 | 151 | 14 | 4 | | 214 | 30 |
| 323 | | 2345 | 742 | 273 | 317 | 944 | 4 | 65 | 670 |
| 11609 | | 4507 | 1112 | 455 | 482 | 2289 | 3 | 166 | |
| 6134 | | 2019 | 589 | 404 | 269 | 318 | 3 | 436 | 464 |
| 9288 | | 17041 | 5556 | 3488 | 2470 | 4266 | 90 | 1171 | 2765 |
| 468 | | 642 | 126 | 63 | 276 | 157 | | 20 | |
| 6578 | | 2577 | 422 | 446 | 345 | 1276 | 7 | 81 | 865 |
| 8807 | | 2044 | 880 | 99 | 283 | 453 | 2 | 327 | 2233 |
| 3071 | | 2600 | 909 | 85 | 571 | 830 | 6 | 199 | 960 |
| 2938 | | 2397 | 401 | 123 | 748 | 159 | | 966 | 1000 |
| 5877 | | 11336 | 4925 | 866 | 846 | 3424 | 69 | 1206 | 5250 |

## 5-37 分地区中央部门其他教育机构预算内

| | 总计 | 事业性经费 | | | | | | |
|---|---|---|---|---|---|---|---|---|
| | | 合计 | 个人 | | | | | |
| | | | 小计 | 基本工资 | 补助工资 | | 其他工资 | 职工福利费 |
| | | | | | 计 | 其中:民师补助 | | |
| **合计** | **226463** | **207003** | **57892** | **15049** | **12463** | | **8389** | **3258** |
| 北京 | 226463 | 207003 | 57892 | 15049 | 12463 | | 8389 | 3258 |
| 天津 | | | | | | | | |
| 河北 | | | | | | | | |
| 山西 | | | | | | | | |
| 内蒙古 | | | | | | | | |
| 辽宁 | | | | | | | | |
| 吉林 | | | | | | | | |
| 黑龙江 | | | | | | | | |
| 上海 | | | | | | | | |
| 江苏 | | | | | | | | |
| 浙江 | | | | | | | | |
| 安徽 | | | | | | | | |
| 福建 | | | | | | | | |
| 江西 | | | | | | | | |
| 山东 | | | | | | | | |
| 河南 | | | | | | | | |
| 湖北 | | | | | | | | |
| 湖南 | | | | | | | | |
| 广东 | | | | | | | | |
| 广西 | | | | | | | | |
| 海南 | | | | | | | | |
| 重庆 | | | | | | | | |
| 四川 | | | | | | | | |
| 贵州 | | | | | | | | |
| 云南 | | | | | | | | |
| 西藏 | | | | | | | | |
| 陕西 | | | | | | | | |
| 甘肃 | | | | | | | | |
| 青海 | | | | | | | | |
| 宁夏 | | | | | | | | |
| 新疆 | | | | | | | | |

## 教育事业费支出、基建支出明细

单位:千元

| 支出部分 | | | | | | | | | |
|---|---|---|---|---|---|---|---|---|---|
| | | 公用部分 | | | | | | | 基建支出 |
| 社会保障费 | 奖贷助学金 | 小计 | 公务费 | 业务费 | 设备购置费 | 修缮费 | 业务招待费 | 其他费用 | |
| **18733** | | **149111** | **35902** | **24224** | **16525** | **24013** | | **48447** | **19460** |
| 18733 | | 149111 | 35902 | 24224 | 16525 | 24013 | | 48447 | 19460 |

# 5-38 分地区地方其他教育机构预算内

| | 总计 | 事业性经费 | | | | | | |
|---|---|---|---|---|---|---|---|---|
| | | 合计 | 个人 | | | | | |
| | | | 小计 | 基本工资 | 补助工资 | | 其他工资 | 职工福利费 |
| | | | | | 计 | 其中:民师补助 | | |
| **合计** | **7641343** | **7354666** | **3671289** | **1753252** | **660964** | | **239836** | **213419** |
| 北京 | 398235 | 375760 | 164679 | 57467 | 17487 | | 54458 | 9998 |
| 天津 | 83204 | 83204 | 50543 | 20646 | 12726 | | 763 | 3038 |
| 河北 | 293049 | 290472 | 193513 | 89750 | 24567 | | 8124 | 7238 |
| 山西 | 224823 | 221973 | 120102 | 69827 | 17830 | | 2212 | 7368 |
| 内蒙古 | 112397 | 111212 | 55736 | 37847 | 11224 | | 1407 | 2747 |
| 辽宁 | 333014 | 326154 | 148103 | 75705 | 35299 | | 8513 | 9523 |
| 吉林 | 157648 | 157633 | 97030 | 57885 | 35976 | | 445 | 2308 |
| 黑龙江 | 285514 | 264514 | 151500 | 74252 | 24146 | | 3406 | 6184 |
| 上海 | 358134 | 312134 | 148024 | 70917 | 18446 | | 15473 | 10788 |
| 江苏 | 780710 | 775400 | 200884 | 63925 | 48395 | | 24769 | 14533 |
| 浙江 | 313375 | 307032 | 140633 | 46496 | 28557 | | 15577 | 12078 |
| 安徽 | 209134 | 205921 | 136057 | 63089 | 23855 | | 3459 | 7066 |
| 福建 | 226520 | 221760 | 78283 | 22962 | 20182 | | 8691 | 6027 |
| 江西 | 105229 | 104801 | 69464 | 36539 | 9115 | | 3034 | 4268 |
| 山东 | 431000 | 429604 | 236603 | 106735 | 54571 | | 23776 | 10588 |
| 河南 | 332510 | 326076 | 181203 | 101535 | 34093 | | 5308 | 7076 |
| 湖北 | 415842 | 413736 | 309089 | 154856 | 48155 | | 6054 | 13530 |
| 湖南 | 373937 | 369388 | 214703 | 102996 | 22110 | | 10960 | 13893 |
| 广东 | 502773 | 487865 | 230478 | 84949 | 56324 | | 18905 | 19898 |
| 广西 | 203859 | 194977 | 107754 | 58695 | 10872 | | 5129 | 4601 |
| 海南 | 70918 | 64447 | 21469 | 12570 | 3542 | | 668 | 2105 |
| 重庆 | 93857 | 93857 | 50333 | 36703 | 6620 | | 2246 | 4012 |
| 四川 | 265800 | 264570 | 153919 | 95341 | 22058 | | 3836 | 8790 |
| 贵州 | 188289 | 164221 | 81937 | 40241 | 7282 | | 2238 | 6508 |
| 云南 | 239199 | 232329 | 61030 | 28105 | 17454 | | 1809 | 3891 |
| 西藏 | 98295 | 70535 | 4688 | 2423 | 1460 | | 165 | 173 |
| 陕西 | 151441 | 149740 | 97488 | 55794 | 13255 | | 2216 | 6491 |
| 甘肃 | 85047 | 81550 | 48011 | 22275 | 8559 | | 4177 | 2278 |
| 青海 | 130333 | 100657 | 31579 | 11062 | 6304 | | 759 | 1363 |
| 宁夏 | 53032 | 50657 | 19331 | 11817 | 2000 | | 20 | 841 |
| 新疆 | 124225 | 102487 | 67123 | 39848 | 18500 | | 1239 | 4217 |

# 教育事业费支出、基建支出明细

单位:千元

| 支出部分 | | 公用部分 | | | | | | | 基建支出 |
|---|---|---|---|---|---|---|---|---|---|
| 社会保障费 | 奖贷助学金 | 小计 | 公务费 | 业务费 | 设备购置费 | 修缮费 | 业务招待费 | 其他费用 | |
| **803818** | | **3683377** | **931782** | **968370** | **616281** | **709546** | **30525** | **426873** | **286677** |
| 25269 | | 211081 | 64779 | 41099 | 38689 | 45250 | 443 | 20821 | 22475 |
| 13370 | | 32661 | 10159 | 4435 | 5227 | 5281 | 124 | 7435 | |
| 63834 | | 96959 | 45915 | 17579 | 4735 | 21483 | 1242 | 6005 | 2577 |
| 22865 | | 101871 | 45161 | 16504 | 32970 | 3651 | 1094 | 2491 | 2850 |
| 2511 | | 55476 | 22646 | 11061 | 10523 | 7216 | 164 | 3866 | 1185 |
| 19063 | | 178051 | 49422 | 32968 | 14132 | 27001 | 197 | 54331 | 6860 |
| 416 | | 60603 | 22211 | 12336 | 10161 | 7827 | 97 | 7971 | 15 |
| 43512 | | 113014 | 26403 | 59420 | 9559 | 15741 | 314 | 1577 | 21000 |
| 32400 | | 164110 | 28628 | 42037 | 33451 | 44998 | 969 | 14027 | 46000 |
| 49262 | | 574516 | 56703 | 102282 | 135697 | 188101 | 2057 | 89676 | 5310 |
| 37925 | | 166399 | 47077 | 43455 | 37881 | 22082 | 2778 | 13126 | 6343 |
| 38588 | | 69864 | 24717 | 14851 | 7761 | 15541 | 566 | 6428 | 3213 |
| 20421 | | 143477 | 19965 | 24989 | 23996 | 18420 | 1503 | 54604 | 4760 |
| 16508 | | 35337 | 13545 | 8818 | 8541 | 1482 | 1078 | 1873 | 428 |
| 40933 | | 193001 | 63815 | 81084 | 17417 | 18888 | | 11797 | 1396 |
| 33191 | | 144873 | 68628 | 30492 | 26623 | 11813 | 1951 | 5366 | 6434 |
| 86494 | | 104647 | 23302 | 52341 | 7186 | 14692 | 988 | 6138 | 2106 |
| 64744 | | 154685 | 45469 | 50403 | 21887 | 16900 | 2335 | 17691 | 4549 |
| 50402 | | 257387 | 68750 | 69494 | 58674 | 32231 | 2700 | 25538 | 14908 |
| 28457 | | 87223 | 20304 | 17844 | 25295 | 16293 | 1063 | 6424 | 8882 |
| 2584 | | 42978 | 7174 | 6488 | 2476 | 25633 | 682 | 525 | 6471 |
| 752 | | 43524 | 14919 | 15818 | 7499 | 3163 | 417 | 1708 | |
| 23894 | | 110651 | 38163 | 43843 | 9251 | 12683 | 1531 | 5180 | 1230 |
| 25668 | | 82284 | 19515 | 43812 | 6132 | 6836 | 1094 | 4895 | 24068 |
| 9771 | | 171299 | 28037 | 45171 | 17671 | 62100 | 1493 | 16827 | 6870 |
| 467 | | 65847 | 4848 | 26365 | 3082 | 3060 | 1663 | 26829 | 27760 |
| 19732 | | 52252 | 20778 | 15270 | 4644 | 8445 | 651 | 2464 | 1701 |
| 10722 | | 33539 | 8289 | 8216 | 5647 | 7456 | 378 | 3553 | 3497 |
| 12091 | | 69078 | 4708 | 12905 | 24399 | 26197 | 283 | 586 | 29676 |
| 4653 | | 31326 | 7195 | 5483 | 2088 | 13351 | 338 | 2871 | 2375 |
| 3319 | | 35364 | 10557 | 11507 | 2987 | 5731 | 332 | 4250 | 21738 |

# 第六部分

中国教育经费统计年鉴
2001

## 省、自治区、直辖市各级各类办学效益

## 6－1 分地区

| | 年末校舍面积(千平方米) | | 年末固定资产总值(千元) | | | 年末图书册数(千册) |
|---|---|---|---|---|---|---|
| | 合计 | 其中:危房 | 合计 | 其中:房屋和建筑物 | 其中:专用设备 | |
| **合计** | **1407071** | **29100** | **670484732** | **460156636** | **93296838** | **3286697** |
| 北京 | 30163 | 444 | 41417013 | 18318742 | 6758104 | 113093 |
| 天津 | 16707 | 102 | 8794099 | 5346105 | 2244391 | 37977 |
| 河北 | 68615 | 681 | 28937245 | 21137965 | 3832999 | 208794 |
| 山西 | 37056 | 452 | 14574338 | 10251417 | 2095859 | 85296 |
| 内蒙古 | 21274 | 1078 | 9935569 | 6222162 | 1138123 | 48783 |
| 辽宁 | 41710 | 549 | 23493131 | 16034918 | 3790788 | 106252 |
| 吉林 | 24788 | 502 | 13796042 | 9501116 | 2155800 | 71388 |
| 黑龙江 | 28736 | 802 | 17077121 | 11396808 | 2378015 | 69852 |
| 上海 | 23744 | 52 | 22672944 | 12629267 | 5554319 | 80914 |
| 江苏 | 82585 | 1458 | 47585459 | 31460673 | 7409050 | 242969 |
| 浙江 | 51614 | 92 | 29034396 | 20377322 | 4325319 | 128310 |
| 安徽 | 55350 | 1611 | 20694425 | 15712385 | 2394537 | 142814 |
| 福建 | 45752 | 457 | 19907747 | 14247525 | 2474816 | 112947 |
| 江西 | 43078 | 1725 | 13042328 | 9571370 | 1327255 | 87521 |
| 山东 | 96929 | 1078 | 50272456 | 33905674 | 5773301 | 184274 |
| 河南 | 96845 | 710 | 34846628 | 26273677 | 3997942 | 280578 |
| 湖北 | 88126 | 2200 | 38286942 | 27084776 | 5183836 | 158425 |
| 湖南 | 86459 | 1311 | 29495300 | 21878960 | 3867280 | 180720 |
| 广东 | 108797 | 994 | 73756815 | 52468333 | 9373798 | 281017 |
| 广西 | 61372 | 1725 | 18325949 | 14457931 | 1954568 | 100948 |
| 海南 | 8158 | 204 | 4636740 | 3556535 | 464127 | 15136 |
| 重庆 | 34598 | 3218 | 12796543 | 8978608 | 1502996 | 56386 |
| 四川 | 85406 | 2130 | 29996670 | 20515434 | 4700341 | 138072 |
| 贵州 | 27272 | 515 | 7543759 | 5743428 | 903868 | 45710 |
| 云南 | 46315 | 1718 | 18028037 | 14001260 | 1831194 | 80136 |
| 西藏 | 2659 | 230 | 2242989 | 1566376 | 115407 | 3121 |
| 陕西 | 41265 | 820 | 18551672 | 13176787 | 2821478 | 112273 |
| 甘肃 | 22736 | 909 | 9115043 | 5923707 | 1395708 | 48741 |
| 青海 | 5745 | 346 | 1823114 | 1351538 | 207222 | 9639 |
| 宁夏 | 5361 | 312 | 2010421 | 1397833 | 284751 | 12865 |
| 新疆 | 17851 | 670 | 7793797 | 5668004 | 1039646 | 41754 |

## 办学效益情况统计

| 本年改造危房 | | 本年购置课桌凳（单人套） | | 本年购置图书 | | 本年购置专用设备金额（千元） |
|---|---|---|---|---|---|---|
| 面积（千平方米） | 金额（千元） | 数量（千套） | 金额（千元） | 数量（千册） | 金额（千元） | |
| **13002** | **4692193** | **15160** | **1258815** | **187754** | **2116182** | **15762762** |
| 45 | 35519 | 220 | 26756 | 7732 | 116408 | 1206486 |
| 45 | 5983 | 69 | 27333 | 927 | 23657 | 354722 |
| 486 | 101420 | 810 | 58495 | 16204 | 100940 | 551548 |
| 414 | 85078 | 396 | 34142 | 4192 | 59472 | 286170 |
| 192 | 65511 | 251 | 20882 | 4244 | 38845 | 204849 |
| 395 | 160166 | 350 | 35640 | 3511 | 64148 | 607691 |
| 241 | 77357 | 189 | 16566 | 2605 | 25732 | 275892 |
| 185 | 48397 | 176 | 14853 | 4363 | 100851 | 357574 |
| 41 | 8384 | 246 | 36808 | 3989 | 89349 | 915087 |
| 1745 | 1120153 | 980 | 82006 | 13323 | 173162 | 1000375 |
| 120 | 36161 | 725 | 75850 | 8568 | 117634 | 1079732 |
| 918 | 188541 | 742 | 47495 | 6605 | 74681 | 436691 |
| 205 | 136362 | 495 | 39215 | 4496 | 68245 | 522679 |
| 1303 | 300707 | 531 | 36899 | 4451 | 66388 | 227281 |
| 330 | 41636 | 997 | 75021 | 12015 | 112340 | 774872 |
| 955 | 238742 | 1306 | 95138 | 16301 | 139889 | 945064 |
| 551 | 139791 | 702 | 52728 | 6067 | 84442 | 631249 |
| 713 | 183868 | 725 | 46299 | 12905 | 128061 | 784190 |
| 609 | 298022 | 1360 | 126291 | 14697 | 164931 | 2034288 |
| 611 | 132137 | 574 | 38796 | 5521 | 44930 | 309145 |
| 120 | 38534 | 102 | 9355 | 1427 | 12404 | 93719 |
| 259 | 571942 | 375 | 28525 | 2604 | 30115 | 377165 |
| 550 | 128392 | 842 | 68801 | 7177 | 62096 | 527832 |
| 274 | 79310 | 437 | 27250 | 4364 | 30722 | 152052 |
| 344 | 80903 | 490 | 40324 | 5279 | 46567 | 227914 |
| 34 | 24499 | 26 | 3144 | 314 | 3007 | 14474 |
| 576 | 108161 | 393 | 33385 | 5062 | 57202 | 447240 |
| 399 | 136608 | 305 | 27568 | 3543 | 32615 | 183562 |
| 58 | 22985 | 65 | 7209 | 1134 | 9680 | 31069 |
| 100 | 30888 | 66 | 5748 | 2056 | 18996 | 68347 |
| 174 | 66036 | 203 | 20293 | 2084 | 18673 | 133803 |

## 6－2 分地区高等学校

| | 年末校舍面积(千平方米) | | 年末固定资产总值(千元) | | | 年末图书册数(千册) |
|---|---|---|---|---|---|---|
| | 合计 | 其中:危房 | 合计 | 其中 | | |
| | | | | 房屋和建筑物 | 专用设备 | |
| **合计** | **173768** | **3899** | **150906066** | **82718834** | **39063063** | **621240** |
| 北京 | 13751 | 419 | 19439124 | 9937683 | 4930264 | 52163 |
| 天津 | 6907 | 78 | 3996270 | 2095648 | 1338416 | 14158 |
| 河北 | 5378 | 114 | 4205390 | 2489547 | 960328 | 21243 |
| 山西 | 3298 | 55 | 2636689 | 1427692 | 587736 | 11320 |
| 内蒙古 | 1733 | 42 | 1442743 | 819276 | 261015 | 7943 |
| 辽宁 | 9462 | 218 | 8038723 | 4844245 | 1724946 | 25842 |
| 吉林 | 5806 | 201 | 5449805 | 3290503 | 1384336 | 20250 |
| 黑龙江 | 6193 | 150 | 7506659 | 3858330 | 1378571 | 19692 |
| 上海 | 7742 | 43 | 8905804 | 4145812 | 3345055 | 32857 |
| 江苏 | 11849 | 300 | 11087459 | 5868284 | 3142003 | 60995 |
| 浙江 | 5086 | 11 | 5041663 | 2731245 | 1528203 | 21804 |
| 安徽 | 5309 | 177 | 3492049 | 2030853 | 869097 | 17155 |
| 福建 | 3562 | 166 | 2533012 | 1241970 | 807923 | 16932 |
| 江西 | 3907 | 56 | 2376611 | 1453002 | 450887 | 14734 |
| 山东 | 9538 | 315 | 8211539 | 4645082 | 1929355 | 26871 |
| 河南 | 7761 | 52 | 4237348 | 2321803 | 914237 | 30799 |
| 湖北 | 11845 | 348 | 9190192 | 5264758 | 2449139 | 30822 |
| 湖南 | 7202 | 122 | 6075730 | 3562816 | 1385458 | 24512 |
| 广东 | 10305 | 235 | 10542119 | 5374626 | 2573967 | 46539 |
| 广西 | 2980 | 27 | 2008592 | 1132228 | 531443 | 12241 |
| 海南 | 643 | 9 | 441779 | 241445 | 120922 | 1991 |
| 重庆 | 4241 | 108 | 2629833 | 1688060 | 530728 | 12326 |
| 四川 | 8997 | 136 | 6554470 | 3243467 | 2493895 | 25627 |
| 贵州 | 2804 | 62 | 1045834 | 594366 | 274738 | 11647 |
| 云南 | 3317 | 64 | 2522568 | 1440820 | 560524 | 10015 |
| 西藏 | 153 | 22 | 170099 | 100655 | 30829 | 923 |
| 陕西 | 7900 | 202 | 6835323 | 4395463 | 1635083 | 23875 |
| 甘肃 | 2587 | 67 | 1894906 | 995481 | 460469 | 9512 |
| 青海 | 379 | | 282810 | 157583 | 68327 | 2524 |
| 宁夏 | 533 | 5 | 336342 | 179235 | 85319 | 2350 |
| 新疆 | 2606 | 96 | 1774581 | 1146856 | 309850 | 11584 |

## 办学效益情况统计

| 本年改造危房 | | 本年购置课桌凳（单人套） | | 本年购置图书 | | 本年购置专用设备金额（千元） |
|---|---|---|---|---|---|---|
| 面积（千平方米） | 金额（千元） | 数量（千套） | 金额（千元） | 数量（千册） | 金额（千元） | |
| **600** | **1423176** | | | **27247** | **840706** | **6785900** |
| 4 | 4959 | | | 4811 | 71849 | 850955 |
| 34 | 3256 | | | 321 | 18433 | 251310 |
| 12 | 739 | | | 705 | 17088 | 173048 |
| 8 | 817 | | | 326 | 6961 | 99824 |
| | | | | 377 | 10876 | 86423 |
| 36 | 42673 | | | 941 | 36697 | 252872 |
| 15 | 3920 | | | 1131 | 11498 | 132152 |
| 40 | 13056 | | | 1259 | 80068 | 203610 |
| 39 | 7684 | | | 648 | 38868 | 482242 |
| 68 | 632647 | | | 2132 | 80484 | 447397 |
| 2 | 2500 | | | 844 | 46223 | 351427 |
| 11 | 2823 | | | 1176 | 27368 | 224010 |
| 4 | 84978 | | | 678 | 33665 | 161485 |
| 1 | 32 | | | 807 | 34337 | 74761 |
| 21 | 7255 | | | 822 | 28501 | 244822 |
| 7 | 948 | | | 2656 | 44032 | 262909 |
| 77 | 36991 | | | 1651 | 53169 | 370510 |
| 44 | 9810 | | | 1294 | 40848 | 290140 |
| 16 | 10370 | | | 1192 | 53477 | 769270 |
| 5 | 1572 | | | 298 | 8068 | 99103 |
| 2 | 165 | | | 78 | 2724 | 35488 |
| 29 | 503146 | | | 630 | 14915 | 121089 |
| 44 | 12265 | | | 940 | 23139 | 230223 |
| | 241 | | | 118 | 4016 | 46489 |
| 6 | 3670 | | | 383 | 10005 | 77414 |
| | | | | 10 | 348 | 3192 |
| 19 | 4012 | | | 633 | 27191 | 286445 |
| 42 | 30294 | | | 191 | 6413 | 69034 |
| | | | | 10 | 736 | 7183 |
| | 4 | | | 86 | 4928 | 29159 |
| 13 | 2349 | | | 101 | 3781 | 51914 |

# 6-3 分地区普通高等学校

| | 年末校舍面积(千平方米) | | 年末固定资产总值(千元) | | | 年末图书册数(千册) |
|---|---|---|---|---|---|---|
| | 合计 | 其中:危房 | 合计 | 其中 | | |
| | | | | 房屋和建筑物 | 专用设备 | |
| **合计** | **160329** | **3786** | **137161713** | **76013778** | **36733458** | **575037** |
| 北京 | 13507 | 419 | 17669955 | 9836049 | 4810820 | 51502 |
| 天津 | 6434 | 78 | 3249463 | 1599182 | 1173931 | 12432 |
| 河北 | 5057 | 114 | 3962060 | 2333168 | 920000 | 19966 |
| 山西 | 2965 | 44 | 2200385 | 1275879 | 530086 | 10346 |
| 内蒙古 | 1457 | 33 | 1145120 | 710891 | 231871 | 7158 |
| 辽宁 | 8989 | 216 | 7553287 | 4520426 | 1618660 | 24276 |
| 吉林 | 5475 | 201 | 4757645 | 2920703 | 1352668 | 18536 |
| 黑龙江 | 5659 | 150 | 7007062 | 3547010 | 1274450 | 17593 |
| 上海 | 7265 | 43 | 8382511 | 3907481 | 3172906 | 30505 |
| 江苏 | 10620 | 295 | 9939626 | 5255413 | 2870910 | 56243 |
| 浙江 | 4690 | 10 | 4617751 | 2552736 | 1414330 | 20082 |
| 安徽 | 5034 | 172 | 3293945 | 1882211 | 835690 | 16038 |
| 福建 | 3398 | 166 | 2377398 | 1162465 | 760350 | 16039 |
| 江西 | 3578 | 55 | 2165087 | 1325012 | 415750 | 13618 |
| 山东 | 8841 | 314 | 7682190 | 4320671 | 1837171 | 25284 |
| 河南 | 7239 | 46 | 3830163 | 2067653 | 842504 | 28785 |
| 湖北 | 11220 | 339 | 8670672 | 4957791 | 2370140 | 28735 |
| 湖南 | 6794 | 122 | 5899028 | 3450991 | 1341565 | 23805 |
| 广东 | 8407 | 220 | 8142334 | 4262360 | 2205374 | 39699 |
| 广西 | 2546 | 26 | 1724428 | 954556 | 464217 | 10519 |
| 海南 | 570 | 9 | 403996 | 213222 | 113040 | 1740 |
| 重庆 | 3930 | 93 | 2443318 | 1564073 | 488940 | 11643 |
| 四川 | 8334 | 134 | 6220453 | 3046019 | 2425563 | 24008 |
| 贵州 | 2671 | 62 | 958037 | 548888 | 251649 | 10875 |
| 云南 | 3065 | 56 | 2371089 | 1346491 | 530624 | 9333 |
| 西藏 | 153 | 22 | 170099 | 100655 | 30829 | 923 |
| 陕西 | 7583 | 202 | 6598497 | 4208234 | 1617031 | 22730 |
| 甘肃 | 2341 | 62 | 1741611 | 917875 | 436771 | 8864 |
| 青海 | 367 | | 274986 | 155923 | 63229 | 2492 |
| 宁夏 | 476 | 5 | 288253 | 154002 | 74130 | 2137 |
| 新疆 | 1668 | 79 | 1421264 | 915748 | 258259 | 9137 |

## 办学效益情况统计

| 本年改造危房 | | 本年购置课桌凳（单人套） | | 本年购置图书 | | 本年购置专用设备金额（千元） |
|---|---|---|---|---|---|---|
| 面积（千平方米） | 金额（千元） | 数量（千套） | 金额（千元） | 数量（千册） | 金额（千元） | |
| **591** | **916531** | | | **26190** | **814367** | **6387880** |
| 4 | 4959 | | | 4795 | 70517 | 839625 |
| 34 | 3256 | | | 294 | 17836 | 240548 |
| 12 | 732 | | | 682 | 16528 | 164086 |
| 8 | 817 | | | 303 | 6450 | 94328 |
| | | | | 366 | 10681 | 82769 |
| 35 | 42173 | | | 912 | 35790 | 241475 |
| 15 | 3920 | | | 1103 | 10377 | 126293 |
| 40 | 13056 | | | 1202 | 79107 | 189819 |
| 39 | 7684 | | | 589 | 37543 | 457101 |
| 66 | 631567 | | | 2044 | 78711 | 412835 |
| 2 | 2500 | | | 759 | 44408 | 310780 |
| 11 | 2823 | | | 1137 | 26433 | 213220 |
| 4 | 84978 | | | 660 | 33264 | 152108 |
| 1 | 32 | | | 781 | 33190 | 60665 |
| 21 | 7255 | | | 776 | 27723 | 231559 |
| 7 | 948 | | | 2612 | 42267 | 247306 |
| 76 | 36926 | | | 1566 | 51342 | 359478 |
| 44 | 9810 | | | 1275 | 40490 | 279674 |
| 13 | 6302 | | | 1001 | 49889 | 694417 |
| 5 | 1572 | | | 265 | 7121 | 86224 |
| 2 | 165 | | | 78 | 2724 | 34661 |
| 28 | 3146 | | | 627 | 14845 | 114197 |
| 44 | 12265 | | | 890 | 22246 | 217557 |
| | 170 | | | 112 | 3800 | 44323 |
| 6 | 3670 | | | 369 | 8811 | 75692 |
| | | | | 10 | 348 | 3192 |
| 19 | 4012 | | | 629 | 27097 | 284654 |
| 42 | 30294 | | | 188 | 6264 | 64431 |
| | | | | 10 | 727 | 6829 |
| | | | | 79 | 4827 | 14608 |
| 12 | 1499 | | | 76 | 3011 | 43426 |

## 6-4 分地区成人高等学校

| | 年末校舍面积(千平方米) | | 年末固定资产总值(千元) | | | 年末图书册数(千册) |
|---|---|---|---|---|---|---|
| | 合计 | 其中:危房 | 合计 | 其中 | | |
| | | | | 房屋和建筑物 | 专用设备 | |
| **合计** | **13439** | **113** | **13744353** | **6705056** | **2329605** | **46203** |
| 北京 | 244 | | 1769169 | 101634 | 119444 | 661 |
| 天津 | 473 | | 746807 | 496466 | 164485 | 1726 |
| 河北 | 321 | | 243330 | 156379 | 40328 | 1277 |
| 山西 | 333 | 11 | 436304 | 151813 | 57650 | 974 |
| 内蒙古 | 276 | 9 | 297623 | 108385 | 29144 | 785 |
| 辽宁 | 473 | 2 | 485436 | 323819 | 106286 | 1566 |
| 吉林 | 331 | | 692160 | 369800 | 31668 | 1714 |
| 黑龙江 | 534 | | 499597 | 311320 | 104121 | 2099 |
| 上海 | 477 | | 523293 | 238331 | 172149 | 2352 |
| 江苏 | 1229 | 5 | 1147833 | 612871 | 271093 | 4752 |
| 浙江 | 396 | 1 | 423912 | 178509 | 113873 | 1722 |
| 安徽 | 275 | 5 | 198104 | 148642 | 33407 | 1117 |
| 福建 | 164 | | 155614 | 79505 | 47573 | 893 |
| 江西 | 329 | 1 | 211524 | 127990 | 35137 | 1116 |
| 山东 | 697 | 1 | 529349 | 324411 | 92184 | 1587 |
| 河南 | 522 | 6 | 407185 | 254150 | 71733 | 2014 |
| 湖北 | 625 | 9 | 519520 | 306967 | 78999 | 2087 |
| 湖南 | 408 | | 176702 | 111825 | 43893 | 707 |
| 广东 | 1898 | 15 | 2399785 | 1112266 | 368593 | 6840 |
| 广西 | 434 | 1 | 284164 | 177672 | 67226 | 1722 |
| 海南 | 73 | | 37783 | 28223 | 7882 | 251 |
| 重庆 | 311 | 15 | 186515 | 123987 | 41788 | 683 |
| 四川 | 663 | 2 | 334017 | 197448 | 68332 | 1619 |
| 贵州 | 133 | | 87797 | 45478 | 23089 | 772 |
| 云南 | 252 | 8 | 151479 | 94329 | 29900 | 682 |
| 西藏 | | | | | | |
| 陕西 | 317 | | 236826 | 187229 | 18052 | 1145 |
| 甘肃 | 246 | 5 | 153295 | 77606 | 23698 | 648 |
| 青海 | 12 | | 7824 | 1660 | 5098 | 32 |
| 宁夏 | 57 | | 48089 | 25233 | 11189 | 213 |
| 新疆 | 938 | 17 | 353317 | 231108 | 51591 | 2447 |

## 办学效益情况统计

| 本年改造危房 | | 本年购置课桌凳(单人套) | | 本年购置图书 | | 本年购置专用设备金额(千元) |
|---|---|---|---|---|---|---|
| 面积(千平方米) | 金额(千元) | 数量(千套) | 金额(千元) | 数量(千册) | 金额(千元) | |
| **9** | **506645** | | | **1057** | **26339** | **398020** |
| | | | | 16 | 1332 | 11330 |
| | | | | 27 | 597 | 10762 |
| | 7 | | | 23 | 560 | 8962 |
| | | | | 23 | 511 | 5496 |
| | | | | 11 | 195 | 3654 |
| 1 | 500 | | | 29 | 907 | 11397 |
| | | | | 28 | 1121 | 5859 |
| | | | | 57 | 961 | 13791 |
| | | | | 59 | 1325 | 25141 |
| 2 | 1080 | | | 88 | 1773 | 34562 |
| | | | | 85 | 1815 | 40647 |
| | | | | 39 | 935 | 10790 |
| | | | | 18 | 401 | 9377 |
| | | | | 26 | 1147 | 14096 |
| | | | | 46 | 778 | 13263 |
| | | | | 44 | 1765 | 15603 |
| 1 | 65 | | | 85 | 1827 | 11032 |
| | | | | 19 | 358 | 10466 |
| 3 | 4068 | | | 191 | 3588 | 74853 |
| | | | | 33 | 947 | 12879 |
| | | | | | | 827 |
| 1 | 500000 | | | 3 | 70 | 6892 |
| | | | | 50 | 893 | 12666 |
| | 71 | | | 6 | 216 | 2166 |
| | | | | 14 | 1194 | 1722 |
| | | | | | | |
| | | | | 4 | 94 | 1791 |
| | | | | 3 | 149 | 4603 |
| | | | | | 9 | 354 |
| | 4 | | | 7 | 101 | 14551 |
| 1 | 850 | | | 25 | 770 | 8488 |

# 6-5 分地区中等专业学校

| | 年末校舍面积(千平方米) | | 年末固定资产总值(千元) | | | 年末图书册数(千册) |
|---|---|---|---|---|---|---|
| | 合计 | 其中:危房 | 合计 | 其中 | | |
| | | | | 房屋和建筑物 | 专用设备 | |
| **合计** | **88408** | **1132** | **58449644** | **35588578** | **9017045** | **195029** |
| 北京 | 1378 | 2 | 4558695 | 770122 | 238720 | 3480 |
| 天津 | 1435 | 10 | 759000 | 426257 | 186926 | 3463 |
| 河北 | 3379 | 21 | 2475452 | 1610672 | 376953 | 7879 |
| 山西 | 4088 | 38 | 1572339 | 920736 | 316319 | 7158 |
| 内蒙古 | 1993 | 35 | 1165873 | 817756 | 143194 | 4136 |
| 辽宁 | 3154 | 33 | 1941060 | 1170597 | 376094 | 7141 |
| 吉林 | 2275 | 9 | 1373034 | 1005031 | 141438 | 3358 |
| 黑龙江 | 1623 | 26 | 1128631 | 777620 | 187125 | 3089 |
| 上海 | 1424 | 7 | 1706800 | 760900 | 316837 | 3811 |
| 江苏 | 4924 | 57 | 3932473 | 2422284 | 696615 | 10591 |
| 浙江 | 2654 | 37 | 2025200 | 1388424 | 296524 | 7101 |
| 安徽 | 2669 | 45 | 1289208 | 880688 | 178446 | 7410 |
| 福建 | 2687 | 32 | 1709131 | 1104908 | 300274 | 8651 |
| 江西 | 2989 | 35 | 1357165 | 937821 | 194221 | 6515 |
| 山东 | 7043 | 46 | 4698459 | 3136587 | 698742 | 14001 |
| 河南 | 5586 | 75 | 3239431 | 2050409 | 593059 | 14488 |
| 湖北 | 4464 | 50 | 2667871 | 1873883 | 352724 | 8027 |
| 湖南 | 3680 | 15 | 1891820 | 1306982 | 302959 | 7626 |
| 广东 | 7385 | 72 | 6361405 | 4054770 | 1118880 | 16375 |
| 广西 | 3472 | 56 | 1649003 | 1054810 | 267094 | 8427 |
| 海南 | 470 | 14 | 440878 | 333060 | 62103 | 833 |
| 重庆 | 2121 | 78 | 1178384 | 802624 | 179702 | 4639 |
| 四川 | 5319 | 41 | 2584120 | 1702529 | 360664 | 10056 |
| 贵州 | 1669 | 29 | 828258 | 527499 | 172606 | 5007 |
| 云南 | 3166 | 78 | 1873097 | 1180088 | 315913 | 7058 |
| 西藏 | 108 | 3 | 104432 | 84534 | 7558 | 518 |
| 陕西 | 2269 | 64 | 1391213 | 892209 | 239210 | 5214 |
| 甘肃 | 2091 | 38 | 1108190 | 587970 | 185530 | 3460 |
| 青海 | 743 | 31 | 249384 | 179587 | 35262 | 805 |
| 宁夏 | 553 | 33 | 278479 | 188989 | 47669 | 1128 |
| 新疆 | 1591 | 25 | 911159 | 638232 | 127684 | 3584 |

# 办学效益情况统计

| 本年改造危房 | | 本年购置课桌凳（单人套） | | 本年购置图书 | | 本年购置专用设备金额（千元） |
|---|---|---|---|---|---|---|
| 面积（千平方米） | 金额（千元） | 数量（千套） | 金额（千元） | 数量（千册） | 金额（千元） | |
| **167** | **43450** | **562** | **68472** | **7613** | **158324** | **1387627** |
| 2 | 590 | 11 | 1655 | 152 | 3253 | 33340 |
| 4 | 894 | 5 | 609 | 110 | 1028 | 22170 |
| 2 | 495 | 30 | 3054 | 300 | 4595 | 44274 |
| 2 | 5049 | 24 | 2348 | 351 | 31554 | 51026 |
| 2 | 480 | 14 | 1503 | 149 | 2188 | 11944 |
| 3 | 552 | 14 | 5604 | 137 | 5398 | 45117 |
| 2 | 745 | 6 | 791 | 120 | 1808 | 19292 |
| 3 | 710 | 10 | 1255 | 113 | 2042 | 29359 |
| | 180 | 18 | 3257 | 190 | 2727 | 48378 |
| 9 | 3575 | 22 | 2125 | 489 | 5832 | 59193 |
| | 445 | 20 | 3336 | 326 | 6749 | 57451 |
| 10 | 1040 | 21 | 1770 | 302 | 12265 | 24800 |
| 21 | 3401 | 21 | 2339 | 257 | 4988 | 51753 |
| 7 | 895 | 21 | 1850 | 274 | 6433 | 32794 |
| 9 | 1715 | 34 | 3904 | 516 | 7586 | 72499 |
| 25 | 2788 | 32 | 3254 | 657 | 17172 | 95231 |
| 4 | 1688 | 31 | 2756 | 221 | 2590 | 23350 |
| 5 | 3018 | 13 | 1093 | 240 | 2983 | 82389 |
| 7 | 2120 | 55 | 7195 | 756 | 12314 | 206238 |
| 9 | 1694 | 20 | 1828 | 342 | 4528 | 45383 |
| 1 | 155 | 5 | 716 | 47 | 811 | 14529 |
| 2 | 901 | 30 | 2354 | 217 | 2148 | 107006 |
| 8 | 1965 | 25 | 3230 | 303 | 4716 | 54539 |
| 2 | 3537 | 14 | 1748 | 132 | 1457 | 19185 |
| 8 | 731 | 14 | 2061 | 261 | 3840 | 38898 |
| | 145 | | 116 | 3 | 20 | 642 |
| 4 | 621 | 13 | 1664 | 386 | 3094 | 45690 |
| 11 | 2311 | 14 | 2027 | 106 | 1706 | 21095 |
| 2 | 584 | 2 | 281 | 7 | 167 | 3014 |
| | | 3 | 486 | 46 | 620 | 11903 |
| 1 | 426 | 17 | 2263 | 106 | 1712 | 15145 |

## 6-6 分地区中等技术学校

| | 年末校舍面积(千平方米) | | 年末固定资产总值(千元) | | | 年末图书册数(千册) |
|---|---|---|---|---|---|---|
| | 合计 | 其中:危房 | 合计 | 其中 | | |
| | | | | 房屋和建筑物 | 专用设备 | |
| **合计** | **56535** | **827** | **40139552** | **23171031** | **6254739** | **129931** |
| 北京 | 1048 | 1 | 4291944 | 615070 | 188510 | 2878 |
| 天津 | 929 | 9 | 497281 | 284291 | 112044 | 2308 |
| 河北 | 1964 | 15 | 1680066 | 1055896 | 257555 | 4915 |
| 山西 | 3304 | 26 | 1198804 | 697847 | 229133 | 5347 |
| 内蒙古 | 1323 | 19 | 800200 | 555805 | 94568 | 2870 |
| 辽宁 | 2466 | 25 | 1387519 | 826705 | 270127 | 5167 |
| 吉林 | 1415 | 8 | 945341 | 703534 | 76826 | 1983 |
| 黑龙江 | 1121 | 22 | 776018 | 540509 | 125131 | 1988 |
| 上海 | 1155 | 7 | 1496041 | 663786 | 262795 | 3021 |
| 江苏 | 2687 | 49 | 2335394 | 1363065 | 464590 | 5826 |
| 浙江 | 1769 | 34 | 1409359 | 954528 | 212146 | 4479 |
| 安徽 | 1588 | 39 | 742178 | 465136 | 114979 | 5130 |
| 福建 | 1632 | 21 | 1139376 | 707830 | 213802 | 5671 |
| 江西 | 1762 | 11 | 863307 | 574400 | 148315 | 4255 |
| 山东 | 4844 | 33 | 3267921 | 2206625 | 542947 | 9829 |
| 河南 | 3113 | 63 | 1942557 | 1173615 | 380827 | 9251 |
| 湖北 | 2852 | 40 | 1676754 | 1144231 | 227908 | 5786 |
| 湖南 | 1970 | 8 | 1043412 | 715564 | 161094 | 4468 |
| 广东 | 3970 | 49 | 3667390 | 2243369 | 701375 | 9083 |
| 广西 | 2211 | 40 | 1115193 | 675248 | 175380 | 5605 |
| 海南 | 228 | 6 | 222584 | 163424 | 29279 | 451 |
| 重庆 | 1310 | 42 | 844536 | 570666 | 137315 | 3205 |
| 四川 | 3081 | 28 | 1654106 | 1084311 | 256338 | 6422 |
| 贵州 | 1172 | 25 | 588182 | 378152 | 130321 | 4038 |
| 云南 | 2233 | 58 | 1431646 | 880527 | 237057 | 4533 |
| 西藏 | 77 | 3 | 76797 | 65349 | 3908 | 383 |
| 陕西 | 1643 | 60 | 1099087 | 690732 | 201116 | 4141 |
| 甘肃 | 1533 | 22 | 842034 | 402474 | 133043 | 2588 |
| 青海 | 615 | 23 | 195058 | 135385 | 29932 | 670 |
| 宁夏 | 392 | 28 | 209712 | 143809 | 36766 | 737 |
| 新疆 | 1124 | 15 | 699755 | 489148 | 99612 | 2901 |

# 办学效益情况统计

| 本年改造危房 | | 本年购置课桌凳（单人套） | | 本年购置图书 | | 本年购置专用设备金额（千元） |
|---|---|---|---|---|---|---|
| 面积（千平方米） | 金额（千元） | 数量（千套） | 金额（千元） | 数量（千册） | 金额（千元） | |
| **106** | **26605** | **374** | **49295** | **5277** | **109092** | **899925** |
| 2 | 590 | 9 | 1409 | 135 | 2945 | 21852 |
| 4 | 894 | 3 | 432 | 86 | 761 | 15261 |
| 2 | 337 | 21 | 2251 | 173 | 2838 | 29722 |
| | 114 | 17 | 1628 | 285 | 15864 | 45114 |
| | | 10 | 1084 | 112 | 1843 | 7606 |
| 1 | 46 | 11 | 5383 | 79 | 4747 | 32105 |
| 2 | 745 | 6 | 728 | 86 | 1242 | 12541 |
| 3 | 710 | 8 | 1042 | 90 | 1778 | 22885 |
| | 180 | 16 | 2895 | 173 | 2411 | 42508 |
| 8 | 3250 | 17 | 1484 | 255 | 3498 | 42174 |
| | 35 | 13 | 2217 | 213 | 4442 | 42624 |
| 6 | 683 | 12 | 955 | 185 | 10722 | 15243 |
| 18 | 1486 | 19 | 2081 | 201 | 3869 | 39486 |
| 5 | 665 | 13 | 1110 | 195 | 2241 | 23617 |
| 8 | 1450 | 22 | 2824 | 369 | 5736 | 51928 |
| 10 | 1802 | 24 | 2463 | 448 | 14745 | 66863 |
| 2 | 786 | 7 | 610 | 167 | 1953 | 15997 |
| 2 | 2266 | 8 | 726 | 120 | 1215 | 21742 |
| 4 | 1125 | 37 | 4694 | 427 | 7427 | 113140 |
| 6 | 1362 | 13 | 1215 | 214 | 2903 | 34031 |
| 1 | 115 | 3 | 539 | 33 | 530 | 8719 |
| 2 | 749 | 12 | 1353 | 194 | 1741 | 28238 |
| 2 | 400 | 13 | 1806 | 168 | 3021 | 40855 |
| 1 | 3533 | 10 | 1298 | 69 | 925 | 12966 |
| 4 | 424 | 10 | 1468 | 197 | 3161 | 29913 |
| | 145 | | 96 | 3 | 20 | 242 |
| 3 | 406 | 10 | 1273 | 366 | 2761 | 40661 |
| 8 | 1881 | 13 | 1839 | 94 | 1536 | 16657 |
| | | 2 | 242 | 6 | 164 | 2581 |
| | | 3 | 460 | 44 | 576 | 10358 |
| 1 | 426 | 12 | 1690 | 90 | 1477 | 12296 |

# 6-7 分地区中等师范学校

| | 年末校舍面积(千平方米) | | 年末固定资产总值(千元) | | | 年末图书册数(千册) |
|---|---|---|---|---|---|---|
| | 合计 | 其中:危房 | 合计 | 其中:房屋和建筑物 | 其中:专用设备 | |
| **合计** | **18352** | **150** | **11074198** | **7701467** | **1585479** | **40601** |
| 北京 | 207 | | 148896 | 96114 | 16565 | 336 |
| 天津 | 160 | | 108809 | 64579 | 37284 | 402 |
| 河北 | 1085 | 5 | 617326 | 444038 | 93023 | 2184 |
| 山西 | 545 | 6 | 245080 | 163060 | 36317 | 1496 |
| 内蒙古 | 318 | 1 | 171373 | 120224 | 26846 | 566 |
| 辽宁 | 292 | 6 | 253834 | 146310 | 49137 | 657 |
| 吉林 | 495 | 1 | 276148 | 199313 | 31880 | 447 |
| 黑龙江 | 377 | 1 | 289304 | 188681 | 51275 | 907 |
| 上海 | 43 | | 35871 | 26130 | 3458 | 55 |
| 江苏 | 973 | 5 | 865975 | 607414 | 123400 | 2907 |
| 浙江 | 536 | 3 | 407276 | 301223 | 48387 | 1701 |
| 安徽 | 914 | 5 | 476397 | 364388 | 53510 | 2028 |
| 福建 | 608 | 5 | 351125 | 247898 | 47295 | 2021 |
| 江西 | 857 | 11 | 339828 | 244868 | 31657 | 1712 |
| 山东 | 1239 | 3 | 881832 | 575821 | 103911 | 3017 |
| 河南 | 1503 | 5 | 821445 | 530138 | 147927 | 3331 |
| 湖北 | 961 | 1 | 672728 | 494025 | 84482 | 1340 |
| 湖南 | 755 | 4 | 447238 | 308287 | 62719 | 1497 |
| 广东 | 1329 | 8 | 1220023 | 854907 | 156504 | 3639 |
| 广西 | 824 | 3 | 368553 | 257571 | 74271 | 1995 |
| 海南 | 137 | 6 | 156848 | 118064 | 25776 | 251 |
| 重庆 | 451 | 25 | 183646 | 143255 | 24703 | 814 |
| 四川 | 1319 | 6 | 567826 | 401658 | 66770 | 2276 |
| 贵州 | 465 | 4 | 224718 | 138087 | 40712 | 897 |
| 云南 | 497 | 9 | 256829 | 175198 | 50876 | 1507 |
| 西藏 | 31 | | 27635 | 19185 | 3650 | 135 |
| 陕西 | 490 | 4 | 246664 | 170134 | 34816 | 829 |
| 甘肃 | 366 | 9 | 160956 | 114056 | 27809 | 660 |
| 青海 | 122 | 8 | 48126 | 41548 | 3130 | 127 |
| 宁夏 | 91 | 2 | 37231 | 23581 | 4437 | 281 |
| 新疆 | 364 | 7 | 164658 | 121712 | 22952 | 587 |

## 办学效益情况统计

| 本年改造危房 | | 本年购置课桌凳(单人套) | | 本年购置图书 | | 本年购置专用设备金额（千元） |
|---|---|---|---|---|---|---|
| 面积（千平方米） | 金额（千元） | 数量（千套） | 金额（千元） | 数量（千册） | 金额（千元） | |
| **37** | **9995** | **120** | **11834** | **1430** | **38553** | **176369** |
| | | 1 | 117 | 7 | 128 | 8344 |
| | | | 12 | 4 | 46 | 1365 |
| | 128 | 7 | 604 | 84 | 1379 | 10205 |
| 2 | 4899 | 6 | 603 | 44 | 15545 | 3993 |
| 1 | 141 | 1 | 109 | 24 | 262 | 2607 |
| 1 | 174 | 1 | 84 | 14 | 283 | 2856 |
| | | | 28 | 24 | 424 | 5825 |
| | | 2 | 200 | 10 | 178 | 4851 |
| | | 1 | 224 | 3 | 69 | 188 |
| | | 1 | 150 | 181 | 1807 | 9952 |
| | | 3 | 597 | 81 | 1672 | 7031 |
| 2 | 230 | 7 | 584 | 89 | 1327 | 8016 |
| 2 | 1060 | 1 | 53 | 30 | 727 | 5826 |
| 2 | 201 | 6 | 631 | 52 | 3804 | 7441 |
| | 99 | 8 | 772 | 115 | 1584 | 14129 |
| 14 | 589 | 4 | 459 | 147 | 1732 | 16319 |
| | | 23 | 2009 | 32 | 373 | 3907 |
| 1 | 150 | 1 | 93 | 28 | 350 | 5915 |
| | | 3 | 436 | 80 | 1843 | 13067 |
| 2 | 155 | 5 | 434 | 102 | 1366 | 7996 |
| | | 1 | 106 | 13 | 257 | 4151 |
| | 42 | 15 | 716 | 17 | 276 | 3057 |
| 5 | 1277 | 9 | 1117 | 116 | 1507 | 9470 |
| 1 | 4 | 4 | 450 | 63 | 532 | 6219 |
| 1 | 201 | 2 | 250 | 34 | 432 | 3817 |
| | | | 20 | | | 400 |
| | | 3 | 356 | 18 | 313 | 3831 |
| 1 | 61 | 1 | 117 | 9 | 114 | 2602 |
| 2 | 584 | | 39 | 1 | 3 | 415 |
| | | | 26 | 1 | 24 | 683 |
| | | 4 | 438 | 11 | 196 | 1891 |

# 6-8 分地区成人中专学校

| | 年末校舍面积(千平方米) | | 年末固定资产总值(千元) | | | 年末图书册数(千册) |
|---|---|---|---|---|---|---|
| | 合计 | 其中:危房 | 合计 | 其中:房屋和建筑物 | 其中:专用设备 | |
| **合计** | **13521** | **155** | **7235894** | **4716080** | **1176827** | **24497** |
| 北京 | 123 | 1 | 117855 | 58938 | 33645 | 266 |
| 天津 | 346 | 1 | 152910 | 77387 | 37598 | 753 |
| 河北 | 330 | 1 | 178060 | 110738 | 26375 | 780 |
| 山西 | 239 | 6 | 128455 | 59829 | 50869 | 315 |
| 内蒙古 | 352 | 15 | 194300 | 141727 | 21780 | 700 |
| 辽宁 | 396 | 2 | 299707 | 197582 | 56830 | 1317 |
| 吉林 | 365 | | 151545 | 102184 | 32732 | 928 |
| 黑龙江 | 125 | 3 | 63309 | 48430 | 10719 | 194 |
| 上海 | 226 | | 174888 | 70984 | 50584 | 735 |
| 江苏 | 1264 | 3 | 731104 | 451805 | 108625 | 1858 |
| 浙江 | 349 | | 208565 | 132673 | 35991 | 921 |
| 安徽 | 167 | 1 | 70633 | 51164 | 9957 | 252 |
| 福建 | 447 | 6 | 218630 | 149180 | 39177 | 959 |
| 江西 | 370 | 13 | 154030 | 118553 | 14249 | 548 |
| 山东 | 960 | 10 | 548706 | 354141 | 51884 | 1155 |
| 河南 | 970 | 7 | 475429 | 346656 | 64305 | 1906 |
| 湖北 | 651 | 9 | 318389 | 235627 | 40334 | 901 |
| 湖南 | 955 | 3 | 401170 | 283131 | 79146 | 1661 |
| 广东 | 2086 | 15 | 1473992 | 956494 | 261001 | 3653 |
| 广西 | 437 | 13 | 165257 | 121991 | 17443 | 827 |
| 海南 | 105 | 2 | 61446 | 51572 | 7048 | 131 |
| 重庆 | 360 | 11 | 150202 | 88703 | 17684 | 620 |
| 四川 | 919 | 7 | 362188 | 216560 | 37556 | 1358 |
| 贵州 | 32 | | 15358 | 11260 | 1573 | 72 |
| 云南 | 436 | 11 | 184622 | 124363 | 27980 | 1018 |
| 西藏 | | | | | | |
| 陕西 | 136 | | 45462 | 31343 | 3278 | 244 |
| 甘肃 | 192 | 7 | 105200 | 71440 | 24678 | 212 |
| 青海 | 6 | | 6200 | 2654 | 2200 | 8 |
| 宁夏 | 70 | 3 | 31536 | 21599 | 6466 | 110 |
| 新疆 | 103 | 3 | 46746 | 27372 | 5120 | 96 |

## 办学效益情况统计

| 本年改造危房 | | 本年购置课桌凳(单人套) | | 本年购置图书 | | 本年购置专用设备金额（千元） |
|---|---|---|---|---|---|---|
| 面积（千平方米） | 金额（千元） | 数量（千套） | 金额（千元） | 数量（千册） | 金额（千元） | |
| **24** | **6850** | **68** | **7343** | **906** | **10679** | **311333** |
| | | 1 | 129 | 10 | 180 | 3144 |
| | | 2 | 165 | 20 | 221 | 5544 |
| | 30 | 2 | 199 | 43 | 378 | 4347 |
| | 36 | 1 | 117 | 22 | 145 | 1919 |
| 1 | 339 | 3 | 310 | 13 | 83 | 1731 |
| 1 | 332 | 2 | 137 | 44 | 368 | 10156 |
| | | | 35 | 10 | 142 | 926 |
| | | | 13 | 13 | 86 | 1623 |
| | | 1 | 138 | 14 | 247 | 5682 |
| 1 | 325 | 4 | 491 | 53 | 527 | 7067 |
| | 410 | 4 | 522 | 32 | 635 | 7796 |
| 2 | 127 | 2 | 231 | 28 | 216 | 1541 |
| 1 | 855 | 1 | 205 | 26 | 392 | 6441 |
| | 29 | 2 | 109 | 27 | 388 | 1736 |
| 1 | 166 | 4 | 308 | 32 | 266 | 6442 |
| 1 | 397 | 4 | 332 | 62 | 695 | 12049 |
| 2 | 902 | 1 | 137 | 22 | 264 | 3446 |
| 2 | 602 | 4 | 274 | 92 | 1418 | 54732 |
| 3 | 995 | 15 | 2065 | 249 | 3044 | 80031 |
| 1 | 177 | 2 | 179 | 26 | 259 | 3356 |
| | 40 | 1 | 71 | 1 | 24 | 1659 |
| | 110 | 3 | 285 | 6 | 131 | 75711 |
| 1 | 288 | 3 | 307 | 19 | 188 | 4214 |
| 3 | 106 | 2 | 343 | 30 | 247 | 5168 |
| 1 | 215 | | 35 | 2 | 20 | 1198 |
| 2 | 369 | | 71 | 3 | 56 | 1836 |
| | | | | | | 18 |
| | | | | 1 | 20 | 862 |
| | | 1 | 135 | 5 | 39 | 958 |

# 6-9 分地区技工学校

| | 年末校舍面积(千平方米) | | 年末固定资产总值(千元) | | | 年末图书册数(千册) |
|---|---|---|---|---|---|---|
| | 合计 | 其中:危房 | 合计 | 其中 | | |
| | | | | 房屋和建筑物 | 专用设备 | |
| **合计** | **7226** | **71** | **5023628** | **3329020** | **957372** | **9647** |
| 北京 | | | | | | |
| 天津 | | | | | | |
| 河北 | 305 | | 134478 | 99638 | 12377 | 397 |
| 山西 | 120 | 1 | 70886 | 44501 | 12709 | 153 |
| 内蒙古 | 180 | 5 | 117610 | 84676 | 19452 | 204 |
| 辽宁 | 215 | 1 | 116402 | 53498 | 34561 | 255 |
| 吉林 | 120 | | 59335 | 47668 | 5513 | 218 |
| 黑龙江 | 77 | 1 | 38922 | 29073 | 4798 | 83 |
| 上海 | 11 | | 10089 | 8185 | 1448 | 25 |
| 江苏 | 311 | | 320970 | 220849 | 69312 | 478 |
| 浙江 | 355 | | 322096 | 222956 | 52125 | 333 |
| 安徽 | 8 | | 6388 | 5514 | 518 | 11 |
| 福建 | 400 | 2 | 212555 | 129453 | 47991 | 466 |
| 江西 | | | | | | |
| 山东 | 1472 | 4 | 1002508 | 708408 | 145278 | 1553 |
| 河南 | 584 | 11 | 298314 | 186842 | 52326 | 1247 |
| 湖北 | 283 | 1 | 162377 | 123553 | 16794 | 399 |
| 湖南 | 307 | 1 | 158446 | 108924 | 34176 | 197 |
| 广东 | 771 | 15 | 678112 | 432210 | 155105 | 1237 |
| 广西 | 327 | 5 | 309549 | 186565 | 79695 | 540 |
| 海南 | 17 | 9 | 72888 | 35446 | 6426 | 65 |
| 重庆 | 197 | | 105142 | 70934 | 25160 | 242 |
| 四川 | 180 | 2 | 71665 | 49840 | 12483 | 222 |
| 贵州 | | | | | | |
| 云南 | 385 | 9 | 275034 | 188013 | 41967 | 442 |
| 西藏 | | | | | | |
| 陕西 | 30 | | 10948 | 5790 | 3244 | 44 |
| 甘肃 | 159 | | 191473 | 114917 | 75921 | 35 |
| 青海 | 1 | | 1500 | 1300 | 200 | |
| 宁夏 | 69 | | 46284 | 18502 | 8939 | 159 |
| 新疆 | 343 | 3 | 229657 | 151765 | 38854 | 642 |

## 办学效益情况统计

| 本年改造危房 | | 本年购置课桌凳(单人套) | | 本年购置图书 | | 本年购置专用设备金额（千元） |
|---|---|---|---|---|---|---|
| 面积（千平方米） | 金额（千元） | 数量（千套） | 金额（千元） | 数量（千册） | 金额（千元） | |
| **27** | **3227** | **37** | **4537** | **407** | **6533** | **100985** |
| | | | 63 | 2 | 47 | 258 |
| | 113 | | 41 | | 7 | 1381 |
| | 10 | 1 | 63 | 4 | 52 | 1338 |
| 10 | 31 | 1 | 136 | 9 | 58 | 1417 |
| | | 1 | 63 | 17 | 599 | 300 |
| | | | | 2 | 31 | 69 |
| 1 | 30 | 1 | 86 | | | 179 |
| | | 1 | 112 | 14 | 147 | 4315 |
| | | 3 | 367 | 16 | 267 | 6338 |
| | | | | | | 2 |
| 2 | 143 | 4 | 473 | 24 | 287 | 5423 |
| 13 | 1565 | 5 | 385 | 81 | 1124 | 11158 |
| | | 5 | 523 | 70 | 550 | 7064 |
| | | 1 | 114 | 17 | 193 | 2818 |
| | | 1 | 75 | 3 | 74 | 1978 |
| 2 | 1251 | 7 | 1284 | 89 | 2030 | 42417 |
| | | 1 | 93 | 12 | 84 | 3034 |
| | | 1 | 82 | 3 | 59 | 702 |
| | 53 | 1 | 147 | 1 | 10 | 1377 |
| | 5 | 1 | 113 | 2 | 32 | 901 |
| | | 1 | 90 | 26 | 599 | 5920 |
| | | | 48 | 1 | 5 | 250 |
| | 26 | | 86 | 2 | 44 | 200 |
| | | | 38 | 5 | 138 | 961 |
| | | 1 | 55 | 7 | 96 | 1185 |

# 6－10 分地区中学

| | 年末校舍面积(千平方米) | | 年末固定资产总值(千元) | | | 年末图书册数(千册) |
|---|---|---|---|---|---|---|
| | 合计 | 其中:危房 | 合计 | 其中:房屋和建筑物 | 其中:专用设备 | |
| **合计** | **461570** | **8317** | **198587814** | **148716439** | **20791986** | **1005676** |
| 北京 | 6221 | 11 | 4831778 | 2904170 | 760831 | 29525 |
| 天津 | 3726 | 6 | 2047330 | 1423528 | 387220 | 10100 |
| 河北 | 24494 | 224 | 9689533 | 7467170 | 1105911 | 77343 |
| 山西 | 11682 | 142 | 4120381 | 3027983 | 501565 | 28219 |
| 内蒙古 | 6684 | 313 | 2617163 | 1883309 | 263177 | 15039 |
| 辽宁 | 11720 | 104 | 5509321 | 4139435 | 759029 | 25219 |
| 吉林 | 6240 | 84 | 2949606 | 2110306 | 288488 | 17611 |
| 黑龙江 | 8570 | 228 | 3819388 | 2983794 | 418975 | 19382 |
| 上海 | 7380 | 1 | 6421834 | 4203373 | 972849 | 23816 |
| 江苏 | 28880 | 409 | 14960018 | 10791716 | 1693974 | 69852 |
| 浙江 | 20749 | 14 | 11468659 | 8676434 | 1244247 | 45598 |
| 安徽 | 19380 | 407 | 7018957 | 5513003 | 658050 | 46494 |
| 福建 | 15433 | 122 | 6538034 | 4814893 | 619812 | 35264 |
| 江西 | 15051 | 601 | 4221603 | 3041045 | 331805 | 28778 |
| 山东 | 37981 | 412 | 18619303 | 13241152 | 1522452 | 67467 |
| 河南 | 33740 | 214 | 11504943 | 9066175 | 1204142 | 90634 |
| 湖北 | 29936 | 683 | 11826014 | 8677866 | 1153305 | 46320 |
| 湖南 | 30466 | 575 | 9815364 | 7492736 | 1054468 | 62577 |
| 广东 | 35037 | 221 | 23245522 | 17882803 | 2451297 | 90908 |
| 广西 | 20458 | 587 | 5960475 | 5008017 | 470357 | 31842 |
| 海南 | 2370 | 63 | 1362463 | 1127671 | 115673 | 3956 |
| 重庆 | 11139 | 867 | 3616394 | 2704466 | 358645 | 14510 |
| 四川 | 27472 | 558 | 8948739 | 6735046 | 791016 | 37405 |
| 贵州 | 7120 | 135 | 1954450 | 1562190 | 204029 | 9678 |
| 云南 | 13697 | 414 | 5592093 | 4583098 | 381048 | 22321 |
| 西藏 | 598 | 27 | 485353 | 363228 | 27222 | 448 |
| 陕西 | 10929 | 157 | 4162891 | 3311285 | 446073 | 29213 |
| 甘肃 | 6153 | 320 | 2134677 | 1559979 | 235055 | 12645 |
| 青海 | 1514 | 126 | 499505 | 381427 | 36887 | 2026 |
| 宁夏 | 1517 | 94 | 551181 | 402961 | 67551 | 2897 |
| 新疆 | 5231 | 198 | 2094842 | 1636180 | 266833 | 8592 |

## 办学效益情况统计

| 本年改造危房 | | 本年购置课桌凳(单人套) | | 本年购置图书 | | 本年购置专用设备金额(千元) |
|---|---|---|---|---|---|---|
| 面积(千平方米) | 金额(千元) | 数量(千套) | 金额(千元) | 数量(千册) | 金额(千元) | |
| **4055** | **1084183** | **7509** | **631889** | **68417** | **546457** | **4059575** |
| 19 | 7697 | 110 | 12916 | 1507 | 16727 | 162444 |
| 3 | 703 | 36 | 24041 | 241 | 2118 | 49715 |
| 169 | 39327 | 431 | 32006 | 7255 | 38522 | 178340 |
| 160 | 33506 | 173 | 14871 | 1520 | 9798 | 70323 |
| 67 | 23898 | 109 | 9439 | 1462 | 9747 | 38530 |
| 126 | 39734 | 193 | 17861 | 1013 | 12997 | 144739 |
| 56 | 23997 | 85 | 7168 | 603 | 6616 | 66555 |
| 57 | 12441 | 93 | 7544 | 1468 | 9300 | 75408 |
| 1 | 470 | 102 | 15108 | 1663 | 28676 | 212591 |
| 556 | 171302 | 515 | 44400 | 5101 | 47346 | 292582 |
| 47 | 12124 | 416 | 40532 | 3683 | 32392 | 301385 |
| 291 | 55817 | 362 | 24917 | 2781 | 21246 | 111854 |
| 60 | 17811 | 248 | 19425 | 2025 | 18239 | 159870 |
| 448 | 116306 | 270 | 20266 | 1495 | 12731 | 71673 |
| 143 | 15616 | 678 | 49955 | 5955 | 45345 | 267150 |
| 305 | 75928 | 647 | 47352 | 5946 | 40284 | 447410 |
| 199 | 44951 | 360 | 26345 | 1935 | 14368 | 140899 |
| 272 | 79522 | 448 | 29819 | 5251 | 41534 | 212630 |
| 151 | 68372 | 527 | 48765 | 5061 | 44473 | 485261 |
| 159 | 30774 | 275 | 19275 | 1828 | 14094 | 80379 |
| 43 | 13622 | 36 | 3513 | 446 | 3764 | 25196 |
| 65 | 20948 | 182 | 14456 | 607 | 5574 | 77055 |
| 185 | 40790 | 443 | 36630 | 2551 | 16492 | 115254 |
| 64 | 18368 | 135 | 9076 | 1254 | 9789 | 48518 |
| 71 | 14868 | 197 | 16639 | 1996 | 14345 | 55522 |
| 10 | 15417 | 6 | 688 | 96 | 1061 | 5215 |
| 166 | 32679 | 189 | 16159 | 1473 | 11120 | 65442 |
| 88 | 29350 | 109 | 9847 | 1067 | 8737 | 34430 |
| 13 | 4963 | 23 | 2442 | 200 | 1675 | 12485 |
| 12 | 3743 | 25 | 2136 | 283 | 2149 | 13182 |
| 47 | 19139 | 79 | 8298 | 645 | 5198 | 37538 |

# 6-11 分地区普通中学

| | 年末校舍面积(千平方米) | | 年末固定资产总值(千元) | | | 年末图书册数(千册) |
|---|---|---|---|---|---|---|
| | 合计 | 其中:危房 | 合计 | 其中 | | |
| | | | | 房屋和建筑物 | 专用设备 | |
| **合计** | **461054** | **8313** | **198261423** | **148491084** | **20740784** | **1005211** |
| 北京 | 6203 | 11 | 4820060 | 2895944 | 758594 | 29512 |
| 天津 | 3726 | 6 | 2047330 | 1423528 | 387220 | 10100 |
| 河北 | 24492 | 224 | 9688678 | 7466530 | 1105792 | 77339 |
| 山西 | 11682 | 142 | 4120381 | 3027983 | 501565 | 28219 |
| 内蒙古 | 6684 | 313 | 2617163 | 1883309 | 263177 | 15039 |
| 辽宁 | 11720 | 104 | 5509321 | 4139435 | 759029 | 25219 |
| 吉林 | 6240 | 84 | 2949588 | 2110306 | 288488 | 17611 |
| 黑龙江 | 8570 | 228 | 3819388 | 2983794 | 418975 | 19382 |
| 上海 | 7348 | 1 | 6379448 | 4190221 | 965659 | 23787 |
| 江苏 | 28765 | 408 | 14847354 | 10709719 | 1672383 | 69748 |
| 浙江 | 20608 | 14 | 11399388 | 8626244 | 1233375 | 45451 |
| 安徽 | 19358 | 407 | 7009413 | 5504706 | 657339 | 46461 |
| 福建 | 15428 | 122 | 6532393 | 4811666 | 618059 | 35258 |
| 江西 | 15049 | 601 | 4221320 | 3040995 | 331805 | 28777 |
| 山东 | 37981 | 412 | 18619303 | 13241152 | 1522452 | 67467 |
| 河南 | 33706 | 214 | 11489867 | 9055852 | 1201554 | 90603 |
| 湖北 | 29932 | 683 | 11824114 | 8676076 | 1153195 | 46315 |
| 湖南 | 30464 | 575 | 9814764 | 7492395 | 1054209 | 62577 |
| 广东 | 35020 | 221 | 23227900 | 17868204 | 2449302 | 90895 |
| 广西 | 20458 | 587 | 5959275 | 5006817 | 470357 | 31842 |
| 海南 | 2370 | 63 | 1362463 | 1127671 | 115673 | 3956 |
| 重庆 | 11068 | 866 | 3599437 | 2689345 | 358114 | 14467 |
| 四川 | 27426 | 558 | 8930796 | 6720485 | 790002 | 37374 |
| 贵州 | 7120 | 135 | 1954450 | 1562190 | 204029 | 9678 |
| 云南 | 13696 | 414 | 5591413 | 4582861 | 381020 | 22320 |
| 西藏 | 598 | 27 | 485353 | 363228 | 27222 | 448 |
| 陕西 | 10927 | 157 | 4162545 | 3311023 | 446016 | 29208 |
| 甘肃 | 6153 | 320 | 2134677 | 1559979 | 235055 | 12645 |
| 青海 | 1514 | 126 | 499505 | 381427 | 36887 | 2026 |
| 宁夏 | 1517 | 94 | 551181 | 402961 | 67551 | 2897 |
| 新疆 | 5227 | 196 | 2093155 | 1635038 | 266686 | 8591 |

# 办学效益情况统计

| 本年改造危房 | | 本年购置课桌凳(单人套) | | 本年购置图书 | | 本年购置专用设备金额(千元) |
|---|---|---|---|---|---|---|
| 面积(千平方米) | 金额(千元) | 数量(千套) | 金额(千元) | 数量(千册) | 金额(千元) | |
| **4054** | **1084158** | **7503** | **631425** | **68384** | **546156** | **4054407** |
| 19 | 7697 | 110 | 12916 | 1507 | 16727 | 162418 |
| 3 | 703 | 36 | 24041 | 241 | 2118 | 49715 |
| 169 | 39327 | 431 | 32006 | 7255 | 38522 | 178338 |
| 160 | 33506 | 173 | 14871 | 1520 | 9798 | 70323 |
| 67 | 23898 | 109 | 9439 | 1462 | 9747 | 38530 |
| 126 | 39734 | 193 | 17861 | 1013 | 12997 | 144739 |
| 56 | 23997 | 85 | 7168 | 603 | 6616 | 66555 |
| 57 | 12441 | 93 | 7544 | 1468 | 9300 | 75408 |
| 1 | 470 | 102 | 15062 | 1663 | 28669 | 211895 |
| 556 | 171299 | 515 | 44378 | 5098 | 47302 | 291182 |
| 47 | 12124 | 414 | 40348 | 3658 | 32178 | 299421 |
| 291 | 55810 | 362 | 24895 | 2780 | 21237 | 111771 |
| 60 | 17811 | 245 | 19288 | 2025 | 18238 | 159493 |
| 448 | 116306 | 270 | 20266 | 1495 | 12729 | 71673 |
| 143 | 15616 | 678 | 49955 | 5955 | 45345 | 267150 |
| 305 | 75928 | 647 | 47352 | 5945 | 40281 | 447410 |
| 199 | 44951 | 360 | 26345 | 1935 | 14368 | 140899 |
| 272 | 79522 | 448 | 29819 | 5251 | 41534 | 212499 |
| 151 | 68372 | 527 | 48733 | 5061 | 44467 | 485025 |
| 159 | 30774 | 275 | 19275 | 1828 | 14094 | 80379 |
| 43 | 13622 | 36 | 3513 | 446 | 3764 | 25196 |
| 65 | 20948 | 182 | 14449 | 606 | 5566 | 77018 |
| 185 | 40775 | 443 | 36616 | 2550 | 16485 | 115046 |
| 64 | 18368 | 135 | 9076 | 1254 | 9789 | 48518 |
| 71 | 14868 | 197 | 16639 | 1996 | 14345 | 55522 |
| 10 | 15417 | 6 | 688 | 96 | 1061 | 5215 |
| 166 | 32679 | 189 | 16159 | 1473 | 11120 | 65442 |
| 88 | 29350 | 109 | 9847 | 1067 | 8737 | 34430 |
| 13 | 4963 | 23 | 2442 | 200 | 1675 | 12485 |
| 12 | 3743 | 25 | 2136 | 283 | 2149 | 13182 |
| 47 | 19139 | 79 | 8298 | 645 | 5198 | 37530 |

# 6－12　分地区高级中学

| | 年末校舍面积(千平方米) | | 年末固定资产总值(千元) | | | 年末图书册数(千册) |
|---|---|---|---|---|---|---|
| | 合计 | 其中:危房 | 合计 | 其中 | | |
| | | | | 房屋和建筑物 | 专用设备 | |
| **合计** | **119119** | **1442** | **62427677** | **44743748** | **7105641** | **221591** |
| 北京 | 2076 | 1 | 1960772 | 1072429 | 326006 | 11622 |
| 天津 | 1321 | 2 | 834417 | 591686 | 179633 | 3519 |
| 河北 | 6344 | 36 | 3126818 | 2336458 | 356170 | 11370 |
| 山西 | 2736 | 31 | 1185474 | 794840 | 158915 | 5766 |
| 内蒙古 | 1807 | 68 | 882957 | 570997 | 84059 | 3002 |
| 辽宁 | 3450 | 11 | 1832633 | 1330240 | 252696 | 5417 |
| 吉林 | 1735 | 8 | 987127 | 684641 | 115448 | 3276 |
| 黑龙江 | 1880 | 35 | 1204175 | 860784 | 186992 | 3627 |
| 上海 | 2512 | | 3044430 | 2050303 | 412238 | 8363 |
| 江苏 | 10158 | 47 | 6000698 | 4396641 | 737185 | 22265 |
| 浙江 | 6590 | 3 | 4305562 | 3264490 | 492101 | 13989 |
| 安徽 | 4892 | 54 | 2178101 | 1629640 | 219860 | 9464 |
| 福建 | 3798 | 24 | 1740788 | 1190358 | 218833 | 10318 |
| 江西 | 3522 | 78 | 1235515 | 801414 | 107541 | 5874 |
| 山东 | 10707 | 35 | 6277557 | 4528781 | 497975 | 13039 |
| 河南 | 7194 | 57 | 2565552 | 1960580 | 297824 | 10584 |
| 湖北 | 7810 | 78 | 3963268 | 2638862 | 370194 | 9216 |
| 湖南 | 7691 | 88 | 3011707 | 2055878 | 337910 | 11663 |
| 广东 | 8387 | 37 | 6961671 | 5041783 | 769832 | 21560 |
| 广西 | 3761 | 126 | 1221906 | 981489 | 115540 | 6379 |
| 海南 | 547 | 8 | 375664 | 294680 | 31929 | 755 |
| 重庆 | 2904 | 177 | 1030545 | 744419 | 106341 | 4072 |
| 四川 | 6958 | 129 | 2499541 | 1839023 | 229907 | 8589 |
| 贵州 | 1532 | 30 | 460587 | 342663 | 62739 | 1904 |
| 云南 | 2590 | 61 | 1092060 | 855095 | 110445 | 4226 |
| 西藏 | 138 | 1 | 116547 | 93126 | 10178 | 164 |
| 陕西 | 2770 | 55 | 1006822 | 762826 | 128909 | 5886 |
| 甘肃 | 1584 | 74 | 609937 | 420188 | 77182 | 2912 |
| 青海 | 425 | 33 | 163362 | 122017 | 12808 | 583 |
| 宁夏 | 399 | 17 | 165828 | 117423 | 20743 | 762 |
| 新疆 | 1366 | 38 | 596625 | 438381 | 90851 | 2030 |

# 办学效益情况统计

| 本年改造危房 | | 本年购置课桌凳(单人套) | | 本年购置图书 | | 本年购置专用设备金额（千元） |
|---|---|---|---|---|---|---|
| 面积（千平方米） | 金额（千元） | 数量（千套） | 金额（千元） | 数量（千册） | 金额（千元） | |
| **684** | **236031** | **1716** | **179678** | **15640** | **163514** | **1818544** |
| 3 | 1617 | 40 | 4759 | 616 | 7864 | 74387 |
| 2 | 618 | 13 | 21872 | 69 | 724 | 25156 |
| 19 | 6170 | 83 | 8016 | 942 | 7141 | 53373 |
| 39 | 12252 | 40 | 3657 | 242 | 2224 | 30674 |
| 10 | 3900 | 30 | 2746 | 204 | 1874 | 14311 |
| 14 | 2642 | 44 | 5061 | 214 | 4888 | 51394 |
| 18 | 10971 | 20 | 1768 | 112 | 2110 | 24345 |
| 5 | 4189 | 21 | 1940 | 284 | 2745 | 37566 |
| 1 | 250 | 30 | 4658 | 530 | 10388 | 81861 |
| 99 | 42021 | 150 | 14820 | 1813 | 17949 | 151632 |
| 4 | 1547 | 98 | 12259 | 1046 | 12875 | 134190 |
| 41 | 8699 | 93 | 7112 | 1118 | 8514 | 56808 |
| 10 | 4279 | 60 | 5473 | 713 | 6751 | 61839 |
| 83 | 22406 | 59 | 4150 | 342 | 3983 | 28310 |
| 18 | 2574 | 162 | 13292 | 1585 | 15697 | 116783 |
| 47 | 10817 | 114 | 9537 | 818 | 11760 | 330732 |
| 25 | 9509 | 97 | 7613 | 537 | 4733 | 64006 |
| 82 | 28928 | 115 | 9068 | 737 | 7572 | 62577 |
| 25 | 13305 | 135 | 13404 | 1321 | 13533 | 204551 |
| 19 | 4550 | 55 | 4106 | 279 | 2596 | 28557 |
| 5 | 1504 | 6 | 460 | 79 | 789 | 9065 |
| 12 | 4118 | 30 | 2795 | 140 | 1656 | 29888 |
| 27 | 7818 | 88 | 8642 | 704 | 5286 | 40450 |
| 12 | 4138 | 17 | 1278 | 171 | 1309 | 18661 |
| 8 | 1749 | 28 | 2971 | 274 | 2345 | 19513 |
| 7 | 14018 | 3 | 360 | 17 | 426 | 4826 |
| 40 | 8188 | 43 | 4004 | 310 | 2557 | 28752 |
| 11 | 4136 | 18 | 1769 | 283 | 1827 | 9885 |
| 2 | 502 | 6 | 645 | 21 | 212 | 4857 |
| 1 | 382 | 6 | 464 | 38 | 281 | 4000 |
| 2 | 699 | 14 | 1664 | 104 | 1086 | 17966 |

# 6-13 分地区初级中学

| | 年末校舍面积(千平方米) | | 年末固定资产总值(千元) | | | 年末图书册数(千册) |
|---|---|---|---|---|---|---|
| | 合计 | 其中:危房 | 合计 | 其中 | | |
| | | | | 房屋和建筑物 | 专用设备 | |
| **合计** | **341935** | **6871** | **135833746** | **103747336** | **13635143** | **783620** |
| 北京 | 4127 | 10 | 2859288 | 1823515 | 432588 | 17890 |
| 天津 | 2405 | 4 | 1212913 | 831842 | 207587 | 6581 |
| 河北 | 18148 | 188 | 6561860 | 5130072 | 749622 | 65969 |
| 山西 | 8946 | 111 | 2934907 | 2233143 | 342650 | 22453 |
| 内蒙古 | 4877 | 245 | 1734206 | 1312312 | 179118 | 12037 |
| 辽宁 | 8270 | 93 | 3676688 | 2809195 | 506333 | 19802 |
| 吉林 | 4505 | 76 | 1962461 | 1425665 | 173040 | 14335 |
| 黑龙江 | 6690 | 193 | 2615213 | 2123010 | 231983 | 15755 |
| 上海 | 4836 | 1 | 3335018 | 2139918 | 553421 | 15424 |
| 江苏 | 18607 | 361 | 8846656 | 6313078 | 935198 | 47483 |
| 浙江 | 14018 | 11 | 7093826 | 5361754 | 741274 | 31462 |
| 安徽 | 14466 | 353 | 4831312 | 3875066 | 437479 | 36997 |
| 福建 | 11630 | 98 | 4791605 | 3621308 | 399226 | 24940 |
| 江西 | 11527 | 523 | 2985805 | 2239581 | 224264 | 22903 |
| 山东 | 27274 | 377 | 12341746 | 8712371 | 1024477 | 54428 |
| 河南 | 26512 | 157 | 8924315 | 7095272 | 903730 | 80019 |
| 湖北 | 22122 | 605 | 7860846 | 6037214 | 783001 | 37099 |
| 湖南 | 22773 | 487 | 6803057 | 5436517 | 716299 | 50914 |
| 广东 | 26633 | 184 | 16266229 | 12826421 | 1679470 | 69335 |
| 广西 | 16697 | 461 | 4737369 | 4025328 | 354817 | 25463 |
| 海南 | 1823 | 55 | 986799 | 832991 | 83744 | 3201 |
| 重庆 | 8164 | 689 | 2568892 | 1944926 | 251773 | 10395 |
| 四川 | 20468 | 429 | 6431255 | 4881462 | 560095 | 28785 |
| 贵州 | 5588 | 105 | 1493863 | 1219527 | 141290 | 7774 |
| 云南 | 11106 | 353 | 4499353 | 3727766 | 270575 | 18094 |
| 西藏 | 460 | 26 | 368806 | 270102 | 17044 | 284 |
| 陕西 | 8157 | 102 | 3155723 | 2548197 | 317107 | 23322 |
| 甘肃 | 4569 | 246 | 1524740 | 1139791 | 157873 | 9733 |
| 青海 | 1089 | 93 | 336143 | 259410 | 24079 | 1443 |
| 宁夏 | 1118 | 77 | 385353 | 285538 | 46808 | 2135 |
| 新疆 | 3861 | 158 | 1496530 | 1196657 | 175835 | 6561 |

## 办学效益情况统计

| 本年改造危房 | | 本年购置课桌凳（单人套） | | 本年购置图书 | | 本年购置专用设备金额（千元） |
|---|---|---|---|---|---|---|
| 面积（千平方米） | 金额（千元） | 数量（千套） | 金额（千元） | 数量（千册） | 金额（千元） | |
| **3370** | **848127** | **5787** | **451747** | **52744** | **382642** | **2235863** |
| 16 | 6080 | 70 | 8157 | 891 | 8863 | 88031 |
| 1 | 85 | 23 | 2169 | 172 | 1394 | 24559 |
| 150 | 33157 | 348 | 23990 | 6313 | 31381 | 124965 |
| 121 | 21254 | 133 | 11214 | 1278 | 7574 | 39649 |
| 57 | 19998 | 79 | 6693 | 1258 | 7873 | 24219 |
| 112 | 37092 | 149 | 12800 | 799 | 8109 | 93345 |
| 38 | 13026 | 65 | 5400 | 491 | 4506 | 42210 |
| 52 | 8252 | 72 | 5604 | 1184 | 6555 | 37842 |
| | 220 | 72 | 10404 | 1133 | 18281 | 130034 |
| 457 | 129278 | 365 | 29558 | 3285 | 29353 | 139550 |
| 43 | 10577 | 316 | 28089 | 2612 | 19303 | 165231 |
| 250 | 47111 | 269 | 17783 | 1662 | 12723 | 54963 |
| 50 | 13532 | 185 | 13815 | 1312 | 11487 | 97654 |
| 365 | 93900 | 211 | 16116 | 1153 | 8746 | 43363 |
| 125 | 13042 | 516 | 36663 | 4370 | 29648 | 150367 |
| 258 | 65111 | 533 | 37815 | 5127 | 28521 | 116678 |
| 174 | 35442 | 263 | 18732 | 1398 | 9635 | 76893 |
| 190 | 50594 | 333 | 20751 | 4514 | 33962 | 149922 |
| 126 | 55067 | 392 | 35329 | 3740 | 30934 | 280474 |
| 140 | 26224 | 220 | 15169 | 1549 | 11498 | 51822 |
| 38 | 12118 | 30 | 3053 | 367 | 2975 | 16131 |
| 53 | 16830 | 152 | 11654 | 466 | 3910 | 47130 |
| 158 | 32957 | 355 | 27974 | 1846 | 11199 | 74596 |
| 52 | 14230 | 118 | 7798 | 1083 | 8480 | 29857 |
| 63 | 13119 | 169 | 13668 | 1722 | 12000 | 36009 |
| 3 | 1399 | 3 | 328 | 79 | 635 | 389 |
| 126 | 24491 | 146 | 12155 | 1163 | 8563 | 36690 |
| 77 | 25214 | 91 | 8078 | 784 | 6910 | 24545 |
| 11 | 4461 | 17 | 1797 | 179 | 1463 | 7628 |
| 11 | 3361 | 19 | 1672 | 245 | 1868 | 9182 |
| 45 | 18440 | 65 | 6634 | 541 | 4112 | 19564 |

## 6－14 分地区农村初级中学

| | 年末校舍面积(千平方米) | | 年末固定资产总值(千元) | | | 年末图书册数(千册) |
|---|---|---|---|---|---|---|
| | 合计 | 其中:危房 | 合计 | 其中:房屋和建筑物 | 其中:专用设备 | |
| **合计** | **199077** | **4726** | **69572011** | **54978259** | **6290322** | **456656** |
| 北京 | 1205 | 4 | 587573 | 406645 | 79092 | 4399 |
| 天津 | 771 | | 394845 | 315312 | 38299 | 1780 |
| 河北 | 11480 | 145 | 3936896 | 3120013 | 424407 | 44511 |
| 山西 | 6459 | 89 | 1912738 | 1502539 | 205789 | 15790 |
| 内蒙古 | 2351 | 147 | 738148 | 557433 | 82234 | 5507 |
| 辽宁 | 4324 | 58 | 1758002 | 1358883 | 262251 | 10098 |
| 吉林 | 2081 | 42 | 859800 | 554802 | 53799 | 6569 |
| 黑龙江 | 3565 | 92 | 1210297 | 1028273 | 96722 | 8374 |
| 上海 | 1111 | | 655261 | 472341 | 84837 | 3020 |
| 江苏 | 7701 | 232 | 3383533 | 2294936 | 278128 | 20556 |
| 浙江 | 3702 | 6 | 1422587 | 1105858 | 133668 | 7414 |
| 安徽 | 10592 | 302 | 3182983 | 2652020 | 264472 | 28459 |
| 福建 | 4971 | 35 | 1784859 | 1412610 | 115444 | 9404 |
| 江西 | 6625 | 347 | 1700952 | 1277279 | 104721 | 14022 |
| 山东 | 22003 | 360 | 8879680 | 6450876 | 760984 | 45831 |
| 河南 | 19473 | 106 | 6237518 | 5109067 | 618914 | 59378 |
| 湖北 | 14783 | 520 | 4766186 | 3899876 | 461880 | 23575 |
| 湖南 | 15770 | 415 | 4471188 | 3652104 | 465054 | 37296 |
| 广东 | 12286 | 102 | 6599288 | 5407189 | 624578 | 29668 |
| 广西 | 12061 | 347 | 3251707 | 2804632 | 217444 | 18237 |
| 海南 | 982 | 38 | 453821 | 409008 | 37075 | 1859 |
| 重庆 | 2513 | 281 | 752960 | 602114 | 51216 | 3457 |
| 四川 | 11109 | 270 | 3198844 | 2470831 | 273975 | 16540 |
| 贵州 | 3199 | 69 | 763244 | 650833 | 56407 | 4471 |
| 云南 | 7236 | 261 | 2886470 | 2388947 | 144460 | 12018 |
| 西藏 | 288 | 23 | 229434 | 192982 | 9974 | 164 |
| 陕西 | 4419 | 64 | 1641112 | 1363050 | 158729 | 11845 |
| 甘肃 | 3027 | 183 | 938209 | 716674 | 89616 | 6811 |
| 青海 | 361 | 23 | 108601 | 88464 | 6070 | 662 |
| 宁夏 | 641 | 61 | 187495 | 142974 | 21660 | 1232 |
| 新疆 | 1988 | 103 | 677780 | 569694 | 68423 | 3708 |

# 办学效益情况统计

| 本年改造危房 | | 本年购置课桌凳(单人套) | | 本年购置图书 | | 本年购置专用设备金额（千元） |
|---|---|---|---|---|---|---|
| 面积（千平方米） | 金额（千元） | 数量（千套） | 金额（千元） | 数量（千册） | 金额（千元） | |
| **2447** | **569478** | **3218** | **226810** | **31175** | **204540** | **785037** |
| 11 | 4082 | 19 | 1720 | 212 | 1326 | 12941 |
| 1 | 85 | 11 | 817 | 89 | 772 | 4023 |
| 116 | 23948 | 230 | 14614 | 3952 | 19219 | 74958 |
| 104 | 17674 | 86 | 7079 | 868 | 5238 | 20150 |
| 36 | 12324 | 35 | 2611 | 706 | 4335 | 9407 |
| 75 | 18851 | 73 | 5261 | 305 | 3868 | 54542 |
| 34 | 12412 | 24 | 1925 | 187 | 1238 | 9089 |
| 43 | 7141 | 33 | 2445 | 664 | 2809 | 11884 |
| | 20 | 12 | 1666 | 161 | 1985 | 10142 |
| 315 | 79734 | 143 | 10920 | 1464 | 11478 | 31080 |
| 8 | 3569 | 79 | 6272 | 552 | 3459 | 27525 |
| 216 | 39626 | 185 | 11266 | 849 | 6774 | 18875 |
| 29 | 7561 | 74 | 4753 | 327 | 2748 | 21532 |
| 251 | 69704 | 107 | 6809 | 710 | 4941 | 19925 |
| 113 | 11899 | 367 | 23440 | 3435 | 20787 | 93107 |
| 202 | 40582 | 393 | 27509 | 3975 | 21812 | 58625 |
| 143 | 29669 | 165 | 11104 | 920 | 5927 | 35526 |
| 124 | 30550 | 218 | 12404 | 3412 | 25031 | 53285 |
| 72 | 32482 | 156 | 14046 | 1858 | 14635 | 78866 |
| 119 | 18864 | 143 | 9340 | 1075 | 7309 | 28139 |
| 29 | 8466 | 19 | 2098 | 267 | 2057 | 6450 |
| 20 | 6377 | 62 | 4504 | 182 | 1080 | 8731 |
| 108 | 20529 | 200 | 14532 | 1024 | 5577 | 28351 |
| 29 | 6363 | 72 | 4208 | 699 | 5567 | 10126 |
| 46 | 10343 | 111 | 8372 | 1168 | 8152 | 12773 |
| 3 | 1390 | 2 | 232 | 69 | 594 | 224 |
| 81 | 14623 | 80 | 6352 | 719 | 5348 | 20850 |
| 66 | 20475 | 65 | 5349 | 617 | 5370 | 13817 |
| 7 | 3280 | 9 | 826 | 137 | 1080 | 900 |
| 10 | 3065 | 11 | 896 | 179 | 1380 | 3883 |
| 36 | 13790 | 36 | 3440 | 391 | 2644 | 5311 |

## 6－15 分地区成人中学

| | 年末校舍面积(千平方米) | | 年末固定资产总值(千元) | | | 年末图书册数(千册) |
|---|---|---|---|---|---|---|
| | 合计 | 其中:危房 | 合计 | 其中 | | |
| | | | | 房屋和建筑物 | 专用设备 | |
| **合计** | **516** | **4** | **326391** | **225355** | **51202** | **465** |
| 北京 | 18 | | 11718 | 8226 | 2237 | 13 |
| 天津 | | | | | | |
| 河北 | 2 | | 855 | 640 | 119 | 4 |
| 山西 | | | | | | |
| 内蒙古 | | | | | | |
| 辽宁 | | | | | | |
| 吉林 | | | 18 | | | |
| 黑龙江 | | | | | | |
| 上海 | 32 | | 42386 | 13152 | 7190 | 29 |
| 江苏 | 115 | 1 | 112664 | 81997 | 21591 | 104 |
| 浙江 | 141 | | 69271 | 50190 | 10872 | 147 |
| 安徽 | 22 | | 9544 | 8297 | 711 | 33 |
| 福建 | 5 | | 5641 | 3227 | 1753 | 6 |
| 江西 | 2 | | 283 | 50 | | 1 |
| 山东 | | | | | | |
| 河南 | 34 | | 15076 | 10323 | 2588 | 31 |
| 湖北 | 4 | | 1900 | 1790 | 110 | 5 |
| 湖南 | 2 | | 600 | 341 | 259 | |
| 广东 | 17 | | 17622 | 14599 | 1995 | 13 |
| 广西 | | | 1200 | 1200 | | |
| 海南 | | | | | | |
| 重庆 | 71 | 1 | 16957 | 15121 | 531 | 43 |
| 四川 | 46 | | 17943 | 14561 | 1014 | 31 |
| 贵州 | | | | | | |
| 云南 | 1 | | 680 | 237 | 28 | 1 |
| 西藏 | | | | | | |
| 陕西 | 2 | | 346 | 262 | 57 | 5 |
| 甘肃 | | | | | | |
| 青海 | | | | | | |
| 宁夏 | | | | | | |
| 新疆 | 4 | 2 | 1687 | 1142 | 147 | 1 |

## 办学效益情况统计

| 本年改造危房 | | 本年购置课桌凳(单人套) | | 本年购置图书 | | 本年购置专用设备金额（千元） |
|---|---|---|---|---|---|---|
| 面积（千平方米） | 金额（千元） | 数量（千套） | 金额（千元） | 数量（千册） | 金额（千元） | |
| **1** | **25** | **6** | **464** | **33** | **301** | **5168** |
| | | | | | | 26 |
| | | | | | | 2 |
| | | | 46 | | 7 | 696 |
| | 3 | | 22 | 3 | 44 | 1400 |
| | | 2 | 184 | 25 | 214 | 1964 |
| | 7 | | 22 | 1 | 9 | 83 |
| | | 3 | 137 | | 1 | 377 |
| | | | | | 2 | |
| | | | | 1 | 3 | |
| | | | | | | 131 |
| | | | 32 | | 6 | 236 |
| | | | 7 | 1 | 8 | 37 |
| | 15 | | 14 | 1 | 7 | 208 |

# 6－16　分地区职业中学

| | 年末校舍面积(千平方米) | | 年末固定资产总值(千元) | | | 年末图书册数(千册) |
|---|---|---|---|---|---|---|
| | 合　计 | 其中:危房 | 合　计 | 其中:房屋和建筑物 | 其中:专用设备 | |
| **合　计** | **45928** | **739** | **28631585** | **17130911** | **3870734** | **76301** |
| 北　京 | 1003 | | 4619750 | 553315 | 152265 | 2479 |
| 天　津 | 544 | | 299780 | 176725 | 81014 | 1569 |
| 河　北 | 3325 | 5 | 2018304 | 1386627 | 287468 | 5727 |
| 山　西 | 966 | 19 | 450682 | 322016 | 67274 | 1893 |
| 内蒙古 | 1261 | 104 | 421262 | 294931 | 69166 | 2439 |
| 辽　宁 | 1373 | 5 | 734388 | 482390 | 144466 | 2549 |
| 吉　林 | 708 | 10 | 411604 | 255365 | 74090 | 1492 |
| 黑龙江 | 709 | 9 | 416038 | 308370 | 59577 | 1179 |
| 上　海 | 608 | | 716261 | 336951 | 250859 | 1526 |
| 江　苏 | 3650 | 11 | 2677587 | 1889729 | 388129 | 6677 |
| 浙　江 | 2773 | 1 | 1858719 | 1355958 | 267110 | 4589 |
| 安　徽 | 2519 | 97 | 929826 | 747378 | 107040 | 5947 |
| 福　建 | 1690 | 8 | 837172 | 572491 | 132573 | 2841 |
| 江　西 | 1257 | 44 | 309148 | 224843 | 35806 | 1224 |
| 山　东 | 4003 | 15 | 2487355 | 1605437 | 292544 | 5675 |
| 河　南 | 2839 | 38 | 1190615 | 890839 | 162715 | 5310 |
| 湖　北 | 1783 | 31 | 724814 | 541954 | 101833 | 2504 |
| 湖　南 | 2110 | 26 | 869958 | 647373 | 128013 | 3216 |
| 广　东 | 3292 | 23 | 2879383 | 1862526 | 504868 | 4929 |
| 广　西 | 1184 | 28 | 449406 | 311239 | 93489 | 1640 |
| 海　南 | 127 | 3 | 93457 | 73210 | 5145 | 186 |
| 重　庆 | 1404 | 91 | 651155 | 429394 | 85794 | 1359 |
| 四　川 | 2874 | 56 | 938417 | 658741 | 144993 | 3562 |
| 贵　州 | 581 | 15 | 170955 | 118995 | 26225 | 832 |
| 云　南 | 1236 | 14 | 576368 | 420728 | 74079 | 1674 |
| 西　藏 | 8 | | 9925 | 7976 | | 1 |
| 陕　西 | 972 | 35 | 390735 | 288634 | 59645 | 1633 |
| 甘　肃 | 676 | 22 | 319465 | 236264 | 46414 | 1005 |
| 青　海 | 141 | 18 | 46824 | 29687 | 7279 | 200 |
| 宁　夏 | 90 | 2 | 44847 | 29301 | 10186 | 159 |
| 新　疆 | 219 | 7 | 87385 | 71524 | 10675 | 285 |

# 办学效益情况统计

| 本年改造危房 | | 本年购置课桌凳(单人套) | | 本年购置图书 | | 本年购置专用设备金额（千元） |
|---|---|---|---|---|---|---|
| 面积（千平方米） | 金额（千元） | 数量（千套） | 金额（千元） | 数量（千册） | 金额（千元） | |
| **244** | **56279** | **394** | **35037** | **4067** | **43973** | **565284** |
| 1 | 452 | 6 | 909 | 182 | 2478 | 26442 |
| | | 1 | 107 | 28 | 210 | 8157 |
| 14 | 1729 | 14 | 1052 | 300 | 2311 | 27360 |
| 10 | 1257 | 9 | 736 | 96 | 891 | 7903 |
| 18 | 7516 | 16 | 1170 | 161 | 1152 | 8253 |
| 2 | 700 | 4 | 428 | 33 | 397 | 15666 |
| 4 | 1080 | 5 | 409 | 57 | 974 | 16126 |
| | 2 | 4 | 308 | 44 | 306 | 4401 |
| | | 23 | 3028 | 104 | 1538 | 57159 |
| 7 | 3435 | 17 | 1649 | 311 | 3342 | 28801 |
| 2 | 486 | 36 | 4105 | 358 | 5812 | 58645 |
| 47 | 7424 | 35 | 2376 | 317 | 2221 | 15582 |
| 5 | 1116 | 18 | 1622 | 128 | 1696 | 32478 |
| 21 | 4819 | 11 | 685 | 70 | 2763 | 8137 |
| 14 | 1358 | 22 | 1743 | 212 | 2305 | 38824 |
| 19 | 2643 | 27 | 2225 | 248 | 2421 | 21348 |
| 4 | 1978 | 37 | 2594 | 119 | 1139 | 10826 |
| 5 | 1382 | 14 | 1024 | 150 | 1224 | 17198 |
| 11 | 5380 | 28 | 2877 | 341 | 4001 | 75190 |
| 7 | 1147 | 10 | 882 | 74 | 730 | 12869 |
| 1 | 171 | 1 | 109 | 17 | 137 | 755 |
| 10 | 4115 | 9 | 665 | 181 | 1431 | 19307 |
| 11 | 2459 | 14 | 1357 | 156 | 1142 | 18130 |
| 2 | 565 | 4 | 296 | 67 | 388 | 5730 |
| 4 | 604 | 6 | 523 | 96 | 1070 | 9498 |
| | | | 48 | 1 | 30 | 12 |
| 16 | 2388 | 11 | 953 | 150 | 1174 | 6440 |
| 5 | 880 | 8 | 692 | 42 | 392 | 8368 |
| 3 | 938 | 2 | 237 | 8 | 108 | 1931 |
| 1 | 233 | 1 | 84 | 4 | 45 | 2611 |
| | 22 | 2 | 144 | 14 | 145 | 1137 |

## 6-17 分地区小学

| | 年末校舍面积(千平方米) | | 年末固定资产总值(千元) | | | 年末图书册数(千册) |
|---|---|---|---|---|---|---|
| | 合计 | 其中:危房 | 合计 | 其中:房屋和建筑物 | 其中:专用设备 | |
| **合计** | **595059** | **14661** | **200160292** | **155496976** | **16168111** | **1346384** |
| 北京 | 5341 | 10 | 3263250 | 2268794 | 387296 | 23954 |
| 天津 | 3574 | 7 | 1373562 | 1024755 | 196309 | 8425 |
| 河北 | 30556 | 303 | 9656563 | 7599565 | 987005 | 94785 |
| 山西 | 15888 | 189 | 5246522 | 4206580 | 514003 | 35443 |
| 内蒙古 | 9071 | 568 | 3841638 | 2120239 | 311871 | 18465 |
| 辽宁 | 14950 | 187 | 6110749 | 4763668 | 626201 | 44125 |
| 吉林 | 8833 | 188 | 2952151 | 2391654 | 203108 | 27394 |
| 黑龙江 | 10736 | 382 | 3571468 | 3024001 | 245290 | 25714 |
| 上海 | 4612 | | 2944855 | 1975294 | 376720 | 17590 |
| 江苏 | 30354 | 670 | 12835555 | 9174284 | 1201872 | 90257 |
| 浙江 | 18844 | 29 | 7341423 | 5481749 | 802283 | 47474 |
| 安徽 | 24179 | 871 | 7207795 | 6005468 | 462817 | 64254 |
| 福建 | 20935 | 124 | 7342479 | 5883391 | 462165 | 47878 |
| 江西 | 18089 | 978 | 4355038 | 3640250 | 228060 | 35676 |
| 山东 | 36043 | 283 | 13822707 | 9674496 | 1033121 | 67706 |
| 河南 | 44844 | 311 | 13102374 | 10820321 | 950538 | 135885 |
| 湖北 | 37089 | 1060 | 11675530 | 9090803 | 931977 | 68324 |
| 湖南 | 41531 | 566 | 9724498 | 8223723 | 780649 | 81754 |
| 广东 | 49964 | 424 | 28058909 | 21477721 | 2273197 | 119486 |
| 广西 | 32021 | 1007 | 7414790 | 6391652 | 449980 | 45216 |
| 海南 | 4371 | 104 | 2017769 | 1581906 | 125080 | 7929 |
| 重庆 | 14488 | 2046 | 4230819 | 3054745 | 276763 | 22445 |
| 四川 | 37362 | 1314 | 9677780 | 7258659 | 762227 | 59466 |
| 贵州 | 14408 | 267 | 3253412 | 2755470 | 185654 | 18070 |
| 云南 | 23394 | 1126 | 6369092 | 5634939 | 357516 | 37654 |
| 西藏 | 1771 | 172 | 1432166 | 979514 | 45628 | 1225 |
| 陕西 | 18496 | 353 | 4676874 | 3977250 | 381451 | 51581 |
| 甘肃 | 10600 | 453 | 3067685 | 2192248 | 283368 | 21278 |
| 青海 | 2864 | 168 | 613286 | 506998 | 39798 | 4044 |
| 宁夏 | 2394 | 168 | 637681 | 508197 | 51380 | 6069 |
| 新疆 | 7454 | 330 | 2341872 | 1808642 | 234784 | 16818 |

## 办学效益情况统计

| 本年改造危房 | | 本年购置课桌凳(单人套) | | 本年购置图书 | | 本年购置专用设备金额（千元） |
|---|---|---|---|---|---|---|
| 面积（千平方米） | 金额（千元） | 数量（千套） | 金额（千元） | 数量（千册） | 金额（千元） | |
| **7757** | **2036980** | **6463** | **500093** | **78146** | **486812** | **2406492** |
| 17 | 7990 | 68 | 8000 | 915 | 7200 | 86000 |
| 4 | 1120 | 25 | 2466 | 223 | 1841 | 19124 |
| 285 | 57451 | 326 | 21644 | 7558 | 37711 | 118237 |
| 232 | 43652 | 184 | 15558 | 1825 | 9805 | 49569 |
| 104 | 33361 | 108 | 8477 | 2069 | 14645 | 56064 |
| 217 | 76389 | 126 | 10318 | 1310 | 8250 | 131503 |
| 160 | 43920 | 91 | 8064 | 652 | 4090 | 34607 |
| 84 | 22048 | 68 | 5620 | 1392 | 8194 | 36558 |
| | 20 | 82 | 12780 | 1108 | 13154 | 71989 |
| 1087 | 305325 | 417 | 33024 | 5151 | 34931 | 143369 |
| 69 | 20606 | 239 | 26470 | 3227 | 25123 | 236483 |
| 552 | 119273 | 317 | 17884 | 1956 | 10983 | 46770 |
| 109 | 28413 | 194 | 14470 | 1337 | 8887 | 95506 |
| 816 | 176473 | 227 | 13918 | 1772 | 9807 | 32837 |
| 130 | 14120 | 255 | 18712 | 4367 | 26912 | 121984 |
| 583 | 155624 | 588 | 41276 | 6647 | 34675 | 93313 |
| 252 | 51941 | 267 | 20327 | 2090 | 12628 | 66698 |
| 361 | 84542 | 247 | 14155 | 5933 | 41097 | 169260 |
| 421 | 210279 | 730 | 64750 | 7154 | 45733 | 411069 |
| 427 | 95963 | 264 | 16430 | 2892 | 16905 | 51488 |
| 73 | 24385 | 59 | 4908 | 817 | 4711 | 14453 |
| 148 | 42050 | 149 | 10558 | 949 | 5865 | 42139 |
| 294 | 69061 | 350 | 26793 | 3151 | 16125 | 94024 |
| 204 | 56387 | 278 | 15808 | 2757 | 14844 | 26550 |
| 253 | 60759 | 265 | 20528 | 2466 | 16212 | 31946 |
| 24 | 8937 | 18 | 2104 | 204 | 1543 | 5375 |
| 369 | 68143 | 175 | 14108 | 2383 | 14241 | 38061 |
| 250 | 72234 | 170 | 14553 | 2112 | 15069 | 46234 |
| 40 | 16500 | 38 | 4213 | 908 | 6961 | 5481 |
| 85 | 26189 | 37 | 2871 | 1628 | 11087 | 8032 |
| 108 | 43825 | 101 | 9306 | 1197 | 7583 | 21769 |

## 6－18 分地区普通小学

| | 年末校舍面积(千平方米) | | 年末固定资产总值(千元) | | | 年末图书册数(千册) |
|---|---|---|---|---|---|---|
| | 合计 | 其中:危房 | 合计 | 其中 房屋和建筑物 | 其中 专用设备 | |
| **合计** | **594807** | **14660** | **200084649** | **155435009** | **16161546** | **1345852** |
| 北京 | 5341 | 10 | 3263250 | 2268794 | 387296 | 23954 |
| 天津 | 3574 | 7 | 1373562 | 1024755 | 196309 | 8425 |
| 河北 | 30543 | 303 | 9654026 | 7597425 | 986940 | 94774 |
| 山西 | 15888 | 189 | 5246522 | 4206580 | 514003 | 35443 |
| 内蒙古 | 9071 | 568 | 3841433 | 2120139 | 311851 | 18463 |
| 辽宁 | 14950 | 187 | 6110749 | 4763668 | 626201 | 44125 |
| 吉林 | 8833 | 188 | 2952151 | 2391654 | 203108 | 27394 |
| 黑龙江 | 10736 | 382 | 3571468 | 3024001 | 245290 | 25714 |
| 上海 | 4612 | | 2944855 | 1975294 | 376720 | 17590 |
| 江苏 | 30347 | 670 | 12832426 | 9171705 | 1201651 | 90188 |
| 浙江 | 18837 | 29 | 7339989 | 5481094 | 801918 | 47463 |
| 安徽 | 24174 | 871 | 7203510 | 6002846 | 462320 | 64240 |
| 福建 | 20917 | 124 | 7334768 | 5878180 | 461279 | 47838 |
| 江西 | 18089 | 978 | 4355038 | 3640250 | 228060 | 35676 |
| 山东 | 36043 | 283 | 13822707 | 9674496 | 1033121 | 67706 |
| 河南 | 44809 | 311 | 13091228 | 10811023 | 949372 | 135791 |
| 湖北 | 37066 | 1060 | 11666263 | 9082793 | 931004 | 68278 |
| 湖南 | 41531 | 566 | 9724498 | 8223723 | 780649 | 81754 |
| 广东 | 49964 | 424 | 28058909 | 21477721 | 2273197 | 119486 |
| 广西 | 31995 | 1007 | 7408136 | 6386254 | 449453 | 45159 |
| 海南 | 4371 | 104 | 2017769 | 1581906 | 125080 | 7929 |
| 重庆 | 14430 | 2045 | 4219786 | 3044861 | 276186 | 22344 |
| 四川 | 37327 | 1314 | 9669729 | 7251883 | 761695 | 59426 |
| 贵州 | 14408 | 267 | 3253412 | 2755470 | 185654 | 18070 |
| 云南 | 23369 | 1126 | 6358901 | 5625645 | 356780 | 37606 |
| 西藏 | 1771 | 172 | 1432166 | 979514 | 45628 | 1225 |
| 陕西 | 18496 | 353 | 4676874 | 3977250 | 381451 | 51581 |
| 甘肃 | 10600 | 453 | 3067685 | 2192248 | 283368 | 21278 |
| 青海 | 2864 | 168 | 613286 | 506998 | 39798 | 4044 |
| 宁夏 | 2394 | 168 | 637681 | 508197 | 51380 | 6069 |
| 新疆 | 7454 | 330 | 2341872 | 1808642 | 234784 | 16818 |

## 办学效益情况统计

| 本年改造危房 | | 本年购置课桌凳（单人套） | | 本年购置图书 | | 本年购置专用设备金额（千元） |
|---|---|---|---|---|---|---|
| 面积（千平方米） | 金额（千元） | 数量（千套） | 金额（千元） | 数量（千册） | 金额（千元） | |
| **7756** | **2036633** | **6462** | **499986** | **78122** | **486678** | **2406085** |
| 17 | 7990 | 68 | 8000 | 915 | 7200 | 86000 |
| 4 | 1120 | 25 | 2466 | 223 | 1841 | 19124 |
| 285 | 57451 | 326 | 21644 | 7557 | 37706 | 118220 |
| 232 | 43652 | 184 | 15558 | 1825 | 9805 | 49569 |
| 104 | 33361 | 108 | 8477 | 2069 | 14645 | 56064 |
| 217 | 76389 | 126 | 10318 | 1310 | 8250 | 131503 |
| 160 | 43920 | 91 | 8064 | 652 | 4090 | 34607 |
| 84 | 22048 | 68 | 5620 | 1392 | 8194 | 36558 |
| | 20 | 82 | 12780 | 1108 | 13154 | 71989 |
| 1087 | 305325 | 417 | 33024 | 5151 | 34928 | 143367 |
| 69 | 20606 | 239 | 26470 | 3226 | 25117 | 236444 |
| 552 | 119273 | 317 | 17884 | 1956 | 10983 | 46770 |
| 109 | 28413 | 194 | 14459 | 1337 | 8887 | 95340 |
| 816 | 176473 | 227 | 13918 | 1772 | 9807 | 32837 |
| 130 | 14120 | 255 | 18712 | 4367 | 26912 | 121984 |
| 582 | 155277 | 588 | 41276 | 6636 | 34628 | 93295 |
| 252 | 51941 | 267 | 20326 | 2090 | 12624 | 66687 |
| 361 | 84542 | 247 | 14155 | 5933 | 41097 | 169260 |
| 421 | 210279 | 730 | 64750 | 7154 | 45733 | 411069 |
| 427 | 95963 | 264 | 16430 | 2888 | 16889 | 51480 |
| 73 | 24385 | 59 | 4908 | 817 | 4711 | 14453 |
| 148 | 42050 | 148 | 10503 | 942 | 5819 | 42135 |
| 294 | 69061 | 350 | 26773 | 3150 | 16120 | 93966 |
| 204 | 56387 | 278 | 15808 | 2757 | 14844 | 26550 |
| 253 | 60759 | 265 | 20508 | 2466 | 16210 | 31862 |
| 24 | 8937 | 18 | 2104 | 204 | 1543 | 5375 |
| 369 | 68143 | 175 | 14108 | 2383 | 14241 | 38061 |
| 250 | 72234 | 170 | 14553 | 2112 | 15069 | 46234 |
| 40 | 16500 | 38 | 4213 | 908 | 6961 | 5481 |
| 85 | 26189 | 37 | 2871 | 1628 | 11087 | 8032 |
| 108 | 43825 | 101 | 9306 | 1197 | 7583 | 21769 |

# 6－19 分地区农村普通小学

| | 年末校舍面积(千平方米) | | 年末固定资产总值(千元) | | | 年末图书册数(千册) |
|---|---|---|---|---|---|---|
| | 合计 | 其中:危房 | 合计 | 其中 | | |
| | | | | 房屋和建筑物 | 专用设备 | |
| **合计** | **432588** | **12012** | **128730156** | **101880824** | **8978309** | **904354** |
| 北京 | 2205 | 6 | 960030 | 735320 | 91257 | 8486 |
| 天津 | 1321 | 3 | 475217 | 399099 | 55718 | 2783 |
| 河北 | 24436 | 260 | 7190201 | 5777584 | 701456 | 74417 |
| 山西 | 12669 | 170 | 4050166 | 3424089 | 390510 | 28059 |
| 内蒙古 | 6322 | 449 | 2793241 | 1317573 | 197416 | 10479 |
| 辽宁 | 10144 | 155 | 3404390 | 2690566 | 362657 | 25382 |
| 吉林 | 5755 | 121 | 1474638 | 1210046 | 61114 | 15422 |
| 黑龙江 | 7627 | 268 | 2090401 | 1875579 | 95771 | 16011 |
| 上海 | 2136 | | 1094632 | 790234 | 105102 | 4907 |
| 江苏 | 15737 | 439 | 6437445 | 4282599 | 461155 | 47664 |
| 浙江 | 6462 | 19 | 1793542 | 1423813 | 174233 | 12657 |
| 安徽 | 20437 | 817 | 5607142 | 4706084 | 307275 | 51750 |
| 福建 | 12808 | 90 | 3779930 | 3276940 | 172134 | 26878 |
| 江西 | 12307 | 763 | 2761564 | 2405833 | 131692 | 23519 |
| 山东 | 30943 | 281 | 10009843 | 7177730 | 712700 | 56194 |
| 河南 | 36629 | 270 | 9613999 | 8068876 | 684455 | 110152 |
| 湖北 | 27772 | 950 | 7910125 | 6257786 | 526690 | 47418 |
| 湖南 | 32108 | 476 | 6968114 | 5942977 | 518838 | 58710 |
| 广东 | 34899 | 380 | 17988910 | 13605739 | 1214544 | 80235 |
| 广西 | 27601 | 923 | 5830425 | 5110633 | 336084 | 34841 |
| 海南 | 3355 | 86 | 1466351 | 1109967 | 78916 | 5518 |
| 重庆 | 6905 | 1185 | 1744472 | 1553786 | 99318 | 9778 |
| 四川 | 28972 | 1205 | 6945700 | 5212434 | 509728 | 43556 |
| 贵州 | 11940 | 253 | 2565854 | 2177044 | 134653 | 14435 |
| 云南 | 19972 | 1006 | 5075372 | 4551175 | 235447 | 30252 |
| 西藏 | 1533 | 146 | 1298790 | 863006 | 37015 | 975 |
| 陕西 | 12000 | 299 | 2781811 | 2397946 | 197011 | 30950 |
| 甘肃 | 8976 | 428 | 2369831 | 1707349 | 206336 | 16723 |
| 青海 | 1420 | 107 | 410805 | 342652 | 15305 | 2879 |
| 宁夏 | 1800 | 162 | 443791 | 352103 | 33601 | 4705 |
| 新疆 | 5396 | 293 | 1393424 | 1134262 | 130178 | 8617 |

## 办学效益情况统计

| 本年改造危房 | | 本年购置课桌凳（单人套） | | 本年购置图书 | | 本年购置专用设备金额（千元） |
|---|---|---|---|---|---|---|
| 面积（千平方米） | 金额（千元） | 数量（千套） | 金额（千元） | 数量（千册） | 金额（千元） | |
| **6397** | **1601191** | **4275** | **303884** | **53834** | **313747** | **906999** |
| 12 | 4743 | 11 | 1266 | 391 | 2553 | 22376 |
| 4 | 1023 | 13 | 1137 | 115 | 941 | 4767 |
| 239 | 43117 | 248 | 15533 | 5965 | 29328 | 77081 |
| 211 | 38596 | 143 | 11831 | 1537 | 7900 | 35096 |
| 70 | 22258 | 69 | 5031 | 1147 | 6720 | 45090 |
| 192 | 65920 | 64 | 4804 | 689 | 4112 | 18763 |
| 112 | 34573 | 36 | 3712 | 324 | 1890 | 7509 |
| 69 | 12924 | 37 | 3079 | 774 | 4185 | 7993 |
| | 20 | 40 | 6473 | 273 | 2831 | 13269 |
| 760 | 205977 | 226 | 16400 | 2408 | 14451 | 51323 |
| 32 | 9657 | 62 | 4867 | 918 | 8281 | 32387 |
| 514 | 111090 | 242 | 12976 | 1362 | 7421 | 24252 |
| 69 | 22205 | 97 | 6919 | 672 | 3641 | 33780 |
| 631 | 130223 | 137 | 8609 | 1049 | 5078 | 14172 |
| 125 | 13510 | 196 | 13290 | 3243 | 18377 | 62973 |
| 530 | 100926 | 473 | 32961 | 5575 | 27205 | 54293 |
| 213 | 41734 | 172 | 11936 | 1475 | 7975 | 25899 |
| 283 | 63104 | 171 | 9365 | 4454 | 30628 | 46073 |
| 375 | 194184 | 408 | 33076 | 4161 | 25944 | 145812 |
| 410 | 77884 | 216 | 12940 | 2239 | 12966 | 27863 |
| 63 | 19910 | 42 | 3145 | 717 | 4205 | 8378 |
| 84 | 24833 | 71 | 4378 | 502 | 2847 | 12466 |
| 252 | 57489 | 244 | 17541 | 2475 | 12162 | 53827 |
| 184 | 49809 | 238 | 13267 | 2330 | 12525 | 12470 |
| 236 | 57674 | 213 | 15108 | 1916 | 12052 | 14473 |
| 23 | 8311 | 18 | 2045 | 199 | 1510 | 3344 |
| 258 | 45308 | 117 | 9099 | 1776 | 10370 | 18419 |
| 236 | 66026 | 137 | 11236 | 1911 | 13522 | 19023 |
| 32 | 13880 | 29 | 3122 | 768 | 5715 | 1637 |
| 83 | 25311 | 32 | 2394 | 1482 | 10227 | 5717 |
| 95 | 38972 | 74 | 6344 | 986 | 6185 | 6474 |

## 6－20　分地区成人小学

| | 年末校舍面积(千平方米) | | 年末固定资产总值(千元) | | | 年末图书册数(千册) |
|---|---|---|---|---|---|---|
| | 合计 | 其中:危房 | 合计 | 其中 | | |
| | | | | 房屋和建筑物 | 专用设备 | |
| **合计** | **252** | **1** | **75643** | **61967** | **6565** | **532** |
| 北京 | | | | | | |
| 天津 | | | | | | |
| 河北 | 13 | | 2537 | 2140 | 65 | 11 |
| 山西 | | | | | | |
| 内蒙古 | | | 205 | 100 | 20 | 2 |
| 辽宁 | | | | | | |
| 吉林 | | | | | | |
| 黑龙江 | | | | | | |
| 上海 | | | | | | |
| 江苏 | 7 | | 3129 | 2579 | 221 | 69 |
| 浙江 | 7 | | 1434 | 655 | 365 | 11 |
| 安徽 | 5 | | 4285 | 2622 | 497 | 14 |
| 福建 | 18 | | 7711 | 5211 | 886 | 40 |
| 江西 | | | | | | |
| 山东 | | | | | | |
| 河南 | 35 | | 11146 | 9298 | 1166 | 94 |
| 湖北 | 23 | | 9267 | 8010 | 973 | 46 |
| 湖南 | | | | | | |
| 广东 | | | | | | |
| 广西 | 26 | | 6654 | 5398 | 527 | 57 |
| 海南 | | | | | | |
| 重庆 | 58 | 1 | 11033 | 9884 | 577 | 101 |
| 四川 | 35 | | 8051 | 6776 | 532 | 40 |
| 贵州 | | | | | | |
| 云南 | 25 | | 10191 | 9294 | 736 | 48 |
| 西藏 | | | | | | |
| 陕西 | | | | | | |
| 甘肃 | | | | | | |
| 青海 | | | | | | |
| 宁夏 | | | | | | |
| 新疆 | | | | | | |

## 办学效益情况统计

| 本年改造危房 | | 本年购置课桌凳（单人套） | | 本年购置图书 | | 本年购置专用设备金额（千元） |
|---|---|---|---|---|---|---|
| 面积（千平方米） | 金额（千元） | 数量（千套） | 金额（千元） | 数量（千册） | 金额（千元） | |
| **1** | **347** | **1** | **107** | **24** | **134** | **407** |
| | | | | | | |
| | | | | | | |
| | | | | 1 | 5 | 17 |
| | | | | | | |
| | | | | | | |
| | | | | | | |
| | | | | | | |
| | | | | | | |
| | | | | | | |
| | | | | | 3 | 2 |
| | | | | 1 | 6 | 39 |
| | | | | | | |
| | | | 11 | | | 166 |
| | | | | | | |
| | | | | | | |
| 1 | 347 | | | 11 | 47 | 18 |
| | | | 1 | | 4 | 11 |
| | | | | | | |
| | | | | | | |
| | | | | 4 | 16 | 8 |
| | | | | | | |
| | | 1 | 55 | 7 | 46 | 4 |
| | | | 20 | 1 | 5 | 58 |
| | | | | | | |
| | | | 20 | | 2 | 84 |
| | | | | | | |
| | | | | | | |
| | | | | | | |
| | | | | | | |
| | | | | | | |
| | | | | | | |

# 6－21 分地区特殊教育学校

| | 年末校舍面积(千平方米) | | 年末固定资产总值(千元) | | | 年末图书册数(千册) |
|---|---|---|---|---|---|---|
| | 合计 | 其中:危房 | 合计 | 其中 | | |
| | | | | 房屋和建筑物 | 专用设备 | |
| **合计** | **3438** | **37** | **3163109** | **1775178** | **183568** | **2689** |
| 北京 | 133 | | 337720 | 73632 | 14218 | 181 |
| 天津 | 66 | | 44680 | 33118 | 8399 | 53 |
| 河北 | 113 | | 54146 | 41019 | 4526 | 82 |
| 山西 | 79 | 2 | 31157 | 21930 | 3127 | 54 |
| 内蒙古 | 43 | | 18057 | 14401 | 2120 | 28 |
| 辽宁 | 202 | | 99102 | 74284 | 11222 | 191 |
| 吉林 | 128 | 7 | 58454 | 49378 | 3945 | 59 |
| 黑龙江 | 133 | 2 | 72001 | 58064 | 6569 | 121 |
| 上海 | 164 | | 139557 | 84242 | 22140 | 294 |
| 江苏 | 297 | 2 | 174797 | 124455 | 19715 | 302 |
| 浙江 | 146 | | 72785 | 58599 | 5869 | 139 |
| 安徽 | 101 | 3 | 62332 | 49365 | 4332 | 73 |
| 福建 | 153 | | 71351 | 57799 | 4838 | 78 |
| 江西 | 35 | | 13306 | 10621 | 1154 | 18 |
| 山东 | 468 | 1 | 261223 | 191617 | 15005 | 275 |
| 河南 | 169 | 2 | 344853 | 332054 | 4856 | 132 |
| 湖北 | 191 | 6 | 89259 | 76405 | 5590 | 100 |
| 湖南 | 112 | 2 | 57862 | 46572 | 6081 | 66 |
| 广东 | 173 | 1 | 210342 | 168667 | 20291 | 117 |
| 广西 | 46 | 1 | 24255 | 19602 | 2094 | 42 |
| 海南 | 7 | | 8232 | 6007 | 1871 | 6 |
| 重庆 | 71 | | 40713 | 22181 | 1644 | 39 |
| 四川 | 126 | | 70212 | 38982 | 2355 | 58 |
| 贵州 | 62 | | 23474 | 19723 | 1316 | 18 |
| 云南 | 78 | 1 | 51728 | 41139 | 4001 | 57 |
| 西藏 | | | | | | |
| 陕西 | 54 | 2 | 684686 | 24639 | 2270 | 54 |
| 甘肃 | 25 | | 11684 | 8469 | 1780 | 25 |
| 青海 | 20 | | 10640 | 9472 | 357 | 5 |
| 宁夏 | 15 | | 5162 | 3548 | 190 | 10 |
| 新疆 | 29 | 2 | 19339 | 15194 | 1693 | 12 |

## 办学效益情况统计

| 本年改造危房 | | 本年购置课桌凳（单人套） | | 本年购置图书 | | 本年购置专用设备金额（千元） |
|---|---|---|---|---|---|---|
| 面积（千平方米） | 金额（千元） | 数量（千套） | 金额（千元） | 数量（千册） | 金额（千元） | |
| **8** | **2041** | **13** | **1398** | **185** | **1855** | **25054** |
| | 300 | | | 16 | 129 | 2022 |
| | | | 12 | | 1 | 907 |
| | 100 | 1 | 76 | 11 | 90 | 874 |
| | | | 12 | 3 | 33 | 631 |
| | 10 | | 15 | | | 51 |
| 1 | 24 | | 21 | 10 | 56 | 725 |
| | | | 2 | 1 | 4 | 35 |
| | | | 28 | 8 | 106 | 364 |
| | | 1 | 175 | 35 | 295 | 2127 |
| 2 | 236 | 2 | 233 | 27 | 247 | 1870 |
| | | 1 | 113 | 7 | 68 | 1263 |
| 2 | 885 | 1 | 85 | 5 | 87 | 687 |
| | 32 | 1 | 68 | 5 | 79 | 1162 |
| | 30 | | 15 | 2 | 37 | 371 |
| | | 1 | 103 | 23 | 182 | 2230 |
| 1 | 173 | 1 | 61 | 8 | 62 | 904 |
| | 55 | | 45 | 4 | 43 | 486 |
| | 25 | | 42 | 3 | 21 | 319 |
| | | | 61 | 7 | 109 | 5586 |
| | 47 | | 35 | 1 | 15 | 85 |
| | | | 13 | | 1 | 123 |
| | 35 | | 34 | 1 | 9 | 381 |
| | 50 | | 20 | 2 | 15 | 517 |
| | | | 20 | 2 | 14 | 123 |
| | | 1 | 46 | 2 | 59 | 337 |
| | | | | | | |
| | | | 3 | 2 | 21 | 11 |
| | | | 38 | 1 | 9 | 285 |
| | | | | | | 99 |
| | | | 6 | | 3 | 8 |
| | 39 | | 16 | | 60 | 471 |

# 6－22　分地区幼儿园

| | 年末校舍面积(千平方米) | | 年末固定资产总值(千元) | | | 年末图书册数(千册) |
|---|---|---|---|---|---|---|
| | 合计 | 其中:危房 | 合计 | 其中 | | |
| | | | | 房屋和建筑物 | 专用设备 | |
| **合计** | **16965** | **173** | **9900800** | **6083064** | **855755** | **19786** |
| 北京 | 367 | | 1941570 | 191461 | 41426 | 361 |
| 天津 | 261 | 1 | 145088 | 93582 | 17888 | 81 |
| 河北 | 712 | 2 | 264583 | 204520 | 30002 | 1079 |
| 山西 | 707 | 5 | 218763 | 168073 | 21848 | 935 |
| 内蒙古 | 308 | 11 | 138352 | 106709 | 15463 | 270 |
| 辽宁 | 279 | 1 | 191157 | 133195 | 19818 | 253 |
| 吉林 | 241 | 1 | 123031 | 99069 | 12129 | 254 |
| 黑龙江 | 209 | 2 | 122128 | 97157 | 12956 | 220 |
| 上海 | 1314 | 1 | 1103722 | 672186 | 125455 | 664 |
| 江苏 | 1554 | 7 | 728369 | 539342 | 82408 | 2982 |
| 浙江 | 766 | | 414389 | 298296 | 50335 | 702 |
| 安徽 | 932 | 7 | 299416 | 240893 | 35481 | 1241 |
| 福建 | 769 | 3 | 441385 | 351732 | 43814 | 746 |
| 江西 | 341 | 7 | 109854 | 90793 | 8143 | 383 |
| 山东 | 381 | 2 | 286737 | 204772 | 19456 | 409 |
| 河南 | 921 | 6 | 449708 | 361148 | 30070 | 1602 |
| 湖北 | 839 | 11 | 388700 | 259014 | 32369 | 1454 |
| 湖南 | 259 | 2 | 90250 | 75725 | 8255 | 218 |
| 广东 | 1188 | 1 | 712122 | 525384 | 99542 | 1205 |
| 广西 | 523 | 11 | 177104 | 140544 | 11293 | 509 |
| 海南 | 113 | 1 | 57035 | 50903 | 3710 | 154 |
| 重庆 | 458 | 24 | 128122 | 89814 | 10873 | 684 |
| 四川 | 1315 | 16 | 412208 | 345666 | 22823 | 1179 |
| 贵州 | 329 | 5 | 98002 | 82294 | 8447 | 312 |
| 云南 | 735 | 10 | 374683 | 282274 | 33348 | 765 |
| 西藏 | 19 | 6 | 16050 | 13467 | 432 | 6 |
| 陕西 | 288 | 3 | 105871 | 88016 | 7233 | 293 |
| 甘肃 | 353 | 7 | 150144 | 109484 | 28948 | 537 |
| 青海 | 61 | 3 | 29798 | 23668 | 2487 | 19 |
| 宁夏 | 123 | 9 | 42195 | 33178 | 4262 | 73 |
| 新疆 | 300 | 9 | 140264 | 110705 | 15041 | 197 |

# 办学效益情况统计

| 本年改造危房 | | 本年购置课桌凳（单人套） | | 本年购置图书 | | 本年购置专用设备金额（千元） |
|---|---|---|---|---|---|---|
| 面积（千平方米） | 金额（千元） | 数量（千套） | 金额（千元） | 数量（千册） | 金额（千元） | |
| **68** | **16693** | **115** | **9631** | **1103** | **20993** | **129431** |
| 1 | 358 | 1 | 45 | 38 | 11248 | 11722 |
| | 10 | 1 | 32 | 4 | 26 | 1759 |
| 1 | 67 | 7 | 518 | 57 | 356 | 3848 |
| 2 | 652 | 6 | 570 | 69 | 402 | 2922 |
| 1 | 236 | 2 | 175 | 15 | 91 | 1197 |
| | | 2 | 120 | 5 | 36 | 1912 |
| 4 | 3695 | 1 | 54 | 21 | 118 | 1995 |
| | | | 38 | 19 | 147 | 2167 |
| | | 9 | 963 | 149 | 1443 | 22877 |
| 16 | 3633 | 5 | 354 | 83 | 682 | 9832 |
| | | 7 | 595 | 78 | 529 | 11842 |
| 3 | 485 | 6 | 448 | 61 | 427 | 6515 |
| 3 | 338 | 9 | 796 | 41 | 370 | 7231 |
| 9 | 1760 | 2 | 153 | 29 | 260 | 1441 |
| | 7 | 2 | 202 | 27 | 235 | 3863 |
| 2 | 256 | 6 | 426 | 36 | 268 | 3870 |
| 2 | 406 | 4 | 284 | 18 | 165 | 2749 |
| 1 | 180 | 1 | 54 | 8 | 48 | 1128 |
| 1 | 250 | 13 | 1332 | 80 | 2424 | 10900 |
| 2 | 608 | 4 | 234 | 54 | 260 | 1365 |
| | 36 | | 14 | 17 | 159 | 310 |
| 1 | 232 | 3 | 230 | 15 | 121 | 2541 |
| 5 | 1227 | 9 | 658 | 57 | 291 | 3416 |
| | 16 | 2 | 133 | 27 | 159 | 1113 |
| 2 | 271 | 6 | 437 | 45 | 365 | 4360 |
| | | | | | 5 | |
| 1 | 202 | 1 | 129 | 13 | 107 | 1288 |
| 3 | 1513 | 4 | 323 | 19 | 147 | 1992 |
| | | | 36 | | 4 | 618 |
| | 19 | | 67 | 4 | 26 | 1084 |
| 5 | 236 | 3 | 211 | 13 | 74 | 1574 |

## 6－23 分地区其他

| | 年末校舍面积（千平方米） | | 年末固定资产总值（千元） | | | 年末图书册数（千册） |
|---|---|---|---|---|---|---|
| | 合计 | 其中：危房 | 合计 | 其中 | | |
| | | | | 房屋和建筑物 | 专用设备 | |
| **合计** | **14709** | **71** | **15661794** | **9317636** | **2389204** | **9945** |
| 北京 | 1969 | 2 | 2425126 | 1619565 | 233084 | 950 |
| 天津 | 194 | | 128389 | 72492 | 28219 | 128 |
| 河北 | 353 | 12 | 438796 | 239207 | 68429 | 259 |
| 山西 | 228 | 1 | 226919 | 111906 | 71278 | 121 |
| 内蒙古 | 1 | | 172871 | 80865 | 52665 | 259 |
| 辽宁 | 355 | | 752229 | 373606 | 94451 | 677 |
| 吉林 | 437 | 2 | 419022 | 252142 | 42753 | 752 |
| 黑龙江 | 486 | 2 | 401886 | 260399 | 64154 | 372 |
| 上海 | 489 | | 724022 | 442324 | 142956 | 331 |
| 江苏 | 766 | 2 | 868231 | 429730 | 115022 | 835 |
| 浙江 | 241 | | 489462 | 163661 | 78623 | 570 |
| 安徽 | 253 | 4 | 388454 | 239223 | 78756 | 229 |
| 福建 | 123 | | 222628 | 90888 | 55426 | 91 |
| 江西 | 1409 | 4 | 299603 | 172995 | 77179 | 193 |
| 山东 | | | 882625 | 498123 | 117348 | 317 |
| 河南 | 401 | 1 | 479042 | 244086 | 85999 | 481 |
| 湖北 | 1696 | 10 | 1562185 | 1176540 | 140105 | 475 |
| 湖南 | 792 | 2 | 811372 | 414109 | 167221 | 554 |
| 广东 | 682 | 2 | 1068901 | 689626 | 176651 | 221 |
| 广西 | 361 | 3 | 332775 | 213274 | 49123 | 491 |
| 海南 | 40 | 1 | 142239 | 106887 | 23197 | 16 |
| 重庆 | 479 | 4 | 215981 | 116390 | 33687 | 142 |
| 四川 | 1761 | 7 | 739059 | 482504 | 109885 | 497 |
| 贵州 | 299 | 2 | 169374 | 82891 | 30853 | 146 |
| 云南 | 307 | 2 | 393374 | 230161 | 62798 | 150 |
| 西藏 | 2 | | 24964 | 17002 | 3738 | |
| 陕西 | 327 | 4 | 293131 | 193501 | 47269 | 366 |
| 甘肃 | 92 | 2 | 236819 | 118895 | 78223 | 244 |
| 青海 | 22 | | 89367 | 61816 | 16625 | 16 |
| 宁夏 | 67 | 1 | 68250 | 33922 | 9255 | 20 |
| 新疆 | 78 | | 194698 | 88906 | 34232 | 40 |

# 办学效益情况统计

| 本年改造危房 | | 本年购置课桌凳(单人套) | | 本年购置图书 | | 本年购置专用设备金额（千元） |
|---|---|---|---|---|---|---|
| 面积（千平方米） | 金额（千元） | 数量（千套） | 金额（千元） | 数量（千册） | 金额（千元） | |
| **76** | **26164** | **67** | **7758** | **569** | **10529** | **302414** |
| 1 | 13173 | 24 | 3231 | 111 | 3524 | 33561 |
| | | 1 | 66 | | | 1580 |
| 3 | 1512 | 1 | 82 | 16 | 220 | 5309 |
| | 32 | | 6 | 2 | 21 | 2591 |
| | | 1 | 40 | 7 | 94 | 1049 |
| | 63 | 10 | 1152 | 53 | 259 | 13740 |
| | | | 15 | 3 | 25 | 4830 |
| 1 | 140 | 1 | 60 | 58 | 657 | 5638 |
| | | 10 | 1411 | 92 | 2648 | 17545 |
| | | 1 | 109 | 15 | 151 | 13016 |
| | | 3 | 332 | 29 | 471 | 54898 |
| 2 | 794 | | 15 | 7 | 84 | 6471 |
| 1 | 130 | | 22 | 1 | 34 | 7771 |
| 1 | 392 | | 12 | 2 | 20 | 5267 |
| | | | 17 | 12 | 150 | 12342 |
| 13 | 382 | | 21 | 33 | 425 | 13015 |
| 13 | 1781 | 2 | 263 | 12 | 147 | 12913 |
| 25 | 5389 | 1 | 37 | 23 | 232 | 9148 |
| | | | 27 | 17 | 370 | 28357 |
| 2 | 332 | | 19 | 20 | 246 | 15439 |
| | | | | 2 | 38 | 2163 |
| 4 | 462 | 1 | 81 | 3 | 42 | 6270 |
| 3 | 570 | | | 15 | 144 | 10828 |
| 2 | 196 | 4 | 169 | 7 | 55 | 4344 |
| | | | | 4 | 72 | 4019 |
| | | 2 | 188 | | | 38 |
| 1 | 116 | 4 | 321 | 21 | 249 | 3613 |
| | | | 2 | 3 | 98 | 1924 |
| | | | | 1 | 29 | 258 |
| 2 | 700 | | 60 | | | 1407 |
| | | | | 1 | 24 | 3070 |

# 第七部分

中国教育经费统计年鉴
2001

## 省、自治区、直辖市各级学校生均教育经费支出

# 7－1　分地区普通高等学校生均教育经费支出

单位:元

| | 教育经费支出 | | | | |
|---|---|---|---|---|---|
| | 合计 | 事业性经费支出 | | | 基建支出 |
| | | 小计 | 个人部分 | 公用部分 | |
| **合　计** | **15974.32** | **12815.26** | **6211.72** | **6603.54** | **3159.06** |
| 北　京 | 32292.39 | 24732.26 | 10680.77 | 14051.49 | 7560.13 |
| 天　津 | 18750.26 | 15947.01 | 7865.54 | 8081.48 | 2803.25 |
| 河　北 | 11164.34 | 10279.80 | 4713.28 | 5566.52 | 884.54 |
| 山　西 | 9918.47 | 8475.29 | 4632.50 | 3842.79 | 1443.19 |
| 内蒙古 | 8845.97 | 7313.91 | 3919.02 | 3394.89 | 1532.06 |
| 辽　宁 | 12383.21 | 10860.82 | 4952.37 | 5908.44 | 1522.40 |
| 吉　林 | 14735.74 | 10997.58 | 5026.01 | 5971.57 | 3738.16 |
| 黑龙江 | 13738.18 | 11421.47 | 5499.64 | 5921.84 | 2316.70 |
| 上　海 | 27395.21 | 23786.41 | 11928.74 | 11857.67 | 3608.80 |
| 江　苏 | 16995.03 | 13003.86 | 6562.07 | 6441.79 | 3991.18 |
| 浙　江 | 18232.11 | 15073.74 | 6974.74 | 8099.01 | 3158.37 |
| 安　徽 | 10818.24 | 8814.16 | 4520.49 | 4293.68 | 2004.08 |
| 福　建 | 14030.31 | 11761.34 | 6226.27 | 5535.07 | 2268.97 |
| 江　西 | 9720.37 | 7268.61 | 4055.89 | 3212.71 | 2451.76 |
| 山　东 | 15442.58 | 12978.48 | 5837.20 | 7141.28 | 2464.11 |
| 河　南 | 13878.35 | 10457.63 | 4982.20 | 5475.44 | 3420.71 |
| 湖　北 | 15304.62 | 12121.22 | 6048.56 | 6072.66 | 3183.40 |
| 湖　南 | 12752.76 | 10049.86 | 4795.60 | 5254.26 | 2702.90 |
| 广　东 | 21501.10 | 15985.91 | 8369.95 | 7615.96 | 5515.18 |
| 广　西 | 10055.14 | 8777.78 | 4451.96 | 4325.82 | 1277.36 |
| 海　南 | 14027.60 | 12445.90 | 6872.60 | 5573.29 | 1581.70 |
| 重　庆 | 14213.13 | 11561.99 | 5129.20 | 6432.79 | 2651.14 |
| 四　川 | 14069.27 | 10413.15 | 4998.75 | 5414.40 | 3656.13 |
| 贵　州 | 6600.18 | 5694.15 | 3186.67 | 2507.48 | 906.02 |
| 云　南 | 13135.33 | 10630.21 | 5275.64 | 5354.57 | 2505.12 |
| 西　藏 | 18579.65 | 14230.54 | 8863.93 | 5366.61 | 4349.11 |
| 陕　西 | 12889.56 | 10580.13 | 5636.78 | 4943.35 | 2309.43 |
| 甘　肃 | 14084.86 | 10293.55 | 5322.92 | 4970.64 | 3791.31 |
| 青　海 | 8497.87 | 7735.46 | 3994.51 | 3740.95 | 762.41 |
| 宁　夏 | 14808.75 | 10348.38 | 4651.87 | 5696.51 | 4460.38 |
| 新　疆 | 10924.01 | 8834.55 | 4766.91 | 4067.65 | 2089.45 |

# 7-2 分地区普通高等学校生均预算内教育经费支出

单位:元

| | 预算内教育经费支出 | | | | |
|---|---|---|---|---|---|
| | 合 计 | 事业性经费支出 | | | 基建支出 |
| | | 小 计 | 个人部分 | 公用部分 | |
| **合 计** | **8625.65** | **7309.58** | **4388.35** | **2921.23** | **1316.07** |
| 北 京 | 22165.27 | 16990.33 | 7908.27 | 9082.06 | 5174.94 |
| 天 津 | 10420.66 | 10031.83 | 5657.39 | 4374.44 | 388.83 |
| 河 北 | 5399.90 | 4798.53 | 3600.03 | 1198.50 | 601.38 |
| 山 西 | 5634.29 | 5085.40 | 3931.84 | 1153.56 | 548.89 |
| 内蒙古 | 5382.46 | 3981.93 | 3018.67 | 963.26 | 1400.53 |
| 辽 宁 | 6071.68 | 5491.92 | 3285.93 | 2206.00 | 579.75 |
| 吉 林 | 5910.74 | 5094.45 | 3513.19 | 1581.26 | 816.29 |
| 黑龙江 | 7974.14 | 7046.50 | 4479.02 | 2567.48 | 927.64 |
| 上 海 | 19893.52 | 17635.44 | 9205.75 | 8429.70 | 2258.08 |
| 江 苏 | 8774.52 | 7557.72 | 5367.35 | 2190.37 | 1216.80 |
| 浙 江 | 8012.17 | 7421.81 | 4369.80 | 3052.01 | 590.37 |
| 安 徽 | 5798.71 | 5146.22 | 3927.99 | 1218.24 | 652.49 |
| 福 建 | 7501.55 | 6530.41 | 3848.89 | 2681.51 | 971.14 |
| 江 西 | 4579.80 | 3769.18 | 2590.80 | 1178.38 | 810.62 |
| 山 东 | 7050.18 | 6242.10 | 4241.67 | 2000.43 | 808.08 |
| 河 南 | 5235.05 | 4477.28 | 2957.62 | 1519.65 | 757.78 |
| 湖 北 | 6415.66 | 5237.83 | 2712.04 | 2525.80 | 1177.82 |
| 湖 南 | 4811.80 | 4075.82 | 2663.06 | 1412.76 | 735.98 |
| 广 东 | 11504.88 | 9990.54 | 5956.21 | 4034.33 | 1514.34 |
| 广 西 | 4662.45 | 4333.52 | 2605.87 | 1727.65 | 328.93 |
| 海 南 | 9230.81 | 7971.12 | 5947.43 | 2023.69 | 1259.69 |
| 重 庆 | 6899.51 | 5820.61 | 2982.31 | 2838.30 | 1078.90 |
| 四 川 | 6647.71 | 5223.89 | 2997.38 | 2226.51 | 1423.82 |
| 贵 州 | 4241.78 | 3634.61 | 3119.84 | 514.77 | 607.17 |
| 云 南 | 9557.84 | 7975.74 | 4334.73 | 3641.01 | 1582.11 |
| 西 藏 | 18407.00 | 14057.90 | 8863.93 | 5193.97 | 4349.11 |
| 陕 西 | 7824.42 | 6527.09 | 4480.28 | 2046.81 | 1297.33 |
| 甘 肃 | 8933.75 | 7439.67 | 5074.23 | 2365.44 | 1494.08 |
| 青 海 | 5202.94 | 4885.98 | 3953.38 | 932.60 | 316.95 |
| 宁 夏 | 9146.55 | 6858.90 | 4651.87 | 2207.03 | 2287.64 |
| 新 疆 | 4158.55 | 3141.86 | 2522.46 | 619.40 | 1016.69 |

## 7-3　分地区中央部门普通高等学校生均教育经费支出

单位:元

| | 教育经费支出 | | | | |
|---|---|---|---|---|---|
| | 合计 | 事业性经费支出 | | | 基建支出 |
| | | 小计 | 个人部分 | 公用部分 | |
| **合计** | **23500.23** | **18445.39** | **8654.03** | **9791.36** | **5054.84** |
| 北京 | 37103.73 | 27731.86 | 11760.44 | 15971.42 | 9371.87 |
| 天津 | 22508.35 | 19518.31 | 9222.04 | 10296.27 | 2990.04 |
| 河北 | 11088.31 | 8912.21 | 3974.27 | 4937.94 | 2176.11 |
| 山西 | | | | | |
| 内蒙古 | | | | | |
| 辽宁 | 19310.68 | 15264.82 | 6291.69 | 8973.13 | 4045.86 |
| 吉林 | 20418.43 | 13197.89 | 5018.54 | 8179.35 | 7220.54 |
| 黑龙江 | 16688.35 | 13587.07 | 6670.52 | 6916.55 | 3101.28 |
| 上海 | 31356.18 | 28171.55 | 14725.25 | 13446.30 | 3184.64 |
| 江苏 | 18943.41 | 14564.91 | 7535.10 | 7029.81 | 4378.50 |
| 浙江 | 18709.63 | 17423.25 | 8085.99 | 9337.26 | 1286.38 |
| 安徽 | 23084.54 | 19366.54 | 8929.91 | 10436.64 | 3718.00 |
| 福建 | 20201.64 | 16415.41 | 7139.57 | 9275.84 | 3786.22 |
| 江西 | 5689.57 | 4943.15 | 1430.16 | 3512.99 | 746.42 |
| 山东 | 29624.69 | 22264.74 | 8837.54 | 13427.20 | 7359.95 |
| 河南 | | | | | |
| 湖北 | 20275.70 | 16539.83 | 8317.77 | 8222.06 | 3735.87 |
| 湖南 | 16624.84 | 12180.42 | 5955.01 | 6225.41 | 4444.42 |
| 广东 | 28961.60 | 21908.23 | 10837.71 | 11070.52 | 7053.37 |
| 广西 | | | | | |
| 海南 | | | | | |
| 重庆 | 18518.97 | 15074.76 | 5919.60 | 9155.16 | 3444.20 |
| 四川 | 19424.86 | 14267.51 | 6638.36 | 7629.16 | 5157.35 |
| 贵州 | | | | | |
| 云南 | | | | | |
| 西藏 | | | | | |
| 陕西 | 15044.19 | 11774.87 | 6814.72 | 4960.15 | 3269.32 |
| 甘肃 | 18212.65 | 14385.88 | 7112.84 | 7273.04 | 3826.77 |
| 青海 | | | | | |
| 宁夏 | 17040.85 | 8919.20 | 3025.94 | 5893.26 | 8121.65 |
| 新疆 | 16618.82 | 12713.93 | 5681.71 | 7032.22 | 3904.89 |

## 7-4 分地区中央部门普通高等学校生均预算内教育经费支出

单位:元

| | 预算内教育经费支出 | | | | |
|---|---|---|---|---|---|
| | 合计 | 事业性经费支出 | | | 基建支出 |
| | | 小计 | 个人部分 | 公用部分 | |
| **合计** | **13580.77** | **11223.77** | **6050.29** | **5173.48** | **2357.00** |
| 北京 | 25816.36 | 19392.65 | 8870.02 | 10522.62 | 6423.71 |
| 天津 | 13022.48 | 13022.48 | 6740.76 | 6281.73 | |
| 河北 | 5263.12 | 3927.46 | 3460.76 | 466.71 | 1335.66 |
| 山西 | | | | | |
| 内蒙古 | | | | | |
| 辽宁 | 8806.20 | 7269.14 | 3402.73 | 3866.41 | 1537.06 |
| 吉林 | 6339.65 | 4981.10 | 3347.71 | 1633.39 | 1358.55 |
| 黑龙江 | 14169.16 | 12368.50 | 6355.02 | 6013.48 | 1800.66 |
| 上海 | 22387.39 | 21132.32 | 11093.93 | 10038.39 | 1255.07 |
| 江苏 | 11258.00 | 8910.14 | 6081.33 | 2828.81 | 2347.86 |
| 浙江 | 9375.87 | 9011.27 | 4839.24 | 4172.03 | 364.61 |
| 安徽 | 13772.17 | 12037.58 | 8806.73 | 3230.85 | 1734.59 |
| 福建 | 11669.36 | 10765.35 | 4643.03 | 6122.32 | 904.01 |
| 江西 | 978.92 | 978.92 | 854.48 | 124.44 | |
| 山东 | 9922.43 | 7365.35 | 6079.00 | 1286.35 | 2557.09 |
| 河南 | | | | | |
| 湖北 | 8447.14 | 6981.59 | 3583.45 | 3398.14 | 1465.55 |
| 湖南 | 5945.92 | 5083.27 | 3047.56 | 2035.70 | 862.66 |
| 广东 | 16629.69 | 15701.65 | 8663.60 | 7038.05 | 928.04 |
| 广西 | | | | | |
| 海南 | | | | | |
| 重庆 | 6504.80 | 5196.85 | 2989.59 | 2207.26 | 1307.94 |
| 四川 | 10039.26 | 7604.35 | 4238.32 | 3366.03 | 2434.92 |
| 贵州 | | | | | |
| 云南 | | | | | |
| 西藏 | | | | | |
| 陕西 | 10091.10 | 7879.67 | 5200.30 | 2679.38 | 2211.42 |
| 甘肃 | 14982.52 | 12269.84 | 6584.41 | 5685.43 | 2712.68 |
| 青海 | | | | | |
| 宁夏 | 8848.84 | 7089.74 | 3025.94 | 4063.80 | 1759.09 |
| 新疆 | 8472.75 | 6678.82 | 4286.13 | 2392.69 | 1793.94 |

# 7－5　分地区地方普通高等学校生均教育经费支出

单位:元

| | 教育经费支出 | | | | |
|---|---|---|---|---|---|
| | 合　计 | 事业性经费支出 | | | 基　建<br>支　出 |
| | | 小　计 | 个人部分 | 公用部分 | |
| **合　计** | **12743.42** | **10398.23** | **5163.23** | **5235.00** | **2345.19** |
| 北　京 | 20597.90 | 17441.39 | 8056.50 | 9384.89 | 3156.51 |
| 天　津 | 16446.59 | 13757.85 | 7034.01 | 6723.83 | 2688.75 |
| 河　北 | 11170.38 | 10388.51 | 4772.03 | 5616.49 | 781.87 |
| 山　西 | 9918.47 | 8475.29 | 4632.50 | 3842.79 | 1443.19 |
| 内蒙古 | 8845.97 | 7313.91 | 3919.02 | 3394.89 | 1532.06 |
| 辽　宁 | 10855.48 | 9889.59 | 4657.01 | 5232.58 | 965.89 |
| 吉　林 | 10588.23 | 9391.68 | 5031.46 | 4360.22 | 1196.55 |
| 黑龙江 | 12483.82 | 10500.70 | 5001.80 | 5498.90 | 1983.12 |
| 上　海 | 22499.86 | 18366.85 | 8472.55 | 9894.30 | 4133.01 |
| 江　苏 | 15959.04 | 12173.81 | 6044.69 | 6129.12 | 3785.23 |
| 浙　江 | 18000.68 | 13935.01 | 6436.15 | 7498.86 | 4065.67 |
| 安　徽 | 8784.18 | 7064.31 | 3789.29 | 3275.02 | 1719.86 |
| 福　建 | 12168.34 | 10357.15 | 5950.72 | 4406.43 | 1811.19 |
| 江　西 | 9882.61 | 7362.21 | 4161.58 | 3200.63 | 2520.40 |
| 山　东 | 12971.56 | 11360.49 | 5314.44 | 6046.05 | 1611.08 |
| 河　南 | 13878.35 | 10457.63 | 4982.20 | 5475.44 | 3420.71 |
| 湖　北 | 10735.06 | 8059.50 | 3962.64 | 4096.86 | 2675.55 |
| 湖　南 | 10535.12 | 8829.64 | 4131.58 | 4698.06 | 1705.48 |
| 广　东 | 18752.63 | 13804.12 | 7460.83 | 6343.29 | 4948.51 |
| 广　西 | 10055.14 | 8777.78 | 4451.96 | 4325.82 | 1277.36 |
| 海　南 | 14027.60 | 12445.90 | 6872.60 | 5573.29 | 1581.70 |
| 重　庆 | 11732.92 | 9538.60 | 4673.92 | 4864.68 | 2194.33 |
| 四　川 | 10596.07 | 7913.51 | 3935.43 | 3978.09 | 2682.56 |
| 贵　州 | 6600.18 | 5694.15 | 3186.67 | 2507.48 | 906.02 |
| 云　南 | 13135.33 | 10630.21 | 5275.64 | 5354.57 | 2505.12 |
| 西　藏 | 18579.65 | 14230.54 | 8863.93 | 5366.61 | 4349.11 |
| 陕　西 | 11047.86 | 9558.91 | 4629.92 | 4929.00 | 1488.95 |
| 甘　肃 | 12905.68 | 9124.50 | 4811.59 | 4312.91 | 3781.18 |
| 青　海 | 8497.87 | 7735.46 | 3994.51 | 3740.95 | 762.41 |
| 宁　夏 | 14223.78 | 10722.93 | 5077.98 | 5644.94 | 3500.86 |
| 新　疆 | 9334.15 | 7751.53 | 4511.52 | 3240.01 | 1582.63 |

# 7-6　分地区地方普通高等学校生均预算内教育经费支出

单位:元

| | 预算内教育经费支出 | | | | |
|---|---|---|---|---|---|
| | 合计 | 事业性经费支出 | | | 基建支出 |
| | | 小计 | 个人部分 | 公用部分 | |
| **合计** | **6498.40** | **5629.20** | **3674.87** | **1954.33** | **869.20** |
| 北京 | 13290.90 | 11151.23 | 5570.62 | 5580.61 | 2139.67 |
| 天津 | 8825.78 | 8198.59 | 4993.30 | 3205.29 | 627.18 |
| 河北 | 5410.78 | 4867.77 | 3611.10 | 1256.67 | 543.01 |
| 山西 | 5634.29 | 5085.40 | 3931.84 | 1153.56 | 548.89 |
| 内蒙古 | 5382.46 | 3981.93 | 3018.67 | 963.26 | 1400.53 |
| 辽宁 | 5468.63 | 5099.99 | 3260.17 | 1839.82 | 368.64 |
| 吉林 | 5597.70 | 5177.18 | 3633.97 | 1543.21 | 420.52 |
| 黑龙江 | 5340.13 | 4783.69 | 3681.38 | 1102.31 | 556.45 |
| 上海 | 16811.36 | 13313.68 | 6872.15 | 6441.52 | 3497.68 |
| 江苏 | 7453.99 | 6838.60 | 4987.71 | 1850.90 | 615.39 |
| 浙江 | 7351.23 | 6651.44 | 4142.27 | 2509.17 | 699.79 |
| 安徽 | 4476.51 | 4003.46 | 3118.97 | 884.49 | 473.04 |
| 福建 | 6244.07 | 5252.67 | 3609.29 | 1643.38 | 991.40 |
| 江西 | 4724.73 | 3881.49 | 2660.69 | 1220.80 | 843.25 |
| 山东 | 6549.73 | 6046.39 | 3921.55 | 2124.85 | 503.34 |
| 河南 | 5235.05 | 4477.28 | 2957.62 | 1519.65 | 757.78 |
| 湖北 | 4548.25 | 3634.92 | 1911.01 | 1723.91 | 913.33 |
| 湖南 | 4162.26 | 3498.83 | 2442.84 | 1055.98 | 663.44 |
| 广东 | 9616.89 | 7886.55 | 4958.80 | 2927.75 | 1730.33 |
| 广西 | 4662.45 | 4333.52 | 2605.87 | 1727.65 | 328.93 |
| 海南 | 9230.81 | 7971.12 | 5947.43 | 2023.69 | 1259.69 |
| 重庆 | 7126.88 | 6179.91 | 2978.11 | 3201.79 | 946.97 |
| 四川 | 4448.22 | 3680.11 | 2192.61 | 1487.51 | 768.11 |
| 贵州 | 4241.78 | 3634.61 | 3119.84 | 514.77 | 607.17 |
| 云南 | 9557.84 | 7975.74 | 4334.73 | 3641.01 | 1582.11 |
| 西藏 | 18407.00 | 14057.90 | 8863.93 | 5193.97 | 4349.11 |
| 陕西 | 5886.94 | 5370.94 | 3864.83 | 1506.12 | 516.00 |
| 甘肃 | 7205.79 | 6059.83 | 4642.81 | 1417.02 | 1145.96 |
| 青海 | 5202.94 | 4885.98 | 3953.38 | 932.60 | 316.95 |
| 宁夏 | 9224.57 | 6798.41 | 5077.98 | 1720.43 | 2426.16 |
| 新疆 | 2954.13 | 2154.43 | 2030.09 | 124.34 | 799.70 |

## 7-7　分地区地方中等师范学校生均教育经费支出

单位:元

| | 教育经费支出 | | | | |
|---|---|---|---|---|---|
| | 合计 | 事业性经费支出 | | | 基建支出 |
| | | 小计 | 个人部分 | 公用部分 | |
| **合计** | **5282.82** | **4670.14** | **2556.10** | **2114.04** | **612.68** |
| 北京 | 20113.67 | 20113.67 | 14413.00 | 5700.67 | |
| 天津 | 6743.75 | 6743.75 | 4683.51 | 2060.24 | |
| 河北 | 4774.59 | 4140.50 | 2320.96 | 1819.54 | 634.09 |
| 山西 | 5808.50 | 4715.99 | 2315.61 | 2400.38 | 1092.51 |
| 内蒙古 | 5123.79 | 4461.35 | 2455.36 | 2005.99 | 662.44 |
| 辽宁 | 7931.93 | 7879.58 | 4747.53 | 3132.05 | 52.35 |
| 吉林 | 6305.50 | 5701.01 | 2944.00 | 2757.02 | 604.49 |
| 黑龙江 | 5553.58 | 5547.92 | 2815.44 | 2732.49 | 5.66 |
| 上海 | 15435.02 | 15435.02 | 10487.65 | 4947.37 | |
| 江苏 | 8598.85 | 6048.52 | 3267.70 | 2780.82 | 2550.34 |
| 浙江 | 8184.66 | 7510.78 | 4289.18 | 3221.60 | 673.88 |
| 安徽 | 5194.10 | 4268.99 | 2218.69 | 2050.30 | 925.11 |
| 福建 | 7822.67 | 7384.70 | 4428.43 | 2956.27 | 437.97 |
| 江西 | 3489.43 | 2972.29 | 1712.03 | 1260.26 | 517.13 |
| 山东 | 7012.10 | 6042.56 | 3150.19 | 2892.37 | 969.53 |
| 河南 | 4012.45 | 3627.09 | 1877.90 | 1749.18 | 385.36 |
| 湖北 | 3502.24 | 3116.98 | 1643.99 | 1473.00 | 385.26 |
| 湖南 | 4112.54 | 4025.92 | 2225.10 | 1800.82 | 86.61 |
| 广东 | 6968.67 | 6278.83 | 3232.53 | 3046.31 | 689.84 |
| 广西 | 4311.50 | 3878.53 | 1980.69 | 1897.84 | 432.97 |
| 海南 | 6911.91 | 6283.14 | 3020.71 | 3262.44 | 628.77 |
| 重庆 | 4655.49 | 4450.24 | 2712.29 | 1737.95 | 205.25 |
| 四川 | 3971.29 | 3814.87 | 2091.78 | 1723.10 | 156.42 |
| 贵州 | 3476.36 | 3248.26 | 1612.33 | 1635.94 | 228.09 |
| 云南 | 4142.01 | 4092.18 | 2372.12 | 1720.06 | 49.83 |
| 西藏 | 6165.76 | 3991.85 | 3122.28 | 869.57 | 2173.91 |
| 陕西 | 4838.78 | 3885.38 | 1909.61 | 1975.77 | 953.40 |
| 甘肃 | 4773.10 | 4385.74 | 2957.68 | 1428.07 | 387.35 |
| 青海 | 6613.69 | 6331.76 | 4317.07 | 2014.69 | 281.93 |
| 宁夏 | 4546.20 | 4433.74 | 2453.19 | 1980.55 | 112.46 |
| 新疆 | 4526.04 | 3450.72 | 2113.29 | 1337.44 | 1075.31 |

# 7-8 分地区地方中等师范学校生均预算内教育经费支出

单位:元

| | 预算内教育经费支出 | | | | |
|---|---|---|---|---|---|
| | 合计 | 事业性经费支出 | | | 基建支出 |
| | | 小计 | 个人部分 | 公用部分 | |
| **合计** | **2447.18** | **2374.17** | **1946.14** | **428.03** | **73.01** |
| 北京 | 14319.67 | 14319.67 | 10847.67 | 3472.00 | |
| 天津 | 4481.26 | 4481.26 | 3810.38 | 670.88 | |
| 河北 | 2118.76 | 2118.76 | 1898.38 | 220.38 | |
| 山西 | 2245.45 | 2173.28 | 1757.38 | 415.90 | 72.17 |
| 内蒙古 | 2374.99 | 2315.05 | 1925.00 | 390.05 | 59.94 |
| 辽宁 | 5510.54 | 5460.36 | 4053.27 | 1407.09 | 50.18 |
| 吉林 | 3085.25 | 3085.25 | 2383.71 | 701.54 | |
| 黑龙江 | 2877.56 | 2871.90 | 2368.96 | 502.94 | 5.66 |
| 上海 | 8379.16 | 8379.16 | 7410.31 | 968.85 | |
| 江苏 | 2778.88 | 2766.75 | 2306.68 | 460.07 | 12.13 |
| 浙江 | 4296.54 | 4214.94 | 3180.77 | 1034.17 | 81.60 |
| 安徽 | 1962.88 | 1962.88 | 1731.01 | 231.87 | |
| 福建 | 4738.52 | 4469.24 | 3388.20 | 1081.04 | 269.27 |
| 江西 | 1527.23 | 1478.41 | 1260.14 | 218.27 | 48.82 |
| 山东 | 3377.61 | 3327.66 | 2906.45 | 421.21 | 49.95 |
| 河南 | 1626.87 | 1568.99 | 1402.86 | 166.13 | 57.89 |
| 湖北 | 1274.52 | 1272.27 | 1065.39 | 206.88 | 2.25 |
| 湖南 | 1568.59 | 1566.03 | 1443.04 | 122.99 | 2.56 |
| 广东 | 3196.91 | 2924.72 | 2185.91 | 738.81 | 272.19 |
| 广西 | 2047.92 | 1839.92 | 1518.93 | 320.99 | 208.00 |
| 海南 | 3462.26 | 3462.26 | 2132.69 | 1329.58 | |
| 重庆 | 1814.00 | 1704.31 | 1342.37 | 361.94 | 109.70 |
| 四川 | 1499.87 | 1470.93 | 1281.80 | 189.12 | 28.94 |
| 贵州 | 1694.80 | 1653.56 | 1363.38 | 290.19 | 41.23 |
| 云南 | 2837.09 | 2795.29 | 1881.84 | 913.45 | 41.80 |
| 西藏 | 6165.76 | 3991.85 | 3122.28 | 869.57 | 2173.91 |
| 陕西 | 2107.91 | 2088.52 | 1729.12 | 359.41 | 19.38 |
| 甘肃 | 3323.43 | 3138.42 | 2681.21 | 457.21 | 185.01 |
| 青海 | 5526.88 | 5244.95 | 4302.91 | 942.04 | 281.93 |
| 宁夏 | 3325.23 | 3325.23 | 2249.85 | 1075.38 | |
| 新疆 | 1990.06 | 1703.04 | 1550.58 | 152.46 | 287.02 |

# 7-9　分地区地方普通中学生均教育经费支出

单位:元

| | 教育经费支出 | | | | |
|---|---|---|---|---|---|
| | 合计 | 事业性经费支出 | | | 基建支出 |
| | | 小计 | 个人部分 | 公用部分 | |
| **合计** | **1528.84** | **1381.62** | **863.76** | **517.86** | **147.21** |
| 北京 | 5143.34 | 4854.49 | 2939.15 | 1915.34 | 288.85 |
| 天津 | 3208.55 | 3039.39 | 1757.40 | 1281.98 | 169.16 |
| 河北 | 1099.98 | 984.09 | 622.74 | 361.35 | 115.89 |
| 山西 | 1268.24 | 1198.27 | 752.37 | 445.90 | 69.97 |
| 内蒙古 | 1371.54 | 1313.29 | 773.01 | 540.27 | 58.25 |
| 辽宁 | 1892.24 | 1820.08 | 1140.03 | 680.05 | 72.16 |
| 吉林 | 1780.41 | 1691.46 | 978.55 | 712.92 | 88.94 |
| 黑龙江 | 1239.22 | 1194.71 | 790.44 | 404.27 | 44.51 |
| 上海 | 5207.41 | 4801.68 | 3046.33 | 1755.35 | 405.73 |
| 江苏 | 2381.18 | 2027.51 | 1324.43 | 703.08 | 353.66 |
| 浙江 | 2998.78 | 2480.58 | 1454.47 | 1026.11 | 518.19 |
| 安徽 | 999.93 | 906.87 | 588.46 | 318.42 | 93.06 |
| 福建 | 1628.82 | 1549.70 | 937.44 | 612.26 | 79.12 |
| 江西 | 995.35 | 897.36 | 581.92 | 315.44 | 97.98 |
| 山东 | 1379.07 | 1228.87 | 783.02 | 445.85 | 150.21 |
| 河南 | 946.02 | 849.57 | 512.49 | 337.08 | 96.45 |
| 湖北 | 1411.27 | 1250.96 | 808.98 | 441.97 | 160.31 |
| 湖南 | 1302.51 | 1229.92 | 740.36 | 489.56 | 72.59 |
| 广东 | 2362.03 | 2038.93 | 1130.60 | 908.33 | 323.11 |
| 广西 | 1023.62 | 936.36 | 578.44 | 357.92 | 87.26 |
| 海南 | 1508.47 | 1387.62 | 804.10 | 583.52 | 120.85 |
| 重庆 | 1306.66 | 1157.82 | 795.36 | 362.46 | 148.84 |
| 四川 | 1182.28 | 1093.14 | 725.45 | 367.68 | 89.14 |
| 贵州 | 764.71 | 725.19 | 486.57 | 238.62 | 39.52 |
| 云南 | 1440.14 | 1336.50 | 895.64 | 440.86 | 103.64 |
| 西藏 | 3657.61 | 2941.47 | 2127.88 | 813.59 | 716.14 |
| 陕西 | 932.68 | 877.35 | 577.80 | 299.55 | 55.33 |
| 甘肃 | 972.30 | 909.65 | 643.47 | 266.18 | 62.65 |
| 青海 | 1480.02 | 1419.34 | 1078.29 | 341.05 | 60.68 |
| 宁夏 | 1183.27 | 1140.62 | 757.97 | 382.65 | 42.65 |
| 新疆 | 1595.02 | 1479.07 | 1101.66 | 377.42 | 115.94 |

# 7－10　分地区地方普通中学生均预算内教育经费支出

单位:元

| | 预算内教育经费支出 | | | | |
|---|---|---|---|---|---|
| | 合　计 | 事业性经费支出 | | | 基建支出 |
| | | 小　计 | 个人部分 | 公用部分 | |
| **合　计** | **811.44** | **780.78** | **685.01** | **95.76** | **30.66** |
| 北　京 | 2818.18 | 2722.70 | 1865.62 | 857.08 | 95.48 |
| 天　津 | 2027.67 | 1997.21 | 1473.05 | 524.16 | 30.46 |
| 河　北 | 644.95 | 637.83 | 579.94 | 57.89 | 7.12 |
| 山　西 | 701.16 | 692.70 | 638.61 | 54.08 | 8.47 |
| 内蒙古 | 755.46 | 732.14 | 624.93 | 107.21 | 23.33 |
| 辽　宁 | 1031.15 | 986.29 | 856.15 | 130.14 | 44.86 |
| 吉　林 | 831.81 | 829.21 | 739.53 | 89.69 | 2.60 |
| 黑龙江 | 827.39 | 818.36 | 746.99 | 71.37 | 9.02 |
| 上　海 | 3216.61 | 3087.46 | 2248.16 | 839.31 | 129.15 |
| 江　苏 | 1108.78 | 1092.18 | 993.49 | 98.69 | 16.60 |
| 浙　江 | 1224.59 | 1149.87 | 932.38 | 217.48 | 74.73 |
| 安　徽 | 544.83 | 529.79 | 489.73 | 40.06 | 15.03 |
| 福　建 | 916.76 | 904.70 | 766.17 | 138.53 | 12.06 |
| 江　西 | 530.38 | 522.96 | 501.66 | 21.29 | 7.43 |
| 山　东 | 732.89 | 719.63 | 679.87 | 39.76 | 13.26 |
| 河　南 | 482.11 | 473.23 | 434.12 | 39.11 | 8.88 |
| 湖　北 | 609.76 | 603.15 | 573.64 | 29.51 | 6.62 |
| 湖　南 | 532.98 | 529.56 | 496.21 | 33.35 | 3.42 |
| 广　东 | 1247.82 | 1044.98 | 855.73 | 189.26 | 202.84 |
| 广　西 | 551.29 | 532.23 | 489.73 | 42.50 | 19.06 |
| 海　南 | 793.08 | 768.61 | 684.41 | 84.20 | 24.47 |
| 重　庆 | 594.39 | 583.31 | 513.58 | 69.73 | 11.08 |
| 四　川 | 588.38 | 574.78 | 534.37 | 40.41 | 13.61 |
| 贵　州 | 498.85 | 488.99 | 461.39 | 27.60 | 9.86 |
| 云　南 | 1024.59 | 996.54 | 815.72 | 180.81 | 28.06 |
| 西　藏 | 3291.77 | 2575.64 | 2124.76 | 450.88 | 716.14 |
| 陕　西 | 575.71 | 567.62 | 539.76 | 27.87 | 8.09 |
| 甘　肃 | 707.10 | 680.28 | 629.78 | 50.50 | 26.82 |
| 青　海 | 1266.54 | 1212.94 | 1056.08 | 156.86 | 53.60 |
| 宁　夏 | 829.70 | 820.21 | 719.18 | 101.02 | 9.49 |
| 新　疆 | 1050.60 | 1030.35 | 893.85 | 136.50 | 20.24 |

# 7-11 分地区地方高级中学生均教育经费支出

单位:元

| | 教育经费支出 | | | | |
|---|---|---|---|---|---|
| | 合计 | 事业性经费支出 | | | 基建支出 |
| | | 小计 | 个人部分 | 公用部分 | |
| **合计** | **3198.82** | **2765.30** | **1502.76** | **1262.54** | **433.52** |
| 北京 | 7324.91 | 6950.89 | 4030.76 | 2920.13 | 374.02 |
| 天津 | 6375.85 | 5826.68 | 2859.29 | 2967.39 | 549.16 |
| 河北 | 2569.02 | 2116.54 | 1112.45 | 1004.08 | 452.48 |
| 山西 | 2475.51 | 2304.80 | 1228.43 | 1076.37 | 170.71 |
| 内蒙古 | 2397.94 | 2218.85 | 1113.39 | 1105.46 | 179.09 |
| 辽宁 | 3465.34 | 3284.09 | 1575.55 | 1708.54 | 181.25 |
| 吉林 | 3130.13 | 2926.38 | 1303.34 | 1623.04 | 203.76 |
| 黑龙江 | 2960.89 | 2719.39 | 1387.49 | 1331.90 | 241.50 |
| 上海 | 7743.46 | 6848.67 | 4046.64 | 2802.03 | 894.79 |
| 江苏 | 4316.71 | 3473.71 | 2041.17 | 1432.54 | 843.00 |
| 浙江 | 5513.47 | 4402.32 | 2237.60 | 2164.72 | 1111.15 |
| 安徽 | 2372.56 | 2075.59 | 1176.83 | 898.76 | 296.97 |
| 福建 | 2990.37 | 2777.14 | 1566.10 | 1211.04 | 213.23 |
| 江西 | 2030.28 | 1780.91 | 1031.89 | 749.03 | 249.36 |
| 山东 | 3129.47 | 2500.34 | 1237.13 | 1263.22 | 629.13 |
| 河南 | 2254.21 | 2015.33 | 1003.23 | 1012.11 | 238.88 |
| 湖北 | 2744.99 | 2231.69 | 1244.21 | 987.48 | 513.30 |
| 湖南 | 2835.33 | 2566.91 | 1307.50 | 1259.41 | 268.42 |
| 广东 | 4807.69 | 3935.11 | 2027.88 | 1907.23 | 872.58 |
| 广西 | 2102.48 | 1865.59 | 1050.04 | 815.56 | 236.88 |
| 海南 | 2773.63 | 2557.84 | 1371.08 | 1186.77 | 215.78 |
| 重庆 | 2677.74 | 2355.54 | 1474.10 | 881.44 | 322.20 |
| 四川 | 2595.69 | 2309.47 | 1332.55 | 976.92 | 286.23 |
| 贵州 | 1620.11 | 1523.54 | 862.10 | 661.44 | 96.57 |
| 云南 | 2698.09 | 2493.31 | 1590.77 | 902.53 | 204.78 |
| 西藏 | 6240.97 | 4569.97 | 2580.22 | 1989.75 | 1671.00 |
| 陕西 | 1680.78 | 1558.28 | 862.70 | 695.58 | 122.51 |
| 甘肃 | 1602.48 | 1492.74 | 1029.52 | 463.22 | 109.74 |
| 青海 | 2099.34 | 2040.13 | 1489.96 | 550.17 | 59.21 |
| 宁夏 | 1653.64 | 1585.73 | 986.77 | 598.95 | 67.91 |
| 新疆 | 2590.33 | 2452.96 | 1761.49 | 691.48 | 137.37 |

# 7－12 分地区地方高级中学生均预算内教育经费支出

单位:元

| | 预算内教育经费支出 | | | | |
|---|---|---|---|---|---|
| | 合 计 | 事业性经费支出 | | | 基建支出 |
| | | 小 计 | 个人部分 | 公用部分 | |
| **合 计** | **1406.17** | **1311.57** | **1101.33** | **210.25** | **94.59** |
| 北 京 | 3733.65 | 3524.18 | 2315.18 | 1208.99 | 209.48 |
| 天 津 | 3231.65 | 3108.98 | 2202.76 | 906.22 | 122.67 |
| 河 北 | 1168.29 | 1150.64 | 997.40 | 153.24 | 17.65 |
| 山 西 | 1088.18 | 1053.79 | 945.45 | 108.35 | 34.39 |
| 内蒙古 | 1058.76 | 1001.65 | 833.50 | 168.15 | 57.11 |
| 辽 宁 | 1448.09 | 1318.45 | 1050.75 | 267.71 | 129.63 |
| 吉 林 | 1035.63 | 1033.79 | 899.61 | 134.18 | 1.83 |
| 黑龙江 | 1460.89 | 1408.44 | 1254.19 | 154.25 | 52.45 |
| 上 海 | 4349.72 | 4043.85 | 2932.42 | 1111.43 | 305.87 |
| 江 苏 | 1681.60 | 1651.88 | 1460.72 | 191.17 | 29.72 |
| 浙 江 | 1988.79 | 1753.84 | 1267.74 | 486.11 | 234.95 |
| 安 徽 | 1032.02 | 986.55 | 896.33 | 90.21 | 45.47 |
| 福 建 | 1444.93 | 1425.02 | 1177.38 | 247.63 | 19.91 |
| 江 西 | 883.08 | 864.68 | 823.75 | 40.92 | 18.41 |
| 山 东 | 1222.87 | 1161.04 | 1049.85 | 111.19 | 61.83 |
| 河 南 | 909.02 | 879.73 | 788.68 | 91.05 | 29.28 |
| 湖 北 | 850.17 | 830.05 | 772.84 | 57.21 | 20.12 |
| 湖 南 | 877.59 | 865.85 | 800.35 | 65.50 | 11.74 |
| 广 东 | 2467.98 | 1892.32 | 1449.19 | 443.13 | 575.66 |
| 广 西 | 905.30 | 848.37 | 781.47 | 66.90 | 56.93 |
| 海 南 | 1256.93 | 1229.28 | 1061.97 | 167.30 | 27.65 |
| 重 庆 | 971.51 | 939.92 | 793.69 | 146.23 | 31.59 |
| 四 川 | 1044.79 | 983.45 | 877.06 | 106.39 | 61.34 |
| 贵 州 | 856.56 | 842.88 | 779.56 | 63.32 | 13.68 |
| 云 南 | 1715.03 | 1644.12 | 1322.29 | 321.83 | 70.91 |
| 西 藏 | 4900.97 | 3229.98 | 2574.82 | 655.15 | 1671.00 |
| 陕 西 | 850.39 | 832.77 | 776.98 | 55.78 | 17.62 |
| 甘 肃 | 1142.97 | 1084.54 | 1002.14 | 82.40 | 58.43 |
| 青 海 | 1716.25 | 1658.92 | 1433.73 | 225.18 | 57.33 |
| 宁 夏 | 1046.36 | 1033.85 | 915.34 | 118.51 | 12.51 |
| 新 疆 | 1606.56 | 1560.55 | 1342.67 | 217.87 | 46.01 |

## 7-13 分地区地方初级中学生均教育经费支出

单位:元

| | 教育经费支出 | | | | |
|---|---|---|---|---|---|
| | 合计 | 事业性经费支出 | | | 基建支出 |
| | | 小计 | 个人部分 | 公用部分 | |
| **合计** | **1210.42** | **1117.79** | **741.92** | **375.87** | **92.62** |
| 北京 | 4308.68 | 4052.42 | 2521.50 | 1530.92 | 256.26 |
| 天津 | 2293.86 | 2234.44 | 1439.18 | 795.25 | 59.42 |
| 河北 | 849.60 | 791.08 | 539.27 | 251.80 | 58.52 |
| 山西 | 1042.67 | 991.53 | 663.42 | 328.11 | 51.14 |
| 内蒙古 | 1132.59 | 1102.47 | 693.77 | 408.69 | 30.12 |
| 辽宁 | 1526.40 | 1479.61 | 1038.74 | 440.87 | 46.79 |
| 吉林 | 1470.25 | 1407.69 | 903.91 | 503.78 | 62.56 |
| 黑龙江 | 1004.39 | 986.75 | 709.00 | 277.75 | 17.64 |
| 上海 | 4413.52 | 4160.89 | 2733.20 | 1427.69 | 252.63 |
| 江苏 | 1813.60 | 1603.43 | 1114.26 | 489.17 | 210.17 |
| 浙江 | 2359.28 | 1991.87 | 1255.31 | 736.56 | 367.40 |
| 安徽 | 757.09 | 700.10 | 484.36 | 215.74 | 56.98 |
| 福建 | 1366.23 | 1312.97 | 816.20 | 496.78 | 53.25 |
| 江西 | 815.91 | 744.18 | 503.91 | 240.27 | 71.74 |
| 山东 | 1056.07 | 994.24 | 699.22 | 295.02 | 61.83 |
| 河南 | 773.76 | 696.07 | 447.87 | 248.19 | 77.70 |
| 湖北 | 1107.91 | 1027.89 | 709.99 | 317.90 | 80.02 |
| 湖南 | 1016.93 | 980.83 | 634.70 | 346.13 | 36.10 |
| 广东 | 1889.53 | 1672.58 | 957.24 | 715.34 | 216.95 |
| 广西 | 857.95 | 793.67 | 506.02 | 287.65 | 64.28 |
| 海南 | 1308.49 | 1202.64 | 714.48 | 488.16 | 105.85 |
| 重庆 | 1077.65 | 957.77 | 682.00 | 275.77 | 119.88 |
| 四川 | 954.84 | 897.41 | 627.76 | 269.65 | 57.43 |
| 贵州 | 648.37 | 616.62 | 435.50 | 181.12 | 31.76 |
| 云南 | 1269.09 | 1179.20 | 801.12 | 378.08 | 89.89 |
| 西藏 | 2929.67 | 2482.59 | 2000.42 | 482.18 | 447.08 |
| 陕西 | 769.89 | 729.18 | 515.80 | 213.38 | 40.72 |
| 甘肃 | 840.90 | 788.07 | 562.98 | 225.09 | 52.83 |
| 青海 | 1295.17 | 1234.06 | 955.42 | 278.64 | 61.11 |
| 宁夏 | 1062.75 | 1026.58 | 699.34 | 327.23 | 36.18 |
| 新疆 | 1394.20 | 1282.58 | 968.52 | 314.05 | 111.62 |

# 7-14 分地区地方初级中学生均预算内教育经费支出

单位:元

| | 预算内教育经费支出 | | | | |
|---|---|---|---|---|---|
| | 合计 | 事业性经费支出 | | | 基建支出 |
| | | 小计 | 个人部分 | 公用部分 | |
| **合计** | **698.04** | **679.57** | **605.63** | **73.94** | **18.47** |
| 北京 | 2467.93 | 2416.06 | 1693.62 | 722.44 | 51.87 |
| 天津 | 1679.98 | 1676.14 | 1262.31 | 413.83 | 3.84 |
| 河北 | 555.75 | 550.42 | 508.79 | 41.63 | 5.32 |
| 山西 | 628.85 | 625.23 | 581.28 | 43.95 | 3.62 |
| 内蒙古 | 684.85 | 669.39 | 576.37 | 93.02 | 15.46 |
| 辽宁 | 934.19 | 909.04 | 810.89 | 98.15 | 25.15 |
| 吉林 | 784.97 | 782.20 | 702.74 | 79.46 | 2.77 |
| 黑龙江 | 740.98 | 737.88 | 677.81 | 60.07 | 3.10 |
| 上海 | 2861.90 | 2788.07 | 2033.95 | 754.12 | 73.83 |
| 江苏 | 940.81 | 928.05 | 856.48 | 71.57 | 12.76 |
| 浙江 | 1030.25 | 996.27 | 847.10 | 149.17 | 33.98 |
| 安徽 | 458.63 | 448.98 | 417.80 | 31.19 | 9.65 |
| 福建 | 814.90 | 804.35 | 686.87 | 117.48 | 10.54 |
| 江西 | 469.23 | 463.71 | 445.82 | 17.89 | 5.52 |
| 山东 | 642.47 | 638.17 | 611.59 | 26.58 | 4.30 |
| 河南 | 425.90 | 419.70 | 387.43 | 32.27 | 6.20 |
| 湖北 | 555.08 | 551.53 | 528.33 | 23.20 | 3.54 |
| 湖南 | 468.77 | 466.90 | 439.55 | 27.36 | 1.87 |
| 广东 | 1012.09 | 881.28 | 741.07 | 140.21 | 130.81 |
| 广西 | 496.94 | 483.69 | 444.93 | 38.76 | 13.25 |
| 海南 | 719.76 | 695.79 | 624.72 | 71.07 | 23.97 |
| 重庆 | 531.40 | 523.74 | 466.79 | 56.95 | 7.66 |
| 四川 | 514.94 | 509.02 | 479.23 | 29.79 | 5.93 |
| 贵州 | 450.20 | 440.86 | 418.12 | 22.74 | 9.34 |
| 云南 | 930.71 | 908.48 | 746.84 | 161.64 | 22.23 |
| 西藏 | 2838.34 | 2391.26 | 1997.94 | 393.32 | 447.08 |
| 陕西 | 515.94 | 509.93 | 488.13 | 21.80 | 6.01 |
| 甘肃 | 616.22 | 595.98 | 552.13 | 43.85 | 20.23 |
| 青海 | 1132.32 | 1079.83 | 943.36 | 136.47 | 52.49 |
| 宁夏 | 774.18 | 765.47 | 668.92 | 96.54 | 8.72 |
| 新疆 | 938.42 | 923.38 | 803.29 | 120.08 | 15.04 |

# 7－15 分地区地方农村初级中学生均教育经费支出

单位:元

| | 教育经费支出 | | | | |
|---|---|---|---|---|---|
| | 合计 | 事业性经费支出 | | | 基建支出 |
| | | 小计 | 个人部分 | 公用部分 | |
| **合计** | **884.41** | **836.85** | **583.71** | **253.14** | **47.56** |
| 北京 | 3131.10 | 3131.10 | 2094.98 | 1036.12 | |
| 天津 | 1282.32 | 1255.30 | 857.89 | 397.41 | 27.02 |
| 河北 | 722.29 | 682.15 | 466.62 | 215.53 | 40.14 |
| 山西 | 895.14 | 851.44 | 597.99 | 253.46 | 43.70 |
| 内蒙古 | 870.55 | 849.12 | 563.01 | 286.12 | 21.43 |
| 辽宁 | 1078.63 | 1078.09 | 816.52 | 261.57 | 0.54 |
| 吉林 | 1124.22 | 1101.00 | 708.59 | 392.41 | 23.21 |
| 黑龙江 | 744.96 | 736.25 | 528.06 | 208.19 | 8.71 |
| 上海 | 4272.87 | 4176.64 | 3295.01 | 881.62 | 96.24 |
| 江苏 | 1284.06 | 1202.83 | 894.70 | 308.13 | 81.23 |
| 浙江 | 1873.87 | 1681.86 | 1111.55 | 570.32 | 192.01 |
| 安徽 | 557.23 | 524.44 | 384.35 | 140.09 | 32.78 |
| 福建 | 1013.65 | 995.34 | 695.46 | 299.87 | 18.31 |
| 江西 | 695.16 | 635.74 | 445.05 | 190.68 | 59.43 |
| 山东 | 917.17 | 878.01 | 638.31 | 239.70 | 39.16 |
| 河南 | 644.05 | 583.33 | 388.57 | 194.76 | 60.72 |
| 湖北 | 898.66 | 842.01 | 588.60 | 253.41 | 56.65 |
| 湖南 | 849.03 | 831.09 | 575.06 | 256.03 | 17.95 |
| 广东 | 1494.78 | 1384.72 | 791.37 | 593.35 | 110.06 |
| 广西 | 707.30 | 663.40 | 431.68 | 231.73 | 43.90 |
| 海南 | 1028.16 | 935.05 | 570.27 | 364.78 | 93.10 |
| 重庆 | 758.48 | 653.70 | 497.27 | 156.44 | 104.77 |
| 四川 | 758.64 | 726.03 | 541.53 | 184.50 | 32.61 |
| 贵州 | 471.30 | 445.34 | 342.19 | 103.15 | 25.97 |
| 云南 | 1081.69 | 1031.46 | 713.95 | 317.51 | 50.23 |
| 西藏 | 2858.95 | 2381.83 | 1866.49 | 515.34 | 477.12 |
| 陕西 | 707.74 | 653.71 | 473.64 | 180.07 | 54.03 |
| 甘肃 | 711.13 | 665.23 | 477.93 | 187.30 | 45.90 |
| 青海 | 1016.44 | 927.12 | 730.38 | 196.74 | 89.32 |
| 宁夏 | 959.79 | 926.57 | 683.06 | 243.51 | 33.22 |
| 新疆 | 1001.22 | 973.83 | 779.24 | 194.59 | 27.39 |

# 7-16 分地区地方农村初级中学生均预算内教育经费支出

单位:元

| | 预算内教育经费支出 | | | | |
|---|---|---|---|---|---|
| | 合计 | 事业性经费支出 | | | 基建支出 |
| | | 小计 | 个人部分 | 公用部分 | |
| **合计** | **539.87** | **533.54** | **494.87** | **38.67** | **6.33** |
| 北京 | 2346.09 | 2346.09 | 1736.53 | 609.55 | |
| 天津 | 1063.83 | 1059.98 | 814.84 | 245.13 | 3.85 |
| 河北 | 474.72 | 472.73 | 440.36 | 32.37 | 1.99 |
| 山西 | 569.67 | 569.00 | 542.83 | 26.17 | 0.67 |
| 内蒙古 | 547.09 | 539.62 | 474.59 | 65.03 | 7.48 |
| 辽宁 | 709.16 | 708.63 | 658.58 | 50.04 | 0.53 |
| 吉林 | 619.07 | 618.42 | 582.42 | 36.00 | 0.65 |
| 黑龙江 | 542.85 | 542.00 | 506.77 | 35.23 | 0.85 |
| 上海 | 2865.88 | 2865.88 | 2451.53 | 414.35 | |
| 江苏 | 736.19 | 734.59 | 697.66 | 36.93 | 1.60 |
| 浙江 | 865.68 | 846.08 | 749.97 | 96.10 | 19.60 |
| 安徽 | 375.83 | 366.45 | 345.57 | 20.88 | 9.37 |
| 福建 | 694.30 | 691.32 | 634.51 | 56.81 | 2.98 |
| 江西 | 422.32 | 418.47 | 404.68 | 13.79 | 3.85 |
| 山东 | 576.87 | 575.29 | 560.17 | 15.11 | 1.59 |
| 河南 | 357.34 | 356.47 | 339.43 | 17.04 | 0.87 |
| 湖北 | 452.60 | 449.48 | 432.62 | 16.86 | 3.12 |
| 湖南 | 408.66 | 407.98 | 390.21 | 17.76 | 0.68 |
| 广东 | 716.83 | 670.57 | 585.03 | 85.54 | 46.25 |
| 广西 | 432.85 | 424.64 | 390.87 | 33.77 | 8.21 |
| 海南 | 595.41 | 576.49 | 525.39 | 51.10 | 18.92 |
| 重庆 | 431.68 | 425.84 | 394.89 | 30.95 | 5.84 |
| 四川 | 456.86 | 455.02 | 434.40 | 20.62 | 1.84 |
| 贵州 | 360.85 | 351.76 | 337.18 | 14.59 | 9.09 |
| 云南 | 844.67 | 835.91 | 689.79 | 146.13 | 8.76 |
| 西藏 | 2757.95 | 2280.83 | 1865.84 | 415.00 | 477.12 |
| 陕西 | 484.79 | 478.30 | 458.88 | 19.42 | 6.49 |
| 甘肃 | 518.73 | 505.18 | 471.01 | 34.17 | 13.55 |
| 青海 | 905.01 | 833.11 | 726.53 | 106.58 | 71.90 |
| 宁夏 | 739.86 | 736.63 | 658.02 | 78.61 | 3.23 |
| 新疆 | 776.81 | 770.64 | 693.90 | 76.74 | 6.17 |

# 7-17 分地区地方职业中学生均教育经费支出

单位:元

| | 教育经费支出 | | | | |
|---|---|---|---|---|---|
| | 合计 | 事业性经费支出 | | | 基建支出 |
| | | 小计 | 个人部分 | 公用部分 | |
| **合计** | **2752.78** | **2498.49** | **1462.31** | **1036.18** | **254.29** |
| 北京 | 5776.19 | 5761.52 | 3325.81 | 2435.71 | 14.67 |
| 天津 | 3876.02 | 3783.95 | 2226.50 | 1557.45 | 92.07 |
| 河北 | 1673.70 | 1600.30 | 935.51 | 664.80 | 73.39 |
| 山西 | 1997.70 | 1752.33 | 1048.74 | 703.58 | 245.38 |
| 内蒙古 | 1567.96 | 1526.47 | 943.69 | 582.78 | 41.49 |
| 辽宁 | 2906.99 | 2869.27 | 1743.89 | 1125.38 | 37.72 |
| 吉林 | 2267.85 | 2183.91 | 1436.47 | 747.44 | 83.94 |
| 黑龙江 | 2051.80 | 2036.32 | 1484.06 | 552.26 | 15.48 |
| 上海 | 7267.52 | 5876.16 | 3059.17 | 2816.99 | 1391.36 |
| 江苏 | 3908.65 | 3552.47 | 2190.41 | 1362.06 | 356.18 |
| 浙江 | 4848.80 | 3899.41 | 1877.68 | 2021.73 | 949.39 |
| 安徽 | 940.54 | 876.92 | 577.79 | 299.13 | 63.63 |
| 福建 | 2706.46 | 2513.14 | 1440.79 | 1072.35 | 193.32 |
| 江西 | 1823.19 | 1545.79 | 1026.77 | 519.02 | 277.40 |
| 山东 | 3262.85 | 2910.30 | 1812.79 | 1097.51 | 352.55 |
| 河南 | 1608.56 | 1509.58 | 909.99 | 599.59 | 98.98 |
| 湖北 | 2206.69 | 2104.91 | 1337.02 | 767.90 | 101.77 |
| 湖南 | 3052.15 | 2883.87 | 1550.81 | 1333.05 | 168.28 |
| 广东 | 5087.11 | 4506.01 | 2364.21 | 2141.81 | 581.10 |
| 广西 | 2615.64 | 2218.15 | 1274.07 | 944.08 | 397.48 |
| 海南 | 3830.63 | 3496.07 | 1959.07 | 1537.00 | 334.56 |
| 重庆 | 3623.73 | 2873.10 | 1868.76 | 1004.34 | 750.63 |
| 四川 | 2876.05 | 2752.65 | 1609.14 | 1143.50 | 123.40 |
| 贵州 | 1632.08 | 1560.62 | 929.50 | 631.12 | 71.46 |
| 云南 | 2607.64 | 2399.95 | 1465.46 | 934.49 | 207.69 |
| 西藏 | 4326.32 | 4326.32 | 2600.00 | 1726.32 | |
| 陕西 | 1781.74 | 1551.32 | 851.05 | 700.27 | 230.42 |
| 甘肃 | 2394.15 | 2322.69 | 1424.22 | 898.48 | 71.46 |
| 青海 | 1510.98 | 1400.73 | 887.27 | 513.46 | 110.25 |
| 宁夏 | 2469.59 | 2388.80 | 1236.02 | 1152.78 | 80.80 |
| 新疆 | 2973.80 | 2874.14 | 2155.02 | 719.11 | 99.66 |

# 7－18 分地区地方职业中学生均预算内教育经费支出

单位:元

| | 预算内教育经费支出 | | | | |
|---|---|---|---|---|---|
| | 合计 | 事业性经费支出 | | | 基建支出 |
| | | 小计 | 个人部分 | 公用部分 | |
| **合计** | **1400.09** | **1349.45** | **1134.55** | **214.90** | **50.64** |
| 北京 | 3036.04 | 3021.37 | 2004.72 | 1016.65 | 14.67 |
| 天津 | 1883.70 | 1861.63 | 1472.13 | 389.50 | 22.06 |
| 河北 | 968.95 | 968.95 | 863.61 | 105.33 | |
| 山西 | 1124.54 | 1060.41 | 864.68 | 195.72 | 64.14 |
| 内蒙古 | 909.21 | 891.76 | 785.02 | 106.74 | 17.45 |
| 辽宁 | 1577.35 | 1562.30 | 1320.52 | 241.78 | 15.05 |
| 吉林 | 1246.04 | 1245.01 | 1074.19 | 170.82 | 1.04 |
| 黑龙江 | 1549.93 | 1547.62 | 1400.49 | 147.13 | 2.30 |
| 上海 | 3336.95 | 3066.87 | 2187.92 | 878.95 | 270.09 |
| 江苏 | 1750.42 | 1748.56 | 1602.95 | 145.62 | 1.86 |
| 浙江 | 1771.67 | 1607.01 | 1173.08 | 433.93 | 164.67 |
| 安徽 | 536.85 | 528.06 | 487.57 | 40.48 | 8.79 |
| 福建 | 1350.48 | 1329.97 | 1117.45 | 212.52 | 20.51 |
| 江西 | 982.71 | 935.65 | 854.75 | 80.90 | 47.06 |
| 山东 | 1685.02 | 1680.67 | 1551.67 | 129.00 | 4.35 |
| 河南 | 850.62 | 835.91 | 743.56 | 92.35 | 14.71 |
| 湖北 | 1029.91 | 1027.18 | 966.28 | 60.90 | 2.73 |
| 湖南 | 1298.46 | 1293.37 | 1154.42 | 138.95 | 5.08 |
| 广东 | 2819.03 | 2469.33 | 1832.72 | 636.61 | 349.70 |
| 广西 | 1484.91 | 1245.45 | 1064.66 | 180.78 | 239.46 |
| 海南 | 2431.66 | 2120.70 | 1665.68 | 455.01 | 310.96 |
| 重庆 | 1355.50 | 1333.58 | 1073.01 | 260.57 | 21.91 |
| 四川 | 1305.60 | 1292.73 | 1163.23 | 129.50 | 12.87 |
| 贵州 | 1065.56 | 1041.45 | 859.73 | 181.71 | 24.11 |
| 云南 | 1716.04 | 1639.90 | 1308.30 | 331.60 | 76.14 |
| 西藏 | 4326.32 | 4326.32 | 2600.00 | 1726.32 | |
| 陕西 | 871.79 | 856.42 | 800.77 | 55.65 | 15.37 |
| 甘肃 | 1552.76 | 1533.19 | 1370.61 | 162.58 | 19.57 |
| 青海 | 1106.87 | 996.61 | 858.89 | 137.73 | 110.25 |
| 宁夏 | 1472.53 | 1391.73 | 1166.59 | 225.15 | 80.80 |
| 新疆 | 1762.44 | 1753.56 | 1644.11 | 109.44 | 8.88 |

# 7-19 分地区地方普通小学生均教育经费支出

单位:元

| | 教育经费支出 | | | | |
|---|---|---|---|---|---|
| | 合计 | 事业性经费支出 | | | 基建支出 |
| | | 小计 | 个人部分 | 公用部分 | |
| **合计** | **792.36** | **754.91** | **557.80** | **197.11** | **37.45** |
| 北京 | 2894.93 | 2842.16 | 1993.37 | 848.78 | 52.77 |
| 天津 | 1645.36 | 1610.03 | 1223.83 | 386.20 | 35.33 |
| 河北 | 559.80 | 541.03 | 409.47 | 131.56 | 18.76 |
| 山西 | 701.09 | 677.66 | 498.09 | 179.57 | 23.43 |
| 内蒙古 | 945.06 | 923.87 | 664.65 | 259.22 | 21.19 |
| 辽宁 | 966.51 | 957.21 | 742.40 | 214.82 | 9.30 |
| 吉林 | 992.51 | 982.26 | 697.09 | 285.17 | 10.26 |
| 黑龙江 | 1079.36 | 1052.91 | 821.90 | 231.01 | 26.45 |
| 上海 | 3715.22 | 3498.12 | 2592.65 | 905.46 | 217.10 |
| 江苏 | 1044.43 | 976.82 | 761.89 | 214.92 | 67.61 |
| 浙江 | 1577.21 | 1444.78 | 1015.94 | 428.84 | 132.42 |
| 安徽 | 534.70 | 512.29 | 402.43 | 109.86 | 22.41 |
| 福建 | 1008.48 | 988.38 | 747.83 | 240.55 | 20.10 |
| 江西 | 595.77 | 564.32 | 434.20 | 130.12 | 31.45 |
| 山东 | 783.41 | 761.86 | 581.38 | 180.48 | 21.56 |
| 河南 | 447.15 | 421.27 | 299.64 | 121.63 | 25.87 |
| 湖北 | 561.60 | 536.92 | 393.00 | 143.92 | 24.69 |
| 湖南 | 683.63 | 668.16 | 486.25 | 181.92 | 15.47 |
| 广东 | 1331.28 | 1228.83 | 769.05 | 459.78 | 102.45 |
| 广西 | 611.03 | 576.55 | 440.74 | 135.80 | 34.49 |
| 海南 | 754.57 | 698.76 | 492.31 | 206.44 | 55.81 |
| 重庆 | 698.51 | 653.21 | 520.39 | 132.83 | 45.30 |
| 四川 | 646.70 | 627.73 | 479.01 | 148.72 | 18.97 |
| 贵州 | 418.23 | 375.71 | 299.91 | 75.80 | 42.52 |
| 云南 | 819.00 | 786.37 | 607.77 | 178.60 | 32.63 |
| 西藏 | 1254.53 | 1161.49 | 859.03 | 302.46 | 93.04 |
| 陕西 | 466.19 | 444.73 | 338.27 | 106.46 | 21.47 |
| 甘肃 | 554.73 | 516.81 | 398.34 | 118.47 | 37.92 |
| 青海 | 877.10 | 843.96 | 649.62 | 194.34 | 33.13 |
| 宁夏 | 755.77 | 705.10 | 529.17 | 175.93 | 50.67 |
| 新疆 | 1010.57 | 984.18 | 789.91 | 194.27 | 26.40 |

# 7-20 分地区地方普通小学生均预算内教育经费支出

单位:元

| | 预算内教育经费支出 | | | | |
|---|---|---|---|---|---|
| | 合计 | 事业性经费支出 | | | 基建支出 |
| | | 小计 | 个人部分 | 公用部分 | |
| **合计** | **499.69** | **491.48** | **454.33** | **37.15** | **8.20** |
| 北京 | 1955.53 | 1915.41 | 1482.89 | 432.52 | 40.12 |
| 天津 | 1259.69 | 1256.77 | 1116.27 | 140.50 | 2.92 |
| 河北 | 389.06 | 387.36 | 369.92 | 17.44 | 1.71 |
| 山西 | 448.47 | 446.20 | 428.50 | 17.71 | 2.27 |
| 内蒙古 | 606.39 | 593.99 | 517.84 | 76.15 | 12.40 |
| 辽宁 | 584.63 | 583.24 | 536.83 | 46.41 | 1.40 |
| 吉林 | 567.36 | 566.21 | 527.44 | 38.76 | 1.15 |
| 黑龙江 | 858.52 | 852.29 | 798.77 | 53.51 | 6.23 |
| 上海 | 2791.63 | 2755.79 | 2307.59 | 448.20 | 35.84 |
| 江苏 | 622.57 | 617.50 | 590.28 | 27.23 | 5.07 |
| 浙江 | 793.33 | 786.34 | 714.08 | 72.26 | 6.99 |
| 安徽 | 381.25 | 376.60 | 361.60 | 15.00 | 4.66 |
| 福建 | 699.94 | 694.27 | 647.19 | 47.08 | 5.67 |
| 江西 | 403.67 | 400.37 | 390.81 | 9.55 | 3.30 |
| 山东 | 493.47 | 492.57 | 477.36 | 15.21 | 0.89 |
| 河南 | 261.39 | 260.77 | 249.32 | 11.45 | 0.62 |
| 湖北 | 294.12 | 292.92 | 283.43 | 9.49 | 1.21 |
| 湖南 | 353.05 | 351.48 | 340.40 | 11.08 | 1.57 |
| 广东 | 685.23 | 644.34 | 562.17 | 82.17 | 40.89 |
| 广西 | 416.95 | 410.59 | 381.17 | 29.42 | 6.36 |
| 海南 | 509.34 | 491.79 | 456.08 | 35.71 | 17.55 |
| 重庆 | 373.76 | 368.63 | 348.16 | 20.47 | 5.13 |
| 四川 | 372.37 | 370.16 | 352.94 | 17.22 | 2.22 |
| 贵州 | 334.85 | 311.72 | 293.75 | 17.98 | 23.13 |
| 云南 | 664.43 | 653.20 | 570.49 | 82.71 | 11.23 |
| 西藏 | 1198.04 | 1110.09 | 858.39 | 251.70 | 87.96 |
| 陕西 | 325.20 | 322.52 | 313.75 | 8.77 | 2.68 |
| 甘肃 | 440.46 | 421.69 | 390.11 | 31.58 | 18.77 |
| 青海 | 754.16 | 732.95 | 632.28 | 100.67 | 21.21 |
| 宁夏 | 612.43 | 581.48 | 514.38 | 67.10 | 30.95 |
| 新疆 | 741.49 | 733.13 | 634.83 | 98.31 | 8.36 |

# 7-21　分地区地方农村普通小学生均教育经费支出

单位:元

| | 教育经费支出 | | | | |
|---|---|---|---|---|---|
| | 合计 | 事业性经费支出 | | | 基建支出 |
| | | 小计 | 个人部分 | 公用部分 | |
| **合计** | **647.01** | **621.07** | **472.77** | **148.30** | **25.95** |
| 北京 | 2102.67 | 2101.28 | 1612.39 | 488.89 | 1.40 |
| 天津 | 1191.93 | 1182.12 | 842.82 | 339.30 | 9.82 |
| 河北 | 500.67 | 483.24 | 367.27 | 115.97 | 17.43 |
| 山西 | 659.07 | 636.54 | 481.35 | 155.19 | 22.53 |
| 内蒙古 | 849.49 | 830.88 | 609.96 | 220.92 | 18.62 |
| 辽宁 | 774.05 | 767.05 | 636.13 | 130.91 | 7.00 |
| 吉林 | 820.90 | 813.43 | 581.20 | 232.23 | 7.48 |
| 黑龙江 | 982.60 | 967.89 | 763.41 | 204.49 | 14.70 |
| 上海 | 3047.79 | 3021.35 | 2558.14 | 463.21 | 26.44 |
| 江苏 | 870.65 | 822.85 | 663.21 | 159.65 | 47.80 |
| 浙江 | 1335.78 | 1273.31 | 928.46 | 344.84 | 62.47 |
| 安徽 | 467.61 | 449.67 | 357.32 | 92.35 | 17.95 |
| 福建 | 876.39 | 864.95 | 687.36 | 177.60 | 11.44 |
| 江西 | 551.09 | 519.68 | 404.77 | 114.91 | 31.41 |
| 山东 | 688.86 | 674.10 | 529.27 | 144.83 | 14.76 |
| 河南 | 393.17 | 367.54 | 264.70 | 102.85 | 25.63 |
| 湖北 | 449.61 | 431.16 | 318.65 | 112.51 | 18.46 |
| 湖南 | 616.30 | 602.27 | 450.07 | 152.20 | 14.03 |
| 广东 | 1051.67 | 1000.13 | 643.46 | 356.68 | 51.54 |
| 广西 | 559.12 | 527.83 | 409.54 | 118.29 | 31.28 |
| 海南 | 663.72 | 609.89 | 452.51 | 157.38 | 53.83 |
| 重庆 | 556.56 | 519.66 | 423.20 | 96.46 | 36.89 |
| 四川 | 571.92 | 555.09 | 436.30 | 118.78 | 16.83 |
| 贵州 | 376.25 | 332.97 | 266.59 | 66.38 | 43.27 |
| 云南 | 763.34 | 736.55 | 581.36 | 155.19 | 26.80 |
| 西藏 | 1130.42 | 1044.17 | 791.15 | 253.02 | 86.24 |
| 陕西 | 425.95 | 402.23 | 312.84 | 89.39 | 23.72 |
| 甘肃 | 509.68 | 474.08 | 367.14 | 106.94 | 35.60 |
| 青海 | 805.74 | 775.78 | 597.23 | 178.55 | 29.96 |
| 宁夏 | 705.01 | 649.45 | 502.49 | 146.96 | 55.56 |
| 新疆 | 876.32 | 858.61 | 718.14 | 140.47 | 17.71 |

# 7-22 分地区地方农村普通小学生均预算内教育经费支出

单位:元

| | 预算内教育经费支出 | | | | |
|---|---|---|---|---|---|
| | 合计 | 事业性经费支出 | | | 基建支出 |
| | | 小计 | 个人部分 | 公用部分 | |
| **合计** | **417.44** | **412.97** | **388.86** | **24.11** | **4.47** |
| 北京 | 1733.77 | 1732.37 | 1448.34 | 284.03 | 1.40 |
| 天津 | 922.06 | 922.06 | 794.63 | 127.42 | |
| 河北 | 339.90 | 339.00 | 326.46 | 12.53 | 0.91 |
| 山西 | 427.53 | 426.92 | 414.78 | 12.14 | 0.61 |
| 内蒙古 | 554.76 | 543.62 | 475.56 | 68.06 | 11.14 |
| 辽宁 | 489.59 | 488.57 | 465.17 | 23.41 | 1.02 |
| 吉林 | 485.23 | 484.77 | 464.03 | 20.74 | 0.46 |
| 黑龙江 | 782.62 | 779.30 | 740.33 | 38.97 | 3.32 |
| 上海 | 2606.27 | 2606.27 | 2336.76 | 269.51 | |
| 江苏 | 519.23 | 518.68 | 502.64 | 16.04 | 0.55 |
| 浙江 | 682.59 | 681.43 | 624.10 | 57.33 | 1.16 |
| 安徽 | 343.73 | 339.46 | 326.80 | 12.66 | 4.27 |
| 福建 | 639.04 | 637.23 | 608.81 | 28.42 | 1.81 |
| 江西 | 376.58 | 373.45 | 366.00 | 7.45 | 3.13 |
| 山东 | 435.54 | 434.70 | 426.66 | 8.04 | 0.84 |
| 河南 | 227.20 | 227.07 | 218.79 | 8.27 | 0.14 |
| 湖北 | 227.90 | 226.83 | 221.70 | 5.13 | 1.07 |
| 湖南 | 315.36 | 313.83 | 307.86 | 5.97 | 1.53 |
| 广东 | 499.93 | 494.45 | 450.24 | 44.21 | 5.47 |
| 广西 | 384.31 | 380.06 | 352.40 | 27.67 | 4.25 |
| 海南 | 463.90 | 447.41 | 421.72 | 25.69 | 16.49 |
| 重庆 | 316.90 | 311.89 | 303.11 | 8.77 | 5.02 |
| 四川 | 338.60 | 336.84 | 324.72 | 12.12 | 1.76 |
| 贵州 | 303.11 | 278.75 | 262.64 | 16.11 | 24.36 |
| 云南 | 637.09 | 627.80 | 552.53 | 75.27 | 9.30 |
| 西藏 | 1091.27 | 1010.92 | 790.52 | 220.40 | 80.35 |
| 陕西 | 300.73 | 297.34 | 290.53 | 6.80 | 3.40 |
| 甘肃 | 407.29 | 389.61 | 358.82 | 30.80 | 17.67 |
| 青海 | 708.78 | 693.72 | 592.94 | 100.79 | 15.06 |
| 宁夏 | 593.74 | 558.47 | 490.60 | 67.87 | 35.27 |
| 新疆 | 671.29 | 668.56 | 590.26 | 78.30 | 2.73 |

# 附　表



（仅供参阅）

# 附表1　县(县级市)

| | 教育经费总支出（千元） | 其中:财政预算内教育拨款（千元） | 人均教育经费总支出（元） | 其中:人均财政预算内教育经费支出（元） | 财政支出中预算内教育拨款所占比例（%） |
|---|---|---|---|---|---|
| **北　京** | | | | | |
| 昌平县 | 221391 | 173024 | 517.27 | 403.10 | 25.10 |
| 顺义县 | 289101 | 216325 | 535.37 | 374.57 | 20.12 |
| 通　县 | 243746 | 172851 | 408.28 | 240.34 | 19.82 |
| 大兴县 | 274985 | 220054 | 520.80 | 416.77 | 25.87 |
| 平谷县 | 226323 | 171609 | 584.81 | 443.43 | 17.96 |
| 怀柔县 | 192922 | 155260 | 728.01 | 584.90 | 14.79 |
| 密云县 | 218488 | 173007 | 526.48 | 416.87 | 19.70 |
| 延庆县 | 175955 | 137523 | 651.69 | 507.90 | 2.87 |
| **天　津** | | | | | |
| 河西县 | 319757 | 158659 | 454.85 | 237.07 | 59.59 |
| 宁河县 | 112157 | 66093 | 314.17 | 231.92 | 35.67 |
| 武清县 | 203126 | 141541 | 254.23 | 195.25 | 40.44 |
| 静海县 | 115964 | 89417 | 228.28 | 181.92 | 37.09 |
| 宝坻县 | 165210 | 111440 | 254.17 | 178.98 | 41.54 |
| 蓟　县 | 163764 | 115738 | 206.51 | 148.22 | 47.85 |
| **河　北** | | | | | |
| 井陉县 | 60140 | 43610 | 181.14 | 131.36 | 34.50 |
| 鹿泉市 | 81680 | 49650 | 225.64 | 137.15 | 26.35 |
| 正定县 | 101765 | 74931 | 184.02 | 135.50 | 35.47 |
| 栾城县 | 68461 | 40286 | 203.75 | 119.90 | 31.82 |
| 晋州市 | 77322 | 49190 | 151.61 | 96.45 | 31.47 |
| 深泽县 | 28653 | 22040 | 115.07 | 88.51 | 31.06 |
| 无极县 | 71643 | 43900 | 149.26 | 91.46 | 36.84 |
| 藁城市 | 164057 | 76970 | 219.92 | 103.18 | 31.09 |
| 赵　县 | 73617 | 47218 | 135.82 | 87.12 | 41.91 |
| 新乐市 | 83302 | 43325 | 189.32 | 98.47 | 28.18 |
| 高邑县 | 36311 | 22919 | 213.59 | 134.82 | 31.32 |
| 元氏县 | 53243 | 38757 | 136.52 | 99.38 | 37.71 |
| 赞皇县 | 38204 | 22276 | 169.80 | 99.00 | 30.23 |
| 平山县 | 70914 | 47070 | 157.59 | 104.60 | 27.02 |
| 灵寿县 | 48212 | 33730 | 155.52 | 108.81 | 31.49 |
| 行唐县 | 51074 | 29646 | 123.37 | 71.61 | 29.00 |
| 丰润县 | 99968 | 66634 | 140.80 | 93.85 | 36.95 |
| 丰南市 | 116836 | 70436 | 225.12 | 135.71 | 28.17 |
| 滦　县 | 93783 | 56604 | 175.62 | 106.00 | 34.64 |
| 滦南县 | 96036 | 58876 | 168.78 | 103.47 | 31.74 |
| 乐亭县 | 91665 | 61432 | 185.56 | 124.36 | 38.33 |

## 教育经费支出

| 农村人均征收教育费附加占农村人均纯收入比例(%) | 普通初中生均预算内事业费支出(元) | 其中:普通初中生均公用经费支出(元) | 普通小学生均预算内事业费支出(元) | 其中:普通小学生均公用经费支出(元) | 农村小学生均预算内事业费支出(元) | 其中:农村小学生均公用经费支出(元) |
|---|---|---|---|---|---|---|
|  | 3124.86 | 663.12 | 2334.23 | 286.60 | 2341.45 | 287.94 |
| 0.16 | 1948.53 | 367.90 | 1506.99 | 170.21 | 1484.10 | 101.86 |
| 0.32 | 1885.43 | 355.40 | 1083.23 | 118.08 | 1030.02 | 104.24 |
|  | 2542.78 | 616.18 | 1719.27 | 161.25 | 1485.05 | 148.43 |
|  | 2429.37 | 612.89 | 1553.49 | 125.46 | 1558.05 | 102.10 |
|  | 4485.58 | 1999.30 | 2814.44 | 1194.16 | 2816.59 | 1135.25 |
|  | 2999.11 | 961.44 | 1881.10 | 179.47 | 1877.31 | 150.11 |
| 0.07 | 3083.12 | 932.87 | 1667.24 | 195.42 | 1633.85 | 184.57 |
|  |  |  |  |  |  |  |
|  | 1796.76 | 521.19 | 1212.15 | 104.59 |  |  |
| 0.33 | 907.81 | 84.39 | 1228.63 | 597.92 | 662.82 | 82.55 |
|  | 1433.38 | 335.27 | 1093.86 | 96.45 | 1071.37 | 142.22 |
| 0.15 | 948.97 | 70.08 | 1033.71 | 92.93 | 1020.51 | 94.29 |
| 0.32 | 764.63 | 156.06 | 899.95 |  | 901.66 |  |
| 0.01 | 749.55 | 13.46 | 563.11 | 0.91 | 553.27 | 0.99 |
|  |  |  |  |  |  |  |
| 1.22 | 713.93 | 25.23 | 525.33 | 13.81 | 521.62 | 8.04 |
| 0.49 | 520.49 | 54.67 | 450.57 | 30.01 | 460.81 | 30.00 |
|  | 652.25 | 45.10 | 374.12 | 76.90 | 360.15 | 77.14 |
| 0.94 | 694.63 | 76.62 | 285.64 | 39.07 | 263.63 | 38.96 |
| 0.71 | 422.55 | 68.71 | 264.59 | 26.36 | 248.18 | 20.45 |
|  | 705.73 | 34.46 | 290.52 | 1.28 | 264.20 |  |
| 1.20 | 384.07 |  | 342.83 |  | 297.63 |  |
| 1.17 | 630.08 | 76.25 | 276.46 | 41.33 | 257.29 | 36.19 |
| 0.59 | 564.99 | 18.12 | 185.28 | 11.92 | 154.36 | 5.27 |
| 1.55 | 583.55 | 69.06 | 312.40 | 16.03 | 284.28 | 7.48 |
| 1.27 | 559.52 | 151.64 | 419.04 | 76.69 | 397.18 | 74.04 |
| 0.22 | 479.90 |  | 325.07 | 2.78 | 296.86 | 3.90 |
| 0.84 | 314.36 | 0.73 | 403.31 | 0.58 | 387.02 |  |
| 0.93 | 500.96 | 19.98 | 455.28 | 9.15 | 452.87 | 8.95 |
| 0.61 | 606.05 | 13.27 | 333.73 | 17.53 | 317.87 | 15.40 |
| 1.06 | 512.62 | 52.75 | 225.34 | 17.43 | 218.94 | 16.19 |
| 1.00 | 456.03 | 49.19 | 393.79 | 35.14 | 374.47 | 32.84 |
| 0.93 | 935.63 | 110.63 | 391.06 | 53.68 | 350.44 | 43.80 |
| 0.88 | 693.66 | 1.34 | 427.66 | 3.11 | 413.47 | 2.81 |
| 0.48 | 852.32 | 33.91 | 399.06 | 8.36 | 376.44 | 6.34 |
| 0.93 | 735.60 | 40.05 | 626.74 | 24.57 | 597.83 | 19.99 |

## 附表1　县(县级市)

| | 教育经费总支出（千元） | 其中:财政预算内教育拨款（千元） | 人均教育经费总支出（元） | 其中:人均财政预算内教育经费支出（元） | 财政支出中预算内教育拨款所占比例（%） |
|---|---|---|---|---|---|
| 迁安县 | 114945 | 84017 | 173.11 | 126.53 | 29.97 |
| 迁西县 | 76607 | 47788 | 215.79 | 134.61 | 28.15 |
| 遵化市 | 96330 | 67750 | 140.83 | 99.05 | 27.12 |
| 玉田县 | 115791 | 72230 | 178.14 | 111.12 | 36.75 |
| 唐海县 | 21806 | 12045 | 159.17 | 87.92 | 16.49 |
| 高新技术开发 | 2617 | 1444 | 186.93 | 103.14 | 3.11 |
| 青龙县 | 62187 | 38382 | 123.63 | 76.31 | 30.19 |
| 昌黎县 | 79392 | 56870 | 146.21 | 104.73 | 38.82 |
| 抚宁县 | 95913 | 64701 | 186.96 | 126.12 | 36.30 |
| 卢龙县 | 60074 | 36700 | 144.06 | 88.01 | 37.70 |
| 邯郸县 | 76727 | 42600 | 200.33 | 111.23 | 28.98 |
| 大名县 | 88039 | 50510 | 120.27 | 69.00 | 36.15 |
| 魏县 | 82182 | 49180 | 104.03 | 62.25 | 49.23 |
| 曲周县 | 56181 | 24970 | 142.59 | 63.38 | 30.76 |
| 丘县 | 28700 | 16950 | 143.50 | 84.75 | 28.19 |
| 鸡泽县 | 30236 | 16153 | 122.41 | 65.40 | 26.03 |
| 肥乡县 | 35013 | 19334 | 112.58 | 62.17 | 30.34 |
| 广平县 | 33389 | 24258 | 135.18 | 98.21 | 32.15 |
| 成安县 | 57933 | 29349 | 161.37 | 81.75 | 33.93 |
| 临漳县 | 79560 | 38130 | 139.09 | 66.66 | 40.05 |
| 磁县 | 85361 | 49081 | 135.71 | 78.03 | 33.61 |
| 涉县 | 78803 | 44198 | 207.92 | 116.62 | 24.49 |
| 永年县 | 97994 | 52380 | 118.64 | 63.41 | 36.34 |
| 馆陶县 | 34921 | 19720 | 125.62 | 70.94 | 25.51 |
| 武安名 | 145020 | 81400 | 205.41 | 115.30 | 31.46 |
| 市直属 | 92663 | 48750 | | | 8.57 |
| 邢台县 | 61037 | 38794 | 134.74 | 85.64 | 24.87 |
| 南宫市 | 62586 | 34133 | 135.47 | 73.88 | 38.97 |
| 沙河市 | 57732 | 40822 | 123.10 | 87.04 | 27.79 |
| 临城县 | 29246 | 22710 | 156.40 | 121.44 | 29.23 |
| 内丘县 | 34188 | 21368 | 136.75 | 85.47 | 27.13 |
| 柏乡县 | 18690 | 15310 | 105.59 | 86.50 | 32.08 |
| 隆尧县 | 50435 | 37097 | 108.93 | 80.12 | 41.41 |
| 任县 | 22130 | 17900 | 74.01 | 59.87 | 30.98 |
| 南和县 | 29392 | 16653 | 95.43 | 54.07 | 31.58 |
| 宁晋县 | 92451 | 49975 | 129.48 | 69.99 | 34.60 |
| 巨鹿县 | 36265 | 26446 | 102.15 | 74.50 | 30.75 |
| 新河县 | 24020 | 16230 | 154.97 | 104.71 | 40.86 |

## 教育经费支出(续1)

| 农村人均征收教育费附加占农村人均纯收入比例(%) | 普通初中生均预算内事业费支出(元) | 其中:普通初中生均公用经费支出(元) | 普通小学生均预算内事业费支出(元) | 其中:普通小学生均公用经费支出(元) | 农村小学生均预算内事业费支出(元) | 其中:农村小学生均公用经费支出(元) |
|---|---|---|---|---|---|---|
| 0.49 | 772.49 | 129.77 | 381.84 | 61.76 | 371.77 | 54.18 |
| 0.48 | 737.97 | 58.05 | 533.97 | 33.41 | 434.85 | 25.54 |
| 0.72 | 658.57 | 10.71 | 329.91 | 5.27 | 319.26 | 5.06 |
| 1.04 | 692.58 | 28.36 | 281.37 | 4.23 | 271.11 | 4.22 |
| 1.52 | 1918.24 | 545.07 | 1323.21 | 213.12 | | |
| | | | 876.21 | | | |
| 1.20 | 264.86 | 1.94 | 321.62 | | 310.57 | |
| | 908.01 | 80.05 | 492.68 | 7.88 | 492.68 | 7.88 |
| 0.74 | 890.59 | 44.80 | 520.95 | 22.12 | 520.95 | 22.12 |
| 0.85 | 674.69 | | 334.51 | | 334.51 | |
| 0.91 | 405.34 | 59.57 | 380.39 | 18.54 | 373.74 | 18.04 |
| 0.89 | 301.86 | | 251.52 | 4.74 | 229.07 | 5.02 |
| 0.89 | 319.70 | 8.73 | 260.47 | 2.89 | 260.79 | 2.89 |
| 0.89 | 245.85 | 14.76 | 304.53 | 12.35 | 300.48 | 12.10 |
| 0.94 | 452.45 | 10.88 | 242.75 | 9.47 | 215.94 | |
| 0.79 | 210.09 | | 223.63 | 3.42 | 216.90 | 3.59 |
| 0.82 | 366.68 | 4.61 | 240.83 | | 231.94 | |
| 0.51 | 442.03 | 135.38 | 282.85 | 61.42 | 272.98 | 64.80 |
| 0.87 | 445.40 | 25.93 | 347.42 | 11.50 | 340.93 | 8.39 |
| 0.89 | 420.84 | 12.11 | 150.88 | 6.84 | 138.72 | 5.49 |
| 0.60 | 423.46 | 40.81 | 180.66 | 0.02 | 121.40 | |
| 0.59 | 498.25 | 40.81 | 419.32 | 17.41 | 422.43 | 16.75 |
| 0.56 | 352.81 | 28.53 | 173.04 | 2.98 | 158.40 | 3.05 |
| 1.05 | 427.03 | | 207.63 | | 200.09 | |
| 0.99 | 649.44 | 37.00 | 369.86 | 8.87 | 319.61 | 7.15 |
| | 1299.73 | 141.18 | 356.13 | 59.26 | | |
| 0.70 | 395.13 | 24.28 | 267.08 | 4.81 | 267.08 | 4.81 |
| 1.15 | 574.71 | 31.36 | 260.19 | 3.80 | 231.36 | 4.74 |
| | 382.17 | 15.25 | 262.60 | 16.37 | 242.19 | 8.14 |
| 0.69 | 782.74 | 3.85 | 387.97 | 34.58 | 389.53 | 37.04 |
| 0.57 | 284.42 | 2.86 | 367.50 | | 336.74 | |
| | 473.66 | 54.41 | 306.91 | 27.16 | 276.72 | 27.73 |
| 0.02 | 364.56 | 10.62 | 294.52 | 0.03 | 284.08 | 0.03 |
| | 298.31 | 4.34 | 204.31 | | 198.42 | |
| 0.18 | 150.20 | 4.51 | 234.70 | 0.98 | 230.46 | |
| 1.34 | 417.39 | 48.71 | 232.49 | 8.93 | 224.32 | 8.72 |
| | 347.51 | 6.93 | 276.38 | 4.70 | 260.96 | 0.74 |
| 1.46 | 782.16 | 155.21 | 380.15 | 4.58 | 364.51 | 3.23 |

## 附表1 县(县级市)

| | 教育经费总支出(千元) | 其中:财政预算内教育拨款(千元) | 人均教育经费总支出(元) | 其中:人均财政预算内教育经费支出(元) | 财政支出中预算内教育拨款所占比例(%) |
|---|---|---|---|---|---|
| 广宗县 | 19900 | 18230 | 73.70 | 67.52 | 32.92 |
| 平乡县 | 28651 | 22061 | 106.51 | 82.01 | 34.01 |
| 威县 | 56313 | 37617 | 106.25 | 70.98 | 36.45 |
| 清河县 | 47893 | 32535 | 136.84 | 92.28 | 26.48 |
| 临西县 | 28476 | 18769 | 88.99 | 58.65 | 27.02 |
| 市直 | 205416 | 93557 | | | 9.04 |
| 定州市 | 137410 | 103560 | 123.57 | 93.13 | 75.04 |
| 涿州市 | 94519 | 58029 | 165.82 | 101.09 | 48.38 |
| 安国市 | 71251 | 39129 | 183.16 | 100.34 | 42.41 |
| 高碑店 | 82635 | 64758 | 149.70 | 117.32 | 77.64 |
| 徐水县 | 113278 | 57982 | 203.74 | 104.28 | 40.05 |
| 涞源县 | 32705 | 24392 | 126.27 | 93.88 | 20.67 |
| 定兴县 | 95828 | 53140 | 173.60 | 96.27 | 89.40 |
| 顺平县 | 54454 | 35497 | 185.22 | 120.74 | 62.03 |
| 唐县 | 63907 | 48815 | 123.61 | 94.42 | 57.13 |
| 望都县 | 32256 | 20560 | 124.06 | 79.08 | 26.42 |
| 涞水县 | 50152 | 29548 | 148.82 | 87.68 | 26.48 |
| 清苑县 | 109055 | 62389 | 180.26 | 102.82 | 44.36 |
| 满城县 | 69778 | 43068 | 188.59 | 116.40 | 54.24 |
| 高阳县 | 48217 | 35726 | 157.06 | 115.87 | 24.56 |
| 安新县 | 49851 | 32246 | 126.21 | 81.64 | 15.83 |
| 雄县 | 43690 | 24349 | 133.20 | 74.23 | 25.09 |
| 容城县 | 21812 | 16557 | 89.76 | 68.14 | 11.70 |
| 曲阳县 | 33863 | 33080 | 65.12 | 63.62 | 36.47 |
| 阜平县 | 34592 | 24608 | 167.92 | 119.46 | 17.34 |
| 博野县 | 32334 | 21601 | 129.86 | 86.75 | 24.97 |
| 蠡县 | 84072 | 51317 | 175.15 | 106.91 | 45.49 |
| 宣化县 | 45716 | 33737 | 152.90 | 112.75 | 34.62 |
| 张北县 | 38661 | 29941 | 103.93 | 80.49 | 29.46 |
| 康保县 | 39597 | 27965 | 139.92 | 98.82 | 33.73 |
| 沽源县 | 25433 | 17717 | 110.10 | 76.70 | 25.66 |
| 尚义县 | 27289 | 19542 | 142.87 | 102.31 | 27.49 |
| 蔚县 | 52786 | 38846 | 114.50 | 84.26 | 32.64 |
| 怀安县 | 36442 | 24136 | 147.54 | 97.72 | 33.83 |
| 万全县 | 25961 | 18763 | 118.54 | 84.60 | 27.14 |
| 怀来县 | 49479 | 30719 | 149.03 | 92.53 | 32.14 |
| 涿鹿县 | 32816 | 24780 | 99.14 | 74.86 | 27.48 |
| 赤城县 | 29607 | 23240 | 105.36 | 82.70 | 24.91 |

## 教育经费支出(续2)

| 农村人均征收教育费附加占农村人均纯收入比例(%) | 普通初中生均预算内事业费支出(元) | 其中:普通初中生均公用经费支出(元) | 普通小学生均预算内事业费支出(元) | 其中:普通小学生均公用经费支出(元) | 农村小学生均预算内事业费支出(元) | 其中:农村小学生均公用经费支出(元) |
|---|---|---|---|---|---|---|
| | 290.55 | 46.40 | 321.13 | 4.86 | 314.61 | 5.13 |
| 0.18 | 288.11 | 5.65 | 281.99 | 7.89 | 285.49 | 7.98 |
| 1.09 | 268.88 | 0.96 | 308.03 | 5.43 | 308.33 | 5.85 |
| 0.43 | 481.41 | 30.61 | 322.94 | 5.98 | 281.54 | 1.35 |
| 0.61 | 361.04 | 19.48 | 201.69 | 2.44 | 163.22 | 1.15 |
| | 3699.56 | 686.50 | 817.15 | 169.61 | | |
| 0.73 | 481.53 | 69.65 | 408.43 | 21.45 | 400.70 | 20.00 |
| 0.72 | 534.71 | 6.66 | 512.58 | 4.46 | 347.17 | |
| 0.16 | 416.98 | 12.73 | 456.80 | 6.59 | 433.83 | 6.86 |
| 0.46 | 827.23 | 238.89 | 470.89 | 45.88 | 434.52 | 28.51 |
| 0.44 | 449.35 | 14.57 | 387.97 | | 361.97 | |
| 0.24 | 530.31 | 1.71 | 511.84 | 8.86 | 533.59 | 5.17 |
| 1.82 | 431.47 | 67.46 | 441.91 | 40.64 | 426.85 | 30.76 |
| 1.45 | 685.04 | 166.11 | 498.84 | 38.12 | 452.49 | 8.30 |
| | 541.26 | | 421.36 | | 419.95 | |
| 1.14 | 319.40 | 18.30 | 361.32 | 5.33 | 371.13 | 5.63 |
| 0.89 | 492.35 | | 356.14 | 1.93 | 270.99 | 2.19 |
| 1.36 | 665.08 | 35.20 | 361.75 | 16.43 | 355.07 | 16.24 |
| 1.08 | 568.24 | | 416.08 | | 386.93 | |
| 0.45 | 753.54 | 10.35 | 416.36 | 1.83 | 431.97 | 2.22 |
| 0.77 | 515.65 | 10.16 | 422.45 | 6.62 | 397.56 | 2.43 |
| 1.10 | 339.79 | 28.43 | 306.95 | 16.83 | 285.02 | 15.35 |
| 0.19 | 224.44 | | 274.06 | | 292.79 | |
| 1.02 | 387.10 | 65.97 | 281.74 | 7.17 | 281.37 | 7.20 |
| 0.97 | 563.74 | 17.67 | 623.73 | 12.49 | 663.69 | 12.93 |
| 0.60 | 365.78 | 4.03 | 411.36 | 5.55 | 385.55 | 3.14 |
| 0.72 | 436.23 | 102.40 | 412.08 | 24.80 | 408.36 | 24.80 |
| 0.54 | 964.20 | 35.48 | 469.75 | | 469.75 | |
| 0.44 | 764.00 | 64.75 | 513.50 | 15.54 | 499.70 | 8.48 |
| 1.31 | 885.09 | 8.94 | 601.21 | 1.27 | 583.86 | 1.48 |
| 0.58 | 640.87 | 9.94 | 434.08 | 0.69 | 325.52 | 0.82 |
| 1.36 | 973.73 | 112.87 | 581.97 | 25.53 | 510.25 | 6.23 |
| 0.33 | 422.02 | 5.98 | 356.06 | | 358.15 | |
| 0.73 | 699.87 | | 496.00 | 1.72 | 446.07 | 2.00 |
| 0.50 | 649.07 | | 450.63 | | 444.67 | |
| 0.33 | 631.61 | 2.29 | 384.25 | | 384.25 | |
| 0.28 | 451.39 | | 360.05 | 9.84 | 362.96 | 10.38 |
| 0.41 | 642.04 | | 459.31 | | 408.50 | |

# 附表1 县(县级市)

| | 教育经费总支出(千元) | 其中:财政预算内教育拨款(千元) | 人均教育经费总支出(元) | 其中:人均财政预算内教育经费支出(元) | 财政支出中预算内教育拨款所占比例(%) |
|---|---|---|---|---|---|
| 崇礼县 | 15447 | 10123 | 125.59 | 82.30 | 21.80 |
| 承德县 | 53439 | 45261 | 113.46 | 96.10 | 35.91 |
| 宽城县 | 29637 | 24920 | 128.30 | 107.88 | 27.23 |
| 兴隆县 | 46078 | 34051 | 145.82 | 107.76 | 29.14 |
| 平泉县 | 57408 | 46262 | 125.07 | 100.79 | 35.58 |
| 滦平县 | 44833 | 32203 | 134.63 | 96.71 | 32.53 |
| 丰宁县 | 59580 | 36230 | 159.30 | 96.87 | 27.87 |
| 隆化县 | 46200 | 38770 | 111.59 | 93.65 | 31.47 |
| 围场县 | 53011 | 37269 | 103.54 | 72.79 | 26.13 |
| 市直属 | 130658 | 49961 | | | 9.83 |
| 沧县 | 80021 | 56257 | 123.68 | 85.36 | 33.47 |
| 青县 | 68648 | 35871 | 180.18 | 93.94 | 31.14 |
| 泊头市 | 74259 | 52450 | 135.02 | 95.36 | 33.25 |
| 任丘市 | 96415 | 38485 | 162.04 | 64.51 | 17.95 |
| 黄骅市 | 65640 | 37429 | 161.67 | 90.76 | 26.91 |
| 河间市 | 76497 | 53764 | 100.65 | 70.59 | 35.41 |
| 肃宁县 | 48387 | 34337 | 146.63 | 104.05 | 39.27 |
| 献县 | 67608 | 55471 | 122.92 | 100.86 | 37.49 |
| 吴桥县 | 41881 | 29610 | 152.85 | 108.07 | 35.16 |
| 东光县 | 43720 | 39418 | 128.21 | 115.02 | 32.41 |
| 南皮县 | 55160 | 38950 | 160.82 | 113.56 | 33.31 |
| 盐山县 | 60346 | 36770 | 150.87 | 91.93 | 31.27 |
| 孟村回族自治县 | 23470 | 18174 | 127.55 | 98.77 | 25.06 |
| 海兴县 | 36463 | 26391 | 173.63 | 125.21 | 30.02 |
| 三河市 | 115135 | 95226 | 256.43 | 188.19 | 37.21 |
| 固安县 | 55826 | 30602 | 142.05 | 77.89 | 30.75 |
| 永清县 | 58729 | 31950 | 157.87 | 85.89 | 32.89 |
| 香河县 | 62421 | 45477 | 203.99 | 148.62 | 28.33 |
| 大城县 | 58507 | 30636 | 130.02 | 65.21 | 27.93 |
| 文安县 | 92248 | 37689 | 205.45 | 83.94 | 28.73 |
| 大厂回族自治县 | 29768 | 23596 | 268.18 | 210.95 | 26.97 |
| 市直 | 91479 | 87929 | | | 16.58 |
| 霸州市 | 79351 | 62351 | 144.01 | 113.16 | 34.28 |
| 冀州市 | 61193 | 28240 | 161.03 | 74.32 | 21.01 |
| 枣强县 | 50147 | 38640 | 132.66 | 102.22 | 36.66 |
| 武邑县 | 39413 | 30943 | 121.65 | 95.50 | 29.76 |
| 深县 | 71120 | 53050 | 123.69 | 92.26 | 39.30 |
| 武强县 | 31384 | 20870 | 149.45 | 99.38 | 35.02 |

## 教育经费支出(续3)

| 农村人均征收教育费附加占农村人均纯收入比例(%) | 普通初中生均预算内事业费支出(元) | 其中:普通初中生均公用经费支出(元) | 普通小学生均预算内事业费支出(元) | 其中:普通小学生均公用经费支出(元) | 农村小学生均预算内事业费支出(元) | 其中:农村小学生均公用经费支出(元) |
|---|---|---|---|---|---|---|
| 1.22 | 1140.75 | | 293.11 | | 242.20 | |
| 1.07 | 507.78 | 19.22 | 467.04 | 16.59 | 457.79 | 16.22 |
| 1.28 | 510.18 | 17.80 | 466.93 | 7.06 | 407.65 | 7.52 |
| 0.45 | 514.06 | 102.84 | 678.94 | 67.09 | 681.43 | 94.66 |
| 1.77 | 632.79 | 8.96 | 543.37 | 12.53 | 632.94 | 1.27 |
| 0.40 | 498.10 | | 683.66 | 2.72 | 656.86 | 5.79 |
| 0.37 | 430.34 | | 558.52 | 9.67 | 485.58 | 11.72 |
| 0.82 | 618.52 | 13.78 | 526.32 | 30.55 | 596.16 | 52.20 |
| 1.10 | 487.59 | | 440.74 | | 440.71 | |
| | 1477.80 | 143.00 | | | | |
| 0.16 | 290.28 | 14.63 | 344.18 | 10.01 | 325.89 | 7.29 |
| 1.39 | 584.24 | 65.39 | 357.43 | 37.68 | 353.40 | 37.75 |
| 0.23 | 624.32 | 11.27 | 384.16 | 8.34 | 338.01 | 4.56 |
| 1.39 | 384.86 | 6.21 | 138.13 | 0.72 | 82.55 | 1.07 |
| 0.73 | 762.01 | 35.92 | 313.32 | 3.49 | 296.41 | 2.51 |
| 0.31 | 445.91 | 2.15 | 242.73 | 3.40 | 204.74 | 1.24 |
| 0.25 | 543.97 | 1.55 | 344.11 | | 348.82 | |
| 0.42 | 683.80 | 132.26 | 402.33 | 26.39 | 400.44 | 27.36 |
| 0.41 | 580.07 | 59.31 | 560.45 | 96.46 | 546.05 | 86.20 |
| | 809.66 | | 451.15 | 12.52 | 417.08 | 11.63 |
| 0.93 | 584.53 | 49.69 | 508.49 | 30.04 | 508.94 | 34.92 |
| 1.48 | 530.43 | 32.51 | 290.38 | 10.96 | 262.55 | 8.49 |
| 0.07 | 393.58 | 5.10 | 434.40 | 0.25 | 449.91 | |
| 0.87 | 960.07 | 432.07 | 395.09 | 92.52 | 350.85 | 68.26 |
| 0.40 | 959.50 | 276.91 | 449.62 | 81.42 | 408.03 | 55.21 |
| 0.72 | 363.73 | 92.96 | 264.98 | 51.44 | 234.86 | 37.06 |
| 0.40 | 553.31 | 3.02 | 344.63 | 0.60 | 308.06 | |
| 0.56 | 604.22 | 134.00 | 609.29 | 81.49 | 590.16 | 84.60 |
| 0.35 | 260.22 | | 194.08 | | 161.96 | |
| 0.87 | 482.58 | 3.94 | 233.61 | 1.17 | 184.43 | |
| 0.63 | 756.79 | 123.05 | 644.86 | 61.38 | 598.71 | 19.48 |
| | 2996.72 | 1239.69 | 1101.06 | 261.48 | | |
| 0.68 | 586.89 | 21.04 | 379.97 | | 482.32 | |
| 1.94 | 350.59 | 47.63 | 227.91 | 7.96 | 178.09 | 6.74 |
| | 483.65 | 11.95 | 472.73 | 11.65 | 490.01 | 13.30 |
| | 399.35 | 15.45 | 506.55 | 76.26 | 445.61 | 9.04 |
| | 483.88 | 4.62 | 408.96 | | 401.93 | |
| 0.73 | 694.20 | 110.42 | 286.85 | | 261.49 | |

## 附表1　县(县级市)

| | 教育经费总支出（千元） | 其中:财政预算内教育拨款（千元） | 人均教育经费总支出（元） | 其中:人均财政预算内教育经费支出（元） | 财政支出中预算内教育拨款所占比例（%） |
|---|---|---|---|---|---|
| 饶阳县 | 31569 | 22230 | 110.38 | 77.73 | 24.46 |
| 安平县 | 32110 | 27270 | 104.59 | 88.83 | 27.68 |
| 故城县 | 49050 | 19010 | 109.00 | 42.24 | 23.11 |
| 景县 | 65720 | 48740 | 134.67 | 99.88 | 40.42 |
| 阜城县 | 34306 | 28510 | 103.96 | 86.39 | 35.07 |
| 衡水市直 | 71449 | 21711 | | | 5.78 |
| 山西 | | | | | |
| 古交市 | 36026 | 22956 | 177.47 | 112.09 | 27.42 |
| 清徐县 | 53100 | 42607 | 178.19 | 110.17 | 34.64 |
| 阳曲县 | 22912 | 18801 | 163.66 | 114.04 | 27.96 |
| 娄烦县 | 17376 | 16178 | 159.41 | 127.91 | 28.79 |
| 阳高县 | 32269 | 25111 | 112.05 | 87.19 | 28.12 |
| 天镇县 | 24611 | 22678 | 123.06 | 113.39 | 31.89 |
| 广灵县 | 23766 | 19186 | 138.98 | 111.68 | 29.02 |
| 浑源县 | 35920 | 26380 | 105.65 | 77.59 | 25.31 |
| 左云县 | 34274 | 21207 | 261.63 | 161.89 | 25.20 |
| 大同县 | 29543 | 22597 | 182.36 | 138.81 | 27.22 |
| 灵丘县 | 25235 | 23371 | 117.37 | 108.70 | 32.20 |
| 平定县 | 50412 | 36563 | 153.70 | 111.47 | 34.76 |
| 盂县 | 47886 | 32865 | 164.56 | 112.94 | 32.29 |
| 长治县 | 50295 | 31688 | 155.71 | 87.35 | 36.75 |
| 襄垣县 | 40767 | 23967 | 169.86 | 80.62 | 30.25 |
| 屯留县 | 32819 | 20312 | 136.18 | 70.93 | 29.00 |
| 平顺县 | 22972 | 15625 | 138.39 | 80.93 | 25.32 |
| 黎城县 | 24910 | 16776 | 158.66 | 80.51 | 22.87 |
| 壶关县 | 33752 | 27510 | 120.54 | 82.66 | 32.89 |
| 长子县 | 43820 | 24022 | 127.76 | 57.11 | 31.50 |
| 武乡县 | 27462 | 21113 | 127.73 | 81.46 | 28.47 |
| 沁县 | 30170 | 19814 | 175.41 | 91.76 | 32.76 |
| 沁源县 | 30317 | 16248 | 193.10 | 81.53 | 31.00 |
| 晋城市本级 | 77979 | 40295 | | | 18.22 |
| 高平市 | 68120 | 41730 | 143.41 | 87.85 | 32.66 |
| 泽州县 | 84431 | 52290 | 164.58 | 101.93 | 32.33 |
| 沁水县 | 43790 | 29530 | 208.52 | 140.62 | 34.44 |
| 阳城县 | 101372 | 48921 | 253.43 | 120.50 | 33.29 |
| 陵川县 | 33460 | 22880 | 133.31 | 91.16 | 29.01 |
| 山阴县 | 29952 | 19398 | 149.76 | 96.99 | 28.97 |
| 怀仁县 | 42048 | 22030 | 191.13 | 100.14 | 29.85 |

## 教育经费支出(续4)

| 农村人均征收教育费附加占农村人均纯收入比例(%) | 普通初中生均预算内事业费支出(元) | 其中:普通初中生均公用经费支出(元) | 普通小学生均预算内事业费支出(元) | 其中:普通小学生均公用经费支出(元) | 农村小学生均预算内事业费支出(元) | 其中:农村小学生均公用经费支出(元) |
|---|---|---|---|---|---|---|
| 0.48 | 547.14 | 13.38 | 241.47 | 0.64 | 236.88 | |
| | 459.78 | | 453.11 | | 445.15 | |
| 1.96 | 141.71 | | 116.29 | | 82.66 | |
| 0.52 | 381.03 | 7.82 | 429.71 | 1.02 | 382.46 | |
| | 548.72 | | 311.76 | | 289.68 | |
| | | | | | | |
| | | | | | | |
| 0.14 | 856.07 | 18.64 | 677.58 | 10.11 | 627.49 | 8.38 |
| 0.22 | 948.06 | 45.62 | 416.57 | 17.24 | 351.85 | 3.99 |
| 1.06 | 790.37 | 52.18 | 640.55 | 39.78 | 655.07 | 42.02 |
| 0.93 | 1020.70 | 60.86 | 558.89 | 7.44 | 569.40 | 6.94 |
| 0.75 | 597.17 | 7.91 | 380.90 | 0.80 | 336.55 | 1.03 |
| 0.12 | 577.29 | 27.69 | 502.52 | 15.11 | 552.06 | 16.17 |
| 0.72 | 679.48 | 6.84 | 534.38 | 3.78 | 528.81 | 3.33 |
| 0.49 | 447.47 | 20.62 | 362.77 | 22.81 | 331.56 | 19.57 |
| 0.48 | 1207.40 | 103.04 | 514.72 | 39.84 | 461.14 | 22.63 |
| 0.52 | 731.42 | 5.70 | 643.24 | 10.24 | 613.56 | 5.26 |
| | 927.70 | 1.56 | 454.43 | 9.28 | 453.41 | 9.51 |
| 0.58 | 918.78 | 18.51 | 640.37 | 13.87 | 627.64 | 6.34 |
| 0.99 | 646.38 | 9.26 | 536.86 | 11.48 | 534.92 | 8.14 |
| 0.91 | 657.94 | 38.86 | 496.16 | 4.40 | 495.38 | 1.12 |
| 0.46 | 622.49 | 82.58 | 489.61 | 50.16 | 484.03 | 57.94 |
| 0.52 | 346.71 | 28.46 | 390.97 | 13.53 | 376.48 | 12.59 |
| 1.18 | 737.02 | 30.24 | 412.69 | 20.28 | 409.52 | 15.68 |
| 1.09 | 568.00 | 59.93 | 432.54 | 9.28 | 433.03 | 1.35 |
| 0.46 | 626.69 | 31.57 | 454.39 | 13.04 | 457.06 | 8.44 |
| 0.95 | 404.88 | 7.17 | 314.30 | 6.64 | 300.67 | 4.79 |
| | 566.88 | 0.73 | 492.75 | 4.31 | 502.26 | 4.22 |
| 1.14 | 492.18 | 129.57 | 405.44 | 31.84 | 422.58 | 37.50 |
| 1.50 | 542.42 | 18.47 | 323.43 | 8.53 | 319.57 | 8.31 |
| | 878.12 | 14.00 | 505.85 | 8.84 | | |
| 0.65 | 928.81 | | 390.54 | | 372.97 | |
| 0.66 | 851.15 | 113.05 | 656.18 | 49.91 | 656.18 | 49.91 |
| 0.53 | 989.39 | 7.11 | 911.71 | 8.20 | 926.28 | 1.87 |
| 1.18 | 833.32 | 11.99 | 694.94 | 6.84 | 754.22 | 6.35 |
| 0.96 | 840.34 | 37.44 | 454.79 | 4.93 | 425.01 | 3.12 |
| 1.24 | 359.53 | 1.71 | 312.62 | 6.81 | 363.16 | 5.58 |
| 1.31 | 437.63 | 4.43 | 397.24 | 1.42 | 431.07 | 1.02 |

## 附表1　县(县级市)

| | 教育经费总支出（千元） | 其中:财政预算内教育拨款（千元） | 人均教育经费总支出（元） | 其中:人均财政预算内教育经费支出（元） | 财政支出中预算内教育拨款所占比例（%） |
|---|---|---|---|---|---|
| 应县 | 44605 | 27413 | 165.20 | 101.33 | 35.96 |
| 右玉县 | 13512 | 9884 | 135.12 | 98.84 | 19.40 |
| 忻州市 | 55690 | 37956 | 118.49 | 62.37 | 28.28 |
| 原平市 | 36880 | 36880 | 80.70 | 65.84 | 32.23 |
| 定襄县 | 32053 | 22499 | 153.36 | 107.65 | 26.77 |
| 五台县 | 40604 | 26300 | 129.73 | 84.03 | 26.55 |
| 代县 | 24031 | 19546 | 116.66 | 94.88 | 35.23 |
| 繁峙县 | 25856 | 21304 | 109.10 | 89.89 | 30.94 |
| 宁武县 | 22427 | 18608 | 149.51 | 123.77 | 28.57 |
| 静乐县 | 16222 | 13325 | 102.67 | 84.34 | 18.81 |
| 神池县 | 10653 | 8585 | 108.70 | 87.30 | 15.34 |
| 五寨县 | 18970 | 16374 | 175.65 | 151.61 | 31.02 |
| 岢岚县 | 13930 | 9526 | 176.33 | 120.58 | 23.87 |
| 河曲县 | 18527 | 14174 | 140.36 | 107.38 | 23.12 |
| 保德县 | 18464 | 15048 | 125.61 | 88.03 | 23.61 |
| 偏关县 | 21524 | 17050 | 208.97 | 165.53 | 27.56 |
| 孝义市 | 73755 | 37319 | 176.03 | 89.07 | 30.88 |
| 文水县 | 70507 | 33060 | 172.39 | 80.83 | 35.12 |
| 交城县 | 33614 | 21711 | 161.61 | 104.38 | 32.17 |
| 兴县 | 23760 | 19380 | 91.38 | 74.54 | 24.47 |
| 临县 | 48486 | 42710 | 85.66 | 75.46 | 31.92 |
| 柳林县 | 39493 | 32850 | 139.55 | 116.08 | 32.37 |
| 岚县 | 18738 | 14930 | 113.56 | 90.48 | 23.21 |
| 方山县 | 14995 | 12066 | 115.35 | 92.82 | 20.99 |
| 离石县 | 28809 | 24183 | 122.59 | 102.84 | 26.19 |
| 中阳县 | 20188 | 16732 | 155.29 | 128.71 | 27.76 |
| 交口县 | 16140 | 12030 | 161.40 | 120.30 | 25.71 |
| 吕梁地直 | 46809 | 24406 | | | 11.73 |
| 介休市 | 60198 | 36791 | 162.26 | 77.95 | 29.55 |
| 榆社县 | 21795 | 16885 | 163.87 | 126.95 | 25.69 |
| 左权县 | 20120 | 15420 | 125.75 | 96.13 | 23.36 |
| 和顺县 | 21096 | 15197 | 158.62 | 114.26 | 19.93 |
| 昔阳县 | 38138 | 26335 | 162.29 | 85.83 | 35.21 |
| 寿阳县 | 35717 | 24672 | 168.48 | 116.05 | 33.85 |
| 太谷县 | 41078 | 26702 | 149.37 | 96.99 | 29.61 |
| 祁县 | 37664 | 26611 | 148.28 | 80.54 | 30.34 |
| 平遥县 | 63157 | 45583 | 131.03 | 71.92 | 36.79 |
| 灵石县 | 44292 | 28368 | 186.89 | 98.53 | 33.91 |

# 教育经费支出(续5)

| 农村人均征收教育费附加占农村人均纯收入比例(%) | 普通初中生均预算内事业费支出(元) | 其中:普通初中生均公用经费支出(元) | 普通小学生均预算内事业费支出(元) | 其中:普通小学生均公用经费支出(元) | 农村小学生均预算内事业费支出(元) | 其中:农村小学生均公用经费支出(元) |
|---|---|---|---|---|---|---|
| 1.15 | 700.80 | | 364.07 | | 394.23 | |
| 0.95 | 563.50 | 33.91 | 452.46 | 15.51 | 474.88 | 15.70 |
| 0.82 | 547.41 | 3.36 | 381.89 | 1.83 | 357.92 | 2.30 |
| 3.00 | 552.27 | 11.95 | 383.00 | 6.43 | 382.23 | 2.59 |
| 0.61 | 770.74 | 11.04 | 526.93 | 2.12 | 527.62 | 1.16 |
| 1.12 | 589.42 | 37.97 | 342.56 | 12.29 | 343.09 | 12.23 |
| 1.13 | 545.39 | 57.10 | 550.48 | 1.73 | 564.04 | |
| 0.63 | 512.02 | 31.55 | 462.19 | 12.55 | 449.63 | 12.49 |
| 1.46 | 826.52 | 19.71 | 657.74 | 12.34 | 651.53 | 16.52 |
| 0.50 | 496.05 | | 386.16 | 22.35 | 374.98 | 26.72 |
| 0.83 | 537.93 | 62.98 | 343.86 | 13.76 | 373.79 | 14.09 |
| 0.82 | 603.75 | 87.30 | 807.71 | 34.47 | 843.43 | 43.02 |
| 1.66 | 710.25 | 89.10 | 460.04 | 5.18 | 452.86 | 3.75 |
| 0.94 | 537.63 | 41.45 | 440.27 | 31.23 | 449.05 | 32.42 |
| 0.54 | 542.82 | | 330.07 | | 309.44 | |
| 2.00 | 890.41 | 190.02 | 714.96 | 112.76 | 742.94 | 89.05 |
| 1.42 | 674.35 | 5.12 | 356.20 | 6.74 | 327.79 | 0.69 |
| 1.39 | 515.86 | 20.01 | 320.90 | 7.71 | 358.08 | 9.18 |
| 0.31 | 621.56 | 37.91 | 367.27 | 14.77 | 275.85 | 15.41 |
| 0.70 | 479.13 | 4.83 | 266.92 | 2.82 | 266.18 | 2.74 |
| 0.15 | 502.06 | 19.76 | 310.22 | 1.91 | 300.67 | 1.73 |
| 0.39 | 708.42 | 106.27 | 415.20 | 16.55 | 410.91 | 16.36 |
| 1.24 | 763.78 | 94.54 | 312.39 | 25.28 | 308.46 | 23.59 |
| 0.97 | 532.44 | 67.19 | 372.15 | 14.51 | 345.83 | 4.15 |
| | 504.51 | | 435.72 | | 468.33 | |
| | 785.87 | 116.13 | 572.74 | 47.96 | 573.10 | 53.95 |
| 1.60 | 601.17 | 18.35 | 487.91 | | 494.61 | |
| | 2257.58 | 630.30 | | | | |
| 0.68 | 509.93 | 16.87 | 395.27 | 17.49 | 378.96 | 2.53 |
| 0.72 | 637.99 | 41.91 | 567.13 | 39.94 | 571.19 | 32.60 |
| 0.38 | 569.27 | 34.90 | 577.32 | 49.50 | 593.01 | 51.82 |
| 0.94 | 619.57 | 28.39 | 604.92 | 19.45 | 622.64 | 19.80 |
| 1.25 | 752.02 | 25.41 | 511.42 | 22.84 | 515.42 | 18.23 |
| 1.04 | 644.38 | 23.28 | 817.97 | 11.57 | 876.49 | 14.28 |
| 0.52 | 696.84 | 5.21 | 680.52 | 3.15 | 670.97 | 3.53 |
| 0.46 | 662.62 | 16.31 | 376.74 | 10.48 | 376.74 | 10.48 |
| 0.99 | 443.43 | 3.57 | 295.49 | 2.24 | 291.95 | 1.97 |
| 0.67 | 671.93 | 68.66 | 423.14 | 28.72 | 428.31 | 28.98 |

## 附表1　县(县级市)

| | 教育经费总支出(千元) | 其中:财政预算内教育拨款(千元) | 人均教育经费总支出(元) | 其中:人均财政预算内教育经费支出(元) | 财政支出中预算内教育拨款所占比例(%) |
|---|---|---|---|---|---|
| 侯马市 | 27659 | 18310 | 122.38 | 80.97 | 19.24 |
| 霍州市 | 27605 | 18175 | 102.24 | 67.31 | 32.99 |
| 曲沃县 | 30171 | 20947 | 134.69 | 93.51 | 28.80 |
| 翼城县 | 37031 | 27465 | 123.44 | 91.55 | 35.18 |
| 襄汾县 | 52868 | 33278 | 110.14 | 69.33 | 31.11 |
| 洪洞县 | 85076 | 42546 | 119.66 | 59.84 | 30.10 |
| 古 县 | 15388 | 11508 | 183.19 | 131.54 | 33.61 |
| 安泽县 | 11417 | 8396 | 144.52 | 106.28 | 19.19 |
| 浮山县 | 19200 | 15700 | 148.84 | 121.71 | 27.81 |
| 乡宁县 | 30772 | 20282 | 149.38 | 98.46 | 25.86 |
| 蒲 县 | 18939 | 11834 | 193.26 | 120.76 | 18.91 |
| 大宁县 | 10546 | 8278 | 162.25 | 127.35 | 19.74 |
| 永和县 | 10998 | 8877 | 177.39 | 143.18 | 20.74 |
| 隰 县 | 17622 | 11327 | 179.82 | 115.58 | 19.94 |
| 汾西县 | 18464 | 14136 | 133.80 | 102.43 | 26.62 |
| 永济县 | 69419 | 36399 | 163.72 | 85.85 | 34.21 |
| 芮城县 | 49399 | 28694 | 132.08 | 76.72 | 25.96 |
| 临猗县 | 79495 | 41810 | 144.80 | 76.16 | 38.21 |
| 万荣县 | 45670 | 29798 | 108.74 | 70.95 | 35.43 |
| 新绛县 | 37541 | 18429 | 121.10 | 59.45 | 26.16 |
| 稷山县 | 47976 | 19590 | 153.77 | 62.79 | 26.52 |
| 河津县 | 57702 | 28994 | 161.18 | 80.99 | 21.81 |
| 闻喜县 | 32672 | 21363 | 87.36 | 57.12 | 19.94 |
| 夏 县 | 43860 | 23390 | 125.67 | 67.02 | 27.44 |
| 绛 县 | 30622 | 18495 | 112.58 | 68.00 | 24.47 |
| 平陆县 | 34506 | 20517 | 148.09 | 88.06 | 25.55 |
| 垣曲县 | 33653 | 21856 | 149.57 | 97.14 | 24.90 |
| **内蒙古** | | | | | |
| 土默特左旗 | 41820 | 34270 | 121.22 | 77.61 | 24.66 |
| 托克托县 | 37570 | 26987 | 197.74 | 116.02 | 22.32 |
| 和林格尔县 | 29343 | 19200 | 156.91 | 92.93 | 21.75 |
| 清水河县 | 15412 | 11426 | 118.55 | 68.68 | 17.74 |
| 武川县 | 21758 | 16860 | 127.24 | 98.08 | 22.66 |
| 土默特右旗 | 41573 | 31266 | 119.81 | 73.10 | 39.45 |
| 固阳县 | 27909 | 24347 | 129.81 | 91.16 | 28.95 |
| 达茂旗 | 26869 | 18802 | 244.26 | 156.54 | 24.48 |
| 阿鲁科尔沁旗 | 42974 | 31973 | 146.67 | 92.87 | 27.65 |
| 巴林左旗 | 50366 | 39058 | 142.28 | 92.97 | 29.08 |

# 教育经费支出(续6)

| 农村人均征收教育费附加占农村人均纯收入比例(%) | 普通初中生均预算内事业费支出(元) | 其中:普通初中生均公用经费支出(元) | 普通小学生均预算内事业费支出(元) | 其中:普通小学生均公用经费支出(元) | 农村小学生均预算内事业费支出(元) | 其中:农村小学生均公用经费支出(元) |
|---|---|---|---|---|---|---|
| 0.29 | 875.14 | 5.62 | 541.60 | 3.67 | 549.64 | 3.40 |
| 0.25 | 412.64 | 0.08 | 338.67 | 0.68 | 319.49 | 0.10 |
| 0.26 | 469.87 | 32.07 | 485.75 | 17.32 | 439.37 | 11.94 |
| 0.27 | 666.53 | 33.76 | 472.19 | 21.47 | 390.76 | 20.67 |
| 0.60 | 893.68 | 98.38 | 219.83 | 22.03 | 202.45 | 17.96 |
| 2.28 | 438.63 | | 262.23 | | 299.13 | |
| 0.69 | 895.47 | 31.50 | 699.85 | 13.23 | 705.31 | 11.36 |
| 1.08 | 722.75 | 95.65 | 616.68 | 32.42 | 643.42 | 26.06 |
| 0.76 | 650.66 | 11.13 | 780.38 | 34.14 | 834.93 | 49.87 |
| 0.94 | 486.09 | 27.42 | 434.33 | 29.14 | 411.99 | 16.18 |
| 1.17 | 463.88 | 29.65 | 419.70 | 13.84 | 403.87 | 10.86 |
| 0.76 | 965.42 | 102.56 | 562.18 | 38.56 | 529.41 | 14.09 |
| 0.67 | 573.38 | 27.29 | 579.68 | 16.05 | 631.87 | 13.49 |
| 0.98 | 743.10 | 86.56 | 425.71 | 27.47 | 389.49 | 23.49 |
| | 332.10 | 45.97 | 419.80 | 18.83 | 418.21 | 15.54 |
| 0.67 | 410.55 | 22.77 | 425.54 | 4.32 | 420.13 | 3.83 |
| 0.36 | 556.36 | 10.20 | 375.61 | 6.72 | 374.16 | 0.18 |
| 0.56 | 471.32 | 20.39 | 301.55 | 16.49 | 301.55 | 15.64 |
| 0.39 | 344.53 | 10.71 | 320.01 | 6.00 | 311.53 | 6.00 |
| 0.41 | 436.52 | 4.26 | 287.27 | 0.04 | 282.14 | 0.04 |
| 1.10 | 306.63 | 3.63 | 589.65 | 26.57 | 682.15 | 33.10 |
| 0.95 | 568.03 | 34.15 | 353.03 | 25.42 | 331.51 | 19.91 |
| 0.72 | 432.53 | 24.57 | 228.33 | 6.61 | 214.94 | 7.48 |
| 1.22 | 324.42 | 9.74 | 337.75 | 2.11 | 341.04 | 2.23 |
| 0.55 | 461.30 | 4.21 | 412.54 | 0.67 | 413.42 | |
| 0.66 | 562.94 | 6.20 | 431.97 | 2.58 | 432.25 | 0.92 |
| 1.07 | 475.15 | 3.64 | 394.70 | 6.90 | 336.17 | 0.41 |
| 0.02 | 983.45 | 62.07 | 473.10 | 1.39 | 417.15 | 1.03 |
| 0.73 | 799.66 | 77.24 | 466.28 | 31.86 | 453.42 | 37.58 |
| 0.92 | 679.55 | 77.63 | 547.94 | 57.34 | 465.26 | |
| 0.17 | 484.23 | | 265.48 | | 233.80 | |
| 0.21 | 805.67 | | 691.70 | 30.50 | 741.02 | 40.54 |
| | 676.30 | 6.45 | 404.11 | 2.59 | 394.13 | 3.15 |
| | 912.34 | 144.50 | 799.06 | 25.73 | 858.10 | 28.27 |
| 0.80 | 1305.95 | 237.05 | 1346.33 | 181.89 | 1733.10 | 243.30 |
| 0.63 | 621.05 | 233.84 | 491.38 | 110.11 | 406.64 | 47.68 |
| 0.34 | 443.40 | 24.67 | 619.08 | 141.74 | 610.93 | 144.32 |

# 附表1　县(县级市)

| | 教育经费总支出（千元） | 其中:财政预算内教育拨款（千元） | 人均教育经费总支出（元） | 其中:人均财政预算内教育经费支出（元） | 财政支出中预算内教育拨款所占比例（%） |
|---|---|---|---|---|---|
| 巴林右旗 | 28640 | 25449 | 164.60 | 120.79 | 22.09 |
| 林西县 | 29364 | 21880 | 124.95 | 77.06 | 20.38 |
| 克什克腾旗 | 51899 | 32895 | 213.58 | 118.21 | 26.80 |
| 翁牛特旗 | 42663 | 30978 | 92.14 | 57.86 | 21.53 |
| 喀喇沁旗 | 51042 | 35117 | 140.61 | 85.78 | 30.46 |
| 宁城县 | 80631 | 53561 | 138.07 | 79.95 | 32.90 |
| 敖汉旗 | 55728 | 37086 | 96.92 | 53.57 | 25.32 |
| 海拉尔市 | 56175 | 37871 | 233.09 | 117.00 | 22.73 |
| 满洲里市 | 30579 | 24283 | 203.86 | 131.55 | 11.52 |
| 扎兰屯市 | 59347 | 40161 | 140.97 | 77.90 | 25.14 |
| 牙克石市 | 39759 | 28623 | 98.17 | 59.45 | 21.18 |
| 阿荣旗 | 66221 | 46786 | 212.25 | 110.64 | 32.59 |
| 莫力达瓦达斡尔族自治 | 46029 | 39713 | 159.82 | 118.65 | 25.45 |
| 额尔古纳市 | 12482 | 10510 | 150.39 | 94.12 | 13.50 |
| 根河市 | 17252 | 13642 | 99.72 | 70.81 | 15.76 |
| 鄂伦春自治旗 | 35000 | 23060 | 125.00 | 79.12 | 18.25 |
| 鄂温克族自治旗 | 23450 | 19902 | 160.62 | 101.66 | 13.16 |
| 新巴尔虎右旗 | 11093 | 9668 | 336.15 | 238.12 | 17.82 |
| 新巴尔虎左旗 | 13818 | 12681 | 345.45 | 237.95 | 23.16 |
| 陈巴尔虎旗 | 12237 | 10815 | 222.49 | 150.29 | 17.64 |
| 乌兰浩特市 | 66744 | 45494 | 247.20 | 135.06 | 23.79 |
| 科尔沁右翼前旗 | 47316 | 41328 | 131.43 | 101.05 | 27.89 |
| 科尔沁右翼中旗 | 37724 | 31564 | 155.24 | 87.91 | 29.85 |
| 扎赉特旗 | 70552 | 48522 | 179.07 | 86.74 | 31.61 |
| 突泉县 | 46084 | 34359 | 152.60 | 78.69 | 28.96 |
| 阿尔山市 | 2566 | 2014 | 55.78 | 38.91 | 5.22 |
| 通辽市 | 97603 | 75243 | 124.81 | 81.32 | 22.30 |
| 霍林郭勒市 | 7869 | 5671 | 121.06 | 79.88 | 12.96 |
| 科尔沁左翼中旗 | 63840 | 46984 | 121.14 | 64.12 | 30.23 |
| 科尔沁左翼后旗 | 63674 | 50696 | 163.69 | 99.31 | 33.01 |
| 开鲁县 | 50009 | 26906 | 131.26 | 57.13 | 19.28 |
| 库伦旗 | 37680 | 28721 | 221.65 | 121.78 | 27.53 |
| 奈曼旗 | 51297 | 38252 | 122.14 | 83.67 | 19.71 |
| 扎鲁特旗 | 34916 | 23120 | 117.56 | 59.77 | 18.90 |
| 二连浩特市 | 7800 | 4482 | 557.14 | 333.14 | 7.68 |
| 锡林浩特市 | 24532 | 13740 | 177.77 | 93.29 | 17.61 |
| 阿巴嘎旗 | 7642 | 5944 | 181.95 | 138.48 | 13.32 |
| 苏尼特左旗 | 7135 | 5535 | 222.97 | 150.88 | 14.67 |

## 教育经费支出(续7)

| 农村人均征收教育费附加占农村人均纯收入比例(%) | 普通初中生均预算内事业费支出(元) | 其中:普通初中生均公用经费支出(元) | 普通小学生均预算内事业费支出(元) | 其中:普通小学生均公用经费支出(元) | 农村小学生均预算内事业费支出(元) | 其中:农村小学生均公用经费支出(元) |
|---|---|---|---|---|---|---|
| 0.28 | 614.31 | 66.58 | 585.96 | 30.46 | 613.22 | 23.17 |
| 1.07 | 451.04 | 26.63 | 524.51 | 14.79 | 445.25 | |
| 0.76 | 625.88 | 59.37 | 754.40 | 344.09 | 781.35 | 401.15 |
| 0.27 | 353.19 | 40.72 | 293.14 | 20.36 | 271.57 | 19.44 |
| 0.41 | 514.00 | 69.75 | 508.23 | 142.13 | 495.97 | 148.53 |
| 1.04 | 459.58 | 100.66 | 368.87 | 91.01 | 342.96 | 84.80 |
| 1.12 | 307.52 | 38.87 | 273.95 | 39.56 | 240.66 | 23.11 |
| | 783.09 | 120.95 | 896.80 | 134.94 | | |
| | 999.45 | 190.32 | 894.47 | 163.89 | | |
| 0.38 | 692.85 | 27.86 | 513.92 | 27.24 | 440.85 | 6.66 |
| | 823.95 | 235.93 | 926.87 | 200.13 | 1001.41 | 158.79 |
| 0.49 | 694.55 | 113.47 | 530.59 | 100.93 | 488.03 | 74.06 |
| | 1030.27 | 369.95 | 502.27 | 50.55 | 504.20 | 52.85 |
| | 991.15 | 117.71 | 1140.48 | 60.83 | 1375.74 | 98.96 |
| | 1040.04 | 167.13 | 1448.83 | 237.01 | 1461.81 | 171.30 |
| 1.22 | 931.95 | 142.69 | 528.70 | 105.74 | 488.74 | 107.05 |
| | 2868.08 | 881.56 | 1484.14 | 445.28 | 1841.54 | 582.35 |
| | 1199.02 | 165.38 | 1353.26 | 212.72 | 1687.98 | 217.26 |
| 0.05 | 1671.84 | 112.34 | 1439.57 | 140.33 | 1801.10 | 170.41 |
| 0.06 | 1080.08 | 89.84 | 1404.55 | 78.80 | 1959.64 | 197.92 |
| 0.20 | 878.45 | 131.42 | 801.51 | 160.89 | 719.77 | 103.56 |
| 1.51 | 507.35 | 67.79 | 690.93 | 58.44 | 690.93 | 58.44 |
| 0.11 | 602.49 | 16.97 | 540.79 | 1.95 | 535.04 | |
| 0.91 | 574.04 | 35.91 | 543.06 | 27.31 | 334.30 | 20.11 |
| 1.03 | 532.28 | 132.45 | 529.20 | 7.03 | 504.58 | 1.38 |
| | 2264.82 | 217.39 | 1348.18 | 99.19 | | |
| 0.39 | 719.94 | 37.43 | 515.89 | 32.01 | 378.76 | 9.70 |
| | 612.61 | 86.49 | 851.07 | 187.98 | 1048.98 | 256.87 |
| 0.30 | 482.55 | 11.19 | 346.14 | 4.68 | 301.70 | 3.04 |
| | 735.00 | 21.86 | 471.82 | 4.94 | 447.92 | |
| 0.94 | 316.69 | | 318.40 | | 267.64 | |
| 1.13 | 563.09 | | 683.85 | 10.72 | 661.03 | 12.84 |
| 1.15 | 523.23 | | 426.82 | | | |
| 0.19 | 357.99 | | 367.87 | | 455.01 | |
| | 1605.01 | 224.02 | 851.15 | 126.37 | | |
| 0.08 | 685.54 | 30.67 | 550.99 | 13.30 | 2931.19 | 176.61 |
| 1.00 | 950.99 | 88.12 | 770.68 | 50.32 | 1358.48 | 102.42 |
| 0.97 | 954.58 | 52.02 | 818.43 | 80.47 | 1228.16 | 125.63 |

## 附表1 县(县级市)

| | 教育经费总支出(千元) | 其中:财政预算内教育拨款(千元) | 人均教育经费总支出(元) | 其中:人均财政预算内教育经费支出(元) | 财政支出中预算内教育拨款所占比例(%) |
|---|---|---|---|---|---|
| 苏尼特右旗 | 14210 | 9999 | 205.94 | 144.07 | 15.93 |
| 东乌珠穆沁旗 | 13984 | 8798 | 268.92 | 166.81 | 13.46 |
| 西乌珠穆沁旗 | 14045 | 9657 | 197.82 | 137.65 | 16.73 |
| 太仆寺旗 | 22771 | 16507 | 109.48 | 78.45 | 22.80 |
| 镶黄旗 | 5282 | 4509 | 195.63 | 166.59 | 14.06 |
| 正镶白旗 | 11168 | 9610 | 150.92 | 129.86 | 19.95 |
| 正蓝旗 | 11678 | 11100 | 151.66 | 127.91 | 21.83 |
| 多伦县 | 14987 | 11695 | 146.93 | 126.42 | 21.56 |
| 集宁市 | 31550 | 22638 | 132.56 | 72.33 | 19.05 |
| 卓资县 | 30002 | 20280 | 130.44 | 70.70 | 24.26 |
| 化德县 | 22408 | 15062 | 139.18 | 74.31 | 32.59 |
| 商都县 | 42819 | 29820 | 127.44 | 74.58 | 27.50 |
| 兴和县 | 20112 | 15847 | 67.04 | 41.92 | 18.37 |
| 丰镇市 | 40704 | 28917 | 131.30 | 72.14 | 22.24 |
| 凉城县 | 33429 | 22723 | 140.46 | 73.50 | 22.27 |
| 察哈尔右翼前旗 | 31604 | 18588 | 114.51 | 49.79 | 23.13 |
| 察哈尔右翼中旗 | 31041 | 25965 | 139.20 | 97.60 | 27.79 |
| 察哈尔右翼后旗 | 24571 | 20541 | 121.04 | 77.62 | 23.54 |
| 四子王旗 | 36842 | 23992 | 175.44 | 72.81 | 21.27 |
| 东胜市 | 42748 | 28233 | 224.99 | 128.05 | 19.36 |
| 达拉特旗 | 65216 | 41115 | 198.22 | 100.47 | 25.41 |
| 准格尔旗 | 51017 | 37082 | 196.98 | 120.12 | 19.32 |
| 鄂托克前旗 | 14348 | 10763 | 211.00 | 135.79 | 13.07 |
| 鄂托克旗 | 26200 | 21054 | 297.73 | 208.18 | 20.31 |
| 杭锦旗 | 28157 | 20790 | 213.31 | 156.36 | 14.02 |
| 乌审旗 | 25149 | 20552 | 267.54 | 181.44 | 19.72 |
| 伊金霍洛旗 | 29925 | 19760 | 207.81 | 125.40 | 15.48 |
| 临河市 | 78902 | 45105 | 178.51 | 102.05 | 20.12 |
| 五原县 | 48945 | 26498 | 172.95 | 93.63 | 21.82 |
| 磴口县 | 13130 | 10051 | 109.42 | 81.35 | 13.81 |
| 乌拉特前旗 | 57052 | 45500 | 172.88 | 137.88 | 27.99 |
| 乌拉特中旗 | 25063 | 21168 | 180.31 | 152.29 | 18.87 |
| 乌拉特后旗 | 13202 | 10927 | 235.75 | 187.98 | 17.14 |
| 杭锦后旗 | 51338 | 33346 | 172.28 | 111.90 | 26.43 |
| 巴盟直属 | 45650 | 29047 | 913.00 | 549.84 | 9.92 |
| 阿拉善左旗 | 41177 | 33858 | 307.29 | 237.06 | 21.76 |
| 阿拉善右旗 | 9162 | 8030 | 381.75 | 328.50 | 15.72 |
| 额济纳旗 | 7319 | 6111 | 457.44 | 379.81 | 13.38 |

## 教育经费支出(续8)

| 农村人均征收教育费附加占农村人均纯收入比例(%) | 普通初中生均预算内事业费支出(元) | 其中:普通初中生均公用经费支出(元) | 普通小学生均预算内事业费支出(元) | 其中:普通小学生均公用经费支出(元) | 农村小学生均预算内事业费支出(元) | 其中:农村小学生均公用经费支出(元) |
|---|---|---|---|---|---|---|
| 0.36 | 800.94 | 247.81 | 843.62 | 91.10 | 1713.64 | 261.26 |
| 1.05 | 1456.30 | 359.25 | 745.84 | 145.80 | 947.11 | 205.10 |
| 1.52 | 769.18 | 92.02 | 809.93 | 186.86 | 996.31 | 216.92 |
| 0.20 | 549.69 | 31.42 | 552.57 | 13.42 | 538.79 | 15.48 |
| 0.67 | 1588.72 | 146.39 | 886.59 | 32.76 | 1143.93 | |
| 0.03 | 1226.87 | 21.27 | 1087.46 | 13.57 | 1512.57 | |
| 1.23 | 961.48 | 156.31 | 856.06 | 141.91 | 1026.93 | 167.38 |
| 1.78 | 590.92 | 128.07 | 469.07 | 43.14 | 428.68 | 37.10 |
| | 920.58 | | 450.87 | | | |
| 1.80 | 612.77 | 66.89 | 607.92 | 94.04 | 605.95 | 98.43 |
| 0.51 | 892.96 | 196.97 | 448.30 | 0.53 | 428.90 | |
| 1.14 | 1028.19 | 317.26 | 660.10 | 250.01 | 569.03 | 224.37 |
| 0.05 | 545.14 | 3.86 | 235.17 | 77.52 | 213.87 | 91.47 |
| 0.05 | 460.42 | 6.86 | 525.95 | 1.43 | 573.91 | 0.59 |
| 0.86 | 435.65 | 42.06 | 595.08 | 67.83 | 640.32 | 71.92 |
| 1.72 | 400.63 | 64.27 | 418.20 | 4.45 | 421.68 | 3.26 |
| | 729.86 | 208.47 | 945.58 | 295.82 | 941.14 | 265.83 |
| | 805.85 | 255.43 | 839.81 | 288.70 | 963.00 | 372.06 |
| 1.31 | 633.25 | 105.62 | 496.45 | 134.73 | 393.46 | 103.37 |
| 0.46 | 646.22 | 83.75 | 756.34 | 110.05 | 1188.68 | 160.90 |
| 1.13 | 701.66 | 122.51 | 549.37 | 103.21 | 552.34 | 102.50 |
| 1.14 | 977.34 | 358.42 | 844.68 | 286.25 | 829.55 | 281.60 |
| 0.54 | 1267.78 | 241.99 | 741.54 | 62.11 | 1011.22 | 94.76 |
| 0.27 | 1313.89 | 369.06 | 1098.05 | 96.03 | 1358.93 | 35.71 |
| 0.76 | 1376.99 | 352.41 | 962.94 | 252.91 | 777.33 | 190.63 |
| | 1035.34 | 210.34 | 1239.29 | 387.45 | 1475.92 | 556.54 |
| 0.75 | 1056.96 | 249.95 | 927.71 | 203.82 | 770.11 | 109.91 |
| 0.52 | 533.49 | 78.66 | 684.49 | 25.36 | 774.09 | 43.18 |
| 0.91 | 756.33 | 57.31 | 407.43 | 58.33 | 296.25 | 8.84 |
| 0.16 | 721.78 | 11.83 | 547.36 | 2.15 | 611.16 | |
| 0.36 | 1053.83 | 267.85 | 832.14 | 105.97 | 794.14 | 62.07 |
| | 903.29 | 9.50 | 1072.92 | 20.28 | 1237.05 | 13.79 |
| 1.53 | 1760.78 | 362.83 | 1247.33 | 190.52 | 1245.04 | 122.73 |
| 0.43 | 680.64 | 8.18 | 648.32 | 5.70 | 650.12 | 7.39 |
| | 1184.82 | | 912.51 | 233.88 | | |
| 0.92 | 1603.65 | 286.06 | 1692.96 | 186.69 | 2084.27 | 143.47 |
| 0.66 | 2074.68 | 82.90 | 2261.28 | 113.65 | 4212.83 | 276.97 |
| 0.60 | 2688.56 | 94.28 | 1972.31 | 36.64 | 4637.93 | 103.45 |

## 附表1　县(县级市)

| | 教育经费总支出(千元) | 其中:财政预算内教育拨款(千元) | 人均教育经费总支出(元) | 其中:人均财政预算内教育经费支出(元) | 财政支出中预算内教育拨款所占比例(%) |
|---|---|---|---|---|---|
| 阿拉善盟本级 | 17323 | 12286 | | | 11.24 |
| **辽　宁** | | | | | |
| 辽中县 | 81250 | 63090 | 159.31 | 123.71 | 44.51 |
| 康平县 | 55509 | 41147 | 170.80 | 126.61 | 29.81 |
| 法库县 | 66582 | 48586 | 149.62 | 108.97 | 34.88 |
| 新民市 | 127866 | 67995 | 188.04 | 99.99 | 36.81 |
| 长海县 | 29606 | 25745 | 332.65 | 240.26 | 19.02 |
| 瓦房店市 | 163814 | 134951 | 160.60 | 99.46 | 29.55 |
| 普兰店市 | 150142 | 106786 | 181.99 | 95.50 | 25.75 |
| 庄河市 | 125945 | 101337 | 140.41 | 90.31 | 25.14 |
| 台安县 | 67126 | 48161 | 186.46 | 105.14 | 27.21 |
| 岫岩满族自治县 | 89235 | 58170 | 178.47 | 85.54 | 26.43 |
| 海城市 | 192042 | 154498 | 177.82 | 113.01 | 27.16 |
| 抚顺县 | 34306 | 29170 | 147.24 | 92.15 | 20.96 |
| 新宾满族自治县 | 55417 | 42524 | 178.76 | 110.63 | 30.06 |
| 清原满族自治县 | 65214 | 45972 | 186.33 | 112.61 | 33.39 |
| 本溪满族自治县 | 67671 | 50648 | 225.57 | 168.83 | 29.71 |
| 桓仁满族自治县 | 65970 | 51744 | 217.72 | 170.77 | 26.14 |
| 宽甸满族自治县 | 79900 | 66350 | 184.95 | 153.59 | 32.33 |
| 凤城市 | 93455 | 75740 | 161.97 | 131.27 | 28.31 |
| 东港市 | 101310 | 79870 | 158.79 | 125.19 | 26.11 |
| 北宁市 | 70470 | 48430 | 132.96 | 70.17 | 28.00 |
| 黑山县 | 57530 | 40290 | 898.91 | 471.56 | 33.58 |
| 义县 | 39760 | 35740 | 90.36 | 62.27 | 22.73 |
| 凌海市 | 83960 | 56970 | 132.01 | 81.37 | 22.97 |
| 大石桥市 | 117288 | 77966 | 165.19 | 83.35 | 21.84 |
| 盖州市 | 113613 | 69960 | 128.67 | 56.73 | 30.47 |
| 阜新蒙古族自治县 | 76587 | 60817 | 104.20 | 63.37 | 40.41 |
| 彰武县 | 45684 | 28074 | 111.42 | 44.90 | 27.56 |
| 辽阳县 | 71994 | 56093 | 121.20 | 72.07 | 39.12 |
| 灯塔县 | 85940 | 63060 | 170.18 | 91.94 | 32.41 |
| 大洼县 | 54624 | 31053 | 142.25 | 70.99 | 26.26 |
| 盘山县 | 39855 | 23145 | 141.33 | 64.50 | 15.56 |
| 铁岭县 | 40939 | 27795 | 107.17 | 54.97 | 25.09 |
| 西丰县 | 44304 | 27511 | 129.54 | 61.81 | 29.91 |
| 昌图县 | 120693 | 72969 | 118.21 | 57.04 | 36.27 |
| 铁法市 | 17520 | 12962 | 74.87 | 45.68 | 14.62 |
| 开原市 | 67033 | 49027 | 116.58 | 64.95 | 24.77 |

## 教育经费支出(续9)

| 农村人均征收教育费附加占农村人均纯收入比例(%) | 普通初中生均预算内事业费支出(元) | 其中:普通初中生均公用经费支出(元) | 普通小学生均预算内事业费支出(元) | 其中:普通小学生均公用经费支出(元) | 农村小学生均预算内事业费支出(元) | 其中:农村小学生均公用经费支出(元) |
|---|---|---|---|---|---|---|
| | 2731.73 | 859.08 | | | | |
| | | | | | | |
| 0.60 | 1097.10 | 50.08 | 780.21 | 40.22 | 744.62 | 39.96 |
| 1.22 | 756.09 | 2.66 | 692.15 | 1.44 | 680.73 | |
| 0.91 | 901.91 | 82.70 | 675.10 | 12.56 | 650.69 | 13.39 |
| 0.87 | 795.76 | 57.38 | 642.07 | 21.97 | 621.11 | 19.29 |
| 0.17 | 1524.74 | 549.25 | 862.46 | 125.51 | 888.18 | 114.43 |
| 0.11 | 848.57 | 139.06 | 528.34 | 55.72 | 484.76 | 28.91 |
| 0.90 | 865.15 | 53.34 | 535.59 | 37.23 | 517.64 | 32.31 |
| 0.11 | 707.06 | 26.70 | 519.95 | 21.61 | 499.13 | 12.45 |
| 0.65 | 614.02 | 55.94 | 560.44 | 31.70 | 566.42 | 29.05 |
| 1.08 | 736.06 | 105.55 | 457.17 | 55.96 | 502.27 | 61.29 |
| 0.20 | 994.88 | 139.84 | 645.78 | 72.50 | 650.12 | 72.30 |
| 0.13 | 689.86 | 31.82 | 715.46 | 46.77 | 636.07 | 5.95 |
| 0.45 | 742.81 | 33.60 | 654.03 | 10.27 | 628.47 | |
| 0.45 | 1059.64 | 5.45 | 553.78 | 7.06 | 662.62 | |
| | 1166.32 | 169.43 | 803.81 | 35.91 | 820.89 | 13.37 |
| | 944.58 | 13.12 | 1125.77 | 14.06 | 1085.92 | |
| 0.78 | 1261.03 | | 1054.72 | 9.90 | 1053.39 | 4.43 |
| 0.23 | 1006.29 | 141.04 | 934.72 | 71.32 | 950.45 | 58.66 |
| 0.57 | 1081.27 | 177.46 | 720.64 | 24.91 | 719.70 | 15.43 |
| | 571.70 | 6.83 | 393.17 | 10.59 | 386.95 | 11.49 |
| | 465.49 | | 264.71 | | 219.69 | |
| | 624.26 | 13.70 | 283.00 | 28.10 | 224.63 | |
| 0.34 | 883.50 | 16.67 | 527.97 | 29.98 | 495.97 | 26.76 |
| 0.81 | 710.24 | 3.04 | 414.12 | 0.19 | 401.55 | |
| 0.67 | 456.98 | 65.96 | 238.70 | 5.49 | 230.02 | 5.96 |
| | 866.38 | 138.79 | 284.29 | 19.09 | 284.29 | 19.09 |
| 1.62 | 379.11 | 25.46 | 210.95 | 10.23 | 211.07 | 9.36 |
| 0.37 | 556.32 | | 436.67 | 3.89 | 461.10 | |
| 0.97 | 976.73 | 32.99 | 560.51 | 8.31 | 564.37 | 6.92 |
| 0.80 | 875.20 | 58.63 | 882.91 | 55.55 | 670.61 | 31.52 |
| 0.99 | 452.27 | 12.14 | 459.42 | 20.74 | 459.42 | 20.74 |
| 0.83 | 512.04 | 50.22 | 353.08 | 10.88 | 353.08 | 10.88 |
| 0.43 | 547.37 | 77.34 | 360.20 | 19.29 | 329.15 | 10.23 |
| 1.05 | 556.29 | 48.86 | 340.18 | 13.71 | 320.48 | 12.67 |
| | 1062.19 | 209.90 | 560.69 | 22.73 | | |
| 0.04 | 578.91 | 54.41 | 350.88 | 18.31 | 348.22 | 19.81 |

## 附表1　县(县级市)

| | 教育经费总支出（千元） | 其中:财政预算内教育拨款（千元） | 人均教育经费总支出（元） | 其中:人均财政预算内教育经费支出（元） | 财政支出中预算内教育拨款所占比例（%） |
|---|---|---|---|---|---|
| 朝阳县 | 41123 | 28348 | 66.33 | 34.63 | 19.11 |
| 建平县 | 62491 | 46640 | 108.68 | 66.31 | 31.64 |
| 喀喇蒙古族自治县 | 40768 | 30570 | 97.07 | 59.02 | 20.69 |
| 北票市 | 142572 | 95732 | 228.85 | 107.99 | 60.57 |
| 凌源市 | 65515 | 41506 | 102.37 | 49.09 | 25.82 |
| 绥中县 | 79874 | 53237 | 128.83 | 62.32 | 30.52 |
| 建昌县 | 57183 | 43870 | 93.74 | 56.92 | 32.90 |
| 兴城市 | 76949 | 56085 | 140.67 | 78.33 | 33.78 |
| 吉　林 | | | | | |
| 榆树县 | 163481 | 119410 | 133.56 | 82.19 | 46.00 |
| 农安县 | 176701 | 114763 | 160.64 | 87.05 | 48.95 |
| 九台县 | 116240 | 75290 | 139.71 | 74.76 | 34.53 |
| 德慧县 | 139771 | 88312 | 153.43 | 80.52 | 36.90 |
| 双阳县 | 69478 | 50855 | 187.27 | 108.97 | 42.65 |
| 高新 | 896 | 701 | 34.46 | 17.65 | 5.06 |
| 经济 | 8683 | 6790 | 241.19 | 188.61 | 28.75 |
| 永吉县 | 56771 | 41030 | 141.93 | 79.40 | 41.32 |
| 舒兰县 | 78764 | 52771 | 117.38 | 61.74 | 41.32 |
| 磐石县 | 93253 | 56790 | 176.95 | 80.99 | 35.26 |
| 蛟河县 | 64569 | 49550 | 137.67 | 85.91 | 34.63 |
| 桦甸县 | 85635 | 51864 | 194.18 | 99.35 | 34.84 |
| 公主岭市 | 146432 | 92175 | 142.31 | 69.71 | 37.92 |
| 梨树县 | 104230 | 68227 | 132.95 | 74.66 | 33.50 |
| 伊通县 | 55345 | 47650 | 119.28 | 84.16 | 35.73 |
| 双辽市 | 74657 | 50077 | 187.58 | 104.76 | 31.24 |
| 东丰县 | 59831 | 40958 | 148.10 | 78.91 | 35.84 |
| 东辽县 | 60163 | 43357 | 151.93 | 83.13 | 41.24 |
| 梅河口市 | 90262 | 58122 | 143.50 | 66.35 | 32.46 |
| 通化县 | 47753 | 35919 | 189.50 | 120.23 | 29.88 |
| 集安县 | 46594 | 32295 | 198.27 | 106.47 | 28.52 |
| 辉南县 | 59249 | 35876 | 169.77 | 84.30 | 26.65 |
| 柳河县 | 65582 | 47140 | 175.82 | 107.43 | 41.81 |
| 抚松县 | 51681 | 35866 | 165.64 | 97.08 | 28.61 |
| 靖宇县 | 27001 | 18975 | 191.50 | 118.03 | 18.90 |
| 长白朝鲜族自治县 | 28617 | 18713 | 328.93 | 188.13 | 23.73 |
| 临江市 | 32856 | 22955 | 174.77 | 103.62 | 26.07 |
| 江源县 | 24227 | 17260 | 90.06 | 57.25 | 23.40 |
| 洮南市 | 64579 | 44655 | 150.18 | 86.83 | 28.77 |

## 教育经费支出(续10)

| 农村人均征收教育费附加占农村人均纯收入比例(%) | 普通初中生均预算内事业费支出(元) | 其中:普通初中生均公用经费支出(元) | 普通小学生均预算内事业费支出(元) | 其中:普通小学生均公用经费支出(元) | 农村小学生均预算内事业费支出(元) | 其中:农村小学生均公用经费支出(元) |
|---|---|---|---|---|---|---|
| | 317.64 | 42.13 | 108.57 | 6.59 | 108.57 | 6.59 |
| 0.06 | 486.37 | 23.10 | 295.66 | 24.97 | 255.37 | 3.72 |
| | 383.52 | 20.89 | 236.47 | 5.13 | 175.93 | 0.75 |
| 0.38 | 464.60 | 17.47 | 316.48 | 19.99 | 277.13 | 16.40 |
| | 392.74 | 7.81 | 217.86 | 6.81 | 183.83 | 4.66 |
| 0.58 | 583.52 | 1.18 | 332.66 | 5.81 | 316.83 | |
| 0.12 | 670.32 | 7.83 | 150.32 | 5.41 | 117.15 | |
| 0.13 | 758.99 | 3.74 | 449.60 | 3.72 | 411.91 | |
| 0.53 | 1175.83 | 13.99 | 449.02 | 9.01 | 449.31 | 8.30 |
| 0.72 | 443.31 | 6.36 | 379.37 | 3.58 | 366.92 | 2.02 |
| 0.69 | 515.89 | 14.89 | 444.98 | 0.96 | 434.01 | 1.10 |
| 0.66 | 539.82 | 34.69 | 360.60 | 23.15 | 337.20 | 9.97 |
| 0.75 | 1021.95 | 56.39 | 524.75 | 33.61 | 534.89 | 33.54 |
| | | | 1571.92 | 167.81 | | |
| | 3322.67 | 325.33 | 4884.09 | 50.00 | | |
| 0.76 | 448.26 | 23.11 | 429.99 | | 442.64 | |
| 0.43 | 380.33 | | 599.79 | | 596.51 | |
| 0.99 | 522.28 | 94.37 | 505.40 | 39.89 | 409.91 | 22.00 |
| | 558.98 | 12.49 | 589.46 | 9.81 | 571.76 | 9.41 |
| 0.87 | 802.80 | 86.24 | 479.94 | 15.54 | 461.93 | 8.81 |
| 1.24 | 426.87 | | 322.90 | | 308.95 | |
| 1.05 | 509.08 | 6.62 | 348.70 | 1.46 | 345.83 | 1.73 |
| 1.04 | 906.27 | 84.93 | 563.35 | 37.82 | 589.27 | 31.63 |
| 1.53 | 829.54 | 58.00 | 671.23 | 65.87 | 648.04 | 49.64 |
| 1.18 | 510.88 | 52.43 | 484.82 | 21.68 | 493.57 | 20.74 |
| 0.90 | 614.54 | 9.60 | 574.46 | 10.01 | 570.87 | 9.29 |
| 1.85 | 836.41 | 125.80 | 441.34 | 70.04 | 422.12 | |
| 0.23 | 838.64 | 80.43 | 645.26 | 43.63 | 651.41 | 45.78 |
| 1.04 | 978.61 | 92.45 | 742.73 | 53.01 | 631.91 | 35.98 |
| 1.33 | 784.38 | 169.23 | 486.21 | 41.63 | 485.39 | 31.02 |
| 1.40 | 532.24 | 104.06 | 553.03 | 122.71 | 610.61 | 133.80 |
| 0.90 | 1196.72 | 147.93 | 806.84 | 46.99 | 302.21 | 46.97 |
| 1.09 | 604.11 | 193.20 | 690.57 | 41.11 | 735.51 | 45.63 |
| 1.14 | 1947.60 | 147.85 | 1209.23 | 88.10 | 1449.55 | 76.23 |
| 0.82 | 1074.90 | 146.99 | 1003.10 | 117.19 | 1211.96 | 89.80 |
| 1.54 | 1141.86 | 446.97 | 799.98 | 78.96 | 936.01 | 54.17 |
| 1.06 | 691.54 | 34.93 | 476.93 | 48.31 | 409.19 | 35.08 |

## 附表1　县(县级市)

| | 教育经费总支出(千元) | 其中:财政预算内教育拨款(千元) | 人均教育经费总支出(元) | 其中:人均财政预算内教育经费支出(元) | 财政支出中预算内教育拨款所占比例(%) |
|---|---|---|---|---|---|
| 大安市 | 66098 | 55356 | 154.43 | 112.08 | 27.34 |
| 镇赉县 | 53370 | 37920 | 169.43 | 105.94 | 26.59 |
| 通榆县 | 70378 | 47063 | 205.18 | 119.65 | 28.59 |
| 延吉市 | 128507 | 90766 | 330.35 | 182.03 | 33.05 |
| 图们市 | 24168 | 17809 | 177.71 | 88.74 | 20.13 |
| 敦化市 | 84775 | 54765 | 175.88 | 98.24 | 22.41 |
| 龙井市 | 54762 | 34860 | 209.82 | 86.31 | 28.46 |
| 和龙市 | 41296 | 32479 | 184.36 | 98.30 | 25.39 |
| 汪清县 | 39643 | 32033 | 150.73 | 98.61 | 21.77 |
| 珲春市 | 52672 | 35328 | 249.63 | 117.82 | 28.26 |
| 安图县 | 38268 | 28395 | 173.95 | 105.64 | 25.49 |
| 扶余县 | 87257 | 53867 | 117.76 | 63.09 | 40.13 |
| 前郭县 | 108870 | 75880 | 209.77 | 129.29 | 34.99 |
| 长岭县 | 85895 | 52515 | 136.56 | 70.80 | 35.06 |
| 乾安县 | 46931 | 35286 | 159.09 | 105.69 | 29.87 |
| 松原市 | 42474 | 20740 | | | 10.69 |
| **黑龙江** | | | | | |
| 呼兰县 | 90629 | 73977 | 133.08 | 108.63 | 28.60 |
| 宾　县 | 86566 | 65390 | 145.00 | 108.43 | 35.15 |
| 方正县 | 26310 | 24630 | 114.39 | 107.09 | 34.83 |
| 依兰县 | 45100 | 42100 | 121.89 | 113.78 | 32.02 |
| 巴彦县 | 71770 | 50180 | 107.12 | 74.45 | 27.64 |
| 木兰县 | 32352 | 28450 | 127.37 | 112.01 | 27.13 |
| 通河县 | 30600 | 19409 | 130.21 | 82.59 | 18.77 |
| 延寿县 | 42644 | 35046 | 168.55 | 138.52 | 29.17 |
| 阿城县 | 118219 | 81603 | 179.66 | 124.02 | 25.03 |
| 双城县 | 99487 | 71621 | 123.59 | 88.97 | 32.26 |
| 五常县 | 88024 | 71640 | 93.15 | 75.81 | 35.06 |
| 尚志县 | 101661 | 64304 | 169.44 | 106.51 | 36.13 |
| 龙江县 | 47480 | 34070 | 79.27 | 56.88 | 28.43 |
| 依安县 | 47920 | 34500 | 98.20 | 70.70 | 42.79 |
| 泰来县 | 37700 | 32368 | 120.06 | 103.08 | 23.51 |
| 甘南县 | 57492 | 45179 | 153.72 | 120.80 | 31.31 |
| 克山县 | 50601 | 38208 | 104.12 | 78.62 | 45.24 |
| 克东县 | 40611 | 32650 | 145.56 | 117.03 | 52.65 |
| 拜泉县 | 49543 | 39433 | 86.92 | 69.18 | 33.95 |
| 鸡东县 | 52445 | 40849 | 180.84 | 140.86 | 32.95 |
| 虎林市 | 37498 | 31160 | 126.26 | 104.92 | 21.37 |

## 教育经费支出(续11)

| 农村人均征收教育费附加占农村人均纯收入比例(%) | 普通初中生均预算内事业费支出(元) | 其中:普通初中生均公用经费支出(元) | 普通小学生均预算内事业费支出(元) | 其中:普通小学生均公用经费支出(元) | 农村小学生均预算内事业费支出(元) | 其中:农村小学生均公用经费支出(元) |
|---|---|---|---|---|---|---|
| 0.86 | 862.75 | 161.11 | 625.95 | 79.12 | 650.69 | 68.26 |
| 0.81 | 799.00 | 78.09 | 921.68 | 79.08 | 1108.48 | 79.07 |
| 1.84 | 804.62 | 105.01 | 590.29 | 20.01 | 546.19 | 20.00 |
| 0.42 | 1258.25 | 163.16 | 773.87 | 102.68 | 528.00 | 12.84 |
| 0.26 | 1008.83 | 5.89 | 904.20 |  | 761.50 |  |
| 0.58 | 881.38 | 33.43 | 827.45 | 33.92 | 938.23 | 26.40 |
| 0.23 | 866.26 |  | 600.27 | 8.98 | 662.75 |  |
| 0.74 | 779.24 | 65.13 | 902.03 | 76.06 | 1093.34 |  |
| 0.67 | 715.42 | 1.95 | 819.63 | 4.33 | 702.56 | 1.35 |
| 0.22 | 751.29 | 4.11 | 775.50 | 29.42 | 1036.23 |  |
| 0.42 | 809.37 | 50.34 | 614.00 | 31.59 | 694.99 | 31.18 |
| 0.46 | 446.05 | 51.91 | 338.37 | 12.28 | 327.81 | 10.79 |
| 1.50 | 877.11 | 201.10 | 580.15 | 21.44 | 561.77 | 14.53 |
| 1.05 | 458.12 | 11.26 | 326.47 | 8.01 | 309.86 | 8.00 |
| 1.20 | 850.72 | 37.77 | 525.93 | 4.19 | 487.08 | 4.15 |
|  |  |  | 668.05 | 50.67 | 543.69 | 7.21 |
|  |  |  |  |  |  |  |
|  | 545.83 | 31.71 | 771.71 | 47.47 | 775.81 | 51.99 |
| 0.92 | 585.94 | 1.82 | 864.97 | 26.81 | 891.91 | 30.75 |
|  | 458.69 | 16.27 | 797.67 | 2.41 | 814.12 |  |
|  | 568.22 | 88.34 | 724.00 | 98.18 | 621.33 | 32.27 |
| 1.01 | 2269.78 | 178.04 | 2382.22 | 2.57 |  |  |
| 0.02 | 805.74 | 9.02 | 688.99 | 3.70 | 707.42 | 4.99 |
|  | 600.06 |  | 696.66 |  | 481.67 |  |
| 0.39 | 528.08 | 9.05 | 1044.38 | 26.82 | 878.28 | 22.55 |
| 0.03 | 662.67 | 14.61 | 1054.20 | 44.07 | 1119.02 | 48.30 |
| 0.25 | 529.37 | 48.92 | 702.35 | 7.27 | 646.66 |  |
| 0.08 | 349.26 | 0.35 | 681.93 | 3.28 | 666.42 | 0.97 |
| 1.40 | 740.39 | 57.65 | 748.12 | 32.95 | 672.65 | 27.79 |
| 0.03 | 939.10 | 23.99 | 376.73 | 22.07 | 344.92 | 13.48 |
| 0.42 | 542.09 | 0.73 | 408.65 |  | 359.83 |  |
| 0.02 | 502.33 | 15.68 | 873.46 |  | 814.33 |  |
| 0.70 | 579.25 | 37.15 | 1100.08 | 35.33 | 1196.93 | 11.38 |
| 0.40 | 450.54 | 49.40 | 663.41 | 27.91 | 623.10 |  |
| 0.54 | 431.18 | 16.30 | 977.18 | 49.88 | 739.29 |  |
| 0.40 | 290.64 | 15.25 | 590.99 |  | 611.68 |  |
| 0.01 | 638.77 | 163.98 | 920.66 | 7.10 | 884.78 | 5.17 |
| 0.40 | 3301.12 | 323.18 | 1308.28 | 90.86 | 1289.55 | 87.94 |

## 附表1 县(县级市)

| | 教育经费总支出（千元） | 其中:财政预算内教育拨款（千元） | 人均教育经费总支出（元） | 其中:人均财政预算内教育经费支出（元） | 财政支出中预算内教育拨款所占比例（%） |
|---|---|---|---|---|---|
| 密山市 | 79426 | 63135 | 182.59 | 145.14 | 40.05 |
| 萝北县 | 23044 | 20340 | 100.19 | 88.43 | 21.40 |
| 绥滨县 | 29340 | 25330 | 225.69 | 194.85 | 38.19 |
| 集贤县 | 37352 | 29956 | 123.68 | 99.19 | 28.04 |
| 友谊县 | 23293 | 21356 | 186.34 | 170.85 | 44.78 |
| 宝清县 | 45071 | 35311 | 109.93 | 86.12 | 30.36 |
| 饶河县 | 15693 | 13196 | 117.99 | 99.22 | 14.80 |
| 林甸县 | 34498 | 25239 | 128.25 | 93.83 | 32.86 |
| 杜蒙县 | 39638 | 31839 | 161.13 | 129.43 | 38.60 |
| 肇州县 | 78206 | 52797 | 180.61 | 120.55 | 50.55 |
| 肇源县 | 42443 | 32095 | 94.32 | 71.32 | 21.31 |
| 嘉荫县 | 18572 | 17211 | 235.09 | 217.86 | 29.90 |
| 铁力县 | 32940 | 29760 | 82.97 | 74.96 | 33.14 |
| 桦南县 | 51495 | 36351 | 120.88 | 85.33 | 26.13 |
| 桦川县 | 28689 | 20106 | 135.33 | 94.69 | 23.36 |
| 汤原县 | 38280 | 33380 | 143.37 | 125.02 | 30.81 |
| 扶远县 | 18919 | 17889 | 227.94 | 215.53 | 21.42 |
| 同江县 | 14462 | 13023 | 89.27 | 80.39 | 10.22 |
| 富锦县 | 75003 | 62854 | 176.48 | 147.89 | 37.75 |
| 茄子河县 | 15705 | 12646 | 118.08 | 95.08 | 38.29 |
| 勃利县 | 47173 | 34492 | 127.49 | 93.22 | 30.82 |
| 宁安县 | 60967 | 43957 | 139.51 | 100.59 | 30.27 |
| 海林县 | 57383 | 43900 | 130.12 | 99.00 | 23.31 |
| 穆棱县 | 50563 | 37653 | 160.52 | 119.53 | 23.33 |
| 东宁县 | 40897 | 32637 | 197.57 | 152.23 | 21.45 |
| 林口县 | 46338 | 39580 | 105.55 | 90.16 | 28.00 |
| 绥芬河市 | 18821 | 12030 | 384.10 | 244.57 | 11.15 |
| 绥化市 | 146060 | 104974 | 171.63 | 123.35 | 40.05 |
| 安达市 | 70466 | 47671 | 139.81 | 94.59 | 28.13 |
| 肇东县 | 136343 | 84218 | 164.27 | 101.47 | 41.20 |
| 海伦县 | 105504 | 62675 | 132.05 | 78.44 | 42.91 |
| 望奎县 | 54398 | 40271 | 116.73 | 86.42 | 34.12 |
| 兰西县 | 57400 | 32955 | 122.13 | 70.12 | 31.95 |
| 青冈县 | 49174 | 39365 | 115.70 | 92.62 | 28.90 |
| 庆安县 | 53758 | 40580 | 153.59 | 115.94 | 29.99 |
| 明水县 | 48024 | 32401 | 142.08 | 95.86 | 26.14 |
| 绥棱县 | 38867 | 30434 | 123.39 | 96.62 | 34.70 |
| 北安市 | 61243 | 46436 | 131.71 | 98.62 | 32.87 |

# 教育经费支出(续12)

| 农村人均征收教育费附加占农村人均纯收入比例(%) | 普通初中生均预算内事业费支出(元) | 其中:普通初中生均公用经费支出(元) | 普通小学生均预算内事业费支出(元) | 其中:普通小学生均公用经费支出(元) | 农村小学生均预算内事业费支出(元) | 其中:农村小学生均公用经费支出(元) |
|---|---|---|---|---|---|---|
|  | 758.37 | 109.20 | 1482.25 | 17.07 | 1653.68 | 9.20 |
| 0.05 | 1139.04 | 95.61 | 1108.83 | 161.86 | 1370.67 | 215.66 |
| 0.15 | 1202.50 | 5.50 | 969.21 | 105.17 | 839.89 |  |
| 0.11 | 704.36 | 52.11 | 791.26 | 7.75 | 808.85 | 2.53 |
|  | 2480.43 |  |  |  |  |  |
|  | 556.70 | 7.86 | 662.76 | 22.73 | 638.07 | 23.22 |
| 0.10 | 824.01 | 41.54 | 953.67 | 115.61 | 1406.93 | 174.77 |
| 1.69 | 508.29 | 30.29 | 462.25 | 24.09 | 470.83 | 20.59 |
| 0.18 | 784.08 | 35.36 | 696.10 |  | 711.73 |  |
| 2.15 | 617.71 | 214.89 | 625.61 | 137.38 | 527.35 | 96.22 |
| 0.31 | 234.08 | 20.69 | 550.42 | 64.37 | 561.52 | 60.28 |
|  | 2028.84 | 646.72 | 1695.94 | 396.60 | 1369.08 | 314.57 |
| 0.10 | 1099.83 | 247.31 | 1274.89 | 302.74 | 1184.87 | 206.57 |
| 0.82 | 476.60 |  | 529.49 | 30.71 | 428.03 | 22.07 |
| 0.77 | 268.19 | 21.93 | 540.63 | 13.01 | 476.84 |  |
| 1.37 | 1196.53 | 259.93 | 819.82 | 49.81 | 858.99 | 48.71 |
| 0.68 | 1619.56 | 100.42 | 1685.79 | 83.03 | 1298.89 | 66.79 |
| 0.59 | 1065.85 | 87.95 | 775.44 | 51.11 |  |  |
| 2.13 | 875.39 | 15.77 | 1509.57 |  | 1170.69 |  |
| 0.03 | 772.40 | 14.20 | 797.25 | 8.98 | 903.07 | 17.11 |
| 0.20 | 807.30 | 48.25 | 651.76 | 31.87 | 618.93 | 34.31 |
| 0.42 | 540.43 | 9.50 | 668.43 | 1.67 | 649.23 |  |
| 0.26 | 1154.11 | 22.98 | 1071.72 | 12.84 | 1236.71 | 13.09 |
| 0.12 | 752.86 | 93.68 | 827.66 | 154.06 | 982.00 | 246.53 |
| 0.57 | 893.41 |  | 1043.79 |  | 1061.48 |  |
|  | 780.44 |  | 655.41 |  | 837.97 |  |
| 0.03 | 1337.37 | 362.58 | 936.07 | 243.11 | 1485.89 | 430.83 |
| 0.94 | 650.59 | 80.15 | 748.98 | 77.29 | 699.62 | 66.71 |
| 0.90 | 369.78 | 12.41 | 680.36 | 37.64 | 642.22 | 36.98 |
| 1.19 | 388.15 | 2.72 | 584.04 | 3.51 | 550.93 | 3.43 |
| 1.13 | 400.81 | 48.35 | 618.93 | 70.06 | 553.37 | 72.17 |
| 1.70 | 338.77 | 13.24 | 688.89 | 17.97 | 604.03 | 15.74 |
| 1.75 | 245.27 |  | 472.68 | 2.53 | 411.60 |  |
| 0.44 | 407.98 | 4.58 | 639.07 | 1.29 | 631.97 |  |
| 1.09 | 1060.62 |  | 705.10 |  | 705.10 |  |
| 1.27 | 349.70 |  | 629.17 | 22.78 | 600.67 | 26.98 |
| 0.86 | 849.22 | 20.39 | 705.67 | 29.52 | 668.29 | 34.05 |
| 0.30 | 628.11 | 50.00 | 839.85 | 46.68 | 781.61 | 18.86 |

## 附表1　县(县级市)

| | 教育经费总支出（千元） | 其中:财政预算内教育拨款（千元） | 人均教育经费总支出（元） | 其中:人均财政预算内教育经费支出（元） | 财政支出中预算内教育拨款所占比例（%） |
|---|---|---|---|---|---|
| 五大连池市 | 35676 | 29071 | 100.50 | 81.89 | 29.51 |
| 嫩江县 | 65965 | 41098 | 133.80 | 83.36 | 32.00 |
| 逊克县 | 19947 | 15939 | 199.47 | 159.39 | 19.82 |
| 孙吴县 | 21582 | 18955 | 242.49 | 212.98 | 26.11 |
| 上　海 | | | | | |
| 南汇县 | 325752 | 227909 | 465.36 | 325.45 | 25.81 |
| 崇明县 | 261547 | 206246 | 423.90 | 330.22 | 43.18 |
| 江　苏 | | | | | |
| 江宁县 | 225424 | 127857 | 304.22 | 172.55 | 20.95 |
| 江浦县 | 91651 | 49576 | 307.55 | 157.39 | 17.58 |
| 六合县 | 153494 | 53154 | 225.06 | 77.94 | 28.85 |
| 溧水县 | 109980 | 53450 | 272.23 | 132.30 | 23.45 |
| 高淳县 | 102558 | 52654 | 239.62 | 123.02 | 23.15 |
| 江阴市 | 470313 | 187678 | 408.97 | 163.20 | 17.26 |
| 锡山市 | 420805 | 206744 | 425.06 | 208.83 | 25.16 |
| 宜兴市 | 343273 | 155000 | 317.85 | 143.52 | 30.62 |
| 丰　县 | 197709 | 101450 | 180.89 | 92.82 | 38.63 |
| 沛　县 | 201060 | 118226 | 170.39 | 100.19 | 42.04 |
| 铜山县 | 232735 | 155747 | 181.82 | 119.38 | 38.99 |
| 睢宁县 | 163031 | 94282 | 127.37 | 73.66 | 38.96 |
| 邳　县 | 243714 | 175860 | 156.63 | 113.02 | 49.15 |
| 新沂县 | 153427 | 119300 | 159.49 | 124.01 | 44.51 |
| 武进市 | 479790 | 215310 | 400.16 | 179.07 | 23.82 |
| 金坛市 | 164046 | 84710 | 303.79 | 153.59 | 31.10 |
| 溧阳市 | 285344 | 128502 | 363.50 | 163.70 | 36.26 |
| 常熟市 | 436431 | 239801 | 419.65 | 230.58 | 67.66 |
| 张家港市 | 370612 | 179124 | 430.94 | 208.28 | 17.69 |
| 昆山市 | 287362 | 150989 | 487.05 | 255.91 | 17.52 |
| 吴江市 | 300712 | 135330 | 390.54 | 175.75 | 26.80 |
| 太仓市 | 183010 | 92206 | 406.69 | 204.90 | 20.78 |
| 吴县市 | 349907 | 171190 | 364.49 | 178.32 | 23.03 |
| 海安县 | 247295 | 138953 | 251.83 | 141.50 | 45.29 |
| 如东县 | 235003 | 93567 | 209.82 | 83.54 | 26.26 |
| 启东县 | 209914 | 126729 | 180.65 | 109.06 | 35.98 |
| 如皋县 | 288281 | 115812 | 197.86 | 79.49 | 38.45 |
| 南通县 | 346938 | 172460 | 239.27 | 85.82 | 39.74 |
| 海门县 | 273898 | 149567 | 264.38 | 144.37 | 45.18 |
| 赣榆县 | 200598 | 106933 | 192.88 | 102.82 | 42.58 |

# 教育经费支出(续13)

| 农村人均征收教育费附加占农村人均纯收入比例(%) | 普通初中生均预算内事业费支出(元) | 其中:普通初中生均公用经费支出(元) | 普通小学生均预算内事业费支出(元) | 其中:普通小学生均公用经费支出(元) | 农村小学生均预算内事业费支出(元) | 其中:农村小学生均公用经费支出(元) |
|---|---|---|---|---|---|---|
| 0.41 | 759.58 | 16.09 | 988.00 | | 1028.00 | |
| 1.75 | 960.77 | 64.50 | 721.12 | 32.27 | 363.77 | 28.55 |
| 0.67 | 1210.34 | 64.26 | 847.49 | 54.27 | 590.82 | |
| 0.17 | 1100.97 | 67.70 | 1126.54 | 70.37 | 768.26 | 43.51 |
| | | | | | | |
| 0.64 | 3236.59 | 442.43 | 2123.47 | 215.76 | 2122.42 | 215.68 |
| 0.16 | 2951.94 | 474.57 | 2069.13 | 167.16 | 2069.02 | 167.16 |
| | | | | | | |
| 1.53 | 1470.22 | 242.58 | 806.57 | 82.47 | | |
| 0.73 | 1208.30 | 161.75 | 646.18 | 52.54 | 593.76 | 47.07 |
| 1.52 | 773.53 | 94.38 | 325.83 | 15.86 | 309.07 | 11.84 |
| 0.99 | 1416.65 | 21.93 | 627.95 | 12.68 | | |
| 1.27 | 1210.86 | 72.21 | 647.58 | 33.95 | 617.39 | 30.64 |
| 2.33 | 1660.82 | 87.96 | 687.08 | 24.80 | | |
| 1.42 | 1501.80 | 50.03 | 950.51 | 32.65 | | |
| 2.05 | 1239.15 | 265.33 | 716.24 | 100.53 | | |
| 0.78 | 264.93 | 20.12 | 469.03 | 30.28 | 469.16 | 30.89 |
| 0.45 | 382.58 | 18.58 | 450.99 | 16.39 | 434.15 | 15.05 |
| 0.01 | 807.98 | 16.40 | 414.56 | 5.55 | 404.75 | 2.19 |
| 0.51 | 320.57 | | 308.33 | | 301.09 | |
| 0.04 | 733.39 | 15.67 | 405.32 | 2.51 | 391.76 | 2.05 |
| 0.18 | 712.33 | 6.07 | 455.45 | 1.44 | 432.72 | 0.31 |
| 1.92 | 1579.20 | 175.03 | 906.76 | 73.31 | 794.34 | 57.62 |
| 1.26 | 888.64 | 27.03 | 901.15 | 25.00 | 876.31 | 24.99 |
| 2.66 | 1290.14 | 155.43 | 633.00 | 85.83 | 634.74 | 89.66 |
| 1.63 | 3442.41 | 430.44 | 1293.38 | 117.18 | 1202.46 | 90.48 |
| 2.30 | 2150.77 | 315.28 | 942.83 | 36.93 | 920.35 | 7.88 |
| 2.25 | 3003.72 | 600.39 | 1040.26 | 127.86 | 1035.33 | 131.78 |
| 1.59 | 2042.70 | 352.40 | 877.96 | 145.85 | 826.93 | 118.12 |
| 0.99 | 2034.64 | 400.65 | 1321.71 | 168.48 | 1329.18 | 120.11 |
| 1.04 | 2006.10 | 308.72 | 910.99 | 79.38 | 890.56 | 71.03 |
| 0.71 | 998.46 | 38.12 | 980.80 | 172.53 | 919.38 | 15.61 |
| 1.46 | 676.56 | 17.55 | 505.83 | 11.48 | 481.72 | 11.38 |
| 0.43 | 1009.13 | 17.21 | 741.86 | 12.22 | 748.90 | 13.01 |
| 0.28 | 592.34 | 15.65 | 455.68 | 10.47 | 413.22 | 26.34 |
| 0.97 | 1005.53 | 54.99 | 495.61 | 18.50 | 480.65 | 4.85 |
| 0.44 | 1355.32 | 224.52 | 914.32 | | 903.23 | |
| 0.82 | 852.38 | 6.31 | 354.86 | | 344.65 | |

# 附表1 县(县级市)

| | 教育经费总支出（千元） | 其中:财政预算内教育拨款（千元） | 人均教育经费总支出（元） | 其中:人均财政预算内教育经费支出（元） | 财政支出中预算内教育拨款所占比例（%） |
|---|---|---|---|---|---|
| 东海县 | 198307 | 111613 | 175.49 | 98.77 | 42.43 |
| 灌云县 | 140283 | 85710 | 134.89 | 82.41 | 44.91 |
| 灌南县 | 103615 | 62307 | 145.94 | 87.29 | 34.80 |
| 淮阴县 | 132372 | 63305 | 158.53 | 75.81 | 28.44 |
| 涟水县 | 146262 | 94780 | 145.10 | 94.03 | 36.34 |
| 淮安县 | 175986 | 98012 | 144.25 | 80.34 | 34.31 |
| 洪泽县 | 63662 | 31657 | 169.77 | 84.42 | 24.54 |
| 盱眙县 | 97471 | 61820 | 135.38 | 85.86 | 29.73 |
| 金湖县 | 75667 | 37611 | 213.15 | 105.95 | 26.89 |
| 响水县 | 87411 | 45630 | 154.71 | 78.55 | 33.66 |
| 滨海县 | 162848 | 110069 | 152.19 | 102.87 | 39.86 |
| 阜宁县 | 157130 | 116210 | 147.68 | 109.22 | 42.25 |
| 射阳县 | 168258 | 110635 | 159.49 | 99.86 | 39.02 |
| 建湖县 | 166620 | 119080 | 209.06 | 149.41 | 38.98 |
| 盐都县 | 173774 | 115750 | 18.10 | 11.95 | 43.18 |
| 东台市 | 202944 | 110825 | 171.99 | 93.92 | 36.67 |
| 大丰市 | 154234 | 102657 | 208.14 | 132.92 | 37.78 |
| 宝应县 | 185941 | 66199 | 202.11 | 71.96 | 25.90 |
| 邗江县 | 175256 | 50850 | 318.65 | 92.45 | 21.37 |
| 仪征市 | 125162 | 73783 | 208.60 | 122.97 | 26.72 |
| 高邮市 | 166874 | 64045 | 201.05 | 77.16 | 25.83 |
| 江都市 | 284562 | 95050 | 265.95 | 87.34 | 25.34 |
| 丹徒县 | 98990 | 47120 | 266.10 | 126.67 | 22.95 |
| 丹阳市 | 309978 | 150660 | 386.99 | 188.09 | 35.48 |
| 扬中市 | 125380 | 49882 | 455.93 | 181.39 | 21.96 |
| 句容市 | 166802 | 53727 | 277.08 | 89.25 | 23.31 |
| 兴化市 | 261582 | 162399 | 168.98 | 104.91 | 43.61 |
| 靖江市 | 204216 | 106486 | 309.42 | 156.80 | 33.51 |
| 泰兴市 | 320838 | 156855 | 250.65 | 122.54 | 39.68 |
| 姜堰市 | 203974 | 114809 | 221.71 | 123.85 | 35.53 |
| 宿豫县 | 137687 | 96120 | 143.42 | 99.80 | 39.53 |
| 沭阳县 | 205742 | 133248 | 120.46 | 78.01 | 38.81 |
| 泗阳县 | 160619 | 71858 | 140.89 | 63.01 | 26.88 |
| 泗洪县 | 143803 | 84977 | 143.52 | 83.67 | 33.39 |
| **浙　江** | | | | | |
| 萧山市 | 451888 | 244764 | 395.70 | 195.52 | 25.89 |
| 桐庐县 | 110354 | 64643 | 280.80 | 140.51 | 33.18 |
| 富阳市 | 247337 | 120190 | 398.93 | 164.22 | 33.04 |

## 教育经费支出(续14)

| 农村人均征收教育费附加占农村人均纯收入比例(%) | 普通初中生均预算内事业费支出(元) | 其中:普通初中生均公用经费支出(元) | 普通小学生均预算内事业费支出(元) | 其中:普通小学生均公用经费支出(元) | 农村小学生均预算内事业费支出(元) | 其中:农村小学生均公用经费支出(元) |
|---|---|---|---|---|---|---|
| 1.25 | 827.06 | 1.53 | 343.05 | 8.72 | 338.84 | 8.93 |
| 0.62 | 667.66 | 2.87 | 385.60 | | 369.44 | |
| 0.53 | 826.28 | | 574.83 | | 757.69 | |
| 0.07 | 420.01 | 21.22 | 350.01 | 5.88 | 271.30 | 8.54 |
| 0.21 | 655.95 | | 447.51 | | 419.20 | |
| 0.45 | 594.52 | 14.34 | 374.98 | 5.56 | 339.60 | 3.56 |
| 0.30 | 1167.21 | | 503.28 | | | |
| 0.31 | 580.86 | 17.06 | 337.57 | 2.11 | 297.09 | |
| 0.66 | 712.02 | | 636.45 | | 703.41 | |
| 0.79 | 664.51 | | 354.29 | | 420.50 | |
| 0.66 | 752.18 | 100.66 | 519.35 | 39.10 | 458.40 | 36.69 |
| 0.15 | 677.73 | | 604.53 | | 607.45 | |
| 0.12 | 614.93 | 11.52 | 602.90 | 6.09 | 490.74 | |
| 0.26 | 1213.18 | 6.11 | 720.15 | | 709.96 | |
| 0.20 | 835.68 | 40.21 | 644.48 | 8.49 | 193.59 | 4.47 |
| 0.49 | 916.83 | 11.74 | 483.53 | 3.76 | 477.87 | 3.67 |
| 0.53 | 1131.35 | 33.77 | 787.40 | 16.29 | 797.38 | 16.85 |
| 0.76 | 483.09 | 54.51 | 456.84 | 49.92 | 391.61 | 44.29 |
| 2.19 | 893.77 | 60.91 | 416.40 | 13.78 | 416.40 | 13.78 |
| 1.01 | 1139.99 | 37.89 | 807.11 | 24.08 | 779.91 | 19.97 |
| 1.62 | 694.89 | 20.80 | 409.27 | 10.52 | 363.67 | 7.70 |
| 1.61 | 932.38 | 3.96 | 535.39 | 0.30 | 519.73 | |
| 2.88 | 919.10 | 83.21 | 603.67 | 31.38 | 603.67 | 31.38 |
| 2.01 | 1491.28 | 40.84 | 965.43 | 42.37 | | |
| 2.60 | 1293.47 | 8.27 | 940.95 | 6.91 | | |
| 1.82 | 688.92 | 85.27 | 521.63 | 21.13 | 440.50 | 18.90 |
| 0.34 | 717.12 | 43.50 | 524.59 | | 482.57 | |
| 1.08 | 917.80 | | 904.87 | 2.75 | 868.31 | |
| 0.57 | 891.71 | | 659.94 | | 609.93 | |
| 0.54 | 1008.31 | 11.37 | 765.78 | 3.98 | 750.90 | 3.40 |
| 0.68 | 515.77 | 12.85 | 444.84 | 39.10 | 414.89 | 45.31 |
| 0.04 | 469.33 | 0.95 | 398.70 | 0.34 | 439.55 | |
| 0.63 | 608.90 | | 227.00 | | 144.46 | |
| 0.28 | -177.19 | -103.29 | 328.17 | 1.47 | 247.13 | 0.76 |
| | | | | | | |
| 2.18 | 1404.28 | 229.54 | 1121.35 | 152.29 | 1374.76 | 177.39 |
| 1.03 | 1026.77 | 55.43 | 703.86 | 12.94 | 738.77 | 15.09 |
| 2.12 | 1117.04 | 104.37 | 930.96 | 72.35 | 879.02 | 70.50 |

## 附表1　县(县级市)

| | 教育经费总支出(千元) | 其中:财政预算内教育拨款(千元) | 人均教育经费总支出(元) | 其中:人均财政预算内教育经费支出(元) | 财政支出中预算内教育拨款所占比例(%) |
|---|---|---|---|---|---|
| 临安县 | 138656 | 73185 | 270.81 | 141.47 | 28.73 |
| 余杭市 | 259794 | 135888 | 328.44 | 165.47 | 26.23 |
| 建德市 | 123093 | 71785 | 239.95 | 139.93 | 31.36 |
| 淳安县 | 105930 | 55364 | 235.92 | 122.30 | 25.12 |
| 象山县 | 197112 | 79882 | 370.51 | 139.92 | 23.56 |
| 宁海县 | 197254 | 83580 | 338.34 | 143.36 | 21.92 |
| 鄞县 | 321939 | 145062 | 445.90 | 200.65 | 22.00 |
| 余姚市 | 328210 | 153405 | 394.96 | 181.80 | 30.80 |
| 慈溪市 | 393862 | 166332 | 389.58 | 146.73 | 25.95 |
| 奉化市 | 153725 | 73160 | 313.09 | 148.35 | 23.23 |
| 洞头县 | 36590 | 18735 | 290.40 | 147.33 | 22.67 |
| 乐清县 | 361688 | 150606 | 311.80 | 129.68 | 23.72 |
| 永嘉县 | 208980 | 95325 | 231.43 | 105.56 | 32.68 |
| 瑞安市 | 369821 | 155300 | 308.18 | 128.28 | 29.15 |
| 平阳县 | 240762 | 85366 | 286.62 | 101.35 | 27.68 |
| 苍南县 | 329697 | 113914 | 269.80 | 90.56 | 32.34 |
| 文成县 | 70276 | 43567 | 189.94 | 117.75 | 32.08 |
| 泰顺县 | 52463 | 33651 | 149.04 | 93.92 | 18.86 |
| 嘉善县 | 128136 | 52748 | 336.31 | 138.45 | 28.44 |
| 平湖市 | 144331 | 46142 | 299.44 | 95.73 | 22.17 |
| 海宁市 | 209804 | 83561 | 327.82 | 130.56 | 22.14 |
| 海盐县 | 120603 | 52074 | 330.42 | 115.75 | 29.06 |
| 桐乡市 | 197448 | 75759 | 300.99 | 115.49 | 23.38 |
| 德清县 | 114966 | 50369 | 271.15 | 117.88 | 29.27 |
| 长兴县 | 131885 | 58868 | 213.41 | 95.06 | 33.90 |
| 安吉县 | 105443 | 51229 | 235.36 | 110.38 | 28.89 |
| 绍兴县 | 282043 | 94676 | 389.56 | 130.19 | 22.95 |
| 上虞县 | 225336 | 93056 | 290.76 | 117.42 | 28.82 |
| 嵊州市 | 198384 | 91750 | 268.09 | 117.41 | 39.34 |
| 新昌县 | 158995 | 64112 | 365.51 | 147.38 | 29.12 |
| 诸暨市 | 426321 | 127384 | 401.43 | 117.69 | 30.40 |
| 兰溪市 | 141650 | 66416 | 214.95 | 100.56 | 28.40 |
| 金华县 | 119948 | 51900 | 219.28 | 94.88 | 23.97 |
| 永康县 | 183329 | 88546 | 345.25 | 166.75 | 29.60 |
| 武义县 | 93301 | 41327 | 284.45 | 126.00 | 25.48 |
| 东阳市 | 244696 | 91113 | 310.53 | 111.82 | 33.61 |
| 义乌市 | 333717 | 167485 | 499.58 | 250.73 | 42.02 |
| 浦江县 | 107026 | 41347 | 282.39 | 109.09 | 27.49 |

## 教育经费支出(续15)

| 农村人均征收教育费附加占农村人均纯收入比例(%) | 普通初中生均预算内事业费支出(元) | 其中:普通初中生均公用经费支出(元) | 普通小学生均预算内事业费支出(元) | 其中:普通小学生均公用经费支出(元) | 农村小学生均预算内事业费支出(元) | 其中:农村小学生均公用经费支出(元) |
|---|---|---|---|---|---|---|
| 1.48 | 924.35 | 78.41 | 785.89 | 43.21 | 778.61 | 44.84 |
| 1.51 | 1202.60 | 168.95 | 980.63 | 73.81 | 869.97 | 44.82 |
| 1.22 | 924.63 | 57.34 | 693.54 | 25.58 | 587.65 | 19.25 |
| 1.37 | 1003.15 | 14.05 | 696.98 | 10.40 | 627.72 | 8.05 |
| 1.32 | 1066.29 | 76.73 | 965.66 | 64.55 | 986.98 | 63.04 |
| 1.45 | 924.99 | 38.74 | 858.08 | 33.39 | 964.11 | 52.08 |
| 2.93 | 1675.81 | 255.46 | 844.59 | 96.84 | 862.07 | 253.37 |
| 1.77 | 1392.14 | 214.21 | 869.13 | 129.28 | 1040.56 | 141.37 |
| 2.27 | 960.17 | 218.81 | 628.27 | 117.54 | | |
| 1.48 | 1202.86 | 40.04 | 859.71 | 63.20 | 856.68 | 20.10 |
| 1.12 | 894.93 | 82.42 | 1306.93 | 71.86 | 1345.42 | 43.97 |
| 1.43 | 768.20 | 144.79 | 648.25 | 103.40 | 928.53 | 218.55 |
| 0.82 | 739.38 | 54.19 | 872.92 | 44.07 | 986.30 | 52.00 |
| 1.39 | 803.67 | 108.33 | 781.39 | 112.56 | 1199.83 | 170.43 |
| 1.15 | 708.15 | 56.09 | 639.03 | 36.00 | 675.38 | 44.47 |
| 1.31 | 673.14 | 21.36 | 468.91 | 10.26 | 464.92 | 4.22 |
| 0.44 | 915.77 | 113.58 | 984.28 | 40.43 | 970.56 | 30.01 |
| 0.54 | 809.42 | 42.10 | 706.04 | 47.95 | 726.67 | 64.13 |
| 1.77 | 1085.55 | 350.32 | 639.30 | 125.74 | 630.27 | 121.61 |
| 2.33 | 1056.35 | 224.47 | 416.43 | 103.58 | 369.57 | 84.31 |
| 2.02 | 1363.84 | 349.56 | 617.11 | 135.54 | 544.58 | 130.95 |
| 2.39 | 908.48 | 259.18 | 538.18 | 132.82 | 395.40 | 88.90 |
| 1.69 | 953.31 | 293.18 | 405.44 | 97.45 | 362.41 | 71.44 |
| 1.95 | 985.30 | 102.62 | 588.75 | 25.41 | 518.15 | 17.50 |
| 0.93 | 909.48 | 142.76 | 517.54 | 12.64 | 506.71 | 14.26 |
| 0.50 | 908.79 | 57.63 | 545.95 | 47.83 | 579.05 | 51.49 |
| 2.36 | 1003.77 | 190.98 | 586.38 | 81.73 | 586.38 | 81.73 |
| 1.45 | 791.32 | 192.68 | 616.32 | 59.37 | 600.36 | 52.31 |
| 1.44 | 970.44 | 97.15 | 831.64 | 48.95 | 719.31 | 44.36 |
| 1.16 | 919.70 | 60.24 | 1036.58 | 44.84 | 1121.38 | 38.96 |
| 1.81 | 767.90 | 215.84 | 694.73 | 103.00 | 627.45 | 90.29 |
| 0.99 | 792.22 | 35.58 | 544.99 | 21.62 | 490.88 | 7.98 |
| 0.83 | 819.11 | 12.58 | 640.41 | 8.76 | 610.55 | |
| 1.64 | 1582.95 | 509.44 | 691.15 | 37.14 | 817.55 | 53.64 |
| 1.43 | 834.83 | 60.19 | 763.94 | 53.14 | 784.31 | 62.73 |
| 1.76 | 818.07 | 63.26 | 699.04 | 31.51 | 1004.92 | 149.65 |
| 1.85 | 1310.69 | 157.69 | 878.20 | 105.96 | 981.47 | 118.34 |
| 0.86 | 915.22 | 50.98 | 570.55 | 20.08 | 632.99 | 17.86 |

# 附表1 县(县级市)

| | 教育经费总支出(千元) | 其中:财政预算内教育拨款(千元) | 人均教育经费总支出(元) | 其中:人均财政预算内教育经费支出(元) | 财政支出中预算内教育拨款所占比例(%) |
|---|---|---|---|---|---|
| 磐安县 | 54394 | 30988 | 265.34 | 151.16 | 21.51 |
| 衢 县 | 73069 | 31376 | 139.71 | 59.99 | 22.60 |
| 常山县 | 54312 | 31390 | 169.73 | 98.09 | 19.89 |
| 开化县 | 58394 | 36640 | 171.24 | 107.45 | 26.21 |
| 龙游县 | 76123 | 36475 | 188.42 | 90.28 | 22.43 |
| 江山市 | 112926 | 49454 | 199.52 | 87.26 | 27.04 |
| 岱山县 | 66508 | 36937 | 315.20 | 175.06 | 21.90 |
| 嵊泗县 | 29346 | 20111 | 345.25 | 236.60 | 16.58 |
| 仙居县 | 114221 | 61992 | 251.04 | 136.25 | 31.70 |
| 天台县 | 137812 | 65552 | 258.56 | 122.99 | 30.06 |
| 三门县 | 94313 | 40926 | 235.78 | 102.32 | 24.16 |
| 玉环县 | 131775 | 82056 | 338.75 | 197.79 | 24.10 |
| 临海市 | 278495 | 119862 | 253.64 | 109.16 | 32.69 |
| 温岭市 | 318685 | 163601 | 280.04 | 143.76 | 28.85 |
| 丽水市直属 | 56457 | 23257 | 159.93 | 65.60 | 5.87 |
| 青田县 | 81385 | 56784 | 168.15 | 113.19 | 27.34 |
| 云和县 | 28476 | 18569 | 261.25 | 162.50 | 17.22 |
| 龙泉县 | 63164 | 37957 | 230.53 | 135.97 | 26.86 |
| 庆元县 | 38869 | 25646 | 197.30 | 130.18 | 20.60 |
| 缙云县 | 107998 | 57150 | 248.27 | 131.30 | 31.98 |
| 遂昌县 | 45817 | 31087 | 202.73 | 137.55 | 22.20 |
| 松阳县 | 48448 | 30988 | 210.64 | 134.73 | 24.70 |
| 景宁县 | 35552 | 25816 | 200.86 | 145.31 | 16.10 |
| **安 徽** | | | | | |
| 合肥市属 | 237442 | 107432 | | | 12.07 |
| 蜀山镇 | 5427 | 4146 | 83.49 | 63.78 | 11.25 |
| 长丰县 | 108334 | 59870 | 110.66 | 61.12 | 28.70 |
| 肥东县 | 180656 | 86300 | 164.08 | 78.38 | 31.64 |
| 肥西县 | 132952 | 66327 | 138.93 | 69.28 | 28.26 |
| 芜湖市直 | 114863 | 61376 | | | |
| 芜湖县 | 65479 | 45928 | 121.93 | 85.47 | 27.11 |
| 繁昌县 | 64250 | 37308 | 141.21 | 82.00 | 21.99 |
| 南陵县 | 55984 | 37822 | 104.84 | 70.83 | 23.10 |
| 蚌埠市直 | 89958 | 47369 | | | 15.26 |
| 怀远县 | 97468 | 61754 | 75.97 | 48.13 | 33.33 |
| 五河县 | 67008 | 53096 | 101.22 | 80.21 | 35.02 |
| 固镇县 | 76108 | 55730 | 120.23 | 88.04 | 36.64 |
| 市本级 | 116991 | 50591 | | | 16.04 |

## 教育经费支出(续16)

| 农村人均征收教育费附加占农村人均纯收入比例(%) | 普通初中生均预算内事业费支出(元) | 其中:普通初中生均公用经费支出(元) | 普通小学生均预算内事业费支出(元) | 其中:普通小学生均公用经费支出(元) | 农村小学生均预算内事业费支出(元) | 其中:农村小学生均公用经费支出(元) |
|---|---|---|---|---|---|---|
| 1.29 | 1251.90 | 99.04 | 1014.57 | 50.59 | 1044.50 | 51.64 |
| 0.73 | 531.82 | 18.77 | 400.18 | | 399.97 | |
| 0.62 | 919.68 | 28.32 | 681.44 | 19.08 | 719.22 | 20.42 |
| 0.48 | 861.74 | 85.47 | 682.15 | 62.85 | 643.78 | 23.42 |
| 0.45 | 809.14 | 12.61 | 586.76 | 12.48 | 583.00 | 6.74 |
| 0.80 | 771.51 | 119.79 | 536.00 | 14.68 | 488.24 | 12.19 |
| 1.15 | 1256.34 | 272.80 | 1048.15 | 92.07 | 1122.67 | 90.01 |
| 0.68 | 1858.44 | 370.54 | 1475.10 | 189.55 | 1397.88 | 241.06 |
| 0.98 | 945.24 | 10.72 | 1091.06 | 20.86 | 1463.91 | 37.56 |
| 1.49 | 848.40 | 33.59 | 833.57 | 21.37 | 1035.86 | 49.63 |
| 1.44 | 641.56 | | 708.12 | 3.40 | 813.04 | |
| 2.77 | 1262.71 | 152.31 | 1336.16 | 73.30 | 1530.56 | 55.00 |
| 1.31 | 958.24 | 49.34 | 852.49 | 23.83 | 823.51 | 17.08 |
| 1.24 | 1038.09 | 114.40 | 1036.18 | 67.03 | 962.72 | 56.22 |
| | 1698.53 | | 1156.63 | | | |
| 0.58 | 839.75 | 48.37 | 981.77 | 38.80 | 981.79 | 38.81 |
| 0.89 | 880.66 | 136.07 | 1209.92 | 103.72 | 1216.45 | 86.89 |
| 0.78 | 718.69 | 56.40 | 943.38 | 36.70 | 927.64 | 40.74 |
| 0.97 | 850.40 | 61.06 | 1129.50 | 35.37 | 1193.49 | 32.14 |
| 0.55 | 839.13 | 66.94 | 1042.87 | 18.23 | 1137.43 | 24.92 |
| 0.55 | 920.33 | 99.64 | 1159.77 | 50.36 | 1106.66 | 58.79 |
| 0.36 | 880.49 | 52.33 | 1026.70 | 1.47 | 1015.26 | 1.95 |
| 0.21 | 992.76 | 102.79 | 1710.44 | 136.58 | 2186.64 | 164.62 |
| | | | | | | |
| | 1828.75 | 407.53 | 952.10 | 495.44 | | |
| | 908.37 | 22.12 | 494.57 | 21.38 | | |
| 0.01 | 340.96 | 12.50 | 279.09 | 2.84 | 262.30 | 2.27 |
| 0.13 | 543.31 | 24.27 | 458.29 | 6.20 | 475.20 | 6.23 |
| 0.04 | 345.17 | 1.46 | 381.92 | 25.44 | 372.64 | 28.62 |
| | 1820.51 | 288.51 | 688.11 | 112.39 | | |
| | 437.39 | 46.80 | 534.12 | 30.39 | 532.78 | 34.15 |
| 0.33 | 620.12 | 7.71 | 461.01 | 11.32 | 424.08 | 4.36 |
| 0.05 | 514.24 | 54.47 | 419.60 | 22.30 | 375.07 | 10.28 |
| | 2043.84 | 106.83 | 686.03 | 41.82 | | |
| | 233.67 | 8.67 | 224.91 | 4.64 | 205.82 | 4.86 |
| | 556.08 | 149.50 | 358.35 | 67.62 | 327.16 | 68.90 |
| 0.09 | 440.08 | 18.18 | 388.38 | 31.21 | 370.36 | 30.20 |
| | 1573.19 | 143.57 | 595.10 | 21.87 | | |

## 附表1　县(县级市)

| | 教育经费总支出（千元） | 其中:财政预算内教育拨款（千元） | 人均教育经费总支出（元） | 其中:人均财政预算内教育经费支出（元） | 财政支出中预算内教育拨款所占比例（%） |
|---|---|---|---|---|---|
| 凤台县 | 64633 | 47300 | 115.01 | 80.50 | 31.96 |
| 马鞍山市直 | 110464 | 51522 | | | 12.40 |
| 当涂县 | 74118 | 48568 | 110.62 | 72.49 | 31.00 |
| 淮北市直 | 113247 | 74487 | 144.82 | 93.80 | 17.80 |
| 濉溪县 | 114316 | 70894 | 97.96 | 59.74 | 29.36 |
| 铜陵市直 | 66672 | 36697 | 197.25 | 86.49 | 9.43 |
| 铜陵县 | 54136 | 38754 | 158.76 | 94.62 | 30.41 |
| 安庆市直 | 109341 | 58139 | | | 14.42 |
| 怀宁县 | 117530 | 81124 | 150.68 | 104.01 | 34.25 |
| 桐城市 | 124333 | 103123 | 160.84 | 133.41 | 43.10 |
| 枞阳县 | 82003 | 58486 | 85.87 | 61.24 | 29.63 |
| 潜山县 | 88173 | 55368 | 154.69 | 97.14 | 31.82 |
| 太湖县 | 106917 | 46644 | 189.91 | 82.85 | 26.94 |
| 宿松县 | 106284 | 58815 | 140.40 | 77.69 | 33.88 |
| 望江县 | 64464 | 36141 | 107.98 | 60.54 | 21.43 |
| 岳西县 | 55728 | 35543 | 138.97 | 88.64 | 27.43 |
| 黄山市直 | 42954 | 21233 | | | 12.42 |
| 歙县 | 82455 | 54059 | 164.25 | 107.69 | 26.01 |
| 休宁县 | 44698 | 31592 | 163.13 | 108.58 | 28.76 |
| 黟县 | 18950 | 14640 | 195.36 | 145.25 | 24.32 |
| 祁门县 | 35722 | 25108 | 193.09 | 135.72 | 25.07 |
| 涡阳县 | 88881 | 60219 | 65.69 | 44.51 | 29.86 |
| 蒙城县 | 131389 | 75205 | 114.75 | 65.68 | 29.77 |
| 利辛县 | 93719 | 66107 | 68.66 | 48.43 | 34.74 |
| 界首市 | 57264 | 38956 | 79.75 | 54.26 | 20.43 |
| 临泉县 | 114343 | 70877 | 61.31 | 38.00 | 32.40 |
| 太和县 | 105772 | 74311 | 70.33 | 49.41 | 31.05 |
| 阜南县 | 85115 | 56270 | 59.23 | 39.16 | 29.84 |
| 颍上县 | 105785 | 70649 | 71.82 | 47.96 | 38.99 |
| 阜阳市直 | 73766 | 27616 | | | 8.78 |
| 砀山县 | 99818 | 61918 | 111.65 | 67.95 | 30.76 |
| 萧县 | 121587 | 72895 | 96.04 | 57.58 | 33.70 |
| 灵璧县 | 90155 | 53084 | 81.15 | 46.05 | 27.66 |
| 泗县 | 77267 | 39109 | 92.65 | 47.21 | 30.89 |
| 宿州市市直 | 41766 | 16258 | | | 10.36 |
| 天长市 | 94795 | 58302 | 156.43 | 93.50 | 30.49 |
| 来安县 | 54681 | 39308 | 114.16 | 82.06 | 29.41 |
| 全椒县 | 67585 | 48596 | 149.86 | 107.75 | 24.55 |

## 教育经费支出(续17)

| 农村人均征收教育费附加占农村人均纯收入比例(%) | 普通初中生均预算内事业费支出(元) | 其中:普通初中生均公用经费支出(元) | 普通小学生均预算内事业费支出(元) | 其中:普通小学生均公用经费支出(元) | 农村小学生均预算内事业费支出(元) | 其中:农村小学生均公用经费支出(元) |
|---|---|---|---|---|---|---|
| 0.07 | 553.57 | 15.97 | 419.75 | 2.03 | 403.65 | 2.23 |
| | 2436.58 | 492.38 | 1020.16 | 285.42 | | |
| 0.10 | 652.95 | 60.25 | 324.26 | 34.70 | 306.61 | 34.67 |
| 0.03 | 651.30 | 40.74 | 568.44 | 20.51 | | |
| 0.01 | 288.49 | 11.62 | 231.06 | 1.69 | 210.80 | 1.49 |
| | 934.93 | 140.04 | 666.49 | 61.01 | | |
| 0.03 | 722.30 | 6.94 | 473.55 | 5.56 | 478.70 | 5.92 |
| | 1210.76 | 73.95 | 825.16 | 63.63 | | |
| 0.24 | 677.32 | 97.13 | 536.53 | 72.98 | 534.87 | 72.84 |
| | 774.35 | 125.84 | 536.02 | 81.13 | 514.54 | 65.17 |
| | 396.79 | 22.53 | 265.45 | 16.37 | 249.79 | 15.04 |
| | 670.23 | 154.30 | 451.61 | 64.09 | 442.25 | 63.72 |
| 0.17 | 352.67 | 25.04 | 364.33 | 13.20 | 357.44 | 13.19 |
| | 435.05 | 24.52 | 347.72 | 8.25 | 343.50 | 8.24 |
| | 339.59 | 17.05 | 304.14 | 4.59 | 278.18 | 3.19 |
| 0.86 | 473.31 | 15.18 | 448.28 | 3.56 | 431.94 | 3.26 |
| | 1205.94 | 61.48 | 794.15 | 71.10 | | |
| 0.44 | 805.06 | 12.23 | 657.12 | 12.16 | 627.63 | 6.00 |
| | 711.65 | 29.89 | 633.87 | 6.42 | 636.27 | 6.99 |
| 0.19 | 894.36 | 9.15 | 752.44 | 28.54 | 774.15 | 32.91 |
| 0.05 | 1046.33 | 44.60 | 805.01 | 60.47 | 791.91 | 60.64 |
| 0.08 | 243.07 | 2.96 | 221.76 | 4.61 | 208.40 | 4.23 |
| | 346.92 | 21.30 | 321.59 | 11.62 | 307.43 | 12.91 |
| | 315.84 | | 246.78 | 1.61 | 243.32 | 1.68 |
| | 294.63 | 3.18 | 233.05 | 18.14 | 224.10 | 19.84 |
| | 190.12 | 3.25 | 211.05 | 2.18 | 206.43 | 2.34 |
| | 197.51 | 26.52 | 240.74 | 13.02 | 224.71 | 13.16 |
| | 194.91 | 4.06 | 186.94 | | 182.18 | |
| | 180.03 | | 288.86 | | 282.60 | |
| | 542.37 | 33.90 | 438.50 | | | |
| 0.05 | 299.47 | 11.67 | 258.23 | 5.81 | 231.01 | 0.35 |
| | 407.07 | 3.38 | 219.08 | 0.51 | 212.26 | 0.52 |
| 0.03 | 161.85 | | 195.50 | | 194.11 | |
| 0.13 | 332.26 | 2.84 | 228.11 | 0.04 | 217.67 | 0.05 |
| | 1166.02 | 13.20 | | | | |
| 0.09 | 780.76 | 41.17 | 513.22 | 13.89 | 447.69 | 15.48 |
| | 694.18 | 44.70 | 371.74 | 42.11 | 362.15 | 43.95 |
| 0.61 | 747.19 | 10.95 | 478.83 | 10.98 | 457.30 | 4.47 |

# 附表1　县(县级市)

| | 教育经费总支出(千元) | 其中:财政预算内教育拨款(千元) | 人均教育经费总支出(元) | 其中:人均财政预算内教育经费支出(元) | 财政支出中预算内教育拨款所占比例(%) |
|---|---|---|---|---|---|
| 定远县 | 99716 | 44089 | 111.79 | 50.83 | 18.84 |
| 凤阳县 | 113958 | 85830 | 162.56 | 122.44 | 44.76 |
| 明光市 | 77991 | 60510 | 126.20 | 97.91 | 29.04 |
| 滁州市直 | 81597 | 35616 | | | 13.14 |
| 寿县 | 138973 | 77807 | 109.43 | 61.27 | 28.11 |
| 霍邱县 | 149946 | 95103 | 102.14 | 64.71 | 32.42 |
| 舒城县 | 127163 | 83668 | 129.36 | 84.11 | 31.31 |
| 金寨县 | 90066 | 56983 | 141.84 | 89.74 | 29.10 |
| 霍山县 | 84472 | 49706 | 231.43 | 123.65 | 32.09 |
| 六安市直 | 58162 | 14577 | | | 7.73 |
| 宣州市 | 108673 | 69153 | 130.77 | 83.22 | 30.54 |
| 郎溪县 | 46082 | 26800 | 137.97 | 73.83 | 31.63 |
| 广德县 | 69350 | 40970 | 136.52 | 80.65 | 27.84 |
| 宁国市 | 60967 | 44076 | 160.02 | 115.69 | 22.48 |
| 泾县 | 44557 | 27704 | 124.11 | 77.17 | 22.22 |
| 绩溪县 | 36334 | 24101 | 199.64 | 130.45 | 30.95 |
| 旌德县 | 27470 | 15660 | 180.72 | 102.42 | 26.07 |
| 宣城地直 | 16364 | 5053 | | | 4.34 |
| 庐江县 | 159930 | 103729 | 134.28 | 87.06 | 41.66 |
| 无为县 | 163282 | 111741 | 118.75 | 81.27 | 38.43 |
| 含山县 | 63900 | 38150 | 145.89 | 87.10 | 28.59 |
| 和县 | 74706 | 43011 | 115.64 | 66.58 | 29.88 |
| 巢湖市直 | 42852 | 14713 | | | 10.77 |
| 贵池市 | 98288 | 65456 | 159.82 | 103.64 | 35.86 |
| 九华山处 | 1304 | 620 | 434.67 | 206.67 | 2.98 |
| 东至县 | 81830 | 45080 | 154.11 | 84.90 | 31.68 |
| 石台县 | 15847 | 12200 | 142.77 | 109.91 | 25.32 |
| 青阳县 | 35039 | 25408 | 126.49 | 91.54 | 25.63 |
| 池州地直 | 24667 | 9058 | | | 12.96 |
| **福　建** | | | | | |
| 闽侯县 | 117031 | 86876 | 188.76 | 140.12 | 40.09 |
| 连江县 | 114934 | 66962 | 186.28 | 108.53 | 30.77 |
| 罗源县 | 52309 | 37599 | 206.75 | 130.04 | 24.94 |
| 闽清县 | 91233 | 64988 | 300.11 | 183.19 | 38.04 |
| 永泰县 | 72869 | 52100 | 203.54 | 144.44 | 36.16 |
| 长乐县 | 142964 | 107107 | 212.43 | 144.71 | 38.89 |
| 福清市 | 315692 | 209496 | 263.96 | 155.41 | 45.92 |
| 平潭县 | 72834 | 48063 | 188.69 | 124.52 | 32.12 |

## 教育经费支出(续18)

| 农村人均征收教育费附加占农村人均纯收入比例(%) | 普通初中生均预算内事业费支出(元) | 其中:普通初中生均公用经费支出(元) | 普通小学生均预算内事业费支出(元) | 其中:普通小学生均公用经费支出(元) | 农村小学生均预算内事业费支出(元) | 其中:农村小学生均公用经费支出(元) |
|---|---|---|---|---|---|---|
| 0.08 | 425.52 | 6.58 | 199.55 | 1.51 | 190.67 | 1.66 |
| | 895.91 | 7.10 | 590.76 | | 567.56 | |
| 0.03 | 811.29 | 3.72 | 644.71 | 1.76 | 622.51 | 1.45 |
| | 1264.88 | 118.51 | 532.64 | 24.23 | | |
| 0.14 | 371.34 | 16.83 | 276.58 | 3.06 | 258.10 | 3.30 |
| 0.06 | 327.38 | 7.85 | 338.16 | 6.19 | 328.00 | 5.92 |
| | 570.02 | 5.81 | 463.25 | 5.58 | 465.90 | 6.01 |
| 0.05 | 568.32 | 31.70 | 519.69 | 32.48 | 505.75 | 31.02 |
| | 802.66 | 16.83 | 495.45 | 7.26 | 461.80 | 8.30 |
| | 1150.00 | | 416.99 | | | |
| 0.12 | 595.47 | 73.79 | 516.68 | 36.62 | 499.29 | 48.22 |
| 0.14 | 613.20 | 15.79 | 456.23 | 11.56 | 445.65 | 11.68 |
| | 772.43 | 65.51 | 520.08 | 18.12 | 515.56 | 15.10 |
| | 1097.41 | 58.33 | 603.48 | 8.85 | 575.87 | 5.97 |
| | 599.86 | 55.37 | 470.99 | 24.80 | 463.60 | 25.70 |
| | 1189.48 | 7.63 | 838.23 | 7.82 | 828.51 | 9.43 |
| | 949.36 | 229.24 | 552.20 | 33.85 | 515.43 | 30.85 |
| | 2012.44 | 211.51 | | | | |
| 0.17 | 501.16 | 27.90 | 491.84 | 32.28 | 491.54 | 31.86 |
| | 627.26 | 14.04 | 511.42 | 13.66 | 476.01 | 14.80 |
| | 746.64 | 181.92 | 411.17 | 47.27 | 390.37 | 42.32 |
| 0.20 | 574.06 | 98.09 | 422.64 | 18.83 | 397.12 | 15.49 |
| | 1754.89 | 63.16 | 513.06 | 0.41 | | |
| 0.05 | 673.92 | 92.82 | 561.10 | 61.23 | 558.57 | 51.27 |
| | 2016.00 | 144.00 | 837.54 | 50.42 | | |
| | 557.37 | 29.11 | 465.25 | 17.54 | 409.02 | 12.26 |
| | 939.46 | 42.69 | 566.05 | 27.52 | 505.12 | 34.59 |
| | 641.59 | 13.00 | 741.58 | 14.68 | 732.64 | 10.67 |
| | | | | | | |
| 0.62 | 1191.05 | 67.19 | 867.97 | 13.71 | 855.98 | 2.93 |
| 0.89 | 835.77 | 171.36 | 572.99 | 40.72 | 623.26 | 32.87 |
| 0.53 | 848.38 | 43.84 | 670.18 | 56.21 | 659.81 | 24.95 |
| 0.98 | 1339.69 | 347.72 | 867.89 | 75.91 | 862.59 | 77.86 |
| 0.12 | 762.09 | 89.35 | 461.78 | 40.07 | 494.88 | 38.34 |
| 0.92 | 863.19 | 29.41 | 689.16 | 12.51 | 698.12 | 12.21 |
| 0.92 | 1107.43 | 169.92 | 659.09 | 76.60 | 655.24 | 71.19 |
| 0.36 | 795.85 | 43.31 | 556.71 | 49.69 | 565.04 | 19.03 |

## 附表1　县(县级市)

| | 教育经费总支出(千元) | 其中:财政预算内教育拨款(千元) | 人均教育经费总支出(元) | 其中:人均财政预算内教育经费支出(元) | 财政支出中预算内教育拨款所占比例(%) |
|---|---|---|---|---|---|
| 莆田县 | 228711 | 169550 | 204.94 | 151.93 | 43.09 |
| 仙游县 | 173535 | 123944 | 173.71 | 124.17 | 49.98 |
| 北岸管委会 | 74329 | 53937 | 156.81 | 112.93 | 49.17 |
| 湄洲岛 | 7318 | 5298 | 192.58 | 140.37 | 37.23 |
| 明溪 | 26914 | 20477 | 232.02 | 173.77 | 30.45 |
| 清流县 | 27684 | 19385 | 189.62 | 131.23 | 33.07 |
| 宁化县 | 63642 | 44483 | 183.94 | 113.59 | 37.35 |
| 大田县 | 73338 | 44684 | 199.83 | 124.32 | 38.35 |
| 尤溪县 | 94033 | 63642 | 223.36 | 146.16 | 34.66 |
| 沙县 | 65614 | 44407 | 275.69 | 173.40 | 34.33 |
| 将乐县 | 39161 | 28558 | 234.50 | 169.25 | 34.56 |
| 泰宁县 | 34781 | 24585 | 276.04 | 195.12 | 33.29 |
| 建宁县 | 31721 | 20100 | 218.77 | 138.62 | 26.46 |
| 永安市 | 91054 | 63294 | 285.44 | 198.41 | 50.99 |
| 惠安县 | 280727 | 160613 | 307.14 | 172.76 | 37.82 |
| 安溪县 | 213637 | 144701 | 203.46 | 125.16 | 46.59 |
| 永春县 | 169085 | 114210 | 309.11 | 208.79 | 49.96 |
| 德化县 | 104100 | 68301 | 343.56 | 213.62 | 38.05 |
| 石狮市 | 96364 | 58830 | 325.55 | 198.75 | 17.60 |
| 晋江市 | 306937 | 171794 | 301.21 | 161.12 | 30.78 |
| 南安市 | 368488 | 174321 | 249.82 | 92.01 | 46.19 |
| 云霄县 | 66117 | 51491 | 161.26 | 124.15 | 26.87 |
| 漳浦县 | 161562 | 75608 | 200.95 | 94.04 | 25.53 |
| 诏安县 | 85255 | 68829 | 150.36 | 121.33 | 38.70 |
| 长泰县 | 50342 | 34726 | 267.78 | 184.71 | 33.57 |
| 东山县 | 43211 | 37763 | 213.92 | 184.60 | 30.21 |
| 南靖县 | 81432 | 62240 | 238.80 | 174.52 | 26.78 |
| 平和县 | 77717 | 64409 | 142.34 | 114.29 | 26.60 |
| 华安县 | 33350 | 27948 | 208.44 | 174.68 | 30.06 |
| 龙海市 | 109835 | 80273 | 140.99 | 86.85 | 27.47 |
| 邵武市 | 79523 | 50322 | 264.20 | 151.65 | 34.21 |
| 武夷山市 | 55720 | 35277 | 259.16 | 144.41 | 29.35 |
| 建瓯市 | 99335 | 68144 | 192.88 | 120.87 | 39.59 |
| 顺昌县 | 66598 | 39509 | 274.07 | 150.77 | 36.48 |
| 建阳市 | 67965 | 43710 | 200.49 | 107.73 | 38.63 |
| 浦城县 | 78341 | 60909 | 194.88 | 129.84 | 42.50 |
| 光泽县 | 29638 | 20561 | 191.21 | 111.94 | 28.56 |
| 松溪县 | 41464 | 26352 | 262.43 | 138.87 | 35.57 |

# 教育经费支出(续19)

| 农村人均征收教育费附加占农村人均纯收入比例(%) | 普通初中生均预算内事业费支出(元) | 其中:普通初中生均公用经费支出(元) | 普通小学生均预算内事业费支出(元) | 其中:普通小学生均公用经费支出(元) | 农村小学生均预算内事业费支出(元) | 其中:农村小学生均公用经费支出(元) |
|---|---|---|---|---|---|---|
| 0.20 | 663.03 | 62.39 | 720.47 | 31.60 | 690.90 | 29.54 |
| 0.11 | 795.34 | 22.95 | 502.71 | 12.98 | 488.46 | 13.43 |
| 0.07 | 547.18 | 24.43 | 532.33 | 7.91 | 551.47 | 14.96 |
| 0.35 | 1143.38 | 140.08 | 667.82 | 26.40 | 667.82 | 26.40 |
| 0.58 | 1154.28 | 163.14 | 741.03 | 45.41 | 771.50 | 55.47 |
| 0.32 | 840.89 | 57.59 | 679.30 | 9.68 | 687.02 | 12.84 |
| 0.65 | 709.67 | 107.67 | 533.95 | 33.12 | 519.69 | 31.32 |
| 0.48 | 740.93 | 37.41 | 397.45 | 15.94 | 382.48 | 10.07 |
| 0.72 | 877.24 | 20.86 | 535.72 | 5.84 | 527.66 | 4.09 |
| 0.59 | 1389.41 | 65.68 | 955.72 | 42.47 | 1064.27 | 41.47 |
| 0.37 | 836.36 | 175.49 | 940.73 | 53.54 | 955.47 | 53.34 |
| 0.97 | 980.34 | 65.08 | 1000.29 | 24.20 | 1109.73 | 18.75 |
| 1.07 | 608.34 | 70.76 | 744.27 | 68.22 | 698.97 | 63.64 |
| 0.94 | 1379.94 | 228.87 | 1019.28 | 99.19 | 937.48 | 124.37 |
| 0.97 | 1038.14 | 222.35 | 674.19 | 26.90 | 580.14 | 15.73 |
| 0.46 | 626.07 | 13.34 | 486.07 | 9.62 | 477.73 | 19.36 |
| 0.79 | 1300.06 | 187.28 | 935.32 | 38.72 | 922.64 | 47.48 |
| 0.86 | 1206.29 | 227.38 | 783.84 | 68.01 | 787.22 | 67.89 |
| 0.80 | 1170.09 | 200.83 | 673.75 | 104.44 | | |
| 0.68 | 696.00 | 11.97 | 716.32 | 3.36 | | |
| 0.82 | 566.27 | 172.96 | 364.66 | 40.61 | 492.55 | 74.10 |
| 0.04 | 801.48 | 32.68 | 586.72 | 11.06 | 590.39 | 11.25 |
| 0.10 | 714.82 | 11.59 | 383.52 | 4.51 | 373.31 | 4.63 |
| 0.11 | 936.12 | 19.81 | 656.94 | 4.30 | 619.25 | 4.40 |
| 0.16 | 1076.35 | 71.84 | 846.75 | 28.36 | 832.85 | 30.12 |
| 0.13 | 1317.56 | 106.77 | 836.11 | 48.16 | 836.63 | 50.91 |
| 0.19 | 1169.99 | 90.57 | 973.20 | 48.93 | 975.66 | 37.44 |
| 0.04 | 785.43 | 115.83 | 670.50 | 110.06 | 671.50 | 110.97 |
| 0.04 | 1028.95 | 138.58 | 767.04 | 36.48 | 743.19 | 17.69 |
| 0.33 | 689.41 | 38.90 | 394.51 | 11.20 | 384.75 | 10.32 |
| 0.73 | 1001.85 | 98.32 | 867.14 | 42.57 | 1001.43 | 57.66 |
| 0.16 | 855.29 | 110.65 | 749.54 | 59.43 | 856.34 | 61.97 |
| 0.56 | 697.16 | 159.55 | 647.75 | 45.41 | 562.05 | 0.05 |
| 0.33 | 887.36 | 113.48 | 800.81 | 93.56 | 711.13 | 58.14 |
| 0.33 | 839.52 | 131.02 | 701.28 | 46.87 | 650.80 | |
| 0.28 | 1164.45 | 81.53 | 1048.12 | 24.04 | 1060.11 | 21.94 |
| 0.40 | 668.18 | 62.44 | 584.06 | 36.74 | 562.64 | 18.42 |
| 0.78 | 706.06 | 54.70 | 588.55 | 51.37 | 576.31 | 35.58 |

## 附表1　县(县级市)

| | 教育经费总支出（千元） | 其中：财政预算内教育拨款（千元） | 人均教育经费总支出（元） | 其中：人均财政预算内教育经费支出（元） | 财政支出中预算内教育拨款所占比例（%） |
|---|---|---|---|---|---|
| 政和县 | 36801 | 24564 | 168.81 | 101.75 | 33.13 |
| 宁德市 | 87626 | 60855 | 212.17 | 128.10 | 36.21 |
| 福安市 | 124554 | 78876 | 207.94 | 114.93 | 31.35 |
| 福鼎县 | 111583 | 71745 | 199.61 | 111.31 | 34.44 |
| 霞浦县 | 77319 | 56711 | 151.61 | 110.06 | 34.17 |
| 古田县 | 90651 | 64492 | 212.30 | 121.46 | 36.38 |
| 屏南县 | 40649 | 32511 | 223.35 | 156.53 | 33.05 |
| 寿宁县 | 54043 | 35073 | 212.77 | 135.63 | 33.70 |
| 周宁县 | 45010 | 28575 | 234.43 | 139.22 | 33.37 |
| 柘荣县 | 22747 | 16639 | 227.47 | 141.88 | 23.26 |
| 漳平市 | 70082 | 51524 | 255.77 | 185.35 | 43.38 |
| 长汀县 | 67621 | 48225 | 138.57 | 94.53 | 29.93 |
| 永定县 | 128553 | 88096 | 275.86 | 187.24 | 42.99 |
| 上杭县 | 108992 | 72587 | 226.59 | 150.52 | 38.81 |
| 武平县 | 79150 | 55146 | 217.45 | 149.98 | 35.45 |
| 连城县 | 76019 | 50903 | 231.77 | 155.19 | 35.00 |
| **江　西** | | | | | |
| 南昌县 | 107231 | 72032 | 107.02 | 71.89 | 22.50 |
| 新建县 | 72380 | 46503 | 109.34 | 69.49 | 24.36 |
| 安义县 | 31907 | 18440 | 132.39 | 76.51 | 26.89 |
| 进贤县 | 84561 | 56280 | 117.77 | 78.38 | 31.57 |
| 浮梁县 | 30252 | 18639 | 112.04 | 69.01 | 23.66 |
| 乐平县 | 80506 | 50179 | 110.28 | 68.64 | 25.60 |
| 上栗县 | 62161 | 32401 | 133.11 | 69.38 | 36.24 |
| 芦溪县 | 42485 | 25771 | 155.05 | 94.05 | 38.62 |
| 庐山管理局 | 5184 | 3784 | 43.20 | 31.10 | 11.28 |
| 九江县 | 42827 | 24742 | 123.78 | 71.51 | 25.33 |
| 瑞昌县 | 54938 | 30490 | 132.38 | 73.47 | 25.28 |
| 武宁县 | 44351 | 27020 | 117.64 | 71.67 | 26.05 |
| 修水县 | 85896 | 42551 | 111.84 | 55.40 | 25.79 |
| 德安县 | 24367 | 13430 | 162.45 | 89.53 | 24.46 |
| 都昌县 | 60770 | 37860 | 86.81 | 53.91 | 19.70 |
| 湖口县 | 38190 | 20925 | 140.40 | 76.86 | 30.03 |
| 分宜县 | 40685 | 26008 | 136.07 | 86.94 | 22.26 |
| 贵溪县 | 80420 | 48869 | 156.46 | 93.93 | 32.49 |
| 余江县 | 37219 | 21176 | 110.77 | 63.88 | 20.32 |
| 龙虎山管理局 | 2345 | 1578 | 83.75 | 56.36 | 35.41 |
| 赣州市 | 45401 | 30508 | 96.19 | 63.58 | 25.98 |

## 教育经费支出(续20)

| 农村人均征收教育费附加占农村人均纯收入比例(%) | 普通初中生均预算内事业费支出(元) | 其中:普通初中生均公用经费支出(元) | 普通小学生均预算内事业费支出(元) | 其中:普通小学生均公用经费支出(元) | 农村小学生均预算内事业费支出(元) | 其中:农村小学生均公用经费支出(元) |
|---|---|---|---|---|---|---|
| 0.56 | 471.86 | 33.20 | 382.29 | 12.90 | 369.85 | 12.91 |
| 0.58 | 763.38 | 21.50 | 600.13 | 6.41 | 565.60 | 5.93 |
| 0.60 | 640.03 | 13.03 | 571.62 | 15.26 | 571.89 | 16.43 |
| 0.24 | 743.76 | 62.40 | 554.30 | 54.98 | 550.44 | 57.11 |
| 0.17 | 750.73 | 11.72 | 587.81 | 4.33 | 582.75 | 4.04 |
| 0.81 | 779.97 | 42.42 | 607.74 | 45.92 | 592.75 | 23.90 |
| 0.20 | 865.80 | 47.52 | 623.86 | 5.86 | 638.34 | 5.86 |
| 0.22 | 665.30 | 14.67 | 680.94 | 6.85 | 681.77 | 5.69 |
| 0.22 | 955.12 | 24.16 | 639.06 | 37.47 | 642.54 | 29.49 |
| 1.28 | 700.65 | 27.32 | 620.34 | 25.01 | 667.46 | 17.54 |
| 0.84 | 820.81 | 18.36 | 704.77 | 5.56 | 748.89 | 14.98 |
| 0.15 | 746.32 | 2.84 | 385.94 | 0.94 | 366.25 | 0.95 |
| 0.12 | 1074.48 | 38.69 | 824.19 | 35.41 | 810.92 | 33.58 |
| 0.39 | 889.57 | 224.21 | 581.12 | 47.77 | 567.91 | 47.03 |
| 0.19 | 852.26 | 90.27 | 578.49 | 34.52 | 594.32 | 36.17 |
| 0.76 | 979.27 | 22.61 | 609.09 | 7.72 | 608.66 | 7.97 |
| 0.31 | 510.20 | 17.23 | 441.92 | 11.14 | 421.11 | 10.05 |
| 0.43 | 537.05 | 24.24 | 358.99 | 12.64 | 340.23 | 12.28 |
| 1.00 | 558.31 | 28.03 | 292.80 | 7.63 | 321.24 | 7.93 |
| 0.71 | 550.40 | 33.48 | 392.23 | 23.47 | 365.71 | 23.71 |
| 0.14 | 511.69 | 11.42 | 390.58 | 7.52 | 391.40 | 7.93 |
|  | 317.10 |  | 413.25 | 3.51 | 409.59 |  |
| 1.31 | 373.60 | 9.03 | 303.17 | 4.76 | 298.91 | 2.98 |
| 0.74 | 475.51 | 9.45 | 510.07 | 14.60 | 502.76 | 15.04 |
|  | 4149.53 | 358.88 | 1284.81 | 54.43 |  |  |
|  | 483.08 | 7.92 | 317.01 | 2.10 | 318.06 | 2.09 |
| 0.75 | 392.41 | 3.92 | 411.00 | 2.01 | 387.71 | 2.36 |
| 0.69 | 458.69 | 4.90 | 353.16 | 1.27 | 368.65 | 1.83 |
| 0.87 | 334.51 | 16.78 | 273.32 | 11.23 | 230.94 | 16.75 |
| 0.76 | 578.39 | 11.55 | 491.22 | 1.94 | 492.36 | 1.90 |
| 1.26 | 325.54 | 6.52 | 242.77 | 3.24 | 235.67 | 3.15 |
| 0.83 | 417.49 | 3.61 | 323.59 | 1.65 | 325.87 | 1.09 |
| 0.80 | 628.89 | 21.58 | 565.09 | 44.50 | 567.20 | 45.02 |
| 0.83 | 541.32 | 28.75 | 562.48 | 26.52 | 538.16 | 29.26 |
| 0.02 | 506.50 | 2.88 | 322.77 |  | 259.75 |  |
| 0.02 | 506.87 | 30.74 | 220.44 | 11.19 | 220.44 | 11.19 |
| 0.05 | 624.76 | 1.58 | 587.29 | 2.29 | 592.63 | 1.80 |

# 附表1　县(县级市)

|  | 教育经费总支出（千元） | 其中:财政预算内教育拨款（千元） | 人均教育经费总支出（元） | 其中:人均财政预算内教育经费支出（元） | 财政支出中预算内教育拨款所占比例（%） |
|---|---|---|---|---|---|
| 赣县 | 48224 | 34190 | 90.31 | 64.03 | 23.36 |
| 南康县 | 82786 | 47445 | 108.08 | 61.87 | 30.27 |
| 信丰县 | 57954 | 39156 | 89.57 | 60.41 | 27.42 |
| 大余县 | 30043 | 21225 | 108.46 | 76.62 | 21.82 |
| 上犹县 | 27312 | 16165 | 98.60 | 58.36 | 16.95 |
| 崇义县 | 26674 | 15980 | 136.09 | 81.40 | 20.37 |
| 安远县 | 32813 | 22218 | 98.24 | 66.52 | 20.46 |
| 龙南县 | 32261 | 22592 | 109.73 | 76.69 | 21.84 |
| 定南县 | 20518 | 16622 | 107.99 | 87.48 | 19.41 |
| 全南县 | 20481 | 14224 | 113.78 | 79.02 | 18.82 |
| 宁都县 | 63170 | 40311 | 90.76 | 57.92 | 21.45 |
| 于都县 | 73146 | 51929 | 87.29 | 61.23 | 25.63 |
| 兴国县 | 68594 | 42540 | 104.09 | 64.55 | 24.24 |
| 瑞金县 | 56778 | 40960 | 96.89 | 69.90 | 26.16 |
| 会昌县 | 39127 | 24713 | 93.61 | 59.04 | 21.77 |
| 寻乌县 | 34595 | 21470 | 120.54 | 74.81 | 20.78 |
| 石城县 | 32338 | 20848 | 111.13 | 71.64 | 23.55 |
| 丰城市 | 108867 | 75060 | 85.72 | 59.10 | 28.95 |
| 高安市 | 117841 | 65948 | 150.12 | 79.52 | 32.12 |
| 清江县 | 81006 | 52038 | 151.41 | 97.27 | 32.51 |
| 奉新县 | 43121 | 27615 | 146.67 | 93.93 | 27.40 |
| 万载县 | 54333 | 38277 | 117.10 | 81.34 | 29.31 |
| 上高县 | 46426 | 28877 | 142.85 | 88.85 | 23.18 |
| 宜丰县 | 37354 | 23038 | 135.34 | 83.41 | 21.11 |
| 靖安县 | 18519 | 12547 | 135.18 | 90.91 | 18.41 |
| 铜鼓县 | 24167 | 13287 | 184.48 | 101.43 | 16.41 |
| 上饶市 | 56579 | 38387 |  |  | 22.68 |
| 上饶县 | 75909 | 44441 |  |  | 28.88 |
| 广丰县 | 104298 | 66158 | 140.56 | 87.43 | 23.73 |
| 玉山县 | 65425 | 36846 |  |  | 29.87 |
| 铅山县 | 36497 | 25713 |  |  | 25.17 |
| 横峰县 | 19965 | 14766 |  |  | 20.04 |
| 弋阳县 | 45097 | 26979 |  |  | 27.24 |
| 余干县 | 93671 | 53273 | 105.25 | 59.86 | 21.02 |
| 波阳县 | 153732 | 79014 |  |  | 26.63 |
| 万年县 | 54879 | 27864 |  |  | 24.91 |
| 德兴县 | 41087 | 26374 |  |  | 18.00 |
| 婺源县 | 40843 | 25910 | 123.77 | 77.22 | 29.36 |

## 教育经费支出(续21)

| 农村人均征收教育费附加占农村人均纯收入比例(%) | 普通初中生均预算内事业费支出(元) | 其中:普通初中生均公用经费支出(元) | 普通小学生均预算内事业费支出(元) | 其中:普通小学生均公用经费支出(元) | 农村小学生均预算内事业费支出(元) | 其中:农村小学生均公用经费支出(元) |
|---|---|---|---|---|---|---|
| 0.20 | 344.86 | 2.18 | 369.78 | 1.97 | 371.31 | 2.00 |
| 0.47 | 412.61 | 21.64 | 329.00 | 8.39 | 336.58 | 8.38 |
| 0.08 | 465.93 | 5.58 | 329.54 | | 327.42 | |
| 0.46 | 539.73 | 22.55 | 460.15 | 8.71 | 467.50 | 8.72 |
| 0.25 | 512.40 | | 279.78 | | 290.34 | |
| 0.57 | 557.37 | 60.24 | 379.84 | 18.13 | 376.32 | 18.08 |
| 0.78 | 490.74 | 20.90 | 340.27 | 7.83 | 335.60 | 7.93 |
| 0.43 | 541.01 | 4.98 | 388.25 | 7.52 | 377.60 | 6.94 |
| 0.03 | 430.91 | | 528.87 | | 541.66 | |
| 0.51 | 573.90 | 20.15 | 392.86 | | 397.48 | |
| 0.47 | 406.20 | 11.13 | 368.68 | 4.77 | 366.04 | |
| 0.24 | 611.98 | 18.42 | 349.93 | 3.24 | 345.29 | 2.86 |
| 0.66 | 358.98 | 5.60 | 428.10 | 5.59 | 423.58 | 5.29 |
| 0.28 | 532.97 | | 470.64 | | 468.98 | |
| 0.09 | 363.08 | 18.93 | 344.92 | 12.53 | 346.65 | 13.15 |
| 1.10 | 583.05 | | 378.12 | | 440.37 | |
| 0.32 | 352.21 | | 353.04 | 0.32 | 337.34 | |
| 0.17 | 654.41 | 18.05 | 437.42 | 2.77 | 357.01 | 1.81 |
| 0.85 | 457.18 | 6.46 | 435.03 | 8.13 | 382.97 | 10.21 |
| 0.84 | 714.41 | 70.10 | 500.00 | 24.42 | 461.86 | 22.02 |
| 0.28 | 632.62 | 11.70 | 494.77 | 11.66 | 542.29 | 19.12 |
| 0.50 | 597.20 | 31.32 | 413.61 | 19.24 | 494.26 | 15.88 |
| 0.92 | 693.33 | 23.39 | 482.72 | 9.07 | 453.48 | 7.18 |
| 0.28 | 570.09 | 12.56 | 545.84 | 6.17 | 676.86 | 9.50 |
| 0.56 | 743.28 | 14.02 | 493.81 | 15.35 | 475.89 | 21.84 |
| 0.41 | 443.57 | 13.02 | 635.26 | 12.35 | 620.65 | 14.52 |
| | 1102.28 | 30.82 | 630.52 | 23.17 | 559.97 | 23.21 |
| | 760.57 | 13.39 | 336.33 | 3.42 | 326.63 | 3.31 |
| 0.39 | 428.49 | 13.85 | 350.53 | 1.80 | 306.56 | 2.01 |
| | 498.85 | 18.86 | 357.82 | 4.00 | 371.50 | 4.03 |
| | 563.36 | 5.70 | 381.15 | 1.96 | 369.73 | 2.07 |
| | 554.02 | 27.79 | 404.60 | 1.17 | 390.10 | |
| | 482.52 | 7.90 | 406.32 | 10.67 | 381.03 | 7.21 |
| 0.82 | 319.12 | 8.24 | 277.23 | 2.31 | 271.14 | 2.15 |
| | 276.39 | 8.62 | 308.50 | 36.13 | 286.46 | 21.86 |
| | 594.27 | 42.87 | 330.75 | 11.91 | 277.16 | 10.75 |
| | 760.75 | 42.07 | 513.36 | 17.10 | 442.56 | 14.15 |
| 0.01 | 501.74 | 6.63 | 364.30 | 5.49 | 337.00 | 5.50 |

## 附表1 县(县级市)

| | 教育经费总支出（千元） | 其中：财政预算内教育拨款（千元） | 人均教育经费总支出（元） | 其中：人均财政预算内教育经费支出（元） | 财政支出中预算内教育拨款所占比例（%） |
|---|---|---|---|---|---|
| 吉安市 | 51665 | 35747 | 156.09 | 102.02 | 25.60 |
| 井冈山市 | 13767 | 8586 | 233.34 | 135.29 | 19.40 |
| 吉安县 | 73096 | 42955 | 128.24 | 75.36 | 28.30 |
| 吉水县 | 62188 | 35204 | 128.75 | 72.89 | 37.28 |
| 峡江县 | 21586 | 14002 | 137.49 | 90.80 | 21.67 |
| 新干县 | 43565 | 24636 | 148.69 | 81.23 | 26.29 |
| 永丰县 | 57277 | 32748 | 145.37 | 83.12 | 28.85 |
| 泰和县 | 69957 | 41235 | 138.80 | 81.50 | 29.01 |
| 遂川县 | 55379 | 38151 | 106.50 | 72.25 | 31.73 |
| 万安县 | 41386 | 23291 | 147.28 | 82.23 | 26.29 |
| 安福县 | 47287 | 28774 | 123.46 | 75.13 | 25.91 |
| 永新县 | 63688 | 33903 | 142.80 | 76.02 | 27.71 |
| 宁冈县 | 12890 | 8953 | 148.16 | 101.87 | 16.80 |
| 南城县 | 6888 | 3786 | 23.35 | 23.35 | 4.65 |
| 黎川县 | 46011 | 27497 | 198.32 | 118.52 | 33.71 |
| 南丰县 | 33991 | 19310 | 126.83 | 72.05 | 25.19 |
| 崇仁县 | 50916 | 27165 | 166.94 | 88.61 | 26.01 |
| 乐安县 | 28684 | 24938 | 78.80 | 68.45 | 27.29 |
| 宜黄县 | 23945 | 15381 | 115.12 | 75.15 | 23.52 |
| 金溪县 | 37455 | 22580 | 132.82 | 80.07 | 31.78 |
| 资溪县 | 18340 | 9296 | 173.02 | 87.70 | 18.96 |
| 东乡县 | 39191 | 21093 | 94.21 | 50.53 | 17.27 |
| 广昌县 | 37805 | 25096 | 169.53 | 112.48 | 25.26 |
| 山　东 | | | | | |
| 长清县 | 111380 | 68290 | 211.35 | 112.71 | 36.02 |
| 平阴县 | 58645 | 39849 | 162.45 | 91.52 | 24.86 |
| 济阳县 | 81343 | 49215 | 155.83 | 82.71 | 18.02 |
| 商河县 | 72287 | 49703 | 123.57 | 78.32 | 30.47 |
| 章丘市 | 195054 | 144327 | 197.82 | 125.62 | 27.23 |
| 胶州市 | 207726 | 121941 | 274.04 | 160.87 | 32.32 |
| 即墨市 | 248038 | 123720 | 232.68 | 116.06 | 26.36 |
| 平度市 | 291328 | 142246 | 218.22 | 106.36 | 30.64 |
| 胶南市 | 226422 | 145039 | 270.84 | 173.41 | 31.64 |
| 莱西市 | 181397 | 88109 | 249.86 | 121.36 | 26.30 |
| 桓台县 | 102993 | 63138 | 211.92 | 129.91 | 31.80 |
| 高青县 | 74363 | 34586 | 208.88 | 97.15 | 24.54 |
| 沂源县 | 108953 | 65505 | 197.02 | 118.07 | 34.19 |
| 滕州市 | 174451 | 102654 | 112.48 | 65.64 | 28.18 |

## 教育经费支出(续22)

| 农村人均征收教育费附加占农村人均纯收入比例(%) | 普通初中生均预算内事业费支出(元) | 其中:普通初中生均公用经费支出(元) | 普通小学生均预算内事业费支出(元) | 其中:普通小学生均公用经费支出(元) | 农村小学生均预算内事业费支出(元) | 其中:农村小学生均公用经费支出(元) |
|---|---|---|---|---|---|---|
| 0.17 | 1043.98 | 16.03 | 686.92 | 3.34 | 589.97 | 1.14 |
| 0.17 | 768.69 | 43.88 | 711.38 | 24.70 | 745.46 | 24.81 |
| 0.66 | 529.45 | 3.43 | 415.72 | 1.61 | 415.21 | 1.50 |
| 0.72 | 486.08 | 9.60 | 402.97 | 2.80 | 366.77 | 1.01 |
| 0.09 | 549.20 | 33.16 | 374.22 | 11.62 | 334.62 | 12.77 |
| 0.94 | 514.19 | 24.08 | 364.90 | 9.20 | 354.47 | 9.10 |
| 0.74 | 452.67 | 23.54 | 425.52 | 4.79 | 437.76 | 5.22 |
| 0.72 | 512.38 | 21.63 | 422.16 | 8.68 | 423.75 | 8.69 |
| 0.28 | 508.07 | 2.06 | 331.56 | 0.09 | 319.23 |  |
| 0.87 | 557.55 | 14.53 | 439.75 | 8.20 | 436.93 | 8.37 |
| 0.42 | 547.83 | 17.61 | 432.05 | 10.65 | 434.66 | 11.28 |
| 0.84 | 421.64 |  | 444.80 |  | 445.78 |  |
| 0.21 | 559.19 | 68.23 | 461.01 | 10.76 | 598.75 | 2.85 |
|  |  |  |  |  |  |  |
| 1.01 | 860.01 | 312.15 | 607.72 | 3.47 | 627.83 |  |
|  | -839.65 | -13.30 | 315.11 | 4.65 | 298.81 | 4.14 |
| 0.13 | 582.97 | 22.36 | 354.89 | 11.84 | 351.38 | 12.59 |
| 0.02 | 544.26 |  | 405.99 | 4.17 | 395.20 | 3.13 |
| 0.01 | 549.89 | 20.85 | 268.06 | 2.82 | 234.22 | 3.02 |
| 0.20 | 408.80 |  | 461.68 | 11.94 | 472.92 | 12.82 |
| 0.96 | 603.18 | 0.65 | 489.68 | 13.05 | 471.76 | 14.96 |
| 0.01 | 300.49 | 19.51 | 281.96 | 10.91 | 273.71 | 12.26 |
| 0.98 | 615.10 |  | 530.49 | 9.35 | 498.73 | 7.42 |
|  |  |  |  |  |  |  |
| 1.01 | 693.41 | 20.47 | 841.43 | 21.08 | 877.14 | 23.52 |
| 0.48 | 482.04 | 36.07 | 507.49 | 27.87 | 494.63 | 28.48 |
| 0.44 | 587.83 | 33.70 | 398.15 | 2.72 | 392.45 | 0.06 |
| 0.69 | 440.36 | 19.12 | 497.11 | 8.18 | 493.28 | 6.27 |
| 0.27 | 960.79 | 14.20 | 882.17 | 6.33 | 897.92 | 6.67 |
| 0.76 | 1216.49 | 23.06 | 844.02 | 18.60 | 695.93 | 10.31 |
| 1.10 | 946.91 |  | 616.34 |  | 570.37 |  |
| 1.12 | 762.52 |  | 588.38 | 21.04 | 586.84 | 21.69 |
| 0.35 | 1261.89 | 26.40 | 907.50 | 34.27 | 868.02 | 33.90 |
| 1.50 | 795.89 |  | 538.32 | 0.25 | 482.48 | 0.28 |
| 0.48 | 928.42 | 40.03 | 774.03 | 30.23 | 741.03 |  |
| 0.67 | 578.30 | 11.13 | 764.85 | 27.27 | 711.05 | 15.31 |
| 0.45 | 821.85 | 36.11 | 669.01 | 1.18 | 659.85 | 1.23 |
| 0.68 | 472.49 | 14.83 | 252.31 | 8.51 | 248.34 | 8.13 |

## 附表1　县(县级市)

| | 教育经费总支出（千元） | 其中：财政预算内教育拨款（千元） | 人均教育经费总支出（元） | 其中：人均财政预算内教育经费支出（元） | 财政支出中预算内教育拨款所占比例（%） |
|---|---|---|---|---|---|
| 垦利县 | 49324 | 30303 | 234.88 | 144.30 | 25.24 |
| 利津县 | 60318 | 39399 | 207.99 | 135.86 | 32.46 |
| 广饶县 | 116705 | 65580 | 251.52 | 141.34 | 30.15 |
| 栖霞县 | 137125 | 88075 | 207.77 | 111.30 | 41.64 |
| 海阳县 | 119289 | 64131 | 172.88 | 72.28 | 33.58 |
| 长岛县 | 15603 | 12082 | 346.73 | 268.49 | 16.76 |
| 龙口市 | 160895 | 107422 | 258.26 | 148.46 | 26.06 |
| 莱阳市 | 141331 | 88376 | 158.80 | 84.81 | 35.64 |
| 莱州市 | 232361 | 140311 | 266.47 | 129.01 | 33.69 |
| 蓬莱市 | 129389 | 84929 | 266.23 | 147.01 | 29.78 |
| 招远市 | 164718 | 113338 | 285.47 | 157.71 | 35.67 |
| 临朐县 | 144974 | 89977 | 167.21 | 103.55 | 36.94 |
| 昌乐县 | 124485 | 68223 | 206.10 | 111.90 | 31.22 |
| 青州市 | 201261 | 104840 | 224.37 | 116.82 | 31.73 |
| 诸城市 | 230968 | 136825 | 218.51 | 129.07 | 35.06 |
| 寿光市 | 312710 | 167235 | 295.85 | 157.08 | 37.17 |
| 昌邑市 | 146778 | 91124 | 214.59 | 132.82 | 40.20 |
| 高密市 | 186764 | 102806 | 220.24 | 121.23 | 37.92 |
| 安丘市 | 239317 | 136678 | 217.76 | 122.53 | 35.77 |
| 微山县 | 84507 | 49918 | 124.64 | 73.63 | 23.48 |
| 鱼台县 | 62073 | 33189 | 144.36 | 77.18 | 25.84 |
| 金乡县 | 91262 | 51770 | 152.10 | 86.28 | 31.45 |
| 嘉祥县 | 87070 | 53142 | 114.57 | 69.92 | 29.61 |
| 汶上县 | 76633 | 47845 | 105.70 | 62.70 | 31.87 |
| 泗水县 | 71967 | 38579 | 121.57 | 64.56 | 22.27 |
| 梁山县 | 80838 | 53970 | 114.50 | 76.44 | 30.35 |
| 曲阜市 | 119831 | 71661 | 191.12 | 114.12 | 19.16 |
| 兖州市 | 133801 | 76996 | 225.25 | 129.62 | 21.74 |
| 邹城市 | 182886 | 118289 | 164.76 | 106.27 | 28.25 |
| 宁阳县 | 138876 | 75490 | 172.95 | 94.01 | 32.78 |
| 东平县 | 88516 | 53841 | 115.41 | 70.20 | 24.33 |
| 新泰市 | 187985 | 103680 | 141.34 | 77.95 | 24.87 |
| 肥城市 | 178051 | 106985 | 187.03 | 112.38 | 27.47 |
| 市本级 | 70763 | 37768 | | | 6.45 |
| 文登市 | 181243 | 127975 | 273.78 | 148.31 | 22.83 |
| 荣成市 | 203582 | 145227 | 299.39 | 212.16 | 24.35 |
| 乳山市 | 136974 | 98357 | 226.40 | 122.13 | 29.99 |
| 五莲县 | 103184 | 49210 | 201.93 | 96.30 | 26.88 |

## 教育经费支出(续23)

| 农村人均征收教育费附加占农村人均纯收入比例(%) | 普通初中生均预算内事业费支出(元) | 其中:普通初中生均公用经费支出(元) | 普通小学生均预算内事业费支出(元) | 其中:普通小学生均公用经费支出(元) | 农村小学生均预算内事业费支出(元) | 其中:农村小学生均公用经费支出(元) |
|---|---|---|---|---|---|---|
| 1.81 | 1030.03 | 151.14 | 653.43 | 57.83 | 638.30 | 41.01 |
| 0.62 | 943.96 | 6.80 | 676.12 | 2.94 | 660.15 | 0.35 |
| 0.93 | 739.27 | 4.73 | 685.34 | 4.51 | 654.52 | 0.85 |
| 0.85 | 780.84 | 2.66 | 496.25 | 7.35 | 435.94 | 5.52 |
| 0.82 | 566.54 | 46.23 | 379.13 | 2.66 | 333.80 | 2.99 |
| 0.19 | 1947.53 | 397.92 | 1045.18 | 32.39 | 1107.85 |  |
| 0.84 | 1097.89 | 84.83 | 683.99 | 19.54 | 641.85 | 13.81 |
| 0.71 | 494.50 | 3.76 | 347.44 | 2.28 | 336.08 | 0.10 |
| 0.75 | 820.03 | 22.64 | 649.86 | 16.39 | 597.48 | 2.43 |
| 0.50 | 1014.66 | 19.07 | 925.11 | 16.17 | 949.86 | 13.54 |
| 0.66 | 1058.14 | 17.14 | 607.10 | 11.52 | 562.68 | 0.78 |
| 1.01 | 482.53 | 21.85 | 385.82 | 9.63 | 337.75 | 3.20 |
| 0.79 | 559.12 | 30.30 | 405.66 | 6.23 | 359.31 | 3.76 |
| 1.06 | 633.96 | 10.87 | 564.90 | 9.87 | 554.58 | 9.44 |
| 1.06 | 768.95 | 4.39 | 656.11 | 5.34 | 652.85 | 2.97 |
| 0.74 | 721.84 | 37.99 | 634.95 | 19.77 | 615.18 | 14.58 |
| 0.59 | 863.38 | 23.50 | 786.48 | 13.28 | 779.74 | 11.02 |
| 0.89 | 840.41 | 15.78 | 574.09 | 6.38 | 559.18 | 1.59 |
| 0.99 | 661.61 |  | 471.90 | 0.25 | 434.07 |  |
| 0.39 | 302.96 | 4.76 | 268.96 | 3.52 | 260.90 | 3.45 |
| 0.36 | 418.45 | 12.34 | 224.60 | 10.56 | 208.98 | 9.32 |
| 0.19 | 454.57 | 7.59 | 307.86 | 5.81 | 294.66 | 6.26 |
| 0.36 | 377.11 | 0.10 | 301.80 | 1.31 | 281.25 | 0.31 |
| 0.17 | 241.68 | 4.79 | 244.43 | 8.44 | 237.23 | 8.64 |
| 0.61 | 391.73 | 4.73 | 355.08 | 4.37 | 346.39 | 3.11 |
| 0.44 | 487.68 | 4.96 | 333.98 | 0.06 | 326.30 | 0.06 |
| 0.24 | 598.88 | 18.13 | 602.71 | 7.61 | 540.74 | 3.25 |
| 0.45 | 653.40 | 31.47 | 693.87 | 25.49 | 681.35 | 19.01 |
| 0.29 | 603.17 | 16.68 | 522.80 | 13.71 | 515.57 | 12.33 |
| 1.08 | 476.04 | 24.35 | 443.70 | 14.85 | 426.53 | 5.73 |
| 0.87 | 396.91 | 9.18 | 371.87 | 6.84 | 356.98 | 6.48 |
| 1.25 | 547.29 | 5.70 | 396.50 | 7.00 | 381.72 | 7.40 |
| 1.25 | 590.12 | 11.46 | 520.98 | 15.27 | 503.41 | 10.04 |
|  |  |  |  |  |  |  |
| 0.55 | 829.65 | 32.50 | 854.87 | 28.31 | 894.41 | 4.46 |
| 0.21 | 1302.84 | 24.38 | 1072.23 | 32.29 | 1059.97 |  |
| 1.02 | 907.29 | 26.45 | 695.08 | 15.82 | 698.97 | 9.15 |
| 1.35 | 561.25 | 22.10 | 579.70 | 11.21 | 567.00 | 5.69 |

## 附表1　县(县级市)

| | 教育经费总支出（千元） | 其中:财政预算内教育拨款（千元） | 人均教育经费总支出（元） | 其中:人均财政预算内教育经费支出（元） | 财政支出中预算内教育拨款所占比例（%） |
|---|---|---|---|---|---|
| 莒县 | 183345 | 117654 | 166.98 | 107.15 | 38.55 |
| 岚山办事处 | 30117 | 18485 | 160.20 | 98.32 | 33.64 |
| 惠民县 | 56171 | 38090 | 90.74 | 61.53 | 22.00 |
| 阳信县 | 52823 | 37869 | 123.13 | 88.27 | 27.43 |
| 无棣县 | 60951 | 37111 | 141.75 | 85.88 | 23.47 |
| 沾化县 | 55593 | 37355 | 146.30 | 98.30 | 25.77 |
| 博兴县 | 86314 | 45722 | 185.22 | 98.12 | 25.22 |
| 邹平县 | 128363 | 82192 | 186.30 | 106.77 | 30.47 |
| 乐陵市 | 78701 | 57330 | 123.74 | 89.58 | 31.81 |
| 禹城市 | 82212 | 47780 | 166.08 | 96.53 | 25.51 |
| 陵县 | 66906 | 46644 | 126.24 | 88.01 | 29.70 |
| 平原县 | 75130 | 44790 | 170.75 | 101.75 | 29.25 |
| 夏津县 | 51068 | 29511 | 106.39 | 61.48 | 22.98 |
| 武城县 | 59215 | 36057 | 160.91 | 97.98 | 25.23 |
| 齐河县 | 87380 | 56210 | 145.39 | 93.53 | 29.28 |
| 临邑县 | 89733 | 54200 | 175.60 | 106.07 | 35.51 |
| 宁津县 | 77995 | 49944 | 172.56 | 110.50 | 28.78 |
| 庆云县 | 42558 | 28480 | 145.75 | 97.53 | 33.34 |
| 临清市 | 78421 | 51530 | 110.45 | 72.49 | 26.77 |
| 阳谷县 | 109700 | 63100 | 146.66 | 84.36 | 38.84 |
| 莘县 | 106300 | 64602 | 111.43 | 67.69 | 26.40 |
| 茌平县 | 77741 | 53331 | 137.35 | 94.22 | 30.01 |
| 东阿县 | 57398 | 34279 | 135.05 | 80.00 | 27.04 |
| 冠县 | 74349 | 41484 | 103.26 | 57.62 | 30.62 |
| 高唐县 | 80046 | 53284 | 172.89 | 114.98 | 27.89 |
| 郯城县 | 120607 | 68180 | 124.98 | 70.65 | 28.99 |
| 苍山县 | 137705 | 87445 | 121.01 | 76.84 | 33.53 |
| 莒南县 | 125845 | 72620 | 127.50 | 73.47 | 30.56 |
| 沂水县 | 163433 | 97220 | 146.45 | 87.11 | 28.21 |
| 蒙阴县 | 86431 | 48347 | 164.94 | 92.27 | 22.97 |
| 平邑县 | 109479 | 73919 | 112.17 | 68.65 | 32.56 |
| 费县 | 121154 | 61446 | 132.12 | 67.01 | 27.84 |
| 沂南县 | 96526 | 61344 | 107.73 | 64.59 | 26.25 |
| 临沭县 | 90455 | 50389 | 147.56 | 82.20 | 27.72 |
| 曹县 | 120364 | 55498 | 85.79 | 39.56 | 23.61 |
| 定陶县 | 64742 | 36140 | 109.36 | 61.05 | 27.77 |
| 成武县 | 66425 | 34606 | 106.28 | 55.37 | 27.12 |
| 单县 | 109975 | 46479 | 96.38 | 40.74 | 23.52 |

## 教育经费支出(续24)

| 农村人均征收教育费附加占农村人均纯收入比例(%) | 普通初中生均预算内事业费支出(元) | 其中:普通初中生均公用经费支出(元) | 普通小学生均预算内事业费支出(元) | 其中:普通小学生均公用经费支出(元) | 农村小学生均预算内事业费支出(元) | 其中:农村小学生均公用经费支出(元) |
|---|---|---|---|---|---|---|
| 0.99 | 536.28 | 20.05 | 509.55 | 12.16 | 491.97 | 3.50 |
| 0.87 | 667.07 | | 439.05 | | 364.82 | |
| 0.20 | 416.46 | 4.34 | 360.92 | 1.71 | 353.73 | |
| 0.54 | 464.80 | 7.64 | 566.52 | 0.15 | 562.93 | 0.15 |
| 0.53 | 541.54 | 4.03 | 388.59 | 2.95 | 374.47 | |
| 0.43 | 552.58 | 66.60 | 549.18 | 29.17 | 535.95 | 24.01 |
| 0.99 | 696.93 | 1.77 | 590.00 | 1.28 | 502.11 | |
| 0.62 | 852.26 | 16.59 | 601.21 | 6.54 | 588.80 | |
| 0.17 | 551.48 | 119.28 | 462.85 | 8.01 | 445.73 | 4.40 |
| 1.16 | 470.69 | 4.97 | 441.26 | 3.91 | 392.31 | 0.63 |
| 0.19 | 242.94 | 36.35 | 564.23 | | 567.98 | |
| 1.38 | 610.16 | 17.67 | 558.03 | 17.25 | 552.67 | 17.30 |
| 1.03 | 366.69 | | 338.81 | | 283.61 | |
| 0.96 | 540.41 | 10.83 | 477.15 | 0.52 | 456.34 | 0.15 |
| 0.73 | 528.53 | 4.44 | 511.68 | 3.70 | 489.28 | 3.77 |
| 1.16 | 611.32 | 116.12 | 503.67 | | 501.87 | |
| 1.21 | 799.66 | 56.10 | 468.71 | 3.16 | 470.66 | 3.33 |
| 1.05 | 529.25 | 32.07 | 424.60 | 38.23 | 419.67 | 41.01 |
| 0.40 | 475.51 | 1.88 | 349.79 | 1.49 | 283.59 | 1.55 |
| 0.67 | 523.71 | 1.46 | 384.38 | 4.15 | 371.16 | 2.90 |
| 0.50 | 425.99 | 7.81 | 249.08 | 3.50 | 230.99 | 2.67 |
| 0.18 | 447.68 | 12.88 | 339.04 | 1.16 | 290.70 | 0.28 |
| 0.65 | 366.70 | 8.16 | 341.59 | 7.85 | 302.59 | 0.63 |
| 0.84 | 417.11 | 4.02 | 196.19 | 2.89 | 183.42 | 2.15 |
| 0.49 | 522.21 | 4.05 | 452.39 | 0.25 | 438.68 | 0.27 |
| 1.04 | 484.63 | 7.15 | 263.26 | 2.77 | 245.66 | |
| 0.36 | 647.90 | 3.00 | 274.54 | 0.93 | 270.54 | 0.90 |
| 0.64 | 390.62 | | 375.78 | | 372.90 | |
| 1.02 | 490.72 | 5.91 | 373.83 | 2.45 | 354.86 | |
| 0.78 | 501.55 | 4.68 | 436.27 | 3.08 | 412.32 | |
| 0.45 | 727.61 | 31.35 | 332.95 | 3.93 | 326.49 | 4.01 |
| 1.49 | 460.32 | 4.39 | 175.77 | 3.73 | 161.90 | 3.22 |
| 0.73 | 311.14 | 22.01 | 260.14 | 10.63 | 245.48 | 7.39 |
| 0.64 | 579.31 | 23.92 | 350.93 | 5.61 | 338.19 | 5.00 |
| 1.05 | 193.47 | 20.75 | 158.97 | 4.47 | 135.15 | 3.80 |
| 0.77 | 317.04 | 11.69 | 215.45 | 2.80 | 180.24 | 2.41 |
| 0.96 | 238.89 | 36.75 | 186.73 | 12.91 | 175.86 | 12.75 |
| 1.29 | 186.37 | 15.87 | 176.32 | 15.02 | 156.03 | 10.22 |

# 附表1 县(县级市)

| | 教育经费总支出（千元） | 其中:财政预算内教育拨款（千元） | 人均教育经费总支出（元） | 其中:人均财政预算内教育经费支出（元） | 财政支出中预算内教育拨款所占比例（%） |
|---|---|---|---|---|---|
| 巨野县 | 100605 | 32701 | 111.54 | 36.25 | 18.79 |
| 郓城县 | 115618 | 64439 | 107.75 | 60.05 | 32.49 |
| 鄄城县 | 76743 | 35728 | 102.05 | 47.51 | 23.26 |
| 东明县 | 68533 | 40567 | 96.93 | 57.38 | 26.71 |
| 河　南 | | | | | |
| 郑州市本级 | 470401 | 261890 | | | 12.51 |
| 荥阳市 | 100614 | 60517 | 154.32 | 71.88 | 27.23 |
| 中牟县 | 102752 | 43669 | 152.45 | 54.41 | 26.06 |
| 新郑市 | 116142 | 64069 | 189.16 | 87.84 | 25.69 |
| 巩义市 | 144128 | 87091 | 181.75 | 88.60 | 25.80 |
| 登封市 | 82381 | 52590 | 132.87 | 72.87 | 26.25 |
| 新密市 | 109635 | 59905 | 133.05 | 60.17 | 26.24 |
| 杞县 | 140851 | 60924 | 139.46 | 54.91 | 32.15 |
| 通许县 | 66817 | 37352 | 115.60 | 57.16 | 30.55 |
| 尉氏县 | 71286 | 49876 | 85.27 | 49.09 | 25.16 |
| 开封县 | 84368 | 42730 | 118.16 | 54.04 | 28.72 |
| 兰考县 | 61895 | 32090 | 83.76 | 37.24 | 22.92 |
| 偃师县 | 118310 | 66103 | 147.89 | 82.42 | 26.02 |
| 孟津县 | 60613 | 36703 | 140.63 | 85.16 | 29.33 |
| 新安县 | 73948 | 53276 | 157.34 | 113.35 | 29.83 |
| 栾川县 | 47886 | 30854 | 154.47 | 99.53 | 31.10 |
| 嵩县 | 63579 | 38583 | 120.64 | 73.21 | 31.94 |
| 汝阳县 | 48153 | 33721 | 116.31 | 81.45 | 34.78 |
| 宜阳县 | 62999 | 39030 | 96.62 | 59.86 | 35.06 |
| 洛宁县 | 43621 | 29420 | 98.69 | 66.56 | 29.21 |
| 伊川县 | 68290 | 42702 | 93.68 | 58.58 | 25.60 |
| 平市直 | 105999 | 44964 | | | 7.63 |
| 舞钢市 | 37150 | 23054 | 116.09 | 72.03 | 21.25 |
| 宝丰县 | 48078 | 26303 | 102.29 | 55.85 | 26.32 |
| 叶县 | 83727 | 45160 | 100.39 | 54.15 | 35.34 |
| 鲁山县 | 66975 | 39734 | 82.58 | 48.99 | 27.39 |
| 汝州市 | 80762 | 48096 | 88.46 | 52.67 | 32.27 |
| 郏县 | 54500 | 33270 | 98.55 | 60.16 | 31.68 |
| 市直 | 137321 | 95251 | | | 11.81 |
| 林州市 | 130024 | 74064 | 133.91 | 75.99 | 34.34 |
| 安阳县 | 106693 | 72917 | 94.67 | 64.07 | 31.75 |
| 汤阴县 | 43950 | 27620 | 99.66 | 62.23 | 30.64 |
| 滑县 | 121491 | 68740 | 102.09 | 57.76 | 36.85 |

## 教育经费支出(续25)

| 农村人均征收教育费附加占农村人均纯收入比例(%) | 普通初中生均预算内事业费支出(元) | 其中:普通初中生均公用经费支出(元) | 普通小学生均预算内事业费支出(元) | 其中:普通小学生均公用经费支出(元) | 农村小学生均预算内事业费支出(元) | 其中:农村小学生均公用经费支出(元) |
|---|---|---|---|---|---|---|
| 1.46 | 177.77 | 24.50 | 136.29 | 12.73 | 129.61 | 12.54 |
| 0.32 | 365.52 | 5.63 | 266.50 | 1.73 | 238.77 | 0.30 |
| 1.02 | 232.78 | 28.38 | 164.46 | 6.05 | 148.16 | 5.25 |
| 0.60 | 389.45 | 15.39 | 218.62 | 1.90 | 197.71 | 2.15 |
| | | | | | | |
| | 1859.16 | 815.78 | 1406.57 | 603.76 | | |
| 1.02 | 438.19 | 24.75 | 276.63 | 13.61 | 259.19 | 9.71 |
| 0.76 | 313.13 | 3.16 | 178.41 | 7.19 | 132.83 | 1.75 |
| 0.83 | 535.06 | 10.05 | 253.80 | 5.12 | 234.78 | 2.26 |
| 0.77 | 523.04 | 71.33 | 247.48 | 42.95 | 237.81 | 40.97 |
| 0.42 | 339.90 | 3.31 | 259.31 | 2.74 | 228.44 | 1.31 |
| 0.70 | 382.85 | 34.03 | 177.51 | 6.25 | 162.20 | 3.25 |
| 0.45 | 504.68 | | 170.84 | | 170.84 | |
| 0.77 | 324.97 | | 218.51 | | 209.44 | |
| 0.79 | 290.33 | | 153.38 | | 149.70 | |
| 1.10 | 342.92 | | 197.42 | | 191.87 | |
| 0.78 | 156.44 | 3.79 | 118.06 | | 107.64 | |
| 0.71 | 428.98 | 2.96 | 279.44 | 2.54 | 270.58 | 2.50 |
| 0.42 | 446.14 | 13.28 | 352.25 | 11.77 | 349.27 | 12.08 |
| 0.48 | 619.33 | 42.01 | 452.30 | 24.85 | 435.24 | 24.18 |
| 0.63 | 466.43 | 1.30 | 454.57 | 1.04 | 412.62 | |
| 0.90 | 482.75 | | 251.01 | | 223.31 | |
| 0.50 | 527.46 | 38.94 | 266.41 | 26.17 | 248.98 | 26.43 |
| 0.63 | 409.48 | 11.09 | 234.07 | 5.75 | 215.59 | 2.30 |
| 0.46 | 398.48 | 31.99 | 212.27 | 17.68 | 182.83 | 16.46 |
| 0.23 | 365.25 | 20.29 | 190.24 | 9.15 | 181.28 | 8.80 |
| | 453.60 | | | | | |
| 0.34 | 488.10 | 21.33 | 463.72 | 12.11 | 435.87 | 11.03 |
| 0.63 | 326.51 | 7.50 | 244.40 | 6.61 | 211.82 | 5.20 |
| 0.79 | 415.07 | 37.02 | 201.54 | 20.91 | 200.68 | 20.01 |
| 0.51 | 326.77 | 0.40 | 198.63 | 1.13 | 180.22 | 1.67 |
| 0.38 | 477.06 | 11.53 | 147.60 | 1.38 | 124.90 | 1.51 |
| 0.57 | 388.73 | | 278.17 | | 282.41 | |
| | 1631.39 | 248.46 | 1704.76 | 996.43 | | |
| 0.63 | 307.05 | | 314.80 | 0.48 | 371.44 | 0.61 |
| 0.73 | 370.20 | 0.21 | 248.10 | 1.16 | 208.74 | 1.26 |
| 0.74 | 279.39 | | 276.06 | 3.04 | 265.42 | 3.38 |
| 0.57 | 454.28 | 25.43 | 157.11 | 6.22 | 143.22 | 7.00 |

## 附表1　县(县级市)

| | 教育经费总支出（千元） | 其中:财政预算内教育拨款（千元） | 人均教育经费总支出（元） | 其中:人均财政预算内教育经费支出（元） | 财政支出中预算内教育拨款所占比例（%） |
|---|---|---|---|---|---|
| 内黄县 | 74660 | 43370 | 109.47 | 63.50 | 36.53 |
| 鹤壁市直 | 75137 | 39061 | | | |
| 浚县 | 54313 | 30835 | 86.07 | 48.87 | 29.21 |
| 淇县 | 35241 | 25749 | 141.53 | 103.41 | 26.59 |
| 卫辉市 | 42467 | 29019 | 88.84 | 60.69 | 32.49 |
| 辉县市 | 71704 | 53238 | 92.88 | 68.75 | 28.39 |
| 获嘉县 | 28451 | 14710 | 74.87 | 38.71 | 18.80 |
| 原阳县 | 54206 | 38801 | 84.43 | 60.44 | 30.17 |
| 延津县 | 37907 | 22816 | 83.50 | 49.71 | 21.92 |
| 封丘县 | 60153 | 43422 | 84.72 | 61.16 | 34.90 |
| 长垣县 | 83351 | 43829 | 90.70 | 47.69 | 33.12 |
| 修武县 | 32655 | 19273 | 113.78 | 54.84 | 22.29 |
| 博爱县 | 45956 | 27520 | 110.21 | 55.44 | 23.55 |
| 武陟县 | 48031 | 27220 | 76.12 | 33.84 | 26.97 |
| 沁阳市 | 52244 | 33119 | 117.67 | 74.59 | 25.06 |
| 温县 | 47731 | 31674 | 119.63 | 68.52 | 30.06 |
| 孟州市 | 49038 | 28727 | 143.81 | 81.11 | 23.55 |
| 濮阳县 | 137368 | 74980 | 128.14 | 60.53 | 35.52 |
| 清丰县 | 72550 | 40670 | 108.45 | 50.85 | 32.44 |
| 南乐县 | 62953 | 42761 | 133.38 | 78.88 | 40.84 |
| 范县 | 47526 | 28293 | 100.27 | 48.63 | 23.88 |
| 台前县 | 40630 | 26260 | 121.28 | 66.24 | 29.47 |
| 禹州市 | 92359 | 59187 | 79.69 | 50.52 | 34.08 |
| 长葛市 | 94019 | 39790 | 138.26 | 58.51 | 20.35 |
| 许昌县 | 85878 | 59782 | 108.98 | 75.86 | 38.06 |
| 鄢陵县 | 69411 | 40390 | 113.98 | 68.21 | 29.79 |
| 襄城县 | 43866 | 25976 | 55.53 | 31.46 | 21.16 |
| 舞阳县 | 52441 | 33666 | 86.97 | 44.30 | 29.22 |
| 临颍县 | 77109 | 46070 | 112.24 | 63.29 | 30.45 |
| 郾城县 | 102431 | 59853 | 113.69 | 56.83 | 35.46 |
| 义马市 | 12258 | 9348 | 80.12 | 61.09 | 15.41 |
| 渑池县 | 67823 | 45266 | 206.78 | 135.45 | 25.48 |
| 陕县 | 57184 | 32272 | 167.70 | 93.85 | 22.73 |
| 灵宝市 | 123784 | 67377 | 173.12 | 94.23 | 31.03 |
| 卢氏县 | 57293 | 33493 | 156.54 | 91.51 | 25.47 |
| 市直 | 93501 | 31533 | | | 11.94 |
| 虞城县 | 92190 | 64269 | 87.80 | 48.25 | 37.64 |
| 民权县 | 106017 | 55529 | 123.85 | 54.61 | 42.14 |

# 教育经费支出(续26)

| 农村人均征收教育费附加占农村人均纯收入比例(%) | 普通初中生均预算内事业费支出(元) | 其中:普通初中生均公用经费支出(元) | 普通小学生均预算内事业费支出(元) | 其中:普通小学生均公用经费支出(元) | 农村小学生均预算内事业费支出(元) | 其中:农村小学生均公用经费支出(元) |
|---|---|---|---|---|---|---|
| 0.77 | 448.84 | 1.79 | 197.17 | 0.24 | 112.30 | |
| | 1570.19 | 300.99 | 747.03 | 61.19 | | |
| 0.56 | 270.46 | 5.11 | 182.16 | 9.69 | 148.42 | 4.21 |
| 0.45 | 616.88 | 16.05 | 338.50 | 17.72 | 312.29 | 14.14 |
| 0.98 | 378.47 | 19.49 | 261.14 | 8.94 | 225.71 | 9.36 |
| 0.14 | 378.58 | 4.78 | 186.47 | 4.06 | 186.71 | 4.07 |
| 0.77 | 217.96 | 10.39 | 124.78 | 1.70 | 99.47 | 3.64 |
| 0.80 | 401.11 | | 182.72 | | 180.22 | |
| 0.52 | 336.04 | | 123.05 | 0.17 | 102.41 | |
| 0.25 | 309.03 | 2.74 | 246.02 | 4.79 | 236.62 | 5.09 |
| 0.83 | 408.04 | 11.12 | 193.05 | 3.44 | 167.61 | 0.55 |
| 0.49 | 369.94 | 3.25 | 186.62 | 0.89 | 189.88 | 0.70 |
| 0.29 | 341.99 | 7.72 | 186.44 | 3.61 | 161.07 | 6.68 |
| 0.36 | 200.74 | 0.86 | 88.77 | 0.18 | 66.48 | 0.20 |
| 0.43 | 406.07 | 1.13 | 272.96 | 1.38 | 241.26 | 1.00 |
| | 446.79 | 9.15 | 215.85 | 0.83 | 203.86 | |
| 0.54 | 600.95 | 13.14 | 285.34 | 1.75 | 287.72 | 0.98 |
| 1.53 | 420.09 | 32.80 | 192.83 | 19.99 | 191.29 | 19.90 |
| 1.10 | 229.65 | | 203.72 | | 192.96 | |
| 1.09 | 521.30 | 47.66 | 329.39 | 21.86 | 329.82 | 21.75 |
| 1.68 | 317.90 | 41.55 | 225.05 | 24.19 | 228.93 | 25.24 |
| 1.01 | 493.15 | 51.37 | 251.08 | 31.60 | 259.33 | 33.50 |
| 1.02 | 439.43 | 8.91 | 182.17 | 2.11 | 169.71 | 1.74 |
| 0.64 | 362.70 | 9.71 | 201.09 | 2.96 | 180.85 | 2.50 |
| 0.53 | 431.25 | 22.61 | 355.40 | 10.86 | 351.92 | 10.79 |
| 0.82 | 404.96 | 4.23 | 251.13 | 17.53 | 220.89 | 16.64 |
| 0.33 | 242.70 | 14.50 | 146.32 | 1.47 | 124.39 | 1.54 |
| 0.18 | 323.16 | 25.48 | 237.64 | 19.32 | 207.27 | 7.47 |
| 0.60 | 378.81 | 18.24 | 262.91 | 7.22 | 227.97 | 11.94 |
| 0.36 | 370.33 | 21.83 | 215.50 | 0.45 | 213.94 | 0.28 |
| 0.23 | 891.55 | 3.59 | 574.39 | 3.20 | 620.74 | 1.49 |
| 0.37 | 677.08 | 6.87 | 775.64 | 5.75 | 782.40 | 5.03 |
| 1.14 | 489.15 | | 401.39 | | 401.39 | |
| 0.77 | 508.07 | 3.01 | 349.91 | 1.07 | 335.63 | |
| 1.31 | 478.47 | 55.06 | 352.49 | 32.96 | 306.08 | 1.95 |
| | 410.42 | | | | | |
| 0.14 | 213.91 | 26.15 | 186.48 | 6.59 | 151.18 | 5.48 |
| 0.95 | 346.97 | 32.45 | 155.51 | 17.36 | 158.10 | 19.69 |

## 附表1　县(县级市)

| | 教育经费总支出（千元） | 其中:财政预算内教育拨款（千元） | 人均教育经费总支出（元） | 其中:人均财政预算内教育经费支出（元） | 财政支出中预算内教育拨款所占比例（%） |
|---|---|---|---|---|---|
| 宁陵县 | 49712 | 27730 | 87.06 | 39.44 | 27.92 |
| 睢县 | 80582 | 48051 | 104.79 | 51.90 | 38.29 |
| 夏邑县 | 131476 | 59960 | 120.51 | 46.09 | 39.20 |
| 柘城县 | 82968 | 47660 | 89.21 | 41.87 | 34.16 |
| 永城县 | 133700 | 78740 | 100.22 | 51.39 | 33.72 |
| 周口市 | 40646 | 30072 | 125.84 | 93.10 | 25.62 |
| 扶沟县 | 71935 | 41560 | 103.50 | 50.07 | 28.17 |
| 西华县 | 69401 | 49893 | 83.11 | 48.38 | 28.84 |
| 商水县 | 80624 | 45190 | 72.70 | 35.73 | 25.05 |
| 太康县 | 98327 | 56901 | 76.05 | 44.01 | 29.71 |
| 鹿邑县 | 88410 | 55280 | 79.94 | 49.98 | 25.70 |
| 郸城县 | 134053 | 79290 | 108.28 | 56.54 | 40.27 |
| 淮阳县 | 100062 | 54048 | 77.87 | 42.06 | 31.61 |
| 沈丘县 | 114851 | 70282 | 98.25 | 22.89 | 39.29 |
| 项城市 | 119040 | 55210 | 108.32 | 50.24 | 20.19 |
| 确山县 | 58534 | 40265 | 99.21 | 55.75 | 30.37 |
| 泌阳县 | 81422 | 58417 | 87.93 | 51.74 | 32.40 |
| 遂平县 | 67610 | 54474 | 110.84 | 58.08 | 40.56 |
| 西平县 | 97825 | 59921 | 119.30 | 58.17 | 35.82 |
| 上蔡县 | 111356 | 68356 | 84.36 | 42.98 | 37.23 |
| 汝南县 | 71236 | 51318 | 85.83 | 49.83 | 34.61 |
| 平舆县 | 96570 | 71020 | 104.97 | 60.35 | 42.22 |
| 新蔡县 | 76527 | 60113 | 76.60 | 50.97 | 38.31 |
| 正阳县 | 80311 | 44668 | 109.42 | 52.06 | 31.17 |
| 南召县 | 68805 | 43850 | 114.68 | 72.72 | 32.72 |
| 方城县 | 108798 | 60829 | 112.63 | 51.83 | 30.00 |
| 西峡县 | 69568 | 42660 | 168.85 | 103.54 | 26.23 |
| 镇平县 | 107454 | 61348 | 111.93 | 63.90 | 32.38 |
| 内乡县 | 65980 | 44439 | 102.14 | 52.85 | 28.33 |
| 淅川县 | 81220 | 49619 | 112.96 | 69.01 | 30.07 |
| 社旗县 | 42768 | 28317 | 68.65 | 31.74 | 27.86 |
| 唐河县 | 126026 | 82040 | 97.62 | 63.55 | 33.18 |
| 邓州市 | 177496 | 101412 | 116.77 | 66.03 | 35.03 |
| 新野县 | 88709 | 53966 | 122.87 | 56.66 | 30.33 |
| 桐柏县 | 62824 | 39865 | 147.47 | 83.40 | 32.95 |
| 息县 | 106915 | 70360 | 118.66 | 77.91 | 38.99 |
| 淮滨县 | 51929 | 32990 | 80.51 | 51.15 | 23.32 |
| 潢川县 | 87796 | 53624 | 114.62 | 66.78 | 33.24 |

## 教育经费支出(续27)

| 农村人均征收教育费附加占农村人均纯收入比例(%) | 普通初中生均预算内事业费支出(元) | 其中:普通初中生均公用经费支出(元) | 普通小学生均预算内事业费支出(元) | 其中:普通小学生均公用经费支出(元) | 农村小学生均预算内事业费支出(元) | 其中:农村小学生均公用经费支出(元) |
|---|---|---|---|---|---|---|
| 0.49 | 138.68 | 2.33 | 140.28 | 3.78 | 135.31 | 3.77 |
| 0.71 | 143.12 | | 179.43 | | 171.16 | |
| 0.76 | 227.40 | 4.89 | 150.06 | 3.74 | 145.68 | 3.64 |
| 0.49 | 176.71 | 2.01 | 176.92 | 1.36 | 168.44 | 0.66 |
| 0.75 | 278.25 | 13.80 | 219.43 | 11.34 | 216.80 | 11.08 |
| 0.47 | 617.08 | 41.41 | 404.91 | 14.25 | | |
| 0.68 | 302.84 | 0.62 | 134.88 | | 127.66 | |
| | 316.39 | 51.77 | 184.68 | 5.89 | 176.36 | 4.80 |
| 0.93 | 264.31 | 28.86 | 135.33 | 7.50 | 130.86 | 7.52 |
| 0.78 | 254.76 | 0.96 | 157.92 | | 138.38 | |
| 0.95 | 326.77 | 6.59 | 168.30 | 5.54 | 158.84 | 5.31 |
| 1.13 | 248.19 | 33.42 | 235.93 | 5.54 | 230.33 | 4.40 |
| 0.67 | 180.06 | 1.91 | 154.72 | 2.84 | 131.93 | 2.88 |
| 1.06 | 90.56 | 89.06 | 87.81 | 72.80 | 88.07 | 72.14 |
| 1.09 | 341.43 | 27.05 | 184.87 | 9.23 | 172.40 | 9.17 |
| 0.71 | 439.48 | | 365.91 | 9.42 | 365.27 | 9.39 |
| 0.08 | 397.70 | 3.44 | 234.03 | | 222.08 | |
| 0.32 | 457.69 | 12.98 | 247.08 | 1.54 | 230.17 | |
| 1.39 | 513.07 | 25.39 | 229.79 | 11.10 | 224.95 | 11.44 |
| 0.34 | 312.95 | 47.09 | 236.05 | 30.89 | 234.79 | 30.66 |
| 0.37 | 458.79 | 31.93 | 246.70 | 4.15 | 236.85 | 4.34 |
| 0.89 | 431.52 | 42.44 | 284.29 | 20.14 | 279.28 | 20.14 |
| 0.23 | 348.74 | 11.73 | 293.89 | 1.91 | 290.49 | 2.02 |
| 0.80 | 500.02 | 37.65 | 211.26 | 19.03 | 183.52 | 8.81 |
| 0.92 | 644.99 | 45.06 | 404.62 | 18.44 | 444.61 | 14.64 |
| 0.79 | 328.40 | 32.48 | 222.95 | 1.74 | 205.44 | 1.53 |
| 0.91 | 561.25 | 14.62 | 561.94 | 10.48 | 585.63 | 9.89 |
| 0.93 | 545.01 | 44.00 | 322.72 | 13.04 | 302.08 | 13.00 |
| 0.25 | 268.89 | 9.06 | 314.95 | 1.46 | 310.49 | 1.61 |
| 1.21 | 502.31 | 45.37 | 323.65 | 24.97 | 290.37 | 24.67 |
| 0.63 | 235.76 | 6.72 | 135.04 | 1.89 | 121.83 | 2.02 |
| 1.10 | 528.03 | 69.86 | 271.29 | 20.08 | 241.18 | 18.00 |
| 1.06 | 647.04 | 4.97 | 318.02 | 0.72 | 299.00 | 0.27 |
| 1.23 | 329.31 | 12.84 | 305.91 | 26.52 | 318.00 | 31.96 |
| 1.41 | 410.15 | 37.60 | 461.28 | 36.57 | 433.82 | 38.78 |
| 0.59 | 650.40 | | 357.58 | | 310.82 | |
| 0.48 | 241.83 | 20.05 | 268.54 | 6.42 | 235.06 | 6.21 |
| 0.29 | 334.08 | 7.89 | 304.96 | 9.80 | 274.23 | 10.19 |

附表1　县(县级市)

|  | 教育经费总支出（千元） | 其中：财政预算内教育拨款（千元） | 人均教育经费总支出（元） | 其中：人均财政预算内教育经费支出（元） | 财政支出中预算内教育拨款所占比例（%） |
|---|---|---|---|---|---|
| 光山县 | 90952 | 57220 | 116.75 | 73.45 | 35.49 |
| 固始县 | 171158 | 98580 | 112.31 | 64.69 | 37.36 |
| 商城县 | 96948 | 64190 | 139.49 | 92.36 | 42.81 |
| 罗山县 | 98314 | 58763 | 145.43 | 74.26 | 40.30 |
| 新 县 | 45827 | 30296 | 141.44 | 93.20 | 29.07 |
| 济源市 | 140347 | 85630 | 218.61 | 133.38 | 29.11 |
| **湖　北** |  |  |  |  |  |
| 新洲县 | 173858 | 102670 | 185.15 | 109.34 | 33.08 |
| 阳新县 | 108940 | 40047 | 111.73 | 41.07 | 25.00 |
| 大冶市 | 144980 | 61410 | 164.94 | 69.86 | 25.69 |
| 郧县 | 89677 | 53530 | 140.12 | 83.63 | 32.85 |
| 郧西县 | 49820 | 32460 | 98.26 | 64.02 | 27.31 |
| 竹山县 | 49741 | 30053 | 111.28 | 67.15 | 26.36 |
| 竹溪县 | 46468 | 32559 | 129.08 | 90.44 | 30.80 |
| 房县 | 44200 | 30440 | 87.87 | 60.52 | 18.36 |
| 丹江口市 | 71890 | 42320 | 152.96 | 90.04 | 18.53 |
| 草埠湖 | 5259 | 2581 | 210.36 | 103.24 | 29.82 |
| 宜昌县 | 131215 | 74853 | 226.62 | 129.28 | 24.99 |
| 远安县 | 34987 | 20618 | 167.40 | 98.56 | 20.18 |
| 兴山县 | 46419 | 24970 | 248.23 | 133.53 | 22.17 |
| 秭归县 | 66924 | 38820 | 168.15 | 97.54 | 25.30 |
| 长阳土家族自治县 | 76747 | 48966 | 184.93 | 113.26 | 27.92 |
| 五峰土家族自治县 | 31203 | 20145 | 150.01 | 96.85 | 19.65 |
| 枝城市 | 77216 | 39695 | 201.61 | 103.64 | 26.27 |
| 当阳市 | 107979 | 51679 | 228.77 | 109.49 | 17.66 |
| 枝江市 | 94627 | 44547 | 185.54 | 87.25 | 23.00 |
| 襄阳县 | 185866 | 110790 | 137.58 | 82.01 | 34.20 |
| 南漳县 | 55945 | 22303 | 92.62 | 36.93 | 18.32 |
| 谷城县 | 83161 | 38500 | 149.57 | 69.24 | 32.66 |
| 保康县 | 38616 | 22497 | 128.29 | 74.74 | 23.42 |
| 枣阳市 | 195792 | 122359 | 178.48 | 111.54 | 30.81 |
| 宜城市 | 79627 | 41850 | 145.04 | 76.23 | 21.52 |
| 沙洋县 | 94098 | 38453 | 151.77 | 62.02 | 37.10 |
| 京山县 | 96028 | 48110 | 149.11 | 74.70 | 23.33 |
| 钟祥市 | 184057 | 67698 | 174.96 | 64.35 | 25.43 |
| 孝昌县 | 57752 | 19038 | 91.96 | 30.01 | 18.31 |
| 大悟县 | 82623 | 38658 | 133.26 | 62.01 | 22.48 |
| 云梦县 | 93194 | 49024 | 161.80 | 85.11 | 31.90 |

# 教育经费支出(续28)

| 农村人均征收教育费附加占农村人均纯收入比例(%) | 普通初中生均预算内事业费支出(元) | 其中:普通初中生均公用经费支出(元) | 普通小学生均预算内事业费支出(元) | 其中:普通小学生均公用经费支出(元) | 农村小学生均预算内事业费支出(元) | 其中:农村小学生均公用经费支出(元) |
|---|---|---|---|---|---|---|
| 0.50 | 353.80 | 16.63 | 305.66 | 7.23 | 284.74 | 2.77 |
| 0.99 | 399.62 | 35.24 | 298.37 | 18.56 | 276.81 | 18.40 |
| 1.32 | 655.29 | 100.40 | 367.23 | 3.41 | 351.41 | 3.57 |
| 0.65 | 365.74 |  | 281.42 |  | 267.59 |  |
| 0.65 | 467.24 | 15.09 | 461.30 |  | 461.91 |  |
| 0.73 | 639.64 | 51.46 | 475.64 | 25.97 | 460.52 | 25.84 |
|  |  |  |  |  |  |  |
| 0.75 | 685.04 | 7.18 | 331.29 | 12.06 |  |  |
| 1.04 | 329.75 | 23.33 | 160.61 | 3.75 | 150.24 | 3.70 |
| 0.89 | 592.19 | 47.52 | 252.36 | 11.99 | 241.64 | 12.01 |
| 0.63 | 432.68 | 18.72 | 349.24 |  | 335.83 |  |
| 0.91 | 377.45 | 12.69 | 295.90 | 9.61 | 274.33 | 10.54 |
| 0.42 | 335.05 | 12.87 | 285.88 |  | 259.53 |  |
| 1.10 | 561.42 |  | 450.84 |  | 429.82 |  |
| 0.70 | 308.30 |  | 297.20 |  | 292.36 |  |
| 0.89 | 509.89 | 7.27 | 302.46 | 1.49 | 139.55 | 0.76 |
| 0.89 | 848.73 |  | 718.86 |  | 718.86 |  |
| 0.64 | 956.95 | 112.31 | 424.18 | 8.87 | 420.59 | 7.44 |
| 0.63 | 694.89 | 70.63 | 553.29 | 1.51 | 545.22 | 0.32 |
| 0.70 | 596.76 | 28.95 | 517.29 | 28.20 | 504.21 | 33.45 |
| 0.61 | 632.03 | 28.69 | 439.96 | 7.10 | 441.66 | 7.30 |
| 0.48 | 671.18 | 42.97 | 550.77 | 1.76 | 546.08 | 0.94 |
| 0.49 | 535.32 | 47.12 | 509.78 | 30.63 | 505.14 | 32.09 |
| 0.82 | 756.76 | 22.49 | 460.23 | 14.59 | 441.33 | 11.09 |
| 0.82 | 882.95 | 12.30 | 479.41 | 4.03 | 447.64 | 3.56 |
| 0.77 | 673.59 | 5.54 | 397.97 | 0.35 | 368.89 | 0.41 |
| 0.88 | 497.46 | 39.90 | 320.21 |  | 337.38 |  |
| 0.47 | 205.46 | 19.55 | 149.15 | 1.45 | 136.24 | 1.83 |
| 0.59 | 438.71 | 34.23 | 303.63 | 6.93 | 293.15 | 6.71 |
| 0.52 | 542.92 | 40.00 | 369.29 | 1.97 | 359.76 | 0.36 |
| 0.83 | 631.18 | 1.58 | 407.41 | 9.59 | 390.45 |  |
| 0.40 | 500.68 | 2.35 | 323.27 | 1.36 | 304.11 | 1.10 |
| 0.68 | 468.40 |  | 262.23 |  | 219.99 |  |
| 0.88 | 504.57 | 4.78 | 228.77 | 1.24 | 196.48 | 0.93 |
| 0.87 | 490.31 | 4.27 | 244.48 | 1.14 | 196.03 | 0.29 |
| 0.56 | 293.96 | 4.76 | 91.16 |  | 98.15 |  |
| 0.17 | 363.83 | 6.03 | 219.81 | 0.02 | 204.24 |  |
| 0.69 | 515.74 | 10.30 | 291.61 | 12.04 | 281.07 | 12.03 |

## 附表1 县(县级市)

| | 教育经费总支出（千元） | 其中:财政预算内教育拨款（千元） | 人均教育经费总支出（元） | 其中:人均财政预算内教育经费支出（元） | 财政支出中预算内教育拨款所占比例（%） |
|---|---|---|---|---|---|
| 汉川县 | 145473 | 45672 | 134.08 | 42.09 | 18.07 |
| 应城市 | 91955 | 40626 | 138.70 | 60.56 | 16.91 |
| 安陆市 | 90098 | 29837 | 146.26 | 46.81 | 17.38 |
| 江陵县 | 53737 | 7810 | 155.76 | 22.64 | 14.58 |
| 松滋市 | 119759 | 34002 | 133.51 | 37.91 | 16.60 |
| 公安县 | 128000 | 40641 | 125.49 | 39.84 | 17.93 |
| 监利县 | 176407 | 50665 | 125.29 | 34.44 | 46.60 |
| 石首市 | 84171 | 24045 | 140.29 | 40.08 | 11.97 |
| 洪湖市 | 150742 | 43769 | 166.20 | 41.36 | 18.35 |
| 黄冈市直 | 111537 | 23161 | 1312.20 | 272.48 | 9.15 |
| 团风县 | 58253 | 25558 | 154.52 | 67.79 | 23.77 |
| 红安县 | 82593 | 52538 | 123.64 | 78.65 | 20.36 |
| 罗田县 | 90871 | 36570 | 152.47 | 61.36 | 22.60 |
| 英山县 | 54261 | 24705 | 132.67 | 60.40 | 17.92 |
| 浠水县 | 135932 | 61530 | 131.21 | 59.39 | 26.49 |
| 蕲春县 | 99185 | 53024 | 103.97 | 55.58 | 20.48 |
| 黄梅县 | 140413 | 67993 | 144.76 | 70.10 | 28.16 |
| 龙感湖农场 | 2894 | 1100 | 80.39 | 30.56 | 7.77 |
| 麻城市 | 176414 | 59696 | 149.50 | 50.59 | 16.46 |
| 武穴市 | 108443 | 53144 | 147.74 | 72.40 | 20.15 |
| 赤壁市 | 103463 | 26483 | 199.74 | 51.13 | 12.92 |
| 嘉鱼县 | 44017 | 18301 | 120.59 | 50.14 | 16.19 |
| 通城县 | 54080 | 31632 | 119.38 | 69.83 | 32.07 |
| 崇阳县 | 51785 | 22267 | 110.42 | 47.48 | 23.13 |
| 通山县 | 34845 | 18442 | 83.16 | 44.01 | 15.91 |
| 恩施市 | 91387 | 50920 | 119.62 | 66.65 | 25.33 |
| 利川市 | 96599 | 66671 | 117.80 | 81.31 | 29.20 |
| 建始县 | 68056 | 43863 | 133.44 | 86.01 | 28.50 |
| 巴东县 | 68075 | 42025 | 140.36 | 86.65 | 29.66 |
| 宣恩县 | 37974 | 24704 | 112.35 | 73.09 | 24.05 |
| 咸丰县 | 58418 | 30135 | 165.02 | 85.13 | 26.28 |
| 来凤县 | 45030 | 29503 | 148.13 | 97.05 | 22.52 |
| 鹤峰县 | 36118 | 23383 | 164.92 | 106.77 | 22.24 |
| 广水市 | 136261 | 61826 | 156.62 | 70.95 | 23.33 |
| **湖　南** | | | | | |
| 长沙县 | 158235 | 89436 | 212.40 | 118.48 | 21.48 |
| 望城县 | 116656 | 61179 | 162.25 | 85.09 | 31.97 |
| 浏阳县 | 224802 | 109028 | 167.76 | 81.34 | 28.80 |

## 教育经费支出(续29)

| 农村人均征收教育费附加占农村人均纯收入比例(%) | 普通初中生均预算内事业费支出(元) | 其中:普通初中生均公用经费支出(元) | 普通小学生均预算内事业费支出(元) | 其中:普通小学生均公用经费支出(元) | 农村小学生均预算内事业费支出(元) | 其中:农村小学生均公用经费支出(元) |
|---|---|---|---|---|---|---|
| 0.34 | 285.30 | | 151.81 | | 139.32 | |
| 0.38 | 782.76 | 1.32 | 190.02 | | 148.94 | |
| 0.72 | 231.76 | 0.03 | 175.87 | 0.11 | 158.60 | 0.13 |
| 0.57 | 162.74 | | 62.19 | | 56.80 | |
| 0.83 | 336.01 | 3.18 | 130.05 | 0.78 | 106.71 | 1.02 |
| 0.50 | 381.23 | 8.88 | 126.20 | 4.95 | 123.81 | 3.77 |
| 0.83 | 218.56 | 6.85 | 116.64 | 2.49 | 92.88 | 2.91 |
| 1.12 | 375.83 | 5.86 | 119.89 | 2.22 | 83.68 | 1.20 |
| 1.44 | 316.93 | | 105.63 | | 57.57 | |
| | 1485.64 | 78.03 | 881.46 | 30.40 | | |
| 0.73 | 490.15 | 62.65 | 246.75 | 36.38 | 249.29 | 41.95 |
| 0.62 | 642.39 | 34.76 | 298.19 | 4.96 | 280.48 | 2.35 |
| 0.85 | 420.18 | 34.27 | 198.57 | 5.07 | 188.39 | 5.07 |
| 0.63 | 348.29 | 7.03 | 195.11 | 1.12 | 169.78 | 0.54 |
| 1.05 | 498.04 | 1.83 | 206.76 | 1.41 | 188.85 | 1.09 |
| 0.62 | 476.36 | 26.26 | 151.51 | 11.96 | 107.67 | 8.05 |
| 0.71 | 596.69 | 10.64 | 202.11 | 1.79 | 178.11 | 1.86 |
| | 307.17 | | 100.32 | | | |
| 0.66 | 445.69 | 41.74 | 186.65 | 0.83 | 169.90 | 0.44 |
| 0.85 | 531.41 | 11.35 | 192.78 | 5.08 | 150.73 | 2.42 |
| 1.11 | 343.78 | 3.36 | 205.40 | | 164.89 | |
| 0.63 | 338.84 | 1.37 | 163.01 | 0.02 | 123.11 | 0.02 |
| 0.88 | 486.85 | 28.67 | 225.32 | 11.44 | 209.76 | 13.33 |
| 1.49 | 321.88 | 10.22 | 163.63 | 6.53 | 149.76 | 8.21 |
| 0.27 | 335.52 | | 147.13 | | 125.42 | |
| 0.64 | 532.07 | 35.47 | 404.89 | 8.51 | 374.79 | 5.51 |
| 0.30 | 544.85 | 39.27 | 388.22 | 15.46 | 377.91 | 14.47 |
| 0.54 | 411.41 | 15.02 | 417.81 | 16.17 | 400.10 | 9.24 |
| 0.89 | 409.61 | 5.28 | 464.23 | 2.49 | 447.64 | 2.36 |
| 0.37 | 411.96 | 21.23 | 418.86 | 10.14 | 399.75 | 9.03 |
| 1.39 | 552.81 | 81.24 | 385.23 | 27.50 | 330.34 | 20.56 |
| 0.33 | 561.48 | 92.75 | 468.50 | 38.94 | 399.52 | 35.34 |
| 0.60 | 729.09 | 102.36 | 558.08 | | 559.87 | |
| 0.62 | 489.31 | 3.04 | 223.59 | 1.83 | 185.42 | 1.63 |
| | 590.04 | 21.02 | 628.42 | 18.66 | 628.42 | 18.66 |
| 0.85 | 517.50 | 61.11 | 477.94 | 29.53 | 470.60 | 27.24 |
| 0.50 | 471.45 | 43.33 | 425.61 | 12.65 | 407.41 | 13.54 |

## 附表1　县(县级市)

| | 教育经费总支出（千元） | 其中:财政预算内教育拨款（千元） | 人均教育经费总支出（元） | 其中:人均财政预算内教育经费支出（元） | 财政支出中预算内教育拨款所占比例（%） |
|---|---|---|---|---|---|
| 宁乡县 | 170078 | 70952 | 130.13 | 54.29 | 28.67 |
| 醴陵 | 162968 | 70772 | 161.19 | 67.68 | 30.58 |
| 株洲县 | 67057 | 32276 | 150.02 | 72.21 | 31.42 |
| 攸县 | 115264 | 43629 | 155.13 | 58.72 | 28.76 |
| 茶陵县 | 86848 | 33472 | 147.95 | 57.02 | 28.09 |
| 炎陵县 | 32541 | 18169 | 184.89 | 85.30 | 26.61 |
| 湘潭县 | 156040 | 43519 | 137.97 | 37.76 | 27.40 |
| 湘乡市 | 136749 | 53618 | 153.48 | 57.10 | 29.58 |
| 衡阳县 | 147432 | 56966 | 127.43 | 49.22 | 36.94 |
| 衡南县 | 136832 | 56267 | 132.98 | 54.68 | 33.01 |
| 衡山县 | 76102 | 19871 | 188.84 | 45.49 | 28.55 |
| 衡东县 | 85726 | 23989 | 130.28 | 35.34 | 20.37 |
| 常宁市 | 103500 | 33641 | 122.78 | 39.59 | 21.28 |
| 祁东县 | 119697 | 78131 | 131.54 | 84.98 | 37.91 |
| 耒阳市 | 156370 | 57370 | 127.44 | 46.67 | 25.83 |
| 邵东县 | 172636 | 74979 | 147.68 | 64.14 | 33.95 |
| 新邵县 | 94623 | 45385 | 132.90 | 63.69 | 38.50 |
| 邵阳县 | 90139 | 32378 | 95.59 | 34.07 | 24.31 |
| 隆回县 | 145313 | 63523 | 131.74 | 57.59 | 29.93 |
| 洞口县 | 104726 | 42474 | 134.44 | 54.52 | 26.36 |
| 武冈县 | 87583 | 40015 | 121.47 | 53.33 | 30.42 |
| 绥宁县 | 60376 | 35817 | 173.00 | 100.78 | 28.46 |
| 新宁县 | 70662 | 27280 | 119.77 | 45.25 | 22.96 |
| 城步苗族自治州 | 38397 | 22174 | 152.98 | 86.91 | 24.84 |
| 岳阳县 | 106230 | 41382 | 141.26 | 55.03 | 28.17 |
| 临湘县 | 83846 | 35645 | 177.26 | 75.36 | 26.06 |
| 华容县 | 88853 | 40000 | 124.62 | 56.10 | 25.46 |
| 湘阴县 | 124787 | 37477 | 182.44 | 54.79 | 25.20 |
| 汨罗县 | 115220 | 48860 | 164.37 | 69.70 | 29.06 |
| 平江县 | 133414 | 55139 | 136.69 | 56.49 | 26.82 |
| 津市市 | 43417 | 21129 | 168.94 | 77.50 | 24.16 |
| 安乡县 | 84077 | 39230 | 145.71 | 67.82 | 29.97 |
| 汉寿县 | 102686 | 37523 | 128.20 | 46.55 | 27.61 |
| 澧 县 | 120398 | 56617 | 137.28 | 64.56 | 29.98 |
| 临澧县 | 79749 | 35947 | 182.08 | 82.07 | 34.26 |
| 桃源县 | 130168 | 46971 | 133.23 | 48.06 | 26.26 |
| 石门县 | 81965 | 42847 | 116.26 | 60.49 | 27.03 |
| 慈利县 | 94476 | 40607 | 140.38 | 59.74 | 28.44 |

## 教育经费支出(续30)

| 农村人均征收教育费附加占农村人均纯收入比例(%) | 普通初中生均预算内事业费支出(元) | 其中:普通初中生均公用经费支出(元) | 普通小学生均预算内事业费支出(元) | 其中:普通小学生均公用经费支出(元) | 农村小学生均预算内事业费支出(元) | 其中:农村小学生均公用经费支出(元) |
|---|---|---|---|---|---|---|
| 1.18 | 380.69 | 9.73 | 309.12 | 5.22 | 303.90 | 5.47 |
| 1.31 | 431.00 | 6.17 | 283.57 | 0.61 | 260.30 | 0.72 |
| 1.08 | 423.09 | 2.47 | 347.66 | 1.24 | 328.54 | 1.38 |
| 1.43 | 365.35 | 4.13 | 256.11 | 2.12 | 249.50 | 2.23 |
| 1.33 | 313.71 | 1.66 | 285.03 | 0.72 | 274.32 | 0.78 |
| 0.61 | 522.42 | 9.31 | 417.89 | 2.67 | 449.16 | 5.30 |
| 1.11 | 265.56 | 0.36 | 189.06 |  | 181.86 |  |
| 1.39 | 343.07 | 2.26 | 283.37 | 0.50 | 273.57 | 0.55 |
| 1.05 | 341.59 |  | 294.44 |  | 297.40 |  |
| 0.94 | 293.61 | 5.99 | 269.10 | 2.02 | 269.10 | 2.02 |
| 0.82 | 314.50 | 1.07 | 203.75 |  | 194.34 |  |
| 0.56 | 292.84 | 0.14 | 128.09 | 0.93 | 116.13 | 0.99 |
| 0.78 | 293.00 | 7.53 | 241.55 | 3.44 | 235.77 | 2.25 |
| 0.54 | 580.57 | 16.16 | 391.77 | 1.38 | 391.17 | 0.20 |
| 0.74 | 464.87 | 24.95 | 259.87 | 7.46 | 209.21 |  |
| 0.74 | 397.84 |  | 287.87 |  | 289.91 |  |
| 0.24 | 416.58 | 2.80 | 311.57 | 0.37 | 319.48 | 0.42 |
| 0.81 | 301.12 |  | 167.21 |  | 159.88 |  |
| 0.72 | 383.10 | 11.00 | 308.82 | 5.52 | 306.70 | 5.13 |
| 0.85 | 300.59 |  | 259.91 | 0.96 | 249.40 | 0.46 |
| 0.36 | 393.96 |  | 279.23 |  | 274.96 |  |
| 0.07 | 569.98 | 7.19 | 444.04 | 4.42 | 424.46 | 4.50 |
| 0.52 | 298.75 | 7.55 | 219.17 | 3.85 | 210.75 | 4.28 |
| 0.56 | 463.64 |  | 431.61 |  | 414.65 |  |
| 1.11 | 405.00 | 4.36 | 232.12 | 1.32 | 216.02 |  |
| 1.11 | 600.90 | 20.15 | 333.21 | 0.79 | 320.44 | 0.89 |
| 1.30 | 410.59 | 16.17 | 237.77 | 3.62 | 212.47 | 3.44 |
| 1.43 | 385.18 | 12.88 | 242.51 | 2.06 | 214.78 | 0.53 |
| 1.12 | 568.26 | 12.65 | 271.59 | 0.73 | 248.58 |  |
| 1.72 | 430.55 | 16.01 | 239.63 | 8.10 | 252.03 | 20.11 |
|  | 687.37 | 7.79 | 466.58 |  | 418.06 |  |
| 1.27 | 511.34 | 2.52 | 376.14 | 2.75 | 339.73 |  |
| 1.28 | 383.62 | 87.98 | 276.17 | 13.72 | 245.93 | 15.14 |
| 0.96 | 527.71 | 10.73 | 426.51 | 6.96 | 407.57 | 4.88 |
| 1.24 | 543.69 | 35.31 | 555.19 |  | 544.88 |  |
| 1.38 | 410.62 | 17.01 | 254.48 | 0.66 | 230.62 | 0.73 |
| 0.94 | 503.06 | 13.15 | 470.19 | 6.83 | 438.97 | 5.24 |
| 1.02 | 573.27 | 71.94 | 366.59 | 1.44 | 354.53 | 1.75 |

## 附表1　县(县级市)

| | 教育经费总支出(千元) | 其中:财政预算内教育拨款(千元) | 人均教育经费总支出(元) | 其中:人均财政预算内教育经费支出(元) | 财政支出中预算内教育拨款所占比例(%) |
|---|---|---|---|---|---|
| 桑植县 | 61917 | 39604 | 145.35 | 91.63 | 24.20 |
| 南县 | 100910 | 39762 | 138.42 | 54.54 | 33.76 |
| 沅江市 | 113473 | 45450 | 152.72 | 56.57 | 30.83 |
| 桃江县 | 98717 | 36229 | 120.53 | 44.24 | 26.93 |
| 安化县 | 123044 | 41447 | 129.66 | 42.17 | 24.86 |
| 冷水江市 | 66040 | 33968 | 188.69 | 96.81 | 22.41 |
| 涟源市 | 156068 | 59016 | 147.65 | 54.00 | 36.57 |
| 双峰县 | 121934 | 54610 | 136.54 | 61.15 | 30.55 |
| 新化县 | 132799 | 55068 | 104.40 | 42.28 | 26.36 |
| 资兴市 | 74530 | 44170 | 205.88 | 122.02 | 25.88 |
| 桂阳县 | 107869 | 60595 | 140.45 | 78.90 | 32.13 |
| 永兴县 | 88922 | 51966 | 141.15 | 82.23 | 33.81 |
| 宜章县 | 77716 | 42632 | 141.82 | 77.80 | 27.04 |
| 嘉禾县 | 56992 | 27100 | 170.63 | 79.93 | 21.89 |
| 临武县 | 57381 | 30121 | 185.10 | 97.05 | 25.51 |
| 汝城县 | 61351 | 39600 | 169.48 | 109.39 | 35.57 |
| 桂东县 | 29802 | 17492 | 176.34 | 103.50 | 24.57 |
| 安仁县 | 73438 | 33288 | 186.87 | 84.70 | 38.93 |
| 东安县 | 83089 | 42762 | 144.00 | 73.88 | 45.06 |
| 道县 | 96824 | 57433 | 147.82 | 86.96 | 39.48 |
| 宁远县 | 97130 | 48467 | 126.97 | 63.26 | 41.42 |
| 江永县 | 32639 | 20002 | 132.68 | 80.26 | 27.03 |
| 江华瑶族自治县 | 54904 | 32079 | 124.50 | 71.88 | 30.20 |
| 蓝山县 | 47762 | 25540 | 138.04 | 72.59 | 33.84 |
| 新田县 | 54836 | 30328 | 148.21 | 81.67 | 50.26 |
| 双牌县 | 26400 | 13597 | 157.14 | 80.53 | 24.14 |
| 祁阳县 | 131446 | 69349 | 133.86 | 70.46 | 38.25 |
| 洪江市 | 52163 | 30511 | 122.16 | 70.54 | 35.70 |
| 中方县 | 41843 | 24314 | 163.45 | 94.60 | 32.55 |
| 沅陵县 | 81415 | 39514 | 128.01 | 61.33 | 49.75 |
| 辰溪县 | 54519 | 34750 | 107.53 | 68.54 | 31.86 |
| 溆浦县 | 83371 | 40223 | 99.25 | 47.77 | 30.62 |
| 麻阳苗族自治县 | 57409 | 34964 | 161.72 | 97.46 | 37.88 |
| 新晃侗族自治县 | 38055 | 25758 | 151.61 | 102.38 | 28.69 |
| 芷江侗族自治县 | 48937 | 27011 | 140.22 | 77.40 | 29.73 |
| 会同县 | 41289 | 25901 | 121.44 | 76.18 | 31.11 |
| 靖州苗族自治县 | 49101 | 23131 | 193.31 | 89.34 | 26.43 |
| 通道侗族自治县 | 30291 | 17659 | 140.89 | 81.76 | 28.98 |

## 教育经费支出(续31)

| 农村人均征收教育费附加占农村人均纯收入比例(%) | 普通初中生均预算内事业费支出(元) | 其中:普通初中生均公用经费支出(元) | 普通小学生均预算内事业费支出(元) | 其中:普通小学生均公用经费支出(元) | 农村小学生均预算内事业费支出(元) | 其中:农村小学生均公用经费支出(元) |
|---|---|---|---|---|---|---|
| 0.09 | 663.80 | 83.93 | 532.59 | 1.23 | 530.66 | 1.17 |
| 2.30 | 375.35 | 6.06 | 240.83 | | 222.81 | |
| 2.18 | 386.87 | 16.56 | 219.67 | | 204.42 | |
| 1.05 | 254.43 | 0.08 | 240.08 | 0.28 | 228.34 | 0.32 |
| 1.01 | 271.76 | 19.51 | 189.58 | 0.17 | 136.59 | 0.56 |
| 0.89 | 560.58 | 12.19 | 462.15 | 30.70 | 423.13 | 11.34 |
| 1.08 | 374.83 | 0.66 | 202.25 | 0.70 | 193.92 | 0.33 |
| 0.97 | 309.07 | | 245.33 | | 220.35 | |
| 0.62 | 280.83 | | 189.56 | | 176.04 | |
| 1.05 | 1000.83 | 0.76 | 688.12 | 8.55 | 751.38 | 10.75 |
| 0.61 | 415.88 | 3.61 | 383.15 | 2.15 | 377.67 | 4.01 |
| | 492.79 | 9.06 | 418.01 | 5.96 | 407.94 | 5.70 |
| 0.27 | 522.40 | 10.73 | 348.00 | 0.75 | 332.90 | 0.81 |
| 1.23 | 587.72 | 6.69 | 349.13 | 1.48 | 339.16 | 1.65 |
| 0.93 | 927.08 | 268.60 | 420.06 | 3.75 | 415.75 | 3.69 |
| 0.69 | 554.75 | 30.94 | 538.48 | 137.49 | 528.65 | 135.65 |
| 1.08 | 588.96 | 0.14 | 505.13 | 43.57 | 512.28 | 48.87 |
| 0.46 | 495.32 | | 440.41 | 1.54 | 448.11 | 2.03 |
| 0.33 | 520.49 | | 359.70 | | 350.05 | |
| 0.07 | 930.28 | 300.12 | 380.99 | 55.42 | 362.31 | 41.34 |
| 0.89 | 560.05 | 3.18 | 323.52 | 1.39 | 305.59 | 1.64 |
| 0.01 | 540.95 | 4.92 | 424.58 | 6.38 | 407.65 | 6.89 |
| 0.39 | 564.30 | 42.01 | 340.81 | 1.77 | 327.54 | 0.83 |
| 0.52 | 529.29 | 1.34 | 333.42 | 2.55 | 313.72 | 2.98 |
| 0.54 | 490.16 | 17.02 | 294.39 | 2.45 | 248.61 | 0.23 |
| 0.05 | 572.20 | | 436.99 | 2.36 | 442.64 | 2.89 |
| 0.62 | 552.00 | | 395.38 | 0.96 | 376.38 | 1.12 |
| 0.14 | 554.44 | 0.47 | 404.34 | | 384.77 | |
| 1.21 | 623.90 | 18.36 | 471.55 | 7.36 | 517.55 | 8.23 |
| 0.28 | 510.66 | 7.91 | 325.32 | 20.37 | 341.17 | 19.54 |
| 0.16 | 506.54 | | 391.85 | | 369.28 | |
| 0.23 | 323.82 | | 263.51 | | 251.23 | |
| 0.23 | 671.17 | 16.97 | 590.98 | 63.02 | 643.52 | 63.60 |
| 0.14 | 746.68 | 161.04 | 541.90 | 10.97 | 521.34 | 13.76 |
| 0.52 | 528.10 | 3.34 | 394.76 | 3.19 | 387.32 | |
| 0.06 | 561.75 | 6.55 | 403.87 | 2.04 | 392.69 | 2.79 |
| 0.66 | 494.30 | 8.36 | 380.64 | 1.21 | 392.43 | 0.72 |
| 0.14 | 646.20 | 74.11 | 349.75 | 7.83 | 363.64 | 15.32 |

附表1　县(县级市)

| | 教育经费总支出(千元) | 其中:财政预算内教育拨款(千元) | 人均教育经费总支出(元) | 其中:人均财政预算内教育经费支出(元) | 财政支出中预算内教育拨款所占比例(%) |
|---|---|---|---|---|---|
| 吉首市 | 53388 | 31022 | 198.47 | 113.02 | 27.12 |
| 泸溪县 | 33032 | 24935 | 120.55 | 91.00 | 27.67 |
| 凤凰县 | 56015 | 37787 | 153.05 | 103.24 | 24.54 |
| 花垣县 | 42148 | 29851 | 158.45 | 112.22 | 30.22 |
| 保靖县 | 39610 | 28031 | 141.97 | 100.47 | 28.74 |
| 古丈县 | 20953 | 13839 | 154.07 | 101.57 | 22.13 |
| 永顺县 | 78618 | 47000 | 162.77 | 93.62 | 35.41 |
| 龙山县 | 74101 | 43523 | 142.50 | 83.70 | 29.24 |
| 广　东 | | | | | |
| 花都市 | 238455 | 145059 | 396.76 | 210.95 | 32.19 |
| 从化市 | 195393 | 116937 | 368.67 | 168.82 | 31.04 |
| 增城市 | 273909 | 146287 | 338.16 | 142.24 | 30.35 |
| 番禺市 | 632146 | 291135 | 682.66 | 280.05 | 18.58 |
| 曲江县 | 99394 | 71088 | 241.83 | 172.96 | 37.66 |
| 始兴县 | 67056 | 37715 | 282.94 | 159.14 | 34.62 |
| 南雄县 | 107171 | 66013 | 236.58 | 145.72 | 39.79 |
| 仁化县 | 52049 | 31566 | 300.86 | 182.46 | 24.07 |
| 乐昌市 | 120138 | 61803 | 236.03 | 104.65 | 36.73 |
| 新丰县 | 64310 | 37376 | 273.66 | 159.05 | 27.71 |
| 翁源县 | 84412 | 50059 | 227.53 | 134.93 | 37.29 |
| 乳源县 | 50022 | 36182 | 255.21 | 184.60 | 28.84 |
| 斗门县 | 140317 | 94727 | 458.55 | 312.14 | 32.20 |
| 澄海市 | 200036 | 117560 | 239.85 | 138.83 | 41.19 |
| 南澳县 | 21785 | 12491 | 298.42 | 164.95 | 16.82 |
| 潮阳市 | 347217 | 146947 | 139.22 | 58.92 | 24.83 |
| 汕头市直 | 132072 | 59811 | | | 3.37 |
| 三水市 | 175592 | 114483 | 463.30 | 257.87 | 23.36 |
| 南海市 | 909295 | 356866 | 830.41 | 319.65 | 17.59 |
| 顺德市 | 759481 | 452059 | 702.57 | 410.48 | 18.49 |
| 高明市 | 85083 | 42076 | 303.87 | 150.27 | 23.08 |
| 江门本级 | 226389 | 101771 | 951.21 | 432.56 | 20.79 |
| 新会市 | 307235 | 164095 | 352.33 | 186.46 | 29.11 |
| 台山市 | 310154 | 124015 | 309.23 | 122.35 | 34.21 |
| 恩平市 | 117798 | 45738 | 245.41 | 95.29 | 31.77 |
| 开平市 | 241342 | 124633 | 355.44 | 179.92 | 33.08 |
| 鹤山市 | 129316 | 76074 | 367.38 | 209.86 | 30.57 |
| 吴川市 | 186557 | 68440 | 189.21 | 69.41 | 34.60 |
| 廉江市 | 249606 | 86681 | 168.43 | 58.49 | 26.65 |

## 教育经费支出(续32)

| 农村人均征收教育费附加占农村人均纯收入比例(%) | 普通初中生均预算内事业费支出(元) | 其中:普通初中生均公用经费支出(元) | 普通小学生均预算内事业费支出(元) | 其中:普通小学生均公用经费支出(元) | 农村小学生均预算内事业费支出(元) | 其中:农村小学生均公用经费支出(元) |
|---|---|---|---|---|---|---|
| 0.35 | 1505.53 | 516.71 | 582.75 | 139.32 | 437.19 | 30.13 |
| 0.49 | 862.55 | 128.94 | 380.86 | 19.24 | 375.64 | 17.67 |
| 0.26 | 848.81 | 171.33 | 470.59 | 41.04 | 437.94 | 42.17 |
| 1.02 | 613.37 | 74.13 | 434.85 | 34.06 | 409.50 | 32.99 |
| 0.60 | 911.40 | 167.49 | 458.82 | 13.29 | 444.58 | 13.10 |
| 0.67 | 905.30 | 142.77 | 493.09 | 11.64 | 465.53 | 12.83 |
| 0.55 | 819.24 | 223.93 | 427.46 | 13.78 | 403.62 | 13.02 |
| 0.18 | 613.09 | 115.12 | 335.86 | 2.03 | 324.31 | 1.66 |
| 0.32 | 1335.18 | 140.33 | 702.78 | 66.74 | 733.09 | 63.88 |
| 0.14 | 1118.31 | 155.23 | 610.02 | 66.15 | 602.70 | 63.53 |
| 1.42 | 963.56 | 197.33 | 615.60 | 70.50 | 613.07 | 70.14 |
| 0.07 | 2281.53 | 485.00 | 1047.50 | 103.10 | 1044.13 | 102.77 |
| 0.51 | 1185.24 | 12.21 | 663.53 | 7.98 | 623.84 | 11.74 |
| 0.25 | 966.88 |  | 708.36 | 53.04 | 698.74 | 66.33 |
| 0.12 | 822.98 | 16.05 | 816.93 | 33.96 | 762.09 | 34.96 |
| 0.33 | 1029.90 | 46.78 | 831.57 | 29.91 | 819.87 | 24.64 |
| 0.12 | 913.49 | 17.08 | 498.32 | 24.73 | 451.94 | 21.32 |
| 1.13 | 685.88 | 70.75 | 825.95 | 25.63 | 884.72 | 30.14 |
| 0.28 | 975.76 | 37.06 | 638.69 | 7.53 | 643.41 | 8.58 |
| 0.22 | 1189.44 | 135.48 | 882.57 | 105.63 | 900.27 | 114.25 |
| 0.20 | 1537.65 | 75.31 | 962.30 | 41.99 | 930.88 | 50.75 |
| 0.26 | 1245.24 | 470.41 | 557.43 | 38.40 | 540.08 | 35.42 |
| 0.19 | 948.25 | 26.65 | 521.95 | 34.02 | 497.30 | 39.53 |
| 0.69 | 383.14 | 42.99 | 205.36 | 13.70 | 204.90 | 16.16 |
|  | 2939.57 | 31.19 | 1052.49 |  |  |  |
| 0.29 | 1248.34 | 472.70 | 877.05 | 330.52 | 899.79 | 319.57 |
| 0.38 | 1490.55 | 570.63 | 840.34 | 258.94 | 842.48 | 270.36 |
| 0.04 | 2065.33 | 583.49 | 1091.68 | 414.00 | 1029.15 | 349.93 |
| 0.15 | 765.99 |  | 710.86 |  | 837.61 |  |
|  | 2328.76 | 96.24 | 1373.97 | 28.32 |  |  |
| 0.79 | 1081.00 | 69.48 | 822.89 | 36.93 | 648.18 | 12.98 |
| 1.25 | 674.06 | 2.24 | 582.58 | 1.48 | 462.60 | 1.15 |
| 0.67 | 806.10 |  | 362.71 |  | 345.22 |  |
| 1.05 | 1156.78 | 51.02 | 777.58 | 26.63 | 772.32 | 24.98 |
| 0.72 | 1250.05 | 106.91 | 1058.93 | 27.69 | 1089.22 | 34.12 |
| 1.08 | 455.36 | 7.99 | 253.99 | 15.24 | 213.60 | 12.53 |
| 0.75 | 523.00 | 4.30 | 200.37 | 5.85 | 158.82 | 7.89 |

## 附表1　县(县级市)

| | 教育经费总支出（千元） | 其中:财政预算内教育拨款（千元） | 人均教育经费总支出（元） | 其中:人均财政预算内教育经费支出（元） | 财政支出中预算内教育拨款所占比例（%） |
|---|---|---|---|---|---|
| 遂溪县 | 199764 | 71389 | 211.84 | 75.70 | 33.17 |
| 雷州市 | 243904 | 93327 | 165.25 | 63.23 | 29.06 |
| 徐闻县 | 187792 | 71592 | 283.67 | 108.15 | 29.70 |
| 湛江东海试验 | 47407 | 17479 | 230.13 | 84.85 | 40.30 |
| 信宜县 | 239356 | 117286 | 197.33 | 96.69 | 44.68 |
| 高州市 | 271972 | 114850 | 182.90 | 77.24 | 37.30 |
| 电白市 | 257831 | 122763 | 167.42 | 79.72 | 45.49 |
| 化州市 | 211690 | 106910 | 156.81 | 79.19 | 39.00 |
| 潮安县 | 295829 | 119928 | 251.34 | 101.89 | 37.47 |
| 饶平县 | 193799 | 98075 | 204.65 | 103.56 | 34.18 |
| 揭东县 | 177895 | 95497 | 149.37 | 79.20 | 29.38 |
| 揭西县 | 170053 | 87677 | 193.02 | 97.18 | 36.30 |
| 普宁市 | 292040 | 153786 | 148.17 | 77.98 | 26.78 |
| 惠来县 | 134573 | 83641 | 126.24 | 78.46 | 34.54 |
| 罗定市 | 218940 | 102511 | 203.85 | 95.45 | 34.67 |
| 郁南县 | 94379 | 49272 | 198.28 | 103.51 | 22.77 |
| 新兴县 | 125110 | 55930 | 281.15 | 125.69 | 33.06 |
| 云浮市直 | 29198 | 8783 | | | 5.65 |
| 云安县 | 50562 | 29932 | 167.98 | 99.44 | 28.81 |
| 梅　县 | 187770 | 101100 | 311.91 | 116.29 | 31.48 |
| 大埔县 | 113798 | 68808 | 219.69 | 103.68 | 34.37 |
| 丰顺县 | 137298 | 67681 | 209.62 | 77.45 | 28.13 |
| 五华县 | 220245 | 101504 | 188.24 | 65.22 | 31.79 |
| 兴宁市 | 243871 | 101229 | 217.55 | 62.88 | 28.82 |
| 平远县 | 71788 | 39353 | 288.31 | 126.25 | 31.90 |
| 蕉岭县 | 68736 | 42550 | 305.49 | 125.79 | 27.65 |
| 惠阳市 | 158045 | 65905 | 283.23 | 118.11 | 23.61 |
| 龙门县 | 83012 | 38772 | 261.87 | 122.31 | 27.38 |
| 博罗县 | 159224 | 99523 | 205.98 | 128.75 | 33.71 |
| 惠东县 | 127654 | 60197 | 185.27 | 87.37 | 25.26 |
| 高要市 | 94465 | 50988 | 129.76 | 69.87 | 20.93 |
| 四会市 | 79179 | 55035 | 200.45 | 139.33 | 28.39 |
| 广宁县 | 93640 | 57110 | 176.68 | 107.75 | 37.66 |
| 怀集县 | 129187 | 78606 | 142.12 | 86.48 | 36.97 |
| 封开县 | 76502 | 44393 | 166.67 | 96.72 | 26.82 |
| 清新县 | 106846 | 62032 | 166.95 | 96.93 | 31.78 |
| 英德市 | 183087 | 102723 | 196.23 | 110.10 | 42.47 |
| 佛冈县 | 75540 | 41118 | 253.49 | 137.64 | 36.83 |

## 教育经费支出(续33)

| 农村人均征收教育费附加占农村人均纯收入比例(%) | 普通初中生均预算内事业费支出(元) | 其中:普通初中生均公用经费支出(元) | 普通小学生均预算内事业费支出(元) | 其中:普通小学生均公用经费支出(元) | 农村小学生均预算内事业费支出(元) | 其中:农村小学生均公用经费支出(元) |
|---|---|---|---|---|---|---|
| 0.84 | 574.56 | 17.29 | 288.53 | 13.36 | 227.33 | 16.16 |
| 0.38 | 512.58 | 3.72 | 282.92 | 6.04 | 250.93 | 8.80 |
| 1.06 | 981.60 | 46.27 | 431.25 | 26.17 | 420.37 | 30.20 |
| 1.00 | 641.88 |  | 334.99 |  | 316.11 |  |
| 0.55 | 711.54 | 5.03 | 391.22 | 1.50 | 373.44 | 0.91 |
| 0.61 | 522.92 | 25.12 | 344.02 | 8.63 | 334.20 | 9.38 |
| 0.47 | 366.70 | 14.78 | 466.19 | 64.41 | 458.51 | 60.42 |
| 0.24 | 505.73 | 0.62 | 360.89 |  | 336.59 |  |
| 1.03 | 756.43 | 43.45 | 515.12 | 55.25 | 515.12 | 55.25 |
| 1.00 | 578.57 | 18.68 | 483.46 | 15.19 | 483.24 | 18.06 |
| 0.19 | 634.56 | 30.54 | 466.69 | 16.15 | 458.59 | 14.39 |
| 0.90 | 531.19 | 6.56 | 533.51 | 24.28 | 522.36 | 23.08 |
| 0.17 | 482.82 | 29.62 | 400.31 | 7.09 | 395.56 | 7.66 |
| 0.27 | 396.92 | 9.68 | 504.77 | 21.43 | 497.10 | 24.59 |
| 1.01 | 684.17 | 11.36 | 396.27 | 10.40 | 379.70 | 13.54 |
| 0.55 | 672.84 | 8.33 | 449.20 | 18.22 | 407.71 | 21.41 |
| 1.35 | 702.98 | 25.24 | 602.00 | 9.91 | 542.19 | 11.67 |
|  | 1868.89 | 147.76 |  |  |  |  |
| 0.73 | 601.98 | 3.51 | 435.11 | 26.09 | 416.47 | 30.51 |
| 1.15 | 889.80 | 45.48 | 541.77 | 15.38 | 544.53 | 13.56 |
| 0.84 | 819.26 | 16.39 | 519.99 | 14.40 | 529.19 | 15.85 |
| 1.23 | 820.94 | 43.14 | 322.96 | 0.51 | 281.72 |  |
| 1.18 | 347.70 | 22.85 | 287.05 | 15.02 | 287.90 | 15.61 |
| 1.19 | 456.91 | 102.46 | 202.86 | 43.33 | 194.00 | 43.11 |
| 1.48 | 1106.51 | 103.26 | 599.32 | 20.55 | 632.97 | 21.23 |
| 0.88 | 852.66 | 2.77 | 580.17 | 0.58 | 589.32 | 0.73 |
| 1.77 | 567.90 |  | 676.60 |  | 571.92 |  |
| 0.86 | 621.00 | 50.41 | 584.06 | 38.92 | 565.36 | 36.86 |
| 0.34 | 733.24 | 8.28 | 780.54 | 11.24 | 781.40 | 10.70 |
| 1.57 | 456.35 |  | 409.12 | 9.24 | 409.44 | 9.82 |
| 0.27 | 440.39 | 1.14 | 369.57 |  | 378.03 |  |
|  | 283.22 | 84.96 | 816.23 | 67.90 | 856.88 | 12.00 |
| 0.50 | 697.39 | 34.01 | 574.52 | 19.47 | 569.54 | 15.30 |
| 0.15 | 538.94 | 25.71 | 500.74 | 24.52 | 485.98 | 22.75 |
| 0.36 | 800.41 | 12.30 | 558.93 | 14.81 | 556.60 | 17.19 |
| 0.38 | 529.75 | 5.77 | 574.62 | 31.30 | 558.03 | 36.28 |
| 0.58 | 542.20 | 2.84 | 615.00 | 8.64 | 627.60 | 10.51 |
| 0.72 | 616.76 | 2.82 | 661.29 | 10.11 | 635.64 | 7.04 |

## 附表1 县(县级市)

| | 教育经费总支出(千元) | 其中:财政预算内教育拨款(千元) | 人均教育经费总支出(元) | 其中:人均财政预算内教育经费支出(元) | 财政支出中预算内教育拨款所占比例(%) |
|---|---|---|---|---|---|
| 连山县 | 31546 | 21321 | 274.31 | 185.40 | 24.65 |
| 连南县 | 35506 | 26627 | 230.56 | 172.90 | 23.26 |
| 连州市 | 91807 | 71988 | 180.72 | 141.71 | 38.94 |
| 阳山县 | 96853 | 64366 | 185.90 | 123.54 | 38.53 |
| 飞来峡 | 20753 | 10950 | 190.39 | 100.46 | 41.24 |
| 海丰县 | 150180 | 65931 | 204.88 | 89.95 | 28.52 |
| 陆河县 | 65169 | 36654 | 241.37 | 135.76 | 33.77 |
| 陆丰县 | 168109 | 97771 | 114.36 | 66.51 | 36.20 |
| 东源县 | 91561 | 60411 | 188.79 | 96.66 | 23.91 |
| 和平县 | 99899 | 59799 | 208.99 | 100.82 | 33.67 |
| 龙川县 | 158471 | 69046 | 186.88 | 70.51 | 23.63 |
| 紫金县 | 141109 | 72453 | 188.15 | 77.71 | 32.22 |
| 连平县 | 82659 | 39607 | 226.46 | 108.19 | 10.89 |
| 阳春市 | 204049 | 92957 | 195.82 | 89.21 | 37.91 |
| 广　西 | | | | | |
| 邕宁县 | 129063 | 84935 | 143.09 | 74.98 | 38.55 |
| 武鸣县 | 85740 | 69322 | 133.34 | 104.55 | 29.28 |
| 柳江县 | 60571 | 38325 | 116.04 | 72.89 | 28.35 |
| 柳城县 | 50482 | 36536 | 124.34 | 86.19 | 29.86 |
| 阳朔县 | 39472 | 26172 | 132.46 | 86.91 | 27.07 |
| 临桂县 | 62830 | 39788 | 140.87 | 88.46 | 31.29 |
| 灵川县 | 59675 | 34605 | 169.53 | 98.31 | 24.72 |
| 全州县 | 94793 | 60634 | 124.40 | 78.21 | 30.29 |
| 兴安县 | 58941 | 34409 | 159.30 | 93.00 | 23.31 |
| 永福县 | 32867 | 21036 | 123.56 | 79.08 | 23.71 |
| 灌阳县 | 36481 | 24558 | 135.11 | 90.82 | 23.72 |
| 龙胜各族自治县 | 31981 | 25751 | 191.50 | 154.20 | 30.63 |
| 资源县 | 23946 | 18295 | 144.25 | 110.21 | 21.39 |
| 平乐县 | 51176 | 31954 | 119.01 | 74.31 | 28.12 |
| 荔浦县 | 53328 | 31511 | 145.70 | 86.10 | 21.45 |
| 恭城县 | 41372 | 26604 | 149.36 | 96.04 | 24.47 |
| 苍梧县 | 69051 | 40069 | 104.94 | 60.67 | 24.83 |
| 岑溪县 | 102218 | 57827 | 135.21 | 76.46 | 35.98 |
| 藤　县 | 84825 | 50696 | 92.81 | 55.47 | 31.61 |
| 蒙山县 | 35277 | 24304 | 179.07 | 123.37 | 33.53 |
| 东兴市 | 23569 | 14107 | 235.69 | 141.07 | 17.22 |
| 上思县 | 25186 | 16053 | 123.46 | 74.66 | 18.20 |
| 贵港市本级 | 35815 | 13739 | 243.64 | 93.46 | 6.06 |

## 教育经费支出(续34)

| 农村人均征收教育费附加占农村人均纯收入比例(%) | 普通初中生均预算内事业费支出(元) | 其中:普通初中生均公用经费支出(元) | 普通小学生均预算内事业费支出(元) | 其中:普通小学生均公用经费支出(元) | 农村小学生均预算内事业费支出(元) | 其中:农村小学生均公用经费支出(元) |
|---|---|---|---|---|---|---|
| 0.78 | 954.58 | 217.42 | 849.09 | 126.91 | 711.17 | 71.98 |
|  | 748.17 | 100.03 | 936.78 | 84.33 | 907.25 | 93.52 |
| 0.09 | 714.99 | 41.16 | 666.83 | 27.78 | 650.20 | 25.93 |
| 0.30 | 458.28 | 5.52 | 670.99 | 22.90 | 638.18 | 14.22 |
| 0.55 | 498.24 | 9.77 | 610.34 | 44.25 | 649.19 | 39.26 |
| 1.59 | 462.37 | 38.33 | 432.61 | 32.13 | 415.65 | 29.51 |
| 0.83 | 652.86 | 56.09 | 596.02 | 32.57 | 609.62 | 33.33 |
| 0.43 | 413.98 | 10.74 | 370.11 | 14.59 | 334.01 | 13.13 |
| 0.66 | 691.87 | 22.30 | 606.06 | 24.44 | 572.51 | 23.50 |
| 0.54 | 674.88 | 23.69 | 462.56 | 97.42 | 431.13 | 92.24 |
| 1.43 | 401.21 | 38.78 | 436.47 | 7.43 | 469.34 | 5.51 |
| 1.32 | 457.13 | 16.63 | 428.40 | 21.04 | 437.86 | 16.52 |
| 1.10 | 606.22 | 61.29 | 540.48 | 56.70 | 496.18 | 62.42 |
| 0.58 | 581.73 | 22.26 | 495.17 | 23.20 | 490.15 | 23.36 |
| 0.32 | 511.72 | 20.79 | 357.83 | 2.08 | 346.83 | 1.16 |
| 0.49 | 539.94 | 100.60 | 483.40 | 77.31 | 474.02 | 79.49 |
| 0.42 | 494.79 | 3.50 | 323.72 | 2.67 | 393.96 | 2.79 |
| 0.48 | 404.07 | 5.56 | 492.30 | 7.35 | 484.58 | 4.65 |
| 0.50 | 446.03 |  | 461.54 |  | 425.44 |  |
| 0.83 | 592.17 | 11.82 | 410.90 | 13.18 | 398.50 | 13.46 |
| 1.04 | 498.56 | 47.67 | 475.48 | 47.67 | 442.09 | 46.53 |
| 0.36 | 616.58 | 63.06 | 368.59 | 8.55 | 353.93 | 7.68 |
| 0.75 | 432.01 | 70.68 | 551.82 | 43.39 | 556.63 | 45.11 |
| 0.43 | 551.50 | 185.72 | 527.19 | 119.18 | 520.61 | 119.16 |
| 0.51 | 557.15 | 6.45 | 473.52 | 9.57 | 474.90 | 8.99 |
| 0.15 | 806.90 | 27.22 | 1053.14 | 19.74 | 1097.49 | 21.71 |
| 0.35 | 625.71 | 135.83 | 584.58 | 50.35 | 592.90 | 50.08 |
| 0.35 | 433.88 | 62.32 | 350.42 | 26.55 | 323.38 | 26.49 |
| 0.33 | 507.32 | 12.41 | 608.19 | 12.37 | 610.72 | 13.69 |
| 0.43 | 554.45 | 12.22 | 523.63 | 3.75 | 509.56 | 3.08 |
| 0.62 | 363.51 | 8.05 | 333.08 | 1.64 | 315.49 | 1.50 |
| 0.63 | 558.26 |  | 342.81 | 0.27 | 337.50 | 0.29 |
| 0.62 | 375.30 | 11.23 | 280.26 | 6.07 | 270.50 | 5.39 |
| 0.73 | 404.16 | 12.70 | 545.06 | 24.29 | 554.97 | 26.59 |
| 1.10 | 1007.59 | 35.21 | 734.48 | 46.44 | 715.11 | 16.52 |
| 0.51 | 544.39 | 86.88 | 356.52 | 30.76 | 354.26 | 26.62 |
|  | 1287.77 | 37.91 | 494.35 | 3.39 |  |  |

## 附表1 县(县级市)

| | 教育经费总支出（千元） | 其中:财政预算内教育拨款（千元） | 人均教育经费总支出（元） | 其中:人均财政预算内教育经费支出（元） | 财政支出中预算内教育拨款所占比例（%） |
|---|---|---|---|---|---|
| 桂平市 | 186248 | 70872 | 114.19 | 43.23 | 33.39 |
| 平南县 | 96266 | 69258 | 77.45 | 55.56 | 40.91 |
| 凭祥市 | 23208 | 19980 | 229.78 | 192.28 | 22.43 |
| 横 县 | 124510 | 47474 | 117.46 | 44.79 | 17.51 |
| 宾阳县 | 137959 | 60761 | 144.91 | 63.82 | 32.92 |
| 上林县 | 57592 | 35701 | 129.42 | 75.43 | 30.82 |
| 隆安县 | 47850 | 29916 | 130.38 | 77.28 | 27.81 |
| 马山县 | 56245 | 38106 | 114.09 | 77.18 | 39.34 |
| 扶绥县 | 61000 | 43182 | 150.25 | 105.97 | 23.29 |
| 崇左县 | 54740 | 41931 | 164.88 | 124.92 | 22.63 |
| 大新县 | 37561 | 35885 | 106.71 | 85.80 | 29.08 |
| 天等县 | 41513 | 34557 | 104.04 | 86.61 | 31.23 |
| 宁明县 | 50087 | 28265 | 129.09 | 71.34 | 14.88 |
| 龙州县 | 29968 | 28249 | 112.24 | 75.11 | 24.00 |
| 合山市 | 11825 | 8415 | 83.27 | 59.22 | 8.61 |
| 鹿寨县 | 41821 | 25440 | 88.42 | 53.78 | 21.00 |
| 象州县 | 56591 | 35760 | 164.03 | 103.62 | 31.21 |
| 武宣县 | 47907 | 36006 | 118.88 | 73.97 | 30.65 |
| 来宾县 | 113570 | 71470 | 120.95 | 76.11 | 25.23 |
| 融安县 | 35993 | 28901 | 114.63 | 88.59 | 32.38 |
| 三江侗族自治县 | 33801 | 25110 | 99.12 | 73.64 | 28.67 |
| 融水苗族自治县 | 41476 | 32826 | 89.77 | 71.00 | 29.67 |
| 金秀瑶族自治县 | 27335 | 21173 | 187.23 | 122.23 | 29.39 |
| 忻城县 | 41085 | 34018 | 102.46 | 84.83 | 31.44 |
| 昭平县 | 51925 | 35075 | 133.14 | 89.94 | 30.73 |
| 贺州市 | 97248 | 57650 | 108.90 | 64.21 | 33.05 |
| 钟山县 | 40222 | 28407 | 84.32 | 58.47 | 25.64 |
| 富川瑶族自治县 | 36461 | 26320 | 126.16 | 87.55 | 25.33 |
| 兴业县 | 64278 | 41734 | 98.59 | 63.86 | 32.49 |
| 容 县 | 102011 | 65440 | 136.20 | 87.37 | 35.29 |
| 北流市 | 163008 | 92352 | 140.28 | 79.48 | 35.67 |
| 陆川县 | 108429 | 65812 | 126.82 | 74.00 | 38.94 |
| 博白县 | 180363 | 89982 | 120.64 | 58.65 | 33.33 |
| 百色市 | 58356 | 40880 | 183.51 | 130.76 | 26.95 |
| 田阳县 | 46011 | 37806 | 139.85 | 107.82 | 31.96 |
| 田东县 | 52137 | 39059 | 134.37 | 100.89 | 31.02 |
| 平果县 | 66207 | 55601 | 146.48 | 128.96 | 46.61 |
| 德保县 | 39149 | 35406 | 114.47 | 97.15 | 35.92 |

## 教育经费支出(续35)

| 农村人均征收教育费附加占农村人均纯收入比例(%) | 普通初中生均预算内事业费支出(元) | 其中:普通初中生均公用经费支出(元) | 普通小学生均预算内事业费支出(元) | 其中:普通小学生均公用经费支出(元) | 农村小学生均预算内事业费支出(元) | 其中:农村小学生均公用经费支出(元) |
|---|---|---|---|---|---|---|
| 0.64 | 335.43 | 8.61 | 189.77 | 2.33 | 184.50 | 2.43 |
| 0.17 | 313.93 | 14.80 | 288.16 | 7.59 | 268.73 | 6.72 |
| 0.81 | 1240.10 | 266.84 | 928.31 | 117.90 | 1052.79 | 188.82 |
| 1.48 | 419.72 | 0.70 | 189.72 |  | 174.49 |  |
| 1.11 | 454.38 | 20.54 | 265.50 | 3.21 | 259.30 | 2.82 |
| 1.35 | 380.71 | 12.82 | 415.48 | 1.77 | 393.95 | 1.93 |
| 1.44 | 571.25 | 52.57 | 436.76 | 7.44 | 427.41 | 7.69 |
| 0.96 | 445.07 | 17.10 | 408.96 | 77.07 | 401.51 | 80.47 |
| 2.21 | 652.30 | 12.68 | 732.35 | 17.12 | 710.89 | 17.75 |
| 1.73 | 635.15 | 53.50 | 762.62 | 30.76 | 766.51 | 32.86 |
| 0.34 | 498.04 | 46.60 | 735.27 | 49.14 | 708.79 | 31.15 |
| 0.37 | 427.07 | 13.82 | 655.22 | 129.71 | 654.61 | 136.75 |
| 1.19 | 399.91 |  | 347.16 | 12.48 | 324.41 | 13.98 |
| 0.25 | 615.78 | 6.57 | 510.58 | 4.93 | 510.60 | 4.81 |
| 0.12 | 578.35 | 29.30 | 336.40 | 28.02 | 313.88 | 28.71 |
| 0.55 | 378.68 | 36.07 | 283.04 | 15.11 | 272.03 | 15.82 |
| 0.67 | 608.47 | 89.18 | 594.80 | 98.60 | 586.09 | 105.99 |
| 0.66 | 529.56 | 217.63 | 242.26 | 35.36 | 223.88 | 38.79 |
| 0.93 | 515.89 | 68.60 | 276.04 | 12.66 | 259.94 | 8.60 |
| 0.19 | 484.26 | 58.34 | 470.10 | 135.35 | 443.83 | 128.77 |
| 0.31 | 591.55 | 80.59 | 366.08 | 60.54 | 365.82 | 64.45 |
| 0.43 | 459.81 | 30.80 | 448.88 | 40.18 | 421.57 | 39.91 |
| 0.57 | 551.17 | 12.09 | 509.78 | 162.30 | 520.45 | 169.27 |
| 0.50 | 529.13 | 168.03 | 411.35 | 184.25 | 403.07 | 195.64 |
| 0.66 | 569.91 | 63.34 | 362.02 | 4.32 | 356.46 | 4.03 |
| 0.32 | 417.76 | 5.92 | 269.42 | 2.02 | 252.11 | 2.13 |
| 0.26 | 330.75 |  | 277.90 | 11.12 | 263.29 | 12.19 |
| 0.17 | 682.23 | 31.01 | 399.86 | 6.59 | 386.63 | 6.62 |
| 0.51 | 391.94 | 18.57 | 339.45 | 11.42 | 328.35 | 11.33 |
| 0.65 | 512.35 | 66.09 | 381.49 | 39.41 | 370.48 | 40.48 |
| 0.65 | 405.20 | 7.74 | 373.36 | 10.89 | 338.80 | 4.76 |
| 0.42 | 475.51 | 3.03 | 330.31 | 1.20 | 317.43 | 1.30 |
| 0.67 | 354.55 | 2.92 | 243.11 | 2.77 | 226.27 | 2.90 |
| 0.33 | 944.79 | 158.12 | 902.51 | 49.55 | 907.30 | 55.20 |
| 0.33 | 609.97 | 89.13 | 703.60 | 30.93 | 702.25 | 31.71 |
| 0.20 | 661.84 | 12.60 | 608.58 | 6.86 | 614.72 | 7.11 |
| 0.18 | 979.19 | 415.65 | 664.68 | 110.52 | 654.69 | 88.41 |
| 0.05 | 648.61 | 0.87 | 681.36 | 78.02 | 671.92 | 82.29 |

## 附表1　县(县级市)

| | 教育经费总支出（千元） | 其中:财政预算内教育拨款（千元） | 人均教育经费总支出（元） | 其中:人均财政预算内教育经费支出（元） | 财政支出中预算内教育拨款所占比例（%） |
|---|---|---|---|---|---|
| 靖西县 | 56323 | 42720 | 98.12 | 74.09 | 29.74 |
| 那坡县 | 23879 | 22055 | 125.68 | 113.34 | 30.06 |
| 凌云县 | 23514 | 19103 | 128.49 | 104.38 | 29.03 |
| 乐业县 | 20878 | 18657 | 143.00 | 125.55 | 32.38 |
| 田林县 | 33813 | 24554 | 140.89 | 101.14 | 35.04 |
| 隆林各族自治县 | 43712 | 33718 | 125.61 | 95.49 | 27.15 |
| 西林县 | 15844 | 14949 | 122.82 | 114.26 | 30.14 |
| 河池市 | 64360 | 42099 | 209.64 | 135.69 | 25.32 |
| 宜山县 | 93991 | 54592 | 26.11 | 15.16 | 20.47 |
| 罗城仫佬族自治县 | 43975 | 31036 | 123.53 | 87.18 | 3.15 |
| 环江县 | 47625 | 39592 | 137.64 | 114.43 | 35.76 |
| 南丹县 | 62075 | 51203 | 231.62 | 191.06 | 23.28 |
| 天峨县 | 19780 | 14683 | 141.29 | 104.88 | 24.60 |
| 凤山县 | 24095 | 21660 | 127.49 | 122.48 | 32.23 |
| 东兰县 | 36715 | 30919 | 127.93 | 107.73 | 36.24 |
| 巴马瑶族自治县 | 33715 | 29661 | 142.86 | 125.68 | 35.79 |
| 都安瑶族自治县 | 79550 | 55748 | 127.08 | 89.05 | 37.53 |
| 灵山县 | 130558 | 69386 | 98.91 | 48.89 | 33.47 |
| 浦北县 | 94433 | 48970 | 123.60 | 64.10 | 27.06 |
| **海　南** | | | | | |
| 琼山市 | 179177 | 105335 | 259.30 | 152.30 | 28.54 |
| 文昌市 | 87964 | 38262 | 165.04 | 71.79 | 18.46 |
| 琼海市 | 101155 | 54344 | 225.79 | 130.76 | 22.23 |
| 万宁市 | 63691 | 35970 | 115.38 | 65.13 | 21.23 |
| 定安县 | 43645 | 21293 | 141.25 | 68.45 | 17.53 |
| 屯昌县 | 33983 | 21304 | 169.07 | 104.76 | 19.01 |
| 澄迈县 | 70583 | 41499 | 151.47 | 88.63 | 23.92 |
| 临高县 | 45361 | 26775 | 111.45 | 65.75 | 21.58 |
| 东方市 | 56058 | 30412 | 153.58 | 80.45 | 21.48 |
| 乐东县 | 53998 | 39061 | 118.94 | 83.07 | 24.59 |
| 琼中县 | 20983 | 16421 | 103.36 | 79.93 | 17.97 |
| 保亭县 | 23842 | 17259 | 153.82 | 110.81 | 18.02 |
| 陵水县 | 39788 | 20584 | 124.73 | 64.51 | 15.22 |
| 白沙县 | 21835 | 14635 | 124.06 | 82.54 | 15.71 |
| 昌江县 | 36644 | 28200 | 162.86 | 124.12 | 19.19 |
| **重　庆** | | | | | |
| [ ] 151646 | 97350 | 101.10 | 53.13 | 32.91 | |
| **四　川** | | | | | |

## 教育经费支出(续36)

| 农村人均征收教育费附加占农村人均纯收入比例(%) | 普通初中生均预算内事业费支出(元) | 其中:普通初中生均公用经费支出(元) | 普通小学生均预算内事业费支出(元) | 其中:普通小学生均公用经费支出(元) | 农村小学生均预算内事业费支出(元) | 其中:农村小学生均公用经费支出(元) |
|---|---|---|---|---|---|---|
| 0.11 | 404.89 | 24.03 | 381.57 | 5.30 | 374.71 | 3.94 |
| 0.19 | 770.16 | 19.28 | 759.47 | 98.15 | 766.30 | 104.64 |
| 0.65 | 596.96 | 32.70 | 541.17 | 96.90 | 537.40 | 103.55 |
|  | 399.72 |  | 618.74 | 236.43 | 622.22 | 258.42 |
| 0.12 | 611.93 | 34.96 | 565.76 | 20.69 | 552.78 | 17.70 |
| 0.09 | 733.30 | 60.38 | 433.92 | 19.93 | 414.86 | 19.28 |
| 0.06 | 535.68 | 2.01 | 530.60 | 125.96 | 526.75 | 128.42 |
| 0.70 | 822.81 | 192.63 | 894.44 | 147.05 | 935.42 | 178.47 |
| 0.88 | 811.70 | 17.69 | 748.53 | 66.32 | 838.94 | 95.81 |
| 0.83 | 576.37 | 3.25 | 525.48 | 29.59 | 528.68 | 35.00 |
| 0.17 | 805.29 | 65.07 | 715.28 | 70.82 | 713.99 | 73.41 |
| 0.27 | 1080.91 | 339.17 | 721.20 | 117.72 | 737.54 | 130.15 |
| 0.23 | 633.66 | 78.26 | 623.00 | 58.95 | 619.25 | 61.64 |
| 0.09 | 1171.02 | 217.18 | 607.69 | 217.01 | 631.86 | 262.83 |
| 0.01 | 515.17 | 52.30 | 618.40 | 173.59 | 761.80 | 241.85 |
| 0.05 | 602.23 | 7.99 | 748.58 | 275.79 | 781.32 | 356.98 |
| 0.39 | 538.66 | 19.80 | 1510.43 | 85.10 | 2261.29 | 138.94 |
| 0.70 | 341.39 | 8.10 | 288.25 | 2.90 | 279.99 | 2.78 |
| 0.57 | 472.80 | 5.84 | 308.89 | 8.91 | 298.16 | 7.96 |
|  |  |  |  |  |  |  |
| 0.32 | 881.03 | 67.18 | 637.61 | 3.41 | 650.89 |  |
| 0.58 | 600.65 | 47.95 | 344.01 | 6.05 | 330.44 | 4.55 |
| 0.37 | 810.23 | 56.87 | 643.24 | 53.18 | 646.80 | 56.67 |
| 0.57 | 483.16 | 20.49 | 310.57 | 13.84 | 305.74 | 14.64 |
| 0.32 | 433.72 | 13.43 | 364.33 | 57.90 | 357.32 | 60.94 |
| 0.67 | 666.03 |  | 470.35 |  | 488.31 |  |
| 0.46 | 626.17 | 0.61 | 510.56 | 1.78 |  |  |
| 0.25 | 695.69 | 11.84 | 363.62 | 0.06 | 359.25 |  |
| 0.36 | 807.50 | 3.20 | 469.61 | 5.27 | 442.33 | 5.60 |
| 0.26 | 540.46 | 35.84 | 407.97 | 5.06 | 390.95 | 3.73 |
| 0.03 | 805.23 | 68.98 | 501.19 | 14.75 | 494.21 | 1.18 |
| 0.10 | 937.22 | 177.86 | 610.39 | 40.19 | 618.35 | 43.72 |
| 0.20 | 484.46 | 78.14 | 300.30 | 57.91 | 291.29 | 65.10 |
| 0.06 | 777.69 | 102.57 | 468.57 | 42.72 | 461.96 | 47.31 |
| 0.02 | 1068.15 | 43.43 | 737.19 | 59.91 | 726.53 | 40.76 |
|  |  |  |  |  |  |  |
| 0.49 | 388.00 | 18.47 | 266.16 | 4.17 | 241.35 | 5.62 |

## 附表1 县(县级市)

| | 教育经费总支出(千元) | 其中:财政预算内教育拨款(千元) | 人均教育经费总支出(元) | 其中:人均财政预算内教育经费支出(元) | 财政支出中预算内教育拨款所占比例(%) |
|---|---|---|---|---|---|
| 金堂县 | 98551 | 56833 | 116.63 | 65.33 | 28.03 |
| 双流县 | 147443 | 86436 | 171.05 | 100.27 | 19.70 |
| 温江县 | 53910 | 29613 | 176.18 | 96.77 | 18.51 |
| 郫县 | 90830 | 49241 | 192.85 | 104.55 | 23.92 |
| 新都县 | 97932 | 53566 | 164.32 | 89.88 | 22.67 |
| 彭州市 | 126735 | 60704 | 163.74 | 78.43 | 30.16 |
| 崇州市 | 93818 | 51308 | 145.23 | 79.42 | 22.98 |
| 大邑县 | 70188 | 39409 | 141.51 | 79.45 | 18.99 |
| 邛崃市 | 91606 | 51573 | 143.13 | 80.58 | 28.75 |
| 蒲江县 | 47841 | 24427 | 186.88 | 95.42 | 20.70 |
| 新津县 | 69330 | 32710 | 239.90 | 113.18 | 21.88 |
| 都江堰市 | 99600 | 54983 | 167.68 | 92.56 | 22.63 |
| 荣县 | 67765 | 48319 | 76.66 | 41.05 | 35.44 |
| 富顺县 | 106159 | 61049 | 87.73 | 38.62 | 40.66 |
| 米易县 | 35159 | 29078 | 179.38 | 122.34 | 26.78 |
| 盐边县 | 26097 | 22004 | 140.31 | 98.32 | 22.55 |
| 泸县 | 112760 | 63695 | 109.05 | 48.42 | 43.19 |
| 合江县 | 81410 | 51929 | 96.92 | 47.31 | 33.36 |
| 叙永县 | 68834 | 50849 | 105.09 | 59.13 | 32.69 |
| 古蔺县 | 85531 | 59523 | 115.90 | 67.75 | 33.97 |
| 绵竹市 | 109144 | 56676 | 211.11 | 90.96 | 23.31 |
| 中江县 | 126860 | 77989 | 89.78 | 37.72 | 32.43 |
| 什邡市 | 85281 | 44933 | 196.50 | 91.55 | 18.72 |
| 罗江县 | 36759 | 19818 | 151.90 | 69.71 | 27.92 |
| 广汉市 | 99564 | 62594 | 170.78 | 86.19 | 29.10 |
| 三台县 | 127460 | 87480 | 87.42 | 47.34 | 38.57 |
| 盐亭县 | 64525 | 43335 | 110.68 | 59.09 | 34.54 |
| 安县 | 52257 | 36009 | 104.31 | 58.89 | 28.74 |
| 梓潼县 | 43348 | 23300 | 114.98 | 49.58 | 30.29 |
| 北川县 | 22579 | 18708 | 140.24 | 95.16 | 23.93 |
| 平武县 | 24665 | 18690 | 131.90 | 86.79 | 17.85 |
| 江油市 | 102545 | 63093 | 117.73 | 56.27 | 30.16 |
| 旺苍县 | 41276 | 31155 | 91.93 | 60.76 | 25.53 |
| 青川县 | 42035 | 24543 | 168.14 | 84.24 | 31.00 |
| 剑阁县 | 85528 | 52796 | 127.65 | 66.47 | 40.98 |
| 苍溪县 | 85927 | 40398 | 112.03 | 42.60 | 24.70 |
| 蓬溪县 | 80625 | 55018 | 107.64 | 60.27 | 44.03 |
| 射洪县 | 144255 | 70995 | 139.92 | 54.42 | 23.78 |

## 教育经费支出(续37)

| 农村人均征收教育费附加占农村人均纯收入比例(%) | 普通初中生均预算内事业费支出(元) | 其中:普通初中生均公用经费支出(元) | 普通小学生均预算内事业费支出(元) | 其中:普通小学生均公用经费支出(元) | 农村小学生均预算内事业费支出(元) | 其中:农村小学生均公用经费支出(元) |
|---|---|---|---|---|---|---|
| | 682.65 | 17.74 | 409.22 | 5.41 | 308.79 | 3.08 |
| | 1144.37 | 168.07 | 513.56 | 34.49 | 495.34 | 29.20 |
| | 1024.35 | 9.66 | 592.24 | 1.11 | 587.60 | |
| | 1283.44 | 101.64 | 653.00 | 16.91 | 593.94 | 20.29 |
| | 1058.48 | 110.79 | 481.57 | 46.40 | 461.66 | 46.40 |
| | 730.59 | 44.66 | 492.94 | 2.74 | 470.03 | 1.78 |
| | 913.54 | 84.08 | 428.81 | 24.93 | 428.43 | 24.59 |
| | 656.52 | 29.94 | 497.45 | 11.54 | 562.25 | 11.47 |
| | 691.53 | 28.36 | 550.57 | 0.47 | 530.21 | 0.56 |
| | 724.95 | 27.97 | 657.54 | 47.18 | 658.09 | 31.10 |
| | 943.35 | 82.74 | 589.25 | 25.25 | 563.67 | 7.86 |
| | 760.21 | 27.47 | 536.49 | 5.10 | 527.03 | 4.37 |
| 0.54 | 324.43 | | 291.49 | | 276.77 | |
| 0.29 | 457.80 | 5.98 | 205.09 | 6.33 | 169.85 | 2.87 |
| 0.14 | 1078.00 | 13.48 | 708.14 | 56.68 | 728.59 | 67.12 |
| 0.13 | 948.47 | 5.37 | 581.97 | 0.69 | 561.40 | |
| | 424.91 | 11.86 | 292.77 | 6.71 | 285.19 | |
| 0.54 | 547.21 | 36.05 | 354.97 | 5.78 | 352.01 | 4.70 |
| 0.53 | 618.86 | 19.61 | 334.63 | 3.48 | 320.22 | 1.96 |
| | 455.19 | 85.95 | 297.40 | 43.38 | 283.50 | 37.72 |
| 0.57 | 725.89 | 33.67 | 579.55 | 6.05 | 626.97 | 0.53 |
| 0.69 | 291.76 | | 223.88 | 1.90 | 219.49 | 0.39 |
| 0.57 | 864.92 | 55.00 | 554.33 | 17.05 | 535.77 | 9.07 |
| 0.17 | 569.56 | 76.23 | 471.01 | 39.29 | 464.14 | 33.16 |
| 0.44 | 736.57 | 24.15 | 474.76 | 0.53 | 423.38 | 0.62 |
| 0.44 | 372.32 | 2.44 | 212.50 | 0.53 | 206.07 | |
| 0.73 | 435.15 | | 366.26 | | 353.59 | |
| 0.73 | 560.51 | 16.75 | 373.68 | 2.70 | 367.49 | |
| 0.77 | 466.51 | | 274.03 | | 234.31 | |
| 0.47 | 862.08 | 102.10 | 495.04 | 27.08 | 479.87 | 24.13 |
| 0.86 | 727.52 | 24.25 | 551.20 | 11.67 | 552.62 | 5.42 |
| 0.57 | 630.58 | 22.25 | 339.23 | 6.90 | 312.35 | 3.77 |
| 0.41 | 570.10 | 144.94 | 401.61 | 12.06 | 402.53 | 11.50 |
| 0.22 | 631.56 | 43.06 | 481.57 | 50.28 | 461.85 | 46.66 |
| 1.08 | 320.78 | 6.41 | 324.21 | 70.00 | 321.37 | 69.10 |
| 1.17 | 262.23 | 9.96 | 233.51 | 0.78 | 220.91 | |
| 0.74 | 511.12 | 23.25 | 272.48 | 8.13 | 263.25 | 10.44 |
| 0.72 | 492.07 | 18.24 | 261.93 | 1.49 | 247.50 | |

## 附表1　县(县级市)

|  | 教育经费总支出（千元） | 其中：财政预算内教育拨款（千元） | 人均教育经费总支出（元） | 其中：人均财政预算内教育经费支出（元） | 财政支出中预算内教育拨款所占比例（%） |
|---|---|---|---|---|---|
| 大英县 | 54881 | 32164 | 105.54 | 51.25 | 39.58 |
| 威远县 | 80690 | 56418 | 107.73 | 64.50 | 29.92 |
| 资中县 | 118627 | 82065 | 90.21 | 55.16 | 36.91 |
| 隆昌县 | 92782 | 61790 | 121.92 | 65.68 | 41.61 |
| 犍为县 | 63774 | 40097 | 112.08 | 70.47 | 28.47 |
| 井研县 | 47768 | 32880 | 114.28 | 77.54 | 33.71 |
| 夹江县 | 53805 | 29769 | 154.17 | 85.30 | 28.40 |
| 沐川县 | 27068 | 16060 | 106.15 | 62.26 | 18.94 |
| 峨边彝族自治 | 24000 | 18865 | 165.52 | 118.83 | 23.98 |
| 马边彝族自治 | 19871 | 18226 | 114.20 | 83.47 | 28.45 |
| 峨眉山市 | 60463 | 32555 | 141.93 | 76.42 | 22.88 |
| 宜宾县 | 99058 | 73117 | 100.16 | 59.28 | 41.84 |
| 南溪县 | 43188 | 29729 | 105.59 | 58.15 | 38.24 |
| 江安县 | 46579 | 28927 | 87.55 | 45.63 | 33.14 |
| 长宁县 | 38626 | 32152 | 91.31 | 60.81 | 33.68 |
| 高 县 | 52206 | 31553 | 104.00 | 48.76 | 31.17 |
| 筠连县 | 39223 | 26684 | 101.61 | 53.65 | 31.51 |
| 珙 县 | 42430 | 28816 | 104.00 | 58.15 | 26.62 |
| 兴文县 | 48582 | 39115 | 113.78 | 69.41 | 39.49 |
| 屏山县 | 21846 | 19071 | 85.00 | 59.28 | 24.96 |
| 南部县 | 110143 | 78170 | 84.99 | 50.64 | 40.42 |
| 营山县 | 73250 | 47898 | 84.68 | 52.67 | 29.71 |
| 蓬安县 | 71600 | 50103 | 105.14 | 64.15 | 36.84 |
| 仪陇县 | 80339 | 54512 | 82.57 | 56.02 | 33.88 |
| 西充县 | 76642 | 43525 | 119.94 | 63.87 | 32.66 |
| 阆中市 | 102128 | 64978 | 121.44 | 62.07 | 36.72 |
| 通川市 | 50394 | 33338 | 131.58 | 87.04 | 34.05 |
| 达 县 | 98220 | 62584 | 78.95 | 41.29 | 32.03 |
| 宣汉县 | 100354 | 67604 | 88.26 | 48.18 | 33.20 |
| 开江县 | 46540 | 24776 | 86.19 | 45.79 | 22.93 |
| 万源市 | 53274 | 33482 | 97.22 | 49.39 | 26.26 |
| 大竹县 | 125048 | 57422 | 120.82 | 42.88 | 32.20 |
| 渠 县 | 108450 | 62574 | 82.53 | 47.62 | 32.68 |
| 名山县 | 40766 | 20772 | 157.40 | 66.41 | 36.18 |
| 荥经县 | 20914 | 16831 | 157.25 | 105.40 | 25.14 |
| 汉源县 | 22925 | 19240 | 66.64 | 45.11 | 27.35 |
| 石棉县 | 23415 | 16008 | 201.85 | 98.67 | 27.64 |
| 天全县 | 24987 | 13815 | 174.73 | 79.55 | 23.06 |

## 教育经费支出(续38)

| 农村人均征收教育费附加占农村人均纯收入比例(%) | 普通初中生均预算内事业费支出(元) | 其中:普通初中生均公用经费支出(元) | 普通小学生均预算内事业费支出(元) | 其中:普通小学生均公用经费支出(元) | 农村小学生均预算内事业费支出(元) | 其中:农村小学生均公用经费支出(元) |
|---|---|---|---|---|---|---|
| 0.50 | 404.28 | 8.18 | 209.40 | | 203.06 | |
| 0.28 | 419.93 | 19.89 | 360.44 | 16.56 | 295.83 | 5.39 |
| 0.21 | 373.93 | 5.56 | 261.54 | 2.43 | 234.19 | 2.27 |
| 0.44 | 521.29 | 33.00 | 369.98 | 26.00 | 314.30 | 18.99 |
| 0.65 | 652.15 | 6.76 | 410.94 | 4.09 | 401.45 | |
| 0.81 | 677.89 | | 547.16 | | 535.39 | |
| 0.52 | 826.73 | 10.12 | 555.84 | 10.87 | 458.68 | 9.03 |
| 0.53 | 537.26 | | 436.01 | 9.26 | 434.41 | 9.92 |
| 1.42 | 927.06 | 233.79 | 734.98 | 38.27 | 582.67 | |
| 0.06 | 934.09 | 92.22 | 605.08 | 35.65 | 610.10 | 32.39 |
| 0.61 | 470.29 | | 607.04 | | 587.44 | |
| 0.39 | 512.22 | 118.79 | 270.43 | 27.26 | 257.71 | 21.00 |
| 0.45 | 514.02 | 55.37 | 318.66 | 23.70 | 287.06 | 22.05 |
| 0.46 | 462.53 | 67.14 | 221.02 | 2.90 | 215.99 | 2.32 |
| 0.16 | 633.54 | 25.01 | 352.75 | 9.58 | 285.13 | 4.09 |
| 0.36 | 480.82 | 62.56 | 268.96 | 7.42 | 251.28 | 0.69 |
| 0.36 | 527.30 | 96.80 | 249.61 | 18.68 | 229.63 | 18.24 |
| 0.20 | 603.45 | 44.31 | 240.22 | 6.69 | 256.31 | 7.65 |
| 0.39 | 654.99 | 63.07 | 481.86 | 69.12 | 486.77 | 77.90 |
| 0.16 | 834.43 | 48.40 | 334.21 | 12.32 | 322.13 | 12.63 |
| 0.31 | 353.96 | 10.80 | 355.56 | 1.23 | 368.23 | 1.37 |
| 0.27 | 461.31 | 0.28 | 275.51 | | 263.87 | |
| 0.42 | 365.03 | 0.69 | 385.94 | 1.22 | 376.15 | |
| 0.21 | 310.18 | 26.79 | 393.33 | 106.88 | 278.99 | 20.05 |
| 0.93 | 540.58 | 4.95 | 379.31 | 3.64 | 390.96 | 1.41 |
| 0.81 | 556.03 | | 346.55 | | 319.28 | |
| 0.08 | 784.15 | 107.67 | 503.03 | 67.57 | 210.44 | 16.79 |
| 0.35 | 451.75 | 20.58 | 263.01 | 1.56 | 254.22 | 1.65 |
| 0.26 | 353.87 | 9.36 | 240.91 | 2.87 | 228.68 | 2.74 |
| 0.48 | 487.08 | 25.60 | 225.26 | 9.04 | 211.19 | 9.48 |
| 0.42 | 399.62 | 0.11 | 277.17 | 0.02 | 271.03 | |
| 0.43 | 304.91 | 4.22 | 217.90 | 0.62 | 219.39 | 0.39 |
| | 291.14 | | 245.54 | | 227.07 | |
| 1.03 | 564.93 | 52.20 | 403.10 | 16.80 | 419.81 | 18.00 |
| 0.61 | 875.47 | 169.43 | 515.47 | 8.70 | 491.82 | 4.60 |
| 0.02 | 309.41 | 4.46 | 232.18 | 9.74 | 204.00 | 3.19 |
| 0.32 | 872.16 | 236.12 | 564.96 | 68.81 | 638.56 | 83.97 |
| 0.67 | 823.06 | 85.04 | 469.66 | 19.34 | 496.73 | 21.05 |

## 附表1 县(县级市)

| | 教育经费总支出（千元） | 其中:财政预算内教育拨款（千元） | 人均教育经费总支出（元） | 其中:人均财政预算内教育经费支出（元） | 财政支出中预算内教育拨款所占比例（%） |
|---|---|---|---|---|---|
| 芦山县 | 18044 | 10518 | 146.70 | 69.85 | 24.75 |
| 宝兴县 | 8326 | 7565 | 151.38 | 121.56 | 19.16 |
| 汶川县 | 26247 | 18866 | 238.61 | 168.92 | 25.77 |
| 理 县 | 9431 | 8167 | 214.34 | 185.61 | 17.94 |
| 茂 县 | 19249 | 14871 | 186.88 | 144.38 | 23.66 |
| 松潘县 | 13387 | 10922 | 196.87 | 159.81 | 19.84 |
| 九寨沟县 | 12086 | 10633 | 212.04 | 184.84 | 15.12 |
| 金川县 | 15311 | 13869 | 225.16 | 203.96 | 26.00 |
| 小金县 | 14811 | 12199 | 192.35 | 152.09 | 23.98 |
| 黑水县 | 8067 | 7316 | 144.05 | 130.64 | 14.08 |
| 马尔康县 | 9454 | 9007 | 175.07 | 155.24 | 18.73 |
| 壤塘县 | 7801 | 7533 | 243.78 | 206.91 | 16.53 |
| 阿坝县 | 8134 | 7522 | 135.57 | 122.03 | 16.15 |
| 若尔盖县 | 10279 | 9037 | 160.61 | 141.20 | 18.68 |
| 红原县 | 9100 | 8694 | 252.78 | 241.50 | 18.38 |
| 康定县 | 16118 | 14103 | 149.24 | 103.01 | 18.49 |
| 泸定县 | 15829 | 12997 | 205.57 | 128.96 | 20.16 |
| 丹巴县 | 9869 | 9229 | 176.23 | 145.20 | 17.92 |
| 九龙县 | 9677 | 8981 | 189.75 | 134.20 | 17.97 |
| 雅江县 | 8276 | 7064 | 201.85 | 120.95 | 17.75 |
| 道孚县 | 5712 | 5393 | 124.17 | 95.02 | 11.95 |
| 炉霍县 | 5361 | 5119 | 141.08 | 107.45 | 12.38 |
| 甘孜县 | 8737 | 8020 | 153.28 | 94.35 | 18.11 |
| 新龙县 | 6244 | 5677 | 145.21 | 113.58 | 14.38 |
| 德格县 | 5270 | 4699 | 81.08 | 61.43 | 10.91 |
| 白玉县 | 6415 | 5934 | 156.46 | 127.90 | 13.57 |
| 石渠县 | 4574 | 4250 | 72.60 | 54.94 | 7.42 |
| 色达县 | 3854 | 3593 | 110.11 | 75.49 | 9.70 |
| 理塘县 | 6375 | 6176 | 135.64 | 95.83 | 14.14 |
| 巴塘县 | 8687 | 8206 | 197.43 | 142.84 | 18.82 |
| 乡城县 | 4488 | 4292 | 172.62 | 149.65 | 11.61 |
| 稻城县 | 4652 | 4283 | 166.14 | 131.00 | 12.07 |
| 得荣县 | 5857 | 5599 | 254.65 | 224.04 | 15.16 |
| 西昌市 | 109100 | 73300 | 196.58 | 129.28 | 24.98 |
| 木里藏族自治县 | 16678 | 15490 | 135.59 | 125.93 | 18.60 |
| 盐源县 | 30476 | 27583 | 97.37 | 76.53 | 29.20 |
| 德昌县 | 31213 | 22360 | 168.72 | 117.68 | 27.12 |
| 会理县 | 52914 | 39606 | 124.80 | 88.92 | 29.97 |

## 教育经费支出(续39)

| 农村人均征收教育费附加占农村人均纯收入比例(%) | 普通初中生均预算内事业费支出(元) | 其中:普通初中生均公用经费支出(元) | 普通小学生均预算内事业费支出(元) | 其中:普通小学生均公用经费支出(元) | 农村小学生均预算内事业费支出(元) | 其中:农村小学生均公用经费支出(元) |
|---|---|---|---|---|---|---|
| 0.39 | 1243.19 | 4.54 | 1430.22 | 28.87 | | |
| 0.28 | 1216.04 | 243.56 | 744.97 | 115.23 | 823.55 | 148.03 |
| 0.13 | 1698.81 | 84.52 | 816.85 | 32.13 | 803.45 | 31.40 |
| 1.05 | 1900.24 | 110.85 | 914.74 | 32.10 | 1456.46 | 84.43 |
| 0.86 | 1195.89 | 1.27 | 636.94 | 0.93 | 562.50 | 0.55 |
| | 1784.10 | 234.88 | 862.96 | 56.12 | 862.48 | 78.92 |
| 0.50 | 1785.90 | 128.32 | 826.67 | 135.04 | 696.70 | 117.14 |
| 0.55 | 1995.31 | 123.83 | 1020.43 | | 1019.48 | |
| 0.46 | 1686.61 | 113.82 | 847.86 | 75.03 | 812.01 | 61.08 |
| 0.61 | 4075.99 | 42.55 | 856.93 | 52.26 | 825.72 | 57.97 |
| 0.10 | 2511.69 | 92.25 | 1148.97 | 71.29 | 1124.50 | 101.34 |
| 0.03 | 7896.97 | 236.36 | 1542.16 | 20.81 | 1496.53 | 23.58 |
| 0.48 | 3685.37 | 162.32 | 906.15 | 55.15 | 858.05 | 74.01 |
| 0.59 | 3519.76 | 45.59 | 748.11 | 91.01 | 635.05 | 95.70 |
| 0.44 | 3120.65 | 110.70 | 970.67 | 23.93 | 652.89 | 16.39 |
| | 1355.98 | 278.53 | 705.66 | 105.18 | 722.09 | 130.54 |
| | 1206.76 | 72.71 | 645.52 | 118.43 | 649.72 | 124.38 |
| | 1353.03 | 43.34 | 892.00 | 23.43 | 953.33 | 26.24 |
| | 3075.38 | 719.85 | 780.61 | 38.67 | 790.12 | 35.40 |
| | 2834.95 | 155.34 | 875.14 | 160.56 | 834.01 | 157.59 |
| | 4078.18 | 267.10 | 856.50 | 153.24 | 815.84 | 170.30 |
| | 2690.83 | 87.42 | 600.61 | 31.80 | 566.59 | 32.00 |
| | 2579.57 | 133.02 | 631.19 | 91.39 | 451.21 | 6.09 |
| | 8321.84 | 1333.33 | 798.06 | 246.51 | 686.69 | 252.99 |
| | 5382.98 | 265.96 | 617.38 | 37.69 | 521.93 | 27.47 |
| | 4202.25 | 591.76 | 1188.10 | 521.54 | 1194.06 | 632.33 |
| | 4526.32 | 22.56 | 765.94 | 62.78 | 741.08 | 70.98 |
| | 5717.51 | 214.69 | 802.37 | 16.59 | 706.15 | 11.17 |
| | 4709.22 | 212.77 | 900.63 | 30.79 | 821.79 | 24.79 |
| | 3800.95 | 120.85 | 1025.14 | 56.20 | 986.80 | 52.81 |
| | 4619.72 | 98.59 | 1010.10 | 38.92 | 975.69 | 41.28 |
| | 5214.29 | 668.83 | 889.88 | 47.76 | 886.29 | 50.54 |
| | 5026.18 | 219.90 | 1452.52 | 509.96 | 1462.89 | 611.32 |
| 0.29 | 1067.94 | 31.08 | 611.41 | 18.39 | 673.79 | 20.52 |
| 0.32 | 2772.06 | 94.67 | 1252.05 | 181.60 | 1255.95 | 203.99 |
| 0.36 | 1383.29 | 276.41 | 483.88 | 50.90 | 472.04 | 45.17 |
| 0.54 | 1134.69 | 133.79 | 590.02 | 37.02 | 573.35 | 34.00 |
| 0.66 | 1164.39 | 61.55 | 474.89 | 19.95 | 398.44 | 17.61 |

## 附表1 县(县级市)

| | 教育经费总支出(千元) | 其中:财政预算内教育拨款(千元) | 人均教育经费总支出(元) | 其中:人均财政预算内教育经费支出(元) | 财政支出中预算内教育拨款所占比例(%) |
|---|---|---|---|---|---|
| 会东县 | 41580 | 26606 | 115.50 | 72.13 | 23.89 |
| 宁南县 | 28530 | 19202 | 167.82 | 109.78 | 22.27 |
| 普格县 | 17174 | 14898 | 122.67 | 99.20 | 21.06 |
| 布拖县 | 13490 | 11561 | 97.75 | 79.57 | 16.56 |
| 金阳县 | 14323 | 12570 | 103.04 | 90.43 | 17.79 |
| 昭觉县 | 18149 | 15552 | 88.97 | 76.24 | 19.72 |
| 喜德县 | 15801 | 14075 | 117.92 | 96.53 | 20.29 |
| 冕宁县 | 41094 | 35135 | 130.04 | 110.13 | 31.39 |
| 越西县 | 24829 | 23341 | 102.60 | 94.18 | 26.69 |
| 甘洛县 | 24085 | 20460 | 134.55 | 113.18 | 24.82 |
| 美姑县 | 16272 | 13228 | 92.45 | 65.05 | 16.99 |
| 雷波县 | 23339 | 20047 | 103.27 | 87.17 | 23.64 |
| 华蓥市 | 35609 | 23406 | 101.74 | 59.53 | 25.89 |
| 岳池县 | 89994 | 47665 | 79.64 | 37.42 | 28.88 |
| 武胜县 | 73674 | 47451 | 93.02 | 47.47 | 33.88 |
| 邻水县 | 90420 | 59438 | 98.50 | 54.90 | 41.61 |
| 通江县 | 55821 | 38719 | 79.07 | 45.25 | 24.69 |
| 南江县 | 54921 | 34711 | 89.45 | 43.48 | 24.23 |
| 平昌县 | 83677 | 52074 | 92.87 | 45.32 | 33.22 |
| 仁寿县 | 135685 | 82053 | 86.87 | 52.53 | 38.07 |
| 洪雅县 | 37020 | 24309 | 108.88 | 71.32 | 24.03 |
| 彭山县 | 51881 | 21579 | 160.62 | 66.81 | 26.82 |
| 丹棱县 | 23728 | 11917 | 146.47 | 73.56 | 29.57 |
| 青神县 | 23187 | 16226 | 115.94 | 60.98 | 26.17 |
| 简阳市 | 140724 | 88699 | 97.93 | 48.49 | 38.83 |
| 安岳县 | 135672 | 80096 | 88.44 | 40.66 | 38.47 |
| 乐至县 | 84264 | 53427 | 97.64 | 50.57 | 39.20 |
| **贵　州** | | | | | |
| 清镇市 | 52484 | 33239 | 104.97 | 65.34 | 25.48 |
| 开阳县 | 50721 | 36583 | 121.93 | 86.34 | 26.37 |
| 修文县 | 42777 | 36580 | 147.51 | 73.54 | 41.31 |
| 息烽县 | 28693 | 21345 | 119.55 | 88.03 | 23.16 |
| 水城县 | 49462 | 38364 | 70.66 | 54.76 | 26.78 |
| 遵义县 | 124778 | 85196 | 96.28 | 65.74 | 33.06 |
| 桐梓县 | 42767 | 33895 | 67.99 | 53.89 | 29.40 |
| 绥阳县 | 42264 | 32712 | 87.68 | 67.87 | 31.82 |
| 正安县 | 37277 | 23602 | 65.98 | 41.77 | 22.98 |
| 道真县 | 34617 | 25283 | 108.52 | 79.26 | 29.05 |

## 教育经费支出(续40)

| 农村人均征收教育费附加占农村人均纯收入比例(%) | 普通初中生均预算内事业费支出(元) | 其中:普通初中生均公用经费支出(元) | 普通小学生均预算内事业费支出(元) | 其中:普通小学生均公用经费支出(元) | 农村小学生均预算内事业费支出(元) | 其中:农村小学生均公用经费支出(元) |
|---|---|---|---|---|---|---|
| 0.46 | 929.05 | 98.27 | 493.89 | 29.83 | 466.20 | 26.95 |
| 0.81 | 1306.92 | 150.65 | 612.97 | 63.67 | 604.20 | 86.74 |
| 0.45 | 1573.97 | 13.35 | 713.92 | 90.65 | 780.00 | 102.64 |
| 0.71 | 3181.52 | 679.87 | 637.18 | 32.91 | 504.09 | 33.19 |
| 0.66 | 2493.38 | 13.24 | 497.31 | 57.78 | 500.31 | 61.57 |
| 0.54 | 2916.97 | 174.55 | 382.69 | 23.22 | 291.10 | 24.63 |
| 0.40 | 2476.70 | 20.79 | 557.27 | 13.38 | 469.81 | 6.20 |
| 0.04 | 1155.76 | 57.77 | 612.26 | 26.92 | 606.02 | 28.29 |
| 0.05 | 2190.71 | 194.86 | 577.26 | 14.13 | 530.59 | 17.51 |
| 0.50 | 1591.43 | 71.07 | 729.17 | 38.41 | 717.74 | 32.07 |
| 1.00 | 3336.27 | 89.42 | 464.15 | 22.51 | 404.80 | 18.07 |
| 0.59 | 1420.03 | 63.11 | 556.36 | 41.05 | 513.46 | 38.62 |
| 0.09 | 517.50 | 48.71 | 337.41 | 27.13 | 308.33 | 26.46 |
| 0.20 | 404.21 |  | 196.24 |  | 191.37 |  |
| 0.67 | 367.99 | 1.58 | 220.79 |  | 211.94 |  |
| 0.64 | 494.78 |  | 221.47 | 0.28 | 220.86 |  |
| 0.27 | 379.81 | 6.67 | 245.81 | 3.31 | 240.10 | 2.97 |
| 0.36 | 488.43 | 15.53 | 228.77 | 1.52 | 226.88 | 0.50 |
| 1.00 | 604.08 | 9.34 | 237.57 | 0.02 | 215.30 |  |
| 0.29 | 329.08 | 0.74 | 269.55 | 1.93 | 259.35 | 0.81 |
| 0.63 | 701.08 | 68.92 | 461.29 | 3.85 | 458.10 | 5.26 |
| 0.53 | 587.03 |  | 470.67 |  | 385.70 |  |
| 0.45 | 579.84 | 8.36 | 441.48 | 1.22 | 435.19 | 1.46 |
| 0.36 | 541.51 | 38.75 | 389.51 | 9.94 | 387.47 | 13.66 |
| 0.60 | 480.06 | 3.67 | 261.98 | 0.59 | 248.45 | 0.48 |
| 0.53 | 309.76 | 4.04 | 202.38 | 1.80 | 171.44 | 0.52 |
| 0.55 | 482.13 | 19.98 | 308.27 | 7.55 | 301.19 | 7.21 |
|  |  |  |  |  |  |  |
| 0.28 | 381.78 | 29.49 | 344.72 | 22.67 | 322.08 | 23.19 |
| 0.44 | 532.07 | 67.64 | 356.50 | 21.50 | 435.43 | 21.51 |
| 0.39 | 447.37 | 0.43 | 362.27 | 7.21 | 319.85 | 13.22 |
| 0.69 | 545.67 | 22.50 | 430.61 | 25.64 | 378.30 | 28.29 |
| 0.22 | 516.37 | 8.62 | 283.25 | 35.16 | 270.79 | 35.72 |
| 0.36 | 368.23 | 1.85 | 284.45 | 1.50 | 269.43 | 1.15 |
| 0.33 | 425.51 |  | 225.32 |  | 197.10 |  |
| 0.59 | 379.80 | 17.49 | 346.31 | 16.09 | 333.65 | 16.23 |
| 0.65 | 232.92 | 10.01 | 211.14 | 9.32 | 198.24 | 7.92 |
| 0.60 | 392.11 | 19.81 | 414.33 | 22.58 | 410.63 | 22.84 |

# 附表1 县(县级市)

| | 教育经费总支出(千元) | 其中:财政预算内教育拨款(千元) | 人均教育经费总支出(元) | 其中:人均财政预算内教育经费支出(元) | 财政支出中预算内教育拨款所占比例(%) |
|---|---|---|---|---|---|
| 务川县 | 30429 | 23557 | 76.45 | 59.19 | 25.36 |
| 凤冈县 | 37281 | 23399 | 94.86 | 57.82 | 23.73 |
| 湄潭县 | 46422 | 33727 | 103.16 | 74.95 | 30.75 |
| 余庆县 | 15012 | 8509 | 54.59 | 30.94 | 10.78 |
| 仁怀市 | 70842 | 44817 | 126.50 | 80.03 | 27.36 |
| 赤水县 | 38567 | 28208 | 132.53 | 96.93 | 28.31 |
| 习水县 | 53528 | 43927 | 82.60 | 67.23 | 85.10 |
| 铜仁县 | 29543 | 24448 | | | 23.42 |
| 江口县 | 24484 | 16280 | | | 28.15 |
| 玉屏侗族自治县 | 15235 | 11939 | 112.85 | 88.44 | 22.57 |
| 石阡县 | 37955 | 27350 | 108.44 | 78.14 | 31.54 |
| 思南县 | 55795 | 36719 | 92.38 | 60.66 | 31.73 |
| 印江县 | 37807 | 27877 | 95.71 | 70.47 | 30.07 |
| 德江县 | 34442 | 28593 | 80.28 | 66.65 | 28.92 |
| 沿河县 | 44928 | 40438 | 85.58 | 77.02 | 36.50 |
| 松桃苗族自治县 | 51002 | 40770 | 82.13 | 65.65 | 34.25 |
| 兴义县 | 78464 | 51127 | | | 24.51 |
| 兴仁县 | 38776 | 24367 | 90.18 | 56.67 | 23.92 |
| 普安县 | 27287 | 18754 | 98.51 | 67.70 | 25.87 |
| 晴隆县 | 31221 | 21272 | | | 26.06 |
| 贞丰县 | 29303 | 20521 | 87.21 | 61.07 | 28.94 |
| 望谟县 | 21496 | 17694 | | | 25.41 |
| 册亨县 | 17056 | 13559 | 79.70 | 63.27 | 24.44 |
| 毕节县 | 93419 | 65656 | 75.16 | 47.99 | 25.35 |
| 大方县 | 59615 | 47052 | 62.95 | 49.69 | 28.01 |
| 黔西县 | 49882 | 50192 | 62.74 | 61.52 | 38.71 |
| 金沙县 | 55889 | 45708 | 97.88 | 79.52 | 28.80 |
| 织金县 | 48200 | 38257 | 53.85 | 42.74 | 23.47 |
| 纳雍县 | 70307 | 62930 | 95.79 | 85.74 | 40.39 |
| 威宁彝族回族苗族县 | 50492 | 40800 | 48.09 | 38.86 | 24.85 |
| 郝章县 | 36847 | 31775 | 59.43 | 51.06 | 28.15 |
| 平坝县 | 27064 | 19474 | 81.27 | 57.77 | 23.21 |
| 普定县 | 27765 | 21526 | 71.19 | 55.14 | 20.14 |
| 关岭布依族苗族自治县 | 31578 | 27248 | 100.89 | 79.25 | 35.54 |
| 镇宁布依族苗族自治县 | 29647 | 26264 | 87.97 | 75.78 | 23.84 |
| 紫云苗族布依族自治县 | 27750 | 24363 | 83.84 | 72.42 | 30.51 |
| 凯里市 | 57950 | 41664 | 138.31 | 98.91 | 27.14 |
| 黄平县 | 31490 | 24202 | 96.01 | 73.18 | 34.25 |

## 教育经费支出(续41)

| 农村人均征收教育费附加占农村人均纯收入比例(%) | 普通初中生均预算内事业费支出(元) | 其中:普通初中生均公用经费支出(元) | 普通小学生均预算内事业费支出(元) | 其中:普通小学生均公用经费支出(元) | 农村小学生均预算内事业费支出(元) | 其中:农村小学生均公用经费支出(元) |
|---|---|---|---|---|---|---|
| 0.71 | 375.71 | | 262.65 | | 243.06 | |
| 0.48 | 439.77 | | 281.20 | | 267.08 | |
| 0.37 | 577.55 | | 336.79 | 2.08 | 326.07 | 2.27 |
| 0.50 | 601.55 | 4.83 | | | | |
| 0.49 | 656.50 | 45.27 | 340.91 | 14.93 | 324.36 | 15.13 |
| 0.54 | 731.75 | 142.49 | 651.92 | 30.61 | 559.41 | 19.19 |
| 0.13 | 714.75 | 10.63 | 229.31 | 34.77 | 215.17 | 36.89 |
| | 487.24 | 8.11 | 391.14 | 3.27 | 329.51 | 3.68 |
| | 412.40 | 10.52 | 236.34 | 5.38 | 227.09 | 5.56 |
| 0.33 | 795.86 | 76.68 | 409.87 | 18.92 | 361.56 | 19.09 |
| 0.03 | 633.65 | | 263.33 | | 249.01 | |
| 0.49 | 417.77 | 9.28 | 301.86 | 6.58 | 286.80 | 6.65 |
| 0.76 | 449.73 | | 319.37 | 8.62 | 270.78 | 9.20 |
| 0.03 | 618.82 | 0.28 | 247.19 | 17.96 | 231.45 | 20.72 |
| 0.25 | 600.54 | 168.45 | 321.16 | 42.60 | 300.89 | 40.73 |
| 0.44 | 724.05 | 194.86 | 215.59 | 5.11 | 183.98 | 1.20 |
| | 426.44 | 16.85 | 302.08 | 7.78 | 267.71 | 7.99 |
| 0.63 | 377.59 | | 207.24 | | 183.12 | |
| 0.82 | 339.51 | 15.18 | 251.35 | 20.15 | 223.41 | 20.94 |
| | 539.00 | 85.54 | 294.39 | 30.22 | 275.90 | 24.69 |
| 0.26 | 549.31 | 0.88 | 267.98 | 3.28 | 222.41 | 3.17 |
| | 767.65 | 26.99 | 267.51 | 8.74 | 217.56 | 8.86 |
| 0.16 | 451.03 | 16.90 | 217.17 | 7.06 | 179.64 | 6.30 |
| 0.59 | 234.16 | | 241.06 | | 234.26 | |
| 0.83 | 355.23 | 0.25 | 200.43 | | 187.88 | |
| 0.88 | 379.80 | 16.79 | 321.34 | 24.03 | 290.38 | 15.81 |
| 0.35 | 364.59 | 23.16 | 380.89 | 7.39 | 392.57 | 7.34 |
| 0.18 | 351.15 | | 207.97 | | 173.03 | |
| 0.30 | 283.78 | 4.62 | 473.07 | 232.42 | 476.63 | 243.36 |
| 0.39 | 800.60 | 6.83 | 152.86 | 1.14 | 138.95 | 1.07 |
| 0.02 | 526.64 | 0.40 | 299.06 | 45.28 | 288.88 | 49.11 |
| 0.24 | 502.26 | 20.50 | 301.73 | 1.38 | 293.63 | 1.37 |
| 0.24 | 432.98 | 13.07 | 243.56 | 4.65 | 238.77 | 4.20 |
| 0.32 | 499.89 | 7.53 | 392.83 | 55.41 | 377.96 | 64.23 |
| 0.16 | 583.56 | 61.76 | 300.37 | 0.90 | 296.35 | 0.93 |
| 0.20 | 357.82 | 1.75 | 328.52 | 2.78 | 322.60 | 2.82 |
| 0.66 | 611.09 | 27.44 | 517.33 | 36.54 | 486.91 | 45.79 |
| 0.39 | 526.16 | 10.89 | 292.77 | 1.74 | 278.38 | 2.07 |

## 附表1　县(县级市)

| | 教育经费总支出(千元) | 其中:财政预算内教育拨款(千元) | 人均教育经费总支出(元) | 其中:人均财政预算内教育经费支出(元) | 财政支出中预算内教育拨款所占比例(%) |
|---|---|---|---|---|---|
| 施秉县 | 16853 | 13843 | 115.43 | 94.57 | 21.62 |
| 三穗县 | 21285 | 15800 | 108.05 | 80.19 | 27.69 |
| 镇远县 | 23834 | 16997 | 100.14 | 71.34 | 22.95 |
| 岑巩县 | 21421 | 16340 | 102.00 | 77.23 | 27.25 |
| 天柱县 | 44676 | 37016 | 116.95 | 96.13 | 55.68 |
| 锦屏县 | 19784 | 14737 | 94.21 | 70.18 | 22.21 |
| 剑河县 | 19024 | 17400 | 91.46 | 76.39 | 28.00 |
| 台江县 | 15136 | 13615 | 96.41 | 86.25 | 26.11 |
| 黎平县 | 38459 | 29050 | 80.46 | 60.36 | 29.07 |
| 榕江县 | 26926 | 21263 | 88.86 | 69.01 | 27.03 |
| 从江县 | 21100 | 20416 | 72.01 | 68.31 | 29.25 |
| 雷山县 | 17041 | 13733 | 123.49 | 99.51 | 30.02 |
| 麻江县 | 19525 | 15678 | 94.78 | 75.39 | 28.29 |
| 丹寨县 | 15081 | 12905 | 99.22 | 84.90 | 23.28 |
| 都匀市 | 48497 | 38508 | 106.59 | 75.38 | 23.14 |
| 荔波县 | 22331 | 20029 | 141.34 | 126.77 | 31.38 |
| 贵定县 | 35039 | 22156 | 125.14 | 76.83 | 19.90 |
| 福泉县 | 31691 | 24632 | 107.79 | 81.72 | 29.15 |
| 瓮安县 | 45734 | 24196 | 107.61 | 56.92 | 32.14 |
| 独山县 | 34514 | 24926 | 106.20 | 76.27 | 31.92 |
| 平塘县 | 26149 | 20947 | 89.86 | 71.98 | 29.78 |
| 罗甸县 | 26794 | 24649 | 89.31 | 81.56 | 30.82 |
| 长顺县 | 25288 | 18839 | 110.91 | 82.63 | 24.37 |
| 龙里县 | 23499 | 20146 | 124.99 | 106.58 | 30.09 |
| 惠水县 | 31287 | 24290 | 80.22 | 62.27 | 96.22 |
| 三都水族自治县 | 29498 | 26941 | 98.33 | 81.47 | 36.68 |
| 云　南 | | | | | |
| 呈贡县 | 31519 | 21418 | 206.01 | 138.43 | 23.74 |
| 晋宁县 | 42358 | 34972 | 159.24 | 129.58 | 22.31 |
| 安宁市 | 45270 | 37431 | 181.08 | 143.92 | 8.10 |
| 富民县 | 30757 | 24212 | 226.15 | 168.69 | 23.07 |
| 宜良县 | 64324 | 47226 | 162.85 | 119.56 | 33.42 |
| 石林县 | 52711 | 40276 | 236.37 | 179.60 | 29.51 |
| 嵩明县 | 63902 | 45117 | 191.90 | 122.19 | 33.60 |
| 禄劝县 | 71350 | 54920 | 157.85 | 107.72 | 43.48 |
| 寻甸县 | 91044 | 55761 | 184.67 | 117.71 | 32.27 |
| 昭通市 | 85603 | 74818 | 115.84 | 101.24 | 33.82 |
| 鲁甸县 | 39701 | 37819 | 110.28 | 110.28 | 37.25 |

## 教育经费支出(续42)

| 农村人均征收教育费附加占农村人均纯收入比例(%) | 普通初中生均预算内事业费支出(元) | 其中:普通初中生均公用经费支出(元) | 普通小学生均预算内事业费支出(元) | 其中:普通小学生均公用经费支出(元) | 农村小学生均预算内事业费支出(元) | 其中:农村小学生均公用经费支出(元) |
|---|---|---|---|---|---|---|
| 0.42 | 612.01 | 6.80 | 370.05 | 1.74 | 350.93 | 2.38 |
| 0.66 | 475.31 | 3.56 | 376.80 | 10.34 | 360.24 | 11.54 |
| 0.46 | 277.52 | 3.90 | 342.87 | 4.85 | 322.08 | 5.89 |
| 0.69 | 419.86 | 5.83 | 334.81 | 1.26 | 331.37 | |
| 0.42 | 327.73 | 10.00 | 420.96 | 23.63 | 419.64 | 19.89 |
| 0.89 | 356.73 | 3.94 | 299.62 | 6.76 | 279.96 | 7.48 |
| 0.57 | 389.82 | | 313.27 | 7.25 | 301.67 | 8.60 |
| 0.78 | 636.96 | 4.52 | 305.91 | 4.43 | 290.81 | 3.99 |
| 0.70 | 360.33 | 0.89 | 283.24 | 0.38 | 271.13 | 0.28 |
| 0.38 | 525.53 | 10.65 | 314.29 | 4.26 | 300.46 | 4.30 |
| 0.12 | 624.35 | 52.31 | 259.01 | 27.78 | 170.56 | 9.95 |
| 0.99 | 633.98 | 32.20 | 423.97 | 12.43 | 393.97 | 14.59 |
| 0.54 | 525.99 | 10.13 | 302.42 | 1.22 | 292.12 | 1.30 |
| 0.94 | 527.10 | 19.87 | 333.94 | 0.52 | 325.27 | 0.57 |
| 0.31 | 737.44 | 38.37 | 479.91 | 17.90 | 451.60 | 7.79 |
| 0.45 | 646.78 | 16.24 | 544.51 | 24.04 | 484.61 | 22.22 |
| 0.57 | 576.07 | 5.67 | 394.11 | | 370.17 | |
| 0.60 | 580.03 | 32.97 | 382.65 | 9.49 | 373.28 | 9.50 |
| 0.74 | 371.21 | 2.10 | 264.91 | 1.01 | 249.94 | 1.11 |
| 0.25 | 537.70 | 22.42 | 173.39 | 1.74 | 157.80 | 1.58 |
| 0.26 | 723.95 | | 365.37 | 0.09 | 358.95 | 0.09 |
| 0.50 | 478.06 | | 371.99 | | 350.27 | |
| 0.30 | 595.88 | | 422.04 | | 406.51 | |
| 0.38 | 649.99 | 6.00 | 461.84 | 3.74 | 429.84 | 3.75 |
| 0.47 | 551.06 | 6.50 | 337.39 | | 308.19 | |
| 0.37 | 597.23 | 23.26 | 354.58 | 7.80 | 347.89 | 8.06 |
| | | | | | | |
| 0.23 | 1849.51 | 342.61 | 946.47 | 163.39 | 943.00 | 149.77 |
| 0.14 | 1675.98 | 259.82 | 927.09 | 139.77 | 922.48 | 143.54 |
| 0.52 | 2656.92 | 579.06 | 1106.49 | 166.53 | 1175.61 | 169.29 |
| 0.41 | 1442.02 | 167.78 | 1159.27 | 197.86 | 1191.47 | 208.43 |
| 0.17 | 717.27 | 24.68 | 925.31 | 45.42 | 946.48 | 45.46 |
| 0.68 | 1323.32 | 76.30 | 929.88 | 41.22 | 905.98 | 27.79 |
| 0.55 | 948.21 | 94.40 | 660.10 | 67.09 | 641.99 | 66.76 |
| 0.64 | 873.76 | 121.59 | 601.78 | 85.18 | 601.01 | 84.44 |
| 0.99 | 1081.41 | 292.73 | 609.00 | 91.64 | 605.71 | 97.80 |
| 0.61 | 1001.94 | 57.43 | 526.77 | 81.74 | 481.54 | 84.85 |
| 0.17 | 1418.50 | 97.39 | 401.22 | 132.99 | 368.39 | 121.96 |

# 附表1　县(县级市)

| | 教育经费总支出（千元） | 其中：财政预算内教育拨款（千元） | 人均教育经费总支出（元） | 其中：人均财政预算内教育经费支出（元） | 财政支出中预算内教育拨款所占比例（%） |
|---|---|---|---|---|---|
| 巧家县 | 50689 | 45872 | 102.61 | 92.79 | 33.85 |
| 盐津县 | 43291 | 40882 | 123.34 | 116.49 | 39.69 |
| 大关县 | 31596 | 28631 | 130.02 | 117.82 | 33.52 |
| 永善县 | 54839 | 52182 | 139.54 | 105.71 | 39.64 |
| 绥江县 | 25379 | 23943 | 165.88 | 156.49 | 27.96 |
| 镇雄县 | 103416 | 86370 | 84.28 | 76.98 | 38.46 |
| 彝良县 | 54120 | 50229 | 106.12 | 97.47 | 36.72 |
| 威信县 | 41891 | 41900 | 116.36 | 116.36 | 39.65 |
| 水富县 | 18399 | 15072 | 202.19 | 159.13 | 22.77 |
| 沾益县 | 76383 | 55669 | 198.91 | 126.88 | 30.04 |
| 马龙县 | 34244 | 28062 | 184.11 | 150.01 | 25.82 |
| 宣威市 | 190986 | 140841 | 147.37 | 108.04 | 37.35 |
| 富源县 | 91553 | 73744 | 140.85 | 113.45 | 37.48 |
| 罗平县 | 64975 | 50645 | 124.71 | 97.21 | 26.45 |
| 师宗县 | 59040 | 43210 | 171.13 | 125.25 | 33.06 |
| 陆良县 | 91487 | 63350 | 157.74 | 109.02 | 33.64 |
| 会泽县 | 135341 | 109971 | 153.27 | 124.54 | 37.99 |
| 楚雄市 | 75272 | 54522 | 158.80 | 108.46 | 21.23 |
| 双柏县 | 21583 | 19282 | 140.15 | 120.71 | 20.23 |
| 牟定县 | 35482 | 31258 | 179.20 | 156.06 | 28.09 |
| 南华县 | 39474 | 34517 | 173.13 | 139.04 | 28.25 |
| 姚安县 | 43436 | 34221 | 217.18 | 156.20 | 26.01 |
| 大姚县 | 55953 | 47701 | 199.83 | 153.61 | 32.92 |
| 永仁县 | 23556 | 20732 | 228.70 | 161.64 | 22.95 |
| 元谋县 | 31674 | 27277 | 156.80 | 120.51 | 23.81 |
| 武定县 | 49199 | 47010 | 189.23 | 161.70 | 30.98 |
| 禄丰县 | 59536 | 55009 | 145.56 | 111.25 | 29.64 |
| 江川县 | 53653 | 42457 | 209.58 | 165.85 | 29.79 |
| 澄江县 | 43920 | 38105 | 296.76 | 257.46 | 30.19 |
| 通海县 | 68938 | 50735 | 262.12 | 225.32 | 36.05 |
| 华宁县 | 40918 | 36783 | 206.66 | 186.17 | 28.49 |
| 易门县 | 46584 | 37425 | 270.84 | 210.15 | 29.32 |
| 峨山彝族自治县 | 44665 | 38500 | 303.84 | 257.81 | 24.66 |
| 新平彝族傣族自治县 | 68425 | 56912 | 260.17 | 216.40 | 29.81 |
| 元江哈尼族彝族傣族县 | 56005 | 47516 | 290.18 | 242.52 | 27.60 |
| 个旧市 | 81106 | 61735 | 210.66 | 123.04 | 26.43 |
| 开远市 | 56227 | 41194 | 215.43 | 123.84 | 28.50 |
| 蒙自县 | 67459 | 47551 | 214.16 | 123.65 | 34.25 |

## 教育经费支出(续43)

| 农村人均征收教育费附加占农村人均纯收入比例(%) | 普通初中生均预算内事业费支出(元) | 其中:普通初中生均公用经费支出(元) | 普通小学生均预算内事业费支出(元) | 其中:普通小学生均公用经费支出(元) | 农村小学生均预算内事业费支出(元) | 其中:农村小学生均公用经费支出(元) |
|---|---|---|---|---|---|---|
| 0.02 | 658.95 | 76.54 | 511.53 | 79.41 | 469.05 | 86.81 |
| 0.28 | 1140.88 | 20.90 | 453.09 | 33.97 | 441.00 | 34.14 |
| 0.43 | 1176.11 | 100.16 | 468.95 | 98.82 | 432.78 | 99.87 |
| 0.24 | 1237.29 | 54.41 | 491.78 | 15.76 | 474.62 | 13.61 |
| 0.11 | 909.00 | 87.29 | 716.58 | 162.94 | 596.68 | 116.44 |
|  | 869.49 | 50.84 | 340.99 | 22.15 | 315.30 | 19.37 |
| 0.06 | 963.47 | 88.07 | 439.88 | 93.73 | 423.63 | 100.29 |
| 0.39 | 901.94 | 128.81 | 424.14 | 25.44 | 393.64 | 20.98 |
| 0.03 | 1517.22 | 176.61 | 803.24 | 97.00 | 698.64 | 96.59 |
| 0.88 | 991.71 | 44.76 | 646.23 | 38.24 | 633.27 | 31.83 |
| 0.70 | 994.61 | 42.83 | 812.23 | 58.97 | 811.23 | 15.97 |
| 0.32 | 709.02 | 39.92 | 529.53 | 30.46 | 492.44 | 14.45 |
| 0.39 | 600.79 | 71.84 | 571.05 | 93.09 | 360.59 | 48.81 |
| 0.50 | 450.74 | 20.63 | 415.33 | 7.95 | 393.97 | 5.93 |
| 0.59 | 702.71 | 69.57 | 527.51 | 24.64 | 495.98 | 23.12 |
| 0.40 | 791.18 | 39.31 | 427.03 | 2.65 | 421.77 | 3.11 |
| 0.54 | 1053.59 | 189.42 | 733.25 | 37.60 | 731.86 | 33.85 |
| 0.54 | 1154.03 | 113.50 | 634.54 | 34.58 | 596.29 | 26.68 |
| 0.03 | 817.94 | 127.79 | 626.74 | 85.38 | 592.20 | 64.89 |
| 0.22 | 953.69 | 112.80 | 891.97 | 107.53 | 888.88 | 102.67 |
| 0.28 | 774.34 | 120.94 | 818.29 | 94.77 | 810.49 | 98.37 |
| 0.16 | 860.80 | 174.39 | 720.15 | 116.52 | 713.47 | 108.01 |
| 0.81 | 843.57 | 176.86 | 816.47 | 93.21 | 824.50 | 94.93 |
| 0.01 | 1081.86 | 253.25 | 884.67 | 229.07 | 920.95 | 251.67 |
| 0.82 | 947.36 | 137.30 | 600.94 | 34.73 | 597.34 | 22.47 |
| 0.10 | 1593.37 | 608.36 | 832.22 | 139.59 | 824.83 | 143.49 |
| 0.02 | 1025.62 | 191.12 | 700.47 | 45.91 | 688.57 | 48.46 |
| 0.78 | 1183.68 | 348.95 | 817.18 | 168.19 | 822.44 | 165.09 |
| 0.45 | 2186.00 | 626.19 | 1262.22 | 207.52 | 1308.23 | 218.45 |
| 0.59 | 2270.95 | 1212.33 | 895.95 | 172.90 | 895.83 | 166.71 |
| 0.78 | 1480.59 | 571.31 | 932.65 | 134.15 | 958.94 | 139.08 |
| 0.79 | 1465.59 | 408.91 | 1387.73 | 337.05 | 1306.66 | 204.44 |
| 0.71 | 2241.31 | 688.08 | 1445.98 | 197.92 | 1508.94 | 200.40 |
| 0.76 | 1221.24 | 369.44 | 1282.02 | 279.61 | 1300.20 | 284.07 |
| 0.34 | 2552.44 | 1108.54 | 982.52 | 134.61 | 1011.35 | 142.86 |
| 0.11 | 1131.26 | 111.72 | 837.58 | 94.60 | 916.30 | 115.61 |
| 1.25 | 1480.71 | 146.75 | 751.99 | 87.50 | 759.69 | 100.42 |
| 0.78 | 621.95 | 80.97 | 504.70 | 34.12 | 471.54 | 23.01 |

## 附表1　县(县级市)

| | 教育经费总支出(千元) | 其中:财政预算内教育拨款(千元) | 人均教育经费总支出(元) | 其中:人均财政预算内教育经费支出(元) | 财政支出中预算内教育拨款所占比例(%) |
|---|---|---|---|---|---|
| 屏边苗族自治县 | 24531 | 23592 | 170.35 | 162.97 | 30.57 |
| 建水县 | 82994 | 68047 | 169.72 | 136.31 | 40.01 |
| 石屏县 | 57974 | 50585 | 203.42 | 143.93 | 37.50 |
| 弥勒县 | 82103 | 61107 | 170.69 | 106.15 | 33.32 |
| 泸西县 | 65474 | 52940 | 177.92 | 152.01 | 37.37 |
| 元阳县 | 47396 | 44212 | 132.02 | 123.58 | 34.39 |
| 红河县 | 40172 | 38612 | 151.59 | 128.09 | 36.24 |
| 金平苗族瑶族傣族县 | 41373 | 39126 | 133.03 | 125.81 | 31.25 |
| 绿春县 | 33370 | 31069 | 166.85 | 141.33 | 31.93 |
| 河口瑶族自治县 | 20237 | 18842 | 262.82 | 257.74 | 21.30 |
| 文山县 | 56110 | 45541 | 135.53 | 105.94 | 23.69 |
| 砚山县 | 58393 | 44687 | 135.80 | 101.93 | 31.02 |
| 西畴县 | 38281 | 31797 | 157.53 | 129.67 | 27.54 |
| 麻栗坡县 | 40224 | 33707 | 150.65 | 119.36 | 27.46 |
| 马关县 | 52320 | 45233 | 150.78 | 128.23 | 30.92 |
| 丘北县 | 52609 | 42129 | 121.22 | 95.90 | 27.85 |
| 广南县 | 71079 | 60240 | 98.04 | 82.01 | 32.91 |
| 富宁县 | 48481 | 42211 | 127.58 | 108.32 | 30.68 |
| 思茅县 | 42895 | 35679 | 234.40 | 160.77 | 27.44 |
| 普洱哈尼族彝族自治县 | 41585 | 34717 | 226.01 | 151.36 | 31.25 |
| 墨江哈尼族自治县 | 47538 | 43080 | 135.82 | 107.20 | 29.99 |
| 景东彝族自治县 | 50845 | 44051 | 145.69 | 103.36 | 28.30 |
| 景谷傣族彝族自治县 | 49513 | 39812 | 172.52 | 119.66 | 27.68 |
| 镇沅县 | 36286 | 31306 | 179.63 | 134.19 | 28.73 |
| 江城哈尼族彝族自治县 | 19556 | 16868 | 195.56 | 146.59 | 21.78 |
| 孟连傣族金祜族佤族县 | 18848 | 16640 | 172.92 | 130.99 | 22.59 |
| 澜沧拉祜族自治县 | 69681 | 64093 | 151.15 | 139.03 | 34.08 |
| 西盟佤族自治县 | 16202 | 13619 | 200.02 | 168.02 | 20.53 |
| 景洪县 | 67109 | 59162 | 182.86 | 132.50 | 31.79 |
| 勐海县 | 42750 | 38566 | 1474.14 | 1136.24 | 30.12 |
| 勐腊县 | 35781 | 30176 | 183.49 | 134.72 | 25.52 |
| 大理市 | 89978 | 62768 | 179.60 | 124.91 | 19.78 |
| 漾濞彝族自治县 | 22662 | 18821 | 233.63 | 194.03 | 21.70 |
| 祥云县 | 60075 | 49221 | 137.79 | 111.43 | 30.26 |
| 宾川县 | 57259 | 47402 | 176.18 | 145.85 | 31.19 |
| 弥渡县 | 42898 | 36018 | 140.19 | 117.71 | 30.97 |
| 南涧彝族自治县 | 39225 | 31970 | 185.02 | 131.71 | 27.65 |
| 巍山彝族回族自治县 | 41535 | 33827 | 140.32 | 113.72 | 24.95 |

## 教育经费支出(续44)

| 农村人均征收教育费附加占农村人均纯收入比例(%) | 普通初中生均预算内事业费支出(元) | 其中:普通初中生均公用经费支出(元) | 普通小学生均预算内事业费支出(元) | 其中:普通小学生均公用经费支出(元) | 农村小学生均预算内事业费支出(元) | 其中:农村小学生均公用经费支出(元) |
|---|---|---|---|---|---|---|
| | 2068.56 | 493.47 | 844.11 | 130.38 | 729.51 | 25.24 |
| 0.66 | 928.46 | 49.44 | 760.56 | 16.95 | 737.13 | 16.83 |
| 0.47 | 1149.46 | 190.82 | 748.92 | 113.86 | 781.10 | 140.15 |
| 0.80 | 821.59 | 75.49 | 548.56 | 37.93 | 550.89 | 38.89 |
| 0.36 | 996.44 | 101.92 | 749.93 | 45.00 | 716.21 | 32.62 |
| 0.27 | 1332.92 | 160.77 | 505.99 | 168.96 | 383.30 | 67.71 |
| 0.29 | 1368.62 | 267.31 | 730.98 | 290.65 | 721.38 | 293.62 |
| 0.49 | 1245.23 | 30.39 | 565.72 | 12.12 | 550.19 | 11.69 |
| 0.14 | 1108.74 | 77.08 | 577.14 | 33.82 | 576.63 | 33.57 |
| 0.19 | 2178.88 | 129.72 | 1145.61 | 100.63 | 1159.19 | 67.96 |
| 0.01 | 829.00 | 88.23 | 505.50 | 32.09 | 478.12 | 29.75 |
| 0.62 | 914.97 | 256.92 | 467.60 | 64.91 | 458.69 | 66.99 |
| 0.07 | 1180.89 | 338.27 | 678.64 | 76.71 | 670.45 | 81.60 |
| 0.28 | 1420.14 | 162.91 | 727.84 | 151.10 | 726.94 | 157.73 |
| 0.33 | 790.06 | 34.83 | 671.17 | 40.68 | 653.68 | 41.50 |
| 0.42 | 759.81 | 240.19 | 433.56 | 30.76 | 424.48 | 31.47 |
| 0.71 | 1008.24 | 164.56 | 416.08 | 37.19 | 401.48 | 36.22 |
| 0.47 | 1265.61 | 213.92 | 661.69 | 103.30 | 648.05 | 100.86 |
| 0.38 | 1437.03 | 138.13 | 766.97 | 48.18 | 796.49 | 46.98 |
| 1.18 | 1114.78 | 93.10 | 856.72 | 48.30 | 872.17 | 30.04 |
| 0.81 | 930.67 | 237.14 | 620.98 | 138.86 | 612.41 | 134.70 |
| 1.24 | 612.78 | 11.84 | 734.88 | 79.60 | 724.45 | 93.22 |
| 0.98 | 878.67 | 112.33 | 641.48 | 90.73 | 616.05 | 84.92 |
| 0.62 | 974.62 | 148.53 | 782.73 | 87.94 | 722.47 | 65.59 |
| 0.79 | 942.15 | 103.72 | 777.86 | 172.82 | 749.33 | 145.70 |
| 0.92 | 1444.63 | 112.00 | 650.01 | 147.71 | 626.12 | 155.54 |
| 0.35 | 1989.48 | 627.63 | 717.48 | 233.75 | 675.61 | 235.75 |
| 0.52 | 2489.03 | 99.11 | 774.44 | 355.42 | 738.27 | 369.76 |
| 0.29 | 1431.29 | 298.61 | 918.04 | 129.65 | 953.90 | 107.67 |
| 1.83 | 1177.52 | 53.54 | 653.45 | 95.96 | 631.37 | 98.50 |
| 0.04 | 1624.63 | 315.86 | 736.31 | 94.50 | 736.06 | 98.76 |
| 0.34 | 1018.16 | 113.72 | 762.50 | 59.42 | 783.45 | 67.35 |
| 0.38 | 967.09 | 279.75 | 931.64 | 150.61 | 943.27 | 136.01 |
| 0.72 | 684.60 | 47.07 | 722.31 | 117.20 | 713.27 | 127.44 |
| 0.55 | 890.70 | 180.15 | 665.25 | 73.74 | 639.53 | 53.40 |
| 0.46 | 904.67 | 209.86 | 781.38 | 95.12 | 742.91 | 75.21 |
| 0.62 | 1106.46 | 512.89 | 718.78 | 88.20 | 721.02 | 94.92 |
| 0.48 | 704.28 | 142.34 | 649.66 | 85.38 | 634.47 | 88.81 |

# 附表1　县(县级市)

| | 教育经费总支出(千元) | 其中:财政预算内教育拨款(千元) | 人均教育经费总支出(元) | 其中:人均财政预算内教育经费支出(元) | 财政支出中预算内教育拨款所占比例(%) |
|---|---|---|---|---|---|
| 永平县 | 39170 | 23989 | 230.41 | 138.62 | 22.60 |
| 云龙县 | 30163 | 26984 | 153.11 | 128.76 | 24.21 |
| 洱源县 | 47510 | 38391 | 148.47 | 119.97 | 30.37 |
| 剑川县 | 36755 | 30719 | 221.42 | 168.87 | 27.21 |
| 鹤庆县 | 37033 | 32985 | 144.66 | 128.85 | 29.95 |
| 保山市 | 74014 | 69116 | 89.17 | 83.15 | 27.53 |
| 施甸县 | 45598 | 37053 | 141.17 | 114.72 | 28.31 |
| 腾冲县 | 85707 | 66418 | 144.29 | 111.81 | 27.25 |
| 龙陵县 | 42770 | 35481 | 162.01 | 134.40 | 29.24 |
| 昌宁县 | 43013 | 32531 | 129.17 | 97.69 | 25.67 |
| 潞西市 | 49074 | 43570 | 149.16 | 112.90 | 36.16 |
| 梁河县 | 35101 | 27355 | 225.01 | 150.53 | 36.48 |
| 盈江县 | 39749 | 32667 | 154.07 | 123.42 | 29.12 |
| 陇川县 | 30087 | 24549 | 182.35 | 137.06 | 28.01 |
| 瑞丽县 | 29391 | 25602 | 267.19 | 201.67 | 22.68 |
| 丽江纳西族自治县 | 57102 | 49585 | 164.56 | 142.90 | 23.21 |
| 永胜县 | 62949 | 54517 | 166.97 | 138.17 | 33.88 |
| 华坪县 | 28305 | 26310 | 191.25 | 170.53 | 24.49 |
| 宁蒗彝族自治县 | 45950 | 44227 | 202.42 | 194.83 | 29.83 |
| 泸水县 | 30439 | 29469 | 198.95 | 192.61 | 26.47 |
| 福贡县 | 18979 | 19936 | 213.25 | 202.92 | 25.33 |
| 贡山独龙族怒族自治县 | 11992 | 12147 | 352.71 | 351.59 | 20.74 |
| 兰坪县 | 42852 | 36262 | 227.94 | 192.88 | 26.72 |
| 中甸县 | 37470 | 35505 | 254.90 | 247.54 | 22.27 |
| 德钦县 | 19936 | 19550 | 343.72 | 337.07 | 19.94 |
| 维西傈僳族自治县 | 27592 | 26884 | 197.09 | 187.36 | 21.80 |
| 临沧县 | 35105 | 36665 | 128.59 | 126.98 | 25.62 |
| 凤庆县 | 61294 | 52595 | 145.59 | 115.26 | 37.86 |
| 云县 | 54672 | 43773 | 137.02 | 108.47 | 29.52 |
| 永德县 | 29820 | 26450 | 92.90 | 80.60 | 24.62 |
| 镇康县 | 25411 | 22007 | 159.82 | 138.41 | 24.91 |
| 双江拉祜佤布郎傣族县 | 21654 | 20254 | 133.67 | 124.83 | 27.01 |
| 耿马傣族佤族自治县 | 33539 | 29675 | 135.24 | 120.21 | 26.80 |
| 沧源佤族自治县 | 25958 | 23535 | 163.26 | 148.02 | 25.70 |
| **西　藏** | | | | | |
| 拉萨市林周县 | 8770 | 7751 | 159.45 | 159.45 | 21.01 |
| 拉萨市当雄县 | 7416 | 7443 | 185.40 | 185.40 | 33.55 |
| 拉萨市尼木县 | 5140 | 4987 | 177.24 | 177.24 | 27.68 |

## 教育经费支出(续45)

| 农村人均征收教育费附加占农村人均纯收入比例(%) | 普通初中生均预算内事业费支出(元) | 其中:普通初中生均公用经费支出(元) | 普通小学生均预算内事业费支出(元) | 其中:普通小学生均公用经费支出(元) | 农村小学生均预算内事业费支出(元) | 其中:农村小学生均公用经费支出(元) |
|---|---|---|---|---|---|---|
| 0.90 | 874.19 | 121.35 | 912.46 | 141.85 | 866.00 | 112.77 |
| 0.31 | 819.64 | 16.47 | 800.23 | 16.14 | 785.32 | 15.99 |
| 0.59 | 684.87 | 208.31 | 580.25 | 69.23 | 562.17 | 63.55 |
| 0.75 | 1376.34 | 586.09 | 714.43 | 99.54 | 719.70 | 102.78 |
| 0.80 | 750.72 | 35.88 | 742.50 | 28.14 | 732.81 | 17.11 |
| 1.07 | 505.18 | 32.60 | 544.06 | 14.73 | 549.24 | 14.05 |
| 0.41 | 719.98 | 142.80 | 599.46 | 34.76 | 595.40 | 31.55 |
| 0.23 | 721.07 | 69.06 | 549.20 | 49.94 | 540.70 | 49.06 |
| 0.85 | 1092.66 | 438.93 | 676.74 | 96.11 | 681.73 | 100.46 |
| 1.21 | 722.85 | 152.40 | 562.31 | 19.68 | 529.29 | 19.97 |
| 0.53 | 872.54 | 187.86 | 537.13 | 23.92 | 523.55 | 25.59 |
| 0.44 | 827.35 | 188.41 | 702.70 | 112.80 | 698.02 | 114.79 |
| 0.47 | 994.03 | 269.13 | 488.98 | 87.08 | 478.33 | 90.59 |
| 0.34 | 1267.16 | 330.42 | 623.16 | 33.04 | 617.14 | 35.05 |
| 0.19 | 1807.10 | 387.08 | 1274.22 | 365.69 | 1172.78 | 231.86 |
| 0.13 | 1289.49 | 5.17 | 943.13 | 8.37 | 911.53 | 3.19 |
| 0.85 | 974.77 | 132.61 | 744.91 | 33.10 | 740.73 | 36.75 |
| 0.06 | 1079.47 | 132.15 | 776.53 | 23.30 | 739.56 | 17.92 |
|  | 1552.34 | 48.40 | 522.73 | 13.42 | 493.88 | 13.12 |
|  | 2068.83 | 427.92 | 1261.93 | 274.17 | 1250.24 | 278.37 |
|  | 2620.03 | 199.19 | 1194.48 | 330.64 | 1166.62 | 330.58 |
|  | 3003.57 | 283.33 | 1846.27 | 812.02 | 1960.30 | 900.03 |
|  | 1083.87 | 169.66 | 926.96 | 171.82 | 934.74 | 175.02 |
|  | 2224.43 | 285.64 | 1255.77 | 76.24 | 1284.47 | 82.47 |
|  | 3126.19 | 611.95 | 1982.04 | 687.88 | 2041.13 | 753.36 |
|  | 2108.71 | 118.71 | 924.13 | 52.04 | 895.51 | 49.80 |
| 0.68 | 880.94 | 99.36 | 689.11 | 52.60 | 661.14 | 59.63 |
| 0.80 | 924.74 | 199.13 | 602.12 | 51.34 | 577.27 | 54.78 |
| 0.62 | 770.75 | 14.97 | 607.82 | 11.55 | 604.91 | 11.83 |
| 0.88 | 905.65 | 22.35 | 490.31 | 7.90 | 477.72 | 7.55 |
| 0.97 | 1006.18 | 160.44 | 520.94 | 130.62 | 514.91 | 127.49 |
| 0.40 | 1371.67 | 86.26 | 613.28 | 26.82 | 592.96 | 22.74 |
| 0.10 | 1214.33 | 128.21 | 512.86 | 39.15 | 501.85 | 38.79 |
| 0.82 | 1525.16 | 146.13 | 745.65 | 168.58 | 746.50 | 181.69 |
|  | 1092.51 | 140.52 | 880.96 | 322.28 | 880.96 | 322.28 |
|  | 2158.24 | 160.44 | 903.86 | 118.93 | 903.86 | 118.93 |
|  | 1716.62 | 258.16 | 1090.64 | 120.48 | 1090.64 | 120.48 |

## 附表1　县(县级市)

| | 教育经费总支出(千元) | 其中:财政预算内教育拨款(千元) | 人均教育经费总支出(元) | 其中:人均财政预算内教育经费支出(元) | 财政支出中预算内教育拨款所占比例(%) |
|---|---|---|---|---|---|
| 拉萨市曲水县 | 8985 | 7892 | 309.83 | 309.83 | 35.96 |
| 拉萨市堆龙德庆县 | 12221 | 11404 | 298.07 | 298.07 | 27.20 |
| 拉萨市达孜县 | 5970 | 5985 | 229.62 | 229.62 | 31.58 |
| 拉萨市墨竹工卡县 | 6597 | 5766 | 157.07 | 157.07 | 28.67 |
| 昌都县 | 33687 | 33687 | 467.88 | 467.88 | 89.93 |
| 江达县 | 6173 | 6173 | 88.19 | 88.19 | 28.05 |
| 贡觉县 | 2681 | 2681 | 62.35 | 62.35 | 15.75 |
| 类乌齐县 | 4762 | 5672 | 119.05 | 119.05 | 31.92 |
| 丁青县 | 4840 | 4840 | 76.83 | 76.83 | 24.95 |
| 察雅县 | 8371 | 8375 | 155.02 | 155.02 | 40.69 |
| 八宿县 | 3956 | 3956 | 106.92 | 106.92 | 23.72 |
| 左贡县 | 5686 | 5686 | 142.15 | 142.15 | 31.89 |
| 芒康县 | 6334 | 6334 | 83.34 | 83.34 | 25.33 |
| 洛隆县 | 6374 | 6374 | 155.46 | 155.46 | 36.13 |
| 边坝县 | 7695 | 7695 | 256.50 | 256.50 | 57.77 |
| 乃东县 | 7451 | 6525 | 196.08 | 170.82 | 23.91 |
| 扎囊县 | 7667 | 7337 | 212.97 | 203.81 | 60.84 |
| 贡嘎县 | 11108 | 10188 | 241.48 | 236.09 | 36.14 |
| 桑日县 | 3022 | 2596 | 188.88 | 161.81 | 19.00 |
| 琼结县 | 3284 | 3193 | 193.18 | 187.82 | 22.40 |
| 措美县 | 3139 | 2936 | 224.21 | 208.50 | 20.05 |
| 洛扎县 | 4743 | 4471 | 263.50 | 248.39 | 86.65 |
| 加查县 | 3528 | 3328 | 207.53 | 195.06 | 22.90 |
| 日喀则市 | 15940 | 15716 | 173.26 | 170.83 | 32.71 |
| 南木林县 | 6837 | 6740 | 93.66 | 92.33 | 35.12 |
| 江孜县 | 13449 | 13173 | 216.92 | 212.47 | 28.31 |
| 定日县 | 4999 | 4986 | 108.67 | 108.39 | 23.39 |
| 萨迦县 | 5691 | 5678 | 132.35 | 132.05 | 31.85 |
| 拉孜县 | 5880 | 5869 | 125.11 | 124.87 | 35.92 |
| 昂仁县 | 3662 | 3649 | 81.38 | 81.09 | 25.32 |
| 谢通门县 | 4461 | 4450 | 111.53 | 111.25 | 26.94 |
| 白朗县 | 6113 | 6111 | 152.83 | 152.78 | 24.50 |
| 仁布县 | 4820 | 4817 | 155.48 | 155.39 | 39.55 |
| 康马县 | 5048 | 5011 | 252.40 | 250.55 | 36.23 |
| 定结县 | 3066 | 3064 | 180.35 | 180.24 | 17.76 |
| 仲巴县 | 1362 | 1360 | 80.12 | 80.00 | 12.47 |
| 亚东县 | 4240 | 4205 | 385.45 | 382.27 | 21.41 |
| 吉隆县 | 1815 | 1815 | 151.25 | 151.25 | 16.03 |

## 教育经费支出(续46)

| 农村人均征收教育费附加占农村人均纯收入比例(%) | 普通初中生均预算内事业费支出(元) | 其中:普通初中生均公用经费支出(元) | 普通小学生均预算内事业费支出(元) | 其中:普通小学生均公用经费支出(元) | 农村小学生均预算内事业费支出(元) | 其中:农村小学生均公用经费支出(元) |
|---|---|---|---|---|---|---|
| | 1830.67 | 442.94 | 1350.16 | 301.03 | 1350.16 | 301.03 |
| | 1490.10 | 140.59 | 1767.21 | 781.98 | 1767.21 | 781.98 |
| | 1892.00 | 138.00 | 1137.37 | 169.02 | 1137.37 | 169.02 |
| | 2630.32 | 186.17 | 808.74 | 191.10 | 808.74 | 191.10 |
| | 3398.40 | 544.21 | 1007.79 | 167.57 | 849.24 | 135.03 |
| | 4226.03 | 349.32 | 669.34 | 95.49 | 669.34 | 95.49 |
| | 4294.52 | 1842.47 | 464.50 | 131.84 | 464.50 | 131.84 |
| | 4552.24 | 529.85 | 656.28 | 105.47 | 656.28 | 105.47 |
| | 2407.41 | 274.07 | 512.40 | 90.94 | 512.40 | 90.94 |
| | 1157.72 | 117.45 | 629.52 | 62.73 | 629.52 | 62.73 |
| | 5213.27 | 1545.02 | 397.78 | 82.29 | 397.78 | 82.29 |
| | 1680.00 | 180.00 | 760.87 | 139.70 | 760.87 | 139.70 |
| | 2777.78 | 128.65 | 704.38 | 167.23 | 704.38 | 167.23 |
| | 1637.93 | 350.00 | 790.94 | 196.69 | 790.94 | 196.69 |
| | 2610.29 | 455.88 | 2521.77 | 1634.20 | 2521.77 | 1634.20 |
| | 2801.19 | 488.10 | 1087.23 | 24.44 | 1087.23 | 24.44 |
| | 1901.65 | 85.95 | 1228.29 | 291.95 | 1228.29 | 291.95 |
| | 6621.81 | 4643.85 | 817.52 | 46.02 | 817.52 | 46.02 |
| | 2908.26 | 206.42 | 1078.92 | 128.59 | 1078.92 | 128.59 |
| | 2106.03 | 243.24 | 944.54 | 63.69 | 944.54 | 63.69 |
| | 2729.63 | 370.37 | 1316.84 | 150.88 | 1316.84 | 150.88 |
| | 1698.68 | 64.47 | 1220.26 | 186.88 | 1220.26 | 186.88 |
| | 3491.98 | 331.55 | 1186.19 | 274.83 | 1186.19 | 274.83 |
| | 1888.29 | 243.86 | 769.91 | 46.81 | | |
| | 2321.12 | 108.20 | 542.79 | 23.28 | 542.79 | 23.28 |
| | 935.79 | 99.88 | 1146.65 | 130.02 | 1146.65 | 130.02 |
| | 1752.44 | 55.37 | 6418.47 | 349.21 | 6418.47 | 349.21 |
| | 1517.66 | 78.80 | 765.14 | 62.57 | 765.14 | 62.57 |
| | 1255.10 | 119.05 | 733.63 | 125.11 | 733.63 | 125.11 |
| | 3338.46 | 538.46 | 464.35 | 51.93 | 464.35 | 51.93 |
| | 935.34 | 108.27 | 664.47 | 48.43 | 664.47 | 48.43 |
| | 972.34 | 109.57 | 787.90 | 73.53 | 787.90 | 73.53 |
| | 1432.60 | 227.36 | 1047.46 | 216.38 | 1047.46 | 216.38 |
| | 1615.00 | 265.00 | 1434.86 | 27.33 | 1434.86 | 27.33 |
| | 1944.19 | 153.49 | 1037.65 | 227.45 | 1037.65 | 227.45 |
| | | | 859.13 | 293.11 | 859.13 | 293.11 |
| | 2126.30 | 173.01 | 2043.96 | 147.66 | 2043.96 | 147.66 |
| | | | 1281.78 | 93.22 | 1281.78 | 93.22 |

## 附表1 县(县级市)

| | 教育经费总支出（千元） | 其中:财政预算内教育拨款（千元） | 人均教育经费总支出（元） | 其中:人均财政预算内教育经费支出（元） | 财政支出中预算内教育拨款所占比例（%） |
|---|---|---|---|---|---|
| 聂拉木县 | 2551 | 2542 | 182.21 | 181.57 | 13.23 |
| 萨嘎县 | 1310 | 1304 | 109.17 | 108.67 | 13.83 |
| 岗巴县 | 2708 | 2687 | 300.89 | 298.56 | 22.14 |
| 那曲县 | 6641 | 6809 | 108.87 | 83.41 | 25.50 |
| 嘉黎县 | 3481 | 3684 | 151.35 | 151.35 | 22.69 |
| 比如县 | 3791 | 4060 | 97.21 | 97.21 | 23.67 |
| 聂荣县 | 3083 | 3086 | 123.32 | 123.32 | 21.42 |
| 安多县 | 7865 | 7479 | 262.17 | 212.77 | 41.61 |
| 申扎县 | 2663 | 2809 | 190.21 | 189.00 | 19.28 |
| 索县 | 4901 | 5148 | 153.16 | 109.22 | 34.12 |
| 班戈县 | 5280 | 5126 | 176.00 | 176.00 | 30.72 |
| 巴青县 | 5057 | 5057 | 158.03 | 111.16 | 35.09 |
| 尼玛县 | 3482 | 3034 | 145.08 | 145.08 | 22.88 |
| 陕　西 | | | | | |
| 长安县 | 98598 | 64876 | 109.55 | 72.03 | 37.20 |
| 蓝田县 | 72760 | 46090 | 115.68 | 73.28 | 36.34 |
| 周至县 | 64924 | 54951 | 100.81 | 83.75 | 40.65 |
| 户 县 | 77809 | 49256 | 139.44 | 87.50 | 36.62 |
| 高陵县 | 43338 | 21909 | 188.43 | 95.26 | 28.91 |
| 耀 县 | 33951 | 23281 | 115.09 | 78.92 | 30.54 |
| 宜君县 | 13618 | 10163 | 149.65 | 111.68 | 23.32 |
| 宝鸡县 | 81515 | 52923 | 112.59 | 73.10 | 45.33 |
| 凤翔县 | 54900 | 39870 | 108.07 | 77.26 | 41.97 |
| 岐山县 | 61957 | 28016 | 130.16 | 58.86 | 37.62 |
| 扶风县 | 41373 | 30392 | 89.94 | 66.07 | 37.51 |
| 眉 县 | 35216 | 21261 | 113.60 | 68.58 | 31.17 |
| 陇 县 | 26538 | 19621 | 110.58 | 81.75 | 31.34 |
| 千阳县 | 16026 | 11559 | 125.20 | 87.96 | 27.42 |
| 麟游县 | 10601 | 7974 | 121.85 | 91.66 | 22.87 |
| 凤 县 | 14877 | 11627 | 150.27 | 117.44 | 27.17 |
| 太白县 | 6782 | 5253 | 132.98 | 103.00 | 16.22 |
| 兴平市 | 58856 | 39348 | 109.81 | 72.24 | 28.87 |
| 三原县 | 49521 | 30745 | 127.30 | 79.01 | 26.38 |
| 泾阳县 | 59238 | 34791 | 122.65 | 72.03 | 27.61 |
| 乾 县 | 48828 | 27911 | 91.27 | 52.17 | 30.07 |
| 礼泉县 | 64971 | 44335 | 142.17 | 97.01 | 35.13 |
| 永寿县 | 22436 | 16982 | 123.96 | 93.82 | 28.56 |
| 彬 县 | 34238 | 20594 | 108.35 | 65.17 | 26.42 |

## 教育经费支出(续47)

| 农村人均征收教育费附加占农村人均纯收入比例(%) | 普通初中生均预算内事业费支出(元) | 其中:普通初中生均公用经费支出(元) | 普通小学生均预算内事业费支出(元) | 其中:普通小学生均公用经费支出(元) | 农村小学生均预算内事业费支出(元) | 其中:农村小学生均公用经费支出(元) |
|---|---|---|---|---|---|---|
| | 1765.96 | 260.64 | 11881.72 | 1564.52 | 11881.72 | 1564.52 |
| | 1880.00 | 20.00 | 1255.19 | 133.82 | 1255.19 | 133.82 |
| | 1619.51 | 126.83 | 1697.58 | 173.39 | 1697.58 | 173.39 |
| | | | 650.08 | 216.24 | 650.08 | 216.24 |
| | 2923.73 | 457.63 | 1301.00 | 432.72 | 1301.00 | 432.72 |
| | 8571.43 | 1095.24 | 901.18 | 125.94 | 901.18 | 125.94 |
| | 1571.43 | 285.71 | 1272.44 | 636.89 | | |
| | 4605.91 | 487.68 | 2229.26 | 1038.85 | 2229.26 | 1038.85 |
| | 2448.72 | 487.18 | 1545.39 | 763.14 | 1545.39 | 763.14 |
| | 3100.00 | 290.00 | 550.14 | 30.64 | 550.14 | 30.64 |
| | 8221.05 | 589.47 | 1998.48 | 885.12 | 1998.48 | 885.12 |
| | 3605.77 | 721.15 | 1628.36 | 705.97 | 1628.36 | 705.97 |
| | 5882.35 | 2352.94 | 1989.41 | 1105.29 | 1989.41 | 1105.29 |
| 0.29 | 484.42 | 54.33 | 271.64 | 15.89 | 256.82 | 8.15 |
| 0.68 | 502.42 | 0.55 | 294.23 | 1.08 | 290.82 | 1.13 |
| | 370.87 | | 288.93 | | 376.06 | |
| 0.42 | 503.99 | 7.03 | 342.20 | 0.45 | 361.83 | 0.84 |
| 0.71 | 532.53 | 3.83 | 262.95 | | 248.10 | |
| 0.66 | 558.06 | 3.12 | 328.85 | | 314.35 | |
| 0.76 | 728.08 | 55.11 | 382.60 | | 379.09 | |
| 0.90 | 588.82 | | 228.01 | | 288.56 | |
| 0.89 | 436.86 | | 264.15 | | 362.12 | |
| 0.77 | 365.00 | | 193.02 | | 301.67 | |
| 0.45 | 388.59 | 47.29 | 201.84 | | 218.54 | |
| 0.73 | 370.05 | 2.83 | 245.31 | | 262.85 | |
| 0.76 | 428.63 | 0.08 | 316.76 | 0.19 | | |
| 1.07 | 562.99 | | 299.42 | | 301.54 | |
| 0.71 | 638.42 | | 301.99 | | 269.97 | |
| 0.70 | 784.78 | 38.15 | 515.96 | 15.20 | 512.14 | 23.42 |
| 0.50 | 762.30 | | 479.09 | | 637.04 | |
| 0.49 | 495.26 | | 260.93 | 6.31 | 256.60 | 0.69 |
| 0.45 | 419.51 | 3.09 | 271.71 | 12.87 | 316.58 | 20.06 |
| 1.49 | 527.88 | 1.99 | 190.11 | 2.13 | 161.79 | 5.50 |
| 1.22 | 305.63 | 2.08 | 192.72 | 1.28 | 192.85 | 1.37 |
| 0.98 | 442.33 | 1.11 | 321.40 | 7.37 | 364.60 | 24.02 |
| 0.69 | 606.51 | 31.42 | 285.90 | 4.41 | 289.73 | 7.65 |
| 1.32 | 445.40 | 3.36 | 235.17 | 0.87 | 230.60 | 1.60 |

## 附表1　县(县级市)

| | 教育经费总支出（千元） | 其中:财政预算内教育拨款（千元） | 人均教育经费总支出（元） | 其中:人均财政预算内教育经费支出（元） | 财政支出中预算内教育拨款所占比例（%） |
|---|---|---|---|---|---|
| 长武县 | 19005 | 15270 | 111.79 | 89.82 | 27.33 |
| 旬邑县 | 34698 | 23798 | 129.96 | 89.13 | 32.85 |
| 淳化县 | 26781 | 17692 | 140.95 | 93.12 | 27.22 |
| 武功县 | 39161 | 26997 | 98.64 | 67.99 | 30.00 |
| 韩城市 | 41010 | 21010 | 107.64 | 55.14 | 22.68 |
| 华县 | 31262 | 22305 | 86.84 | 61.88 | 28.92 |
| 华阴县 | 25925 | 17404 | 104.54 | 70.18 | 25.83 |
| 潼关县 | 17991 | 12442 | 125.81 | 87.01 | 20.34 |
| 大荔县 | 65803 | 37384 | 95.37 | 54.18 | 32.57 |
| 蒲城县 | 75526 | 45289 | 103.46 | 62.04 | 39.54 |
| 澄城县 | 40067 | 32654 | 106.28 | 86.62 | 29.94 |
| 白水县 | 37331 | 21120 | 137.25 | 77.65 | 28.48 |
| 合阳县 | 51553 | 33240 | 118.79 | 76.59 | 30.41 |
| 富平县 | 74041 | 40125 | 98.72 | 53.35 | 33.83 |
| 南郑县 | 51458 | 33295 | 96.91 | 62.70 | 29.07 |
| 城固县 | 53323 | 39600 | 106.65 | 74.24 | 38.11 |
| 洋县 | 46706 | 33450 | 105.91 | 75.85 | 39.99 |
| 西乡县 | 43040 | 28380 | 107.60 | 70.95 | 33.16 |
| 勉县 | 38125 | 28240 | 88.66 | 65.67 | 31.95 |
| 宁强县 | 28640 | 20630 | 86.27 | 62.14 | 29.88 |
| 略阳县 | 19103 | 14140 | 93.64 | 69.31 | 21.02 |
| 镇巴县 | 29869 | 22875 | 110.22 | 84.41 | 32.90 |
| 留坝县 | 6368 | 5000 | 127.36 | 100.00 | 20.59 |
| 佛坪县 | 4376 | 3112 | 128.71 | 91.53 | 12.89 |
| 安康市 | 94918 | 69306 | 103.06 | 73.96 | 34.73 |
| 汉阴县 | 27989 | 23451 | 97.52 | 81.71 | 30.04 |
| 石泉县 | 22009 | 16828 | 120.27 | 90.60 | 30.52 |
| 宁陕县 | 9604 | 7515 | 131.56 | 89.53 | 22.47 |
| 紫阳县 | 44474 | 24289 | 131.97 | 71.88 | 28.93 |
| 岚皋县 | 20403 | 16024 | 120.02 | 94.25 | 28.67 |
| 平利县 | 26657 | 18060 | 116.92 | 78.50 | 26.86 |
| 镇坪县 | 8154 | 6403 | 143.05 | 112.33 | 19.55 |
| 旬阳县 | 51427 | 34095 | 115.31 | 76.18 | 27.42 |
| 白河县 | 22427 | 15283 | 108.87 | 73.86 | 23.44 |
| 商县 | 64553 | 45428 | 119.10 | 83.82 | 37.94 |
| 洛南县 | 58022 | 41910 | 128.94 | 91.34 | 32.72 |
| 丹凤县 | 40305 | 29385 | 137.56 | 99.26 | 36.56 |
| 商南县 | 34586 | 23820 | 151.69 | 104.47 | 31.01 |

## 教育经费支出(续48)

| 农村人均征收教育费附加占农村人均纯收入比例(%) | 普通初中生均预算内事业费支出(元) | 其中:普通初中生均公用经费支出(元) | 普通小学生均预算内事业费支出(元) | 其中:普通小学生均公用经费支出(元) | 农村小学生均预算内事业费支出(元) | 其中:农村小学生均公用经费支出(元) |
|---|---|---|---|---|---|---|
| 0.69 | 635.76 | 34.24 | 270.28 | 3.84 | 252.49 | 0.17 |
| 0.88 | 565.66 | 8.63 | 302.79 | 9.96 | 323.33 | 3.75 |
| 1.33 | 607.42 | | 289.43 | | 277.93 | |
| 0.20 | 374.32 | 1.10 | 204.42 | 0.10 | 182.50 | 0.05 |
| 1.30 | 321.06 | | 225.83 | | | |
| 0.08 | 406.31 | | 265.67 | | 265.67 | |
| 0.62 | 474.26 | 11.59 | 294.52 | 2.75 | | |
| 0.67 | 619.05 | | 321.96 | | 321.96 | |
| 0.50 | 342.61 | 11.62 | 156.41 | | 156.41 | |
| 0.25 | 213.66 | | 176.11 | 6.79 | 176.11 | 6.79 |
| 0.29 | 470.74 | | 331.86 | | 331.86 | |
| 2.89 | 403.26 | | 263.53 | | 263.53 | |
| 0.70 | 461.69 | | 299.64 | | 299.64 | |
| 0.60 | 303.95 | | 157.98 | | 157.98 | |
| 0.62 | 507.70 | 5.12 | 352.50 | | 348.10 | |
| 0.77 | 827.78 | 0.88 | 324.08 | 0.71 | 318.85 | 1.97 |
| 0.45 | 758.99 | 4.72 | 371.79 | 22.36 | 362.02 | 25.91 |
| 0.95 | 454.21 | 21.09 | 353.43 | 12.60 | 292.72 | 10.29 |
| 0.87 | 668.54 | 41.35 | 369.94 | 3.95 | 369.13 | 3.64 |
| 0.86 | 507.39 | 4.00 | 355.80 | 20.45 | 342.48 | 17.71 |
| 0.49 | 592.99 | 59.45 | 401.26 | 40.29 | 376.48 | 44.28 |
| 1.08 | 633.61 | 3.59 | 365.70 | 4.69 | 365.70 | 4.69 |
| 0.17 | 762.55 | 130.75 | 476.88 | 24.28 | 450.64 | 27.55 |
| 0.66 | 677.76 | 8.79 | 393.83 | 2.96 | 377.74 | 2.74 |
| 0.78 | 600.87 | 23.10 | 312.46 | 3.75 | 255.70 | 2.27 |
| 0.14 | 679.25 | 92.80 | 382.35 | 35.90 | 357.80 | 41.63 |
| 0.96 | 786.55 | 23.80 | 471.77 | 22.08 | 450.73 | 21.95 |
| 1.01 | 833.89 | 40.28 | 483.91 | 13.45 | 477.97 | 12.42 |
| 0.62 | 504.62 | 8.65 | 297.12 | 6.44 | 289.52 | 6.56 |
| 0.22 | 683.04 | 16.65 | 564.08 | 5.10 | 583.88 | 6.20 |
| 0.79 | 659.36 | | 428.09 | 1.92 | 421.60 | 2.03 |
| 0.76 | 1012.35 | 193.58 | 601.00 | 7.34 | 597.66 | 7.58 |
| 0.86 | 506.44 | 15.68 | 328.46 | 2.64 | 312.68 | 1.49 |
| 0.37 | 642.72 | 48.82 | 317.40 | 2.14 | 286.71 | 2.46 |
| 1.03 | 489.80 | 6.93 | 348.59 | 10.19 | 321.54 | 9.70 |
| | 517.30 | 1.49 | 330.51 | | 314.07 | |
| 0.92 | 689.23 | 2.48 | 389.45 | 3.64 | 358.14 | 4.35 |
| 0.94 | 672.40 | 50.94 | 323.95 | 20.50 | 300.99 | 11.89 |

## 附表1 县(县级市)

| | 教育经费总支出(千元) | 其中:财政预算内教育拨款(千元) | 人均教育经费总支出(元) | 其中:人均财政预算内教育经费支出(元) | 财政支出中预算内教育拨款所占比例(%) |
|---|---|---|---|---|---|
| 山阳县 | 48020 | 29430 | 114.61 | 70.24 | 27.83 |
| 镇安县 | 37497 | 24188 | 133.92 | 86.39 | 28.05 |
| 柞水县 | 21500 | 15112 | 138.71 | 97.24 | 24.27 |
| 延长县 | 23810 | 18662 | 171.29 | 134.26 | 30.97 |
| 延川县 | 33840 | 22070 | 188.00 | 122.61 | 32.65 |
| 子长县 | 32246 | 22270 | 140.20 | 96.83 | 23.62 |
| 安塞县 | 33735 | 22940 | 224.90 | 152.93 | 18.92 |
| 志丹县 | 26648 | 19958 | 222.07 | 166.32 | 16.65 |
| 吴旗县 | 21558 | 11877 | 179.65 | 98.98 | 18.58 |
| 甘泉县 | 15290 | 10620 | 206.62 | 143.51 | 23.10 |
| 富　县 | 22470 | 17490 | 158.24 | 123.17 | 26.30 |
| 洛川县 | 32198 | 27197 | 169.46 | 143.14 | 33.21 |
| 宜川县 | 20739 | 16050 | 188.54 | 145.91 | 32.64 |
| 黄龙县 | 10870 | 8490 | 217.40 | 169.80 | 21.35 |
| 黄陵县 | 27356 | 17976 | 227.97 | 149.80 | 22.20 |
| 榆林市 | 58757 | 36157 | 143.31 | 88.19 | 32.58 |
| 神木县 | 66109 | 39903 | 184.66 | 111.29 | 33.64 |
| 府谷县 | 42095 | 24090 | 200.45 | 114.71 | 24.51 |
| 横山县 | 31905 | 22751 | 99.39 | 70.88 | 30.44 |
| 靖边县 | 42334 | 23865 | 156.79 | 88.39 | 23.50 |
| 定边县 | 33300 | 25200 | 111.00 | 84.00 | 24.17 |
| 绥德县 | 41096 | 30955 | 120.16 | 90.46 | 37.42 |
| 米脂县 | 28156 | 22874 | 134.72 | 109.44 | 33.33 |
| 佳　县 | 31008 | 22512 | 126.56 | 91.89 | 37.40 |
| 吴堡县 | 10652 | 8320 | 138.34 | 108.05 | 23.36 |
| 清涧县 | 23697 | 19350 | 116.16 | 94.85 | 31.55 |
| 子洲县 | 29060 | 22099 | 100.55 | 76.47 | 31.25 |
| 甘　肃 | | | | | |
| 永登县 | 62486 | 48276 | 122.52 | 92.92 | 32.07 |
| 皋兰县 | 33431 | 25688 | 195.50 | 150.22 | 38.71 |
| 榆中县 | 59024 | 49095 | 136.95 | 113.91 | 37.38 |
| 永昌县 | 45323 | 34130 | 180.57 | 135.98 | 44.12 |
| 靖远县 | 50655 | 37306 | 109.88 | 80.92 | 33.65 |
| 会宁县 | 69390 | 45880 | 121.74 | 80.49 | 37.93 |
| 景泰县 | 39405 | 28485 | 171.33 | 123.85 | 29.63 |
| 清水县 | 29828 | 22743 | 99.43 | 75.81 | 30.46 |
| 秦安县 | 55736 | 44289 | 94.79 | 75.32 | 41.89 |
| 甘谷县 | 48256 | 34463 | 84.22 | 60.14 | 35.08 |

## 教育经费支出(续49)

| 农村人均征收教育费附加占农村人均纯收入比例(%) | 普通初中生均预算内事业费支出(元) | 其中:普通初中生均公用经费支出(元) | 普通小学生均预算内事业费支出(元) | 其中:普通小学生均公用经费支出(元) | 农村小学生均预算内事业费支出(元) | 其中:农村小学生均公用经费支出(元) |
|---|---|---|---|---|---|---|
| 0.82 | 532.98 | 12.40 | 241.91 | 4.26 | 227.34 | 4.29 |
| 0.76 | 679.38 | 38.13 | 343.51 | 13.11 | 333.35 | 9.94 |
| 0.79 | 688.22 | | 399.24 | | 403.52 | |
| 0.70 | 868.63 | 159.83 | 482.83 | 30.63 | 491.99 | 34.82 |
| 0.31 | 801.83 | 10.02 | 423.76 | 7.09 | 402.60 | 5.83 |
| 0.47 | 442.12 | 62.02 | 336.53 | 40.19 | 341.32 | 44.10 |
| 0.82 | 1319.02 | 590.08 | 297.26 | 67.56 | 236.13 | 26.62 |
| 0.67 | 2361.08 | 1519.12 | 413.88 | 98.28 | 356.84 | 51.07 |
| 1.04 | 570.58 | 46.06 | 306.53 | 9.80 | 289.56 | 9.03 |
| 0.66 | 653.83 | | 444.82 | | 403.33 | |
| 0.92 | 529.30 | | 390.45 | | 379.84 | |
| 0.46 | 598.24 | 6.23 | 461.89 | 3.47 | 450.25 | 0.35 |
| 1.04 | 722.74 | | 506.65 | 15.47 | 465.50 | |
| 0.64 | 1093.20 | 181.17 | 679.33 | 1.98 | 673.20 | 1.89 |
| | 775.00 | 45.00 | 565.76 | 29.40 | 579.07 | 27.03 |
| 0.57 | 504.76 | 5.82 | 277.65 | | 238.57 | |
| 1.76 | 430.56 | 27.48 | 345.37 | 36.40 | 322.30 | 32.26 |
| 1.67 | 675.57 | 99.76 | 371.71 | 16.42 | 360.35 | 13.36 |
| 0.55 | 546.41 | 20.58 | 187.97 | 0.38 | 167.21 | 0.41 |
| 1.51 | 519.73 | 31.93 | 241.68 | 7.63 | 214.59 | 7.09 |
| 0.86 | 826.84 | 199.21 | 232.70 | 10.48 | 184.84 | 5.84 |
| 0.01 | 539.59 | 10.86 | 325.90 | 2.51 | 297.44 | 0.87 |
| 0.24 | 721.24 | 97.56 | 436.62 | 14.34 | 401.95 | 5.06 |
| 0.50 | 547.49 | 13.13 | 300.00 | 4.85 | 287.09 | 5.06 |
| 0.94 | 683.00 | 121.64 | 299.32 | 1.96 | 259.58 | 2.28 |
| 0.02 | 652.47 | 47.79 | 367.14 | 10.72 | 345.29 | 5.83 |
| | 564.86 | 22.42 | 280.89 | 11.05 | 278.92 | 11.43 |
| 0.41 | 683.16 | 32.58 | 437.60 | 2.69 | 427.72 | 0.85 |
| 1.00 | 782.99 | 54.55 | 629.88 | 18.31 | 573.69 | 14.24 |
| 0.92 | 565.96 | 27.81 | 543.31 | 9.87 | 521.84 | 9.46 |
| 0.31 | 1121.74 | 66.85 | 636.90 | 27.81 | 613.14 | 24.47 |
| 0.28 | 325.11 | 5.60 | 291.75 | 32.35 | 271.44 | 30.53 |
| 0.75 | 595.58 | 14.62 | 261.81 | 4.18 | 253.41 | 4.16 |
| 0.69 | 597.77 | 5.40 | 406.69 | 2.75 | 406.97 | 1.83 |
| 1.27 | 564.08 | 126.06 | 382.39 | 78.01 | 384.67 | 84.08 |
| 0.55 | 509.68 | 74.05 | 366.36 | 40.56 | 364.69 | 43.87 |
| 0.78 | 216.05 | 21.23 | 288.83 | 35.73 | 275.36 | 38.76 |

## 附表1　县(县级市)

|  | 教育经费总支出（千元） | 其中:财政预算内教育拨款（千元） | 人均教育经费总支出（元） | 其中:人均财政预算内教育经费支出（元） | 财政支出中预算内教育拨款所占比例（%） |
|---|---|---|---|---|---|
| 武山县 | 35070 | 26633 | 84.10 | 63.87 | 29.93 |
| 玉门市 | 29645 | 23200 | 152.03 | 118.97 | 23.61 |
| 敦煌市 | 30957 | 21391 | 236.31 | 156.65 | 23.77 |
| 金塔县 | 32617 | 22053 | 239.83 | 162.15 | 28.34 |
| 肃北蒙古族自治县 | 5310 | 3880 | 482.73 | 352.73 | 10.75 |
| 阿克塞哈萨克族自治县 | 4187 | 3685 | 465.22 | 409.44 | 8.99 |
| 安西县 | 19524 | 12459 | 209.94 | 133.97 | 21.83 |
| 张掖市 | 72459 | 48426 | 154.83 | 103.47 | 29.43 |
| 肃南裕固族自治县 | 7742 | 6702 | 215.06 | 186.17 | 13.86 |
| 民乐县 | 39775 | 22714 | 171.44 | 97.91 | 27.31 |
| 临泽县 | 27978 | 17342 | 192.95 | 119.60 | 24.19 |
| 高台县 | 29863 | 17223 | 192.66 | 111.12 | 28.32 |
| 山丹县 | 26237 | 18882 | 134.55 | 96.83 | 25.90 |
| 武威市 | 138503 | 105073 | 139.90 | 106.13 | 36.88 |
| 民勤县 | 46490 | 33089 | 153.43 | 109.20 | 36.60 |
| 古浪县 | 47764 | 35912 | 123.74 | 93.04 | 34.73 |
| 天祝藏族自治县 | 39356 | 31499 | 170.37 | 136.36 | 29.16 |
| 定西县 | 45762 | 34313 | 97.99 | 72.72 | 34.99 |
| 通渭县 | 39219 | 30988 | 86.77 | 61.01 | 42.92 |
| 陇西县 | 38856 | 31794 | 80.12 | 63.43 | 27.82 |
| 渭源县 | 26107 | 23049 | 76.11 | 66.67 | 32.28 |
| 临洮县 | 42136 | 35005 | 79.35 | 65.37 | 33.31 |
| 漳县 | 11920 | 10820 | 63.40 | 57.50 | 21.46 |
| 岷县 | 22016 | 18570 | 50.26 | 42.40 | 26.06 |
| 武都县 | 38115 | 33054 |  |  | 25.68 |
| 宕昌县 | 21223 | 17518 |  |  | 18.91 |
| 成县 | 35510 | 28140 |  |  | 34.93 |
| 康县 | 19643 | 18320 |  |  | 27.48 |
| 文县 | 27807 | 24589 |  |  | 34.39 |
| 西和县 | 37320 | 32626 |  |  | 29.78 |
| 礼县 | 40739 | 36374 |  |  | 30.67 |
| 两当县 | 6041 | 5040 |  |  | 14.81 |
| 徽县 | 25062 | 18389 |  |  | 22.09 |
| 平凉市 | 53931 | 40041 | 121.19 | 89.91 | 26.22 |
| 泾川县 | 33308 | 26970 | 100.33 | 81.23 | 30.07 |
| 灵台县 | 32042 | 24720 | 136.93 | 105.64 | 32.63 |
| 崇信县 | 11464 | 7606 | 115.80 | 76.83 | 19.86 |
| 华亭县 | 27060 | 18498 | 146.27 | 99.99 | 21.63 |

## 教育经费支出(续50)

| 农村人均征收教育费附加占农村人均纯收入比例(%) | 普通初中生均预算内事业费支出(元) | 其中:普通初中生均公用经费支出(元) | 普通小学生均预算内事业费支出(元) | 其中:普通小学生均公用经费支出(元) | 农村小学生均预算内事业费支出(元) | 其中:农村小学生均公用经费支出(元) |
|---|---|---|---|---|---|---|
| 1.03 | 259.06 | 16.44 | 277.87 | 24.25 | 269.05 | 24.81 |
| 0.69 | 1569.49 | 151.79 | 794.78 | 45.50 | 565.29 | 17.53 |
| 0.81 | 984.87 | 25.30 | 560.19 | 7.66 | 502.41 | 4.10 |
| 0.62 | 1155.96 | 3.68 | 690.88 | 12.85 | 688.53 | 14.87 |
| 0.75 | 3573.93 | 435.61 | 1634.98 | 114.07 | 1783.65 | 211.54 |
| 0.64 | 4363.64 | 727.27 | 2164.45 | 204.35 | 3043.48 | 1304.35 |
| 0.87 | 1077.25 | 77.85 | 538.24 | 14.39 | 500.07 | 9.92 |
| 0.01 | 609.29 | 11.07 | 553.39 | 5.59 | 520.99 | 3.91 |
| 0.05 | 1588.99 | 90.06 | 1000.31 | 43.72 | 1000.31 | 43.72 |
| 0.46 | 823.97 | 126.49 | 402.73 | 82.41 | 398.37 | 86.22 |
| 0.73 | 657.78 | 101.35 | 527.92 | 49.52 | 504.37 | 31.04 |
| 0.57 | 581.89 | 57.52 | 538.70 | 36.18 | 518.95 | 38.86 |
| 0.47 | 576.16 |  | 618.53 | 126.82 | 634.25 | 162.96 |
| 0.62 | 587.16 | 18.94 | 496.08 | 50.99 | 463.67 | 53.80 |
| 0.66 | 820.21 | 2.94 | 374.59 | 1.20 | 353.07 |  |
| 0.79 | 473.36 | 5.29 | 364.80 | 13.81 | 356.87 | 14.27 |
| 1.29 | 852.53 | 92.25 | 605.77 | 34.52 | 611.46 | 35.04 |
| 0.67 | 329.81 | 7.50 | 364.14 | 11.76 | 356.58 | 10.95 |
| 0.80 | 489.53 | 1.46 | 263.40 | 0.68 | 258.47 | 0.70 |
| 0.56 | 739.21 | 66.59 | 210.96 | 7.00 | 204.66 | 7.48 |
| 0.20 | 651.19 | 58.53 | 321.73 | 7.51 | 315.22 | 7.42 |
| 0.23 | 553.61 | 11.46 | 309.78 | 6.60 | 258.34 | 6.61 |
|  | 1085.93 |  | 271.19 |  | 255.07 |  |
| 0.48 | 793.64 | 9.43 | 241.49 | 0.49 | 228.61 | 0.18 |
|  | 358.41 |  | 311.17 | 36.33 | 279.87 | 44.70 |
|  | 845.62 |  | 401.79 | 108.13 | 386.97 | 115.70 |
|  | 1158.30 | 90.35 | 368.25 | 40.52 | 331.77 | 35.32 |
|  | 572.84 | 23.05 | 474.56 | 34.26 | 465.47 | 35.81 |
|  | 1086.45 | 197.58 | 470.97 | 121.40 | 453.92 | 127.62 |
|  | 566.95 | 208.53 | 399.50 | 81.53 | 390.97 | 88.25 |
|  | 306.90 | 7.70 | 357.74 | 43.58 | 352.11 | 46.29 |
|  | 698.93 | 9.18 | 431.31 | 3.46 | 414.88 | 3.18 |
|  | 561.81 | 21.78 | 516.39 | 2.58 | 502.21 |  |
| 0.68 | 824.90 | 9.27 | 519.55 | 14.69 | 487.13 | 17.39 |
|  | 684.75 | 14.39 | 315.45 | 22.71 | 307.75 | 21.67 |
| 0.97 | 798.05 | 10.37 | 546.77 | 2.69 | 552.47 | 2.58 |
| 0.93 | 646.52 | 5.45 | 365.78 | 5.79 | 358.34 | 6.61 |
| 0.77 | 1116.15 | 268.93 | 607.03 | 107.03 | 583.90 | 82.53 |

## 附表1　县(县级市)

| | 教育经费总支出(千元) | 其中:财政预算内教育拨款(千元) | 人均教育经费总支出(元) | 其中:人均财政预算内教育经费支出(元) | 财政支出中预算内教育拨款所占比例(%) |
|---|---|---|---|---|---|
| 庄浪县 | 41562 | 34630 | 99.67 | 83.05 | 32.05 |
| 静宁县 | 57979 | 48430 | 121.80 | 101.74 | 37.61 |
| 西峰市 | 45976 | 37131 | 145.49 | 117.50 | 29.23 |
| 庆阳县 | 42226 | 34106 | 132.37 | 106.92 | 31.26 |
| 环 县 | 36615 | 32754 | 108.65 | 93.73 | 34.66 |
| 华池县 | 26249 | 21071 | 208.33 | 156.16 | 27.69 |
| 合水县 | 21625 | 18018 | 131.06 | 109.20 | 27.13 |
| 正宁县 | 21407 | 21407 | 95.57 | 95.57 | 28.82 |
| 宁 县 | 61505 | 47839 | 118.97 | 92.53 | 40.98 |
| 镇原县 | 36856 | 23396 | 73.71 | 46.36 | 23.13 |
| 临夏市 | 22615 | 19069 | 117.18 | 98.80 | 23.25 |
| 临夏县 | 24145 | 21629 | 65.79 | 57.53 | 29.20 |
| 康乐县 | 16426 | 13245 | 69.60 | 56.12 | 21.41 |
| 永靖县 | 25461 | 16489 | 128.59 | 71.42 | 20.40 |
| 广河县 | 14004 | 12286 | 70.02 | 61.43 | 19.13 |
| 和政县 | 16238 | 12725 | 86.37 | 50.39 | 24.11 |
| 东乡族自治县 | 18285 | 18285 | 70.60 | 70.60 | 27.48 |
| 积石山自治县 | 18691 | 14148 | 84.57 | 53.35 | 22.21 |
| 合作市 | 9010 | 7485 | 114.05 | 94.75 | 19.12 |
| 临潭县 | 18782 | 16972 | 130.43 | 117.86 | 20.09 |
| 卓尼县 | 13902 | 12850 | 139.02 | 128.20 | 23.38 |
| 舟曲县 | 29885 | 29770 | 215.00 | 214.17 | 48.17 |
| 迭部县 | 9163 | 8039 | | | 16.65 |
| 玛曲县 | 8065 | 7228 | 21.86 | 19.52 | 12.16 |
| 碌曲县 | 6041 | 4939 | 201.37 | 164.63 | 17.93 |
| 夏河县 | 10583 | 9168 | 133.96 | 116.05 | 19.36 |
| **青　海** | | | | | |
| 大通回族土族自治县 | 64243 | 55184 | 152.96 | 130.82 | 32.54 |
| 湟中县 | 60923 | 77122 | 132.44 | 115.90 | 54.74 |
| 湟源县 | 23519 | 21520 | 176.83 | 161.80 | 28.70 |
| 平安县 | 24506 | 21617 | 199.24 | 175.75 | 28.16 |
| 民和回族自治县 | 47117 | 42243 | 127.00 | 113.86 | 33.68 |
| 乐都县 | 57384 | 48428 | 197.88 | 166.99 | 31.11 |
| 互助土族自治县 | 53764 | 44208 | 144.92 | 119.16 | 29.68 |
| 化隆回族自治县 | 24718 | 23005 | 109.37 | 101.79 | 23.68 |
| 循化撒拉族自治县 | 20897 | 18402 | 184.93 | 162.85 | 23.86 |
| 门源回族自治县 | 16855 | 13503 | 114.66 | 91.86 | 29.60 |
| 祁连县 | 7930 | 6630 | 176.22 | 147.33 | 20.21 |

## 教育经费支出(续51)

| 农村人均征收教育费附加占农村人均纯收入比例(%) | 普通初中生均预算内事业费支出(元) | 其中:普通初中生均公用经费支出(元) | 普通小学生均预算内事业费支出(元) | 其中:普通小学生均公用经费支出(元) | 农村小学生均预算内事业费支出(元) | 其中:农村小学生均公用经费支出(元) |
|---|---|---|---|---|---|---|
| 0.71 | 803.08 | 9.05 | 380.74 | 4.83 | 369.12 | 4.71 |
| 0.54 | 676.96 | 26.38 | 453.72 | 7.28 | 469.98 | 7.75 |
| 0.18 | 903.40 | 114.05 | 362.86 | 0.18 | 362.01 | |
| 0.45 | 856.28 | 71.02 | 390.21 | 35.83 | 349.15 | 23.31 |
| 1.04 | 630.59 | 156.89 | 1351.15 | 226.38 | | |
| 1.29 | 1107.74 | 166.72 | 527.28 | 30.53 | 490.40 | 11.86 |
| 0.65 | 541.74 | 29.70 | 455.61 | 37.03 | 453.39 | 35.98 |
| | 418.08 | 58.88 | 299.25 | 57.35 | 294.69 | 56.25 |
| 0.61 | 702.71 | 65.30 | 399.29 | 31.24 | 395.17 | 30.38 |
| 0.05 | 284.74 | 17.20 | 150.89 | 8.47 | 149.46 | 8.30 |
| 0.47 | 719.39 | 12.37 | 504.40 | | | |
| 0.35 | 527.28 | 124.18 | 330.19 | 51.87 | 330.19 | 51.87 |
| | 530.60 | 6.56 | 273.91 | 2.28 | 273.91 | 2.28 |
| 0.90 | 510.14 | | 356.28 | | 356.28 | |
| 0.36 | 505.70 | 29.13 | 410.62 | 117.71 | 410.62 | 117.71 |
| 0.75 | 497.55 | | 262.94 | | 262.94 | |
| 0.12 | 495.76 | 26.06 | 718.79 | 318.28 | 718.79 | 318.28 |
| | 728.40 | 41.65 | 255.65 | 1.14 | 255.65 | 1.14 |
| 1.28 | | | 773.27 | 20.80 | 622.97 | 13.73 |
| 0.71 | 1039.03 | 14.72 | 399.37 | 6.29 | 353.36 | 7.03 |
| 0.71 | 4712.45 | 34.33 | 714.10 | 8.74 | 595.27 | 2.82 |
| 1.29 | 2010.81 | | 459.12 | 4.12 | 459.12 | 4.12 |
| 0.35 | 3269.57 | 89.86 | 1603.98 | 173.30 | 1603.98 | 173.30 |
| 0.41 | 7101.12 | 550.56 | 1501.01 | 298.26 | 1501.01 | 298.26 |
| 1.19 | 3345.84 | 10.72 | 841.21 | 11.66 | 777.65 | 10.23 |
| 1.23 | 3664.24 | 58.18 | 738.35 | 25.01 | 651.88 | 22.09 |
| | | | | | | |
| 0.39 | 1187.96 | 133.05 | 533.29 | 88.77 | 448.72 | 61.71 |
| 1.08 | 874.44 | 51.86 | 587.66 | 36.70 | 564.27 | 35.15 |
| 0.48 | 1326.89 | 121.98 | 719.87 | 58.17 | 651.49 | 56.10 |
| 0.40 | 963.39 | 64.28 | 1009.93 | 117.12 | 1070.03 | 176.00 |
| 0.41 | 841.45 | 77.06 | 587.02 | 108.95 | 579.66 | 111.49 |
| 0.70 | 930.88 | 77.10 | 840.97 | 53.58 | 980.23 | 65.66 |
| 0.75 | 794.57 | 90.96 | 569.82 | 86.52 | 561.00 | 89.87 |
| 0.38 | 2634.65 | 160.44 | 650.93 | 61.35 | 614.61 | 71.71 |
| 0.86 | 1744.06 | 219.16 | 745.59 | 233.47 | 748.60 | 246.67 |
| 1.71 | 993.17 | 89.01 | 443.03 | 47.16 | 403.57 | 41.76 |
| 1.62 | 2735.59 | 238.57 | 880.02 | 228.15 | 991.60 | 290.70 |

## 附表1　县(县级市)

| | 教育经费总支出（千元） | 其中:财政预算内教育拨款（千元） | 人均教育经费总支出（元） | 其中:人均财政预算内教育经费支出（元） | 财政支出中预算内教育拨款所占比例（%） |
|---|---|---|---|---|---|
| 海晏县 | 5040 | 4060 | 210.00 | 169.17 | 15.59 |
| 刚察县 | 6273 | 4458 | 160.85 | 114.31 | 16.85 |
| 同仁县 | 16830 | 15086 | 221.45 | 171.72 | 19.69 |
| 尖扎县 | 10948 | 9943 | 243.29 | 220.93 | 19.74 |
| 泽库县 | 5529 | 5010 | 104.32 | 94.53 | 13.01 |
| 河南县 | 4849 | 4815 | 161.63 | 160.50 | 13.34 |
| 共和县 | 16216 | 14651 | 146.09 | 131.99 | 19.67 |
| 同德县 | 8357 | 7423 | 177.81 | 157.94 | 22.27 |
| 贵德县 | 15689 | 14181 | 172.41 | 154.30 | 27.62 |
| 兴海县 | 8880 | 7960 | 161.45 | 144.73 | 22.52 |
| 贵南县 | 11245 | 9774 | 175.70 | 152.72 | 27.13 |
| 玛沁县 | 5020 | 4347 | 143.43 | 124.20 | 16.43 |
| 班玛县 | 3866 | 3353 | 175.73 | 152.41 | 11.33 |
| 甘德县 | 3165 | 2989 | 143.86 | 135.86 | 16.90 |
| 达日县 | 3724 | 3210 | 186.20 | 160.50 | 11.66 |
| 久治县 | 4401 | 3861 | 244.50 | 214.50 | 21.72 |
| 玛多县 | 3029 | 2730 | 275.36 | 248.18 | 14.07 |
| 玉树县 | 9424 | 9367 | 125.65 | 116.91 | 23.22 |
| 杂多县 | 2434 | 2164 | 67.61 | 60.11 | 13.34 |
| 称多县 | 7707 | 7687 | 160.56 | 160.15 | 31.47 |
| 治多县 | 3307 | 2910 | 143.78 | 124.35 | 18.35 |
| 囊谦县 | 6219 | 6055 | 113.07 | 110.05 | 24.94 |
| 曲麻莱县 | 3510 | 3510 | 146.25 | 146.25 | 17.42 |
| 格尔木市 | 17416 | 14234 | 183.33 | 149.83 | 10.54 |
| 乌兰县 | 7801 | 7185 | 210.84 | 194.19 | 21.73 |
| 都兰县 | 10596 | 9917 | 199.92 | 187.11 | 23.71 |
| 天峻县 | 5204 | 4239 | 289.11 | 235.50 | 15.48 |
| 大柴旦镇 | 1794 | 1678 | 128.14 | 119.86 | 10.24 |
| 冷湖镇 | 1285 | 1223 | 61.19 | 58.24 | 12.46 |
| 茫崖镇 | 1392 | 1357 | 46.40 | 45.23 | 9.70 |
| 德令哈市 | 14348 | 12408 | 243.19 | 210.31 | 31.09 |
| 宁　夏 | | | | | |
| 永宁县 | 32053 | 22614 | 173.26 | 122.24 | 30.24 |
| 贺兰县 | 38001 | 25194 | 208.80 | 115.75 | 32.99 |
| 平罗县 | 48555 | 36605 | 186.75 | 140.08 | 32.65 |
| 陶乐县 | 8337 | 6999 | 277.90 | 233.30 | 13.94 |
| 惠农县 | 16507 | 13322 | 220.09 | 177.63 | 21.60 |
| 吴忠市 | 43848 | 31565 | 143.29 | 102.66 | 27.45 |

## 教育经费支出(续52)

| 农村人均征收教育费附加占农村人均纯收入比例(%) | 普通初中生均预算内事业费支出(元) | 其中:普通初中生均公用经费支出(元) | 普通小学生均预算内事业费支出(元) | 其中:普通小学生均公用经费支出(元) | 农村小学生均预算内事业费支出(元) | 其中:农村小学生均公用经费支出(元) |
|---|---|---|---|---|---|---|
| 1.61 | 3889.23 | 507.69 | 790.04 | 82.97 | 782.44 | 52.68 |
| 0.96 | 5523.55 | 803.32 | 1025.17 | 70.32 | 984.29 | 66.40 |
| 0.25 | 2191.21 | 62.35 | 917.80 | 44.70 | 938.98 | 40.56 |
| 0.97 | 3002.26 | 264.71 | 1162.87 | 350.46 | 1140.02 | 371.22 |
| 0.67 | 2723.86 | 136.73 | 551.20 | 27.46 | 502.96 | 23.56 |
|  | 1464.71 | 72.94 | 1670.70 | 202.91 | 1751.95 | 209.68 |
| 0.51 | 1070.52 | 113.07 | 676.45 | 203.18 | 703.26 | 243.75 |
| 0.20 | 1886.85 | 87.69 | 890.14 | 50.34 | 863.02 | 54.65 |
| 0.62 | 1411.69 | 592.32 | 688.31 | 56.05 | 643.05 | 54.52 |
| 0.34 | 2175.79 | 129.68 | 680.46 | 52.46 | 623.99 | 28.61 |
| 0.75 | 2791.50 | 73.04 | 1008.51 | 4.97 | 1012.65 | 5.21 |
| 0.92 | 2830.56 | 132.89 | 1328.24 | 231.10 | 1234.44 | 319.69 |
| 1.24 | 1992.96 | 122.54 | 1170.38 | 301.44 | 1170.38 | 301.44 |
| 0.22 | 3051.99 | 204.89 | 1103.33 | 466.70 | 1103.33 | 466.70 |
| 1.18 |  |  | 1394.37 | 514.08 | 1394.37 | 514.08 |
| 1.15 | 10380.00 | 4006.67 | 1501.36 | 407.18 | 1501.36 | 407.18 |
| 1.16 | 2127.43 | 400.00 | 3237.29 | 923.73 | 3237.29 | 923.73 |
| 0.11 | 3551.88 | 529.32 | 924.59 | 53.39 | 763.50 | 45.73 |
| 0.02 | 2329.32 | 36.14 | 1219.40 | 36.95 | 1142.23 | 65.65 |
|  | 3385.83 | 1358.27 | 1396.94 | 230.36 | 1402.03 | 264.45 |
| 0.18 | 1346.15 | 38.46 | 2336.96 | 652.17 | 2345.42 | 938.17 |
|  | 4801.78 | 1804.01 | 969.10 | 338.65 | 801.43 | 203.81 |
| 0.33 | 5657.30 | 3005.62 | 2211.13 | 634.28 | 2989.16 | 650.41 |
|  | 757.62 | 20.67 | 697.79 | 41.32 | 730.15 | 78.63 |
|  | 2465.38 |  | 1097.55 |  | 979.81 |  |
|  | 2985.59 | 116.71 | 731.66 | 103.55 | 248.16 | 45.70 |
| 2.74 | 7635.09 | 764.91 | 1150.48 |  | 1133.68 |  |
|  | 12658.54 | 1707.32 | 2179.56 | 248.62 | 2900.00 |  |
|  | 14534.88 | 325.58 | 2856.16 | 68.49 |  |  |
|  | 9041.67 | 437.50 | 1685.50 | 110.57 | 9642.86 | 785.71 |
| 0.26 | 974.26 | 16.21 | 837.74 | 8.36 | 1069.08 |  |
|  |  |  |  |  |  |  |
| 0.43 | 974.90 | 22.68 | 535.52 | 17.97 | 513.90 | 17.10 |
| 0.38 | 919.69 | 110.51 | 522.34 | 20.44 | 525.06 | 19.51 |
| 0.50 | 1223.49 | 294.42 | 727.06 | 135.33 | 734.94 | 143.31 |
| 0.56 | 1643.75 | 164.84 | 722.68 | 18.86 | 694.16 | 17.14 |
| 0.19 | 1176.19 | 63.02 | 1106.82 | 99.76 | 1186.05 | 100.56 |
| 0.72 | 860.96 | 86.64 | 584.68 | 49.69 | 574.04 | 44.02 |

## 附表1　县(县级市)

| | 教育经费总支出(千元) | 其中:财政预算内教育拨款(千元) | 人均教育经费总支出(元) | 其中:人均财政预算内教育经费支出(元) | 财政支出中预算内教育拨款所占比例(%) |
|---|---|---|---|---|---|
| 青铜峡市 | 48618 | 36775 | 196.04 | 147.47 | 25.36 |
| 中卫县 | 48341 | 33610 | 146.49 | 101.85 | 25.66 |
| 中宁县 | 45245 | 29573 | 175.37 | 114.55 | 30.78 |
| 灵武市 | 30467 | 24186 | 119.01 | 94.48 | 15.43 |
| 同心县 | 44373 | 38921 | 121.90 | 93.26 | 27.50 |
| 固原县 | 79677 | 70342 | 156.84 | 138.47 | 36.76 |
| 海原县 | 48608 | 43159 | 133.54 | 118.57 | 29.38 |
| 西吉县 | 55743 | 53680 | 123.05 | 106.40 | 31.81 |
| 隆德县 | 41452 | 37802 | 191.02 | 174.20 | 30.86 |
| 泾源县 | 15516 | 13692 | 186.94 | 164.96 | 19.30 |
| 彭阳县 | 36886 | 34031 | 150.56 | 138.90 | 27.51 |
| 新　疆 | | | | | |
| 乌鲁木齐县 | 42928 | 34252 | 271.70 | 187.78 | 24.07 |
| 吐鲁番市 | 47496 | 42660 | 197.08 | 147.66 | 30.89 |
| 鄯善县 | 54396 | 40223 | 267.96 | 177.31 | 24.37 |
| 托克逊县 | 33430 | 30924 | 321.44 | 246.80 | 40.10 |
| 哈密市 | 51850 | 42753 | 138.27 | 90.97 | 27.73 |
| 巴里坤哈萨克 | 32212 | 28685 | 353.98 | 246.62 | 40.64 |
| 伊吾县 | 10214 | 8423 | 537.58 | 368.11 | 21.20 |
| 昌吉市 | 46147 | 36063 | 301.61 | 199.84 | 26.49 |
| 米泉市 | 53437 | 32862 | 344.75 | 190.15 | 40.03 |
| 玛纳斯县 | 46268 | 32830 | 355.91 | 205.69 | 37.93 |
| 奇台县 | 57409 | 36560 | 250.69 | 126.07 | 43.64 |
| 吉木萨尔县 | 29594 | 23415 | 257.34 | 172.19 | 37.29 |
| 博乐市 | 49923 | 37548 | 166.41 | 99.93 | 47.35 |
| 精河县 | 34175 | 25427 | 282.44 | 209.48 | 34.45 |
| 温泉县 | 19314 | 16280 | 60.36 | 50.76 | 30.41 |
| 库尔勒市 | 74351 | 54000 | 207.68 | 128.13 | 24.78 |
| 轮台县 | 32351 | 22680 | 376.17 | 211.85 | 15.59 |
| 尉犁县 | 16800 | 15590 | 350.00 | 292.50 | 24.41 |
| 若羌县 | 9113 | 7448 | 455.65 | 334.40 | 17.64 |
| 且末县 | 25072 | 16940 | 482.15 | 293.85 | 20.26 |
| 焉耆回族自治 | 28388 | 23485 | 240.58 | 174.49 | 28.85 |
| 和静县 | 37539 | 31294 | 220.82 | 167.76 | 35.18 |
| 和硕县 | 14218 | 12231 | 225.68 | 172.24 | 21.56 |
| 博湖县 | 15265 | 13363 | 318.02 | 248.54 | 26.05 |
| 阿克苏市 | 48864 | 35132 | 94.15 | 59.44 | 23.91 |
| 温宿县 | 36963 | 29053 | 176.86 | 117.69 | 32.30 |
| 库车县 | 71468 | 61244 | 187.58 | 126.75 | 37.83 |
| 沙雅县 | 41536 | 34386 | 210.84 | 155.24 | 40.36 |
| 新和县 | 28224 | 26955 | 207.53 | 164.20 | 39.98 |
| 拜城县 | 38599 | 33460 | 196.93 | 151.17 | 34.93 |
| 乌什县 | 32057 | 27411 | 180.10 | 124.99 | 44.17 |
| 阿瓦提县 | 40412 | 31426 | 208.31 | 141.19 | 35.47 |
| 柯坪县 | 13636 | 13325 | 340.90 | 288.63 | 34.28 |

## 教育经费支出(续53)

| 农村人均征收教育费附加占农村人均纯收入比例(%) | 普通初中生均预算内事业费支出(元) | 其中:普通初中生均公用经费支出(元) | 普通小学生均预算内事业费支出(元) | 其中:普通小学生均公用经费支出(元) | 农村小学生均预算内事业费支出(元) | 其中:农村小学生均公用经费支出(元) |
|---|---|---|---|---|---|---|
| 0.12 | 1058.90 | 16.83 | 841.23 | 6.00 | 811.51 | 7.07 |
| 0.55 | 887.29 | 84.70 | 419.34 | 19.17 | 410.29 | 19.32 |
| 0.98 | 674.10 | 18.96 | 541.44 | 20.22 | 545.55 | 19.87 |
| 0.42 | 550.28 | 35.67 | 511.91 | 29.92 | 515.94 | 31.50 |
| 0.34 | 568.62 | 22.70 | 461.27 | 116.80 | 447.53 | 131.60 |
| 0.25 | 563.78 | | 601.62 | | 580.23 | |
| 0.21 | 1180.17 | 304.98 | 499.82 | 100.83 | 481.48 | 108.74 |
| 0.25 | 691.96 | 13.08 | 465.44 | 63.14 | 454.53 | 68.12 |
| 0.48 | 996.22 | 115.68 | 769.59 | 229.87 | 703.09 | 170.64 |
| 1.20 | 1531.59 | 171.37 | 773.00 | 266.68 | 781.20 | 281.49 |
| 0.19 | 543.85 | 5.04 | 507.71 | 12.08 | 501.12 | 12.71 |
| | | | | | | |
| 0.23 | 1207.59 | 51.94 | 957.50 | 66.56 | 932.93 | 64.83 |
| 0.26 | 1017.34 | | 723.75 | | 787.70 | |
| 0.67 | 1150.26 | 134.15 | 748.40 | 59.66 | 753.76 | 55.23 |
| | 1320.81 | 18.94 | 1453.98 | 23.25 | 1665.55 | 30.03 |
| 0.44 | 1092.56 | 19.27 | 1170.23 | 29.94 | 1373.88 | 27.25 |
| 0.49 | 1039.82 | 194.74 | 1308.32 | 152.06 | 1252.50 | 46.98 |
| 2.39 | 3116.18 | 784.23 | 1986.45 | 222.71 | 1993.60 | 203.84 |
| 0.15 | 1618.25 | 44.84 | 876.98 | 41.85 | 891.38 | 12.84 |
| 0.33 | 1553.62 | 298.66 | 838.42 | 16.73 | 1007.16 | 23.95 |
| 0.62 | 1523.06 | 221.22 | 941.09 | 117.83 | 980.52 | 115.54 |
| 0.27 | 898.59 | 14.66 | 777.45 | 1.07 | 841.56 | 0.21 |
| 0.22 | 1332.69 | 51.51 | 812.94 | 62.77 | 812.93 | 36.55 |
| 0.44 | 1054.66 | 14.12 | 902.02 | 18.30 | 994.50 | 27.59 |
| 0.16 | 1919.08 | 79.37 | 1050.04 | 17.74 | 950.63 | 2.58 |
| 0.34 | 1352.68 | 105.95 | 1433.42 | 2.44 | 1406.09 | 0.40 |
| 0.33 | 1128.23 | 30.87 | 1072.65 | 91.29 | 1305.13 | 143.12 |
| 0.96 | 1055.63 | 25.30 | 885.51 | 30.85 | 874.99 | 20.49 |
| 0.29 | 1988.27 | 3.80 | 1183.96 | 19.16 | 1360.98 | 22.20 |
| 1.53 | 1629.41 | 28.51 | 1120.59 | | 1314.72 | |
| 0.42 | 1381.85 | 121.51 | 1128.26 | 85.85 | 1234.92 | 74.76 |
| 0.09 | 1161.17 | 28.69 | 910.88 | 16.84 | 944.79 | 16.79 |
| 0.31 | 1467.77 | 16.68 | 1251.07 | 1.54 | 1453.03 | 2.24 |
| 0.23 | 2072.51 | 110.73 | 1048.82 | 50.96 | 1050.67 | 43.71 |
| | 1441.34 | 10.01 | 1019.39 | | 975.61 | |
| 0.31 | 659.34 | 80.52 | 546.21 | 83.27 | 497.16 | 79.76 |
| 0.19 | 790.02 | 146.46 | 476.21 | 42.59 | 448.16 | 35.46 |
| 0.78 | 1025.93 | 83.50 | 505.97 | 26.67 | 476.61 | 25.05 |
| 0.56 | 973.57 | 305.01 | 523.22 | 32.04 | 500.24 | 22.47 |
| 1.00 | 805.16 | 55.30 | 652.37 | 51.57 | 635.31 | 44.38 |
| 0.55 | 746.33 | 2.84 | 552.39 | 2.83 | 558.78 | 2.46 |
| 1.00 | 506.61 | 7.13 | 546.58 | 16.06 | 537.86 | 14.51 |
| 0.72 | 736.67 | 81.24 | 570.10 | 57.43 | 522.73 | 30.16 |
| 0.13 | 1042.87 | 97.71 | 1042.17 | 316.13 | 721.21 | 52.70 |

## 附表1　县(县级市)

| | 教育经费总支出（千元） | 其中:财政预算内教育拨款（千元） | 人均教育经费总支出（元） | 其中:人均财政预算内教育经费支出（元） | 财政支出中预算内教育拨款所占比例（%） |
|---|---|---|---|---|---|
| 阿图什市 | 56662 | 53060 | 292.07 | 226.95 | 49.39 |
| 阿克陶县 | 32346 | 29549 | 196.04 | 153.99 | 40.14 |
| 阿合奇县 | 11755 | 13120 | 345.74 | 290.18 | 32.65 |
| 乌恰县 | 23235 | 19276 | 528.07 | 370.45 | 40.30 |
| 喀什市 | 72089 | 63609 | 221.81 | 149.45 | 50.01 |
| 疏附县 | 64145 | 57201 | 179.68 | 132.04 | 51.23 |
| 疏勒县 | 46549 | 38928 | 166.84 | 114.49 | 45.00 |
| 泽普县 | 32899 | 27872 | 200.60 | 142.64 | 36.88 |
| 叶城县 | 64720 | 56276 | 179.78 | 135.71 | 47.96 |
| 岳普湖县 | 26622 | 27785 | 211.29 | 176.28 | 44.66 |
| 伽师县 | 43690 | 42641 | 146.12 | 108.47 | 46.54 |
| 巴楚县 | 48888 | 43674 | 195.55 | 148.42 | 42.41 |
| 和田市 | 31812 | 28718 | 187.13 | 145.86 | 41.52 |
| 和田县 | 39800 | 39757 | 154.26 | 128.10 | 44.71 |
| 墨玉县 | 55086 | 53596 | 135.68 | 109.20 | 46.25 |
| 皮山县 | 34048 | 33482 | 158.36 | 121.11 | 42.33 |
| 洛浦县 | 45114 | 42648 | 190.35 | 140.86 | 45.61 |
| 策勒县 | 33661 | 31937 | 255.01 | 207.33 | 52.18 |
| 于田县 | 31123 | 28808 | 146.81 | 107.96 | 35.11 |
| 民丰县 | 12463 | 12479 | 377.67 | 324.12 | 32.97 |
| 奎屯市 | 34053 | 20748 | 296.11 | 147.17 | 29.10 |
| 伊宁市 | 77363 | 60892 | 225.55 | 127.13 | 36.80 |
| 伊宁县 | 60569 | 58499 | 158.97 | 119.18 | 45.56 |
| 察布查尔锡伯 | 36709 | 32130 | 286.79 | 191.56 | 37.61 |
| 霍城县 | 45825 | 37644 | 180.41 | 122.87 | 37.74 |
| 巩留县 | 28984 | 22490 | 188.21 | 127.01 | 30.28 |
| 新源县 | 47711 | 34167 | 196.34 | 140.60 | 32.95 |
| 昭苏县 | 26832 | 23329 | 174.23 | 130.14 | 30.52 |
| 特克斯县 | 23326 | 23464 | 157.61 | 134.68 | 35.68 |
| 尼勒克县 | 24653 | 22972 | 167.71 | 133.90 | 33.13 |
| 塔城市 | 40654 | 31268 | 272.85 | 159.60 | 31.96 |
| 额敏县 | 35021 | 31332 | 257.51 | 189.09 | 34.13 |
| 乌苏县 | 49471 | 35304 | 249.85 | 146.95 | 37.36 |
| 沙湾县 | 48360 | 37432 | 246.73 | 164.51 | 32.03 |
| 托里县 | 25715 | 24470 | 313.60 | 267.09 | 32.91 |
| 裕民县 | 19831 | 16968 | 431.11 | 305.26 | 28.46 |
| 和布克赛尔蒙 | 26328 | 24081 | 548.50 | 408.79 | 31.04 |
| 阿勒泰市 | 48775 | 40684 | 283.58 | 197.26 | 34.36 |
| 布尔津县 | 25100 | 22416 | 369.12 | 283.75 | 33.09 |
| 富蕴县 | 24841 | 20995 | 276.01 | 216.83 | 33.99 |
| 福海县 | 23456 | 20607 | 404.41 | 315.24 | 32.48 |
| 哈巴河县 | 23056 | 20556 | 311.57 | 246.35 | 32.95 |
| 青河县 | 21012 | 18833 | 396.45 | 326.11 | 33.49 |
| 吉木乃县 | 19238 | 18038 | 565.82 | 435.94 | 33.40 |

# 教育经费支出(续54)

| 农村人均征收教育费附加占农村人均纯收入比例(%) | 普通初中生均预算内事业费支出(元) | 其中:普通初中生均公用经费支出(元) | 普通小学生均预算内事业费支出(元) | 其中:普通小学生均公用经费支出(元) | 农村小学生均预算内事业费支出(元) | 其中:农村小学生均公用经费支出(元) |
|---|---|---|---|---|---|---|
| 0.68 | 1179.50 | 88.04 | 850.69 | 82.58 | 840.24 | 94.31 |
| 0.83 | 988.94 | 135.32 | 573.34 | 88.14 | 550.34 | 91.38 |
| 1.00 | 1251.69 | 12.89 | 1248.47 | 284.22 | 1245.19 | 337.34 |
| 0.10 | 2640.93 | 1077.60 | 1471.44 | 261.25 | 1566.91 | 375.96 |
| 0.31 | 1551.84 | 14.04 | 662.56 | 2.42 | 726.08 | 2.66 |
| 1.05 | 631.84 | 72.81 | 480.42 | 75.92 | 469.08 | 78.38 |
| 1.22 | 751.11 | 34.87 | 376.01 | 7.98 | 365.68 | 8.19 |
| 1.54 | 658.22 | 27.14 | 464.06 | 7.94 | 444.12 | 6.76 |
| 1.04 | 648.51 | 213.97 | 463.62 | 129.62 | 421.22 | 109.81 |
| 1.81 | 904.67 | 105.68 | 621.44 | 58.78 | 615.16 | 66.70 |
|  | 569.07 | 7.38 | 395.78 | 2.24 | 385.12 | 1.48 |
| 0.02 | 744.60 | 41.11 | 489.59 | 8.39 | 465.44 | 6.68 |
| 0.58 | 1400.42 | 396.36 | 855.65 | 68.92 | 712.06 | 62.66 |
|  | 748.53 | 2.54 | 490.23 | 112.82 | 464.42 | 119.86 |
| 0.08 | 666.55 | 131.77 | 482.60 | 73.28 | 466.90 | 76.87 |
|  | 680.21 | 131.01 | 570.09 | 94.63 | 558.34 | 99.90 |
|  | 722.60 | 85.75 | 514.35 | 69.71 | 474.63 | 52.09 |
| 0.34 | 1186.37 | 146.88 | 738.05 | 113.90 | 734.33 | 121.51 |
| 0.64 | 809.20 | 9.33 | 474.58 | 22.75 | 461.15 | 19.55 |
|  | 1417.84 | 481.74 | 450.80 | 130.31 | 417.07 | 139.72 |
|  | 1939.83 | 187.41 | 767.19 | 93.67 | 1760.87 | 239.13 |
| 0.02 | 1056.88 | 30.22 | 609.87 | 53.18 | 652.03 | 62.36 |
| 0.07 | 789.03 | 16.44 | 556.78 | 8.06 | 559.20 | 8.63 |
| 0.12 | 1154.06 | 7.66 | 758.78 | 20.18 | 774.12 | 6.29 |
| 0.05 | 792.69 | 1.81 | 820.78 | 5.35 | 827.36 | 3.53 |
| 0.16 | 885.88 | 97.52 | 519.91 | 23.85 | 518.01 | 3.49 |
| 0.56 | 978.10 | 25.10 | 467.58 | 17.25 | 452.24 | 14.29 |
| 0.34 | 1350.67 |  | 741.88 |  | 720.83 |  |
| 0.21 | 1038.11 | 15.58 | 568.78 | 17.44 | 536.03 | 12.45 |
| 0.26 | 1848.13 | 140.32 | 601.29 | 47.19 | 612.28 | 55.67 |
| 0.17 | 1456.47 | 120.31 | 1013.04 | 43.90 | 1050.73 | 39.86 |
| 0.02 | 947.42 | 10.65 | 775.09 |  | 732.66 |  |
| 0.54 | 1150.67 | 25.92 | 736.70 | 18.30 | 746.87 | 18.17 |
| 0.65 | 932.01 | 11.67 | 812.22 | 6.92 | 859.00 | 5.79 |
|  | 1154.36 | 51.67 | 1101.23 | 25.66 | 1203.71 | 28.02 |
| 0.12 | 1516.01 | 26.57 | 1397.12 | 12.66 | 1393.77 | 16.50 |
| 0.83 | 2189.97 | 7.47 | 1496.69 | 2.36 | 1566.31 | 0.20 |
| 0.80 | 2487.29 | 101.81 | 896.52 | 42.23 | 1074.83 | 35.27 |
| 0.64 | 1639.88 | 308.74 | 1183.49 | 286.88 | 1228.16 | 337.22 |
| 0.47 | 925.54 | 20.64 | 1197.71 | 106.54 | 1246.36 | 85.98 |
| 0.14 | 1432.31 | 170.36 | 1353.25 | 243.51 | 1522.01 | 330.93 |
| 0.42 | 1094.21 | 36.54 | 1193.20 | 6.70 | 1252.90 | 5.80 |
| 0.20 | 1129.49 | 179.89 | 1282.40 | 271.57 | 1380.81 | 324.48 |
| 0.29 | 2766.35 | 1024.46 | 1553.43 | 474.71 | 1963.01 | 649.44 |

# 附表2　中央部门普通高等学校

| | 教育经费支出总额（千元） | 财政预算内拨款占教育经费支出比例（%） | 生均经常性 | | |
|---|---|---|---|---|---|
| | | | 预算内外生均经常性支出合计 | 其中：人员经费 | 其中：公用经费 |
| **北　京** | | | | | |
| 北京大学 | 1525219 | 89.48 | 41354.88 | 15828.45 | 25526.43 |
| 中国人民大学 | 490875 | 83.13 | 17903.78 | 6868.43 | 11035.35 |
| 清华大学 | 1831191 | 100.84 | 50353.80 | 18536.55 | 31817.26 |
| 北方交通大学 | 348001 | 85.42 | 12445.15 | 7459.14 | 4986.01 |
| 北京航空航天大学 | 579507 | 37.33 | 19434.91 | 7562.91 | 11872.01 |
| 北京理工大学 | 436917 | 55.71 | 19346.66 | 8448.96 | 10897.70 |
| 北京科技大学 | 376926 | 65.56 | 17679.74 | 9807.38 | 7872.36 |
| 北京化工大学 | 350887 | 45.82 | 21674.04 | 10819.09 | 10854.95 |
| 北京邮电大学 | 294269 | 42.44 | 25204.06 | 9746.18 | 15457.88 |
| 北京电子科技学院 | 75593 | 95.82 | 17442.83 | 8008.53 | 9434.30 |
| 中国农业大学 | 393747 | 80.29 | 18940.22 | 7721.05 | 11219.17 |
| 北京林业大学 | 159516 | 85.27 | 15901.45 | 7128.88 | 8772.57 |
| 中国协和医科大学 | 57617 | 79.43 | 7401.24 | 1874.60 | 5526.64 |
| 北京中医药大学 | 101091 | 60.02 | 27311.62 | 14553.17 | 12758.45 |
| 北京师范大学 | 515604 | 72.94 | 20929.74 | 10633.00 | 10296.73 |
| 北京外国语大学 | 178571 | 46.97 | 20098.67 | 13137.97 | 6960.70 |
| 北京语言文化大学 | 197184 | 36.19 | 21104.39 | 12322.77 | 8781.62 |
| 北京广播学院 | 135036 | 63.65 | 13529.52 | 7811.07 | 5718.45 |
| 中央财经大学 | 139347 | 74.53 | 11358.32 | 5712.66 | 5645.66 |
| 对外经济贸易大学 | 173725 | 46.16 | 21438.07 | 10433.31 | 11004.76 |
| 石油大学 | 214890 | 37.68 | 36941.99 | 8008.29 | 28933.70 |
| 外交学院 | 49237 | 82.92 | 26681.62 | 11935.80 | 14745.82 |
| 中国人民公安大学 | 150119 | 67.21 | 11562.34 | 5004.89 | 6557.45 |
| 国际关系学院 | 126993 | 95.86 | 20321.86 | 8210.90 | 12110.95 |
| 北京体育大学 | 73597 | 78.08 | 12116.89 | 6288.25 | 5828.64 |
| 中央音乐学院 | 39152 | 100.13 | 30896.09 | 17011.17 | 13884.92 |
| 中央美术学院 | 163094 | 91.37 | 55385.85 | 18695.59 | 36690.25 |
| 中央戏剧学院 | 28788 | 54.38 | 30536.59 | 13729.14 | 16807.45 |
| 中央民族大学 | 140160 | 60.26 | 15112.28 | 7750.95 | 7361.33 |
| 中国政法大学 | 195796 | 38.08 | 20786.39 | 9990.22 | 10796.16 |
| 中国矿业大学 | 159863 | 37.87 | 20822.25 | 8886.57 | 11935.69 |
| 华北电力大学 | 105679 | 29.54 | 15725.89 | 7756.84 | 7969.05 |
| 地质大学 | 121603 | 80.89 | 16835.78 | 7739.10 | 9096.68 |
| 北京针灸骨伤学院 | 45412 | 42.09 | 10183.11 | 6843.56 | 3339.56 |
| 中国青年政治学院 | 48001 | 73.11 | 10118.74 | 1844.67 | 8274.07 |
| 北京电力高等专科 | 11200 | 51.79 | 11100.10 | 8425.17 | 2674.93 |
| **天　津** | | | | | |
| 南开大学 | 449587 | 71.37 | 19074.51 | 8496.83 | 10577.68 |
| 天津大学 | 497707 | 66.39 | 19191.80 | 9280.23 | 9911.57 |

## 教育经费支出

| 支　出(元) | | | 基建支出(千元) | | |
|---|---|---|---|---|---|
| 其中:预算内生均事业费 | | | 小　计 | 预算内基建支出 | 自筹基建支出 |
| 合　计 | 其中:人员经费 | 其中:公用经费 | | | |
| 38808.41 | 15824.61 | 22983.81 | 181971 | 73600 | 108371 |
| 12338.23 | 6690.97 | 5647.25 | 144419 | | |
| 49420.62 | 18536.55 | 30884.07 | 210151 | 133312 | 76839 |
| 5802.94 | 5802.94 | | 178050 | | |
| 11026.54 | 4290.90 | 6735.64 | 124730 | 62700 | 62030 |
| 6356.53 | 3712.17 | 2644.36 | 88000 | | |
| 13959.95 | 9377.23 | 4582.72 | 140760 | 59030 | 81730 |
| 10013.41 | 4998.40 | 5015.01 | 161716 | 45570 | 116146 |
| 4786.37 | 4786.37 | | 20200 | | |
| 12552.90 | 5773.04 | 6779.86 | 55150 | | |
| 14244.98 | 7006.23 | 7238.75 | 77540 | | |
| 7596.24 | 3405.59 | 4190.65 | 46250 | | |
| 5027.04 | 1874.60 | 3152.44 | 20670 | | |
| 9750.35 | 4524.30 | 5226.06 | 23526 | 17500 | 6026 |
| 17778.46 | 9958.22 | 7820.25 | 180498 | 103900 | 76598 |
| 9936.20 | 6458.49 | 3477.71 | 60431 | 25470 | 34961 |
| 3612.07 | 2109.03 | 1503.04 | 65366 | 33270 | 32096 |
| 5853.86 | 2925.93 | 2927.93 | 46810 | 45010 | 1800 |
| 7723.58 | 3884.45 | 3839.14 | 62383 | 15300 | 47083 |
| 6759.27 | 3289.57 | 3469.70 | 20550 | 14600 | 5950 |
| 16556.00 | 7311.90 | 9244.10 | 67787 | 54500 | 13287 |
| 10645.56 | 1141.60 | 9503.96 | 18900 | | |
| 5392.18 | 2333.92 | 3058.26 | 57840 | 37340 | 20500 |
| 17815.88 | 7198.47 | 10617.41 | 84500 | | |
| 6300.49 | 3269.69 | 3030.80 | 14200 | | |
| 25090.50 | 13812.29 | 11278.21 | 11500 | | |
| 26296.40 | 8875.83 | 17420.56 | 121610 | | |
| 9771.50 | 4473.68 | 5297.82 | 5000 | | |
| 8137.86 | 4173.77 | 3964.08 | 56846 | 25300 | 31546 |
| 5755.13 | 2604.63 | 3150.49 | 23560 | | |
| 5860.13 | 2065.50 | 3794.63 | 54315 | 18500 | 35815 |
| 11108.54 | 7165.36 | 3943.18 | 31500 | 7500 | 24000 |
| 12143.85 | 6727.31 | 5416.55 | 27390 | | |
| 3777.78 | 3424.00 | 353.78 | 33956 | 13800 | 20156 |
| 6737.16 | 1228.18 | 5508.99 | 16471 | 14100 | 2371 |
| 5748.27 | 4544.10 | 1204.16 | | | |
| | | | | | |
| 15860.30 | 8496.83 | 7363.47 | 64816 | | 64816 |
| 10114.10 | 4890.69 | 5223.41 | 68444 | | 68444 |

# 附表2　中央部门普通高等学校

| | 教育经费支出总额（千　元） | 财政预算内拨款占教育经费支出比例（%） | 生均经常性：预算内外生均经常性支出合计 | 生均经常性：其中：人员经费 | 生均经常性：其中：公用经费 |
|---|---|---|---|---|---|
| 中国民用航空学院 | 55858 | 61.28 | 11394.94 | 6535.90 | 4859.04 |
| 河　北 | | | | | |
| 华北电力大学 | 102416 | 47.11 | 8018.77 | 4213.96 | 3804.81 |
| 华北矿业高等专科学校 | 52762 | 56.46 | 10539.22 | 3768.49 | 6770.74 |
| 防灾技术高等专科学校 | 16336 | 24.77 | 4679.30 | 1364.91 | 3314.39 |
| 山　西 | | | | | |
| 内蒙古 | | | | | |
| 辽　宁 | | | | | |
| 大连理工大学 | 452331 | 42.87 | 20208.54 | 7248.28 | 12960.26 |
| 东北大学 | 277894 | 62.99 | 9369.52 | 3927.96 | 5441.57 |
| 大连海事大学 | 185885 | 48.78 | 13047.46 | 7126.79 | 5920.67 |
| 中国刑事警察学院 | 73832 | 76.16 | 10410.90 | 4278.90 | 6132.00 |
| 沈阳体育学院 | 53886 | 45.80 | 7776.17 | 4018.47 | 3757.70 |
| 辽阳石油化工高等 | 25871 | 104.36 | 18180.60 | 9593.11 | 8587.49 |
| 大连民族学院 | 42789 | 58.50 | 12369.96 | 3939.64 | 8430.32 |
| 吉　林 | | | | | |
| 吉林大学 | 1254010 | 39.84 | 10839.73 | 4754.70 | 6085.04 |
| 东北师范大学 | 530295 | 26.90 | 20803.69 | 5146.14 | 15657.55 |
| 黑龙江 | | | | | |
| 哈尔滨工业大学 | 500385 | 70.03 | 12832.33 | 6105.94 | 6726.39 |
| 哈尔滨工程大学 | 255783 | 57.72 | 10020.95 | 5351.69 | 4669.25 |
| 东北林业大学 | 169496 | 67.62 | 13424.93 | 6476.64 | 6948.29 |
| 哈尔滨金融专科 | 16677 | 119.47 | 14049.71 | 8438.92 | 5610.78 |
| 上　海 | | | | | |
| 复旦大学 | 920393 | 127.99 | 27749.99 | 12237.56 | 15512.43 |
| 同济大学 | 857797 | 47.25 | 28525.49 | 20057.23 | 8468.26 |
| 上海交通大学 | 1168057 | 83.38 | 38418.97 | 16293.34 | 22125.63 |
| 华东化工学院 | 261352 | 52.15 | 17842.58 | 9670.89 | 8171.68 |
| 东华大学 | 272976 | 57.29 | 19143.46 | 10640.30 | 8503.16 |
| 华东师范大学 | 447411 | 52.92 | 22808.36 | 12972.35 | 9836.01 |
| 上海外国语学院 | 196736 | 41.02 | 18241.75 | 12580.69 | 5661.05 |
| 上海财经大学 | 179647 | 55.07 | 12439.35 | 5116.06 | 7323.29 |
| 上海海关专科学校 | 21806 | 54.99 | 20397.28 | 11972.77 | 8424.50 |
| 上海体育学院 | 55695 | 47.59 | 14984.93 | 8004.66 | 6980.27 |
| 江　苏 | | | | | |
| 南京大学 | 586874 | 108.61 | 20272.89 | 9933.84 | 10339.05 |
| 东南大学 | 561143 | 53.52 | 17839.89 | 9708.13 | 8131.75 |
| 南京航空航天学院 | 226293 | 51.72 | 15019.84 | 6603.12 | 8416.72 |
| 南京理工大学 | 264239 | 78.43 | 7553.35 | 5275.49 | 2277.86 |
| 中国矿业大学 | 355784 | 52.51 | 11868.68 | 6054.67 | 5814.01 |

## 教育经费支出(续1)

| 支　出(元) | | | 基建支出(千元) | | |
|---|---|---|---|---|---|
| 其中:预算内生均事业费 | | | 小　计 | 预算内基建支出 | 自筹基建支　出 |
| 合　计 | 其中:人员经费 | 其中:公用经费 | | | |
| 6982.86 | 4005.30 | 2977.56 | | | |
| | | | | | |
| 3464.22 | 3464.22 | | 24650 | 14650 | 10000 |
| 5360.69 | 3768.49 | 1592.20 | 6010 | | |
| 1183.86 | 1129.12 | 54.74 | 3000 | | 3000 |
| | | | | | |
| | | | | | |
| | | | | | |
| 7679.25 | 2754.40 | 4924.85 | 74492 | 35500 | 38992 |
| 4163.66 | 2155.77 | 2007.89 | 45230 | 22230 | 23000 |
| 6559.98 | 3777.26 | 2782.72 | 71250 | 16370 | 54880 |
| 8013.62 | 3293.63 | 4719.99 | 17280 | 10450 | 6830 |
| 5427.00 | 3221.86 | 2205.15 | 18520 | | 18520 |
| 18180.60 | 9593.11 | 8587.49 | | | |
| 6810.78 | 3939.64 | 2871.14 | 6310 | 4000 | 2310 |
| | | | | | |
| 4256.68 | 3029.04 | 1227.63 | 452726 | 96700 | 356026 |
| 7128.29 | 4056.02 | 3072.27 | 178255 | 22020 | 156235 |
| | | | | | |
| 12832.33 | 6105.94 | 6726.39 | 20828 | | |
| 5489.23 | 4159.42 | 1329.81 | 106050 | 61800 | 44250 |
| 13424.93 | 6476.64 | 6948.29 | 48242 | 19050 | 29192 |
| 13126.37 | 8438.92 | 4687.45 | | | |
| | | | | | |
| 24983.47 | 12237.56 | 12745.91 | 64389 | 48470 | 15919 |
| 21383.33 | 12915.07 | 8468.26 | 81276 | 30190 | 51086 |
| 32131.95 | 13627.06 | 18504.90 | 105350 | 10500 | 94850 |
| 6050.77 | 3279.63 | 2771.14 | 13590 | 12190 | 1400 |
| 19143.46 | 10640.30 | 8503.16 | 45992 | 11300 | 34692 |
| 8383.22 | 8383.22 | | 17633 | 12060 | 5573 |
| 4127.04 | 2846.28 | 1280.76 | 87322 | 37555 | 49767 |
| 12439.35 | 5116.06 | 7323.29 | 23160 | 6800 | 16360 |
| 8250.00 | 4950.50 | 3299.50 | 5325 | | |
| 14984.93 | 8004.66 | 6980.27 | 1000 | | |
| | | | | | |
| 16771.58 | 9107.87 | 7663.71 | 145594 | 62950 | 82644 |
| 10149.72 | 6327.34 | 3822.38 | 97520 | 36559 | 60961 |
| 6777.31 | 6603.12 | 174.19 | 27190 | | |
| 7553.35 | 5275.49 | 2277.86 | 108013 | 45600 | 62413 |
| 4281.41 | 4281.41 | | 49667 | 30620 | 19047 |

# 附表2　中央部门普通高等学校

|  | 教育经费支出总额（千　元） | 财政预算内拨款占教育经费支出比例(%) | 生均经常性 预算内外生均经常性支出合计 | 其中：人员经费 | 其中：公用经费 |
|---|---|---|---|---|---|
| 河海大学 | 347193 | 60.25 | 11827.83 | 6506.15 | 5321.68 |
| 无锡轻工大学 | 140042 | 48.92 | 10597.37 | 5092.65 | 5504.72 |
| 南京农业大学 | 211667 | 72.58 | 12161.60 | 5526.36 | 6635.25 |
| 中国药科大学 | 88491 | 68.90 | 8912.36 | 4319.60 | 4592.76 |
| **浙　江** |  |  |  |  |  |
| 浙江大学 | 1072679 | 52.84 | 15322.85 | 7111.21 | 8211.64 |
| **安　徽** |  |  |  |  |  |
| 中国科学技术大学 | 334753 | 150.75 | 24958.81 | 11119.79 | 13839.03 |
| 合肥工业大学 | 275833 | 50.19 | 13888.73 | 6673.67 | 7215.06 |
| **福　建** |  |  |  |  |  |
| 厦门大学 | 449329 | 64.02 | 14395.14 | 5542.93 | 8852.21 |
| 华侨大学 | 143084 | 52.06 | 15014.17 | 9052.73 | 5961.44 |
| **江　西** |  |  |  |  |  |
| 九江财经高等专校 | 30223 | 17.21 | 4943.15 | 1430.16 | 3512.99 |
| **山　东** |  |  |  |  |  |
| 山东大学 | 585879 | 29.34 | 23915.82 | 7817.58 | 16098.24 |
| 青岛海洋大学 | 184239 | 55.99 | 17475.83 | 8060.79 | 9415.03 |
| 石油大学 | 266636 | 43.64 | 16246.29 | 7304.87 | 8941.42 |
| 山东医科大学 | 143790 | 49.67 | 13857.90 | 6482.08 | 7375.82 |
| **河　南** |  |  |  |  |  |
| **湖　北** |  |  |  |  |  |
| 武汉大学 | 1009624 | 42.68 | 17700.59 | 9187.53 | 8513.06 |
| 华中科技大学 | 1130047 | 32.71 | 22331.36 | 9468.56 | 12862.80 |
| 中国地质大学 | 247530 | 38.57 | 12026.21 | 5885.88 | 6140.33 |
| 武汉理工大学 | 566918 | 49.71 | 13703.94 | 7239.69 | 6464.25 |
| 华中农业大学 | 168692 | 95.32 | 11427.46 | 6791.67 | 4635.79 |
| 华中师范大学 | 281900 | 46.66 | 10356.47 | 6066.68 | 4289.79 |
| 中南财经政法大学 | 283876 | 66.60 | 6687.89 | 4118.35 | 2569.55 |
| 武汉体育学院 | 25658 | 107.56 |  |  |  |
| 中南民族学院 | 92801 | 61.71 | 9481.46 | 5157.28 | 4324.18 |
| **湖　南** |  |  |  |  |  |
| 湖南大学 | 464374 | 34.32 | 11593.03 | 5551.06 | 6041.97 |
| 中南大学 | 685811 | 51.15 | 14212.96 | 7396.59 | 6816.36 |
| 长沙交通学院 | 114499 | 39.83 | 12090.60 | 4970.99 | 7119.61 |
| 中南林学院 | 113257 | 45.84 | 10377.16 | 4985.30 | 5391.87 |
| 长沙电力学院 | 49161 | 63.76 | 6891.47 | 4382.51 | 2508.96 |
| 长沙民政职业技术学院 | 110799 | 12.65 | 2170.63 | 898.64 | 1271.99 |
| 株洲工学院 | 82710 | 45.55 | 10184.96 | 3113.22 | 7071.74 |
| 湖南税务高等专科 | 24059 | 50.80 | 6670.12 | 3385.03 | 3285.09 |
| 长沙航空职业技术学院 | 21887 | 29.52 | 7280.38 | 3301.08 | 3979.30 |

# 教育经费支出(续2)

| 支　出(元) | | | 基建支出(千元) | | |
|---|---|---|---|---|---|
| 其中:预算内生均事业费 | | | 小　计 | 预算内基建支出 | 自筹基建支出 |
| 合　计 | 其中:人员经费 | 其中:公用经费 | | | |
| 6494.03 | 4926.36 | 1567.66 | 146250 | 107000 | 39250 |
| 5414.50 | 3281.92 | 2132.58 | 14230 | 4230 | 10000 |
| 6928.68 | 5526.36 | 1402.32 | 49492 | 25620 | 23872 |
| 5985.16 | 2871.48 | 3113.68 | 5000 | | |
| | | | | | |
| 7924.94 | 4255.86 | 3669.09 | 73752 | 20904 | 52848 |
| | | | | | |
| 17917.10 | 10833.67 | 7083.43 | 50547 | 32380 | 18167 |
| 6965.83 | 6673.67 | 292.16 | 47794 | 13500 | 34294 |
| | | | | | |
| 9644.77 | 3713.76 | 5931.01 | 78136 | 23950 | 54186 |
| 9128.49 | 5504.02 | 3624.47 | 32895 | 2560 | 30335 |
| | | | | | |
| 978.92 | 854.48 | 124.44 | 3965 | | 3965 |
| | | | | | |
| 7476.05 | 6011.22 | 1464.82 | 172518 | 27020 | 145498 |
| 6686.45 | 5951.14 | 735.31 | 12906 | 10710 | 2196 |
| 4473.95 | 3521.58 | 952.38 | 73890 | 56860 | 17030 |
| 5762.24 | 4823.95 | 938.29 | 33980 | 7310 | 26670 |
| | | | | | |
| | | | | | |
| 7326.85 | 3803.01 | 3523.84 | 122736 | 44980 | 77756 |
| 8932.50 | 3787.39 | 5145.11 | 164037 | 6124 | 157913 |
| 3321.41 | 1625.57 | 1695.84 | 69013 | 27110 | 41903 |
| 4935.49 | 2837.85 | 2097.64 | 76824 | | |
| 6505.04 | 3865.80 | 2639.23 | 42750 | | |
| 5248.65 | 3074.57 | 2174.08 | 88845 | 24420 | 64425 |
| 3314.28 | 1952.78 | 1361.50 | 108807 | 45320 | 63487 |
| | | | 3650 | | |
| 7427.22 | 4039.74 | 3387.48 | 24800 | 4000 | 20800 |
| | | | | | |
| 4174.67 | 2046.88 | 2127.79 | 84540 | 1793 | 82747 |
| 5510.26 | 3617.44 | 1892.82 | 140005 | 52430 | 87575 |
| 5462.07 | 4970.99 | 491.09 | 39900 | 11900 | 28000 |
| 6753.02 | 2774.42 | 3978.60 | 49728 | 9854 | 39874 |
| 5558.26 | 4382.51 | 1175.74 | 10300 | | 10300 |
| 871.68 | 366.19 | 505.49 | 87456 | 4500 | 82956 |
| 5629.73 | 2554.88 | 3074.85 | 23790 | 5000 | 18790 |
| 3729.95 | 2251.00 | 1478.94 | 4102 | 1000 | 3102 |
| 765.08 | 765.08 | | 5710 | | 5710 |

## 附表2　中央部门普通高等学校

| | 教育经费支出总额（千元） | 财政预算内拨款占教育经费支出比例(%) | 生均经常性 | | |
|---|---|---|---|---|---|
| | | | 预算内外生均经常性支出合计 | 其中：人员经费 | 其中：公用经费 |
| **广　东** | | | | | |
| 中山大学 | 713515 | 39.82 | 22944.75 | 10490.41 | 12454.34 |
| 暨南大学 | 285644 | 56.65 | 14388.37 | 9581.48 | 4806.89 |
| 华南理工大学 | 526430 | 48.39 | 20288.37 | 9510.13 | 10778.25 |
| 华南农业大学 | 216808 | 70.60 | 17057.91 | 8912.49 | 8145.41 |
| 中山医科大学 | 238465 | 47.33 | 32346.52 | 13028.57 | 19317.95 |
| 石油大学(广州) | 10160 | 48.03 | 20092.81 | 9187.94 | 10904.87 |
| 广州民航职业技术学院 | 22157 | 42.33 | 11474.37 | 7699.64 | 3774.73 |
| **广　西** | | | | | |
| **海　南** | | | | | |
| **重　庆** | | | | | |
| 重庆大学 | 572207 | 41.75 | 13950.08 | 5504.53 | 8445.55 |
| 西南师范大学 | 242589 | 40.29 | 12597.33 | 4594.64 | 8002.69 |
| 重庆石油高等专科学校 | 32641 | 45.20 | 13224.15 | 6875.00 | 6349.15 |
| 重庆电力高等专科学校 | 9880 | 16.19 | 19564.36 | 10003.96 | 9560.40 |
| **四　川** | | | | | |
| 四川大学 | 739441 | 61.85 | 12645.68 | 5952.42 | 6693.26 |
| 西南交通大学 | 207011 | 63.36 | 8820.23 | 5303.48 | 3516.76 |
| 电子科技大学 | 244546 | 77.33 | 9964.99 | 3630.40 | 6334.59 |
| 中国民航飞行学院 | 353046 | 34.34 | 181718.40 | 75291.61 | 106426.78 |
| 西南财经大学 | 162507 | 48.38 | 10113.20 | 5022.60 | 5090.60 |
| 成都体育学院 | 52018 | 67.07 | 10798.19 | 5156.02 | 5642.17 |
| 西南民族学院 | 101614 | 57.46 | 5964.72 | 3000.11 | 2964.61 |
| **贵　州** | | | | | |
| **云　南** | | | | | |
| **西　藏** | | | | | |
| **陕　西** | | | | | |
| 西安交通大学 | 441482 | 110.73 | 12553.26 | 7796.59 | 4756.67 |
| 西北工业大学 | 226571 | 84.57 | 11440.85 | 6379.32 | 5061.53 |
| 西安电子科技大学 | 247786 | 62.65 | 8732.55 | 4681.17 | 4051.38 |
| 长安大学 | 262500 | 61.94 | 8797.06 | 4917.57 | 3879.49 |
| 西北农林科技大学 | 367376 | 83.53 | 17566.47 | 9739.30 | 7827.17 |
| 陕西师范大学 | 147973 | 72.81 | 6557.52 | 3979.70 | 2577.82 |
| 西安体育学院 | 39703 | 88.59 | 9482.09 | 5557.83 | 3924.26 |
| **甘　肃** | | | | | |
| 兰州大学 | 246954 | 84.76 | 13334.32 | 6621.44 | 6712.88 |
| 西北民院 | 71822 | 73.69 | 11111.07 | 5422.18 | 5688.89 |
| **青　海** | | | | | |
| **宁　夏** | | | | | |
| 西北第二民族学院 | 57155 | 51.93 | 8863.70 | 3007.11 | 5856.59 |
| **新　疆** | | | | | |
| 塔里木农垦大学 | 47784 | 86.22 | 6065.41 | 3494.23 | 2571.18 |
| 石河子大学 | 210031 | 48.31 | 14114.03 | 5678.96 | 8435.07 |
| 新疆石油学院 | 29458 | 70.88 | 8890.51 | 5259.88 | 3630.63 |

## 教育经费支出(续3)

| 支 出(元) | | | 基建支出(千元) | | |
|---|---|---|---|---|---|
| 其中:预算内生均事业费 | | | 小 计 | 预算内基建支出 | 自筹基建支出 |
| 合 计 | 其中:人员经费 | 其中:公用经费 | | | |
| 22944.75 | 10490.41 | 12454.34 | 267492 | 21850 | 245642 |
| 4898.46 | 2869.71 | 2028.75 | 50423 | 9650 | 40773 |
| 15005.67 | 8462.87 | 6542.80 | 93679 | 15510 | 78169 |
| 13871.39 | 8053.13 | 5818.26 | 59500 | 11000 | 48500 |
| 15370.99 | 13028.57 | 2342.42 | 17700 | 5000 | 12700 |
| 7122.97 | 3257.54 | 3865.43 | 1500 | | |
| 4857.59 | 3254.27 | 1603.31 | | | |
| | | | | | |
| | | | | | |
| | | | | | |
| 5019.47 | 2968.64 | 2050.83 | 113612 | 41590 | 72022 |
| 4198.99 | 2022.97 | 2176.01 | 41334 | 15160 | 26174 |
| 3825.19 | 3825.19 | | 4500 | 3800 | 700 |
| 693.07 | 693.07 | | | | |
| | | | | | |
| 8925.60 | 4939.59 | 3986.01 | 251482 | 105807 | 145675 |
| 4133.78 | 2485.57 | 1648.21 | 13301 | 11648 | 1653 |
| 5102.05 | 2472.05 | 2629.99 | 47000 | 29000 | 18000 |
| 29712.14 | 24115.14 | 5597.00 | 62660 | | |
| 7805.85 | 3876.66 | 3929.19 | 61820 | | 61820 |
| 6117.94 | 2958.47 | 3159.48 | 11460 | | |
| 4700.44 | 2520.38 | 2180.06 | 46160 | 12600 | 33560 |
| | | | | | |
| | | | | | |
| | | | | | |
| | | | | | |
| 12553.26 | 7796.59 | 4756.67 | 18500 | | |
| 3462.20 | 1759.35 | 1702.84 | 48620 | 42120 | 6500 |
| 4764.33 | 2553.94 | 2210.39 | 74410 | 3400 | 71010 |
| 4917.57 | 3941.64 | 975.93 | 62930 | 45550 | 17380 |
| 8748.99 | 7667.45 | 1081.54 | 120690 | 116750 | 3940 |
| 4448.17 | 2699.55 | 1748.62 | 42010 | 23480 | 18530 |
| 9482.09 | 5557.83 | 3924.26 | 9531 | 5000 | 4531 |
| | | | | | |
| 12054.33 | 5968.81 | 6085.52 | 57980 | 38480 | 19500 |
| 7768.84 | 5422.18 | 2346.66 | 9000 | | |
| | | | | | |
| 7045.63 | 3007.11 | 4038.52 | 27240 | 5900 | 21340 |
| | | | | | |
| 5940.57 | 3494.23 | 2446.34 | 19410 | 13410 | 6000 |
| 7464.87 | 4917.31 | 2547.56 | 44290 | 13800 | 30490 |
| | | | 3800 | | |

# 附表3　地方普通高等学校

| | 教育经费支出总额（千　元） | 财政预算内拨款占教育经费支出比例(%) | 生　均　经　常　性 | | |
|---|---|---|---|---|---|
| | | | 预算内外生均经常性支出合计 | 其中：人员经费 | 其中：公用经费 |
| **北　京** | | | | | |
| 北京工业大学 | 394274 | 91.06 | 19985.69 | 7112.47 | 12873.22 |
| 北方工业大学 | 78293 | 71.92 | 8813.09 | 3979.07 | 4834.02 |
| 北京工商大学 | 123022 | 72.42 | 8382.25 | 5371.39 | 3010.86 |
| 北京服装学院 | 54468 | 70.37 | 11799.74 | 6037.58 | 5762.16 |
| 北京信息工程学院 | 45391 | 81.80 | 10485.25 | 4185.10 | 6300.15 |
| 华北水利水电研究生院 | 8984 | 100.43 | 12460.47 | 9115.12 | 3345.35 |
| 北京建筑工程学院 | 68535 | 66.27 | 18388.00 | 10926.01 | 7461.99 |
| 北京石油化工学院 | 69017 | 33.79 | 23148.70 | 7314.97 | 15833.73 |
| 北京农学院 | 42733 | 85.53 | 15677.77 | 7782.20 | 7895.57 |
| 北京工业职业技术学院 | 26819 | 54.67 | 5731.23 | 3035.61 | 2695.62 |
| 首都医科大学 | 111773 | 68.80 | 21746.51 | 7989.10 | 13757.41 |
| 首都师范大学 | 269454 | 93.94 | 19683.91 | 9858.13 | 9825.78 |
| 首都体育大学 | 62122 | 73.32 | 22629.63 | 8536.13 | 14093.50 |
| 北京第二外国语学 | 78544 | 50.59 | 19341.31 | 10840.58 | 8500.73 |
| 北京机械工业学院 | 81632 | 68.45 | 14463.70 | 5470.94 | 8992.76 |
| 北京物资学院 | 36464 | 72.29 | 9091.00 | 5718.41 | 3372.59 |
| 首都经济贸易大学 | 128047 | 62.46 | 14094.81 | 6357.66 | 7737.15 |
| 中国音乐学院 | 43684 | 49.77 | 24693.03 | 14502.68 | 10190.35 |
| 中国戏曲学院 | 21206 | 69.57 | 24211.46 | 11036.94 | 13174.52 |
| 北京电影学院 | 51037 | 65.92 | 39349.68 | 20585.57 | 18764.11 |
| 北京舞蹈学院 | 55638 | 43.07 | 55550.34 | 31057.05 | 24493.29 |
| 职工体育运动技术学校 | 3546 | 71.18 | 4394.05 | 2669.14 | 1724.91 |
| 北京印刷学院 | 46962 | 58.52 | 14338.79 | 6899.41 | 7439.38 |
| 警院 | 24461 | 66.27 | 18845.15 | 9768.88 | 9076.27 |
| 北京联合大学 | 243212 | 71.94 | 13780.12 | 7312.35 | 6467.77 |
| 海淀走读大学 | 51520 | 6.17 | 6591.68 | 3028.84 | 3562.85 |
| 北京青年政治学院 | 20713 | 56.55 | 15230.15 | 6917.65 | 8312.50 |
| 北京医学高等专科 | 21539 | 74.08 | 18762.20 | 8162.02 | 10600.17 |
| **天　津** | | | | | |
| 天津轻工业学院 | 129103 | 52.66 | 9535.80 | 4779.91 | 4755.89 |
| 天津纺织工学院 | 123269 | 57.07 | 13176.25 | 7346.91 | 5829.34 |
| 天津理工学院 | 118485 | 55.27 | 14155.91 | 7323.06 | 6832.86 |
| 天津农学院 | 17132 | 77.12 | 12813.76 | 6837.70 | 5976.07 |
| 天津医科大学 | 82640 | 88.32 | 12430.81 | 7513.54 | 4917.27 |
| 天津中医学院 | 37332 | 31.12 | 13470.26 | 6541.63 | 6928.63 |
| 天津师范大学 | 188001 | 52.49 | 16338.00 | 9611.93 | 6726.07 |
| 天津职业技术师范 | 79469 | 68.07 | 14406.76 | 6061.28 | 8345.48 |
| 天津外国语学院 | 50452 | 41.83 | 15121.97 | 5792.46 | 9329.50 |
| 天津商学院 | 104623 | 53.16 | 9465.63 | 5008.35 | 4457.28 |

# 教育经费支出

| 支 出(元) | | | 基建支出(千元) | | |
|---|---|---|---|---|---|
| 其中:预算内生均事业费 | | | 小 计 | 预算内基建支出 | 自筹基建支出 |
| 合 计 | 其中:人员经费 | 其中:公用经费 | | | |
| 12580.58 | 5281.65 | 7298.93 | 92550 | | |
| 6475.90 | 3979.07 | 2496.83 | 22700 | 12200 | 10500 |
| 5600.90 | 3639.18 | 1961.72 | 35000 | 25000 | 10000 |
| 7238.90 | 3837.58 | 3401.31 | 9570 | 7100 | 2470 |
| 6565.13 | 3891.21 | 2673.92 | 10213 | 9700 | 513 |
| 7852.98 | 7852.98 | | | | |
| 10994.47 | 6094.67 | 4899.80 | 5409 | | 5409 |
| 18868.20 | 5680.97 | 13187.23 | 520 | | |
| 12913.86 | 7245.02 | 5668.83 | 4150 | | |
| 2115.26 | 1843.84 | 271.41 | 3000 | | |
| 17823.23 | 6378.38 | 11444.86 | 12000 | 2000 | 10000 |
| 14967.89 | 6976.72 | 7991.17 | 17500 | | |
| 16655.37 | 6068.65 | 10586.72 | 12020 | 1350 | 10670 |
| 7425.40 | 4162.63 | 3262.77 | 12300 | | |
| 11057.08 | 4176.63 | 6880.46 | 11700 | | |
| 5671.09 | 3567.34 | 2103.74 | 1500 | 1000 | 500 |
| 9004.97 | 5146.09 | 3858.88 | 6000 | 2000 | 4000 |
| 12655.50 | 8297.59 | 4357.91 | 25263 | 8200 | 17063 |
| 12021.66 | 6268.79 | 5752.87 | 2200 | | |
| 16235.89 | 10222.94 | 6012.95 | 8500 | | |
| 23236.58 | 16541.95 | 6694.63 | 22530 | 8000 | 14530 |
| | | | | | |
| 7690.37 | 3810.94 | 3879.42 | 3200 | 600 | 2600 |
| 12437.60 | 6448.38 | 5989.21 | | | |
| 7861.93 | 5576.90 | 2285.03 | 23240 | 8500 | 14740 |
| 187.99 | 187.99 | | 10144 | | 10144 |
| 8875.00 | 4799.26 | 4075.74 | | | |
| 13480.84 | 5864.11 | 7616.72 | | | |
| | | | | | |
| 5912.15 | 2963.17 | 2948.98 | 45741 | 16300 | 29441 |
| 8914.21 | 4970.47 | 3943.74 | 38493 | 13000 | 25493 |
| 7823.89 | 7315.17 | 508.72 | | | |
| 9881.82 | 6837.70 | 3044.13 | | | |
| 10978.49 | 6187.12 | 4791.37 | | | |
| 4606.26 | 3559.87 | 1046.39 | 3360 | | 3360 |
| 9097.92 | 6004.98 | 3092.94 | 10799 | | 10799 |
| 10905.91 | 4507.12 | 6398.79 | 19753 | 8000 | 11753 |
| 6737.87 | 2586.53 | 4151.34 | 3090 | | 3090 |
| 5802.64 | 3070.30 | 2732.33 | 26399 | 7660 | 18739 |

# 附表3　地方普通高等学校

| | 教育经费支出总额（千元） | 财政预算内拨款占教育经费支出比例(%) | 生均经常性 | | |
|---|---|---|---|---|---|
| | | | 预算内外生均经常性支出合计 | 其中：人员经费 | 其中：公用经费 |
| 天津财经学院 | 81867 | 42.64 | 11787.84 | 4732.81 | 7055.03 |
| 天津体育学院 | 30238 | 56.69 | 12926.81 | 6975.30 | 5951.50 |
| 天津音乐学院 | 17060 | 62.29 | 21984.54 | 12515.46 | 9469.07 |
| 天津美术学院 | 30956 | 60.11 | 23275.19 | 7991.73 | 15283.46 |
| 天津城市建设学院 | 72901 | 29.21 | 10240.90 | 5211.14 | 5029.77 |
| 天津职业大学 | 32238 | 39.12 | 8976.61 | 3681.04 | 5295.57 |
| **河　北** | | | | | |
| 河北大学 | 153949 | 46.30 | 8832.36 | 3680.98 | 5151.39 |
| 河北建筑科技学院 | 50370 | 50.35 | 9265.61 | 4703.93 | 4561.68 |
| 石家庄经济学院 | 61815 | 54.37 | 11080.73 | 4916.47 | 6164.26 |
| 河北工业大学 | 145976 | 53.85 | 12820.67 | 5996.03 | 6824.64 |
| 河北理工学院 | 59539 | 46.55 | 7741.89 | 4277.97 | 3463.92 |
| 河北科技大学 | 116256 | 52.62 | 8351.97 | 4693.90 | 3658.08 |
| 河北建筑工程学院 | 25625 | 38.99 | 9103.02 | 4432.68 | 4670.34 |
| 河北工程技术高等专科学校 | 20666 | 42.25 | 7664.07 | 3708.11 | 3955.96 |
| 河北农业大学 | 103990 | 55.18 | 11648.04 | 6735.52 | 4912.52 |
| 张家口农业高等专科学校 | 24994 | 48.67 | 7235.12 | 3154.07 | 4081.06 |
| 河北医科大学 | 159290 | 44.29 | 12630.15 | 4638.91 | 7991.24 |
| 华北煤炭医学院 | 54785 | 59.91 | 10446.55 | 5026.97 | 5419.58 |
| 张家口医学院 | 31270 | 39.31 | 7012.46 | 3282.70 | 3729.76 |
| 承德医学院 | 33016 | 44.10 | 9099.21 | 5015.35 | 4083.87 |
| 河北师范大学 | 191621 | 44.19 | 7794.86 | 3575.15 | 4219.70 |
| 保定师范专科学校 | 29789 | 45.70 | 8202.59 | 4452.87 | 3749.71 |
| 张家口师范专科学校 | 18470 | 41.47 | 4909.62 | 2520.47 | 2389.15 |
| 承德师范专科学校 | 19090 | 48.52 | 7176.69 | 4250.75 | 2925.94 |
| 唐山师范专科学校 | 52378 | 36.49 | 5044.09 | 2564.73 | 2479.36 |
| 廊坊师范专科学校 | 24510 | 38.80 | 6856.58 | 3460.85 | 3395.73 |
| 衡水师范专科学校 | 21060 | 43.81 | 7743.99 | 3839.31 | 3904.68 |
| 石家庄师范专科 | 23730 | 58.28 | 6000.00 | 3942.10 | 2057.90 |
| 邯郸师范专科学校 | 35765 | 24.32 | 18873.35 | 3585.75 | 15287.60 |
| 邢台师范专科学校 | 20883 | 52.07 | 6671.88 | 3997.76 | 2674.12 |
| 沧州师范专科学校 | 17260 | 40.35 | 5287.99 | 2704.35 | 2583.64 |
| 石家庄铁道学院 | 72599 | 48.19 | 12673.45 | 6478.78 | 6194.67 |
| 燕山大学 | 137740 | 46.89 | 10803.02 | 3780.90 | 7022.12 |
| 邯郸农业高等专科学校 | 24362 | 38.98 | 7304.30 | 4290.84 | 3013.46 |
| 邯郸医学高等专科学校 | 32944 | 44.53 | 8469.85 | 4528.76 | 3941.09 |
| 河北职业技术师范学院 | 31884 | 61.93 | 6293.22 | 3532.21 | 2761.00 |
| 唐山高等专科学校 | 31116 | 31.16 | 9289.45 | 4101.84 | 5187.60 |
| 邯郸大学 | 29231 | 20.47 | 6017.63 | 2528.97 | 3488.66 |
| 河北体育学院 | 12458 | 42.14 | 5606.66 | 3025.65 | 2581.01 |

## 教育经费支出(续1)

| 支　出(元) | | | 基建支出(千元) | | |
| --- | --- | --- | --- | --- | --- |
| 其中:预算内生均事业费 | | | 小　计 | 预算内基建支出 | 自筹基建支出 |
| 合　计 | 其中:人员经费 | 其中:公用经费 | | | |
| 5331.95 | 1932.37 | 3399.59 | 7969 | | 7969 |
| 7032.33 | 3794.79 | 3237.54 | 1450 | 640 | 810 |
| 11868.56 | 9393.04 | 2475.52 | | | |
| 13990.98 | 7208.27 | 6782.71 | | | |
| 5869.90 | 4915.66 | 954.24 | 35747 | | 35747 |
| 3830.80 | 3681.04 | 149.76 | 2687 | | 2687 |
| | | | | | |
| 4053.19 | 1788.84 | 2264.35 | 5000 | | |
| 4444.68 | 3355.44 | 1089.24 | 2300 | | |
| 5430.49 | 4213.34 | 1217.15 | 6500 | | |
| 6493.23 | 3635.85 | 2857.39 | 10500 | 10000 | 500 |
| 3384.09 | 3002.33 | 381.76 | 3000 | | |
| 4191.64 | 3669.37 | 522.27 | 9000 | | |
| 3548.49 | 3263.94 | 284.55 | | | |
| 3012.86 | 2797.35 | 215.51 | 1000 | | |
| 6386.84 | 5690.03 | 696.81 | 800 | | |
| 3108.72 | 2578.00 | 530.72 | 2500 | | |
| 4853.20 | 4638.91 | 214.29 | 15180 | | |
| 6237.96 | 5026.97 | 1210.99 | 2500 | | |
| 2465.74 | 2465.74 | | 2000 | | |
| 4197.36 | 4197.36 | | 7520 | 3500 | 4020 |
| 3444.82 | 3444.82 | | | | |
| 3911.78 | 3708.62 | 203.16 | 1244 | | 1244 |
| 2036.15 | 2036.15 | | | | |
| 3481.95 | 3387.59 | 94.36 | | | |
| 1731.11 | 1597.76 | 133.35 | 20000 | 8000 | 12000 |
| 2669.38 | 2326.69 | 342.69 | 80 | | 80 |
| 4187.93 | 3839.31 | 348.62 | 4000 | | 4000 |
| 3496.84 | 2696.08 | 800.76 | | | |
| 4589.45 | 3193.67 | 1395.78 | | | |
| 3473.80 | 3381.79 | 92.01 | | | |
| 2111.52 | 1799.02 | 312.50 | | | |
| 5515.32 | 5515.32 | | 6000 | | |
| 5074.25 | 2019.02 | 3055.23 | 2000 | | |
| 3550.28 | 3176.45 | 373.83 | 4823 | | 4823 |
| 3697.51 | 2777.55 | 919.96 | 8500 | 4000 | 4500 |
| 3341.84 | 2799.66 | 542.18 | 6000 | | |
| 3247.91 | 2430.15 | 817.76 | 3387 | | 3387 |
| 1883.82 | 1697.73 | 186.08 | 10119 | | 10119 |
| 2362.74 | 2362.74 | | | | |

## 附表3　地方普通高等学校

| | 教育经费支出总额（千　元） | 财政预算内拨款占教育经费支出比例(%) | 生均经常性 | | |
|---|---|---|---|---|---|
| | | | 预算内外生均经常性支出合计 | 其中：人员经费 | 其中：公用经费 |
| 保定高级职业技术学院 | 9028 | 54.55 | 23296.77 | 12545.16 | 10751.61 |
| 石家庄大学 | 17157 | 39.23 | 9179.78 | 4562.87 | 4616.91 |
| 保定金融高等专科学校 | 34300 | 60.70 | 20200.00 | 6115.33 | 14084.67 |
| 张家口大学 | 5073 | 33.41 | 3547.55 | 2133.57 | 1413.99 |
| 承德大学 | 11587 | 56.28 | 6624.93 | 4018.87 | 2606.06 |
| 华北航天工业学院 | 37804 | 37.71 | 9397.38 | 4155.64 | 5241.73 |
| 承德石油高等专科学校 | 35855 | 69.78 | 12222.88 | 6361.84 | 5861.05 |
| 河北职业技术学院 | 16301 | 29.88 | 10900.84 | 4182.84 | 6718.00 |
| 河北经贸大学 | 72241 | 35.56 | 4597.24 | 2218.40 | 2378.83 |
| 华北水利水电学院 | 19185 | 79.23 | 6539.98 | 3592.71 | 2947.28 |
| 山　西 | | | | | |
| 山西大学 | 129744 | 59.32 | 8141.89 | 4079.11 | 4062.78 |
| 太原重型机械学院 | 57702 | 51.12 | 5853.81 | 3458.78 | 2395.03 |
| 华北工学院 | 109628 | 83.03 | 6905.09 | 3772.77 | 3132.32 |
| 太原理工大学 | 231334 | 60.55 | 9098.37 | 5354.07 | 3744.30 |
| 山西农业大学 | 63362 | 48.22 | 9129.99 | 4828.03 | 4301.95 |
| 山西医科大学 | 74497 | 42.73 | 10369.32 | 4932.11 | 5437.21 |
| 大同医学专科学校 | 19876 | 32.76 | 8490.39 | 4997.44 | 3492.95 |
| 长治医学院 | 33279 | 32.80 | 8275.34 | 4625.51 | 3649.83 |
| 山西师范大学 | 85365 | 49.63 | 6799.56 | 3789.04 | 3010.53 |
| 太原师范专科学校 | 17336 | 55.06 | 11264.46 | 7077.32 | 4187.13 |
| 雁北师范学院 | 18028 | 9.54 | 5648.92 | 3306.72 | 2342.21 |
| 晋中师范专科学校 | 20062 | 52.18 | 5952.76 | 3374.20 | 2578.56 |
| 晋东南师范专科学 | 12447 | 54.69 | 6376.54 | 2987.70 | 3388.83 |
| 运城高等专科学校 | 24024 | 58.00 | 5131.13 | 2608.49 | 2522.64 |
| 忻州师范专科学校 | 19268 | 67.09 | | | |
| 山西财经大学 | 67090 | 78.03 | 8058.86 | 5055.86 | 3003.00 |
| 太原电力高等专科 | 28971 | 73.17 | 15223.86 | 9089.33 | 6134.52 |
| 山西中医学院 | 7180 | 75.06 | 8578.26 | 4324.97 | 4253.29 |
| 吕梁高等专科学校 | 16635 | 48.94 | 6470.25 | 3578.76 | 2891.48 |
| 山西矿院阳泉煤矿 | 18031 | 24.14 | 6939.67 | 2115.78 | 4823.89 |
| 太原大学 | 10517 | 51.98 | 5517.84 | 2345.23 | 3172.61 |
| 大同高等专科学校 | 13980 | 64.92 | 5025.82 | 3015.92 | 2009.90 |
| 山西大学师范学院 | 29100 | 60.64 | 6601.63 | 3377.72 | 3223.91 |
| 山西医学院汾阳部 | 11886 | 31.13 | 5349.23 | 2584.16 | 2765.08 |
| 山西财税专科学校 | 17087 | 48.14 | 6029.29 | 2641.50 | 3387.79 |
| 内蒙古 | | | | | |
| 内蒙古大学 | 70870 | 98.73 | 6687.69 | 3910.21 | 2777.48 |
| 包头钢铁学院 | 48089 | 68.94 | 6348.47 | 3006.99 | 3341.48 |
| 内蒙古工业大学 | 57517 | 61.21 | 6621.26 | 3194.30 | 3426.96 |

# 教育经费支出(续2)

| 支　出(元) | | | 基建支出(千元) | | |
|---|---|---|---|---|---|
| 其中:预算内生均事业费 | | | 小　计 | 预算内基建支出 | 自筹基建支出 |
| 合　计 | 其中:人员经费 | 其中:公用经费 | | | |
| 15887.10 | 11174.19 | 4712.90 | 1806 | | 1806 |
| 3601.39 | 3084.54 | 516.85 | | | |
| 11213.33 | 6115.33 | 5098.00 | 4000 | | |
| 1185.31 | 1185.31 | | | | |
| 3728.42 | 3728.42 | | | | |
| 3216.80 | 2637.01 | 579.79 | 2000 | | |
| 7933.49 | 3973.08 | 3960.41 | 4980 | | |
| 2862.17 | 2862.17 | | 800 | | |
| 1634.59 | 1144.78 | 489.82 | | | |
| 4789.54 | 3592.71 | 1196.84 | 4300 | | |
| | | | | | |
| 3978.57 | 3556.11 | 422.46 | 26000 | | |
| 3982.45 | 3458.64 | 523.80 | 16017 | | 16017 |
| 4114.34 | 2903.78 | 1210.56 | 14393 | 4350 | 10043 |
| 5611.34 | 4554.17 | 1057.17 | 63278 | 28370 | 34908 |
| 8615.37 | 4809.46 | 3805.91 | 6820 | 1820 | 5000 |
| 4922.83 | 4922.83 | | 7449 | | 7449 |
| 2781.72 | 2781.72 | | | | |
| 3403.80 | 3403.80 | | 6740 | | 6740 |
| 3789.04 | 3205.11 | 583.93 | 11073 | | 11073 |
| 4846.65 | 3053.93 | 1792.72 | | | |
| 5648.92 | 3306.72 | 2342.21 | 200 | | |
| 3507.20 | 3086.77 | 420.44 | 2293 | | 2293 |
| 3487.19 | 2987.70 | 499.49 | | | |
| 2764.02 | 2608.49 | 155.52 | 2150 | | |
| | | | | | |
| 6288.41 | 4571.41 | 1717.00 | | | |
| 10842.35 | 6733.58 | 4108.78 | | | |
| 6438.47 | 4324.97 | 2113.50 | | | |
| 3166.47 | 3166.47 | | | | |
| 2652.65 | 2115.78 | 536.87 | 6643 | | 6643 |
| 2669.99 | 1162.64 | 1507.35 | | | |
| 3905.34 | 3015.92 | 889.41 | 2300 | | 2300 |
| 1959.85 | 1047.87 | 911.98 | | | |
| 1665.17 | 1665.17 | | | | |
| 2902.61 | 2640.44 | 262.17 | | | |
| | | | | | |
| 4543.92 | 3755.94 | 787.97 | 23053 | | |
| 3521.35 | 2311.64 | 1209.72 | 8100 | | |
| 3605.70 | 2485.39 | 1120.31 | 1766 | | |

# 附表3　地方普通高等学校

| | 教育经费支出总额（千　元） | 财政预算内拨款占教育经费支出比例(%) | 生均经常性 | | |
|---|---|---|---|---|---|
| | | | 预算内外生均经常性支出合计 | 其中：人员经费 | 其中：公用经费 |
| 内蒙古农业大学 | 103437 | 75.32 | 8249.32 | 4639.46 | 3609.86 |
| 内蒙古民族大学 | 55621 | 66.53 | 9729.14 | 5528.08 | 4201.06 |
| 内蒙古医学院 | 43696 | 63.95 | 10564.10 | 5250.58 | 5313.52 |
| 包头医学院 | 19410 | 54.80 | 5386.86 | 3247.45 | 2139.42 |
| 内蒙古师范大学 | 82121 | 81.74 | 3790.81 | 2203.54 | 1587.27 |
| 包头师范学院 | 33985 | 45.18 | 8637.35 | 5060.29 | 3577.06 |
| 赤峰民族师范高等 | 22793 | 54.17 | 10169.79 | 4265.99 | 5903.80 |
| 内蒙古财经学院 | 36346 | 54.81 | 6139.52 | 2695.67 | 3443.85 |
| 呼伦贝尔学院 | 22113 | 36.63 | 6273.36 | 3312.74 | 2960.62 |
| 集宁师范高等专科 | 9940 | 52.71 | 8628.47 | 5162.33 | 3466.15 |
| 内蒙古艺术学院 | 18316 | 49.33 | 8675.58 | 4450.72 | 4224.86 |
| 内蒙古民族高等专科学校 | 12630 | 70.52 | 5559.34 | 2926.07 | 2633.27 |
| 包头职业技术学院 | 17116 | 68.16 | 5495.82 | 3346.50 | 2149.31 |
| 辽　宁 | | | | | |
| 辽宁大学 | 168161 | 44.98 | 9390.09 | 4200.44 | 5189.64 |
| 沈阳工业大学 | 156181 | 53.84 | 11861.05 | 4860.76 | 7000.29 |
| 沈阳航空工业学院 | 83986 | 50.63 | 9215.69 | 5264.26 | 3951.43 |
| 沈阳工业学院 | 80180 | 65.40 | 7021.02 | 4278.46 | 2742.56 |
| 鞍山钢铁学院 | 84457 | 52.19 | 8354.70 | 4030.03 | 4324.66 |
| 辽宁工程技术大学 | 111590 | 46.08 | 7470.71 | 3406.98 | 4063.73 |
| 抚顺石油学院 | 76163 | 48.52 | 11918.74 | 5958.09 | 5960.65 |
| 沈阳化工学院 | 54030 | 47.25 | 9115.91 | 3450.31 | 5665.60 |
| 大连铁道学院 | 79465 | 39.09 | 13507.56 | 5579.47 | 7928.10 |
| 大连轻工业学院 | 59990 | 56.17 | 10695.31 | 5580.32 | 5114.99 |
| 沈阳建筑工程学院 | 58347 | 63.41 | 10853.92 | 5601.42 | 5252.49 |
| 辽宁工学院 | 62152 | 55.02 | 9193.63 | 4883.09 | 4310.54 |
| 沈阳农业大学 | 121300 | 60.59 | 9259.05 | 4791.43 | 4467.62 |
| 大连水产学院 | 58413 | 51.48 | 12030.63 | 5262.53 | 6768.11 |
| 中国医科大学 | 100081 | 88.19 | 14199.91 | 7218.36 | 6981.56 |
| 锦州医学院 | 40445 | 59.27 | 9611.34 | 5241.77 | 4369.57 |
| 大连医科大学 | 58357 | 43.94 | 12568.81 | 5248.55 | 7320.27 |
| 辽宁中医学院 | 26793 | 75.01 | 9832.29 | 6067.89 | 3764.40 |
| 沈阳药科大学 | 47258 | 55.29 | 9843.37 | 5081.44 | 4761.92 |
| 沈阳医学院 | 26936 | 59.33 | 7242.81 | 4372.95 | 2869.86 |
| 辽宁师范大学 | 136353 | 42.77 | 11068.52 | 5487.59 | 5580.92 |
| 沈阳师范学院 | 82440 | 50.95 | 9448.09 | 4161.84 | 5286.25 |
| 锦州师范学院 | 85645 | 46.35 | 7833.55 | 3468.18 | 4365.37 |
| 鞍山师范学院 | 48504 | 50.30 | 6477.33 | 3357.60 | 3119.72 |
| 朝阳师范高等专科 | 10769 | 63.60 | 5999.44 | 3747.08 | 2252.37 |
| 大连外国语学院 | 88650 | 18.36 | 21112.17 | 4984.52 | 16127.65 |

# 教育经费支出(续3)

| 支 出(元) | | | 基建支出(千元) | | |
|---|---|---|---|---|---|
| 其中:预算内生均事业费 | | | 小 计 | 预算内基建支出 | 自筹基建支出 |
| 合 计 | 其中:人员经费 | 其中:公用经费 | | | |
| 4472.97 | 3222.85 | 1250.13 | 21480 | | |
| 6431.18 | 4255.98 | 2175.20 | 700 | | |
| 4777.26 | 3969.26 | 808.00 | 7271 | | |
| 2661.68 | 2661.68 | | 4650 | 2800 | 1850 |
| 2340.04 | 1682.49 | 657.55 | 27105 | | |
| 3702.94 | 3702.94 | | 4618 | 2309 | 2309 |
| 5145.26 | 3571.43 | 1573.83 | 1650 | | |
| 2451.32 | 2088.54 | 362.78 | 4310 | | |
| 2368.34 | 2368.34 | | 5865 | 300 | 5565 |
| 3903.65 | 3903.65 | | | | |
| 4078.75 | 3720.16 | 358.59 | 800 | | |
| 3748.54 | 2419.75 | 1328.79 | 1200 | | |
| 2759.29 | 1795.11 | 964.18 | 700 | | |
| | | | | | |
| 4374.38 | 2491.76 | 1882.61 | 45611 | 18550 | 27061 |
| 7504.58 | 4488.22 | 3016.36 | 34368 | 4400 | 29968 |
| 5885.32 | 3366.61 | 2518.72 | 21946 | 150 | 21796 |
| 4591.94 | 2938.70 | 1653.24 | | | |
| 4187.82 | 3632.71 | 555.11 | 3500 | | |
| 3442.79 | 2460.67 | 982.12 | | | |
| 5239.35 | 3807.50 | 1431.86 | 6200 | | |
| 4307.41 | 3278.22 | 1029.19 | | | |
| 5279.62 | 3345.23 | 1934.39 | | | |
| 5484.04 | 2861.47 | 2622.57 | | | |
| 6998.98 | 4199.39 | 2799.59 | 5000 | 2600 | 2400 |
| 5264.69 | 2991.96 | 2272.73 | 3800 | | 3800 |
| 5086.67 | 4077.14 | 1009.52 | 24080 | 20080 | 4000 |
| 6206.70 | 3075.87 | 3130.83 | 16390 | 8390 | 8000 |
| 6956.58 | 5963.39 | 993.19 | | | |
| 5330.57 | 5241.77 | 88.80 | 5700 | 4700 | 1000 |
| 4648.93 | 2922.03 | 1726.90 | | | |
| 6798.17 | 4833.03 | 1965.14 | | | |
| 5340.55 | 4090.81 | 1249.74 | | | |
| 4296.85 | 3217.53 | 1079.32 | | | |
| 5041.85 | 3099.76 | 1942.09 | 22624 | 1100 | 21524 |
| 5396.24 | 3314.04 | 2082.21 | 9000 | | 9000 |
| 3662.55 | 2008.26 | 1654.30 | 1215 | | 1215 |
| 3142.95 | 2024.16 | 1118.78 | 7224 | 1400 | 5824 |
| 3815.60 | 3275.21 | 540.39 | | | |
| 3877.11 | 2348.18 | 1528.94 | | | |

# 附表3　地方普通高等学校

| | 教育经费支出总额（千元） | 财政预算内拨款占教育经费支出比例（%） | 生均经常性 | | |
|---|---|---|---|---|---|
| | | | 预算内外生均经常性支出合计 | 其中：人员经费 | 其中：公用经费 |
| 东北财经大学 | 120168 | 83.00 | 9982.39 | 4056.65 | 5925.74 |
| 沈阳音乐学院 | 31420 | 44.69 | 17202.25 | 8112.36 | 9089.89 |
| 鲁迅美术学院 | 34116 | 31.50 | 22024.53 | 8928.99 | 13095.55 |
| 抚顺师范高等专科学校 | 13627 | 66.38 | 8894.91 | 5353.79 | 3541.12 |
| 锦州师范高等专科 | 21903 | 61.67 | 6162.92 | 3480.02 | 2682.89 |
| 营口职业技术学院 | 19215 | 55.48 | 5441.01 | 2891.27 | 2549.74 |
| 铁岭师范高等专科 | 12673 | 79.74 | 5415.81 | 2811.97 | 2603.85 |
| 沈阳大学 | 129840 | 51.54 | 7420.66 | 3409.25 | 4011.41 |
| 鞍山高等职业专科学校 | 7910 | 79.77 | 3689.37 | 1878.73 | 1810.63 |
| 辽宁农业职业技术学院 | 22477 | 72.11 | 7985.07 | 3998.07 | 3986.99 |
| 辽阳师范高等专科学校 | 19737 | 59.08 | 5021.98 | 2827.66 | 2194.32 |
| 阜新高等专科学校 | 14498 | 56.55 | 8671.05 | 4508.37 | 4162.68 |
| 辽宁大学外语学院 | 11860 | 65.01 | 8903.90 | 5247.75 | 3656.16 |
| 大连医科大学丹东 | 2356 | 55.98 | 5282.51 | 3878.92 | 1403.59 |
| 大连大学 | 117440 | 59.23 | 9881.21 | 4277.75 | 5603.46 |
| 本溪冶金高等专科 | 27550 | 69.51 | 6041.99 | 3111.46 | 2930.53 |
| 辽宁警官高等专科 | 33571 | 50.79 | 13948.89 | 6181.15 | 7767.75 |
| 辽宁交通高等专科 | 20581 | 54.19 | 10059.14 | 3357.77 | 6701.37 |
| 沈阳电力高等专科 | 39888 | 68.29 | 14412.85 | 7675.90 | 6736.95 |
| 辽宁税务高等专科 | 27968 | 55.61 | 9735.45 | 5445.04 | 4290.41 |
| 辽宁财政高等专科 | 33435 | 60.67 | 7786.93 | 2305.88 | 5481.05 |
| 盘锦职业技术学院 | 11064 | 50.49 | 25911.01 | 12822.01 | 13088.99 |
| 本溪高职专 | 10819 | 78.33 | 15068.25 | 7756.27 | 7311.98 |
| 本溪师范专科学校 | 12961 | 69.86 | 5082.75 | 3279.61 | 1803.14 |
| 丹东高专 | 32077 | 35.84 | 5834.12 | 2927.90 | 2906.23 |
| 吉　林 | | | | | |
| 延边大学 | 139659 | 64.67 | | | |
| 长春光精机械学院 | 83952 | 60.26 | 9528.36 | 5837.07 | 3691.29 |
| 东北电力学院 | 66811 | 64.61 | 11114.28 | 6485.04 | 4629.24 |
| 吉林工学院 | 87358 | 63.24 | 5981.84 | 3531.95 | 2449.89 |
| 吉林建筑工程学院 | 38995 | 64.16 | 7160.42 | 4085.67 | 3074.75 |
| 吉林化工学院 | 24894 | 76.04 | 11064.00 | 6953.78 | 4110.22 |
| 吉林农业大学 | 67110 | 68.07 | 9069.07 | 4400.94 | 4668.14 |
| 长春中医学院 | 36274 | 70.84 | 9022.19 | 5057.02 | 3965.17 |
| 吉林师范学院 | 127334 | 67.02 | 7938.12 | 4633.00 | 3305.12 |
| 通化师范学院 | 25284 | 59.10 | 6742.58 | 4375.74 | 2366.84 |
| 四平师范学院 | 56676 | 56.42 | 7632.50 | 4297.62 | 3334.88 |
| 吉林职业师范学院 | 30776 | 62.84 | 8990.35 | 4253.97 | 4736.38 |
| 长春师范学院 | 33241 | 56.03 | 10210.21 | 4899.12 | 5311.09 |
| 白城师范专科学校 | 34414 | 69.27 | 5687.30 | 3086.45 | 2600.86 |

# 教育经费支出(续4)

| 支　出(元) | | | 基建支出(千元) | | |
|---|---|---|---|---|---|
| 其中:预算内生均事业费 | | | 小　计 | 预算内基建支出 | 自筹基建支出 |
| 合　计 | 其中:人员经费 | 其中:公用经费 | | | |
| 6746.14 | 1831.70 | 4914.44 | | | |
| 7439.89 | 4406.18 | 3033.71 | 800 | | |
| 6917.37 | 4389.93 | 2527.44 | | | |
| 4601.83 | 3609.66 | 992.17 | | | |
| 3179.52 | 2872.54 | 306.98 | | | |
| 2372.76 | 1825.62 | 547.14 | 400 | 100 | 300 |
| 3683.76 | 2448.72 | 1235.04 | | | |
| 3681.27 | 2931.06 | 750.21 | 4980 | | |
| 2943.10 | 1776.12 | 1166.98 | | | |
| 5278.90 | 3275.53 | 2003.37 | 5900 | 5100 | 800 |
| 2103.99 | 1458.05 | 645.94 | 1000 | | |
| 3965.31 | 2912.68 | 1052.63 | | | |
| 5487.99 | 3310.81 | 2177.18 | | | |
| 2957.40 | 2957.40 | | | | |
| 4963.28 | 2107.13 | 2856.16 | 3065 | | 3065 |
| 4165.74 | 3111.46 | 1054.28 | 500 | | |
| 6814.88 | 4003.98 | 2810.90 | 9007 | 5050 | 3957 |
| 2073.80 | 1595.80 | 478.01 | | | |
| 9333.33 | 5275.10 | 4058.23 | 4000 | | |
| 8380.39 | 5445.04 | 2935.34 | 9899 | 3700 | 6199 |
| 5224.58 | 1952.94 | 3271.63 | 3650 | | 3650 |
| 8946.14 | 7021.08 | 1925.06 | | | |
| 11802.23 | 6377.44 | 5424.79 | | | |
| 3550.98 | 3279.61 | 271.37 | | | |
| 2264.97 | 2212.17 | 52.80 | 2463 | | 2463 |
| | | | | | |
| | | | 9980 | | |
| 4609.22 | 3133.60 | 1475.62 | 5000 | | |
| 7658.08 | 5548.52 | 2109.56 | 5538 | | 5538 |
| 2986.00 | 2917.20 | 68.79 | 13883 | 11950 | 1933 |
| 3744.49 | 3067.78 | 676.71 | 966 | 530 | 436 |
| 2222.22 | 1777.78 | 444.44 | | | |
| 4575.75 | 2900.51 | 1675.24 | 3300 | | |
| 4339.89 | 3400.56 | 939.33 | 4155 | 550 | 3605 |
| 5256.13 | 3177.90 | 2078.23 | 19574 | | 19574 |
| 4663.95 | 3589.39 | 1074.55 | 7106 | | 7106 |
| 4020.79 | 3289.30 | 731.49 | 8950 | 150 | 8800 |
| 5135.39 | 2698.41 | 2436.97 | 1890 | | |
| 5300.75 | 3084.27 | 2216.48 | 650 | | |
| 3765.87 | 2339.94 | 1425.93 | 9151 | 4850 | 4301 |

## 附表3　地方普通高等学校

| | 教育经费支出总额（千　元） | 财政预算内拨款占教育经费支出比例（%） | 生　均　经　常　性 | | |
|---|---|---|---|---|---|
| | | | 预算内外生均经常性支出合计 | 其中：人员经费 | 其中：公用经费 |
| 长春税务学院 | 53162 | 50.73 | 8242.17 | 3700.62 | 4541.55 |
| 吉林体育学院 | 13440 | 63.40 | 8038.40 | 4493.98 | 3544.43 |
| 吉林艺术学院 | 37135 | 51.81 | 16819.63 | 7204.57 | 9615.07 |
| 四平职业大学 | 6890 | 34.03 | 4303.56 | 1269.83 | 3033.73 |
| 吉林财税专科学校 | 25678 | 44.93 | 6924.60 | 3142.65 | 3781.95 |
| 吉林商业专科学校 | 16449 | 58.09 | 6730.36 | 2727.09 | 4003.27 |
| 吉林粮油食品专科 | 18159 | 65.26 | 7368.90 | 3382.72 | 3986.18 |
| 长春工程学院 | 90588 | 65.62 | 7759.82 | 4540.40 | 3219.42 |
| 吉林农垦特产专科 | 18810 | 61.13 | 7836.45 | 3745.98 | 4090.47 |
| 长春金融专科学校 | 19068 | 106.04 | 1341.59 | 671.08 | 670.51 |
| 吉林公安专科学校 | 19060 | 53.74 | 14019.05 | 6127.62 | 7891.43 |
| 长春大学 | 82455 | 51.18 | 9565.87 | 4739.28 | 4826.59 |
| 吉林冶金工业学校 | 9349 | 76.85 | 7449.40 | 5380.08 | 2069.32 |
| **黑龙江** | | | | | |
| 黑龙江大学 | 127146 | 27.13 | 10802.20 | 3857.14 | 6945.06 |
| 哈尔滨理工大学 | 131185 | 74.06 | 8112.32 | 4215.27 | 3897.05 |
| 黑龙江科技学院 | 49247 | 56.64 | 9596.17 | 4371.45 | 5224.72 |
| 大庆石油学院 | 114152 | 50.91 | 11157.68 | 6411.46 | 4746.22 |
| 齐齐哈尔大学 | 107313 | 38.96 | 9706.31 | 4443.55 | 5262.75 |
| 佳木斯大学 | 146542 | 41.46 | 8290.29 | 4129.13 | 4161.16 |
| 黑龙江八一农垦大 | 46171 | 42.41 | 9213.96 | 5193.71 | 4020.25 |
| 东北农业大学 | 85213 | 74.18 | 8246.32 | 4068.75 | 4177.57 |
| 哈尔滨医科大学 | 84957 | 45.45 | 11728.24 | 5059.72 | 6668.52 |
| 黑龙江中医药大学 | 46656 | 45.96 | 8927.57 | 3695.47 | 5232.11 |
| 牡丹江医学院 | 51192 | 30.05 | 10112.94 | 2428.09 | 7684.85 |
| 哈尔滨师范大学 | 167416 | 27.33 | 10458.03 | 4889.18 | 5568.85 |
| 牡丹江师范学院 | 52154 | 48.29 | 7866.04 | 3559.38 | 4306.67 |
| 哈尔滨师范专科 | 37904 | 81.72 | 9490.24 | 5846.27 | 3643.97 |
| 绥化师范专科学校 | 16720 | 72.76 | 5883.23 | 3585.33 | 2297.90 |
| 克山师范专科学校 | 15947 | 67.71 | 5818.22 | 2659.01 | 3159.21 |
| 呼兰师范专科学校 | 24377 | 54.51 | 7415.94 | 4023.51 | 3392.43 |
| 黑龙江商学院 | 71341 | 47.51 | 8786.67 | 4744.63 | 4042.05 |
| 黑龙江财政专科 | 35801 | 39.53 | 12086.26 | 4753.05 | 7333.21 |
| 哈尔滨体育学院 | 31265 | 48.53 | 10883.02 | 5181.71 | 5701.31 |
| 黑龙江水利专科 | 18453 | 48.57 | 7639.93 | 4701.67 | 2938.26 |
| 黑龙江农垦师专科 | 18617 | 50.30 | 7497.36 | 4823.81 | 2673.55 |
| 齐师院黑河分校 | 16314 | 36.89 | 9616.76 | 4417.58 | 5199.18 |
| 牡丹江大学 | 10834 | 46.22 | 4837.90 | 3054.76 | 1783.13 |
| 齐齐哈尔医学院 | 39316 | 23.96 | 10298.86 | 3802.19 | 6496.67 |
| 哈工程高等专科 | 21303 | 54.72 | | | |

# 教育经费支出(续5)

| 支 出(元) | | | 基建支出(千元) | | |
|---|---|---|---|---|---|
| 其中:预算内生均事业费 | | | 小 计 | 预算内基建支出 | 自筹基建支出 |
| 合 计 | 其中:人员经费 | 其中:公用经费 | | | |
| 4181.40 | 3700.62 | 480.78 | | | |
| 4926.96 | 3706.33 | 1220.63 | 2765 | 1150 | 1615 |
| 5531.05 | 4886.76 | 644.29 | 300 | | |
| 1322.30 | 1166.77 | 155.53 | | | |
| 3694.51 | 2773.45 | 921.06 | 6116 | 50 | 6066 |
| 3123.98 | 1946.40 | 1177.58 | | | |
| 4129.16 | 2532.18 | 1596.98 | 1100 | | |
| 6105.18 | 3299.80 | 2805.39 | 17700 | 2100 | 15600 |
| 4302.31 | 3059.59 | 1242.71 | 794 | | 794 |
| 1341.59 | 671.08 | 670.51 | | | |
| 7072.38 | 4719.05 | 2353.33 | 4340 | 1880 | 2460 |
| 3962.32 | 3283.09 | 679.23 | 20009 | 4920 | 15089 |
| 4001.59 | 3523.51 | 478.09 | | | |
| | | | | | |
| 2970.29 | 2536.81 | 433.48 | 1700 | | 1700 |
| 5290.85 | 3525.32 | 1765.53 | 4000 | | |
| 5528.75 | 2454.29 | 3074.47 | 5690 | 1900 | 3790 |
| 5409.32 | 4251.07 | 1158.24 | 15228 | 8000 | 7228 |
| 4303.02 | 3329.36 | 973.67 | 25120 | 5000 | 20120 |
| 3385.11 | 3053.41 | 331.70 | 29823 | 10000 | 19823 |
| 4546.10 | 3878.96 | 667.14 | 7500 | 500 | 7000 |
| 4098.32 | 3665.87 | 432.45 | 13000 | | |
| 4459.93 | 3155.91 | 1304.02 | 6800 | | 6800 |
| 3384.79 | 2390.72 | 994.07 | 4500 | | |
| 3017.36 | 2428.09 | 589.27 | 6331 | 2000 | 4331 |
| 3111.75 | 2657.58 | 454.16 | 53800 | 10000 | 43800 |
| 5057.29 | 3137.08 | 1920.21 | 14397 | | 14397 |
| 6045.82 | 4171.01 | 1874.81 | | | |
| 4178.52 | 3585.33 | 593.19 | 1000 | | |
| 3813.94 | 2659.01 | 1154.92 | 1000 | | |
| 4130.28 | 3903.98 | 226.29 | 5763 | 2500 | 3263 |
| 4446.13 | 3201.42 | 1244.71 | 14500 | 3000 | 11500 |
| 5401.91 | 3608.02 | 1793.89 | 4135 | | 4135 |
| 6761.50 | 4533.22 | 2228.28 | 12100 | 3000 | 9100 |
| 4038.76 | 4038.76 | | 1500 | | 1500 |
| 4167.55 | 4167.55 | | 3000 | | 3000 |
| 4133.93 | 3953.30 | 180.63 | 2312 | | 2312 |
| 2742.61 | 2376.78 | 365.83 | 2000 | | 2000 |
| 3101.45 | 2300.82 | 800.63 | 13023 | 1000 | 12023 |
| | | | 500 | | |

## 附表3 地方普通高等学校

| | 教育经费支出总额（千元） | 财政预算内拨款占教育经费支出比例(%) | 生均经常性 | | |
|---|---|---|---|---|---|
| | | | 预算内外生均经常性支出合计 | 其中：人员经费 | 其中：公用经费 |
| 鸡西大学 | 11782 | 29.34 | 5060.36 | 2414.44 | 2645.92 |
| 黑龙江建筑职业技术学院 | 23328 | 26.28 | 53710.53 | 22463.82 | 31246.71 |
| 黑龙江交通高等专科学校 | 32859 | 39.06 | 9871.72 | 5321.18 | 4550.54 |
| 鸡西煤炭医学高等 | 22434 | 32.95 | 13346.83 | 7204.44 | 6142.39 |
| **上海** | | | | | |
| 上海理工大学 | 148686 | 73.51 | 12000.48 | 5720.26 | 6280.23 |
| 上海海运学院 | 98772 | 57.63 | 12791.60 | 6792.25 | 5999.35 |
| 上海电力学院 | 63166 | 33.83 | 17128.80 | 9070.67 | 8058.12 |
| 上海轻工业专科 | 102053 | 91.31 | 10536.60 | 8290.60 | 2245.99 |
| 上海医疗器械专科 | 19353 | 51.57 | 13439.58 | 8125.69 | 5313.89 |
| 上海水产大学 | 62361 | 62.51 | 11810.75 | 7382.72 | 4428.03 |
| 上海第二医科大学 | 212387 | 94.19 | 27361.98 | 9273.16 | 18088.82 |
| 上海中医学院 | 100794 | 75.25 | 21618.78 | 12376.24 | 9242.53 |
| 上海师范大学 | 184393 | 78.56 | 13328.84 | 7373.20 | 5955.64 |
| 上海对外贸易学院 | 32977 | 72.48 | 10977.70 | 6627.50 | 4350.20 |
| 上海旅游专科学校 | 16446 | 55.09 | 10285.18 | 7140.71 | 3144.47 |
| 华东政法学院 | 76060 | 48.28 | 11423.85 | 5835.54 | 5588.31 |
| 上海音乐学院 | 28205 | 37.97 | 39669.48 | 22246.13 | 17423.35 |
| 上海戏剧学院 | 19502 | 46.35 | 32234.71 | 22393.39 | 9841.32 |
| 上海大学 | 750000 | 90.01 | 17162.19 | 8369.68 | 8792.51 |
| 上海公安专科学校 | 42919 | 78.15 | 26476.87 | 17565.08 | 8911.78 |
| 上海工程技术大学 | 59795 | 60.84 | 13860.69 | 7860.69 | 6000.00 |
| 上海东沪职业技术学院 | 33352 | 61.53 | 15534.23 | 8789.94 | 6744.29 |
| 立信会计专科学校 | 35151 | 50.99 | 6753.35 | 4655.91 | 2097.44 |
| 上海电机制造专科 | 33718 | 43.92 | 10974.78 | 6144.58 | 4830.20 |
| 上海金融专科学校 | 35018 | 67.47 | 13702.15 | 6885.05 | 6817.10 |
| 上海出版专科学校 | 26529 | 53.68 | 13530.56 | 7050.45 | 6480.12 |
| 上海第二工业大学 | 50291 | 58.48 | | | |
| 上海商业职业技术学校 | 22939 | 47.26 | 22779.54 | 11304.87 | 11474.68 |
| **江苏** | | | | | |
| 苏州大学 | 443300 | 44.69 | 12842.60 | 5013.49 | 7829.11 |
| 华东船舶工业学院 | 90996 | 49.78 | 10657.95 | 6256.39 | 4401.56 |
| 南京化工大学 | 247938 | 26.85 | 19356.09 | 6923.73 | 12432.36 |
| 江苏石油化工学院 | 47689 | 58.85 | 12939.98 | 6722.04 | 6217.94 |
| 南京邮电学院 | 100241 | 41.79 | 14341.25 | 8071.60 | 6269.66 |
| 南京建筑工程学院 | 58567 | 44.18 | 13693.48 | 7399.11 | 6294.37 |
| 南京林业大学 | 87896 | 69.05 | 10831.68 | 6492.89 | 4338.79 |
| 江苏理工大学 | 240966 | 45.51 | 8012.76 | 4996.69 | 3016.07 |
| 南京气象学院 | 73034 | 55.07 | 9328.33 | 3962.19 | 5366.14 |
| 连云港化工专科学校 | 33610 | 49.20 | 9597.59 | 5848.42 | 3749.16 |

# 教育经费支出(续6)

| 支　出(元) | | | 基建支出(千元) | | |
|---|---|---|---|---|---|
| 其中:预算内生均事业费 | | | 小　　计 | 预算内基建支出 | 自筹基建支　出 |
| 合　　计 | 其中:人员经费 | 其中:公用经费 | | | |
| 5060.36 | 2414.44 | 2645.92 | 3650 | | 3650 |
| 13588.82 | 13588.82 | | 7000 | 2000 | 5000 |
| 4105.89 | 3849.97 | 255.92 | 2000 | | 2000 |
| 3548.01 | 3538.86 | 9.14 | 2000 | 1000 | 1000 |
| | | | | | |
| 10766.02 | 5703.07 | 5062.95 | | | |
| 6193.22 | 3728.24 | 2464.98 | 1057 | | 1057 |
| 6031.04 | 4679.33 | 1351.72 | 11300 | | 11300 |
| 10469.56 | 8267.79 | 2201.77 | 19857 | 10000 | 9857 |
| 6930.56 | 4338.89 | 2591.67 | | | |
| 7818.30 | 4894.71 | 2923.59 | 9189 | | 9189 |
| 19457.50 | 8046.56 | 11410.94 | 40800 | 29800 | 11000 |
| 15698.08 | 9653.62 | 6044.46 | 35635 | 30000 | 5635 |
| 10878.22 | 6193.59 | 4684.63 | 1388 | | 1388 |
| 7933.09 | 4818.91 | 3114.18 | | | |
| 5666.04 | 4891.18 | 774.86 | | | |
| 4542.66 | 3678.13 | 864.52 | | | |
| 26762.31 | 15049.23 | 11713.08 | | | |
| 14942.15 | 12623.14 | 2319.01 | | | |
| 12528.10 | 7760.04 | 4768.06 | 317650 | | |
| 26476.87 | 17565.08 | 8911.78 | | | |
| 10648.82 | 6380.16 | 4268.66 | | | |
| 11133.67 | 6297.62 | 4836.05 | | | |
| 3486.61 | 2403.74 | 1082.87 | 844 | | 844 |
| 5083.13 | 4283.84 | 799.29 | 2824 | | 2824 |
| 10961.49 | 5507.93 | 5453.57 | 10820 | 4310 | 6510 |
| 6237.39 | 3921.66 | 2315.73 | 3730 | | |
| | | | 2234 | | 2234 |
| 22779.54 | 11304.87 | 11474.68 | | | |
| | | | | | |
| 6817.55 | 4987.44 | 1830.11 | 83399 | 7000 | 76399 |
| 5921.54 | 4934.03 | 987.51 | 18458 | 5000 | 13458 |
| 8562.32 | 6923.73 | 1638.58 | 109871 | 5500 | 104371 |
| 6992.12 | 5509.55 | 1482.57 | 5000 | | |
| 5220.26 | 5220.26 | | 8500 | | |
| 6050.27 | 6024.55 | 25.72 | | | |
| 8146.44 | 4567.38 | 3579.06 | 7200 | | 7200 |
| 6416.01 | 4057.50 | 2358.52 | 107874 | 3100 | 104774 |
| 3086.20 | 2547.07 | 539.13 | 9620 | | |
| 5259.89 | 4175.05 | 1084.84 | 4990 | 850 | 4140 |

# 附表3　地方普通高等学校

| | 教育经费支出总额（千元） | 财政预算内拨款占教育经费支出比例(%) | 生均经常性 | | |
|---|---|---|---|---|---|
| | | | 预算内外生均经常性支出合计 | 其中：人员经费 | 其中：公用经费 |
| 南通工学院 | 49119 | 57.61 | 9421.24 | 4672.30 | 4748.94 |
| 盐城工学院 | 81600 | 51.44 | 12236.32 | 5074.39 | 7161.93 |
| 南通医学院 | 34016 | 66.95 | 11912.23 | 7501.08 | 4411.15 |
| 南京医科大学 | 119432 | 48.68 | 19764.25 | 8117.47 | 11646.78 |
| 徐州医学院 | 52825 | 61.16 | 14349.87 | 9231.54 | 5118.33 |
| 南京中医药大学 | 64772 | 59.84 | 22005.72 | 10839.53 | 11166.19 |
| 镇江医学院 | 35846 | 61.42 | 12556.05 | 7788.42 | 4767.63 |
| 南京师范大学 | 412665 | 43.75 | 16474.32 | 7624.34 | 8849.99 |
| 徐州师范学院 | 187570 | 49.50 | 12601.39 | 6718.38 | 5883.01 |
| 苏州铁道师范学院 | 69784 | 60.51 | 12713.97 | 9681.69 | 3032.28 |
| 淮阴师范专科学校 | 82996 | 42.06 | 7406.93 | 3861.82 | 3545.11 |
| 盐城师范学院 | 77045 | 44.45 | 13765.52 | 5198.64 | 8566.88 |
| 南通师范专科学校 | 99237 | 40.74 | 12059.73 | 4236.09 | 7823.64 |
| 镇江师范专科学校 | 31024 | 60.65 | 9173.91 | 4924.07 | 4249.85 |
| 南京经济学院 | 68194 | 49.82 | 5991.31 | 3210.17 | 2781.14 |
| 江苏公安专科学校 | 49624 | 59.67 | 15488.14 | 8657.62 | 6830.52 |
| 南京艺术学院 | 87419 | 69.02 | 24371.65 | 10739.05 | 13632.60 |
| 苏州城建环保学院 | 85767 | 36.01 | 12908.83 | 7610.73 | 5298.10 |
| 常熟高等专科学校 | 53858 | 57.23 | 12049.47 | 6136.27 | 5913.20 |
| 徐师大宿迁分校 | 4000 | 50.00 | 5780.35 | | 5780.35 |
| 南京金陵职业大学 | 31994 | 38.49 | 8346.18 | 4104.30 | 4241.88 |
| 淮阴工业专科学校 | 69011 | 33.01 | 7623.97 | 4579.14 | 3044.83 |
| 镇江市高等专科学校 | 23087 | 38.38 | 6228.78 | 2822.97 | 3405.81 |
| 南通职业大学 | 21366 | 39.39 | 8302.69 | 5771.70 | 2531.00 |
| 彭城职业大学 | 14380 | 41.59 | 4253.18 | 1884.06 | 2369.12 |
| 苏州职业大学 | 26376 | 46.71 | 7985.06 | 4988.05 | 2997.01 |
| 常州工业技术学院 | 33886 | 47.66 | 9243.32 | 4342.06 | 4901.25 |
| 江南大学 | 46279 | 31.59 | 8651.20 | 5294.91 | 3356.29 |
| 扬州大学 | 360859 | 53.98 | 14329.81 | 7373.83 | 6955.97 |
| 宿迁市高等职业技术学院 | 10600 | 69.81 | 21292.78 | 2471.48 | 18821.29 |
| 泰州高等职业技术学院 | 13218 | 15.95 | 3910.45 | 1720.63 | 2189.82 |
| 南京机械专科学校 | 55829 | 42.34 | 8973.12 | 4773.92 | 4199.20 |
| 南京金融专科学校 | 29607 | 63.91 | 14954.28 | 7365.75 | 7588.53 |
| 南京审计学院 | 44956 | 47.03 | 9670.04 | 4045.17 | 5624.87 |
| 沙州职业工学院 | 18152 | 62.32 | 6289.78 | 3839.11 | 2450.67 |
| 南京农业专科学校 | 17756 | 58.60 | 7694.03 | 4002.39 | 3691.65 |
| 南京晓庄学院 | 39348 | 43.52 | 13138.01 | 6911.60 | 6226.41 |
| 扬州职业大学 | 15486 | 25.86 | 4992.26 | 3139.59 | 1852.68 |
| 常州技术师范学院 | 48697 | 62.09 | 8682.55 | 3540.26 | 5142.28 |
| 南京电力专科学校 | 38545 | 52.87 | 16452.86 | 9963.41 | 6489.45 |

# 教育经费支出(续7)

| 支　出(元) | | | 基建支出(千元) | | |
|---|---|---|---|---|---|
| 其中:预算内生均事业费 | | | 小　计 | 预算内基建支出 | 自筹基建支　出 |
| 合　计 | 其中:人员经费 | 其中:公用经费 | | | |
| 5443.20 | 4000.21 | 1442.99 | 4500 | 2500 | 2000 |
| 6294.91 | 5074.39 | 1220.53 | 11853 | 2800 | 9053 |
| 7867.99 | 7501.08 | 366.91 | 900 | | |
| 10888.09 | 5432.42 | 5455.67 | 23358 | 2200 | 21158 |
| 7787.00 | 6545.20 | 1241.80 | 2500 | | |
| 11564.33 | 9281.27 | 2283.06 | 3200 | | |
| 8241.34 | 6500.61 | 1740.73 | 5046 | 1800 | 3246 |
| 12654.88 | 6666.40 | 5988.49 | 189405 | 9030 | 180375 |
| 8381.96 | 5803.71 | 2578.25 | 49799 | 1200 | 48599 |
| 6337.23 | 6337.23 | | 24090 | 19450 | 4640 |
| 3631.85 | 2423.18 | 1208.67 | 16904 | 2500 | 14404 |
| 6109.73 | 5198.64 | 911.09 | 8300 | 1800 | 6500 |
| 6723.50 | 4236.09 | 2487.42 | 31196 | 2500 | 28696 |
| 5454.68 | 3480.71 | 1973.97 | 1062 | 1000 | 62 |
| 3931.90 | 3210.17 | 721.73 | 21300 | 3200 | 18100 |
| 9241.57 | 7329.90 | 1911.67 | | | |
| 11364.96 | 7138.08 | 4226.89 | 47352 | 41650 | 5702 |
| 6195.03 | 6195.03 | | 36920 | 7400 | 29520 |
| 8291.96 | 5529.29 | 2762.67 | 14155 | 3500 | 10655 |
| 2890.17 | | 2890.17 | | | |
| 3252.18 | 2310.27 | 941.91 | 387 | | 387 |
| 3497.07 | 3497.07 | | 24792 | 2500 | 22292 |
| 2575.58 | 2293.90 | 281.69 | 1660 | | 1660 |
| 2988.46 | 2077.81 | 910.65 | 1946 | | 1946 |
| 1768.71 | 1768.71 | | | | |
| 3489.73 | 3199.48 | 290.25 | 5000 | 2000 | 3000 |
| 4405.35 | 3074.74 | 1330.61 | | | |
| 3647.95 | 3503.24 | 144.71 | 11605 | | 11605 |
| 9299.51 | 7373.83 | 1925.67 | 73790 | 4250 | 69540 |
| 16661.60 | | 16661.60 | 5000 | | 5000 |
| 806.74 | 806.74 | | 3000 | | 3000 |
| 4164.89 | 3134.58 | 1030.31 | 8756 | 1500 | 7256 |
| 13730.77 | 6365.75 | 7365.02 | 9000 | | 9000 |
| 4483.76 | 4045.17 | 438.59 | | | |
| 3023.11 | 2503.11 | 520.00 | 4000 | | |
| 4489.26 | 2681.62 | 1807.64 | 1637 | | 1637 |
| 6387.54 | 4504.66 | 1882.88 | 4125 | | 4125 |
| 1290.78 | 1290.78 | | | | |
| 5994.31 | 2856.03 | 3138.28 | 7507 | 1800 | 5707 |
| 8773.14 | 7381.40 | 1391.73 | 325 | | 325 |

## 附表3 地方普通高等学校

| | 教育经费支出总额（千元） | 财政预算内拨款占教育经费支出比例(%) | 生均经常性 | | |
|---|---|---|---|---|---|
| | | | 预算内外生均经常性支出合计 | 其中：人员经费 | 其中：公用经费 |
| 淮海工学院 | 70888 | 49.62 | 10272.68 | 5170.47 | 5102.22 |
| 南通纺织职业技术学院 | 24618 | 52.08 | 9347.40 | 5081.17 | 4266.23 |
| 无锡职业技术学院 | 26900 | 50.52 | 9238.15 | 4385.96 | 4852.18 |
| 徐州建筑职业技术学院 | 32257 | 33.23 | 12551.36 | 5605.45 | 6945.91 |
| 无锡商业职业技术学院 | 30490 | 48.93 | 16536.54 | 7245.36 | 9291.18 |
| 苏州工艺美术职业技术学院 | 22259 | 54.64 | 13613.56 | 6645.00 | 6968.55 |
| 南京工业职业技术学院 | 26352 | 42.43 | 19165.09 | 6570.18 | 12594.91 |
| 连云港师专 | 28480 | 30.65 | 6439.57 | 4149.61 | 2289.96 |
| 连云港职业技术学院 | 14654 | 45.03 | 4179.87 | 2675.13 | 1504.74 |
| 浙　江 | | | | | |
| 杭州电子工业学院 | 96016 | 66.03 | 7657.45 | 4067.83 | 3589.62 |
| 浙江工业大学 | 218254 | 38.34 | 15199.70 | 8125.34 | 7074.36 |
| 浙江工程学院 | 77045 | 52.63 | 13569.68 | 6496.18 | 7073.50 |
| 浙江海洋学院 | 53212 | 32.07 | 19359.65 | 5826.81 | 13532.85 |
| 浙江林学院 | 60665 | 34.33 | 20087.48 | 7001.17 | 13086.31 |
| 温州医学院 | 77641 | 35.09 | 11308.05 | 4823.67 | 6484.38 |
| 浙江中医学院 | 67970 | 29.14 | 8350.25 | 3451.30 | 4898.95 |
| 浙江师范大学 | 162308 | 41.04 | 10082.81 | 4157.68 | 5925.13 |
| 杭州师范学院 | 87840 | 41.29 | 11926.88 | 4415.02 | 7511.86 |
| 湖州师范学院 | 29293 | 57.62 | 10244.99 | 5588.40 | 4656.59 |
| 绍兴文理学院 | 55005 | 39.02 | 11462.67 | 6126.81 | 5335.86 |
| 台州师范专科学校 | 51788 | 36.86 | 8441.20 | 4032.94 | 4408.27 |
| 温州师范学院 | 62400 | 58.19 | 16762.34 | 7869.40 | 8892.94 |
| 丽水师范专科学校 | 23049 | 34.50 | 9322.43 | 5193.92 | 4128.51 |
| 杭州商学院 | 120720 | 47.31 | 8810.94 | 5476.46 | 3334.48 |
| 嘉兴学院 | 42132 | 49.07 | 10650.39 | 5614.15 | 5036.25 |
| 中国美术学院 | 46760 | 62.50 | 31016.33 | 12662.43 | 18353.90 |
| 中国计量学院 | 36885 | 64.53 | 7204.68 | 4643.97 | 2560.71 |
| 浙江万里学院(筹) | 14091 | 50.98 | 20813.88 | 12110.78 | 8703.10 |
| 杭州应用工程技术学院 | 35644 | 57.31 | 12998.40 | 6470.87 | 6527.53 |
| 宁波高等专科学校 | 106432 | 40.15 | 26236.48 | 4094.97 | 22141.51 |
| 杭州医学高等专科 | 25971 | 45.65 | 17433.95 | 7928.13 | 9505.82 |
| 浙江海洋学院(地) | 17127 | 59.31 | 8920.31 | 5953.65 | 2966.67 |
| 温州大学 | 49917 | 23.69 | 11006.94 | 5835.54 | 5171.40 |
| 浙江水利水电专科学校 | 21811 | 58.72 | 6972.64 | 4812.85 | 2159.79 |
| 浙江财经学院 | 61473 | 46.20 | 6287.92 | 3253.19 | 3034.72 |
| 浙江公安高等专科学校 | 47767 | 75.36 | 29505.47 | 10900.78 | 18604.69 |
| 嘉兴高等专科学校 | 23005 | 62.55 | 10016.47 | 4590.25 | 5426.22 |
| 宁波大学 | 178256 | 32.24 | 9748.70 | 4469.39 | 5279.31 |
| 浙江广播电视专科 | 29343 | 42.88 | 11821.48 | 7336.72 | 4484.76 |

## 教育经费支出(续8)

| 支　出(元) | | | 基建支出(千元) | | |
|---|---|---|---|---|---|
| 其中:预算内生均事业费 | | | 小　计 | 预算内基建支出 | 自筹基建支出 |
| 合　计 | 其中:人员经费 | 其中:公用经费 | | | |
| 5531.69 | 2779.84 | 2751.85 | 5564 | | 5564 |
| 6938.31 | 5081.17 | 1857.14 | 7344 | | 7344 |
| 4998.51 | 4385.96 | 612.54 | 2151 | 200 | 1951 |
| 4171.21 | 4171.21 | | | | |
| 8654.29 | 7245.36 | 1408.93 | 1981 | | 1981 |
| 7255.77 | 5588.40 | 1667.37 | 2778 | | 2778 |
| 8130.91 | 6570.18 | 1560.73 | | | |
| 3340.64 | 2933.72 | 406.92 | 15266 | | 15266 |
| 2018.66 | 1882.84 | 135.82 | 990 | | 990 |
| | | | | | |
| 4857.33 | 3150.01 | 1707.31 | 23990 | 8500 | 15490 |
| 5920.75 | 4814.14 | 1106.61 | 34900 | 5500 | 29400 |
| 6747.66 | 4296.62 | 2451.04 | 14828 | 4600 | 10228 |
| 7906.44 | 5651.63 | 2254.81 | 24037 | 5000 | 19037 |
| 6294.71 | 4204.51 | 2090.20 | 9000 | 2500 | 6500 |
| 4345.49 | 1780.99 | 2564.50 | 19348 | 2500 | 16848 |
| 3384.07 | 1915.01 | 1469.06 | 28966 | 4000 | 24966 |
| 5675.20 | 3338.92 | 2336.28 | 48100 | 2000 | 46100 |
| 3834.27 | 2318.18 | 1516.09 | 3350 | | |
| 5476.27 | 4233.39 | 1242.88 | 146 | | 146 |
| 4328.29 | 3144.27 | 1184.02 | 500 | | |
| 3998.23 | 3381.08 | 617.15 | 13600 | 1000 | 12600 |
| 10421.35 | 5512.63 | 4908.73 | 4000 | | 4000 |
| 4562.25 | 3988.53 | 573.72 | 6800 | | 6800 |
| 5399.89 | 4069.38 | 1330.51 | 38558 | 3180 | 35378 |
| 5648.35 | 2915.52 | 2732.83 | 5697 | 1350 | 4347 |
| 21073.50 | 12230.49 | 8843.01 | 12580 | 6000 | 6580 |
| 4590.20 | 2767.78 | 1822.42 | 3657 | 2500 | 1157 |
| 10499.26 | 7462.33 | 3036.93 | | | |
| 7505.99 | 4112.93 | 3393.06 | 3070 | 1500 | 1570 |
| 19727.99 | 3266.04 | 16461.95 | 23000 | | 23000 |
| 7214.92 | 3865.16 | 3349.76 | 500 | | |
| 5290.63 | 4726.04 | 564.58 | | | |
| 3732.32 | 2908.46 | 823.86 | 15047 | | 15047 |
| 2621.80 | 2049.50 | 572.30 | 5753 | 3000 | 2753 |
| 3205.97 | 2115.28 | 1090.69 | 16200 | 5000 | 11200 |
| 20310.16 | 10900.78 | 9409.38 | 10000 | | |
| 4341.24 | 2635.05 | 1706.19 | 7800 | | |
| 3777.02 | 2935.91 | 841.10 | 52605 | 2500 | 50105 |
| 6086.60 | 3179.49 | 2907.11 | 4908 | | 4908 |

## 附表3 地方普通高等学校

| | 教育经费支出总额（千 元） | 财政预算内拨款占教育经费支出比例(%) | 生 均 经 常 性 | | |
|---|---|---|---|---|---|
| | | | 预算内外生均经常性支出合计 | 其中：人员经费 | 其中：公用经费 |
| 温州职业技术学院 | 30972 | 42.77 | 23182.63 | 14747.75 | 8434.88 |
| 丽水职业技术学院(筹) | 3340 | 60.03 | 16213.59 | 6276.70 | 9936.89 |
| 宁波职业技术学院 | 15334 | 10.21 | 14438.79 | 2767.42 | 11671.37 |
| 宁波服装职业技术学院 | 52477 | | 8094.77 | | 8094.77 |
| 浙江交通职业技术学院 | 16246 | 194.69 | 16085.15 | 9318.81 | 6766.34 |
| 台州职业技术学院 | 3620 | 14.92 | | | |
| 衢州职业技术学院(筹) | 21528 | 3.46 | | | |
| 义乌工商职业技术学院(筹) | 3648 | 13.16 | 3019.87 | 1264.07 | 1755.79 |
| 湖州职业技术学院(筹) | 2189 | | 2918.67 | 1354.67 | 1564.00 |
| 湖州交通学校(大专班) | 180 | | 4500.00 | 2575.00 | 1925.00 |
| 安　徽 | | | | | |
| 安徽大学 | 134179 | 60.23 | 9706.08 | 5317.92 | 4388.15 |
| 安徽工业大学 | 89323 | 44.70 | 7180.11 | 4021.37 | 3158.74 |
| 淮南工业学院 | 84074 | 51.95 | 7641.57 | 4194.57 | 3447.00 |
| 安徽机电学院 | 33012 | 79.09 | 5964.93 | 3677.32 | 2287.61 |
| 安徽农业大学 | 84081 | 56.92 | 10409.41 | 6006.68 | 4402.73 |
| 安徽医科大学 | 66836 | 39.32 | 8784.39 | 4955.77 | 3828.63 |
| 蚌埠医学院 | 34328 | 46.55 | 6582.89 | 3912.94 | 2669.96 |
| 皖南医学院 | 30781 | 69.83 | 6499.19 | 4341.62 | 2157.57 |
| 安徽中医学院 | 39829 | 46.47 | 7052.70 | 4119.32 | 2933.38 |
| 安徽师范大学 | 87274 | 67.01 | 6137.40 | 4112.62 | 2024.77 |
| 阜阳师范学院 | 49458 | 43.02 | 4344.66 | 1652.06 | 2692.60 |
| 安庆师范学院 | 37954 | 48.38 | 6741.23 | 3046.25 | 3694.98 |
| 淮北煤炭师范学院 | 41394 | 64.26 | 3012.69 | 2421.67 | 591.03 |
| 芜湖师范专科学校 | 22680 | 48.29 | 6347.33 | 3414.39 | 2932.94 |
| 黄山高等专科学校 | 35617 | 35.85 | 7481.19 | 2977.32 | 4503.87 |
| 皖西学院 | 51053 | 35.29 | 6346.25 | 2007.08 | 4339.17 |
| 滁州师范专科学校 | 25561 | 53.51 | 4012.50 | 2455.85 | 1556.66 |
| 安徽财贸学院 | 73767 | 64.90 | 5327.78 | 2971.59 | 2356.18 |
| 宿州师范专科学校 | 27698 | 52.28 | 7186.84 | 3327.79 | 3859.04 |
| 巢湖师范专科学校 | 41368 | 33.58 | 8104.79 | 3183.39 | 4921.41 |
| 淮南师范学院 | 45107 | 42.03 | 4557.46 | 1976.06 | 2581.40 |
| 安徽商业专科学校 | 12507 | 59.33 | 5481.37 | 4274.36 | 1207.00 |
| 铜陵财经专科学校 | 26718 | 52.31 | 7382.92 | 4385.60 | 2997.31 |
| 安徽纺织职业技术学院 | 12230 | 28.95 | 3936.78 | 1834.18 | 2102.60 |
| 安徽建筑工业学院 | 35930 | 52.14 | 5774.41 | 3265.83 | 2508.58 |
| 安徽农业技术师院 | 31143 | 68.54 | 5754.05 | 2529.75 | 3224.30 |
| 铜陵职业技术学院 | 17514 | 41.56 | 4930.63 | 2974.83 | 1955.80 |
| 淮北市职业技术学院 | 7312 | 60.91 | 2540.00 | 1212.14 | 1327.86 |
| 合肥联合大学 | 27276 | 30.30 | 5908.75 | 2832.36 | 3076.39 |

# 教育经费支出(续9)

| 支　出(元) | | | 基建支出(千元) | | |
|---|---|---|---|---|---|
| 其中:预算内生均事业费 | | | 小　计 | 预算内基建支出 | 自筹基建支出 |
| 合　计 | 其中:人员经费 | 其中:公用经费 | | | |
| 9279.19 | 5702.10 | 3577.10 | | | |
| 9733.01 | 4878.64 | 4854.37 | | | |
| 1473.63 | 1200.56 | 273.07 | | | |
| | | | 50000 | | 50000 |
| 6732.67 | 5247.52 | 1485.15 | | | |
| | | | | | |
| | | | | | |
| 397.35 | 392.38 | 4.97 | | | |
| | | | | | |
| | | | | | |
| | | | | | |
| 5600.92 | 3798.23 | 1802.69 | 8000 | | |
| 3978.21 | 3644.17 | 334.03 | 20796 | 1900 | 18896 |
| 4083.30 | 2497.77 | 1585.54 | 17386 | 8200 | 9186 |
| 4600.94 | 3677.32 | 923.62 | 2400 | | |
| 6037.32 | 6006.68 | 30.64 | 9331 | 4500 | 4831 |
| 3621.64 | 3242.73 | 378.91 | 3685 | 184 | 3501 |
| 3490.79 | 3035.75 | 455.04 | 4310 | | 4310 |
| 4225.68 | 3740.81 | 484.86 | 6734 | 5800 | 934 |
| 4226.56 | 3346.79 | 879.76 | 8917 | | 8917 |
| 4649.92 | 4074.76 | 575.16 | 17903 | 5600 | 12303 |
| 2408.51 | 1652.06 | 756.45 | 11086 | | 11086 |
| 3660.89 | 2264.55 | 1396.33 | 4140 | | 4140 |
| 3012.69 | 2421.67 | 591.03 | 17895 | 3100 | 14795 |
| 3417.64 | 2763.35 | 654.30 | 3181 | | 3181 |
| 3151.29 | 2719.59 | 431.70 | 6590 | 500 | 6090 |
| 1758.19 | 1161.94 | 596.25 | 5360 | | |
| 3561.87 | 2455.85 | 1106.02 | 10157 | | 10157 |
| 4303.67 | 2971.59 | 1332.08 | 22940 | 6800 | 16140 |
| 4787.23 | 3327.79 | 1459.44 | 6080 | | 6080 |
| 4270.93 | 3183.39 | 1087.54 | 16000 | | 16000 |
| 2489.23 | 1976.06 | 513.17 | 18455 | 4400 | 14055 |
| 3197.13 | 3197.13 | | 300 | | |
| 3370.07 | 2614.99 | 755.08 | 2000 | 1000 | 1000 |
| 1279.26 | 1279.26 | | 1333 | | 1333 |
| 4594.15 | 3265.83 | 1328.33 | 14403 | 1600 | 12803 |
| 3516.75 | 2184.41 | 1332.35 | 5900 | | |
| 1639.96 | 1376.92 | 263.04 | 1450 | | 1450 |
| 1462.50 | 905.00 | 557.50 | 200 | | |
| 2045.36 | 1903.71 | 141.64 | 5000 | | |

## 附表3 地方普通高等学校

| | 教育经费支出总额（千　元） | 财政预算内拨款占教育经费支出比例(%) | 生均经常性 | | |
|---|---|---|---|---|---|
| | | | 预算内外生均经常性支出合计 | 其中：人员经费 | 其中：公用经费 |
| 芜湖职业技术学院 | 20294 | 32.44 | 3898.21 | 1381.69 | 2516.52 |
| 蚌埠高等专科学校 | 12993 | 28.94 | 4543.01 | 1680.07 | 2862.94 |
| 池州师范专科学校 | 26154 | 49.72 | 6531.74 | 3194.75 | 3336.99 |
| 淮南联合大学 | 11201 | 15.42 | 3968.30 | 2127.34 | 1840.96 |
| 安徽省商贸职业技术学院 | 9366 | 27.55 | 2698.74 | 1197.74 | 1501.00 |
| 安徽省警官职业学院 | 15108 | 42.26 | 3014.36 | 1626.31 | 1388.04 |
| 福　建 | | | | | |
| 福州大学 | 178993 | 63.64 | 12828.24 | 7738.91 | 5089.33 |
| 福建建筑高等专科 | 16430 | 51.03 | 6681.58 | 3656.36 | 3025.21 |
| 福建农业大学 | 96935 | 73.48 | 11626.94 | 6753.96 | 4872.98 |
| 集美大学 | 170743 | 93.05 | 13820.51 | 9560.53 | 4259.98 |
| 福建林学院 | 48245 | 63.15 | 9780.68 | 6378.44 | 3402.24 |
| 福建医科大学 | 66750 | 71.02 | 12602.04 | 6231.43 | 6370.61 |
| 福建中医学院 | 37196 | 68.76 | 12192.89 | 6791.49 | 5401.41 |
| 福建师范大学 | 131162 | 79.73 | 9194.59 | 5626.89 | 3567.70 |
| 福州师范高等专科 | 27770 | 53.52 | 8894.94 | 4253.04 | 4641.90 |
| 南平师范高专 | 17505 | 38.01 | 5631.12 | 3380.03 | 2251.09 |
| 宁德师范高专 | 14184 | 51.17 | 7161.20 | 4390.79 | 2770.41 |
| 泉州师范高专 | 61405 | 55.33 | 7980.14 | 4994.58 | 2985.56 |
| 福建师大福清分校 | 20285 | 61.00 | 13683.58 | 7042.03 | 6641.55 |
| 漳州师范学院 | 48177 | 63.21 | 12020.11 | 5247.07 | 6773.04 |
| 福建交通职业技术学院 | 15582 | 27.42 | 12466.00 | 8620.96 | 3845.04 |
| 鹭江职业大学 | 38699 | 71.93 | 11581.24 | 6917.36 | 4663.88 |
| 三明职业大学 | 13635 | 30.58 | 7133.97 | 4591.58 | 2542.38 |
| 三明师范高专 | 13880 | 39.46 | 6925.04 | 3373.28 | 3551.76 |
| 龙岩师范专科学校 | 23274 | 31.09 | 11331.92 | 6429.88 | 4902.04 |
| 福建商业高等专科 | 13429 | 46.18 | 7862.40 | 4620.80 | 3241.60 |
| 漳州职业大学 | 13230 | 34.81 | 4230.30 | 1843.29 | 2387.01 |
| 闽西大学 | 9547 | 40.70 | 4255.41 | 2010.33 | 2245.08 |
| 闽江职业大学 | 14446 | 52.80 | 6280.87 | 2992.17 | 3288.70 |
| 泉州黎明大学 | 10757 | 22.62 | 4467.19 | 1642.86 | 2824.34 |
| 福建公安高等专科 | 28956 | 22.89 | 23183.35 | 8550.04 | 14633.31 |
| 莆田高等专科学校 | 18950 | 51.72 | 6622.66 | 3326.04 | 3296.62 |
| 福建中华职业大学 | 11871 | 32.68 | 4947.13 | 2600.50 | 2346.63 |
| 医大莆田分院 | 9891 | 64.16 | 11247.99 | 3715.82 | 7532.17 |
| 福建华南女子学院 | 249 | 100.00 | | | |
| 江　西 | | | | | |
| 南昌大学 | 182713 | 45.18 | 5992.33 | 3848.90 | 2143.43 |
| 华东交通大学 | 70023 | 53.85 | 6679.61 | 4432.16 | 2247.45 |
| 华东地质学院 | 54121 | 48.20 | 6873.96 | 3807.04 | 3066.91 |

# 教育经费支出(续10)

| 支 出(元) | | | 基建支出(千元) | | |
|---|---|---|---|---|---|
| 其中:预算内生均事业费 | | | 小 计 | 预算内基建支出 | 自筹基建支出 |
| 合 计 | 其中:人员经费 | 其中:公用经费 | | | |
| 699.20 | 699.20 | | 10030 | 4709 | 5321 |
| 1314.69 | 1123.08 | 191.61 | | | |
| 4321.70 | 3194.75 | 1126.95 | 6500 | | 6500 |
| 897.61 | 897.61 | | 3566 | | 3566 |
| 858.85 | 579.23 | 279.63 | 1259 | | 1259 |
| 1367.90 | 589.46 | 778.44 | 1040 | | 1040 |
| | | | | | |
| 5770.93 | 4230.28 | 1540.65 | 9532 | 3200 | 6332 |
| 3409.52 | 2129.32 | 1280.20 | | | |
| 5090.94 | 3754.61 | 1336.33 | 25720 | 17980 | 7740 |
| 9422.84 | 6467.98 | 2954.87 | 25296 | 20026 | 5270 |
| 5774.15 | 4161.92 | 1612.23 | 6325 | | 6325 |
| 5909.59 | 3661.63 | 2247.96 | 5000 | | |
| 6185.86 | 3677.08 | 2508.79 | 5970 | 5400 | 570 |
| 5811.16 | 3616.10 | 2195.06 | 12800 | 9300 | 3500 |
| 4090.33 | 2111.47 | 1978.86 | | | |
| 2555.99 | 2259.33 | 296.66 | 5888 | 400 | 5488 |
| 3434.75 | 2757.85 | 676.90 | 3922 | 1630 | 2292 |
| 4511.28 | 3242.78 | 1268.50 | 26037 | 13300 | 12737 |
| 6413.96 | 5810.47 | 603.49 | 3030 | | |
| 5846.89 | 3262.98 | 2583.91 | 8138 | 5040 | 3098 |
| 2920.85 | 2920.85 | | 4400 | | 4400 |
| 6999.07 | 3895.54 | 3103.53 | 13753 | 6753 | 7000 |
| 1523.41 | 1523.41 | | 1600 | | |
| 2639.98 | 2639.98 | | 300 | | |
| 5099.37 | 5099.37 | | 7194 | | 7194 |
| 3932.15 | 2772.99 | 1159.16 | 1030 | | 1030 |
| 1045.89 | 1012.55 | 33.33 | 3458 | 500 | 2958 |
| 1469.49 | 1469.49 | | 900 | | |
| 3217.39 | 1652.17 | 1565.22 | | | |
| 1010.38 | 916.11 | 94.27 | | | |
| 4838.27 | 4838.27 | | | | |
| 2505.37 | 1710.14 | 795.23 | 2294 | 500 | 1794 |
| 1685.29 | 1392.02 | 293.27 | 1952 | | 1952 |
| 6495.98 | 1938.34 | 4557.64 | 1500 | | |
| | | | | | |
| | | | | | |
| 2503.27 | 2040.68 | 462.59 | 60883 | 31150 | 29733 |
| 4279.55 | 2343.23 | 1936.32 | 20300 | 5000 | 15300 |
| 4299.54 | 2965.71 | 1333.83 | 17036 | 2000 | 15036 |

## 附表3　地方普通高等学校

| | 教育经费支出总额（千　元） | 财政预算内拨款占教育经费支出比例（%） | 生均经常性 | | |
|---|---|---|---|---|---|
| | | | 预算内外生均经常性支出合计 | 其中：人员经费 | 其中：公用经费 |
| 南昌航空工业学院 | 68397 | 60.03 | 6456.01 | 3859.71 | 2596.30 |
| 南方冶金学院 | 83125 | 50.94 | 8179.07 | 5096.17 | 3082.90 |
| 景德镇陶瓷学院 | 54954 | 48.28 | 11175.93 | 4967.49 | 6208.44 |
| 江西农业大学 | 82772 | 51.30 | 7809.55 | 4778.39 | 3031.16 |
| 江西医学院 | 58063 | 50.43 | 5135.81 | 2913.55 | 2222.26 |
| 江西中医学院 | 51060 | 23.17 | 9608.37 | 5840.99 | 3767.39 |
| 赣南医学院 | 18704 | 49.40 | 5189.19 | 3057.16 | 2132.03 |
| 江西师范大学 | 125353 | 37.18 | 8522.71 | 3728.89 | 4793.83 |
| 九江师范专科学校 | 17199 | 48.90 | 6852.19 | 3536.25 | 3315.94 |
| 上饶师范专科学校 | 29201 | 51.59 | 7440.81 | 3332.14 | 4108.67 |
| 宜春师范专科学校 | 13021 | 80.50 | 5048.86 | 4017.06 | 1031.80 |
| 吉安师范专科学校 | 29856 | 41.00 | 6012.50 | 2626.59 | 3385.91 |
| 抚州师范专科学校 | 13846 | 52.89 | 4785.86 | 2652.36 | 2133.49 |
| 江西财经大学 | 96080 | 91.09 | 5758.80 | 3523.67 | 2235.12 |
| 江西工业职业技术学院 | 23390 | 49.37 | 7192.35 | 3569.10 | 3623.25 |
| 蓝天职业技术学院 | 32247 | | 14236.53 | 2559.88 | 11676.65 |
| 江西医学院上饶分院 | 3262 | 31.45 | 4533.07 | 2721.44 | 1811.62 |
| 井冈山医学高专 | 13975 | 36.16 | | | |
| 景德镇高专 | 7837 | 35.93 | 5737.19 | 3338.21 | 2398.98 |
| 萍乡高专 | 10902 | 50.74 | 5846.20 | 2738.24 | 3107.96 |
| 新余高专 | 7554 | 30.08 | 6358.59 | 2510.10 | 3848.48 |
| 南昌职业技术师范学校 | 32605 | 50.59 | 7131.75 | 3496.18 | 3635.58 |
| 南昌水利水电专科学校 | 30008 | 63.78 | 7901.42 | 3930.49 | 3970.93 |
| 宜春医学专科学校 | 6310 | 48.13 | | | |
| 九江医学专科学校 | 17883 | 54.95 | 5817.32 | 3706.21 | 2111.11 |
| 南昌高专 | 9688 | 52.85 | 6112.30 | 3915.46 | 2196.85 |
| 宜春农业专科学校 | 5220 | 78.07 | | | |
| 江西公安专科学校 | 10758 | 72.27 | 7829.69 | 3994.18 | 3835.52 |
| 九江职业大学 | 5069 | 27.91 | 5452.00 | 2925.33 | 2526.67 |
| 九江职业技术学院 | 19816 | 55.88 | 7434.22 | 5701.30 | 1732.91 |
| 江西财院九江分院 | 16204 | 44.91 | 5548.08 | 2292.04 | 3256.05 |
| 鹰潭市教育学院 | 3002 | 53.96 | 4727.27 | 2443.64 | 2283.64 |
| 山　东 | | | | | |
| 山东科技大学 | 130181 | 43.75 | 11956.59 | 5463.88 | 6492.71 |
| 青岛化工学院 | 96780 | 48.01 | 14685.73 | 7019.23 | 7666.50 |
| 山东建材工业学院 | 70502 | 66.64 | 9412.03 | 4726.10 | 4685.93 |
| 山东工业大学 | 215237 | 62.18 | 13801.33 | 5537.31 | 8264.02 |
| 青岛建筑工程学院 | 82854 | 52.57 | 9631.31 | 5481.96 | 4149.35 |
| 山东建筑工程学院 | 91288 | 50.00 | 14223.27 | 7562.36 | 6660.90 |
| 山东轻工业学院 | 53590 | 53.89 | 11481.40 | 5778.34 | 5703.06 |

# 教育经费支出(续11)

| 支　出(元) | | | 基建支出(千元) | | |
|---|---|---|---|---|---|
| 其中:预算内生均事业费 | | | 小　计 | 预算内基建支出 | 自筹基建支出 |
| 合　计 | 其中:人员经费 | 其中:公用经费 | | | |
| 3951.49 | 2430.63 | 1520.86 | 5580 | 2000 | 3580 |
| 4830.11 | 3443.58 | 1386.53 | 25209 | 6800 | 18409 |
| 5540.35 | 3124.89 | 2415.45 | 15760 | 5200 | 10560 |
| 4063.43 | 2900.03 | 1163.40 | 33400 | 15850 | 17550 |
| 2237.96 | 1963.98 | 273.98 | 10300 | 8300 | 2000 |
| 3157.66 | 2191.76 | 965.90 | 22600 | 2480 | 20120 |
| 2456.97 | 2041.32 | 415.66 | 2000 | 1030 | 970 |
| 3046.31 | 2436.75 | 609.56 | 29285 | 12270 | 17015 |
| 3351.00 | 1768.13 | 1582.87 | | | |
| 3852.21 | 2591.41 | 1260.80 | 100 | | 100 |
| 5048.86 | 4017.06 | 1031.80 | | | |
| 6012.50 | 2626.59 | 3385.91 | 4850 | 850 | 4000 |
| 2909.42 | 2652.36 | 257.05 | 1800 | | 1800 |
| 3875.89 | 2268.77 | 1607.13 | 21279 | 6500 | 14779 |
| 2879.21 | 2296.48 | 582.73 | 4395 | 3944 | 451 |
| | | | 27492 | | 27492 |
| 2056.11 | 2056.11 | | 1000 | | 1000 |
| | | | 4000 | 300 | 3700 |
| 2061.49 | 1915.08 | 146.41 | | | |
| 2931.24 | 1772.62 | 1158.62 | 1209 | | 1209 |
| 1912.46 | 1668.35 | 244.11 | | | |
| 3749.57 | 2123.61 | 1625.96 | 3700 | 700 | 3000 |
| 4941.55 | 2673.30 | 2268.25 | 5000 | 3500 | 1500 |
| | | | | | |
| 1784.78 | 1720.22 | 64.56 | 6260 | | 6260 |
| 3230.28 | 2416.40 | 813.88 | | | |
| | | | | | |
| 4394.47 | 3729.26 | 665.21 | | | |
| 1686.67 | 1404.00 | 282.67 | 980 | 150 | 830 |
| 3857.76 | 2939.15 | 918.61 | 1000 | | |
| 3113.86 | 1976.99 | 1136.87 | 6800 | 2000 | 4800 |
| 2472.73 | 2318.18 | 154.55 | 402 | 260 | 142 |
| | | | | | |
| 5248.06 | 3306.75 | 1941.32 | 25250 | 5000 | 20250 |
| 5866.73 | 4353.72 | 1513.01 | 8181 | 1850 | 6331 |
| 5451.72 | 2486.85 | 2964.88 | 10745 | 6450 | 4295 |
| 7259.11 | 4253.53 | 3005.58 | 32328 | 23000 | 9328 |
| 4577.85 | 4577.85 | | 2500 | 500 | 2000 |
| 5897.94 | 3581.50 | 2316.43 | 6560 | 5000 | 1560 |
| 6193.70 | 3443.76 | 2749.94 | 1430 | | |

# 附表3 地方普通高等学校

| | 教育经费支出总额（千元） | 财政预算内拨款占教育经费支出比例（%） | 生均经常性 | | |
|---|---|---|---|---|---|
| | | | 预算内外生均经常性支出合计 | 其中：人员经费 | 其中：公用经费 |
| 山东工程学院 | 80496 | 54.84 | 10431.46 | 4325.67 | 6105.79 |
| 山东农业大学 | 172345 | 68.19 | 12842.83 | 4786.30 | 8056.53 |
| 莱阳农学院 | 64165 | 69.70 | 10136.15 | 4492.58 | 5643.57 |
| 潍坊医学院 | 48889 | 49.32 | 13737.35 | 6097.82 | 7639.53 |
| 泰山医学院 | 41663 | 52.38 | 12098.78 | 5165.79 | 6932.98 |
| 滨州医学院 | 35710 | 58.00 | 11990.64 | 5619.15 | 6371.49 |
| 山东中医药大学 | 53624 | 59.57 | 12639.84 | 5895.00 | 6744.85 |
| 临沂医学专科学校 | 20101 | 46.18 | 11525.41 | 5761.63 | 5763.78 |
| 济宁医学院 | 36094 | 51.06 | 10397.68 | 4542.24 | 5855.44 |
| 菏泽医学专科学校 | 18260 | 60.68 | 8894.31 | 4550.68 | 4343.63 |
| 山东师范大学 | 162110 | 54.58 | 8996.58 | 4018.59 | 4977.99 |
| 曲阜师范大学 | 127196 | 60.83 | 8524.81 | 4231.28 | 4293.53 |
| 聊城师范学院 | 108566 | 57.30 | 7420.83 | 2462.66 | 4958.17 |
| 德州学院 | 22252 | 37.52 | 6335.65 | 3208.87 | 3126.78 |
| 滨州师范专科学校 | 22068 | 40.90 | 6535.22 | 3549.05 | 2986.17 |
| 昌潍师范专科学校 | 34722 | 37.16 | 5783.05 | 2487.43 | 3295.62 |
| 烟台师范学院 | 107493 | 56.65 | 7791.33 | 3515.18 | 4276.15 |
| 临沂师范专科学校 | 36519 | 61.86 | 6516.40 | 2871.49 | 3644.92 |
| 泰安师范专科学校 | 14006 | 63.47 | 6029.27 | 3802.41 | 2226.86 |
| 济宁师范专科学校 | 27326 | 81.98 | 7976.88 | 3919.06 | 4057.81 |
| 菏泽师范专科学校 | 17647 | 53.11 | 6341.00 | 2716.85 | 3624.15 |
| 山东经济学院 | 68758 | 53.66 | 8669.21 | 4692.45 | 3976.76 |
| 山东体育学院 | 25447 | 53.68 | 19609.35 | 8818.54 | 10790.81 |
| 山东艺术学院 | 38416 | 57.09 | 23689.63 | 9406.02 | 14283.61 |
| 山东商业职业技术学院 | 29239 | 35.50 | 31348.75 | 12147.95 | 19200.79 |
| 枣庄师范专科学校 | 20974 | 36.03 | 5471.95 | 2300.29 | 3171.67 |
| 山东工艺美术学院 | 25980 | 52.36 | 23766.99 | 9190.29 | 14576.70 |
| 济南联大 | 37889 | 66.78 | 7781.39 | 4411.70 | 3369.69 |
| 青岛大学 | 161766 | 59.12 | 9928.01 | 6854.45 | 3073.56 |
| 烟台大学 | 106094 | 42.83 | 9424.22 | 5138.87 | 4285.35 |
| 潍坊高等专科学校 | 15062 | 47.28 | 5281.21 | 2678.12 | 2603.09 |
| 山东公安专科学校 | 40968 | 40.91 | 14145.92 | 7551.50 | 6594.42 |
| 济南交通高等专科学校 | 54740 | 47.86 | 7841.89 | 4339.79 | 3502.09 |
| 中国煤炭经济学院 | 47822 | 56.67 | 11538.19 | 5909.88 | 5628.31 |
| 山东财政学院 | 121226 | 82.02 | 13915.95 | 4679.60 | 9236.35 |
| 日照职业技术学院 | 13032 | 37.59 | 6319.48 | 2652.58 | 3666.91 |
| 莱芜职业技术学院 | 17293 | 60.95 | 17503.38 | 9022.52 | 8480.86 |
| 青岛职业技术学院 | 5056 | | | | |
| 淄博学院 | 61564 | 42.89 | 7390.86 | 3447.99 | 3942.87 |
| 泰山学院筹建处 | 17020 | 38.07 | | | |

## 教育经费支出(续12)

| 支 出(元) | | | 基建支出(千元) | | |
|---|---|---|---|---|---|
| 其中:预算内生均事业费 | | | 小 计 | 预算内基建支出 | 自筹基建支出 |
| 合 计 | 其中:人员经费 | 其中:公用经费 | | | |
| 5274.17 | 3978.87 | 1295.31 | 2500 | | |
| 7373.85 | 3065.02 | 4308.83 | 25590 | 3900 | 21690 |
| 5948.31 | 3722.16 | 2226.15 | 2000 | | |
| 7461.64 | 4504.19 | 2957.45 | 7883 | | 7883 |
| 6400.00 | 3947.99 | 2452.01 | 7000 | | 7000 |
| 6537.08 | 4690.42 | 1846.65 | 2400 | | 2400 |
| 6211.73 | 5119.48 | 1092.25 | 2104 | 1500 | 604 |
| 5974.95 | 4760.92 | 1214.03 | 4000 | | 4000 |
| 4955.17 | 3484.29 | 1470.88 | 2000 | | 2000 |
| 4440.11 | 4025.47 | 414.63 | 1850 | | |
| 4684.87 | 3190.09 | 1494.77 | 14971 | | 14971 |
| 4827.04 | 3057.14 | 1769.89 | 10534 | 5280 | 5254 |
| 4690.26 | 2263.03 | 2427.23 | 25000 | 7000 | 18000 |
| 2763.65 | 2763.65 | | 3112 | | 3112 |
| 2721.13 | 2505.95 | 215.18 | 1750 | | 1750 |
| 2314.07 | 2314.07 | | 6200 | | 6200 |
| 4926.30 | 2258.33 | 2667.97 | 23557 | 5000 | 18557 |
| 4071.56 | 2871.49 | 1200.07 | 366 | | 366 |
| 3826.52 | 3504.95 | 321.57 | | | |
| 4380.00 | 3529.38 | 850.63 | 1800 | 1000 | 800 |
| 3367.59 | 2716.85 | 650.74 | | | |
| 5378.32 | 3302.34 | 2075.98 | 18780 | 3380 | 15400 |
| 13068.94 | 6723.45 | 6345.48 | 700 | | 700 |
| 11212.04 | 4251.51 | 6960.54 | 3000 | | |
| 9355.35 | 9355.35 | | 5508 | 1300 | 4208 |
| 1971.56 | 1710.67 | 260.89 | | | |
| 10457.28 | 7920.39 | 2536.89 | 1500 | | |
| 5084.23 | 3750.16 | 1334.07 | 2507 | 2000 | 507 |
| 5108.74 | 5108.74 | | 4000 | | |
| 5136.96 | 4525.26 | 611.70 | 31850 | 2500 | 29350 |
| 2496.84 | 2496.84 | | | | |
| 7328.33 | 6667.38 | 660.94 | 14600 | 1450 | 13150 |
| 2274.83 | 2274.83 | | 19130 | 12130 | 7000 |
| 6131.62 | 2672.35 | 3459.27 | 2500 | | |
| 10511.02 | 3005.27 | 7505.75 | 5000 | | |
| 3509.31 | 2652.58 | 856.73 | 4210 | | 4210 |
| 8209.46 | 8063.06 | 146.40 | 1750 | 100 | 1650 |
| | | | | | |
| 3100.21 | 2517.34 | 582.87 | 5290 | | 5290 |
| | | | 10540 | | 10540 |

## 附表3 地方普通高等学校

| | 教育经费支出总额（千元） | 财政预算内拨款占教育经费支出比例(%) | 生均经常性 | | |
|---|---|---|---|---|---|
| | | | 预算内外生均经常性支出合计 | 其中：人员经费 | 其中：公用经费 |
| 山东科技大学济南校区 | 35390 | 61.32 | 12961.18 | 5038.42 | 7922.77 |
| 青大师院 | 31358 | 68.77 | 11077.34 | 6106.25 | 4971.09 |
| 河　南 | | | | | |
| 南阳理工学院 | 37212 | 15.59 | 3397.33 | 1287.50 | 2109.83 |
| 华北水利水电学院 | 82260 | 63.36 | 9050.00 | 4167.31 | 4882.69 |
| 郑州大学 | 166116 | 72.92 | 9427.32 | 4856.59 | 4570.73 |
| 焦作工学院 | 83424 | 41.17 | 9074.83 | 4384.51 | 4690.32 |
| 郑州工学院 | 112277 | 58.70 | 9782.75 | 5223.78 | 4558.97 |
| 郑州轻工学院 | 76940 | 47.52 | 15078.72 | 6997.75 | 8080.97 |
| 洛阳工学院 | 83672 | 54.89 | 9028.86 | 5021.14 | 4007.73 |
| 郑州纺织工学院 | 86220 | 31.01 | 13847.80 | 6056.84 | 7790.96 |
| 河南农业大学 | 96003 | 63.66 | 9688.77 | 4959.35 | 4729.42 |
| 河南职业技师学院 | 98574 | 27.97 | 11569.55 | 4220.05 | 7349.50 |
| 豫西农业专科学校 | 26681 | 39.61 | 9972.99 | 6159.13 | 3813.86 |
| 许昌职业技术学院 | 10970 | 27.48 | 5485.00 | 2511.50 | 2973.50 |
| 开封医学专科学校 | 27643 | 36.37 | 10139.78 | 5205.65 | 4934.14 |
| 信阳师范学院 | 71192 | 48.52 | 9709.50 | 4026.20 | 5683.30 |
| 周口师范专科学校 | 32558 | 42.24 | 13726.49 | 5104.95 | 8621.54 |
| 安阳师范专科学校 | 40372 | 44.03 | 7466.92 | 4162.38 | 3304.55 |
| 许昌师范专科学校 | 108470 | 16.68 | 17325.27 | 3165.90 | 14159.37 |
| 南阳师范专科学校 | 65396 | 26.39 | 9485.54 | 4830.02 | 4655.52 |
| 洛阳师范专科学校 | 87124 | 20.14 | 8304.26 | 4238.66 | 4065.60 |
| 商丘师范专科学校 | 39488 | 35.48 | 6061.66 | 3264.94 | 2796.73 |
| 河南财经学院 | 63118 | 39.97 | 9912.65 | 5554.82 | 4357.83 |
| 新乡师范专科学校 | 11050 | 58.52 | 8500.00 | 4711.54 | 3788.46 |
| 驻马店师范专科 | 15983 | 38.66 | 7321.75 | 3424.08 | 3897.67 |
| 中州大学 | 18470 | 38.93 | 13118.00 | 6757.19 | 6360.82 |
| 开封大学 | 24615 | 36.61 | 12864.23 | 7969.47 | 4894.77 |
| 洛阳大学 | 21337 | 28.45 | 5881.30 | 2814.08 | 3067.23 |
| 平原大学 | 6950 | 45.53 | 2584.80 | 1368.00 | 1216.80 |
| 三门峡职业技术学院 | 12749 | 38.04 | 4252.45 | 1681.72 | 2570.73 |
| 郑州工业高专 | 52756 | 35.92 | 13213.41 | 6961.69 | 6251.72 |
| 河南机电专科学校 | 27634 | 48.37 | 6137.57 | 2296.35 | 3841.22 |
| 安阳大学 | 18075 | 52.32 | 4110.26 | 1638.07 | 2472.20 |
| 洛阳工业高专 | 61808 | 36.25 | 8699.27 | 4732.90 | 3966.37 |
| 河南纺织工业专科 | 20055 | 44.32 | 7521.02 | 3129.60 | 4391.42 |
| 郑州大学体育学院 | 12757 | 31.47 | 13926.86 | 3579.69 | 10347.16 |
| 河南大学 | 162117 | 56.02 | 10777.00 | 4715.31 | 6061.69 |
| 郑州电力高等专科学校 | 30832 | 45.18 | 18528.08 | 12113.22 | 6414.86 |
| 焦作大学 | 14479 | 46.27 | 7544.95 | 3324.88 | 4220.08 |

## 教育经费支出(续13)

| 支 出(元) | | | 基建支出(千元) | | |
|---|---|---|---|---|---|
| 其中:预算内生均事业费 | | | 小 计 | 预算内基建支出 | 自筹基建支出 |
| 合 计 | 其中:人员经费 | 其中:公用经费 | | | |
| 7468.99 | 3013.61 | 4455.38 | 3000 | | 3000 |
| 6675.78 | 6106.25 | 569.53 | 3000 | | |
| | | | | | |
| 967.17 | 967.17 | | 16828 | | 16828 |
| 3513.46 | 2174.42 | 1339.04 | 35200 | 20600 | 14600 |
| 5294.04 | 2491.29 | 2802.75 | 30240 | 16940 | 13300 |
| 3690.73 | 2776.63 | 914.11 | 17813 | 2700 | 15113 |
| 4575.29 | 2096.15 | 2479.15 | 19380 | 12790 | 6590 |
| 6163.97 | 3396.54 | 2767.43 | 9900 | 2500 | 7400 |
| 4375.12 | 2702.78 | 1672.34 | 8913 | 1050 | 7863 |
| 4824.26 | 3735.08 | 1089.18 | 27990 | 2000 | 25990 |
| 4737.81 | 2845.29 | 1892.52 | 20915 | 14215 | 6700 |
| 5369.46 | 3255.81 | 2113.65 | 45840 | 640 | 45200 |
| 5470.35 | 4620.67 | 849.68 | 9697 | | 9697 |
| 1507.50 | 1507.50 | | | | |
| 3551.97 | 2534.05 | 1017.92 | 5011 | | 5011 |
| 5177.51 | 3698.27 | 1479.24 | 16712 | 2270 | 14442 |
| 5497.50 | 4372.10 | 1125.40 | 2346 | 300 | 2046 |
| 3819.34 | 2437.58 | 1381.77 | 9332 | | 9332 |
| 3976.34 | 2554.80 | 1421.54 | 44765 | 1580 | 43185 |
| 3650.24 | 2347.75 | 1302.49 | 27672 | 870 | 26802 |
| 2996.05 | 2039.54 | 956.50 | 51424 | 2860 | 48564 |
| 5702.86 | 2906.14 | 2796.73 | 17272 | 370 | 16902 |
| 3598.58 | 3226.90 | 371.68 | 4445 | 500 | 3945 |
| 4973.85 | 4206.15 | 767.69 | | | |
| 2893.38 | 2893.38 | | 600 | 100 | 500 |
| 4735.25 | 3713.31 | 1021.94 | 1128 | | 1128 |
| 7919.85 | 7874.59 | 45.26 | 1022 | | 1022 |
| 2125.00 | 1981.09 | 143.91 | 4540 | | 4540 |
| 1265.60 | 1265.60 | | 488 | | 488 |
| 1589.16 | 1449.96 | 139.20 | 1446 | | 1446 |
| 4244.54 | 2709.97 | 1534.57 | 8610 | 603 | 8007 |
| 2743.47 | 1555.99 | 1187.48 | 3900 | 1300 | 2600 |
| 1734.03 | 1638.07 | 95.96 | 5140 | 4000 | 1140 |
| 3358.62 | 2275.89 | 1082.73 | 16276 | | 16276 |
| 3396.23 | 2157.62 | 1238.62 | 2877 | | 2877 |
| 4033.84 | 2756.55 | 1277.29 | | | |
| 4495.31 | 2956.23 | 1539.08 | 22016 | 8600 | 13416 |
| 4193.84 | 4193.84 | | 10377 | 7900 | 2477 |
| 3041.37 | 2619.97 | 421.40 | 800 | | |

## 附表3　地方普通高等学校

| | 教育经费支出总额（千　元） | 财政预算内拨款占教育经费支出比例(%) | 生均经常性 | | |
|---|---|---|---|---|---|
| | | | 预算内外生均经常性支出合计 | 其中：人员经费 | 其中：公用经费 |
| 河南商业专科学校 | 30202 | 34.52 | 9800.71 | 3444.64 | 6356.07 |
| 河南财税专科学校 | 29375 | 50.37 | 13775.79 | 6764.93 | 7010.86 |
| 河南城建专科 | 41494 | 25.18 | 11834.01 | 3799.85 | 8034.16 |
| 焦作教育学院 | 13597 | 35.09 | 8992.65 | 3521.24 | 5471.41 |
| 河南公安专科学校 | 32802 | 42.86 | 8221.96 | 2064.47 | 6157.49 |
| 郑州航空工业管理学院 | 54144 | 62.02 | 9027.21 | 6122.46 | 2904.75 |
| 郑州粮食学院 | 71862 | 39.72 | 12860.92 | 5717.89 | 7143.03 |
| 河南师范大学 | 171015 | 45.57 | 9171.50 | 4700.97 | 4470.53 |
| 河南医科大学 | 109408 | 51.99 | 12986.95 | 5999.04 | 6987.91 |
| 河南中医学院 | 57781 | 43.54 | 11351.95 | 6920.59 | 4431.36 |
| 新乡医学院 | 68770 | 36.94 | 9890.77 | 4723.68 | 5167.09 |
| 郑州畜牧高等专科学校 | 35116 | 61.65 | 9927.37 | 4247.93 | 5679.44 |
| 洛阳医学高等专科学校 | 36304 | 28.03 | 16991.40 | 8648.58 | 8342.82 |
| 黄河水利职业技术学院 | 31147 | 39.14 | 12716.67 | 8508.57 | 4208.10 |
| 漯河职业技术学院 | 18485 | 18.61 | 5651.60 | 2527.20 | 3124.40 |
| **湖　北** | | | | | |
| 武汉科技大学 | 165300 | 43.74 | 8316.03 | 4406.26 | 3909.77 |
| 江汉石油学院 | 112456 | 71.23 | 14659.09 | 7010.07 | 7649.02 |
| 武汉化工学院 | 92432 | 59.45 | 8963.71 | 4555.06 | 4408.65 |
| 武汉科技学院 | 66802 | 49.41 | 12104.37 | 6457.02 | 5647.35 |
| 武汉工业学院 | 68826 | 48.78 | 7791.13 | 3523.29 | 4267.84 |
| 湖北工学院 | 69907 | 54.73 | 5631.84 | 2883.23 | 2748.60 |
| 湖北医科大学 | 111163 | 31.63 | 9791.24 | 4000.63 | 5790.62 |
| 湖北中医学院 | 36966 | 52.93 | 9041.55 | 4763.61 | 4277.94 |
| 湖北大学 | 136407 | 53.03 | 10991.13 | 5158.90 | 5832.23 |
| 湖北师范学院 | 55759 | 33.89 | 5372.97 | 2869.00 | 2503.97 |
| 黄冈师范学院 | 45720 | 44.71 | 4281.64 | 2236.51 | 2045.12 |
| 荆州师范学院 | 86505 | 24.45 | 6475.55 | 3555.06 | 2920.49 |
| 三峡大学 | 219988 | 68.46 | 12296.21 | 5154.86 | 7141.35 |
| 湖北民族学院 | 59203 | 64.06 | 3755.52 | 1757.17 | 1998.35 |
| 郧阳师范高等专科学校 | 22972 | 41.72 | 4597.68 | 2380.24 | 2217.44 |
| 襄樊学院 | 52060 | 48.91 | 5881.82 | 3040.90 | 2840.92 |
| 湖北美术学院 | 25418 | 31.31 | 11785.56 | 4335.89 | 7449.67 |
| 湖北药检高等专科学校 | 14631 | 33.20 | 5847.13 | 3204.14 | 2642.99 |
| 孝感学院 | 46006 | 33.26 | 8971.53 | 3779.25 | 5192.28 |
| 咸宁师范高等专科学校 | 28290 | 40.54 | 5882.10 | 2704.21 | 3177.88 |
| 黄石高等专科学校 | 25336 | 18.05 | 3160.82 | 1531.80 | 1629.02 |
| 咸宁医学院 | 23110 | 41.81 | 7210.46 | 3175.71 | 4034.75 |
| 郧阳医学院 | 42257 | 32.16 | 4871.02 | 2551.98 | 2319.05 |
| 黄冈职业技术学院 | 22733 | 38.72 | 5849.03 | 2317.19 | 3531.83 |

# 教育经费支出(续14)

| 支 出(元) | | | 基建支出(千元) | | |
|---|---|---|---|---|---|
| 其中:预算内生均事业费 | | | 小 计 | 预算内基建支出 | 自筹基建支 出 |
| 合 计 | 其中:人员经费 | 其中:公用经费 | | | |
| 2774.29 | 2304.29 | 470.00 | 2760 | 2000 | 760 |
| 8795.33 | 3725.84 | 5069.49 | 4000 | | 4000 |
| 3702.93. | 2427.78 | 1275.16 | 9625 | | 9625 |
| 3151.14 | 3064.54 | 86.60 | 2590 | 300 | 2290 |
| 3735.39 | 2064.47 | 1670.92 | 8317 | 2000 | 6317 |
| 4597.55 | 3177.08 | 1420.47 | 7040 | 2203 | 4837 |
| 4681.99 | 3196.88 | 1485.11 | 6670 | | 6670 |
| 4924.49 | 2604.70 | 2319.80 | 72990 | 17500 | 55490 |
| 4490.87 | 4388.96 | 101.91 | 14850 | | |
| 5342.64 | 3579.70 | 1762.94 | 18753 | 880 | 17873 |
| 4412.97 | 2875.90 | 1537.07 | 26210 | 4040 | 22170 |
| 4828.71 | 3053.19 | 1775.52 | 400 | | |
| 5486.43 | 3705.49 | 1780.94 | 10630 | | 10630 |
| 2314.29 | 2314.29 | | 4442 | 4200 | 242 |
| 1376.00 | 837.20 | 538.80 | 4356 | | 4356 |
| 3869.07 | 2050.24 | 1818.83 | 25757 | 1550 | 24207 |
| 5863.57 | 2803.96 | 3059.61 | 22200 | | |
| 3465.96 | 2641.97 | 823.99 | 26737 | | |
| 6682.50 | 3564.68 | 3117.82 | 22730 | 6600 | 16130 |
| 3294.14 | 1489.60 | 1804.54 | 23505 | 11780 | 11725 |
| 2648.21 | 1355.14 | 1293.08 | 9376 | 9000 | 376 |
| 4014.51 | 1640.28 | 2374.23 | 32882 | 3000 | 29882 |
| 4050.32 | 2133.68 | 1916.65 | 1930 | | |
| 5663.02 | 2361.53 | 3301.49 | 13768 | 3790 | 9978 |
| 2783.37 | 1681.68 | 1101.69 | 23317 | 2000 | 21317 |
| 2295.12 | 1207.73 | 1087.40 | 12700 | 2700 | 10000 |
| 3481.52 | 1986.19 | 1495.33 | 51809 | 2500 | 49309 |
| 4524.94 | 1907.31 | 2617.63 | 58010 | | |
| 3489.62 | 1634.10 | 1855.52 | 36407 | 15989 | 20418 |
| 2644.32 | 1612.31 | 1032.01 | 6310 | | 6310 |
| 2876.74 | 1456.22 | 1420.52 | | | |
| 4353.39 | 1547.05 | 2806.35 | 3874 | | 3874 |
| 1344.31 | 544.68 | 799.62 | 2200 | 2000 | 200 |
| 2984.01 | 1218.41 | 1765.60 | | | |
| 2625.46 | 1081.73 | 1543.73 | 2597 | | 2597 |
| 749.67 | 749.67 | | 6055 | | 6055 |
| 3197.22 | 1397.42 | 1799.80 | 1320 | | 1320 |
| 2251.75 | 1173.97 | 1077.77 | 17142 | | 17142 |
| 3355.70 | 2317.19 | 1038.51 | 7391 | | 7391 |

## 附表3　地方普通高等学校

| | 教育经费支出总额（千　元） | 财政预算内拨款占教育经费支出比例(%) | 生均经常性 | | |
|---|---|---|---|---|---|
| | | | 预算内外生均经常性支出合计 | 其中：人员经费 | 其中：公用经费 |
| 江汉大学 | 74757 | 49.26 | 11273.08 | 7602.58 | 3670.50 |
| 武汉商业服务学院 | 15329 | 32.40 | 9662.30 | 6003.74 | 3658.56 |
| 湖北公安高等专科学校 | 23586 | 34.13 | 8343.12 | 2360.10 | 5983.02 |
| 十堰职业技术学院 | 11285 | 38.83 | 5942.38 | 3131.39 | 2810.99 |
| 鄂州职大 | 15005 | 18.33 | 37243.03 | 21474.10 | 15768.92 |
| 荆门市职业技术学院 | 44644 | 14.60 | 3603.18 | 1509.89 | 2093.29 |
| 沙洋师范专科学校 | 14284 | 38.64 | 2606.36 | 1571.82 | 1034.55 |
| 武汉金融高等专科学校 | 36198 | 66.25 | 9709.09 | 5077.97 | 4631.12 |
| 武汉音乐学院 | 30885 | 28.50 | 16950.80 | 7496.74 | 9454.06 |
| 湖北商业高等专科学校 | 39523 | 22.48 | 4473.18 | 2325.03 | 2148.16 |
| 湖北农学院 | 75874 | 38.96 | 7203.95 | 3315.95 | 3888.00 |
| 武汉职业技术学院 | 32362 | 34.87 | 4531.74 | 2271.50 | 2260.24 |
| 孝感职业技术学院 | 27314 | 10.60 | 9125.82 | 4309.73 | 4816.09 |
| 武汉船舶职业技术学院 | 36760 | 37.05 | 7698.27 | 4853.01 | 2845.26 |
| 仙桃电大 | 1719 | 20.48 | 4340.91 | 1080.81 | 3260.10 |
| 华工汉口分校 | 43259 | 58.83 | 6885.42 | 4483.39 | 2402.03 |
| 沙市职业大学 | 5070 | 20.87 | 2606.68 | 1552.70 | 1053.98 |
| **湖　南** | | | | | |
| 湘潭大学 | 125726 | 43.00 | 7989.12 | 3731.99 | 4257.13 |
| 吉首大学 | 57773 | 56.39 | 7058.74 | 2471.01 | 4587.74 |
| 湘潭工学院 | 69803 | 40.49 | 8470.65 | 3755.86 | 4714.79 |
| 湖南农业大学 | 101000 | 61.51 | 9598.42 | 5676.81 | 3921.61 |
| 南华大学 | 158272 | 42.83 | 10807.03 | 4191.06 | 6615.97 |
| 湖南中医学院 | 61007 | 35.64 | 8996.95 | 3298.78 | 5698.17 |
| 湖南师范大学 | 213830 | 38.01 | 5980.54 | 3298.00 | 2682.53 |
| 岳阳师范学院 | 85338 | 34.76 | 8130.22 | 4090.99 | 4039.24 |
| 郴州师范高等专科 | 23388 | 42.98 | 5582.93 | 2676.32 | 2906.62 |
| 衡阳师范学院 | 46375 | 42.50 | 8919.81 | 4937.79 | 3982.02 |
| 邵阳师范高等专科 | 29761 | 45.06 | 5569.70 | 2882.21 | 2687.49 |
| 怀化师范高等专科 | 43880 | 38.53 | 7519.17 | 3373.75 | 4145.42 |
| 常德师范学院 | 61570 | 39.80 | 6363.79 | 3010.04 | 3353.75 |
| 益阳师范高等专科 | 23310 | 58.88 | 6134.96 | 3578.88 | 2556.08 |
| 零陵师范高等专科 | 35286 | 42.37 | 11132.80 | 3766.12 | 7366.68 |
| 娄底师范高等专科 | 40386 | 33.37 | 7783.60 | 2884.27 | 4899.33 |
| 湖南商学院 | 63674 | 48.81 | 7363.09 | 4205.63 | 3157.46 |
| 湘潭师范学院 | 75314 | 48.62 | 8623.53 | 4224.23 | 4399.30 |
| 湖南大学衡阳分校 | 12810 | 37.39 | 5834.29 | 2710.29 | 3124.00 |
| 衡阳职业技术学院 | 13403 | 56.43 | 4482.29 | 2278.97 | 2203.32 |
| 湖南大众传媒职业技术学院 | 17010 | 100.00 | 31617.10 | 11920.07 | 19697.03 |
| 长沙大学 | 50991 | 23.68 | 11303.70 | 3104.85 | 8198.85 |

## 教育经费支出(续15)

| 支　出(元) | | | 基建支出(千元) | | |
|---|---|---|---|---|---|
| 其中:预算内生均事业费 | | | 小　计 | 预算内基建支出 | 自筹基建支出 |
| 合　计 | 其中:人员经费 | 其中:公用经费 | | | |
| 7420.80 | 4374.45 | 3046.35 | 18820 | | 18820 |
| 3710.94 | 3710.94 | | 5000 | 1000 | 4000 |
| 2847.54 | 805.45 | 2042.09 | | | |
| 2225.09 | 2225.09 | | 250 | | |
| 10956.18 | 10956.18 | | 5657 | | 5657 |
| 790.85 | 730.20 | 60.66 | 14943 | | 14943 |
| 1066.67 | 998.48 | 68.18 | 5683 | 2000 | 3683 |
| 7937.06 | 4151.40 | 3785.66 | 8430 | 543 | 7887 |
| 5216.95 | 2136.93 | 3080.02 | 2289 | | 2289 |
| 1645.87 | 468.05 | 1177.82 | 16003 | | 16003 |
| 3061.52 | 1409.23 | 1652.29 | 32780 | 10680 | 22100 |
| 1979.95 | 999.30 | 980.66 | 6590 | | 6590 |
| 995.19 | 995.19 | | 767 | | 767 |
| 3663.02 | 2305.25 | 1357.77 | 14920 | 2300 | 12620 |
| 888.89 | 888.89 | | | | |
| 4313.73 | 2877.12 | 1436.61 | 2635 | | 2635 |
| 543.96 | 543.96 | | | | |
| 2964.11 | 2199.68 | 764.43 | 9740 | 6940 | 2800 |
| 3056.47 | 2382.13 | 674.34 | 11150 | | |
| 3847.63 | 2675.02 | 1172.61 | 11652 | 1652 | 10000 |
| 5314.37 | 4104.30 | 1210.07 | 16150 | 15150 | 1000 |
| 4385.27 | 3084.25 | 1301.02 | 27950 | 14050 | 13900 |
| 3256.20 | 2549.26 | 706.95 | 13881 | 4300 | 9581 |
| 2448.88 | 1790.86 | 658.01 | 27010 | 3680 | 23330 |
| 2554.17 | 1575.49 | 978.68 | 28150 | 6470 | 21680 |
| 2230.81 | 1484.52 | 746.29 | 1207 | 1190 | 17 |
| 3196.11 | 2750.43 | 445.69 | 9670 | 5340 | 4330 |
| 2727.69 | 1611.84 | 1115.84 | 3990 | 790 | 3200 |
| 2334.17 | 2087.50 | 246.67 | 7788 | 2070 | 5718 |
| 2461.29 | 1867.76 | 593.53 | 15948 | 6230 | 9718 |
| 3641.36 | 2834.11 | 807.25 | 3672 | 2070 | 1602 |
| 5126.87 | 2645.52 | 2481.35 | 3346 | 240 | 3106 |
| 2482.70 | 1873.03 | 609.66 | 5749 | 2430 | 3319 |
| 3411.89 | 2341.19 | 1070.70 | 28368 | 14110 | 14258 |
| 3576.93 | 2709.85 | 867.08 | 11474 | 9810 | 1664 |
| 2508.57 | 1279.43 | 1229.14 | 2600 | 400 | 2200 |
| 2654.57 | 1439.44 | 1215.13 | 3152 | 1000 | 2152 |
| 31617.10 | 11920.07 | 19697.03 | | | |
| 2642.21 | 1771.67 | 870.54 | | | |

## 附表3 地方普通高等学校

| | 教育经费支出总额（千 元） | 财政预算内拨款占教育经费支出比例(%) | 生均经常性 | | |
|---|---|---|---|---|---|
| | | | 预算内外生均经常性支出合计 | 其中：人员经费 | 其中：公用经费 |
| 湖南计算机专科 | 15935 | 20.65 | 6127.81 | 3506.97 | 2620.84 |
| 湘潭机电高等专科 | 39029 | 50.55 | 9849.86 | 5352.46 | 4497.39 |
| 湖南城建高等专科 | 22981 | 25.82 | 6248.33 | 2728.67 | 3519.67 |
| 湖南建材高等专科 | 11939 | 49.16 | 4975.54 | 2400.00 | 2575.54 |
| 湖南轻工业高等专 | 29167 | 37.48 | 5885.93 | 3080.40 | 2805.53 |
| 邵阳高等专科学校 | 15722 | 40.73 | 5071.61 | 2567.74 | 2503.87 |
| 湖南纺织高等专科 | 24444 | 29.23 | 5429.59 | 2405.28 | 3024.31 |
| 湖南财经高等专科 | 19869 | 28.24 | 5545.35 | 3154.06 | 2391.29 |
| 湖南公安高等专科 | 64991 | 11.62 | 16059.06 | 6369.66 | 9689.40 |
| 株洲职业技术学院 | 30881 | 48.00 | 4747.03 | 2474.35 | 2272.68 |
| 湖南医学高等专科 | 22422 | 31.27 | 6074.94 | 3428.33 | 2646.61 |
| 武陵高等专科学校 | 14693 | 36.06 | 4493.61 | 2051.88 | 2441.72 |
| 郴州医学高等专科 | 21800 | 10.91 | 15703.41 | 5081.68 | 10621.73 |
| 株洲师范专科学校 | 29790 | 35.58 | 6283.84 | 3168.17 | 3115.67 |
| 湖南省第一师范学校 | 21022 | 61.54 | 8283.23 | 3858.38 | 4424.85 |
| 湖南信息职业技术学院 | 17175 | 38.35 | 12952.01 | 8203.63 | 4748.38 |
| 湖南省工业职业技术学院 | 23939 | 30.95 | 18958.23 | 8775.79 | 10182.44 |
| 广 东 | | | | | |
| 汕头大学 | 98983 | 66.51 | 17876.95 | 8460.30 | 9416.65 |
| 广东工业大学 | 224834 | 48.98 | 9307.56 | 5182.84 | 4124.72 |
| 湛江海洋大学 | 98010 | 61.80 | 9423.02 | 5240.99 | 4182.03 |
| 广州医学院 | 332834 | 13.34 | 18296.37 | 8818.85 | 9477.52 |
| 广东医学院 | 56314 | 49.76 | 10494.10 | 5513.76 | 4980.34 |
| 广州中医药大学 | 85582 | 69.05 | 13630.13 | 6800.44 | 6829.69 |
| 广东药学院 | 48732 | 69.67 | 10682.56 | 7497.97 | 3184.58 |
| 华南师范大学 | 272893 | 65.70 | 15217.60 | 9135.98 | 6081.62 |
| 广州师范学院 | 117316 | 48.21 | 12072.55 | 5451.17 | 6621.38 |
| 韶关大学 | 225211 | 12.63 | 7611.40 | 2779.42 | 4831.98 |
| 惠州大学 | 26182 | 64.69 | 5712.85 | 3931.70 | 1781.15 |
| 韩山师范专科 | 51690 | 67.29 | 8449.60 | 5100.42 | 3349.18 |
| 湛江师范学院 | 68984 | 62.50 | 11811.01 | 6573.32 | 5237.69 |
| 西江大学 | 62448 | 52.32 | 10272.74 | 5577.40 | 4695.34 |
| 佛山科技学院 | 107424 | 79.47 | 12522.16 | 9428.04 | 3094.13 |
| 嘉应大学 | 105457 | 28.22 | 10645.79 | 5587.30 | 5058.50 |
| 广东外语外贸大学 | 135397 | 34.30 | 18057.86 | 11879.66 | 6178.20 |
| 广州体育学院 | 51809 | 45.47 | 11768.29 | 6989.89 | 4778.39 |
| 广州美术学院 | 44164 | 40.77 | 21281.32 | 13766.70 | 7514.61 |
| 星海音乐学院 | 27769 | 41.31 | 32169.19 | 16954.49 | 15214.70 |
| 广东民族学院 | 38728 | 59.84 | 9682.00 | 5624.00 | 4058.00 |
| 深圳大学 | 293697 | 82.85 | 31905.87 | 15467.01 | 16438.86 |

## 教育经费支出(续16)

| 支 出(元) | | | 基建支出(千元) | | |
|---|---|---|---|---|---|
| 其中:预算内生均事业费 | | | 小 计 | 预算内基建支出 | 自筹基建支出 |
| 合 计 | 其中:人员经费 | 其中:公用经费 | | | |
| 840.43 | 840.43 | | 113 | | 113 |
| 5486.96 | 2441.16 | 3045.80 | 5047 | 800 | 4247 |
| 1894.67 | 1461.67 | 433.00 | 4236 | 250 | 3986 |
| 2601.09 | 1796.20 | 804.89 | 2784 | 40 | 2744 |
| 2401.98 | 1863.74 | 538.24 | 6618 | 1680 | 4938 |
| 2026.45 | 2026.45 | | | | |
| 1790.99 | 1494.52 | 296.47 | 6130 | 1000 | 5130 |
| 1523.30 | 1523.30 | | | | |
| 1866.81 | 988.39 | 878.43 | | | |
| 2631.28 | 1570.39 | 1060.89 | 4141 | | 4141 |
| 1963.56 | 1603.64 | 359.92 | 4750 | 180 | 4570 |
| 1936.06 | 1393.13 | 542.93 | 2394 | | 2394 |
| 1592.39 | 569.39 | 1023.00 | 1998 | | 1998 |
| 1079.03 | 95.71 | 983.32 | 6810 | 200 | 6610 |
| 4291.05 | 3376.63 | 914.42 | 1954 | 1700 | 254 |
| 6238.65 | 5972.76 | 265.89 | 7189 | 1200 | 5989 |
| 6317.14 | 5464.62 | 852.51 | 1701 | | 1701 |
| | | | | | |
| 9387.68 | 4551.62 | 4836.05 | 1500 | | |
| 3400.33 | 2793.13 | 607.20 | 32000 | | |
| 4444.68 | 2983.29 | 1461.39 | 1000 | | |
| 13792.87 | 8818.85 | 4974.03 | 277890 | 2980 | 274910 |
| 5234.64 | 4185.81 | 1048.83 | 5596 | 2000 | 3596 |
| 9935.27 | 4956.96 | 4978.31 | 4510 | | 4510 |
| 5434.84 | 3932.05 | 1502.79 | 6600 | | |
| 7126.85 | 3982.53 | 3144.32 | 41129 | 32000 | 9129 |
| 7209.46 | 5451.17 | 1758.29 | 25963 | 2000 | 23963 |
| 3758.01 | 2163.44 | 1594.57 | 173659 | 3000 | 170659 |
| 3695.61 | 2543.31 | 1152.30 | | | |
| 8449.60 | 5100.42 | 3349.18 | 7600 | 1000 | 6600 |
| 7164.37 | 3768.65 | 3395.73 | 3740 | 1000 | 2740 |
| 5037.01 | 2992.76 | 2044.25 | | | |
| 12442.72 | 9348.59 | 3094.13 | 20420 | | |
| 5061.19 | 3032.30 | 2028.89 | 46128 | | 46128 |
| 6099.89 | 5322.08 | 777.81 | 6500 | 2900 | 3600 |
| 2804.14 | 2497.83 | 306.30 | 2900 | | |
| 8254.70 | 5339.77 | 2914.93 | 3389 | 2189 | 1200 |
| 12479.58 | 7975.50 | 4504.08 | 200 | | |
| 5762.00 | 3385.75 | 2376.25 | | | |
| 22593.61 | 11318.80 | 11274.81 | 50000 | | |

## 附表3 地方普通高等学校

| | 教育经费支出总额（千 元） | 财政预算内拨款占教育经费支出比例（%） | 生均经常性 | | |
|---|---|---|---|---|---|
| | | | 预算内外生均经常性支出合计 | 其中：人员经费 | 其中：公用经费 |
| 汕头大学医学院 | 18461 | 101.30 | -653260.87 | -452086.96 | -201173.91 |
| 广东商学院 | 112069 | 59.84 | 9705.56 | 4549.85 | 5155.71 |
| 华南建设学院 | 29969 | 100.00 | 10631.07 | 5986.17 | 4644.91 |
| 广州大学 | 52307 | 53.00 | 10001.34 | 5157.36 | 4843.98 |
| 广州航海高等专科 | 24071 | 70.58 | 11225.39 | 7705.82 | 3519.57 |
| 广东轻工职业技术学院 | 28764 | 58.93 | 7465.35 | 4567.35 | 2898.00 |
| 广东公安司法管理干部学院 | 55941 | 56.92 | 11400.47 | 5612.75 | 5787.72 |
| 深圳职业技术学院 | 179262 | 94.34 | 18513.61 | 8375.68 | 10137.93 |
| 深圳清华大学研究院 | 8539 | 100.00 | | | |
| 深圳大学城 | 3000 | 100.00 | | | |
| 广东财税专科学校 | 12450 | 64.19 | 7781.25 | 1943.75 | 5837.50 |
| 仲恺农业学院 | 65342 | 62.65 | 10991.00 | 6302.98 | 4688.02 |
| 深圳大学师范学院 | 31048 | 96.96 | 30261.21 | 15934.70 | 14326.51 |
| 五邑大学 | 68454 | 57.85 | 6734.14 | 4035.51 | 2698.63 |
| 广州师专 | 39370 | 62.24 | | | |
| 广州金融高等专科学校 | 49788 | 54.16 | 12042.07 | 4937.18 | 7104.90 |
| 中山学院 | 32484 | 39.83 | 10022.26 | 6231.85 | 3790.41 |
| 东莞理工学院 | 63196 | 71.84 | 8324.26 | 3353.73 | 4970.52 |
| 番禺职业技术学院 | 35493 | 53.76 | 15033.48 | 2675.76 | 12357.72 |
| 茂名学院 | 53874 | 28.56 | 9662.08 | 6211.09 | 3450.98 |
| 广　西 | | | | | |
| 广西大学 | 202174 | 62.36 | 9724.63 | 5074.80 | 4649.83 |
| 广西工学院 | 46521 | 32.46 | 9590.65 | 3796.77 | 5793.87 |
| 桂林电子工业学院 | 58483 | 82.88 | 6707.45 | 3535.25 | 3172.20 |
| 桂林工学院 | 48758 | 55.62 | 9656.53 | 4479.61 | 5176.91 |
| 广西医科大学 | 82628 | 32.88 | 10008.94 | 5312.53 | 4696.41 |
| 右江民族医学院 | 18671 | 44.48 | 6719.87 | 3508.73 | 3211.14 |
| 广西中医学院 | 32110 | 47.74 | 10650.87 | 6097.82 | 4553.05 |
| 桂林医学院 | 34399 | 39.29 | 8793.00 | 3662.07 | 5130.94 |
| 广西师范大学 | 107503 | 52.53 | 8909.84 | 3970.95 | 4938.90 |
| 广西师范学院 | 50770 | 49.62 | 10012.87 | 5004.29 | 5008.58 |
| 南宁师范高等专科 | 6235 | 47.14 | 3288.83 | 2009.26 | 1279.56 |
| 玉林师范高等专科 | 17244 | 50.27 | 4231.10 | 2309.47 | 1921.63 |
| 广西艺术学院 | 30026 | 28.94 | 16849.87 | 7084.17 | 9765.70 |
| 广西民族学院 | 57426 | 49.30 | 6969.52 | 4380.30 | 2589.22 |
| 右江民族师专 | 11069 | 54.62 | 4713.11 | 2930.10 | 1783.01 |
| 广西体育高等专科学校 | 8510 | 46.87 | 6785.64 | 3622.27 | 3163.37 |
| 广西商业高等专科学校 | 14324 | 45.50 | 5721.45 | 3123.96 | 2597.49 |
| 广西财政高等专科 | 21916 | 25.29 | 9577.51 | 4801.31 | 4776.20 |
| 钦州师范高等专科 | 10375 | 36.10 | 5545.12 | 3011.51 | 2533.62 |

## 教育经费支出(续17)

| 支 出(元) | | | 基建支出(千元) | | |
|---|---|---|---|---|---|
| 其中:预算内生均事业费 | | | 小 计 | 预算内基建支出 | 自筹基建支出 |
| 合 计 | 其中:人员经费 | 其中:公用经费 | | | |
| -653260.87 | -452086.96 | -201173.91 | 3436 | | 3436 |
| 2948.05 | 2265.62 | 682.43 | 47430 | | |
| 10631.07 | 5986.17 | 4644.91 | | | |
| 5301.15 | 5157.36 | 143.79 | | | |
| 5349.55 | 3624.72 | 1724.83 | 4000 | | |
| 4100.70 | 3669.87 | 430.83 | | | |
| 5742.54 | 5612.75 | 129.80 | 2450 | | |
| 14681.18 | 7765.68 | 6915.50 | 50000 | | |
| | | | | | |
| | | | | | |
| 4995.00 | 1247.50 | 3747.50 | | | |
| 5041.55 | 2745.15 | 2296.40 | 33600 | 25100 | 8500 |
| 26903.51 | 14727.10 | 12176.41 | | | |
| 5000.40 | 4035.51 | 964.89 | 17820 | 2000 | 15820 |
| | | | | | |
| 7665.71 | 3616.71 | 4048.99 | 8002 | | 8002 |
| 4216.78 | 2625.68 | 1591.10 | 3219 | | |
| 4582.54 | 3353.73 | 1228.80 | 33545 | 28600 | 4945 |
| 12615.00 | 2094.23 | 10520.77 | 11244 | | 11244 |
| 3245.18 | 3245.18 | | 8240 | | 8240 |
| | | | | | |
| 5828.75 | 3104.12 | 2724.63 | 26022 | 17361 | 8661 |
| 2429.22 | 1717.30 | 711.92 | 179 | | 179 |
| 4801.75 | 3084.25 | 1717.50 | 7768 | | 7768 |
| 5779.94 | 2383.82 | 3396.12 | 4000 | | 4000 |
| 4151.80 | 2470.59 | 1681.21 | 26648 | 260 | 26388 |
| 3351.21 | 2363.26 | 987.95 | 2503 | | 2503 |
| 5247.55 | 3310.01 | 1937.55 | 3800 | | 3800 |
| 3299.74 | 2013.48 | 1286.26 | 7000 | 3000 | 4000 |
| 4446.43 | 2603.23 | 1843.20 | 9370 | 5500 | 3870 |
| 4529.29 | 2753.27 | 1776.01 | 4100 | 2600 | 1500 |
| 1492.64 | 1045.23 | 447.41 | 200 | | |
| 1363.48 | 1112.28 | 251.19 | 400 | | |
| 5459.17 | 3533.92 | 1925.25 | 3201 | | 3201 |
| 3633.79 | 2122.75 | 1511.04 | 5984 | | 5984 |
| 2662.14 | 1928.64 | 733.50 | 1360 | 400 | 960 |
| 4150.88 | 2199.79 | 1951.09 | 1989 | | 1989 |
| 3014.86 | 1642.99 | 1371.87 | 2000 | | 2000 |
| 2927.40 | 1634.83 | 1292.58 | 4370 | | 4370 |
| 2172.02 | 2172.02 | | 1220 | | 1220 |

## 附表3 地方普通高等学校

| | 教育经费支出总额（千元） | 财政预算内拨款占教育经费支出比例（%） | 生均经常性 | | |
|---|---|---|---|---|---|
| | | | 预算内外生均经常性支出合计 | 其中：人员经费 | 其中：公用经费 |
| 广西水电学校 | 3745 | 21.55 | 3054.65 | 1148.45 | 1906.20 |
| 广西职业技术学院 | 17938 | 46.83 | 5296.44 | 2230.16 | 3066.28 |
| 桂林航天工业高等 | 16506 | 48.86 | 5071.37 | 2538.12 | 2533.25 |
| 桂林旅游高等专科 | 15145 | 18.63 | 8164.56 | 3276.37 | 4888.19 |
| 梧州师范高等专科 | 12830 | 48.61 | 6548.49 | 3392.60 | 3155.89 |
| 河池师范高等专科 | 10161 | 48.22 | 3408.59 | 1692.72 | 1715.87 |
| 广西大学梧州分校 | 26039 | 40.17 | 6865.73 | 3919.94 | 2945.79 |
| 柳州师范高等专科学校 | 10572 | 46.31 | 4430.85 | 3152.56 | 1278.29 |
| **海　南** | | | | | |
| 华南热带作物学院 | 70850 | 84.07 | 16043.93 | 8771.29 | 7272.64 |
| 海南大学 | 61470 | 48.64 | 11389.66 | 6811.01 | 4578.65 |
| 琼州大学 | 23119 | 80.61 | 6695.34 | 3383.15 | 3312.19 |
| 海南师范学院 | 71226 | 63.51 | 10670.05 | 6165.39 | 4504.66 |
| 海南医学院 | 46972 | 79.62 | 19084.66 | 8720.33 | 10364.33 |
| 海南职业技术学院 | 10001 | | 4509.04 | 1981.91 | 2527.13 |
| **重　庆** | | | | | |
| 重庆邮电学院 | 72893 | 45.47 | 10402.88 | 3988.58 | 6414.30 |
| 重庆交通学院 | 76585 | 57.42 | 11676.24 | 4455.64 | 7220.60 |
| 西南农业大学 | 99913 | 87.36 | 8371.34 | 4782.97 | 3588.37 |
| 四川畜牧兽医学院 | 29513 | 71.91 | 6417.77 | 3886.06 | 2531.70 |
| 重庆医科大学 | 77968 | 45.24 | 10779.76 | 4485.23 | 6294.53 |
| 重庆师范学院 | 79225 | 50.67 | 7385.57 | 4617.51 | 2768.06 |
| 重庆师范专科学校 | 37392 | 43.58 | 9658.13 | 3868.60 | 5789.53 |
| 重庆三峡学院 | 49793 | 47.50 | 6404.39 | 2792.45 | 3611.95 |
| 涪陵师范专科学校 | 35805 | 50.03 | 7207.66 | 2938.82 | 4268.84 |
| 四川外语学院 | 55004 | 42.34 | 15014.96 | 6276.18 | 8738.78 |
| 西南政法大学 | 84987 | 58.04 | 5801.58 | 2902.74 | 2898.83 |
| 四川美术学院 | 33044 | 54.77 | 9928.34 | 5037.66 | 4890.68 |
| 重庆电子职业技术学院 | 14227 | 12.44 | 6849.86 | 2647.62 | 4202.24 |
| 渝州大学 | 55519 | 56.22 | 6676.05 | 4036.03 | 2640.01 |
| 重庆工业高等专科学校 | 36527 | 69.18 | 6457.06 | 4083.99 | 2373.07 |
| 重庆工学院 | 55159 | 65.52 | 7650.85 | 4699.97 | 2950.88 |
| 重庆商学院 | 49421 | 68.45 | 4615.08 | 2511.04 | 2104.03 |
| **四　川** | | | | | |
| 西南石油学院 | 137084 | 47.93 | 13796.55 | 5768.17 | 8028.39 |
| 成都理工学院 | 142946 | 63.11 | 9858.82 | 5195.76 | 4663.06 |
| 西南科技大学 | 101182 | 36.66 | 8775.58 | 3653.24 | 5122.34 |
| 成都信息工程学院 | 47380 | 68.37 | 14386.89 | 5877.70 | 8509.18 |
| 四川轻化工学院 | 32940 | 50.38 | 4389.33 | 2472.96 | 1916.37 |
| 四川工业学院 | 91142 | 46.40 | 5976.97 | 3341.91 | 2635.06 |

# 教育经费支出(续18)

| 支 出(元) | | | 基建支出(千元) | | |
|---|---|---|---|---|---|
| 其中:预算内生均事业费 | | | 小 计 | 预算内基建支出 | 自筹基建支出 |
| 合 计 | 其中:人员经费 | 其中:公用经费 | | | |
| 658.24 | | 658.24 | | | |
| 2463.06 | 1580.72 | 882.34 | 518 | 300 | 218 |
| 2541.36 | 1274.13 | 1267.23 | 4000 | 1600 | 2400 |
| 1983.83 | 1143.46 | 840.37 | 3535 | | 3535 |
| 3111.05 | 3111.05 | | 270 | | |
| 1643.74 | 1552.50 | 91.24 | | | |
| 2739.88 | 1736.45 | 1003.43 | 4000 | 500 | 3500 |
| 2051.97 | 1877.62 | 174.35 | | | |
| | | | | | |
| 13488.00 | 8771.29 | 4716.71 | | | |
| 5121.55 | 4037.98 | 1083.56 | | | |
| 4867.65 | 2743.99 | 2123.66 | | | |
| 6418.78 | 6165.39 | 253.39 | 6000 | | |
| 12439.97 | 8720.33 | 3719.64 | 19471 | | |
| | | | 6511 | | 6511 |
| | | | | | |
| 10402.88 | 3988.58 | 6414.30 | | | |
| 4995.82 | 1906.40 | 3089.42 | 9470 | 8260 | 1210 |
| 6327.53 | 3902.00 | 2425.53 | 28246 | 19250 | 8996 |
| 5428.01 | 3044.91 | 2383.09 | 10080 | 4458 | 5622 |
| 10779.76 | 4485.23 | 6294.53 | 8611 | | 8611 |
| 4051.61 | 1807.09 | 2244.51 | 16972 | 6472 | 10500 |
| 4164.25 | 1937.64 | 2226.61 | 2700 | | 2700 |
| 3410.57 | 1599.42 | 1811.15 | 14524 | 4869 | 9655 |
| 3452.13 | 1783.88 | 1668.24 | 6823 | 3243 | 3580 |
| 5890.97 | 2982.45 | 2908.52 | 2812 | | |
| 2418.77 | 929.59 | 1489.18 | 4815 | 3820 | 995 |
| 4413.16 | 1731.63 | 2681.54 | 5890 | 3839 | 2051 |
| | | | 2000 | | 2000 |
| 4601.83 | 2296.34 | 2305.49 | 18280 | 5543 | 12737 |
| 6375.59 | 4002.52 | 2373.07 | 16000 | 5000 | 11000 |
| 5512.51 | 3591.98 | 1920.53 | 5000 | | 5000 |
| 4615.08 | 2511.04 | 2104.03 | 24135 | 8542 | 15593 |
| | | | | | |
| 6161.89 | 2595.68 | 3566.21 | 35500 | 16900 | 18600 |
| 6236.87 | 3918.60 | 2318.27 | 46300 | 12500 | 33800 |
| 3727.49 | 3617.34 | 110.16 | 32750 | 5750 | 27000 |
| 9791.80 | 4049.84 | 5741.97 | 3500 | | |
| 2243.26 | 1272.10 | 971.16 | 2500 | | 2500 |
| 2205.74 | 1463.43 | 742.31 | 29119 | 18400 | 10719 |

## 附表3　地方普通高等学校

| | 教育经费支出总额（千　元） | 财政预算内拨款占教育经费支出比例（%） | 生均经常性 | | |
|---|---|---|---|---|---|
| | | | 预算内外生均经常性支出合计 | 其中：人员经费 | 其中：公用经费 |
| 四川农业大学 | 82639 | 64.86 | 10040.28 | 4121.67 | 5918.61 |
| 西昌农业专科学校 | 23543 | 51.79 | 5466.96 | 3017.89 | 2449.06 |
| 绵阳经济专科学校 | 26337 | 41.19 | 7719.77 | 3530.83 | 4188.94 |
| 泸州医学院 | 43961 | 41.36 | 6904.94 | 3678.33 | 3226.60 |
| 成都中医药大学 | 50348 | 54.54 | 7530.53 | 3490.21 | 4040.33 |
| 川北医学院 | 32620 | 46.53 | 6433.85 | 3366.39 | 3067.46 |
| 四川师范大学 | 115209 | 40.11 | 5798.12 | 3037.26 | 2760.86 |
| 四川师范学院 | 73956 | 53.10 | 6201.08 | 3864.28 | 2336.80 |
| 绵阳师范高等专科学校 | 27881 | 48.27 | 5782.95 | 2751.91 | 3031.04 |
| 内江师范专科学校 | 41360 | 48.93 | 6785.48 | 3224.69 | 3560.80 |
| 宜宾师范专科学校 | 23231 | 59.10 | 5903.52 | 2721.70 | 3181.82 |
| 达县师范专科学校 | 19270 | 46.22 | 4923.97 | 2623.66 | 2300.32 |
| 西昌师范专科学校 | 20165 | 53.47 | 4621.58 | 2827.45 | 1794.13 |
| 阿坝师范专科学校 | 13703 | 47.86 | 6275.38 | 3180.51 | 3094.87 |
| 成都师范专科学校 | 24092 | 42.16 | 5870.87 | 3289.64 | 2581.23 |
| 乐山师范专科学校 | 44522 | 32.78 | 7219.26 | 3603.36 | 3615.90 |
| 四川音乐学院 | 25994 | 41.42 | 11861.99 | 6429.60 | 5432.39 |
| 成都大学 | 122910 | 6.35 | 7751.54 | 3619.06 | 4132.48 |
| 成都电子高专 | 28271 | 39.22 | 6693.51 | 4103.10 | 2590.41 |
| 自贡师范专科学校 | 18529 | 55.22 | 4657.08 | 2488.15 | 2168.92 |
| 攀枝花大学 | 29797 | 39.75 | 7927.37 | 4682.00 | 3245.37 |
| 四川烹饪专科学校 | 14183 | 43.86 | 11607.11 | 4636.60 | 6970.51 |
| 成都纺织专科学校 | 18037 | 45.99 | 4833.22 | 2813.88 | 2019.34 |
| 四川商业专科学校 | 14283 | 49.01 | 4168.72 | 2017.09 | 2151.63 |
| 康定师范专科学校 | 12599 | 64.40 | 5708.88 | 3117.58 | 2591.29 |
| 凉山大学 | 3301 | 81.73 | 4157.43 | 2355.16 | 1802.27 |
| 自贡高等专科学校 | 5992 | 32.34 | 4891.43 | 1737.14 | 3154.29 |
| 成都航空职业技术学院 | 26904 | 46.65 | 9590.54 | 5858.05 | 3732.48 |
| 四川警官高等专科学校 | 28347 | 44.10 | 6378.62 | 1983.91 | 4394.71 |
| **贵　州** | | | | | |
| 贵州大学 | 131799 | 60.60 | 5826.00 | 3589.02 | 2236.98 |
| 贵州工学院 | 73258 | 67.23 | 6415.80 | 3892.20 | 2523.60 |
| 贵阳医学院 | 42301 | 71.48 | 6074.81 | 3217.91 | 2856.90 |
| 遵义医学院 | 30386 | 50.93 | 8289.42 | 3902.12 | 4387.31 |
| 贵阳中医学院 | 33171 | 59.30 | 5915.43 | 3217.68 | 2697.75 |
| 贵州师范大学 | 48325 | 72.29 | 7446.54 | 4819.00 | 2627.55 |
| 遵义师范专科学校 | 20247 | 49.74 | 7397.52 | 3445.38 | 3952.14 |
| 铜仁师范专科学校 | 8416 | 62.46 | 4001.90 | 1958.16 | 2043.75 |
| 黔西南民族师专科 | 9597 | 42.58 | 5292.35 | 2389.41 | 2902.94 |
| 安顺师范专科学校 | 6549 | 76.41 | 4222.44 | 2762.73 | 1459.70 |

# 教育经费支出(续19)

| 支　出(元) | | | 基建支出(千元) | | |
|---|---|---|---|---|---|
| 其中:预算内生均事业费 | | | 小　计 | 预算内基建支出 | 自筹基建支出 |
| 合　计 | 其中:人员经费 | 其中:公用经费 | | | |
| 4431.36 | 1827.46 | 2603.90 | 10600 | 2100 | 8500 |
| 3361.04 | 1883.98 | 1477.06 | 4600 | 300 | 4300 |
| 3072.25 | 2034.46 | 1037.79 | 800 | | 800 |
| 3239.50 | 2272.84 | 966.65 | 6481 | 600 | 5881 |
| 2667.98 | 2161.65 | 506.34 | 4600 | 3600 | 1000 |
| 3095.62 | 1857.75 | 1237.87 | 5437 | 2500 | 2937 |
| 2398.69 | 1424.43 | 974.26 | 29623 | 10500 | 19123 |
| 3141.66 | 1699.60 | 1442.06 | 15517 | 9200 | 6317 |
| 3268.09 | 1983.43 | 1284.66 | 5900 | 700 | 5200 |
| 3132.92 | 1564.49 | 1568.42 | 12006 | 8200 | 3806 |
| 3490.91 | 1616.72 | 1874.19 | 3100 | 2000 | 1100 |
| 2360.25 | 1271.92 | 1088.33 | 3661 | 1300 | 2361 |
| 2600.40 | 1591.08 | 1009.32 | 3800 | 800 | 3000 |
| 2954.87 | 1706.15 | 1248.72 | 1466 | 600 | 866 |
| 2694.17 | 1634.63 | 1059.55 | 5951 | 500 | 5451 |
| 2480.78 | 1436.08 | 1044.70 | 8830 | 2300 | 6530 |
| 4912.08 | 3231.50 | 1680.58 | 4678 | 1900 | 2778 |
| 2180.27 | 1517.61 | 662.66 | 95175 | | 95175 |
| 2756.35 | 1689.66 | 1066.68 | 2173 | | 2173 |
| 2399.46 | 1153.69 | 1245.77 | 4772 | 2972 | 1800 |
| 2454.28 | 2285.88 | 168.40 | 2400 | | 2400 |
| 4701.65 | 2199.48 | 2502.17 | 800 | | |
| 2584.94 | 1611.88 | 973.07 | 4040 | 2000 | 2040 |
| 2169.99 | 1496.99 | 673.00 | 1114 | | 1114 |
| 3654.04 | 1981.91 | 1672.13 | 2500 | 1500 | 1000 |
| 1749.37 | 1410.58 | 338.79 | | | |
| 1382.86 | 1192.65 | 190.20 | | | |
| 4772.52 | 3703.37 | 1069.15 | 5824 | 1400 | 4424 |
| 2385.75 | 1077.47 | 1308.28 | 600 | | |
| 3725.17 | 3589.02 | 136.15 | 23284 | 10480 | 12804 |
| 3989.50 | 3892.20 | 97.30 | 9100 | | |
| 3824.07 | 3217.91 | 606.16 | 9740 | | |
| 4365.87 | 3902.12 | 463.75 | 1000 | | 1000 |
| 3559.27 | 3217.68 | 341.59 | 10018 | 5741 | 4277 |
| 5227.25 | 4819.00 | 408.25 | 3400 | | |
| 3679.58 | 3194.74 | 484.84 | | | |
| 2499.76 | 1958.16 | 541.61 | | | |
| 1993.53 | 1681.18 | 312.35 | 600 | | |
| 3226.31 | 2762.73 | 463.57 | | | |

# 附表3　地方普通高等学校

| | 教育经费支出总额（千　元） | 财政预算内拨款占教育经费支出比例(%) | 生均经常性 | | |
|---|---|---|---|---|---|
| | | | 预算内外生均经常性支出合计 | 其中：人员经费 | 其中：公用经费 |
| 毕节师范专科学校 | 13859 | 100.00 | 4806.28 | 2765.91 | 2040.38 |
| 黔东南民族师专科 | 11101 | 52.18 | 4404.97 | 2465.28 | 1939.69 |
| 黔南民族师专 | 5696 | 117.89 | 2550.35 | 1858.47 | 691.88 |
| 贵州财经学院 | 25581 | 55.72 | 6564.28 | 3292.02 | 3272.26 |
| 贵州民族学院 | 37920 | 78.55 | 5982.54 | 3825.22 | 2157.33 |
| 贵阳师范专科学校 | 12998 | 85.14 | 7029.75 | 2356.95 | 4672.80 |
| 六盘水师专 | 7237 | 80.79 | 4384.34 | 2493.84 | 1890.50 |
| 贵阳金筑大学 | 5497 | 38.08 | 3012.78 | 871.67 | 2141.11 |
| 黔南民族医学专科 | 4463 | 63.37 | 3327.21 | 1798.78 | 1528.43 |
| 贵州商业专科学校 | 14118 | 78.70 | 4420.00 | 1941.07 | 2478.93 |
| 贵州省电子信息职业技术学校 | 9964 | 44.92 | 3609.95 | 1712.04 | 1897.92 |
| 贵州冶金职业技术学院 | 9577 | 62.86 | 4714.81 | 2159.14 | 2555.67 |
| 贵州省人民警察职业技术学院 | 20720 | 47.89 | 5645.61 | 2905.93 | 2739.68 |
| 贵州交通职业技术学院 | 7163 | 77.72 | 3507.84 | 1860.43 | 1647.40 |
| 贵州航天职业技术学院 | 11168 | 47.08 | 5652.60 | 3638.75 | 2013.84 |
| 云　南 | | | | | |
| 云南大学 | 172023 | 58.53 | 11292.54 | 5423.83 | 5868.71 |
| 昆明理工大学 | 207252 | 81.54 | 9151.56 | 5112.38 | 4039.19 |
| 云南农业大学 | 78769 | 94.46 | 12742.13 | 6404.87 | 6337.26 |
| 西南林学院 | 65751 | 66.48 | 11728.84 | 4646.10 | 7082.74 |
| 昆明医学院 | 73504 | 70.80 | 10088.46 | 5801.33 | 4287.13 |
| 大理医学院 | 22967 | 84.82 | 7760.26 | 3863.13 | 3897.13 |
| 云南中医学院 | 24541 | 76.21 | 7484.21 | 4043.85 | 3440.36 |
| 云南师范大学 | 122695 | 74.76 | 8450.03 | 5067.56 | 3382.48 |
| 昆明师范高等专科学校 | 20420 | 89.65 | 8241.16 | 3508.52 | 4732.64 |
| 昭通师范专科学校 | 11311 | 82.34 | 4884.54 | 3100.97 | 1783.57 |
| 曲靖师范专科学校 | 23644 | 57.25 | 6941.78 | 3567.05 | 3374.73 |
| 思茅师范专科学校 | 10784 | 86.69 | 7584.50 | 4228.68 | 3355.81 |
| 保山师范专科学校 | 9445 | 83.22 | 7133.17 | 3724.88 | 3408.29 |
| 蒙自师范专科学校 | 22863 | 46.74 | 8133.22 | 3675.37 | 4457.86 |
| 大理师范专科学校 | 12282 | 66.02 | 5951.00 | 3683.19 | 2267.81 |
| 云南财贸学院 | 40492 | 97.05 | 5708.78 | 2216.88 | 3491.90 |
| 云南艺术学院 | 21110 | 75.40 | 10391.40 | 5337.10 | 5054.30 |
| 云南民族学院 | 53884 | 74.19 | 9275.51 | 5497.82 | 3777.69 |
| 玉溪师范专科学校 | 50139 | 82.95 | 18357.62 | 4271.08 | 14086.54 |
| 楚雄师范专科学校 | 24850 | 83.97 | 10221.95 | 4676.94 | 5545.02 |
| 云南公安高等专科学校 | 33561 | 46.43 | 15296.72 | 3307.20 | 11989.52 |
| 昆明大学 | 29618 | 86.50 | 7838.89 | 3121.91 | 4716.98 |
| 文山师范专科学校 | 10396 | 82.77 | 5527.03 | 3467.28 | 2059.74 |
| 昆明冶金高等专科学校 | 25377 | 57.57 | 8732.62 | 4986.92 | 3745.70 |

## 教育经费支出(续20)

| 支 出(元) | | | 基建支出(千元) | | |
|---|---|---|---|---|---|
| 其中:预算内生均事业费 | | | 小 计 | 预算内基建支出 | 自筹基建支出 |
| 合 计 | 其中:人员经费 | 其中:公用经费 | | | |
| 4806.28 | 2765.91 | 2040.38 | 2074 | | |
| 2834.26 | 2465.28 | 368.98 | 2410 | 200 | 2210 |
| 2550.35 | 1858.47 | 691.88 | 200 | | |
| 3657.69 | 3292.02 | 365.67 | | | |
| 4114.84 | 3825.22 | 289.62 | 11872 | | |
| 5573.28 | 2040.56 | 3532.72 | | | |
| 3376.36 | 2493.84 | 882.52 | 1191 | | |
| 1162.78 | 577.78 | 585.00 | 74 | | 74 |
| 2474.19 | 1798.78 | 675.42 | 660 | | 660 |
| 3968.21 | 1941.07 | 2027.14 | 1742 | | 1742 |
| 1606.13 | 1606.13 | | 1477 | 700 | 777 |
| 3161.76 | 1345.59 | 1816.18 | 600 | | 600 |
| 2713.43 | 2713.43 | | 74 | | 74 |
| 2726.25 | 1575.91 | 1150.34 | | | |
| 3638.75 | 3638.75 | | 3000 | | 3000 |
| | | | | | |
| 5064.16 | 3473.44 | 1590.73 | 50233 | 41193 | 9040 |
| 7502.56 | 5112.38 | 2390.18 | 42835 | 26680 | 16155 |
| 11777.06 | 5439.80 | 6337.26 | 16014 | | |
| 8588.20 | 4167.94 | 4420.26 | 22800 | 12260 | 10540 |
| 6672.96 | 3836.93 | 2836.03 | 17392 | 7700 | 9692 |
| 5432.23 | 2704.19 | 2728.04 | 5390 | | |
| 5130.43 | 3060.57 | 2069.86 | 4401 | 2250 | 2151 |
| 6944.85 | 4092.71 | 2852.14 | 23255 | 9450 | 13805 |
| 7054.47 | 3233.26 | 3821.21 | 600 | | |
| 3922.71 | 2626.57 | 1296.14 | 1200 | 500 | 700 |
| 4051.41 | 2586.87 | 1464.54 | 1229 | 500 | 729 |
| 5856.59 | 3651.16 | 2205.43 | 1000 | | |
| 5448.17 | 3225.68 | 2222.49 | 500 | | |
| 5598.69 | 3324.09 | 2274.61 | 7906 | | 7906 |
| 3820.51 | 3683.19 | 137.32 | 1838 | | 1838 |
| 5708.78 | 2216.88 | 3491.90 | 5246 | 2517 | 2729 |
| 6800.90 | 3936.09 | 2864.82 | 2738 | 2300 | 438 |
| 6410.88 | 4052.80 | 2358.08 | 7154 | 3000 | 4154 |
| 15489.28 | 3536.98 | 11952.29 | 500 | | |
| 8354.84 | 4524.80 | 3830.04 | 3619 | | |
| 15296.72 | 3307.20 | 11989.52 | | | |
| 5905.56 | 1747.22 | 4158.33 | 4220 | | |
| 5527.03 | 3467.28 | 2059.74 | 2625 | 450 | 2175 |
| 5634.21 | 3232.97 | 2401.24 | | | |

# 附表3 地方普通高等学校

| | 教育经费支出总额（千 元） | 财政预算内拨款占教育经费支出比例（%） | 生均经常性 | | |
|---|---|---|---|---|---|
| | | | 预算内外生均经常性支出合计 | 其中：人员经费 | 其中：公用经费 |
| **西 藏** | | | | | |
| 西藏农牧学院 | 23212 | 98.51 | 19670.86 | 12941.71 | 6729.14 |
| 西藏大学 | 35490 | 87.38 | 12407.41 | 7924.74 | 4482.66 |
| 西藏民族学院 | 39708 | 78.68 | 13663.06 | 7861.98 | 5801.08 |
| 西藏医学院 | 8776 | 94.26 | 16400.00 | 10858.82 | 5541.18 |
| **陕 西** | | | | | |
| 西北大学 | 152810 | 61.00 | 11315.14 | 4027.70 | 7287.44 |
| 西安理工大学 | 131706 | 45.16 | 9340.61 | 4669.22 | 4671.39 |
| 西安工业学院 | 94015 | 48.46 | 10578.49 | 4679.67 | 5898.81 |
| 西安建筑科技大学 | 149461 | 44.56 | -495816.00 | -244064.00 | -251752.00 |
| 西安科技学院 | 74688 | 46.93 | 9503.95 | 4769.71 | 4734.24 |
| 西安石油学院 | 86401 | 61.93 | 10232.09 | 4728.95 | 5503.14 |
| 西北轻工业学院 | 65073 | 65.31 | 5833.29 | 3239.65 | 2593.64 |
| 西北纺织工学院 | 56587 | 55.64 | 6518.52 | 3861.78 | 2656.74 |
| 陕西工学院 | 31727 | 58.01 | 9420.13 | 5630.34 | 3789.79 |
| 陕西中医学院 | 38490 | 38.35 | 8647.85 | 4862.03 | 3785.82 |
| 延安大学 | 43080 | 69.77 | 8488.67 | 3843.94 | 4644.73 |
| 汉中师范学院 | 38190 | 58.08 | 9316.15 | 3921.66 | 5394.49 |
| 宝鸡文理学院 | 31975 | 72.38 | 6076.28 | 3501.10 | 2575.18 |
| 咸阳师范专科学校 | 30535 | 65.91 | 7403.73 | 3831.01 | 3572.72 |
| 渭南师范专科学校 | 34571 | 49.86 | 6383.20 | 3326.98 | 3056.22 |
| 西安外国语学院 | 43734 | 50.97 | 10691.14 | 5106.54 | 5584.60 |
| 西北政法学院 | 49592 | 77.89 | 8943.55 | 3568.62 | 5374.93 |
| 西安音乐学院 | 33167 | 33.64 | 15444.67 | 8652.00 | 6792.67 |
| 西安美术学院 | 18553 | 60.52 | 10799.19 | 5711.29 | 5087.89 |
| 陕西工业职业技术学院 | 23836 | 34.28 | 6908.49 | 4192.31 | 2716.18 |
| 杨凌职业技术学院 | 33865 | 70.76 | 4685.24 | 2965.27 | 1719.97 |
| 西安联大 | 21011 | 56.05 | 5483.04 | 2318.37 | 3164.67 |
| 榆林高等专科学校 | 19372 | 61.45 | 7599.47 | 3477.21 | 4122.26 |
| 商洛师范专科学校 | 15800 | 57.40 | 7135.05 | 2829.96 | 4305.08 |
| 安康师范专科学校 | 14877 | 64.17 | 6259.18 | 2834.16 | 3425.01 |
| 西安统计学院 | 34106 | 59.93 | 9648.17 | 5224.31 | 4423.85 |
| 陕西经贸学院 | 40816 | 50.00 | 7983.64 | 4994.55 | 2989.09 |
| 西安邮电学院 | 49294 | 46.55 | 9331.28 | 3968.89 | 5362.38 |
| 陕西医学高等专科 | 19854 | 30.21 | 7227.55 | 3003.40 | 4224.15 |
| **甘 肃** | | | | | |
| 甘肃工业大学 | 121242 | 39.34 | 9265.41 | 3559.35 | 5706.06 |
| 兰州铁道学院 | 123111 | 66.65 | 8764.15 | 5071.42 | 3692.73 |
| 甘肃农业大学 | 54215 | 100.00 | 8746.23 | 6336.22 | 2410.01 |
| 兰州医学院 | 40077 | 62.34 | 11169.02 | 6095.24 | 5073.78 |

## 教育经费支出(续21)

| 支 出(元) | | | 基建支出(千元) | | |
|---|---|---|---|---|---|
| 其中:预算内生均事业费 | | | 小 计 | 预算内基建支出 | 自筹基建支出 |
| 合 计 | 其中:人员经费 | 其中:公用经费 | | | |
| 18532.57 | 12941.71 | 5590.86 | 6000 | | |
| 12407.41 | 7924.74 | 4482.66 | 4000 | | |
| 13663.06 | 7861.98 | 5801.08 | 11890 | | |
| 16400.00 | 10858.82 | 5541.18 | 3200 | | |
| | | | | | |
| 7229.16 | 4027.70 | 3201.46 | 15150 | 5270 | 9880 |
| 4090.46 | 4017.43 | 73.03 | 11100 | 4600 | 6500 |
| 4823.15 | 2816.77 | 2006.38 | 22716 | 11216 | 11500 |
| -226384.00 | -224064.00 | -2320.00 | 25507 | 10000 | 15507 |
| 4262.85 | 4262.85 | | 6098 | 3068 | 3030 |
| 5494.25 | 2732.32 | 2761.93 | 19698 | 17000 | 2698 |
| 4373.98 | 2602.53 | 1771.45 | 15175 | 5050 | 10125 |
| 3784.99 | 2911.90 | 873.10 | 8200 | 1000 | 7200 |
| 5464.96 | 4879.16 | 585.81 | | | |
| 4204.30 | 2300.64 | 1903.67 | 13982 | | 13982 |
| 5922.36 | 3843.94 | 2078.42 | | | |
| 4870.10 | 3542.58 | 1327.52 | 1326 | 1102 | 224 |
| 4608.05 | 3097.59 | 1510.46 | 1466 | | 1466 |
| 4553.00 | 2789.65 | 1763.35 | 3504 | | |
| 4055.05 | 3326.98 | 728.06 | 7436 | | 7436 |
| 6153.19 | 5106.54 | 1046.65 | 5000 | | 5000 |
| 6965.92 | 3568.62 | 3397.29 | | | |
| 7437.33 | 6924.67 | 512.67 | 10000 | | 10000 |
| 6536.09 | 3464.49 | 3071.59 | | | |
| 2709.55 | 2397.88 | 311.67 | 3000 | | 3000 |
| 3466.93 | 1886.19 | 1580.74 | 4184 | 2000 | 2184 |
| 3073.33 | 2318.37 | 754.96 | | | |
| 5216.91 | 3477.21 | 1739.70 | 2030 | | 2030 |
| 4554.40 | 2829.96 | 1724.44 | 2750 | 682 | 2068 |
| 3844.13 | 2651.11 | 1193.02 | 1063 | | |
| 6752.89 | 4591.67 | 2161.22 | 4901 | | 4901 |
| 4452.01 | 3667.10 | 784.90 | 4219 | | 4219 |
| 4498.69 | 3968.89 | 529.80 | 10000 | 4000 | 6000 |
| 2263.02 | 1927.55 | 335.47 | 701 | | 701 |
| | | | | | |
| 4420.89 | 3559.35 | 861.54 | 30302 | 4300 | 26002 |
| 7903.29 | 5071.42 | 2831.87 | 66293 | 30812 | 35481 |
| 8746.23 | 6336.22 | 2410.01 | 10720 | | |
| 6732.51 | 6095.24 | 637.27 | 2080 | | |

## 附表3 地方普通高等学校

| | 教育经费支出总额（千元） | 财政预算内拨款占教育经费支出比例(%) | 生均经常性 | | |
|---|---|---|---|---|---|
| | | | 预算内外生均经常性支出合计 | 其中：人员经费 | 其中：公用经费 |
| 甘肃中医学院 | 20494 | 50.00 | 9211.45 | 4352.09 | 4859.36 |
| 西北师大 | 109777 | 58.82 | 12569.30 | 6370.90 | 6198.40 |
| 兰州师专 | 31971 | 57.75 | 6183.94 | 3838.33 | 2345.61 |
| 庆阳师专 | 27189 | 56.94 | 7495.42 | 3962.42 | 3533.01 |
| 天水师专 | 60825 | 33.81 | 6597.96 | 3671.73 | 2926.22 |
| 张掖师专 | 54054 | 28.58 | 6444.31 | 2911.68 | 3532.63 |
| 兰州商学院 | 50372 | 58.69 | 8191.22 | 4497.38 | 3693.84 |
| 甘肃政法学院 | 17699 | 50.89 | 6205.19 | 3321.85 | 2883.33 |
| 合作师专 | 14408 | 72.02 | 7338.10 | 4570.75 | 2767.35 |
| 甘肃联合大学 | 7993 | 59.85 | 5144.31 | 2161.25 | 2983.06 |
| 兰州工业专科学校 | 28094 | 28.88 | 6492.40 | 3963.20 | 2529.20 |
| 兰州石化职业技术学院 | 29210 | 147.11 | 7505.50 | 4005.08 | 3500.42 |
| 青　海 | | | | | |
| 青海大学 | 29192 | 64.89 | 6963.74 | 4180.58 | 2783.16 |
| 青海政法高等专科学校 | 12580 | 71.14 | 12049.81 | 3945.40 | 8104.41 |
| 青海医学院 | 16414 | 52.74 | 8154.00 | 4102.33 | 4051.66 |
| 青海师范大学 | 41845 | 60.92 | 8637.12 | 4392.82 | 4244.30 |
| 青海师范专科学校 | 9879 | 59.35 | 4085.39 | 2173.12 | 1912.27 |
| 青海民族学院 | 23403 | 54.08 | 7121.72 | 3647.77 | 3473.94 |
| 青海民族师专 | 4497 | 87.79 | 3888.01 | 2426.47 | 1461.54 |
| 宁　夏 | | | | | |
| 宁夏大学 | 130562 | 61.69 | 9227.77 | 4094.40 | 5133.37 |
| 宁夏农学院 | 17890 | 90.87 | 9174.36 | 5888.72 | 3285.64 |
| 宁夏医学院 | 24557 | 56.37 | 10486.58 | 4704.81 | 5781.77 |
| 固原师范专科学校 | 9027 | 86.37 | 6547.07 | 3286.68 | 3260.39 |
| 新　疆 | | | | | |
| 新疆大学 | 122333 | 41.44 | 12045.48 | 5640.82 | 6404.66 |
| 新疆工学院 | 74560 | 36.43 | 7154.93 | 4645.52 | 2509.41 |
| 新疆农业大学 | 71295 | 50.50 | 7427.16 | 4550.72 | 2876.44 |
| 新疆医科大学 | 49449 | 58.04 | 5696.30 | 3834.53 | 1861.77 |
| 新疆师范大学 | 59480 | 51.81 | 5342.28 | 3265.62 | 2076.65 |
| 喀什师范学院 | 37029 | 39.91 | 4954.31 | 3401.72 | 1552.59 |
| 伊犁师范学院 | 22441 | 47.32 | 4506.35 | 3010.97 | 1495.37 |
| 和田师范专科学校 | 13106 | 59.21 | 6261.43 | 3911.35 | 2350.08 |
| 新疆财经学院 | 45131 | 33.17 | 5720.87 | 3156.79 | 2564.07 |
| 新疆艺术学院 | 19703 | 68.75 | 10813.71 | 7160.23 | 3653.47 |
| 新疆工业高等专科学校 | 14632 | 47.39 | 5311.07 | 3266.06 | 2045.01 |
| 昌吉师范专科学校 | 14893 | 40.09 | 5248.99 | 3007.07 | 2241.92 |
| 乌鲁木齐职业大学 | 25984 | 4.04 | 2869.91 | 1526.41 | 1343.50 |
| 新疆维吾尔医专 | 3065 | 58.76 | 6918.74 | 4286.68 | 2632.05 |

## 教育经费支出(续22)

| 支 出(元) | | | 基建支出(千元) | | |
|---|---|---|---|---|---|
| 其中:预算内生均事业费 | | | 小 计 | 预算内基建支出 | 自筹基建支出 |
| 合 计 | 其中:人员经费 | 其中:公用经费 | | | |
| 4147.43 | 2728.42 | 1419.01 | 1500 | | |
| 6995.81 | 6370.90 | 624.91 | 7840 | | |
| 4394.83 | 3838.33 | 556.50 | 9480 | 2480 | 7000 |
| 5059.48 | 3962.42 | 1097.06 | 4253 | | 4253 |
| 4458.37 | 3671.73 | 786.64 | 34354 | 2680 | 31674 |
| 4146.11 | 2911.68 | 1234.43 | 32530 | 1600 | 30930 |
| 5437.28 | 4497.38 | 939.90 | 12889 | 4681 | 8208 |
| 3239.26 | 2428.52 | 810.74 | 945 | | 945 |
| 6025.17 | 4570.75 | 1454.42 | 3621 | 1520 | 2101 |
| 3114.50 | 1619.24 | 1495.26 | 400 | | 400 |
| 3232.80 | 2450.80 | 782.00 | 11863 | | 11863 |
| 7505.50 | 4005.08 | 3500.42 | 2603 | | 2603 |
| | | | | | |
| 4519.08 | 4180.58 | 338.50 | | | |
| 8571.84 | 3945.40 | 4626.44 | | | |
| 4300.55 | 4102.33 | 198.21 | | | |
| 5701.52 | 4279.47 | 1422.05 | 5500 | 1500 | 4000 |
| 2403.17 | 2173.12 | 230.05 | 1124 | 580 | 544 |
| 4053.25 | 3647.77 | 405.48 | 4680 | 2000 | 2680 |
| 3266.97 | 2211.54 | 1055.43 | 1060 | | |
| | | | | | |
| 5329.68 | 4094.40 | 1235.28 | 39650 | 27650 | 12000 |
| 8336.92 | 5888.72 | 2448.21 | | | |
| 5743.80 | 4704.81 | 1038.99 | 3846 | 2500 | 1346 |
| 5849.87 | 3286.68 | 2563.19 | 1308 | 900 | 408 |
| | | | | | |
| 2386.14 | 2383.01 | 3.12 | 6600 | 5600 | 1000 |
| 2027.58 | 2027.58 | | 26300 | 12800 | 13500 |
| 2114.03 | 2114.03 | | 10526 | 5200 | 5326 |
| 1496.41 | 1462.53 | 33.88 | 7416 | | |
| 1688.49 | 1688.49 | | 9300 | 6600 | 2700 |
| 1746.55 | 1746.55 | | 8294 | 700 | 7594 |
| 1489.13 | 1446.09 | 43.04 | 1500 | 700 | 800 |
| 2913.61 | 2913.61 | | 2017 | 1000 | 1017 |
| 1388.44 | 1158.86 | 229.58 | 800 | | |
| 3915.06 | 3915.06 | | 8500 | 8000 | 500 |
| 1916.52 | 1880.22 | 36.30 | | | |
| 1772.73 | 1772.73 | | 4500 | 700 | 3800 |
| 219.25 | | 219.25 | 12240 | | 12240 |
| 4065.46 | 3255.08 | 810.38 | | | |

# 附表4 中央部门普通高等学校教育经费收入按来源构成

| | 教育经费收入合计（千 元） | 其中：财政预算内拨款比例（%） | 其中：学杂费收入比例（%） | 其中：校办产业、勤工俭学、社会服务收入中用于教育的经费收入比例（%） | 其中：社会捐、集资办学经费收入比例（%） | 其中：其 他教育经费收入比例（%） |
|---|---|---|---|---|---|---|
| **北 京** | | | | | | |
| 北京大学 | 1974538 | 69.12 | 0.81 | 2.69 | 3.92 | 23.46 |
| 中国人民大学 | 581667 | 70.16 | 2.23 | 3.56 | 1.17 | 22.88 |
| 清华大学 | 2479271 | 74.48 | 1.34 | 1.51 | 6.18 | 16.49 |
| 北方交通大学 | 408129 | 72.84 | 5.57 | | 0.03 | 21.56 |
| 北京航空航天大学 | 634556 | 34.09 | 5.12 | 0.30 | 2.87 | 57.62 |
| 北京理工大学 | 681783 | 35.70 | 11.53 | 11.12 | 2.19 | 39.46 |
| 北京科技大学 | 362239 | 68.22 | 11.97 | 0.97 | 0.90 | 17.94 |
| 北京化工大学 | 311269 | 51.65 | 13.87 | 3.93 | 11.33 | 19.22 |
| 北京邮电大学 | 260172 | 48.00 | 9.40 | 2.31 | 6.43 | 33.86 |
| 北京电子科技学院 | 76166 | 95.10 | 3.72 | | | 1.18 |
| 中国农业大学 | 448375 | 70.50 | 9.21 | 0.80 | 0.97 | 18.52 |
| 北京林业大学 | 182098 | 74.69 | 14.78 | 1.27 | | 9.26 |
| 中国协和医科大学 | 52619 | 86.97 | 10.79 | | | 2.24 |
| 北京中医药大学 | 106560 | 56.94 | 22.48 | 10.58 | | 10.00 |
| 北京师范大学 | 552104 | 68.12 | 5.28 | 4.65 | 2.08 | 19.87 |
| 北京外国语大学 | 201514 | 41.62 | 5.21 | 15.97 | 2.69 | 34.51 |
| 北京语言文化大学 | 194232 | 36.74 | 4.26 | 0.23 | 0.16 | 58.61 |
| 北京广播学院 | 165215 | 52.02 | 23.79 | 1.54 | 6.82 | 15.83 |
| 中央财经大学 | 137940 | 75.29 | 9.96 | 0.76 | 0.15 | 13.84 |
| 对外经济贸易大学 | 192593 | 41.64 | 48.15 | 0.19 | 0.74 | 9.28 |
| 石油大学 | 178232 | 45.43 | 4.17 | 1.06 | 0.25 | 49.09 |
| 外交学院 | 50026 | 81.61 | 5.96 | | 0.50 | 11.93 |
| 中国人民公安大学 | 151217 | 66.73 | 9.33 | 10.37 | | 13.57 |
| 国际关系学院 | 126725 | 96.06 | 1.27 | | 0.26 | 2.41 |
| 北京体育大学 | 88355 | 65.04 | 7.36 | 9.87 | | 17.73 |
| 中央音乐学院 | 56070 | 69.92 | 6.68 | | 6.77 | 16.63 |
| 中央美术学院 | 172185 | 86.54 | 7.96 | 0.16 | 0.34 | 5.00 |
| 中央戏剧学院 | 28085 | 55.75 | 29.27 | | | 14.98 |
| 中央民族大学 | 134357 | 62.86 | 12.92 | 5.40 | | 18.82 |
| 中国政法大学 | 247133 | 30.17 | 41.69 | 2.66 | 0.18 | 25.30 |
| 中国矿业大学 | 112869 | 53.63 | 12.31 | 1.53 | 0.42 | 32.11 |
| 华北电力大学 | 81184 | 38.45 | 27.32 | 0.62 | | 33.61 |
| 地质大学 | 134785 | 72.98 | 14.41 | 3.08 | 0.10 | 9.43 |
| 北京针灸骨伤学院 | 22944 | 83.31 | 14.74 | | | 1.95 |
| 中国青年政治学院 | 45630 | 76.91 | 15.75 | | | 7.34 |
| 北京电力高等专科 | 7339 | 79.03 | 20.02 | | | 0.95 |
| **天 津** | | | | | | |

# 附表4 中央部门普通高等学校教育经费收入按来源构成(续1)

| | 教育经费收入合计（千 元） | 其中：财政预算内拨款比例（%） | 其中：学杂费收入比例（%） | 其中：校办产业、勤工俭学、社会服务收入中用于教育的经费收入比例（%） | 其中：社会捐、集资办学经费收入比例（%） | 其中：其 他教育经费收入比例（%） |
|---|---|---|---|---|---|---|
| 南开大学 | 500730 | 64.08 | 9.60 | 2.35 | 1.49 | 22.48 |
| 天津大学 | 628986 | 52.53 | 5.33 | 1.19 | 0.30 | 40.65 |
| 中国民用航空学院 | 51062 | 67.04 | 22.19 | | | 10.77 |
| **河 北** | | | | | | |
| 华北电力大学 | 109474 | 44.07 | 17.08 | 2.22 | | 36.63 |
| 华北矿业高等专科学校 | 66754 | 44.63 | 31.84 | | | 23.53 |
| 防灾技术高等专科学校 | 16319 | 24.79 | 69.91 | | 0.31 | 4.99 |
| **山 西** | | | | | | |
| **内蒙古** | | | | | | |
| **辽 宁** | | | | | | |
| 大连理工大学 | 360206 | 53.83 | 20.90 | 2.62 | 1.23 | 21.42 |
| 东北大学 | 341033 | 51.33 | 21.36 | 1.39 | 0.15 | 25.77 |
| 大连海事大学 | 154437 | 58.72 | 28.55 | 1.13 | 0.89 | 10.71 |
| 中国刑事警察学院 | 77969 | 72.12 | 11.65 | | 0.05 | 16.18 |
| 沈阳体育学院 | 39026 | 63.25 | 19.07 | | | 17.68 |
| 辽阳石油化工高等 | 33030 | 81.74 | 14.84 | 0.87 | | 2.55 |
| 大连民族学院 | 41153 | 60.82 | 24.91 | 1.73 | 3.94 | 8.60 |
| **吉 林** | | | | | | |
| 吉林大学 | 872841 | 57.23 | 25.44 | 0.08 | | 17.25 |
| 东北师范大学 | 246725 | 57.82 | 10.07 | 5.59 | 1.67 | 24.85 |
| **黑龙江** | | | | | | |
| 哈尔滨工业大学 | 866093 | 40.46 | | | 0.59 | 58.95 |
| 哈尔滨工程大学 | 309828 | 47.65 | 14.73 | 3.72 | 0.04 | 33.86 |
| 东北林业大学 | 182892 | 62.67 | 24.10 | 1.78 | 1.46 | 9.99 |
| 哈尔滨金融专科 | 32248 | 61.78 | 26.96 | | | 11.26 |
| **上 海** | | | | | | |
| 复旦大学 | 1542597 | 76.36 | 6.25 | 3.55 | 5.44 | 8.40 |
| 同济大学 | 728718 | 55.62 | 15.64 | 2.42 | 1.94 | 24.38 |
| 上海交通大学 | 1493107 | 65.23 | 5.41 | 8.44 | 1.82 | 19.10 |
| 华东化工学院 | 279349 | 48.79 | 14.38 | 3.73 | 0.55 | 32.55 |
| 东华大学 | 282944 | 55.27 | 20.22 | 0.97 | 0.15 | 23.39 |
| 华东师范大学 | 510293 | 46.40 | 7.80 | 3.20 | 1.29 | 41.31 |
| 上海外国语学院 | 190734 | 42.31 | 10.16 | 27.72 | 3.07 | 16.74 |
| 上海财经大学 | 210255 | 47.06 | 14.79 | 2.51 | 14.93 | 20.71 |
| 上海海关专科学校 | 17505 | 68.50 | 16.10 | 0.96 | | 14.44 |
| 上海体育学院 | 45386 | 58.40 | 18.94 | 2.24 | | 20.42 |
| **江 苏** | | | | | | |
| 南京大学 | 853680 | 74.67 | 3.58 | 0.73 | 6.40 | 14.62 |

# 附表4 中央部门普通高等学校教育经费收入按来源构成(续2)

| | 教育经费收入合计（千 元） | 其中：财政预算内拨款比例（%） | 其中：学杂费收入比例（%） | 其中：校办产业、勤工俭学、社会服务收入中用于教育的经费收入比例（%） | 其中：社会捐、集资办学经费收入比例（%） | 其中：其 他教育经费收入比例（%） |
|---|---|---|---|---|---|---|
| 东南大学 | 632497 | 47.48 | 10.07 | 4.55 | 2.68 | 35.22 |
| 南京航空航天学院 | 356868 | 32.79 | 11.62 | 0.86 | 5.82 | 48.91 |
| 南京理工大学 | 256632 | 80.75 | 4.82 | | 0.82 | 13.61 |
| 中国矿业大学 | 385739 | 48.43 | 19.25 | 1.56 | 2.99 | 27.77 |
| 河海大学 | 356711 | 58.65 | 15.80 | 1.00 | 0.76 | 23.79 |
| 无锡轻工大学 | 144940 | 47.27 | 23.66 | 3.18 | 2.06 | 23.83 |
| 南京农业大学 | 211474 | 72.65 | 19.34 | | 0.65 | 7.36 |
| 中国药科大学 | 116984 | 52.12 | 12.74 | 2.61 | 4.26 | 28.27 |
| **浙　江** | | | | | | |
| 浙江大学 | 1413473 | 40.10 | 5.15 | 1.47 | 1.27 | 52.01 |
| **安　徽** | | | | | | |
| 中国科学技术大学 | 601156 | 83.94 | 5.55 | 0.17 | 0.73 | 9.61 |
| 合肥工业大学 | 253303 | 54.65 | 19.65 | 1.05 | 0.23 | 24.42 |
| **福　建** | | | | | | |
| 厦门大学 | 484625 | 59.36 | 6.67 | 1.51 | 7.29 | 25.17 |
| 华侨大学 | 141583 | 52.62 | 20.93 | 0.25 | 9.17 | 17.03 |
| **江　西** | | | | | | |
| 九江财经高等专校 | 30245 | 17.19 | 71.63 | | | 11.18 |
| **山　东** | | | | | | |
| 山东大学 | 344367 | 49.92 | 8.35 | 0.73 | 0.67 | 40.33 |
| 青岛海洋大学 | 176386 | 58.48 | 19.91 | 0.64 | 0.39 | 20.58 |
| 石油大学 | 271593 | 42.85 | 7.43 | 5.12 | 0.39 | 44.21 |
| 山东医科大学 | 131292 | 54.40 | 14.90 | | 0.19 | 30.51 |
| **河　南** | | | | | | |
| **湖　北** | | | | | | |
| 武汉大学 | 977304 | 44.09 | 16.82 | 0.16 | 2.85 | 36.08 |
| 华中科技大学 | 906112 | 40.79 | 7.65 | 0.22 | 0.99 | 50.35 |
| 中国地质大学 | 247525 | 38.57 | 21.04 | 0.35 | 13.59 | 26.45 |
| 武汉理工大学 | 522969 | 53.89 | 27.11 | 0.28 | 1.87 | 16.85 |
| 华中农业大学 | 189592 | 84.81 | 11.71 | | 0.02 | 3.46 |
| 华中师范大学 | 240052 | 54.79 | 18.29 | 1.80 | 3.63 | 21.49 |
| 中南财经政法大学 | 341033 | 55.44 | 25.89 | 1.26 | | 17.41 |
| 武汉体育学院 | 41373 | 66.71 | 17.22 | 9.02 | | 7.05 |
| 中南民族学院 | 83408 | 68.66 | 21.01 | | | 10.33 |
| **湖　南** | | | | | | |
| 湖南大学 | 374465 | 42.56 | 35.59 | 7.64 | 7.41 | 6.80 |
| 中南大学 | 656592 | 53.43 | 22.01 | 1.57 | 0.31 | 22.68 |
| 长沙交通学院 | 120860 | 37.73 | 29.51 | 1.85 | | 30.91 |
| 中南林学院 | 93366 | 55.60 | 26.70 | 3.04 | 0.13 | 14.53 |
| 长沙电力学院 | 55364 | 56.61 | 33.76 | | 3.10 | 6.53 |
| 长沙民政职业技术学院 | 86532 | 16.20 | 25.86 | | | 57.94 |

# 附表4　中央部门普通高等学校教育经费收入按来源构成(续3)

| | 教育经费收入合计（千　元） | 其中：财政预算内拨款比例（%） | 其中：学杂费收入比例（%） | 其中：校办产业、勤工俭学、社会服务收入中用于教育的经费收入比例（%） | 其中：社会捐、集资办学经费收入比例（%） | 其中：其　他教育经费收入比例（%） |
|---|---|---|---|---|---|---|
| 株洲工学院 | 82710 | 45.55 | 25.93 | | 0.64 | 27.88 |
| 湖南税务高等专科 | 28848 | 42.36 | 52.19 | 1.60 | 0.03 | 3.82 |
| 长沙航空职业技术学院 | 21887 | 29.52 | 47.57 | 0.63 | | 22.28 |
| **广　东** | | | | | | |
| 中山大学 | 551299 | 51.53 | 23.61 | 0.31 | 10.19 | 14.36 |
| 暨南大学 | 317893 | 50.90 | 26.82 | 0.29 | 2.05 | 19.94 |
| 华南理工大学 | 565891 | 45.01 | 13.90 | 1.23 | 4.71 | 35.15 |
| 华南农业大学 | 199842 | 76.59 | 9.40 | 0.70 | | 13.31 |
| 中山医科大学 | 289236 | 39.03 | 8.66 | 31.31 | 0.73 | 20.27 |
| 石油大学(广州) | 7380 | 66.12 | 25.61 | | | 8.27 |
| 广州民航职业技术学院 | 23698 | 39.58 | 49.29 | | | 11.13 |
| **广　西** | | | | | | |
| **海　南** | | | | | | |
| **重　庆** | | | | | | |
| 重庆大学 | 552838 | 43.22 | 14.01 | 0.54 | 2.52 | 39.71 |
| 西南师范大学 | 188337 | 51.89 | 35.85 | 0.54 | 4.31 | 7.41 |
| 重庆石油高等专科学校 | 24391 | 60.49 | 30.52 | 1.43 | | 7.56 |
| 重庆电力高等专科学校 | 9880 | 16.19 | 11.44 | | | 72.37 |
| **四　川** | | | | | | |
| 四川大学 | 695732 | 65.74 | 17.78 | 0.81 | 1.08 | 14.59 |
| 西南交通大学 | 302653 | 43.33 | 18.28 | 2.66 | 1.87 | 33.86 |
| 电子科技大学 | 311966 | 60.61 | 17.77 | | 3.31 | 18.31 |
| 中国民航飞行学院 | 388692 | 31.19 | 1.09 | 2.33 | | 65.39 |
| 西南财经大学 | 139824 | 56.22 | 17.65 | | 2.91 | 23.22 |
| 成都体育学院 | 58348 | 59.79 | 14.46 | 0.20 | | 25.55 |
| 西南民族学院 | 83476 | 69.95 | 19.80 | 0.27 | 0.62 | 9.36 |
| **贵　州** | | | | | | |
| **云　南** | | | | | | |
| **西　藏** | | | | | | |
| **陕　西** | | | | | | |
| 西安交通大学 | 900868 | 54.26 | 8.23 | 1.85 | 1.06 | 34.60 |
| 西北工业大学 | 271649 | 70.53 | 24.46 | | | 5.01 |
| 西安电子科技大学 | 248427 | 62.48 | 12.69 | 0.08 | 1.47 | 23.28 |
| 长安大学 | 287986 | 56.46 | 27.82 | 1.35 | | 14.37 |
| 西北农林科技大学 | 366880 | 83.65 | 0.94 | | 0.01 | 15.40 |
| 陕西师范大学 | 188464 | 57.17 | 26.45 | 4.61 | 2.94 | 8.83 |
| 西安体育学院 | 46636 | 75.42 | 15.42 | 1.93 | | 7.23 |
| **甘　肃** | | | | | | |
| 兰州大学 | 302061 | 69.30 | 19.99 | 2.45 | 0.87 | 7.39 |
| 西北民院 | 85105 | 62.19 | 16.99 | 0.19 | 12.65 | 7.98 |
| **青　海** | | | | | | |
| **宁　夏** | | | | | | |
| 西北第二民族学院 | 52517 | 56.51 | 17.14 | | 25.27 | 1.08 |
| **新　疆** | | | | | | |
| 塔里木农垦大学 | 48860 | 84.32 | 13.23 | | | 2.45 |
| 石河子大学 | 130830 | 77.55 | 16.66 | | | 5.79 |
| 新疆石油学院 | 31669 | 65.93 | 18.66 | 6.89 | | 8.52 |

# 附表5　地方普通高等学校教育经费收入按来源构成

| | 教育经费收入合计（千　元） | 其中：财政预算内拨款比例（%） | 其中：学杂费收入比例（%） | 其中：校办产业、勤工俭学、社会服务收入中用于教育的经费收入比例（%） | 其中：社会捐、集资办学经费收入比例（%） | 其中：其　他教育经费收入比例（%） |
|---|---|---|---|---|---|---|
| **北　京** | | | | | | |
| 北京工业大学 | 456785 | 78.60 | 8.84 | 0.27 | | 12.29 |
| 北方工业大学 | 88606 | 63.55 | 31.51 | 0.73 | | 4.21 |
| 北京工商大学 | 137786 | 64.66 | 28.78 | 1.90 | | 4.66 |
| 北京服装学院 | 70437 | 54.42 | 19.39 | 3.16 | 0.36 | 22.67 |
| 北京信息工程学院 | 51442 | 72.17 | 23.76 | 3.02 | | 1.05 |
| 华北水利水电研究生院 | 12780 | 70.60 | 17.03 | | | 12.37 |
| 北京建筑工程学院 | 67982 | 66.81 | 27.06 | | 0.91 | 5.22 |
| 北京石油化工学院 | 77911 | 29.93 | 15.54 | 0.21 | 45.13 | 9.19 |
| 北京农学院 | 43993 | 83.08 | 9.92 | 0.36 | | 6.64 |
| 北京工业职业技术学院 | 34024 | 43.10 | 32.33 | 1.05 | | 23.52 |
| 首都医科大学 | 100488 | 76.53 | 14.57 | 0.05 | | 8.85 |
| 首都师范大学 | 358146 | 70.68 | 18.15 | 1.01 | 1.40 | 8.76 |
| 首都体育大学 | 66573 | 68.41 | 9.63 | 3.74 | | 18.22 |
| 北京第二外国语学 | 110050 | 36.10 | 35.28 | 1.86 | | 26.76 |
| 北京机械工业学院 | 79405 | 70.37 | 18.29 | 8.40 | | 2.94 |
| 北京物资学院 | 41536 | 63.46 | 27.50 | | | 9.04 |
| 首都经济贸易大学 | 129635 | 61.69 | 26.34 | 1.90 | | 10.07 |
| 中国音乐学院 | 36753 | 59.15 | 19.30 | | 6.91 | 14.64 |
| 中国戏曲学院 | 29107 | 50.69 | 19.78 | 1.98 | 6.06 | 21.49 |
| 北京电影学院 | 63661 | 52.85 | 30.30 | 3.18 | | 13.67 |
| 北京舞蹈学院 | 46625 | 51.39 | 29.83 | 0.33 | | 18.45 |
| 职工体育运动技术学校 | 3544 | 71.22 | 28.67 | | | 0.11 |
| 北京印刷学院 | 52665 | 52.18 | 37.41 | 4.05 | | 6.36 |
| 警院 | 24551 | 66.03 | 31.20 | 0.53 | | 2.24 |
| 北京联合大学 | 276799 | 63.21 | 22.59 | 1.85 | | 12.35 |
| 海淀走读大学 | 65425 | 4.86 | 77.64 | | 8.71 | 8.79 |
| 北京青年政治学院 | 24381 | 48.05 | 30.35 | 4.24 | 0.37 | 16.99 |
| 北京医学高等专科 | 22208 | 71.85 | 25.47 | | | 2.68 |
| **天　津** | | | | | | |
| 天津轻工业学院 | 125122 | 54.33 | 22.25 | | | 23.42 |
| 天津纺织工学院 | 116302 | 60.49 | 23.66 | 0.68 | 0.17 | 15.00 |
| 天津理工学院 | 118532 | 55.25 | 25.87 | 2.04 | | 16.84 |
| 天津农学院 | 18421 | 71.72 | 20.63 | | | 7.65 |
| 天津医科大学 | 108532 | 67.25 | 12.47 | 0.98 | 0.67 | 18.63 |
| 天津中医学院 | 31748 | 36.59 | 46.57 | 4.89 | | 11.95 |
| 天津师范大学 | 184075 | 53.61 | 12.20 | 3.18 | 0.32 | 30.69 |
| 天津职业技术师范 | 76171 | 71.02 | 19.16 | 0.88 | | 8.94 |

## 附表5　　地方普通高等学校教育经费收入按来源构成(续1)

| | 教育经费收入合计（千　元） | 其中：财政预算内拨款比例（%） | 其中：学杂费收入比例（%） | 其中：校办产业、勤工俭学、社会服务收入中用于教育的经费收入比例（%） | 其中：社会捐、集资办学经费收入比例（%） | 其中：其　他教育经费收入比例（%） |
|---|---|---|---|---|---|---|
| 天津外国语学院 | 47259 | 44.65 | 27.63 | 9.17 | 0.04 | 18.51 |
| 天津商学院 | 103828 | 53.56 | 31.09 | | 1.33 | 14.02 |
| 天津财经学院 | 85500 | 40.83 | 22.16 | 0.07 | 5.77 | 31.17 |
| 天津体育学院 | 31510 | 54.40 | 19.26 | 5.97 | | 20.37 |
| 天津音乐学院 | 18324 | 57.99 | 32.47 | | | 9.54 |
| 天津美术学院 | 30956 | 60.11 | 29.52 | 0.26 | | 10.11 |
| 天津城市建设学院 | 42784 | 49.78 | 32.74 | | 3.34 | 14.14 |
| 天津职业大学 | 30136 | 41.85 | 48.12 | | 1.00 | 9.03 |
| **河　北** | | | | | | |
| 河北大学 | 157090 | 45.38 | 29.40 | 0.59 | | 24.63 |
| 河北建筑科技学院 | 60620 | 41.83 | 35.27 | 2.43 | | 20.47 |
| 石家庄经济学院 | 78016 | 43.08 | 38.43 | | | 18.49 |
| 河北工业大学 | 153874 | 51.09 | 29.14 | 3.75 | | 16.02 |
| 河北理工学院 | 68247 | 40.61 | 47.64 | 2.26 | | 9.49 |
| 河北科技大学 | 116762 | 52.39 | 36.24 | 1.61 | | 9.76 |
| 河北建筑工程学院 | 26666 | 37.46 | 53.03 | 1.77 | | 7.74 |
| 河北工程技术高等专科学校 | 20276 | 43.06 | 50.85 | | | 6.09 |
| 河北农业大学 | 104383 | 54.97 | 27.19 | | | 17.84 |
| 张家口农业高等专科学校 | 25959 | 46.86 | 47.68 | | | 5.46 |
| 河北医科大学 | 163195 | 43.23 | 36.96 | 1.26 | | 18.55 |
| 华北煤炭医学院 | 60471 | 54.28 | 36.33 | | | 9.39 |
| 张家口医学院 | 31318 | 39.25 | 40.78 | 1.31 | | 18.66 |
| 承德医学院 | 33066 | 44.04 | 47.05 | 2.14 | | 6.77 |
| 河北师范大学 | 205335 | 41.24 | 23.11 | | | 35.65 |
| 保定师范专科学校 | 29789 | 45.70 | 50.61 | 1.68 | | 2.01 |
| 张家口师范专科学校 | 19037 | 40.24 | 40.38 | 3.71 | | 15.67 |
| 承德师范专科学校 | 18986 | 48.78 | 47.80 | | | 3.42 |
| 唐山师范专科学校 | 51841 | 36.87 | 35.90 | 0.22 | | 27.01 |
| 廊坊师范专科学校 | 25938 | 36.67 | 50.98 | 2.97 | | 9.38 |
| 衡水师范专科学校 | 21239 | 43.44 | 56.54 | | | 0.02 |
| 石家庄师范专科 | 23902 | 57.86 | 37.71 | | | 4.43 |
| 邯郸师范专科学校 | 35765 | 24.32 | 19.59 | | | 56.09 |
| 邢台师范专科学校 | 20884 | 52.06 | 36.99 | | | 10.95 |
| 沧州师范专科学校 | 17914 | 38.88 | 61.04 | | | 0.08 |
| 石家庄铁道学院 | 79925 | 43.77 | 30.09 | 11.42 | 0.55 | 14.17 |
| 燕山大学 | 138730 | 46.56 | 40.41 | 3.83 | | 9.20 |
| 邯郸农业高等专科学校 | 23340 | 40.69 | 50.89 | | | 8.42 |
| 邯郸医学高等专科学校 | 32942 | 44.54 | 34.02 | 14.57 | | 6.87 |

# 附表5 地方普通高等学校教育经费收入按来源构成(续2)

| | 教育经费收入合计（千 元） | 其中：财政预算内拨款比例（%） | 其中：学杂费收入比例（%） | 其中：校办产业、勤工俭学、社会服务收入中用于教育的经费收入比例（%） | 其中：社会捐、集资办学经费收入比例（%） | 其中：其 他教育经费收入比例（%） |
|---|---|---|---|---|---|---|
| 河北职业技术师范学院 | 31884 | 61.93 | 22.43 | 0.19 | | 15.45 |
| 唐山高等专科学校 | 31714 | 30.57 | 59.97 | | | 9.46 |
| 邯郸大学 | 29231 | 20.47 | 78.47 | | | 1.06 |
| 河北体育学院 | 17141 | 30.63 | 38.26 | | | 31.11 |
| 保定高级职业技术学院 | 9028 | 54.55 | 41.54 | | | 3.91 |
| 石家庄大学 | 20923 | 32.17 | 58.79 | | | 9.04 |
| 保定金融高等专科学校 | 33662 | 61.85 | 18.42 | | | 19.73 |
| 张家口大学 | 4902 | 34.58 | 65.26 | | | 0.16 |
| 承德大学 | 12022 | 54.24 | 45.75 | | | 0.01 |
| 华北航天工业学院 | 37361 | 38.16 | 43.69 | | | 18.15 |
| 承德石油高等专科学校 | 35050 | 71.38 | 26.10 | | | 2.52 |
| 河北职业技术学院 | 17032 | 28.59 | 59.92 | | | 11.49 |
| 河北经贸大学 | 83183 | 30.88 | 67.95 | 0.12 | | 1.05 |
| 华北水利水电学院 | 23442 | 64.85 | 33.29 | 1.71 | | 0.15 |
| 山　西 | | | | | | |
| 山西大学 | 141138 | 54.53 | 2.59 | | 6.35 | 36.53 |
| 太原重型机械学院 | 64840 | 45.50 | 51.88 | 2.02 | | 0.60 |
| 华北工学院 | 161580 | 56.33 | 38.33 | | | 5.34 |
| 太原理工大学 | 173405 | 80.78 | 19.22 | | | |
| 山西农业大学 | 59081 | 51.71 | 36.63 | 1.42 | | 10.24 |
| 山西医科大学 | 75326 | 42.26 | 28.47 | 2.26 | | 27.01 |
| 大同医学专科学校 | 15760 | 41.32 | 57.67 | | | 1.01 |
| 长治医学院 | 29463 | 37.05 | 51.11 | | | 11.84 |
| 山西师范大学 | 79864 | 53.05 | 39.15 | | | 7.80 |
| 太原师范专科学校 | 17284 | 55.22 | 21.18 | | | 23.60 |
| 雁北师范学院 | 7724 | 22.27 | 76.97 | | | 0.76 |
| 晋中师范专科学校 | 19075 | 54.88 | 45.12 | | | |
| 晋东南师范专科学 | 16008 | 42.52 | 42.09 | | | 15.39 |
| 运城高等专科学校 | 24689 | 56.43 | 43.57 | | | |
| 忻州师范专科学校 | 22375 | 57.77 | 28.33 | | | 13.90 |
| 山西财经大学 | 76135 | 68.76 | 30.66 | | | 0.58 |
| 太原电力高等专科 | 28433 | 74.56 | 22.71 | | 0.01 | 2.72 |
| 山西中医学院 | 7369 | 73.13 | 25.92 | | | 0.95 |
| 吕梁高等专科学校 | 16565 | 49.15 | 50.71 | | | 0.14 |
| 山西矿院阳泉煤矿 | 10343 | 42.09 | 57.91 | | | |
| 太原大学 | 12676 | 43.13 | 51.64 | 2.47 | | 2.76 |
| 大同高等专科学校 | 13545 | 67.01 | 25.13 | | | 7.86 |
| 山西大学师范学院 | 38108 | 46.31 | 23.27 | 7.32 | | 23.10 |

# 附表5 地方普通高等学校教育经费收入按来源构成(续3)

| | 教育经费收入合计(千 元) | 其中:财政预算内拨款比例(%) | 其中:学杂费收入比例(%) | 其中:校办产业、勤工俭学、社会服务收入中用于教育的经费收入比例(%) | 其中:社会捐、集资办学经费收入比例(%) | 其中:其 他教育经费收入比例(%) |
|---|---|---|---|---|---|---|
| 山西医学院汾阳部 | 11909 | 31.07 | 52.97 | | 7.08 | 8.88 |
| 山西财税专科学校 | 15726 | 52.31 | 47.31 | | | 0.38 |
| 内蒙古 | | | | | | |
| 内蒙古大学 | 95238 | 73.47 | 17.43 | 1.72 | | 7.38 |
| 包头钢铁学院 | 55495 | 59.74 | 30.40 | | 0.06 | 9.80 |
| 内蒙古工业大学 | 51620 | 68.20 | 30.61 | 0.48 | | 0.71 |
| 内蒙古农业大学 | 127489 | 61.11 | 15.48 | 0.47 | | 22.94 |
| 内蒙古民族大学 | 51095 | 72.42 | 3.47 | | 0.22 | 23.89 |
| 内蒙古医学院 | 46742 | 59.78 | 24.94 | | | 15.28 |
| 包头医学院 | 16887 | 62.99 | 35.53 | | | 1.48 |
| 内蒙古师范大学 | 89145 | 75.30 | 17.74 | 0.78 | | 6.18 |
| 包头师范学院 | 28103 | 54.64 | 39.10 | | | 6.26 |
| 赤峰民族师范高等 | 15950 | 77.41 | 15.00 | | | 7.59 |
| 内蒙古财经学院 | 34671 | 57.46 | 34.71 | | 5.24 | 2.59 |
| 呼伦贝尔学院 | 21601 | 37.50 | 59.81 | 2.32 | | 0.37 |
| 集宁师范高等专科 | 12231 | 42.83 | 57.14 | | | 0.03 |
| 内蒙古艺术学院 | 17065 | 52.94 | 45.53 | | | 1.53 |
| 内蒙古民族高等专科学校 | 12944 | 68.81 | 20.81 | | | 10.38 |
| 包头职业技术学院 | 16813 | 69.39 | 26.93 | | | 3.68 |
| 辽 宁 | | | | | | |
| 辽宁大学 | 131622 | 57.47 | 27.37 | | | 15.16 |
| 沈阳工业大学 | 142559 | 58.98 | 20.63 | | 0.69 | 19.70 |
| 沈阳航空工业学院 | 82931 | 51.28 | 36.85 | 2.48 | | 9.39 |
| 沈阳工业学院 | 90770 | 57.77 | 33.79 | | | 8.44 |
| 鞍山钢铁学院 | 82384 | 53.51 | 42.10 | 0.19 | | 4.20 |
| 辽宁工程技术大学 | 116194 | 44.26 | 36.46 | | | 19.28 |
| 抚顺石油学院 | 75311 | 49.07 | 24.89 | 1.56 | 6.45 | 18.03 |
| 沈阳化工学院 | 57272 | 44.58 | 36.88 | | | 18.54 |
| 大连铁道学院 | 79769 | 38.94 | 21.56 | 3.57 | 5.14 | 30.79 |
| 大连轻工业学院 | 62226 | 54.16 | 29.04 | 11.71 | | 5.09 |
| 沈阳建筑工程学院 | 76922 | 48.10 | 26.34 | 4.99 | | 20.57 |
| 辽宁工学院 | 63343 | 53.99 | 43.65 | 1.17 | | 1.19 |
| 沈阳农业大学 | 124821 | 58.88 | 17.87 | 0.24 | | 23.01 |
| 大连水产学院 | 59838 | 50.25 | 23.38 | | 0.05 | 26.32 |
| 中国医科大学 | 131150 | 67.30 | 22.88 | | 0.09 | 9.73 |
| 锦州医学院 | 39301 | 60.99 | 22.65 | 11.13 | | 5.23 |
| 大连医科大学 | 61735 | 41.54 | 14.55 | 0.02 | | 43.89 |
| 辽宁中医学院 | 32350 | 62.12 | 26.91 | 6.94 | | 4.03 |

## 附表5 地方普通高等学校教育经费收入按来源构成(续4)

| | 教育经费收入合计(千元) | 其中:财政预算内拨款比例(%) | 其中:学杂费收入比例(%) | 其中:校办产业、勤工俭学、社会服务收入中用于教育的经费收入比例(%) | 其中:社会捐、集资办学经费收入比例(%) | 其中:其他教育经费收入比例(%) |
|---|---|---|---|---|---|---|
| 沈阳药科大学 | 47258 | 55.29 | 32.58 | | 2.75 | 9.38 |
| 沈阳医学院 | 29862 | 53.51 | 44.73 | 1.14 | 0.23 | 0.39 |
| 辽宁师范大学 | 127168 | 45.86 | 18.09 | 4.24 | 3.93 | 27.88 |
| 沈阳师范学院 | 76606 | 54.83 | 41.77 | 0.33 | | 3.07 |
| 锦州师范学院 | 89559 | 44.33 | 36.15 | 3.80 | | 15.72 |
| 鞍山师范学院 | 49466 | 49.32 | 40.49 | | | 10.19 |
| 朝阳师范高等专科 | 10769 | 63.60 | 27.44 | | | 8.96 |
| 大连外国语学院 | 89123 | 18.27 | 75.22 | | 0.04 | 6.47 |
| 东北财经大学 | 138703 | 71.91 | 10.42 | 4.79 | 2.52 | 10.36 |
| 沈阳音乐学院 | 31476 | 44.61 | 49.05 | | | 6.34 |
| 鲁迅美术学院 | 34220 | 31.40 | 42.43 | 8.62 | | 17.55 |
| 抚顺师范高等专科学校 | 14455 | 62.58 | 36.94 | | | 0.48 |
| 锦州师范高等专科 | 21903 | 61.67 | 32.91 | | | 5.42 |
| 营口职业技术学院 | 18313 | 58.21 | 31.76 | 0.17 | 1.47 | 8.39 |
| 铁岭师范高等专科 | 14324 | 70.55 | 28.20 | | | 1.25 |
| 沈阳大学 | 126983 | 52.70 | 43.18 | | | 4.12 |
| 鞍山高等职业专科学校 | 7910 | 79.77 | 20.23 | | | |
| 辽宁农业职业技术学院 | 22479 | 72.11 | 22.60 | | | 5.29 |
| 辽阳师范高等专科学校 | 20374 | 57.23 | 42.70 | | 0.06 | 0.01 |
| 阜新高等专科学校 | 14741 | 55.61 | 42.65 | | | 1.74 |
| 辽宁大学外语学院 | 11959 | 64.47 | 35.53 | | | |
| 大连医科大学丹东 | 3167 | 41.65 | 58.35 | | | |
| 大连大学 | 118223 | 58.84 | 30.57 | 2.84 | | 7.75 |
| 本溪冶金高等专科 | 27550 | 69.51 | 30.49 | | | |
| 辽宁警官高等专科 | 33571 | 50.79 | 43.08 | 0.30 | | 5.83 |
| 辽宁交通高等专科 | 23885 | 46.69 | 39.04 | | | 14.27 |
| 沈阳电力高等专科 | 41709 | 65.31 | 16.81 | | | 17.88 |
| 辽宁税务高等专科 | 26354 | 59.02 | 26.76 | | | 14.22 |
| 辽宁财政高等专科 | 33435 | 60.67 | 30.31 | 0.04 | | 8.98 |
| 盘锦职业技术学院 | 11064 | 50.49 | 28.75 | 0.46 | | 20.30 |
| 本溪高职专 | 10819 | 78.33 | 15.71 | | | 5.96 |
| 本溪师范专科学校 | 12961 | 69.86 | 29.01 | | | 1.13 |
| 丹东高专 | 32694 | 35.17 | 64.16 | 0.62 | | 0.05 |
| **吉 林** | | | | | | |
| 延边大学 | 127593 | 70.79 | 29.03 | | | 0.18 |
| 长春光精机械学院 | 82396 | 61.40 | 33.83 | | 0.03 | 4.74 |
| 东北电力学院 | 71489 | 60.39 | 19.41 | | 2.99 | 17.21 |
| 吉林工学院 | 86248 | 64.05 | 32.96 | 0.16 | | 2.83 |

## 附表5　地方普通高等学校教育经费收入按来源构成(续5)

| | 教育经费收入合计(千　元) | 其中:财政预算内拨款比例(%) | 其中:学杂费收入比例(%) | 其中:校办产业、勤工俭学、社会服务收入中用于教育的经费收入比例(%) | 其中:社会捐、集资办学经费收入比例(%) | 其中:其　他教育经费收入比例(%) |
|---|---|---|---|---|---|---|
| 吉林建筑工程学院 | 40675 | 61.51 | 36.58 | | | 1.91 |
| 吉林化工学院 | 24577 | 77.02 | 22.51 | 0.46 | | 0.01 |
| 吉林农业大学 | 69030 | 66.18 | 33.54 | | | 0.28 |
| 长春中医学院 | 66615 | 38.58 | 37.12 | | 0.16 | 24.14 |
| 吉林师范学院 | 131954 | 64.67 | 28.53 | 0.23 | 0.32 | 6.25 |
| 通化师范学院 | 25804 | 57.91 | 34.78 | | | 7.31 |
| 四平师范学院 | 57056 | 56.04 | 27.36 | | 6.06 | 10.54 |
| 吉林职业师范学院 | 33498 | 57.73 | 41.25 | 0.36 | | 0.66 |
| 长春师范学院 | 33241 | 56.03 | 37.27 | | | 6.70 |
| 白城师范专科学校 | 35773 | 66.63 | 27.81 | 0.31 | 0.14 | 5.11 |
| 长春税务学院 | 69624 | 38.74 | 30.15 | | 0.36 | 30.75 |
| 吉林体育学院 | 13227 | 64.42 | 29.61 | | | 5.97 |
| 吉林艺术学院 | 47641 | 40.39 | 57.56 | | | 2.05 |
| 四平职业大学 | 6890 | 34.03 | 60.03 | | | 5.94 |
| 吉林财税专科学校 | 22352 | 51.61 | 42.50 | | | 5.89 |
| 吉林商业专科学校 | 16955 | 56.36 | 43.64 | | | |
| 吉林粮油食品专科 | 18159 | 65.26 | 23.38 | 0.08 | 1.13 | 10.15 |
| 长春工程学院 | 90588 | 65.62 | 29.11 | 0.42 | | 4.85 |
| 吉林农垦特产专科 | 16340 | 70.37 | 29.38 | | | 0.25 |
| 长春金融专科学校 | 28040 | 72.11 | 17.76 | | | 10.13 |
| 吉林公安专科学校 | 19513 | 52.49 | 43.56 | | | 3.95 |
| 长春大学 | 65480 | 64.44 | 23.89 | 0.99 | 5.11 | 5.57 |
| 吉林冶金工业学校 | 9348 | 76.86 | 23.00 | | | 0.14 |
| 黑龙江 | | | | | | |
| 黑龙江大学 | 209053 | 16.50 | 76.41 | 1.49 | | 5.60 |
| 哈尔滨理工大学 | 178086 | 54.56 | 45.06 | | | 0.38 |
| 黑龙江科技学院 | 48233 | 57.83 | 36.43 | | | 5.74 |
| 大庆石油学院 | 111785 | 51.99 | 25.05 | 0.10 | | 22.86 |
| 齐齐哈尔大学 | 101193 | 41.32 | 46.08 | 1.05 | | 11.55 |
| 佳木斯大学 | 145263 | 41.82 | 46.75 | | | 11.43 |
| 黑龙江八一农垦大 | 40360 | 48.51 | 42.74 | | | 8.75 |
| 东北农业大学 | 97582 | 64.78 | 32.93 | 1.11 | | 1.18 |
| 哈尔滨医科大学 | 73447 | 52.57 | 42.09 | | 0.54 | 4.80 |
| 黑龙江中医药大学 | 48683 | 44.04 | 41.66 | 0.42 | | 13.88 |
| 牡丹江医学院 | 51100 | 30.11 | 58.91 | | | 10.98 |
| 哈尔滨师范大学 | 151988 | 30.11 | 65.96 | 0.77 | | 3.16 |
| 牡丹江师范学院 | 59417 | 42.39 | 35.71 | | | 21.90 |
| 哈尔滨师范专科 | 53882 | 57.49 | 38.39 | | | 4.12 |

# 附表5　地方普通高等学校教育经费收入按来源构成(续6)

| | 教育经费收入合计(千　元) | 其中:财政预算内拨款比例(%) | 其中:学杂费收入比例(%) | 其中:校办产业、勤工俭学、社会服务收入中用于教育的经费收入比例(%) | 其中:社会捐、集资办学经费收入比例(%) | 其中:其　他教育经费收入比例(%) |
|---|---|---|---|---|---|---|
| 绥化师范专科学校 | 16720 | 72.76 | 24.74 | | | 2.50 |
| 克山师范专科学校 | 16384 | 65.91 | 26.73 | 0.34 | | 7.02 |
| 呼兰师范专科学校 | 24780 | 53.62 | 44.60 | | | 1.78 |
| 黑龙江商学院 | 79452 | 42.66 | 50.89 | | | 6.45 |
| 黑龙江财政专科 | 38369 | 36.89 | 43.92 | | | 19.19 |
| 哈尔滨体育学院 | 27422 | 55.34 | 29.37 | | | 15.29 |
| 黑龙江水利专科 | 19277 | 46.49 | 50.84 | | | 2.67 |
| 黑龙江农垦师专科 | 27365 | 34.22 | 57.39 | | | 8.39 |
| 齐师院黑河分校 | 15549 | 38.71 | 61.25 | | | 0.04 |
| 牡丹江大学 | 11250 | 44.52 | 54.82 | | | 0.66 |
| 齐齐哈尔医学院 | 37560 | 25.09 | 66.89 | | | 8.02 |
| 哈工程高等专科 | 21156 | 55.10 | 34.73 | | | 10.17 |
| 鸡西大学 | 11782 | 29.34 | 63.34 | | | 7.32 |
| 黑龙江建筑职业技术学院 | 22070 | 27.78 | 72.22 | | | |
| 黑龙江交通高等专科学校 | 28175 | 45.55 | 42.99 | | | 11.46 |
| 鸡西煤炭医学高等 | 21262 | 34.76 | 48.43 | | | 16.81 |
| 上　海 | | | | | | |
| 上海理工大学 | 170983 | 63.92 | 27.55 | 2.41 | | 6.12 |
| 上海海运学院 | 126244 | 45.09 | 29.51 | 2.83 | 0.78 | 21.79 |
| 上海电力学院 | 60552 | 35.29 | 16.08 | 1.87 | | 46.76 |
| 上海轻工业专科 | 151057 | 61.69 | 17.51 | 3.76 | 0.03 | 17.01 |
| 上海医疗器械专科 | 19308 | 51.69 | 34.07 | | 0.53 | 13.71 |
| 上海水产大学 | 59327 | 65.71 | 19.84 | 1.60 | | 12.85 |
| 上海第二医科大学 | 243292 | 82.23 | 7.54 | 6.57 | | 3.66 |
| 上海中医学院 | 98859 | 76.72 | 9.61 | 1.42 | 0.06 | 12.19 |
| 上海师范大学 | 191670 | 75.58 | 14.33 | 2.56 | 0.05 | 7.48 |
| 上海对外贸易学院 | 39574 | 60.40 | 26.99 | | | 12.61 |
| 上海旅游专科学校 | 24243 | 37.37 | 44.45 | 6.83 | 0.03 | 11.32 |
| 华东政法学院 | 88345 | 41.57 | 38.11 | 3.99 | 0.79 | 15.54 |
| 上海音乐学院 | 25823 | 41.47 | 17.93 | | | 40.60 |
| 上海戏剧学院 | 20725 | 43.62 | 27.04 | 2.31 | | 27.03 |
| 上海大学 | 801440 | 84.23 | 11.27 | 1.18 | 0.33 | 2.99 |
| 上海公安专科学校 | 42427 | 79.06 | 13.14 | 0.62 | 0.71 | 6.47 |
| 上海工程技术大学 | 61741 | 58.92 | 31.83 | | | 9.25 |
| 上海东沪职业技术学院 | 35230 | 58.25 | 35.94 | 0.17 | | 5.64 |
| 立信会计专科学校 | 44861 | 39.95 | 57.93 | | | 2.12 |
| 上海电机制造专科 | 34706 | 42.67 | 45.87 | 0.66 | 0.80 | 10.00 |
| 上海金融专科学校 | 35070 | 67.37 | 23.03 | 0.67 | 0.29 | 8.64 |

## 附表5　地方普通高等学校教育经费收入按来源构成(续7)

| | 教育经费收入合计（千　元） | 其中：财政预算内拨款比例（%） | 其中：学杂费收入比例（%） | 其中：校办产业、勤工俭学、社会服务收入中用于教育的经费收入比例（%） | 其中：社会捐、集资办学经费收入比例（%） | 其中：其　他教育经费收入比例（%） |
|---|---|---|---|---|---|---|
| 上海出版专科学校 | 24265 | 58.69 | 35.61 | 0.05 | | 5.65 |
| 上海第二工业大学 | 55791 | 52.72 | 23.65 | 0.76 | | 22.87 |
| 上海商业职业技术学校 | 25277 | 42.88 | 54.02 | | | 3.10 |
| **江　苏** | | | | | | |
| 苏州大学 | 385807 | 51.35 | 19.69 | 1.49 | 2.70 | 24.77 |
| 华东船舶工业学院 | 84938 | 53.34 | 28.43 | 8.04 | 0.01 | 10.18 |
| 南京化工大学 | 142659 | 46.67 | 22.05 | 3.19 | | 28.09 |
| 江苏石油化工学院 | 49636 | 56.55 | 26.23 | 0.38 | | 16.84 |
| 南京邮电学院 | 100077 | 41.86 | 27.67 | 0.45 | | 30.02 |
| 南京建筑工程学院 | 58275 | 44.40 | 28.38 | | | 27.22 |
| 南京林业大学 | 97217 | 62.43 | 21.73 | 1.41 | 2.63 | 11.80 |
| 江苏理工大学 | 186393 | 58.84 | 23.82 | 0.06 | 4.24 | 13.04 |
| 南京气象学院 | 73355 | 54.83 | 35.33 | 0.73 | 2.34 | 6.77 |
| 连云港化工专科学校 | 33125 | 49.92 | 38.02 | | | 12.06 |
| 南通工学院 | 50638 | 55.88 | 36.84 | 0.10 | 3.07 | 4.11 |
| 盐城工学院 | 84730 | 49.54 | 30.08 | 4.04 | 1.80 | 14.54 |
| 南通医学院 | 37602 | 60.56 | 30.98 | | | 8.46 |
| 南京医科大学 | 102043 | 56.98 | 13.35 | | | 29.67 |
| 徐州医学院 | 51427 | 62.82 | 24.60 | 1.03 | | 11.55 |
| 南京中医药大学 | 66396 | 58.37 | 24.24 | 3.47 | 3.55 | 10.37 |
| 镇江医学院 | 41442 | 53.12 | 25.97 | 0.47 | 9.21 | 11.23 |
| 南京师范大学 | 401906 | 44.92 | 19.23 | 1.06 | 4.99 | 29.80 |
| 徐州师范学院 | 154802 | 59.97 | 30.86 | 0.29 | 0.26 | 8.62 |
| 苏州铁道师范学院 | 74025 | 57.04 | 18.54 | 2.64 | 3.98 | 17.80 |
| 淮阴师范专科学校 | 82167 | 42.48 | 25.46 | | | 32.06 |
| 盐城师范学院 | 66724 | 51.33 | 23.93 | 1.81 | 0.30 | 22.63 |
| 南通师范专科学校 | 70170 | 57.62 | 26.23 | | | 16.15 |
| 镇江师范专科学校 | 32860 | 57.26 | 26.86 | | 2.04 | 13.84 |
| 南京经济学院 | 66820 | 50.85 | 33.01 | 0.15 | 0.45 | 15.54 |
| 江苏公安专科学校 | 50284 | 58.89 | 21.04 | | | 20.07 |
| 南京艺术学院 | 88621 | 68.08 | 12.38 | 5.94 | | 13.60 |
| 苏州城建环保学院 | 56323 | 54.84 | 24.14 | | 9.89 | 11.13 |
| 常熟高等专科学校 | 51612 | 59.72 | 29.41 | 0.83 | | 10.04 |
| 徐师大宿迁分校 | 4220 | 47.39 | 52.61 | | | |
| 南京金陵职业大学 | 35206 | 34.98 | 19.80 | 0.07 | 8.52 | 36.63 |
| 淮阴工业专科学校 | 49789 | 45.76 | 39.69 | 0.18 | 0.60 | 13.77 |
| 镇江市高等专科学校 | 23021 | 38.49 | 42.12 | | | 19.39 |
| 南通职业大学 | 22115 | 38.06 | 37.70 | 2.15 | | 22.09 |

# 附表5　地方普通高等学校教育经费收入按来源构成(续8)

| | 教育经费收入合计（千　元） | 其中：财政预算内拨款比例（%） | 其中：学杂费收入比例（%） | 其中：校办产业、勤工俭学、社会服务收入中用于教育的经费收入比例（%） | 其中：社会捐、集资办学经费收入比例（%） | 其中：其　他教育经费收入比例（%） |
|---|---|---|---|---|---|---|
| 彭城职业大学 | 17360 | 34.45 | 29.95 | | | 35.60 |
| 苏州职业大学 | 27798 | 44.32 | 43.89 | | 7.59 | 4.20 |
| 常州工业技术学院 | 30451 | 53.04 | 38.68 | | | 8.28 |
| 江南大学 | 45621 | 32.05 | 31.37 | | 3.62 | 32.96 |
| 扬州大学 | 396700 | 49.10 | 16.31 | 0.71 | 3.74 | 30.14 |
| 宿迁市高等职业技术学院 | 8812 | 83.98 | 15.21 | | 0.82 | -0.01 |
| 泰州高等职业技术学院 | 18766 | 11.23 | 69.27 | | | 19.50 |
| 南京机械专科学校 | 59161 | 39.96 | 33.22 | 12.82 | 3.27 | 10.73 |
| 南京金融专科学校 | 28978 | 65.29 | 17.94 | | 1.04 | 15.73 |
| 南京审计学院 | 50870 | 41.57 | 43.43 | | 0.22 | 14.78 |
| 沙州职业工学院 | 18152 | 62.32 | 33.27 | | | 4.41 |
| 南京农业专科学校 | 30031 | 34.65 | 24.35 | | 2.00 | 39.00 |
| 南京晓庄学院 | 48670 | 35.19 | 20.28 | 0.30 | | 44.23 |
| 扬州职业大学 | 16894 | 23.70 | 58.45 | | | 17.85 |
| 常州技术师范学院 | 50374 | 60.03 | 22.89 | 7.14 | 0.70 | 9.24 |
| 南京电力专科学校 | 40302 | 50.57 | 33.08 | 2.17 | 2.11 | 12.07 |
| 淮海工学院 | 71012 | 49.54 | 38.45 | | 0.29 | 11.72 |
| 南通纺织职业技术学院 | 23977 | 53.48 | 32.96 | 5.09 | | 8.47 |
| 无锡职业技术学院 | 26900 | 50.52 | 36.21 | 1.21 | 0.09 | 11.97 |
| 徐州建筑职业技术学院 | 32483 | 33.00 | 51.61 | 0.34 | | 15.05 |
| 无锡商业职业技术学院 | 28419 | 52.50 | 36.57 | 3.36 | 0.09 | 7.48 |
| 苏州工艺美术职业技术学院 | 22244 | 54.68 | 40.71 | | 1.47 | 3.14 |
| 南京工业职业技术学院 | 25572 | 43.72 | 51.07 | | | 5.21 |
| 连云港师专 | 23191 | 37.64 | 1.11 | | 10.00 | 51.25 |
| 连云港职业技术学院 | 14384 | 45.88 | 47.99 | | | 6.13 |
| **浙　江** | | | | | | |
| 杭州电子工业学院 | 120881 | 52.45 | 20.43 | 0.02 | | 27.10 |
| 浙江工业大学 | 181623 | 46.07 | 19.73 | 0.79 | 0.27 | 33.14 |
| 浙江工程学院 | 76979 | 52.68 | 26.25 | | | 21.07 |
| 浙江海洋学院 | 27210 | 62.72 | 22.23 | 0.92 | 0.04 | 14.09 |
| 浙江林学院 | 63512 | 32.79 | 23.26 | 6.97 | 0.31 | 36.67 |
| 温州医学院 | 88440 | 30.81 | 28.80 | 10.75 | | 29.64 |
| 浙江中医学院 | 50182 | 39.47 | 14.74 | | 0.70 | 45.09 |
| 浙江师范大学 | 163855 | 40.65 | 10.19 | | 1.47 | 47.69 |
| 杭州师范学院 | 82408 | 44.01 | 29.08 | 0.84 | 0.06 | 26.01 |
| 湖州师范学院 | 29511 | 57.20 | 36.22 | | 1.59 | 4.99 |
| 绍兴文理学院 | 59337 | 36.17 | 30.45 | 6.07 | | 27.31 |
| 台州师范专科学校 | 52346 | 36.47 | 17.62 | | | 45.91 |

# 附表5　地方普通高等学校教育经费收入按来源构成(续9)

| | 教育经费收入合计（千　元） | 其中：财政预算内拨款比例（%） | 其中：学杂费收入比例（%） | 其中：校办产业、勤工俭学、社会服务收入中用于教育的经费收入比例（%） | 其中：社会捐、集资办学经费收入比例（%） | 其中：其　他教育经费收入比例（%） |
|---|---|---|---|---|---|---|
| 温州师范学院 | 62518 | 58.08 | 19.52 | | | 22.40 |
| 丽水师范专科学校 | 24077 | 33.03 | 35.14 | 0.35 | | 31.48 |
| 杭州商学院 | 121169 | 47.14 | 18.99 | 1.11 | | 32.76 |
| 嘉兴学院 | 46263 | 44.69 | 19.97 | 0.89 | 0.36 | 34.09 |
| 中国美术学院 | 47317 | 61.76 | 15.69 | 7.20 | | 15.35 |
| 中国计量学院 | 46230 | 51.49 | 25.29 | 1.47 | 0.28 | 21.47 |
| 浙江万里学院(筹) | 14077 | 51.03 | 10.02 | | | 38.95 |
| 杭州应用工程技术学院 | 40312 | 50.67 | 32.47 | | 0.52 | 16.34 |
| 宁波高等专科学校 | 83454 | 51.21 | 17.28 | | | 31.51 |
| 杭州医学高等专科 | 25976 | 45.64 | 36.38 | | | 17.98 |
| 浙江海洋学院(地) | 17251 | 58.88 | 14.51 | | | 26.61 |
| 温州大学 | 52489 | 22.53 | 76.87 | | | 0.60 |
| 浙江水利水电专科学校 | 28207 | 45.41 | 43.36 | | | 11.23 |
| 浙江财经学院 | 64414 | 44.09 | 18.38 | | 0.47 | 37.06 |
| 浙江公安高等专科学校 | 48119 | 74.81 | 13.78 | 2.18 | | 9.23 |
| 嘉兴高等专科学校 | 23005 | 62.55 | 28.13 | 2.40 | | 6.92 |
| 宁波大学 | 155572 | 36.95 | 30.91 | 3.92 | 9.70 | 18.52 |
| 浙江广播电视专科 | 35979 | 34.97 | 36.44 | | | 28.59 |
| 温州职业技术学院 | 31904 | 41.52 | 40.69 | | 0.28 | 17.51 |
| 丽水职业技术学院(筹) | 5781 | 34.68 | 65.32 | | | |
| 宁波职业技术学院 | 17264 | 9.07 | 59.82 | | | 31.11 |
| 宁波服装职业技术学院 | 53213 | 5.90 | | | 0.14 | 93.96 |
| 浙江交通职业技术学院 | 41005 | 77.14 | 20.51 | | | 2.35 |
| 台州职业技术学院 | 3620 | 14.92 | | | | 85.08 |
| 衢州职业技术学院(筹) | 20941 | 3.55 | | | | 96.45 |
| 义乌工商职业技术学院(筹) | 7885 | 6.09 | 75.65 | | | 18.26 |
| 湖州职业技术学院(筹) | 2189 | | 100.00 | | | |
| 湖州交通学校(大专班) | 170 | | 97.06 | | | 2.94 |
| 安　徽 | | | | | | |
| 安徽大学 | 153393 | 52.68 | 34.66 | 0.68 | 0.25 | 11.73 |
| 安徽工业大学 | 75643 | 52.79 | 30.60 | | | 16.61 |
| 淮南工业学院 | 91096 | 47.95 | 33.94 | 0.27 | | 17.84 |
| 安徽机电学院 | 48375 | 53.97 | 35.98 | | | 10.05 |
| 安徽农业大学 | 93454 | 51.22 | 34.62 | 0.79 | 0.01 | 13.36 |
| 安徽医科大学 | 65719 | 39.98 | 25.31 | 2.96 | | 31.75 |
| 蚌埠医学院 | 38065 | 41.98 | 31.22 | 0.60 | | 26.20 |
| 皖南医学院 | 38372 | 56.01 | 29.07 | 0.39 | | 14.53 |
| 安徽中医学院 | 47721 | 38.78 | 44.15 | 3.20 | | 13.87 |

# 附表5　地方普通高等学校教育经费收入按来源构成(续10)

| | 教育经费收入合计（千　元） | 其中：财政预算内拨款比例（%） | 其中：学杂费收入比例（%） | 其中：校办产业、勤工俭学、社会服务收入中用于教育的经费收入比例（%） | 其中：社会捐、集资办学经费收入比例（%） | 其中：其　他教育经费收入比例（%） |
|---|---|---|---|---|---|---|
| 安徽师范大学 | 110324 | 53.01 | 28.38 | 4.47 | 1.10 | 13.04 |
| 阜阳师范学院 | 44587 | 47.72 | 33.53 | | | 18.75 |
| 安庆师范学院 | 40339 | 45.52 | 42.62 | | 0.08 | 11.78 |
| 淮北煤炭师范学院 | 57976 | 45.88 | 35.44 | 0.29 | 2.53 | 15.86 |
| 芜湖师范专科学校 | 22231 | 49.27 | 41.24 | 0.50 | 0.04 | 8.95 |
| 黄山高等专科学校 | 27714 | 46.07 | 43.41 | | 0.08 | 10.44 |
| 皖西学院 | 41272 | 43.66 | 36.09 | | | 20.25 |
| 滁州师范专科学校 | 28351 | 48.24 | 37.51 | | | 14.25 |
| 安徽财贸学院 | 77095 | 62.10 | 27.90 | | 0.35 | 9.65 |
| 宿州师范专科学校 | 27374 | 52.90 | 37.69 | | | 9.41 |
| 巢湖师范专科学校 | 28200 | 49.26 | 40.82 | | 0.18 | 9.74 |
| 淮南师范学院 | 39839 | 47.58 | 41.41 | | 0.25 | 10.76 |
| 安徽商业专科学校 | 12985 | 57.14 | 39.34 | | | 3.52 |
| 铜陵财经专科学校 | 26718 | 52.31 | 41.03 | | | 6.66 |
| 安徽纺织职业技术学院 | 12211 | 29.00 | 57.50 | | | 13.50 |
| 安徽建筑工业学院 | 34745 | 53.92 | 35.23 | | | 10.85 |
| 安徽农业技术师院 | 33250 | 64.20 | 26.46 | 0.22 | | 9.12 |
| 铜陵职业技术学院 | 17514 | 41.56 | 51.07 | | | 7.37 |
| 淮北市职业技术学院 | 9161 | 48.62 | 50.40 | | | 0.98 |
| 合肥联合大学 | 23597 | 35.02 | 50.15 | | 0.03 | 14.80 |
| 芜湖职业技术学院 | 18055 | 36.47 | 26.03 | | | 37.50 |
| 蚌埠高等专科学校 | 13343 | 28.18 | 64.57 | | | 7.25 |
| 池州师范专科学校 | 25831 | 50.35 | 38.91 | | | 10.74 |
| 淮南联合大学 | 9311 | 18.55 | 79.20 | | | 2.25 |
| 安徽省商贸职业技术学院 | 10000 | 25.80 | 60.20 | | | 14.00 |
| 安徽省警官职业学院 | 15034 | 42.46 | 46.46 | | | 11.08 |
| **福　建** | | | | | | |
| 福州大学 | 188263 | 60.50 | 26.49 | 3.95 | 0.17 | 8.89 |
| 福建建筑高等专科 | 16384 | 51.17 | 48.83 | | | |
| 福建农业大学 | 98375 | 72.40 | 18.09 | 0.03 | 0.11 | 9.37 |
| 集美大学 | 198049 | 80.22 | 13.62 | | 1.97 | 4.19 |
| 福建林学院 | 44095 | 69.09 | 23.36 | 0.75 | | 6.80 |
| 福建医科大学 | 65205 | 72.70 | 21.09 | | | 6.21 |
| 福建中医学院 | 37779 | 67.70 | 22.99 | 2.02 | 1.38 | 5.91 |
| 福建师范大学 | 165948 | 63.02 | 29.19 | | 0.80 | 6.99 |
| 福州师范高等专科 | 27315 | 54.41 | 37.24 | | | 8.35 |
| 南平师范高专 | 15999 | 41.59 | 46.80 | 3.44 | | 8.17 |
| 宁德师范高专 | 12868 | 56.40 | 39.88 | | | 3.72 |

## 附表5　地方普通高等学校教育经费收入按来源构成(续11)

| | 教育经费收入合计(千　元) | 其中：财政预算内拨款比例(%) | 其中：学杂费收入比例(%) | 其中：校办产业、勤工俭学、社会服务收入中用于教育的经费收入比例(%) | 其中：社会捐、集资办学经费收入比例(%) | 其中：其　他教育经费收入比例(%) |
|---|---|---|---|---|---|---|
| 泉州师范高专 | 55096 | 61.66 | 14.76 | 1.96 | 0.17 | 21.45 |
| 福建师大福清分校 | 17990 | 68.78 | 30.57 | | | 0.65 |
| 漳州师范学院 | 43536 | 69.95 | 25.16 | | | 4.89 |
| 福建交通职业技术学院 | 14042 | 30.42 | 56.06 | | | 13.52 |
| 鹭江职业大学 | 36589 | 76.08 | 18.96 | 1.05 | | 3.91 |
| 三明职业大学 | 13635 | 30.58 | 55.89 | 0.15 | | 13.38 |
| 三明师范高专 | 13880 | 39.46 | 46.88 | | | 13.66 |
| 龙岩师范专科学校 | 16948 | 42.70 | 41.31 | | | 15.99 |
| 福建商业高等专科 | 12822 | 48.36 | 41.73 | | | 9.91 |
| 漳州职业大学 | 12640 | 36.43 | 59.43 | | | 4.14 |
| 闽西大学 | 8576 | 45.31 | 53.06 | | 0.02 | 1.61 |
| 闽江职业大学 | 14141 | 53.94 | 41.09 | | | 4.97 |
| 泉州黎明大学 | 11339 | 21.46 | 66.25 | | 11.95 | 0.34 |
| 福建公安高等专科 | 18627 | 35.58 | 47.59 | | | 16.83 |
| 莆田高等专科学校 | 21651 | 45.27 | 54.06 | | | 0.67 |
| 福建中华职业大学 | 15264 | 25.41 | 70.80 | | | 3.79 |
| 医大莆田分院 | 10726 | 59.16 | 36.86 | | | 3.98 |
| 福建华南女子学院 | 249 | 100.00 | | | | |
| **江　西** | | | | | | |
| 南昌大学 | 201221 | 41.02 | 25.10 | 0.90 | 1.61 | 31.37 |
| 华东交通大学 | 84055 | 44.86 | 33.74 | 1.33 | | 20.07 |
| 华东地质学院 | 54458 | 47.90 | 35.41 | | | 16.69 |
| 南昌航空工业学院 | 79506 | 51.64 | 35.81 | | | 12.55 |
| 南方冶金学院 | 89729 | 47.19 | 23.80 | 4.28 | 1.97 | 22.76 |
| 景德镇陶瓷学院 | 51796 | 51.22 | 43.30 | 0.21 | 0.07 | 5.20 |
| 江西农业大学 | 73211 | 58.00 | 29.08 | 0.11 | | 12.81 |
| 江西医学院 | 56101 | 52.19 | 34.51 | | | 13.30 |
| 江西中医学院 | 51300 | 23.07 | 20.60 | 53.45 | 0.27 | 2.61 |
| 赣南医学院 | 19650 | 47.02 | 46.66 | 0.27 | | 6.05 |
| 江西师范大学 | 116568 | 39.98 | 39.93 | 1.25 | 0.26 | 18.58 |
| 九江师范专科学校 | 16706 | 50.35 | 47.94 | | | 1.71 |
| 上饶师范专科学校 | 28164 | 53.49 | | | | 46.51 |
| 宜春师范专科学校 | 13723 | 76.38 | 6.80 | 1.11 | | 15.71 |
| 吉安师范专科学校 | 22244 | 55.03 | 40.14 | | | 4.83 |
| 抚州师范专科学校 | 14470 | 50.61 | 39.03 | | | 10.36 |
| 江西财经大学 | 138846 | 63.03 | 25.66 | 0.07 | 0.11 | 11.13 |
| 江西工业职业技术学院 | 25095 | 46.02 | 53.90 | | | 0.08 |
| 蓝天职业技术学院 | 5229 | | 87.65 | | | 12.35 |

# 附表5 地方普通高等学校教育经费收入按来源构成(续12)

| | 教育经费收入合计(千元) | 其中:财政预算内拨款比例(%) | 其中:学杂费收入比例(%) | 其中:校办产业、勤工俭学、社会服务收入中用于教育的经费收入比例(%) | 其中:社会捐、集资办学经费收入比例(%) | 其中:其他教育经费收入比例(%) |
|---|---|---|---|---|---|---|
| 江西医学院上饶分院 | 3262 | 31.45 | 36.79 | | | 31.76 |
| 井冈山医学高专 | 14443 | 34.99 | 64.88 | | | 0.13 |
| 景德镇高专 | 8960 | 31.43 | 57.37 | 0.44 | | 10.76 |
| 萍乡高专 | 11295 | 48.98 | 38.96 | | | 12.06 |
| 新余高专 | 7554 | 30.08 | 60.30 | | | 9.62 |
| 南昌职业技术师范学校 | 33716 | 48.93 | 40.62 | | | 10.45 |
| 南昌水利水电专科学校 | 29184 | 65.58 | 22.85 | | | 11.57 |
| 宜春医学专科学校 | 4402 | 68.99 | | | | 31.01 |
| 九江医学专科学校 | 15779 | 62.27 | 37.58 | | | 0.15 |
| 南昌高专 | 8881 | 57.65 | 42.00 | | | 0.35 |
| 宜春农业专科学校 | 4294 | 94.90 | | | | 5.10 |
| 江西公安专科学校 | 10586 | 73.45 | 26.05 | | | 0.50 |
| 九江职业大学 | 3379 | 41.88 | 50.10 | | | 8.02 |
| 九江职业技术学院 | 23916 | 46.30 | 38.26 | | | 15.44 |
| 江西财院九江分院 | 16207 | 44.91 | 52.82 | | | 2.27 |
| 鹰潭市教育学院 | 3238 | 50.03 | 39.31 | | | 10.66 |
| 山　东 | | | | | | |
| 山东科技大学 | 123355 | 46.17 | 33.52 | | 0.65 | 19.66 |
| 青岛化工学院 | 96454 | 48.17 | 25.73 | | 3.09 | 23.01 |
| 山东建材工业学院 | 71376 | 65.83 | 30.12 | 0.40 | 0.10 | 3.55 |
| 山东工业大学 | 206217 | 64.90 | 15.36 | 2.44 | 1.39 | 15.91 |
| 青岛建筑工程学院 | 81763 | 53.27 | 38.86 | | 0.02 | 7.85 |
| 山东建筑工程学院 | 81091 | 56.29 | 32.52 | 2.20 | 2.63 | 6.36 |
| 山东轻工业学院 | 51194 | 56.41 | 36.30 | | | 7.29 |
| 山东工程学院 | 78629 | 56.15 | 27.54 | 2.72 | | 13.59 |
| 山东农业大学 | 164360 | 71.50 | 21.01 | 2.03 | | 5.46 |
| 莱阳农学院 | 64627 | 69.21 | 29.68 | | | 1.11 |
| 潍坊医学院 | 49643 | 48.57 | 49.10 | 0.18 | | 2.15 |
| 泰山医学院 | 41727 | 52.30 | 39.97 | | | 7.73 |
| 滨州医学院 | 36112 | 57.35 | 27.69 | | | 14.96 |
| 山东中医药大学 | 53584 | 59.62 | 35.23 | 0.64 | | 4.51 |
| 临沂医学专科学校 | 16719 | 55.52 | 36.61 | | | 7.87 |
| 济宁医学院 | 34495 | 53.43 | 45.69 | | 0.06 | 0.82 |
| 菏泽医学专科学校 | 19880 | 55.74 | 38.08 | | | 6.18 |
| 山东师范大学 | 151601 | 58.36 | 31.00 | 1.48 | | 9.16 |
| 曲阜师范大学 | 122850 | 62.99 | 28.33 | | | 8.68 |
| 聊城师范学院 | 109409 | 56.86 | 36.71 | | | 6.43 |
| 德州学院 | 24808 | 33.65 | 36.62 | | | 29.73 |

## 附表5　地方普通高等学校教育经费收入按来源构成(续13)

| | 教育经费收入合计（千　元） | 其中：财政预算内拨款比例（%） | 其中：学杂费收入比例（%） | 其中：校办产业、勤工俭学、社会服务收入中用于教育的经费收入比例（%） | 其中：社会捐、集资办学经费收入比例（%） | 其中：其他教育经费收入比例（%） |
|---|---|---|---|---|---|---|
| 滨州师范专科学校 | 22068 | 40.90 | 41.78 | 5.27 | | 12.05 |
| 昌潍师范专科学校 | 29592 | 43.60 | 36.29 | | | 20.11 |
| 烟台师范学院 | 107403 | 56.70 | 30.65 | | 0.02 | 12.63 |
| 临沂师范专科学校 | 40274 | 56.09 | 25.10 | 1.88 | 0.01 | 16.92 |
| 泰安师范专科学校 | 13998 | 63.50 | 22.94 | | | 13.56 |
| 济宁师范专科学校 | 32498 | 68.93 | 30.96 | | | 0.11 |
| 菏泽师范专科学校 | 20119 | 46.58 | 27.14 | | | 26.28 |
| 山东经济学院 | 72693 | 50.76 | 43.63 | | | 5.61 |
| 山东体育学院 | 25960 | 52.62 | 25.04 | 4.39 | 14.64 | 3.31 |
| 山东艺术学院 | 35055 | 62.57 | 24.25 | | | 13.18 |
| 山东商业职业技术学院 | 29242 | 35.50 | 53.23 | | | 11.27 |
| 枣庄师范专科学校 | 20974 | 36.03 | 63.97 | | | |
| 山东工艺美术学院 | 26082 | 52.16 | 31.92 | 0.09 | | 15.83 |
| 济南联大 | 36114 | 70.06 | 24.09 | | 0.06 | 5.79 |
| 青岛大学 | 158514 | 60.34 | 24.61 | 0.33 | | 14.72 |
| 烟台大学 | 87001 | 52.23 | 37.76 | | | 10.01 |
| 潍坊高等专科学校 | 17307 | 41.15 | 51.43 | | | 7.42 |
| 山东公安专科学校 | 27831 | 60.21 | 23.11 | 4.47 | | 12.21 |
| 济南交通高等专科学校 | 50035 | 52.36 | 21.53 | 11.62 | 0.49 | 14.00 |
| 中国煤炭经济学院 | 46997 | 57.66 | 29.64 | 1.79 | 0.02 | 10.89 |
| 山东财政学院 | 125998 | 78.92 | 19.10 | | | 1.98 |
| 日照职业技术学院 | 10663 | 45.94 | 17.80 | | 2.07 | 34.19 |
| 莱芜职业技术学院 | 17293 | 60.95 | 23.13 | | | 15.92 |
| 青岛职业技术学院 | 56 | | | | | 100.00 |
| 淄博学院 | 53766 | 49.11 | 41.64 | 0.22 | | 9.03 |
| 泰山学院筹建处 | 17020 | 38.07 | | | | 61.93 |
| 山东科技大学济南校区 | 34493 | 62.91 | 24.93 | | | 12.16 |
| 青大师院 | 29728 | 72.54 | 22.02 | | | 5.44 |
| **河　南** | | | | | | |
| 南阳理工学院 | 36933 | 15.71 | 77.72 | | | 6.57 |
| 华北水利水电学院 | 78728 | 66.20 | 16.61 | 1.88 | | 15.31 |
| 郑州大学 | 194823 | 62.17 | 26.33 | | 0.36 | 11.14 |
| 焦作工学院 | 75183 | 45.68 | 29.53 | 7.72 | 0.53 | 16.54 |
| 郑州工学院 | 109053 | 60.43 | 29.16 | 2.43 | | 7.98 |
| 郑州轻工学院 | 64138 | 57.00 | 3.19 | | | 39.81 |
| 洛阳工学院 | 79572 | 57.72 | 30.84 | 0.52 | | 10.92 |
| 郑州纺织工学院 | 51176 | 52.24 | 39.94 | 0.36 | 0.80 | 6.66 |
| 河南农业大学 | 96223 | 63.51 | 33.63 | 0.76 | | 2.10 |

# 附表5　地方普通高等学校教育经费收入按来源构成(续14)

| | 教育经费收入合计(千　元) | 其中:财政预算内拨款比例(%) | 其中:学杂费收入比例(%) | 其中:校办产业、勤工俭学、社会服务收入中用于教育的经费收入比例(%) | 其中:社会捐、集资办学经费收入比例(%) | 其中:其　他教育经费收入比例(%) |
|---|---|---|---|---|---|---|
| 河南职业技师学院 | 48515 | 56.83 | 40.23 | 1.26 | 0.02 | 1.66 |
| 豫西农业专科学校 | 17024 | 62.08 | 34.30 | 1.05 | | 2.57 |
| 许昌职业技术学院 | 10943 | 27.55 | 48.41 | | | 24.04 |
| 开封医学专科学校 | 26263 | 38.29 | 55.35 | | 0.19 | 6.17 |
| 信阳师范学院 | 57510 | 60.07 | 36.31 | | | 3.62 |
| 周口师范专科学校 | 28860 | 47.66 | 31.36 | | | 20.98 |
| 安阳师范专科学校 | 43373 | 40.98 | 44.59 | | 0.59 | 13.84 |
| 许昌师范专科学校 | 67536 | 26.80 | 13.22 | | | 59.98 |
| 南阳师范专科学校 | 40981 | 42.10 | 52.36 | | 0.18 | 5.36 |
| 洛阳师范专科学校 | 51275 | 34.23 | 56.56 | | | 9.21 |
| 商丘师范专科学校 | 27878 | 50.25 | 48.68 | | | 1.07 |
| 河南财经学院 | 61482 | 41.03 | 55.30 | | 1.53 | 2.14 |
| 新乡师范专科学校 | 11050 | 58.52 | 19.56 | | | 21.92 |
| 驻马店师范专科 | 14351 | 43.06 | 56.79 | | | 0.15 |
| 中州大学 | 18771 | 38.31 | 61.62 | | | 0.07 |
| 开封大学 | 24727 | 36.45 | 63.01 | | | 0.54 |
| 洛阳大学 | 21337 | 28.45 | 43.25 | | | 28.30 |
| 平原大学 | 6950 | 45.53 | 53.83 | | | 0.64 |
| 三门峡职业技术学院 | 11797 | 41.11 | 50.54 | | | 8.35 |
| 郑州工业高专 | 34577 | 54.81 | 38.84 | | | 6.35 |
| 河南机电专科学校 | 24980 | 53.51 | 41.60 | | | 4.89 |
| 安阳大学 | 18352 | 51.53 | 48.01 | | | 0.46 |
| 洛阳工业高专 | 38542 | 58.13 | 33.38 | 1.48 | | 7.01 |
| 河南纺织工业专科 | 20684 | 42.97 | 52.59 | | | 4.44 |
| 郑州大学体育学院 | 17622 | 22.78 | 75.75 | | | 1.47 |
| 河南大学 | 154813 | 58.66 | 22.38 | | | 18.96 |
| 郑州电力高等专科学校 | 16088 | 86.59 | 6.83 | | | 6.58 |
| 焦作大学 | 14503 | 46.20 | 51.99 | | | 1.81 |
| 河南商业专科学校 | 24848 | 41.96 | 48.43 | | | 9.61 |
| 河南财税专科学校 | 26763 | 55.29 | 44.24 | | | 0.47 |
| 河南城建专科 | 21490 | 48.61 | 44.63 | | | 6.76 |
| 焦作教育学院 | 11471 | 41.59 | 51.17 | | | 7.24 |
| 河南公安专科学校 | 35489 | 39.62 | 42.91 | | | 17.47 |
| 郑州航空工业管理学院 | 58028 | 57.87 | 34.40 | 1.55 | 0.01 | 6.17 |
| 郑州粮食学院 | 65799 | 43.38 | 25.53 | 3.32 | 0.03 | 27.74 |
| 河南师范大学 | 126829 | 61.45 | 16.20 | 0.92 | 3.94 | 17.49 |
| 河南医科大学 | 101212 | 56.20 | 36.22 | | | 7.58 |
| 河南中医学院 | 45397 | 55.42 | 35.04 | 1.70 | | 7.84 |

## 附表5　地方普通高等学校教育经费收入按来源构成(续15)

| | 教育经费收入合计（千　元） | 其中：财政预算内拨款比例（%） | 其中：学杂费收入比例（%） | 其中：校办产业、勤工俭学、社会服务收入中用于教育的经费收入比例（%） | 其中：社会捐、集资办学经费收入比例（%） | 其中：其　他教育经费收入比例（%） |
|---|---|---|---|---|---|---|
| 新乡医学院 | 44055 | 57.67 | 3.75 | | | 38.58 |
| 郑州畜牧高等专科学校 | 36924 | 58.63 | 31.06 | | | 10.31 |
| 洛阳医学高等专科学校 | 21513 | 47.31 | 48.79 | | | 3.90 |
| 黄河水利职业技术学院 | 29026 | 42.00 | 56.70 | | | 1.30 |
| 漯河职业技术学院 | 15261 | 22.54 | 76.21 | | | 1.25 |
| **湖　北** | | | | | | |
| 武汉科技大学 | 138657 | 52.15 | 40.01 | 0.01 | 0.06 | 7.77 |
| 江汉石油学院 | 144630 | 55.39 | 14.61 | 0.08 | | 29.92 |
| 武汉化工学院 | 87558 | 62.76 | 29.67 | 1.32 | | 6.25 |
| 武汉科技学院 | 62077 | 53.18 | 7.77 | 2.65 | | 36.40 |
| 武汉工业学院 | 66833 | 50.24 | 31.85 | 0.32 | | 17.59 |
| 湖北工学院 | 69136 | 55.34 | 31.82 | 0.09 | | 12.75 |
| 湖北医科大学 | 71921 | 48.90 | 36.51 | | | 14.59 |
| 湖北中医学院 | 39575 | 49.44 | 40.86 | 2.53 | | 7.17 |
| 湖北大学 | 151337 | 47.80 | 41.33 | | | 10.87 |
| 湖北师范学院 | 38196 | 49.48 | 38.27 | | | 12.25 |
| 黄冈师范学院 | 50359 | 40.59 | 41.81 | 1.95 | 3.66 | 11.99 |
| 荆州师范学院 | 49298 | 42.91 | 42.08 | 0.76 | | 14.25 |
| 三峡大学 | 235521 | 63.94 | 19.33 | 0.14 | 0.06 | 16.53 |
| 湖北民族学院 | 63699 | 59.54 | 31.37 | | 0.01 | 9.08 |
| 郧阳师范高等专科学校 | 20593 | 46.54 | 37.61 | | | 15.85 |
| 襄樊学院 | 50585 | 50.34 | 48.27 | 0.16 | | 1.23 |
| 湖北美术学院 | 21382 | 37.22 | 56.25 | | | 6.53 |
| 湖北药检高等专科学校 | 16897 | 28.75 | 69.00 | | | 2.25 |
| 孝感学院 | 45000 | 34.00 | 51.26 | 6.86 | | 7.88 |
| 咸宁师范高等专科学校 | 28290 | 40.54 | 44.56 | | | 14.90 |
| 黄石高等专科学校 | 24430 | 18.72 | 77.46 | | | 3.82 |
| 咸宁医学院 | 26953 | 35.85 | 44.30 | | | 19.85 |
| 郧阳医学院 | 36739 | 36.99 | 44.01 | 0.76 | | 18.24 |
| 黄冈职业技术学院 | 22733 | 38.72 | 55.65 | | | 5.63 |
| 江汉大学 | 65928 | 55.85 | 20.63 | | | 23.52 |
| 武汉商业服务学院 | 14771 | 33.63 | 54.84 | | | 11.53 |
| 湖北公安高等专科学校 | 30764 | 26.17 | 60.14 | | | 13.69 |
| 十堰职业技术学院 | 11285 | 38.83 | 56.98 | 2.54 | | 1.65 |
| 鄂州职大 | 15005 | 18.33 | 74.36 | | | 7.31 |
| 荆门市职业技术学院 | 44644 | 14.60 | 83.51 | | | 1.89 |
| 沙洋师范专科学校 | 14284 | 38.64 | 49.68 | | | 11.68 |
| 武汉金融高等专科学校 | 36783 | 65.20 | 32.21 | | 0.05 | 2.54 |

# 附表5　地方普通高等学校教育经费收入按来源构成(续16)

| | 教育经费收入合计(千　元) | 其中:财政预算内拨款比例(%) | 其中:学杂费收入比例(%) | 其中:校办产业、勤工俭学、社会服务收入中用于教育的经费收入比例(%) | 其中:社会捐、集资办学经费收入比例(%) | 其中:其　他教育经费收入比例(%) |
|---|---|---|---|---|---|---|
| 武汉音乐学院 | 30462 | 28.89 | 40.44 | | | 30.67 |
| 湖北商业高等专科学校 | 44123 | 20.13 | 50.54 | 16.75 | 0.58 | 12.00 |
| 湖北农学院 | 51636 | 57.25 | 33.16 | 0.89 | | 8.70 |
| 武汉职业技术学院 | 32361 | 34.87 | 53.32 | | | 11.81 |
| 孝感职业技术学院 | 28430 | 10.18 | 83.01 | | | 6.81 |
| 武汉船舶职业技术学院 | 29325 | 46.44 | 50.60 | | | 2.96 |
| 仙桃电大 | 1719 | 20.48 | 66.61 | | | 12.91 |
| 华工汉口分校 | 41752 | 60.96 | 35.39 | 0.16 | | 3.49 |
| 沙市职业大学 | 4252 | 24.88 | 75.12 | | | |
| **湖　南** | | | | | | |
| 湘潭大学 | 122852 | 44.00 | 37.96 | 1.58 | 2.22 | 14.24 |
| 吉首大学 | 51793 | 62.91 | 27.54 | 2.61 | 0.35 | 6.59 |
| 湘潭工学院 | 71938 | 39.29 | 51.98 | 0.22 | | 8.51 |
| 湖南农业大学 | 105177 | 59.07 | 25.28 | | 3.99 | 11.66 |
| 南华大学 | 146233 | 46.36 | 32.65 | 0.37 | 7.80 | 12.82 |
| 湖南中医学院 | 58596 | 37.11 | 56.50 | 1.80 | | 4.59 |
| 湖南师范大学 | 204008 | 39.84 | 28.93 | 1.69 | 6.92 | 22.62 |
| 岳阳师范学院 | 72143 | 41.12 | 38.95 | | | 19.93 |
| 郴州师范高等专科 | 23579 | 42.64 | 53.22 | | 0.09 | 4.05 |
| 衡阳师范学院 | 51516 | 38.26 | 38.05 | 0.24 | 4.12 | 19.33 |
| 邵阳师范高等专科 | 28247 | 47.48 | 51.90 | | | 0.62 |
| 怀化师范高等专科 | 43880 | 38.53 | 36.87 | | 6.79 | 17.81 |
| 常德师范学院 | 58310 | 42.03 | 37.27 | 0.87 | 10.93 | 8.90 |
| 益阳师范高等专科 | 23310 | 58.88 | 27.04 | | | 14.08 |
| 零陵师范高等专科 | 33284 | 44.91 | 24.00 | 0.36 | 4.86 | 25.87 |
| 娄底师范高等专科 | 35807 | 37.64 | 44.38 | | 4.91 | 13.07 |
| 湖南商学院 | 52513 | 59.18 | 34.96 | 0.19 | 2.71 | 2.96 |
| 湘潭师范学院 | 75807 | 48.30 | 36.47 | | | 15.23 |
| 湖南大学衡阳分校 | 12822 | 37.36 | 43.92 | 0.05 | | 18.67 |
| 衡阳职业技术学院 | 14629 | 51.70 | 45.79 | | | 2.51 |
| 湖南大众传媒职业技术学院 | 21675 | 78.48 | 16.72 | | 1.48 | 3.32 |
| 长沙大学 | 50991 | 23.68 | 34.60 | | | 41.72 |
| 湖南计算机专科 | 16748 | 19.64 | 67.10 | | | 13.26 |
| 湘潭机电高等专科 | 36746 | 53.69 | 31.97 | | | 14.34 |
| 湖南城建高等专科 | 20818 | 28.50 | 52.75 | | | 18.75 |
| 湖南建材高等专科 | 10783 | 54.43 | 41.19 | | 3.38 | 1.00 |
| 湖南轻工业高等专 | 31519 | 34.68 | 48.10 | 0.51 | 6.56 | 10.15 |
| 邵阳高等专科学校 | 15722 | 40.73 | 57.96 | | | 1.31 |

## 附表5　地方普通高等学校教育经费收入按来源构成(续17)

| | 教育经费收入合计(千　元) | 其中：财政预算内拨款比例(%) | 其中：学杂费收入比例(%) | 其中：校办产业、勤工俭学、社会服务收入中用于教育的经费收入比例(%) | 其中：社会捐、集资办学经费收入比例(%) | 其中：其　他教育经费收入比例(%) |
|---|---|---|---|---|---|---|
| 湖南纺织高等专科 | 23812 | 30.01 | 63.37 | | 5.42 | 1.20 |
| 湖南财经高等专科 | 18918 | 29.66 | 50.27 | | | 20.07 |
| 湖南公安高等专科 | 69583 | 10.86 | 69.57 | | 15.81 | 3.76 |
| 株洲职业技术学院 | 30509 | 48.58 | 51.05 | | | 0.37 |
| 湖南医学高等专科 | 28006 | 25.04 | 50.34 | 0.58 | 9.21 | 14.83 |
| 武陵高等专科学校 | 14693 | 36.06 | 50.78 | | 2.42 | 10.74 |
| 郴州医学高等专科 | 21800 | 10.91 | 64.25 | | | 24.84 |
| 株洲师范专科学校 | 27965 | 37.90 | 4.66 | | | 57.44 |
| 湖南省第一师范学校 | 27193 | 47.57 | 27.48 | | 0.50 | 24.45 |
| 湖南信息职业技术学院 | 20120 | 32.73 | 58.21 | | | 9.06 |
| 湖南省工业职业技术学院 | 29910 | 24.77 | 73.82 | | | 1.41 |
| 广　东 | | | | | | |
| 汕头大学 | 107594 | 61.19 | 22.23 | 0.12 | 9.44 | 7.02 |
| 广东工业大学 | 252265 | 43.65 | 35.58 | 0.92 | | 19.85 |
| 湛江海洋大学 | 117323 | 51.63 | 22.77 | 5.31 | | 20.29 |
| 广州医学院 | 65680 | 67.60 | 17.55 | 13.52 | | 1.33 |
| 广东医学院 | 64803 | 43.24 | 28.00 | 3.87 | | 24.89 |
| 广州中医药大学 | 92270 | 64.05 | 15.31 | | | 20.64 |
| 广东药学院 | 54786 | 61.97 | 26.33 | 0.01 | 2.74 | 8.95 |
| 华南师范大学 | 306711 | 58.46 | 10.28 | 1.96 | 0.38 | 28.92 |
| 广州师范学院 | 90411 | 62.55 | 19.14 | 0.08 | | 18.23 |
| 韶关大学 | 61067 | 46.59 | 45.70 | 3.98 | 0.82 | 2.91 |
| 惠州大学 | 36218 | 46.76 | 20.49 | 12.00 | 3.45 | 17.30 |
| 韩山师范专科 | 49875 | 69.74 | 18.79 | | | 11.47 |
| 湛江师范学院 | 66861 | 64.48 | 19.66 | | 0.16 | 15.70 |
| 西江大学 | 63910 | 51.12 | 24.16 | | | 24.72 |
| 佛山科技学院 | 118909 | 71.80 | 16.77 | | 0.02 | 11.41 |
| 嘉应大学 | 53472 | 55.65 | 20.03 | | 3.86 | 20.46 |
| 广东外语外贸大学 | 139696 | 33.24 | 18.06 | 1.47 | 4.37 | 42.86 |
| 广州体育学院 | 43541 | 54.10 | 22.31 | 4.87 | 0.69 | 18.03 |
| 广州美术学院 | 48831 | 36.87 | 43.00 | 7.53 | | 12.60 |
| 星海音乐学院 | 29031 | 39.51 | 31.84 | 7.05 | 15.20 | 6.40 |
| 广东民族学院 | 41767 | 55.49 | 33.52 | | | 10.99 |
| 深圳大学 | 319143 | 76.24 | 19.00 | 3.54 | 0.10 | 1.12 |
| 汕头大学医学院 | 37805 | 49.47 | 14.46 | | 13.30 | 22.77 |
| 广东商学院 | 112433 | 59.65 | 25.50 | | 0.18 | 14.67 |
| 华南建设学院 | 40677 | 73.68 | 25.67 | | | 0.65 |
| 广州大学 | 49900 | 55.56 | 35.38 | | | 9.06 |

# 附表5　地方普通高等学校教育经费收入按来源构成(续18)

| | 教育经费收入合计（千元） | 其中：财政预算内拨款比例（%） | 其中：学杂费收入比例（%） | 其中：校办产业、勤工俭学、社会服务收入中用于教育的经费收入比例（%） | 其中：社会捐、集资办学经费收入比例（%） | 其中：其他教育经费收入比例（%） |
|---|---|---|---|---|---|---|
| 广州航海高等专科 | 26072 | 65.16 | 19.71 | | | 15.13 |
| 广东轻工职业技术学院 | 46942 | 36.11 | 51.57 | | 0.03 | 12.29 |
| 广东公安司法管理干部学院 | 54039 | 58.93 | 24.13 | 4.94 | | 12.00 |
| 深圳职业技术学院 | 204559 | 82.67 | 16.64 | | | 0.69 |
| 深圳清华大学研究院 | 8539 | 100.00 | | | | |
| 深圳大学城 | 3000 | 100.00 | | | | |
| 广东财税专科学校 | 15172 | 52.68 | 23.47 | | | 23.85 |
| 仲恺农业学院 | 54718 | 74.82 | 11.94 | 4.21 | | 9.03 |
| 深圳大学师范学院 | 32309 | 93.18 | | | | 6.82 |
| 五邑大学 | 74147 | 53.40 | 30.51 | 1.33 | 0.39 | 14.37 |
| 广州师专 | 35908 | 68.24 | 28.26 | 0.50 | | 3.00 |
| 广州金融高等专科学校 | 43372 | 62.17 | 35.01 | | | 2.82 |
| 中山学院 | 26775 | 48.32 | 40.30 | 0.59 | 8.96 | 1.83 |
| 东莞理工学院 | 70433 | 64.45 | 30.91 | 0.21 | | 4.43 |
| 番禺职业技术学院 | 32807 | 58.16 | 28.81 | | 0.07 | 12.96 |
| 茂名学院 | 39773 | 38.68 | 52.38 | 0.42 | | 8.52 |
| **广　西** | | | | | | |
| 广西大学 | 233384 | 54.02 | 37.75 | 0.29 | | 7.94 |
| 广西工学院 | 43062 | 35.07 | 32.25 | | 5.65 | 27.03 |
| 桂林电子工业学院 | 93904 | 51.62 | 29.46 | 0.47 | 5.23 | 13.22 |
| 桂林工学院 | 44454 | 61.00 | 27.74 | 0.72 | | 10.54 |
| 广西医科大学 | 84125 | 32.30 | 36.96 | 1.92 | | 28.82 |
| 右江民族医学院 | 17009 | 48.82 | 31.73 | | | 19.45 |
| 广西中医学院 | 34950 | 43.86 | 22.14 | | | 34.00 |
| 桂林医学院 | 28559 | 47.32 | 31.55 | | | 21.13 |
| 广西师范大学 | 112071 | 50.39 | 26.46 | | | 23.15 |
| 广西师范学院 | 47119 | 53.46 | 38.19 | | | 8.35 |
| 南宁师范高等专科 | 7889 | 37.25 | 33.87 | | 0.75 | 28.13 |
| 玉林师范高等专科 | 18799 | 46.11 | 32.75 | | 0.66 | 20.48 |
| 广西艺术学院 | 23594 | 36.84 | 50.49 | 7.48 | | 5.19 |
| 广西民族学院 | 63707 | 44.44 | 40.64 | | 5.24 | 9.68 |
| 右江民族师专 | 11256 | 53.71 | 33.48 | 2.26 | | 10.55 |
| 广西体育高等专科学校 | 7607 | 52.44 | 27.74 | | | 19.82 |
| 广西商业高等专科学校 | 16064 | 40.58 | 39.62 | 0.27 | | 19.53 |
| 广西财政高等专科 | 21699 | 25.54 | 22.57 | 3.68 | 6.89 | 41.32 |
| 钦州师范高等专科 | 10427 | 35.92 | 35.60 | | | 28.48 |
| 广西水电学校 | 5419 | 14.89 | 76.25 | | | 8.86 |
| 广西职业技术学院 | 17943 | 46.82 | 36.47 | | | 16.71 |

## 附表5 地方普通高等学校教育经费收入按来源构成(续19)

| | 教育经费收入合计(千 元) | 其中:财政预算内拨款比例(%) | 其中:学杂费收入比例(%) | 其中:校办产业、勤工俭学、社会服务收入中用于教育的经费收入比例(%) | 其中:社会捐、集资办学经费收入比例(%) | 其中:其 他教育经费收入比例(%) |
|---|---|---|---|---|---|---|
| 桂林航天工业高等 | 16508 | 48.86 | 44.51 | | | 6.63 |
| 桂林旅游高等专科 | 12063 | 23.39 | 51.45 | | 12.66 | 12.50 |
| 梧州师范高等专科 | 12830 | 48.61 | 40.28 | | | 11.11 |
| 河池师范高等专科 | 10161 | 48.22 | 41.35 | | | 10.43 |
| 广西大学梧州分校 | 29079 | 35.97 | 55.81 | 2.23 | | 5.99 |
| 柳州师范高等专科学校 | 10204 | 47.98 | 34.82 | | | 17.20 |
| **海 南** | | | | | | |
| 华南热带作物学院 | 84253 | 70.70 | 11.21 | | | 18.09 |
| 海南大学 | 50550 | 59.15 | 32.72 | 1.44 | 0.89 | 5.80 |
| 琼州大学 | 24778 | 75.21 | 24.79 | | | |
| 海南师范学院 | 68854 | 65.70 | 26.22 | | 0.85 | 7.23 |
| 海南医学院 | 47976 | 77.95 | 16.29 | 0.97 | | 4.79 |
| 海南职业技术学院 | 4174 | | 98.97 | | | 1.03 |
| **重 庆** | | | | | | |
| 重庆邮电学院 | 76526 | 43.31 | 31.49 | | | 25.20 |
| 重庆交通学院 | 90079 | 48.82 | 26.60 | 2.04 | | 22.54 |
| 西南农业大学 | 123011 | 70.96 | 17.83 | 0.20 | 1.17 | 9.84 |
| 四川畜牧兽医学院 | 31028 | 68.40 | 22.69 | 1.89 | | 7.02 |
| 重庆医科大学 | 75558 | 46.68 | 24.80 | | | 28.52 |
| 重庆师范学院 | 99942 | 40.16 | 47.07 | 0.08 | 1.51 | 11.18 |
| 重庆师范专科学校 | 32079 | 50.79 | 26.31 | | | 22.90 |
| 重庆三峡学院 | 50086 | 47.22 | 21.91 | 0.28 | 3.84 | 26.75 |
| 涪陵师范专科学校 | 31877 | 56.20 | 32.41 | | 1.44 | 9.95 |
| 四川外语学院 | 51728 | 45.02 | 28.79 | | | 26.19 |
| 西南政法大学 | 134631 | 36.64 | 25.04 | | | 38.32 |
| 四川美术学院 | 43569 | 41.54 | 38.46 | | 2.00 | 18.00 |
| 重庆电子职业技术学院 | 14353 | 12.33 | 75.00 | 6.27 | | 6.40 |
| 渝州大学 | 59128 | 52.79 | 37.74 | 3.93 | | 5.54 |
| 重庆工业高等专科学校 | 37989 | 66.51 | 22.26 | | 3.41 | 7.82 |
| 重庆工学院 | 71187 | 50.77 | 28.27 | 9.20 | | 11.76 |
| 重庆商学院 | 67260 | 50.29 | 36.65 | | 0.06 | 13.00 |
| **四 川** | | | | | | |
| 西南石油学院 | 133180 | 49.34 | 16.25 | 1.31 | | 33.10 |
| 成都理工学院 | 149918 | 60.18 | 22.46 | | | 17.36 |
| 西南科技大学 | 108834 | 34.08 | 34.67 | 0.15 | 0.07 | 31.03 |
| 成都信息工程学院 | 57087 | 56.74 | 18.22 | 2.95 | 2.80 | 19.29 |
| 四川轻化工学院 | 32996 | 50.30 | 14.24 | | | 35.46 |
| 四川工业学院 | 100377 | 42.13 | 15.23 | | | 42.64 |

# 附表5　地方普通高等学校教育经费收入按来源构成(续20)

| | 教育经费收入合计（千　元） | 其中：财政预算内拨款比例（%） | 其中：学杂费收入比例（%） | 其中：校办产业、勤工俭学、社会服务收入中用于教育的经费收入比例（%） | 其中：社会捐、集资办学经费收入比例（%） | 其中：其　他教育经费收入比例（%） |
|---|---|---|---|---|---|---|
| 四川农业大学 | 117610 | 45.57 | 18.20 | 0.65 | 3.04 | 32.54 |
| 西昌农业专科学校 | 23792 | 51.25 | 35.23 | | 0.56 | 12.96 |
| 绵阳经济专科学校 | 26532 | 40.89 | 48.84 | 0.23 | 0.06 | 9.98 |
| 泸州医学院 | 44330 | 41.02 | 24.81 | 0.11 | | 34.06 |
| 成都中医药大学 | 61526 | 44.63 | 37.74 | 2.63 | | 15.00 |
| 川北医学院 | 32213 | 47.12 | 48.43 | | | 4.45 |
| 四川师范大学 | 132514 | 34.87 | 47.97 | 0.59 | 0.12 | 16.45 |
| 四川师范学院 | 73956 | 53.10 | 42.06 | | | 4.84 |
| 绵阳师范高等专科学校 | 27547 | 48.85 | 35.78 | 0.12 | 0.25 | 15.00 |
| 内江师范专科学校 | 39056 | 51.82 | 36.08 | 0.04 | | 12.06 |
| 宜宾师范专科学校 | 23207 | 59.16 | 22.88 | | | 17.96 |
| 达县师范专科学校 | 19395 | 45.92 | 40.62 | | | 13.46 |
| 西昌师范专科学校 | 21894 | 49.25 | 49.56 | | | 1.19 |
| 阿坝师范专科学校 | 14297 | 45.87 | 39.37 | | | 14.76 |
| 成都师范专科学校 | 23358 | 43.48 | 48.10 | 1.10 | | 7.32 |
| 乐山师范专科学校 | 58415 | 24.99 | 58.20 | | | 16.81 |
| 四川音乐学院 | 30114 | 35.75 | 40.75 | 8.75 | | 14.75 |
| 成都大学 | 122910 | 6.35 | 12.42 | | | 81.23 |
| 成都电子高专 | 29162 | 38.02 | 41.67 | 3.43 | | 16.88 |
| 自贡师范专科学校 | 18568 | 55.10 | 33.77 | | | 11.13 |
| 攀枝花大学 | 29797 | 39.75 | 44.32 | | | 15.93 |
| 四川烹饪专科学校 | 15969 | 38.96 | 15.89 | 13.65 | | 31.50 |
| 成都纺织专科学校 | 21889 | 37.90 | 36.74 | | | 25.36 |
| 四川商业专科学校 | 19970 | 35.05 | 49.00 | | | 15.95 |
| 康定师范专科学校 | 12620 | 64.29 | 24.18 | 0.10 | | 11.43 |
| 凉山大学 | 4415 | 61.11 | 33.52 | | | 5.37 |
| 自贡高等专科学校 | 6001 | 32.29 | 41.88 | | | 25.83 |
| 成都航空职业技术学院 | 23578 | 53.23 | 28.66 | 7.18 | | 10.93 |
| 四川警官高等专科学校 | 30787 | 40.61 | 45.80 | | 2.42 | 11.17 |
| **贵　州** | | | | | | |
| 贵州大学 | 140230 | 56.95 | 31.33 | 2.08 | 9.13 | 0.51 |
| 贵州工学院 | 80002 | 61.56 | 16.82 | | 18.92 | 2.70 |
| 贵阳医学院 | 45799 | 66.02 | 30.63 | 3.15 | | 0.20 |
| 遵义医学院 | 32421 | 47.74 | 43.42 | 2.72 | | 6.12 |
| 贵阳中医学院 | 31794 | 61.87 | 37.74 | | 0.32 | 0.07 |
| 贵州师范大学 | 51364 | 68.02 | 25.74 | | | 6.24 |
| 遵义师范专科学校 | 21109 | 47.71 | 22.42 | | | 29.87 |
| 铜仁师范专科学校 | 8327 | 63.13 | 31.49 | | | 5.38 |

## 附表5　地方普通高等学校教育经费收入按来源构成(续21)

| | 教育经费收入合计（千　元） | 其中：财政预算内拨款比例（%） | 其中：学杂费收入比例（%） | 其中：校办产业、勤工俭学、社会服务收入中用于教育的经费收入比例（%） | 其中：社会捐、集资办学经费收入比例（%） | 其中：其　他教育经费收入比例（%） |
|---|---|---|---|---|---|---|
| 黔西南民族师专科 | 7228 | 56.53 | 29.39 | 6.79 | | 7.29 |
| 安顺师范专科学校 | 6446 | 77.63 | 21.38 | | | 0.99 |
| 毕节师范专科学校 | 17949 | 77.21 | 16.39 | | | 6.40 |
| 黔东南民族师专科 | 9679 | 59.84 | 29.50 | | | 10.66 |
| 黔南民族师专 | 9617 | 69.82 | 29.70 | | 0.05 | 0.43 |
| 贵州财经学院 | 29065 | 49.04 | 26.82 | 1.65 | | 22.49 |
| 贵州民族学院 | 42148 | 70.67 | 28.23 | | 0.24 | 0.86 |
| 贵阳师范专科学校 | 13806 | 80.16 | 14.57 | | | 5.27 |
| 六盘水师专 | 8793 | 66.50 | 20.72 | | | 12.78 |
| 贵阳金筑大学 | 5497 | 38.08 | 61.92 | | | |
| 黔南民族医学专科 | 5022 | 56.31 | 39.82 | | | 3.87 |
| 贵州商业专科学校 | 17398 | 63.86 | 3.02 | | | 33.12 |
| 贵州省电子信息职业技术学校 | 8976 | 49.87 | 50.13 | | | |
| 贵州冶金职业技术学院 | 8455 | 71.20 | 24.78 | | | 4.02 |
| 贵州省人民警察职业技术学院 | 20553 | 48.28 | 2.26 | | | 49.46 |
| 贵州交通职业技术学院 | 8553 | 65.09 | 18.27 | 8.20 | | 8.44 |
| 贵州航天职业技术学院 | 7970 | 65.97 | 27.75 | | | 6.28 |
| 云　南 | | | | | | |
| 云南大学 | 130860 | 76.94 | 15.02 | 1.08 | | 6.96 |
| 昆明理工大学 | 223784 | 75.51 | 18.49 | 1.74 | 0.18 | 4.08 |
| 云南农业大学 | 80477 | 92.45 | 0.76 | | | 6.79 |
| 西南林学院 | 46474 | 94.05 | 1.62 | | 0.66 | 3.67 |
| 昆明医学院 | 77217 | 67.39 | 16.32 | 1.39 | 6.68 | 8.22 |
| 大理医学院 | 24055 | 80.98 | 11.06 | | | 7.96 |
| 云南中医学院 | 30893 | 60.54 | 9.42 | 14.64 | | 15.40 |
| 云南师范大学 | 114473 | 80.13 | 12.75 | 2.65 | 0.99 | 3.48 |
| 昆明师范高等专科学校 | 22496 | 81.37 | 11.38 | | | 7.25 |
| 昭通师范专科学校 | 11223 | 82.99 | 11.80 | | | 5.21 |
| 曲靖师范专科学校 | 24687 | 54.83 | 34.48 | | | 10.69 |
| 思茅师范专科学校 | 11587 | 80.69 | 9.44 | 0.33 | | 9.54 |
| 保山师范专科学校 | 10273 | 76.51 | 16.48 | | | 7.01 |
| 蒙自师范专科学校 | 15499 | 68.95 | 19.38 | | | 11.67 |
| 大理师范专科学校 | 12855 | 63.08 | 10.72 | | 0.04 | 26.16 |
| 云南财贸学院 | 48882 | 80.39 | 5.01 | 1.17 | | 13.43 |
| 云南艺术学院 | 24274 | 65.57 | 29.34 | | | 5.09 |
| 云南民族学院 | 59260 | 67.46 | 8.15 | 4.21 | 3.41 | 16.77 |
| 玉溪师范专科学校 | 49421 | 84.15 | 10.50 | | | 5.35 |
| 楚雄师范专科学校 | 25698 | 81.20 | 12.51 | 0.09 | | 6.20 |
| 云南公安高等专科学校 | 22114 | 70.47 | 4.52 | 20.52 | | 4.49 |
| 昆明大学 | 34909 | 73.39 | 26.41 | | | 0.20 |

# 附表5　地方普通高等学校教育经费收入按来源构成(续22)

| | 教育经费收入合计（千　元） | 其中：财政预算内拨款比例（%） | 其中：学杂费收入比例（%） | 其中：校办产业、勤工俭学、社会服务收入中用于教育的经费收入比例（%） | 其中：社会捐、集资办学经费收入比例（%） | 其中：其　他教育经费收入比例（%） |
|---|---|---|---|---|---|---|
| 文山师范专科学校 | 12064 | 71.33 | 15.03 | | 1.61 | 12.03 |
| 昆明冶金高等专科学校 | 19110 | 76.45 | 23.55 | | | |
| **西　藏** | | | | | | |
| 西藏农牧学院 | 23862 | 95.83 | 3.35 | | | 0.82 |
| 西藏大学 | 35490 | 87.38 | 6.29 | | | 6.33 |
| 西藏民族学院 | 38764 | 80.60 | 10.24 | | 0.33 | 8.83 |
| 西藏医学院 | 8687 | 95.22 | 3.75 | | | 1.03 |
| **陕　西** | | | | | | |
| 西北大学 | 154361 | 60.39 | 29.71 | | | 9.90 |
| 西安理工大学 | 159181 | 37.37 | 31.63 | 1.19 | 0.57 | 29.24 |
| 西安工业学院 | 89977 | 50.64 | 42.37 | 0.01 | 0.40 | 6.58 |
| 西安建筑科技大学 | 143435 | 46.44 | 17.46 | 1.22 | | 34.88 |
| 西安科技学院 | 80228 | 43.69 | 36.82 | 2.69 | 0.55 | 16.25 |
| 西安石油学院 | 95438 | 56.07 | 24.96 | 0.84 | | 18.13 |
| 西北轻工业学院 | 73007 | 58.21 | 36.23 | 0.47 | 0.03 | 5.06 |
| 西北纺织工学院 | 57703 | 54.57 | 38.30 | | | 7.13 |
| 陕西工学院 | 29531 | 62.33 | 33.85 | | 0.41 | 3.41 |
| 陕西中医学院 | 31210 | 47.30 | | 4.84 | | 47.86 |
| 延安大学 | 48635 | 61.80 | 30.75 | | | 7.45 |
| 汉中师范学院 | 38200 | 58.07 | 28.75 | | 1.89 | 11.29 |
| 宝鸡文理学院 | 44357 | 52.17 | 28.41 | | 0.17 | 19.25 |
| 咸阳师范专科学校 | 29849 | 67.43 | 31.47 | | | 1.10 |
| 渭南师范专科学校 | 31048 | 55.52 | 37.46 | | | 7.02 |
| 西安外国语学院 | 44843 | 49.71 | 32.25 | | | 18.04 |
| 西北政法学院 | 87872 | 43.96 | 28.26 | | 6.09 | 21.69 |
| 西安音乐学院 | 33176 | 33.63 | 25.77 | | 8.45 | 32.15 |
| 西安美术学院 | 16826 | 66.74 | 30.73 | | | 2.53 |
| 陕西工业职业技术学院 | 21851 | 37.40 | 61.78 | | 0.05 | 0.77 |
| 杨凌职业技术学院 | 48598 | 49.31 | 43.79 | | 0.01 | 6.89 |
| 西安联大 | 23142 | 50.89 | 38.41 | | | 10.70 |
| 榆林高等专科学校 | 20465 | 58.17 | 31.39 | | | 10.44 |
| 商洛师范专科学校 | 15799 | 57.40 | 36.84 | | | 5.76 |
| 安康师范专科学校 | 14913 | 64.02 | 28.66 | | | 7.32 |
| 西安统计学院 | 39122 | 52.25 | 6.90 | | | 40.85 |
| 陕西经贸学院 | 41424 | 49.27 | 26.00 | 2.41 | 1.32 | 21.00 |
| 西安邮电学院 | 56848 | 40.36 | 49.48 | 3.96 | 0.26 | 5.94 |
| 陕西医学高等专科 | 19854 | 30.21 | 59.53 | | | 10.26 |
| **甘　肃** | | | | | | |
| 甘肃工业大学 | 84819 | 56.23 | 40.67 | 1.65 | 0.19 | 1.26 |
| 兰州铁道学院 | 114505 | 71.66 | | 1.42 | | 26.92 |
| 甘肃农业大学 | 64969 | 83.45 | 9.66 | | | 6.89 |
| 陕西医学高等专科 | 19854 | 30.21 | 59.53 | | | 10.26 |
| **甘　肃** | | | | | | |
| 甘肃工业大学 | 84819 | 56.23 | 40.67 | 1.65 | 0.19 | 1.26 |
| 兰州铁道学院 | 114505 | 71.66 | | 1.42 | | 26.92 |
| 甘肃农业大学 | 64969 | 83.45 | 9.66 | | | 6.89 |

## 附表5　地方普通高等学校教育经费收入按来源构成(续23)

| | 教育经费收入合计（千　元） | 其中：财政预算内拨款比例（%） | 其中：学杂费收入比例（%） | 其中：校办产业、勤工俭学、社会服务收入中用于教育的经费收入比例（%） | 其中：社会捐、集资办学经费收入比例（%） | 其中：其　他教育经费收入比例（%） |
|---|---|---|---|---|---|---|
| 兰州医学院 | 41297 | 60.50 | 32.59 | | | 6.91 |
| 甘肃中医学院 | 20726 | 49.44 | 49.31 | | | 1.25 |
| 西北师大 | 105076 | 61.46 | 33.31 | 2.37 | 0.23 | 2.63 |
| 兰州师专 | 31854 | 57.96 | 41.75 | | | 0.29 |
| 庆阳师专 | 27879 | 55.53 | 36.44 | | | 8.03 |
| 天水师专 | 32904 | 62.51 | 26.34 | 0.72 | | 10.43 |
| 张掖师专 | 28940 | 53.38 | 40.77 | | 0.35 | 5.50 |
| 兰州商学院 | 53258 | 55.51 | 24.94 | | | 19.55 |
| 甘肃政法学院 | 18169 | 49.57 | 49.24 | | | 1.19 |
| 合作师专 | 15055 | 68.93 | 22.92 | | | 8.15 |
| 甘肃联合大学 | 8030 | 59.58 | 37.09 | | | 3.33 |
| 兰州工业专科学校 | 16663 | 48.69 | 40.80 | | | 10.51 |
| 兰州石化职业技术学院 | 55178 | 77.88 | 19.02 | | | 3.10 |
| **青　海** | | | | | | |
| 青海大学 | 27781 | 68.19 | 27.09 | | | 4.72 |
| 青海政法高等专科学校 | 12580 | 71.14 | 14.24 | | | 14.62 |
| 青海医学院 | 15028 | 57.61 | 38.16 | | | 4.23 |
| 青海师范大学 | 40699 | 62.64 | 22.11 | | 10.57 | 4.68 |
| 青海师范专科学校 | 8566 | 68.45 | 28.04 | | | 3.51 |
| 青海民族学院 | 22777 | 55.56 | 27.12 | | 10.10 | 7.22 |
| 青海民族师专 | 5838 | 67.63 | 6.17 | | | 26.20 |
| **宁　夏** | | | | | | |
| 宁夏大学 | 118140 | 68.17 | 25.77 | 0.14 | 0.49 | 5.43 |
| 宁夏农学院 | 21877 | 74.31 | 19.91 | | | 5.78 |
| 宁夏医学院 | 25794 | 53.67 | 38.46 | | | 7.87 |
| 固原师范专科学校 | 9854 | 79.13 | 15.72 | | 0.15 | 5.00 |
| **新　疆** | | | | | | |
| 新疆大学 | 116496 | 43.52 | 34.70 | 5.18 | 0.60 | 16.00 |
| 新疆工学院 | 58126 | 46.73 | 25.22 | | | 28.05 |
| 新疆农业大学 | 70696 | 50.93 | 29.81 | | | 19.26 |
| 新疆医科大学 | 60828 | 47.18 | 43.81 | 0.66 | | 8.35 |
| 新疆师范大学 | 67214 | 45.85 | 46.26 | | | 7.89 |
| 喀什师范学院 | 34007 | 43.46 | 48.26 | | | 8.28 |
| 伊犁师范学院 | 22460 | 47.28 | 45.39 | 2.39 | | 4.94 |
| 和田师范专科学校 | 15136 | 51.27 | 25.77 | | | 22.96 |
| 新疆财经学院 | 59645 | 25.10 | 59.02 | | | 15.88 |
| 新疆艺术学院 | 19247 | 70.38 | 27.95 | | | 1.67 |
| 新疆工业高等专科学校 | 15330 | 45.23 | 37.41 | 1.22 | | 16.14 |
| 昌吉师范专科学校 | 14877 | 40.13 | 57.53 | | | 2.34 |
| 乌鲁木齐职业大学 | 18550 | 5.66 | 82.24 | | | 12.10 |
| 新疆维吾尔医专 | 3053 | 58.99 | 38.16 | | | 2.85 |

# 附　　录



## 全国教育经费统计指标说明

# 全国教育经费统计指标说明

全国教育经费指标体系是在多年的统计工作实践的基础上并通过不断修改、充实、完善而建立起来的。为了便于参考和使用教育经费统计资料,我们对教育经费统计指标和统计范围作一简要说明。

## 一、学校基本情况

1. 各类学校的教职工数的划分以工资关系为准。

(1)年末教职工数:指当年12月31日在册的公、民办教职工数。其中教师指从事教学工作的人员;公办教职工指在学校或教育事业单位工作的在编固定教职工数,包括经批准招收的合同制工;民办教职工指由县以上教育行政部门批准录用,并由国家教育事业费开支工资或给予补助费的人数。对于临时工,代职代课教职工,大集体人员,领退职退休补差的人员,停薪留职人员等不计算在内。

(2)年平均教职工数:采用间隔相等的序时平均数公式计算。

2. 年末离退休人数:指在学校或教育事业单位领取离退休金的离退休人员。

3. 学生数:指上级教育计划主管部门下达的招生计划并具有学籍的全部学生数,包括本专科生、研究生、函授夜大学生、来华留学生、国家统招生、自费生、委培生。不包括各种培训班学生数。

(1)博士生、硕士生、函授夜大学生、来华留学生按折算数填报:博士生一个折三个,硕士生一个折两个,函授夜大生三个折一个,来华留学生一个折两点五个(四舍五入)。

(2)成人中等学校学生:包括独立设置教师进修学校的短期培训和函授的学生数。

(3)幼儿园在园人数:指由教育部门举办的并由"教育事业费"开支的人数。(包括小学附设的幼儿班和学前班人数)。

(4)年末在校学生数:指当年12月31日的在册人数。

(5)年平均学生数:采用间隔不相等的序时平均数公式计算。

4. 年末校舍面积:按当年末12月31日实际数填报。

5. 年末固定资产总值:包括校舍和设备等财产,为会计报表固定资产科目的期末数。其中房屋和建筑物、专用设备按固定资产六大分类中的房屋和建筑物、专用设备分类。

6. 本年改造危房面积:指危险房屋无维修价值予以拆除并已改建的房屋面积和危房经过维修加固后,已将险情彻底排除,房屋完好,能正常使用的房屋面积。改建的危房面积指已竣工并经验收合格当年交付使用的面积。

7. 本年改造危房金额:指在本年度内的各项经费实际支出数中用于危房改建和危房维修加固并已排除险情所支出的全部金额。

8. 本年购置学生课桌凳套数:指本年度内用各种资金购置的课桌凳套数,并按单人套计算,双人套的应折合为 2 个单人套。

9. 本年购置学生课桌凳金额:指本年度内用各种资金购置的课桌凳所支出的金额。

10. 本年购置专用设备金额:指在本年度内用各种资金购置专用设备(含电教设备)所支出的全部金额。

11. 本年购置图书金额:是指在本年度内用各种资金购置的并列入固定资产的图书资料所支出的全部金额。

12. 本年购置图书册数:是指在本年度内购置的并列入固定资产的全部图书资料册数。

13. 年末图书册数:指年末学校固定资产分类中列入图书设备项的图书册数。

## 二、全国教育经费来源

全国教育经费:包括国家财政性教育经费,社会团体和公民个人办学经费,社会捐(集)资经费,事业收入及其他教育经费。

1. 国家财政性教育经费:包括国家财政预算内教育经费,各级政府征收用于教育的税、费,企业办学校教育经费,校办产业、勤工俭学和社会服务收入用于教育的经费。

(1)财政预算内教育经费:指中央、地方各级财政或上级主管部门在本年度内安排,并划拨到教育部门和其它部门主办的各级各类学校、教育事业单位,列入国家预算支出科目的教育经费。

①教育事业费拨款:指列入国家预算支出科目第 13 类的"教育事业费"拨款数。

②科研经费拨款:是指高等学校从中央和地方取得的属于财政性拨款的科学研究经费,通常指纵向科研经费,包括国家(地方)教委、国家(地方)计委、国家(地方)科委和各行业主管部门(如纺织工业总会、省工业厅等)下达的科学事业费和科技三项费用等。属于财政教育事业费安排的科研经费拨款,应在教育经费拨款中填列。

③基建拨款:包括"教育基建"和"部门基建中用于学校和教育事业单位的经费"。

a. 教育基建:指列入各级计划部门基建计划,并由建设银行限额拨款的教育部门所属各级各类学校和教学仪器厂等企事业单位的基建财务拨款,即列入国家预算支出科目第 1 类基本建设支出第 147 款的"教育基建支出"拨款(不含单位自筹基建部分)。

b. 部门基建支出中用于高等学校、中专、技校的经费:指列入各级计划部门基建计划,并由建设银行限额拨款的其他各部门举办的高等学校、中专、技校的基建财务拨款数。即列入国家预算支出科目第 1 类基本建设支出中各部门基建支出中用于高等学校、中专、技校的基建拨款数(不含单位自筹基建部分)。

④其他经费拨款:是指除教育经费拨款、科研经费拨款、城市教育费附加以外的其他属于财政性的经费拨款,包括专项拨款和非专项拨款,如:公费医疗经费、住房改革经费等。

(2)各级政府征收用于教育的税费:指中央和地方各级政府为发展教育事业而指定机关专门征收,并划拨给教育部门使用的实际数额。例如:城市教育费附加,农村教育事业费附加,投资方向调节税教育费附加和按职工工资的一定比例征收的教育费,以及征收用于教育的旅馆床位附加费、社会集团购买专控商品附加费、宴席税费等等。

①城市教育费附加:指按照国家规定向凡缴纳增值税、营业税、消费税的单位和个人,按三税的规定比例征收的教育费附加。

②农村教育事业费附加:指各级政府确定的按乡(村)企业利润(或销售收入)的一定比例和农

民人均纯收入的一定比例征收的农村教育事业费附加。

③地方教育附加费：指地方各级政府根据《教育法》的有关规定，在征收城市教育费附加和农村教育事业费附加以外，开征的用于教育的税费：投资方向调节税教育费附加和按职工工资的一定比例征收的教育费，以及征收用于教育的旅馆床位附加费、社会集团购买专控商品附加费、宴席税费等。

(3)企业拨款：指中央和地方所属企业在企业营业外资金列支或企业自有资金列支而拨给所属学校的经费。

(4)校办产业、勤工俭学和社会服务收入用于教育：指校办产业、勤工俭学、社会服务收入中用于补充教育经费的部分和在教学、科研及其辅助活动之外，开展非独立核算经营活动取得的收益用于补充教育经费的部分，即经营收入的结余、附属单位交款和其他收入中对校办产业投资收益之和。

2. 社会团体和公民个人投入：指办学的单位或公民个人拨给社会团体和公民个人办学校的经费。

3. 捐、集资收入：指城镇、农村、厂矿、企事业单位和个人根据自愿、量力的原则捐(集)资助学，以及海外侨胞、港澳台胞、外籍团体、友好人士等对教育的资助和捐赠。

4. 事业收入：指学校和教育事业单位开展教学、科研及其辅助活动依法取得的经财政部门核准不上缴财政专户管理的预算外资金及经财政专户核拨回的预算外资金，包括教学收入和科研收入；义务教育阶段学生缴纳的杂费；非义务教育阶段学生缴纳的学费；借读学生缴纳的借读费；住宿学生缴纳的住宿费；按照有关规定向学生收取的其他费用等。其中：学、杂费指义务教育阶段学生缴纳的杂费；非义务教育阶段学生缴纳的学费，填列学校核准留用和财政专户已核拨数，不包括上缴财政专户但尚未返还部分。

5. 其他收入：指除上述各项收入以外的其他各项收入，即附属单位交款和其他收入中扣除对校办产业投资收益之和。

本年实际收取学、杂费：是指学校按照规定的标准向学生实际收取的学、杂费，包括核准留用数、财政专户已核拨数和已上缴财政专户但尚未核拨的部分。

## 三、全国教育经费支出

教育经费支出分为事业性经费支出和基建支出两部分。

1. 事业性经费支出：分为“个人部分支出”和“公用部分支出”两部分。

(1)个人部分支出：指用于公、民办教职工、离退休人员、学生等个人方面的支出。包括“教职工工资”、“补助工资(含民办教师补助)”、“社会保障费”、“助学金”。

个人部分支出分类：

①基本工资：指标准工资(包括基础工资、职务工资、工龄津贴，以及国家规定的地区生活费补贴等)，即按照国家预算支出科目的“工资”目填报。

②补助工资：指临时工工资、代课教师报酬、教职工的教龄津贴、特教津贴、高级教师津贴、班主任津贴、超工作量酬金、住房公积金补贴、房租补贴、取暖补贴、防暑降温费、奖励工资、奖金、交通补贴、夜餐补助、其他政策性补贴和学校规定的有关补贴，以及民办教师的补贴等。其中民办教师补助：指国家预算支出科目中用于民办教师的补助费。

③其他工资:指在基本工资、补助工资之外,发给在职人员的属于国家规定总额组成范围内的各种津贴、补贴、奖金。

④职工福利费:指依照规定按职工工资总额一定比例提取,由学校集中掌握使用的福利费和拨给工会的工会经费和经批准长期病修人员工资,以及按规定报销的职工探亲车船费、独生子女补助、职工退职金、抚恤金、丧葬费、遗属补助及其他福利性支出。

⑤社会保障费:指学校用于教职工社会保障的各类支出,包括离退休人员费用、职工医药费、社会养老保障费和其他社会保障支出。

⑥奖、贷、助学金:指用于各类学生的奖学金、人民助学金、学生贷款、学生生活困难补助及国家规定给大学、中专等学生发放的各项物价补贴等。

(2)公用部分支出:指用于公务费、业务费、设备购置费、修缮费、业务招待费及其他属于公用性质的经费支出。

公用部分支出分类:

①公务费:指学校发生的办公费、水电费、差旅费、会议费、邮电费、机动车辆燃料费、清洁用品和其他(包括公用茶水、取暖等)费用。

②业务费:指为开展教学、科研活动所发生的各项业务费用,包括教学业务费(包括教师用教材、讲义、教学用具、纸张、墨水、粉笔等消耗用品)、实验实习费(包括实验药品、试剂等消耗材料及校外实习费用)、文体维持费、宣传费(包括宣传资料、展览等)。

③设备购置费:指因教学、科研和管理需要购置的仪器设备(包括教学仪器、仪表、电器设备、电教设备、机电设备、标本、模型等),文体设备(包括乐器、体育器材、文艺活动用品),图书设备,一般设备(办公用桌椅、电讯设备、医疗器械、办公设备、交通运输设备、炊事设备等)。还包括由省(自治区、直辖市)财政和主管部门规定,按有关收入的一定比例提取,列入设备购置费开支的修购基金。

④修缮费:指教学、科研和管理用房屋、建筑物和各类设备维修所发生的人工、材料费用支出,以及公房租金和不够基建立项的零星土建工程费用。还包括由省(自治区、直辖市)财政和主管部门规定,按有关收入的一定比例提取,列入修缮费开支的修购基金。

⑤业务招待费:指学校和教育事业单位为开展业务活动需合理开支的接待费用,包括交通费、用餐费和住宿费等。

⑥其他费用:指以上各项目未包括的其他属于事业支出中公用部分的开支,包括按规定标准计提的职工教育经费以及房屋、场地、设备的租赁费、财产保险费、咨询费、审计费、外籍教师经费、购置或开发无形资产支出、利息支出、材料物资盘亏及零星杂项支出等。

2. 基建支出:指属于基本建设投资额度范围内的,并列入各级计划部门基建计划,由学校和教育事业单位经批准用教育基建拨款和其他自筹资金安排的基本建设,并专存银行基建专户的支出。

自筹基建支出:指中央、地方各级财政或上级主管部门安排的机动财力、企业自有资金、各项税收附加、城市维护费、社会捐(集)资、校办产业、勤工俭学、社会服务、自有资金按规定用于教育自筹基本建设投资的各项资金。

世界银行用于教育的贷款还本付息和承诺费、手续费等支出:指利用世界银行的贷款用于发展教育项目贷款的还本付息和承诺费、手续费等支出。

财政补助支出:指按财政部门统一口径和实际使用情况,用财政补助收入占学校总收入的比例计算出一个系数,依此系数分别乘以总支出和各目支出的合计数,得出财政补助支出的总支出和各目支出数。

本统计中央和地方教育经费支出按学校与其他教育机构隶属关系划分。中央教育经费支出指中央部委属学校及其他教育机构支出,地方教育经费支出指地方属学校及其他教育机构支出。中央和地方教育经费收入按经费来源划分。

本资料统计的范围包括:

本表统计凡列入国家教育事业单位预算支出科目第13类"教育事业费"支出的教育部门办各级各类学校、教育事业单位和其他部门办各级各类学校,企业办并在企业营业外资金列支或企业自有资金列支的普通高等学校、中等专业学校、技工学校、普通中学、职业学校、小学和经过教育主管部门批准承认学历的成人高校、成人中等专业学校、成人中学等;经教育主管部门批准,并承认学历的社会团体、公民个人办大学、中专、中学、小学校。

台湾省的教育经费统计资料暂缺。

本资料的统计时间:一月一日至十二月三十一日。